Jürgen Berthel/Fred G. Becker

Personal-Management

Grundzüge für Konzeptionen
betrieblicher Personalarbeit

11., vollständig überarbeitete Auflage

2017
Schäffer-Poeschel Verlag Stuttgart

Univ.-Prof. Dr. Jürgen Berthel (†) war bis zu seiner Emeritierung Inhaber des Lehrstuhls für Betriebswirtschaftslehre I (Personal-Management, Organisation, Unternehmungsführung) an der Universität Siegen

Univ.-Prof. Dr. Fred G. Becker ist Inhaber des Lehrstuhls für Betriebswirtschaftslehre, insbesondere Personal, Organisation und Unternehmungsführung an der Universität Bielefeld

Dozenten finden PowerPoint-Folien für dieses Lehrbuch unter www.sp-dozenten.de (Registrierung erforderlich).

Gedruckt auf chlorfrei gebleichtem, säurefreiem und alterungsbeständigem Papier

Bibliografische Information der Deutschen Nationalbibliothek
Die Deutsche Nationalbibliothek verzeichnet diese Publikation in der Deutschen Nationalbibliografie; detaillierte bibliografische Daten sind im Internet über http://dnb.d-nb.de abrufbar.

Print ISBN 978-3-7910-3737-0   Bestell-Nr. 20038-0002
ePDF ISBN 978-3-7910-3738-7   Bestell-Nr. 20038-0151
ePub ISBN 978-3-7910-3882-7   Bestell-Nr. 20038-0100

Dieses Werk einschließlich aller seiner Teile ist urheberrechtlich geschützt. Jede Verwendung außerhalb der engen Grenzen des Urheberrechtsgesetzes ist ohne Zustimmung des Verlages unzulässig und strafbar. Das gilt insbesondere für Vervielfältigungen, Übersetzungen, Mikroverfilmungen und die Einspeicherung und Verarbeitung in elektronischen Systemen.

© 2017 Schäffer-Poeschel Verlag für Wirtschaft · Steuern · Recht GmbH

www.schaeffer-poeschel.de
service@schaeffer-poeschel.de

Umschlagentwurf: Goldener Westen, Berlin
Umschlaggestaltung: Kienle gestaltet, Stuttgart (Bildnachweis: Shutterstock)
Satz: Claudia Wild, Konstanz
Druck und Bindung: C.H. Beck, Nördlingen

Printed in Germany
Juli 2017

Schäffer-Poeschel Verlag Stuttgart
Ein Tochterunternehmen der Haufe Gruppe

Kostenlos mobil weiterlesen! So einfach geht's:

 1. Kostenlose App installieren

 2. Zuletzt gelesene Buchseite scannen

 3. Ein Viertel des Buchs ab gescannter Seite mobil weiterlesen

 4. Bequem zurück zum Buch durch Druck-Seitenzahlen in der App

**Hier geht's zur kostenlosen App:
www.papego.de**
Erhältlich für Apple iOS und Android.
Papego ist ein Angebot der Briends GmbH, Hamburg
www.papego.de

Vorwort zur 11., vollständig überarbeiteten Auflage

Der Markt der Personallehrbücher verändert sich und zwar – aus der Sicht eines in der Wolle gefärbten und von der zentralen Bedeutung für Arbeitgeber wie Arbeitnehmer überzeugten Personalers – erfreulich. Zum Ersten sind in den letzten zwei Dekaden immer mehr Lehrbücher verfasst und interessierten Lesern an Hochschulen und Weiterbildungseinrichtungen sowie in Betrieben angeboten worden. Dies spricht für die Diffundierung eines einst eher geschmähten betriebswirtschaftlichen Fachs auch in der Hochschullandschaft. Zum Zweiten ist gleichzeitig die Nachfrage nach solchen Lehrbüchern stark gestiegen. Dies freut nicht nur Verlage und Autoren, sondern dies ist gleichzeitig auch ein Indiz für die tatsächlich zugenommene Akzeptanz dieser so zentralen Funktion in Betrieben. Unter diesen Bedingungen macht es nicht nur (mehr) Spaß, Lehrtexte zu verfassen, zu erweitern, zu aktualisieren und zu verbessern, es ist geradezu auch eine Pflicht, den interessierten Lesern aus Hochschule wie Praxis den aktuellen Stand eines modernen Personal-Managements aus wissenschaftlicher Sicht zu präsentieren. Wohlgemerkt, »modernes« Personal-Management aus »wissenschaftlicher Sicht«. Es kann weder Aufgabe einer akademischen Lehre für zukünftig wie aktuell Verantwortliche sein, sich lediglich mit den bereits erkannten, jeweils aktuell umgesetzten Personalaufgaben auseinanderzusetzen, noch auf rein operative, kleinteilige – wenngleich im betrieblichen Personalprozess dennoch wichtige – Tätigkeiten zu fokussieren.

Das strategisch Sinnvolle, gleich ob von Personalern noch nicht oder bereits erkannt, das wissenschaftliche Neue, gleich ob (direkt) von der Personalpraxis akzeptiert oder kritisiert, neuartige bzw. neuentwickelte Instrumente, gleich ob direkt angenommen oder erst einmal vorsichtig betrachtet, mögliche Situationsveränderungen (der betrieblichen Strategien, der Wettbewerbssituation, der Mitarbeitergenerationen u. a.), gleich ob wahrscheinlich oder »nur« möglich, u.Ä. sollten nicht in solchen Lehrbüchern vernachlässigt werden. »Gute« Personallehre bedeutet insofern auch, viele einschlägige, mögliche Aspekte aus der Personalforschung frühzeitig anzusprechen, selbst wenn sie nicht unbedingt direkt auf Akzeptanz und/oder Verständnis von Entscheidungsträgern und Lernenden stoßen.

> »Stets muss die Praxis auf guter Theorie beruhen.«
> Leonardo da Vinci

Die Sache und die Fachkompetenz der Verfasser gebietet es, sich sowohl mit strategisch relevanten Herausforderungen – theoretisch, empirisch, konzeptionell – zu beschäftigen, als auch Handhabungsmöglichkeiten zu sammeln, zu bewerten und anzubieten. Sicherlich irren da manchmal die Verfasser. Allerdings sei auch darauf hingewiesen, dass einige Personallehrbücher bereits frühzeitig ihre Leser auf die Problematik variabler Vergütungen (Stichwort »Wirtschafts- und Finanzkrise«) und den Wert immaterieller, v. a. intrinsischer Motivationen gerade qualifizierter Belegschaftsmitglieder, auf den demografischen Wandel, dessen Konsequenzen für manche Personalsegmente und sinnvolle (antizipative) Handlungsalternativen für die Personalarbeit (Stichworte »Ausbildungsmarketing«, »Employer

> »Ich bin immer bereit zu lernen, aber nicht immer, mich belehren zu lassen.«
> Oscar Wilde

Vorwort zur 11., vollständig überarbeiteten Auflage

»Alles gelernt, nicht um es zu zeigen, sondern um es zu nutzen.« Georg Christoph Lichtenberg

Branding«, »Alternde Belegschaften«, Qualität älterer Arbeitnehmer), die menschlich wie ökonomisch sinnvolle Einführung (»Onboarding«) neu eingestellter Mitarbeiter, das sinnvolle Angebot unterschiedlicher Karrierewege, die ökonomische Notwendigkeit der Transfersteuerung der Personalentwicklung u. a. nicht nur hingewiesen haben. Manchmal wundert es den Fachkundigen, wenn Betriebe »neue« Ideen aus der Personallandschaft aufgreifen und deren Propagandisten aus der Beratung und/oder der jüngeren, unbedingt englischsprachigen Literatur über den Klee loben. Manchmal hätte die aufmerksame Lektüre eines zehn oder zwanzig Jahre alten Lehrbuchs genügt, bei dem beispielsweise die o. g. Aspekte schon längst thematisiert wurden.

Um selbst diesen Ansprüchen Genüge zu tun, ist die 11. Auflage grundlegend überarbeitet und aktualisiert worden. Die bewährte Struktur bleibt erhalten, wenngleich manche Textteile – ehedem als Querschnittsaufgaben eingeführt, nunmehr als integrale Bestandteile moderner Personalarbeit verstanden – an anderer Stelle integriert sind. Fast alle Textteile wurden vorab auf Kürzungspotenzial, Verständlichkeit, Aktualität, neuere wissenschaftliche Erkenntnisse und Argumentationen hin geprüft und in Folge überarbeitet. Quasi kein Kapitel blieb bei der Überarbeitung unverändert. Besonders intensiv »erneuert« wurden die Kapitel »Personalauswahl« und »Personalentwicklung«. Sowohl meine Sicht auf einzelne Elemente, als auch die Erkenntnisse aus der wissenschaftlichen Personalforschung machten eine umfangreichere Überarbeitung notwendig. Manche »neue« Inhalte mögen die Leser überraschen und auch schwierig in der betrieblichen Umsetzung sein. Nichtsdestotrotz bin ich überzeugt, nunmehr noch besser als bereits vorher auf die Erfordernisse moderner, aufgeklärter und systemischer Personalarbeit einzugehen.

Es mag sein, dass manche Leser längere Ausführungen zu »HR als Business Partner«, »Talentmanagement«, »Kompetenzmanagement«, »eHR« und anderes vermissen. Auf entsprechende Texte bzw. solche Benennungen wurde aus unterschiedlichen Beweggründen verzichtet. Die Idee der Business Partnerschaft beispielsweise stellt ein wunderbares Marketingkonzept (von D. Ulrich wie von Personalern) dar, um die unternehmerische Stellung des Personalbereichs (sorry: »HR«) voranzubringen. Konzeptionell neu war es nicht, dass »gute« Personaler – so hatte ich es bereits in den 1980er-Jahren bei und mit meinem verstorbenen Ko-Autor und akademischem Lehrer sowie anderen Vertretern des Personal-*Managements* gelernt – weder Verwalter noch Subalterne sein sollten, sondern interne Berater, Dienstleister und/oder Projektpartner auf Augenhöhe (sowohl mit Vorstand/Geschäftsleitung als auch mit Linienvorgesetzten). Talent- und Kompetenzmanagement mögen heutzutage »notwendige« Termini sein, um ein sich entwickelndes neues Verständnis im Betrieb der Belegschaft und den Führungskräften deutlicher zu vermitteln. Letztlich handelt es sich aber um eine andere Bezeichnung von Personalentwicklung (teilweise bezogen auf eine spezielle Mitarbeiterkategorie). Änderungen in einem Lehrbuch machen sie nicht notwendig.

»eHR« und seine speziellen Unterfunktionen sind allerdings wirklich neu. Die diesbezüglichen Entwicklungen sind zudem offenbar dynamisch, einerseits was die begleitenden technischen Möglichkeiten angeht, andererseits aber auch was die Nutzung dieser Möglichkeiten betrifft. Ob diese Nutzung mittel- bis langfristig tat-

Vorwort zur 11., vollständig überarbeiteten Auflage

sächlich einen Vorteil generiert, steht aber bislang noch in den Sternen. Die Kosteneinsparungen und Prozessbeschleunigungen mögen sich derzeit »messen« lassen, nicht jedoch die mit den Instrumenten gegebenenfalls verbundenen, mehr qualitativen Auswirkungen (Reduzierung sozialer Kontakte, Güte bei Auswahlinstrumenten, Effekte bei Qualifizierungen, Bindungswirkungen u. a.). Insofern bleibt abzuwarten, inwieweit ein eHR nicht nur Veränderungen mit sich bringt, sondern auch nachhaltige personal- und betriebswirtschaftliche Vorteile.

Ich wurde kürzlich gefragt, welche Vision von Personalarbeit 2040 ich denn aufgrund meiner wissenschaftlichen wie praktischen Perspektive hätte. Meine Antwort lautete zunächst, im Hinblick auf die unterschiedliche Akzeptanz der Personalarbeit in Betrieben gäbe es mindestens zwei Versionen: Die eine beruht auf intensiver/m Fraktalisierung, Virtualisierung, Outsourcing von Geschäfts- wie HR-Prozessen – zumindest in kapitalmarktgesteuerten und anderen ähnlich strukturierten Betrieben. Die andere beruht auf einem zunehmenden Verständnis (s. o.) der zentralen Funktion von Mitarbeitern als Ressource wie als Mensch, sowie dem damit einhergehenden, berechtigten Vertrauen in die Motivation und die Qualifikation der sorgfältig eingestellten, bedarfs- wie neigungsgerecht weiterqualifizierten und entsprechend ihrer materiellen wie immateriellen Motive angereizten Mitarbeiter. Für letztgenannte Vision bedarf es strategisch handelnder Personaler, die ihre Vorstände/Geschäftsleitungen (als von diesen ernstgenommenen Gesprächspartnern) von diesem besseren Weg überzeugt haben. Erstgenannte Version braucht funktionierende IT-Systeme und nickende Personalverwalter, alles andere wäre Ressourcenverschwendung. Sicherlich gibt es auch in solchen Betrieben für überzeugte Personaler die einen und anderen Gestaltungsspielräume zum Besseren. Aber Wesentliches, außer für das eigene Gewissen, ist dort nicht zu leisten, wo die skizzierte Version in ihrer Reinform realisiert ist.

Die vorliegende Neuauflage ist unter aktiver Mitwirkung verschiedener Helfer entstanden. Ganz besonders danken möchte ich meiner Sekretärin *Jeannette Toumli*, die akribisch nicht nur fast alle Textteile des Manuskripts gelesen, sondern auch manche Sinn-, Grammatik- und Tippfehler gefunden – und mich in der Regel von einer Korrektur überzeugt hat. Auch viele neugestaltete Abbildungen sind mit ihrer Mithilfe entstanden. *Jana Gieselmann*, M. A., *Christoph Strunk*, M. Sc., *Maximilian Summerer*, M. Sc., und Dipl.-Kffr. Dr. *Cornelia Meurer* haben arbeitsteilig die meisten Kapitel des Manuskripts inhaltlich gegengelesen, Kontrollen vorgenommen und dabei auch manche Vorschläge zur inhaltlichen Ergänzung und/oder formalen Umgestaltung gemacht. *Melissa Schacht*, B. Sc., hat mich insbesondere bei formalen Aspekten der Gestaltung des Endmanuskripts (v. a. Literaturangaben, Zitationen) akribisch und wie immer sehr engagiert unterstützt. Zudem überprüfte und ergänzte sie die eine und die andere aktuelle Zusammenstellung von Überblickstabellen. Einige *Leser* haben mich zudem durch Hinweise und Fragen zum Text ebenfalls dahingehend angeregt, manche Formulierungen und Quellenangaben zu präzisieren. Herr *Walter Klingebiel*, Arbeitsgerichtsdirektor a. D. und Lehrbeauftragter an unserem Lehrstuhl, war so entgegenkommend, den arbeitsrechtlichen Teil dieses Buches kritisch zu lesen, Fehler zu korrigieren und Modifikationen vorzuschlagen. Auch *Martin Bergmann*, Programmbereichsleiter beim Schäffer-Poe-

»Mit Träumen beginnt die Realität.« Christoph Daum

»Wen die Dankbarkeit geniert,
Der ist übel dran;
Denke, wer dich erst geführt,
Wer für dich getan!«
Johann Wolfgang von Goethe

Vorwort zur 11., vollständig überarbeiteten Auflage

schel-Verlag, und Frau Claudia Dreiseitel, Lektorat, begleiteten mich bei der Neuauflage wohltuend unterstützend. Allen genannten Personen möchte ich herzlich für ihre Unterstützung danken. Sie haben mir sehr geholfen!

Bielefeld im Oktober 2017
Fred G. Becker

Hinweis: Ohne diskriminieren zu wollen, verwenden wir in diesem Lehrbuch bei der Benennung von Mitarbeitern, Arbeitnehmern und Managern fast ausschließlich die männliche Form. Wir wollen dadurch die ethisch-moralisch durchaus gerechtfertigten, unseres Erachtens aber unschönen Formen von » Mitarbeiterinnen und Mitarbeitern« oder »MitarbeiterInnen« vermeiden. Darüber hinaus haben wir versucht, in vielen Zusammenhängen eher neutrale Termini einzusetzen, zum Beispiel »Führungskraft«, »Person« und »Mensch«.

Vorwort zur 9., vollständig überarbeiteten Auflage

Lehrbücher sollten einen systematischen Überblick über das thematisierte Fachgebiet geben, theoretische Kontexte wie empirische Ergebnisse aufgreifen, Wichtiges wie Aktuelles thematisieren sowie jeweils kritisch kommentieren. Dabei ist es wegen der Vielfalt an Gebieten und Publikationen nicht möglich, alle Bereiche (gar ausführlich) anzusprechen, die gesamte Literatur anzugeben, sie kritisch zu reflektieren u. Ä. Lehrbücher pointieren daher aus ihrem jeweils eigenen Ansatz heraus Bereiche und themenrelevante Literatur.

Theoretische Ausführungen zum Personal-Management können nicht dem »alten« betriebswirtschaftlichen Paradigma raumzeitlich uneingeschränkter Hypothesen entsprechen. Zu unterschiedlich sind die mannigfaltigen Determinanten menschlicher Arbeit ausgeprägt, als dass dies möglich wäre. Selbst raumzeitlich begrenzte Hypothesen sind nur mit Mühe fundierbar.

Eine Vielzahl an theoretischen Ansätzen wird den vorliegenden Personallehrbüchern explizit wie implizit zugrunde gelegt, noch mehr Ansätze werden bei der Diskussion von personalwirtschaftlichen Fragestellungen angeführt. Hinsichtlich des Personal-Managements ist Drumm (2008, S. 2) zuzustimmen, wenn er formuliert: »Kaum ein Gebiet der Betriebswirtschaftslehre ist so heterogen wie die Personalwirtschaft mit ihren ökonomischen, rechtlichen, arbeitswissenschaftlichen, arbeitsmedizinischen, soziologischen und psychologischen Fragestellungen.« Dies hat zur Folge, dass die Verwendung eines einzelnen theoretischen Fokusses eine Vielzahl an relevanten Problemen entweder aussieben oder nur einseitig thematisieren würde. Dies gilt es aus praxeologischen Zielsetzungen heraus sowohl für die Personallehre als auch die Personalpraxis zu vermeiden.

Im vorliegenden Lehrbuch thematisierte Empfehlungen sind prinzipiell Hypothesen über vermutete Wirkungszusammenhänge. Im Hinblick auf die unter Umständen sehr unterschiedlichen Bedingungskonfigurationen im Einzelfall sind jedoch wirklich valide empirische Grundlagen hierfür im Allgemeinen nicht gegeben. In personalwirtschaftlichen Umfeldern sind die Zurechnungsprobleme einfach zu groß, als dass in größeren Zusammenhängen wirklich sichere Erkenntnisse vorliegen. Indizien lassen sich empirisch ermitteln, Anregungen durch empirische Studien geben, Gewissheiten dagegen nicht.

Für welche Betriebsgröße (kleine, mittlere und/oder große Betriebe), für welche Betriebsform (Unternehmung, Verwaltung, etc.), für welche Branche (Dienstleistungs- oder Industriezweige), für welche Eigentümerstrukturen (kapitalmarkt-, familien- oder eigentümergesteuert) ist dieses Lehrbuch nun geschrieben? Der Umfang des angesprochenen Objekts und die Tiefe mancher Auseinandersetzung suggeriert, dass vornehmlich größere Betriebe im Fokus der Auseinandersetzungen stehen. Wo sonst ließen sich alle Inhalte und die anspruchsvollen, ökonomisch motivierten Methodiken personell quantitativ wie qualitativ angemessen umsetzen?

Vorwort zur 9., vollständig überarbeiteten Auflage

Zwar ist an einem solchen Eindruck insofern ein Korn Wahrheit, als dass vieles sich nur in Großbetrieben ressourcenmäßig realisieren ließe. Allerdings ergeben sich dort auch durch die Größe Problemstellungen, die kleinere Betriebe nicht kennen und insofern nicht angehen müssen. Die meisten personalwirtschaftlichen Funktionen stellen sich aber in jedem Betrieb – unabhängig von Größe, Form, Branche, Eigentümer. Wie man sie jeweils angeht, dies ist betriebsspezifisch anders. Dennoch: Direkte Personalführung, das Führen von Auswahlgesprächen, die Gestaltung von Inseraten, Training-on-the-job, das Angebot an materiellen wie immateriellen Anreizen und deren Wirkungsweisen ist prinzipiell überall gleich.

Personal-Management ist ein kulturspezifisches Phänomen wie eine kulturspezifische Gestaltungsfunktion. Deutschsprachige Literatur (sowie selbstverständlich auch fremdsprachliche, die sich auf die deutschsprachigen Länder bezieht) ist insofern prinzipiell häufiger in den Verweisen des vorliegenden Lehrbuches vorzufinden, als andere. Nicht die Sprache, sondern das Niveau und/oder der Anregungsgehalt einer Quelle sind entscheidend. Dennoch: Auch in anderen fremdsprachlichen Quellen sind sinnvolle Anstöße für hier behandelte Problemstellungen in vielfältiger Weise vorzufinden.

Aus didaktischen Gründen werden die einzelnen Problemfelder sukzessive erläutert. Auf Zusammenhänge wird lediglich wiederholt über Vor- und Rückverweise eingegangen. Letztlich sind es aber gerade die Zusammenhänge der Themenstellungen, die über Erfolg- oder Misserfolg von auf Personal bezogenen Handlungen und Konzeptionen entscheiden. Eine mit großem Engagement und mit Sensibilität einer Führungskraft durchgeführte Leistungsbeurteilung mithilfe eines wenig geeigneten Verfahrens wird vermutlich positive(re) Wirkungen auf das Leistungsverhalten eines Mitarbeiters haben, als ein etabliertes Verfahren, welches von einem lustlosen Vorgesetzten »erledigt« wird und ohne Konsequenz bleibt (Fußnote: Bei manchen Lehrbüchern sind von daher Quellenhinweise für Behauptungen, empirische Studien u. a. oft Mangelware, sodass Glaube und nicht Nachprüfbarkeit mit diesen Schriften verbunden sind. Hoffentlich erliegen wir nicht dem gleichen Trend). Solche und ähnliche Beispiele verdeutlichen diese Zusammenhänge.

...

Das Lehrbuch ist nun auch formal und didaktisch »modernisiert«. Dies bezieht sich sowohl auf die optischen Aspekte wie unterschiedliche Textkategorien, weitgehende Vereinheitlichung der Abbildungen, Einfügung von Leitfragen und Marginalien u. Ä., als auch auf den Verzicht auf Fußnoten im klassischen Sinne: Die amerikanische Zitierweise hat Einzug gehalten. Neben Vorteilen sind damit auch Nachteile für den Leser verbunden: Die Anzahl der Verweise muss aufgrund der Lesbarkeit eines Textes reduziert werden – mit der Gefahr einer nicht mehr ganz korrekten Zitation aller Ursprungsquellen. Auch sind konkrete, textstellengebundene Anmerkungen und weiterführende Literaturhinweise kaum noch möglich. Beides hat dieses Lehrbuch seit Anbeginn bis zur letzten Auflage begleitet. Wir hoffen gespannt, ob die Leser die nunmehr vorgenommenen Veränderungen positiv aufnehmen.

...

Bielefeld, Januar 2010
Fred G. Becker

Vorwort zur 8., überarbeiteten und erweiterten Auflage

Prof. Dr. Jürgen Berthel lebt nicht mehr. Im August 2005 ist er plötzlich verstorben. Dieser überraschende, viel zu frühe Tod hat nicht nur seine Familie und Freunde geschockt. Er hat ihn auch mitten aus einer Vielzahl an privaten Vorhaben wie Publikationen gerissen. Eines dieser Vorhaben war die weitere Überarbeitung und Erweiterung mancher Teilkapitel im vorliegenden Lehrbuch. Ruhe und wohltuende Distanz zu manchen (zu) aktuellen Themen sollten zu einer pointierte(re)n Darstellung und Meinungsäußerung führen. Dies ist nun leider nicht mehr möglich.

...

Bielefeld, März 2007
Fred G. Becker

Vorwort zur 7. Auflage

Eine augenfällige Änderung betrifft die Autorenschaft: Von nun an werden wir als Zweier-Team von Co-Autoren die weitere Entwicklung dieses Buches betreuen. Schon in dieser Auflage ist die neue, zusätzliche Handschrift erkennbar, vor allem an vier Stellen: (1) Die Informatorische Fundierung in D.II.2 ist zur »Betrieblichen Personalforschung« erweitert und neu systematisiert, (2) »Anreizsysteme« sind in D.VII der (auch gliederungstechnisch) erweiterte Oberbegriff, in den die »Vergütungssysteme« integriert sind, (3) die Organisation des Personalressorts (E.I) ist ausführlicher dargestellt, (4) in F.II sind die Zusammenhänge zwischen Unternehmungsstrategien und dem Personal-Management in erweiterter Weise dargelegt.

Siegen und Bielefeld, April 2003
Jürgen Berthel, Fred G. Becker

Vorwort zur 1. Auflage

Mit Personal-Management wird zusammenfassend eine Summe von ganz unterschiedlichen Tätigkeiten bezeichnet. Zum einen solche, mit denen Menschen in Betrieben unmittelbar geführt werden (Führung des Personals: Verhaltenssteuerung); zum anderen auch solche der Schaffung von Regeln und Bedingungen, nach denen diese Verhaltenssteuerung ablaufen und mit denen das Leistungsverhalten der Mitarbeiter beeinflusst werden soll (Führung für das Personal: Systemgestaltung).

Erkennbar ist Personal-Management in diesem Sinne in Betrieben stets gehandhabt worden, wenn auch wohl nur selten aufgrund eines systematischen und geschlossenen Konzeptes. Dass dies für Personal-Management zunehmende Bedeutung erlangt, wird in der Wirtschafts- und Verwaltungspraxis mehr und mehr gesehen. Die immer größer werdende Zahl von Betrieben, die für »Personal« ein eigenes Vorstandsressort einrichtet, liefert ein deutliches Indiz für diese Tatsache.

Dagegen hat sich die Betriebswirtschaftslehre mit den Tätigkeits- und Problemfeldern des Personal-Managements durchaus nicht im einem Maße beschäftigt und ihnen nicht den Stellenwert zugewiesen, wie es seiner deutlich wachsenden Praxisbedeutung entsprechen würde. Als selbstständige Teildisziplin im Form einer »Speziellen Betriebswirtschaftslehre« beginnt sich »Personal-Management« erst zu etablieren; einen eigens dafür eingerichteten Lehrstuhl gibt es erst an einer kleinen Zahl von deutschen Universitäten.

Daher werden mit diesem Buch verschiedene Ziele verfolgt:
1. Vermittlung eines möglichst umfassenden Überblicks über diese junge betriebswirtschaftliche Teildisziplin, d. h. über die Tätigkeits- und Problemfelder, die ihren Gegenstandsbereich ausmachen: über die in ihnen erzielten Forschungsergebnisse, über den derzeit erreichten Kenntnisstand;
2. Erste Information für Nichtkenner der Materie, z. B. Studenten, für die auch eine Brücke zu den Praxisproblemen angestrebt ist;
3. Kenntniserweiterung für Spezialisten auf Teilgebieten, z. B. Wirtschaftspraktiker, die mit Personalproblemen befasst sind;
4. Anregung für weitere Studien und Kenntnisvertiefung; diesem Zweck in erster Linie dienen der Zitierapparat und das Literaturverzeichnis – gleichzeitig deuten sie das Ausmaß der wissenschaftlichen Fundierung des Personal-Managements an.

...

Siegen, November 1978
Jürgen Berthel

Inhaltsübersicht

Vorwort zur 11., vollständig überarbeiteten Auflage	VII
Vorwort zur 9., vollständig überarbeiteten Auflage	XI
Vorwort zur 8., überarbeitetenund erweiterten Auflage	XIII
Vorwort zur 7. Auflage	XIV
Vorwort zur 1. Auflage	XV
Inhaltsverzeichnis	XIX
Abbildungsverzeichnis	XXVII
Leserhinweise	XXXIV

Teil 1: Grundlagen des Personal-Managements
1	Grundlegung	3
2	Begriff, Inhalt und Grundkonzeption des Personal-Managements	13

Teil 2: Organizational Behavior
1	Grundmodell des Organizational Behaviors	35
2	Grundsätzliche Erklärungsansätze zum Mitarbeiterverhalten	39
3	Motivationstheoretische Ansätze	53
4	Das Leistungsdeterminantenkonzept	87
5	Gruppenarbeit – theoretische Erklärungsansätze	121
6	Personalführung	165

Teil 3: Primäre Personal-Managementsysteme
1	Informatorische Fundierung (Betriebliche Personalforschung)	225
2	Personalbedarfsdeckung	325
3	Personalbindung – Beispiel einer Querschnittsfunktion	445
4	Personalfreisetzung	457
5	Personalentwicklung	485
6	Anreizsysteme	601

Teil 4: Sekundäre Personal-Managementsysteme
1	Strategisch-orientierte Personalarbeit	661
2	Personalplanung als Rahmen	663
3	Organisation des Personal-Managements	669
4	Personalverwaltung	685
5	Personalcontrolling	699
6	Arbeitsbedingungen	711
7	Arbeitsrecht und Arbeitsbeziehungen	743

Inhaltsübersicht

Teil 5: Spezielle Aspekte eines Personal-Managements

1	Strategisch-orientiertes Personal-Management	771
2	Internationales Personal-Management	783
3	Ethik im Personal-Management	809

Literaturverzeichnis	823
Stichwortverzeichnis	867
Über die Autoren	875

Inhaltsverzeichnis

Vorwort zur 11., vollständig überarbeiteten Auflage	VII
Vorwort zur 9., vollständig überarbeiteten Auflage	XI
Vorwort zur 8., überarbeiteten und erweiterten Auflage	XIII
Vorwort zur 7. Auflage	XIV
Vorwort zur 1. Auflage	XV
Inhaltsübersicht	XVII
Abbildungsverzeichnis	XXVII
Leserhinweise	XXXIV

Teil 1: Grundlagen des Personal-Managements

1	**Grundlegung**	**3**
2	**Begriff, Inhalt und Grundkonzeption des Personal-Managements**	**13**
2.1	Erläuterung des grundsätzlichen Verständnisses	13
2.2	Primäre und sekundäre Personalsysteme	27
2.3	Differenzielle Personalarbeit	28

Teil 2: Organizational Behavior

1	**Grundmodell des Organizational Behaviors**	**35**
2	**Grundsätzliche Erklärungsansätze zum Mitarbeiterverhalten**	**39**
2.1	Verhaltensgleichung und S-O-R-Theorem	39
2.2	Menschenbilder	41
2.3	Verträge	45
2.4	Traditioneller Ansatz des Scientific Managements	48
2.5	Human-Relations-Ansatz	49
2.6	Humanistische Ansätze	51
3	**Motivationstheoretische Ansätze**	**53**
3.1	Anreiz-Beitrags-Theorie	53
3.2	Fragen zur Motivation	57
3.3	Inhaltstheorien der Motivation	61
3.3.1	Maslows Bedürfnishierarchie	61
3.3.2	Herzbergs Zwei-Faktoren-Theorie	65
3.4	Kognitive Prozesstheorien der Motivation	68
3.4.1	Inhalte	68

Inhaltsverzeichnis

3.4.2	Vrooms Valenz-Instrumentalitäts-Erwartungs-Modell	69
3.4.3	Das Motivationsmodell von Porter/Lawler	71
3.4.4	Gleichheitstheorie	73
3.4.5	Zielsetzungstheorie von Locke	74
3.4.6	Self-determination Theory (Selbstbestimmungstheorie)	76
3.5	Ansätze zur Leistungsmotivation	77
3.5.1	Inhalte	77
3.5.2	McClellands Theorie der gelernten Bedürfnisse	78
3.5.3	Atkinsons Risiko-Wahl-Modell	79
3.5.4	Attributionstheoretisches Modell von Weiner	81
3.6	Rubikon-Modell	84

4 Das Leistungsdeterminantenkonzept — 87

4.1	Synthesekonzept	87
4.2	Determinanten des Wollens zur Leistung	90
4.2.1	Einstieg	90
4.2.2	Motive (Leistungsdeterminante 3)	91
4.2.3	Einstellungen (2)	96
4.2.4	Valenz + Normen (3)	97
4.2.5	Erwartungen (4), (5)	98
4.2.6	Erfahrungen/Wahrnehmungen (6)	99
4.2.7	Selbstkonzept (7)	100
4.2.8	Persönlichkeitsfaktoren (8)	100
4.2.9	Motivation (9)	102
4.3	Determinanten des Könnens zur Leistung	104
4.3.1	Einführung	104
4.3.2	Eignung (12), (13)	104
4.3.3	Arbeitsbedingungen (10), (11)	106
4.3.4	Leistungsverhalten und -ergebnis (14)	108
4.4	Leistungskonsequenzen	110
4.4.1	Belohnungen (15)	110
4.4.2	Anspruchsniveau (16)	110
4.4.3	Zurechnung (17)	111
4.4.4	Vergleiche (18)	112
4.4.5	Arbeitszufriedenheit (19)	112
4.4.6	Rückkopplungsprozesse (20)	116
4.5	Zusammenhänge	116

5 Gruppenarbeit – theoretische Erklärungsansätze — 121

5.1	Allgemeines	121
5.2	Begriff, Arten und Merkmale von Gruppen	122
5.2.1	Begriff	122
5.2.2	Arten von Gruppen	124
5.3	Gruppenleistung	128
5.4	Einflussvariablen der Gruppenarbeit	132

5.4.1	Determinantenkonzept der Gruppenarbeit	132
5.4.2	Inputvariablen	133
5.4.3	Prozessvariablen	137
5.4.3.1	Gruppenkohäsion	137
5.4.3.2	Normen und Standards	139
5.4.3.3	Rollen	140
5.4.3.4	Konflikte	142
5.4.3.5	Interaktion	149
5.4.4	Outputvariablen	163
6	**Personalführung**	**165**
6.1	Grundprobleme der Personalführung	165
6.1.1	Einführung	165
6.1.2	Begriff und Merkmale	167
6.1.3	Führungserfolg	172
6.2	Grundlegende Ansätze der Führungsforschung	175
6.2.1	Führungsstiltypologien	175
6.2.1.1	Einführung	175
6.2.1.2	Eindimensionale Führungsstile	177
6.2.1.3	Zweidimensionale Führungsstile	179
6.2.1.4	Vieldimensionale Führungsstile	182
6.2.1.5	Transaktionale und transformationale Führungsstile	184
6.2.2	Führungstheorien	187
6.2.2.1	Zur Führungsforschung	187
6.2.2.2	Eigenschaftstheorien	188
6.2.2.3	Situationstheorien	190
6.2.2.4	Attributionstheorien	195
6.2.2.5	Weg-Ziel-Modell der Führung	199
6.2.2.6	Substitutionstheorien	201
6.3	Ausgewählte Personalführungskonzepte	206
6.3.1	Verhaltensgitter (»Managerial Grid«) von Blake/Mouton	206
6.3.2	Drei-D-Konzept von Reddin	208
6.3.3	System 1-4 von Likert	210
6.3.4	Normatives Entscheidungsmodell von Vroom/Yetton	211
6.3.5	Situatives Führungsmodell von Hersey/Blanchard	214
6.4	Dilemmata der Führung	216

Teil 3: Primäre Personal-Managementsysteme

1	**Informatorische Fundierung** (Betriebliche Personalforschung)	**225**
1.1	Begriff und Konzept	226
1.2	Arbeitsmarktforschung	231
1.3	Arbeitsforschung	241
1.3.1	Begriffe und Konzept	241

Inhaltsverzeichnis

1.3.2	Ansprüche und Probleme	243
1.3.2.1	Inhaltliche Ansprüche und Probleme	243
1.3.2.2	Methodische Ansprüche und Probleme	245
1.3.3	Arbeitsplatzanalyse, Anforderungsanalyse und Arbeitsbewertung	246
1.3.3.1	Konzept	246
1.3.3.2	Arbeitsplatzanalyse: Aufgaben- und Arbeits-, Bedingungs-, Rollenanalyse	247
1.3.3.3	Anforderungsanalyse	249
1.3.3.4	Arbeitsbewertung	252
1.4	Qualifikations- und Eignungsforschung	259
1.4.1	Begriff und Konzept	259
1.4.2	Qualifikations-, Kompetenz- und Eignungsprofile	261
1.4.3	Inhaltliche und methodische Ansprüche und Probleme	271
1.4.4	Personalbeurteilung	276
1.4.4.1	Verständnis	276
1.4.4.2	Funktionen	278
1.4.4.3	Leistungsbeurteilung	280
1.4.4.4	Potenzialbeurteilung	295
1.5	Personalbedarfsermittlung	302
1.5.1	Begriff und Inhalt	302
1.5.2	Prozess	305
1.5.2.1	Ermittlung des Brutto-Personalbedarfs	305
1.5.2.2	Ermittlung des Personalbestands	309
1.5.2.3	Ermittlung des Netto-Personalbedarfs (Soll-Ist-Vergleich)	312
1.5.3	Probleme und Grenzen der Bedarfsplanung	314
1.6	Erforschung der Arbeitsbeziehungen	316
1.7	Evaluierungsforschung	317
2	**Personalbedarfsdeckung**	**325**
2.1	Begriff, Inhalt und Determinanten der Personalbedarfsdeckung	326
2.2	Personalbeschaffung	330
2.2.1	Methoden der Personalbeschaffung	330
2.2.1.1	Kategorien	330
2.2.1.2	Interne Personalbeschaffung	331
2.2.1.3	Externe Personalbeschaffung	334
2.2.1.4	Funktionen der Beschaffungsmaßnahmen	346
2.2.2	Personalmarketing und Employer Branding	348
2.2.3	Kriterien zur Auswahl von Methoden der Personalbeschaffung	357
2.3	Personalauswahl	361
2.3.1	Begriff, Bedeutung und Problematik der Personalauswahl	361
2.3.2	Qualifikationanforderungen und Anforderungsprofil	367
2.3.3	Auswahlinstrumente	370
2.3.3.1	Überblick	370
2.3.3.2	Analyse und Bewertung der Bewerbungsunterlagen	371
2.3.3.3	Einsatz weiterer Instrumente zur Vorselektion	378

2.3.3.4	Vorstellungsgespräch	383
2.3.3.5	Testverfahren	404
2.3.3.6	Assessment-Center	411
2.3.3.7	Sonstige Instrumente	419
2.3.4	Entscheidung	423
2.3.5	Rechtliche Aspekte	424
2.4	Einführung neuer Mitarbeiter	428
2.4.1	Verständnis, Begründung und Problemfelder	428
2.4.2	Einführungsstrategien	432
2.4.3	Phasen der Personaleinführung	434
2.4.4	Einarbeitungsinstrumente	441
3	**Personalbindung – Beispiel einer Querschnittsfunktion**	**445**
3.1	Verortung und Verständnis	445
3.2	Forschungsstand	451
3.3	Bindungsmanagement	454
3.4	Fazit	455
4	**Personalfreisetzung**	**457**
4.1	Begriff, Objekte und Ziele der Personalfreisetzung	458
4.2	Ursachen der Personalfreisetzung	460
4.3	Planung der Personalfreisetzung	462
4.4	Alternativen (zur Vermeidung) der Personalfreisetzung	463
4.4.1	Überblick	463
4.4.2	Vermeidung von Personalfreisetzung	464
4.4.3	Kriterien zur Beurteilung von Alternativen der Personalfreisetzung	465
4.4.4	Alternativen der Personalfreisetzung	467
4.4.4.1	Personalfreisetzung ohne Reduktion des Personalbestands	467
4.4.4.2	Personalfreisetzung mit Reduktion des Personalbestands	472
5	**Personalentwicklung**	**485**
5.1	Begriff, Objekte, Ziele, Lerntheorien	486
5.1.1	Begriff und Objekte	486
5.1.2	Ziele	491
5.1.3	Lerntheorien	493
5.1.3.1	Klassische Lerntheorien	493
5.1.3.2	Neuere Lerntheorien	502
5.2	Personalentwicklungskonzept	504
5.2.1	Stellenwert konzeptioneller Personalentwicklung	504
5.2.2	System der Personalentwicklung	508
5.2.3	Förderung von Selbstentwicklung	510
5.3	Prozessphasen der Personalentwicklung	512
5.3.1	Entwicklungsbedarfs- und Umfeldanalyse	512
5.3.1.1	Notwendigkeit von Analyse und Prognose	512

5.3.1.2	Erhebung des Entwicklungsbedarfs	513
5.3.1.3	Identifizierung der Entwicklungsadressaten	518
5.3.1.4	Umweltanalyse und -prognose	520
5.3.2	Personalentwicklungsplanung	521
5.3.2.1	Differenzierung	521
5.3.2.2	Einstiegsqualifizierung	523
5.3.2.3	Anpassungsqualifizierung	531
5.3.2.4	Aufstiegsqualifizierung	532
5.3.3	Qualifizierungsphase	543
5.3.3.1	Auswahl der Personalentwicklungsmethoden	543
5.3.3.2	Personalentwicklung am Arbeitsplatz (»Training-on-the-Job«)	546
5.3.3.3	Personalentwicklung außerhalb des Arbeitsplatzes (»Training-off-the-Job«)	560
5.3.3.4	Personalentwicklung neben dem Arbeitsplatz (»Training-near-the-Job«)	570
5.3.3.5	Personalentwicklung entlang des Arbeitsplatzes (»Training-along-the-Job«)	576
5.3.4	Evaluation und Transfermanagement	581
5.3.4.1	Notwendigkeit der Evaluation	581
5.3.4.2	Ziele der Evaluation	582
5.3.4.3	Ansatzpunkte	585
5.3.4.4	Voraussetzungen	588
5.3.4.5	Evaluationsinstrumente	589
5.3.4.6	Probleme	591
5.3.4.7	Transfermanagement	593
6	**Anreizsysteme**	**601**
6.1	Verständnis, Funktionen und Differenzierung	602
6.2	Vergütungssysteme	607
6.2.1	Grundlagen	607
6.2.2	Entgeltdifferenzierung	611
6.2.3	Entgeltformen	614
6.2.3.1	Klassische Entgeltformen	615
6.2.3.2	Variable Vergütung	623
6.2.4	Sozialleistungen	631
6.2.5	Betriebliche Altersversorgung	632
6.2.5.1	Begriff, Rechtsgrundlagen, Bedeutung und Stand der Entwicklung	632
6.2.5.2	Typen der betrieblichen Altersversorgung	634
6.2.5.3	Gestaltungsformen der betrieblichen Altersversorgung	634
6.2.5.4	Arbeitnehmerfinanzierte betriebliche Altersversorgung	636
6.3	Erfolgs- und Kapitalbeteiligung als ein System der materiellen Mitarbeiterbeteiligung	637
6.3.1	Überblick über Systeme der materiellen Mitarbeiterbeteiligung	637

Inhaltsverzeichnis

6.3.2	Ziele von Erfolgs- und Kapitalbeteiligungssystemen	639
6.3.3	Gestaltungselemente von Erfolgs- und Kapitalbeteiligungssystemen	640
6.3.4	Rechtliche Aspekte	645
6.3.5	Cafeteria-Systeme	645
6.4	Aspekte der Führungskräftevergütung	649
6.5	Immaterielle Anreizsysteme	653
6.6	Resümee	657

Teil 4: Sekundäre Personal-Managementsysteme

1	**Strategisch-orientierte Personalarbeit**	**661**
2	**Personalplanung als Rahmen**	**663**
3	**Organisation des Personal-Managements**	**669**
3.1	Problematik	669
3.2	Innere Organisation	672
3.3	Äußere Organisation	677
3.4	Entwicklungen	681
4	**Personalverwaltung**	**685**
4.1	Verständnis	685
4.2	Aufgaben der Personalverwaltung	685
4.3	Personalinformationssystem als Instrument der Personalverwaltung	690
4.4	Outsourcing von Personalverwaltungsaufgaben?	696
5	**Personalcontrolling**	**699**
5.1	Grundkonzept des Controllings	699
5.2	Zur Konzeption eines Personalcontrollings	701
5.2.1	Ziele, Begriff und Aufgaben	701
5.2.2	Bestandteile	703
5.2.3	Strategisches und operatives Personalcontrolling	704
5.2.4	Weitere Elemente des Personalcontrollings	705
5.2.4.1	Ansätze und Instrumente	705
5.2.4.2	Organisatorische Einbindung	707
5.3	Grenzen	709
6	**Arbeitsbedingungen**	**711**
6.1	Verständnis und Gestaltungsziele	712
6.2	Ergonomische Arbeitsplatzgestaltung	714
6.3	Organisatorische Arbeitsgestaltung	721
6.3.1	Aufgabengestaltung	721

6.3.2	Arbeitszeitgestaltung	724
6.4	Technologische Gestaltung	736

7 Arbeitsrecht und Arbeitsbeziehungen 743

7.1	Verständnis und Überblick	744
7.2	Grundzüge des Arbeitsrechts	744
7.3	Folgen ausgewählter arbeitsrechtlicher Regelungen für die Teilsysteme des Personal-Managements	750
7.3.1	Überblick	750
7.3.2	Mitbestimmung auf individueller Ebene	751
7.3.3	Mitbestimmung auf Betriebsebene (Betriebliche Mitbestimmung)	751
7.3.4	Mitbestimmung auf Unternehmungsebene (Unternehmerische Mitbestimmung)	763
7.3.5	Mitbestimmung auf internationaler Ebene	766

Teil 5: Spezielle Aspekte eines Personal-Managements

1 Strategisch-orientiertes Personal-Management 771

1.1	Zusammenhang von strategischer Führung und Personal-Management	771
1.2	Verständnisse	774

2 Internationales Personal-Management 783

2.1	Zur Notwendigkeit	783
2.2	Strategien eines internationalen Personal-Managements	784
2.3	Implikationen für Personal-Managementsysteme	788
2.3.1	Grundlegendes	788
2.3.2	Personalplanung und -bedarfsdeckung	790
2.3.3	Endsendung von Expatriates	794
2.3.4	Personalentwicklung	800
2.3.5	Vergütungssysteme	802
2.3.6	Personalführung	804

3 Ethik im Personal-Management 809

3.1	Ethik im Betrieb	809
3.2	Zugänge zur (Personal-)Ethik	813
3.3	Personalethik	815
3.4	Wirtschaftliche versus soziale Effizienz?	819

Literaturverzeichnis 823

Stichwortverzeichnis 867

Über die Autoren 875

Abbildungsverzeichnis

Abb. 1-1	Entwicklungsphasen der betrieblichen Personalarbeit (seit 1948)	15
Abb. 1-2	Begriffszusammenhang des Personal-Managements	17
Abb. 1-3	Strukturationstheorie und Personal-Management	19
Abb. 1-4	Personalbezogene Ressourcen	22
Abb. 1-5	Personal-Management als wissenschaftliche Disziplin	26
Abb. 1-6	Personal-Managementsystem mit seinen Teilsystemen	28
Abb. 2-1	Grundmodell des Organizational Behaviors	36
Abb. 2-2	Annahmen der Theorien X und Y nach McGregor	42
Abb. 2-3	Sich selbst verstärkende Effekte	42
Abb. 2-4	Menschenbilder und organisatorische Konsequenzen nach Schein	43
Abb. 2-5	Vertragsarten einer Arbeitsbeziehung	45
Abb. 2-6	Erfüllung von Verträgen und ihre Konsequenzen	48
Abb. 2-7	Beispielhafte Anreize und Beiträge im Rahmen der Anreiz-Beitrags-Theorie	54
Abb. 2-8	Einflussfaktoren von Teilnahme-, Bleibe- und Austrittsentscheidungen gemäß der Anreiz-Beitrags-Theorie	55
Abb. 2-9	Motiv-Pyramide nach Maslow	62
Abb. 2-10	Dynamische Betrachtung der Bedürfnisklassen Maslows	63
Abb. 2-11	Zentrale Einflussfaktoren auf die Arbeits(un)zufriedenheit (nach Herzberg)	66
Abb. 2-12	Grundformel des VIE-Modells	69
Abb. 2-13	Motivationstheorie von Porter/Lawler	71
Abb. 2-14	Wirkmechanismen und Moderatoren	75
Abb. 2-15	Weiners Modell der Attribution leistungsbezogener Ergebnisse	82
Abb. 2-16	Rubikon-Modell	84
Abb. 2-17	Leistungsdeterminantenkonzept	89
Abb. 2-18	Zusammenhang von Motiv und Motivation	92
Abb. 2-19	»Big Five«-Modell der Persönlichkeit	101
Abb. 2-20	Zustandekommen der Arbeitszufriedenheit	113
Abb. 2-21	Formen der Arbeitszufriedenheit und Arbeitsverhaltensfolgen	114
Abb. 2-22	Rahmenmodell zur Identifikation, Motivation und Remotivation	119
Abb. 2-23	Differenzierung von formaler und informaler Gruppe	127
Abb. 2-24	Kriterienmodell der Gruppenleistung	129
Abb. 2-25	Integrierende und differenzierende Gruppeneffekte	131
Abb. 2-26	Input-Output-Modell mit zentralen Einflussvariablen der Arbeit in Gruppen	133

Abbildungsverzeichnis

Abb. 2-27	Merkmale der Gruppenmitglieder	136
Abb. 2-28	Verschiedene Rollenerwartungen	140
Abb. 2-29	Mögliche Rollenkonflikte	141
Abb. 2-30	Generelle Konfliktursachen	144
Abb. 2-31	Konfliktdimensionen	145
Abb. 2-32	Dynamik einer Konfliktepisode	147
Abb. 2-33	Konfliktreaktionen bei interpersonalen Konflikten	148
Abb. 2-34	Konflikthandhabungsstile	149
Abb. 2-35	Typische Gruppenphasen im Zeitablauf	150
Abb. 2-36	Groupthink-Modell	152
Abb. 2-37	Prozeduren zum Vermeiden von Groupthink	155
Abb. 2-38	Rahmenbedingungen, Indikatoren und Gegenmaßnahmen des Social Loafings	161
Abb. 2-39	Richtungen der Personalführung	168
Abb. 2-40	Formen der »Führung von unten«	169
Abb. 2-41	Verschiedene Führungsstiltypologien	176
Abb. 2-42	Führungsstilkontinuum nach Tannenbaum/Schmidt	178
Abb. 2-43	Zentrale Inhalte der Ohio-Dimensionen	179
Abb. 2-44	Beziehungen zwischen »Consideration« und »Initiating Structure«	181
Abb. 2-45	Vieldimensionaler Analyseansatz von Führungssituation und -stil	182
Abb. 2-46	Komponenten transformationaler Führung	185
Abb. 2-47	Zusammenwirken von transformationaler und transaktionaler Führung	186
Abb. 2-48	Funktionen und Variablen von Führungstheorien	187
Abb. 2-49	Aussagen des Kontingenzmodells	191
Abb. 2-50	Attributionstheoretisches Modell der Reaktionen eines Führers auf schlechte Leistungen eines Mitarbeiters	198
Abb. 2-51	Prozesse und Medien sozialer Kontrolle organisatorischen Handelns	202
Abb. 2-52	Führungssubstitute	203
Abb. 2-53	Verhaltensgitter	207
Abb. 2-54	Differenzierung der Basisstile nach der Effizienz der jeweiligen Verhaltensausprägung	209
Abb. 2-55	Eingruppierung von Führungsverhalten in die Führungssysteme 1-4	210
Abb. 2-56	Entscheidungsmodell von Vroom/Yetton	212
Abb. 2-57	Entscheidungsregeln	213
Abb. 2-58	Situatives Führungsmodell von Hersey/Blanchard	215
Abb. 3-1	Bereiche, Objekte und Instrumente der betrieblichen Personalforschung	228
Abb. 3-2	Typen von Fragestellungen der betrieblichen Personalforschung	229

Abbildungsverzeichnis

Abb. 3-3	Differenzierung der Arbeitsmärkte mit möglichen Arbeitsmarktsegmenten	233
Abb. 3-4	Unterschiedliche Altersstrukturen	234
Abb. 3-5	Beispiele einer umfassenden Mitarbeiterbefragung	236
Abb. 3-6	Anforderungsarten des Genfer Schemas	242
Abb. 3-7	Teilbereiche der Arbeitsforschung	247
Abb. 3-8	Standardverfahren der Arbeitsbewertung	253
Abb. 3-9	Tarifliche Entgeltgruppen (am Beispiel vom ERA)	254
Abb. 3-10	Schema einer Arbeitsbewertung nach dem Stufenwertzahlverfahren	255
Abb. 3-11	Prozess der Arbeitsbewertung	256
Abb. 3-12	Bewertungskriterien nach Hay	257
Abb. 3-13	Beispiel des Stufenwertzahlverfahrens aus dem ERA zum Anforderungsmerkmal »Handlungs- und Entscheidungsspielraum«	258
Abb. 3-14	Formen der personalen Eignungsprüfung	259
Abb. 3-15	Zusammenhang zwischen Soll- und Ist-Qualifikationen	263
Abb. 3-16	Ansätze der Eignungsprüfung	266
Abb. 3-17	Prozess der situativen Verhaltenserfassung und -beobachtung	267
Abb. 3-18	Analyseebenen der Qualifikations- und Eignungsforschung	270
Abb. 3-19	Überblick über Beurteilungsfehler	273
Abb. 3-20	360°-Beurteilung	278
Abb. 3-21	Funktionen einer Personalbeurteilung	279
Abb. 3-22	Leistungsbeurteilungsverfahren	282
Abb. 3-23	Bewertungsformular eines merkmalsorientierten Einstufungsverfahrens	285
Abb. 3-24	Beispiel einer Verhaltenserwartungsskala	287
Abb. 3-25	Beispiel einer Verhaltensbeobachtungsskala (Ausschnitt)	288
Abb. 3-26	MbO und integrierte Leistungsbeurteilung	290
Abb. 3-27a	Bewertungsformular für einen Personalleiter im Rahmen eines zielorientierten Verfahrens	291
Abb. 3-27b	Bewertungsformular für einen Personalleiter im Rahmen eines zielorientierten Verfahrens (Fortsetzung)	292
Abb. 3-27c	Bewertungsformular für einen Personalleiter im Rahmen eines zielorientierten Verfahrens	293
Abb. 3-28	Differenzierung des Qualifikationspotenzials	296
Abb. 3-29	Verfahren zur Potenzialbeurteilung	297
Abb. 3-30	»Human Resource«-Portfolio	301
Abb. 3-31	Haupteinflussgrößen auf den Personalbedarf	304
Abb. 3-32	Hilfsmittel der Personalbedarfsermittlungskennzahlen je nach Branche oder Abteilung	306
Abb. 3-33	Ablauf der Personalbedarfsplanung	314
Abb. 3-34	Fokusse einer Evaluierungsforschung	319
Abb. 3-35	Mögliche Maßgrößen für eine HR-Balanced-Scorecard	321

Abbildungsverzeichnis

Abb. 3-36	Kriterien und Kriterieneigenschaften in Bewertungsprozessen	328
Abb. 3-37	Personalbedarfsdeckungskette i. e. S.	329
Abb. 3-38	Interne und externe Personalbeschaffungsmethoden und -maßnahmen	330
Abb. 3-39	Überblick über Jobbörsen (Auswahl)	339
Abb. 3-40	Überblick über Social-Media-Plattformen im E-Rekruting (Auswahl)	341–343
Abb. 3-41	Rechtsbeziehungen innerhalb der Arbeitnehmerüberlassung	345
Abb. 3-42	Übersicht über Labels und Wettbewerber zu »Guten Arbeitgebern«	356
Abb. 3-43	Interne und externe Personalbeschaffung im Vergleich	358
Abb. 3-44	Zusammenhänge zwischen der Bestimmung von Zielgruppen und der Wahl von Personalbeschaffungsmethoden und -instrumenten	359
Abb. 3-45	Personalauswahlkette	363
Abb. 3-46	Potenzielle Fehler bei der Personalauswahlentscheidung	364
Abb. 3-47	Beispielformular zur Eignungsbewertung	369
Abb. 3-48	Instrumente der Personalauswahl	370
Abb. 3-49	Idealtypische Arten von Vorstellungsgesprächen	385
Abb. 3-50	Validität unstrukturierter und strukturierter Einstellungsinterviews	387
Abb. 3-51	Verhaltensdreieck des biografischen und des situativen Interviews	392
Abb. 3-52	Situatives Problem und situative Fragen	393
Abb. 3-53	Biografische Fragen zur Anforderungsdimension »Teamfähigkeit«	396
Abb. 3-54	Situative und biografische Interviews	397
Abb. 3-55	Interviewmodule des Multimodalen Interviews	398
Abb. 3-56	Beispiel einer Checkliste für einen idealtypischen Interviewablauf	401–403
Abb. 3-57	Überblick über ausgewählte Testverfahren	410
Abb. 3-58	Grundprinzipien der Assessment-Center-Technik	412
Abb. 3-59	Ablauf eines Gruppen-Assessment-Centers	415
Abb. 3-60	Simulationsorientierte Verfahrensarten (des Assessment-Centers)	416
Abb. 3-61	Taxonomie für biografische Daten	422
Abb. 3-62	Externe Personalbeschaffung und Personalauswahl – Zentrale rechtliche Aspekte	424
Abb. 3-63	Zentrale rechtliche Regelungen der externen Personalbeschaffung	425
Abb. 3-64	Zentrale rechtliche Regelungen der Personalauswahl	426
Abb. 3-65	Fragerecht des Arbeitgebers	427
Abb. 3-66	Orientierungsnotwendigkeiten neuer Mitarbeiter	431
Abb. 3-67	Verständnis und Prozess der Personaleinführung i. w. S.	435

Abbildungsverzeichnis

Abb. 3-68	Zentrale Aspekte der Personaleinführung i. e. S.	439
Abb. 3-69	Personalbindung und Bindungsmanagement	447
Abb. 3-70	Beispielhaftes Konzept eines Bindungsmanagements	454
Abb. 3-71	Phasen der Personalfreisetzung	463
Abb. 3-72	Überblick über die Alternativen der Personalfreisetzung	467
Abb. 3-73	Kurzarbeit	471
Abb. 3-74	Einordnung der Personalentwicklung	489
Abb. 3-75	Prozess des Modell-Lernens	497
Abb. 3-76	System der Personalentwicklung	508
Abb. 3-77	Überblick zu Ermittlungsverfahren des Personalentwicklungsbedarfs	514
Abb. 3-78	Instrumente zur Bedarfsanalyse und -prognose	516–517
Abb. 3-79	Kennzeichen deterministischer und katalytischer Qualifizierung	518
Abb. 3-80	Teilbereiche und Richtungen der Personalentwicklung	522
Abb. 3-81	Das duale System der Berufsausbildung	526
Abb. 3-82	Varianten des dualen Studiums	528
Abb. 3-83	Karriereorientierungen	535
Abb. 3-84	Laufbahnformen (Karriereentwicklungsmöglichkeiten)	537
Abb. 3-85	Zusammenhang von Karrierephasen und Lebenssphären	542
Abb. 3-86	Methoden und Instrumente der Personalentwicklung	545
Abb. 3-87	Varianten des »Understudy«-Instruments	548
Abb. 3-88	Unterweisung nach der Vier-Stufen-Methode	550
Abb. 3-89	Grundformen der Arbeitsfeldstrukturierung	552
Abb. 3-90	Persönlichkeits- und lernfördernde Merkmale von Arbeitssituationen	555
Abb. 3-91	Gestaltungsparameter von Job Rotation	557
Abb. 3-92	Vergleich alternativer Personalentwicklungsmaßnahmen	570
Abb. 3-93	Formen des Coachings	578
Abb. 3-94	Prozess des Coachings	579
Abb. 3-95	Evaluationsebenen und -bereiche	585
Abb. 3-96	Modell der Transferlücke	594
Abb. 3-97	Phasen der Transfersicherung	596
Abb. 3-98	Transferprobleme und -hemmnisse: Beispiele	597
Abb. 3-99	Funktionen von betrieblichen Anreizsystemen	605
Abb. 3-100	Betriebliches Anreizsystem und seine Elemente	607
Abb. 3-101	Personalkostenüberblick	609
Abb. 3-102	Entgelt- und Stückkostenverlauf bei Zeitlohn	616
Abb. 3-103	Bandbreitenmodell	617
Abb. 3-104	Arten von Zusatzprämien	622
Abb. 3-105	Differenzierung erfolgs- und leistungsorientierter Vergütungssysteme	624
Abb. 3-106	Zur Variabilität von Vergütungen	626
Abb. 3-107	Generelle Probleme variabler Vergütung	628
Abb. 3-108	Gestaltungsformen der betrieblichen Altersversorgung	635

Abbildungsverzeichnis

Abb. 3-109	Elemente und Gestaltungsformen von Erfolgsbeteiligungssystemen	640
Abb. 3-110	Beispielhafte Amtsbezeichnungen nach Besoldungsordnungen	649
Abb. 3-111	Bemessungsgrundlage der Managemententlohnung	651
Abb. 3-112	Anreizbedingungen: Zweifache Wirkung	654
Abb. 4-1	Integrierte Personalplanung	666
Abb. 4-2	System der Personalplanung	667
Abb. 4-3	Primärorganisation des Referentenmodells	674
Abb. 4-4	Generelle Vor- und Nachteile der Grundformen der Innenstrukturierung des Personalbereichs	675
Abb. 4-6	Einbindung des Referentensystems in den Gesamtbetrieb	679
Abb. 4-7	Generelle Vorteile einer zentralen versus dezentralen Eingliederung des Personalbereichs in die betriebliche Organisation	680
Abb. 4-8	Wertschöpfungscenter »Personal« mit seinen drei »Responsibility Units« und den darin ausgeführten Funktionen	682
Abb. 4-9	Auswahlkriterien für Outsourcingpartner	697
Abb. 4-10	Ebenen des Personalcontrollings	704
Abb. 4-11	Gegenüberstellung idealtypischer Merkmale des strategischen und operativen Personalcontrollings	705
Abb. 4-12	Vorteile organisatorischer Positionierungen des Personalcontrollings	708
Abb. 4-13	Übersicht über die Arbeitsbedingungen und ihre Einflussfaktoren	712
Abb. 4-14	Zusammenhang zwischen (Personal-)Arbeit und Gesundheit	723
Abb. 4-15	Übersicht über Arbeitszeitmodelle	726
Abb. 4-16	Vor- und Nachteile flexibler Arbeitszeitstrukturen	727
Abb. 4-17	Arbeit und Arbeitsplätze 4.0	740
Abb. 4-18	Überblick über die deutsche Arbeitsrechtsordnung	745
Abb. 4-19	Überblick über wichtige Regelungsgegenstände und Rechtsquellen des Individualarbeitsrechts	752
Abb. 4-20	Wichtige Beteiligungsrechte des Betriebsrats	754
Abb. 4-21	Einfluss wichtiger Arbeitsgesetze auf Teilsysteme des Personal-Managements	755
Abb. 4-22	Überblick über die zentralen Regelungen der Gesetze zur Mitbestimmung auf Unternehmungsebene	763–764
Abb. 5-1	Michigan-Konzept des Strategic Human Resource Managements	774
Abb. 5-2	Personalorientierung bei unterschiedlichen Strategien	775
Abb. 5-3	Harvard-Konzept des Human Resource Managements	776
Abb. 5-4	Personal-Management und strategische Entscheidungen	777
Abb. 5-5	Modell eines strategischen »Human Resource Cycle«	779

Abb. 5-6	ERPG-Modell und Personalstrategien	787
Abb. 5-7	Kulturdimensionen nach Hofstede	789
Abb. 5-8	International qualitativ unterschiedlicher Personalbedarf	791
Abb. 5-9	Konsequenzen unterschiedlicher Personalbeschaffungsstrategien	792
Abb. 5-10	Idealtypischer Entsendeprozess	797
Abb. 5-11	Erfolgsperspektiven in der Reintegrationsforschung	799
Abb. 5-12	International unterschiedliche Personalentwicklung	800
Abb. 5-13	Internationale Vergütungssysteme (Tendenzaussagen)	803
Abb. 5-14	Zusammenfassender Überblick über die Führungsdimensionen nach Clustern	805
Abb. 5-15	Beispielhafte Maßnahmen zur kulturellen Verankerung der Internationalität	806
Abb. 5-16	Ebenenmodell der Ethik	811

Leserhinweise

Seit der 9. Auflage liegt das Lehrbuch Personal-Management in einer inhaltlich überarbeiteten und gestalterisch neuen Form vor.

Das leserfreundliche Layout verdeutlicht die inhaltliche Struktur des Buches, vermittelt Orientierung und erleichtert das Lernen und Arbeiten mit dem Text in vielfältiger Weise.

Blaue Kästen:

Blau hinterlegte Kästen kennzeichnen kurze Textpassagen, die besonders wichtig sind und hervorgehoben werden sollen. Sie enthalten Definitionen, Merksätze, Zitate oder wichtige Erläuterungen.

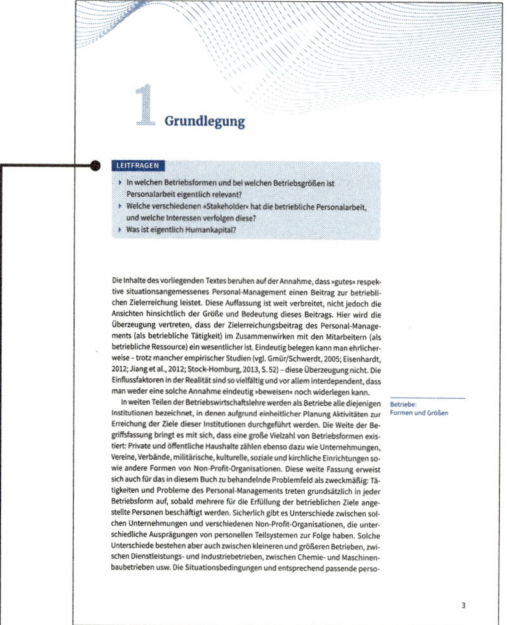

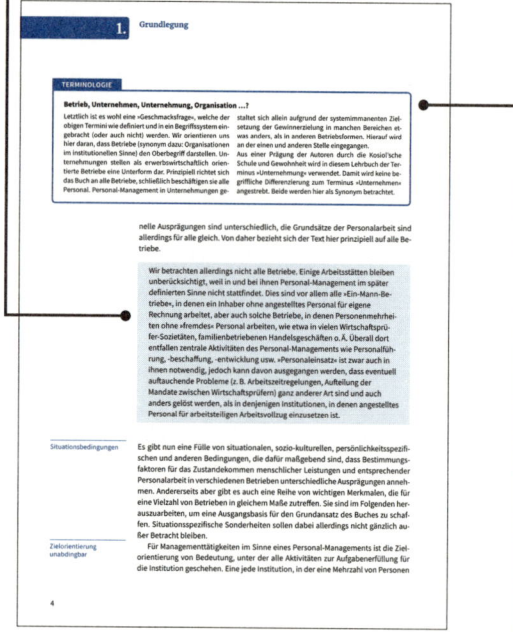

Leitfragen:

Jedes Kapitel wird durch mehrere »Leitfragen« eingeführt. Diese stimmen inhaltlich auf die nun folgenden Themen ein, verweisen auf die Lernziele des jeweiligen Kapitels und dienen der Überprüfung des Lernerfolgs. Nach der Lektüre des Textes sollten die Leser in der Lage sein, alle Leitfragen zu beantworten. Falls sie dabei auf Lücken oder Unsicherheiten stoßen, wird empfohlen, die entsprechenden Abschnitte nochmals genau durchzuarbeiten und zu wiederholen.

Informationskästen:

In den über das ganze Buch verteilten Informationskästen, findet der Leser eine Vielzahl an Zusatzinformationen, die der Vertiefung, Illustration oder der Weiterführung eines Themas dienen, wie z. B. Beispiele aus der Unternehmenspraxis, Textpassagen aus Originalquellen oder Wissenswertes aus der Forschung. Die Informationskästen erläutern den Grundtext, müssen aber für dessen Verständnis nicht zwingend gelesen werden.

Leserhinweise

Marginalien:
Marginalien direkt neben dem Text führen stichwortartig durch die wesentlichen Inhalte des jeweiligen Kapitels. Sie dienen der ersten Orientierung, verdeutlichen die Gliederung des Textes und fassen diesen zusammen. Darüber hinaus helfen die Marginalien, bestimmte Schlagworte und Abschnitte rasch aufzufinden. Außerdem bietet die breite Randspalte zusätzlichen Platz für eigene Notizen.

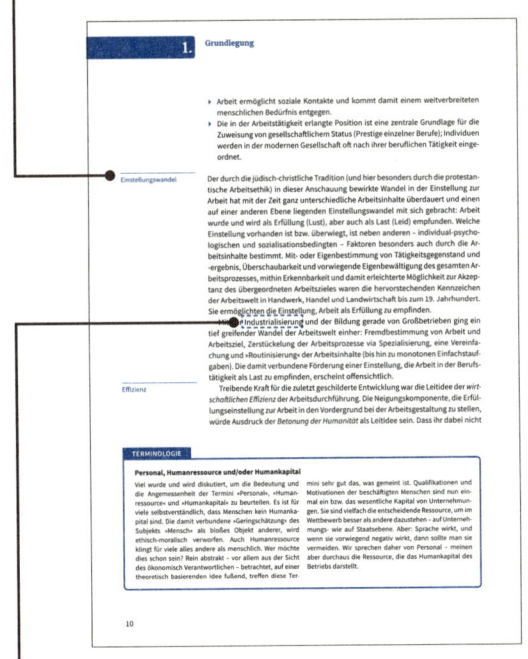

Abbildungen:
Die durchgehend zweifarbigen Abbildungen werden in jedem Teil neu nummeriert. Im Text wird jeweils auf die Abbildungen Bezug genommen und an gegebener Stelle auf diese verwiesen. Im Abbildungsverzeichnis, das direkt hinter dem Inhaltsverzeichnis steht, finden die Leser eine komplette Liste aller Abbildungen.

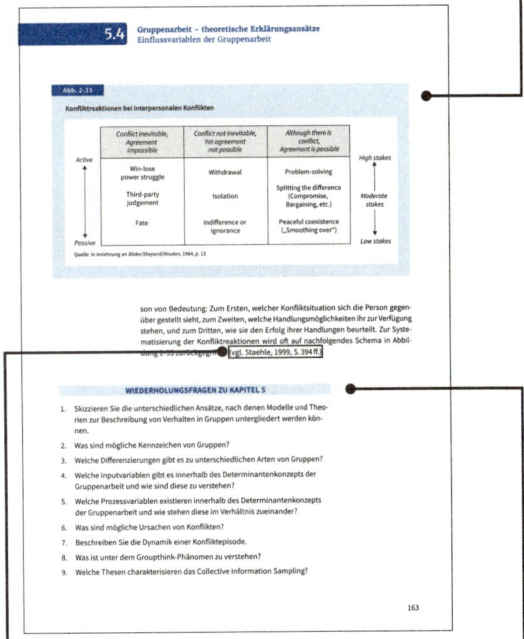

Sachregister:
Das umfangreiche Sachregister dient zum Auffinden von Begriffen, Konzepten, Instrumenten und Praxisbeispielen im Text.

Literaturverweise:
Die Literaturverweise stehen direkt im Text, und zwar unter Nennung der Autoren und des Erscheinungsjahres. Im Literaturverzeichnis im hinteren Teil des Buches sind sämtliche Literatur- und Quellenangaben vollständig aufgeführt.

Wiederholungsfragen:
Mit den Fragen am Ende des Kapitels kann der Stoff wiederholt und vertieft werden.

Teil 1

Grundlagen des Personal-Managements

1 Grundlegung

> **LEITFRAGEN**
> - In welchen Betriebsformen und bei welchen Betriebsgrößen ist Personalarbeit eigentlich relevant?
> - Welche verschiedenen »Stakeholder« hat die betriebliche Personalarbeit, und welche Interessen verfolgen diese?
> - Was ist eigentlich Humankapital?

Die Inhalte des vorliegenden Textes beruhen auf der Annahme, dass »gutes« respektive situationsangemessenes Personal-Management einen Beitrag zur betrieblichen Zielerreichung leistet. Diese Auffassung ist weit verbreitet, nicht jedoch die Ansichten hinsichtlich der Größe und Bedeutung dieses Beitrags. Hier wird die Überzeugung vertreten, dass der Zielerreichungsbeitrag des Personal-Managements (als betriebliche Tätigkeit) im Zusammenwirken mit den Mitarbeitern (als betriebliche Ressource) ein wesentlicher ist. Eindeutig belegen kann man ehrlicherweise – trotz mancher empirischer Studien (vgl. Gmür/Schwerdt, 2005; Eisenhardt, 2012; Jiang et al., 2012; Stock-Homburg, 2013, S. 52) – diese Überzeugung nicht. Die Einflussfaktoren in der Realität sind so vielfältig und vor allem interdependent, dass man weder eine solche Annahme eindeutig »beweisen« noch widerlegen kann.

In weiten Teilen der Betriebswirtschaftslehre werden als Betriebe alle diejenigen Institutionen bezeichnet, in denen aufgrund einheitlicher Planung Aktivitäten zur Erreichung der Ziele dieser Institutionen durchgeführt werden. Die Weite der Begriffsfassung bringt es mit sich, dass eine große Vielzahl von Betriebsformen existiert: Private und öffentliche Haushalte zählen ebenso dazu wie Unternehmungen, Vereine, Verbände, militärische, kulturelle, soziale und kirchliche Einrichtungen sowie andere Formen von Non-Profit-Organisationen. Diese weite Fassung erweist sich auch für das in diesem Buch zu behandelnde Problemfeld als zweckmäßig: Tätigkeiten und Probleme des Personal-Managements treten grundsätzlich in jeder Betriebsform auf, sobald mehrere für die Erfüllung der betrieblichen Ziele angestellte Personen beschäftigt werden. Sicherlich gibt es Unterschiede zwischen solchen Unternehmungen und verschiedenen Non-Profit-Organisationen, die unterschiedliche Ausprägungen von personellen Teilsystemen zur Folge haben. Solche Unterschiede bestehen aber auch zwischen kleineren und größeren Betrieben, zwischen Dienstleistungs- und Industriebetrieben, zwischen Chemie- und Maschinenbaubetrieben usw. Die Situationsbedingungen und entsprechend passende perso-

Betriebe: Formen und Größen

1. Grundlegung

> **TERMINOLOGIE**
>
> **Betrieb, Unternehmen, Unternehmung, Organisation ...?**
>
> Letztlich ist es wohl eine »Geschmacksfrage«, welche der obigen Termini wie definiert und in ein Begriffssystem eingebracht (oder auch nicht) werden. Wir orientieren uns hier daran, dass Betriebe (synonym dazu: Organisationen im institutionellen Sinne) den Oberbegriff darstellen. Unternehmungen stellen als erwerbswirtschaftlich orientierte Betriebe eine Unterform dar. Prinzipiell richtet sich das Buch an alle Betriebe, schließlich beschäftigen sie alle Personal. Personal-Management in Unternehmungen gestaltet sich allein aufgrund der systemimmanenten Zielsetzung der Gewinnerzielung in manchen Bereichen etwas anders, als in anderen Betriebsformen. Hierauf wird an der einen und anderen Stelle eingegangen.
>
> Aus einer Prägung der Autoren durch die Kosiol'sche Schule und Gewohnheit wird in diesem Lehrbuch der Terminus »Unternehmung« verwendet. Damit wird keine begriffliche Differenzierung zum Terminus »Unternehmen« angestrebt. Beide werden hier als Synonym betrachtet.

nelle Ausprägungen sind unterschiedlich, die Grundsätze der Personalarbeit sind allerdings für alle gleich. Von daher bezieht sich der Text hier prinzipiell auf alle Betriebe.

> Wir betrachten allerdings nicht alle Betriebe. Einige Arbeitsstätten bleiben unberücksichtigt, weil in und bei ihnen Personal-Management im später definierten Sinne nicht stattfindet. Dies sind vor allem alle »Ein-Mann-Betriebe«, in denen ein Inhaber ohne angestelltes Personal für eigene Rechnung arbeitet, aber auch solche Betriebe, in denen Personenmehrheiten ohne »fremdes« Personal arbeiten, wie etwa in vielen Wirtschaftsprüfer-Sozietäten, familienbetriebenen Handelsgeschäften o. Ä. Überall dort entfallen zentrale Aktivitäten des Personal-Managements wie Personalführung, -beschaffung, -entwicklung usw. »Personaleinsatz« ist zwar auch in ihnen notwendig, jedoch kann davon ausgegangen werden, dass eventuell auftauchende Probleme (z. B. Arbeitszeitregelungen, Aufteilung der Mandate zwischen Wirtschaftsprüfern) ganz anderer Art sind und auch anders gelöst werden, als in denjenigen Institutionen, in denen angestelltes Personal für arbeitsteiligen Arbeitsvollzug einzusetzen ist.

Situationsbedingungen

Es gibt nun eine Fülle von situationalen, sozio-kulturellen, persönlichkeitsspezifischen und anderen Bedingungen, die dafür maßgebend sind, dass Bestimmungsfaktoren für das Zustandekommen menschlicher Leistungen und entsprechender Personalarbeit in verschiedenen Betrieben unterschiedliche Ausprägungen annehmen. Andererseits aber gibt es auch eine Reihe von wichtigen Merkmalen, die für eine Vielzahl von Betrieben in gleichem Maße zutreffen. Sie sind im Folgenden herauszuarbeiten, um eine Ausgangsbasis für den Grundansatz des Buches zu schaffen. Situationsspezifische Sonderheiten sollen dabei allerdings nicht gänzlich außer Betracht bleiben.

Zielorientierung unabdingbar

Für Managementtätigkeiten im Sinne eines Personal-Managements ist die Zielorientierung von Bedeutung, unter der alle Aktivitäten zur Aufgabenerfüllung für die Institution geschehen. Eine jede Institution, in der eine Mehrzahl von Personen

1. Grundlegung

tätig ist, wird gegründet und fortgeführt, damit ihre Ziele – Ziele der Institution also – erreicht werden: Ein Theater als Prototyp für eine kulturelle Einrichtung will Stücke für ein interessiertes Publikum aufführen, ein karitativer Verband will bestimmte soziale Leistungen erbringen, eine militärische Einheit soll die Sicherheit eines bestimmten Territoriums und der in ihm lebenden Bewohner schützen, eine Behörde der staatlichen Verwaltung erbringt genau definierte Dienstleistungen für die Bürger, eine Unternehmung setzt produzierte Güter an Nachfrager ab. Ziele dieser Art, d. h. hinsichtlich dessen, *was* eine Institution hervorbringt, werden traditionell *Sachziele* genannt (vgl. Kosiol, 1966, S. 45 f.).

Sie aber sind nicht die einzige Zielkategorie: Hinzu kommen sogenannte *Formalziele*, die das *Wie* der Leistungserstellung betreffen. Diejenigen Ziele, die in diesem Sinne ein bestimmtes Verhältnis zwischen den Einsatzgütern zur Leistungserstellung und dem Leistungsergebnis (bzw. deren jeweiligen Geldgegenwerten) als einzuhalten oder anzustreben definieren, werden *Erfolgsziele* genannt. Darunter versteht man das Handeln nach dem Wirtschaftlichkeitsprinzip, konkreter: Kostendeckung, Gewinnerzielung u. Ä. Ein Erfolgsziel ist als Grundmaxime in aller Regel vorgeschrieben, gleichgültig, ob Institutionserhaltung trotz Zielverfehlung garantiert ist (z. B. bei Behörden). Für Betriebe wird die Erfüllung eines weiteren Formalziels verlangt: die Aufrechterhaltung der Liquidität.

Solche Zielmehrheiten, die von Institutionen verfolgt werden, können Zielkonzeptionen genannt werden (vgl. Schmidt, 1969, S. 4 ff.). Dass es demnach Ziele der Institutionen gibt, erscheint unzweifelhaft. Für ihr Erreichen müssen zwar diejenigen Personen Sorge tragen, die für die und in der Institution tätig sind, sie müssen sie also wenigstens akzeptieren. Trotzdem sind sie nicht von ihnen als Einzelpersonen für sich selbst verfolgte individuelle Zielsetzungen. Auch wenn betriebliche Mitarbeiter sich mit Zielen des Betriebs identifizieren sollten, verfolgen sie diese dennoch nicht für sich selbst, sondern für die Institution (Ziele des Betriebs, Ziele für den Betrieb, individuelle Ziele; vgl. Kirsch, 1969, S. 668 f.). Die Handhabung der damit einhergehenden Zielkonflikte im beiderseitigen Interesse wird als eine der Hauptaufgaben des Personal-Managements angesehen.

Diese Argumentation folgt dem Paradigma der traditionellen Managementlehre: dem Zielmodell, das mit der Bestands- bzw. Überlebenssicherung als oberste Grundmaxime der Organisationspolitik verknüpft ist. Insofern wird vornehmlich die betriebliche langfristige Sicht mit einer Berücksichtigung von vertretbaren Stakeholder-Interessen und nicht eine – oft kurzfristig orientierte – Eigentümersicht (enge, kurzfristig orientierte Shareholder-Perspektive) vertreten. Dieses Verständnis des Stakeholder-Ansatzes ist allerdings nahezu identisch mit einem langfristig orientierten Shareholder-Ansatz. Um ihn jedenfalls umsetzen zu können, bedarf es zunächst der Kenntnis der entsprechenden Interessen sowie danach eines Entscheidungsprozesses, in welchem – unter Wahrung eigener Interessen – ein Abgleich erfolgt. Dies trifft selbstverständlich auch in personalwirtschaftlichen Fragen zu.

Ein weiteres allgemeines Merkmal von Betrieben ist es, dass sie zur Erreichung ihrer Ziele geeignete *Mittel einsetzen* müssen, die generell als personelle, materielle (z. B. technische), finanzielle und informationelle *Ressourcen* klassifiziert werden.

Randnotizen: Sach- und Formalziele · Stakeholder und Bestandssicherung · Ziel-Mittel-Beziehung

1. Grundlegung

> **WISSENSWERTES**
>
> **Interessengruppen des Personal-Managements (»Stakeholder«)**
>
> Ansprüche an die Ausgestaltung eines betrieblichen Personal-Managements werden von verschiedenen inner- wie außerbetrieblichen Interessengruppen (= »Stakeholder«, Anspruchsgruppen) direkt und indirekt gestellt. Sie alle haben je nach Situation und Fragestellung unterschiedlichen Einfluss:
> - Mitarbeiter (interessiert an Entgelt, sozialer Sicherheit, sozialen Kontakten, Aufstiegsmöglichkeiten, guten Arbeitsbedingungen etc.),
> - Führungskräfte (interessiert an Entgelt, Sozialprestige, Machtpositionen, Aufstiegsmöglichkeiten etc.),
> - bestimmte Mitarbeitergruppen (zur Durchsetzung von Gruppenzielen, bspw. im Hinblick auf die Gruppenzusammensetzung und die Stellung im Betrieb),
> - Eigentümer (interessiert an Rentabilität, Vermögenssicherung und -zuwachs, Einfluss auf die Unternehmungsführung),
> - Fremdkapitalgeber (interessiert an hohen Zinserträgen und Kapitalsicherung),
> - Kunden (interessiert an Qualität zu günstigen Preisen, gesicherter Warenversorgung, guter Beratung, gutem Service etc.),
> - Kommunen (interessiert an Abgaben, Steuern, Bereitstellung von Arbeitsplätzen),
> - Staat (interessiert an Abgaben, Steuern, Einhaltung gesetzlicher Vorschriften),
> - Gewerkschaften (interessiert an der Durchsetzung gewerkschaftlicher Forderungen und der Tarifverträge),
> - Arbeitgeberverbände (interessiert an der Berücksichtigung der Verbandsinteressen).

Von Bedeutung ist weniger, *dass* dies so ist, sondern vielmehr, in welchem Verhältnis die einzelnen Ressourcenkategorien zueinander eingesetzt werden. Dies bezieht sich zum einen auf den mengenmäßigen Einsatz, zum anderen auch auf dessen Bedeutung, etwa im Sinne der Wichtigkeit seiner Qualität für die Zielerreichung.

Man kann die Betrachtung der Ressourcenkategorien auf zwei reduzieren und damit das im Folgenden darzulegende Problem besser verdeutlichen. Wenn im Weiteren vom Verhältnis personeller zu technischen Ressourcen die Rede sein wird, so deswegen, weil Einsatz von Technik und Kapitalbedarf sich in aller Regel gleichsinnig verhalten: Der Aufbau technischer Kapazitäten ruft Kapitalbedarf hervor. Die spezielle Problematik und eventuelle Schwierigkeiten bei der Kapitalbeschaffung werden dabei keineswegs geleugnet.

Das mengenmäßige Verhältnis von *personellen* zu *technischen* Ressourcen hängt von der Betriebsform ab. So werden beispielsweise soziale, kulturelle und kirchliche Einrichtungen stets einen relativ hohen Anteil an personellen Ressourcen benötigen (so kann man etwa die personelle Stärke eines Sinfonieorchesters durch Einsatz technischer Hilfsmittel nicht reduzieren, ohne die künstlerische Aufführungsqualität zu gefährden). Das steht im Gegensatz zu Entwicklungen in Unternehmungen. Auch innerhalb dieser Betriebsform gibt es noch starke Unterschiede, die durch die Eigenarten der Wirtschaftssektoren (z. B. Industrie vs. Handel vs. Banken) und innerhalb dieser vielfach noch branchenabhängig bedingt sind: So gibt es hoch technisierte Industriebetriebe, die nur wenig Personal benötigen (z. B. computergesteuerte Mischanlagen in der Chemieindustrie), aber auch im Gegensatz dazu, hoch lohnintensive Hersteller, bei denen die personellen Ressourcen stark überwiegen (z. B. in der Feinkeramikindustrie). Eine Globalbetrachtung zeigt jedoch, dass in Betrieben im langfristigen, mehrere Jahrzehnte umfassenden Vergleich, der Einsatz personeller Ressourcen zugunsten einer Verstärkung der Technik zurückgegangen ist. Gleichzeitig jedoch wurde das Interesse an den Besonderheiten des »Einsatzfaktors Mensch« größer; personelle Ressourcen wurden bewusst und betont zu berücksichtigen versucht.

Hierin liegt scheinbar ein *Widerspruch*. Er klärt sich auf, wenn man die Bedeutung der menschlichen Arbeitsleistungen ins Auge fasst. Die qualitativen Anforderungen sind dabei in den vergangenen Jahr(hundert)en beständig gestiegen. Dies ist deshalb nicht verwunderlich, weil zum einen technische Hilfsmittel überwiegend einfache Routinearbeiten übernehmen und zum anderen die Gesamtheit der betrieblichen Abläufe, wie auch die Umwelt, mit der sie verbunden ist, durch eine steigende Komplexität und Dynamik gekennzeichnet ist (bis hin zur »Industrie 4.0«). Dadurch nehmen die vorausschauenden wie die überwachenden Steuerungsaufgaben an Umfang und an Kompliziertheit zu. Als Fazit wird gezogen: Menschen haben immer weniger einfache und immer mehr schwierige Aufgaben zu übernehmen. Deutlich sichtbar ist das im Übrigen in neuerer Zeit bei Industriebetrieben, in denen der Grad der Arbeitsteilung herabgesetzt wird. Dies geschieht durch Ablösung hoch spezialisierter Einzeltätigkeiten, durch Gruppenarbeit und durch ganzheitliche Aufgaben. Dadurch entstehen auch für den Einzelnen anspruchsvollere Aufgaben.

Anforderungsveränderungen

Ohne jede Übertreibung dürfte nach wie vor die Feststellung zutreffend sein, dass die hoch entwickelten Wirtschaftsnationen sich seit geraumer Zeit am Ende des Industriezeitalters (»postindustrielle Epoche«) und im Aufbruch zu einer Dienstleistungsgesellschaft befinden – begleitet von einem massiven Ansteigen sogenannter wissensintensiver Unternehmungen, einer beispiellosen informationstechnischen Revolution sowie einer Umverteilung wirtschaftspolitischer Gewichte in der Welt (starke Position von China, Indien u. a. zulasten »alter« Industrienationen). Dies wiederum begünstigt die fortschreitende Globalisierung, die ihrerseits erheblich zur Verschärfung des außerordentlich starken technisch-ökonomischen Wettbewerbs sowie zu Arbeitsplatzverschiebungen beiträgt. In der Folge wird weltweit der Versuch unternommen, Betriebe zu stabilisieren, und zwar im Wege des Einsatzes sich verändernder Management-Ansätze: Lean Management, Total Quality Management, (De-)Zentralisierung, fraktale Organisation u. a. oft eher einer »Mode« (vgl. Kieser, 1996; Becker, F.G., 2015, S. 56 ff.) unterworfenen Managementkonzepten. Der mit ihnen verbundene strukturelle Wandel in Form von Abflachung oder Neuorientierung von Hierarchien, Prozessorientierung, In- und Outsourcing, internationaler Arbeitsteilung u. a. geht mit verbreitet steigenden Anforderungen (v. a. an Führungskräfte) einher, aber auch mit neuen Beschäftigungsrisiken.

Dienstleistungsgesellschaft

Diese Risiken betreffen insbesondere Arbeitnehmer, die entweder lediglich für einfache Tätigkeiten (zeitweise) benötigt werden und/oder solche, die als sogenannte Randbelegschaft das Flexibilitätspolster für Beschäftigungsschwankungen darstellen. Ohne die Sicherheit einer festen Anstellung dienen sie als »Puffer« für volatile Nachfrageschwankungen.

Problemgruppe »Randbelegschaft«

Dieses Bild der Entwicklung der beruflichen Arbeit ist insoweit – im Hinblick auf deren Qualifikationsniveaus – uneinheitlich (was für die Polarisierungsthese spricht).

1. Grundlegung

Anforderungen der Stakeholder

Darüber hinaus aber gibt es weitere Tendenzen, die betriebspolitische Strömungen betreffen und die ihrerseits erhebliche Auswirkungen auf die Zukunft der Erwerbsarbeit in unserer Gesellschaft haben dürften. Betriebe sehen sich nicht nur Anforderungs- und Problemdruck seitens ihrer Leistungsträger, ihrer Abnehmer und ihrer Wettbewerber ausgesetzt, sondern zudem auch anspruchsvollen Erwartungen seitens Kapitaleignern, Aktienanlegern und Börsenanalysten, und zwar bezüglich ihrer erzielten und erzielbaren Rendite, des Shareholder Value. Dem Bestreben, ihn zu halten bzw. zu steigern, wird allenthalben die immer wieder weltweit rollende Welle von Unternehmungsfusionen, -zusammenschlüssen und -kooperationen zugeschrieben. In ihrem Gefolge – und dies ist eine weitreichende Konsequenz für die Struktur, Planbarkeit und Sicherheit der Erwerbsarbeit – sehen sich viele hiervon betroffene Arbeitgeber nicht mehr (wie in der Vergangenheit) in der Lage, langfristig sichere Beschäftigungen und Karrieren zu bieten, was ein Novum darstellt. Das ist gleichbedeutend damit, dass der sogenannte »implizite Vertrag« (in dem der Arbeitgeber Arbeitsplatzsicherheit bietet, der Arbeitnehmer im Gegenzug Loyalität zu »seiner« Firma beweist) mehr und mehr in Fortfall kommt. Zweifellos wird von diesem Umstand auch das Personal-Management, seine Fristigkeit und Planbarkeit, nicht unberührt bleiben.

»Alle Wissenschaft ist nur eine Verfeinerung des Denkens des Alltags.« Albert Einstein

In der Betriebswirtschaftslehre (und bei ökonomisch verantwortlichen Personen in Betrieben – unabhängig von ihrer Profession) interessieren Menschen nicht primär vom anthropologischen, philosophischen o. ä. Standpunkt aus. Ausgangs-

---

TERMINOLOGIE

Terminus, Begriff und Definition

Im alltäglichen Sprachgebrauch – auch an der Hochschule – werden die Ausdrücke »Terminus/Termini«, »Begriff« und »Definition« immer wieder synonym, durcheinander, uneinheitlich, inkonsistent und/oder ungenau verwendet. Dabei ist es ganz einfach: **Terminus** ist der sprachliche Ausdruck (die »Unternehmung«), **Begriff** der damit verbundene Sinnhalt (»Die Unternehmung ist ein sozio-technisches System, das im Wesentlichen erwerbswirtschaftliche Ziele verfolgt.«). Ein solcher Begriff wird mithilfe einer **Definition** sprachlich eingeführt – indem der gerade angeführte Satz zur Unternehmung inhaltlich formuliert wird. Eine **Begriffsexplikation** erläutert schriftlich den definierten Begriff – entweder indem auf die einzelnen Begriffsinhalte eingegangen wird und/oder im Vergleich zu anderen Begriffen die Sinnhaftigkeit des gewählten Begriffs erarbeitet wird. Ein **Begriffssystem** schließlich ist die komplementäre Zu-, Über- und Unterordnung verschiedener, zueinander in Beziehung stehender Begriffe (z. B. Betrieb, Unternehmung, Industrieunternehmung; Beurteilung, Leistungsbeurteilung, Leistungsbewertung).

Warum legt man Wert auf eine solche Differenzierung? Nun, die sprachliche Vielfalt ist in jeder Sprache enorm. Beispielsweise wird in der Betriebswirtschaftslehre, wenn von »Unternehmungen« gesprochen wird, eine Vielzahl an Termini verwendet: Unternehmung, Unternehmen, Betrieb, Organisation, Firma … Diese verschiedenen Termini können durchaus alle den gleichen Begriffsinhalt haben (= das Gleiche mit unterschiedlichen Bezeichnungen meinen). Sie können aber auch jeweils etwas anderes ausdrücken (Beispiel: Betrieb meint etwas anderes als Unternehmung.). Wenn zwei (oder mehr) Personen sich miteinander verständigen wollen, dann ist es sinnvoll, dass jeder weiß, was der andere mit bestimmten Ausdrücken meint. Es geht weniger um sprachliche Vereinheitlichung, sondern vor allem um gegenseitiges Verständnis. In einem Lehrbuch – als zunächst einseitiger Kommunikationsversuch – liegt die Last vor allem bei den Autoren. Diese sollten zentrale Termini und Begriffe explizit aufgreifen und erläutern, wie sie von ihnen verstanden und verwendet werden. Der Leser ist dabei nicht gezwungen, die gleichen Termini und Begriffe zu verwenden. Er versteht sie aber – sofern es eine explizite, systematisch angewendete und komplementäre Verwendung hiervon gibt (vgl. Becker, F.G., 2004a, S. 86 ff.).

Grundlegung 1.

punkt, sie in die Betrachtung ökonomischer Zusammenhänge (respektive Effizienz wie Effektivität) einzubeziehen, ist der von ihnen geleistete Beitrag zur Erreichung der betrieblichen Ziele. Er wird erbracht durch *Arbeit*. Dies ist schlicht ein Mittel zur betrieblichen Zielerreichung.

> »Die Zeit verlängert sich für diejenigen, die sie zu nutzen wissen.«
> Leonardo da Vinci

Effektivität (Erfolg) = Ein (idealtypischerweise sinnvolles) Ziel wird wirksam erreicht.
Effizienz = Das Ziel wird wirtschaftlich (absolut und relativ vertretbar hinsichtlich des eingesetzten personellen, sachlichen und/oder finanziellen Aufwands) erreicht.

Was ist Arbeit, und was bedeutet sie für die Menschen, die sie leisten? Physikalisch ist Arbeit gleich der Kraft, die aufgewendet werden muss, um eine bestimmte Masse in einem definierten Zeitraum über eine festgelegte Strecke fortzubewegen. Diese Definition ist weder für die ökonomische Sichtweise, noch für nähere Untersuchungen der für arbeitende Menschen bedeutsamen Voraussetzungen und Konsequenzen des Arbeitsvollzugs von erhellendem Wert. Eine wirtschaftliche Betrachtung der Arbeit muss den jeweils eingenommenen Standort näher bezeichnen. Für den Betrieb als Leistungsempfänger (Arbeitgeber) wurde der Charakter menschlicher Arbeit als eines der Mittel für die Erreichung betrieblicher Ziele bereits deutlich gemacht. Welche Funktion aber hat Arbeit für die Menschen (Arbeitnehmer), die sie – für andere – leisten?

Zur Sicherung der Existenz benötigt der Mensch materielle und immaterielle Güter, um seine physischen und psychischen Bedürfnisse befriedigen zu können. In modernen Gesellschaften ist der weitaus größte Teil dieser Güter nicht ohne den Einsatz von (Geld-)Mitteln zu erlangen, deren Beschaffung in aller Regel wiederum den Einsatz von Arbeit erforderlich macht. Dass *Arbeit* darüber hinaus eine Reihe als bedeutsam empfundener *Funktionen* erfüllt, sei bereits kurz angemerkt:

▸ Arbeit stärkt über die Erfahrung der eigenen Nützlichkeit für die Gesellschaft und über die Erfahrung eigener Kompetenz und Erfolgserlebnisse das Selbstwertgefühl und trägt so zur psychischen Gesundheit bei.

Funktionen von Arbeit

TERMINOLOGIE

Mensch, Mitarbeiter, Organisationsmitglied und/oder Arbeitnehmer?

Heutzutage spricht man nicht nur in Betrieben von »Menschen«, wenn man die beschäftigten Arbeitnehmer meint. Inhaltlich ist dies treffend, allein schon, um dadurch indirekt treffender auf die besondere »Ressource« einzugehen. Zum einen sind Menschen anders als die beherrschbaren anderen Ressourcen wie Maschine, Geld und Boden. Sie (re-)agieren sehr unterschiedlich, vielfach nicht vorhersehbar und auf Grundlage einer Vielzahl an interdependenten Variablen. Zum anderen wird so unmittelbar auch die ethische Komponente angesprochen. Im Umgang mit Menschen sind nicht nur juristische Normen zu beachten, sondern auch ethisch-moralische Grundsätze. Letzteres ist eine Gratwanderung zwischen der treffenden Betrachtung des Menschen als Objekt bzw. als Mittel (bzw. Mitarbeiter) und der Akzeptanz des Menschen als Subjekt (bzw. als Ebenbürtiger). Dennoch: Wenn jemand von »Mensch« spricht, dann meint er nicht unbedingt *den* Menschen. »Es klingt nur moderner.« Im Einzelfall sollte man schauen, ob den Worten auch Taten folgen.

1. Grundlegung

- Arbeit ermöglicht soziale Kontakte und kommt damit einem weitverbreiteten menschlichen Bedürfnis entgegen.
- Die in der Arbeitstätigkeit erlangte Position ist eine zentrale Grundlage für die Zuweisung von gesellschaftlichem Status (Prestige einzelner Berufe); Individuen werden in der modernen Gesellschaft oft nach ihrer beruflichen Tätigkeit eingeordnet.

Einstellungswandel

Der durch die jüdisch-christliche Tradition (und hier besonders durch die protestantische Arbeitsethik) in dieser Anschauung bewirkte Wandel in der Einstellung zur Arbeit hat mit der Zeit ganz unterschiedliche Arbeitsinhalte überdauert und einen auf einer anderen Ebene liegenden Einstellungswandel mit sich gebracht: Arbeit wurde und wird als Erfüllung (Lust), aber auch als Last (Leid) empfunden. Welche Einstellung vorhanden ist bzw. überwiegt, ist neben anderen – individual-psychologischen und sozialisationsbedingten – Faktoren besonders auch durch die Arbeitsinhalte bestimmt. Mit- oder Eigenbestimmung von Tätigkeitsgegenstand und -ergebnis, Überschaubarkeit und vorwiegende Eigenbewältigung des gesamten Arbeitsprozesses, mithin Erkennbarkeit und damit erleichterte Möglichkeit zur Akzeptanz des übergeordneten Arbeitszieles waren die hervorstechenden Kennzeichen der Arbeitswelt in Handwerk, Handel und Landwirtschaft bis zum 19. Jahrhundert. Sie ermöglichen die Einstellung, Arbeit als Erfüllung zu empfinden.

Mit der Industrialisierung und der Bildung gerade von Großbetrieben ging ein tief greifender Wandel der Arbeitswelt einher: Fremdbestimmung von Arbeit und Arbeitsziel, Zerstückelung der Arbeitsprozesse via Spezialisierung, eine Vereinfachung und »Routinisierung« der Arbeitsinhalte (bis hin zu monotonen Einfachstaufgaben). Die damit verbundene Förderung einer Einstellung, die Arbeit in der Berufstätigkeit als Last zu empfinden, erscheint offensichtlich.

Effizienz

Treibende Kraft für die zuletzt geschilderte Entwicklung war die Leitidee der *wirtschaftlichen Effizienz* der Arbeitsdurchführung. Die Neigungskomponente, die Erfüllungseinstellung zur Arbeit in den Vordergrund bei der Arbeitsgestaltung zu stellen, würde Ausdruck der *Betonung der Humanität* als Leitidee sein. Dass ihr dabei nicht

---

TERMINOLOGIE

Personal, Humanressource und/oder Humankapital

Viel wurde und wird diskutiert, um die Bedeutung und die Angemessenheit der Termini »Personal«, »Humanressource« und »Humankapital« zu beurteilen. Es ist für viele selbstverständlich, dass Menschen kein Humankapital sind. Die damit verbundene »Geringschätzung« des Subjekts »Mensch« als bloßes Objekt anderer, wird ethisch-moralisch verworfen. Auch Humanressource klingt für viele alles andere als menschlich. Wer möchte dies schon sein? Rein abstrakt – vor allem aus der Sicht des ökonomisch Verantwortlichen – betrachtet, auf einer theoretisch basierenden Idee fußend, treffen diese Termini sehr gut das, was gemeint ist. Qualifikationen und Motivationen der beschäftigten Menschen sind nun einmal ein bzw. das wesentliche Kapital von Unternehmungen. Sie sind vielfach die entscheidende Ressource, um im Wettbewerb besser als andere dazustehen – auf Unternehmungs- wie auf Staatsebene. Aber: Sprache wirkt, und wenn sie vorwiegend negativ wirkt, dann sollte man sie vermeiden. Wir sprechen daher von Personal – meinen aber durchaus die Ressource, die das Humankapital des Betriebs darstellt.

1. Grundlegung

> **MEINUNG**
>
> **»Der Mensch ist Mittelpunkt!« versus »Der Mensch ist Mittel! Punkt«**
>
> Oswald Neuberger hat 1990 mit seiner gut begründeten These »Der Mensch ist Mittel! Punkt« eine heftige Diskussion innerhalb der wissenschaftlichen wie betrieblichen Personalforschung ausgelöst – und dies mit gutem Grund. Hierbei ging es sicherlich auch um die Problematik, dass viele Verantwortliche – ohne eine nähere offene Diskussion – entweder von einer Pflicht der Betriebe ausgingen, Mitarbeiterinteressen zumindest gleichgewichtig zu betrieblichen Zielen zu betrachten oder ebenso unkritisch die unbedingte Unterordnung individueller unter gesamtbetrieblichen Interessen zu sehen. Der von den obigen Thesen ausgehende Impuls trug erheblich dazu bei, diese Fragestellung zu thematisieren und sich eine eigene Position zu verschaffen (vgl. Neuberger, 1990, 2005; Rieckmann, 1990). Wir gehen, das zeigen bereits die obigen Formulierungen, von dem Mittelcharakter der Mitarbeiterschaft in Arbeitsorganisationen aus. Es handelt sich dabei aber um ein besonders Mittel, bei dem nicht nur die Besonderheiten der menschlichen Natur (s. Teil 2), sondern auch ethisch-moralische Aspekte (s. Teil 5, Kap. 3) zu berücksichtigen sind.

immer gefolgt werden konnte, beweist, dass beide Leitideen hierin offenbar in Konflikt zueinander stehen. Ist dieses Dilemma lösbar?

Auf sehr lange Sicht ist wohl die Humanität wichtiger; die Frage, ob der Mensch in einer bestimmten Gesellschaft gerne lebt oder nicht, ist bedeutender als die Höhe der Rentabilität – so unsere persönliche Meinung (als Mensch, nicht als Wissenschaftler; denn in der letztgenannten Rolle lässt sich dieses Werturteil nicht belegen). Wird diese Prioritätenbildung für die beiden Leitideen akzeptiert, so wären Schritte hin zu einer durchaus humanen Arbeitswelt zu unternehmen, wo sie möglich sind unter Abwägung ihrer Konsequenzen. Dies bedeutet letztlich, dass Rentabilitätseinbußen insgesamt verkraftbar sein müssten (etwa in dem Sinne, dass sie nicht zu einer Selbstzerstörung der Wirtschaft führen mit verbreiteten Arbeitsplatzverlusten, weil deren Nachteile für die Betroffenen größer sein dürften als das Ausführen einer unbefriedigenden Arbeit, wie Erkenntnisse der Arbeitslosenforschung deutlich aufzeigen). Allerdings wird es schwierig, die Rentabilität hier zu ermitteln; kurzfristig kann sie anders ausfallen als langfristig. Zudem sind externe Effekte und ihre Rückwirkungen zu beachten. Die Diskussion zur Unternehmens- und Personalethik im Verlauf dieses Lehrbuchs greift die Fragestellung wieder auf.

»Der Mensch als Mittel. Oder als Mittelpunkt!?« Oswald Neuberger

WIEDERHOLUNGSFRAGEN ZU KAPITEL 1

1. Welche unterschiedlichen Ziele gibt es innerhalb von Institutionen?
2. Was ist unter einem Stakeholder zu verstehen? Welche Interessen verfolgen diese?
3. Was ist der Unterschied zwischen Effektivität und Effizienz?
4. Welche Funktionen kann Arbeit (für wen) erfüllen?

2 Begriff, Inhalt und Grundkonzeption des Personal-Managements

> **LEITFRAGEN**
>
> **Zur grundsätzlichen Ausrichtung**
> - In welcher Beziehung stehen Management und Personal-Management zueinander?
> - Interaktionelle und strukturelle Führung – was hat dies mit Personal-Management zu tun?
>
> **Zu einzelnen Handlungsfeldern der Personalarbeit**
> - Welche personalwirtschaftlichen Handlungsfelder sind idealtypischerweise zu benennen?
> - Wie stehen diese Handlungsfelder zueinander? Gibt es Interdependenzen?
> - Was zählt alles zu den sogenannten primären Personalsystemen?
> - Welche Wirkung haben die sekundären Personalsysteme?
> - Weshalb ist eine Differenzierung in primäre und sekundäre Personalsysteme sinnvoll?
>
> **Zuständigkeit und Relevanz**
> - Sind die Handlungsfelder prinzipiell durch Vorgesetzte alleine oder in Arbeitsteilung mit dem Personalbereich umzusetzen?
> - Wer hat die Entscheidungskompetenzen für die einzelnen Felder oder sollte sie (in welchem Umfang) haben?

2.1 Erläuterung des grundsätzlichen Verständnisses

Heutige Vertreter des Begriffs »Personal-Management« legen Wert auf ein Verständnis der Personalfunktion als Teil des übergreifenden Managementsystems und -prozesses (s. Becker 2015, S. 34 ff.). Information, Planung, Kontrolle, Organisation und Personal, das sind die fünf zentralen, eng miteinander verbundenen Managementfunktionen, die innerhalb des Managementsystems von den Institutionen des Managements (alle Instanzen) prozessual zu verantworten sind. Dabei sind alle Systemelemente und alle Phasen von personellen Aspekten durchwoben. Insofern sind die Personalverantwortlichen in der Hierarchiespitze wie auf anderen Instanzen (= Stellen mit Anordnungsrechten) angehalten, im Rahmen des Managements – quasi

Teil des Managements

2.1 Begriff, Inhalt und Grundkonzeption des Personal-Managements
Erläuterung des grundsätzlichen Verständnisses

> **TERMINOLOGIE**
>
> **Personalmanagement oder Personal-Management?**
>
> Warum der Trennungsstrich? Jürgen Berthel legte seit der Entstehung seines Lehrbuches Ende der 1970er-Jahre viel Wert darauf, dass es sich beim gewählten Objekt nicht um ein traditionelles Personalwesen handelt, bei dem im Wesentlichen Verwaltungsaufgaben durch eine untergeordnete spezielle Stelle erfüllt werden sollten. Der gestalterische Aspekt im Umgang mit der Ressource »Personal« – und zwar sowohl durch einen hierarchisch hoch angesiedelten Personalbereich als auch durch Vorgesetzte an sich – sollte herausgestellt werden. Der Bindestrich betonte diese damals noch nicht weit verbreitete Sichtweise. Heutzutage, Mitte der zweiten Dekade des 21. Jahrhunderts, wäre dies nicht mehr notwendig. Aus Erinnerung an die damalige Leistung des verstorbenen Jürgen Berthel wird diese Schreibweise jedoch beibehalten.

zwangsläufig – laufend auch strategische oder operative Personalentscheidungen zu treffen. Diese faktische, nicht allein theoretische Integration der Personalfunktion im obersten Managementbereich und in die Verantwortung der Vorgesetzten intendiert, dass die Formulierung der betrieblichen Strategien, die Gestaltung der Organisationsstruktur, die Bestimmung von personeller Verantwortung, ja selbst die Entscheidung über Standorte, neue Produktionstechnologien, Firmenwagen u. a. durch Personalverantwortliche auf der obersten Ebene mitbestimmt werden, so verstehen wir schon seit der ersten Auflage von 1979 das Personalmanagement (s. ähnlich Scholz 2014; Scherm/Süß, 2010; Oechsler/Paul, 2015; Bartscher/Stöckl/Träger, 2012; Holtbrügge, 2015; Stock-Homburg, 2013 – wenngleich mit einem teilweise sehr unterschiedlichen Verständnis der Breite der Personalaufgaben). Personalaufgaben sind nicht (mehr) allein eine Angelegenheit der Personalabteilung!

Verantwortung der Linie

Mit dieser Interpretation wird die Bedeutung personalbezogener Fragestellungen für alle Führungskräfte verdeutlicht. Nicht allein institutionelle und instrumentelle Fragen einer eng verstandenen Personalfunktion (wie die interne Personalabteilungsorganisation, die Verwendung von Auswahlinstrumenten u. Ä.) stehen im Vordergrund, sondern auch und ganz besonders die Verantwortung zur Personalführung eines jeden Vorgesetzten.

Entwicklungsphasen des Personalmanagements

Das Personal-Management ist nicht nur eine relativ junge betriebswirtschaftliche Disziplin (vgl. Scholz, 2014, S. 47 ff.). Auch in der betrieblichen Praxis hat es sich seit Mitte des letzten Jahrhunderts erst langsam zu dem entwickelt, was man heutzutage als eine moderne, treffende Interpretation der Potenziale einer Personalarbeit versteht. In der Vergangenheit unterlag sie verschiedenen Veränderungen, was ihre grundsätzliche Ausrichtung (und Akzeptanz) betrifft. Dies ist insofern natürlich, als dass Entwicklungsschritte – auch entsprechend der praktischen Herausforderungen – aufeinander aufbauen. Abbildung 1.1 skizziert die nachfolgend beschriebenen Entwicklungsphasen idealtypisch:

- Die Bürokratisierungsphase erfüllte eine abgeleitete und dienende Funktion. Langsam wurde eine Systematik in die notwendige Verwaltung der Personalarbeit eingeführt.
- Die Institutionalisierungsphase hat die »Gründung« eines Personalbereichs zum Inhalt. Personalleiter beschäftigen sich professional mit den verschiedenen Funktionen.

2.1 Erläuterung des grundsätzlichen Verständnisses

- In der Humanisierungsphase wurde – entsprechend der kulturellen Veränderungen in der westlichen Gesellschaft – die ethisch-moralische Komponente des Menschen stärker betont: Organisationen sollten sich den menschlichen Anforderungen anpassen. Zumindest – und dies ist der bleibende Wert dieser zeitlichen Phase – ist die Berücksichtigung menschlicher Individualität bei der Gestaltung der Personalarbeit nach wie vor notwendig.
- Die Ökonomisierungsphase beschäftigte sich stärker mit Effizienzüberlegungen, also inwieweit die Personalarbeit zum einen ihre Arbeit selbst effizient gestaltet sowie zum anderen die Arbeit zum ökonomischen Erfolg der Organisation beiträgt. Das Kosten-Nutzen-Verhältnis spielt natürlich gerade in erwerbswirtschaftlichen Organisationen eine große Rolle.
- In der Phase der unternehmerischen Orientierung ist einerseits die neue Rolle des Personals als strategische Ressource zu nennen sowie andererseits das Ideal des unternehmerisch denkenden und handelnden Organisationsmitgliedes.
- In der Konsolidierungsphase wirkt sich die breite Akzeptanz der Personalarbeit in ihrer Bedeutung für den Organisationserfolg auf allen hierarchischen Ebenen

Abb. 1-1

Entwicklungsphasen der betrieblichen Personalarbeit (seit 1948)

1. Bürokratisierung	Ab ca. 1948 bis ca. 1960
Philosophie:	Kaufmännische Bestandspflege der »Personalkonten«
Strategie:	Aufbau vorwiegend administrativer Personalfunktionen
Hauptfunktionen:	Verwaltung der Personalakten, Durchführung personalpolitischer Entscheidungen – z. T. in Nebenfunktion
Verantwortlich:	Kaufmännische Leitung
2. Institutionalisierung	Ab ca. 1960
Philosophie:	Anpassung des Personals an organisatorische Anforderungen
Strategie:	Professionalisierung der Personalleiter, Zentralisierung des Personalwesens, Spezialisierung der Personalfunktionen
Hauptfunktionen:	Neben Kernfunktionen: Verwaltung, Einstellung, Einsatz, Entgeltfindung, juristische Konfliktregelung, zudem Ausbau qualitativer Sozialpolitik (Bildung, Freizeit, Arbeitsplätze)
Verantwortlich:	Personalleiter im Groß- und z. T. Mittelbetrieb
3. Humanisierung	ab ca. 1970
Philosophie:	Anpassung der Organisation an die Belegschaft
Strategie:	Spezialisierung, Ausbau sowie Mitarbeiterorientierung
Hauptfunktionen:	Partizipation, Ausbau der qualitativen Funktionen, wie Aus- und Weiterbildung, kooperative Personalführung, Personalbetreuung, Humanisierung von Arbeitsplätzen, -umgebung, Arbeitszeit, Organisations- und Personalentwicklung
Verantwortlich:	Personalressort in Geschäftsleitung, Personalstäbe, Betriebsrat

Abb. 1-1

Entwicklungsphasen der betrieblichen Personalarbeit (seit 1948), Fortsetzung

4. Ökonomisierung	ab ca. 1980
Philosophie:	Anpassung von Personal an veränderte Rahmenbedingungen nach Wirtschaftlichkeitsaspekten
Strategie:	Dezentralisierung, Generalisierung, Entbürokratisierung, Rationalisierung von Personalfunktionen
Hauptfunktionen:	Flexibilisierung, Rationalisierung, Bewertung des Entwicklungspotenzials, Aufbau quantitativer und freiwilliger Personalleistungen, Freisetzungspolitik
Verantwortlich:	Geschäftsleitung, Personalwesen, Linienmanagement
5. Unternehmerische Orientierung	ab ca. 1990
Philosophie:	Akzeptanz in Theorie und Praxis als erfolgskritische Ressource und aktiv Handelnde: Mitarbeiter als wichtigste, sensitivste Organisationsressource; Personalarbeit soll sie als engagierte Aktive gewinnen, entwickeln und erhalten
Strategie:	Zentralisierung des strategischen Personalmanagements bei gleichzeitiger Delegation operativer Personalarbeit an Linie oder Dienstleister
Hauptfunktionen:	Unternehmerisches Mitdenken, Mithandeln und Verantworten in allen wesentlichen Organisationsentscheidungen; integrierte Mitwirkung bei der Strategie; Evaluation der Folgen von Organisationsentscheidungen
Verantwortlich:	Geschäftsleitung, zentrale Personalleitung, dezentrale Personaler und Linie
6. Agilität	ab ca. 2010
Philosophie:	Agilität, Schnelligkeit, Innovation, Flexibilität, Offenheit zur Förderung des notwendigen Wandels wie auch zu dessen Handhabung
Strategie:	Förderung der Flexibilität bzw. Agilität von Mitarbeitern wie Personalarbeit
Hauptfunktionen:	Antizipative wie reaktive Förderung agiler Kompetenzen
Verantwortlich:	Geschäftsleitung, Personalleitung, direkte wie übergeordnete (u. U. temporärer) Vorgesetzte, unterstützt durch Servicestellen im Personalbereich wie von außerhalb

Quelle: Fortentwicklung von *Wunderer*, 1992.

und in allen Funktionsbereichen aus. Selbst die Wichtigkeit adäquater Personalführung dringt immer mehr in das Bewusstsein nicht nur der Personalverantwortlichen.

Begriff

Ein modernes »*Personal-Management*« umfasst also alle Funktionen, die das Ziel haben, Humanressourcen für die betriebliche Aufgabenerfüllung bereitzustellen und effizient einzusetzen. Es ist dabei aktiver und integrierter Teil des strategischen wie operativen Managementprozesses sowie integraler Bestandteil der Arbeit aller Führungskräfte primär zur organisatorischen Zielerreichung. Zentrale Bestandteile sind einerseits die Systemgestaltung und andererseits die Verhaltenssteuerung (s. Abbildung 1-2). Beide Bereiche sind unmittelbar aufeinander bezogen, wenngleich unterschiedliche Fokusse mit ihnen verfolgt werden.

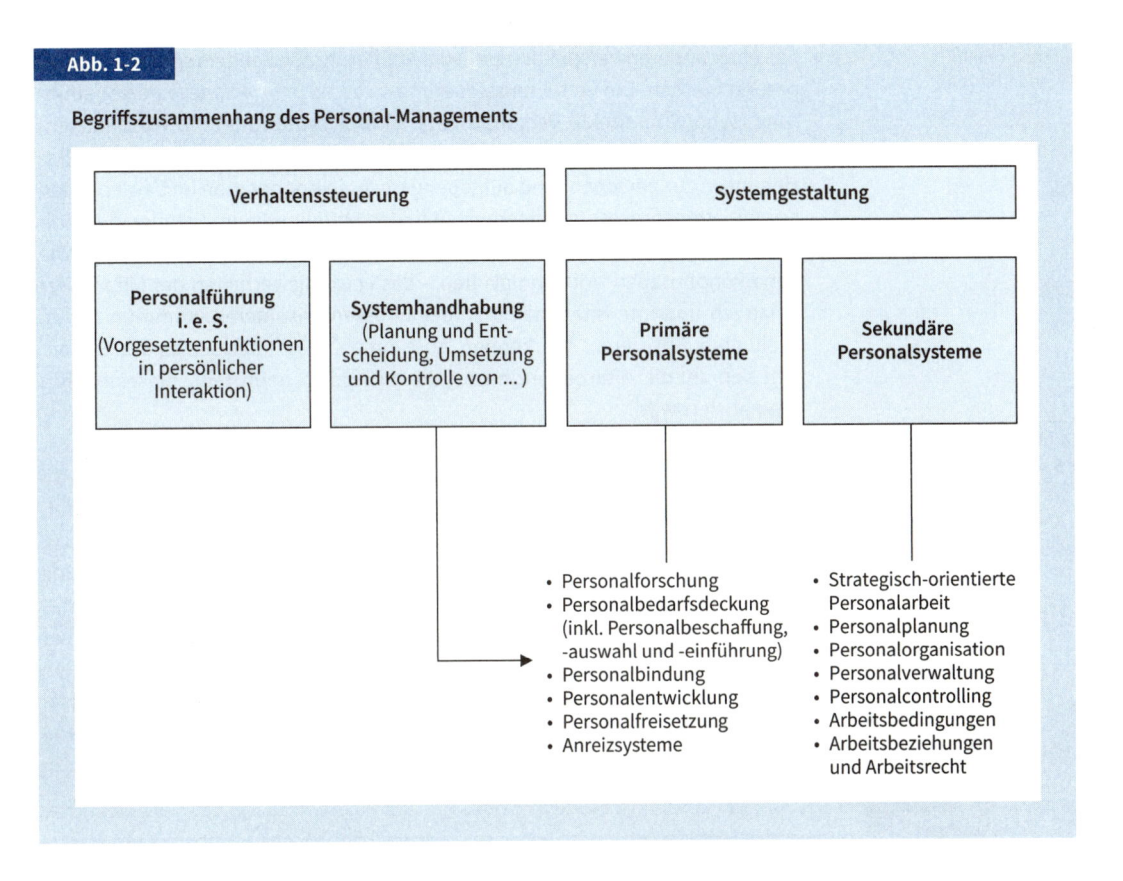

Erläuterung des grundsätzlichen Verständnisses 2.1

Abb. 1-2

Begriffszusammenhang des Personal-Managements

- **Verhaltenssteuerung**
  - **Personalführung i. e. S.** (Vorgesetztenfunktionen in persönlicher Interaktion)
  - **Systemhandhabung** (Planung und Entscheidung, Umsetzung und Kontrolle von ...)

- **Systemgestaltung**
  - **Primäre Personalsysteme**
    - Personalforschung
    - Personalbedarfsdeckung (inkl. Personalbeschaffung, -auswahl und -einführung)
    - Personalbindung
    - Personalentwicklung
    - Personalfreisetzung
    - Anreizsysteme
  - **Sekundäre Personalsysteme**
    - Strategisch-orientierte Personalarbeit
    - Personalplanung
    - Personalorganisation
    - Personalverwaltung
    - Personalcontrolling
    - Arbeitsbedingungen
    - Arbeitsbeziehungen und Arbeitsrecht

Personal-Management im Sinne von Tätigkeiten der *Verhaltenssteuerung* ist gleichbedeutend mit Führung *des* Personals, zum einen mit »Mitarbeiterführung« durch die unmittelbaren Vorgesetzten und zum anderen mit Führungsaktivitäten durch Führungskräfte und andere Aufgabenträger, wenn diese die im Rahmen der Systemgestaltung geschaffenen Systeme handhaben. Der Mitarbeiterführung, d. h. der Verhaltenssteuerung im erstgenannten Sinne, ist der zweite Teil dieses Buches gewidmet. Die Systemhandhabung wird im Zusammenhang mit der Systemgestaltung thematisiert.

Verhaltenssteuerung

Personal-Management in seinem zweiten Begriffsteil, der *Systemgestaltung*, meint Führungstätigkeiten *für* das Personal. Denn die geschaffenen Systeme existieren *für* das Personal insofern, als sie sich auf die Mitarbeiter selbst beziehen, indem sie deren Beschaffung, Auswahl, Entwicklung, Vergütung etc. regeln. Dieser Teil des Personal-Managements wird – als dessen »Handlungsfelder« – im dritten bis fünften Teil behandelt.

Systemgestaltung

Mit beiden Komponenten, der Verhaltenssteuerung und der Systemgestaltung, wird Einfluss auf das Verhalten von Mitarbeitern und – potenziellen – Bewerbern ausgeübt. Diese Wirkungen lassen sich treffend durch folgende Differenzierung in enger Anlehnung an Wunderer (2011, 5 ff.) hervorheben:

2.1 Begriff, Inhalt und Grundkonzeption des Personal-Managements
Erläuterung des grundsätzlichen Verständnisses

Interaktionelle Personalführung

▸ Aus einer anderen Perspektive kann die Abbildung auch anders sprachlich interpretiert werden. Die Verhaltenssteuerung stellt als *interaktionelle* Personalführung (synonym: direkte Personal- oder Mitarbeiterführung) die Vorgesetztenfunktion bei der direkten, situativen Gestaltung der zwischenmenschlichen Beziehungen zur personen- und aufgabengerechten Kooperation im betrieblichen Kombinationsprozess im Allgemeinen in den Mittelpunkt. Im Rahmen der Individualisierung des Personal-Managements ist – basierend auf den Motiven sowie den ökonomischen Notwendigkeiten – das Leistungsverhalten der Mitarbeiter inhaltlich und intensitätsmäßig zu beeinflussen: Inspirieren, Kommunizieren, Evaluieren, Kritisieren, Anerkennen, Abstimmen, Prioritäten setzen u. a. Es handelt sich um die Mitarbeiterführung, die insbesondere im Teil 2 dieses Buches thematisiert wird.

Strukturelle Personalführung

▸ Die Systemgestaltung dient letztlich auch zur Verhaltenssteuerung, und zwar indirekt. Entsprechend soll die *strukturelle* Personalführung (synonym: indirekte Personal- oder Mitarbeiterführung) auf einer anderen Ebene der mittelbaren Verhaltensbeeinflussung dienen. Dies geschieht durch die Gestaltung der Führungskonzeption (bspw. Management-by-Objectives), die Formulierung wie Implementierung von betrieblichen Strategien (bspw. aggressive Wettbewerbsstrategien) und des Personal-Managements (bspw. Nutzung spezifischer Beförderungskriterien), die alle mit zielgerichteten inhaltlichen, prozessualen und strukturellen Regelungen speziell in der Führungs- und Arbeitsorganisation bewusst Stimuli zum Leistungsverhalten bieten. Die strukturelle Führung liegt weniger in der Verantwortung des einzelnen Vorgesetzten als vielmehr in

---

WISSENSWERTES

Strukturationstheorie

Mit der Strukturationstheorie werden die in Organisationen üblichen formalen Regeln nicht als Regeln, sondern als »codified interpretations of rules« (Giddens, 1984, S. 21) aufgefasst. Das Verständnis der verhaltenssteuernden Regeln bezieht sich dabei nicht allein auf die kodifizierten Interpretationen von Regeln wie sie mit einer strukturellen Personalführung verbunden sind, sondern es erfasst alle Regeln, die im Umfeld einer Organisation verhaltenswirksam werden können (i. S. des Anreizsystems im weitesten Sinne, s. Teil 3, Kap. 7.1). Auch formale Regeln sind in diesem Sinne letztlich nur individuelle Interpretationen von Regeln. Giddens spricht damit den Individuen bedingte Handlungsmächtigkeit zu, als ein Vermögen zur Umgestaltung je nach Interpretation.

Strukturen werden sowohl als Medium und Instrument als auch als Ergebnis sozialen Verhaltens verstanden. Verhalten und Struktur setzen sich so wechselseitig voraus. Indem Individuen bei ihrem Verhalten auf Strukturen zurückgreifen, schaffen, erhalten und modifizieren sie gegebenenfalls diese Strukturen wiederum durch ihre Verhaltensweisen. Die Individuen besitzen dabei prinzipiell Reflexionsmächtigkeit und Intentionalität, d. h. dass sie viel über sich und die Struktur wissen. Zudem sind sie in der Lage, mit diesem Wissen um Struktur ihr Verhalten zu steuern.

Die Strukturationstheorie hilft, die Regeln auch für das Personal-Management nicht für sich allein, sondern in einer permanenten Interaktion mit dem Verhalten der Organisationsmitglieder und deren Interpretationen zu betrachten. Das intentional geschaffene Personal-Management produziert Verhalten der Organisationsmitglieder. Dieses Verhalten selbst erhält, modifiziert oder verändert sie. Alle beteiligten Personen (Personalverantwortliche wie Mitarbeiter) sind insofern nicht »unschuldig« am vorhandenen Personal-Management. Dessen »Struktur« (inklusive Aufgabenfelder, Prozesse und Instrumente) ist durch sie mit (re-) produziert und beeinflusst in Folge auch ihr aktuelles Verhalten et vice versa (vgl. Abbildung 1.3, auch Oechsler/Paul, 2015, S. 49; Kieser/Walgenbach, 2010, S. 58 ff.).

2.1 Erläuterung des grundsätzlichen Verständnisses

der Verantwortung des Top-Managements respektive der übergeordneten Instanzen.
- Daneben lässt sich noch die *kulturelle* Personalführung (ggf. integriert in der strukturellen Führung) nennen. Mit dieser Komponente kann ebenfalls indirekt über die Gestaltung der Unternehmungskultur, Führungsgrundsätze u. Ä. sowie über das Führungskräfteverhalten (i. S. eines *Modellverhaltens als Symbol*) Einfluss auf das Verhalten anderer ausgeübt werden.

Mit der interaktionellen, der kulturellen und der strukturellen Personalführung sind gewissermaßen drei Seiten eines prinzipiell gleichschenkeligen Dreiecks angesprochen. Die strukturelle Dimension ersetzt, beeinflusst und substituiert dabei teilweise die interaktionelle und die kulturelle et vice versa. Die direkte Mitarbeiterführung hat zudem Spielraum zur Modifikation der strukturellen Verhaltenssteuerung. Die kulturelle Führung verstärkt zudem vieles Gesagte – sofern auf Konsistenz geachtet wurde. Eine Einschränkung lediglich auf die direkte Vorgesetztenfunktion der interaktionellen Personalführung wird vielfach vorgenommen, ist aber zum Verständnis wie zur Gestaltung der Führungsbeziehungen zu einengend.

Zwei Seiten einer Medaille

Ein Personal-Management in dem bislang skizzierten Sinne und Umfang hat – entlang der Elemente eines Organizational Behavior (s. Teil 2) – verschiedene *Ansatzpunkte* und damit auch *Wirkungsfelder*: Individuen – Gruppen – Gesamtbetrieb. Eine integrative Sichtweise ist nicht nur möglich, sie ist auch geboten: Mitarbeiter handeln zwar auch im betrieblichen Umfeld auf Basis eigener Motive und aus mehr oder weniger souveränen eigenständigen Entschlüssen – aber nicht nur! Was in Arbeitsgruppen und in Betrieben passiert, ist durch formale und informale Merkmale dieser Systeme (mit-)bedingt und umgekehrt. Personal-Management ist insofern

»Es gibt nichts Praktischeres als eine gute Theorie.« Immanuel Kant

Abb. 1-3

Strukturationstheorie und Personal-Management

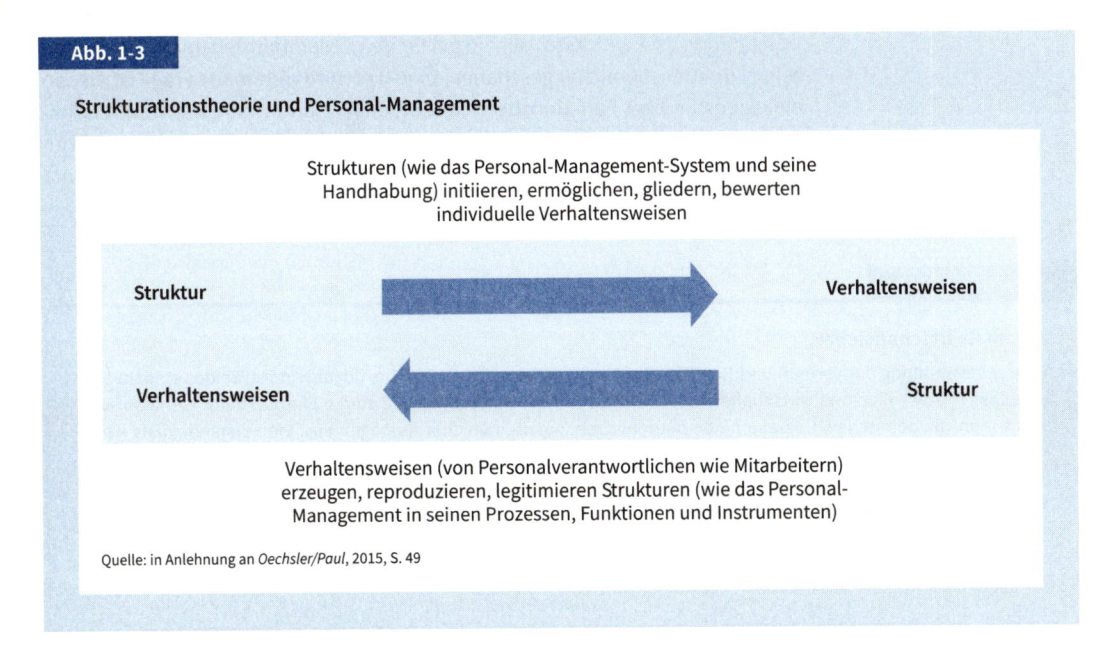

Strukturen (wie das Personal-Management-System und seine Handhabung) initiieren, ermöglichen, gliedern, bewerten individuelle Verhaltensweisen

Struktur → Verhaltensweisen

Verhaltensweisen ← Struktur

Verhaltensweisen (von Personalverantwortlichen wie Mitarbeitern) erzeugen, reproduzieren, legitimieren Strukturen (wie das Personal-Management in seinen Prozessen, Funktionen und Instrumenten)

Quelle: in Anlehnung an *Oechsler/Paul*, 2015, S. 49

2.1 Begriff, Inhalt und Grundkonzeption des Personal-Managements
Erläuterung des grundsätzlichen Verständnisses

sinnvollerweise eine gezielte Intervention auf alle drei genannten Bereiche: Individuen, Gruppen(-beziehungen) und/oder Organisationsstrukturen und -prozesse des Gesamtbetriebs. Dementsprechend hat es drei Perspektiven (vgl. Neuberger, 1994, S. 12):

- *Personale Aktivitäten* fokussieren auf einzelne Mitarbeiter.
- *Interpersonale Aktivitäten* haben formale oder informale Gruppen und deren Strukturen sowie Prozesse im Zentrum.
- *A-personale Aktivitäten* schließlich nutzen die positiven wie negativen Verhaltensstimuli, die von allen anderen Aktivitäten (und deren Wirkungen) ausgehen.

Hierbei handelt es sich um eine sehr grundlegende Differenzierung zum Verständnis der betrieblichen Personalarbeit. Sie hat zur Folge, dass es nicht ausreicht, lediglich die traditionalen personalen Aktivitäten gegenüber einzelnen Mitarbeitern im Fokus hierunter zu betrachten. Ohne eine Berücksichtigung gruppenspezifischer Phänomene sowie der von a-personalen Faktoren ausgehenden Verhaltensstimuli versteht man einerseits nicht die Zusammenhänge menschlichen Leistungsverhaltens sowie beraubt man sich andererseits einer nachhaltigen Beeinflussungsmöglichkeit.

Nun zu vier anderen *Grundprinzipien* dieses Buches:

Bereichs- und verrichtungsübergreifend

1. *Übergreifender Charakter*: Folgt man der Unterteilung der betrieblichen Aktivitäten in ihre Grundfunktionen (nach Maßgabe der direkt produktzielerreichenden Tätigkeiten wie den Verrichtungsfunktionen: Einkauf, Herstellung, Lagerung, Verkauf), so wird deutlich, dass Personal-Management *bereichs- und verrichtungsübergreifenden* Charakter besitzt. Vorgesetztentätigkeiten werden in allen Funktionsbereichen ausgeübt, Systeme der Personalentwicklung, der Personalbeschaffung usw. werden in aller Regel für den Gesamtbetrieb (nicht nur für einzelne Funktionsbereiche) geschaffen. Eine davon zu trennende Frage ist die, ob ein eigenständiger Funktionsbereich »Personal« – und wenn, mit welchen Aufgaben – zu bilden ist. Dies ist ein vorwiegend organisatorisches Problem und im jeweiligen Einzelfall für die betrieblichen Belange nach Zweckmäßigkeits- und Wirtschaftlichkeitserwägungen zu entscheiden (s. Teil 4, Kap. 1).

WISSENSWERTES

Personalwirtschaftslehre

Mit der Verwendung der Termini und Begriffe »Personalwirtschaft« bzw. »Personalwirtschaftslehre« wird versucht, den ökonomischen Charakter der betrieblichen Personalarbeit in Praxis und Wissenschaft zu betonen. Die Begriffsverwendung impliziert zum einen, dass das Personal wie jeder andere betriebliche Bereich dem ökonomischen Kalkül unterworfen ist und die mit ihm verbundenen Investitionen sich wirtschaftlich auszahlen müssen. Zum anderen wird eine semantische Verbindung zur Betriebswirtschaftslehre dokumentiert. Beides schließt aber nicht unbedingt die starke Einbeziehung verhaltenswissenschaftlicher Aussagen aus. Ein Verständnis als Personalwirtschaft (-slehre) trägt zu einer starken Inbeziehungsetzung ökonomischer und personeller Tatbestände bei und ist insofern fruchtbar zur Weiterentwicklung und Akzeptanz des Faches (vgl. v. a. Drumm, 2008; Ridder, 2015; Schanz, 2000; Becker, M., 2010).

2.1 Erläuterung des grundsätzlichen Verständnisses

2. *Konzeptioneller Charakter*: Personal-Management im hier verstandenen Sinne wird in Betrieben dann konsequent praktiziert, wenn dies nach einer einheitlichen und geschlossenen *Konzeption* geschieht. In der Praxis wird stets Verhaltenssteuerung betrieben, d. h. wird Mitarbeiterführung praktiziert, werden Personen eingestellt, versetzt, fortgebildet. Solange dies aber nicht auf der Grundlage einer systematisch entwickelten Konzeption geschieht, Steuerungsaktivitäten für das Personal nicht nach dafür gestalteten Systemen betrieben werden, liegt kein konzeptionell betriebenes Personal-Management vor. Dass eine Grundkonzeption eines betrieblichen Personal-Managements Geschlossenheit vorsieht, schließt nicht aus, dass in Einführungsphasen schrittweise vorgegangen wird. Die Geschlossenheit einer Konzeption für Personal-Management ist keine normative Aufforderung, sondern systemimmanent. Die einzelnen Teilsysteme haben in einer Personalplanung einen gemeinsamen Ausgangspunkt, sind mittels gemeinsamer Bestandteile (die zuvor erwähnten Anforderungs- und Qualifikationsprofile, Beurteilungsgespräche u. a.) miteinander verzahnt und in ihrer folgerichtigen Handhabung voneinander abhängig.

Geschlossener Ansatz

3. *Ressourcenorientierter Ansatz*: Durch die Arbeitsmarktsituation bedingt ist ein Wettbewerbsaspekt popularisiert worden: die Humanressource, der Personalbereich und die Mitarbeiterschaft – oder wie man immer auch diese Ressource nennen mag. Sie gilt für viele als Ausgangspunkt für die betriebliche Strategieentwicklung wie auch den Erfolg. Dies lässt sich wie folgt konzeptualisieren: Grundsätzlich wird im Rahmen eines sogenannten ressourcenorientierten Ansatzes der Aufbau von strategischen Wettbewerbsvorteilen durch eine Ressourcenorientierung betont (vgl. Penrose, 1959; Ridder/Conrad, 2004; Wright/McMahan/McWilliams, 1994; Boxall, 1996, S. 64 ff.; Wolf, 2013, S. 565 ff.). Eine der zentralen Ressourcen ist der Personalbereich bzw. sind der Personalbereich und die Mitarbeiter. Es sind dabei zwei unabhängige Voraussetzungen zu nennen, die gleichzeitig erfüllt sein müssen, um hierüber entsprechend *Erfolg versprechende Strategien* entwickeln zu können (s. Abbildung 1.4):

Ressourcenorientierter Ansatz

- Die *spezifische Ressource der Qualifikation* der Mitarbeiter (»human capital pool«) mit den Merkmalen Einzigartigkeit, geringer Substituierbarkeit und dauerhaftem Zugriff. Gemäß dieser Überlegung baut der betriebliche Erfolg letztlich auf den Humanressourcen auf. Auf Basis dessen, was man (sprich die eingestellte, gepflegte Mitarbeiterschaft) kann, werden Strategien entwickelt, Produkte vermarktet, erfolgsorientierte Kulturen entwickelt u. a.
- Das Know-how, diese spezifische Ressource selbst nutzen zu können (»human capital advantage«, »organizational capability« oder »organisationale Fähigkeit« als Ausdruck einer Systemfähigkeit), ist die zweite zwingende Voraussetzung. Das Management der Humanressourcen, also das Personal-Management in all seinen Aspekten: spezifisches Know-how, Steuerungs- und Koordinationskompetenzen bei Führungskräften wie im Personalbereich, muss insgesamt in der Lage sein, die Humanressourcen zu gewinnen, zu halten und zu motivieren. Ansonsten sind diese nur Kostenfaktoren, aber keine Erfolgsfaktoren.

Qualifikationen & organisationale Fähigkeiten

2.1 Begriff, Inhalt und Grundkonzeption des Personal-Managements
Erläuterung des grundsätzlichen Verständnisses

> Das zentrale Problem des Personal-Managements »… ist das so genannte Transformationsproblem. Das heißt, kauft man Mitarbeiter ein, erwirbt man Arbeitsvermögen, aber noch lange nicht Arbeitsleistung, denn die Mitarbeiter gehen nicht in den Besitz, ins Eigentum des Unternehmens über. Sie allein verfügen über ihre Arbeitskraft und müssen fortwährend dazu gebracht werden, das, was sie leisten könnten, auch tatsächlich zu leisten.« (Neuberger, 2005, S. 3)

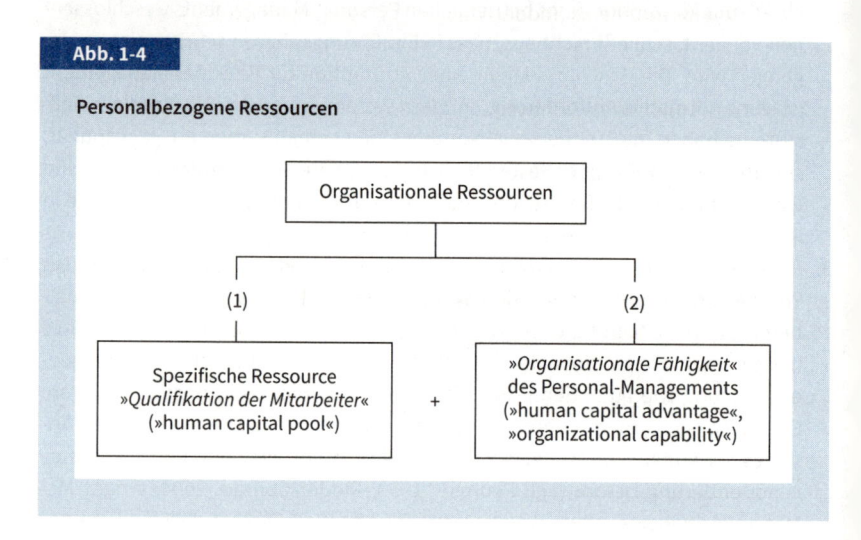

Abb. 1-4

Personalbezogene Ressourcen

```
                  Organisationale Ressourcen
                  /                        \
                (1)                        (2)
   Spezifische Ressource         »Organisationale Fähigkeit«
   »Qualifikation der Mitarbeiter«    des Personal-Managements
   (»human capital pool«)         +   (»human capital advantage«,
                                      »organizational capability«)
```

Ressourcenmerkmale

Solche strategisch wirkenden *Ressourcen* sollten im Wesentlichen vier zentrale *Kriterien* erfüllen (vgl. Barney, 1991, S. 105 ff.; Peteraf, 1993; Miller, 2003; Ridder, 2015, S. 78 f.): (1) Einmaligkeit (zumindest bei Arbeitgebern generell und bei Wettbewerbern speziell eher selten vorhandene Qualifikations- und/oder Systemressourcen), (2) eingeschränkte Imitierbarkeit (von anderen nicht so leicht, so schnell und/oder so kostengünstig kopierbar – durch unbekannte Wirkungszusammenhänge, historische Prozesse, sozial komplexes Zusammenwirken), (3) fehlende Substituierbarkeit (Qualifikations- und Systemressourcen sind durch andere Instrumente und/oder Mechanismen nicht ausreichend ersetzbar) und (4) Wert (Qualifikationen und Systemfähigkeiten tragen zur Wertschöpfung nachhaltig bei).

Ressourcenbasierter Ansatz
»Ansätze des ressourcenorientierten Human Resource Managements knüpfen an grundlegenden Denkmodellen des Resource-Based View an. … Die Gründe für eine solche Orientierung können empirisch wie folgt abgeleitet werden: In globalisierten Märkten mit hoher Wettbewerbsintensität verlieren klassische Wettbewerbsvorteile an Bedeutung. Bodenschätze, Standortvorteile, Technologien und Produkt-Marktkombinationen können

2.1 Erläuterung des grundsätzlichen Verständnisses

> leichter beobachtet und damit imitiert oder substituiert werden. Unternehmen investieren deshalb in wertvolle und seltene Qualifikationen und entwickeln firmenspezifische Bündel an Praktiken des Human Resource Management, die vom Wettbewerber schlecht imitiert oder nur zu hohen Kosten übernommen werden können. Mitarbeiter werden nicht als Kostenfaktor, sondern als langfristige Investition betrachtet. HR-Praktiken ... orientieren sich dann nicht an verbreiteten ›best practices‹ oder an den Praktiken der Wettbewerber, sondern an angestrebten firmenspezifischen Wettbewerbsvorteilen.« (Ridder, 2015, S. 75 f.)

Die ressourcenorientierte Sichtweise (»resource-based view«) weist der Personalarbeit eine (wenn nicht die) Verantwortung dafür zu, eine erfolgsträchtige Personalressource zu gewinnen, zu binden und zu motivieren – sprich das Fundament des Erfolges zu gießen. Sie stellt – auch – von daher den in der personalwirtschaftlichen Theorie dominierenden Ansatz zur Erklärung personeller Themenstellungen dar. Personalarbeit wird dabei nicht als Perpetuum Mobile, sondern als eine permanente Aufgabe verstanden. Hauptverantwortliche Personaler, gemeinsam mit direkten Linienvorgesetzten, sind gefordert, diese »organizational capability« aufzubauen. In diesem wird treffend auf das Konzept der *Kernkompetenzen*, die *Pfadabhängigkeit* von vorhandenen Ressourcen sowie die Notwendigkeit von *»dynamic capabilities«* hingewiesen (vgl. Steinmann/Schreyögg/Koch, 2013, S. 234 ff.; Freiling, 2001, 2002):

Kernkompetenzen, Pfadabhängigkeit, »dynamic capability«, »organizational capability«

- **Kernkompetenzen** stehen für ein betriebsweites Ressourcenpotenzial, sich Wettbewerbsvorteile erarbeiten und/oder sichern zu können (vgl. Prahalad/Hamel, 1990). Personalmanagement kann in diesem Sinne ein schwer zu imitierender Wettbewerbsvorteil darstellen, der zusammen mit anderen innerbetrieblichen Kompetenzen zu nachhaltigen Erfolgen beiträgt.
- **Pfadabhängigkeit** steht für eine Verfestigung gerade von erfolgreichen Ressourcenkombinationen im Zeitablauf (vgl. Sydow/Schreyögg/Koch, 2009). »Gute« Praktiken eines Personal-Managements lassen sich nicht einfach so implementieren. Die Organisationsgeschichte und -kultur lässt so etwas nicht zu. Es bedarf organisationsspezifischer und -kontingenter, zur Geschichte und Kultur bzw. zum Pfad der Unternehmung passender Vorgehensweisen. Insofern besteht auch keine offene Entscheidung zur Einführung »guter« Praktiken, sondern der Entscheidungs- und Handlungsspielraum ist begrenzt. Ihn gilt es zu optimieren.
- Die **»dynamic capabilities«** drücken innovative Neukonfigurationen solcher Ressourcen in einer sich verändernden Umwelt aus (vgl. Teece/Pisano/Shuen, 1997; Freiling, 2001; Schreyögg/Kliesch-Eberl, 2007). Auch nachhaltige organisationale Fähigkeiten bedürfen einer Anpassung im Zeitablauf, gerade dann, wenn sich die Rahmenbedingungen der Personalarbeit verändern. Insofern sollte es impliziter Bestandteil solcher Fähigkeiten sein, sich rechtzeitig – antizipativ oder zumindest reaktiv – verändern zu können, und zwar, um ihre relativen Vorteile erhalten zu können.

2.1 Begriff, Inhalt und Grundkonzeption des Personal-Managements
Erläuterung des grundsätzlichen Verständnisses

Verhaltenswissenschaftliche Ausrichtung

4. *Verhaltenswissenschaftliche Ausrichtung:* Unsere Auffassung eines betrieblichen Personal-Managements beinhaltet eine verhaltenswissenschaftliche Ausrichtung (s. v. a. Teil 2 zum Organizational Behavior) der prinzipiellen Gestaltung des gesamten Buches wie seiner einzelnen Kapitel und Abschnitte. Die Arbeit mit Menschen im Betrieb ist nicht rein rational umsetzbar. Die begrenzte Rationalität von Menschen zeigt dies bereits an. Als (Mit-)Verantwortlicher für die Personalarbeit kann man sich nicht allein auf sachliche Erwägungen beziehen: Menschen reagieren und agieren nun einmal nicht nomologisch. Sie verhalten sich im Zweiergespräch anders als in der Gruppe, auch in einer Kleingruppe anders als in einer Großgruppe. Sie haben Rollenkonflikte mit einer Vielzahl an inner- wie außerbetrieblichen Rollen, die sie erfüllen müssen oder wollen – mit prinzipiell ungewissem Ausgang im Verhalten. Sie reagieren auf unterschiedliche Führungsstile in verschiedenen Situationen nicht einheitlich – weder im Vergleich zu anderen Personen noch zu ihrer eigenen Vergangenheit. Sie lassen sich auf unterschiedliche Art für die betrieblichen Zielsetzungen gewinnen. Sie reagieren unterschiedlich auf gebotene Anreize (vom Inhalt, von der Höhe sowie von der Gerechtigkeit her). Ohne eine hinreichende Kenntnis verhaltenswissenschaftlicher Theorien, Erkenntnisse und Vermutungen lässt sich personalwirtschaftliche Tätigkeit nicht sinnvoll thematisieren – weder in der Analyse noch in der Gestaltung. Von daher haben wir – soweit es uns möglich war – relevante verhaltenswissenschaftliche Ideen in die Textgestaltung einbezogen.

WISSENSWERTES

Personalökonomie

Die Personalökonomie (synonym: Personalökonomik) – verstanden als mikroökonomisch ausgerichtete Personalwirtschaftslehre – stellt das Beschäftigungsverhältnis zwischen Arbeitnehmer und Arbeitgeber als Tausch unter Marktbedingungen dar (vgl. Sadowski, 2002; Backes-Gellner/Lazear/Wolff, 2001; Wolff/Lazear, 2001; Lazear/Gibbs, 2009; Lazear, 2011). Sie versucht, Beschäftigungsentscheidungen vor dem Hintergrund von Unsicherheit auf Produkt- und Absatzmärkten sowie der Wirkung institutioneller Rahmenbedingungen (rechtliche, tarifvertragliche und andere normenstiftende Regelungen; alternative Arbeitsmarktsituationen) zu analysieren und zu erklären. Personalökonomische Modelle gehen von einem Konzept des rationalen und opportunistischen Individualverhaltens aus. Die beteiligten Akteure sehen ihre Beiträge unter ihren spezifischen Kosten- und Nutzenaspekten, d. h. sie maximieren den individuellen (Netto-)Nutzen aus ihren Aktivitäten – und dies unter opportunistischer Ausnutzung von Spielräumen, die sich durch Informationsasymmetrien (»hidden action«, »hidden information«, »hidden characteristics«, »hidden intention«; s. Teil 2, Kap. 6.4) ergeben. Ziel ist es im Allgemeinen, betriebliche Personalprobleme und -politiken aufzudecken, Zusammenhänge zu erklären, die Nützlichkeit und Einsatzfähigkeit personalwirtschaftlicher Instrumente sowie tarifvertraglicher und staatlicher Regelungen zu analysieren sowie dies empirisch zu untersuchen und zu belegen. Gerade der Versuch, sich thematisch systematisch mit der Marktabhängigkeit personalpolitischer Entscheidungen sowie mit Kooperationen unter Unsicherheit zu beschäftigen, ist des Weiteren hervorzuheben. Personalökonomie bewährt sich in diesem Verständnis vor allem auch als Sprachsystem, als systematische Reduktion der Komplexität und modellorientierte Analysemethode. Sie macht logische Implikationen deutlich, die vielleicht anderweitig übersehen werden. Trotz der begrenzten Wiedergabe der Realität kann die Personalökonomie allein durch ihre Perspektive und Teil ihrer Terminologie nach der hier vertretenen Auffassung einen konstruktiven Beitrag zum Verständnis und zur Umsetzung betrieblicher Personalarbeit leisten (vgl. Becker, F.G., 2006; Ridder, 2015, S. 61 ff.; Jost, 2008).

2.1 Erläuterung des grundsätzlichen Verständnisses

In diesem Zusammenhang gilt es, auch Forschung und Lehre vom Personal-Management unter wissenschaftlichen Blickwinkeln einzuordnen. Verschiedene wissenschaftliche Disziplinen beschäftigen sich mit personalwirtschaftlichen Fragen (s. Abbildung 1.5). Speziell die betriebswirtschaftliche Personallehre sieht in ihrem Mittelpunkt alle einschlägigen Fragen zur personalwirtschaftlichen Betreuung von Mitarbeitern und Mitarbeitergruppen. Um diese Fragestellungen hinreichend thematisieren zu können, müssen sie »Anleihen« aus anderen Disziplinen machen, um einzelne Probleme treffend angehen zu können. Interdisziplinarität ist eine sine qua non personalwirtschaftlicher Forschung.

Sozialwissenschaftliche Disziplin

> Personal-Management ist eine *angewandte Wissenschaft*. Mit ihr sollen die Personalverantwortlichen in ihrer Personalarbeit analytisch wie praxeologisch unterstützt und kritisch begleitet werden (vgl. Marr/Stitzel, 1979; Weibler, 1995, S. 116 ff.), um »dem Menschen ein wissenschaftlich fundiertes Handeln in der Praxis zu ermöglichen« (Ulrich, 1981, S. 10). Das Personal-Management ist in insofern nicht Selbstzweck, sondern es soll Wissen generieren, welches praktische Problemlösungen direkt und/oder indirekt handhaben hilft. Eine einheitliche theoretische Fundierung, welche hierzu die verschiedenen Forschungs- wie Praxisfragen integriert und aus einer Sicht betrachtet, fehlt allerdings. Vielmehr es sie in vielen Teilen durch einen theoretischen Eklektizismus gekennzeichnet, indem verschiedenartige, objektspezifische Theorien, Heuristiken und Modelle (»eklektisch«) verwendet werden – und zwar im besten Falle systematisch und verbindend. Ausgangspunkt der wissenschaftlichen Betrachtung sind weniger die Theorie, als die Probleme der Personalpraxis. Insofern kann man auch von einem »problemfeldorientierten Zugang« (vgl. Weber, 1996) des Personal-Managements sprechen, der allerdings nicht in einen »kurzatmigen Anwendungsbezug« (Weber, 1996, S. 300) oder in einen »Vormarsch theoriefreier Empfehlungen« (Drumm, 2005, S. 31) führen sollte. Eine Bezugsrahmenorientierung kann dabei helfen, solche Fehler zu vermeiden. Die Wahl des Gegenstands, des Zielsystems, der Grenzen und der theoretischen Zugänge (respektive des Bezugsrahmens) eines Personal-Managements sind jeweils eng mit der individuellen Perspektive des Forschers verwoben. Allgemein nachvollziehbare, rational eindeutige Entscheidungen lassen sich hier nicht treffen. Vielmehr handelt es sich um – mehr oder weniger gut – begründete Problemzugänge, die entscheidend durch individuelle, paradigmatische Werteentscheidungen (und auch vom »Zeitgeist« in Wissenschaft wie Gesellschaft) beeinflusst sind. Diese legen dann auch fest, welche Gegenstände und Umstände näher – und wie – betrachtet sowie welche als bedeutsam oder weniger bedeutsam eingestuft werden. Die Zugänge können sich im Übrigen mit dem Entwicklungsstand der Fachdisziplin und des Forschers durchaus verändern, sodass die Bezugsrahmen für solche Entwicklungen offen sind (vgl. Weibler, 1995, S. 116). Die Güte einer solchen Vorgehensweise des wissenschaftlich fundierten Personal-Managements erweist sich dann an ihrer Problemlö-

2.1 Begriff, Inhalt und Grundkonzeption des Personal-Managements
Erläuterung des grundsätzlichen Verständnisses

> sungsfähigkeit im Anwendungszusammenhang (oder auch nicht). Von daher ist auch bei einer Bezugsrahmenorientierung zumindest zu fordern, dass der jeweilige Erklärungsbeitrag mit Bezug auf allgemeine wie konkrete personalwirtschaftliche Handlungen ein positives Verhältnis von Nutzen-Kosten aufweist (vgl. Weibler, 1995, S. 115).

Einige Beispiele sollen die interdisziplinären Beiträge verdeutlichen helfen: Die Politologie beschäftigt sich u. a. mit mikropolitischen Verhaltensweisen von Organisationsmitgliedern in Organisationen. Hier lernt man etwas über die Motivationen, Strategien und Verhaltensweisen von Menschen. Die Individual- und Sozialpsychologie liefert umfangreiche Kenntnisse und Ideen über die Determinanten von Individual- und Gruppenverhalten. Die Soziologie ist durch ihre langanhaltende Beschäftigung mit größeren Gruppen in der Lage, Hilfestellungen bei der Analyse und der Gestaltung von Großorganisationen zu geben. Die Wirtschafts- und Sozialgeschichte hilft gerade kulturelle Entwicklungen tiefgründig zu hinterfragen. Diese haben nachhaltigen Einfluss auf bestehende Organisationskulturen mit ihren aktuellen Verhaltensstimuli. Letztendlich hat die Integration der Erkenntnisse und Ideen aus den verschiedenen Disziplinen unter einer praxeologisch-orientierten Perspek-

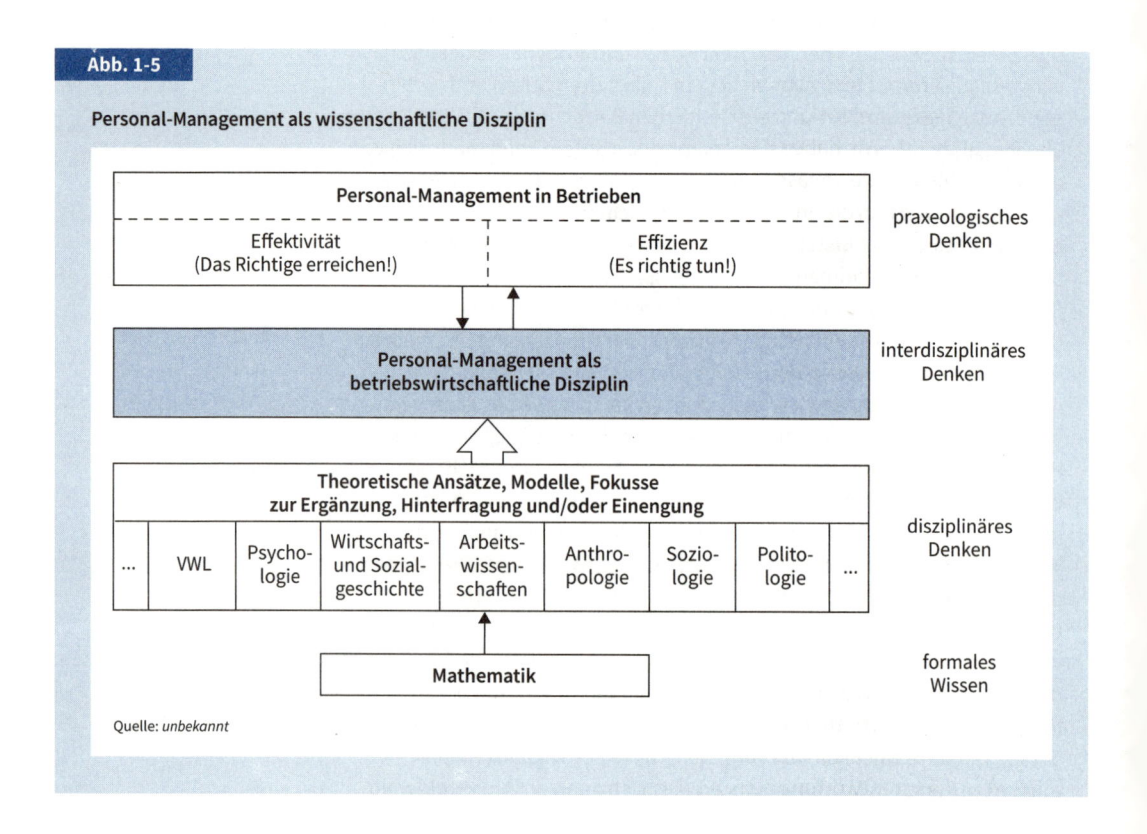

Abb. 1-5

Personal-Management als wissenschaftliche Disziplin

Quelle: *unbekannt*

> **WISSENSWERTES**
>
> **Human Resource Management (HRM)**
>
> Seit etwa zwei Jahrzehnten ist es in vielen Betrieben üblich geworden, von »HR« zu sprechen und dabei normalerweise die betriebliche Personalarbeit (als Human Resource Management) oder manchmal auch das Personal zu meinen. Dies hängt sicherlich mit der Internationalisierung vieler Betriebe zusammen, aber teilweise auch, um (vielleicht auch nur den Anschein der) Modernität sprachlich zu verdeutlichen. Im wissenschaftlichen Sprachgebrauch liegt Ähnliches zu Grunde. Vielfach wird angegeben, HRM unterscheide sich vom Personal-Management dadurch, dass die strategische Komponente der Personalarbeit beinhaltet sei (vgl. Oechsler/Paul, 2015, S. 67 ff.; Gmür/Thommen, 2014, S. 19 ff.; Ringlstetter/Kaiser, 2008, S. 69 ff.) Dies ist letztlich allerdings nur eine begriffliche Festlegung, deren Zweckmäßigkeit sich nicht unmittelbar erschließt. Wir differenzieren hier nicht: Personal-Management ist HRM und umgekehrt.

tive unter den Aspekten der Effektivität wie Effizienz zu erfolgen. Gerade dazu ist eine auf Basis des Organizational Behavior (s. Teil 2) konzipierte Lehre des Personal-Managements als betriebswirtschaftliche Teildisziplin gut geeignet.

2.2 Primäre und sekundäre Personalsysteme

Überblick

In Abbildung 1-1 wurde bereits unter der Rubrik »Systemgestaltung« eine Reihe von Teilsystemen des Personal-Managements – wenn auch unter einem anderen Blickwinkel – aufgeführt. Wir haben sie dort primäre Personalsysteme genannt und schattiert dargestellt. Sie umfassen insbesondere die Personalbedarfsdeckung, die Personalfreisetzung und die Anreizsysteme. Besonderes *Kennzeichen* dieser Teilsysteme ist es, dass sie zum Ersten unmittelbar Basis der Verhaltenssteuerung des Personals sind. Alle diese primären Personalsysteme beschäftigen sich also mit den aktuellen – und teilweise auch potenziellen neuen – Mitarbeitern. Normalerweise findet zum Zweiten die entsprechende Personalarbeit arbeitsteilig zwischen Linienvorgesetzten und Personalbereich statt. Beide tragen hier gemeinsam Verantwortung. Diese Aussagen treffen im Wesentlichen auch für die betriebliche Personalforschung zu, wenngleich manche der diesbezüglichen Teilsysteme fast ausschließlich in der Verantwortung von Aufgabenträgern aus dem Personalbereich fallen. Von daher sind dort die Teilsysteme, die einen primären Charakter haben, optisch hervorgehoben. Daneben bestehen allerdings noch ein paar andere personalwirtschaftliche Teilsysteme, die eher mittelbar der Personalarbeit dienen (sekundäre Personalsysteme als weiße Felder). Sie sind entweder Basis des gesamten Personal-Managements, wie die strategisch-orientierte Personalarbeit, die Personalplanung und die Personalorganisation, oder begleiten es in seinen Teilprozessen entweder durch das Personalcontrolling, die Personalverwaltung, die Arbeitsbedingungen oder die betrieblichen Arbeitsbeziehungen. Hier sind vornehmlich die Aufgabenträger aus dem Personalbereich gefragt; dort wird auch die entsprechende zentrale Personalverantwortung getragen. (Allerdings werden wir weiter hinten auf-

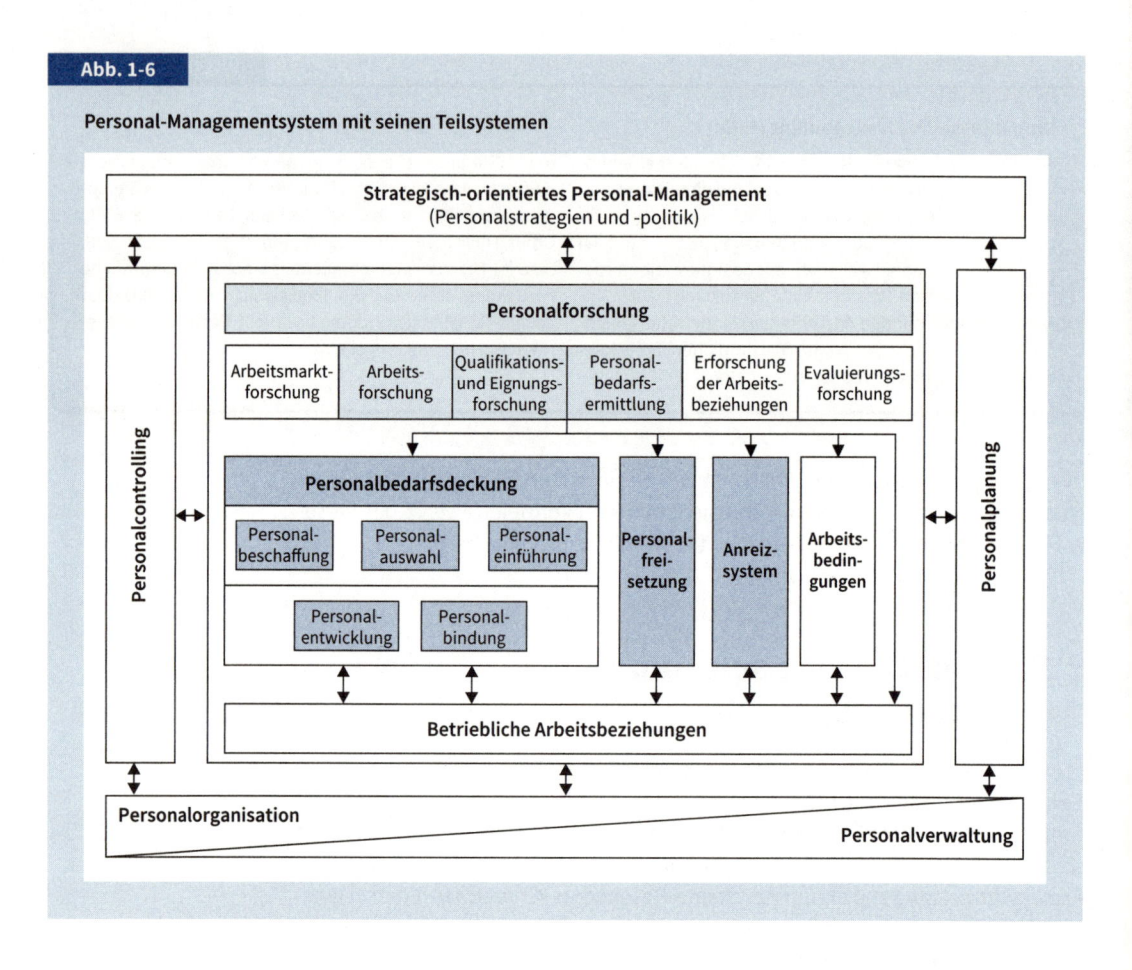

2.3 Begriff, Inhalt und Grundkonzeption des Personal-Managements
Differenzielle Personalarbeit

Abb. 1-6

Personal-Managementsystem mit seinen Teilsystemen

(Abbildung: Personal-Managementsystem mit den Ebenen Strategisch-orientiertes Personal-Management (Personalstrategien und -politik), Personalforschung (Arbeitsmarktforschung, Arbeitsforschung, Qualifikations- und Eignungsforschung, Personalbedarfsermittlung, Erforschung der Arbeitsbeziehungen, Evaluierungsforschung), Personalbedarfsdeckung (Personalbeschaffung, Personalauswahl, Personaleinführung, Personalentwicklung, Personalbindung), Personalfreisetzung, Anreizsystem, Arbeitsbedingungen, Betriebliche Arbeitsbeziehungen, sowie seitlich Personalcontrolling und Personalplanung, unten Personalorganisation und Personalverwaltung.)

grund der besonderen Bedeutung des Teilsystems »strategisch-orientierte Personalarbeit« dieses nicht unter dem Kapitel zu sekundären Personalsystemen darstellen, sondern es gesondert in Teil 5, Kap. 1 hervorheben.) Alle Teilsysteme sind in ihrem Zusammenwirken in der Abbildung 1-6 visualisiert.

In Teil 2 wird zunächst auf die Verhaltenssteuerung näher eingegangen. Dann werden die primären und die sekundären Personalsysteme in den Teil 3, 4 und 5 dargestellt.

2.3 Differenzielle Personalarbeit

»Nicht jeder Weg passt für Jeden, wenn er auch nach derselben Richtung führt.« Heinrich Martin

In personalwirtschaftlichen Lehrbüchern wie in der betrieblichen Personalpolitik wird zwar einerseits der Eindruck vermittelt, dass sich das Personal-Management (allein aus einer ökonomischen Perspektive) auf generalisierte Regelungen – für ei-

2.3 Differenzielle Personalarbeit

nen idealtypischen Norm(al)mitarbeiter – konzentrieren soll, andererseits zeigen aber von den gleichen Autoren vorgeschlagene wie in Betrieben realisierte Personalkonzepte vielfach individualisierte oder gruppenbezogene Spezifizierungen bei der einen oder der anderen Personalaufgabe. Es ist bei genauem Hinsehen also erkenntlich, dass eine differenzielle Vorgehensweise zumindest punktuell vorgeschlagen und umgesetzt wird. Ein differenzielles Personal-Management (resp. eine differenzielle Personalarbeit) ist eine »zwangsläufige Entwicklungsrichtung« (Marr, 1989, S. 38) der betrieblichen Personalarbeit. Seine theoretische Fundierung fehlt jedoch bislang ebenso wie eine systematisch strukturierte Darstellung.

»Viele Jahre ging man in der konventionellen Personalarbeit von dem Bild eines Norm(al)arbeitnehmers aus. ... Der durchschnittliche Arbeitsplatz wurde gemäß dieser Annahme konzipiert.« (Wollert, 2008, S. 394.) Allerdings, gab es schon länger Ausnahmen: Die Idee der individualisierten Organisation von Schanz (1977; ähnlich Lawler, 1977) geht letztendlich in die gleiche Richtung. Drumm (1989) initiierte ebenfalls eine frühe Auseinandersetzung um Individualisierung und Personalwirtschaft. Besonders inspirierend wirkte die *Münchener Schule* um Marr (vgl. Marr, 1989; Marr/Friedel-Howe, 1989; Fritsch, 1994; Morick, 2002; Wiegran, 2002). Seit Ende der 1980er-Jahre beschäftigte sie sich vor allem mit dem Grundkonzept einer differenziellen Personalwirtschaft.

Norm(al)arbeitnehmer

> Wir verstehen unter einem *differenziellen Personal-Management* die bewusste, systematische Berücksichtigung individueller Unterschiede von Mitarbeitern aus der Bildung homogener Personalsegmente sowie darauf bezogener Maßnahmen im Rahmen des Personal-Managements (Systemgestaltung wie Verhaltenssteuerung) (vgl. Becker, F.G., 2012, S. 19 f.; Ostrowski, 2012, S. 21).

Ein generalisiertes Personal-Management kann mit den implizit standardisierten Instrumenten den Unterschieden in der Belegschaft kaum gerecht werden. Gleiche Maßnahmen zur Personalführung führen bei unterschiedlichen Mitarbeitern zu durchaus unterschiedlichen Ergebnissen. Je individueller auf einen Mitarbeiter eingegangen wird, desto höher ist die Qualität von dessen/deren Leistungsverhaltens; allerdings mit entsprechend steigenden indirekten Personalkosten. Die Fokussierung auf weitgehend homogene Personalsegmente, also Gruppen von Mitarbeitern, unterscheidet diese Sichtweise von einem generell standardisierten wie auch von einem intendiert individualisierten Personal-Management.

Warum?

Die in der betrieblichen Praxis aufgabenbezogen vorhandene *heterogene Belegschaft* ist Ausgangspunkt für ein differenzielles Personal-Management. Der idealtypische (i. S. von Max Weber) Mitarbeiter – selbst auf an sich vergleichbaren Arbeitsplätzen – ist Fiktion. In Literatur wie Praxis ist jedoch vielfach eine Vereinfachung dahingehend feststellbar, dass die Ziele der einzelnen Mitarbeiter de facto homogenisiert und gleichzeitig interindividuelle Unterschiede ausgeklammert werden – trotz der andauernden Individualismusorientierung in unserer (Arbeits-)Gesellschaft (vgl. Beck, 1986).

2.3 Begriff, Inhalt und Grundkonzeption des Personal-Managements
Differenzielle Personalarbeit

> **VERTIEFUNG**
>
> **Un-/Gleichbehandlung, Diskriminierung und Gerechtigkeit?**
>
> Mit einer differenziellen Vorgehensweise in der Personalarbeit werden prinzipiell Fragen zur Ungleichbehandlung, Diskriminierung und Gerechtigkeit aufgeworfen. Keineswegs ist intendiert, mit einem differenziellen Personal-Management diskriminierende und nicht gesetzeskonforme Praktiken einzuführen. Es geht lediglich darum, mit sachlich begründeten Ungleichbehandlungen von Mitarbeitergruppen auf deren Besonderheiten und Bedürfnisse genauer eingehen zu können – unter Berücksichtigung betrieb(swirtschaft)licher Notwendigkeiten. Aufgrund unterschiedlicher Ausgangssituationen von Mitarbeiter(-gruppen) kann zudem eine begründete Ungleichbehandlung auch zur Gerechtigkeit beitragen (bspw. Bevorzugung von Frauen bei in etwa gleicher Eignung zu Männern).

Hier geht eine differenzielle Personalwirtschaft anders vor. Die ökonomische Sinnhaftigkeit betont Wollert (2008, 395), wenn er formuliert: »Die differentielle Personalarbeit gewinnt auch an Boden wegen der seit Jahren feststellbaren Abkehr von kollektiven Regeln hin zu den Bemühungen, maßgeschneiderte Lösungen zu finden. ... Personalarbeit [ist] nachhaltig erfolgreich, d. h. schöpft die Potentiale und Fähigkeiten unserer Mitarbeiter optimal aus, wenn wir deren Bedürfnisse und Wertvorstellungen kennen und berücksichtigen.« Weitere Argumente liefert die *differenzielle Psychologie* (vgl. Amelang et al., 2006); sie beschäftigt sich mit den Unterschieden zwischen Menschen und mit den entsprechend notwendigen unterschiedlichen Formen struktureller wie interaktiver Personalführung (s. Teil 2, Kap. 2.1). Hier kann nur eine differenzierte Vorgehensweise der Personalarbeit eine effiziente wie effektive Verhaltensbeeinflussung erwirken.

Substitutionsprinzip

Thematisiert man die skizzierten Ausrichtungen des Personal-Managements, so zeigt sich ein Spannungsfeld, welches von einer totalen Standardisierung (»Jeder ist gleich – zu behandeln!«) über die differenzielle Vorgehensweise mit segmentspezifischer Standardisierung (»Jedes Personalsegment ist anders – zu behandeln!«) bis hin zu einer reinen Individualisierung (»Jeder Mitarbeiter ist anders – zu behandeln!«) aufgezeigt werden kann. Die Kosten nehmen in dieser Richtung zu, der Nutzen durch die verbundenen Motivationswirkungen ab. Morick (2002, S. 78) formuliert hier das Substitutionsprinzip am Beispiel einer differenziellen Mitarbeiterführung: »Die Tendenz zu generellen Regelungen nimmt mit zunehmend festgestellten Verhaltensvarianten im menschlichen Leistungsverhalten ab; andererseits sind in diesem Fall der Tendenz zu individueller Behandlung durch organisationale Effizienzbedingungen Grenzen gesetzt.« Es gilt, einen tragbaren Kompromiss für die Bearbeitung dieses Spannungsfeldes zu finden – sowohl theoriegestützt und begründet als auch praxeologisch umsetzbar.

Differenzielle Personalarbeit ≠ individualisierte Personalarbeit

Im Rahmen des differenziellen Personal-Managements erfolgt keine ausschließliche Orientierung am methodologischen Individualismus. Es wird eine Verbindung von *individualistischen und sozialen Verhaltenskonzepten* angestrebt. So geht man bei der Diskussion nicht von jedem einzelnen Menschen aus. Man konzentriert sich statt dessen auf verschiedene repräsentative »Durchschnitts«-Individuen, über deren Merkmale und Verhalten bestimmte Annahmen getroffen werden – und zwar jeweils bezogen auf ein definiertes Personalsegment.

2.3 Differenzielle Personalarbeit

WISSENSWERTES

Methodologischer Individualismus

Der in der wissenschaftlichen Personalforschung verbreitete methodologische Individualismus ist Ausgangspunkt für die Berücksichtigung individueller Unterschiede in Betrieben und anderswo. Entsprechend dieses für die Personalarbeit prinzipiell sinnvollen Grundgedankens sind Mitarbeiter sowie deren Verhalten und Entscheidungen die Grundelemente der sozialen wie der betrieblichen Welt.

Alles beobachtbare Verhalten (und dessen Ergebnisse) wird entsprechend unter Vorgriff auf das Verhalten der Individuen erklärt. So wird auch kollektives Verhalten, also das von Gruppen, das letztendlich immer aus dem Verhalten von Individuen besteht, erklärt (vgl. Kirchgässner, 1991, S. 23).

Differenzielles Personalmanagement ist also nicht mit individualisierter Personalarbeit gleichzusetzen.
Individualisierung bedeutet die Ausrichtung personalwirtschaftlicher Tätigkeiten auf einen bestimmten Mitarbeiter – entweder zu dessen besseren Motivbefriedigung oder zu personenspezifischen Vorgehensweisen (vgl. Drumm, 1989; Scholz, 1997). Differenzielles Personal-Management schließt dies nicht aus. Im Vordergrund steht jedoch eine Orientierung an verschiedenen Personalsegmenten.

Im Rahmen einer differenziellen Personalarbeit konzentriert man sich auf voneinander *differenzierte Personalsegmente* – oder anders formuliert: Mitarbeitergruppen – (vereinfacht: Alte/Junge, Männer/Frauen, Ingenieure/Facharbeiter/kaufmännische Angestellte). Diese zielgruppenorientierte Vorgehensweise ist der angesprochene Kompromiss zwischen einer umfassenden Individualisierung und einer reinen Standardisierung des Personal-Managements. Sie verspricht – so die grundlegende These – einen höheren Effizienzgrad und eine höhere Effektivität als die beiden Extreme (vgl. Marr/Friedel-Howe, 1989; Fritsch, 1994).

Mitarbeitergruppen

Bislang fehlt – in der Personalliteratur wie in der Betriebspraxis – noch ein ausreichend begründetes und systematisch umgesetztes differenzielles Personal-Management. Hieran weiter zu arbeiten, sei es über segmentspezifische Studien und/oder die Integration segmentspezifischer Erkenntnisse in ein umfassendes Personalsystem, verspricht, eine praxeologisch ausgerichtete Personalforschung zu fun-

Grenzen

WISSENSWERTES

Lebensphasenorientierte Personalpolitik

In diesem Kontext ist auch die wiederaufgelegte Diskussion einer »lebensphasenorientierten Personalpolitik« anzusiedeln (vgl. Wollert, 2008; Behrens, 2009; Flüter-Hoffmann, 2010; BMI, 2012; Rump/Eilers, 2014, aber auch Teil 3, Kap. 5.3.3.4). Die Differenzierung erfolgt hier unter dem Blickwinkel der unterschiedlichen Berufs- und Lebensphasen der Mitarbeiter, teilweise auch mit dem Ziel der gleichzeitigen Fachkräftesicherung. Hierzu zählt letztendlich auch die alters- und alternsgerechte Personalarbeit (s. Teil 4, Kap. 6.2), die Thematik von Work-Life-Balance und Vereinbarkeit von Beruf und Familie (s. Teil 2, Kap. 4.2.2).

2.3 Begriff, Inhalt und Grundkonzeption des Personal-Managements
Differenzielle Personalarbeit

> **VERTIEFUNG**
>
> **Diversity-Management**
>
> Im Kontext ist das Diversity-Management anzusprechen (vgl. Krell, 1996; Krell/Wächter, 2006). Auch hier wird davon ausgegangen, dass prinzipiell personelle Vielfalt hinsichtlich Qualifikationen, Bedürfnissen und Erwartungen in Betrieben vorhanden sind sowie Vorteile gegenüber eher monokulturell aufgestellten Betrieben aufweist. Die Andersartigkeit und Ungleichheit wird hier aber vor allem als besondere Chance betrachtet, die es – durch die Personalarbeit an der einen und der anderen Stelle – auch ökonomisch für die betriebliche Wertschöpfung zu nutzen gilt.
>
> Diversity-Management nimmt teilweise eine andersartige Differenzierung der Mitarbeiterschaft vor als die differenzielle Personalarbeit und ist zudem stärker darauf ausgerichtet, die Diversität der Human Ressourcen als Wettbewerbsvorteil zu nutzen. Eine differenzielle Personalarbeit fokussiert dagegen stärker darauf, unterschiedliche Mitarbeitergruppen gezielt im Hinblick auf ihre in sich weitgehend homogenen Bedürfnisse zu segmentieren und gezielt diese Personalsegmente mit spezifischen Vorschlägen anzugehen – ohne die genannten Besonderheiten als Chance anzugehen.

dieren. Dem sind allerdings durch die Vielfältigkeit von möglichen Personalsegmenten Grenzen gesetzt.

WIEDERHOLUNGSFRAGEN ZU KAPITEL 2

1. Skizzieren Sie die Inhalte der zwei Begriffsteile des Personal-Managements.
2. Was sind die Unterschiede von interaktioneller und struktureller Personalführung?
3. Differenzieren Sie abstrakt wie beispielhaft die grundsätzlichen Ansätze der Personalarbeit!
4. Welche Grundprinzipien verfolgt das Lehrbuch?
5. Wodurch lassen sich primäre und sekundäre Personalsysteme differenzieren?
6. Wieso ist ein differenzielles Personal-Management zweckmäßig oder gar notwendig?

Teil 2

Organizational Behavior

1 Grundmodell des Organizational Behaviors

> **LEITFRAGEN**
>
> **Zum Grundmodell des Organizational Behaviors**
> - Was sind eigentlich abhängige, unabhängige und intervenierende Variablen?
> - Wie lassen sich individuelle, gruppenbezogene und apersonale Determinanten voneinander differenzieren und warum?
> - Ist es überhaupt sinnvoll, aus Sicht der Ökonomie auf verhaltenswissenschaftliche Theorien und Erkenntnisse zurückzugreifen – und wenn ja, wieweit?

Betriebswirtschaftliches Geschehen und menschliche Arbeit können nicht adäquat erfasst, bewertet und beeinflusst werden, wenn keine konkreten Vorstellungen vom menschlichen Verhalten und seinen Einflussfaktoren existieren. Nur wer sich näher mit den motivationalen Grundlagen des Verhaltens am Arbeitsplatz beschäftigt, wird in der Lage sein, über die bewusste Gestaltung des Personal-Managements gewünschte Verhaltensweisen von Mitarbeitern (durch Anreize, Qualifizierungen u. a.) zu fördern und die Wahrscheinlichkeit des Auftretens anderer Verhaltensweisen (z. B. »Dienst nach Vorschrift«, Mobbing) zu mindern. Aber nicht nur das Formen betrieblicher Anreizsysteme, auch die Bemühungen im Rahmen der Mitarbeiterführung, Personalentwicklung, -auswahl usw. zielen darauf ab, das Leistungsverhalten der Mitarbeiter – unter Beachtung ihrer Eigeninteressen – im Sinne der betrieblichen Ziele zu beeinflussen. Dabei wird auf unterschiedlichste Konzepte und Theorien der Managementforschung und angrenzender Disziplinen wie der Psychologie oder Soziologie zurückgegriffen. Die dort identifizierten Determinanten menschlicher Arbeitsleistungen im Betrieb gilt es als interdependente Variablen in ein allgemeines Aussagensystem zu integrieren, das zur Fundierung der Vorgehensweisen und Instrumente eines praktischen Personal-Managements herangezogen werden kann.

»Sine qua non« der Personalarbeit

Organizational Behavior ist eine wissenschaftliche Disziplin, die sich insbesondere im angloamerikanischen Sprachraum mit der Erhebung, Beschreibung, Erklärung und Prognose menschlichen Verhaltens in Betrieben beschäftigt. Sie bezieht sich dabei auf Erkenntnisse aus der ökonomischen Managementforschung wie der verhaltenswissenschaftlichen Forschung, die letztlich alle für die betriebliche Managementarbeit von Belang sind. Das *Grundmodell* ist prinzipiell überall gleich (vgl. z. B. Newstrom/Davis, 2006; Hitt/Miller/Colella, 2014; Robbins, 2001; Robbins/

Interdependentes Bedingungsgefüge

1. Grundmodell des Organizational Behaviors

> **WISSENSWERTES**
>
> **Neue Institutionenökonomie**
>
> Seit wenigen Jahrzehnten hat die neue Institutionenökonomie mit ihren verschiedenen Ausrichtungen (Property-Rights-Theorie, Informationsökonomik, Transaktionskostentheorie, Prinzipal-Agent-Theorie; s. Teil 2, Kap. 3.1 und Kap. 6.1.3) die Managementlehre bereichert, wenngleich viele ihrer Aussage hier aufgrund der zugrunde gelegten Axiome (v. a. die Annahme des prinzipiellen Opportunismus bei Menschen) hier nicht näher berücksichtigt werden. Die Kerngedanken des Ansatzes beruhen auf einfachen Gedanken: Die Gründung und Nutzung von Betrieben (bzw. Organisationen, »Institutionen«, Märkte, Normen u. Ä.) verursacht situationsspezifische Transaktionskosten (vgl. Picot/Schuller, 2004).

Hudge, 2014; Luthans, 2011, auch von Rosenstiel/Nerdinger 2011, S. 2 ff.): Die angestrebten betrieblichen Ziele (als *abhängige Variable*) werden unter geltenden Situationsbedingungen (als *unabhängige Variablen*) angestrebt. Die Situationen werden anhand dieser Variablenklasse berücksichtigt: personale Faktoren (Motive, Qualifikationen, Werte u. a.), interpersonale Faktoren (Gruppengröße, -zusammensetzung, -phänomene u. a.) und apersonale Faktoren (Betriebsimage, Planungs-, Organisations-, Entgeltsystem). Newstrom/Davis (2006, S. 5) drücken dies treffend wie folgt aus: »Organizational behavior provides a useful set of tools at *many of analysis*. For example, it helps managers look at the *behavior of individuals* within an organization. It also aids their understanding of the complexities involved in *inter-*

Abb. 2-1

Grundmodell des Organizational Behaviors

Abhängige Variable
Effektivität und Effizienz
- Produktivität – Fehlzeiten – Fluktuation – Leistung
- Kundenzufriedenheit – Mitarbeiterszufriedenheit
- Ideal: Organizational Citizenship Behavior

Intervenierende Variable
Mitarbeiterführung im weiteren Sinne (interpersonelle –strukturelle –kulturelle) = **Personal-Management**

Unabhängige Variable

Variablen auf der individuellen Ebene	Variablen auf Gruppenebene	A-personale Variablen
• Biografische Merkmale • Persönlichkeit • Werte • Motive • Fähigkeiten • …	• Gruppenstruktur • Konflikte • Macht • Kommunikation • …	• Organisationsstruktur • Prozesse • Technologien • Personalsysteme • …

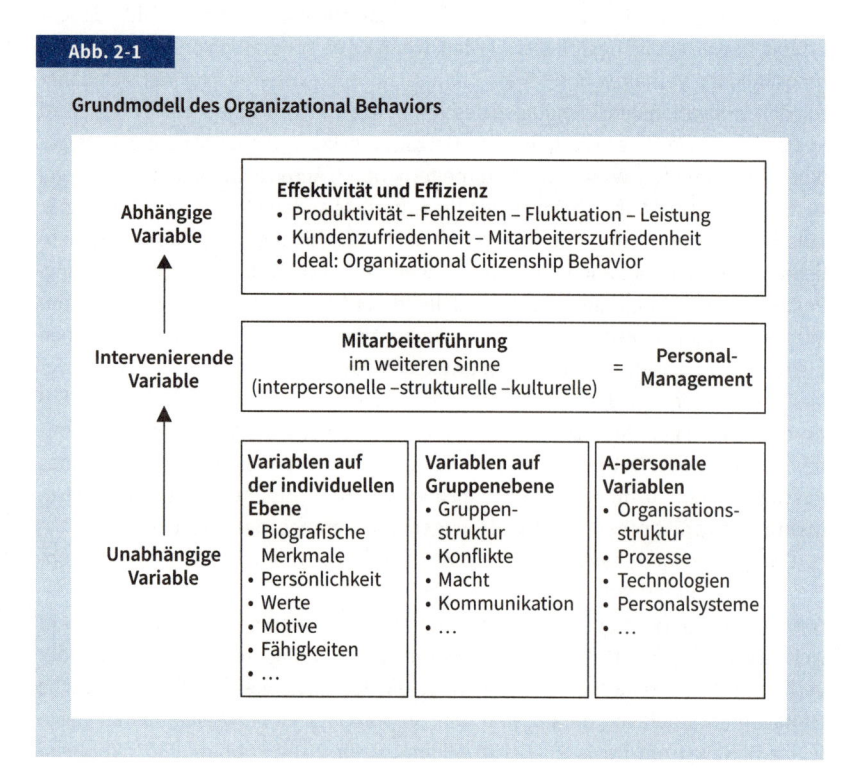

Grundmodell des Organizational Behaviors

> **WISSENSWERTES**
>
> **Begrenzte Rationalität**
>
> »Begrenzte Rationalität« bezeichnet – nicht nur in den Wirtschaftswissenschaften – einen Aspekt im Verhalten von Menschen, das zum Ersten abgegrenzt ist von den alten Annahmen einer unbeschränkten Rationalität (»Homo Oeconomicus«) sowie zum Zweiten auch von rein irrationalem Verhalten. Menschen entscheiden sich innerhalb kognitiv und motivational gesetzter Grenzen von der Intention her rational. Da sie weder alles kennen können noch wollen, ist diese Rationalität allerdings begrenzt. Das Konzept hat mit Beginn der 1950er-Jahre Eingang in die wirtschaftswissenschaftliche Diskussion gefunden, vor allem durch die Anreiz-Beitrags-Theorie und ihre Vertreter. Es wurde später auch durch die Neue Institutionenökonomie aufgegriffen und teilweise für sich vereinnahmt (s. u.) (vgl. Weinert, 2004, S. 568 ff.).

personal relations, when two people ... interact. At the next level, organizational behavior is valuable for examining the dynamics of *relationships within small groups* ... When two or more groups need to coordinate their efforts ..., managers become interested in the entire *group relations* that emerge ...«.

All diese Faktoren gelten zunächst als interdependentes Bedingungsgefüge, auf den das Personal-Management im Allgemeinen respektive die Mitarbeiterführung

> **WISSENSWERTES**
>
> **Neuroökonomie**
>
> Die Neuroökonomie ist Ende der 1990er-Jahre als interdisziplinäres Forschungsfeld, v. a. in den Wirtschaftswissenschaften und den Neurowissenschaften, begründet worden. Sie versucht – von der Intention her – das menschliche Verhalten in ökonomischen, also auch personalwirtschaftlichen Entscheidungssituationen mit methodischer Unterstützung der Neurowissenschaften genauer beschreiben und erklären zu können. Sie zielt dabei auf das Verstehen der neuronalen Grundlagen wirtschaftlichen Handelns (vgl. Glimcher/Fehr, 2013).
>
> Die Neuroökonomie bedient sich neurowissenschaftlicher Methoden, mittels derer das menschliche Gehirn als theoretische »Black Box« geöffnet und die ablaufenden Prozesse und Vorgänge messbar und somit deutlich gemacht werden. Über eine Vielzahl von Verfahren wird somit eine neuronale Grundlage in Bezug auf das ökonomische Entscheidungsverhalten geschaffen. Zu diesen verschiedenen Verfahren zählen insbesondere die psychophysiologischen und bildgebenden Verfahren. Während bei letzteren die strukturellen Darstellungen des Gehirns bei der Durchführung unterschiedlicher Aufgaben miteinander verglichen werden, vergleichen psychophysiologische Verfahren körperliche Indikatoren wie bspw. Pupillenerweiterung, Blutdruck oder Puls bei Zuführung bestimmter Stimuli, um über die unterschiedliche Aktivierung der Hirnregionen auf die Funktionsweise des Gehirns schließen zu können. Anwendung finden diese neurowissenschaftlichen Methoden inzwischen in den Bereichen Marketing (Neuromarketing) und Finanzierung (Neurofinance), bei denen man sich im Rahmen von verschiedenen Studien mit dem Konsumenten- und Investorenverhalten auseinandersetzt. Auch im Bereich des Organizational Behaviors wurden, wenn auch in geringerem Umfang, neurowissenschaftliche Methoden herangezogen, um bspw. die Wirkung von Anreizen auf neuronaler Ebene zu analysieren. So konnte im Rahmen zweier Studien (vgl. Knutson et al., 2001; O'Doherty et al., 2001) gezeigt werden, dass positive und negative Anreize vom menschlichen Gehirn unterschiedlich verarbeitet werden. Diese Erkenntnisse lassen sich wiederum bei der Gestaltung von Anreizsystemen berücksichtigen (vgl. Camerer, 2005; Schilke/Reimann, 2007; Reimann/Weber, 2011). Forschungsobjekte sind auch Neuroleadership (zur Berücksichtigung von Emotionen in Führungsprozessen) und Neurodidaktik (zur besseren Gestaltung von Lernsituationen). Allerdings: Unumstritten sind die Ergebnisse der Neuroökonomie nicht. Sowohl an den Studien (u. a. kleine Stichproben, Laborsituationen) als auch an der Realitätsnähe zu ökonomisch relevanten Entscheidungssituationen wird vehemente Kritik geäußert. Personalbezogene Forschungen stehen dabei allerdings erst am Anfang (vgl. Bach/Sterner, 2011).

1. Grundmodell des Organizational Behaviors

Sozialwissenschaften

i. w. S. im Speziellen (als *intervenierende Variable*) einwirkt, um die Ziele zu erreichen. (Mittelfristig besteht allerdings auch die Möglichkeit, die Situation – als unabhängige Variable – zu verändern.) Abbildung 2-1 veranschaulicht diese Zusammenhänge.

In diesem Sinne werden in den folgenden Kapiteln verschiedene theoretische Ansätze und Erkenntnisse thematisiert. Es handelt sich dabei einerseits um grundlegende sozialwissenschaftliche Konzepte sowie andererseits um spezifische Konzepte zur Motivation, zu Gruppenphänomenen und zur Mitarbeiterführung.

WIEDERHOLUNGSFRAGEN ZU KAPITEL 1

1. Skizzieren Sie die Charakteristika des Organizational Behaviors als wissenschaftliche Disziplin.
2. Erläutern Sie abhängige, unabhängige und intervenierende Variablen im Grundmodell des Organizational Behaviors.

2 Grundsätzliche Erklärungsansätze zum Mitarbeiterverhalten

> **LEITFRAGEN**
>
> **Zum Inhalt der verschiedenen Erklärungsansätze**
> - Stehen die erläuterten Erklärungsansätze in Konkurrenz zueinander und/oder sind sie additiv zu betrachten?
> - Wo liegt der Unterschied zwischen der Verhaltensgleichung und dem S-O-R-Modell?
>
> **Zu einzelnen Erklärungsansätzen**
> - Inwieweit – wenn überhaupt – ist Verhalten unabhängig von der jeweiligen vergangenen und/oder aktuellen Situation?
> - Welche Bedeutung haben Menschenbilder für wissenschaftliche Aussagen und für die Wirtschaftspraxis?
> - Welche Bedeutung hat der Taylorismus heute noch?
> - Mit welchen Vertragsinhalten ist man eigentlich selbst in seinem beruflichen Umfeld konfrontiert?
>
> **Zuständigkeit und Relevanz**
> - Wer sollte sich eigentlich in Betrieben mit grundlegenden Erklärungsansätzen auskennen?
> - Sind Basisaussagen zu menschlichen Verhaltensweisen nur von akademischem oder auch von praktischem Wert?

2.1 Verhaltensgleichung und S-O-R-Theorem

Mit der *Verhaltensgleichung,* der sogenannten Feldtheorie, überwand Lewin (1935, 1963) bereits frühzeitig den damals dominierenden Behaviorismus (vgl. Skinner, 1938, 1953, 1974). Dieser erklärt Verhalten als bloße Reaktion auf Umweltreize. Lewin postulierte, dass dies nicht ausreicht. Die Bedeutung der Wahrnehmung und die Verarbeitung von Umweltreizen durch die jeweilige Person in ihrer erlebten Umwelt sei hier nicht berücksichtigt. Verhalten sei insofern eine (zeitlich durchaus unterschiedlich zu sehende) Funktion der Person und ihrer Umwelt (inklusive der hiervon ausgehenden Stimuli):

Verhaltensgleichung

2.1 Grundsätzliche Erklärungsansätze zum Mitarbeiterverhalten
Verhaltensgleichung und S-O-R-Theorem

> **V = f (P, U)**
> (V = Verhalten, P = Person, U = psychologische Umwelt)

Mit P sind sowohl überdauernde Persönlichkeitsstrukturen als auch aktuelle emotionale wie kognitive Zustände einer Person angesprochen. U spricht die Situation, in der die Person agiert, an. Gemeint sind damit sowohl der soziale Kontext und die eher sachlichen Situationsbedingungen, wie auch die aus der Umwelt angebotenen Reize, die Verhalten auslösen sollen. Heute ist man des Weiteren der Ansicht, dass alle drei Determinanten interaktiv miteinander verbunden sind und sich von daher gegenseitig beeinflussen. Festzuhalten bleibt vor allem, dass Person und Umwelt sich gegenseitig beeinflussen sowie insofern keine eindeutigen Beziehungen vorherrschen. Das individuelle Verhalten – ob positiv oder negativ für den Betrieb – kann sehr viele Ursachen haben.

S-O-R-Modell

Beim *S-O-R-Modell* (S = Stimulus, Organisationsumwelt, Situation, O = Organismus, Wahrnehmung/Bewertung, R = Reaktion, individuelles Verhalten; vgl. Jost, 2008, S. 94 f., 2014, S. 60 ff.) wird entsprechend menschliches Verhalten als Reaktion auf externe Stimuli verstanden, die im Organismus einer Person verarbeitet werden. Zusätzlich kann man auch die Rückkopplungen, die von der Reaktion einer Person auf zukünftige Stimuli ausgehen, abbilden. So erweitert man das Modell um individuell antizipierte Konsequenzen (C), die bereits die bevorstehende Reaktion beeinflussen.

> **S → O → R → C**

Hypothetische Konstrukte

Ein Organismus verarbeitet dabei die Gesamtheit der individuellen intervenierenden Variablen. Bei diesen handelt es sich um zwischen Stimuli und Reaktionen vermittelnde, aktive energetische Prozesse (Emotionen, Motive, Einstellung) und kognitive Prozesse (Wahrnehmung, Entscheidung, Lernen), die letztlich Situationen wahrnehmen, erinnern, interpretieren, antizipieren. Sie sind der unmittelbaren Beobachtung nicht zugänglich und können nur durch gedanklichen Rückschluss von spezifischen Ausprägungen des beobachtbaren Verhaltens angenommen werden. Bei den intervenierenden Variablen handelt es sich insofern um hypothetische Konstrukte. Letztlich bleibt, dass emotionale wie kognitive Prozesse einer Person bei der Wahrnehmung, der Interpretation, der Bewertung, der Prognose entscheidend mit zum individuellen Verhalten beitragen. Will man Verhalten erklären oder gar beeinflussen, sollte man diese Prozesse verstehen.

2.2 Menschenbilder

Die Wurzeln der heutigen, im Folgenden referierten Erklärungsansätze für das Zustandekommen menschlicher Arbeit reichen zurück in die erste Reifezeit der Industrialisierung der westlichen Welt, in die ersten Jahrzehnte des zwanzigsten Jahrhunderts.

Ihnen liegen implizite Annahmen über die Natur des Menschen zugrunde, die sehr vereinfachender, verallgemeinernder Art sind. Solche »Menschenbilder« bilden zum einen die Grundlage, auf der wissenschaftliche Theorien (z. B. über menschliches Verhalten in Betrieben) formuliert werden bzw. in der Vergangenheit formuliert wurden. Zum anderen beeinflussen sie die Art und Weise des Umgangs mit Personal bzw. Personalproblemen in der betrieblichen Praxis, indem sie als »implizite Theorien« von Personalverantwortlichen einen individuellen Orientierungsrahmen bilden, an dem diese ihr tägliches Arbeitshandeln (oft unbewusst) ausrichten.

Menschenbilder sind von Personen genutzte vereinfachte, standardisierte Muster menschlicher Verhaltensweisen anderer Personen. Sie dienen hauptsächlich der – notwendigen – Komplexitätsreduktion. Sie reduzieren die Vielfalt der in der Realität vorkommenden Typen von Menschen auf wenige als treffend wahrgenommene Grundformen. Sie erlauben so den schnellen, »treffenden« Umgang mit neuen Interaktionspartnern – auch im Rahmen der Mitarbeiterführung. Sie sind zum »Überleben« notwendig, da ansonsten Menschen kognitiv mit den vielen Eindrücken zu ihren, oft auch wechselnden Interaktionspartnern (privat wie beruflich) überfordert bzw. überlastet wären. Beim auch sozialisationsbedingten Bilden solcher Menschenbilder entstehen nicht unbedingt treffende »Bilder über andere Menschen«. Die un- und halbbewussten Vereinfachungen über Werte, Motive, Qualifikationen, Ansichten u. Ä. (bspw. zu Frauen, Männer, Älteren, Migranten, Bayern, Kölnern, Controllern, Personalern ...) sind unzutreffend oder zumindest modellhaft, d. h. also nicht vollständig. Dennoch sind diese i. d. R. nicht näher reflektierten Ansichten die Basis für die Interaktion mit anderen. Je treffender sie sind, desto treffender kann die Interaktion zum Ziel führen et vice versa.

Implizite Annahmen

»Wer nicht gerne denkt, sollte wenigstens von Zeit zu Zeit seine Vorurteile neu gruppieren.«
Luther Burbank

> »... allen Typologien [ist] gemeinsam, ... daß diese impliziten Theorien Einfluß haben auf den Umgang zwischen Führungskräften und ihren Vorgesetzten, Kollegen und Untergebenen, die somit einer bestimmten Betrachtungsweise über die Natur des Menschen innerlich verhaftet sind, auch wenn sie sich darüber meist nicht bewußt zu sein scheinen ... McGregor (1960, S. 33) nimmt sogar an, daß ›hinter jeder Führungsentscheidung oder Handlung Annahmen über die menschliche Natur und über das menschliche Verhalten stehen‹ ... und gleichermaßen hervorgehoben wird die Vermutung, daß diese Annahmen unter Führungskräften vor allem ihren Führungsstil und ihr Führungsverhalten ... in erheblichem Maße mitbestimmt oder gar determinieren.« (Weinert, 1984, S. 31 f.)

2.2 Grundsätzliche Erklärungsansätze zum Mitarbeiterverhalten
Menschenbilder

Abb. 2-2

Annahmen der Theorien X und Y nach McGregor

Theorie X	Theorie Y
• Menschen: **angeborene Abscheu vor der Arbeit**	• Menschen: **keine** angeborene **Abneigung** gegen **Arbeit!**
• Fazit: **Menschen steuern, kontrollieren und mit Androhungen von Strafen dazu »zwingen«**	• Identifizierung mit betrieblichen Zielen → externe Kontrollen unnötig
• Zudem: Menschen **möchten gerne** geführt werden, Verantwortung vermeiden, haben wenig Ehrgeiz und wünschen sich v. a. Sicherheit	• Menschliche Anreize zur Arbeit: **Befriedigung von Ich-Motiven + Streben nach Selbstverwirklichung**
	• **Menschen suchen** bei entsprechender Anleitung **eigene Verantwortung**

In der betriebswirtschaftlichen Diskussion sind es insbesondere zwei Autoren, deren Modelle diskutiert werden: McGregor und Schein.

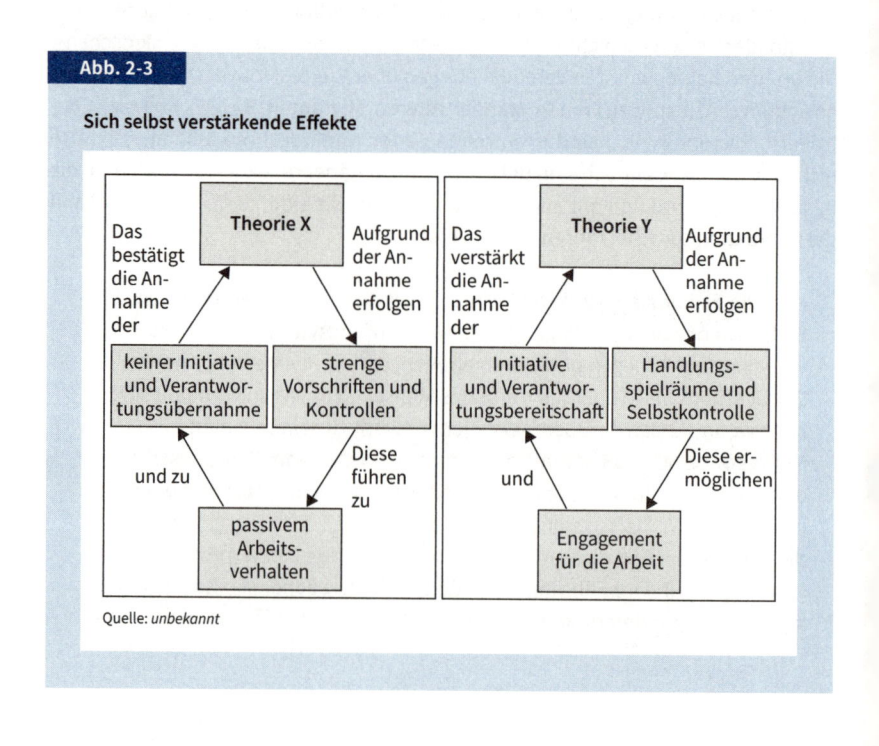

Abb. 2-3

Sich selbst verstärkende Effekte

Theorie X: Das bestätigt die Annahme der keiner Initiative und Verantwortungsübernahme ← Aufgrund der Annahme erfolgen strenge Vorschriften und Kontrollen → Diese führen zu passivem Arbeitsverhalten → und zu (zurück zur Annahme)

Theorie Y: Das verstärkt die Annahme der Initiative und Verantwortungsbereitschaft ← Aufgrund der Annahme erfolgen Handlungsspielräume und Selbstkontrolle → Diese ermöglichen Engagement für die Arbeit → und (zurück zur Annahme)

Quelle: *unbekannt*

2.2 Menschenbilder

Die sogenannten *Theorien X und Y* nach McGregor (1960) klassifizieren grob. Lediglich zwei Menschenbilder werden als Gegensatzpaar vorgestellt. Die Theorie X stellt dabei das Ergebnis seiner damaligen Analyse der traditionellen Managementliteratur dar, während Theorie Y als idealtypisch gelten soll. Die stark simplifizierte Beschreibung ist auf große Resonanz gestoßen. Zu den Inhalten siehe Abbildung 2-2.

McGregors Dichotomie

Interessant ist in diesem Zusammenhang noch folgende These: Vorgesetzte, die ihre Mitarbeiter mit dem Menschenbild der Theorie X sehen, verstärken konsequentermaßen ihre Kontroll- und variablen Entgeltsysteme. Dies verstärkt bzw. ruft erst (durch das signalisierte Misstrauen) demotiviertes Verhalten hervor. Dieses wiederum bestärkt den Vorgesetzten in seiner Annahme sowie in der Führung oder Intensivierung seiner »Anreize«. Dieses Gedankenmodell kann auch auf die Annahme der

Sich-selbst-konstruierendes Menschenbild

Abb. 2-4

Menschenbilder und organisatorische Konsequenzen nach Schein

»rational-economic man«	»self-actualizing man«
• V. a. monetäre Anreize motivieren; passiv; durch Organisation manipuliert, motiviert und kontrolliert; Handeln ist rational; Theorie X • Klassische Managementfunktionen; Betrieb und Effizienz im Mittelpunkt; irrationales Verhalten neutralisieren und kontrollieren	• Mensch strebt nach Autonomie und bevorzugt Selbstmotivation und -kontrolle; kein zwangsläufiger Konflikt zwischen Selbstverwirklichung und betrieblicher Zielerreichung • Manager: Unterstützer und Förderer (nicht Motivierer und Kontrolleur); Delegation von Entscheidungen; Übergang von Amts- zu Fachautorität, von extrinsischer zu intrinsischer Motivation
»social man«	»complex man«
• V. a. durch soziale Bedürfnisse motiviert; stärker durch soziale Normen der Arbeitsgruppe als durch Anreize und Kontrollen gelenkt; Human-Relations-Bewegung • Aufbau und Förderung von Gruppen; soziale Anerkennung der Manager und Gruppe; Bedürfnisse nach Anerkennung, Zugehörigkeitsgefühl und Identität; Gruppenanreizsysteme	• Äußerst wandlungsfähig; Dringlichkeit der Motive unterliegt Wandel; lernfähig, erwirbt neue Motive; in unterschiedlichen Systemen unterschiedliche Motive bedeutsam • Manager: Diagnostiker von Situationen; müssen Unterschiede erkennen und Verhalten situationsgemäß variieren; keine generell richtige Organisation

Quelle: in Anlehnung an *Schein*, 1980, S. 50 ff.

2.2 Grundsätzliche Erklärungsansätze zum Mitarbeiterverhalten
Menschenbilder

Scheins Managementreaktionen

Theorie Y übertragen werden – mit entsprechenden positiven Wirkungen (s. hierzu auch Abbildung 2-3).
Nachfolgend wird ein Überblick über die *Differenzierung* nach Schein (1980) gegeben (vgl. Abbildung 2-4). Diese ist etwas differenzierter und konzentriert sich auch auf die jeweils notwendigen betrieblichen Konsequenzen – sofern die Menschenbilder treffend sind.

Empirie

In ihrer übervereinfachenden und sehr einseitigen Art erscheinen uns die Menschenbilder X und Y heute eher als unverständlich. Dabei ist jedoch zu berücksichtigen, dass es in der Geschichte der Industrialisierung wechselnde Rahmenbedingungen für menschliche Arbeit gegeben hat, aus denen heraus diese Menschenbilder formuliert wurden und für die sie jeweils durchaus aktuell und angemessen waren. So setzte sich die Arbeiterschaft, auf die sich Taylors Arbeiten beziehen (s. übernächster Abschnitt), zum überwiegenden Teil aus Menschen zusammen, die ungelernt, aus ihren bisherigen Strukturen herausgelöst (vom Land in die Stadt gezogen) und auf die materielle Verwertung ihrer Arbeitskraft angewiesen waren, um ihre existenziellen Grundbedürfnisse befriedigen zu können. Empirische Studien (z. B. Weinert, 2004, S. 664 ff.; Bögel/von Rosenstiel, 1993; Steyrer, 1988) deuten darauf hin, dass es kulturspezifisch unterschiedliche Menschenbilder gibt, die über das hinausgehen, was die beiden klassischen Modelle ausdrücken. Diese weisen darüber hinaus darauf hin, dass in den Funktionsbereichen eines Betriebes durchaus anders orientierte Menschenbilder treffend sind.

»Menschenkenntnis ist das einzige Fach, in dem man ständig unterrichtet wird.« Alberto Moravia

Gerade Führungskräfte sind – durchaus mithilfe der Personalentwicklungsverantwortlichen – dazu angehalten, ihre jeweiligen »Bilder« über ihre Mitarbeiter von Zeit zu Zeit infrage zustellen und gegebenenfalls zu korrigieren. Sowohl Fehleinschätzungen seitens der Führungskräfte »bei Einordnungen in die *falschen Schubladen*« als auch Entwicklungen seitens der Mitarbeiter werden sonst leicht zu Problemen miteinander führen.

> In der wissenschaftlichen Diskussion der letzten zwei Jahrzehnte hat sich zudem v. a. in der Neuen Institutionenökonomie (Vertragstheorie, Transaktionskostentheorie s. Teil 2, Kap. 6.1.3, Prinzipal-Agent-Theorie s. Teil 2, Kap. 3.1) ein Menschenbild breit gemacht, das sehr stark den Opportunismus von Organisationsmitgliedern betont. Übernimmt man dieses Menschenbild, dann sind Kontrollmechanismen selbstverständlich natürlich. Hat man ein anderes Menschenbild, wie es beispielsweise auf Basis der Anreiz-Beitrags-Theorie und der Steward-Ship-Theorie vertreten wird, dann kann man stärker mit Vertrauen arbeiten.

2.3 Verträge

Verträge reduzieren Unsicherheit der Vertragspartner im Allgemeinen, Arbeitsverträge reduzieren Unsicherheit von Arbeitgeber und Arbeitnehmer im Besonderen. Das Verhalten der anderen wird vorhersehbarer und das eigene Verhalten gebundener. So wird Verhaltensunsicherheit reduziert, indirekt gewonnene Kapazität freigesetzt und die nachvollziehbare Steuerung des Verhaltens verbessert – zulasten der Anpassungsfähigkeit (vgl. Jost, 2008, S. 539 ff., 2014, S. 323 ff.).

Im Allgemeinen geht man davon aus, dass zwischen Arbeitnehmer und Arbeitgeber nur ein Vertrag besteht, und zwar der juristische Arbeitsvertrag. De facto erweist es sich aus Sicht einer verhaltenswissenschaftlichen Perspektive aber für sinnvoll, auch die sogenannten psychologischen Verträge und die sozialen Verträge zu betrachten. Sie üben durchaus nachhaltigen Einfluss auf das Arbeitsverhalten aus. Abbildung 2-5 gibt einen Überblick über die verschiedenen Vertragsarten.

Verschiedene (Arbeits-)Verträge

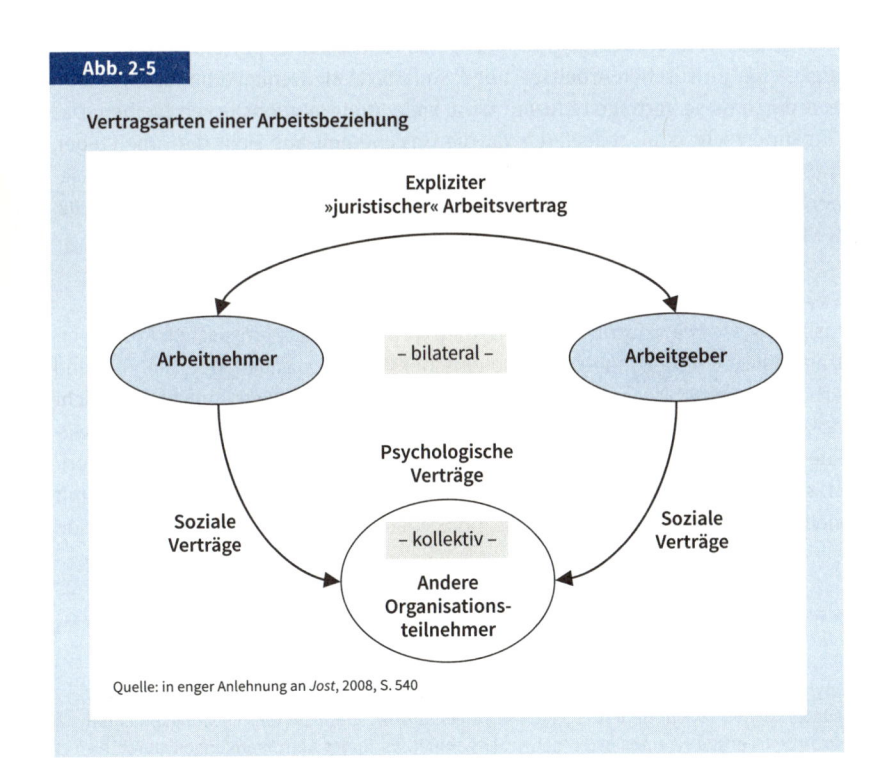

Abb. 2-5

Vertragsarten einer Arbeitsbeziehung

- Expliziter »juristischer« Arbeitsvertrag (bilateral) zwischen Arbeitnehmer und Arbeitgeber
- Psychologische Verträge (kollektiv) zu Anderen Organisationsteilnehmern
- Soziale Verträge zwischen Arbeitnehmer bzw. Arbeitgeber und Anderen Organisationsteilnehmern

Quelle: in enger Anlehnung an Jost, 2008, S. 540

Juristischer Arbeitsvertrag

Der juristische Arbeitsvertrag ist ein expliziter Vertrag, bei dem ex ante alle Rechte und Pflichten (auf die man sich geeinigt hat) bilateral zwischen Arbeitgeber und Arbeitnehmer determiniert werden (vgl. Höland, 2004). Sie sind juristisch durchsetz-

Juristischer Arbeitsvertrag: Notgedrungen unvollständig!

2.3 Grundsätzliche Erklärungsansätze zum Mitarbeiterverhalten
Verträge

> **WISSENSWERTES**
>
> **AT-Angestellte**
>
> Die sogenannten AT-Angestellten sind ebenfalls (eben außertarifliche) Arbeitnehmer eines Betriebes, allerdings solche, für die die Bestimmungen der Tarifverträge keine unmittelbare Gültigkeit haben. Der Personenkreis ist dabei nicht zwangsläufig dem Segment »Führungskräfte« zuzuordnen, da auch zunehmend Experten u. a. Arbeitsverträge eingehen, die nicht den tariflichen Vereinbarungen unterliegen. Allerdings werden vielfach Betriebsvereinbarungen für AT-Angestellte abgeschlossen. Auch werden AT-Angestellte vom Betriebsrat vertreten, da sie keine Leitenden Angestellten sind (vgl. Blanke, 2003; Breisig, 2010).

bar. Ein wirklich alle Rechte und Pflichten umfassender Vertrag wäre allerdings unpraktikabel, da die beinhalteten Rahmenbedingungen sich häufig ändern, die Vertragsparagrafen aber nicht. Letztgenannte müssten insofern laufend – via Änderungskündigungen – angepasst werden. Von daher bedient man sich sogenannter relationaler Arbeitsverträge, die aufgrund ihrer Unbestimmtheit in vielen Vertragsinhalten flexibler zu sich verändernden Arbeitsbedingungen passen – auf Kosten der Bestimmtheit der Aussagen. Dies führt zu einer gewollten Unvollständigkeit der juristischen Arbeitsverträge, sodass relativ wenig Verhaltensunsicherheit durch diese Verträge reduziert wird. Viele Interpretationslücken bleiben. Das Direktionsrecht (s. u.) reduziert zwar die Unsicherheit aus Sicht der Arbeitgeber, mehr aber auch nicht: Zur Mitarbeiterführung sind juristische Arbeitsverträge jedenfalls nur sehr bedingt tauglich, ihre Reichweite ist begrenzt (vgl. Jost, 2008, S. 540 ff., 2014, S. 325 ff.).

Psychologischer Vertrag

Psychologischer Vertrag: Gleich mehrere und dann noch subjektiv!

Insbesondere beim Eintritt in einen Betrieb wird neben dem juristischen Arbeitsvertrag implizit ein sogenannter psychologischer Vertrag zwischen Arbeitnehmer und Arbeitgeber geschlossen. Er hat keinen rechtlichen Status, wirkt implizit, wird nicht dokumentiert (vgl. Jost, 2014, S. 329 ff.). Er hat dennoch anhaltende Verhaltenswirkungen, wie Schein (1980, S. 24, zitiert nach Schanz, 2000, S. 28) treffend formuliert: »Die Erkenntnis des psychologischen Vertrags impliziert, dass das Individuum mit vielfältigen Erwartungen der Organisation gegenübertritt und dass die Organisation

> **ZUR VERTIEFUNG**
>
> **Direktionsrecht**
>
> Das Direktionsrecht (synonym: Weisungsrecht) ist ein wichtiges Merkmal im Arbeitsvertrag. Es spricht dem Arbeitgeber das Recht zu, die im Arbeitsvertrag vereinbarten Arbeitsleistungen im tatsächlichen Arbeitsprozess durch zusätzliche Weisungen (v. a. Zeit, Ort und Art der Arbeit) an den Arbeitnehmer näher regeln und konkretisieren zu können. Das Direktionsrecht gründet sich auf das grundgesetzlich verankerte Eigentumsrecht und Verfügungsrecht über Produktionsmittel § 106 Gewerbeordnung sowie auf die im Arbeitsvertrag, im Tarifvertrag oder in einer Betriebsvereinbarung spezifizierten Leistungspflichten der Arbeitnehmer. Es findet Einschränkungen durch Arbeitnehmerschutzgesetze. Bei der Erteilung von Weisungen hat der Vorgesetzte aufgrund seiner Fürsorgepflicht Rücksicht auf besondere persönliche Belange im Einzelfall zu nehmen (z. B. Gesundheitszustand, Familienverhältnisse). Dem Weisungsrecht des Arbeitgebers entspricht die Gehorsamspflicht des Arbeitnehmers.

umgekehrt eine Erwartungshaltung bezüglich des Individuums einnimmt. Gegenstand dieser Erwartungen ist nicht nur, wie viel [!] Arbeit für welche Bezahlung zu leisten ist, sondern auch das ganze Spektrum von Rechten, Privilegien und Pflichten zwischen Mitarbeiter und Organisation … Obwohl derartige Erwartungen normalerweise nicht vertraglich fixiert sind, wirken sie doch als mächtige Verhaltens-Determinanten.«

Mit dem psychologischen Vertrag werden nun alle gegenseitigen Erwartungen und Ansprüche beider Seiten – aufgrund der wahrgenommenen Informationen während des Personalauswahlprozesses und später während des Führungsprozesses – für die Zeit der Beschäftigung geregelt. »The psychological contract is an implicit contract between an individual and his organization which specifies what each expects to give and receive from each other in their relationship. … These four sets of expectations and the matches and mismatches make up the ›psychological contract‹.« (Kotter, 1973, S. 92 f.)

Die »Vertragsinhalte« müssen nicht explizit vereinbart sein, eine *einseitige Interpretation* reicht schon aus – mit den damit einhergehenden Ungenauigkeiten. Bei einem »Versprechen« geht es faktisch eigentlich nicht darum, was die Person meint, sondern es geht darum, was der Empfänger des Versprechens *glaubt verstanden* zu haben (vgl. Rousseau, 1995. Dies weist darauf hin, dass man in solchen Gesprächen gleichzeitig vorsichtig wie genau formulieren sollte, um eine treffende Interpretation zu ermöglichen.).

Versprechen

Der Vertrag ist keineswegs statisch, sondern er unterliegt *dynamischen Veränderungen*.

Die »*Verletzung*« des psychologischen Vertrags ist zwar nicht justiziabel, sie kann aber durch entsprechende Verhaltenskonsequenzen ökonomische Wirkungen nach sich ziehen (bspw. »Stille Kündigung«, Mobbing, Personalfreisetzung) (vgl. Bartscher-Finzer/Martin, 2003, S. 53 f.; Martin/Bartscher-Finzer, 2015, S. 139 ff.). Abbildung 2-6 visualisiert mögliche Konsequenzen, wenn die so entstandenen Erwartungen – in der Wahrnehmung eines Vertragspartners – erfüllt werden oder nicht.

Soziale Verträge

Arbeitsverhältnisse sind eingebettet in soziale Situationsbedingungen, die über die *kulturellen Gepflogenheiten* spezifische Vorstellungen darüber haben, wie man sich beispielsweise begrüßt, was man anzieht und was nicht, was Flexibilität bedeutet, wie ein Versprechen bewertet wird. Sie sind im Rahmen der außer- wie innerbetrieblichen Sozialisation erlernt (vgl. Bartscher-Finzer/Martin, 2003, S. 58 ff.; Martin/Bartscher-Finzer 2015, S. 156 ff.; Jost, 2014, S. 326 ff.). Es handelt sich um Teile der sozialen Rolle, um raum-zeit-spezifische Gruppennormen einer Gesellschaft, aber auch eines Betriebes oder einer Arbeitsgruppe. Soziale Verträge sind »adressed shared collective beliefs regarding appropriate behavior in a social unit« (Rousseau/Parks, 1993, S. 3).

Gruppennormen

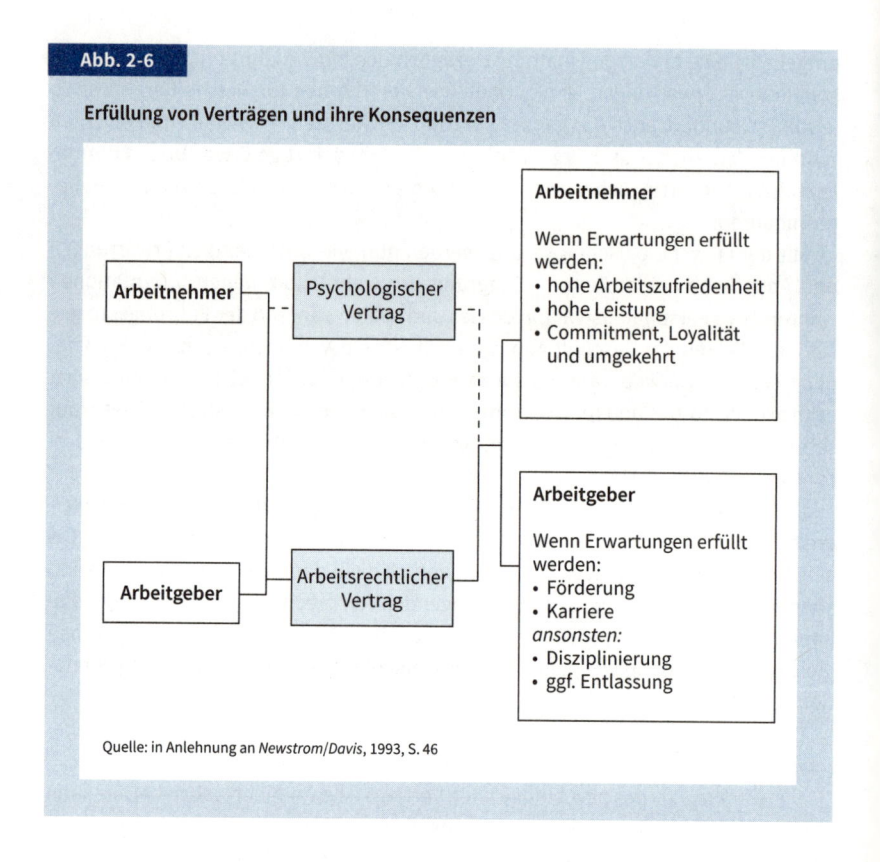

2.4 Grundsätzliche Erklärungsansätze zum Mitarbeiterverhalten
Traditioneller Ansatz des Scientific Managements

Abb. 2-6

Erfüllung von Verträgen und ihre Konsequenzen

```
Arbeitnehmer ──── Psychologischer Vertrag ────┐
                                              │
                                              ├── Arbeitnehmer
                                              │   Wenn Erwartungen erfüllt werden:
                                              │   • hohe Arbeitszufriedenheit
                                              │   • hohe Leistung
                                              │   • Commitment, Loyalität
                                              │     und umgekehrt
                                              │
Arbeitgeber ───── Arbeitsrechtlicher Vertrag ─┤
                                              │
                                              └── Arbeitgeber
                                                  Wenn Erwartungen erfüllt werden:
                                                  • Förderung
                                                  • Karriere
                                                  ansonsten:
                                                  • Disziplinierung
                                                  • ggf. Entlassung
```

Quelle: in Anlehnung an *Newstrom/Davis*, 1993, S. 46

2.4 Traditioneller Ansatz des Scientific Managements

Taylorismus

Die Arbeiten des amerikanischen Ingenieurs Frederick W. Taylor und insbesondere dessen 1911 erschienenes Buch »The Principles of Scientific Management« werden allgemein als der erste Versuch einer systematischen Anwendung wissenschaftlicher Methoden auf die Untersuchung und Beeinflussung menschlicher Arbeitsleistungen und damit als Ursprung der Arbeitswissenschaften angesehen. (Eigentlich war es mehr ein systematischer als ein wirklich wissenschaftlicher Versuch.) Die von ihm formulierten *Prinzipien der wissenschaftlichen Betriebsführung* (»Taylorismus«) waren ausnahmslos darauf gerichtet, durch optimalen Einsatz von Mensch und Maschine, die Produktivität zu maximieren. Insbesondere sollte dies erreicht werden über:

Zeit- und Bewertungsstudien

▸ *Optimierung des Arbeitsvollzugs.* Auf der Grundlage intensiver Zeit- und Bewegungsstudien wurden sowohl der »one best way« einer Arbeitsverrichtung, als auch die angemessene Tagesleistung ermittelt. Das Ergebnis waren in ihre Elemente (bis hin zu Griffen und Griffelementen) zerlegte Arbeitsgänge, die in Anordnung und Abfolge rationalisiert und in eine systematische Planung aller Fertigungstätigkeiten integriert wurden. Für die betriebliche Praxis bedeutete dies: die strikte Trennung von Hand- und Kopfarbeit, indem die Leitung dem Arbeiter den optimalen Arbeitsvollzug vorgab und ihn so aller planenden und geistigen Tätigkeiten enthob.

▸ *Einführung einer leistungsbezogenen Entlohnung.* Grundsätzlich ging Taylor davon aus, dass der Mensch primär durch monetäre Anreize zu motivieren sei (Theorie X). Die in den Betrieben seiner Zeit immer wieder zu beobachtende Leistungszurückhaltung der Arbeiter sei weniger auf deren Faulheit, sondern vielmehr auf inadäquate Entlohnungssysteme zurückzuführen. Da die mit der wissenschaftlichen Betriebsführung einhergehende Arbeitsintensivierung eine überdurchschnittliche Entlohnung bei gleichzeitiger Senkung der Produktionskosten ermöglichte, sah Taylor den klassischen Interessenkonflikt zwischen Arbeitnehmer und Arbeitgeber als gelöst an.

» Nur Geld zählt!«
Frederick Taylor

Das Scientific Management verbreitete sich schnell in den USA und Europa. Allerdings stellte sich der von Taylor vorhergesagte Arbeitsfrieden nicht ein, und der offene und verdeckte Widerstand gegen die industriellen Arbeitsbedingungen nahm zu.

Auf wissenschaftlicher Ebene stieß insbesondere das dem Scientific Management zugrunde liegende Menschenbild auf Kritik. Es wird auch unter den Termini »*Taylorismus*« und »taylorisisches Menschenbild« als abstoßender Tatbestand noch heute verwendet.

Taylorismus:
ein Synonym für
entmenschlichte Arbeit

Dennoch beeinflusst der Taylorismus die industrielle Arbeitsgestaltung bis heute, was sich zum Beispiel ausdrückt in: Arbeits- und Zeitstudien, den Vorgehensweisen der industriellen Arbeitsvorbereitung, der Trennung von durchführenden und planenden Tätigkeiten, Fließfertigung und Arbeitsteilung im Rahmen der Massenproduktion. Zu beachten bleibt, dass all diese Vorgehensweisen auch mit einem anderen Menschenbild angewendet werden können.

2.5 Human-Relations-Ansatz

Einen *Paradigmenwechsel* der Managementforschung markieren die noch von den Prämissen des Scientific Managements ausgehenden Untersuchungen in den Hawthorne Werken der General Electric Company (vgl. Roethlisberger/Dickson, 1970). Im Rahmen der unter der Leitung von Mayo, Roethlisberger und Dickson zwischen 1927 und 1932 durchgeführten Feldstudien sollte der Einfluss unterschiedlicher Arbeitsbedingungen (z. B. Gestaltung von Arbeitsplätzen, Lohnsystemen, Pausenregelungen) auf die Arbeitsproduktivität untersucht werden. Entsprechend der Forschungshypothesen ließ sich beobachten, dass die Leistungen von Testgruppen, deren Arbeitsbedingungen verbessert wurden (z. B. durch bessere Beleuchtung), während der Experimente stiegen. Entgegen den Erwartungen der Forscher wurden aber auch Leistungssteigerungen in den Kontrollgruppen festgestellt, die unter un-

Paradigmenwechsel

2.5 Grundsätzliche Erklärungsansätze zum Mitarbeiterverhalten
Human-Relations-Ansatz

veränderten Bedingungen arbeiteten. Diese, in einer Vielzahl von Experimenten vorgefundene, *Unabhängigkeit der Leistungssteigerungen* von den variierten Arbeitsbedingungen ließ sich durch die Aussagen des Scientific Managements nicht erklären. Im Zuge der Interpretation dieser Ergebnisse formulierten Mayo und seine Mitarbeiter die Kernannahme des sich dann etablierenden Human-Relations-Ansatzes, wonach der Arbeiter nicht als isolierter Produktionsfaktor, sondern als Teil eines komplexen sozialen Systems anzusehen ist. Neben den tayloristischen Leistungsdeterminanten (Eignung und Arbeitsbedingungen) wird die Arbeitsleistung insbesondere durch Arbeitszufriedenheit bestimmt, die wiederum primär von *sozialen Faktoren* wie den Interaktionsbeziehungen zur Arbeitsgruppe oder der dem Arbeiter entgegengebrachten *sozialen Anerkennung* usw. abhängt. Durch das offensichtliche Interesse der Forscher an den Arbeitsplätzen und den Arbeitnehmern (eine Form der indirekten, so wahrgenommenen Anerkennung der Arbeit) sowie das in Folge aus Neugier entstandene soziale Beziehungsnetz unter den Arbeitnehmern (Sie unterhielten sich aufgrund des externen und prominenten Forscherinteresses nun verstärkt miteinander.), stieg die Arbeitszufriedenheit und die Motivation zur Arbeit in den untersuchten Gruppen.

> In Anlehnung an die im Rahmen des Hawthorne-Experiments beobachteten Effekte bezeichnet man heute in der empirischen Sozialforschung das Phänomen, dass Versuchspersonen nur aufgrund ihres Bewusstseins, Teilnehmer an einer wissenschaftlichen Untersuchung zu sein, von ihrem »normalen« (Antwort-/Arbeits-)Verhalten abweichen als »*Hawthorne-Effekt*«.

Hawthorne-Effekt

Die Hawthorne-Experimente haben die wissenschaftliche Forschung nachhaltig beeinflusst. Die aufkommende Industriesoziologie und die Sozialpsychologie des Betriebs befassten sich zunehmend mit der sozialen Dimension menschlicher Arbeitstätigkeit (vgl. Lewin/Lippitt/White, 1939; Katz/Kahn, 1978; Tannenbaum, 1966).

Human-Relations

Auch die eigentliche *Human-Relations-Bewegung*, die bis an das Ende der 1950er-Jahre reichte, zielte letztlich auf die Erhöhung der Arbeitsproduktivität ab. Die entsprechenden Forschungsergebnisse trafen in der betrieblichen Praxis insbesondere auf Akzeptanz, weil sie sich unverzüglich und ohne größere Investitionen

---

WISSENSWERTES

Tavistock-Ansatz

Wissenschaftler des Londoner Tavistock-Institute of Human Relations stellten Ende der 1940er-Jahre in Fallstudien fest, dass es sehr enge Zusammenhänge zwischen Veränderungen in der Technologie eines Betriebes und Veränderungen in den sozialen Beziehungen der dort arbeitenden Menschen gibt. Sie entwickelten daraufhin eine Theorie der sozio-technischen Systeme (den sog. Tavistock-Ansatz), die u. a. zum Inhalt hat, dass eine Veränderung von Technologien zwingend auch eine Veränderung von Sozialstrukturen zur Folge habe. Insofern müssten auch bei den entsprechenden Managementmaßnahmen beide gemeinsam geändert werden, um Veränderungen zu bewirken.

umsetzen ließen und letztlich nicht an den Grundsätzen tayloristischer Arbeitsorganisation rüttelten. Insofern konnte die Kritik nicht ausbleiben, dass in den Bemühungen des Human-Relations-Ansatzes letztlich nur ein Manipulationsversuch zu sehen sei.

Letztlich zeigt sich aus heutiger Sicht, dass auch die Argumentationskette des Human-Relations-Ansatzes eine eindeutig verkürzte Sichtweise menschlicher Arbeitstätigkeit darstellt. So führt ein gutes soziales Klima innerhalb einer Arbeitsgruppe nicht automatisch zu einer Leistungssteigerung der Arbeitsgruppe, und auch der generelle Zusammenhang zwischen Arbeitszufriedenheit und Leistung muss angezweifelt werden (vgl. folgende Teilkapitel).

2.6 Humanistische Ansätze

Die in den Arbeiten von Maslow (1954) und McGregor (1960) vertretene humanistische Sichtweise des Menschen leitete gegen Ende der 1950er-/Anfang der 1960er-Jahre einen neuen Abschnitt in der Managementforschung ein. Ausgehend von einer hierarchischen Ordnung menschlicher Bedürfnisse und der Tatsache, dass zu Zeiten des allgemeinen Wohlstands die existenziellen Grundbedürfnisse der Werktätigen gedeckt seien, rückten die Autoren das *Bedürfnis nach Selbstverwirklichung* in den Mittelpunkt der Betrachtung. Die Vertreter der humanistischen Ansätze gingen davon aus, dass der einzelne Mitarbeiter eines Betriebs nur dann sein volles Leistungspotenzial zur Verfügung stellt, wenn er dieses Bedürfnis im Rahmen seiner Tätigkeit ausleben kann. Die Fähigkeit und Bereitschaft des Einzelnen zur Übernahme von Verantwortung, zu Selbstkontrolle und -motivation, zum Treffen von rationalen, an den betrieblichen Zielen orientierten Entscheidungen usw., wird dem Menschen prinzipiell unterstellt. Zwischen den Zielen von Betrieb und Mitarbeiter wird also kein grundsätzlicher Konflikt angenommen. Vielmehr sind Mitarbeiter durchaus bereit, sich aktiv für betriebliche Ziele einzusetzen, wenn sich diese bzw. der Einsatz zu ihrer Erreichung mit ihren individuellen Interessen verbinden lassen.

Bedürfnis nach Selbstverwirklichung

Die *Grundaussage* der humanistischen Ansätze, dass ein Mensch primär über sinnvolle, identitätsstiftende Tätigkeiten dazu motiviert werden kann, im Sinne der Betriebsziele hohe Leistungen zu bringen, traf in der Managementpraxis auf große Akzeptanz. Unter dem Stichwort »Humanisierung der Arbeit« (vgl. Kuhn, 2002) setzte eine Vielzahl von Bemühungen der Umkehr tayloristischer Arbeitsstrukturen ein. Im Zuge der Entwicklung von neuen Formen der Arbeitsorganisation standen insbesondere eine Erweiterung der Handlungsspielräume, die Ausweitung von Aufgabenbereichen und Stichworte wie Partizipation im Mittelpunkt des Interesses.

Humanisierung der Arbeit

Zwar erlaubt das Menschenbild der humanistischen Ansätze (»complex man«) eine wesentlich differenziertere Sichtweise des arbeitenden Menschen, ein Wandel der Arbeit vom fremdbestimmten Objekt zum selbstbestimmten Subjekt ist damit aber keineswegs verbunden. Die Idealvorstellung des sich im Einklang mit den Betriebszielen selbst entfaltenden Mitarbeiters dürfte gerade im industriellen Bereich nicht der Realität entsprechen. Letztlich wird eine »Selbstverwirklichung« nur in-

Selbstbestimmung?

2.6 Grundsätzliche Erklärungsansätze zum Mitarbeiterverhalten
Humanistische Ansätze

nerhalb der vorgegebenen Organisations- und Tätigkeitsstrukturen und entlang der »Vorgaben« einer weitgehend an der protestantischen Leistungsethik orientierten Gesellschaft möglich sein.

WIEDERHOLUNGSFRAGEN ZU KAPITEL 2

1. Beschreiben Sie die Variablen der Verhaltensgleichung nach Lewin sowie die Beziehung der einzelnen Variablen zueinander.
2. Was besagt im Wesentlichen das S-O-R-Modell für das menschliche Verhalten?
3. Was bedeutet der Begriff »Menschenbilder«?
4. Was sind die Grundaussagen der Theorien X und Y nach McGregor?
5. Welche unterschiedlichen Arten von Arbeitsverträgen kann man differenzieren und durch was sind sie jeweils gekennzeichnet?
6. Welche Rolle hat die Wahrnehmung bei der Interpretation des psychologischen Vertrags?
7. Was ist die Kernaussage des traditionellen Ansatzes des Scientific-Managements?
8. Wodurch unterscheidet sich der Human-Relations-Ansatz vom traditionellen Ansatz des Scientific-Managements?

3 Motivationstheoretische Ansätze

> **LEITFRAGEN**
>
> **Zur grundsätzlichen Ausrichtung**
> ▸ Stehen die verschiedenen motivationstheoretischen Erklärungsansätze in Konkurrenz zueinander und/oder sind sie additiv zu betrachten?
> ▸ Solange es keine einheitliche Motivationstheorie gibt, sollte man sehr vorsichtig mit einzelnen motivationstheoretischen Thesen und empirischen Erkenntnissen umgehen, sie so weit also möglich sogar meiden! – Stimmt diese Aussage?
>
> **Zu einzelnen Erklärungsansätzen**
> ▸ Skizzieren Sie Ihre eigene Anreiz-Beitrags-Situation für Ihre berufliche oder studentische Situation!
> ▸ Wo liegt der Unterschied zwischen »Motiv« und »Motivation«?
> ▸ Inwieweit beeinflussen Erwartungen eigentlich das Verhalten von Menschen?
> ▸ Inwieweit beeinflussen Ursachenzuschreibungen das zukünftige Verhalten?
>
> **Zuständigkeit und Relevanz**
> ▸ Wer sollte sich eigentlich in Betrieben mit motivationalen Erklärungsansätzen auskennen?
> ▸ Ist die Prinzipal-Agent-Theorie heutzutage tatsächlich von nachgeordneter Relevanz?

3.1 Anreiz-Beitrags-Theorie

Geht es in der betrieblichen Praxis darum, inter- oder intraindividuelle Unterschiede der qualitativen oder quantitativen Arbeitsleistung zu erklären, wird früher oder später der Begriff der (Arbeits-)Motivation fallen. In der Regel versteht man darunter eine personale (im Mitarbeiter selbst angesiedelte) Determinante menschlichen Verhaltens, der eine enge Beziehung zu Phänomenen wie Engagement, Absentismus, Fluktuation, der Bildung von individuellen Handlungszielen/-entwürfen usw. unterstellt wird. Leider (oder zum Glück) stellt sich die Frage nach der Begründung menschlichen (Arbeits-)Verhaltens wesentlich problematischer dar, als der alltagssprachliche Umgang mit dem Begriff »Motivation« auf den ersten Blick vermuten lässt.

Motivation

3.1 Motivationstheoretische Ansätze
Anreiz-Beitrags-Theorie

Theorievielfalt

Eine einzige, allgemein akzeptierte Theorie, mit der erklärt wird, wie menschliches Verhalten (im Betrieb) in Anstoß, Inhalt und Zweckausrichtung zustande kommt, existiert nicht. Stattdessen finden sich mehrere, zum Teil in ihren Ansatzpunkten und in der verwendeten Terminologie sehr unterschiedliche Versuche, eine Theorie der Motivation zu entwickeln. Miteinander unvereinbar scheinen sie vielfach nicht, im Gegenteil: Sie dürften zumeist eher miteinander ergänzungsbedürftig als nur ergänzungsfähig sein.

»Geben und Nehmen, ein Gesetz aller Entwickelung.«
Christian Morgenstern

In vielen Bereichen hat es sich als sinnvoll erwiesen, die *Anreiz-Beitrags-Theorie* (vgl. Barnard, 1938; Simon, 1945; March/Simon, 1958) als Basis für die Analyse und Gestaltung von Anreizsituationen zu wählen. Nach diesem theoretischen Ansatz wird ein Mitarbeiter bei freier Wahl des Arbeitsplatzes seine Mitgliedschaft (Teilnahme- und Bleibemotivation) und sein leistungsorientiertes Verhalten (Leistungsmotivation) in einem Betrieb beibehalten bzw. steigern, wenn und solange sein *Anreiznutzen* (alle materiellen und immateriellen Belohnungen, die die Person von einem Betrieb erhält) den *Beitragsnutzen* (Kosten für die Beiträge bzw. maximaler Anreizwert der Belohnung, die die Person bei einer anderen oder weniger intensiven Tätigkeit erwarten könnte) übersteigt bzw. ihm entspricht. »The individual is always the basic strategic factor in organization. Regardless of his history or his obligations he must be induced to cooperate, or there can be no cooperation« (Barnard, 1938).

Die Mitarbeiter setzen demnach ihre Teilnahme im Betrieb nur solange fort, wie die gebotenen Anreize gleich groß oder größer sind als die geforderten Beiträge (s. Abbildung 2-7). Zu beachten ist allerdings noch Folgendes: Das wahrgenommene Nutzen-Gleichgewicht wird mit *subjektiv* angenommenen alternativen Gleichgewichten verglichen. Insofern kann auch ein positives Gleichgewicht bei besseren Alternativen zu einer negativen Entscheidung führen.

Abb. 2-7

Beispielhafte Anreize und Beiträge im Rahmen der Anreiz-Beitrags-Theorie

	Anreize von Betrieben – Beispiele –	Beiträge von Mitarbeitern – Beispiele –
Materiell	• Gehalt • Leistungszulage • Freiwillige Altersversorgung • Firmenwagen • Erfolgs- und/oder Kapitalbeteiligung • u. Ä.	• Ggf. Verzicht auf Entgeltanteile (im Krisenfall) • Ggf. unbezahlte Überstunden • u. Ä.
Immateriell	• Fortbildung/Personalentwicklung • Karriereoptionen • Firmenimage, attraktive Produkte u. Ä. • Partizipation, Verantwortung • Mitarbeiterführung • Kollegenkreis • u. Ä.	• Arbeitsleistung • Engagement, Extra-Rollenverhalten • Commitment, Personalbindung • Kollegiales Verhalten • Sorgfalt • Ehrlichkeit • u. Ä.

3.1 Anreiz-Beitrags-Theorie

Der Beitragsnutzen bestimmt die Mindesthöhe der anzubietenden Anreize. Eine (gegebenenfalls nur relative) Verschlechterung des Anreiz-Beitrags-Verhältnisses erhöht die Neigung eine Unternehmung zu verlassen. Dies impliziert u. a., dass die »treffenden« Anreize angeboten und die korrespondierenden Belohnungen auch erreicht werden müssten (vgl. Bartscher-Finzer/Martin, 2003; Becker, M., 2010, S. 45 ff.). Ein Missverhältnis zwischen betrieblichen Anreizen und individuellen Beiträgen führt letztlich zu einer verminderten Leistung im Betrieb.

Beispiele

Zu beachten bleibt Folgendes:
1. Die subjektive Wahrnehmung bestimmt den Nutzen.
2. Das antizipative Anreiz-Beitrags-Verhältnis – wenn vorhanden – alternativer Angebote relativiert die Wirkungen negativer oder positiver aktueller Arbeitssituationen.
3. Motive ändern sich laufend (Relativierung der materiellen Motive und Anreize; immaterielle Anreize: soziale Beziehungen, Qualität der Arbeit, Prestige).

Subjektivität, Veränderung, Wettbewerb

Zur Verdeutlichung einiger Ebenen der Motivation im Sinne der Anreiz-Beitrags-Theorie siehe Abbildung 2-8.

Für Betriebe ergibt sich die Notwendigkeit, den erwarteten individuellen Leistungsbeiträgen ein Anreizangebot mit Hilfe von betrieblichen Anreizsystemen gegenüberzustellen, das den Mitarbeitervorstellungen zumindest entspricht und sich von konkurrierenden Betrieben abhebt. So entsteht ein System von wechselseitig abhängigen sozialen Verhaltensweisen. Da der Betrieb für die Erstellung von Leistungen und damit zur Sicherung ihrer Existenz auf unterschiedliche Beiträge von Mitarbeitern angewiesen ist, muss er dafür sorgen, dass diese ihre Anreiz-Beitrags-Relation mit dem Betrieb fortwährend positiv beurteilen (können). Im Betrieb

Wechselseitige Verhaltensweisen

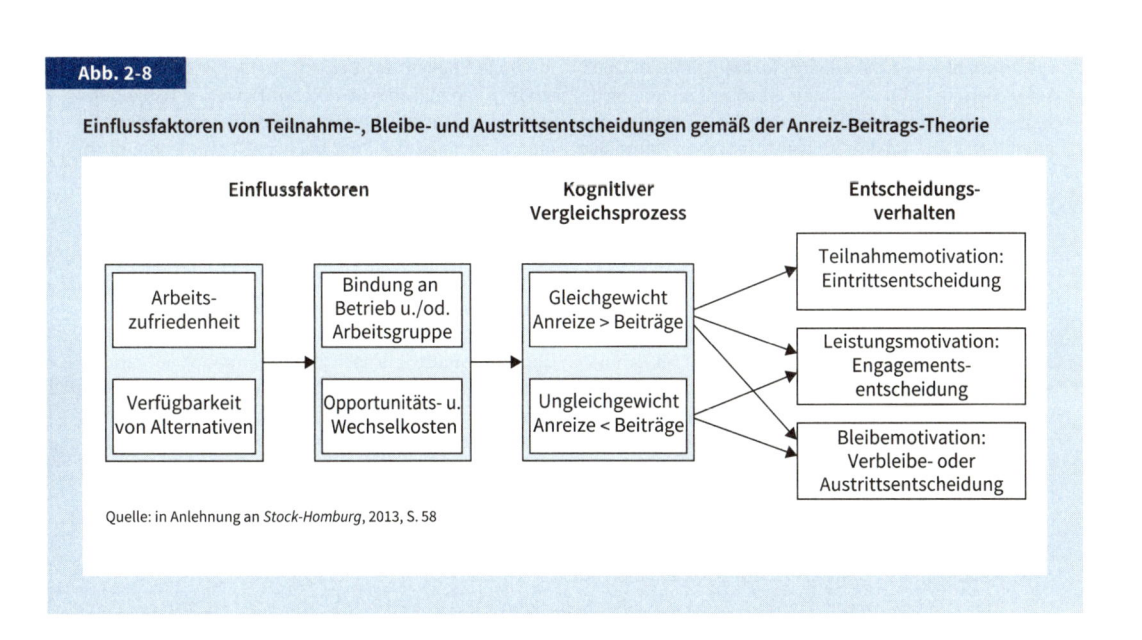

Abb. 2-8

Einflussfaktoren von Teilnahme-, Bleibe- und Austrittsentscheidungen gemäß der Anreiz-Beitrags-Theorie

Einflussfaktoren	Kognitiver Vergleichsprozess	Entscheidungsverhalten
Arbeitszufriedenheit / Verfügbarkeit von Alternativen	Bindung an Betrieb u./od. Arbeitsgruppe / Opportunitäts- u. Wechselkosten	Gleichgewicht Anreize > Beiträge / Ungleichgewicht Anreize < Beiträge

- Teilnahmemotivation: Eintrittsentscheidung
- Leistungsmotivation: Engagementsentscheidung
- Bleibemotivation: Verbleibe- oder Austrittsentscheidung

Quelle: in Anlehnung an *Stock-Homburg*, 2013, S. 58

3.1 Motivationstheoretische Ansätze
Anreiz-Beitrags-Theorie

werden die Beiträge der Mitarbeiter u. a. in Anreize transformiert, die dann wiederum an die Teilnehmer zurückfließen. Ein Betrieb befindet sich im *Gleichgewicht*, wenn die Beiträge ausreichen, Anreize in einem solchen Ausmaß anzubieten, dass die Mitarbeiter ihre Beitragsleistung fortsetzen. Betriebe motivieren Individuen durch Anreize zur Teilnahme. Durch ihre Teilnahme leisten die Individuen Beiträge. Diese Beiträge sind die Quelle, aus der Betriebe die Mittel schöpfen, die sie den Teilnehmern als Anreize bieten.

Die Anreiz-Beitrags-Theorie unterstellt dabei vereinfachend, dass Personen in der Lage sind, Anreize und Beiträge in einer einzigen Nutzengröße zusammenzufassen und zur Grundlage ihres Verhaltens zu erheben (vgl. March/Simon, 1976; Cyert/March, 1963, 1995; Nick, 1974, S. 82 ff.; Ridder, 2015, S. 52 ff.).

Individualisierung

Entsprechend der Anreiz-Beitrags-Theorie und der auf ihr aufbauenden motivations- und führungstheoretischen Ansätze spricht viel für eine individuelle Verhaltensbeeinflussung entsprechend der jeweiligen Mitarbeitermotive und damit für eine *Individualisierung* des Anreizsystems. Dadurch, dass standardisierte personalwirtschaftliche Instrumente, und dies sind üblicherweise auch Anreizsysteme, quasi von genormten Mitarbeitern ausgehen, bleibt die Individualität kaum berücksichtigt. Um den Administrationsaufwand, die Beherrschbarkeit und die Transparenz von Vergütungssystemen aber im Rahmen zu halten, ist man auf die Verwendung weniger, wenn möglich generalisierbarer Anreize angewiesen.

> Anreiz-Beitrags-theoretisch kann man die Mitarbeiter auch als (interne) Kunden verstehen, und zwar in dem Sinne, dass erst Teilnahme-, Leistungs-

---

WISSENSWERTES

Principal-Agent-Theorie

Die Principal-Agent-Theorie (vgl. Richter/Furubotn, 2003; Ebers/Gotsch, 2014) stellt eine prinzipiell andere Sichtweise als die Anreiz-Beitrags-Theorie dar. Sie zählt zu den grundlegenden organisationstheoretischen Ansätzen (sog. Neue Institutionenökonomie), die in der Personalökonomie verwendet werden und verfolgt von daher die gleichen Annahmen: neben der angenommenen begrenzten Rationalität von Personen und einer Informationsasymmetrie auch die prinzipiell vorliegende Opportunismusthese. Die Principal-Agent-Theorie fokussiert speziell die Zusammenarbeit zwischen einem Auftraggeber (»Principal«) und einem Auftragnehmer (»Agent«) im Rahmen einer vertikalen Arbeitsteilung. Dies kann zum einen das Verhältnis der Eigentümer eines Betriebs (»Principal«) zu den den Betrieb leitenden Organen, zum Beispiel Vorstand oder Geschäftsführung (»Agents«), bezeichnen. Zum anderen kann diese Arbeitsteilung auch allgemein auf das Verhältnis zwischen einem Vorgesetzten (»Principal«) und dessen Mitarbeiter (»Agent«) angewandt werden. Damit zieht sich die Principal-Agent-Problematik kaskadierend über alle Ebenen des Betriebs. Beide Akteure sind bestrebt, ihren individuellen (Netto-)Nutzen, d. h. die Differenz aus Nutzen und Kosten, zu maximieren. Geprüft wird nun im Rahmen der Principal-Agent-Theorie, wie durch institutionelle Regeln (v. a. variable Vergütung, Informationssystem und direkte Verhaltenssteuerung) die Interessen der Auftraggeber gesichert werden können. Während die Pointierung des Verhältnisses zwischen Agent und Principal eine sehr hilfreiche Erweiterung auch der personalbezogenen Analyse darstellt, sind die Studien und Gestaltungshinweise oft nicht realitätsbezogen. Weder die Opportunismusthese noch die Konzentration auf variable materielle Anreize entspricht u. E. der Realität – von allerdings durchaus nicht seltenen Ausnahmen abgesehen. Nicht ausgeschlossen werden kann in diesem Zusammenhang, dass gesellschaftliche Veränderungen und betriebliche Tendenzen zu Erfolgsorientierung (auch von Entgelten) den Opportunismus in der Mitarbeiterschaft verstärken (s. a. Darwiportunismus).

und/oder Bleibeanreize geboten werden müssen (Vorleistungen bspw. durch ein Fixgehalt und/oder eine Qualifizierungsmaßnahme), bevor die (Leistungs-)Beiträge der Mitarbeiter erwartet werden. Dies entspricht überhaupt nicht der Philosophie der Principal-Agent-Theorie, die mit der von ihr präferierten variablen Vergütung ja zuerst einen guten (Leistungs-)Beitrag sehen will, bevor eine Belohnung ausgezahlt wird.

3.2 Fragen zur Motivation

Worum es konkret geht, wenn im Rahmen des Personal-Managements über »Motivation« gesprochen wird, lässt sich verdeutlichen, wenn man mit Heckhausen (1989, S. 2 ff.) zwischen drei grundsätzlichen Problemgebieten der *Motivationspsychologie* unterscheidet. Es sind dies:

1. Die Frage nach den Motiven.
2. Die Frage nach der Motivation.
3. Die Frage nach der Volition.

Problemgebiete

Die Frage nach den Motiven

Die Erforschung der Motive menschlichen Handelns stellt seit jeher einen zentralen Problembereich der Psychologie dar. Dabei sind Fragen nach der Anzahl menschlicher Motive oder danach, ob Motive universal oder individuell ausgeprägt, angeboren oder erlernt sind, bis heute letztlich nicht eindeutig beantwortbar.

Motiv

Im wissenschaftlichen Zusammenhang werden unter Motiven »... sehr abstrakte Inhaltsklassen von wertbeladenen Folgen eigenen Handelns« (Heckhausen, 1989, S. 16) verstanden. Es handelt sich also um positiv bewertete und potenziell angestrebte (Ziel-)Zustände, bezüglich denen entsprechende Verhaltensbereitschaften bestehen. Sie legen fest, was Personen wollen oder wünschen, wie auf einem inhaltlich bestimmten Gebiet der Personen-Umwelt-Bezug aussehen muss, um befriedigend für eine Person zu sein. Sie führen dazu, dass Menschen auf situativ wahrgenommene Merkmale in spezifischer Weise reagieren.

Dabei stellen Motive (Wertungs-)Dispositionen dar, die zeitlich relativ stabil und nicht angeboren sind, sondern vielmehr im Laufe der individuellen Entwicklung (durch Sozialisation) ausgebildet werden. Handlungsziele, die zur Sicherung der

Diverse Verständnisse von »Motiv«

TERMINOLOGIE

Bedürfnis oder Motiv?

Der Terminus »Bedürfnis« wird im Allgemeinen synonym für Motiv verwendet. Von manchen Autoren wird ein Bedürfnis jedoch als grundlegender, eher physiologisch drängend und ohne direktes Zielstreben aufgefasst. Ein Motiv hat demgegenüber dann Zielbezug und auch kognitive Inhalte.

Existenz des Organismus angestrebt werden, fallen nicht unter den Begriff des Motivs. (In der Literatur findet sich oft die Unterscheidung in primäre und sekundäre Bedürfnisse. Während primäre Bedürfnisse die Notwendigkeit der Aufrechterhaltung des Organismus repräsentieren, entsprechen sekundäre Bedürfnisse dem hier skizzierten Motivbegriff; s. Teil 2, Kap. 4.2.2.)

Motive = Konstrukte

Umgangssprachlich versteht man Motive oft als die inneren Beweggründe des Verhaltens und unterstellt gleichzeitig einen entsprechenden kausalen Bezug zu diesen. So wird das hohe Engagement eines Mitarbeiters von Kollegen und Vorgesetzten oft auf dessen Motiv »Karriere machen zu wollen« zurückgeführt. Im Rahmen solcher laienpsychologischer Erklärungsmuster werden Motive als nahezu greifbare Merkmale einer Person aufgefasst, die ein bestimmtes Verhalten auslösen. Entgegen den Implikationen einer solch »naiven« Sichtweise sind Motive aber *weder* direkt mess- *noch* beobachtbar (vgl. Neuberger, 1974, S. 13 ff.; von Rosenstiel, 1973, S. 80 ff.; Rüttinger/von Rosenstiel/Molt, 1974, S. 35 ff.). Vielmehr handelt es sich um *theoretische Konstrukte*, die aus zeitlich und intersituativ stabilen Verhaltensunterschieden abgeleitet werden und im Sinne von Gedankenkonstruktionen oder kognitiven Hilfsmitteln eine Erklärung menschlichen Verhaltens ermöglichen sollen.

Die Frage nach der Motivation

Motivation

Während das Motiv eine rein personale Größe darstellt, vereinigt der Motivationsbegriff endogene (personale) und exogene (situationsbezogene) Faktoren, die das Verhalten bestimmen. Fokussiert wird daher ein zeitspezifischer Prozess. Heckhausen (1989, S. 2 f.) beispielsweise versteht unter Motivation eine momentane Gerichtetheit auf ein bestimmtes Handlungsziel. Nachdem man sich im Rahmen der Personalismus-Situationismus-Debatte (vereinfacht: »*Gen oder Sozialisation?*«) lange darüber gestritten hat, inwieweit menschliches Verhalten primär durch endogene oder exogene Faktoren determiniert wird, ist heute unstrittig, dass Verhalten immer aus dem *Zusammenwirken von Person und Situation* heraus entsteht, also sowohl genetische als auch sozialisationsbedingte Faktoren eine Persönlichkeit mit ihren Verhaltensweisen prägen. Entsprechendes gilt für die dem Verhalten zugrunde liegende Motivation. Führt man sich vor Augen, wie kompliziert das Zusammenwirken unterschiedlicher Motive, verschiedener subjektiv wahrgenommener und bewerteter Situationsvariablen usw. zu einer Motivationstendenz spezifischer Stärke und Gerichtetheit sein muss, wird deutlich, welche Komplexität dem Motivationsbegriff zugesprochen werden kann. Letztlich handelt es sich um einen Sammelbegriff, unter dem die im Zuge des Entstehens einer Motivationstendenz ablaufenden Prozesse und Phänomene zusammengefasst werden, ohne dass er (wie das theoretische Konstrukt »Motiv«) operationalisierbar wäre, und grundsätzlich ist davon auszugehen, dass in einer Person eine Vielzahl von Motiven und Motivationstendenzen zeitgleich vorliegt, die in einer Handlungsfolge, je nach Intensität, abwechselnd verhaltenswirksam werden. Ebenfalls zu differenzieren ist die eher allgemeine *Arbeitsmotivation* in drei Unterbegriffe:

Motivation zur Teilnahme ≠ zum Bleiben ≠ zur Leistung

- Mit der *Teilnahmemotivation* ist die prinzipielle Bereitschaft zur Annahme eines angebotenen Arbeitsplatzes zu verstehen.

- Die *Bleibemotivation* drückt die positive motivationale Tendenz zum Verbleib beim arbeitgebenden Betrieb und/oder auf dem aktuellen Arbeitsplatz aus.
- Die *Leistungsmotivation* schließlich baut auf den beiden auf und fokussiert die Bereitschaft, sich – durchaus auch engagierter als durchschnittlich üblich – die Aufgabenerfüllung anzugehen.

Die Differenzierung in Teilnahme-, Leistungs- und Bleibemotivation (im Kern ursprünglich March/Simon, 1958, 1976, allerdings mit einem entscheidungsorientierten Blickwinkel: bspw.: Teilnahmeentscheidung, und ohne ausreichende Operationalisierungen) ist insofern sinnvoll, als dass zum einen damit unterschiedliche Objekte der Verhaltensbeeinflussung durch den Betrieb fokussiert werden und zum anderen auch *verschiedene Determinanten* diese unterschiedlichen Bereitschaften beeinflussen: Die Teilnahmemotivation zielt auf Personen, die noch keine Mitarbeiter (im Betrieb oder in einer Abteilung) sind und von daher viele immaterielle Anreize der betrieblichen Situation noch gar nicht bewerten können. Die Bleibemotivation fußt dagegen in der Regel auf solchen immateriellen Faktoren – sofern eine vergleichsweise akzeptable Vergütung gezahlt und eine angestrebte Position damit verbunden ist. Die Leistungsmotivation ist oft stark intrinsisch und lässt sich dann eher durch die Gestaltung entsprechend hilfreicher Arbeitsbedingungen versuchen. Allerdings kann eine Leistungsmotivation auch durch die inidviduelle Wahrnehmung sehr guter extrinsicher Anreize entstehen (vgl. Kupsch/Marr, 1991; Neuberger, 1974, S. 72 ff.).

> Auch Luhmann (1976, 93 ff., passim) thematisiert mit den Termini »Teilnahme-, Ausführungs- und Bleibeentscheidung« diese Zusammenhänge, wenngleich unter einer etwas anderen Perspektive und mit einem anderen Verständnis.

Achtung: Vorhandene Motivation führt nicht unbedingt zu einem entsprechenden Verhalten. Wie die folgenden Ausführungen zur Volition sowie das Leistungsdeterminantenkonzept (weiter unten) noch zeigen werden, beeinflussen noch viele andere Determinanten die Entstehung und die Güte von Verhalten.

Die Frage nach der Volition

Eine ausgebildete Motivationstendenz muss nicht zwangsläufig in Handlung umgesetzt werden. Der Übergang von der Motivation zur Handlung vollzieht sich über die Schritte der Intentionsbildung und der Handlungsinitiierung, die unter dem Begriff der Volition zusammengefasst werden (s. a. Rubikon-Modell). Insbesondere der (sehr schwierigen und in der einschlägigen Diskussion bislang wenig berücksichtigten) Frage der Volition kommt im Rahmen des Personal-Managements eine ganz zentrale Bedeutung zu: Denn »Motivieren« im Unternehmen zielt letztlich natürlich nicht auf die Ausbildung spezifischer Motivationen, sondern auf die Umsetzung in ein entsprechendes Mitarbeiterhandeln. Konkret bedeutet dies, dass ein Mitarbeiter seine momentane Gerichtetheit auf ein bestimmtes Handlungsziel (»Es wäre positiv, in einem internationalen Konzern besser Englisch sprechen zu können.«) von

»An Zeit fehlt es uns vor allem dort, wo es uns am Wollen fehlt.« Ernst Ferstl

3.2 Motivationstheoretische Ansätze
Fragen zur Motivation

konkurrierenden Motivationen abgrenzt und verbindlich macht, indem er sie in eine konkrete Intention überführt (»Ich will mein Englisch verbessern!«) und entsprechende Handlungen initiiert (»Ich tue es nicht morgen, sondern jetzt!«).

> Als Volition wird hier – wie im Allgemeinen in der Psychologie – der Prozess der Willensbildung verstanden.

Motivationstheorie: Eine einzige reicht nicht aus!

Eine *einzige*, allgemein akzeptierte *Motivationstheorie*, mit der erklärt wird, wie menschliches Verhalten in Betrieben in Antrieb und Richtung bestimmt (»motiviert«) wird, gibt es nicht. Nach vielerlei Forschungsbemühungen in den 1950er- und 1970er-Jahren kann der gegenwärtige Stand dadurch beschrieben werden, dass es heute mehrere, zum einen in den Ansatzpunkten (bzw. Akzenten), zum anderen im Sprachgebrauch (Terminologie) unterschiedliche Versuche gibt, eine Theorie der Motivation zu entwickeln. Es erscheint aber nach Studium der einzelnen theoretischen Ansätze nicht sinnvoll und zutreffend, diese als »Motivationstheorie« zu bezeichnen. Es handelt sich lediglich um verschiedene Versuche, Motivation zu erklären, also um motivationstheoretische Annahmen. Manche von diesen Ansätzen sind trotz ihrer Popularität nur als zeitlich überholt zu bezeichnen (z. B. Bedürfnishierarchie von Maslow, Zwei-Faktoren-Theorie von Herzberg, ERG-Modell von Alderfer), andere haben einen höheren Aussagewert (z. B. Erwartungs-Valenz-Modelle, Theorien der Leistungsmotivation).

Inhalts- und Prozesstheorien: ... eine treffende Differenzierung mit kleinen Unzulänglichkeiten!

Die unterschiedlichen Ansätze der psychologischen Motivationsforschung, auf die im Rahmen des praktischen Personal-Managements zurückgegriffen werden kann, lassen sich nach verschiedenen Kriterien kategorisieren. Im Rahmen des folgenden Versuchs, einen ersten Eindruck von den Bemühungen und Ergebnissen motivationspsychologischer Forschungen zu vermitteln, unterscheiden wir in Anlehnung an Campbell/Dunnette/Weick (1970) in *Inhalts- und Prozesstheorien der Motivation*. (Diese Differenzierung ist allerdings insofern *nicht* trennscharf, als dass Inhaltstheorien auch Prozesselemente und manche Prozesstheorien auch Motivinhalte thematisieren.) Die Ausführungen zur Leistungsmotivation werden aufgrund ihrer herausragenden Bedeutung für das betriebliche Personal-Management in einem eigenen Unterpunkt zusammengefasst. An näheren Einzelheiten interessierte Leser werden auf die jeweils angegebenen Literaturquellen verwiesen.

Während sich die unter dem Stichwort »Inhaltstheorien« zusammengefassten Ansätze primär mit der Frage nach Art, Anzahl und Bedeutung der einem Verhalten zugrunde liegenden Motive beschäftigen, konzentrieren sich die Prozesstheorien verstärkt auf den kognitiven Aspekt von Phänomenen der Motivation. Oft werden diese theoretischen Ansätze auf die Erwartungs-Valenz-Modelle und die Zielsetzungstheorie beschränkt. Unseres Erachtens kommt aber noch anderen Theorieansätzen, die kognitive Prozesse im Rahmen individueller Entscheidungsprozesse betreffen, eine vergleichbare Funktion zu (s. u.).

Obwohl im Zusammenhang mit den insgesamt unter – den hier als – »*Kognitive Prozesstheorien*« zusammengefassten Ansätzen eine vergleichsweise große Anzahl empirischer Untersuchungen vorliegt, die sich mit der Aktualisierung von Motiven, dem Ablauf motivationaler Prozesse usw. beschäftigen, haben die auf einer wesentlich schwächeren empirischen Basis fundierten Inhaltstheorien in der betrieblichen Praxis eine weitaus größere Resonanz gefunden. Unter anderem lässt sich diese Tatsache auch dadurch erklären, dass der Versuch, Verhalten auf einzelne Motive zurückzuführen (Inhaltstheorien), unserem alltäglichen, naiven Motivationsverständnis wesentlich eher entspricht, als die komplexen, dafür aber differenzierteren Ansätze aus dem Bereich der Prozesstheorien. Ein Ratgeber für eine treffsichere Auseinandersetzung ist das nicht.

Idealtypischerweise sollte jeder motivationstheoretische Ansatz grundsätzlich Aussagen zu folgenden Aspekten treffen:

Fragen zur Motivation

- Was regt (Arbeits-)Verhalten an? (= Anregung)
- Wie wird die Richtung des Verhaltens beeinflusst? (= Richtung)
- Wie ergibt sich die Stärke der Verhaltensbemühungen? (= Stärke)
- Wie wird die Fortdauer des Verhaltens (über einen begrenzten Zeitraum) bestimmt? (= Fortdauer)

Dies ist aber eher selten der Fall. Insofern muss der Leser sich selbst durch das – auf die eigene Situation fokussierte – Zusammenfügen verschiedener Ansätze ein Bild machen.

3.3 Inhaltstheorien der Motivation

Zu Beginn sei gleich etwas festgehalten, was offenbar in der Vergangenheit – weder mit diesem Lehrbuch noch mit anderen – manchen Lesern nicht ausreichend vermittelt werden konnte: Die Thematisierung der Bedürfnishierarchie von Maslow und der Zwei-Faktoren-Theorie von Herzberg bedeutet nicht, dass diese Modelle die Realität treffen. Im Gegenteil: Die umfangreiche kritische Darstellung ist notwendig, um den geneigten Lesern deutlich zu machen, welche eklatanten Schwächen diese Modelle haben.

Achtung!

3.3.1 Maslows Bedürfnishierarchie

Der in der Managementliteratur sicherlich am weitesten verbreitete motivationstheoretische Ansatz ist die .Bedürfnistheorie von Abraham H. Maslow (1954, 1970), einem klinischen Psychologen und Mitbegründer der »Humanistischen Psychologie«. Maslows Ansatz war nicht als Beitrag zur Theorie der Arbeitsmotivation gedacht, sondern ist ein Produkt seiner klinischen Erfahrungen und personenspezifischen Überlegungen (im Übrigen: nicht mit Arbeitnehmern). Erst McGregor übertrug die allgemeinen motivationstheoretischen Überlegungen Maslows auf die Arbeitsmotivation und postulierte – im Gegensatz zu diesem – deren universelle Gültigkeit. So wurde Maslows Ansatz einer breiten Öffentlichkeit bekannt. In Folge bildete er die motivationstheoretische Basis einer Vielzahl von Führungsrichtlinien und Management-Konzeptionen.

3.3 Motivationstheoretische Ansätze
Inhaltstheorien der Motivation

Bedürfnispyramide

Maslow ging von der These aus, dass ein Bedürfnis nur dann und nur so lange verhaltensbestimmende Kraft hat, wie es nicht (vollständig) befriedigt ist. Er unterschied fünf Klassen von Bedürfnissen von unterschiedlicher Wertigkeit: die Bedürfnishierarchie (vgl. Abbildung 2-9). Verdeutlicht wird dies mithilfe einer Pyramide, an deren Basis die zuerst erstrebte Bedürfnisklasse eingezeichnet wird. Die unteren vier Bedürfnisklassen umfassen sogenannte Mangelbedürfnisse (Sie sind irgendwann zumindest temporär befriedigt.), die oberste Bedürfnisklasse sogenannte Wachstumsbedürfnisse (Sie haben kein natürliches Ende bzw. sie sind letztlich nicht wirklich endgültig zu befriedigen.).

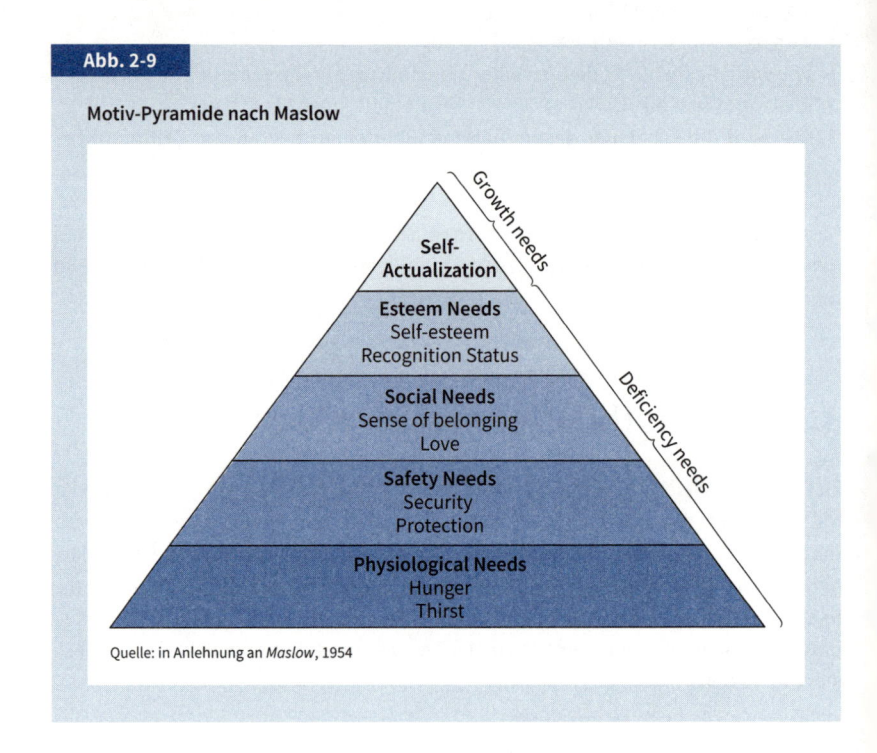

Abb. 2-9

Motiv-Pyramide nach Maslow

Pyramide (von oben nach unten):
- Self-Actualization
- Esteem Needs — Self-esteem, Recognition Status
- Social Needs — Sense of belonging, Love
- Safety Needs — Security, Protection
- Physiological Needs — Hunger, Thirst

Growth needs (Spitze) / Deficiency needs (untere vier)

Quelle: in Anlehnung an *Maslow*, 1954

Den einzelnen *Bedürfnisklassen* exemplarisch zugeordnete Ziele sind die Folgenden:

Fünf Bedürfnisklassen

- *Physiologische Bedürfnisse* (Nahrung, Schlaf, Witterungsschutz),
- *Sicherheitsbedürfnisse* (Schutz vor Gefahren, wirtschaftliche Sicherheit, geordnete beherrschbare Lebensumstände),
- *Soziale Bedürfnisse* (Zuneigung, Freundschaft, Gruppenzugehörigkeit, -anerkennung),
- *Achtungsbedürfnisse* (Selbstvertrauen, Kompetenz, Unabhängigkeit, Status, Beachtung, Respekt) und
- *Selbstverwirklichungsbedürfnisse* (Nutzung und Entwicklung der eigenen Anlagen, Bestleistungen, anspruchsvolle Betätigung).

3.3 Inhaltstheorien der Motivation

Abb. 2-10

Dynamische Betrachtung der Bedürfnisklassen Maslows

- Relative Vorrangverhältnisse (Intensitäten) der Bedürfnisse
- 5 Selbstverwirklichungsbedürfnisse
- 4 Wertschätzungsbedürfnisse
- 3 soz. Bedürfnisse
- 2 Sicherheitsbedürfnisse
- 1 physiol. Bedürfnisse
- c, d, f: Fixierungen
- motivationale Entwicklung als Folge der Bedürfnisbefriedigung

Dominanz der physiologischen Bedürfnisse | Dominanz der Sicherheitsbedürfnisse | Dominanz der sozialen Bedürfnisse | Dominanz der Wertschätzungsbedürfnisse | Dominanz der Selbstverwirklichungsbedürfnisse

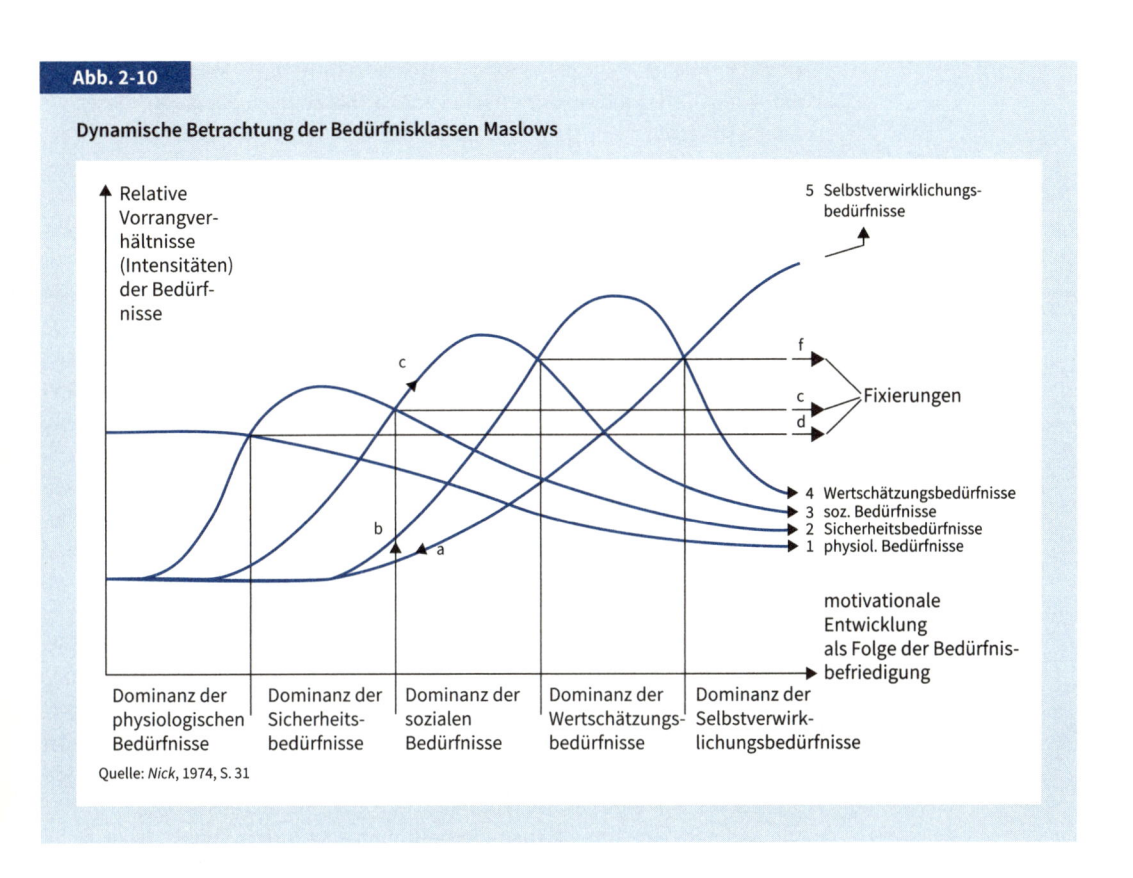

Quelle: Nick, 1974, S. 31

Eine zentrale Bedeutung hat die von Maslow vertretene *Rangfolgethese*, nach der höhere Bedürfnisklassen nur dann aktualisiert und damit verhaltensbestimmend werden, wenn die Bedürfnisse der niedrigeren Ebene weitgehend erfüllt sind. Mit der Befriedigung »niederer« Bedürfnisse geht also automatisch eine Steigerung der Ansprüche (»Streben nach Höherem«) einher. Dabei darf nicht von starren Grundgegebenheiten ausgegangen werden. Änderungen von Bedürfnisinhalten und von Anspruchsniveaus im Zeitablauf (Lernprozesse!), und damit auch Überlappungen der Bedürfnisklassen, dürfen nicht ausgeschlossen werden. Speziell letzteren Sachverhalt versucht Abbildung 2-10 darzustellen.

> Rangfolgethese: Erst das unterste Bedürfnis (weitgehend) ganz, dann erst das nächste usw.

Der motivationstheoretische Erklärungsansatz von Maslow hat neben starker Beachtung auch scharfe Kritik erfahren. Maslow (1965, S. 55 f.) selbst hat sich kritisch zur Popularisierung und Übernahme seiner Ergebnisse in die Theorie der Arbeitsmotivation geäußert: »My work on motivations came from the clinic, from a study of neurotic people. The carry-over of this theory to the industrial situation has come support from industrial studies, but certainly I would like to see a lot more studies of this kind before feeling finally convinced that the carry-over from the study of neurosis to the study

3.3 Motivationstheoretische Ansätze
Inhaltstheorien der Motivation

> of labor and factories is legitimate.« Bemerkenswert, oder? Manche aktuellen Propagandisten der Maslow'schen Thesen täten gut daran, dieses Zitat zu beachten.

Kritik

Als *Kritik* sei hervorgehoben (vgl. Hall/Nougaim, 1968; Lawler/Suttle, 1972; Neuberger, 1974, S. 107 ff.; von Rosenstiel, 1975, S. 142 ff.):

- Die verwendeten Begriffe sind *nicht operationalisierbar* und es besteht eine *wenig trennscharfe Abgrenzung* der einzelnen Bedürfnisklassen (»amöbenartige Begrifflichkeiten«). Beispielhaft sollen hier Schwierigkeiten bei der Abgrenzung der »sozialen Bedürfnisse« von »Achtungsbedürfnissen« sowie die vage Definition des Begriffs der »Selbstverwirklichung«, der quasi eine Leerformel darstellt, angeführt werden.
- Der Ansatz Maslows basiert nicht auf empirischen Untersuchungen und es liegen auch *keine empirischen Bestätigungen* weder der – auch nicht trennscharf differenzierten – Inhalte der Bedürfnisklassen noch ihrer postulierten Abfolge vor – erst Recht nicht für Arbeitnehmer in Betrieben. Dort gibt es zudem berufsgruppen-, alters- und karrierebezogene sowie schichtenspezifische Unterschiede.
- Die empirisch nicht bestätigte Rangfolgethese muss bezweifelt werden. So ist vor dem Hintergrund alltäglicher Erfahrungen durchaus vorstellbar, dass *gleichzeitig* Bedürfnisse mehrerer Bedürfnisklassen handlungsleitend sein können. Die meisten Menschen unterscheiden sich des Weiteren darin, in welchem Ausmaß ein »niedriges« Bedürfnis (an-)befriedigt sein sollte, bevor sie die Befriedigung eines »höheren« anstreben.
- Die Bedingungen, unter denen ein bestimmtes Bedürfnis vorliegt oder nicht, bzw. wann es handlungsleitend wirkt, werden nicht angegeben. *Situative und gesellschaftliche Faktoren* bleiben somit vernachlässigt.
- Über die Auswahl und Gewichtung der Bedürfnisse spiegelt der Ansatz die Ideale der damaligen amerikanischen Mittelschicht sowie des bürgerlich-humanistischen Menschenbildes wider. Damit sind sie stark normativ geprägt.

Tendenzaussage: mehr aber auch nicht!

Zusammenfassend handelt es sich um einen normativen, nicht jedoch um einen deskriptiv-empirischen Erklärungsansatz. Seine *Popularität* steht im diametralen *Gegensatz* zu seiner *realen Aussagekraft* (s. o. auch das Zitat von Maslow selbst). Das Vorhandensein einer Bedürfnispyramide nach dem beschriebenen Modell gilt als empirisch nicht hinreichend gestützt. »Die Ergebnisse von Untersuchungen zur Gültigkeit des Maslow'schen Modells zeigen, dass [sogar] die Existenz einer Hierarchie von Bedürfnissen kaum bestätigt wird.« (Weinert, 2004, S. 191) Vielfach besteht jedoch Einigkeit über die folgende *Tendenzaussage*, deren Informationsgehalt jedoch als eher bescheiden einzustufen ist: Bevor die Grundbedürfnisse (physiologische und z. T. Sicherheitsbedürfnisse) einer Person nicht befriedigt sind, können Bedürfnisse höherer Ordnung nicht handlungsleitend werden. Bedürfnisse höherer Ordnung lassen sich dabei jedoch nicht in eine spezifische Rangfolge oder Priorität bringen, sondern sie existieren vielfach nebeneinander, sind simultan wirksam sowie individuell und situationsspezifisch durchaus unterschiedlich.

3.3 Inhaltstheorien der Motivation

> **MEINUNG**
>
> **Zur allgemeinen Nutzung der Maslow'schen Bedürfnispyramide**
>
> In Anbetracht der treffenden Fundamentalkritik an dem – zugegebenermaßen auf den ersten Blick plausiblen wirkenden – Ansatz von Maslow ist es immer wieder verwunderlich, dass sowohl in der Wirtschaftspraxis als auch in der Forschung die zentralen Aussagen von Maslow als Basis für motivationale Überlegungen genommen werden. Zumindest sollte man sich in solchen Zusammenhängen dann kritisch mit der Argumentation auseinandersetzen, sodass Dritte nachvollziehen können, dass die Betreffenden sich gut begründet ihre Basisentscheidung überlegt haben. Gerade Letztgenanntes unterbleibt aber in aller Regel.

In Anlehnung an Maslow hat Clayton P. Alderfer (1969, 1972) die sogenannte ERG-Theorie als motivationstheoretischen Erklärungsansatz entwickelt. Dabei legte er besonderen Wert auf die Offenlegung der Beziehungen zwischen Bedürfnisbefriedigung und -aktivierung und die empirische Stützung seiner Hypothesen. Alderfer reduziert in seiner ERG-Theorie die fünf Bedürfnisklassen Maslows – willkürlich – auf insgesamt drei und gibt die Annahme der streng hierarchischen Ordnung zwischen den Bedürfnisklassen sowie die Rangfolgethese auf. Im Einzelnen unterscheidet er:

ERG-Theorie

- *Existenzbedürfnisse* (»existence needs«): Sie umfassen physiologische Bedürfnisse sowie den vor allem materiellen Teil der Sicherheitsbedürfnisse (Bezahlung, Schutz vor Krankheit, Versicherung für Alter und Arbeitslosigkeit, Wohnung).
- *Beziehungsbedürfnisse* (»relatedness needs«): Hier sind die sozialen Bedürfnisse, das Bedürfnis nach Anerkennung und ein Teil der Sicherheitsbedürfnisse (Schutz vor anderen) zu nennen.
- *Wachstumsbedürfnisse* (»growth needs«): Hierzu zählen die Bedürfnisse nach Selbstverwirklichung, Leistung, Selbstständigkeit, Unabhängigkeit und Selbstvertrauen.

Die ERG-Theorie basiert auf einer Reihe von Annahmen, die dem Ansatz von Maslow entgegenstehen. Empirische Überprüfungsversuche deuten zwar darauf hin, dass die ERG-Theorie eine geringfügig größere Erklärungskraft hat als die Bedürfnistheorie von Maslow, eine Allgemeingültigkeit der Grundaussagen ließ sich jedoch nicht feststellen.

3.3.2 Herzbergs Zwei-Faktoren-Theorie

Ebenfalls in der humanistischen Tradition steht die aufgrund empirischer Erhebungen entstandene, ebenfalls sehr populäre »Zwei-Faktoren-Theorie« von Frederick Herzberg und Mitarbeitern (Herzberg/Mausner/Snydermann, 1959; Herzberg, 1972; Herzberg et al., 1957), bei der es sich streng genommen um einen Erklärungsansatz zur Arbeitszufriedenheit handelt.

Im Rahmen der später sogenannten Pittsburgh-Studie wurden circa 200 Techniker und Buchhalter mit teilstrukturierten Interviews über angenehme und unangenehme Arbeitssituationen (Verwendung der »Methode der kritischen Ereignisse«)

Pittsburgh-Studie

3.3 Motivationstheoretische Ansätze
Inhaltstheorien der Motivation

befragt. Dabei stellte sich heraus, dass im Zusammenhang mit besonders angenehmen und besonders unangenehmen Erlebnissen häufig unterschiedliche Ursachen bzw. Faktoren angegeben wurden (s. Abbildung 2-11):

Abb. 2-11

Zentrale Einflussfaktoren auf die Arbeits(un)zufriedenheit (nach Herzberg)

Factors for Satisfaction	Factors for Dissatisfaction
• The work itself • Achievement • Recognition • Advancement • Growth • Responsibility	• Salary • Relationship with supervisor • Company policies • Supervision • Relationship with peers • Relationship with employees • Work conditions • Status • Security

Arbeitszufriedenheit

▸ Faktoren, mit denen *Arbeitszufriedenheit* erreicht werden kann, sogenannte *Motivatoren* (auch Satisfaktoren oder intrinsische Faktoren genannt). Als wichtigste Motivatoren zur Erreichung der Arbeitszufriedenheit werden u. a. Leistungserfolg, Anerkennung, Arbeitsinhalt, Verantwortung, Aufstieg, Entfaltungsmöglichkeiten angeführt. Diese Faktoren stehen in unmittelbarem Zusammenhang mit der Arbeitsdurchführung und entsprechen eher den Wachstumsbedürfnissen Maslows.
▸ Faktoren, welche die *Arbeitsunzufriedenheit* verhindern können, sogenannte *Hygienefaktoren* (auch Dissatisfaktoren oder extrinsische Faktoren genannt). Als Hygienefaktoren werden Bezahlung, interpersonale Beziehungen mit Mitarbeitern, Vorgesetzten und Kollegen, Status und Ansehen, Unternehmungspolitik und -verwaltung, physische Arbeitsbedingungen, Arbeitsplatzsicherheit u. a. angeführt. Sie stehen in keiner unmittelbaren Beziehung zur Arbeit selbst, sondern stellen Begleitumstände der Arbeit dar und zeigen deutliche Parallelen zu Maslows Mangelbedürfnissen.

Zweidimensionales Konstrukt

Entsprechend dieser Ergebnisse beschreibt Herzberg Arbeitszufriedenheit nicht auf einem eindimensionalen Kontinuum, welches von »Arbeitsunzufriedenheit« bis »Arbeitszufriedenheit« reicht, sondern er entwirft im Rahmen seines Ansatzes ein *zweidimensionales Konzept*. Dabei unterscheidet er zwischen den Dimensionen »Arbeitszufriedenheit (AZ) – Nicht-Arbeitszufriedenheit (N-AZ)« und »Arbeitsunzufriedenheit (AUZ) – Nicht-Arbeitsunzufriedenheit (N-AUZ)«.

In der Konsequenz bedeutet dies, dass (nach Herzberg) Motivation in Betrieben über intrinsische Faktoren zu erfolgen hat, weil nur über diese die Arbeitszufriedenheit und damit indirekt die Leistungsbereitschaft von Mitarbeitern gefördert werden kann. Extrinsische Faktoren führen im günstigsten Fall zum Zustand der

3.3 Inhaltstheorien der Motivation

Nicht-Arbeitsunzufriedenheit, über den sich keine Steigerung der Leistungsbereitschaft von Mitarbeitern erzielen lässt.

Die Ergebnisse der Herzbergschen Studien haben dadurch weit reichende organisationsgestaltende Konsequenzen gehabt, dass sie sowohl zur Begründung für die Einführung von *Job-Enrichment*-Maßnahmen (s. Teil 3, Kap. 5.3.3.2) angeführt wurden als auch die Bemühungen zur Humanisierung der Arbeit maßgeblich mit beeinflusst haben.

Job-Enrichment

> In jüngerer Zeit wurde im Rahmen der *Diskussion um materielle und immaterielle Motive* die Differenzierung in Motivatoren und in Hygienefaktoren wieder aufgegriffen. Motivatoren gelten als die intrinsischen, immateriellen, »guten« Stimuli, Hygienefaktoren als die extrinsischen, materiellen, Fehlverhalten auslösende und/oder nicht so stark wirkenden Stimuli. (Der scheinbare Widerspruch hängt zum einen mit den Aussagen unterschiedlicher Autoren sowie zum anderen mit der unterschiedlichen Höhe der Stimuli zusammen.) Diese Differenzierung wird zwar ohne eigentlichen inhaltlichen Bezug zur Zwei-Faktoren-Theorie von Herzberg verwendet, greift aber die populäre These der zwei unterschiedlichen Bedürfnisklassen auf. Einmal davon abgesehen, dass die Termini »intrinsisch« und »extrinsisch« nicht treffend verwendet werden, steht mehr die Theorie als Metapher im Zentrum, als die – von vielen angenommene – Gültigkeit der Theorie.

Die *Kritik* an der Zwei-Faktoren-Theorie sei im Folgenden kurz skizziert (vgl. Neuberger, 1974, S. 126 ff.; von Rosenstiel/Nerdinger, 2011, S. 91; Weinert, 2004, S. 198 f.):

Kritik

- Der überwiegende Teil des Erklärungsansatzes ist nur vage formuliert, sodass eine empirische Widerlegung der Aussagen nicht möglich ist. Insbesondere der Begriff der Arbeitszufriedenheit wird nicht ausdrücklich definiert. »Die ganze Auseinandersetzung gewinnt (dadurch) etwas Geisterhaftes« (Neuberger, 1985, S. 201).
- Die Unterteilung in die zwei Dimensionen der Arbeitszufriedenheit wird von den meisten Autoren nicht getragen.
- Situative Bedingungen zur Bedeutung der Faktoren werden außer Acht gelassen.
- Eine Bestätigung der Aussagen Herzbergs ergab sich nur bei der Anwendung der Methode der kritischen Ereignisse (Ergebnisse als »Kunstprodukt der Methode«).
- Kritisiert wird ferner die Auswahl der Befragten, die Erhebung lediglich früherer Erfahrungen, das Fehlen einer Erklärung dafür, warum die verschiedenen Motivatoren und Hygienefaktoren die Leistungsbereitschaft positiv oder negativ beeinflussen u. a. m.

Die große Resonanz, die Herzberg mit seinem Erklärungsansatz trotz der schon frühzeitig geäußerten (und nach wie vor gültigen) Kritik gefunden hat, ist wohl auf die einfachen Grundannahmen, die leicht nachvollziehbare Erhebungsmethode, dem humanistischen Zeitgeist und die unmittelbare »Einsichtigkeit« seiner Schlussfolgerungen, mit der sich direkt betriebliche Gestaltungsmaßnahmen durchführen

Popularität

ließen, zurückzuführen. Allerdings: Die vehement vorgetragene Botschaft, dass nicht allein materielle Stimuli zu Arbeitsverhalten motivieren, trägt bis heute positiv zum Image bei – und zwar gerechtfertigterweise. Auch der Terminus »Hygienefaktoren« wird begrifflich in dem Sinne »Fürs Wohlbefinden, aber nicht für die Leistung entscheidend!« oft noch verwendet.

3.4 Kognitive Prozesstheorien der Motivation

3.4.1 Inhalte

Für die Autoren der referierten Inhaltstheorien der Motivation stand die Frage im Vordergrund, welche Motive es sind, die Menschen zu bestimmtem Verhalten veranlassen. Anders bei den nun folgenden prozessorientierten Ansätzen. Die Frage nach den Motivinhalten wird nicht gestellt; es interessiert vielmehr, in welcher Weise das Motivationsgeschehen abläuft und insbesondere, mit welchen *kognitiven Vorgängen* dieses verbunden ist. Hierunter lassen sich verschiedene Ansätze fassen.

> *Kognition* ist der Sammelbegriff für alle Erkenntnisleistungen (z. B. Wahrnehmung, Gedächtnis, Denken etc.) eines Menschen, die seiner Orientierung in der Umwelt dienen. Die zusätzliche Berücksichtigung kognitiver Variablen in Motivationstheorien schwächt die rein emotionalen bzw. energetischen Aspekte (Motive, Bedürfnisse) ab.

Erwartungs-Wert-Ansätze

Die in diesem Abschnitt abgehandelten Theorien stehen fast alle in der Tradition der sogenannten *Erwartungs-Wert-Ansätze* (synonym: Erwartungs-Valenz-Ansätze/Modelle; »expectancy-valence models«, »instrumentality theories«). Im Rahmen dieser Ansätze geht man von einem rationalen, zielorientiert handelnden Menschen aus, dessen Verhaltenstendenzen (Motivationen) zum einen von der eingeschätzten *Erwartung* (Wahrscheinlichkeit), ein bestimmtes Verhaltensziel zu erreichen und zum anderen von dem subjektiv wahrgenommenen *Wert* (Attraktivität) des dadurch realisierten Sachverhaltes abhängig sind. Über die Erwartung-Valenz-Elemente hinaus, lassen sich auch noch ein paar andere theoretische Ansätze unter die kognitiven Prozesstheorien fassen. Es handelt sich dabei um solche Ansätze, in denen Kognitionen für Verhaltensentscheidungen eine wesentliche Rolle zukommt.

Manche Elemente in den skizzierten Modellen sind dabei nicht an sich relevant, sondern nur weil sie in einem angenommenen instrumentellen Verhältnis zueinander stehen (bspw. Auslandskarrierestationen als Voraussetzung für eine Beförderung auf eine angestrebte Hierarchieposition). Die entwickelten Modelle beruhen nicht auf empirischen Studien, sondern lediglich auf abstrakten Überlegungen der jeweiligen Autoren. Diese haben in zeitlicher Entwicklung und/oder parallel ver-

3.4 Kognitive Prozesstheorien der Motivation

schiedene Prozessmodelle zur Erwartung und zum Wert sowie ihrer jeweiligen Determinanten und Beziehungen vorgestellt.

3.4.2 Vrooms Valenz-Instrumentalitäts-Erwartungs-Modell

In dem von Victor H. Vroom (1964) publizierten Valenz-Instrumentalitäts-Erwartungs-Modell (VIE-Theorie; »value-instrumentality-expectancy theory«) der Motivation lassen sich drei zentrale Begriffe anführen:

VIE-Theorie

1. *Valenz.* Hierunter versteht Vroom den wahrgenommenen Wert eines Handlungsergebnisses oder einer Handlungsfolge im Sinne einer positiven oder negativen affektiven Einstellung. Ergebnisse, die für eine Person eine positive Valenz besitzen, werden von dieser potenziell angestrebt, solche mit negativer Valenz gemieden.
2. *Instrumentalität.* Diese drückt den Verknüpfungsgrad zwischen einem Handlungsergebnis und einer Handlungsfolge aus. Ist beispielsweise eine Mitarbeiterin an einem höheren Einkommen interessiert, kann sie dieses Ziel dadurch zu erreichen suchen, dass sie eine Beförderung anstrebt. Diese Beförderung ist das Handlungsergebnis und hat nur einen instrumentellen Wert zur Erreichung einer Einkommenssteigerung, die eine Handlungsfolge darstellt. Entsprechend unterscheidet Vroom Valenzen der ersten und der zweiten Ebene:
   - Die *Valenz der ersten Ebene* bezeichnet den Wert eines Handlungs*ergebnisses*. Sie ergibt sich aus der Summe der Produkte der Valenzen aller Handlungsfolgen und der subjektiven Einschätzung der Instrumentalität des Handlungsergebnisses für diese.
   - Die *Valenz der zweiten Ebene* bezeichnet den Wert bestimmter Handlungs*folgen* als das eigentliche Handlungsziel (im o. g. Beispiel die Einkommenssteigerung).
3. *Erwartung* bezieht sich auf die subjektiv wahrgenommene Wahrscheinlichkeit, dass eine Handlung zum gewünschten Handlungsergebnis führen wird. Die Erwartung kann Werte von 0 bis +1 annehmen.

Die Stärke einer Leistungsbereitschaft wird bestimmt durch das Produkt der Valenzen (V) der möglichen individuellen Handlungsergebnisse (Anreize/Belohnungen), der angenommenen Instrumentalität (I) zwischen Handlung und individueller Folge sowie der Stärke der Erfolgserwartung (E). Dies lässt sich mit der in Abbildung 2-12 dargestellten Grundformel illustrieren.

Grundformel

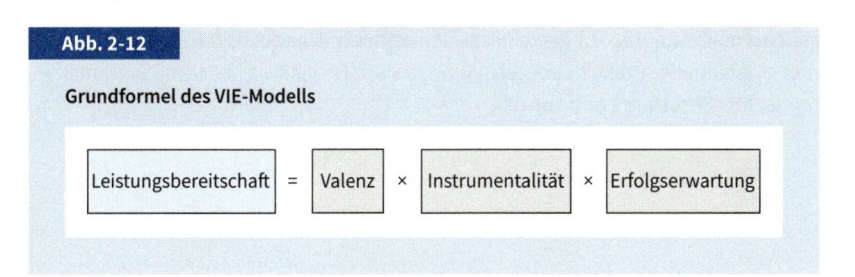

Abb. 2-12

Grundformel des VIE-Modells

$$\text{Leistungsbereitschaft} = \text{Valenz} \times \text{Instrumentalität} \times \text{Erfolgserwartung}$$

3.4 Motivationstheoretische Ansätze
Kognitive Prozesstheorien der Motivation

Multiplikative Verknüpfung

Dabei impliziert die multiplikative Verknüpfung, dass keine Leistungsbereitschaft entsteht, wenn eine der genannten Größen gleich Null ist. (Die Veranschaulichung anhand einer multiplikativen Verknüpfung hat mehr einen didaktischen Wert. Da die genannten Elemente nicht völlig unabhängig voneinander sind, wäre die Formel – streng genommen – so nicht richtig.) Je höher die erwartete Wahrscheinlichkeit, dass eine bestimmte Handlung zu einem positiv bewerteten Ergebnis führt, desto eher wird diese Handlung vollzogen. Dabei ist zu beachten, dass die Leistungsbereitschaft nur Aussagen über den potenziellen Anstrengungsgrad ermöglicht. Aussagen über beziehungsweise Vorhersagen von Handlungsergebnissen (z. B. Leistungen von Mitarbeitern) sind nur dann möglich, wenn zusätzliche Variablen wie Fähigkeiten usw. berücksichtigt werden.

Mittel-Zweck-Beziehung

Das Erwartungs-Valenz-Modell betont die Bedeutung von antizipativen Vorstellungen von künftigen Ergebnissen, die in einer *Mittel-Zweck-Beziehung* stehen. Das ist der springende Punkt in der Theorie. Damit ist gesagt, dass ein erwünschtes Mitarbeiterverhalten nicht zwangsläufig herbeigeführt wird, indem man es mit einer erstrebenswerten Belohnung (wie Geld) koppelt. So kann die Leistung neben der Bezahlung auch unerwünschte Handlungsfolgen wie Müdigkeit oder Ablehnung innerhalb der Arbeitsgruppe nach sich ziehen. Wurden dem Mitarbeiter in der Vergangenheit bereits Gehaltsversprechungen gemacht und nicht eingehalten, ist es möglich, dass dieser die aktuellen Versprechungen nicht als verbindlich ansieht und seiner (Mehr-)Leistung keine Instrumentalität für die Erreichung der Belohnung zuspricht. Da aber die Valenzen alle Handlungsfolgen und auch die wahrgenommene Instrumentalität des Handlungsergebnisses in die Valenz der ersten Ebene einfließen, hat dies nach der Verhaltensgleichung Vrooms zur Folge, dass die Tendenz des Mitarbeiters, das erwünschte Verhalten zu zeigen, trotz der gemachten Gehaltsversprechung gering ist. Entsprechendes gilt, wenn der Mitarbeiter der Auffassung ist, dass die Rahmenbedingungen es nicht zulassen, das erwünschte Verhalten zu zeigen, also die Erwartung gering ausgeprägt ist.

Kritik

Die Grundannahmen der VIE-Theorie konnten in empirischen Untersuchungen weitgehend bestätigt werden. Doch gilt die grundsätzliche *Kritik* an den Erwartungs-Valenz-Ansätzen auch für das Modell Vrooms (vgl. zusammenfassend Campbell/Pritchard, 1976, S. 918; von Rosenstiel/Nerdinger, 2011, S. 398 ff.). Unter anderem bezieht sich diese auf die multiplikative Verknüpfung der Variablen »Valenz«, »Erwartung« und »Instrumentalität«. Angezweifelt werden muss außerdem, dass Menschen alle relevanten Informationen in ausreichendem Maße berücksichtigen und rational verarbeiten können, wie es die Theorie unterstellt. Fraglich ist auch, inwieweit die beschriebenen Prozesse generalisiert, also für alle Menschen gleichermaßen gültig dargestellt werden können. Dennoch: Die Pointierung der drei Modellbestandteile bedeutete einen großen Fortschritt in der motivationstheoretischen Forschung und Lehre.

3.4.3 Das Motivationsmodell von Porter/Lawler

In Betrieben ist die Frage von besonderem Interesse, wie Motivation, Leistung und (Arbeits-) Zufriedenheit zusammenhängen. Der Versuch einer Antwort auf diese Frage ist das Modell von Lyman W. Porter und Edward E. Lawler (vgl. Porter/Lawler, 1968; Lawler, 1971; Porter/Lawler/Hackman, 1975), das ebenfalls von den Begriffen »Valenz« und »Erwartung« ausgeht. *Zentrale Variablen* des Modells sind (Abbildung 2-13): Anstrengung (»effort«), Leistung (»performance«), Belohnung (»rewards«) und Zufriedenheit (»satisfaction«).

Dabei bezeichnet Anstrengung (3) die Intensität des Einsatzes, die ein Mitarbeiter der Erfüllung seiner Aufgabe widmet. Sie hängt von der Wertigkeit der Belohnung (Valenz) (1) ab sowie von der wahrgenommenen Wahrscheinlichkeit, dass eine definierte Belohnung einer aufgewandten Anstrengung folgt (2). Leistung (6) ist das (messbare) Ergebnis einer Arbeitshandlung und wird neben der Anstrengung durch die Fähigkeiten und Persönlichkeitszüge des Mitarbeiters (4) und die Art und Weise, wie dieser seine Rolle in der Arbeitssituation wahrnimmt (5), determiniert. Die Kompensationsmöglichkeiten zwischen diesen drei Variablen sind gering, sodass beispielsweise ein Mitarbeiter mit unzureichenden arbeitsbezogenen Fähigkeiten und einem unzutreffenden Rollenverständnis auch mit großen Anstrengungen keine guten Leistungen erbringen kann. Belohnungen (7) folgen auf die Leistung; sie sind aufgespalten in intrinsische und extrinsische. Die Unterscheidung

Porter/Lawler und ihr Grundmodell der Motivation

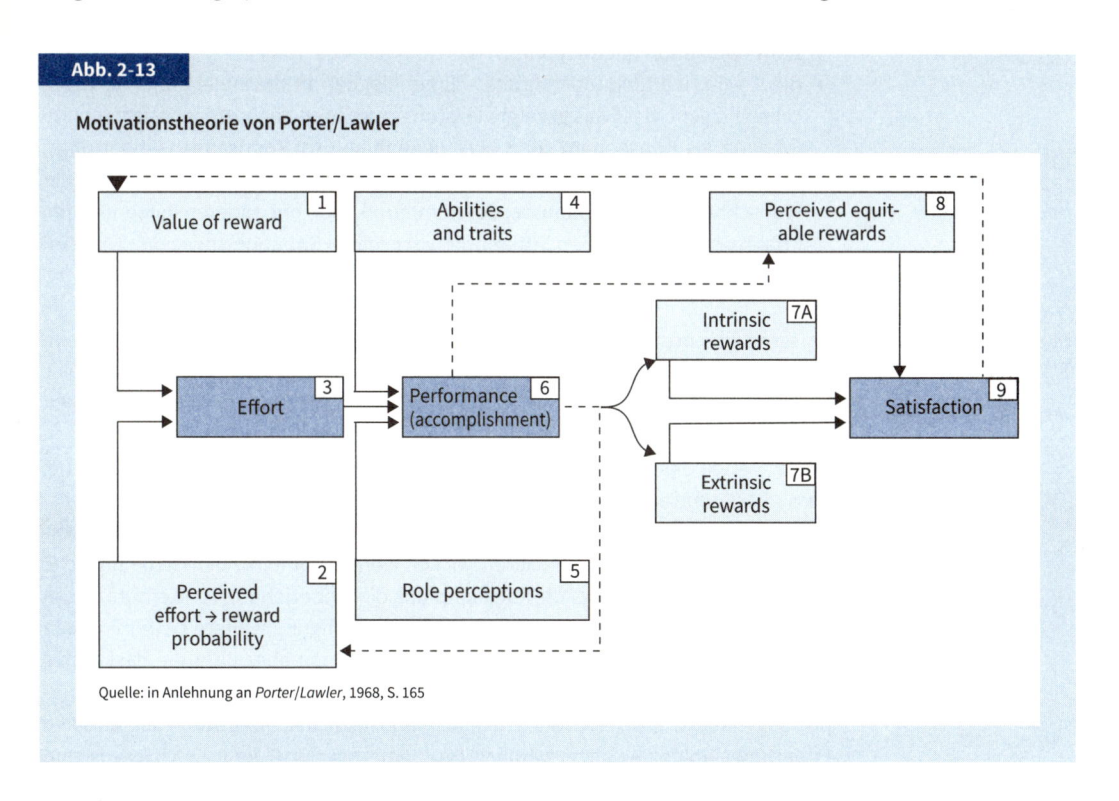

Abb. 2-13

Motivationstheorie von Porter/Lawler

Quelle: in Anlehnung an *Porter/Lawler*, 1968, S. 165

3.4 Motivationstheoretische Ansätze
Kognitive Prozesstheorien der Motivation

zwischen intrinsischer und extrinsischer Motivation bezieht sich bei ihnen auf die Quelle der Bedürfnisbefriedigung. Intrinsisch motiviert sind Handlungen und Handlungsergebnisse, die um ihrer selbst Willen angestrebt werden und Befriedigung aus sich selbst heraus bieten. Extrinsisch motiviert ist dagegen ein Verhalten, das über außerhalb der Tätigkeit liegende Anreize (z. B. Bezahlung) ausgelöst bzw. aufrechterhalten wird. Für das Ausmaß der letztlich empfundenen Zufriedenheit ist zusätzlich von Bedeutung, ob der Mitarbeiter seine Belohnung als gerecht wahrnimmt (8). Dazu ist eine Vergleichsvorstellung darüber notwendig, was ihm als angemessene Belohnung erscheint (z. B. im Vergleich zu anderen Leistungen bzw. zu anderen Mitarbeitern, die gleiche Leistungen erbringen). Zufriedenheit (9) tritt ein, wenn die tatsächlich erhaltenen Belohnungen (7) den als angemessen empfundenen (8) entsprechen bzw. sie übersteigen. Werden sie als unangemessen empfunden, entsteht Unzufriedenheit. Zufriedenheit stellt in diesem Ansatz – entsprechend den Annahmen der Human-Relations-Vertreter – sowohl eine Voraussetzung für Leistung (9 → 1) als auch eine Konsequenz der Leistung dar.

Erwartungen: ein differenziertes Konstrukt

In anderen Veröffentlichungen hat Lawler (1973, 1977) die Komponente 2 spezifiziert. Der Erwartungsbegriff wird in zwei Erwartungsarten aufgespalten:

- Die *B → A-Erwartung* (Bemühung → Ausführung) betrifft subjektiv die angenommene Wahrscheinlichkeit, dass eine intendierte Leistung vom Individuum in einer gegebenen Situation auch erbracht werden kann (Wir benennen dies: »Anstrengungserwartung«. Sie wird nach Lawler determiniert durch die Selbsteinschätzung, Erfahrungen in ähnlichen Situationen, die reale Situation und die Kommunikation mit anderen.);
- die *A → E-Erwartung* (Ausführung → Ergebnis) betrifft die angenommene Wahrscheinlichkeit, dass das gezeigte Leistungsverhalten auch zur angestrebten Belohnung als Konsequenz führt (Wir benennen dies: »Konsequenzerwartung«. Diese wiederum wird nach Lawler determiniert durch die B → A-Erwartungen, der Wünschbarkeit der Ergebnisse, der Kommunikation mit anderen Personen, den Erfahrungen in ähnlichen Situationen, der realen Situation sowie den Glauben an interne oder externe Kontrolle.).

Multiplikative Verknüpfung

Porter/Lawler postulieren darüber hinaus, dass die beiden Erwartungswahrscheinlichkeiten (B → A und A → E) eine multiplikative Beziehung zueinander haben. Dies besagt auch, dass sobald einer der Werte Null wird, das Produkt – also die Arbeitsleistung – ebenfalls Null sein wird.

Der Vorteil des Ansatzes von Porter/Lawler liegt insbesondere in der Tatsache, dass – basierend auf dem Versuch einer differenzierten Sichtweise von Motivationsprozessen – im Zusammenhang mit Arbeitshandlungen konkrete Gestaltungsvorschläge für die betriebliche Praxis entwickelt werden können. Auch ist die Tatsache positiv zu werten, dass über die Rückkopplung die Einbeziehung von Lernprozessen ermöglicht wird und dass zudem neben der Anstrengung weitere Determinanten beruflicher Leistung berücksichtigt werden. Geht man aber über die deskriptive und heuristische Bedeutung des Modells (z. B. im Rahmen einer empirischen Überprüfung) hinaus, finden sich auch hier die grundsätzlichen Schwächen der formalen Erwartungs-Valenz-Ansätze, nämlich Probleme bei der Operationalisierung und fehlende Aussagen hinsichtlich der inhaltlichen Ausprägung der einzelnen Variablen usw. (vgl. Weinert, 2004, S. 210 ff.).

Zu den kognitiven Prozesstheorien der Motivation lassen sich im Prinzip auch noch ein paar andere theoretische Ansätze zählen. Sie fußen letztlich alle auf kognitiven Elementen und Prozessen, die Einfluss auf eine spezifische Leistungsbereitschaft haben. Hervorheben möchten wir nachfolgend die Gleichheitstheorie, die Zielsetzungstheorie (der Motivation) und die Selbstbestimmungstheorie.

3.4.4 Gleichheitstheorie

Bei der Gleichheitstheorie (»equity theory«) von Adams (1965) handelt es sich um eine auch motivationsbezogen nutzbare verhaltensökonomische Theorie. *Basisannahme* ist, dass Menschen nach Harmonie auch von sozialen Beziehungen bzw. nach einem Gleichgewicht dieser Beziehungen suchen. Dies prägt ihr Verhalten insofern, als dass sie bestrebt sind, den anderen das zu geben, was sie selbst von den anderen in ihrer Wahrnehmung erhalten. Die Gleichheitstheorie basiert auf folgenden *Thesen*: Mitarbeiter stellen laufend Vergleiche zwischen ihren betrieblichen Leistungen (Inputs) und den dafür erhaltenen Belohnungen (Outputs) sowie den Inputs ihrer unmittelbaren Kollegen und deren Outputs an. (Von daher ist sie eine sehr passende Ergänzung der Anreiz-Beitrags-Theorie.) Die Motive und Motivationen sowie letztlich das individuelle Mitarbeiterverhalten hängen nun davon ab, ob sie sich »gerecht« oder »ungerecht« gegenüber diesen Kollegen vom Betrieb und/oder den Führungskräften behandelt fühlen. Stellt sich im Rahmen dieses Vergleichs ein (Un-)Gerechtigkeitsgefühl ein, so versucht ein Mitarbeiter – gemäß des Ansatzes – einen als gerecht empfundenen Zustand durch Veränderung des Inputs, durch Einwirkung auf die Vergleichsperson oder auf den Betrieb hinsichtlich der Outputs zu erreichen. Zudem besteht die Möglichkeit, eine andere vergleichbare Person zu wählen oder letztendlich auf weitere Vergleiche zu verzichten und zu resignieren. Für den Betrieb bedeutet diese relativ einfache Aussage, dass er stets be-

»Die schlimmste Art der Ungerechtigkeit ist die vorgespielte Gerechtigkeit.« Platon

WISSENSWERTES

Dissonanztheorie von Festinger

Die auf Festinger (1957, 1978) zurückgehende Dissonanztheorie (»theory of cognitive dissonance«) besagt, dass das Erleben kognitiver Dissonanzen bei Menschen zu einem als unangenehm empfundenen, gespannten Zustand führt und daher eine Reduktion des erlebten Widerspruches angestrebt wird. Dies führt zur Modifizierung zumindest einer der vorher bestehenden, gegensätzlichen Kognitionen. Kognitive Dissonanz liegt vor, wenn kognitive Elemente einer Person zueinander im Widerspruch stehen. Beispiel: Ein Raucher, der sich folgender Tatsachen bewusst ist: »Ich rauche viel« und »Rauchen ist extrem gesundheitsschädigend«. Er hat nun die Möglichkeit, entweder den ersten (»Gemessen an anderen rauche ich eigentlich gar nicht so viel.«) oder den zweiten Tatbestand (»So ungesund kann Rauchen nicht sein; mein Onkel war Kettenraucher und ist 99 Jahre alt geworden.«) kognitiv umzubewerten. Dadurch wird der vorher bestehende Widerspruch zumindest abgeschwächt. Die Dissonanztheorie fasst den Menschen demnach nicht als rationales, sondern als rationalisierendes Wesen auf. Dies betrifft selbstverständlich auch das Arbeitsverhalten. Menschen tendieren auch hier danach – so die Theorie – das sich die diversen kognitiven Inhalte (Verhältnis zu den Kollegen/Kollegenverhalten, Einschätzung des eigenen Arbeitsvermögens/Karriereangebote/Entgelthöhe u. a.) im Gleichgewicht befinden (vgl. Robbins, 2001, S. 96 ff.).

müht sein sollte, eine interne Gerechtigkeit bzw. Gleichheitssituation herbeizuführen. In letzter Konsequenz bedeutet dies auch, ein Mitarbeiter variiert seine Leistungen an den Betrieb, an den von diesem gebotenen Anreizen sowie der im Vergleich als gerecht empfundenen Angebote (vgl. Weinert, 2004, S. 211 ff.; von Rosenstiel/Nerdinger, 2011, S. 405 ff.; Robbins, 2001, S. 207 ff.).

3.4.5 Zielsetzungstheorie von Locke

Ziele: grundlegende und nachhaltige Verhaltensdeterminanten

Die Erwartungs-Wert-Modelle stellen nach wie vor ein sinnvoll generalisierbares Modell der Arbeitsmotivation dar. Die Skizze zur Gleichheitstheorie hat aber bereits gezeigt, dass auch andere motivationstheoretische Ansätze, die sich nur auf einen besonderen Aspekt des Motivationsprozesses und seine Determinanten konzentrieren, spezifische Erkenntnisse für den Arbeitsalltag gewinnen. Hier ist auch die Zielsetzungstheorie von Locke (1968; »goal-setting-theory«; Locke/Latham, 1990, 1990a, 2005, 2007) anzusiedeln. Während bei den Erwartungs-Wert-Modellen aus der Erfolgserwartung und dem Wert der angenommenen Folgen sich das Leistungsbestreben ergibt, ist es bei der Zielsetzungstheorie vor allem die Art der Ziele und ihre kognitive Interpretation. Erwartungen sind hier nachrangig von Bedeutung. Mit der Zielsetzungstheorie wird postuliert, dass die bewussten Ziele eines Individuums die wesentlichen kognitiven Leistungsdeterminanten sind. Sie werden angestrebt, um die eigenen Wünsche zu befriedigen. Sie sind für das Leistungsverhalten von richtungsweisender Natur, lenken Kognitionen wie Verhalten und bieten durch ihre Erreichung direkt wie indirekt Befriedigung.

Die Theorie postuliert demnach einen mittelbaren Zusammenhang zwischen Zielen und Leistungen respektive Leistungsbereitschaft. Im Zeitablauf hat sich auf Basis empirischer Erkenntnisse Folgendes entwickelt (s. Abbildung 2-14) (vgl. Nerdinger, 2014, S. 733 ff.; von Rosenstiel/Nerdinger, 2011, S. 94 ff.; Weinert, 2004, S. 215 ff.):

»Ein Ziel, das man nicht sieht, kann man auch nicht treffen.« Unbekannt

Ziele wirken sich auf vier verschiedene Verhaltensaspekte aus (= *Wirkmechanismen*):
1. Die Richtung des Handelns wird durch explizite Zielformulierungen zum einen verdeutlicht und wahrgenommen sowie zum anderen beachtet.
2. Die Anstrengung des Leistungsverhaltens ist umso mehr gegeben, wenn es sich um herausfordernde, aber prinzipiell erreichbare Ziele handelt.
3. Die Ausdauer des Leistungsverhaltens ist durch die formulierten Ziele verlängert.
4. Desgleichen verursacht ein Ziel zielspezifische Problemlösungsstrategien.

Moderatoren

Hinzu kommen *Moderatoren*, die je nach Ausprägung dazu beitragen, die Wirkmechanismen besser oder schlechter zum Tragen kommen zu lassen:
1. Sofern der Leistungserstellungsprozess immer wieder Rückmeldungen (Feedbacks) über den Stand der aktuellen Leistungsgüte gestattet, um so stärker wird die weitere Leistungsbereitschaft ausgeprägt. Externe, direkte, spezifische Rückmeldungen wirken dabei stärker; erst Recht, wenn dadurch auch die eigene Beeinflussung der Zielerreichung demonstriert wird.

3.4 Kognitive Prozesstheorien der Motivation

2. Eine als für ein Individuum selbst überschaubar wahrgenommene Aufgabenkomplexität mit gegebener Zielspezifität trägt zur erwarteten Zielerreichung bei.
3. Eine zur Qualifikation passende Aufgabenkomplexität (d. h. eine Eignung für die Aufgaben) erhöht Wollen wie Können.
4. Die Zielbindung (d. h. die Akzeptanz der Ziele, Zielcommitment) ist ein weiterer Moderator. Dieses quasi persönliche Interesse an der Zielerreichung ist hilfreich; die Zielbindung variiert von vorgesetzten Zielen bis hin zu selbst gesetzten Zielen.
5. Die Erwartung der Selbstwirksamkeit stellt eine individuelle Erwartung dar, aufgrund eigener Eignung notwendige Verhaltensweisen erfolgreich selbst ausführen zu können. Eine Person, die daran glaubt, selbst etwas bewirken zu können, wird in schwierigen Situationen selbstständig handeln (vgl. hierzu auch die Anstrengungserwartung, Teil 3, Kap. 4.2.5).

> Locke/Latham (1990, 2007) konstatieren dabei, dass zugewiesene Ziele ebenso motivierend sein können, wie die selbst gesetzten – sofern diese erklärt würden und wichtig sind.

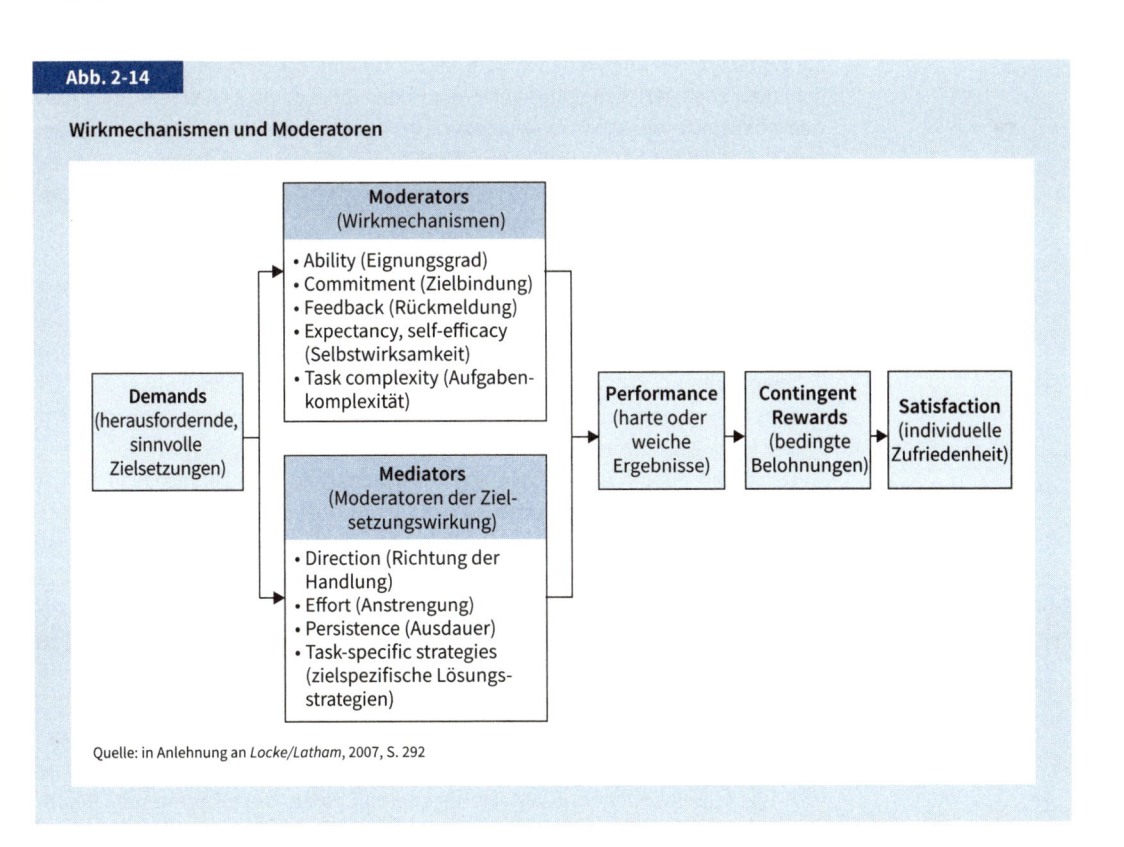

Abb. 2-14

Wirkmechanismen und Moderatoren

Demands (herausfordernde, sinnvolle Zielsetzungen) →

Moderators (Wirkmechanismen)
- Ability (Eignungsgrad)
- Commitment (Zielbindung)
- Feedback (Rückmeldung)
- Expectancy, self-efficacy (Selbstwirksamkeit)
- Task complexity (Aufgabenkomplexität)

Mediators (Moderatoren der Zielsetzungswirkung)
- Direction (Richtung der Handlung)
- Effort (Anstrengung)
- Persistence (Ausdauer)
- Task-specific strategies (zielspezifische Lösungsstrategien)

→ **Performance** (harte oder weiche Ergebnisse) → **Contingent Rewards** (bedingte Belohnungen) → **Satisfaction** (individuelle Zufriedenheit)

Quelle: in Anlehnung an *Locke/Latham*, 2007, S. 292

3.4.6 Self-determination Theory (Selbstbestimmungstheorie)

Die Selbstbestimmungstheorie von Deci und Ryan (1985, 1993, 2000; Ryan/Deci, 2000) hat einen großen Teil der modernen Motivationsdiskussion nachhaltig inspiriert: Der wesentliche Impetus kommt von der Auseinandersetzung um die intrinsische Motivation, die von Deci (1975) schon deutlich früher in die Diskussion prominent eingeführt wurde. Deci/Ryan stützen sich zur Verhaltenserklärung auf das Konzept der Intentionalität: Menschen gelten dann als motiviert, wenn sie etwas Bestimmtes erreichen wollen, sie also mit ihrem Verhalten ein Ziel verfolgen. Diese Ziele haben für die Theorie v. a. mit Zusammengehörigkeit, persönlichen Begegnungen, Austausch von Gefühlen, persönlichem Wachstum und Kompetenzsteigerung zu tun.

Intentionale (= motivierte) Verhaltensweisen werden dann eingesetzt, um ein bestimmtes Ergebnis (= Zielerreichung) anzustreben. Die Verhaltensweisen gelten dabei unterschiedlich selbstbestimmt: Manche sind frei gewählt und entsprechen den individuellen Wünschen, manche sind eher aufgezwungen. Beide Aspekte sind Pole eines Kontinuums an derSelbstbestimmtheit des Verhaltens.

Intrinsisch motivierte Verhaltensweisen gelten dabei als Prototyp selbstbestimmter Handlungen. Kognitive Verhaltensabsichten sind dabei nicht notwendig. Hier ist zur Aufrechterhaltung keine vom Verhalten »separierbare Konsequenz« erforderlich; man engagiert sich ungezwungen, um der Tätigkeit an sich wegen, nicht von den möglichen Konsequenzen her bestimmt. Man hat Freude und Interesse an einer Aufgabe und die inhärente autonome Motivation aktiviert dann das diesbezügliche Verhalten.

»Wer Freude an der Arbeit hat, ist imstande vieles zu leisten.« Marion Gräfin Dönhoff

> Csikszentmihalyi (2008) verwendet hier den Begriff »autotelisch«, mit dem die spontane Erfahrung eines friedvollen Tuns beschrieben wird. Menschen streben nach solchen Situationen, in denen sie ohne äußere Zwänge eine Tätigkeit durchführen können, in der sie engagiert ihren Interessen nachgehen können. Kognitive Verhaltensabsichten sind dabei nicht notwendig. Dies ist angeboren und setzt sich bereits in der frühen Entwicklung durch. Der Flow-Begriff von Csikszentmihalyi geht jedoch nicht so weit wie bei Deci/Ryan. Für ihn ist die Passung von Aufgabenschwierigkeit und Qualifikation die ausreichende Basis für Flow.

Extrinsische Motivation

Extrinsisch motivierte Verhaltensweisen werden dagegen mit instrumenteller Absicht verfolgt, um die genannten separierbaren Konsequenzen (= Belohnungen) zu erlangen. Sie treten daher nicht spontan auf, sondern werden durch wahrgenommene Anreize in Gang gesetzt.

Des Weiteren gehen Deci/Ryan nach verschiedenen empirischen Studien im Wesentlichen davon aus, dass die intrinsische Motivation umso stärker abnimmt, wie extrinsische Belohnungen als Anreize angeboten werden. Unter bestimmten Bedingungen – so zeigt die aktuelle Selbstbestimmungstheorie – können extrinsische und intrinsische Motivationen sich aber bestärken. Extrinsische Motive sind also nicht zwingend schädlich. Ein Korrumpierungseffekt ist nur gegeben, wenn die beiden Motivkonstellationen miteinander konkurrieren.

Auch extrinsische Motivationen können – müssen aber nicht! – dennoch selbstbestimmt sein, wenn durch eine Internalisierung und Integration externale Werte gewissermaßen Bestandteil des Selbst – in verschiedenen Intensitätsstufen von nicht bis nahezu voll – geworden sind. Es handelt sich insofern um gelernte Motivationen, die einen quasi intrinsischen Auslöser haben. Der Lernprozess beeinflusst dabei auch die Ausprägung der Existenz und die Stärke der intrinsischen Motivation durchaus in unterschiedlicher Form in verschiedenen Situationen (vgl. Weibler, 2012, S. 227 ff.; Martin/Bartscher-Finzer, 2015, S. 248 ff.; Jost, 2014, S. 297 ff.).

3.5 Ansätze zur Leistungsmotivation

3.5.1 Inhalte

Begriffe wie Leistungsprinzip, Leistungsbeurteilung oder Leistungsgrad verdeutlichen, welche Bedeutung dem Leistungsbegriff in unserer Gesellschaft und hier insbesondere im Wirtschaftsleben zukommt.

Randnotiz: »Leistung«

Entsprechend stellt die Frage nach dem individuellen »Wollen zur Leistung« und in diesem Zusammenhang das Konstrukt der »Leistungsmotivation« ein zentrales Problemfeld betrieblichen Personal-Managements dar. Die nachfolgend dargestellten Ansätze sind ein Versuch, (auch am Arbeitsplatz alltäglich zu beobachtende) *Phänomene* wie:
- die individuelle Ausdauer und Selbstverpflichtung bei der Bearbeitung unterschiedlicher Aufgaben oder Arbeiten,
- die Setzung oder Veränderung personenspezifischer Anspruchsniveaus bezüglich der eigenen Arbeit,
- die Beurteilung und Bewertung eigener Arbeitsergebnisse usw.

in ihrer Entstehung und ihrem Bezug zur Leistung zu erklären.

Zu beachten ist, dass im Folgenden unter den *Termini* »Leistungsmotiv« und »Leistungsmotivation« jeweils ganz spezifische Begriffsinhalte angesprochen sind. Sie unterscheiden sich in den thematisierten theoretischen Ansätzen von den eher situationsspezifischen Verständnissen im Alltag vor allem durch ihren kulturellen, situationsindifferenten Hintergrund.

Randnotiz: Achtung: Leistungsmotivation ≠ Leistungsmotivation

> Der im Alltag verwendete Begriff der Leistungsmotivation weicht davon oft ab. Hier können auch extrinsische Anreize (Geld, Belobigung u. a.) die Motivation, eine (engagierte) Leistung zu erbringen, fördern. Im Sinne der Theorie ist dies jedoch keine Leistungsmotivation.

3.5 Motivationstheoretische Ansätze
Ansätze zur Leistungsmotivation

3.5.2 McClellands Theorie der gelernten Bedürfnisse

Als Pionier der Leistungsmotivationsforschung (»achievement theory«) gilt David C. McClelland, der teilweise gemeinsam mit Mitarbeitern (u. a. J.W. Atkinson, N.T. Feather, R.A. Clark, E.L. Lowell) eine Vielzahl wichtiger Veröffentlichungen vorlegte.

Drei wesentliche Motive

Auf der Basis einer sehr umfassenden Bedürfnisliste von Murray (1938) formulierte McClelland (1953) drei *zentrale menschliche Motive* als personenorientierte Determinanten leistungspointierten Verhaltens (Entsprechend wird der ursprüngliche Ansatz von McClelland in der Regel den Inhaltstheorien der Motivation zugeordnet, die darauf aufbauenden aber eher den Prozesstheorien.):

- das Leistungsmotiv (»need for achievement«),
- das Zugehörigkeitsmotiv (»need for affiliation«) und
- das Machtmotiv (»need for power«).

Erlernte Motive

Dabei ging McClelland grundsätzlich davon aus, dass Motive auf Lernerfahrungen beruhen, insbesondere im Rahmen frühkindlicher *Sozialisationsprozesse* geprägt werden und stark kulturspezifisch sind (vgl. McClelland, 1951, 1961; McClelland et al., 1953; auch Weinert, 2004, S. 194 ff.). Er konzentrierte sich dabei vor allem auf das *Leistungsmotiv*, das seines Erachtens in den westlichen Ländern das dominierende, in Sozialisationsprozessen internalisierte Bedürfnis war. Das Leistungsmotiv wird von ihm aufgefasst als eine für eine Person latente, relativ stabile Verhaltensdisposition, nach Leistung und Erfolg in allen Lebenssituationen zu streben sowie als eine Fähigkeit, für eine erbrachte Leistung Stolz erleben zu können. Angestrebtes Ziel des Leistungsmotivs ist dabei, Erfolg in der Auseinandersetzung mit einem Gütemaßstab (als persönliches, gelerntes Anspruchsniveau) zu suchen. Erfolg wird von der Person prinzipiell positiv bewertet, weil dieser aufgrund kultureller Normen be-

»Erziehen heißt vorleben. Alles andere ist höchstens Dressur.« Oswald Bumke

---

ZUR VERTIEFUNG

Sozialisation

Man differenziert in primäre und in sekundäre Sozialisation: Erstere findet insbesondere im ersten Lebensjahrzehnt mit einer starken Prägung von Werten, Einstellungen und Motiven statt. Zweitere setzt spätestens im Berufs- oder Hochschulumfeld ein, allerdings mit nicht mehr so starken Prägungsmöglichkeiten. Aber dennoch: In Betrieben vollzieht sich Sozialisation in einem Lernprozess, in dem Mitarbeiter durch aktiven und passiven Umgang mit Vorgesetzten, Kollegen und Geschäftspartnern relevante Normen und Werte internalisieren: Verinnerlichung der Fachsprache und des Fachdenkens; Anpassung an betriebliche und gruppenspezifische, formale und informale Verhaltensvorschriften; Motive; Entwicklung der für nützlich gehaltenen Qualifikationsmerkmale u. Ä. Mit der Zuweisung einer Position an einen Mitarbeiter wird ein bestimmtes Rollenverhalten erwartet. Die betrieblichen Ziele bestehen zwar entweder darin, dass der Mitarbeiter die ihm übertragenen Rollen erlernt und beherrscht, oder der neue Mitarbeiter Veränderungen in der Gruppenkultur initiiert. Sozialisation darf aber nicht so aufgefasst werden, als würden Mitarbeiter in soziale Standardmuster eingepasst: Individuen mit unterschiedlichen Eigenschaften sind unterschiedlichen Rollenerwartungen unterworfen; das führt zu unterschiedlichen Reaktionen und Lernprozessen. Die Sozialisation ist kein ausschließlich einseitiger Lernprozess; auch von den Individuen gehen Veränderungssignale auf die Kollegen aus. Die Sozialisation ist zudem kein kontinuierlich verlaufender, reibungsloser Anpassungsprozess. Sie wird durch intra- und interindividuelle Konflikte unterbrochen, die durch die Übernahme neuer Rollen entstehen können (vgl. Veith, 2008).

lohnend wirkt. Die Stärke des Leistungsmotivs ist bei Individuen aufgrund unterschiedlicher Sozialisierungsprozesse verschieden. Als Resultat des Lernprozesses entwickeln Individuen Motivstrukturen, die ihr Verhalten wie auch ihre Arbeitsleistung beeinflussen. Die Leistungsmotivation gilt als Beispiel für die intrinsische Motivation (Leistung um ihrer selbst willen). Leistungsmotivation im Sinne von McClelland und seinen Nachfolgern ist insofern immer eine intrinsische Motivation.

> Seit McClelland »wissen« wir, dass Bedürfnisse nicht unbedingt oder alleine genetisch bedingt sind, sondern sehr stark entweder sozialisationsbedingt überformt sind oder durch solche äußeren Effekte sogar entstehen.

3.5.3 Atkinsons Risiko-Wahl-Modell

Aufbauend auf den Arbeiten McClellands entwickelte dessen ehemaliger Mitarbeiter John W. Atkinson (1957, 1974) sein Risiko-Wahl-Modell (»choice under risk-model«) leistungsmotivierten Verhaltens, welches neben personalen auch situationale Variablen berücksichtigt. Unter *Motiv* versteht er – ähnlich wie McClelland – eine individuelle Disposition, die sich biografisch gebildet hat.

Das Motiv verbindet sich mit *situativen Faktoren*; dadurch kommt es zur Aktualisierung bzw. zur Motivation. Als Determinanten des ins Zentrum gerückten Leistungsmotivs benennt er: (1) den intrinsischen Wert von Leistung (Wertschätzung, soziale Bedeutung), (2) Leistung als Mittel sozialer Anerkennung und (3) Leistung als Mittel, um andere Belohnungen (Aufstieg, Entgelt u. a.) erhalten zu können. Der intrinsische Grundcharakter des Leistungsmotivs geht dennoch durch den erstgenannten Faktor nicht gänzlich verloren!

Situative und personale Determinanten

Atkinsons Forschungen ergaben, dass sich das Leistungsmotiv in zwei Verhaltensdispositionen (= *Personenvariablen*) manifestiert, nämlich

Personenvariablen

1. der Tendenz, Erfolg aufzusuchen (Erfolgsmotiv = M_e) sowie
2. der Tendenz, Misserfolg zu vermeiden (Misserfolgsmotiv = M_m).

In Abhängigkeit von der Dominanz eines dieser beiden Motive wird zwischen *erfolgsmotivierten* und *misserfolgsmotivierten* Personen unterschieden. Während Erstere (Hoffnung auf Erfolg) insbesondere nach dem Erleben von positiven leistungsbezogenen Affekten streben, besteht das primäre Interesse von misserfolgsmotivierten Personen (Furcht vor Misserfolg) darin, negative leistungsbezogene Affekte zu vermeiden. Die Ausprägung der Personenvariable entsteht durch vergangene Erfahrungen über den (Miss-)Erfolg bei ähnlichen Aufgaben, bestimmte angenommene Probleme in der aktuellen Arbeitssituation und dem Selbstvertrauen.

Neben diesen beiden Motiven als personale Größen unterscheidet Atkinson zwei situationale Variablen (= *Situationsvariablen*), zwischen denen er – den Erwartungs-Wert-Ansätzen entsprechend – eine multiplikative Verknüpfung konstatiert. Anreize bezeichnen die im Zusammenhang mit Erfolg bzw. Misserfolg antizipierten (Erwartungs-)Affekte (A_e/A_m). Sie stellen eine Funktion der Schwierigkeit einer Aufgabe oder Handlung dar. Atkinson unterscheidet hier zwischen der *Erfolgs-* und

Situationsvariablen

3.5 Motivationstheoretische Ansätze
Ansätze zur Leistungsmotivation

Misserfolgserwartung als der subjektiven Wahrscheinlichkeit, mit der ein Individuum den Eintritt von Erfolg bzw. Misserfolg (W_e/W_m) erwartet. Die Erwartungsgröße wird bestimmt durch den Schwierigkeitsgrad einer erfolgreichen Leistung, das Vorhandensein eines Gütemaßstabs zur Erfolgsbewertung, die individuelle Erwartung, dass Erfolg auf der eigenen Anstrengung beruht, und die vorab erwartete, mögliche Rückmeldung über eine erfolgreiche Aufgabenerfüllung.

Leistungsmotivation und leistungsmotiviertes Verhalten wird erklärt als die Differenz aus der Erfolg aufsuchenden ($T_e = M_e \times A_e \times W_e$) und der Misserfolg meidenden Tendenz ($T_m = M_m \times A_m \times W_m$). Indem Atkinson zwischen den personalen und situationalen Variablen eine multiplikative Verknüpfung unterstellt, schlägt er einen Bogen zwischen den Inhalts- und den Prozesstheorien der Motivation.

Besteht für eine Person zum Beispiel die Möglichkeit einer Wahl zwischen unterschiedlichen Aufgaben, so wird diese *bestimmt* durch:
1. die dispositionalen Voraussetzungen der Person selbst (Dominanz des Erfolgs- oder Misserfolgsmotivs),
2. die Erwartungsaffekte (positiver oder negativer Art), die mit einer erfolgreichen oder nicht erfolgreichen Bearbeitung der Arbeit verbunden sind),
3. der subjektiven Wahrscheinlichkeit, die einer erfolgreichen bzw. nicht erfolgreichen Aufgabenbearbeitung zugeordnet wird.

Hypothesen

Entsprechend lassen sich folgende zentrale *Hypothesen* zur Aufgabenwahl formulieren:
- *Erfolgsmotivierte Personen* ($M_e > M_m$) präferieren Aufgaben mit einem mittleren Schwierigkeitsgrad bzw. einer subjektiven Erfolgswahrscheinlichkeit von etwa 0,5, die als realistisch beurteilt wird. Für sie besteht sowohl eine Herausforderung und eine reelle Erfolgschance (50:50), als auch die Möglichkeit, den möglichen Erfolg den eigenen Anstrengungen zuschreiben zu können. Es ist zu erwarten, dass diese Personen bei solchen Aufgaben eine maximale Anstrengung und Ausdauer zeigen.
- *Misserfolgsmotivierte Personen* ($M_e < M_m$) bevorzugen Aufgaben mit besonders niedrigem oder besonders hohem Schwierigkeitsgrad. Indem sie auf die Extrembereiche ausweichen, lassen sich negative leistungsbezogene Affekte am ehesten vermeiden. Bei leichten Aufgaben ist eine hohe Erfolgswahrscheinlichkeit zu vermuten; bei sehr schwierigen Aufgaben wird ein Misserfolg nicht der eigenen Anstrengung/Unfähigkeit angelastet.

> Da das *Misserfolgsmotiv* von Atkinson ausschließlich als hemmende Kraft definiert wurde, lässt sich die Tatsache, dass misserfolgsmotivierte Personen überhaupt eine Leistungsaufgabe wählen und bei der Bearbeitung dieser Anstrengung und Ausdauer zeigen, nur durch zusätzliche extrinsische Motivation erklären.

Änderung des Anspruchsniveaus

Eine Erhöhung des Anspruchsniveaus (= Gütemaßstab) bei Erfolgserlebnissen bzw. eine Senkung bei Misserfolgserlebnissen kann nur von Erfolgsmotivierten erwartet werden. Bei Misserfolgsvermeidern kommt es zu atypischen Reaktionen auf Erfolgs- und Misserfolgserlebnisse: Bei Misserfolgserlebnissen und nachfolgender Veränderung von Erwartungen wird von Personen mit hohem M_m das eigene Anspruchsniveau oft heraufgesetzt, so ist dann ein Versagen besser auf rationale Weise zu erklären. Bei Erfolgserlebnissen reagieren Personen mit niedriger M_m so, dass sie ihr Anspruchsniveau konstant halten oder senken. Als praktische Anweisung des Ansatzes gilt: Erfolgsmotivierte sollten Aufgaben mit mittlerem Schwierigkeitsgrad erhalten. Diese Individuen sind auch ohne extrinsische Anreize zu motivieren. Bei den Misserfolgsmotivierten oder wenig Leistungsmotivierten gelten dagegen extrinsische Anreize als besonders wirksam.

Eine Umsetzung solcher Befunde in der betrieblichen Praxis erscheint nur auf den ersten Blick relativ unproblematisch möglich zu sein. Selbst wenn man dem Erfolgs- bzw. Misserfolgsmotiv eine relative intersituative und zeitliche Stabilität zusprechen will, dürfte eine trennscharfe Unterscheidung zwischen erfolgs- und misserfolgsmotivierten Personen schwer fallen. Das gleiche gilt für die beiden situativen Variablen. Als wie schwer eine Aufgabe von einem Mitarbeiter wirklich wahrgenommen wird, lässt sich im betrieblichen Alltag ebenso wenig ermitteln wie die subjektive Wertigkeit, die ein Mitarbeiter Aufgaben verschiedener Klassen zuspricht.

Auch das Risiko-Wahl-Modell ist nicht von *Kritik* verschont geblieben: (1) unscharfe Definition der Parameter des Modells, Unklarheit bezüglich Operationalisierung und Messung dieser Variablen und die (pseudo-)mathematische Struktur des Modells; (2) das Modell ist nur bei komplexen Aufgabeninhalten wegen deren Eindeutigkeit bezüglich der Aufgabenschwierigkeiten anzuwenden; (3) zu stark durch individualpsychologische Züge gekennzeichnet und (4) Modell enthält zwei an objektive Situationsmerkmale gekoppelte Erlebnisgrößen, nämlich Erfolgserwartungen und die antizipierten Affekte. Die Affekte sind jedoch völlig durch die erste Variable bestimmt, sodass kognitive Prozesse lediglich über die Beeinflussung der subjektiven Erfolgswahrscheinlichkeit wirksam werden können. Die Unterscheidung in Erfolgs- und Misserfolgsorientierte sowie die Einführung kognitiver Prozesse in den Erklärungsansatz haben jedoch die weitere Forschung positiv beeinflusst.

Kritik

3.5.4 Attributionstheoretisches Modell von Weiner

Eine Erweiterung der die Leistungsmotivationsforschung bis in die 1970er-Jahre hinein dominierenden Risiko-Wahl-Modelle stellt der Ansatz von Bernhard Weiner (1970, 1973, 1975; Weinert et al., 1971) dar, der in seiner Theorie zur Leistungsmotivation zusätzliche kognitive Variablen formuliert: vor allem Zurechnungen *oder* Zuschreibungen von Ursachen über das Zustandekommen von Erfolg oder Misserfolg (*Kausalattribuierungen*).

Den Aussagen der sozialpsychologischen Attributionstheorien zufolge begnügen sich Individuen im Allgemeinen nicht damit, Ereignisse in ihrer Umwelt wahrzunehmen. Sie sind zudem bestrebt, diese Ereignisse auf bestimmte Ursachen zurückzuführen. Erst solche Kausalattribuierungen gestatten es, eine Vorhersage über zukünftige Ereignisse zu machen und das Verhalten daraufhin auszurichten (vgl. Hei-

Ursachenzuschreibungen (= Kausalattribuierungen) beeinflussen Verhalten

3.5 Motivationstheoretische Ansätze
Ansätze zur Leistungsmotivation

der, 1958; Rotter et al., 1962; Kelley, 1967). Insbesondere im Zusammenhang mit der Erklärung leistungsmotivierten Verhaltens kommen solchen Kausalattribuierungen nach Weiner entscheidende Bedeutung zu. Dabei unterscheidet er zwischen den beiden grundsätzlichen Möglichkeiten, ein Handlungsresultat auf interne (selbst verursachte) oder externe (fremd verursachte) Faktoren sowie auf zeitlich stabile oder veränderliche Faktoren zurückzuführen. So ergeben sich insgesamt *vier Ursachenfaktoren*: Begabung/Fähigkeiten (zeitlich stabil) und Anstrengung (zeitlich instabil) als Personenmerkmale bzw. interne Faktoren sowie Aufgabenschwierigkeit (zeitlich stabil) und Zufall bzw. Glück/Pech (zeitlich instabil) als Situationsmerkmale bzw. externe Faktoren (vgl. Abbildung 2-15).

Abb. 2-15
Weiners Modell der Attribution leistungsbezogener Ergebnisse

Locus of stability \ Locus of causalty	Internal	External
Stable	Ability	Task difficulty
Unstable	Effort	Luck

Quelle: *Weiner*, 1976, S. 82

Die Erweiterung des Risiko-Wahl-Modells von Atkinson besteht nun insbesondere darin, dass die Parameter »Wahrscheinlichkeit« und »Anreiz« durch die kognitive Determinante der *Kausalattribuierung* beeinflusst werden:
▶ Die Auswirkung von erlebtem Erfolg oder Misserfolg auf die Erfolgs- oder Misserfolgserwartung einer Person hängt davon ab, inwieweit die Ergebnisse mit stabilen oder instabilen Faktoren in ursächlichen Zusammenhang gebracht werden. Wird Erfolg auf stabile Faktoren wie eigene Fähigkeiten zurückgeführt, geht damit eine erhöhte Erfolgserwartung für entsprechende zukünftige Situationen einher. Werden aber instabile Faktoren wie großes Glück für die Erklärung herangezogen, wird mit dem positiven Verhaltensresultat kein Ansteigen der Wahrscheinlichkeit einhergehen.

Internale und externale Attribuierung

▶ Das Ausmaß der im Zusammenhang mit Erfolg und Misserfolg erlebten Affekte ist primär davon abhängig, ob die erzielten Verhaltensresultate internal oder external attribuiert werden. Nach Weiner führt internale Attribuierung (und hier die

3.5 Ansätze zur Leistungsmotivation

Anstrengungsattribuierung) zu den stärksten Affektkonsequenzen. Über die kurzfristigen im direkten Zusammenhang mit Erfolg oder Misserfolg erlebten Affekte (Zufriedenheit/Enttäuschung) hinaus gehen mit dem Prozess der Kausalattribuierung Selbstwertüberlegungen einher, die mit starken und langlebigen Affekten verbunden sind.

Die Art der Zuschreibung durch das Individuum hat insofern wichtige *Konsequenzen*: Ein Individuum, das einen Misserfolg mangelnder Begabung zuschreibt, wird kaum einen neuen Versuch unternehmen. Macht es dagegen Lustlosigkeit oder Pech dafür verantwortlich, so kann es zu neuen Verhaltensbemühungen kommen. Eine positive Veränderung von Erwartungen ist umso wahrscheinlicher, je mehr die eigene Fähigkeit und Begabung sowie die Aufgabenschwierigkeit zur Erklärung des Ergebnisses herangezogen werden. Als Informationsquellen zur Feststellung der »Ursachen« des Erfolgs bzw. Misserfolgs dienen beispielsweise die im Folgenden wiedergegebenen *Indikatoren*:

- *Begabung/Fähigkeiten*: Anzahl der Erfolge, Verhältnis der Erfolge/Misserfolge, Erfolgsmuster, Maximalleistung;
- *Anstrengung*: Ergebnis, Leistungsmuster, wahrgenommene Muskelanspannung, Schwitzen, Ausdauer;
- *Aufgabenschwierigkeit*: objektive Aufgabenmerkmale, soziale Normen;
- *Zufall*: Unabhängigkeit und Zufälligkeit der Ergebnisse, Einzigartigkeit der Ergebnisse.

Indikatoren

Bei der Attribuierung von Erfolg und Misserfolg lassen sich bestimmte Asymmetrien oder interindividuelle Unterschiede beobachten. So zeigt sich, dass Erfolg tendenziell eher der eigenen Person zugeschrieben, also internal attribuiert wird, während bei Misserfolg eine externale Attribuierung überwiegt (hedonistische Verzerrung). Unterscheidet man nach Atkinson zwischen *erfolgsmotivierten* und *misserfolgsmotivierten* Personen, lassen sich für beide Gruppen unterschiedliche Attribuierungsmuster beobachten (vgl. Heckhausen, 1989, S. 431 ff.):

- Erfolgsmotivierte führen Erfolg primär auf eigene Fähigkeiten und Misserfolg auf zu geringe Anstrengung zurück.
- Misserfolgsmotivierte attribuieren Erfolg seltener internal und führen Misserfolg primär auf mangelnde Fähigkeiten zurück.

Verhaltenswirkung

Die Bedeutung des Ansatzes von Weiner liegt insbesondere darin, dass er mit der Kausalattribuierung einen neuen zentralen Aspekt in die Erklärung leistungsmotivierten Verhaltens eingebracht hat. Dies hat zu einer Neudefinition des Begriffs des Leistungsmotivs im Sinne eines Selbstbekräftigungssystems geführt und das Bedingungsvorfeld der für die Risiko-Wahl-Modelle zentralen Parameter »Anreiz« und »Erwartung« aufgeklärt. Damit markiert der attributionstheoretische Ansatz Weiners eine kognitive Wende in der Leistungsmotivationsforschung (vgl. Heckhausen, 1989, S. 452 ff.).

3.6 Rubikon-Modell

»Der Wille allein ersetzt noch nicht die Tat.«
Elisabeth Maria Maurer

Das sogenannte Rubikon-Modell ist in den thematischen Zusammenhang des Motivationsprozesses einzuordnen. Es illustriert dabei den Unterschied zwischen *Motivation* und *Volition* und verweist so noch einmal deutlich darauf, dass Motivation als eine prinzipielle Verhaltenstendenz bzw. Bereitschaft, sich in einer bestimmten Art und Weise zu verhalten, noch nicht ausreicht zur tatsächlichen Verhaltensauslösung und -erklärung. Es bedarf zusätzlich noch der Volition bzw. eines expliziten Willens, ein Verhalten auch zu zeigen. Es könnte auch zu den kognitiven Prozesstheorien zugeordnet werden. Dies erfolgt hier allerdings nicht, wegen des besonderen Charakters der Volition.

Prozess der Willensbildung

Der Prozess der Willensbildung lässt sich in *vier Phasen* unterteilen (vgl. Heckhausen, 1989, S. 212 ff.; Heckhausen/Heckhausen, 2010; Achtziger/Gollwitzer, 2010), siehe Abbildung 2-16.

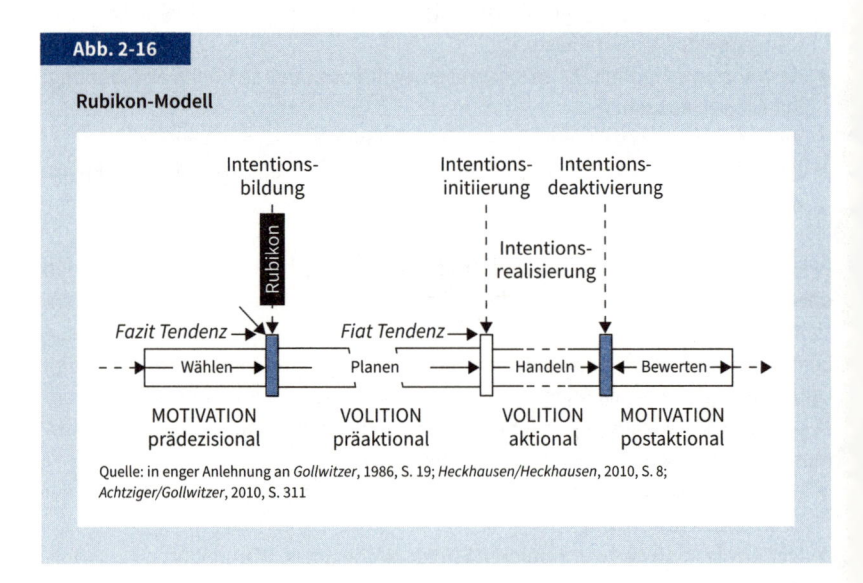

Abb. 2-16

Rubikon-Modell

Quelle: in enger Anlehnung an *Gollwitzer*, 1986, S. 19; *Heckhausen/Heckhausen*, 2010, S. 8; *Achtziger/Gollwitzer*, 2010, S. 311

- Die *prädezisionale Motivationsphase* betrifft die motivational beeinflusste Phase, in der auf Basis der Erwartungs-Wert-Modelle der prinzipielle Bereitschaftsgrad zum Handeln entsteht. Handeln entsteht aber erst, wenn nach Abwägung aller als relevant angenommenen Aspekte ein Entschluss gefällt werden kann (sog. Fazit-Tendenz). Je bedeutender die Konsequenzen, desto schwerer fällt die Entscheidung. Die Phase endet mit der Bildung einer Handlungsabsicht – nach der entstandenen Motivation (z. T. unbewusst) und der Volition (u. a. intentional).
- In der *präaktionalen Phase* wartet das Individuum auf die Zeit und die Gelegenheit, die beabsichtigte Handlung auszuführen. Bei mehreren Intentionen unterschiedlicher Stärke setzt sich diejenige durch, die am frühesten auf eine günstige

3.6 Rubikon-Modell

Situation trifft. Insofern ist sie abhängig von der Fiat-Tendenz. Diese umfasst dabei die Stärke der Zielintention, die Günstigkeit der Gelegenheit, die empfundene Dringlichkeit, die Zahl verpasster Gelegenheiten und der Fehlversuche der Realisierung der Zielabsichten.
- Die *aktionale Phase* betrifft die konkrete Realisierung der beabsichtigten Handlung.
- In der *postaktionalen Phase* erfolgt eine rückblickende Bewertung, um Schlussfolgerungen für zukünftiges Handeln ziehen zu können. Geprüft werden u. a. die Attraktivität des Ziels sowie die Ursachen für Erfolg und Misserfolg.

Zwischen der ersten und der zweiten Phase erfolgt das Überschreiten des Rubikons – nach der entstandenen Motivation (z. T. unbewusst) und der Volition (v. a. intentional). *Rubikon*

> *Den Rubikon überqueren …?*
> Es handelt sich dabei um einen Fluss, den der römische Feldherr Julius Caesar nach langem Zögern mit seinen aus Gallien kommenden Truppen überquerte und damit endgültig einen Bürgerkrieg (der Grund des Zögerns) auslöste. Motiviert zum Kampf um die Macht war er schon vorher. Es bedurfte aber noch einer expliziten Willensentscheidung, tatsächlich einen Bürgerkrieg auch zu verantworten.

Das Rubikon-Modell ist dazu geeignet, viele Einzelbefunde der Motivationsforschung einzuordnen und in einen Zusammenhang zu bringen (vgl. Nerdinger, 1995). Darüber hinaus hat es durch die Thematisierung der Volition zu einer sinnvollen Diskussion um die Bedeutung der Motivation geführt. Dennoch, auch hier sind wiederum *kritische Aspekte* anzuführen: Die Differenzierung in motivationale und volitionale Phase ist willkürlich, nicht trennscharf (möglich) und durchaus widersprüchlich. Auch die unbedingte Sequentialität des Rubikon-Modells, also die Darstellung als Einbahnstraße ohne Wende und/oder Umkehrchance, steht in der Kritik. Praktische Konsequenzen für die Mitarbeiterführung ergeben sich insofern, als das Personalverantwortliche besser dafür sensibilisiert sind, sowohl in der Motivations- als auch in der Volitionsphase die Mitarbeiter direkt wie indirekt zu unterstützen, ihre Einsatzbereitschaft zu stärken. *Kritik*

WIEDERHOLUNGSFRAGEN ZU KAPITEL 3

1. Erklären Sie die Einflussfaktoren von Teilnahme-, Bleibe- und Austrittsentscheidungen von Mitarbeitern nach der Anreiz-Beitrags-Theorie.
2. Wie ist der Begriff der Volition zu verstehen?
3. Wodurch unterscheiden sich Inhaltstheorien der Motivation von Prozesstheorien der Motivation?

3.6 Motivationstheoretische Ansätze
Rubikon-Modell

4. Welche Aussagekraft hat die von Maslow aufgestellte Bedürfnishierarchie?
5. Nach welchen Faktoren charakterisiert Herzberg seine Zwei-Faktoren-Theorie und in welchem Verhältnis stehen die Faktoren zur Arbeitszufriedenheit?
6. Wie ist die Grundformel des VIE-Modells mit ihren Bestandteilen zu verstehen?
7. Wie hängen Motivation, Leistung und (Arbeits-) Zufriedenheit nach Porter/Lawler zusammen?
8. Was ist die Kernaussage der Gleichheitstheorie nach Adams?
9. Erklären Sie die Wirkmechanismen und Moderatoren der Zielsetzungstheorie nach Locke.
10. Welche Phänomene versuchen Ansätze zur Leistungsmotivation zu erklären?
11. Wie sind die drei Motive zu verstehen, die McClelland in seiner Theorie der gelernten Bedürfnisse identifiziert?
12. Welche Grundaussagen trifft Atkinson mit seinem Risiko-Wahl-Modell?
13. Was ist nach Atkinson der Unterschied zwischen erfolgsmotivierten und misserfolgsmotivierten Personen?
14. Erklären Sie die Kausalattribuierung nach dem attributionstheoretischen Modell von Weiner.
15. Wie ist der Prozess der Willensbildung nach den Phasen des Rubikon-Modells beschrieben?

4 Das Leistungsdeterminantenkonzept

> **LEITFRAGEN**
>
> **Zur grundsätzlichen Ausrichtung**
> - Was bedeutet eigentlich »heuristisches Modell« zur Erklärung und Gestaltung von Verhalten?
> - Wieso reicht es nicht aus, sich zur Erklärung von menschlichem Verhalten nur auf das Wollen von Menschen zu beschränken?
>
> **Zu einzelnen Determinanten**
> - Was bedeutet die multiplikative Verknüpfung der kognitiven Determinanten?
> - Was passiert normalerweise, wenn Motivinhalte und eine Einstellung konfliktär zueinander stehen?
> - Ist Arbeitskenntnis tatsächlich etwas anderes als Qualifikation?
> - Inwieweit kann man auf die Erwartungsbildung aus betrieblicher Sicht Einfluss nehmen?
> - Inwieweit kann man auf das Anspruchsniveau seiner Mitarbeiter Einfluss nehmen?
>
> **Zuständigkeit und Relevanz**
> - Wer sollte sich eigentlich in Betrieben mit solch einem Leistungsdeterminantenkonzept auseinandersetzen?
> - Die validen Erkenntnisse zu einzelnen Leistungsdeterminanten sind so vage, dass man am besten das Leistungsdeterminantenkonzept – wie andere, vergleichbare Konzepte – ignoriert! – Stimmt das?

4.1 Synthesekonzept

Betriebe sind weder direkt noch indirekt vor allem an Motivationsdeterminanten ihrer Mitarbeiter interessiert. Allerdings erweist es sich als notwendig, diese zu kennen und durch betriebliche Tätigkeiten zielorientiert zu beeinflussen. Es ist eine notwendige, allerdings nicht hinreichende Bedingung, um die betrieblichen Sach- und Erfolgsziele erreichen zu können. Betriebe sind zuvorderst daran interessiert, gute Leistungsergebnisse zu erzielen. Dazu bedarf es eines entsprechenden Leistungsverhaltens der Mitarbeiter und diese müssen dazu motiviert sein. Motivation

Motivation: Nicht allein ausschlaggebend für Leistungsverhalten wie -ergebnisse!

4.1 Das Leistungsdeterminantenkonzept
Synthesekonzept

> **TERMINOLOGIE**
>
> **Verhalten, Irrationalität**
>
> Verhalten ist oft vorhersagbar, zumindest dann, wenn wir wissen, wie eine Person eine gegebene Situation wahrnimmt und interpretiert sowie worauf es ihr ankommt. Das individuelle Verhalten mag Außenstehenden nicht vernünftig erscheinen, doch es besteht Anlass zu der Annahme, dass es normalerweise von der individuellen Intention her rational ist und von der Person auch als rational aufgefasst wird. Ein Außenstehender hält das gleiche Verhalten manchmal für irrational, da ihm die damit verbundenen Informationen nicht zugänglich sind oder weil er die Situation nicht in derselben Weise wahrnimmt. Fazit: Vorgesetzte und andere Personalverantwortliche wären gut beraten, die tatsächlichen Beweggründe ihrer Mitarbeiter zu eruieren. Nicht alles ist offensichtlich und rational oder konsistent zueinander.

ist also nur ein Einflussfaktor für den Unternehmungserfolg, wenngleich ein zentraler und komplexer. In der Geschichte der Managementlehre sind die oben referierten motivationstheoretischen Ansätze oftmals verabsolutiert als gültig unterstellt worden. Aus Gründen der Vereinfachung wird dies an der einen und anderen Stelle auch noch heute – in Wissenschaft und in der betrieblichen Praxis – getan. Der Komplexität und Vielschichtigkeit des betrieblichen Alltags, gerade im Umgang mit Menschen, kann allerdings nicht mit dem Reduktionismus in sich geschlossener aber mehr oder weniger monokausaler Aussagensysteme oder gar mit orthodoxen Vorstellungen begegnet werden. Es bedarf einer offenen Herangehensweise und gezielten Synthese.

> »Wollen genügt nicht, man muss auch können.«
> Paul Gauselmann

Die *Notwendigkeit* eines *Konzeptes der Synthese* der dargestellten Ansätze (auf Basis der Prozesstheorien) und deren Erweiterung wird deutlich, wenn man von der folgenden Offensichtlichkeit eines Beispiels ausgeht: Dass und wie eine ganz bestimmte Leistung zustande kommt, hängt davon ab, ob einerseits die dazu notwendigen objektiven Arbeitsbedingungen (Raum, Material, Werkzeug etc.) und bei demjenigen, der die Leistung erbringen soll, zudem die erforderlichen »fachlichen« Fähigkeiten vorhanden sind, m. a. W., ob die Leistung erbracht werden kann. Des Weiteren aber muss andererseits hinzukommen, dass der so dazu Befähigte das ihm zur Verfügung stehende Potenzial auch zu aktivieren bereit ist – ob er die Leistung erbringen will. Letzteres hat erkennbar die Motivationskomponente zum Inhalt. Sie allein reicht offensichtlich nicht aus, ebenso wenig lediglich die Könnenskomponente. *Können und Wollen* müssen zusammenkommen, damit eine konkrete Leistung entsteht. Sie machen gemeinsam die leistungsnotwendige *Qualifikation* bzw. Voraussetzung für eine angestrebte Leistung aus. Dabei kommt auch antizipativen Kognitionen, also Erwartungen über zukünftige Zustände sowie späteren emotionalen Zuständen eine wichtige Rolle zu.

Von Rosenstiel/Nerdinger (2011, S. 51 f.) pointieren zudem, dass neben dem persönlichen Willen, dem individuellen Können und der situativen Ermöglichung auch das soziale Sollen und *Dürfen* (s. u.) eine wesentliche Leistungsdeterminante darstellen. Bestimmt wird diese durch Gruppennormen, Organisationskultur sowie offene wie versteckte Signale des Vorgesetzten.

4.1 Synthesekonzept

Wir gehen also davon aus, dass es sowohl Determinanten des Könnens als auch des Wollens sind, die zusammenwirken müssen, damit menschliche Arbeitsleistungen in Betrieben erbracht werden.

Unter *Leistungsdeterminanten* sind all jene Faktoren zu verstehen, die:

- die *Einsatzbereitschaft* bzw. Einsatzintensität von Mitarbeitern (Motivation; unter Berücksichtigung der Volition und des Dürfens) sowie
- das *Leistungsverhalten* und das (quantitative und qualitative) *Leistungsergebnis*

direkt wie indirekt beeinflussen.

<small>Leistungsdeterminanten</small>

Als praxisnahes Modell des Zustandekommens beruflicher Leistungen kann und soll das Leistungsdeterminantenkonzept (kurz: »LDK«) (s. Abbildung 2-17) den Trägern des betrieblichen Personal-Managements im Sinne einer Denk- oder Strukturierungshilfe dienen. Denn nur, wer eine gleichermaßen differenzierte wie »greifbare« Vorstellung davon hat, welche Determinanten menschliches Arbeitsverhalten in welcher Form beeinflussen, ist (bspw. als Vorgesetzter) in der Lage, das von Mitarbeitern gezeigte Leistungsverhalten zutreffend zu interpretieren und/oder (bspw. über die Gestaltung betrieblicher Anreizsysteme) gezielt zu steuern.

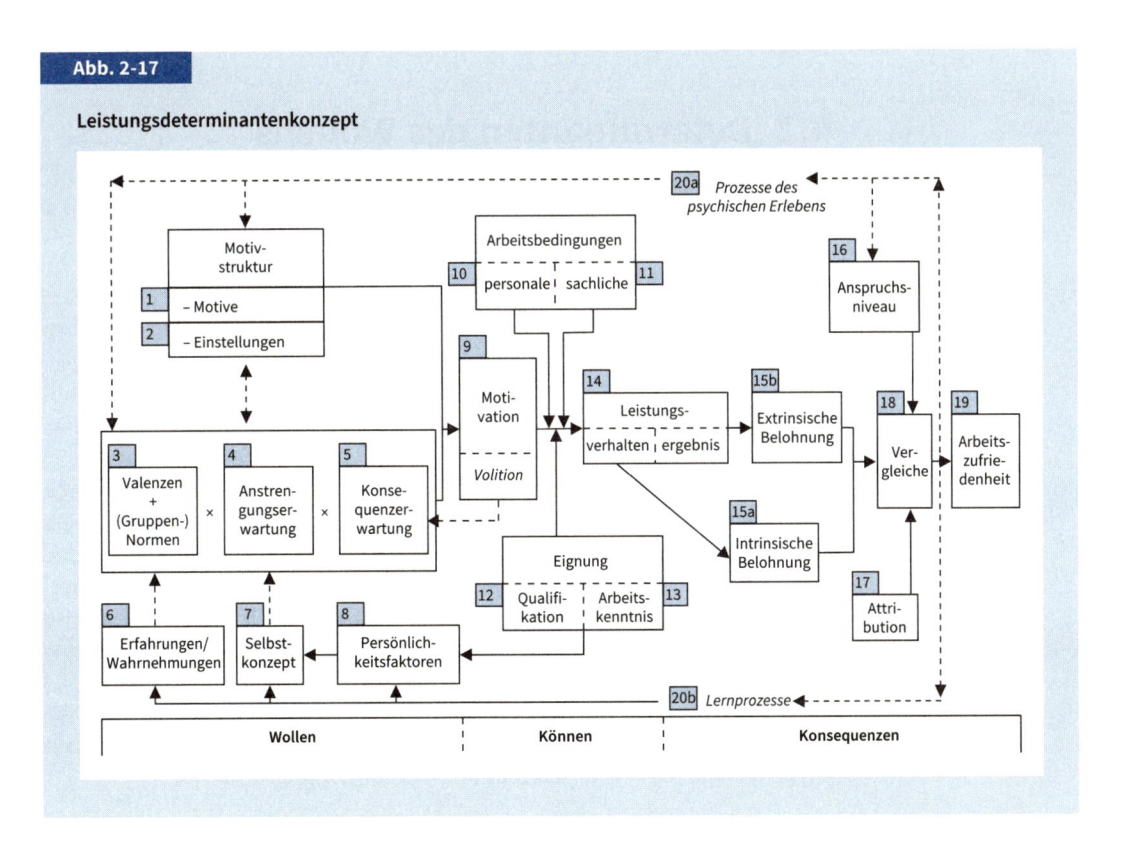

<small>»LDK«</small>

Abb. 2-17

Leistungsdeterminantenkonzept

4.2 Das Leistungsdeterminantenkonzept
Determinanten des Wollens zur Leistung

Ein ganz anderes Problem ist es, dass diese Zusammenhänge leichter beschrieben als exakt nachgewiesen sind: Denn beobachtbar ist immer nur, was jemand de facto tut (respektive nicht tut). Für die Unterscheidung, ob und inwieweit für ein bestimmtes (Fehl-)Verhalten (mangelndes) Können oder/und Wollen maßgebliche Ursachen sind, ist der Einsatz teilweise komplizierter Analyse- und Identifikationsinstrumente erforderlich.

> Das LDK ist dabei weder als eigenständige Theorie noch als Versuch der Schaffung einer umfassenden Motivationstheorie zu verstehen. Es ist in seiner Entstehung (1979) und über seine Weiterentwicklungen lediglich als praxeologisch orientierter Versuch zu verstehen, Zusammenhänge verschiedener, empirisch weitgehend bestätigter Thesen herzustellen. Letztlich liegt so ein *heuristisches Modell* vor, das insbesondere unter Analyse- und Gestaltungsaspekten helfen soll, sich der komplizierten Motivations- und Motivierungsmaterie zu nähern. Dabei sind natürlich die Aussagen zu den Gruppenphänomenen und zum Führungsverhalten nicht außer Acht zu lassen.

4.2 Determinanten des Wollens zur Leistung

4.2.1 Einstieg

Hier wird auf Erkenntnisse der weiter vorne erläuterten motivationstheoretischen Ansätze (Teil 2, Kap. 3) zurückgegriffen, um letztlich zu einem Konzept zu gelangen, in dem die wichtigsten Bestandteile und Zusammenhänge des motivationalen Prozesses für das Zustandekommen von Arbeitsleistungen in Betrieben beschrieben und erklärt werden.

Determinanten des Wollens

Es besteht verbreitete Übereinstimmung hinsichtlich der These, dass Motivation sowohl eine energetische (affektive) als auch eine kognitive Komponente enthält. Die *energetische Komponente* betrifft den Antriebsaspekt, d. h. die Antwort auf die Frage, warum Menschen (eine Aufgabe) mit einer bestimmten Intensität und Ausdauer (be-)arbeiten. Die *kognitive Komponente* betrifft den Richtungsaspekt, also die Antwort auf die Frage, warum Menschen unter bestimmten Bedingungen so und nicht anders arbeiten (wollen). Diese terminologische Trennung benennt vorerst nur, sie erklärt noch nichts. Beide Aspekte sind zur Erklärung des Leistungsverhaltens von Mitarbeitern heranzuziehen und werden von den nachfolgend thematisierten Determinanten in unterschiedlichem Ausmaß abgedeckt.

4.2 Determinanten des Wollens zur Leistung

TERMINOLOGIE

Bedürfnis/Motiv → Anreiz/Stimuli → Belohnung/Sanktion

Im Zusammenhang mit der Motivierung von Mitarbeitern wie einem Anreiz- und Belohnungssystem werden immer wieder unterschiedliche Termini und Begriffe angeführt. Im besten Falle stehen sie innerhalb eines Begriffssystems konsistent zusammen. Man kann dabei nicht erwarten, dass sie über verschiedene Quellen und autorenspezifische Begriffssysteme hinweg gleich oder gleichartig verwendet werden. Von daher ist man immer wieder dazu aufgerufen, sich selbst über das Gemeinte (und eventuell vorliegende Definitionen) ein Verständnis zu verschaffen. Hier gilt hinsichtlich der in der Überschrift angeführten Termini folgendes Begriffssystem: *Bedürfnis* und *Motiv* werden synonym als individuelle Verhaltensbereitschaften, etwas zu erreichen oder zu vermeiden verstanden. Sie gilt es, im Rahmen der Personalarbeit zielorientiert zu aktivieren. Sie können dabei einen relativ zeitkonstanten wie einen kurzzeitigen Charakter haben. Die Aktivierung geschieht mittels *Anreizen* bzw. – synonym verwendet – *Stimuli*. (Innerhalb eines Betriebs kann es allerdings auch Anreize geben, die nicht bewusst auf eine Motivaktivierung hin ausgerichtet sind, aber durch ihr Vorhandensein entsprechend wirken.) *Belohnungen* werden vergeben, wenn die geforderten bzw. vereinbarten Leistungen erbracht wurden. Während Anreize (z. B. Vereinbarung eines Zielbonusses) einen Aktivierungscharakter haben, kommt Belohnungen (z. B. Auszahlung des Bonusses) prinzipiell ein Befriedigungscharakter zu. Positive *Sanktionen* sind prinzipiell synonym zu Belohnungen zu verstehen. Bei negativen Sanktionen handelt es sich nicht allein um Bestrafungen (falls dies in Betrieben überhaupt umsetzbar und/oder sinnvoll ist), sondern um eine Nichtvergabe von prinzipiell möglichen Belohnungen.

4.2.2 Motive (Leistungsdeterminante 3)

Motive wurden oben als (Wertungs-)Dispositionen bezeichnet, welche mit einer Verhaltensbereitschaft einhergehen, positive bzw. negative (Ziel-)Zustände erreichen bzw. vermeiden zu wollen. Sie legen fest, was Personen wollen oder wünschen, wie auf einem inhaltlich bestimmten Gebiet der Person-Umwelt-Bezug aussehen sollte, um zunächst anregend und später befriedigend für eine Person zu sein. Ein einzelnes Motiv ist Teil einer individuell und zeitspezifisch durchaus variablen Motivstruktur. Es ist (bzw. sie sind) zunächst einmal nur vorhanden und noch nicht verhaltensverursachend. Es gilt erst als aktiviertes Motiv, wenn es durch Anreize (wahrgenommene attraktive Umweltbedingungen bzw. Stimuli) angesprochen wird. Sind zudem Erwartungen, ein spezifisches Verhalten ausüben und die angestrebte Belohnung erreichen zu können, positiv ausgeprägt, entsteht Motivation – also die Bereitschaft (vgl. von Rosenstiel 1979). Siehe hierzu Abbildung 2-18.

(Ziel-)Zustände

Motive, Motivstruktur und Motivation sind dabei Gedankenmodelle (= theoretische Konstrukte), die innerhalb eines bestimmten Phänomens, zum Beispiel eines den betrieblichen Zielen entsprechenden Verhaltens, zur Erklärung dienen. Der Zugang zu ihnen ist schwierig, denn einer Beobachtung sind sie kaum zugänglich. Meist können nur über die Analyse der Anreize und des reaktiven Verhaltens von Personen Rückschlüsse gezogen werden. Weitere Schwierigkeiten sind: Einzelne Handlungen können durch verschiedene Motive hervorgerufen sein. Motive können verdeckt vorhanden sein. Verschiedene Motive können gleiches oder ähnliches Verhalten hervorrufen. Ähnliche Motive können in recht unterschiedlichem Verhalten zum Ausdruck kommen. Individuelle wie kulturelle Unterschiede können Ausdrucksformen von Motiven beeinflussen, m. a. W.: Trotz objektiv gleicher Umweltsituation zeigen sich oft erhebliche Unterschiede im Verhalten von Personen.

Konstrukte

4.2 Das Leistungsdeterminantenkonzept
Determinanten des Wollens zur Leistung

Abb. 2-18

Zusammenhang von Motiv und Motivation

	Isoliertes Element	Zusammenhang mehrerer Elemente
durch bestimmte Stimuli in der Situation aktivierte Verhaltensbereitschaft	**Aktiviertes Motiv**	**Motivation**
der direkten Beobachtung nicht zugängliche Verhaltensbereitschaft	**Motiv**	**Motivstruktur**

Quelle: in Anlehnung an von *Rosenstiel*, 1975, S. 40

Motive lassen sich mehrfach differenzieren, beispielsweise:
- nach der *Entwicklungsgeschichte*:

Primäre und sekundäre Motive
  - Bei *primären Motiven* handelt es sich um solche Beweggründe menschlichen Verhaltens, die von Geburt an oder aufgrund eines Reifungsprozesses das Verhalten bestimmen. Sie können im Rahmen des Sozialisationsprozesses allerdings spezifisch ausgeprägt werden, zum Beispiel Hunger als ursprüngliches primäres Motiv sowie Hunger auf Austern, Kaviar u. a. als überformtes Motiv.
  - Bei *sekundären Motiven* sind solche Beweggründe des menschlichen Verhaltens angesprochen, die im Rahmen des Sozialisationsprozesses erlernt bzw. erworben werden. Beispiele: Einkommensmotiv, Karrieremotiv.
- nach der *Quelle*:

Intrinsische und extrinsische Motive
  - Als *intrinsisch motiviert* (oder verstärkt) wird Verhalten angesehen, wenn Handlungen oder Handlungsergebnisse um ihrer selbst Willen angestrebt werden; sie bieten Befriedigung aus sich selbst heraus. Die Person hat Standards verinnerlicht, die sie in die Lage versetzt, sich selbst für Erfolge zu belohnen. Vor allem folgende intrinsischen Motivarten sind im betrieblichen Kontext von Bedeutung: Leistungsmotiv, Machtmotiv, Kontaktmotiv, Motiv nach Tätigkeit sowie Motiv nach Sinngebung und Selbstverwirklichung (s. u.).
  - Als *extrinsisch motiviert* wird ein Verhalten angesehen, wenn äußere Belohnungen angestrebt werden und das Leistungsverhalten instrumentellen Charakter zur angestrebten Belohnung hat. Extrinsische Motive werden in solche mit materiellen und solche mit immateriellen Befriedigungsmöglichkeiten unterschieden. Extrinsische Motivarten materieller Art betreffen das Streben nach finanziell erfassbaren Belohnungen, wie das Motiv nach Einkommen,

4.2 Determinanten des Wollens zur Leistung

> **WISSENSWERTES**
>
> **Flow**
>
> »Flow« bezeichnet ein lustbetonendes Gefühl des völligen Aufgehens in einer – gegebenenfalls auch beruflichen – Tätigkeit. Es ist eine Form der intrinsischen Motivation respektive Belohnung. Csíkszentmihályi (2004, 2008) stellt dieses positive Erleben, die Freude am Tun in das Zentrum seines Ansatzes. Das befriedigende Gefühl während der Tätigkeit kann sich einstellen, bei einer für die jeweilige Person herausfordernden, weder unter- noch überfordernden Tätigkeit u. a.

das Streben nach Zusatzleistungen und bestimmten Konsumleistungen. Extrinsische *Motive immaterieller Art* sind Verhaltensbereitschaften, mit denen finanziell nicht direkt messbare Ziele angestrebt werden, wie beispielsweise Sicherheitsstreben, Karrierestreben, Prestigestreben und Kontaktstreben.

Die Unterscheidung in intrinsische und extrinsische Motivation wird seit ein paar Jahren wieder verstärkt in der Scientific Community, aber auch im betriebspraktischen Umfeld diskutiert. Grundsätzlich ist die Unterscheidung, inwieweit ein spezifisches Verhalten oder auch bestimmte grundsätzliche Verhaltensweisen intrinsisch bzw. extrinsisch motiviert sind, schwierig und nicht situations- und personenunabhängig zu beantworten. Auch deshalb, weil die Beziehungen zwischen intrinsischer und extrinsischer Motivation bislang nicht zweifelsfrei geklärt sind. So ist es durchaus denkbar, dass zunächst extrinsisch motiviertes Verhalten (z. B. überdurchschnittliches Engagement in einer Projektgruppe) im Zeitablauf zunehmend intrinsisch motiviert wird. Nicht mehr die mit der Arbeit in der Projektgruppe verbundene bessere Entlohnung und damit der instrumentelle Aspekt des Leistungsverhaltens wird dann motivierend erlebt, sondern die Befriedigung von Motiven wie dem Kontaktmotiv, dem Leistungsmotiv, dem Motiv nach Sinngebung bzw. Selbstverwirklichung usw. durch die Tätigkeit selbst. Damit bildet das extrinsisch motivierte Verhalten (engagierte Mitarbeit im Projekt) die Voraussetzung dafür, dass Interesse an der Tätigkeit selbst und damit intrinsische Motivation entstehen kann.

In der betrieblichen Praxis (wie in der experimentellen Forschung) ist nun auch der gegenläufige Effekt, also die Untergrabung intrinsischer Motivation durch extrinsische Anreize zu beobachten (sog. »Verdrängungseffekt«). Ein Vertriebsmitarbeiter verhält sich beispielsweise serviceorientiert, weil dies zu einer Verbesserung des Kundenkontakts (Kontaktmotiv), qualitativ besseren Kundenlösungen (Sinngebung) etc. führt und für den Mitarbeiter damit der Wert der Tätigkeit an sich steigt. Eine Überbetonung extrinsischer Anreize (z. B. durch hohe Bonuszahlungen) kann nun dazu führen, dass sich das Interesse des Mitarbeiters von seinen ursprünglichen Zielen auf die extrinsischen Anreize verschiebt. Natürlich tritt dieser Verdrängungseffekt nicht in jedem Fall ein (vgl. Frey/Osterloh, 2002; Sprenger, 2002). Von daher werden die Zusammenhänge heutzutage auch manchmal bestritten.

4.2 Das Leistungsdeterminantenkonzept
Determinanten des Wollens zur Leistung

Kontroverse

Aus betrieblicher Sicht interessieren Motive, die am Arbeitsplatz umgesetzt werden können bzw. solche, deren Befriedigung als Voraussetzung für die Bereitschaft eines Mitarbeiters angesehen wird, dem jeweiligen Betrieb seine volle Leistungsfähigkeit zur Verfügung zu stellen. Hier gilt es, die spezifischen Determinanten des Leistungsverhaltens zu erfassen.

Insbesondere im Zusammenhang mit der Gestaltung betrieblicher Anreizsysteme empfiehlt es sich, zwischen extrinsischen »Belohnungen« materieller und immaterieller Art zu unterscheiden (vgl. Rüttinger/von Rosenstiel/Molt, 1974, S. 84 ff.; von Rosenstiel, 1979).

Materielle wie immaterielle Anreize

- *Materielle Anreize* befriedigen den Wunsch nach monetär messbaren Belohnungen oder unterschiedlichen Konsumwünschen durch Direktvergütung (Gehalt, Prämien, Provisionen, Sozialleistungen), Erfolgsbeteiligung, Sozialleistungen (betriebliche Beiträge zur Lebensversicherung, private Nutzung von Dienstwagen, Clubbeiträge) usw.
- *Immaterielle Anreize* wie Arbeitsplatzsicherheit, Einfluss, Büroausstattung, Dienstwagen usw. entsprechen dem Streben nach Sicherheit, Karriere und Prestige und stellen insofern Belohnungen dar, als dass sie im Erfolgsfall erreicht werden.

Geld und Entgelt: Ein Objekt mit vielen Wirkungen, nicht nur materiellen!

Die Verwendung von weitgehend *generalisierten Anreizen* als Mittler für die Befriedigung vieler Motive liegt nahe. Geld kann zu dieser Befriedigung vielfältig und wesentlich besser als jeder andere Anreiz genutzt werden, weil Geld instrumentell als »Mittel zum Zweck« dient: Zur allgemeinen Motivbefriedigung, wobei auch immaterielle Anreize (z. B. Statuszuwachs) über monetäre Zuwendungen gesetzt werden können (immaterielle Wirkung materieller Anreize). Geld selbst kommt dabei in der Regel keine eigene Motivationskraft zu. Seine Anreizwirkung in Art, Richtung und Höhe ist heute allerdings umstritten. Es erweist sich daher als gutes Demonstrationsobjekt für die oben skizzierten Abhängigkeitswirkungen. Es finden sich Untersuchungsergebnisse für nahezu jede Art der Argumentation:

»Arm ist nicht, wer wenig hat, sondern wer viel braucht.« Peter Rosegger

- »Geld hat den stärksten Anreiz in unserer Gesellschaft!«,
- »Geld ist ein wichtiger leistungsanreizender Faktor!«,
- »Geld ist nicht der wichtigste leistungsanreizende Faktor!«,
- »Unterbezahlte Mitarbeiter arbeiten intensiver als normal oder überbezahlte Mitarbeiter!«.

> **WISSENSWERTES**
>
> **Motive**
>
> Motive sind menschliche Beweggründe für Verhalten. Anreize sind die betrieblichen Angebote, die im besten Falle diese Motive ansprechen und dadurch zunächst Verhalten stimulieren und auch währenddessen oder danach eine Belohnungswirkung verursachen. Wegen dieses engen Zusammenhangs benutzt man oft die verschiedenen Termini, um das Gleiche auszudrücken.

4.2 Determinanten des Wollens zur Leistung

> **WISSENSWERTES**
>
> **Work-Life-Balance**
>
> Bei der Work-Life-Balance geht es im Allgemeinen um ein ausgewogenes Verhältnis zwischen Privatleben und Berufsleben. Im Vordergrund steht dabei, dass die beruflichen (Karriere-)Anforderungen einem Mitarbeiter noch genügend Muße lassen, auch sein Arbeitsleben nicht nur als Stressor zu erleben sowie sein Privatleben befriedigend zu leben, ohne dass kurz- bis langfristig hier nachhaltige zwischenmenschliche wie gesundheitliche Probleme entstehen. Im engeren Sinne steht die Work-Life-Balance oft im Zusammenhang mit der Vereinbarkeit von Familie und Beruf, womit dann besonders die Betreuung von Kindern und pflegebedürftigen Familienmitgliedern angesprochen ist. Ansatzpunkte sind: Arbeitszeiten sowohl was den Umfang als auch die Perioden betrifft, Karrierepositionen, Sabbaticals, Arbeitsorte usw. (vgl. Kaiser/Ringlstetter, 2010).

Es ist nicht auszuschließen, dass jeweils das Menschenbild des »Forschers«, das spezifische Untersuchungsdesign, eine wenig kundige Lektüre der Ergebnisse oder ein von Medium beabsichtigtes Ziel den Ausschlag für die Ergebnisse und die Formulierungen gegeben hat.

Durch seinen *Instrumentalcharakter* im Hinblick auf die Befriedigung einer großen Anzahl von Motiven kann die Vergütung leistungswirksame Anreize ausüben. Damit dies zustande kommt, muss allerdings eine direkte Beziehung zwischen Entgelt und Leistung wahrgenommen werden (funktionierende leistungsbezogene Vergütung!).

> **ZUR VERTIEFUNG**
>
> **Intrinsische Motivation**
>
> In Fachdiskursen herrscht Konsens, dass für intrinsisch motivierte Handlungen der sogenannte autotelische Charakter konstitutiv ist: Die Ausführung intrinsisch motivierter Handlungen ist nicht instrumentell orientiert, das heißt nicht an der intendierten Erreichung von – von der Handlung separierbarer – Folgen gebunden. Sie bezieht ihre energetisierende Kraft aus dem unmittelbaren Erleben im Handlungsvollzug. Man engagiert sich ungezwungen, nicht von möglichen Konsequenzen her bestimmt. Der Grad an intrinsischer Motivation(-sfähigkeit) basiert dabei auf individueller Disposition wie auch dem Ausmaß, indem im Rahmen des frühen Sozialisationsprozesses und generell durch die maßgebende soziale Umwelt zur Entstehung, Aufrechterhaltung und Spezifizierung dieser Motivationsform beigetragen hat oder beiträgt (vgl. Martin/Bartscher-Finzer, 2015, S. 251 ff.).
>
> Die Bedeutung der Determinanten der intrinsischen Motivation wird in der Literatur unterschiedlich betrachtet: Nach der Self-Determination-Theorie (vgl. Deci/Ryan, 2000) besteht intrinsische Motivation seit Geburt an. Im Rahmen der Sozialisation können jedoch instrumentell motivierte Handlungen (z. B. Einfluss ausüben) zu selbstbestimmten Handlungen werden, damit sind diese dann integriert motiviert, was sehr nahe an intrinsischer Motivation liegt (auf einem Kontinuum von extrinsischer zu intrinsischer Motivation). Für andere Forscher ist intrinsische Motivation vor allem die Konsequenz eines frühen spezifischen Internalisierungs- oder Lernprozesses oder gar noch später – über Erfolgserlebnisse selbstverstärkend – erlernt (vgl. Fischer/Wiswede, 2009, S. 96 f.). Die generelle Quintessenz ist: Nicht jeder bringt intrinsische Motivation prinzipiell mit, jedenfalls nicht für jede Handlung. Man braucht keinen Zweiten zur »Belohnung«. Die wesentliche »Belohnung« erfolgt – wenn sie erfolgt – nicht nach der Handlung, sondern während der Handlung – nämlich als Befriedigung mit dem Tun. Diese Befriedigung ist dabei stets immateriell.

4.2 Das Leistungsdeterminantenkonzept
Determinanten des Wollens zur Leistung

4.2.3 Einstellungen (2)

Die Einstellung stellt einen zentralen Begriff der Sozialpsychologie dar, der – wie nicht anders zu erwarten – unterschiedlich definiert und verwendet wird. Auf die unterschiedlichen Begriffe soll hier nicht eingegangen werden (vgl. Weinert, 2004), sondern es wird eine hier zweckmäßige Differenzierung angeführt. Zwischen Motiven (bzw. Motivation) und Einstellungen wird üblicherweise wie folgt *unterschieden* (vgl. Neuberger, 1978, S. 222):

Motiv ≠ Einstellung

- Im Gegensatz zu Motiven sind Einstellungen nicht auf Handlungs- bzw. Verhaltensziele, sondern auf (soziale) *Objekte und Situationen* bezogen. Entsprechend ist der Einstellungsbegriff weniger handlungsnah als der des Motivs.
- Das theoretische Konstrukt »Einstellung« bezeichnet erworbene, *relativ überdauernde Dispositionen* im Sinne von Wahrnehmungsorientierungen sowie entsprechenden Reaktions- und Handlungsbereitschaften.
- Im Allgemeinen versteht man Einstellungen strukturell auf drei Ebenen: Jede Einstellung hat dabei eine *kognitive Komponente* (Kenntnisse über ein Objekt), eine *affektive Komponente* (emotional wertende Reaktion auf das Objekt) und eine *konative Komponente* (verhaltensbezogene, beabsichtigte Verhaltensweise). Diese drei Ebenen ist man bestrebt, in einen konsistenten Zusammenhang zu bringen.
- Einstellungen sind *bewertend* (evaluativ) auf Objekte und Situationen bezogen und stehen so als intervenierende Variable zwischen den situativen Bedingungen, unter denen und aus denen heraus eine Handlung erfolgt und der Handlung selbst. Es ist nahe liegend, dass die Einstellung, die ein Mitarbeiter zum Beispiel hinsichtlich regelmäßiger Überstunden hat, dessen Arbeitsverhalten beeinflusst. Das genaue Ausmaß dieser Beeinflussung zu beschreiben, fällt allerdings schwer.
- Einstellungen stammen aus mittelbarer und/oder unmittelbarer *Erfahrung* einer Person. Sie sind insoweit gelernt, haben überdauernden Charakter und leiten sich in der Regel aus allgemeinen Werten der Person ab. Bei positiven Erfahrungen mit einem Objekt (bspw. Karriereposition) in der Vergangenheit wird sich eine eher positive Einstellung ergeben bzw. verstärken et vice versa.

WISSENSWERTES

Darwiportunismus

Der sogenannte Darwiportunismus (*Darwi*nismus & *Op*portunismus) lässt sich als eine Einstellung auffassen. Scholz (2003) thematisiert unter diesem Begriff die beiderseitige Bindungslosigkeit von Arbeitgebern und Arbeitnehmern. Er greift zurück auf die Flexibilisierungswünsche der Arbeitgeber und einer – durchaus nicht unabhängigen – Ich-Orientierung der Arbeitnehmer (mit dem Abbau von Bindungswünschen). Danach ist vor allem Mitarbeiterbindung schwer vorstellbar. Als problematisch erweisen sich hierbei die gesellschaftlichen wie betriebspolitischen Tendenzen der Entbindung und Flexibilisierung: Keine lebenslangen, sondern Lebensabschnittsbindungen (privat wie beruflich) zählen, Betriebe werden aufgekauft, teilverkauft, umbenannt, aufgespalten, Randbelegschaften werden zu Lasten der Stammbelegschaften (s. Teil 3, Kap. 1.1) aufgebaut, die sogenannte »Gen Y« (vgl. Sennet, 1998) nimmt zu.

4.2 Determinanten des Wollens zur Leistung

Einstellungen können genereller Art (z. B. auf die Arbeit in Großbetrieben oder Höflichkeitsformen bezogen) und auch spezieller Art sein: etwa bezogen auf einen bestimmten Vorgesetzten oder eine bestimmte Aufgabe (»Pflichtbewusstsein«, Zuständigkeit), sie können hierarchiebezogen unterschiedlich sein u. Ä. (vgl. Jost, 2014, S. 36 f.). Sie prägen dadurch die Bereitschaft und Intensität zur Leistungserbringung wesentlich mit. Sie haben dabei unter Umständen eine verhaltensbeeinflussende Wirkung – sowohl inhaltlich als intensitätsmäßig.

Wirkungen

4.2.4 Valenz + Normen (3)

Die Valenz gibt die individuelle affektive, positive oder negative Einstellung einer Person zu angestrebten und/oder angebotenen Ergebnissen wieder. Hier handelt es sich um den angenommenen Nutzen, die Attraktivität oder den Wert eines Anreizes (= angebotene Belohnung) für ein Leistungsergebnis oder ein gutes Leistungsverhalten. Sie stellt insofern eine *wichtige Determinante* – mit Differenzierungsnotwendigkeiten – am Motivationsprozess dar. Ohne eine positive Valenz für eine bedingt angebotene Belohnung ist keine Leistungsbereitschaft zu erwarten – es sei denn, eine gefühlte Zwangssituation liegt vor.

Valenzen

Aktuelle Valenzen entstehen hauptsächlich durch einen kognitiven Prozess, der durch die Verhaltensbereitschaft sowie die Motivstärke mitgeprägt sein kann. Sie kann sich durch den erlebten Wert einer Belohnung verändern. (Bisweilen werden differenzierter Begriffe zur Valenz dargestellt.)

Valenzen sind prinzipiell in der Vergangenheit durch Sozialisationsprozesse geprägt worden. So ist es auch erklärlich, dass Personen unterschiedliche Belohnungen wertschätzen.

Gerade diese Sozialisationskomponente ist eine vielfach vernachlässigte Komponente im Motivationsgeschehen.

Sozialisation

> Die Herausbildung von *Valenzen* (Werte möglicher Handlungsergebnisse) ist maßgeblich durch die sozio-kulturellen Bedingungen beeinflusst, unter denen ein Individuum sich entwickelt und lebt. In der US-amerikanischen Mittelschicht entwickeln sich andere Werte, Einstellungen und Motive als in einem deutschen Beamtenhaushalt oder der französischen Unterschicht – und dies auch durchaus unterschiedlich vor der Dekade (vgl. Wiese/Sauer/Rüttinger, 2004).

Auch im Betrieb unterliegen die Personen der betrieblichen *Sozialisation*. Entsprechende Effekte lassen sich insbesondere bei jüngeren Mitarbeitern und Mitarbeitern mit längerer Betriebszugehörigkeit beobachten. Diese entwickeln typische Strukturen beispielsweise im Sinne konkreter Wertungsdispositionen, und zwar als Folge einer langjährigen Fokussierung auf spezifische materielle wie immaterielle Anreize, der regelmäßigen Teilnahme an betrieblichen Personalentwicklungsmaßnahmen, der Verinnerlichung bestimmter Grundsätze, Regeln usw. oder gruppendynamischer Effekte u. a. m. Nicht selten werden solche erworbenen Eigenschaften als typisch für Repräsentanten bestimmter Unternehmen, Branchen oder Bereiche unterstellt, was über deren (vermeintliche) Identifikation zu entsprechender Stereotypisierung führt.

Normen

Die (aktuelle) Leistungsbereitschaft einer Person wird aber nicht nur durch personale Faktoren wie Valenzen, sondern auch durch *Rollenerwartungen* und *Normen* beeinflusst, welche durch das soziale interne betriebliche Umfeld (v. a. die jeweilige Arbeitsgruppe) und das soziale externe Umfeld (Familie und Bekanntenkreis) an diese herangetragen werden. Im Zeitablauf können solche Erwartungen internalisiert bzw. habitualisiert werden (vgl. Weinert, 2004, S. 408 ff.).

Durch die Erwartungen des sozialen Umfeldes (Rollenerwartungen) innerhalb und außerhalb des Betriebs können Verhaltensweisen ausgelöst und Ergebnisse erreicht werden, die der Einzelne persönlich nicht für wünschenswert hält bzw. die für ihn keinen (Befriedigungs-)Wert haben. In einer ausgeprägten Version sind diese Erwartungen als Normen zu verstehen, die von (fast) allen Gruppenmitgliedern geteilt werden und postulieren, wie die Mitglieder der Gruppe in spezifischen Situationen denken und vor allem sich verhalten sollen. Einige Studien in Betrieben zeigen, dass das Leistungsverhalten und die Leistungsbereitschaft entscheidend von den Leistungsnormen in der jeweiligen (Arbeits-)Gruppe und keineswegs allein von betrieblichen Anreizen abhängen.

Rollenerwartungen anderer, denen der Einzelne ausgesetzt ist und die er in spezifischer Weise wahrnimmt, geben daher der Norm als Bestandteil der Leistungsdeterminante »Valenz + Norm« konkrete Gestalt. Sind die Rollenerwartungen (z. B. die Arbeitsanforderungen) nicht klar, so wird hierdurch auch die Valenz + Norm-Beziehung beeinflusst, indem die Norm lediglich als diffuse Größe in die Gleichung eingeht.

Valenz

Die *Valenz* oder der angenommene Nutzen der Zielerreichung bzw. des Verhaltens gibt hier die individuelle affektive (positive oder negative) Bewertung angestrebter Ergebnisse an. Sie bezieht sich auf den erwarteten Belohnungswert und stellt insoweit eine ganz spezielle Kategorie aus der Gesamtheit der Einstellungen (Determinante (2)) dar.

Valenzen beeinflussen die Wahrnehmung von Anreizen, ihre Auswahl, ihren Vergleich und ihre Vorzugswürdigkeit. Sie werden im Laufe des Sozialisationsprozesses aufgebaut und auf Dauer übernommen. Sie sind zugleich Ausdruck sozialer Ansprüche und sorgen für innere Maßstäbe und Entscheidungskriterien. Im Zuge der beruflichen Sozialisation werden sie insbesondere durch den erlebten Wert von Belohnungen nachhaltig verändert.

4.2.5 Erwartungen (4), (5)

Die Bereitschaft eines Menschen, ein bestimmtes Leistungsverhalten an den Tag zu legen (seine Einsatzbereitschaft = Determinante (9), lässt sich nicht ausschließlich mit den Valenzen der entsprechenden Handlungsfolgen erklären. Die Einsatzintensität hängt zusätzlich vom Ausmaß der Erwartungen ab. Entsprechend der Unterscheidung von Lawler (1977) lassen sich zwei *Kategorien* von Erwartungen differenzieren:

4.2 Determinanten des Wollens zur Leistung

- zum einen die Erwartung, dass Leistung vom Einsatz abhängt (E → L bzw. Anstrengungserwartung),
- zum anderen die Erwartung, dass die Erreichung angestrebter Ziele (»Belohnungen«) von der eigenen Leistung abhängt (L → B bzw. Konsequenzerwartung).

Es handelt sich jeweils um Konstrukte, also gedankliche Modelle. Sie sind notwendig, um die diffuse Komplexität handhabbar zu machen.

Die *Anstrengungserwartung* (Determinante (4) kommt zustande, wenn der Einzelne seine Leistungen als Folge der Intensität seines Einsatzes, also der eigenen Anstrengung, sieht, sie also nicht auf andere Ursachen (etwa auf Hilfsmittel) zurückführt. Es handelt sich also um die situationsspezifisch geprägte, subjektiv angenommene Wahrscheinlichkeit, dass die eigene Leistung wesentlich vom individuellen Einsatz (also der eigenen Anstrengung) abhängt und dadurch auch erreicht werden kann. Das Zustandekommen dieser Erwartung beruht zum einen auf der wahrgenommenen Aufgabenschwierigkeit und dem Selbstkonzept (d. h. dass die eigene Qualifikation als ausreichend für eine Leistungserbringung wahrgenommen wird). Sie bezieht sich insoweit erst einmal darauf, ob eine Leistung (i. S. eines erwarteten Leistungsverhaltens oder -ergebnisses) durch die Person selbst überhaupt erbracht werden kann. Zum anderen bezieht sie sich auf das Ausmaß der Leistungsfähigkeit. Insoweit beruht die Anstrengungserwartung auf eigenen und fremden Erfahrungen und einer entsprechenden Zurechnung der erbrachten Leistung auf den Einsatz.

> »Wenn es einen Glauben gibt, der Berge versetzen kann, so ist es der Glaube an die eigene Kraft.« Marie von Ebner-Eschenbach

Die Konsequenzerwartung (Determinante (5) beschreibt die subjektive Annahme, dass Arbeitsleistungen im Betrieb geeignet sind, angestrebte Ziele (Belohnungen) zu erlangen. Sie steht für die – prinzipiell situationsbedingte – subjektive Wahrscheinlichkeit einer Person, dass die individuelle Zielerreichung (Konsequenz des Verhaltens) von der eigenen Leistung abhängt. Mit ihr wird insofern angenommen, dass der erfolgreichen Leistung unmittelbar die versprochene Belohnung folgt. Ein beispielsweise auf vertikalen Aufstieg gerichtetes Karriereziel eines Mitarbeiters wird sich nur dann auf seine Leistung auswirken, wenn dieser davon ausgeht, dass als Konsequenz seiner Leistung die Beförderungschancen steigen. Die Konsequenzerwartung bezieht sich also auf den instrumentellen Charakter einer intendierten Leistung und setzt in aller Regel das Vorhandensein einer positiven Anstrengungserwartung voraus. In ihrer Ausprägung wird die Konsequenzerwartung insbesondere durch Wahrnehmungen und Erfahrungen bestimmt, welche sich auf die Art und Weise (nachvollziehbar, konsistent, verlässlich etc.) beziehen, wie im jeweiligen Handlungsfeld erbrachte Leistungen mit entsprechenden »Belohnungen« gekoppelt werden.

> »Es sind gerade die Inkonsequenzen .., welche die größten Konsequenzen haben.« André Gide

4.2.6 Erfahrungen/Wahrnehmungen (6)

Erfahrungen stellen Informationen über die Vergangenheit dar und repräsentieren – in Betrieben – die Beschäftigungsgeschichte. Sie sind von besonderer Bedeutung für das Zustandekommen von Leistungsverhalten, denn in ihnen schlägt sich die individuelle Wahrnehmung und Verarbeitung des bisherigen Arbeitslebens, beein-

Erfahrungen: eigene wie fremde

flusst zum Beispiel durch Berufsausbildung, besetzte Positionen, ausgeübte Rollen usw., nieder. (In einem anderen Modell könnte man beide Aspekte auch als unterschiedliche Determinanten mit interdependenten Beeinflussungstendenzen – und zudem ausführlicher – darstellen. Darauf wird hier noch verzichtet.)

Wahrnehmungen mit Informationsaufnahme, -verarbeitung und -bewertung stellen einen »individuellen Filter-, Selektions- oder Strukturierungsprozess« dar. Sie haben Informationen bzw. Sinneserkenntnisse zum Gegenstand und münden in anschließende individuelle Hypothesenbildung über die Außenwelt. Wahrnehmungen beeinflussen Valenzen und Normen sowie die Erwartungsbildung (vgl. Staehle, 1999, S. 187 ff.; Weinert, 2004, S. 138 ff.; Jost, 2014, S. 64 ff.).

Wahrnehmungen: Nichts ist so wenig »objektiv«!

Das Arbeitsverhalten ist wie alles menschliche Verhalten nur selten eine direkte Antwort des Individuums auf die objektive Realität. Es ist vielmehr eine Antwort auf jeweils diejenige Realität, welche es subjektiv wahrnimmt. Umgekehrt kommen auch Wahrnehmungen nicht unbeeinflusst zustande: Interessen, Motivstruktur, aktualisierte Motive, Erfahrungen, Werte, Einstellungen, Wissen u. a., aber auch die Auffälligkeit und Qualität eines Reizes üben Einflüsse auf die aktuellen Wahrnehmungen aus und bilden eine bestimmte Wahrnehmungsstruktur heraus.

4.2.7 Selbstkonzept (7)

Set von Annahmen

Wenn sich die Wahrnehmung einer Person auf sich selbst, ihre eigenen Motive, Werte, Perspektiven, Fähigkeiten und Tätigkeiten richtet, entsteht mit der Zeit, vor allem durch Erfahrungen an und mit der eigenen Person, ein Selbstkonzept (»self esteem«), d. h. ein Selbstbild, eine Selbstwertschätzung, eine Selbsteinschätzung (wie man sich selbst sieht). Es verbindet die Bestimmungsgrößen der Erwartungen zu einem relativ stabilen Set von Annahmen über die Leistungsvergangenheit, -gegenwart und -zukunft und beeinflusst dadurch insbesondere die Anstrengungserwartung. Positive wie negative Erfahrungen tragen zur Stabilität, Ausweitung und/oder Reduktion bei (vgl. Weinert, 2004, S. 141 ff.; Bandura, 1982; Wood/Bandura, 1989).

4.2.8 Persönlichkeitsfaktoren (8)

In welcher Weise Menschen Wahrnehmungen machen und verarbeiten, die zu berufsbezogenen Erfahrungen und zum Selbstkonzept werden, wird in nicht geringem Maße auch von Merkmalen geprägt, welche die Persönlichkeit des Einzelnen ausmachen: eine optimistische (pessimistische, fatalistische) Grundhaltung, Aufgeschlossenheit (Verschlossenheit) gegenüber anderen Menschen, gegenüber neuen Erkenntnissen, Stärke der Risikobereitschaft u. a. m. sind erkennbare Persönlichkeitsfaktoren, die nicht unbeträchtlich dazu beitragen können, Wahrnehmungen zu verzerren, zu ermöglichen oder aber zu verhindern. Aber zum einen wirkt die Persönlichkeit auf die Art der Wahrnehmung von sich selbst und der Aufgabensituationen. Zum anderen haben sie auch starken Einfluss auf die Wahl des Berufes, des Arbeitsplatzes und des Personaleinsatzes. Hierzu ist es sinnvoll, Persönlichkeitstypen zu differenzieren, beispielsweise wie folgt:

4.2 Determinanten des Wollens zur Leistung

- Hollands *Berufswahltheorie* (1996) postuliert, dass Personen dazu neigen, Berufen/Arbeitsplätzen zuzustreben, die ihnen eine Arbeitssituation bieten, die kongruent mit ihren dominanten Charakteristika ist. Sie streben einen Fit zwischen Persönlichkeit und beruflicher Umwelt an. Holland differenziert sechs Persönlichkeitstypen: (1) Der realistische Typ bevorzugt ein eher systematisches, geordnetes und praktisches Umgehen mit Objekten. (2) Ein forschender Typ strebt nach systematischen, beobachtenden und kreativen Handlungen. (3) Kreative Typen streben nach unsystematischen, freien Tätigkeiten im Umgang mit Objekten. (4) Ein sozialer Typ bevorzugt solche Tätigkeiten, die einen Umgang mit anderen Personen beinhaltet, sei es um zu helfen, zu trainieren oder schlicht um zusammen zu arbeiten. (5) Ein unternehmerischer Typ strebt nach Tätigkeiten, die die Beeinflussung anderer zur betrieblichen Zielerreichung zum Inhalt hat. (6) Der konventionelle Typ schließlich bevorzugt systematische, geordnete Aktivitäten, die die eher bürokratische Aufgaben erfordern. Individuelle Persönlichkeiten sind in aller Regel eine Kombination dieser Typen. Eigen- und Fremdwahrnehmungen können voneinander abweichen – ebenso der Realitätsgehalt der jeweiligen Wahrnehmung. Nichtsdestotrotz beeinflussen sie entscheidend die eigenen Erwartungen (subjektiv) und die Qualifikation (objektiv) (vgl. Weinert, 2004, S. 163 ff.).   *Berufswahltheorie von Holland*

- Andere Forscher differenzieren in fünf wesentliche Persönlichkeitsfaktoren: die »*Big Five*«-*Theorie* der Persönlichkeitsstruktur. Bei den fünf Faktoren handelt es sich um die in Abbildung 2-19 wiedergegebenen Dimensionen mit ihren jeweiligen Deskriptoren. Eine individuelle Persönlichkeit kann dann aus einer Kombination der – unterschiedlich ausgeprägten – Eigenschaftsfaktoren beschrieben werden (vgl. Weinert, 2004, S. 149 ff.; Jost, 2014, S. 24 ff.; Asendorpf, 2007, S. 155) – von anderen und sich selbst, mit Folgewirkungen für das jeweilige Verhalten (letzteres wird nicht immer verwendet).   *Big-Five-Theorie der Persönlichkeit*

Abb. 2-19

»Big Five«-Modell der Persönlichkeit

Dimensionen	Deskriptoren/Schlüsselbegriffe
1. Extraversion	gesellig, gesprächig, dominant, durchsetzungsfähig, bestimmt, aktiv, initiativ
2. Verträglichkeit	freundlich, höflich, kooperativ, gutherzig, vertrauensvoll, versöhnlich
3. Gewissenhaftigkeit	verantwortungsbewusst, zuverlässig, sorgfältig, planvoll, ausdauernd
4. Emotionale Stabilität	positiv: ruhig, enthusiastisch, sicher; negativ: angespannt, nervös, deprimiert, unsicher, leicht verärgert, emotional
5. Offen für (neue) Erfahrungen	einfallsreich, intellektuell, sensibel für Ästhetik, aufgeschlossen, kultiviert, originell

Quelle: in enger Anlehnung an *Weinert*, 2004, S. 150

4.2 Das Leistungsdeterminantenkonzept
Determinanten des Wollens zur Leistung

> **WISSENSWERTES**
>
> **Anlage-Umwelt-Problematik**
>
> In populärwissenschaftlichen, wissenschaftlichen und auch in betrieblichen Zusammenhängen wird immer wieder auf die Anlage-Umwelt-Problematik eingegangen: Ist der Mensch (und Arbeitnehmer) nun vor allem genetisch vorbestimmt oder doch durch seine sozialen Lebensbedingungen stark geprägt? In der ernsthaften Forschung ist man sich einig, dass Unterschiedlichkeiten zwischen Menschen und ihrem Verhalten sowohl in den erblichen Anlagen (Gene) *als auch* in der individuellen Lebensgeschichte (Umwelt) begründet sind. Nicht einig ist man sich im Ausmaß des jeweiligen Einflusses: »Milieu-Optimisten« (v. a. Lerntheoretiker) gehen von fast unbegrenzten Möglichkeiten zur Formung menschlichen Verhaltens aus, »Milieu-Pessimisten« (v. a. vergleichende Verhaltensforscher) dagegen von einer sehr starken genetischen Determinierung von Kompetenzen, Emotionen, Motiven und Verhaltensweisen – mit einer geringen Modifizierbarkeit durch die Umwelt. Auch zwischen diesen beiden Polen gibt es viele abweichende Ansichten (vgl. von Rosenstiel/Nerdinger, 2011, S. 140 ff.).

> »Faulheit ist die Angewohnheit, sich auszuruhen, bevor man müde ist.« Jules Renard

Es ist offensichtlich, dass von Persönlichkeitseigenschaften Einflüsse ausgehen, allerdings lassen diese sich aufgrund ihrer Vielfältigkeit nicht ausreichend genau für bestimmte Postionen spezifizieren. Zudem muss man davon ausgehen, dass »ideale« Persönlichkeitsstrukturen kulturspezifisch unterschiedlich sind (vgl. Cheung et al., 2011; Gurven et al., 2013) – selbst wenn dies von einigen Vertretern des Modells anders behauptet wird.

4.2.9 Motivation (9)

> Multiplikative Verknüpfung: Mathematisch nicht ganz sauber, aber aussagestark!

Die Leistungsdeterminante »Motivation« entsteht *zum Ersten* formal durch die *multiplikative Verknüpfung* von Valenz + Norm, Anstrengungs- und Konsequenzerwartung. Entsprechend den Grundannahmen der Prozesstheorien der Motivation impliziert dies, dass die Einsatzbereitschaft umso größer ist, je höher die Valenz der angestrebten Handlungsfolgen, die individuelle Anstrengungserwartung und die individuelle Konsequenzerwartung sind. Wenn eine dieser drei Variablen gleich Null ist, dann ist auch die Motivation i. S. einer Teilnahme-, Leistungs- und Bleibebereitschaft gleich Null. (Diese mathematische Interpretation ist nur analog zu interpretieren. Streng genommen trifft dies insofern nicht zu, da die drei Komponenten nicht unabhängig voneinander sind.)

Zwischen den genannten kognitiven Variablen der Einsatzbereitschaft können *Beeinflussungsbeziehungen* bestehen:
- Eine hohe Bewertung eines Ziels kann zu einer Fehleinschätzung der eigenen Leistungsfähigkeit führen.
- Die Erwartung hoher Leistungsfähigkeit kann auch zu einer hohen Bewertung (Valenz) von durch sie zu erreichenden Zielen führen und zudem die realistische Einschätzung der Zielerreichung (Konsequenzerwartung) verklären (verzerren).

4.2 Determinanten des Wollens zur Leistung

▸ Durch die Erwartung, dass eine bestimmte Leistung zur Zielerreichung führt, kann andererseits auch die realistische Einschätzung der Leistungsfähigkeit (Anstrengungserwartung) beeinflusst werden.

Die Einsatzbereitschaft wird *zum Zweiten* durch die *Motivstruktur* geprägt. Motive und Einstellungen determinieren die in Valenzen geschätzten Verhaltensergebnisse sowie die in Konsequenzerwartungen enthaltenen Belohnungen. Welche Inhalte sie annehmen und in welchen Prioritäten sie zueinander stehen, hängt von der Motivstruktur ab. Hinsichtlich der unterschiedlichen Motivationsarten (Teilnahme-, Leistungs-, Bleibemotivation) wirken oft unterschiedliche Einzelmotive.

Zum Dritten ist schließlich noch die *Volition*, also die mehr oder weniger bewusste Entscheidung, seine Leistungsbereitschaft in einer bestimmten Form und Intensität im Verhalten umzusetzen, anzuführen. Die Diskussion um das Rubikon-Modell hat demonstriert, dass unter Umständen noch eine explizite Willensentscheidung die Motivationsrichtung verändern kann, sowohl in der positiven Entscheidung, sich spezifisch zu verhalten, als auch in der negativen Entscheidung, kein bestimmtes, erwartetes Verhalten zu zeigen. Vernunft, Taktik/Mikropolitik, Angst und anderes mehr können hier situations- und personenspezifisch den Ausschlag geben.

Motivstruktur

»It could either watch it happen or be a part of it.« Elon Musk

> »... der Mitarbeiter hat ein Arbeitsvermögen, aber es liegt an ihm, dieses Arbeitsvermögen zu transformieren in Leistung. Also ist er die zentrale Schnittstelle. Er muss in der Lage sein, das, was er kann, tatsächlich zu tun. Und deswegen spielt Motivation vor Ort eine so große Rolle, intrinsische und extrinsische Motivation.« (Neuberger, 2005, S. 5)

WISSENSWERTES

Soziales Dürfen

Auch Regeln und Normen des jeweiligen sozialen betrieblichen Umfeldes bestimmen das individuelle Verhalten. Via Erziehung und Berufsausbildung haben Individuen Werte und Einstellungen erlernt, die durch die Vielzahl an sozialen Kontakten geprägt werden. Im individuellen Verhalten spiegelt sich somit auch die Umwelt wider. Letztendlich bestimmt sie mit, ob ein Verhalten eher gezeigt wird oder eher nicht. Die im individuellen Referenzsystem impliziten, auch unausgesprochenen Regeln sind in ihrer Bedeutung für die Umsetzung einer Leistungsbereitschaft in ein reales Verhalten nicht zu unterschätzen.

In Fortführung der Überlegungen von von Rosenstiel kann mit sozialem Dürfen auch die »Erlaubnis« der Vorgesetzten verbunden werden, bestimmte Verhaltensweisen zeigen zu dürfen. Manche Vorgesetzte mögen es nicht, wenn ihre Mitarbeiter bestimmte Verhaltensweisen (z. B. innovative Ideen, Hinweise zu Problemen und Problemlösungen, Situationsanalysen) zeigen. Dies wird im Umgang mit ihnen sehr schnell deutlich und verhindert – trotz eigentlicher Leistungsbereitschaft – das entsprechende Verhalten. (Der Zusammenhang zwischen Dürfen und Volition wird an dieser Stelle deutlich.)

4.3 Determinanten des Könnens zur Leistung

4.3.1 Einführung

Könnensfaktoren

Mit der Zunahme der Anforderungen zur Erfüllung komplizierter, anspruchsvoller Aufgaben erlangt im Prozess der Entstehung beruflicher Leistung das Können immer mehr an Bedeutung, auch als Ansatzpunkt für betriebliche Gestaltungsmaßnahmen. Mit *Könnensfaktoren* sind diejenigen Leistungsdeterminanten gemeint, die Einfluss auf die Quantität und Qualität des Leistungsverhaltens und der nachfolgenden Leistungsergebnisse nehmen. Sie liegen in der Person selbst (z. B. Eignungen, Arbeitskenntnisse), aber auch in den Arbeitsbedingungen (als Bestandteile der Arbeitssituation).

4.3.2 Eignung (12), (13)

Eignung ≠ Qualifikation

Unter *Eignung* wird hier die Summe derjenigen Qualifikationsmerkmale verstanden, die einen Mitarbeiter dazu befähigen, eine bestimmte Tätigkeit erfolgreich zu vollziehen bzw. einen bestimmten Arbeitsplatz einnehmen zu können. Es handelt sich um *einen relativen Begriff*, d. h. die Qualifikation einer Person wird auf spezifische Arbeitsplatzanforderungen bezogen. Im idealtypischen Fall wird bei der Eignungsprüfung auch darauf geachtet, dass das Befriedigungspotenzial der Stelle (bezogen auf Interessen, Motive und Werthaltungen) und möglicher Veränderungen (bezogen auf ihr Entwicklungspotenzial) im Betrieb ebenso zum Mitarbeiter passen (vgl. von Rosenstiel/Nerdinger, 2011, S. 155 ff.). Mitarbeiter gelten dann, je nach Ergebnis dieses Vergleichs, als – mehr oder weniger oder auch nicht – geeignet für eine Tätigkeit bzw. einen Arbeitsplatz. Hier wird die Eignung unter zwei Aspekten näher betrachtet, zunächst die eher allgemeine Qualifikation und danach (im nächsten Abschnitt) die zeit- und situationsspezifische Arbeitskenntnis.

Qualifikation

Qualifikation (12) ist ein *absoluter Begriff* (s. Teil 3, Kap. 1.4). Unter ihm wird hier ein individuelles Arbeitsvermögen verstanden, welches eine Person zu einer bestimmten Zeit zur Verfügung stellt – prinzipiell um alle möglichen Aufgaben erfüllen zu können oder auch nicht.

Als Qualifikationsfacetten werden oft differenziert: Wissen/Kenntnisse (= Kennen), Fähigkeiten und Fertigkeiten (= Können), manchmal auch Motive und Einstellungen (= Wollen). (Der letztgenannte Aspekt wird hier nicht weiter verfolgt, da er zum einen zu situationsspezifisch ausgeprägt und zum anderen bereits anderweitig im Leistungsdeterminantenkonzept enthalten ist.) Oft wird der Eignungsbegriff gleichgesetzt mit dem der Qualifikation. Dies ist in Anbetracht der Relativität unzweckmäßig. Heutzutage wird zudem oft auf den Terminus (Handlungs-)*Kompetenz* zurückgegriffen. Dieser kommt unserem Verständnis der Eignung schon näher. (Die genannten Begriffe wie auch eine nähere Spezifizierung werden im dritten Teil näher ausgeführt. An dieser Stelle reicht das skizzierte Verständnis.)

4.3 Determinanten des Könnens zur Leistung

Arbeitskenntnis (13) ist von der Qualifikation zu differenzieren. Dieser Begriff hat die spezifische Art und Weise zum Inhalt, in der ein Mitarbeiter die ihm übertragene betriebliche Aufgabe definiert (»role perceptions«) (vgl. Porter/Lawler, 1968, S. 24 ff.) und seine Qualifikation zu ihrer Erfüllung zu nutzen weiß. Arbeitskenntnis ist insofern eine Art »Wissen«, das sich darauf bezieht, welche Wissens- und Fähigkeitsinhalte sowie Verhaltensweisen in welchen Anwendungsgebieten wesentlich sind und wie die erforderlichen Arbeitsbedingungen für eine erfolgreiche Aufgabenerledigung gestaltet sein müssen. Solche Erwartungen können durch Einarbeitung und betriebliche Erfahrungen gebildet werden. Damit ist erkennbar, dass Arbeitskenntnisse in anderer Weise erworben werden als die unter dem Stichwort »Qualifikation« zusammengefassten personalen Merkmale. Insofern grenzt sich die Arbeitskenntnis auch von der Fachkenntnis ab.

Sicherlich sind die in den Arbeitskenntnissen liegenden Erwartungen nicht unabhängig von den Einschätzungen derjenigen, die den Erfolg des Arbeitsvollzuges beurteilen. Die »Richtigkeit« der Arbeitskenntnisse jedoch ausschließlich davon abhängig zu machen, dass sie mit den Einschätzungen der die Arbeit Beurteilenden eng korrespondieren, erscheint einseitig. Nicht adäquate Arbeitskenntnisse über positionsbedingt notwendige Schwerpunkte unter den zu erfüllenden Teilaufgaben können eklatante Fehlleistungen zur Folge haben. Ein *Beispiel* kann dies leicht verdeutlichen: Dem Leiter eines Forschungsbereiches in einem Betrieb der chemischen Industrie unterstehen mehrere Labors mit jeweils mehreren Chemikern und Laboranten. Er ist ein naturwissenschaftlich hochqualifizierter Spezialist auf diesem Gebiet und hält seine Initiative und aktive Mitarbeit bei der Entwicklung, Durchführung und Kontrolle von Versuchen für den wichtigsten Teil seines Arbeitsbereiches. Aktivitäten der Mitarbeiterführung und der Verwaltung hält er dagegen für bedeutend unwichtiger und widmet sich ihnen daher nur am Rande. Als Folge einer solchen fehlerhaften Arbeitskenntnis, die auf falscher Einschätzung seiner Rolle basiert, werden bei den eigenen Arbeitsaktivitäten Schwerpunkte falsch gesetzt, und letztlich stellen sich daher Überlastung der beschriebenen Führungskraft, ineffiziente Arbeit bei ihm wie auch bei seinen Mitarbeitern und schließlich Frustrationen bei letzteren ein: Denn sie sind unzureichend geführt und entsprechend mangelhaft motiviert. Ein Absinken der Leistungen unter das Niveau, das bei richtiger Arbeitskenntnis und entsprechender Aktivitätengewichtung erreichbar wäre, ist unausweichlich.

Schließlich spielt richtige Arbeitskenntnis auch eine wesentliche Rolle für die zutreffende Selbsteinschätzung der eigenen Eignungen, für das Erkennen des Stellenwertes etwa vorhandener Eignungslücken und damit auch für die Notwendigkeit von Maßnahmen, diese Lücken zu schließen (z. B. durch Training). Erkennt – im angeführten Beispiel – die Führungskraft die Bedeutung der Personalführung für ein erfolgreiches Ausfüllen ihres Arbeitsplatzes und gleichzeitig eigene Mängel im Führungsverhalten, so kann dies ihre Entwicklungsbereitschaft beeinflussen.

Der sich ergebende Eignungsgrad beeinflusst – neben den Arbeitsbedingungen und der Einsatzbereitschaft – die nachfolgende Leistung (und bereits vorab durch Antizipation die Höhe der Anstrengungserwartung).

4.3 Das Leistungsdeterminantenkonzept
Determinanten des Könnens zur Leistung

4.3.3 Arbeitsbedingungen (10), (11)

Arbeitsbedingungen haben sowohl eine direkte nachhaltige Wirkung auf die Beeinflussung des Leistungsverhaltens und -ergebnisses als auch eine indirekte über ihre Wahrnehmung und den damit verbundenen Einfluss auf die Leistungsbereitschaft (vgl. Jost, 2014, S. 48 ff.). Um dies näher darzustellen, benötigt der Begriff »Arbeitsbedingungen« als Leistungsdeterminante eine präzise Fassung. Denn in weiter Auslegung kann man unter Arbeitsbedingungen durchaus die Summe aller derjenigen Gegebenheiten verstehen, die den Menschen für seine Arbeit prägen und ihn bei ihrem Vollzug beeinflussen: seine *Arbeitswelt*; dann fiele nicht nur seine nähere betriebliche Arbeitsumwelt darunter, sondern auch die weitere, d. h. die familiäre, die gesellschaftliche Umwelt etc. Das würde zu einem allumfassenden Ansatz führen, der in einer Totalbetrachtung sämtlicher auf die Leistung (die Leistungsfähigkeit, -bereitschaft und -intensität) einwirkenden Faktoren mündet.

Begriff der Arbeitsbedingungen

An dieser Stelle verengen wir den Blickwinkel jedoch in zweifacher Hinsicht und wählen damit eine spezielle *Begriffsfassung*.

▸ Zum *einen* soll es hier um diejenigen Arbeitsbedingungen gehen, die das individuelle *Können* zur Leistung lenken. Mit dem Wollen zur Leistung, das in der Einsatzbereitschaft als Resultante zum Tragen kommt, werden die dem Individuum anhaftenden Faktoren des Könnens, die Eignungen und die Arbeitskenntnis in dem Grade aktiviert, in dem es sie einzusetzen gewillt ist. Inwieweit dieser gewollte Aktivierungsgrad nun tatsächlich zum Zuge kommt, ist zusätzlich von den »äußeren«, »objektiven« Arbeitsbedingungen, der konkret gestalteten Arbeitstechnologie, -ergonomie, -organisation abhängig: Sie können den Aktionswillen und die -befähigung hemmen oder aber fördern.

▸ Zum *anderen* sind hier diejenigen vom *Betrieb* direkt gestaltbaren äußeren Bedingungen gemeint, die unmittelbar auf den konkreten Arbeitsvollzug dadurch bezogen sind, dass sie seiner technisch-wirtschaftlichen Bestgestaltung dienen sollen, gekoppelt mit dem Versuch, die physischen und psychischen Belastungen der im Arbeitsvollzug eingesetzten Menschen zu minimieren.

»Es hört doch jeder nur, was er versteht.« und »Man sieht nur, was man weiß.« Johann Wolfgang von Goethe

Eine Komplizierung ergibt sich dadurch, dass die so beschriebenen Arbeitsbedingungen auch Inhalte subjektiver *Wahrnehmungen* und Erfahrungen der Mitarbeiter werden und dadurch auch das Wollen zur Leistung mitbestimmen. Insofern haben die »objektiven« Arbeitsbedingungen zwei Wirkungen, die jedoch voneinander getrennt betrachtet werden sollen: Hier interessiert ihre »objektive« Gestalt und Wirkungsweise auf den Arbeitsvollzug; zusätzlich kann diese Wirkungsweise verstärkt/abgeschwächt werden, je nachdem, mit welcher »Einsatzfreude« (Wollens-Komponente) die Arbeitsbedingungen genutzt werden. Bei den Arbeitsbedingungen handelt es sich also um solche Faktoren der gesamten Arbeitssituation, die als Könnens-Merkmale die Leistung eines Mitarbeiters wie die des Betriebs in einer bestimmten Situation positiv oder negativ beeinflussen.

In der Literatur und Praxis werden Arbeitsbedingungen hinsichtlich ihres *Begriffs*umfangs unterschiedlich weit definiert. Hier wird eine weite Fassung bevorzugt, weil mit ihr die real wirkenden Determinanten auf Anforderungen, Motive und

Motivation, Arbeitszufriedenheit und Arbeitsproduktivität eher erfasst werden können. Damit wird die enge Begriffsauffassung der Arbeitswissenschaften überschritten. In der Regel sind die einzelnen Determinanten weder inhaltlich gleich bleibend noch statisch; sie verändern sich vielmehr in ihrer Art und Ausprägung sowie dementsprechend in ihrer situativen Wirkung. Darüber hinaus sind sie zum Teil kontrollierbar und zum Teil nicht kontrollierbar. Von Bedeutung sind hier vor allem die endogenen sachlichen und die personalen Arbeitsbedingungen. Sie sind gestaltbar.

Personale Arbeitsbedingungen (10)

In der heutigen Arbeitswelt sind reine Einzelarbeitsplätze seltener geworden. In aller Regel ist ein Arbeitnehmer bei seiner Aufgabenerfüllung bzw. bei der Qualität seines Leistungsverhaltens abhängig von anderen Teammitgliedern und/oder anderen Personen aus dem betrieblichen Umfeld (bspw. Vorgesetzte, andere Interaktionspartner). Die Eignung der anderen Personen, deren Arbeitskenntnis, Zahl und Wollen, die strukturelle Teamzusammensetzung, Gruppenverhalten u. a. wirken auf das Leistungsverhalten direkt ein. Eine indirekte Wirkung ist über die Erwartungen der Person gegeben. Bei der Entstehung gerade der Anstrengungserwartung überlegt die Person bewusst wie unbewusst, ob unter den erwarteten personalen Arbeitsbedingungen die geforderte Leistung erbracht werden kann. Hervorzuheben sind hier auch die Gruppenverhaltensweisen. Sie implizieren, dass sowohl über deren Einfluss auf die Motive und über Normen letztlich die Volitionskomponente der Einsatzbereitschaft positiv wie negativ beeinflusst werden kann.

Interaktionspartner

Wir werden später noch genauer auf Phänomene der Gruppenarbeit eingehen. Sie beeinflussen die kognitiven Elemente des motivationalen Entscheidungsprozesses so, dass andere Einsatzbereitschaften entstehen, als dies bei Einzelarbeitsplätzen der Fall wäre. Insofern wirken diese personalen Arbeitsbedingungen auch als Determinante von Valenzen und Normen, Anstrengungs- wie Konsequenzerwartungen. (Dies ist allerdings in Abbildung 2-17 nicht dargestellt, da es zur Unübersichtlichkeit geführt hätte.)

Sachliche Arbeitsbedingungen (11)

Die sachlichen Arbeitsbedingungen stehen beispielhaft für: zur Verfügung stehende sachliche (Maschinen; Ausstattung) und finanzielle Ressourcen (Budgets), die Arbeitsorganisation (bspw. Fließ-, Werkstatt- oder Inselfertigung, Formalisierung), die Arbeitsplatzumgebung (z. B. Klima, Lärm, Großraumbüro); betriebs- und personalpolitische Faktoren (z. B. Entgeltformen, Arbeitszeit, Erfolgs- oder Leistungsprinzip, organisatorische Regeln), die Aufgabengestaltung (Vielfalt, Termindruck, Verantwortung, Selbstständigkeitsgrad, Innovationsgrad u. Ä.). Was nun die Arbeitsbedingungen im Einzelnen angeht, so sind sie überschneidungsfrei nicht zu kategorisieren. Dies trifft auf alle *Einteilungsversuche* zu. In einer Unterscheidung nach gestaltbaren Arbeitsbedingungen ergeben sich: technologische, ergonomische und organisatorische Komponenten. Sie alle jedoch sind interdependent. Wird beispielsweise als Arbeitstechnologie die straßenmäßige Verkettung von automatischen Maschinen gewählt, so liegen der Einsatz weiterer technischer Hilfsmittel und ergonomische Gestaltungsmöglichkeiten zumeist in relativ engen Grenzen fest.

Sonstige Ressourcen

Spielräume für organisatorische Alternativen sind ebenfalls eng begrenzt. Nimmt man die Ergebnisse, die sich aus technologischen, ergonomischen und organisatorischen Gestaltungen in betrieblichen Gegebenheiten niederschlagen, zum Einteilungskriterium, so ergibt sich die häufig verwendete Unterscheidung von

- *Arbeitsverfahren* (In ihm manifestiert sich eine gewählte Technologie einschließlich technischer Hilfsmittel.),
- *Arbeitsgruppe* (Möglichkeit respektive Notwendigkeit von Gruppenarbeit und Gruppengröße liegen mit dem Arbeitsverfahren, dem Grad der Arbeitsteilung i. V. m. dem anvisierten Output-Volumen fest.),
- *Arbeitszeit* (Auch sie liegt in einigen Determinanten aufgrund des gewählten Arbeitsverfahrens fest, wenngleich mehrere Aspekte weiterer Gestaltung zugänglich bleiben: zum Beispiel Pausenlängen und -lagen, Beginn und Dauer der täglichen Arbeitszeit.),
- *Arbeitsraum* (Er macht die unmittelbare Arbeitsumgebung aus und ist seinerseits naturgemäß in einigen Aspekten durch das gewählte Arbeitsverfahren vorgeprägt.).

Auf die einzelnen Arbeitsbedingungen wird später näher (Teil 3, Kap. 6) eingegangen.

4.3.4 Leistungsverhalten und -ergebnis (14)

Leistung: Als Begriff so allgegenwärtig, dass jeder etwas anderes darunter versteht!

In vielen Zusammenhängen, in allen betriebswirtschaftlichen Spezialdisziplinen, in den für die Betriebswirtschaftslehre relevanten Nachbardisziplinen und in der Wirtschaftspraxis wird die Bedeutung der *Leistung* immer wieder durch die Verwendung dieses Terminus deutlich. Die häufige Verwendung steht dabei im umgekehrten Verhältnis zur inhaltlichen Durchdringung dessen, was jeweils unter Leistung verstanden wird, und sie ist zudem sehr heterogen. Die unterschiedliche Verwendung des Terminus »Leistung« in der betriebswirtschaftlichen Fachliteratur ist unbefriedigend. Unbefriedigend vor allem deshalb, weil die Diskussion um Leistung durch die fehlende Präzision und Eindeutigkeit dieses Fachbegriffs erschwert wird. Es gibt zwar zahlreiche Definitionen, die – jede für sich – bestrebt sind, den Inhalt des Leistungsbegriffs herauszustellen. Wie bei vielen anderen quasi-selbstverständlichen Begriffen erscheint es aber den meisten Autoren nicht mehr notwendig, das jeweilig vertretene Leistungsverständnis begrifflich zu klären.

Ebenen des Leistungsbegriffs

Bei näherer Analyse der unterschiedlichen Leistungsverständnisse fällt auf, dass häufig unterschiedliche *Ebenen der Leistung* angesprochen werden. Unterschiede in der Auseinandersetzung um »die« Leistung bestehen dadurch häufig nicht durch kontroverse Ansichten der Autoren hinsichtlich des Gesamtobjekts »Leistung« oder einzelner gleicher Teilobjekte der Leistung. Sie sind vielmehr durch eine Bevorzugung bzw. die unterschiedliche Orientierung der Aussagen auf jeweils andere Ebenen begründet. Leistung ist kein monolithisches Erkenntnisobjekt. Sie lässt sich in viele verschiedene Teilerkenntnisobjekte aufgliedern, welche jedes für sich eine andere Leistungsdimension ansprechen. Zusammen konstituieren sie in unterschiedlichen Ausprägungen das jeweilige Leistungsverständnis. Vor allem folgende

4.3 Determinanten des Könnens zur Leistung

Facetten des Leistungsbegriffs sind zu nennen: (1) Leistung als theoretisches Konstrukt, (2) Leistungsverhalten und -ergebnis, (3) Leistung versus Erfolg, (4) statische versus dynamische Leistung, (5) Aktions- versus Präsentationsleistung, (6) aufwands-, ertrags- versus wettbewerbsbezogene Leistung, (7) individuelle versus kollektive Leistung, (8) relative versus absolute Leistung, (9) Leistung als Norm und Moral. In einem möglichen Begriffssystem wäre der Terminus »Leistung« der Oberbegriff (vgl. Becker, F.G., 2009, 2000).

Hier macht es Sinn, insbesondere auf die zweite Facette zurückzugreifen. Der Begriff lässt sich differenzieren in »Leistungsverhalten« und »Leistungsergebnis«, die – jeweils als Unterbegriffe – Teilaspekte einer Leistung widerspiegeln:

Teilaspekte von »Leistung«

▸ *Leistungsverhalten* (oft synonym: Arbeitsverhalten) ist Ausdruck für die aus- und nicht ausgeübten Tätigkeiten (Handlungen) eines Mitarbeiters zur Erfüllung der anstehenden Arbeitsplatzaufgaben. Die Qualität wie die Intensität des Verhaltens kann unterschiedlich sein. Prinzipiell ist das Verhalten einer Beobachtung zugänglich, wenngleich häufige Beobachtungen ökonomisch selten vertretbar sind. Das Leistungsverhalten ist abhängig durch die Höhe der realisierten Einsatzbereitschaft sowie den (förderlichen oder hinderlichen) endogenen Arbeitsbedingungen und den spezifischen Eignungsgrad.

Leistungsverhalten und -ergebnis

▸ Das *Leistungsergebnis* steht für den auf Basis des Leistungsverhaltens, aber nicht allein dadurch determinierten tatsächlichen Beitrag zur betrieblichen Zielerreichung. Gerade die exogenen Arbeitsbedingungen beeinflussen das Ergebnis mit. Sie können dabei unterschiedlich wirken: (1) eher neutral und ohne »Behinderung« des Leistungsverhaltens, (2) negativ oder konterkarierend zum guten Leistungsverhalten sowie (3) positiv, trotz schlechtem Leistungsverhalten.

Beide spezielle Begriffe lassen sich dabei als absolute sowie als relative Begriffe auffassen.

▸ Im erstgenannten *absoluten Sinne* bezeichnet »Leistung« damit einerseits die Tätigkeit, die jemand ausübt, unabhängig davon, ob sie erfolgreich ist bzw. sein wird oder effizient durchgeführt wird bzw. wurde, andererseits, was das Individuum bei seiner auf ein Ziel gerichteten Tätigkeit als Ergebnis hervorbringt, ebenfalls unabhängig davon, wie dieses Ergebnis bewertet wird. Der Terminus »Leistung« wäre in diesem Zusammenhang allerdings zu vermeiden. Die Güte des jeweiligen Leistungsverhaltens bzw. -ergebnisses ließe sich dann auf einem ein- oder auch mehrdimensionalen Kontinuum darstellen.

Absolute wie relative Leistung

▸ Im zweiten *relativen Sinne* wird nur ein ex post feststellbares effizientes Verhalten als Leistungsverhalten bzw. nur ein als Erfolg bewertetes Ergebnis als Leistungsergebnis bezeichnet.

Damit ein solches Begriffssystem treffend zwischen den angesprochenen Elementen differenzieren kann, sind jeweils die speziellen Termini anzugeben. Problematisch ist jedoch der immer wieder verwendete Terminus »Leistung«. Mit ihm wird eigentlich immer wieder Unterschiedliches ausgedrückt. Möchte man jedoch die Terminologie nicht erheblich ändern, scheint das hier skizzierte Begriffssystem eine zweckdienliche Alternative zu sein.

An dieser Stelle geht es um das zu fördernde und gezeigte Leistungs*verhalten* sowie die sich – wodurch auch immer – ergebenden Leistungsergebnisse. Beides sollte zielbezogen ausgeprägt sein.

4.4 Leistungskonsequenzen

4.4.1 Belohnungen (15)

Belohnungen (synonym: positive Sanktionen) sind die allgemeine Bezeichnung für solche Folgen, die nach erfolgreichem Handeln oder mit Vollzug einer Leistung eintreten bzw. veranlasst werden und die Befriedigung eines Motivs oder mehrerer Motive bewirken können. Zwei Arten sind hier – analog zu den Motiven – zu differenzieren:

Belohnung: intrinsische wie extrinsische

- *Intrinsische* Belohnungen (Determinante (15a) sind durch das Leistungsverhalten (Leistung als solche) und ein erfolgreiches Leistungsergebnis selbst gegeben. Sie sind Bewusstseinszustände (z. B. Befriedigung), die aus der Arbeit selbst entspringen und die der Mitarbeiter unmittelbar erlebt, während des Leistungsverhaltens oder durch das Erfolgserlebnis. Zu nennen sind hier beispielsweise: die Befriedigung durch die Anwendung von Einflussmechanismen (auf Basis des Machtmotivs), die Auseinandersetzung mit einer schwierigen, aber erreichbaren Zielsetzung (auf Basis eines Leistungsmotivs) sowie die Zusammenarbeit mit interessanten Interaktionspartnern (auf Basis eines Kontaktmotivs).
- *Extrinsische Belohnungen* (Determinante (15b) (z. B. Bezahlung, Anerkennung, Beförderung) erfolgen nach dem Leistungsverhalten oder einem Leistungsergebnis. Sie sind Konsequenz des Arbeitsvollzuges bzw. ergeben sich aus den Begleitumständen der Arbeit, wie zum Beispiel dem Abschluss eines Auftrages nach erfolgreichen Verhandlungen mit einem Kunden. Sie werden durch andere Menschen (Vorgesetzte, Kollegen, Kunden, Abnehmer, andere Verhandlungspartner) vermittelt. Inwieweit sie befriedigend wirken, ist noch von anderen Determinanten abhängig.

4.4.2 Anspruchsniveau (16)

Jede Erwartung hat ein bestimmtes Anspruchsniveau, welches Art und Ausmaß der Belohnung und bereits der Anstrengungs- und Konsequenzerwartungen beschreibt. Es ist gleichbedeutend mit einer *konkreten Zielsetzung* einer Person, deren Erreichen zu Zufriedenheit und deren Verfehlen zu Unzufriedenheit führt. Insofern ist für die Selbstbewertung eines erzielten Verhaltensergebnisses das – oft unbewusste – Anspruchsniveau entscheidend. Personen vergleichen nach Belohnungseintritt sowohl ihre eigenen Anstrengungs- als auch ihre Konsequenzerwartungen mit den wahrgenommenen eingetretenen Wirkungen. Es gilt für sie zu klären, ob durch ihre Anstrengung (ihren Leistungseinsatz) wirklich die erwartete Leistung und durch diese die angestrebte Belohnung erreicht wurde.

4.4 Leistungskonsequenzen

Das jeweils aktuelle Anspruchsniveau wird von der vorangegangenen Leistung bzw. allgemeiner vom Ausmaß der früheren Bedürfnisbefriedigung vorheriger Erfahrungen, Sozialisationsprozesse, Fremderfahrungen und -beobachtungen sowie dem Anspruchsniveau der Vergangenheit bestimmt. »Das Anspruchsniveau ist nicht statisch. Das Erreichen des Anspruchsniveaus wird als Erfolg erlebt; es führt kurzfristig zu Zufriedenheit und langfristig zu seiner Erhöhung. Das Verfehlen des Anspruchsniveaus wird als Misserfolg erlebt; es führt kurzfristig zu Unzufriedenheit und langfristig zu seiner Senkung. Das Anspruchsniveau einer Person wird von der Leistung der Mitglieder ihrer Bezugsgruppe beeinflusst« (Rüttinger/von Rosenstiel/Molt, 1974, S. 158).

Anspruchsniveau: von der Vergangenheit geprägt, zukünftig veränderbar

Wenn kognitive Widersprüche oder Ungleichgewichte in der Wahrnehmung von Personen entstanden sind, werden diese durch *Anspruchsniveauanpassung* an die Realität abgebaut. Eine gänzlich andere Reaktion aber ist der Versuch, die betriebliche Realität im Sinne der ursprünglichen Ansprüche zu verändern. Wenn Personen Übereinstimmungen bzw. Diskrepanzen wahrgenommen haben, versuchen sie, die Ursachen dieser Ergebnisse zu erfassen. Aus der Ursachenzurechnung und dem Vergleich möglicher Alternativen ziehen die Personen dann (Lern-)Konsequenzen bezüglich der Erwartungen.

Anpassung

4.4.3 Zurechnung (17)

Im Allgemeinen begnügen sich die Menschen nicht damit, Ereignisse in ihrer Umwelt nur zu registrieren (s. Teil 2, Kap. 3.5.4). Insbesondere wenn sie sich selbst betroffen fühlen, sind sie bestrebt, diese Ereignisse (hier: Erfolg oder Misserfolg eines Leistungsverhaltens) auf bestimmte Ursachen (selbst- bzw. fremdverursacht) zurückzuführen. Solche kognitiven, subjektiven Ursachenzuschreibungen (= Kausalattributionen) spielen eine mitentscheidende Rolle bei der Verhaltensentstehung und -erklärung: zum einen für die Erklärung und Bewertung eines Verhaltens bzw. dessen Ergebnisses, zum anderen für die Erwartungen im Hinblick auf zukünftige Handlungen, etwa über deren Ergebnisse oder den zu leistenden Einsatz. Im Allgemeinen wird angenommen, dass jede Person eine zeitlich relativ stabile, bestimmte Erklärungsstruktur für Ereignisse hat (vgl. Weiner, 1972, S. 81 ff.).

Kausalattributionen

Wichtig für das Leistungsverhalten am Arbeitsplatz ist weiterhin Folgendes: Ursachenerklärungen eines Verhaltensergebnisses mit stabilen Faktoren rufen größere Erwartungsänderungen hervor als Zuschreibungen auf instabile Faktoren, wobei Anstrengungsattribuierungen allerdings einflussreicher als Zufallsattribuierungen sind.

Stabile und instabile Faktoren

Interpretationen dieser allgemeinen Zusammenhänge liefern die folgenden *Beispiele*:

▸ Die Erwartung, ob die eigene Anstrengung zur angestrebten Leistung bzw. Konsequenz führt, ist in entscheidendem Maße davon bestimmt, inwieweit die Person annimmt, eigene Beeinflussungsmöglichkeiten zu besitzen (internale Personenabhängigkeit).

4.4 Das Leistungsdeterminantenkonzept
Leistungskonsequenzen

- Je mehr die eigene Fähigkeit und die eigene Anstrengung als ursächlich empfunden werden, desto positiver werden die Erwartungen beeinflusst und auch die Motivbefriedigung.
- Je stärker äußeren Faktoren (anderen Personen und/oder Situationsmerkmalen) ein – von der Person nicht kontrollierbarer – Einfluss zugesprochen (externale Personenabhängigkeit) wird, desto niedriger sind wahrscheinlich beide Erwartungen.
- Die Aufgabenschwierigkeit und die angenommene Fähigkeit, sie zu bewältigen, sind – je nach Höhe der Leistungsmotivation – positiv verstärkend.
- Werden mangelnde Fähigkeiten bei einem missglückten Leistungsverhalten angenommen, wird kaum ein weiterer Versuch unternommen werden.
- Desgleichen ist dann, wenn Zufälle (z. B. Pech für einen Misserfolg oder Glück bei einem Erfolg) verantwortlich gemacht werden, nicht mit weiteren Bemühungen bzw. kaum mit einer Änderung der subjektiven Erwartung zu rechnen.

4.4.4 Vergleiche (18)

»Vergleichen ist das Ende des Glücks und der Anfang der Unzufriedenheit.« Unbekannt

Vergleiche finden auf mehreren Ebenen statt. Sie demonstrieren, dass nicht absolute Bewertungen, sondern solche relativen – zur Vergangenheit, zum Selbstkonzept, zu gewählten Bezugsobjekten – verhaltensentscheidend sind. Spezielle Aspekte der Anspruchniveaus der Attribution sind hervorzuheben.

Diese allgemeinen und vorläufigen Tendenzaussagen lassen sich präzise fassen, wenn Erfolg bzw. Misserfolg als konkrete Ergebnisse aus Vergleichen zwischen Erwartung und Arbeitsergebnis (*Übereinstimmung bzw. Diskrepanz*) auf ihre Folgen hin untersucht werden: Wird das Anspruchsniveau geändert und wenn ja, in welcher Richtung? Welche Auswirkungen ergeben sich auf die individuelle Arbeitszufriedenheit – welche Formen nimmt sie an und welche weiteren Folgen in Bezug auf daraufhin gezeigtes Arbeitsverhalten stellen sich ein? Antworten auf diese Fragen werden im folgenden Abschnitt zu geben versucht.

Zudem werden die wahrgenommenen eigenen Einsatz-Leistungs-Belohnungs-Relationen mit denen von Referenzpersonen oder -gruppen verglichen. Bei den Vergleichen werden irgendwie geartete »Gerechtigkeitsansprüche« herangezogen.

4.4.5 Arbeitszufriedenheit (19)

Wenn die letzte Determinante des Leistungsdeterminantenkonzeptes mit Zufriedenheit bezeichnet ist, so ist damit Arbeitszufriedenheit gemeint, die nicht mit den allgemeineren Begriffen der Berufs- oder sogar der Lebenszufriedenheit gleichzusetzen ist. Arbeitszufriedenheit ist ein emotionaler Zustand, der eintritt, wenn die Konsequenzen (»Belohnungen«) eines bestimmten, motivierten Verhaltens den gehegten Erwartungen entsprechen oder sie übertreffen. Umgekehrt entsteht Unzufriedenheit, wenn diese Erwartungen nicht erreicht wurden.

Erkennbar ist Arbeitszufriedenheit in diesem Sinne (vgl. Neuberger, 1985a)

Begriff

- ein *motivationaler Begriff*: Motive sind mit Auslöser von Verhalten, das in emotionale Zustände mündet;

4.4 Leistungskonsequenzen

- ein *dynamischer Begriff*: Arbeitszufriedenheit ist an die jeweiligen Anspruchsniveaus der gehegten Erwartungen gekoppelt;
- ein *relationaler Begriff*: Arbeitszufriedenheit entsteht als Ergebnis aus individuellen Vergleichsprozessen.

Es ist sicher unzulänglich, sich Arbeitszufriedenheit als ungeteilte Globalgröße vorzustellen. Einerseits ist sie auf unterschiedliche, motivational erstrebte Konsequenzen bezogen und durch entsprechend spezifische Belohnungen hervorgerufen. Andererseits tritt sie in differenzierten Erscheinungsformen auf, je nach den Ergebnissen der vorgelagerten Vergleichs- und Zurechnungsprozesse. Prozesscharakter hat nicht nur das Zustandekommen von Arbeitszufriedenheit, sondern haben auch die in ihrer Folge entstehenden Verhaltensmuster der Arbeitsleistung: Engagement, Innovation oder aber Erhaltung des Status quo, wie auch Widerspruch oder aber Abwanderung. Schematisch lassen sich diese Prozesse wie folgt darstellen (s. Abbildung 2-20).

Prozesscharakter

Abb. 2-20

Zustandekommen der Arbeitszufriedenheit

Vergleich: Belohnung / Erwartung → Ergebnis (Übereinstimmung/Überschreiten, Diskrepanz) → Zurechnung der Ergebnisursachen (intern, extern) → Arbeitszufriedenheitsformen → Arbeitsverhalten

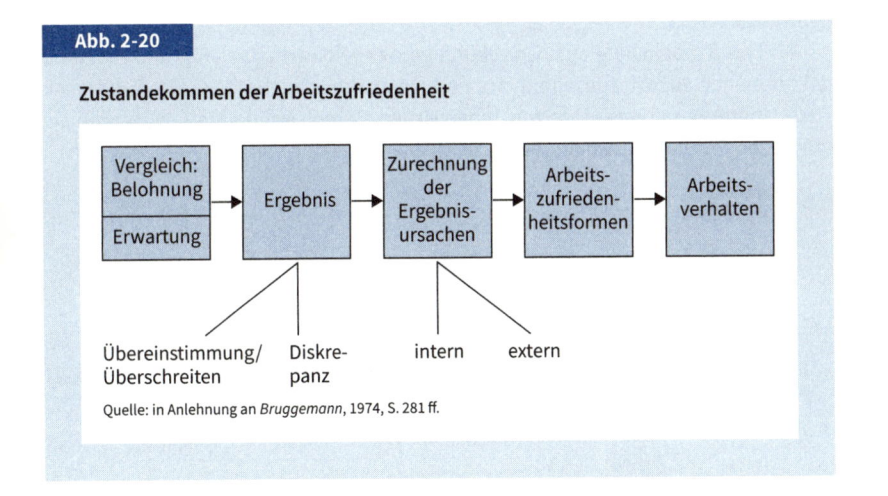

Quelle: in Anlehnung an *Bruggemann*, 1974, S. 281 ff.

Vergleiche sind oben beschrieben: Sie beziehen erhaltene Belohnungen auf das Anspruchsniveau der jeweiligen Erwartung und schließen zudem Gerechtigkeitsvorstellungen in Relation zu anderen Personen oder Gruppen ein. Die Ergebniskategorie »Übereinstimmung« bzw. »Überschreiten« (einer positiven Sollgröße) wird als Erfolg gewertet. »Diskrepanz« in Form des Unterschreitens einer positiven Sollgröße als Misserfolg.

»Wenig Arbeit ist eine Bürde, viel Arbeit eine Freude.« Victor Hugo

Bei der Zurechnung ist *entscheidend*, ob die Ursachen für die wahrgenommenen Arbeitsergebnisse in der eigenen Person gesehen werden (interne Zurechnung), oder aber in Faktoren, die außerhalb der eigenen Person liegen (externe Zurechnung). Die sich daraufhin jeweils einstellenden Formen der Arbeitszufriedenheit haben Bruggemann/Groskurth/Ulich (1975; auch Bruggemann, 1974) systematisiert. Die von ihnen zusätzlich beschriebene Form der »Pseudo«-Arbeitszu-

Attribution

4.4 Das Leistungsdeterminantenkonzept
Leistungskonsequenzen

> **WISSENSWERTES**
>
> **Bore-out**
>
> Das Bore-out-Syndrom – nicht zu verwechseln mit dem *Burn-out*-Syndrom – steht für krankmachende Langeweile am Arbeitsplatz. Es zeigt sich bei Mitarbeitern durch Symptome wie Magenbeschwerden, Tinnitus (Achtung: Nicht jeder Tinnitus ist durch Bore-out verursacht!), Antriebslosigkeit, Depression oder auch die Unfähigkeit, Freude am Privat- wie Arbeitsleben zu haben. Die damit einhergehende Erschöpfung wird durch andauernde Unterforderung verursacht: zu wenige, zu leichte Aufgaben, ungeeignete Berufswahl, unpassende Arbeitssituation in Kombination mit fehlender Anerkennung führt zu einem krankheitsverursachenden Stress. Hinzu kommt die bei Betroffenen zu beobachtende Verhaltensstrategie, am Arbeitsplatz beschäftigt zu wirken (nicht zu sein); im Übrigen ein weiterer Stressfaktor (vgl. Rothlin/Werder, 2008; Kipfer, 2009).

friedenheit ist in der folgenden Abbildung nicht gesondert aufgeführt. Sie beruht auf Verfälschungen der Situationswahrnehmungen in Bezug auf unbefriedigte Bedingungen. Sie führt vermutlich zu Anspruchsniveau-Konstanz und ist als Abwehrmechanismus gegen Störungen des inneren Gleichgewichts oder des Selbstwertgefühls zu sehen.

Typen

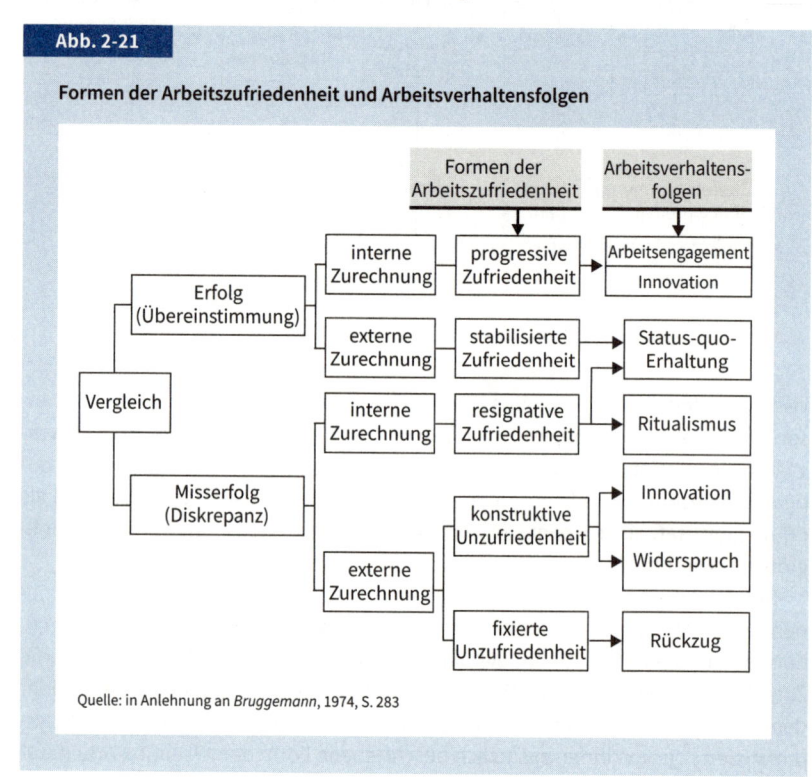

Auf Typen möglicher Folgen in zukünftigem Arbeitsverhalten aufgrund zustande gekommener Arbeitszufriedenheits-Formen haben auch Neuberger/Allerbeck (1978) (unter Berufung auf Merton) hingewiesen. Gemäß Abbildung 2-21 werden die folgenden *Prozessabläufe* für wahrscheinlich gehalten:

Abb. 2-21

Formen der Arbeitszufriedenheit und Arbeitsverhaltensfolgen

Vergleich		Formen der Arbeitszufriedenheit	Arbeitsverhaltensfolgen
Erfolg (Übereinstimmung)	interne Zurechnung	progressive Zufriedenheit	Arbeitsengagement / Innovation
Erfolg (Übereinstimmung)	externe Zurechnung	stabilisierte Zufriedenheit	Status-quo-Erhaltung
Misserfolg (Diskrepanz)	interne Zurechnung	resignative Zufriedenheit	Ritualismus
Misserfolg (Diskrepanz)	externe Zurechnung	konstruktive Unzufriedenheit	Innovation / Widerspruch
Misserfolg (Diskrepanz)	externe Zurechnung	fixierte Unzufriedenheit	Rückzug

Quelle: in Anlehnung an *Bruggemann*, 1974, S. 283

4.4 Leistungskonsequenzen

- Intern zugerechnete Erfolge führen zu *progressiver Zufriedenheit*. Die erzielten Ergebnisse ermutigen dazu, noch bessere Leistungsresultate zu versuchen – ein erhöhtes Anspruchsniveau verlangt nach verstärkten Anstrengungen. Sie können in innovativem Verhalten liegen, jedenfalls im Engagement für die Arbeit.
- Extern zugerechnete Erfolge, die zu einer *stabilisierten Zufriedenheit* führen, leiten keine Änderung des Anspruchsniveaus ein. Daher genügen Versuche, das Erreichte, den Status quo, zu erhalten.
- Die interne Zurechnung wahrgenommenen Misserfolges löst zunächst Suche und Prüfung von Alternativen für Folgeverhalten aus; so könnte zum Beispiel die Kündigung erwogen werden. Ein Ausscheiden solcher Alternativen, das Abfinden mit dem eigenen Fehlverhalten, mit seiner Misserfolgskonsequenz und mit seinen Ursachen (z. B. unzureichende Qualifikation) führt zu reduzierten Zukunftserwartungen und damit zu einer Senkung des Anspruchsniveaus. Diese Tendenz ist empirisch beobachtet worden. *Resignative Zufriedenheit* und der Versuch, Erreichtes (Status-quo) zu bewahren, sind die wahrscheinlichsten Folgen. Auch kann eine Selbstschutzhaltung aufgebaut werden, wenn die zu erreichenden, aber verfehlten Ziele in den Hintergrund gedrängt werden. Die eigenen Misserfolge werden dann weniger deutlich wahrgenommen, das Arbeitsverhalten wird schematisch routinisiert: »Ritualismus« (vgl. Wiswede, 1980).

Dass *Arbeitsunzufriedenheit* entsteht, wird in dieser Klassifikation auf die externe Zurechnung erlebter Misserfolge zurückgeführt. Ihre Formen werden entweder als fixierte oder als konstruktive Arbeitsunzufriedenheit bezeichnet, je nachdem, welche Verhaltensreaktionen und mit ihnen erzielbare Erfolge für möglich erachtet werden:

- Ganz anders geartete Situationseinschätzungen als weiter oben skizziert sind mit *konstruktiver Arbeitsunzufriedenheit* verbunden. Werden Wege zu Veränderungen gesehen, so werden sie mit innovativem Verhalten zu begehen versucht. Gegebenenfalls fordern Widerstände Widerspruch (»Rebellion«) heraus; er ist auch möglich als Reaktion auf Behandlungen, die als ungerecht empfunden werden.
- Bei *fixierter Arbeitsunzufriedenheit* werden Möglichkeiten zur Änderung der unbefriedigenden Situation nicht gesehen. Wenn das Anspruchsniveau dennoch aufrechterhalten wird, bleibt der Rückzug als konsequente Reaktion.

Die beschriebenen Zufriedenheitsformen und Verhaltenskonsequenzen sind als möglich, nicht als generell notwendig anzusehen. Insbesondere können, wenn unerwünschte Folgen vermieden werden sollen, Versuche seitens der Betriebe ansetzen, in Prozessverläufe einzugreifen. So ist es zum Beispiel prominentes Merkmal der Führungskonzeption Management-by-Objectives, resignative Zufriedenheit aufgrund intern zugerechneter Misserfolge nicht entstehen zu lassen (und auch eine Reduzierung des Anspruchsniveaus zu verhindern). Ein Mitarbeiter, der eigene Misserfolge erlebt, würde positiv in dem Sinne beeinflusst, dass er als Ursachen erkannte Qualifikationsdefizite durch Fortbildungsmaßnahmen abzubauen beginnt.

Prozessabläufe

»Zu tief angesetzte Zufriedenheit ist ein Hemmschuh deiner Möglichkeiten.«
Werner Mitsch

»Manchmal muss man erst verlieren, um zu lernen, wie man gewinnt.«
Lewis Hamilton

4.4.6 Rückkopplungsprozesse (20)

> »Das kleinste Kapitel eigener Erfahrung ist mehr wert, als Millionen fremder Erfahrung.«
> Gotthold Ephraim Lessing

Vielfältige tatsächliche und/oder antizipative Rückkopplungs- bzw. Lernprozesse (vgl. Jost, 2014, S. 69 ff.) nehmen weiteren Einfluss auf Erfahrungen, Selbstkonzept sowie letztlich die Leistungsbereitschaft und das Verhalten. Sie können
- *emotionaler* Natur (20a) sein und/oder
- *kognitiver* Art (20b).

Dementsprechend sind ihre Rückmeldungen und Einflüsse für die nächsten Verhaltenssequenzen unterschiedlich. Zu merken gilt: Erfahrungen mit aktuellen Leistungssituationen prägen positiv oder negativ die nächsten Leistungssituationen.

4.5 Zusammenhänge

Heuristik

Das gesamte Leistungsdeterminantenkonzept sollte nicht als komplette Theorie zur Erklärung menschlichen Verhaltens in Betrieben missverstanden werden. Zwar fügt es eine ganze Reihe theoretischer Ansätze (Erwartungs-Valenz-Modelle zur Motivation, Theorien zur Arbeitszufriedenheit u. a.) zu einem umfangreicheren Modell zusammen, aber gerade dies erschwert seine empirische Überprüfung. Es versteht sich daher lediglich als *Orientierungsgerüst*, da es Einsichten in das komplizierte Zusammenwirken sehr vielfältiger und unterschiedlicher Faktoren vermitteln will, die ihrerseits ganz unterschiedlich geprägt werden und letztlich menschliches Arbeitsverhalten zustande kommen lassen. Dieses Orientierungsgerüst kann als *Heuristik* fungieren für Anregungen, aufgrund gewonnener Einsichten in Leistungsprozesse einzugreifen, um unerwünschte Ergebnisse oder Folgen zu verhindern, um präferierte Leistungen zu provozieren oder zu unterstützen.

Hauptaussagen

Kurz zusammengefasst sind die *Hauptaussagen* des Leistungsdeterminantenkonzeptes die folgenden:

1. Es ist konzentriert auf *Arbeitsleistungen* in Betrieben und stellt die Faktoren, die diese maßgeblich bestimmen, in zwei Gruppen dar: in den Determinanten des *Wollens* (Determinanten 1 bis 9 von Abbildung 2-19) und in denen des *Könnens* (Determinanten 10 bis 14). Sie sind gleichbedeutend mit den persönlichen Qualifikationen zur Leistungserbringung (Determinanten 10 und 11 »Arbeitsbedingungen« ausgenommen).
2. Damit wird auch deutlich, dass das Schaubild nicht auf einer Sichtweise beruht, die ausschließlich auf betriebliche Intentionen gerichtet ist. Die Einbeziehung *individueller* Interessenlagen wird unterstrichen durch:
   - die Heraushebung der *Wollens*-Komponente sowohl für die Arbeitsleistung (via Einsatzintensität) wie auch für die Arbeitszufriedenheit (die im Ergebnis Einsatzbereitschaft mitbewirkt); und dadurch, dass
   - das Kreislauf-Schema über den Grad der Erreichung individueller Zufriedenheit (Determinante 19 auf das Ausmaß der *Motivbefriedigung* durch Beloh-

nungen (Determinante 15) abhebt und *Lernprozesse* mit einbezieht, die allerdings nur einen – der Einfachheit der Darstellung halber gewählten – Ausschnitt aller Lernprozesse darstellen, die in diesen Zusammenhängen ablaufen.
3. *Nicht* explizit dargestellt (aber natürlich als de facto vorhanden und insoweit als wirksam unterstellt) ist die gesamte betriebliche *Umwelt* des arbeitenden Menschen: seine *Arbeitssituation*. Sie macht gewissermaßen den jeweils geltenden, konkretisierten Rahmen des Schaubildes aus. So bestimmt beispielsweise der Aufgabeninhalt eines Arbeitsplatzes die Art der verlangten Leistung. Die der betrieblichen Situation innewohnende Aufforderung zur Aufgabenerfüllung ist als einer der Stimuli zur Leistungserbringung aufzufassen.
4. Die Wollens-Komponenten sind in einer Resultanten zusammengefasst: die Einsatzbereitschaft (Determinante 9). Hier spielt auch der Wille, etwas zu tun oder zu unterlassen, eine bedeutende Rolle.
5. Es ist davon auszugehen, dass die Determinanten des Wollens mit denen des Könnens *interaktiv* verbunden sind. Drückt man das Bild ihrer Verkettung in einer mathematischen Formel aus, so heißt das, dass sie miteinander multiplikativ (nicht: additiv) verknüpft sind. Diese Art der Verknüpfung hat zum Ergebnis, dass ein positiver Wert für die Leistung nur zustande kommt, wenn kein Faktor Null wird. Anders ausgedrückt heißt das: *Alle* Determinanten müssen in leistungsrelevanten Ausprägungen vorhanden sein, sonst ist eine Leistungserbringung nicht möglich. Das ist wie folgt zu begründen:
   – Einsatz muss ohne Eignungen sachlich richtungslos bleiben.
   – Vorhandene Eignungen werden ohne Einsatz nicht aktiviert.
   – Aus zutreffender Arbeitskenntnis resultiert der Umfang des Einsatzes, der für die Aufgabenerfüllung relevant ist.
   – Ohne zureichende Arbeitsbedingungen können die vorgenannten Faktoren nicht wirkungsvoll zur Entfaltung kommen.
6. Werden von Seiten der Mitarbeiter oder des Betriebs Verbesserungen von Leistungen angestrebt, so kann an jeder einzelnen Determinante (oder auch an bestimmten Kombinationen) angesetzt werden. Denn Gründe für Leistungsmängel können sowohl in Qualifikationslücken als auch in unzureichenden Arbeitsbedingungen liegen.

Ein erster wichtiger Hinweis für eine *praktische Nutzung* des Modells ist der, dass die multiplikativ verknüpften Faktoren besondere Aufmerksamkeit verdienen. Wird nur einer von ihnen sehr klein, so sind im Endeffekt Erfolge auch starker Bemühungen zur Verbesserung anderer Faktoren drastisch gemindert. Als zentraler Faktor unter den Determinanten des Wollens werden die Konsequenzerwartungen gesehen, weil sie auf der tatsächlichen Arbeitssituation basieren und diese wiederum vom Betrieb kontrolliert werden kann. Mit dem Führungsstil, mit Karriere- und Entgeltsystemen, mit Kriterien zur Personalauswahl kann die Arbeitssituation beeinflusst und geändert werden. Der Konsequenzerwartung kommt insofern geradezu eine *Hebelwirkung* im Motivationsprozess zu. Daher ist es außerordentlich wichtig, dass betriebliche Anreizsysteme nicht nur mangelfrei konstruiert und gehandhabt werden, son-

Praktischer Nutzen

4.5 Das Leistungsdeterminantenkonzept
Zusammenhänge

> **WISSENSWERTES**
>
> **Demotivation und Remotivation**
>
> Geradezu idealtypisch wäre es, wenn die Führungskraft die Gelegenheit hätte, in einer vorab unbelasteten Situation auf ihre Mitarbeiter einzuwirken. Dies ist in der Realität aber (so gut wie) nicht der Fall. Zudem wird mit guten Gründen in der Motivationspsychologie oft postuliert, dass man Menschen nicht motivieren kann, allenfalls hat man Einfluss darauf, sie nicht zu demotivieren oder Rahmenbedingungen anzubieten, in denen eine vorhandene Motivation zum Tragen kommt oder auch nicht. Wie dem auch sei: Oft hat man es in betrieblichen Führungssituationen mit demotivierten Mitarbeitern zu tun. Die Ursachen sind vielfältig: Strategie (betrieblich), Zeitgeist (gesellschaftlich), Vorgesetzte (interpersonell) und Gruppenmitglieder (interpersonell), individuelle Enttäuschungen (individuell) können dazu geführt haben (vgl. Wunderer, 2011, S. 125 f.; Wunderer/Küpers, 2002; Franken, 2010, S. 115 ff.).
>
> ▸ *Demotivation*, als Zustand der Nicht-Leistungsbereitschaft (beeinträchtigte, zerstörte Motivation) eingestellter Mitarbeiter gilt dabei nicht als flexible zeitspezifische Variable, sondern durchaus als eine mit einem Starrungsmoment. Veränderungen im Sinne einer
> ▸ *Remotivation* sind schwierig. Hinweise zum Umgang mit Demotivationen enthält Abbildung 2-22: Zum Ersten betont sie die bedachte Verhinderung von Demotivation im Sinne einer Prävention. Zum Zweiten sind Ansatzpunkte zur Remotivierung durch den Abbau sogenannter Demotivatoren sowie der Gestaltung wieder attraktiver Arbeitssituationen abgesprochen.

dern dass ihr Funktionieren von den Mitarbeitern auch deutlich und zutreffend wahrgenommen wird.

Isoliert auf einzelne Faktoren wirkende Konsequenzen der betrieblichen Personalarbeit sind nur selten auszumachen. Als Beispiel dafür mag die Personalfortbildung gelten, welche primär auf die Verbesserung der Eignungen zielt – aber auch in beträchtlichem Ausmaß motivierende Wirkungen haben kann. In diesem Zusammenhang aller Leistungsdeterminanten liegt eine der wichtigsten Begründungen dafür, dass wirksame betriebliche Personalarbeit die Grundlage einer *geschlossenen Konzeption* zur Voraussetzung hat.

> »Man kann Mitarbeiter, die viel können, so demotivieren, dass sie nur einen Bruchteil dessen, was sie draufhaben, überhaupt zeigen.« (Neuberger, 2005, S. 5)

4.5 Zusammenhänge

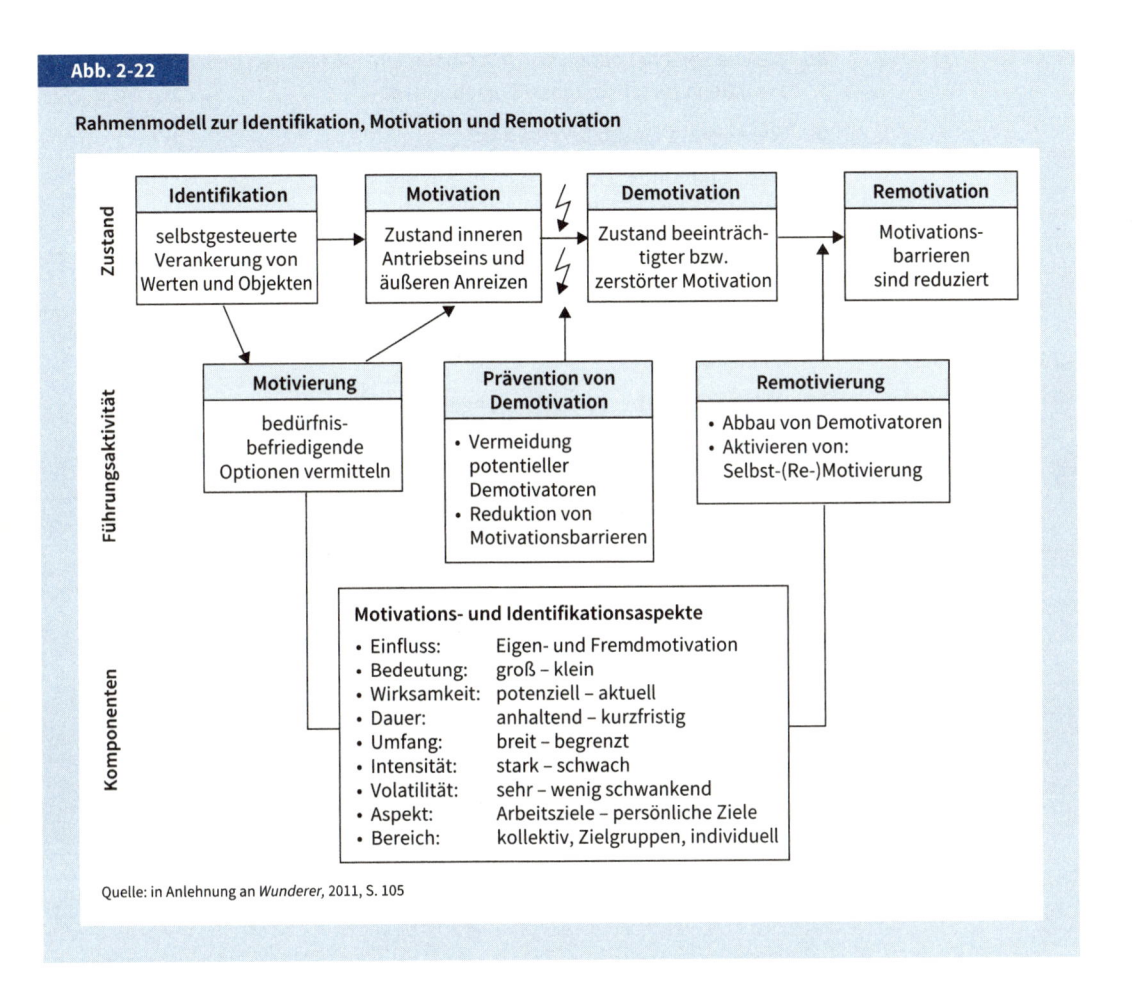

Abb. 2-22

Rahmenmodell zur Identifikation, Motivation und Remotivation

Zustand

Identifikation	Motivation	Demotivation	Remotivation
selbstgesteuerte Verankerung von Werten und Objekten	Zustand inneren Antriebseins und äußeren Anreizen	Zustand beeinträchtigter bzw. zerstörter Motivation	Motivationsbarrieren sind reduziert

Führungsaktivität

- **Motivierung**: bedürfnisbefriedigende Optionen vermitteln
- **Prävention von Demotivation**:
  - Vermeidung potentieller Demotivatoren
  - Reduktion von Motivationsbarrieren
- **Remotivierung**:
  - Abbau von Demotivatoren
  - Aktivieren von: Selbst-(Re-)Motivierung

Komponenten

Motivations- und Identifikationsaspekte
- Einfluss: Eigen- und Fremdmotivation
- Bedeutung: groß – klein
- Wirksamkeit: potenziell – aktuell
- Dauer: anhaltend – kurzfristig
- Umfang: breit – begrenzt
- Intensität: stark – schwach
- Volatilität: sehr – wenig schwankend
- Aspekt: Arbeitsziele – persönliche Ziele
- Bereich: kollektiv, Zielgruppen, individuell

Quelle: in Anlehnung an *Wunderer*, 2011, S. 105

WIEDERHOLUNGSFRAGEN ZU KAPITEL 4

1. Was intendiert das Leistungsdeterminantenkonzept?
2. Erklären Sie den Zusammenhang von Motiv und Motivation.
3. Worin unterscheiden sich die Begriffe »Einstellung« und »Motiv«?
4. Was ist unter dem Begriff der Valenz zu verstehen?
5. Wie beeinflussen Normen die Leistungsbereitschaft eines Menschen?
6. Worin unterscheiden sich Anstrengungs- und Konsequenzerwartung?
7. Wie sind Erfahrungen und Wahrnehmungen innerhalb des Leistungsdeterminantenkonzepts zu verstehen?

4.5 Das Leistungsdeterminantenkonzept
Wiederholungsfragen

8. Welche Forscher haben sich mit Persönlichkeitsfaktoren befasst? Was sind die zentralen Ergebnisse dieser Forschungen?
9. Wie entsteht Einsatzbereitschaft?
10. Was ist der Unterschied zwischen den Begriffen »Eignung«, »Qualifikation« und »Arbeitskenntnis«?
11. Wie ist der Begriff der Arbeitsbedingungen als Leistungsdeterminante zu verstehen?
12. Grenzen Sie die Begriffe »Leistungsverhalten« und »Leistungsergebnis« voneinander ab.
13. Welche zwei Arten von Belohnungen gibt es?
14. Wodurch wird das Anspruchsniveau eines Mitarbeiters beeinflusst?
15. Warum spielt die Kausalattribution innerhalb des Leistungsdeterminantenkonzepts eine Rolle?
16. Welche Rückkopplungsprozesse existieren innerhalb des Leistungsdeterminantenkonzepts?

5 Gruppenarbeit – theoretische Erklärungsansätze

> **LEITFRAGEN**
>
> **Zur grundsätzlichen Ausrichtung**
> - Lässt sich Gruppenverhalten durch Individualverhalten erklären?
> - Zwei Personen sind schon eine Gruppe und dies unabhängig davon, ob sie miteinander arbeiten sollen oder zufällig gemeinsam auf den Bus warten! – Stimmt diese Aussage?
>
> **Zu einzelnen Erklärungsansätzen**
> - Vor Groupthink ist jede Expertengruppe gewahrt, da sie ausreichend ihre eigene Situation reflektieren kann! – Stimmt diese Aussage?
> - Was passiert in und mit der Gruppe (vielleicht), wenn bei einer etablierten Arbeitsgruppe von sechs Personen zwei Mitglieder ausgewechselt werden?
> - Expertentum schützt stets vor negativen Gruppeneffekten? – Stimmt diese Aussage?
> - Mit welchen sogenannten Inputfaktoren kann man eine gute Gruppenleistung gegebenenfalls befördern?
>
> **Zuständigkeit**
> - Wer sollte sich eigentlich in Betrieben mit gruppentheoretischen Erklärungsansätzen auskennen?
> - Inwieweit sollte sich ein einfaches Mitglied einer Gruppe mit Gruppenphänomenen auskennen?

5.1 Allgemeines

Das Forschungsinteresse an Gruppen, das sich insbesondere auf die Analyse ihres Einflusses auf Produktivität und Zufriedenheit richtete, entstand im Zusammenhang mit dem Human-Relations-Ansatz. Zuvor dominierte die Analyse des Individuums sowie seiner physischen Arbeitsumwelt. Die anschließende intensive Erforschung von Gruppenphänomenen war stark soziologisch orientiert und hat auch in der Praxis des Managements zu einer Abkehr von stark individualistischen Motivations- und Führungskonzepten geführt. Insgesamt gesehen bietet sie eine Fülle an Informationen zum Umgang mit Gruppenarbeit. Ausgelöst durch einen verschärften Wettbewerbsdruck und die Notwendigkeit einer interpersonellen Zusammenarbeit wird zudem seit einigen Jahren die Idee der Gruppenarbeit in verschiedener

5.2 Gruppenarbeit – theoretische Erklärungsansätze
Begriff, Arten und Merkmale von Gruppen

> **WISSENSWERTES**
>
> **Verhalten in der Gruppe**
>
> Empirische Studien wie praktische Erfahrungen zeigen, dass Individuen sich oft anders äußern und verhalten, wenn sie sich in Arbeitsgruppen aufhalten, als wenn sie sich im Vieraugengespräch oder alleine am Arbeitsplatz befinden. Individuelles Verhalten in der Gruppe ist insofern oft anders als außerhalb einer (bestimmten) Gruppe. Gruppendruck und andere Gruppeneffekte geben hier dem Verhalten oft eine andere Richtung und/oder Intensität. Insofern scheint es – neben den im Leistungsdeterminantenkonzept (LDK) (s. Teil 2, Kap. 4) aufgeführten – noch zusätzliche Determinanten des Leistungsverhaltens zu geben bzw. solche, die durch das Vorhandensein oder durch die Antizipation von Gruppenkontexten anders ausgeprägt sind. Hieraus ist sowohl bei der Führung einzelner Mitarbeiter wie der von Gruppen Rücksicht zu nehmen. Ob man als Vorgesetzter will oder nicht, die hier dargestellten Phänomene (als personale Arbeitsbedingungen mit Rückwirkungen auf das Wollen von Mitarbeitern im LDK angeführt) sind zu kennen, wenn man eine »gute«, effektive Mitarbeiterführung intendiert.

Form verstärkt aufgegriffen. Ansatzpunkt ist u. a. das Bestreben, durch Gruppenarbeit die Problemlösungsfähigkeit und das Innovationspotenzial der Mitarbeiterschaft stärker zu nutzen.

> »Das Verhalten von Menschen in Gruppen ist mehr als die Gesamtsumme des Einzelverhaltens aller beteiligten Individuen.« (Robbins, 2001, S. 41)

Forschungsperspektiven

Modelle und Theorien zur Beschreibung von *Verhalten in Gruppen* entstammen unterschiedlichen Forschungsperspektiven.

5.2 Begriff, Arten und Merkmale von Gruppen

5.2.1 Begriff

Was genau unter dem Begriff »Gruppe« zu verstehen ist, lässt sich mit keiner allgemein gültigen Definition festmachen. Vielmehr zeigt eine ausführliche Literaturrecherche, dass in Abhängigkeit unterschiedlicher Autoren verschiedene Bedeutungen dieses aus der Alltagssprache entnommenen Begriffs vorliegen. Statt eine allgemeingültige Definition der Gruppe zu postulieren, werden im Folgenden zentrale Merkmale aufgeführt, die im Zuge der Gruppenforschung herausgearbeitet wurden. Diese zeigen, wie Gruppen heute zumeist begrifflich abgegrenzt werden. Typische *Kennzeichen* sind (vgl. Neuberger, 1991, S. 27 ff.; von Rosenstiel/Nerdinger, 2011, S. 283; Weinert, 2004, S. 393 f.):

Gruppenkennzeichen

- direkte Interaktion zwischen Mitgliedern (»face-to-face«),
- physische Nähe,
- Mitglieder nehmen sich als Gruppe wahr (»Wir-Gefühl«),

5.2 Begriff, Arten und Merkmale von Gruppen

- gemeinsame Ziele, Werte und Normen,
- Rollendifferenzierung, Statusverteilung,
- eigenes Handeln und Verhalten wird durch andere beeinflusst,
- relativ langfristiges Überdauern des Zusammenseins,
- Einbettung in eine übergreifende Institution (Prägung durch deren strukturelle, technologische, auch kulturelle Besonderheiten).

Zentrales Merkmal einer *formalen Gruppe* in Betrieben ist die Leistungsorientierung und damit verbunden auch die Bewältigung von Aufgaben (vgl. Wiendieck, 1992, Sp. 2375ff.). Ein gemeinsam zu erledigender Arbeitsauftrag ist das wesentliche Merkmal, das Gruppen zu Arbeitsgruppen macht (vgl. Wegge 2011a, 2004, 2014).

Gruppenarbeit ist innerhalb Deutschlands lange Zeit gleichgesetzt gewesen mit Gruppenarbeit auf der ausführenden Ebene innerhalb von Industriebetrieben. Basierend auf den Ergebnissen der Hawthorne-Studien, der gruppendynamischen Ansätze (vgl. Lewin, 1947) und der folgenden Human-Relations-Bewegungen wurden in den 1970er-Jahren in Skandinavien und Deutschland teilautonome Arbeitsgruppen eingeführt, die u. a. der Humanisierung der Arbeitswelt dienen sollten. Nicht zuletzt aufgrund tarif- und betriebspolitischer Kontroversen wurden diese Pilotversuche in Deutschland schnell wieder eingestellt, bis schließlich Anfang der 1980er-Jahre die Wettbewerbsstärke japanischer Autohersteller zur Einführung von Qualitätszirkeln und anderen Gruppenstrukturen in vielen Industriebetrieben führte (vgl. Ulich, 2011). Die diesbezügliche MIT-Studie von Womack/Jones/Roos (1990) zeigte nachhaltige Wirkungen und führte zu einem »Boom von Gruppenarbeit« (vgl. Antoni, 1995, S. 21). Letztlich war die Einführung der Gruppenarbeit in weiten Teilen der Produktion eine Reaktion auf die Veränderungen der wirtschaftlichen Umweltsituation mit verschärftem internationalem Wettbewerb, erhöhtem Kostendruck und wachsenden Qualitätsansprüchen bei gleichzeitigem Druck nach mehr Flexibilität.

Des Weiteren ist anzuführen, dass viele Aufgaben heutzutage gleichzeitig so komplex und so spezifisch sowie in relativ so kurzer Zeit (quasi rund um die Uhr) zu erledigen sind, dass ein Einzelner mit einer adäquaten Aufgabenerfüllung überfordert wäre. Hier ist Gruppen- bzw. Teamarbeit – oft bereichs- und sogar betriebsübergreifend – notwendig, um kunden- und wettbewerberorientiert eine effiziente wie effektive Leistung erbringen zu können. Einzelarbeit wird nicht obsolet, Teamarbeit – und damit auch Know-how zu den Besonderheiten des Verhaltens in und von Gruppen – wird notwendiger.

Zusätzlich zu den beiden skizzierten Entwicklungen wirkt der Wertewandel bei den Mitarbeitern, der sich in einem höheren Anspruch an den Arbeitsplatz und Wunsch nach sinnvolleren Tätigkeiten äußerte. Und dazu gehört für viele eine verstärkte Zusammenarbeit mit Kollegen.

Einzelarbeit is out, ohne Gruppenarbeit geht nichts!?

5.2.2 Arten von Gruppen

Inhaltliche Ausprägungen einiger dieser begriffsprägenden Merkmale führen zu Unterscheidungskriterien, mit deren Hilfe verschiedene Arten von Gruppen gekennzeichnet werden können. Von den zahlreichen in der Literatur angeführten, interessieren hier diejenigen, die für Gruppen in der betrieblichen Arbeitswelt von Bedeutung sind.

Gruppencharakteristika

Wesentliche Gruppencharakteristika sind ihre Struktur, ihre Ziele und die ihren Mitgliedern zugewiesenen Rollen. Die Instanz, die diese Charakteristika autorisiert, liefert das erste Kriterium: die *Fremd-* oder aber *Selbstbestimmtheit* der Gruppe. Wie weit der Gruppe Ziele, Struktur und Rollenzuweisung von außen (z. B. von der Institution) vorgegeben werden oder aber von den Gruppenmitgliedern selbst bestimmt werden können, dürfte wesentlich nicht nur die Einstellung der Mitglieder gegenüber der Gruppe, sondern auch die Leistungsfähigkeit der Gruppe beeinflussen. Der hohe Grad der Selbstbestimmung ist *das* herausragende Kennzeichen (teil-)autonomer Arbeitsgruppen.

Teams und Gruppen

Insbesondere innerhalb der organisationspsychologisch geprägten Diskussion um Gruppenarbeit in Unternehmen unterscheiden einige Autoren zwischen Teams und Gruppen.

- Bei *Gruppen* werden dann die Leistung einer Gruppe gleichgesetzt mit der Summe der Einzelleistungen; die Gruppenmitglieder interagieren zwar und ihre Leistungen stehen zumindest teilweise in gegenseitiger Abhängigkeit, jedoch hat jedes Mitglied seinen eigenen Verantwortungsbereich.
- Bei *Teams* wird hier zentral das Miteinander in der Verantwortung, dem Aufgabenbereich und der Umsetzung betont. Das »Wir-Gefühl« soll in Teams besonders ausgeprägt sein und in Folge zu besonders effektiven gemeinsamen Arbeitsprozessen führen (vgl. Mayrhofer, 2003, S. 211 ff.; Katzenbach/Smith, 2003, S. 68 ff.).

Die Trennung dieser Begriffe scheint vordergründig sinnvoll, wird aber in der Regel von Autoren der Gruppenforschung *abgelehnt*, da die Unterschiede *wenig trennscharf* und schon *kaum verbindlich* oder *allgemein üblich* sind. Aus diesen Gründen werden diese Begriffe »Gruppe« und »Team« in dieser Arbeit *nicht unterschieden* respektive finden synonym Verwendung.

Verschiedene Differenzierungen sind sinnvoll und bringen im Übrigen unterschiedliche Situationsbedingungen mit sich:

Gruppen/Teams: unterschiedliche Arten

Temporäre und dauerhafte Gruppen

Abhängig von der Integration in die Arbeitsorganisation und dem Grad der Dauerhaftigkeit kann zwischen temporären und dauerhaften Gruppen unterschieden werden.

- *Dauerhafte Gruppen* sind integrierter Bestandteil der regulären Organisation und erfordern eine kontinuierliche Zusammenarbeit im Rahmen der täglichen Arbeit.
- *Projektgruppen* sind temporäre Gruppen, die in erster Linie für zeitlich begrenzte und spezielle Aufgaben gebildet werden. Anlässe für die Bildung können neue

5.2 Begriff, Arten und Merkmale von Gruppen

> **ZUR VERTIEFUNG**
>
> **Qualitätszirkel**
>
> Qualitätszirkel (synonym: Qualitätskreis, Qualitätsgruppe; Varianten: Werkstattzirkel, Bürozirkel) stellen eine Form der prinzipiell dauerhaften Kleingruppenarbeit im Betrieb neben den üblichen Arbeitsaufgaben dar. Das Ziel ist die Suche nach Verbesserungsmöglichkeiten der Arbeit der beteiligten Gruppenmitglieder bezüglich der Verbesserung der Produktqualität, der Effizienzsteigerung der Arbeitsverfahren, der Erleichterung der Aufgabenerfüllung u. a. In einem umfassenden Begriffsverständnis sollen neben Arbeitsverbesserungen auch Beiträge zur Humanisierung der Arbeit geleistet werden. Das ursprünglich auf die Qualitätssicherung der Produkte gerichtete Konzept ist auf alle Probleme des Arbeitsbereichs angewendet worden, sodass nun neben Produkt- und Verfahrensqualität auch auf »Sozialqualität« abgezielt wird. Eine einheitliche Definition hat sich bislang nicht herausgebildet, wenngleich über viele Merkmale weitgehend Einigkeit besteht. Die nachfolgend beschriebene Definition wird in der Praxis oft pragmatischer ausgelegt: Bei Qualitätszirkeln handelt es sich um eine (1) auf Dauer angelegte (2) Kleingruppe (ca. 3-10 Personen), in der (3) Mitarbeiter einer hierarchischen Ebene, mit einer (4) gemeinsamen Erfahrungsgrundlage in (5) regelmäßigen Abständen (ca. alle 14 Tage) (6) auf freiwilliger Basis zusammenkommen, um (7) Themen des eigenen Arbeitsbereichs zu analysieren und (8) unter Anleitung eines geschulten Moderators (9) mit Hilfe von Problemlösungs- und Kreativitätstechniken (10) Ursachen zu erkennen sowie Handhabungsvorschläge zu erarbeiten und zu präsentieren, (11) die Vorschläge selbstständig oder im Instanzenweg umzusetzen und (12) eine Ergebniskontrolle vorzunehmen. (13) Die Gruppe ist dabei idealerweise Bestandteil eines übergeordneten Qualitätszirkel-Systems. Dieses System besteht aus einem verantwortlichen Steuerungskomitee (Mitglieder der Geschäftsleitung, Betriebsratsmitglied, Koordinator) als oberstes Entscheidungsgremium, einem Koordinator (nachgeordnete Führungskraft) der betrieblichen Qualitätszirkelarbeit zur organisatorischen Abwicklung und der Schulung der Teilnehmer, eventuell Experten zur einzelfallspezifischen Ergänzung, Moderatoren (Vorgesetzte oder Gruppenmitglieder) zum Coaching der einzelnen Zirkelarbeit und den Qualitätszirkelmitgliedern. Qualitätszirkel können auch als Instrument der Personalentwicklung zur Qualifizierung eingesetzt werden. Im Rahmen eines Training-near-the-job können sie gezielt dazu beitragen, den beteiligten Mitarbeitern fachliche wie soziale Qualifikationen zu vermitteln (vgl. Deppe, 1989).

Produkte, die Einführung dieser oder auch die Entwicklung neuer Konzepte sein. Die Gruppenmitglieder arbeiten nur von Zeit zu Zeit zusammen. Ihre Aufgaben sind das Finden von Problemlösungen oder auch Verbesserungen in Ablaufprozessen. Vielfach ist die Zusammensetzung von Projektgruppen bezüglich der Qualifikation der Mitarbeiter sehr heterogen, aber im Schnitt hochqualifiziert. Entscheidungsbefugnisse der Gruppen sind meist nur gering ausgeprägt. In vielen Fällen besitzen sie lediglich die Möglichkeit, den nächsthöheren Autoritäten Vorschläge zu unterbreiten. Der Abschluss eines Projekts markiert in der Regel auch den Abschluss der Arbeitsgruppe. Die Mitglieder kehren entweder zurück in ihre ursprünglichen Arbeitseinheiten oder werden Teil eines neuen Projektteams. Projektgruppen stehen dabei außerhalb der regulären Arbeitsorganisation; sie existieren parallel zur bestehenden Organisationsstruktur (vgl. Antoni/Schmitt, 2001; Becker-Beck/Fisch, 2001).

Offene und geschlossene Gruppen

Es kann zwischen offenen und geschlossenen Gruppen unterschieden werden. In geschlossene Gruppen kann man nicht jederzeit ohne Schwierigkeiten ein- bzw. aus ihnen wieder austreten. Ihre Strukturen sind stabiler als die von offenen Gruppen, ihre Zukunftsperspektive ist meist längerfristig angelegt. Geschlossene Gruppen haben für ihre Mitglieder eine insofern existenziellere Bedeutung als offene, als dass

5.2 Gruppenarbeit – theoretische Erklärungsansätze
Begriff, Arten und Merkmale von Gruppen

die Statuszuweisung nicht so leicht in Frage gestellt werden kann (vgl. Crott, 1979, S. 216).

Ausführungsteams und Managementteams

Ausführungs- und Managementteams

Nach der hierarchischen Verortung lässt sich zwischen Ausführungsteams (klassische Arbeitsgruppen z. B. im Vertrieb und Service) und Managementteams (z. B. Group Executive Committee) differenzieren.

- *Klassische Arbeitsgruppen* zeichnen sich durch recht geringe Freiheiten bzw. Autonomiegrade aus. Typisches Einsatzgebiet ist die Produktion, die innerhalb der Arbeitsgruppe arbeitsteilig und mit eingeschränkter Möglichkeit zu zwischenmenschlicher Kooperation während der Arbeitsaufgabe ausgeführt wird. Häufig werden solche Gruppen kontrollierend von einem Meister geführt, welcher jedoch auch nur geringen Einfluss auf die Arbeitsgestaltung an sich hat (vgl. Wegge, 2004, S. 19 ff.).

  Es gibt auch hierzu alternative Formen solcher Ausführungsgruppen: In modernen *Fertigungsteams* haben die Gruppenmitglieder einen größeren Handlungsspielraum als in den klassischen Arbeitsgruppen. Die Eigenverantwortung der Gruppe ist höher. Häufig finden sich Elemente der Selbstkontrolle hinsichtlich solcher Elemente wie der Qualitätssicherung. Auch die Vielfältigkeit der Aufgaben nimmt zu. Gruppenmitglieder müssen in der Regel mehrere Schritte des Produktionsprozesses beherrschen, um auch an anderen Positionen eines Fließbandes eingesetzt werden zu können. Typisch ist jedoch auch der Fokus auf das Fließband und die hohe Taktgebundenheit der Arbeitsschritte (vgl. Antoni, 1995, S. 39 ff.).

  Teilautonome Arbeitsgruppen bezeichnen Gruppen, die auch einen gewissen Entscheidungsspielraum besitzen und in Teilen selbstständige Entscheidungen treffen dürfen. In den eigenständig zu gestaltenden Einflussbereich können die Koordination von Arbeitsabläufen gehören sowie die selbstständige Zuteilung von Ressourcen zum Arbeitsprozess. Die Arbeit soll die Gruppenmitglieder vielseitig beanspruchen und weg von der Monotonie einfacher Fließbandarbeit führen. Vielmehr soll die breite Einsetzbarkeit der gut ausgebildeten Mitglieder die Möglichkeit eröffnen, auch flexibler auf neue Aufgabenanforderungen reagieren zu können (vgl. Antoni, 1996). Es werden hier die Prinzipien des Job Enlargement, des Job Enrichment und des Job Rotation (s. Teil 3, Kap. 5.3.3.2) verbunden.

- Hierarchisch gesehen befinden sich *Managementteams* an der Spitze oder auch direkt unterhalb der Spitze eines Betriebs. Hierzu zählen vor allem Top-Management-Teams, in welchen jedes Mitglied sich zwar als selbstverantwortlich für das zugeordnete operative Geschäft eines Betriebs auszeichnet zur lateralen Integration interdependenter Geschäftseinheiten bedarf es jedoch der Teamarbeit.

Konventionelle und virtuelle Gruppen

Heutzutage begründet die Möglichkeit und die Intensität der Kommunikation miteinander eine Differenzierung in konventionelle Gruppen (regelmäßige persönliche Treffen) und in virtuelle Gruppen (Regelkommunikation via elektronischer Medien) (vgl. Thiedeke, 2003).

5.2 Begriff, Arten und Merkmale von Gruppen

Intraorganisationale und interorganisationale Teams
Im Hinblick auf die Mitgliedschaft zu bestimmten Organisation(seinheit)en lässt sich ferner unterscheiden in intraorganisationale Teams (Mitglieder entstammen der gleichen Organisationseinheit oder Organisation.) und in interorganisationale Teams (Mitglieder entstammen verschiedenen Betrieben).

Monokulturelle und multikulturelle Teams
Entlang der interkulturellen Heterogenität sind monokulturelle Gruppen (Mitglieder entstammen i. W. einem Kulturkreis) wie multikulturelle (internationale) Gruppen (Mitglieder entstammen mindestens zwei Kulturkreisen; s. auch Diversity Management Teil 1, Kap. 2.3) zu bilden. Diese Differenzierung lässt sich im Übrigen auch auf die fachliche Heterogenität oder Homogenität anwenden (vgl. Jedrzejczyk, 2007; Jäkel, 2008).

Formale und informale Gruppen
Je nach Art der Entstehung und der Motive (Gründe), die mit der Bildung und Aufrechterhaltung von Gruppen verbunden sind, lassen sich *formale* und *informale* Gruppen unterscheiden (vgl. Abbildung 2-23).

Gewollt oder einfach entstanden?

Abb. 2-23

Differenzierung von formaler und informaler Gruppe

Dimension	Formale Gruppe	Informale Gruppe
Hauptziele	Gewinn, Effizienz, Service	Befriedigung individueller Bedürfnisse, Sicherheit
Ursprung	Planung des Betriebs	Spontan
Einfluss auf Mitglieder	Autorität der Position, Einkommen	Persönlichkeit, Erfahrung
Kommunikation	Durch formale Strukturen und Kanäle	Persönlich, unter Nutzung sämtlicher Kanäle; ungezwungen
Führung	Durch Betrieb eingesetzt	Aus der Gruppe herauskristallisiert
Beziehung zwischen den Mitgliedern	Ergibt sich aus Stelle/Position und Arbeitsfluss	Spontane Entwicklung
Kontrolle	Stützung durch Macht; Beeinflussung des Einkommens	Soziale Sanktionen

▸ *Formale Gruppen* sind in Zusammensetzung, Ziel, Arbeitsinhalt und -ablauf durch die Institution offiziell autorisiert und organisatorisch verankert. Dabei können sie sowohl einen dauerhaften (z. B. Abteilungen, Stäbe) als auch einen zeitlich befristeten Charakter (z. B. Projektgruppen) haben. Neben den durch das Management vorgegebenen Zielsetzungen verfolgen formale Gruppen außerdem interne Ziele, die insbesondere der Aufrechterhaltung der Gruppe selbst dienen. Diese internen Ziele entwickeln sich mit der Gruppenreifung und beein-

flussen die Einstellung der Gruppenmitglieder bezüglich der Erreichung der extern vorgegebenen Ziele (vgl. Weinert, 2004, S. 394 ff.; von Rosenstiel/Nerdinger, 2011, S. 301 ff.).
▸ In Betrieben entstehen Personenzusammenschlüsse aber auch sozusagen »von selbst«, aufgrund der vielschichtigen sozialen Beziehungen, die im Verlauf des Arbeitsalltags entstehen. Anlässe können sich zum Beispiel durch gemeinsames Verbringen von Pausen ergeben oder auf privaten Interessen beruhen, die außerhalb des Betriebs gepflegt werden (Hobbys, Sport, Fahrgemeinschaften etc.). In dieser Weise entstandene Gruppen werden als *informale Gruppen* bezeichnet. Der Beitritt in solche informalen Gruppen ermöglicht dem Einzelnen seine jeweils individuellen Bedürfnisse nach Sicherheit, sozialem Anschluss, Ansehen, Selbstverwirklichung etc. zu befriedigen.

Hawthorne-Experimente

Informale Gruppen wurden im Zusammenhang mit den Hawthorne-Experimenten (s. Teil 2, Kap. 2.5) erstmals »entdeckt«. Sie wurden lange Zeit überwiegend negativ, d. h. als Störfaktoren gesehen, die beispielsweise durch Hintertreiben von Institutionszielen, Ausstreuen von Gerüchten etc. dysfunktionale Wirkungen entfalten. Heute ist unbestritten, dass dies alles einerseits zwar möglich ist, dass andererseits aber Kontakte und Beziehungen, die auf informale Gruppenbildungen zurückgehen, für den reibungslosen betrieblich-formalen Arbeitsablauf bisweilen geradezu unverzichtbar sind: Unvorhergesehene, organisatorisch also weder geregelte noch regelbare Ereignisse (»Störungen«) können durch spontane, »unbürokratische« Informationsbeziehungen informeller Art schnell und effizient bewältigt werden. Zudem fördern informale Gruppen Verständnis und Verständigung von Mitarbeitern untereinander und verstärken insgesamt den sozialen Zusammenhalt. Strukturen informaler Gruppen treten in großer Varietät auf und entziehen sich in aller Regel der Kontrolle des Betriebs. Dennoch haben Betriebe die Möglichkeit, durch organisatorische Maßnahmen den Aufbau und die Existenz informaler Gruppen zu fördern.

5.3 Gruppenleistung

Einflussfaktoren

Bevor nun im restlichen Kapitel eine Darstellung wesentlicher Einflussfaktoren der Gruppenarbeit vorgenommen wird, seien Ausführungen zur abhängigen Variable (der Gruppenleistung) vorangestellt.

Den Ausführungen von Brodbeck (2004, S. 416 ff.) folgend können in der angewandten Forschung unterschiedliche Dimensionen der Gruppenleistung unterschieden werden. Zum einen wird mit Leistung einer Gruppe ihr Verhalten auf dem Weg zu einem Ziel bezeichnet, d. h. das Aggregat aller Verhaltensweisen, die zur Erledigung einer konkreten Aufgabe notwendig sind. Andererseits kann mit dem Begriff der Gruppenleistung auch der Erfolg der Gruppe bei der Bearbeitung einer Aufgabe beschrieben werden, d. h. inwiefern ein Gruppenziel von der Gruppe erreicht wird. Nicht immer werden diese Leistungsdimensionen trennscharf voneinander in der empirischen Forschung erhoben.

5.3 Gruppenleistung

Auf Basis einer Analyse angewandter Gruppentheorien entwickelte Brodbeck ein *Modell der Gruppenleistung*, welches die wesentlichen zu unterscheidenden Dimensionen dieses Konstrukts darstellt (vgl. Abbildung 2-24).

Modell

Die Frage, ob und in welchem Maße Gruppen gegenüber isoliert arbeitenden Individuen Effizienzvorteile oder aber -nachteile besitzen, nimmt in der sozialpsychologisch orientierten Literatur (vor allem in der zur empirischen *Kleingruppenforschung*) einen breiten Raum ein. Das Kriterium der wirtschaftlichen Effizienz steht dabei eindeutig im Vordergrund, hierauf wird gleich näher einzugehen sein. Dem sollen jedoch einige Aussagen zur *sozialpsychologischen Effizienz* der Gruppenarbeit vorangestellt werden. Für sie ist eine Erhöhung dadurch tendenziell zu vermuten, dass Arbeit in Gruppen die Zufriedenheit der Mitglieder positiv beeinflusst. Als wesentliche *Gründe* hierfür werden die folgenden angesehen (vgl. Gebert/von Rosenstiel, 1996, S. 142 f.; Weinert, 2004, S. 411 ff.):

Wer leistet mehr: viele Einzelne oder alle zusammen?

▸ Formale und informale Gruppen sind in der Lage, eine Fülle von zentralen Bedürfnissen zu erfüllen, wie Bedürfnis nach sozialen Kontakten, Nähe, Geborgenheit, Sicherheit, Anerkennung (Verstärkung durch Gruppenmitglieder) und Prestige (Mitgliedschaft in einer Gruppe mit hoher Reputation). Die Gruppe bietet Schutz nach außen (etwa gegenüber Vorgesetzten), verstärkt die Machtposition (Einigkeit macht stark), bewahrt vor Anonymität und verbessert die Realitätswahrnehmung (Rückkopplung von Gruppenmitgliedern).

Arbeitszufriedenheit

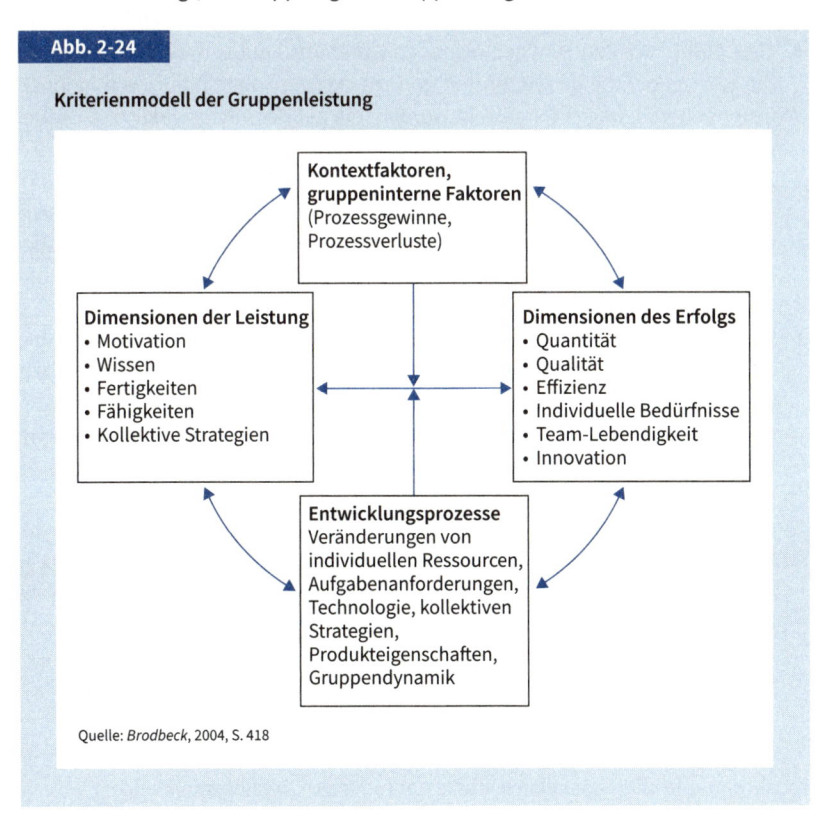

Abb. 2-24

Kriterienmodell der Gruppenleistung

Kontextfaktoren, gruppeninterne Faktoren
(Prozessgewinne, Prozessverluste)

Dimensionen der Leistung
- Motivation
- Wissen
- Fertigkeiten
- Fähigkeiten
- Kollektive Strategien

Dimensionen des Erfolgs
- Quantität
- Qualität
- Effizienz
- Individuelle Bedürfnisse
- Team-Lebendigkeit
- Innovation

Entwicklungsprozesse
Veränderungen von individuellen Ressourcen, Aufgabenanforderungen, Technologie, kollektiven Strategien, Produkteigenschaften, Gruppendynamik

Quelle: *Brodbeck*, 2004, S. 418

5.3 Gruppenarbeit – theoretische Erklärungsansätze
Gruppenleistung

- Allein die Anwesenheit anderer – vor allem akzeptierter oder notwendiger – Menschen kann nicht nur stressmindernd, sondern auch motivierend wirken.
- Gruppen gewähren »soziale Unterstützung«. Mitglieder von Arbeitsgruppen werden mit den Arbeitsbedingungen zumeist seelisch, geistig oder körperlich besser fertig, sie erleben weniger Frustration und mehr Arbeitszufriedenheit, sie klagen weniger über Stress. Andererseits ist die Widerstandskraft des Einzelnen gegenüber Beschwerden und Bedrohungen durch das Management gesteigert.

Wirtschaftliche Effizienz

Hinsichtlich der *wirtschaftlichen Effizienz* sind vorab einige kritische Anmerkungen hinsichtlich der Aussagekraft empirischer Ergebnisse voranzustellen. Vorbehalte gegen die empirische (Kleingruppen-)Forschung gipfeln in dem Resümee, dass die verwendeten Untersuchungsdesigns fast durchweg nur wenig Bezug zu realen Arbeitsgruppen der Wirtschaftspraxis haben. Von daher könnten noch dürften »anderswo« gefundene Effizienzaussagen nicht ungeprüft auf die Arbeitswelt übertragen werden. Dies wird vor allem auf folgende *Kritikpunkte* gestützt:

Kritikpunkte

- Der empirischen Kleingruppenforschung kann nicht attestiert werden, dass sie den Versuch unternommen hätte, ihren Untersuchungsgruppen den Charakter von »echten Gruppen« zu verleihen. Die Gruppen wurden zumeist nur für die Dauer des Experiments und dazu oft auch nur aufs Geradewohl zusammengestellt. (Die leichte Verfügbarkeit von Probanden gab den Ausschlag.) Gruppeneffekte, die sich erst durch *längere* Interaktionen einstellen, bleiben so unberücksichtigt.
- Viele ältere Arbeiten genügen nicht den Standards heutigen Experimentierens: Die Laborexperimente wiesen nur geringe externe Validität auf, weil in ihnen Gruppenbedingungen hergestellt wurden, die mit der Alltagswirklichkeit kaum vergleichbar waren.
- Zudem ist fraglich, ob die Ergebnisse von Studien miteinander vergleichbar sind, weil die Forscher mit viel Phantasie »Leistung« unterschiedlich operationalisierten. Zwar lässt sich die Quantität von Leistungen noch einigermaßen plausibel messen, was für die Qualität jedoch nicht zutrifft: Ihre Maße sind zumeist fragwürdig.
- Schließlich ergibt sich eine weitere Einschränkung aus dem Umstand, dass die Gruppenarbeit ausschließlich und isoliert von ihrem Ergebnis her beurteilt wurde. Alle weiteren Bedingungen des Zusammenwirkens der Gruppenmitglieder und die Konsequenzen, die aus der gemeinsamen Arbeit resultieren, bleiben fast gänzlich außer Betracht.

> Es ist zu konstatieren, dass die Ergebnisse immer nur für jede einzelne Untersuchung gelten, d. h. jeweils im Zusammenhang mit bestimmten Charakteristika der zu lösenden Aufgaben, der zusammengeführten Mitglieder und der (vorgegebenen oder gewählten) Gruppenstruktur. Statt einer generellen Aussage über den individuellen Leistungsgewinn in Gruppen an sich, kann es daher nur einzelne deskriptive Aussagen über spezielle Gruppenergebnisse geben, etwa nach dem Muster: »Eine Person kann bei schwierigen Aufgaben in einer Dreiergruppe dann einen Leistungsgewinn erzielen, wenn die anderen Mitglieder gleich intelligent (oder aber intelligenter) sind.«

5.3 Gruppenleistung

Erfahrungsberichte einzelner Betriebe und Umfrageergebnisse, nach denen die Einführung von Gruppenarbeit zum Beispiel zu Kostenreduzierung, Qualitätsverbesserung, Produktivitätssteigerung und Fehlzeitenverringerung führen sollen (vgl. Antoni, 1995, S. 29 ff.), können zwar ein Indiz für die mögliche wirtschaftliche Effizienz von Gruppenarbeit geben, sind aber genauso vorsichtig zu bewerten wie die Ergebnisse der empirischen Kleingruppenforschung. Insbesondere vor dem Hintergrund, dass verschiedene Formen von Gruppenarbeit im Rahmen umfassender Reorganisationsmaßnahmen eingeführt wurden, muss kritisch hinterfragt werden, ob die angesprochenen Effekte eindeutig und ausschließlich der Einführung von Gruppenarbeit zugeordnet werden können. Häufig wird gleichzeitig mit der Einführung von Gruppenarbeit der Prozessablauf neu strukturiert und der Entscheidungs-, Kontroll-, und Handlungsspielraum der Mitarbeiter verändert, sodass ein Effizienzvergleich zur Einzelarbeit nicht mehr möglich ist. Damit ist ausgesagt, dass es eine Vielzahl von Faktoren gibt, die den Zusammenhang zwischen Gruppenarbeit und Leistung beeinflussen.

Effizienz? Nur ganz vorsichtig interpretieren!

Ein vorläufiges *Fazit* ist, dass eine Überlegenheit der Gruppenleistung gegenüber der besten Individualleistung sich nicht generell und stets einstellt. Vielmehr ist sie nur eine Möglichkeit bzw. eine Chance, die bei positiver Gestaltung aller die Gruppenleistung beeinflussenden wichtigen Faktoren genutzt werden kann.

Auf der Basis der wichtigsten der genannten Gruppenmerkmale gelangt Franke (1980) in einer interessanten Zusammenfassung zur Unterscheidung von sechs mit

Integrierende und differenzierende Effekte

Abb. 2-25

Integrierende und differenzierende Gruppeneffekte

Integrierende Gruppeneffekte	Kennzeichnung	Übersteigerungsgefahren
Festlegungseffekt	Bestimmung von Gruppenzielen und Symbolwerten	Kreativitätshemmende Unbeweglichkeit der Gruppe
Kraftzentrierungseffekt	Sammlung gleichgerichteter Kräfte (mehrerer Personen)	Konzentration auf betriebsfeindliche Ziele und Verhinderung geordneter Abläufe durch affektive Übersteigerung
Anpassungseffekt	Kontrolle und Regulation des Verhaltens durch wechselseitige Einwirkung der Gruppenmitglieder aufeinander	Mangelhafte Situationsanpassung durch übertriebene Solidarisierung, Sachziele des Betriebes treten in den Hintergrund
Differenzierende Gruppeneffekte	**Kennzeichnung**	**Übersteigerungsgefahren**
Ergänzungseffekt	Zusammenfassung verschiedener personeller Leistungsschwerpunkte	Verständigungs- und Kooperationsschwierigkeiten
Anregungseffekt	Beschleunigung geläufiger Denk- und Handlungsweisen	Unangemessene Risikobereitschaft, unnötig großer Zeitaufwand bei einfachen Aufgaben
Anerkennungseffekt	Befriedigung arbeitsrelevanter Bedürfnisse durch die Kollegen der Gruppe	Überbetonung informeller Beziehungen und Vernachlässigung der formellen Gruppenaufgabe

5.4 Gruppenarbeit – theoretische Erklärungsansätze
Einflussvariablen der Gruppenarbeit

> **ZUR VERTIEFUNG**
>
> **»Trittbrettfahrer«**
>
> Ursprünglich waren »Trittbrettfahrer« Personen, die sich von Straßenbahnen kostenlos befördern ließen, indem sie außen – auf dem Trittbrett – verblieben, bis die Schaffner das Beförderungsgeld forderten. In Arbeitsgruppen sind »Trittbrettfahrer« Gruppenmitglieder, die ohne besonderes eigenes Engagement von der Leistung der anderen Gruppenmitglieder profitieren wollen. Hier kommt opportunistisches Verhalten bei Vorliegen einer Informationsasymmetrie zwischen Vorgesetzten und den Gruppenmitgliedern zum Tragen. Die Institutionenökonomie bietet zum Umgang und zur Verhinderung dieses Verhaltens ihre drei klassischen Maßnahmen an: Information, Kontrolle und variable individuelle Vergütung (vgl. Jensen/Meckling, 1976). Diese Maßnahmen mögen wirken, wenn damit tatsächlich die zugrunde liegenden Ursachen angesprochen werden.

der Gruppenarbeit generell verbundenen Effekten. Er unterscheidet sie in *integrierende Effekte*, die der Vereinheitlichung und Intensitätssteigerung der Gruppenaktivitäten dienen, und in *differenzierende Effekte*, die die Wirkungsbreite der Gruppe erweitern können. Sie sind in Abbildung 2-25 kurz überblicksartig zusammengestellt.

5.4 Einflussvariablen der Gruppenarbeit

5.4.1 Determinantenkonzept der Gruppenarbeit

Komplexität

Aus der sozial- und organisationspsychologischen Forschung ist mittlerweile eine Vielzahl von Variablen bekannt, die potenziell Einfluss auf die Arbeit in Gruppen und deren Leistung ausüben können. Neben Einzelvariablen wird auch immer wieder versucht, komplexe Wirkungsbeziehungen zwischen zentralen Variablen abzubilden. Die Komplexität der Thematik, nämlich zum einen die Auswahl der wirklich essentiellen Gruppenkriterien einerseits und der Darstellung der Verknüpfung dieser Variablen andererseits, erlaubt es jedoch kaum, allen Einflussfaktoren in einem Überblickskapitel zu Gruppen gerecht zu werden. Zu unterschiedlich sind die Ansätze und zu viele wichtige Faktoren spielen eine Rolle. Es darf zum Beispiel nicht vergessen werden, dass es sich bei konkreten Gruppen auch immer um dynamische Systeme handelt, in denen Wirkungsbeziehungen immer Veränderungen und zeitlichen Einflüssen unterliegen. Angesichts dieser Komplexität der Materie sollen anhand der folgenden Abbildung 2-26, die eine typische Darstellung zur Analyse von Gruppeneinflussfaktoren innerhalb eines *Input-Prozess-Output*-Rahmens (I-P-O-Modell) beinhaltet, sehr wichtige und häufig diskutierte Variablen diskutiert werden. Die Gruppenforschung greift dabei traditionell auf diese I-P-O-Perspektive zurück (vgl. McGrath, 1964, 1984; McGrath/Tschan, 2004; Hackmann/Morris, 1975, S. 5 ff.), mit der die Gruppenleistung als Ergebnis von Input- und Prozessgrößen verstanden wird.

Input-Prozess-Output-Modell

Die Abbildung zeigt drei zentrale *Inputfaktoren*, die innerhalb von Betrieben als Umweltfaktoren interpretiert werden, dies sind die betriebliche Umwelt respektive

5.4 Einflussvariablen der Gruppenarbeit

Abb. 2-26

Input-Output-Modell mit zentralen Einflussvariablen der Arbeit in Gruppen

Input: Gruppenmitglieder, Gruppenmerkmale, Organisationsumwelt

Prozess (System/Gruppe): Normen Standards, Interaktion, Kohäsion, Rollen, Gruppenspezifisches Handeln, Konflikte, Zeit

Output: Gruppenleistung, Sonstiges

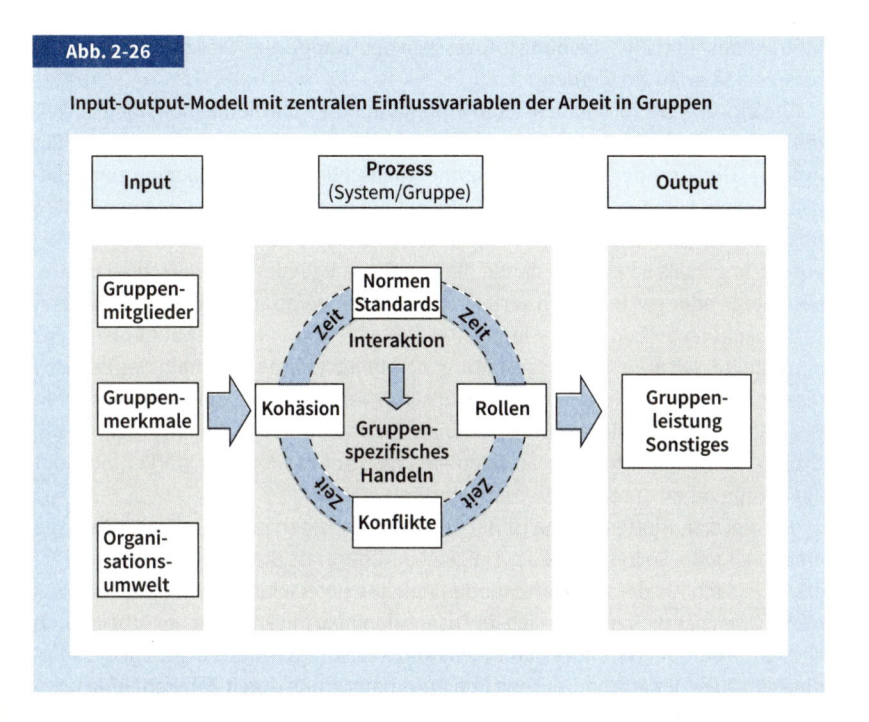

die Organisationsumwelt, die Gruppenmitglieder (mit ihren Qualifikationen, Eigenschaften u. a.), aus welchen die Gruppe zusammengesetzt ist respektive Wird, sowie die eng damit verbundenen Merkmale der Gruppenstruktur (z. B. Arbeitsteilung, Größe). Diese gelten als Determinanten der Gruppenprozesse, die sich innerhalb der Gruppe abspielen. Ein zentrales Thema von *Prozessvariablen* ist die (Weiter-)Entwicklung einer spezifischen Gruppenkohäsion, welche vereinfacht ein »Wir-Gefühl« der Gruppe ist. Auch die Entstehung von Konflikten, spezifischen Rollen innerhalb der Gruppenmitglieder und schließlich die Ausarbeitung von Gruppennormen und -standards wird regelmäßig im Kontext von Gruppen thematisiert. Daneben entstehen in den Gruppeninteraktionen auch ganz spezifische »Gruppenhandlungsmuster«. Schlussendlich ergibt sich die Gruppenleistung als zentraler *Output*, ergänzt um sonstige Wirkungen wie Mitarbeiterzufriedenheit, Einstellungswandel u. Ä. Im Folgenden sollen ausgewählte Erkenntnisse zu diesen Gruppenphänomenen erläutert werden.

5.4.2 Inputvariablen

Betriebliche Umwelt

Die betriebliche Umwelt umfasst Einflussvariablen wie Aufgabenstellung und -struktur, die Technologie, die Arbeitsbedingungen, die Organisationsstruktur, die Organisationskultur, Anreizsysteme etc. Von ihr gehen entscheidende *Impulse* auf

5.4 Gruppenarbeit – theoretische Erklärungsansätze
Einflussvariablen der Gruppenarbeit

Einflussvariablen

Interaktions- und Entscheidungsprozesse in der Gruppe aus. Dies soll nachfolgend beispielhaft erläutert werden.

Die eingesetzte *Technologie* kann Einfluss auf die Kommunikationsmöglichkeiten und die notwendige wie mögliche Interaktion der Personen an sich nehmen. Ein erhöhter Geräuschpegel kann die zwischenmenschliche Kommunikation zum Erliegen bringen, somit negativ auf die Entwicklung einer gemeinsamen emotionalen Basis wirken. Teams, die räumlich beieinander arbeiten können, haben andere Voraussetzungen als solche, bei denen die Gruppenmitglieder über verschiedene Gebäudeteile oder gar Regionen verteilt sind. Auf Kooperation ausgerichtete *Organisationskulturen* geben andere Impulse in Projektgruppen als eher auf Konkurrenz eingestellte Kulturen. Die Ausgestaltung der *Anreizsysteme* innerhalb des Betriebs nimmt ebenfalls Einfluss auf das gewünschte Verhalten und die Ausprägung von Beziehungen innerhalb der Gruppe. So stellt sich beispielsweise die Frage, ob die Gruppe als Kollektiv für eine Gruppenleistung belohnt wird oder stärker Individualanstrengungen durch den Betrieb honoriert werden.

Aufgabenart und Effizienz

Ein viel diskutiertes Thema ist neben diesen Aspekten jedoch insbesondere die *Art der Aufgabe*. So besteht heute Einigkeit darüber, dass die Effizienz von Gruppenarbeit je nach Art der zu bearbeitenden Aufgabe unterschiedlich beurteilt werden muss. Offensichtlich ist, dass sich im Zusammenhang mit körperlicher Arbeit durch einfache Addition der Kräfte bemerkenswerte Leistungsvorteile ergeben, die allerdings im Zuge der Mechanisierung und Automatisierung durch Zuhilfenahme technischer Hilfsmittel bedeutend rationeller erreicht werden können. Wenn also heute zunehmend die Erledigung körperlicher Arbeiten statt auf Einzelarbeitsplätzen in Gruppen organisiert wird, so soll dadurch auch ein Abbau von Monotonie durch Erweiterung und Bereicherung der Arbeitsinhalte erreicht werden.

Organisationsstruktur

Die *Organisationsstruktur* hat insbesondere Einfluss auf das Motivationspotenzial von Arbeitsaufgaben. Es ist in der Regel von einer leistungsförderlichen Wirkung von flachen im Gegensatz zu tiefen Hierarchien auszugehen. Zum einen verbessern flache Hierarchien die Zusammenarbeit zwischen den Führungskräften und den Mitarbeitern dergestalt, dass die Führungskraft durch ihre unmittelbare Nähe zum Produktionsprozess bessere Informationen über den Arbeitsablauf, die Arbeitsgruppe und ihre Mitglieder besitzt. Zum anderen werden motivationsförderliche Bedingungen wie größere Handlungsspielräume mit gesteigerter Eigenverantwortung für die eigene Tätigkeit seitens der Gruppe möglich. Positive Effekte werden insbesondere von der Möglichkeit, selbstständig die Ausführung von Aufgaben planen und durchführen zu können erwartet. Voraussetzung hierfür ist jedoch ein ausgereiftes Feedbacksystem, welches den Gruppen Informationen über die entscheidenden Messgrößen zur Beurteilung der eigenen Leistungsfähigkeit bereitstellt und somit einerseits kontrollierend wirkt, andererseits jedoch auch Orientierung für das Leistungsverhalten bietet.

Gruppenmitglieder

Individuelle Charakteristika

Zunächst einmal haben die individuellen Charakteristika der Gruppenmitglieder einen nachvollziehbaren Einfluss. Qualifikationen (für sich und im Zusammenspiel passend oder nicht), Erfahrungen (i. S. von Arbeitskenntnis im Umgang mit Grup-

Einflussvariablen der Gruppenarbeit 5.4

pen), Motive (bspw. Stärke sozialer Motive) Eigenschaften (gerade mit Auswirkungen auf die Gruppeninteraktion), Werte und Einstellungen zu Dingen wie Personen(-gruppen) stellen zentrale Determinanten der Gruppenarbeit dar. Jedes Gruppenmitglied bringt dabei individuell, also in der Gruppe mehrfach, solche Charakteristika mit ein. Sie stellen gewissermaßen den Ausgangspunkt der Gruppenarbeit dar. Durch eine im besten Fall gezielte, passende Auswahl und Zusammensetzung einer Gruppe kann man hier bereits einige erfolgskritische Handlungen unternehmen.

Von großer Bedeutung für die Bildung von Gruppen sind in diesem Zusammenhang die *personalen Beziehungen* der Gruppenmitglieder untereinander. Insbesondere die wahrgenommene Ähnlichkeit und die Kontaktfrequenz der Personen spielen hier eine entscheidende Rolle. Gerade formale organisationale Bedingungen, wie die Notwendigkeit in räumlicher Nähe miteinander zu arbeiten, notwendiger regelmäßiger Informationsaustausch zwischen Personen oder gar die einfache Zusammenarbeit wirken förderlich auf die Entwicklung eines »Wir-Gefühls« und gegenseitiger Sympathie. Neben dem Kontakt der Personen erscheint essentiell, dass für die Einzelpersonen zudem instrumentelle Erwartungen mit diesen verknüpft sind, d.h. positive Konsequenzen für das Individuum. Siehe auch den oberen Teil der Abbildung 2-27. Eng mit den Charakteristika der Gruppenmitglieder verbunden sind die folgend angeführten Gruppenmerkmale.

Beziehungen untereinander

Gruppenmerkmale
Besondere Aufmerksamkeit wurde in Bezug auf die Zusammensetzung der Gruppe der Frage nach der *Homogenität versus Heterogenität* bzw. der Diversität einer Gruppe zuteil. Obwohl eine Reihe von Untersuchungen zu der Fragestellung der Auswirkungen von heterogenen und homogenen Gruppen vorliegt, können die Ergebnisse allerdings kaum ein eindeutiges Bild vorweisen. Insbesondere die Multidimensionalität des Begriffs und eine uneinheitliche empirische Messung bzw. Berechnung erschweren die Interpretation der Auswirkungen von Heterogenität auf Basis der vorliegenden wissenschaftlichen Erkenntnisse. Gruppen können hinsichtlich einer Vielzahl von Merkmalen als heterogen beschrieben werden. Genannt seien hier beispielhaft das Alter, die Ethnie, die Intelligenz, die Fähigkeiten, das Geschlecht etc. Besonders in der US-amerikanischen Literatur finden sich eine Reihe von Untersuchungen zu Unterschieden im kulturellen und ethnischen Hintergrund oder auch dem Geschlecht. Vielfach werden diesbezüglich heterogenen Gruppen bessere Leistungen in Kreativitätsaufgaben und auch anderen Leistungsaufgaben zugesprochen. Dies trifft auch und insbesondere auf Gruppen mit unterschiedlichen fachlichen Hintergründen zu. Einher mit der Diversität geht jedoch ebenfalls ein höheres Konfliktpotenzial, das wiederum zu Prozessverlusten und Leistungsminderung führen kann. Als Folgen der Heterogenität wurden auch höhere Fluktuationsraten, geringere Gruppenkohäsion und eine verminderte Kommunikationshäufigkeit beobachtet (vgl. von Rosenstiel, 2004, S. 403 f.).

»Viele, verschieden gestimmte Seiten geben erst Harmonie.«
Joseph von Eichendorff

Hinzuzufügen sind solche internen organisatorischen Variablen wie horizontale und vertikale *Arbeitsteilung* und *Gruppengröße*. Auch sie üben unterschiedliche Einflüsse auf die Gruppenarbeit aus.

5.4 Gruppenarbeit – theoretische Erklärungsansätze
Einflussvariablen der Gruppenarbeit

Diversität von Gruppen

Wegge (2014, 2001a, S. 41 ff.) nennt in seiner aufschlussreichen Darstellung des Forschungsstands zur Zusammensetzung in Gruppen drei *Hauptprobleme* der Begriffe »Diversität oder Heterogenität« von Gruppen:

- Zum ersten sind letztlich alle Gruppen als divers hinsichtlich irgendwelcher Merkmale zu nennen. So können auch unterschiedliche Kleidung, unterschiedliche Haarfarben oder auch unterschiedliches Freizeitverhalten die Heterogenität einer Gruppe beschreiben.
- Ein zweites Problem liegt in der Dimensionierung des Begriffs der Heterogenität, der prinzipiell unendlich viele Beschreibungsmerkmale enthalten kann, ohne diese näher zu spezifizieren. Zudem ist es auch immer fraglich, inwiefern diese Diversität oder die Homogenität von den Gruppenmitgliedern überhaupt bewusst wahrgenommen wird.
- Das dritte Problem befasst sich mit der nicht einheitlichen Methodik bei der Messung von Homo- versus Heterogenität in Gruppen. Hier lässt sich eine Vielzahl von Ansätzen unterscheiden, von denen keiner unstrittig hinsichtlich seiner Anwendbarkeit ist. Reicht es beispielsweise aus, einfach die Varianz einer Verteilung hinsichtlich eines Merkmals zu betrachten oder müssen nicht gleichzeitig mehrere Merkmale betrachtet werden? Ist es überhaupt logisch sinnvoll, über

Abb. 2-27

Merkmale der Gruppenmitglieder

Fähigkeiten und Fertigkeiten	• Gruppen mit überwiegend hohen Ausprägungen allgemeiner Fähigkeiten und/oder aufgabenspezifischer Fertigkeiten leisten mehr als • Gruppen, deren Mitglieder heterogen bezüglich allgemeiner Fähigkeiten und/oder aufgabenspezifischer Fertigkeiten sind. Diese leisten wiederum mehr als • Gruppen, deren Mitglieder vor allem niedrige Ausprägungen der allgemeinen Fähigkeiten und/oder aufgabenspezifischer Fertigkeiten besitzen.
Gruppengröße	• Mit steigender Gruppengröße steigt das Ungleichgewicht der Interaktion der Gruppenmitglieder und umso stärker wiegen Koordinationsverluste, deren Folge Leistungsabfälle sind. • In großen Gruppen kommt es eher zu Konflikten, verringerter Arbeitsmotivation, mehr Fehlverhalten und es wird weniger Hilfeverhalten gezeigt. • Im Bereich von 2 bis 10 Personen kommt es in größeren Gruppen zu einem stärkeren Fehlerausgleich und einer Steigerung der Kreativitätsrate. • Je größer eine Gruppe ist, desto mehr kann auf wichtige Ressourcen wie Wissen, Geld, Netzwerke der Einzelnen zurückgegriffen und diese genutzt werden. • Größeren Gruppen wird im Vergleich zu kleineren Gruppen eine höhere Legitimität zugesprochen. • Natürliche Gruppen überschreiten selten die Anzahl von fünf Personen. • Die Mehrzahl von Personen fühlt sich in Gruppen bis zu fünf Mitgliedern am wohlsten.
Wissensverteilung	• Gruppenlösungen werden häufig erst dann erkannt, wenn mindestens zwei Mitglieder diese favorisieren (s. a. die Ausführungen zur Polarisierung, Teil 2, Kap. 5.4.3.5). • Gruppenentscheidungen sind qualitativ besser, je mehr ungeteiltes resp. Spezialwissen der Einzelgruppenmitglieder in den Diskussionsprozess hineingeführt werden (s. a. die Ausführungen zum Collective Information Sampling, Teil 2, Kap. 5.4.3.5).

Quelle: In Anlehnung an *Wegge*, 2001a, S. 52

5.4 Einflussvariablen der Gruppenarbeit

mehrere Merkmale hinweg eine Unterschiedlichkeit oder Gleichheit innerhalb einer Kennzahl zu aggregieren?

Hinsichtlich unterschiedlicher Merkmale der Gruppenmitglieder kommt Wegge (2001a, S. 52 ff., 2014) in seiner Darstellung des Forschungsstands auf folgende, in Abbildung 2-27 wiedergegebenen zentralen Erkenntnisse.

Hinsichtlich der Gruppengröße gilt, dass es nicht die ideale Gruppengröße gibt, sondern diese vielmehr abhängig von den zu tätigenden Aufgaben ist (s. Abbildung 2-27). Es gilt vielmehr, Gruppen »so klein wie möglich und so groß wie nötig« zu organisieren.

Gruppengröße

5.4.3 Prozessvariablen

5.4.3.1 Gruppenkohäsion

Die Grundlagen der wissenschaftlichen Auseinandersetzung zur Diskussion des Konzepts der Kohäsion liegen in den theoretischen und praktischen Erkenntnissen von Kurt Lewin und Leon Festinger, die gemeinsam mit ihren Kollegen am Research Center for Group Dynamics (Massachusetts Institute of Technology) zusammengearbeitet haben. Aufbauend auf Arbeiten zur Feldtheorie Lewins erforschten Festinger und seine Kollegen die Bildung informaler Gruppen. So plausibel sich danach das Phänomen der Kohäsion vordergründig erschloss, so problematisch hat sich die systematische Erforschung des Konstrukts dargestellt (vgl. Mudrack, 1989, S. 771 ff.; von Rosenstiel/Nerdinger, 2011, S. 288 ff.).

Gruppenkohäsion wird hier als Sammelbegriff für eine Reihe von Phänomenen verstanden und ist insofern ein zusammengesetztes (uneinheitliches) Konstrukt. Es ist letztlich der Ausdruck für den inneren Zusammenhalt einer Gruppe, die psychologische Kraft, die sich auf die Mitglieder einer Gruppe auswirkt und sie veranlasst, in der Gruppe zu bleiben und mit ihr konstruktiv zu arbeiten. Sie wird von verschiedenen Faktoren beeinflusst, vor allem dem Wert der Interaktion mit anderen Gruppenmitgliedern, dem Wert der Gruppenaktivitäten für die Einzelnen, dem Ausmaß, in dem mit Hilfe der Mitgliedschaft weiterreichende Ziele (Prestige, Entgelt) erreicht werden können, dem Ausmaß, in dem außerhalb der Gruppe attraktiver Nutzen erreichbar ist, u. Ä. Eine durchgehend hohe Attraktivität der Gruppe, d. h. eine geringe Streuung der individuellen Attraktivitätsgrade für die Mitglieder bzw. in der Gruppe, bedeutet eine hohe Gruppenkohäsion und spricht für ein wahrscheinliches Weiterbestehen einer Gruppe et vice versa. Die Kräfte basieren vor allem auf dem Ausmaß, in dem die Mitglieder einander Interesse entgegenbringen und Interesse an den Aktivitäten der Gruppe haben. Dies alles ist umso stärker ausgeprägt, je größer die Komplementarität der Motive und die Ähnlichkeit der Interessen, Erwartungen, positiven Erfahrungen und Einstellungen unter den Mitgliedern der Gruppe sind. Umso größer ist dann letztlich die Attraktivität, die die Gruppe auf alte und neue Mitglieder ausübt, was wiederum in der Stabilität der Gruppe ihren Ausdruck findet. In der Gruppenattraktivität und -stabilität schlägt sich das Ausmaß nieder, in dem eine Gruppe für ihre Mitglieder instrumentellen Charakter zur Befriedigung indivi-

Begriff der Gruppenkohäsion

5.4 Gruppenarbeit – theoretische Erklärungsansätze
Einflussvariablen der Gruppenarbeit

dueller Bedürfnisse (»Instrumentalität«) in der und durch die Gruppe besitzt. Doch auch bei geringer Kohäsion kann ein Weiterbestehen der Gruppe gewährleistet sein. Dies ist dann der Fall, wenn die Gruppenmitglieder von der Gruppe abhängig sind oder es zumindest so empfinden. Eine hohe Gruppenkohäsion zeigt sich beispielsweise darin, dass Absentismus und Fluktuation gering sind sowie ein Füreinandereinstehen stärker ausgeprägt ist.

Folgen

Bedingungen und Folgen von Gruppenkohäsion sind empirisch ausgiebig untersucht worden. Die wichtigsten Befunde sind (vgl. von Rosenstiel/Nerdinger, 2011, S. 290 ff.): *Höhere Kohäsion* existiert tendenziell stärker in kleineren Gruppen, erfolgreicheren Gruppen, homogenen Gruppen (in Bezug auf Ausbildung, Einstellungen) und Gruppen mit längerer Dauer des Zusammenseins.

Allerdings zeigt ein Blick auf diese Befunde, dass Gründe für höhere Kohäsion nicht selten identisch sind mit Merkmalen der Definition von Kohäsion, wie zum Beispiel Homogenität und Erfolg. Insofern wird wohl von einer Ko-Variation zwischen Kohäsion und anderen Merkmalen auszugehen bzw. werden Interdependenzen anzunehmen sein. Dies ist leicht erklärbar mithilfe einer Beschreibung erfolgreicher teilautonomer Arbeitsgruppen. Eine in der Fertigung tätige teilautonome Arbeitsgruppe ist umso erfolgreicher, je bessere Möglichkeiten zur Kooperation im Rahmen der Aufgabenbewältigung gegeben sind. In Kleingruppen existieren bessere Möglichkeiten zu größerer Kontakthäufigkeit. Mit zunehmender Anzahl der Kontakte wächst zudem die wechselseitige Sympathie der Gruppenmitglieder zueinander. Dies fällt seinerseits verstärkend zurück auf die Kontakthäufigkeit. Für erfolgreiche Arbeit bestehen insofern günstige Bedingungen. Der Erfolg fördert die Kohäsion; umgekehrt fördert die Kohäsion den Erfolg.

Beziehung »Kohäsion und Leistung«

Gerade für den Leistungskontext gilt, dass die Beziehung zwischen Kohäsion und Leistung letztendlich ungeklärt ist. Untersuchungen weisen so zum einen auf eine positive Wirkung der Kohäsion auf die Leistung hin, andererseits jedoch ebenfalls auf einen positiven Einfluss der Leistung auf die Entwicklung von Kohäsion in Gruppen. Entsprechend wird von einer Wechselbeziehung von Kohäsion und Leistung gesprochen.

Andere positive wie negative Folgen können mit starker Kohäsion zusammenhängen (vgl. Forsyth, 1999, S. 160 ff.). Eine Vielzahl von Studien von Gruppen in den unterschiedlichsten Kontexten wie Industrie, Sport oder auch Bildung hat zu der Erkenntnis geführt, dass Gruppen mit hoher Kohäsion bei den Mitgliedern eine höhere Zufriedenheit auslösten als nicht-kohäsive Gruppen. Ebenso fördert Kohäsion psychologische Gesundheit in dem Sinne, dass Angstempfinden und Spannungsgefühle niedriger in diesen Gruppen ausgeprägt sind und der Umgang untereinander positiver. Zudem zeigt sich eine effektivere Verarbeitung von Stress in Gruppen mit einer höheren Kohäsion. Mit wachsender Gruppenkohäsion intensiviert sich auch die Dynamik der Gruppe. Gruppenziele, -normen und -entscheidungen werden schneller anerkannt. Ebenfalls nimmt der Konformitätsdruck zu, während zugleich Widerstände gegen diese abnehmen. Mitglieder von hoch kohäsiven Gruppen reagieren auf Verstöße gegen den Gruppenkonsens äußerst negativ und benutzen harte Methoden, um diejenigen, die gegen den Konsens gewirkt haben, wieder in Einklang mit der Gruppe zu bringen.

5.4.3.2 Normen und Standards

Unter (Gruppen-)*Normen* versteht man inhaltlich definierte, für obligatorisch erklärte sowie relativ konstante Regeln für Individual- wie Gruppenverhalten. Diese werden weitgehend von allen Gruppenmitgliedern akzeptiert und besitzen z. T. nicht nur Geltung am Arbeitsplatz selbst, sondern sogar darüber hinaus. In Gruppen wird entsprechend eine abnehmbare Varianz an Verhaltensweisen und Meinungen beobachtet. Gruppenmitglieder entwickeln offenbar gemeinsame Erwartungen daran, wie sich ein Gruppenmitglied in einer bestimmten Situation zu verhalten hat.

Unter *Standards* werden informelle operationalisierte Verhaltensweisen verstanden. Im Vergleich zu Normen sind Standards den Gruppenmitgliedern stärker bewusst. Steinmann/Schreyögg/Koch (2013, S. 553) sprechen hier auch von »... operationalisierte[n] Verhaltensweisen, die in informellen Richtlinien und Richtwerten ihren Niederschlag finden«. Beispiele für Standards können informelle Übereinstimmungen zwischen Gruppenmitgliedern über einen bestimmten Akkord bei der Leistungserbringung sein oder noch tolerierte Pausen während der Arbeit, oder Tage, an denen ein Gruppenmitglied »blau feiern« darf. Standards können bei der Einhaltung der Gruppennormen helfen.

Das Zusammenwirken von Normen und Standards kann *regulativ für zwischenmenschliches Verhalten* wirken. Zum einen manifestieren sie sich in konkreten Verhaltenserwartungen an die Rolleninhaber, zum anderen in Strategien der Aufgabenbearbeitung. Deren *negative Konsequenzen* können in der Einengung der eigenen Handlungsanweisungen gemäß den Erwartungen der anderen Gruppenmitglieder liegen, somit einen Zwang für Personen auferlegen. Im *Positiven* hingegen können Standards und Normen auch eine Entlastung gerade in schwierigen Situationen bedeuten. Zudem machen unter Umständen einheitliche Normen die Erlangung schwer erreichbarer Ziele erst möglich und können somit zum Vorteil für alle Gruppenmitglieder werden. Besonders in kohäsiven Gruppen wirkt die Verhaltensbeeinflussung durch Normen. Dort wirken entsprechend leistungsförderliche Normen gerade durch den hohen Zusammenhalt besonders positiv bei der Leistungserbringung. Dieser Zusammenhang ist jedoch weniger eindeutig für Gruppen, welche hauptsächlich gemeinsame Probleme lösen und Entscheidungen fällen müssen. Normen können dort zu einer Starre im Denken führen, Kreativität und Innovationen verhindern, da innovative Ideen insbesondere von Außenseitern oder auch Minderheiten in Gruppen kommen können (vgl. von Rosenstiel, 2004, S. 403 ff.).

Vielfach wird den Gruppennormen eine wichtige Rolle hinsichtlich der Wirkungsweise der Gruppenkohäsion zugesprochen. Demnach führt eine hohe Gruppenkohäsion allgemein zur Einhaltung von Gruppennormen, und zwar unabhängig davon, ob diese auf die Gesamtleistung der Gruppe einen positiven oder aber negativen Einfluss haben. In unterschiedlichen Versuchen konnte dieser Zusammenhang zwischen Gruppenkohäsion und Leistung in Abhängigkeit der Gruppennorm dargestellt werden (vgl. Langfred, 1998, S. 124 ff.). Demnach kam es bei hoch kohäsiven Gruppen mit stark ausgeprägten Arbeitsnormen zu der größten Gruppenleistung, hingegen bei Gruppen mit hoher Kohäsion und niedriger Arbeitsnorm umgekehrt

---

»Man darf die Wahrheit nicht mit der Mehrheit verwechseln.«
Jean Cocteau

»Willst du das Leben leicht haben, so bleibe immer bei der Herde.«
Friedrich Nietzsche

Gruppenkohäsion

5.4 Gruppenarbeit – theoretische Erklärungsansätze
Einflussvariablen der Gruppenarbeit

zu tendenziell niedrigeren Leistungen. Wieweit solche Ergebnisse verallgemeinert werden können, ist allerdings offen.

5.4.3.3 Rollen

Rollen sind relativ konsistente, in der Regel aber interpretationsbedürftige und -fähige Bündel von (normativen) Erwartungen, die an Arbeitsplätze und deren Inhaber (von außen oder durch die Inhaber selbst) gerichtet sind (s. bspw. Fischer/Wiswede, 2009, S. 428 ff.). Solche Erwartungen werden als zusammengehörig empfunden und entstammen vor allem kognitiven Prozessen der Stelleninhaber oder deren Umwelt (s. Abbildung 2-28). Eine Ähnlichkeit zu *sozialen Normen* (s. Teil 2, Kap. 5.3.3.2) besteht. Im Unterschied zu diesen richten sie sich jedoch auf ganz bestimmte Stellen. Betriebliche Rollen sind verhältnismäßig strukturierter und formalisierter, eher hierarchischer gegliedert sowie spezialisierter und abgegrenzter als andere Rollen. Sie sind um so eher verhaltenswirksam, je transparenter, einsichtiger und eindeutiger sie formuliert (wahrgenommen) werden, je eher sich die Mitarbeiter mit ihnen identifizieren können und mit dem verbleibenden Freiraum zufrieden sind sowie je stärker die Einhaltung mit positiven und/oder negativen Sanktionen abgesichert ist.

Rollenkonflikte

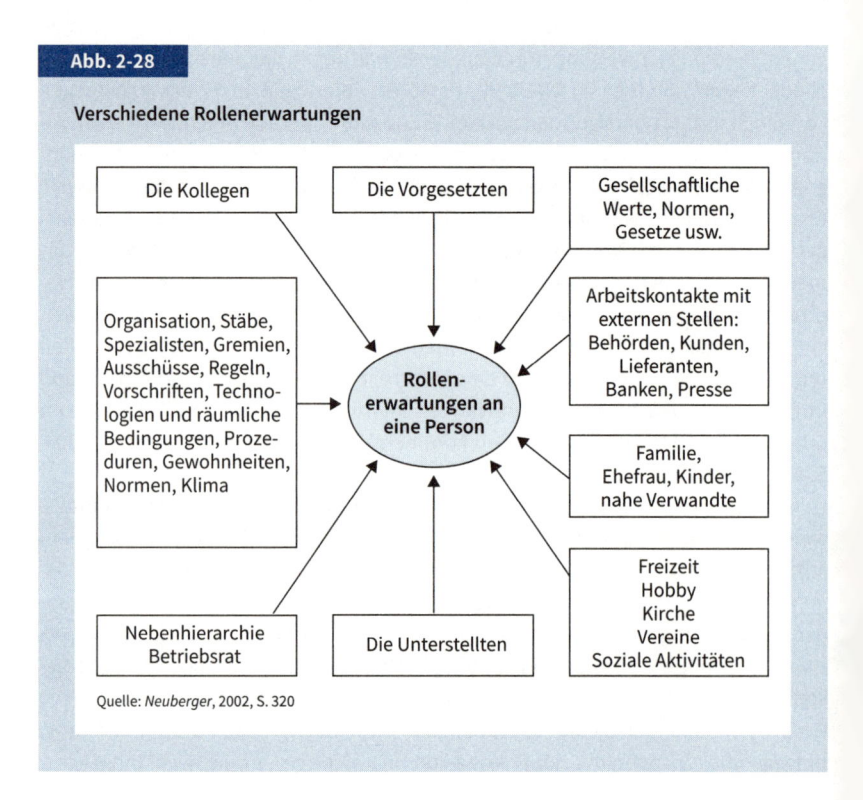

Es ist durchaus möglich, dass die Erwartungen an die Rolle kein klares Bild vermitteln, unterschiedliche Vorstellungen vorherrschen bzw. sie unklar wahrgenom-

Abb. 2-28

Verschiedene Rollenerwartungen

Quelle: *Neuberger*, 2002, S. 320

5.4 Einflussvariablen der Gruppenarbeit

men werden. In diesen Fällen besteht *Rollenambiguität*. Sie ist manchmal durch Betriebe intendiert, um durch sie Freiräume (Rollenselbstgestaltung) und innovativen Druck zu ermöglichen. Hier kann man auch von einem *Rollenkonflikt* sprechen. Er kann sich als Intrarollenkonflikt durch verschiedenartige Erwartungen an einen Stelleninhaber zeigen (z. B. ungestörtes Mitarbeitsgespräch vs. dringender Anruf eines Vorstands) sowie auch als Interrollenkonflikt eines Mitarbeiters (z. B. Stelleninhaber vs. Familienvater, Meister vs. Betriebsrat). *Rollendruck* entsteht durch die den Mitarbeiter stark belastenden Komponenten der sozialen Rolle: Der einzelne Mitarbeiter empfindet Stress. Beispielhaft wird in Abbildung 2-28 aufgezeigt, welche Rollenerwartungen gleichzeitig auf eine einzelne Person wirken können.

Entsprechend ist es nicht verwunderlich, dass viele Mitarbeiter mit Rollenkonflikten konfrontiert sind. Siehe hierzu Abbildung 2-29. Dies ist prinzipiell nicht nachteilig. Dennoch sind Betriebe dazu angehalten, ausreichend zu prüfen (im Rahmen der Personalauswahl, von Versetzungen sowie bei der Gestaltung von Arbeitsbedingungen), inwieweit die Schärfe der Rollenkonflikte von den Personen noch getragen werden können.

Kennzeichen von formalen Gruppen in Betrieben sind bestimmte Zuteilungen von Aufgaben und Arbeiten in der Gruppe. Formalisierte Strukturen wie Organi-

Ausdifferenzierung von Rollen

Abb. 2-29

Mögliche Rollenkonflikte

Konfliktart	Beispiel
Intra-Sender-Konflikt: Die Führungskraft richtet widersprüchliche Erwartungen an sich selbst.	Die Führungskraft verlangt von sich selbst schnelle und zugleich fehlerfreie Aufgabenerledigung.
Inter-Sender-Konflikt: Verschiedene Positionsinhaber richten widersprüchliche Erwartungen an die Führungskraft.	Der Vorgesetzte der Führungskraft erwartet eine erfolgreiche Durchsetzung unpopulärer Entscheidungen, während die Mitarbeiter Abschirmung, Verständnis und Rücksichtnahme wünschen.
Inter-Rollen-Konflikt: Aufgrund unterschiedlicher Rollenzugehörigkeiten ist die Führungskraft mit widersprüchlichen Erwartungen konfrontiert.	Der mit der Führungsrolle verbundene Zeitaufwand von 50–60 Wochenstunden kollidiert mit Anforderungen in der Familie.
Personen-Rollen-Konflikt: Die Führungskraft kann Rollenerwartungen nicht mit ihrem Selbstbild in Einklang bringen.	Die Führungskraft identifiziert sich zu sehr mit ihren Fachaufgaben und betrachtet ihre Führungsrolle als lästige Nebenaufgabe.
Rollenambiguitätskonflikt: Die Erwartungen an die Führungskraft sind zu unpräzise, nur in Umrissen skizziert und lauten informell ganz anders.	Die Führungskraft wird von ihrem Vorgesetzten aufgefordert, das angeschlagene Arbeitsklima in der Abteilung zu verbessern. Informell wird jedoch in erster Linie eine Steigerung des Outputs erwartet.
Rollenüberlastungskonflikt: Die Menge der positionsspezifischen Anforderungen überfordert die Führungskraft. Sie wird gezwungen, Abstriche zu machen und Prioritäten zu setzen.	Die Führungskraft soll an einem Tag zugleich zwei Kundenbesuche absolvieren, an zwei Konferenzen teilnehmen, mehrere Einstellungsgespräche führen und einen längeren Vortrag vorbereiten und halten.

Quelle: in Anlehnung an *Wunderer*, 2011, S. 296

5.4 Gruppenarbeit – theoretische Erklärungsansätze
Einflussvariablen der Gruppenarbeit

gramme, Stellenbeschreibungen, Arbeitsverträge etc. regeln und bestimmen die Rollen der Gruppenmitglieder aus Sicht des Betriebs. Diese Differenzierung muss jedoch nicht zwangsweise mit den tatsächlich vorzufindenden Rollen übereinstimmen. Es kann als eine empirisch gut erforschte Tatsache angesehen werden, dass es in praktisch jeder Gruppe zu einer Ausdifferenzierung unterschiedlicher Rollen kommt. Hier kann unterschieden werden zwischen vertikalen und horizontalen Unterscheidungen. Vertikal bezieht sich auf die hierarchische Stellung der Gruppenmitglieder zueinander. Vielfach ist die Entwicklung von sogenannten »Hackordnungen« zu beobachten, d. h. innerhalb einer Gruppe bildet sich eine Rangordnung in Bezug auf Einfluss auf und Macht über die unterschiedlichen Gruppenmitglieder aus. Häufig wird eine mehrdimensionale Sichtweise der vertikalen Differenzierung angenommen. Die horizontalen Dimensionen beziehen sich auf weitere spezifische Rollenausprägungen. Hierzu kann die Rolle eines Mitläufers, Sündenbocks, Außenseiters oder auch einfach die eines Aufgabenspezialisten gehören (vgl. von Rosenstiel, 2004, S. 402 f.).

5.4.3.4 Konflikte

»Opposition ist das Salz in der Suppe der Demokratie.« Walter Scheel

Konflikte sind durch den Widerstreit zwischen verschiedenen Kognitionen, Emotionen bzw. Personen gekennzeichnet; dabei existieren in Betrieben verschiedene, nicht ganz überschneidungsfreie Arten von Konflikten: *intrapersonale Konflikte, interpersonale Konflikte, Intra-Gruppenkonflikte* sowie *Inter-Gruppenkonflikte*. Erstere beziehen sich auf innere Spannungen eines Individuums, beispielsweise im Rahmen der Dissonanztheorie. Unter interpersonalen Konflikten versteht man hingegen Spannungen zwischen Personen, die sich durch latente oder offensichtliche Gegensätzlichkeiten auszeichnen. Dasselbe gilt entsprechend auf Gruppenebene, einmal bezogen auf individuelle Mitglieder einer Gruppe, ein anderes Mal bezogen auf (fast) alle Mitglieder von zwei oder mehr Gruppen zueinander. Interpersonale Konflikte sowie Gruppenkonflikte können unterschiedliche Intensitätsgrade und Erscheinungsformen (von leichter Meinungsverschiedenheit bis hin zum Kampf; Konfliktreaktionen) haben. Konflikte gehören zum Alltag eines Betriebes, sind normal, allgegenwärtig, permanent und entgegen allgemeinem Vorurteil oft nützlich für den Betrieb. Sie werden allerdings gewöhnlich negativ mit Unannehmlichkeiten assoziiert und als etwas eingestuft, das möglichst zu vermeiden ist (vgl. Krüger, 1972, S. 41 ff., 1973).

Konfliktwirkungen

Konstruktive und destruktive Konflikte

Ein Konflikt kann aber zwei verschiedene Wirkungsrichtungen haben: eine schädliche (destruktive) und eine nützliche (konstruktive) – und zwar sowohl für den Betrieb als auch die betroffenen Individuen. Beide Kategorien können dabei gleichzeitig in unterschiedlicher Intensität auftreten:
▶ Ein Konflikt wird meist dann *konstruktiv* sein, wenn alle Konfliktparteien und das Parteienumfeld mit der gefundenen Regelung zufrieden sind. Eine eher gleichmäßige Zufriedenheit ist erstrebenswerter, als wenn einige zufrieden, andere dagegen unzufrieden sind. Nützliche Wirkungen können in der Klärung von Proble-

5.4 Einflussvariablen der Gruppenarbeit

men, der Überwindung von Stagnationen und in der Auffindung neuer, potenzieller Probleme sowie Problemlösungen liegen. Dies setzt voraus, dass in den Konfliktepisoden die Entscheidungen durch Anhörung unterschiedlicher Ansichten fundiert, neue Ideen diskutiert oder traditionelle Abläufe in Frage gestellt werden. Konstruktiv ist auch die Steigerung der Zufriedenheit der Mitarbeiter. Konflikte fordern Meinungsäußerungen heraus, ermöglichen teilweise die Durchsetzung eigener Zielvorstellungen und fordern die Persönlichkeitsentfaltung des Einzelnen. Sie stimulieren die Lösung von Problemen. Die nützlichen Wirkungen können jedoch nur bei kooperativ ausgetragenen Sachkonflikten entstehen.
- *Destruktive* Konflikte verhindern dagegen die Reibungslosigkeit der Aufgabenerfüllung und/oder die Mitarbeiterzufriedenheit. Die Zusammenarbeit wird gestört, verzögert oder gelähmt. Das Betriebsklima und auch die Qualität der Arbeit sinken. Die Fluktuation steigt. Suboptimale Kompromisse müssen zur Regelung von Konflikten unter Einsatz von Managementpotenzialen (Kosten) für die Konflikthandhabung eingesetzt werden.

Um konstruktive Wirkungen weitgehend zu erreichen sowie destruktive Wirkungen so weit wie möglich zu vermeiden, bedarf es einer *Konfliktsteuerung*. Diese sollte zunächst davon ausgehen, dass man Konflikte in einem Betrieb nicht endgültig beseitigen oder lösen kann. Es geht demzufolge nicht um die Unterdrückung, Umgehung oder Verlängerung von Konflikten, sondern darum, die Chance der produktiven Nutzung dieser Spannungen zu ergreifen – also es geht um die Handhabung von Konflikten in ihren unterschiedlichen Phasen (s. u.).

Konfliktsteuerung

Konfliktursachen
Die möglichen Ursachen von Konflikten sind allein schon durch die Verschiedenartigkeit des Systems »Betrieb« sehr umfangreich und unterschiedlich. Sich mit ihnen auseinanderzusetzen, schafft ein Verständnis für die eben getroffene Aussage, dass Konflikte oft nicht lösbar sind. In der Regel lassen sich alle speziellen Ursachen auf wenige generelle Ursachenarten zurückführen. Vier *Basisursachen* werden hier differenziert, die z. T. mit inhaltlichen Aspekten der Konfliktfelder korrespondieren (vgl. Krüger, 1972; s. auch Abbildung 2-30):

»Ein Abend, an dem sich alle Anwesenden völlig einig sind, ist ein verlorener Abend.«
Albert Einstein

- *Spannungsverhältnis zwischen Zielen und Mitteln.* Die einem sozio-technischen System zur Verfügung stehenden Ressourcen reichen zu einer völligen Bedürfnisbefriedigung bzw. Zielerreichung der organisatorischen Teileinheiten und Mitarbeiter nicht aus. Dadurch ergeben sich Anspruchsüberschneidungen bzw. Verteilungskonflikte. Dies wird beispielsweise bei den Abteilungsauseinandersetzungen um knappe Budgets deutlich.

Prinzipielle Konfliktursachen

- *Multipersonalität und Komplexität des Systems »Betrieb«.* Die in Betrieben notwendige organisatorische Arbeitsteilung und Strukturierung führt zu Konfliktursachen. Ursächlich beruhen die Konflikte auf Abhängigkeitsbeziehungen, deren Interaktionen sowie den notwendigen Strukturierungen des Betriebs. Beispiele sind im Zusammenhang mit dem Organisationsaufbau und -ablauf, dem Auseinandergehen formaler und informaler Organisation, der Machtverteilung und der Herrschaftsstruktur zu finden.

5.4 Gruppenarbeit – theoretische Erklärungsansätze
Einflussvariablen der Gruppenarbeit

Abb. 2-30

Generelle Konfliktursachen

Spannungsverhältnis zwischen Zielen und Mitteln	Multipersonalität und Komplexität des Systems »Betrieb«	Umweltverbundenheit des Betriebs	Unvollkommenheit der Information
• Stete Begrenztheit von Ressourcen • Permanente intra- und interindividuelle Spannungsverhältnisse • V. a. inhaltliche Konflikte, ggf. auch werthaltige Konflikte	• Mitwirken verschiedener Personen mit ihren individuellen Zielen • Unterschiedliche Bereichsziele (z. B.: Kostensenkung in der Produktion versus Angebotsvielfalt im Vertrieb) • Konflikte auf unterschiedlichen Dimensionen	• Einfluss von außen (z. B. Preisdruck) • Verstärkung interner Konflikte (zwischen betroffenen Bereichen) • V. a. inhaltliche Konflikte, ggf. emotionale Konflikte	• Unvollständigkeit, Mehrdeutigkeit, Interpretationsspielräume, Unsicherheit von Informationen • V. a. inhaltliche Konflikte, ggf. auch werthaltige Konflikte

▸ *Umweltverbundenheit des Betriebs.* Durch die Beziehungen des Betriebs zu dem betrieblichen Umsystem können Außenkonflikte entstehen und Innenkonflikte beeinflusst werden. Je nachdem, wie es dem Betrieb gelingt, sich der Abhängigkeit und den Beziehungen zu entziehen, verringert sich der Einfluss. Beispiele sind die Machtkämpfe mit Konkurrenten und die Einflussversuche der Öffentlichkeit.

▸ *Unvollkommenheit der Information.* Eine weitere Konfliktursache entsteht dadurch, dass Informationen oft mangelbehaftet sind (Unvollständigkeit, Unbestimmtheit, Unsicherheit). Die Unvollkommenheit der Information kann dazu führen, dass selbst bei gleichen Zielen Personen in Konflikt zueinander geraten. Sie beurteilen einfach Probleme unterschiedlich.

Konflikthandhabung statt -lösung

Diese vier generellen Ursachen und die daraus resultierenden speziellen Ursachen lassen sich zwar abschwächen, teilweise auch beseitigen, aber *nicht vollständig* aufheben. Dadurch sind auch die verursachten Konflikte i. S. einer endgültigen Lösung nicht sämtlich überwindbar. Es ist von daher lediglich die bereits angesprochene Handhabung dieser Konflikte im Rahmen einer Konfliktsteuerung möglich (vgl. Krüger, 1972, S. 24 ff.).

Mitarbeiter und Organisationseinheiten tragen zudem zum Entstehen von Spannungen bei Konflikten bei, geraten aber auch durch Systemzwänge selbst unter Druck. Es bilden sich sogenannte Konfliktfelder, die alle für ein Konfliktproblem wichtigen Variablen und deren Beziehungen zueinander umfassen. Sie lassen sich nach inhaltlichen und dynamischen Aspekten typisieren.

Inhaltliche Konfliktfelder: Konfliktdimensionen

Inhaltliche Aspekte der Konfliktfelder betreffen drei verschiedene *Dimensionen*, die z. T. mit Konfliktursachen korrespondieren (s. Abbildung 2-31):

5.4 Einflussvariablen der Gruppenarbeit

- Auf der *sachlich-intellektuellen Dimension* finden Sachkonflikte statt. Sie lassen sich unterscheiden in *Zielkonflikte* über die Art der zur Verfügung stehenden Aufgaben und ihrer Bewertung, in *Mittelkonflikte* über die Wege der Zielerfüllung und in *Informationskonflikte* durch den unterschiedlichen Informationsstand bzw. die unterschiedliche Informationsbewertung der Konfliktparteien. Prinzipiell dienen Konflikte auf dieser Ebene der sachlichen Auseinandersetzung über Fragen der Arbeitserfüllung. Mit ihnen sind am ehesten konstruktive Wirkungen zu erzielen.

    Ziel-, Mittel- und Informationskonflikte

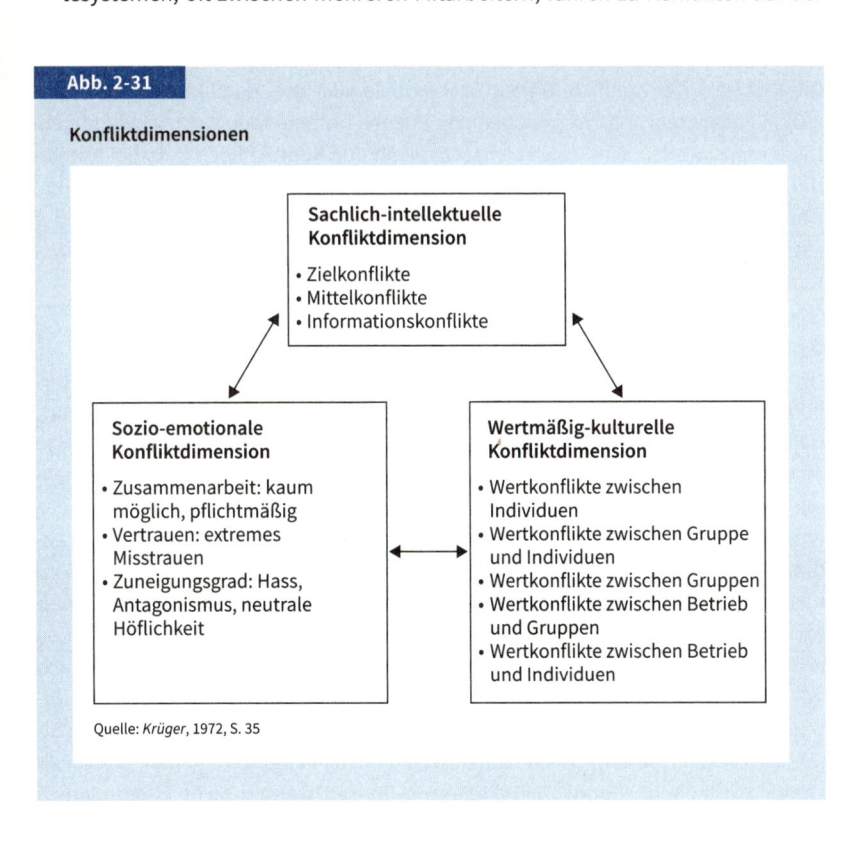

- Die *sozio-emotionale Dimension* bezieht sich auf die zwischenmenschlichen Beziehungen und die Emotionen der Konfliktparteien während der Ausübung von Sachkonflikten. Durch unterschiedliche Standpunkte können Gefühlserregungen wie Misstrauen, Abneigung, Hass, aber auch Sympathie entstehen. Damit wird nicht nur der konkrete Sachverhalt zusätzlich verschärft bzw. gemildert; auch zukünftige Interaktionen sind betroffen. Destruktive Konfliktwirkungen sind hier wahrscheinlich.

- Die *wertmäßig-kulturelle Dimension* spricht eine ganz andere Ebene an. Das Wertesystem des Betriebs besteht aus der Summe der Wertvorstellungen von Gruppen, einzelnen Personen sowie der Eigentümer. Diese Werte kommen in den Zielen und Maßnahmen des Betriebs zum Ausdruck. Die Unterschiede in den Wertesystemen, oft zwischen mehreren Mitarbeitern, führen zu Konflikten auf der

Abb. 2-31

Konfliktdimensionen

Sachlich-intellektuelle Konfliktdimension
- Zielkonflikte
- Mittelkonflikte
- Informationskonflikte

Sozio-emotionale Konfliktdimension
- Zusammenarbeit: kaum möglich, pflichtmäßig
- Vertrauen: extremes Misstrauen
- Zuneigungsgrad: Hass, Antagonismus, neutrale Höflichkeit

Wertmäßig-kulturelle Konfliktdimension
- Wertkonflikte zwischen Individuen
- Wertkonflikte zwischen Gruppe und Individuen
- Wertkonflikte zwischen Gruppen
- Wertkonflikte zwischen Betrieb und Gruppen
- Wertkonflikte zwischen Betrieb und Individuen

Quelle: *Krüger*, 1972, S. 35

5.4 Gruppenarbeit – theoretische Erklärungsansätze
Einflussvariablen der Gruppenarbeit

> **WISSENSWERTES**
>
> **Mikropolitik**
>
> Jeder Entscheidungsprozess in Betrieben ist potenziell durch sogenannte mikropolitischen Aktivitäten der Beteiligten begleitet, das heißt mit rein interessengeleiteten Aktivitäten der Mitarbeiter für sich selbst oder andere: Betriebe sind durchwirkt von Politik. Ihre Entscheidungsprozesse sind politische Prozesse, ihre Akteure Mikropolitiker. Nicht, dass alle Mitarbeiter zu jeder Zeit betriebliche Entscheidungen, immer durch eigene Interessen geleitet, im wesentlichen Umfang mikropolitisch determinieren. Je stärker beispielsweise Machtmotiv und Dominanzstreben der Mitarbeiter verschiedener Hierarchieebenen ausgeprägt sind, desto eher wird dies der Fall sein. Mikropolitik ist dabei nicht durchweg negativ zu sehen. Vom individuellen Standpunkt aus ergeben sich direkte und indirekte Bedürfnisbefriedigungsmöglichkeiten. Von der betrieblichen Perspektive aus werden dadurch Entscheidungsprozesse initiiert und in Gang gehalten, Kommunikationsstrukturen jenseits der formalen Organisation geschaffen, Mitarbeiter besser geführt u. a. m. Es wäre unrealistisch davon auszugehen, dass die Mitarbeiter »lediglich« aufgabenbezogenes Verhalten zeigen und betriebliche Ziele verfolgen. Fast jeder ist zu Teilen auch Politiker im Eigeninteresse, in der Verfolgung individueller, aber auch gruppenbezogener Zielsetzungen. Dies führt zu verschiedenen Konflikten – durchaus auch mit konstruktiven Wirkungen für den Betrieb. Problematisch ist nur, wenn die Eigeninteressen stark ausgeprägt sind und indirekt (über angebliche Vorteile für den Betrieb formal übertüncht) oder direkt im Mittelpunkt stehen (vgl. Küpper/Ortmann, 1986; Bosetzky, 1995; Neuberger, 1999, 2006; Blickle/Solga, 2014, S. 1011 ff.).

wertmäßig-kulturellen Dimension. Sie sind selten »lösbar«, da die Konfliktursachen tief verwurzelt sind. Destruktive Wirkungen sind auch hier wahrscheinlich.

Konfliktdimensionen

Die Mehrzahl der Konflikte tragen Bestandteile aller drei Konfliktdimensionen in sich. Zu beachten sind die zwischen den Ebenen bestehenden Wechselwirkungen. Die Dimensionen beeinflussen sich, schaukeln den Konflikt hoch (z. B. bei Antipathie) oder lassen einen Ausgleich zu (z. B. bei Sympathie). Auch können Konflikte transformiert werden (*Konfliktumleitung*), sodass persönliche Reibereien oder sachliche Auseinandersetzungen im Grunde auf die unterschiedlichen Wertesysteme der Konfliktparteien beruhen.

Dynamische Konfliktfelder: Konfliktprozess

Konfliktprozess

Dynamische Aspekte der Konfliktfelder können anhand eines Phasenschemas eines *Konfliktprozesses* erläutert werden. Zuerst bilden sich die Konfliktursachen heraus. Gegensätze sind so bereits latent vorhanden (*Latenzphase*). Wenn diese Gegensätze – richtig oder verzerrt – entdeckt werden, erfolgt die Wahrnehmung (*Wahrnehmungsphase*) oder die Empfindung (*Gefühlsphase*). Wahrnehmung bedeutet das ambivalente Entdecken eines Konfliktfeldes, während die Empfindung eine gefühlsmäßige Position zum Konfliktgegenstand voraussetzt. In der manifesten Konfliktphase (*Manifestationsphase*) entsteht konfliktäres Verhalten (bzw. Reaktion). Ein Individuum hindert bewusst, aber nicht unbedingt vorsätzlich andere Personen an ihrer Zielerreichung. Konfliktnachwirkungen (*Wirkungshorizont*) können je nach Austragung und Zufriedenheit der beteiligten Konfliktparteien zu intensiven Beschäftigungen mit anderen latenten Konflikten (im Bemühen um geordnete Verhältnisse) oder zu schärferen Auseinandersetzungen (bei unausgetragenen, personalisierten Konflikten) führen. Die skizzierten Phasen werden nicht kontinuierlich

Einflussvariablen der Gruppenarbeit 5.4

durchlaufen. Konflikte können in einer Phase verharren, sie überspringen oder alle Phasen fast gleichzeitig durchlaufen. Wechselwirkungen sind möglich (s. Abbildung 2-32) (vgl. Staehle, 1999, S. 397 f.; Pondy, 1967).

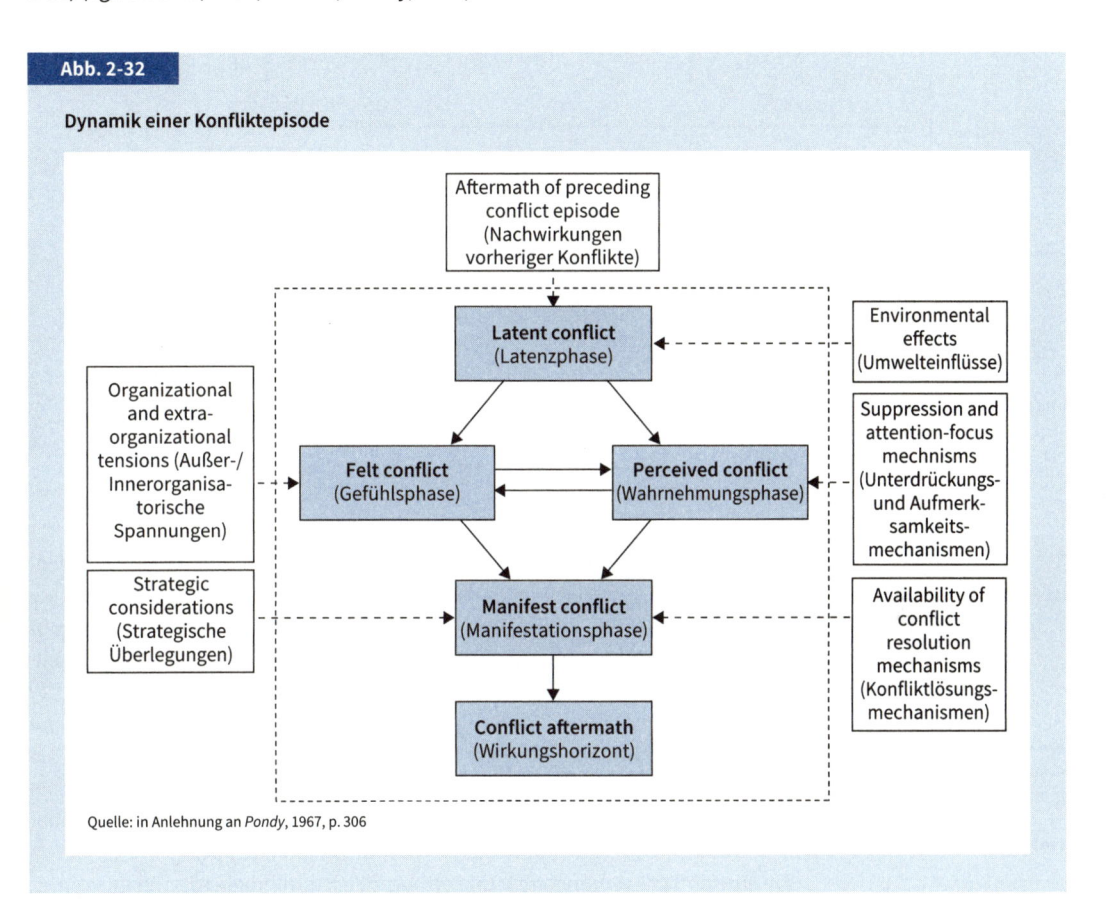

Abb. 2-32

Dynamik einer Konfliktepisode

- Aftermath of preceding conflict episode (Nachwirkungen vorheriger Konflikte)
- Latent conflict (Latenzphase)
- Environmental effects (Umwelteinflüsse)
- Organizational and extra-organizational tensions (Außer-/Innerorganisatorische Spannungen)
- Felt conflict (Gefühlsphase)
- Perceived conflict (Wahrnehmungsphase)
- Suppression and attention-focus mechanisms (Unterdrückungs- und Aufmerksamkeitsmechanismen)
- Strategic considerations (Strategische Überlegungen)
- Manifest conflict (Manifestationsphase)
- Availability of conflict resolution mechanisms (Konfliktlösungsmechanismen)
- Conflict aftermath (Wirkungshorizont)

Quelle: in Anlehnung an *Pondy*, 1967, p. 306

Konfliktreaktionen

Die Konfliktreaktion kann nach der Wahrnehmung und/oder der Empfindung eines Konfliktes erfolgen. Dabei ist nicht die objektive Situation, sondern nur die subjektive Deutung einer Konfliktpartei maßgebend. Entspricht diese nicht (genau) den Tatsachen, so sind die aus dem Fehlurteil entstehenden Spannungen sogenannte »Scheinkonflikte«. Sie unterscheiden sich in ihren Wirkungen nicht von den »richtigen« Konflikten. Grundsätzlich reagiert eine Person auf zwei verschiedene Arten auf einen Konflikt: rational und/oder emotional. Das erstere ist eine bewusste Reaktion, in der mit verstandesmäßigen Mitteln ein Konfliktverhalten entsteht. Das letztere ist eine eher unbewusste Reaktion. Beide Verhaltenskategorien sind eng miteinander verbunden. Eine Trennung ist meist nur analytisch möglich. Drei Entscheidungskriterien sind bei der (un-)bewussten Wahl der Reaktionsform durch die Per-

»Willst du Recht behalten oder glücklich sein?«
Eckart von Hirschhausen

5.4 Gruppenarbeit – theoretische Erklärungsansätze
Einflussvariablen der Gruppenarbeit

Abb. 2-33

Konfliktreaktionen bei interpersonalen Konflikten

	Conflict inevitable, Agreement impossible	Conflict not inevitable, Yet agreement not possible	Although there is conflict, Agreement is possible	
Active	Win-lose power struggle	Withdrawal	Problem-solving	High stakes
	Third-party judgement	Isolation	Splitting the difference (Compromise, Bargaining, etc.)	Moderate stakes
Passive	Fate	Indifference or ignorance	Peaceful coexistence („Smoothing over")	Low stakes

Quelle: in Anlehnung an *Blake/Shepard/Mouton*, 1964, p. 13

son von Bedeutung: Zum Ersten, welcher Konfliktsituation sich die Person gegenüber gestellt sieht, zum Zweiten, welche Handlungsmöglichkeiten ihr zur Verfügung stehen, und zum Dritten, wie sie den Erfolg ihrer Handlungen beurteilt. Zur Systematisierung der Konfliktreaktionen wird oft auf nachfolgendes Schema in Abbildung 2-33 zurückgegriffen (vgl. Staehle, 1999, S. 394 ff.).

Quasi darauf aufbauend vermittelt die Abbildung 2-34 unterschiedliche bewusste *Konflikthandhabungsstile* der Konfliktparteien bei der Konfliktreaktion. Die Wünsche nach Befriedigung eigener Interessen respektive gemeinsamer Interessen sind als Kontinua zu verstehen, die spezifische Verhaltensweisen in ihrer Kombination zur Folge haben (vgl. Thomas, 1976; Thomas/Kilmann, 1974).

Ob ein Konflikt (un-)umgehbar und ein Ausgleich (un-)möglich ist, hängt von der Auffassung der Konfliktparteien ab, ebenso die Intensität ihrer Reaktionen. Die angeführten Reaktionstypen sind lediglich als eine Serie von Momentaufnahmen aus einem dynamischen Prozess zu verstehen. Nach welchen Gesetzen dieser Verhaltenszyklus abläuft, gehört zu den Kernfragen der heutigen und künftigen Konfliktforschung. Es kann zu gemischten Reaktionsprozessen kommen. Wird zum Beispiel bei einem unumgehbaren Konflikt eine abschließende Regelung zu treffen (Problem lösen) versucht, können sich die Parteien aber nicht über alle Teile des Konfliktobjekts einigen, so werden möglicherweise diese Teile bewusst ausgeklammert. Aus diesem Grunde ist eine allgemein gültige Aussage über den Verlauf eines Konfliktprozesses nicht möglich.

> »Ein Kompromiss ist die Kunst, einen Kuchen so zu teilen, dass jeder glaubt, er habe das größte Stück bekommen.«
> Ludwig Erhard

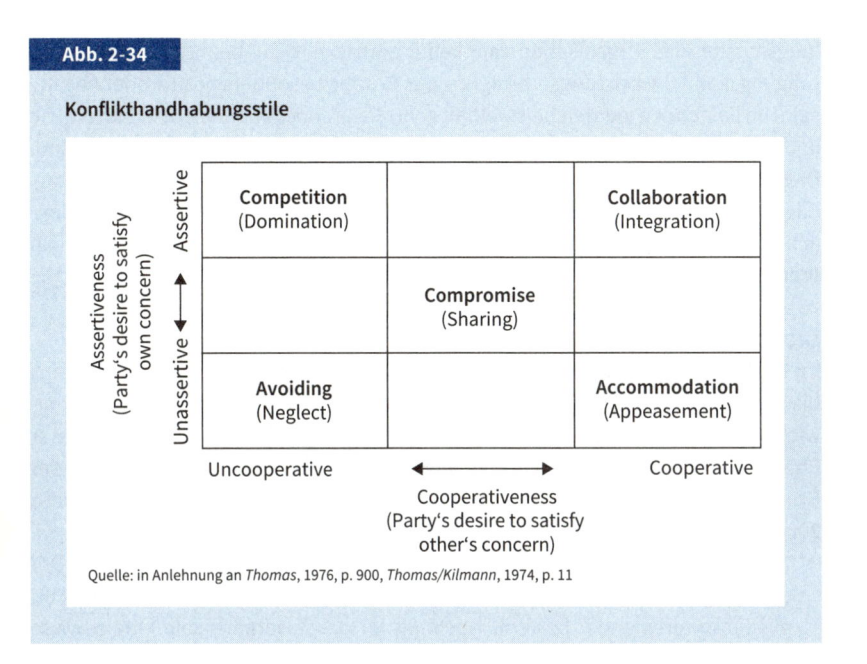

5.4 Einflussvariablen der Gruppenarbeit

Abb. 2-34

Konflikthandhabungsstile

	Uncooperative		Cooperative
Assertive	Competition (Domination)		Collaboration (Integration)
		Compromise (Sharing)	
Unassertive	Avoiding (Neglect)		Accommodation (Appeasement)

Assertiveness (Party's desire to satisfy own concern)

Cooperativeness (Party's desire to satisfy other's concern)

Quelle: in Anlehnung an *Thomas*, 1976, p. 900, *Thomas/Kilmann*, 1974, p. 11

5.4.3.5 Interaktion

Interaktion bezeichnet das wechselseitige aufeinander Einwirken von Personen oder Systemen. Dieses unterliegt verschiedenen Einflüssen. Wie bereits in der Abbildung 2-26 verdeutlicht, können die bisher aufgeführten Aspekte Einfluss auf die gemeinsame Interaktion der Gruppenmitglieder nehmen oder ebenfalls von dieser beeinflusst werden. Die Beziehungen sind hier wechselseitig. Neben den hier genannten Aspekten der Gruppenarbeit gibt es viele weitere denkbare Einflussgrößen der Gruppeninteraktion. Zu nennen sind beispielsweise die Interaktionshäufigkeit, die Anerkennung von Bedürfnissen beim Empfänger, Status von Sendern und Empfänger in einer Interaktionssituation oder auch die allgemeine Art der menschlichen Beziehungen innerhalb einer Gruppe.

»Lerne von Menschen, die eine andere Meinung haben als Du.« Vera Pfeiffer

In der Interaktion können sich als Folge und Konsequenz von Gruppenrollen, Normen, Standards etc. bestimmte Gruppenphänomene oder kollektive Hand-

Gruppenphänomene

ZUR VERTIEFUNG

Soziogramm

Bei einem Soziogramm handelt es sich um eine grafische Aufzeichnung soziometrischer Daten einer (Mitarbeiter-)Gruppe. Jedes Mitglied der Gruppe wird durch einen Kreis oder Punkt repräsentiert. Die Beziehungen bzw. die Empfindungen, die jedes Gruppenmitglied nun zu anderen Mitgliedern der Gruppe hat, werden in Form von Pfeilen eingetragen, deren Richtung das von dem jeweiligen Gruppenmitglied gewählte Objekt bzw. Mitglied anzeigt. Anhand von Soziogrammen lassen sich Gruppenstrukturen beispielsweise hinsichtlich des gezeigten Kommunikationsverhaltens, der Machtverhältnisse u. Ä. analysieren.

5.4 Gruppenarbeit – theoretische Erklärungsansätze
Einflussvariablen der Gruppenarbeit

lungsmuster aller Organisationsmitglieder entwickeln. In Abhängigkeit ihrer Ausprägung, kann die Leistungserbringung der Gruppe besonders positiv oder negativ sein. Im Folgenden werden beispielhaft zentrale *Gruppenphänomene* erläutert, die in den letzten Jahren und Jahrzehnten besonders intensiv erforscht worden sind. Dies sind Groupthink, Collective Information Sampling und Gruppenpolarisierung. Allgemeiner diskutierte Themen sind dagegen die Gefahr von respektive die Möglichkeit für Prozessverluste und -gewinne in Gruppen sowie die Entwicklung von (neu gebildeten) Gruppen im zeitlichen Ablauf.

Gruppen im zeitlichen Ablauf

Phasen der Gruppenbildung

Im Laufe des Bestehens einer Gruppe können von Anbeginn des Zusammenseins bis zur dauerhaften Existenz derselben unterschiedliche Phasen der Gruppenentwicklung unterschieden werden. Das bekannteste Modell zur Beschreibung dieser Phasen stammt von Tuckman und differenziert zwischen vier zentralen Stufen der Gruppenentwicklung (s. Abbildung 2-35) (vgl. Tuckman, 1965, S. 384 ff.; Weinert, 2004, S. 397 ff.).

Gruppenformierung

- Zu Anfang befindet sich die Gruppe in der sogenannten *Formierungs-* oder *Orientierungsphase* (»forming«), deren zentraler Prozess im Kennenlernen der Mitglieder untereinander besteht. Noch gilt für das Zusammensein eine gewisse Unsicherheit auf Seiten der Gruppenmitglieder. Ähnlichkeiten und Differenzierungen werden in den ersten Interaktionen untereinander beurteilt und in Folge auch erste Sympathien gebildet respektive nicht entwickelt.
- Auf diese Anfangsphase folgt die *Sturmphase* (»storming«), in welcher erste Koalitionen gesucht und geschlossen und Hierarchien innerhalb der Gruppe gebildet werden. Diese Prozesse implizieren eine gewisse Sensibilität der Gruppe. Am Ende dieser Phase steht nicht selten das Scheitern dieser als Ganzes.

Abb. 2-35

Typische Gruppenphasen im Zeitablauf

	Group Structure	Task Activity
Forming (orientation, testing, and dependence)	Testing and dependence	Orientation to the task
Storming (resistance to group influence, and task requirements)	Intragroup conflict	Emotional response to task demands
Norming (openness to other group members)	Ingroup feeling and cohesiveness develop; news standards evolve, new roles are adopted	Open exchange of relevant interpretations; intimate, personal opinions are expressed
Performing (constructive action)	Roles become flexible and functional; structure issues have been resolved; structure can support task performance	Interpersonal structure becomes the tool of task activates; group energy is channelized into the task; solutions can emerge

Quelle: in Anlehnung an *Tuckman*, 1965, p. 396

5.4 Einflussvariablen der Gruppenarbeit

- Die dritte Stufe wird *Normierungsphase* (»norming«) genannt. Die Gruppenmitglieder entwickeln eigene Normen und Standards der Gruppe, die die Interaktion regulieren und bestimmen. Die individuellen Rollen sind verteilt und den Mitgliedern bekannt. Die Normen und Standards sorgen für eine gewisse Harmonie der Gruppenmitglieder untereinander.
- Zuletzt tritt eine Gruppe in die *Reifephase* ein (»performing«). Die Normen und Standards sorgen für das reibungslose Miteinander. Die Gruppenerfahrung führt zu Routinen. Die Mitglieder fokussieren auf die Gruppenziele.

In offenen Gruppen, wie sie in der Regel in Betrieben vorzufinden sind, kann es durch Fluktuation und neue Gruppenmitglieder für Gruppen, die sich bereits in der vierten Phase befunden haben, auch wieder eine Bewegung in die Formierungsphase geben. Letztendlich stellt dieser Phasenablauf keine unveränderliche Regelhaftigkeit dar. Vielmehr können Phasen in anderen Reihenfolgen durchlaufen oder auch ausgelassen werden. Ausschlaggebend sind vor allem die Umweltbedingungen, wie sich eine Gruppe in der Realität verhält (vgl. Tuckman, 1965).

Die Dauerhaftigkeit von Gruppen spielt in Organisationen eine bedeutsame Rolle:

Dauerhaftigkeit

- Zum einen können Gruppen in ihrer Konstitution relativ dauerhaft sein, d. h. die Gruppenmitgliederkonstellation bleibt über einen längeren Zeitraum unverändert gleich. Diese Gruppen werden auch *geschlossene Gruppen* genannt. *Gefahren*, die typischerweise mit geschlossen Gruppen in Verbindung gebracht werden, sind starre Normen, geringe Innovationsfähigkeit und Missachtung von Informationen, die von außerhalb der Gruppe stammen.
- Zum anderen können Gruppen aber auch dahingehend *offen* sein, dass es durch regelmäßige Fluktuation, zum Beispiel aufgrund von Projektarbeit oder auch systematischer Job Rotation der Mitarbeiter, zu einem ständigen Austausch der Mitglieder kommt. Gerade vor dem Hintergrund verstärkter Flexibilitätsanstrengungen in vielen Teilen der Industrie erscheint dieses Gruppenschicksal heutzutage mehr die Regel als die Ausnahme zu sein. Offene Gruppen unterliegen hingegen dem *Problem*, immer wieder Prozessen gruppendynamischer Strukturbildung ausgesetzt zu sein und hierdurch Belastungen und Leistungsverluste zu erleben (vgl. von Rosenstiel, 2004, S. 401 f.).

Groupthink-Phänomen

Neben den vielen Vorzügen, die heute in der Arbeitswelt Gruppen zugesprochen werden, hat die gruppendynamische Forschung seit langem auch auf die negativen Aspekte und Gefahren hingewiesen. Ein unangenehmes Nebenprodukt des Gruppenentscheidungsprozesses hat besonders viel Aufmerksamkeit erhalten: das Groupthink-Phänomen.

Groupthink

»Groupthink« kann als eines der bekanntesten Phänomene zu Entscheidungsfehlern in Gruppen angesehen werden. Das Groupthink-Modell basiert auf Janis (1972/1982) Analysen zu vier einflussreichen politischen Fehlentscheidungen der amerikanischen Außenpolitik, nämlich Pearl Harbour, dem Koreakrieg, der Schweinebucht-Invasion und dem Vietnamkrieg. Seine Untersuchungen ließen ihn auf ein

5.4 Gruppenarbeit – theoretische Erklärungsansätze
Einflussvariablen der Gruppenarbeit

wiederkehrendes, fehlerhaftes Interaktionsmuster der Entscheidungsgruppen schließen und bestimmte Variablen sowie ihre Zusammenhänge untereinander identifizieren.

Bedingungen

Innerhalb des Groupthink-Modells von Janis (s. Abbildung 2-36; vgl. in deutsch bspw. http://homepage.univie.ac.at/Andreas.Olbrich/aldag1.gif [letzte Abfrage: 03.04.2016]) werden drei, das Groupthink verursachende respektive verstärkende *Bedingungen* genannt: die hohe Gruppenkohäsion, strukturelle Fehler des Betriebs und ein provokativer situativer Kontext.

- Die zunächst entscheidende Variable, und im Modell auch wohl wichtigste, ist die Ausprägung einer hohen *Gruppenkohäsion*.
- Eine weitere entscheidende Randbedingung sind *fehlerhafte Strukturen* im Betrieb. Diese sind gekennzeichnet durch eine Isolierung der Entscheidungsgruppe nach Außen, eine parteiische oder auch direkte Führung, ein Fehlen von spezifischen Entscheidungsprozeduren sowie die Homogenität der Gesamtgruppe. Die Isolierung der Gruppe führt demnach zu einer Verringerung konfrontativer alternativer Informationen von außerhalb, die das Einmütigkeits-

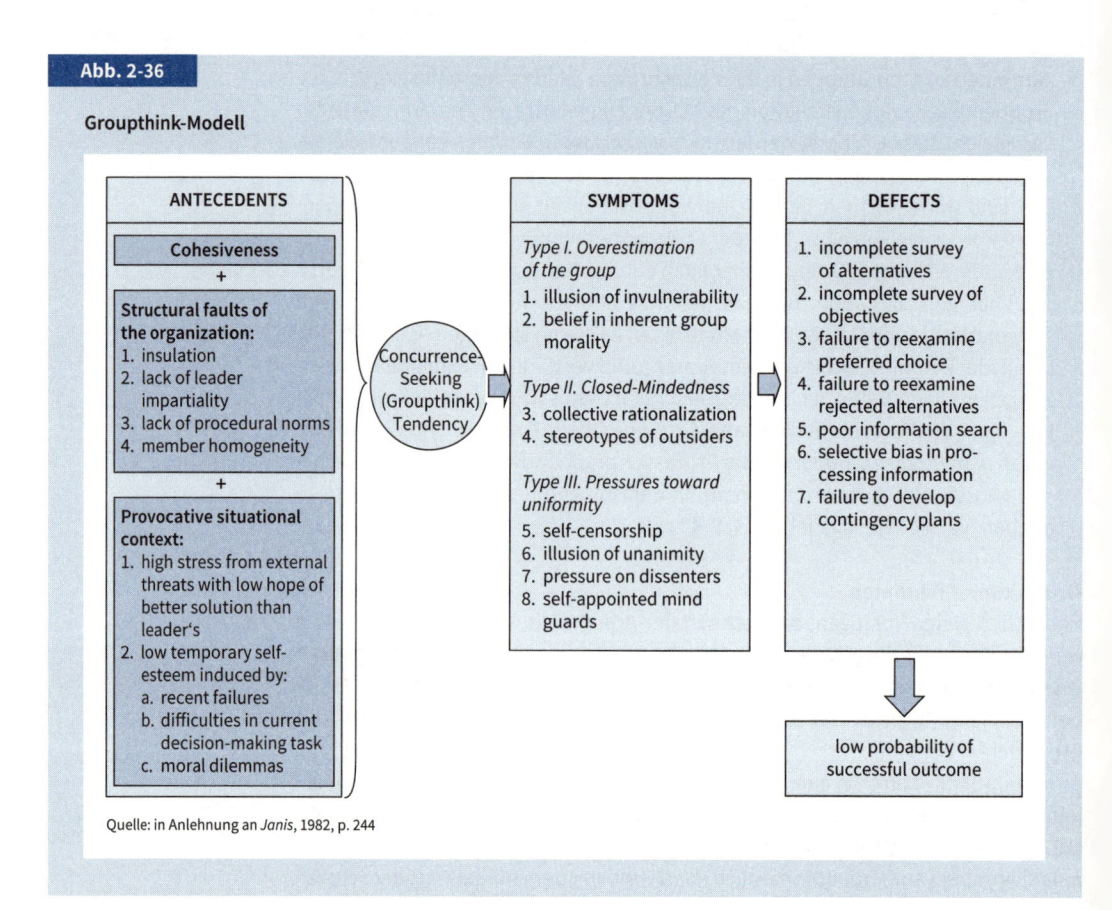

Abb. 2-36
Groupthink-Modell

ANTECEDENTS

Cohesiveness
+
Structural faults of the organization:
1. insulation
2. lack of leader impartiality
3. lack of procedural norms
4. member homogeneity

+

Provocative situational context:
1. high stress from external threats with low hope of better solution than leader's
2. low temporary self-esteem induced by:
   a. recent failures
   b. difficulties in current decision-making task
   c. moral dilemmas

→ Concurrence-Seeking (Groupthink) Tendency →

SYMPTOMS

Type I. Overestimation of the group
1. illusion of invulnerability
2. belief in inherent group morality

Type II. Closed-Mindedness
3. collective rationalization
4. stereotypes of outsiders

Type III. Pressures toward uniformity
5. self-censorship
6. illusion of unanimity
7. pressure on dissenters
8. self-appointed mind guards

DEFECTS
1. incomplete survey of alternatives
2. incomplete survey of objectives
3. failure to reexamine preferred choice
4. failure to reexamine rejected alternatives
5. poor information search
6. selective bias in processing information
7. failure to develop contingency plans

↓

low probability of successful outcome

Quelle: in Anlehnung an *Janis*, 1982, p. 244

streben gefährden könnten. Von einem direktiven Führungsstil geht eine beschleunigte Konsensfindung im Sinne des Gruppenführers aus. Hierbei werden unter Ausübung verdeckter wie offener Machtmittel abweichende Äußerungen von Gruppenmitgliedern unterdrückt. Sind zudem keine festen Entscheidungsprozeduren vorhanden, werden soziale Prozesse noch ausschlaggebender für die Entscheidungsfindung als ein Abwägen sachlicher Inhalte. Ist eine Gruppe sozial und auch ideologisch sehr homogen zusammengesetzt, verstärkt dies ebenfalls das Einmütigkeitsstreben, da das Finden eines gemeinsamen Standpunktes vereinfacht ist (vgl. Janis, 1982, S. 248 ff.).

▸ Janis bezeichnet einen *provokativen situationalen Kontext* als dritte ausschlaggebende Bedingung für das Auftreten des Groupthink. Hauptkomponente des situationalen Kontextes ist zum einen ein hoher, aufgrund von äußerlichen Bedrohungen auftretender Druck bei gleichzeitig geringer Hoffnung auf eine bessere Situationslösung als der von der Leitung vorgeschlagenen Alternative, zum anderen ein temporär geringer Selbstwert, was wiederum ausgelöst wird durch vorangegangenes, fehlerhaftes Verhalten, hohe Schwierigkeiten bei der aktuellen Entscheidungsfindung und moralische Dilemmata. Externaler Druck oder Stress entstammt der Wahrnehmung der Gruppenmitglieder, dass im Grunde jede diskutierte Alternative verlustreich sein könnte. Das Streben nach Einmütigkeit im Sinne der von der Leitung vorgeschlagenen Alternative verhilft dazu, diesen Druck zu reduzieren. Bedingung ist jedoch das Fehlen der Hoffnung auf einen besseren Ausweg. Die zweite provokative situationale Bedingung ist ein temporär niedriger Selbstwert, welcher von drei Komponenten hervorgerufen werden kann. Jede einzelne dieser Komponenten kann ein Verursacher für intern evozierten Stress sein. Zu diesen drei Komponenten zählt zum Ersten, dass die Gruppenmitglieder entweder in der Vergangenheit Misserfolge erleiden mussten und entsprechende Inkompetenz empfinden, was wiederum zum Verlassen auf das Gruppenurteil einlädt. Zum Zweiten kann eine Aufgabe von derartig empfundener Schwierigkeit sein, dass sich die Gruppenmitglieder dieser nicht gewachsen fühlen und die Einmütigkeit respektive die Gruppenharmonie diese persönliche Unsicherheit zu vertuschen hilft. Zum Dritten können sich Gruppen vor einem moralischen Dilemma sehen, in welchem alle gangbaren Alternativen mit ethischen Verstößen einhergehen. Aufkeimende Schuldgefühle oder auch Gewissensbisse können aufgrund der Gruppeneinmütigkeit beruhigt werden, indem sich die Gruppenmitglieder gegenseitig bestätigen, dass die Handlung so schlimm nicht sei. Der über diese Komponenten induzierte Stress kann in Folge zu dem Bedürfnis führen, diesen über das Einmütigkeitsstreben abzumildern (vgl. Janis, 1982, S. 248 ff.).

Situation als Verstärker

Diese drei *Randbedingungen* (Kohäsion, strukturell fehlerhafter Betrieb und der provokative situationale Kontext) können den zentralen vermittelnden Mechanismus hervorrufen, den Janis als das Groupthink bezeichnet, nämlich das *Streben nach Einmütigkeit* innerhalb der Gruppe. Diese Einmütigkeit, und die damit verbundene *Loyalität* zu der Gruppe, werden als wichtiges Ziel betrachtet. Funktional ist das Einmütigkeitsstreben in dem Sinne, dass es für das Team eine Stress reduzie-

»Wer Kritik übel nimmt, hat etwas zu verbergen.« Helmut Schmidt

5.4 Gruppenarbeit – theoretische Erklärungsansätze
Einflussvariablen der Gruppenarbeit

rende Wirkung besitzt und somit im Umgang mit internalem wie externalem Druck im Entscheidungsprozess auf die Gruppenmitglieder erleichternd wirkt (vgl. Janis, 1982, S. 255). Die Kehrseite dieser Verhaltenstendenz besteht jedoch in einem kritiklosen Umgang mit denjenigen Informationen, die das Aufrechterhalten der Gruppenmeinung begünstigen respektive das Auffinden eines gemeinsamen Standpunktes ermöglichen.

Symptome

In der weiteren Ausarbeitung des Groupthink-Modells nennt Janis acht verschiedene Symptome des *Einmütigkeitsstrebens*, die er nach drei *Typen* unterteilt:

- Der erste Typ zeigt sich in einer *Selbstüberschätzung* der Gruppe, welche sich in einer Unverwundbarkeitsillusion und dem Glauben an eine gruppeninhärente Moral widerspiegelt (vgl. Janis, 1982, S. 174 ff.). Die Unverwundbarkeitsillusion bezieht sich auf das Denken der Gruppenmitglieder, dass sich diesen nichts in den Weg stellen könne. Die Einschätzung der eigenen Moralität und der Glaube daran, ehrenwerte Standards zu vertreten, verhindern mögliche ethische Zweifel an den Gruppenentscheidungen.
- Der zweite Typ der Groupthink-Symptome wird von Janis mit *Engstirnigkeit* umschrieben. Entsprechung findet dieser Typ in kollektiven Rationalisierungen durch die Gruppe, welche zur Unterdrückung konträrer respektive abweichender Informationen führen und Zweifel verhindern helfen, als auch in der gemeinsamen Entwicklung von Stereotypen über Personen oder Gremien, die sich außerhalb der Gruppe befinden und welche Objekt der eigenen Handlungen sein können.
- Druck auf die Mitglieder hin zur *Uniformität* ist das dritte Symptom. Dieser Druck zeigt sich zum einen im Verhalten der Selbstzensur, d. h. die einzelnen Gruppenmitglieder unterdrücken abweichende Meinungsäußerungen zu Gunsten der Harmonie in der Gruppe. Des Weiteren führt das Streben nach Einmütigkeit zu einer Illusion der Einstimmigkeit, d. h. beispielsweise Schweigen von Gruppenmitgliedern wird als Zustimmung gewertet. Aktiv wird zudem Druck auf mögliche Abweichler ausgeübt, nicht vom Gruppenkonsens abzuweichen, weshalb teilweise selbsternannte »mind-guards« oder »Geisteswächter« nicht konforme Mitglieder wieder »auf Linie bringen«. Janis, 1982, S. 256 ff.).

Wirkungen

Die *Konsequenzen* des Auftretens von Groupthink werden innerhalb des Modells schließlich in sieben Punkten zusammengefasst. Das Einmütigkeitsstreben führt zu einer unvollständigen Erarbeitung und Überprüfung von Alternativen, einer ungenügenden Reflexion der Ziele, einer Unterschätzung der Risiken der präferierten Handlungsalternative, einer fehlenden Neubewertung einmal abgelehnter Alternativen, zu einer fehlerhaften Informationssuche, einer selektiven Verarbeitung von Informationen sowie einer fehlerhaften respektive fehlenden Ausarbeitung von Plänen für Eventualfälle. Zu schnell wird also von der Gruppe eine Alternative gewählt, ohne dass ausreichend Informationen vorhanden, gesammelt und bewertet wurden. Widersprechende Informationen werden abgeblockt, während die mit der gewählten Alternative vorhandenen Risiken unterschätzt werden. Pläne für einen Eventualfall werden hingegen nicht ausgearbeitet (vgl. Janis, 1982, S. 175 f.).

Einflussvariablen der Gruppenarbeit 5.4

Abb. 2-37

Prozeduren zum Vermeiden von Groupthink

1. Jedes Gruppenmitglied muss die Rolle eines Kritikers hinsichtlich der Gruppenhandlungen übernehmen. Zu diesem Verhalten sollte der Gruppenleiter ermuntern, u. a. dadurch, dass er Kritik an seinen eigenen Handlungen und Urteilen zulässt.
2. Gruppenleiter sollten eine unparteiische Rolle einnehmen und davon absehen, persönliche Präferenzen zu Beginn der Gruppendiskussion zu nennen. Ziel muss es sein, eine offene Gesprächsatmosphäre zu schaffen.
3. Dieselbe zu diskutierende Frage sollte von parallel installierten Gruppen unter wechselnder Leitung bearbeitet werden.
4. Innerhalb des Entscheidungsprozesses sollten sich von Zeit zu Zeit Subgruppen der Entscheider separat unter wechselndem Vorsitz bilden, um in der Folge etwaige Meinungsunterschiede zwischen diesen Subgruppen gemeinsam zu klären.
5. Jeder Entscheider sollte regelmäßig die in der Gruppe besprochenen Aspekte mit einem Vertrauten seiner Untereinheit diskutieren und die Rückmeldung in die Gruppendiskussion einbringen.
6. Zu jedem Treffen sollten externe, dem Kernteam nicht angehörige Experten eingeladen werden, um die Ansichten der Kernmitglieder herauszufordern.
7. Zumindest ein Mitglied sollte während jedes Gruppentreffens in die Rolle eines »Teufelsadvokaten« schlüpfen.
8. Sobald die Thematik auch die Beziehungen zu einer rivalisierenden Organisation betrifft, sollte eine bestimmte Zeit für die Analyse der Warnsignale dieser Organisation freigehalten werden, in welcher versucht wird, die Absichten dieser alternativ zu erklären.
9. Nach Erlangen einer Entscheidung über die womöglich beste Alternative, sollte es ein »second chance meeting« geben. Darin sollten alle Mitglieder alle noch vorhandenen Restzweifel nennen und die gesamte Thematik noch einmal überdenken dürfen.

Der *Zusammenhang* zwischen einem Entscheidungsprozess, der unter dem Einfluss des Groupthink stattfindet, und der resultierenden Entscheidungsqualität ist *probabilistisch*; d. h. nicht zwangsläufig führt Groupthink zu Fehlentscheidungen, doch sind diese wahrscheinlicher, je ausgeprägter die Groupthink-Symptomatik ist (vgl. Janis, 1982, S. 245 ff.). Die Ausführungen von Janis ließen ihn schließlich neun Ratschläge ausarbeiten, die das Auftreten von Groupthink verhindern sollten (s. Abbildung 2-37 nach Janis, 1982, S. 262). Diese *Anti-Groupthink-Prozeduren* sollten dazu beitragen, die Gefahr einer auftretenden Groupthink-Tendenz zu verhindern oder zumindest abzumildern.

»Die Wahrheit liegt meist am Rande, nicht in der Mitte.« Henry Miller

Wenn auch umstritten ist, inwiefern Groupthink in der im Modell beschriebenen Art und Weise in der Realität auftritt, so können die Hinweise doch zumindest auf sensible Gruppenbedingungen und -prozesse hinweisen, welche besonderer Aufmerksamkeit bedürfen. Somit kann dem Modell zumindest ein *heuristischer Wert* beigemessen werden (vgl. Martin/Bartscher-Finzer, 2004).

Sensibilisierung

Collective Information Sampling

Ausgehend von der Annahme, dass Gruppen bei der Entscheidungsfindung aufgrund der Mehrzahl von Personen eine breitere Informationsbasis zur Verfügung steht als Individuen, wird diesen häufig eine bessere Entscheidungsqualität zugesprochen als Einzelpersonen. Nicht zuletzt daher werden Entscheidungen von Bedeutung auch regelmäßig Gruppen zugesprochen. Von ihnen erhofft man sich, dass diese über eine gemeinsam geführte Diskussion einer Aufgabenstellung die jeweils

»Nichts teilt man lieber als die eigene Meinung.« Michael Rumpf

5.4 Gruppenarbeit – theoretische Erklärungsansätze
Einflussvariablen der Gruppenarbeit

vorhandenen Einzelinformationen zusammentragen und im Diskussionsprozess entsprechend neue Perspektiven zur Problemlösung entwickeln. Allgemein gibt es nun in Entscheidungsgruppen die Situation einer Verteilung unterschiedlicher Informationen auf unterschiedliche Personen, d.h Gruppenmitglieder besitzen jeweils andere Informationsquellen, haben verschiedene Rollen und Verantwortungsbereiche u. a. Auf Basis einer solchen Vielfältigkeit der Kenntnisstände (»*distributed information system*«) muss eine Gruppe in bestimmten Situationen zu einer gemeinsamen Entscheidung kommen. Ein solches »distributed information system« ist gekennzeichnet durch »geteilte Informationen«, in deren Besitz jedes Gruppenmitglied ist, und »ungeteilte Informationen«, die nur einzelnen Personen vorbehalten sind. Sind Informationen, wie beschrieben, auf verschiedene Köpfe verteilt und soll auf Basis dieser eine gemeinsame Entscheidung der Gruppe getroffen werden, besteht die Aufgabe eines Teams demnach in der Zusammenführung der Informationen und ihrer Verarbeitung zu einer möglichst optimalen Entscheidung (vgl. Stasser/Titus, 1985, 1987; Stasser, 1992, S. 55 ff.; Wittenbaum/Stasser, 1996, S. 4). Die Gruppenforschung der vergangenen Jahre kommt in ihren Untersuchungen zu dem Ergebnis, dass Gruppen nicht die vorhandene breite Informationsbasis nutzen und suboptimale Entscheidungen treffen. Nach bisherigem Erkenntnisstand kommt eine Reihe von *Erklärungen für die fehlerhafte Informationsverarbeitung* in Frage:

Präferenzen unterdrücken Informationen

▶ Zum Ersten werden von den individuellen Gruppenmitgliedern im gemeinsamen Entscheidungsprozess nicht nur einfach Informationen ausgetauscht, sondern vielmehr *Meinungen verglichen und ausgehandelt*. d. h. jedes Gruppenmitglied hat aufgrund seiner eigenen Informationsbasis in der Regel bereits eine Präferenz hinsichtlich einer Entscheidungsalternative ausgebildet. Im Gruppenprozess werden entsprechend nicht mehr die Einzelinformationen ausgetauscht, sondern die Einzelpräferenzen. Dies kann zur Folge haben, dass bestimmte Kombinationen aus den der Gruppe vorliegenden Informationen nicht mehr gebildet werden können, nämlich die, die sich aus der Kombination aus unterschiedlichen Individualinformationen ergeben. Die Entscheidungsfindung über die Präferenzen der Einzelgruppenmitglieder entspricht einer unreifen, frühzeitigen Gruppenmeinung. Ursache ist hierfür letztendlich die vorzeitige Entscheidung jedes Gruppenmitglieds aufgrund seiner Individualinformationen. Die Folge ist ein voreiliger Konsens innerhalb der Gruppe zu Gunsten einer suboptimalen Entscheidungsalternative (vgl. Mojzisch/Schulz-Hardt, 2006, S. 299 ff.).

Wahrnehmungsverzerrung

▶ Zum Zweiten zeigen Untersuchungen, dass es im Informationsaustauschprozess zu einer *verzerrten Wahrnehmung und Verarbeitung* des potenziell vorhandenen Wissens kommt. So werden im Vergleich zu den ungeteilten Informationen vor allem geteilte Informationen diskutiert, d. h. Wissen, das bereits bei allen Gruppenmitgliedern vorhanden ist. Zudem werden vor allem Informationen in den Diskussionsprozess eingebracht, die den eigenen Präferenzen entsprechen. Es kommt also zu einer Verzerrung der Informationsverarbeitung im Informationsaustauschprozess der Gruppenmitglieder.

Ungeteilte Informationen sind offenbar weniger glaubwürdig!

▶ Als Drittes kommt es zu einer *verzerrten Bewertung* der in eine Diskussion eingebrachten Informationen. Wiederum konnte empirisch festgestellt werden, dass vor allem geteilte Informationen eine besonders hohe Gewichtung erfahren und

Einflussvariablen der Gruppenarbeit 5.4

des Weiteren, dass vor allem das den Präferenzen der Gruppenmitglieder entsprechende Wissen verarbeitet und als wichtig erachtet wird, wohingegen den individuellen Präferenzen widersprechende Informationen geringer geschätzt werden.

Jeder dieser drei Prozesse kann alleine für sich bereits dazu führen, dass innerhalb einer Gruppendiskussion nicht die optimale Entscheidungsqualität erlangt wird. Auch die Kombination aller drei Prozesse ist denkbar. Es kann demnach gefolgert werden, dass jeder der Einzelprozesse hinreichend, jedoch nicht notwendig für die Entstehung der verzerrten Informationsverarbeitung ist.

Die empirischen Erkenntnisse weisen auf den positiven Einfluss von *Meinungsdivergenz* hin. Liegen innerhalb der Gruppensituationen unterschiedliche Ansichten auf Seiten der einzelnen Gruppenmitglieder zu der besten Entscheidungsalternative vor, kann dies dazu führen, dass es zu einem verstärkten Austausch ungeteilter Informationen kommt und in Folge auch die Entscheidungsqualität zunimmt. Als ebenfalls erfolgreich hat sich eine bestimmte *Prozedur bei der Entscheidungsfindung* herausgestellt. Werden von den Gruppenmitgliedern Rangreihen hinsichtlich der möglichen Entscheidungsalternativen gebildet, scheint dies Gruppen dazu zu bewegen, die ihnen vorhandenen Informationen besser auszutauschen. Des Weiteren wurde festgestellt, dass auch das *Wissen um das Expertentum* einzelner Gruppenmitglieder förderlich für die Entscheidungsqualität sein kann. Nur wenn dieses »Metawissen« um die Spezialfähigkeiten bekannt ist, gehen die übrigen Gruppenmitglieder auch davon aus, dass dieser Experte seine besonderen, ungeteilten Informationen in den Diskussionsprozess einbringt (vgl. Kerschreiter et al., 2004, S. 108 ff.; Ruppel, 2006, S. 170 ff.).

> »Das Gleiche lässt uns in Ruhe. Aber der Widerspruch ist es, der uns produktiv macht.«
> Johann Wolfgang von Goethe

Gruppenpolarisierung

Innerhalb der Diskussion um Entscheidungsprozesse in Gruppen hat im vergangenen Jahrhundert das *Risikoschub-Phänomen* eine besondere Aufmerksamkeit seitens einer Vielzahl von Forschern und Praktikern erhalten. Die Basis für die Forschung bildete eine Studie von Stoner (1961). Innerhalb dieser empirischen Studie mussten die Probanden in vorgegebenen Entscheidungssituationen zu »Lebensdilemmata« zwischen zwei Alternativen unterscheiden, die mit unterschiedlicher Wahrscheinlichkeit eintreffen sollten. Die Antworten der Studenten lieferten Stoner einen Wert für die jeweilige Risikobereitschaft. Im folgenden Untersuchungsschritt mussten die Versuchsteilnehmer in Gruppen die gleichen Entscheidungssituationen diskutieren und abschließend die Entscheidungen noch einmal als Gruppe vollziehen. Im Ergebnis zeigte sich eine wesentlich erhöhte Risikobereitschaft der Gruppe im Vergleich zu den anfänglichen Individualurteilen (vgl. Wallach/Kogan/Bem, 1962, S. 75 ff.). Das Risikoschub-Phänomen (»risky shift«) war geboren.

Risikoschub-Phänomen

Die Forschung zum Risikoschub-Phänomen erlebte darauf einen regelrechten Boom. Die Risikoneigung von Gruppen wurde wiederholt nachgewiesen, sodass vielfach die allgemeine Ansicht vertreten wurde, dass von Gruppen prinzipiell risikoreichere Entscheidungen als von Einzelpersonen ausgingen. Vernachlässigt wurde jedoch eine systematische wissenschaftliche Aufarbeitung der psychologischen Prozesse, die verantwortlich für die Risikoneigung waren. Problematisch war

5.4 Gruppenarbeit – theoretische Erklärungsansätze
Einflussvariablen der Gruppenarbeit

in diesem Zusammenhang vor allem, dass die Methodik zur Erfassung des Phänomens kaum variiert wurde und die Motivation für die risikoreichen Einschätzungen bei den Probanden nicht wirklich hinterfragt wurde. Erst die Untersuchungen von Moscovici/Zavalloni (1969, S. 125 ff.) erweiterten das Wissen um das dem Risikoschub zu Grunde liegende Phänomen eines allgemeinen Polarisierungsprozesses innerhalb von Gruppen (vgl. Sader, 2002, S. 12 ff.).

Polarisierung

Unter dem Phänomen der Polarisierung wird die beobachtete *Extremisierung* von Entscheidungen innerhalb von Gruppen gegenüber gemittelten Individualentscheidungen verstanden. Gruppendiskussionen können demnach zu einer Gruppenpolarisierung führen. Die bereits vorher bei der Mehrzahl der Teammitglieder vorhandenen Einstellungen oder Meinungen werden verstärkt und prägnanter. Da diese Gruppenpolarisierung in einer Vielzahl unterschiedlicher Situationen belegt werden konnte (vgl. Myers/Lamm, 1976, S. 602 ff.), kann es als sehr robustes und allgemein gültiges Gruppenphänomen interpretiert werden (vgl. Ruppel, 2006, S. 136 ff.).

Vor allem drei *Erklärungsmechanismen* werden für das Auftreten des Polarisierungsphänomens angenommen:

Theorie der sozialen Vergleiche

▸ *Soziale Vergleiche als Ursachen einer Polarisierung*
Nach der Theorie der sozialen Vergleiche sind Personen permanent motiviert, sich in einem sozial erwünschten Zustand wahrzunehmen und zu präsentieren. Dieses Ziel, ein positives Selbstbild aufrecht zu erhalten, sowie der Wunsch nach positiver Wahrnehmung durch andere Personen, führt zu einer andauernden Informationsverarbeitung darüber, wie sich andere Personen präsentieren, und in Reaktion darauf zu einer Anpassung der eigenen Selbstpräsentation. Zwei Aspekte sind für das Individuum von entscheidender Bedeutung: zum einen, sich bezogen auf eine anstrebenswerte Richtung von anderen Menschen zu unterscheiden (z. B. risikoreicher, mutiger etc. zu sein) und zum anderen, sich im Vergleich besser darzustellen als andere Personen. Entscheidungen in Gruppen sind für Individuen demnach immer verbunden mit bestimmten sozialen Werten, wie beispielsweise verantwortungsvoll oder besonders draufgängerisch zu wirken. Die Summierung dieser sozialen Werte führt zu einer anfänglichen sozialen Präferenz für ein bestimmtes, favorisiertes Gruppenentscheidungsergebnis (vgl. Isenberg, 1986, S. 1141 f.). Eine Gruppendiskussion kann entsprechend dazu führen, dass Gruppenmitglieder ihr Streben zu einer sozial wertvollen Position im Vergleich zu anderen Personen verstärken, um sich im Vergleich selbst in eine bessere Position zu begeben. Soziale Vergleiche mit den anderen Individuen der Gruppe führen demnach zu einer Verschiebung des eigenen Standpunktes weiter hin zu dem von der Gruppe sozial erwünschten Standpunkt. Resultierend hieraus ist eine extremere kollektive Entscheidung, d. h. eine Polarisierung, als dies aus den mittleren individuellen Entscheidungen vor den Gruppenprozessen ersichtlich gewesen wäre (vgl. Brown, 2004, S. 201 ff.; Sanders/Baron, 1977, S. 303 ff.). Entscheidender Faktor innerhalb dieses sozialen Vergleichsprozesses ist die Kenntnis der Positionen der anderen beteiligten Gruppenmitglieder in Bezug auf das sozial erwünschte Ergebnis. Demnach ist auch die Diskussion an sich nicht von primärer Bedeutung, sondern die alleinige Kenntnis der Meinungen

Einflussvariablen der Gruppenarbeit — 5.4

der übrigen Gruppenmitglieder (vgl. Blascovich/Ginsburg/Veach, 1975, S. 422 ff.; Myers, 1978, S. 554 ff.; Baron/Roper, 1976, S. 521 ff.).

▸ *Überzeugende Argumente als Ursachen von Polarisierung*

Im Gegensatz dazu stehen Vertreter des Ansatzes »überzeugender Argumente«. Ausschlaggebend für eine Polarisierung ist nach diesen der inhaltliche Faktor einer Information. Grundsätzlich argumentieren Vertreter dieser Richtung, dass es in kaum einer Gruppe ein Gleichgewicht zwischen verschiedenen Standpunkten zu einer Entscheidung geben wird. Im Regelfall soll für eine Meinung zumindest ein leichtes Übergewicht unter den Gruppenmitgliedern vorhanden sein. Den Individuen sind die unterschiedlichen Argumente jedoch vor einer gemeinsamen Diskussion nicht bekannt. Erst im Verlauf der Diskussion werden diese zugänglich. Als rationale Informationsverarbeiter agieren die Gruppenmitglieder demnach, indem sie auf die zusätzlichen, ihre Meinung stützenden Argumente reagieren und eine Position einnehmen, die noch stärker in diese Richtung geht. Die individuelle Position ist demnach letztlich eine Funktion aus der Zahl und Überzeugungskraft der Pro- und Kontraargumente, die eine Person aus ihrem Gedächtnis bei Formulierung der eigenen Position abrufen kann. Die Gruppendiskussion kann über überzeugende Argumente eine Einzelperson zu einem Wandel respektive Stärkung ihrer Position führen. Die Überzeugungskraft von Argumenten steigt dabei mit ihrer Validität und Neuheit an (vgl. Burnstein/Vinokur, 1977, S. 315 ff.; Brown, 2004, S. 203 ff.; van Avermaet, 2003, S. 478 ff.).

Ansatz »überzeugende Argumente«

▸ *Soziale Entscheidungsschemata*

Folgt man den Annahmen der sozialen Entscheidungstheorie (vgl. Davis, 1982, S. 27 ff.), so besitzen Gruppen in der Regel eine Vorstellung darüber, wie die Gruppe Entscheidungen trifft. Diese Vorstellung basiert auf implizierten Normen und Regeln der Gruppe. Sind Gruppenmitglieder geneigt, Risiken einzugehen, so entwickelt sich ein »Risiko-gewinnt-Schema«. Sobald zwei Personen aus der Gruppe die risikoreichere Alternative favorisieren, wird dann die gesamte Gruppe nachziehen. Umgekehrt gelten diese Mechanismen auch für den Fall, dass die Gruppe ein eher risikoscheues Verhalten als Schema besitzt. Auch hier genügen zwei Personen einer Gruppe, damit die konservative Entscheidung getroffen wird (vgl. Forsyth, 1999, S. 324).

Soziale Entscheidungstheorie

Da alle Ansätze empirische Bestätigung finden konnten, ist die Annahme plausibel, einen kombinierten Prozess anzunehmen, d. h. alle drei Ansätze können zur Polarisierung führen, für sich oder in Kombination miteinander. Entscheidend ist, dass die Theorie sozialer Vergleiche in erster Linie normative Einflüsse als Auslöser der Polarisierung ansieht.

Prozessverluste und -gewinne in Gruppen

Ein grundlegendes und weit verbreitetes Modell zur Leistungserbringung in Gruppen stammt von Steiner (1972, S. 6). Demnach setzt sich die Leistung einer Gruppe wie folgt zusammen:

Produktivität

> Aktuelle Produktivität = potenzielle Produktivität − Prozessverluste

5.4 Gruppenarbeit – theoretische Erklärungsansätze
Einflussvariablen der Gruppenarbeit

Die potenzielle Produktivität einer Gruppe steht für die maximal erreichbare Leistungsfähigkeit einer Gruppe. Diese ergibt sich aus den Aufgabenanforderungen und den zugänglichen Ressourcen. Ressourcen können dabei zum einen die bei den Individuen vorhandenen Fähigkeiten und Qualifikationen sein, aber auch die für die Aufgabenerledigung notwendigen Werkzeuge und Instrumente. Zusätzlich zu diesen zwei Determinanten spielen auch Gruppenprozesse eine Rolle. Diese können als Transformation individueller Ressourcen in ein Produkt und die dafür notwendigen inter- und intrapersonalen Vorgänge verstanden werden. Dieser Kombinationsprozess individueller Ressourcen zu einer Gesamtleistung unterliegt jedoch der Gefahr von Prozessverlusten, die eine Produktivitätsminderung nach sich ziehen. Typischerweise werden für solche Prozessverluste Koordinations- und Motivationsverluste innerhalb der Gruppe verantwortlich gemacht.

Im Folgenden soll detaillierter mögliche *Motivationsverluste* eingegangen werden:

»Social Loafing«

▸ Motivationsverluste bei der Aufgabenbearbeitung in Gruppen im Vergleich zu Individuen werden mit dem Phänomen des »*Social Loafing*« (soziales Faulenzen) in Verbindung gebracht (vgl. Kerr/Tindale, 2004, S. 628). Social Loafing beschreibt in diesem Bezug ganz allgemein die reduzierte Anstrengung von Individuen innerhalb von Gruppensituationen. Es wird auch als inverse Beziehung zwischen Gruppengröße und Motivation der Gruppenmitglieder beschrieben. Das bedeutet, dass je größer eine Gruppe ist, in der sich ein Individuum befindet, desto stärker wird seine individuelle Leistungsabnahme aufgrund von Motivationsverlusten sein. Eine zentrale Ursache für die reduzierte Anstrengung liegt in der fehlenden Identifikation von Individualbeiträgen zu einer Gesamtaufgabe. Mit zunehmender Gruppengröße verstärkt sich zudem der Effekt der mangelnden Anrechenbarkeit von Individualanstrengungen und in Folge dessen die Ausprägung des Social Loafing (vgl. Latané/Williams/Hartins, 1979, S. 822 ff.). Eine Metaanalyse von Karau und Williams (1993, S. 681 ff.) führte zur Identifikation von Bedingungen, die das Auftreten des Social Loafing beeinflussen respektive verstärken. Hierzu zählt, dass (1) die individuellen Leistungsergebnisse eines Gruppenmitglieds weder von den anderen Mitgliedern noch von einem Vorgesetzten bewertet werden können, (2) der zu bearbeitenden Gruppenaufgabe wenig Bedeutung zugeschrieben wird, (3) es keinen klaren Standard gibt, mit welchem die Leistung verglichen werden kann, (4) die Gruppenarbeit mit unbekannten Personen verrichtet wird, (5) andere Personen der Gruppe eine hohe Leistung bringen, (6) die eigene Leistung als nicht relevant für das Gruppenergebnis erachtet wird und (7) je größer die Gruppe, desto wahrscheinlicher das Auftreten des Social Loafing ist. Zudem zeigte die Metaanalyse ein verstärktes Auftreten des Social Loafing in reinen Männergruppen im Vergleich zu Frauen- oder Mischgruppen. Abbildung 2-38 greift dies ähnlich auf und weist zudem auf für den Umgang mit solchen Problemen wichtige Indikatoren und Maßnahmen hin.

»Free Rider« und »Sucker«-Effekt

▸ Teilweise unterschieden vom Social Loafing werden der »*Free Rider*«- und der »*Sucker*«-Effekt. Während das Social Loafing stärker als ein unterbewusster Prozess angesehen wird, vollziehen sich Motivationsverluste beim Free Rider und Sucker-Phänomen bewusst.

Abb. 2-38

Rahmenbedingungen, Indikatoren und Gegenmaßnahmen des Social Loafings

Begünstigende Rahmenbedingungen	Indikatoren zur Identifikation	Mögliche Gegenmaßnahmen
• Individuelle Leistungen schwer identifizierbar • Gruppenziele können auch ohne eigene individuelle Anstrengung erreicht werden • Gruppenmitglieder können ihre individuellen Ziele nur schwer erreichen • Gruppenmitglieder nehmen war, dass andere faulenzen	• Gruppenmitglieder halten sich in Diskussionen zurück • Beschwerden über Ungerechtigkeiten bei der Aufgabenverteilung • Artikulation allgemeiner Unzufriedenheit nimmt zu • Leistung einzelner geht plötzlich stark zurück • Zu-Spät-Kommer, Früher-Geher, geschäftigtuende Müßiggänger, phlegmatische Bremser	• Begrenzung der Gruppengröße auf 8-12 Personen • Übertragung in sich geschlossener Aufgaben • Formulierung eines Gesamtziels und individueller Einzelziele • Steigerung der Gruppenkohäsion

Quelle: in Anlehnung an *Oechsler/Paul*, 2015, S. 334

Free Riding entsteht, wenn Personen die eigene Leistung als überflüssig für den Gesamterfolg der Gruppe ansehen, da die Leistungserbringung der übrigen Gruppenmitglieder womöglich bereits ausreicht, um das Gruppenziel zu erlangen (vgl. Kerr, 1983, S. 820).

Der *Sucker-Effekt* führt über die Vermutung, andere Gruppenmitglieder könnten auf Kosten der eigenen Leistung ihre Anstrengung zurückfahren, zu einer Reduktion der eigenen Mühen respektive zu Motivationsverlusten. Die Angst besteht, aufgrund des Free-Rider-Verhaltens anderer ausgenutzt zu werden und die »Sucker«-Position inne zu haben (vgl. Kerr, 1983, S. 819 ff.).

TERMINOLOGIE

Moral Hazard

Mit »Moral Hazard« (= moralisches Risiko) wird in der Institutionenökonomie eine Situation beschrieben, in der eine (Arbeits-)Vertragspartei eine andere durch Hidden Action oder Hidden Information aufgrund einer asymmetrischen Informationssituation hintergehen kann und insofern auch versucht ist, dies zu tun.

5.4 Gruppenarbeit – theoretische Erklärungsansätze
Einflussvariablen der Gruppenarbeit

Prozessgewinne

Der pessimistischen Sichtweise Steiners stehen Erkenntnisse gegenüber, die neben den Prozessverlusten auch die Möglichkeit von Prozessgewinnen berücksichtigen. In Anlehnung und Erweiterung an Steiners Modell (1972, S. 9) ergibt sich die Gruppenleistung demnach aus folgenden Komponenten:

> Tatsächliche Gruppenleistung = Gruppenpotenzial + Prozessgewinne − Prozessverluste

Im Vergleich zu Experimenten zu Prozessverlusten sind die Bedingungen und Möglichkeiten für *Leistungsgewinne von Gruppen* weniger stark erforscht (vgl. Hertel, 2000, S. 169 ff.). Die in diesem Zusammenhang häufig genannten und empirisch nachgewiesenen Gruppenphänomene werden nachfolgend erläutert:.

»Social Facilitation«

▶ »*Social Facilitation*« tritt in Situationen auf, in welchen die Leistungserbringung eines Individuums offensichtlich von anderen Personen beobachtet wird oder aber die Leistungserbringung in einer Koaktions-Situation erbracht wird, d. h. andere Personen in Gegenwart die gleiche Aufgabe bearbeiten. »Social Facilitation« führt zu einer Leistungssteigerung bei den betroffenen Personen. Als Ursachen werden zum einen die Rivalität und zum anderen eine erhöhte Aktivität angesehen. Unter Umständen können diese Situationen jedoch auch leistungshemmend wirken. Entscheidend ist offensichtlich die Art der Aufgabe. Ist diese komplex, neu und schwierig, führen anwesende und koagierende Personen eher zu einer Leistungsminderung bei der betreffenden Person (vgl. Wegge, 2014, S. 933 f.; Zajonc, 1965).

Köhler-Effekt

▶ Bereits 1926 entdeckte Otto *Köhler* (1926) Effekte der Motivations- bzw. Leistungssteigerung in einer gemeinschaftlichen Situation im Vergleich zur individuellen Anstrengung. Seine Experimente hatten als Grundlage Aufgaben konjunktiven Typs, in denen Sportler eines Berliner Ruderclubs eine Stange allein oder in Dyaden bis zur Erschöpfung heben sollten. Der Versuchsaufbau ermöglichte die Identifikation der Kraft, mit welcher an dem Gegenstand gezogen wurde. Im Ergebnis zeigte sich ein kurvenlinearer Zusammenhang zwischen der Anstrengung eines Individuums in der Gruppe, seiner Anstrengung in der Einzelsituation und der Differenz zwischen den Stärken der Gruppenmitglieder. Entsprechend kam es zu Motivationsgewinnen, d. h. Leistungssteigerungen, wenn die Unterschiede in den Leistungen zwischen Einzelpersonen in der Gruppe moderat ausgeprägt waren, nicht aber bei gleicher Leistungsstärke oder aber sehr großen Unterschieden (vgl. Karau/Markus/Williams, 2000, S. 183). Eine Wiederholung der Versuche Ringelmanns und eine verbundene detaillierte Analyse der Prozesse (vgl. Stroebe/Diehl/Abakoumkin, 1996, S. 51 ff.) identifizierten das schwächere Individuum als ausschlaggebend für diesen Leistungsgewinn. Dieses versucht, mit der Leistung der stärkeren Partner gleichzuziehen.

»Social Compensation«

▶ »*Social Compensation*« steht für die Mehranstrengung eines Teammitglieds aufgrund dessen Wissens über die individuelle Gruppenleistung eines schwächeren Mitglieds. Die Erwartung dieser schwächeren Leistung kann unter Umständen eine diese Leistung kompensierende Mehranstrengung anderer Gruppenmitglieder respektive eines anderen Gruppenmitglieds zur Folge haben, um das gemeinsame Gruppenziel nicht zu gefährden (vgl. Hart/Bridgett/Karau, 2001; Karau/Williams, 1997; Williams/Karau, 1991). Die Kompensation der schwachen Leistung eines anderen Mitglieds durch stärkeren Einsatz tritt hingegen nicht unter Bedingungen bedeutungsloser Aufgaben auf.

»Social Compensation« und der Köhler-Effekt unterliegen letztlich ähnlichen Mechanismen. Jeweils ist die wahrgenommene Instrumentalität der eigenen Leistung von Bedeutung. Bei der »Social Compensation« wird die hohe Instrumentalität der individuellen Anstrengung auf Seiten des leistungsfähigeren Mitglieds empfunden, während beim Köhler-Effekt die Wahrnehmung der Instrumentalität der eigenen Anstrengung auf Seiten des schwächeren Gruppenmitglieds für die Leistungssteigerung verantwortlich ist.

5.4.4 Outputvariablen

Die Art der Darstellung hat gezeigt, dass sinnvollerweise vielfach die sich ergebenen Effekte auf die Gruppenleistung bereits bei den jeweiligen Phänomenen erläutert wurden. Eine Pointierung oder Zusammenfassung an dieser Stelle erübrigt sich daher.

Dennoch bleibt festzuhalten, dass selbstverständlich der »Output« sich erst nach dem – interagierenden – Gruppenphänomen ergibt. In Betrieben zählt dabei üblicherweise vor allem die Auswirkung auf die betriebliche Leistung. Sonstige Auswirkungen, wie z. B. die Zufriedenheit von Mitarbeitern, die Stimuli auf die Organisationskultur, haben eher einen instrumentellen Charakter, auch wenn sie für sich – wie gerade die Mitarbeiterzufriedenheit (s. Teil 2, Kap. 4.4.5) – einen eigenen Wert haben.

WIEDERHOLUNGSFRAGEN ZU KAPITEL 5

1. Skizzieren Sie die unterschiedlichen Ansätze, nach denen Modelle und Theorien zur Beschreibung von Verhalten in Gruppen untergliedert werden können.
2. Was sind mögliche Kennzeichen von Gruppen?
3. Welche Differenzierungen gibt es zu unterschiedlichen Arten von Gruppen?
4. Welche Inputvariablen gibt es innerhalb des Determinantenkonzepts der Gruppenarbeit und wie sind diese zu verstehen?
5. Welche Prozessvariablen existieren innerhalb des Determinantenkonzepts der Gruppenarbeit und wie stehen diese im Verhältnis zueinander?
6. Was sind mögliche Ursachen von Konflikten?
7. Beschreiben Sie die Dynamik einer Konfliktepisode.
8. Was ist unter dem Groupthink-Phänomen zu verstehen?
9. Welche Thesen charakterisieren das Collective Information Sampling?

5.4 Gruppenarbeit – theoretische Erklärungsansätze
Einflussvariablen der Gruppenarbeit

10. Was besagt das Risikoschub-Phänomen?
11. Was ist Free Riding? Was ist unter dem Sucker-Effekt zu verstehen?
12. Skizzieren Sie die Gruppenphänomene Social Facilitation und Social Compensation.
13. Beschreiben Sie typische Gruppenphasen im Zeitablauf.

6 Personalführung

> **LEITFRAGEN**
>
> **Zur grundsätzlichen Ausrichtung**
> - Ist Personalführung unabhängig von Ansätzen zu Erklärung von Individual- und/oder Gruppenverhalten?
> - Letztendlich ist doch nur die hierarchische, direkte Personalführung wichtig!?
>
> **Zu einzelnen Erklärungsansätzen**
> - Eindimensionale Führungsstilkonzepte sind ausreichend sinnvoll! – Stimmt diese Aussage?
> - Expertentum schützt stets vor negativen Gruppeneffekten! – Stimmt diese Aussage?
> - Transformationale Führung ist doch nur etwas für ein Lehrbuch, in der betrieblichen Praxis ist sie nicht erreichbar! – Trifft diese Aussage zu?
>
> **Zuständigkeit und Relevanz**
> - Wer sollte sich eigentlich in Betrieben mit führungstheoretischen Erklärungsansätzen auskennen?
> - Führungsdilemmata haben nicht nur Führungskräfte, sondern auch Leser von einschlägiger Fachlektüre zur Mitarbeiterführung! – Stimmt dies?

6.1 Grundprobleme der Personalführung

6.1.1 Einführung

In der Grundlegung ist der Begriff der Personalführung (synonym: Mitarbeiterführung) in einem weiten, betriebswirtschaftlich-allgemeinen Sinne bereits erläutert worden, um daraus Begriff und Inhalt des Personal-Managements mit abzuleiten. Gegenstand dieses Kapitels ist nun derjenige Teilbereich des Personal-Managements, der die Tätigkeiten der *Verhaltenssteuerung* zum Inhalt hat, und zwar davon wiederum derjenige Ausschnitt, der die »Mitarbeiterführung« im Sinne der Ausübung von Vorgesetztenfunktionen zum Gegenstand hat.

> Vorgesetzte erleichtern sich ihren »… Alltagsjob erheblich …, wenn es … [ihnen] gelungen ist, Mitarbeiter zu gewinnen und auszubilden, die

6.1 Personalführung
Grundprobleme der Personalführung

> selbstständig denken, die verantwortungsvoll handeln, die als Team funktionieren. Solche Mitarbeiter erfordern einen sehr viel geringeren Führungsaufwand als andere Mitarbeiter, die an der kurzen Leine geführt werden.« (Neuberger, 2005, S. 5)

Aufbau potemkinscher Dörfer

Das Phänomen der Führung von anderen Menschen durchzieht nahezu die gesamte Geschichte der Menschheit. So sind bereits aus der Antike Schriften überliefert, die sich mit der Führung von Arbeitern und Arbeitsgruppen (Sklaven) beschäftigen (z. B. Seneca). Bis heute haben sich unzählige Autoren mit diesem Phänomen auseinandergesetzt (»mehr Heiz- als Erkenntniswert« so Sievers, 1988; »Aufbau potemkinscher Dörfer« so Neuberger, 2002). Selbst die mit dem Phänomen verbundenen Termini sind sehr uneinheitlich: Führung, Mitarbeiterführung, Personalführung, Menschenführung, »leadership«. Wir verwenden hier im Allgemeinen die Termini »Personalführung«, »Mitarbeiterführung« und in diesem Kapital zum Teil auch »Führung« (wie dies üblicherweise in der einschlägigen Literatur der Fall ist), um den gleichen Tatbestand anzusprechen.

»Die Reform beginnt an der Spitze. Die Treppe muss von oben gekehrt werden.« Hermann Simon

Bezogen auf die Führung von Menschen im Betrieb sind es heute vor allem folgende *Problemfelder*, mit denen sich die moderne Führungsforschung seit nunmehr fünf Jahrzehnten auseinandersetzt (vgl. Weibler, 2012; Wunderer, 2011):

- Was ist Führung und durch welche Merkmale lässt sie sich charakterisieren?
- Wie wirkt Führung? Was sind die Kategorien von Führungserfolg und wie lassen sich diese messen (Führungseffizienz)?
- Warum und wie werden bestimmte Personen zu (erfolgreichen) Führern?

MEINUNG

Wer kann schon Menschen führen?

Die Rolle »Vorgesetzter« ist eine, auf die so gut wie kein Ausbildungsweg (ausreichend) vorbereitet. Weder während einer Berufsausbildung noch bei einem Hochschulstudium steht das Thema »Menschenführung im Betrieb« wirklich zentral im Lehrplan. Sicherlich, manche Inhalte werden schon einmal angesprochen, sogar ganze Lehrveranstaltungen (manchmal sogar mehrere) dazu angeboten – als Wahl-(Pflicht-)Veranstaltungen. Diejenigen Studierenden, die Fächer bzw. Module mit personalwirtschaftlichem Inhalt wählen, machen mehr als diejenigen Kommilitonen, denen vor allem fachbezogene Inhalte angeboten werden (angehende Ingenieure, Ärzte, Werksleiter, Steuerexperten etc.). Aber, bei den universitären Angeboten zur Personalführung handelt es sich im weit überwiegenden Maße um Lehrvorträge der Dozenten; die Vermittlung kognitiver Fachkompetenz steht dabei im Fokus. Viel mehr kann eine Ausbildungsinstitution aber auch nicht anbieten, es sei denn, man räumt mehr Zeit sowohl für Pflichtveranstaltungen als auch für einschlägige Lehrangebote generell ein. Solche Lehrangebote könnten dann mit gruppenspezifischen Übungen, Aufgaben und anderen Herausforderungen die Sozial- und Führungskompetenz partiell verbessern helfen. Der wirklich *praktische Umgang* mit Aufgaben der Menschenführung ist allerdings eine Aufgabe, die im Rahmen der betrieblichen Personalentwicklung umzusetzen ist. Ein Lehrbuch bietet »nur« Basiswissen, alternative Ideen, Anregungen u. Ä. zur Verbreitung und zum Umgang mit realen Problemen der Menschenführung und/oder der intensiveren Verhaltensschulung in Betrieben. Jede – angehende – Führungskraft sowie jeder Führungs- und Nachwuchsführungskräfte einstellende Betrieb ist hier aufgefordert, Eigeninitiative zur weiteren Qualifizierung zu zeigen – und dies am besten bevor jemand auf einer Führungsposition eingesetzt wird (vgl. Personalethik und »Bad Leadership« in Teil 5, Kap. 3).

Grundprobleme der Personalführung 6.1

- Wie verhalten sich (erfolgreiche) Führer?
- Wovon hängt Führungserfolg ab?

Auf diese und sich hieraus ergebene Fragen wird im Folgenden eingegangen.

6.1.2 Begriff und Merkmale

Bevor näher auf das im Folgenden zugrunde gelegte Verständnis der Personalführung eingegangen wird, sind einige Ausführungen zur allgemeinen Thematisierung dieses Phänomens sinnvoll.

Personalführung hat letztlich die Fähigkeiten zum Inhalt, die das Verhalten der Mitarbeiter aktivieren, intensivieren und/oder steuern sollen. Ihr Verständnis ist in der Literatur kontrovers diskutiert. Ein gemeinsamer Nenner der Begriffsbestimmungen lässt sich wie folgt formulieren:

»Führung muss man wollen.«
Alfred Herrhausen

> Personalführung ist ein irgendwie gearteter Versuch der Einflussnahme oder Einwirkung auf das Verhalten anderer Personen in Betrieben.

Dieser Ausgangspunkt soll um Merkmale angereichert werden, die für das Phänomen der Führung von Mitarbeitern im Betrieb wesentlich erscheinen und es näher kennzeichnen (vgl. Weibler, 2012, S. 14 ff.; Blessin/Wick, 2014, S. 23 ff.). (Personal-)Führung liegt demnach im klassischen Sinne vor, wenn:

- mindestens zwei Personen existieren: *Führer* (vorgesetzte Person) und *Geführter* (nachgeordnete Person);
- eine soziale *Interaktion* (gekennzeichnet durch die wechselseitige Bedingtheit des Verhaltens) stattfindet;
- diese Interaktionsbeziehung *asymmetrisch* verläuft, d. h. die Möglichkeit zur Willensdurchsetzung aufgrund unterschiedlicher Machtverteilung primär auf Seiten des Führers liegt;
- die Einflussnahme des Führers *zielorientiert* erfolgt, also auf die Erreichung bestimmter Ergebnisse bzw. die Erfüllung bestimmter Aufgaben ausgerichtet ist;
- *Wirksamkeit* der Führung bezüglich Verhaltensauslösung und -steuerung vorliegt;
- die Willensdurchsetzung durch spezifische Aktivitäten der *Information*, *Instruktion*, *Entscheidung*, *Motivation*, *Konfliktlösung* erfolgt;
- im Führungsprozess eine *Ausbildung von Rollen* (Verhaltenserwartungen), *Werten* und *Normen* stattfindet;
- die *Interaktion dynamisch* ist, d. h. sich permanent entwickelt und Veränderungseinflüssen unterschiedlichster Art ausgesetzt ist.

Begriff

Obwohl diese Merkmalsaufzählung recht umfangreich ist, kann sie nicht den Anspruch erheben, abschließend und vollständig zu sein; es mag durchaus Fragestellungen zur Führung geben, für die weitere Facetten bedeutsam sind, einige der genannten Merkmale jedoch nicht interessieren (vgl. von Rosenstiel, 2014; von

6.1 Personalführung
Grundprobleme der Personalführung

Rosenstiel/Regnet/Domsch, 2014; Neuberger, 2002). In der begrifflichen Auseinandersetzung mit der Mitarbeiterführung sind zumindest noch zwei andere Aspekte zu diskutieren:

Traditionell: Hierarchische Führung

Zum Ersten wird im Allgemeinen von der *hierarchischen Führung* ausgegangen, d. h. dem zielgerichteten Einfluss eines direkten wie nächst höheren Vorgesetzten (»leader«) auf einen Untergebenen. Sie steht im Allgemeinen – auch hier (s. o.) – im Mittelpunkt der Diskussion. Daneben findet aber auch laterale Führung und Führung von unten statt. Sie sind ebenfalls Fakt im betrieblichen Führungsalltag und dürfen von daher nicht ignoriert werden, s. Abbildung 2-39.

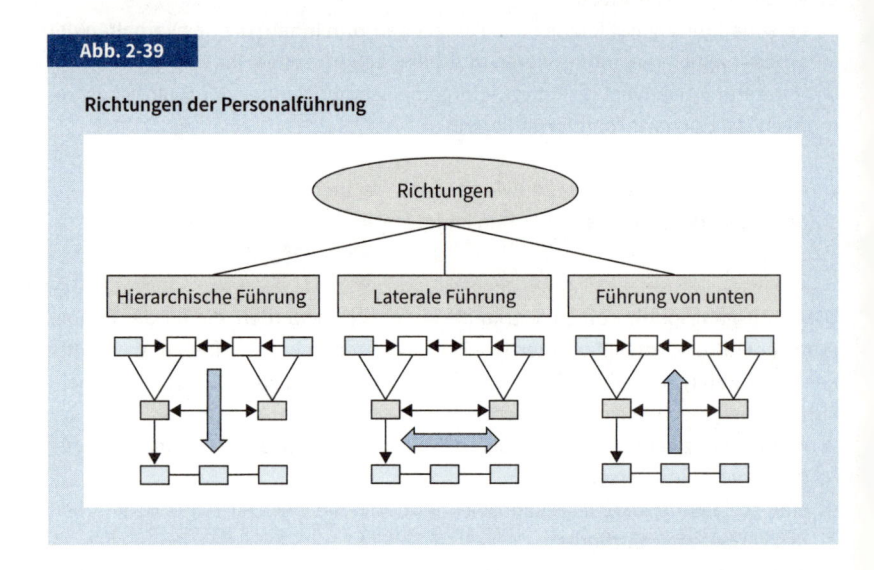

Abb. 2-39

Richtungen der Personalführung

Modell »Kollege«

- Bei *lateraler Führung* manifestieren sich die Führungsbeziehungen nicht in einer vertikalen Einflussnahme von Vorgesetzten zu Untergebenen wie bei der hierarchischen Führung. Laterale Führung ist in diesem Sinne als zielorientierte, soziale, interpersonale Verhaltensbeeinflussung von in etwa Gleichgestellten zu verstehen, und zwar insbesondere mit Hilfe von Kommunikationsprozessen zur Erfüllung gemeinsamer Aufgaben. Laterale Führungsbeziehungen bestehen bei Kollegen, die der gleichen hierarchischen Stufe angehören und gemeinsame abteilungs-(gruppen)interne oder -externe Aufgaben erfüllen (»Führung ohne Chef«). Im Gegensatz zu hierarchischen Führungsstrukturen werden Konflikte hier nicht durch Weisungen behoben, sondern durch gegenseitige Abstimmung und Konsens innerhalb des jeweiligen Kollegenkreises (vgl. Kühl/Schnelle, 2009; Wunderer, 2011, S. 467 ff.).

»Wer mich kennt, der weiß, dass ich mehr meinem Instinkt folge als Anweisungen von Trainern.« Thomas Müller

- *Führung von unten* ist Ausdruck für die gezielte Einflussnahme von Mitarbeitern auf das Denken und Handeln von Vorgesetzten, so dass sich diese – bewusst oder unbewusst – im Sinne der Untergebenen verhalten. Auf subtile oder auch deutliche Art können Mitarbeiter ihren Vorgesetzten verdeutlichen, dass Dienst

Grundprobleme der Personalführung — 6.1

> **WISSENSWERTES**
>
> **Netzwerkführung**
>
> Viele betriebliche Aktivitäten machen weder an der Betriebsgrenze halt, noch beschränken sie sich bei größeren Betrieben auf eine kleine Organisationseinheit. Sowohl formale wie auch informale Netzwerke werden eingesetzt und genutzt, um auch betriebliche Zielsetzungen zu erreichen. In diesem Zusammenhang stellt sich die Frage der Führung eines Netzwerkes und im Netzwerk. Hierarchische Führung ist nur in wenigen Netzwerken möglich oder sinnvoll, Führung von unten entspricht nicht dem Kerngedanken von Netzwerken. Am ehesten kommt noch das Konzept der lateralen Führung in Frage (vgl. Weibler, 2012, S. 584 ff.).

nach Vorschrift, Leistungszurückhaltung, Fehlzeiten, (innere) Kündigung bis hin zur Sabotage Druckmittel – im grauen Bereich – sind, um bestimmte Ziele zu erreichen. Gezielte Informationspolitik kann Ähnliches bewirken. Diese Vorgehensweise, besser als Mikropolitik zu bezeichnen, ist hier nicht gemeint (vgl. Neuberger, 1999; Wunderer, 2011). Es geht vielmehr darum, dass Lernen und Können der Nachgeordneten aktiv zu nutzen, indem Vorgesetzte sich hierdurch in ihren Entscheidungen beeinflussen lassen. Lean Organization, hohe Handlungskompetenzen, Einflussmotive »zwingen« geradezu sogar zur aktiven Förderung der Führung von unten.

Zwei Formen der Führung von unten werden unterschieden (s. Abbildung 2-40). Die *vorgesetzteninitiierte Förderung* dieser Richtung der Führung lässt sich sowohl durch strukturelle als auch durch interaktive Führungsmöglichkeiten fördern (vgl. Wunderer, 2011, S. 253 f.). Dies betont, dass auch eine gezielte Förderung der Führung von unten vorgesehen sein kann.

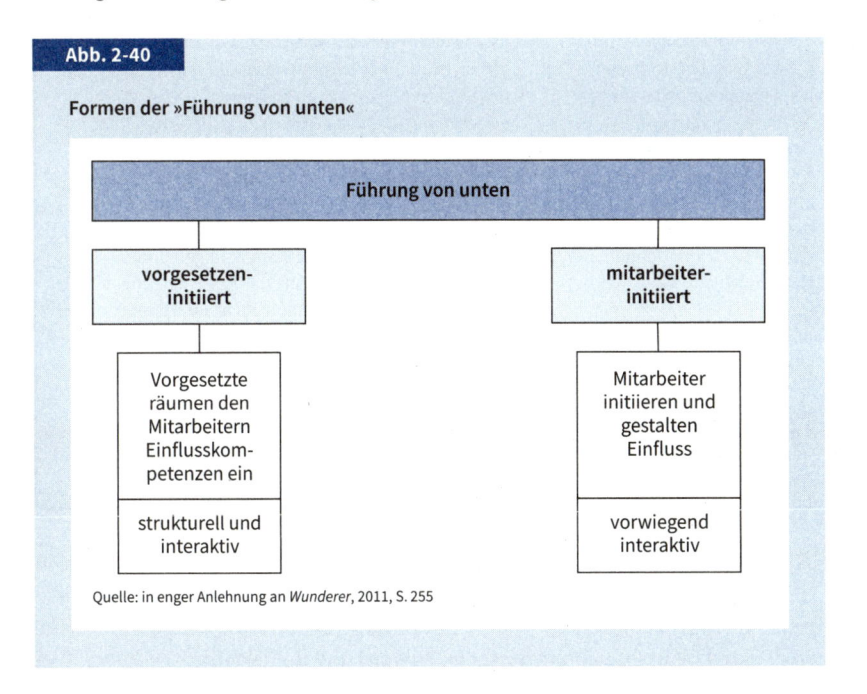

Abb. 2-40

Formen der »Führung von unten«

```
                    Führung von unten
                    /                \
        vorgesetzen-              mitarbeiter-
        initiiert                 initiiert
            |                         |
   Vorgesetzte räumen          Mitarbeiter initiieren
   den Mitarbeitern            und gestalten
   Einflusskompetenzen ein     Einfluss
            |                         |
   strukturell und             vorwiegend
   interaktiv                  interaktiv
```

Quelle: in enger Anlehnung an *Wunderer*, 2011, S. 255

6.1 Personalführung
Grundprobleme der Personalführung

BASIS

Vertrauen

Vertrauen »ja oder nein« ist eine zentrale Frage – nicht nur – in einer Führungsbeziehung. Dabei geht es nicht nur darum, ob man jemanden (bspw. einem Nachgeordneten) vertrauen kann oder nicht, es geht auch darum, ob jemand vertrauen kann (bspw. eine Führungskraft). Um sich mit diesen Themen ausreichend auseinandersetzen zu können, sind viele Aspekte anzusprechen (vgl. Weibler, 2012, S. 48 ff.). Einige werden nachfolgend hervorgehoben:

- Der *Begriff des Vertrauens* bezieht sich auf die subjektive Überzeugung, dass andere Personen – in einer verhaltensrisikobehafteten Situation – redlich handeln, wahre Aussagen treffen, Handlungen absprachegemäß zeigen, Versprechungen einhalten u. Ä. – also vertrauenswürdig sind. Im Hintergrund schwingt dann mit, dass diese Personen dies alles nicht nur wollen, sondern auch in den geltenden Situationsbedingungen umsetzen können (»Zutrauen«). Solch ein Vertrauensbegriff kann sich darüber hinaus auf andere Institutionen (z. B. Regelwerke, Verträge, Kirche) beziehen und dann als »Systemvertrauen« bezeichnet werden.
- »Vertrauen« in einer Führungs- und/oder Kollegenbeziehung reduziert zunächst einmal sowohl deren *soziale Komplexität* (Luhmann, 2014) als auch deren *Transaktionskosten* (v. a. Vertrags- und Kontrollkosten) und ermöglicht durch die so freibleibenden Kapazitäten ein Mehr an Tätigkeiten woanders (oder auch Freizeit). Der Vertrauende bietet eine »riskante Vorleistung« an, die in vielen Fällen Verhaltensmöglichkeiten erschließen, die ohne Vertrauen »unwahrscheinlich und unattraktiv« (Luhmann, 2014, S. 26) wären.
- Vertrauen wird als erleichternd wie womöglich befriedigend beim Adressaten empfunden (»*Vertrauensbeweis*«) und dient insofern der Zufriedenheit, der Motivation, einem engagierten Verhalten u. Ä. (vgl. Johnson/Johnson, 1995).
- Zwei Seiten einer Vertrauensbeziehung sind hervorzuheben: (1) vertrauen können und (2) vertrauenswürdig sein.
  1. Die Entwicklung der Möglichkeit, vertrauen zu können, ist zunächst einmal stammesgeschichtlich angelegt und differenziert sich in der Geschichte eines Menschen individuell aus. Gerade die frühkindlichen Erfahrungen führen zu einem unterschiedlichen Grad an Urvertrauen und in Folge zu individuell unterschiedlichen Möglichkeiten, vertrauen zu können. Damit ist die Vertrauensfähigkeit nicht definitiv für alle Zeiten festgelegt, aber stark vorgeprägt. Erfahrungen in späteren Sozialisationsprozessen können noch Veränderungen, generelle oder für spezifische private wie betriebliche Konstellationen, nach sich ziehen.
  2. Die Vertrauenswürdigkeit einer Person, also inwieweit man dieser vertrauen kann, ist ein weiterer zu differenzierender Aspekt der Thematik. Drei Vertrauenstypen (bzw. -qualitäten) lassen sich – aufeinander aufbauend – unterscheiden (vgl. Lewicki/Bunker, 1996, S. 119 ff.; Weibler, 2012, S. 52 f.): zum Ersten kalkülbasiertes Vertrauen mit auf kognitiver Ebene stattfindenden Abwägungsprozessen (bspw. hinsichtlich negativer Folgen vom eigenen Fehlverhalten), zum Zweiten wissensbasiertes Vertrauen (v. a. basierend auf vergangenen Erfahrungen im Umgang mit Personen und/oder Institutionen) und zum Dritten identifikationsbasiertes Vertrauen als stärkster Idealtypus, der kognitiv wie affektiv ausgeprägt und durch viele (gemeinsame) Erfahrungen geprägt ist.
- »*Selbstvertrauen*« wiederum ist ein Vertrauen in sich selbst, bestimmte Verhaltensweisen zeigen oder auch mit Situationen umgehen zu können. (Die Anstrengungserwartung aus dem Leistungsdeterminantenkonzept aus Teil 2, Kap. 4.2.5 ist hiermit fast gleichzusetzen.)
- *Misstrauen* ist der Gegenbegriff zu Vertrauen. Er reduziert ähnlich die Komplexität der Beziehung, zieht allerdings andere Verhaltensfolgen und Transaktionskosten (s. Prinzipal-Agent-Theorie; s. Teil 2, Kap. 3.1) nach sich. Umstritten ist im Übrigen, ob Misstrauen vielleicht gerade deshalb »berechtigt« ist, weil man einer Person misstraut und dazu passende Kontrollmechanismen einsetzt, die gerade solches Verhalten initiieren, welchem man tatsächlich mit Misstrauen begegnen sollte (»Sich selbst erfüllende Prophezeiung«).

»Chef ist nicht der, der etwas tut, sondern der das Verlangen weckt, etwas zu tun.«
Edgar Pisani

Letztlich wird fast ausschließlich die hierarchische Mitarbeiterführung thematisiert – und dann noch in einer spezifischen, amerikanisch geprägten Fassung. Der amerikanische Sprachgebrauch der Mitarbeiterführung (»*leadership*«) ist traditionell auf die direkte Einflussbeziehung zwischen Führern und Geführten ausgerichtet. Dies

Grundprobleme der Personalführung 6.1

> **TERMINOLOGIE**
>
> **Symbolische Führung**
>
> Symbolische Führung zeichnet sich durch unterschiedliche Facetten aus: Zum einen können Symbole als Führungsinstrument eingesetzt werden. Zum anderen kann Mitarbeiterführung selbst ein Symbol (Verhalten der Führungskraft) sein oder symbolisch gedeutet werden. Sie werden gezielt durch Vorgesetzte eingesetzt, um ihre Absichten besser zu verdeutlichen: bspw. Bahnreisen in der 2. Klasse, Flugreisen über Billig-Airlines etc. zur Verdeutlichung von notwendigem Kostenbewusstsein oder der Einsatz von Vorgesetztenbeurteilungen zur offeneren Kommunikation in Führungsbeziehungen. Symbole sind so funktional-äquivalent zu eher klassischen Führungsinstrumenten. Nur wenn die Symbole zu den geäußerten Zielen und den anderen betrieblichen Strukturen, Prozessen und Maßnahmen passen, können sie durch ihre Konsistenz ihre intendierte Wirkung entfalten. Voraussetzung ist auch, dass sie wahrgenommen und »richtig« interpretiert werden sowie ein Wille zum geänderten Verhalten vorhanden ist. Die Authentizität des Vorgesetztenverhaltens hat auch einen bedeutende Rolle für die Wirksamkeit der symbolischen Führung (vgl. Weibler, 2012). (In unserem Verständnis ist sie der oben angesprochenen Kategorie der kulturellen Führung zuzuordnen.)

hängt zum Ersten mit dieser Gesellschaftskultur zusammen, die als stark »boss-centered« charakterisiert werden kann. Zum Zweiten erklärt die Dominanz der Psychologen in der amerikanischen Managementforschung und -lehre den individual- und sozialpsychologischen Ansatz der Führung. Zum Dritten konzentriert sich auch die – von den USA gegenwärtig stark beeinflusste – Führungspraxis und -publizistik gerne auf die Führungspersonen, ihre Eigenschaften, Funktionen und Wirkungen. Denn über Personen lässt sich Führung leichter erfassen, beschreiben und erklären.

Zum Zweiten kann nicht nur von einer *direkten Personalführung* (unmittelbare Einflussnahme) ausgegangen werden, sondern auch eine *indirekte Personalführung (mittels mittelbarer Einflussversuche) findet statt*. Die Möglichkeiten und wertschöpfenden Funktionen der direkten Einflussnahme durch den »Boss« sind und bleiben zwar unbestreitbar. Ohne sie ist auch der beste Ansatz einer systematischen Verhaltenssteuerung nicht realisierbar, sie bleibt aber unvollständig, wenn die folgenden Differenzierungen in der Diskussion ausgeblendet bleiben. Die Funktion der Mitarbeiterführung in diesem Sinne kann dabei zum einen durch unmittelbaren Kontakt zwischen Vorgesetzten und untergebenen Mitarbeiter und zum anderen durch eine nur mittelbar wirkende Gestaltung der Bedingungen erfüllt werden. Dies ist weiter vorne bereits durch die zwei bzw. drei Ebenen der Mitarbeiterführung (interaktio-

Direkte und indirekte Mitarbeiterführung

> **TERMINOLOGIE**
>
> **Führungsgrundsätze**
>
> Führungsgrundsätze (oft synonym: Führungsleitlinien, Führungsrichtlinien, Führungsanweisungen, Verhaltensleitlinien zur Führung) beschreiben oder normieren – als Bestandteil der strukturellen Führung – relativ dauerhaft die grundsätzlichen Beziehungen zwischen Vorgesetzten und ihren Mitarbeitern auf Basis einer *Führungsphilosophie*. Sie sind Bestandteil einer *Führungskonzeption* und Teilmenge von betrieblichen Grundsätzen, schriftlich niedergelegt und sollen die betriebliche Mitarbeiterführung vereinheitlichen sowie damit Basis für eine effiziente Führung bieten. Die Führungsgrundsätze können sich dabei auf verschiedene Elemente der strukturellen Führung – und damit beispielsweise auf Kompetenz-, Informations-, Entscheidungsregeln – beziehen, aber auch die direkte Führung und das Menschenbild der Führungskräfte beeinflussen (vgl. Wunderer, 2011; Weibler, 2012).

nell, strukturell, kulturell) und durch die Theorien der Führungssubstitution ausreichend erläutert worden (s. Teil 2, Kap. 6.1.2, 6.2.2).

6.1.3 Führungserfolg

>»Kritikern hat man noch nie ein Denkmal gebaut, den Kritisierten dagegen schon oft.«
>Glenn W. Turner

Da Personalführung nicht zweckfrei erfolgt, sondern durch sie vielmehr bestimmte Ziele erreicht werden sollen, stellt sich die Frage nach der Leistungsfähigkeit – oder Erfolg – eines praktizierten oder denkbaren Führungsverhaltens. Konkret bedeutet dies, dass sowohl für den betrieblichen Alltag, als auch für die wissenschaftliche Forschung Kriterien definiert werden müssen, durch die sich erfolgreiche Führung von nicht-erfolgreicher unterscheidet. Dabei lässt sich der Erfolg in zwei formale Komponenten differenzieren: Effektivität personalwirtschaftlicher Maßnahmen als letztendliches Ziele sowie Effizienz personalwirtschaftlicher Prozesse als Mittel zur Zielerreichung.

> **Effektivität** (Erfolg) = Ein (idealtypischerweise sinnvolles) Ziel wird wirksam erreicht.
> **Effizienz** = Das Ziel wird wirtschaftlich (absolut und relativ vertretbar hinsichtlich des eingesetzten personellen, sachlichen und/oder finanziellen Aufwands) erreicht.

Erfolgskategorien

Im Folgenden wird nun zudem zwischen zwei inhaltlichen *Kategorien* des Führungserfolg unterschieden:
- Der *wirtschaftliche Erfolg*, d. h. der Grad der Erreichung institutioneller Ziele, als ökonomischer Aspekt, ist das zentrale Ziel zumindest von Erwerbsorganisationen. Abgeleitet davon besteht auch in Non-Profit-Organisationen ein ähnliches Ziel. Die Effektivität wird dabei durch verschiedene, situationsspezifische Determinanten – u. a. auch der vorgenommenen Systemgestaltung und der Verhaltenssteuerung – beeinflusst. Sie lässt sich normalerweise in einem Zielerreichungsgrad, aber auch durch Output-Größen ausdrücken. Als Bestimmungsgrößen der Effizienz können einzelne mengenmäßige oder auch wertmäßige Größen herangezogen werden wie Input-, Output-, Aufwands- und Ertragsziffern, v. a. aber deren Relationen, oder kombinierte Kennzahlen.
- Der *sozialpsychologische Erfolg*, d. h. der Grad der Befriedigung individueller Bedürfnisse der Organisationsmitglieder, wird – von manchen vordergründig – als humaner Aspekt verfolgt. Die Darstellungen weiter vorne machen deutlich, dass die Erreichung ökonomischer Ziele durch eine, die jeweiligen Werte, Bedürfnisse und Erwartungen der Mitarbeiter außer Acht lassende Personalführung zumindest stark beeinträchtigt sein wird. Entsprechende Bedeutung muss also dem Führungserfolg in sozialpsychologischer Hinsicht unterstellt werden. Kennzeichen der Effektivität sind zum Beispiel die Arbeitszufriedenheit, Personalbindung oder der Grad der Selbstverwirklichung. Als Kriterien lassen sich auch besser quantifizierbare (indirekte) Bestimmungsgrößen heranziehen wie Absentismus, Fluktuation, Verbesserungsvorschläge usw. Bei Kennzeichen der

6.1 Grundprobleme der Personalführung

sozialpsychologischen Effizienz handelt es sich um einen absolut wie relativ zu verantwortenden Prozess der entsprechenden Zielerreichung. Hier kommen Aspekte aus der Work-Life-Balance, der Gender-Problematik u. Ä. ins Spiel, also ob der Befriedigungsgrad auch mit einem vertretbaren individuellen Aufwand erreicht wurde.

Die Auswahl von Kriterien zur Erhebung von Führungserfolg kann nicht willkürlich erfolgen, sondern hat sich an den jeweils zu definierenden Zielen der Personalführung zu orientieren. Diese können in Abhängigkeit von den jeweiligen betrieblichen Zielen sowie den verschiedenen ausgeprägten Determinanten der Führungssituation (Qualifikationsniveau der Mitarbeiter, Schwierigkeit und Struktur der zu bewältigenden Aufgaben, vorherrschende organisatorische Rahmenbedingungen usw.) sehr unterschiedlich sein. Ein universales Set von Indikatoren einer erfolgreichen Führung lässt sich also nicht formulieren.

Kriterienauswahl

Grundsätzlich kann man aber davon ausgehen, dass vor dem Hintergrund des heute dominierenden (oft als kooperativ beschriebenen) Führungsverständnisses wirtschaftlicher und sozialpsychologischer Erfolg via Personal-Management *gleichermaßen* angestrebt wird und sei es »nur« aus ihrer Zweck-Mittel-Relation heraus.

Generalisierbare Erkenntnisse über Bedingungen und Formen erfolgreichen Führens von Personal sind es, die letztlich von Wissenschaft und Praxis gesucht werden. Dies bedeutet insbesondere die Klärung des Zustandekommens bestimmter, durch einzelne Kriterien beschriebener Folgen der Führung in Abhängigkeit von dieser. Dabei lassen sich eine theoretische und eine empirische Ebene unterscheiden.

Bedingungen und Formen effizienten Führens

▸ Auf *theoretischer Ebene* wäre darzustellen, welcher (eventuell sogar kausale) Zusammenhang zwischen einem bestimmten Führungsverhalten, spezifischen Ei-

ZUR VERTIEFUNG

Transaktionskostentheorie der Personalführung

Im Rahmen einer transaktionskostentheoretischen Interpretation (vgl. Williamson, 1996; Drumm, 2008, S. 17 ff.) wird bei der Personalführung nach den Kosten verschiedener Verhaltensweisen, die bei der Interaktion bzw. Zusammenarbeit zwischen Mitarbeitern und Vorgesetzten entstehen, gefragt. Es handelt sich dabei um die Kosten für Information und Kommunikation (Interaktions-, Entwicklungs-, Einführungs-, Verhandlungs- und Abstimmungskosten), Überwachung (Kontrollkosten) und Änderungen (Anpassungskosten) im Führungsprozess. Die Gegenüberstellung von Kosten und Nutzen gestattet es, generelle Regelungen wie die Schaffung spezifischer betrieblicher Regelungen (z. B. Führungsgrundsätze, Leistungsbeurteilungen) sowie die individuelle Aushandlung und Gestaltung von Führungsbeziehungen zu vergleichen. Ersteres verursacht höhere Entwicklungs-, Einführungs- und Kontrollkosten, letzteres dagegen höhere Abstimmungskosten.

Die ökonomische Basisthese lautet, dass stets die Vorgehensweise gewählt wird, die die niedrigsten Transaktionskosten aufweist. Diese beispielhaft demonstrierte Sichtweise lässt sich auf andere Personalaktivitäten übertragen, wird aber hier nicht systematisch verfolgt. Die Transaktionskostentheorie gehört zu den organisationstheoretischen Perspektiven der *neuen Institutionenökonomie* und insofern zur Personalökonomie und basiert daher auch auf deren Prämissen (s. Teil 1). Gerade aufgrund der wenig realitätsnahen Prämissen wird sie hier nicht zugrunde gelegt. *Dennoch*: Gerade die Pointierung von Transaktionskosten und ihrer verschiedenen Unterarten (s. o.), also unterschiedlicher, nicht unmittelbar als Aufwand erfassbarer Kosten auch personalbezogener Aktivitäten hilft, die ökonomische Relevanz einzelner Personalaktivitäten wie auch des gesamten Personal-Managements zu verdeutlichen.

6.1 Personalführung
Grundprobleme der Personalführung

genschaften eines Führers, den jeweils vorhandenen Rahmenbedingungen der Führung und dem definierten Führungserfolg besteht. Solche theoretischen Fundierungen versuchen die unterschiedlichen Führungstheorien, von denen einige nachstehend dargestellt und beurteilt werden. Insgesamt muss man jedoch feststellen, dass einzelne Ansätze zwar interessante Aspekte aufzeigen und durchaus heuristischen Wert besitzen, Zusammenhänge aber nicht in befriedigendem Maß aufzeigen können, die einer empirischen Überprüfung standhalten und in die betriebliche Praxis umgesetzt werden könnten.

▸ Ein Großteil der Führungsforschung versucht, seine Aussagen auf die Ergebnisse *empirischer Studien* zu stützen, von denen ebenfalls einige im Folgenden dargestellt werden. Aber auch auf empirischer Ebene ist es außerordentlich schwierig, den Zusammenhang zwischen Führung und Führungserfolg aufzuzeigen. So sind die den Führungserfolg indizierenden Kriterien in der Regel nicht monokausal bedingt. Führung stellt nur eine unter vielen das von Mitarbeitern gezeigte Leistungsverhalten sowie die Kriterien des sozialpsychologischen Erfolgs beeinflussender Determinanten dar. Und auch die mengen- oder wertmäßigen Kriterien aus der Kategorie des wirtschaftlichen Erfolgs werden außer durch »Führung« durch andere Faktoren wie den konjunkturellen Rahmenbedingungen beeinflusst. Darüber hinaus lassen sich im Rahmen der üblichen korrelativen Auswertungen empirischer Studien keine kausalen, sondern nur raum-zeitliche Zusammenhänge aufdecken. Eine eindeutige Zuordnung bestimmter Führungsfolgen zu einem bestimmten Führungsverhalten ist so nur über die Annahme der völligen Konstanz oder Vernachlässigbarkeit aller anderen, die Kriterien beeinflussenden, Faktoren zu erreichen, was einer völlig realitätsfernen Sichtweise entsprechen würde.

Qualitative Daten

Während sich Kriterien zur Erhebung des wirtschaftlichen Erfolgs zumeist aus dem betrieblichen Rechnungswesen gewinnen lassen und eindeutig quantifizierbar sind, gehen mit der Messung leistungsprozessbezogener (z. B. Problemlösungsverhalten) oder sozialpsychologischer Erfolgskriterien (z. B. Arbeitszufriedenheit) grundsätzliche Probleme einher. Zum einen handelt es sich oft um qualitative Daten, die auf ein bestimmtes Skalenniveau transformiert und damit »rechenbar« gemacht werden müssen. Zum anderen stellen die herangezogenen Kriterien oft hypothetische Konstrukte dar, die nicht direkt messbar sind und über einzelne (Test-)Verfahren operationalisiert werden müssen. Diese Messungen müssen insbesondere den Kriterien der Validität, Reliabilität und Objektivität entsprechen, was man über die Güte der verwendeten Verfahren (Fragebögen, Tests usw.) sicherzustellen versucht. In der Regel muss davon ausgegangen werden, dass die Erfüllung dieser Gütekriterien bei Untersuchungen in der betrieblichen Praxis nicht voll gewährleistet werden kann. Dies liegt insbesondere in den mangelnden Kenntnissen über die verwendeten hypothetischen Konstrukte (bzw. in deren mangelnder theoretischer Fundierung) begründet sowie in der Tatsache, dass Reliabilität und Objektivität eine weitgehende Standardisierung von Untersuchungssituationen und -verfahren voraussetzen. Eine Forderung, die in der betrieblichen Untersuchungssituation nicht zu erfüllen ist, und den, mit der Erhebung von komplexen sozialen Phänomenen

> **TERMINOLOGIE**
>
> **»Organizational Citizenship Behavior«**
>
> Idealtypische Zielgröße der Personalverantwortlichen kann das Konzept des »Organizational Citizenship Behavior« (OCB) sein. Hierunter wird ein betriebszielorientiertes Mitarbeiterverhalten aus freien Stücken verstanden, welches nicht unmittelbar zu den arbeitsvertraglichen, formalen Anforderungen des jeweiligen Arbeitsplatzes gehört, aber dennoch zum betrieblichen Erfolg beiträgt. Erfolgreiche Betriebe benötigen Mitarbeiter, die bereit sind, über ihre gewöhnlichen Pflichten hinaus weitere Leistungen und weiteres Engagement jenseits der gestellten Anforderungen zu erbringen. Beispielhaft anführen lässt sich Folgendes: Vermeidung unnötiger Konflikte, sorgfältiger Umgang mit dem Betriebseigentum, konstruktive Mitwirkung in der Gruppenarbeit, Beachtung des Geistes, nicht der Buchstaben von Regelungen, freiwillige Übernahme von Zusatzaufgaben u. Ä. (vgl. Organ, 1997; LePine/Erez/Johnson, 2002; Podsakoff et al., 2000).

einhergehenden, Anforderungen an Messtheorie und -instrumente grundsätzlich widerspricht.

6.2 Grundlegende Ansätze der Führungsforschung

6.2.1 Führungsstiltypologien

6.2.1.1 Einführung

Unter Führungsverhalten – als der weitere Begriff – wurden, wie bereits dargelegt, alle Verhaltensweisen einer Person, die auf eine zielorientierte Einflussnahme zur Erfüllung von Aufgaben in oder mit einer Aufgabensituation fokussiert sind, verstanden.

Führungsverhalten und Führungsstil

> Als Führungsstil – als der engere Begriff – wird dagegen die Art und Weise verstanden, in der Führungskräfte sich gegenüber ihren Mitarbeitern innerhalb von Bandbreiten *relativ konsistent und wiederkehrend* verhalten, d. h. ihre Führungsfunktionen ausüben (vgl. Wunderer, 2011, S. 16 ff.).

Es handelt sich dabei um ein zeitlich überdauerndes und in Bezug auf bestimmte Situationen konsistentes (Führungs-)Verhaltensmuster. Führungsverhalten ist also der weitere, Führungsstil ein engerer Begriff. Eine Person kann dabei prinzipiell durchaus unterschiedliche Führungsstile beherrschen und sie je nach Situation (bspw. unterschiedliche Qualifikationen der Nachgeordneten, unterschiedliche nationale Erwartungen an den »Chef«) passend einsetzen.

Führungsstile können entweder aus Erkenntnissen aufgrund empirischer Untersuchungen unterschieden werden (Realtypen) oder aber sie basieren auf theoreti-

6.2 Personalführung
Grundlegende Ansätze der Führungsforschung

schen Ableitungen (Idealtypen) (vgl. Staehle, 1999, S. 334 f.). In jedem Fall beziehen sie sich auf die hierarchische Führung.

In der Literatur wird eine Reihe von realtypischen wie auch idealtypischen Führungsstiltypologien differenziert (s. Abbildung 2-41). Auf einige wird nachfolgend eingegangen.

Abb. 2-41

Verschiedene Führungsstiltypologien

Typologie nach	Dimensionen	Führungsstile
Lewin et al.	icht explizit bekannt; eindimensional	• autoritär • demokratisch • laissez-faire
Likert/Katz/Kahn (»Michigan-Studien«)	Aufgabenorientierung vs. Mitarbeiterorientierung; zweidimensional	• aufgabenorientiert (»production centered«) • mitarbeiterorientiert (»employee centered«)
Tannenbaum/Schmidt	Entscheidungspartizipation (von »boss-centered leadership« to »subordinate-centered leadership«); eindimensional	• autoritär • patriarchalisch • informierend • beratend • kooperativ • delegativ • autonom
Fleishman/Hemphill (»Ohio-Studien«)	Aufgabenorientierung und Mitarbeiterorientierung	• aufgabenorientiert (»initiating structure«) • mitarbeiterorientiert (»consideration«)
Blake/Mouton	Aufgabenorientierung und Mitarbeiterorientierung	• »laissez-faire pflegen« (1.1) • »über Leichen gehen« (9.1) • »ausgeglichene Kombinationen suchen« (5.5) • »exzellente Führung« (9.9) • »geselliges Beisammensein« (1.9)
Hersey/Blanchard	• Aufgabenorientierung • Mitarbeiterorientierung • Reifegrad der Mitarbeiter	• unterweisen (»telling«) • delegieren (»delegating«) • verkaufen (»selling«) • partizipieren (»participating«)
Wunderer	• Entscheidungs-partizipation (Teilhabe) • wechselseitige Kooperation (Teilnahme)	• autoritär • patriarchalisch • konsultativ • kooperativ • delegativ • teil-autonom
Bass	• ziel-/ergebnisorientiert • werte-/zielverändernd	• »transaktional« • »transformational«
Bleicher/Meyer Baumgarten	vieldimensionaler, situativer Führungsstil mit einem mehr oder weniger an partizipativer oder autoritärer Führung	• partizipativer Führungsstil • vielfältige Stilvariationen zwischen dem einen und dem anderen Pol • autoritärer Führungsstil

Quelle: in Anlehnung an *Wunderer*, 2011, S. 208

6.2.1.2 Eindimensionale Führungsstile

Der sogenannte eindimensionale Ansatz knüpft an die Unterscheidung zwischen »autoritärem« und »demokratischem« Führungsstil an. Dieser wird teilweise noch auf einem Führungsstilkontinuum abgestuft differenziert: patriarchalisch informierend, beratend, kooperativ, partizipativ (s. ähnlich Abbildung 2-42). Die auf diesen Unterscheidungen beruhenden Ansätze untersuchen in der Regel *nur* den *Grad der Entscheidungspartizipation*.

Eine weit verbreitete Typologisierung von Führungsstilvarianten bildete die Grundlage für Experimente, die von Lewin/Lippitt/White 1938 bis 1940 an der Child Welfare Station der University of Iowa an Kindern durchgeführt wurden (sog. Iowa-Studies). Dabei sollte die Wirkung unterschiedlicher Führungsverhaltensweisen von Erwachsenen auf aggressives und feindseliges Verhalten von Kindern untersucht werden, die sich in Gruppen zu Bastelarbeiten trafen (vgl. Lewin/Lippitt, 1938; Lippitt, 1940; Lippitt/White, 1943). Die Führungsstile wurden unterschieden in:

IOWA-Studies

- *Autoritäre Führung* (»authoritarian leadership«). Der Führende bestimmt die Regeln für die Handlungs- und Kommunikationsprozesse: In seiner Hand liegen Planung und Kontrolle der Arbeitsorganisation, das Erlassen von Durchführungsbestimmungen. Handlungsvollmacht bezieht er aus seiner Stellung im hierarchischen System.
- *Demokratische Führung* (»democratic leadership«). Sie ist gekennzeichnet durch Delegation von Entscheidungsbefugnissen: Die Gruppenmitglieder sind aktiv am Prozess der Willensbildung beteiligt. Der Führende stellt Informationen bereit, fungiert als Initiator und Aktivator, er greift in Interaktions- und Handlungsprozesse nur ein, soweit er dabei ermutigend, unterstützend und/oder richtunggebend wirken kann.
- *Laissez-faire-Führung* (»laissez faire leadership«). Der Führende greift in die Handlungsprozesse der Gruppe nicht ein. Er stellt lediglich die sachlichen Arbeitsbedingungen bereit. Die Gruppe und ihre Mitglieder haben völlige Aktionsfreiheit: Ziele, Entscheidungen, Kontrolle, Interaktionsbeziehungen und Arbeitsorganisation bestimmen sie selbst. Diese Variante entstand ungeplant, wurde aber trotzdem in die Forschung einbezogen, nachdem einem Erwachsenen die Gruppenführung entglitten war.

Hinsichtlich der Arbeitsproduktivität ist *weder* die demokratische *noch* die autoritäre Führung eindeutig überlegen, jedoch ist zumeist wenig ausgesagt über die Art der Aufgaben. Jedenfalls zeigen sich bezüglich der Arbeitsquantität keine deutlichen Unterschiede, wenngleich die Kinder unter autoritärer Leitung etwas mehr arbeiteten. Unter demokratischer Führung war jedoch die Motivation zur Arbeit stärker, was vielleicht eine Erklärung für hierbei bessere Qualität (im Hinblick auf Originalität) der Arbeiten ist.

Auswirkungen

Dagegen zeigte sich, dass demokratische Führung im Allgemeinen zu einer höheren *Zufriedenheit* der Gruppenmitglieder führte. In autoritär geführten Gruppen waren mehr Feindseligkeit, Aggression und Unzufriedenheit zu beobachten. In den demokratisch geführten Gruppen dagegen wiesen freiwillig gebildete Untergrup-

6.2 Personalführung
Grundlegende Ansätze der Führungsforschung

pen einen stärkeren Zusammenhalt auf, waren größer und überdauerten länger. Auch gruppenbezogene, freundliche Äußerungen und gegenseitiges Lob waren häufiger vorzufinden. Unter den Laissez-faire-Bedingungen waren die Gruppen sowohl weniger leistungseffizient (die Kinder arbeiteten weniger und weniger gut) als auch unzufriedener als bei demokratischer Führung. Darüber hinaus waren sie schlechter organisiert, zeigten mehr Anzeichen von Entmutigung, Frustration und Aggression.

Bipolares Führungsstilkontinuum

Weite Verbreitung in der Managementpraxis hat die Darstellung des eindimensionalen Führungsstils auf einem *bipolaren Kontinuum* nach Tannenbaum/Schmidt (1958) gefunden (s. Abbildung 2-42). Sie kann als Musterbeispiel für die Beschränkung auf das alleinige Merkmal der Verteilung der Entscheidungsaufgaben gelten.

Auf der Skala nehmen der Freiraum der Mitarbeiter und deren Möglichkeiten zur Entscheidungspartizipation von links nach rechts zu (et vice versa), was im Bild durch die Diagonale deutlich wird. Je nachdem, welche der Verhaltensmöglichkeiten ein Führer wählt, übt er einen mehr oder weniger autoritären bzw. partizipativen Führungsstil aus.

Der Vorteil des eindimensionalen Ansatzes ist zweifellos seine Verständlichkeit. Da lediglich eine Dimension des Führungsprozesses betrachtet wird, ist er jedoch zur Beschreibung realer Führungssituationen stark eingeschränkt und unzulänglich.

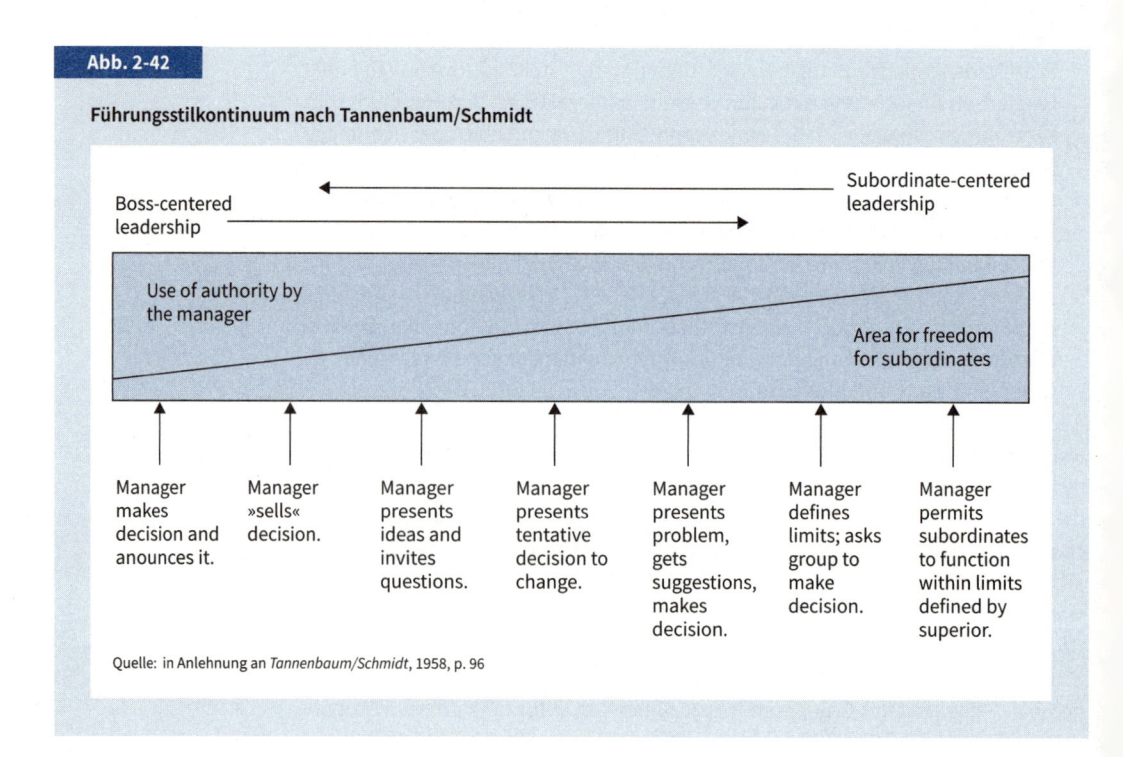

Abb. 2-42
Führungsstilkontinuum nach Tannenbaum/Schmidt

Boss-centered leadership ←――――――――→ Subordinate-centered leadership

Use of authority by the manager — Area for freedom for subordinates

| Manager makes decision and anounces it. | Manager »sells« decision. | Manager presents ideas and invites questions. | Manager presents tentative decision to change. | Manager presents problem, gets suggestions, makes decision. | Manager defines limits; asks group to make decision. | Manager permits subordinates to function within limits defined by superior. |

Quelle: in Anlehnung an *Tannenbaum/Schmidt*, 1958, p. 96

6.2.1.3 Zweidimensionale Führungsstile

Die sogenannten zweidimensionalen Ansätze orientieren sich an zwei Verhaltensweisen von Vorgesetzten, die empirisch ermittelt wurden. Dabei wird unterschieden in die beiden Dimensionen »aufgabenorientierte« und »mitarbeiterorientierte« Führungsstile. Die Bezeichnungen dieser beiden Führungsstile sind allerdings oft unterschiedlich.

Ohio-Studies

In den bekannten *Ohio-Studies* wurden beispielsweise anhand einer Faktorenanalyse zwei Hauptfaktoren des Führungsverhaltens ermittelt. Im Zuge der Studien der Ohio State University (vgl. Hemphill, 1949; Stogdill, 1974; Fleishman, 1953; Halpin/Winer, 1954; Hemphill/Koons, 1950; Fleishman/Harris, 1962) wurde vornehmlich versucht, Führungsverhalten zu beschreiben sowie somit differenziert, objektiv und standardisiert erfassbar zu machen. Dazu wurden mithilfe von Fragebögen Geführte und andere Personen hinsichtlich des Verhaltens von Vorgesetzten sowie diese hinsichtlich ihres eigenen Führungsverhaltens befragt. Mittels der Faktorenanalyse gelang es, solche Verhaltenskategorien zu isolieren, mit deren Hilfe es möglich wird, Unterschiede im Führungsverhalten zu beschreiben. Dabei stellten sich die Faktoren »Consideration« und »Initiating Structure« als diejenigen mit dem größten Erklärungswert heraus (s. Abbildung 2-43):

Mitarbeiter- und Aufgabenorientierung

- »*Consideration*« (Rücksichtnahme, Mitarbeiterorientierung) umfasst dabei solche Vorgesetzten-Verhaltensweisen, die auf Gegenseitigkeit von Vertrauen und Achtung, auf einer gewissen Wärme und Enge der Beziehungen zwischen dem Vorgesetzten und der von ihm geführten Gruppe basieren, die mehr Partizipation an Entscheidungen und die Förderung zweiseitiger Kommunikation betonen. Entsprechend umgesetzt bedeutet es einen stark mitarbeiterorientierten Führungsstil.

Abb. 2-43

Zentrale Inhalte der Ohio-Dimensionen

Consideration (Mitarbeiterorientierung)	Initiating Structure (Aufgabenorientierung)
• Führungskraft achtet auf das Wohlergehen der Mitarbeiter. • Führungskraft bemüht sich um ein gutes Verhältnis zu Unterstellten. • Führungskraft behandelt alle Unterstellte als Gleichberechtigte. • Führungskraft unterstützt Mitarbeiter bei dem, was sie tun oder tun müssen. • Führungskraft macht es Mitarbeitern leicht, unbefangen und frei mit ihr zu reden. • Führungskraft setzt sich für ihre Leute ein.	• Führungskraft tadelt mangelhafte Arbeit. • Führungskraft regt langsam arbeitende Mitarbeiter an, sich mehr anzustrengen. • Führungskraft legt besonderen Wert auf die Arbeitsmenge. • Führungskraft herrscht mit eiserner Hand. • Führungskraft achtet darauf, dass Mitarbeiter ihre Arbeitskraft voll einsetzen. • Führungskraft stachelt Mitarbeiter durch Druck und Manipulation zu größeren Anstrengungen an. • Führungskraft verlangt von leistungsschwachen Mitarbeitern, dass sie mehr aus sich rausholen.

Quelle: in Anlehnung an *Wunderer*, 2011, S. 206

6.2 Personalführung
Grundlegende Ansätze der Führungsforschung

- Unter »*Initiating Structure*« (Gestaltungsinitiative, Aufgabenorientierung) sind Verhaltensweisen subsumiert, mit denen der Vorgesetzte sowohl die Aktivitäten der Gruppe wie auch seine Beziehungen zu ihr definiert und organisiert. Er legt die Rollen fest, deren Übernahme er von den Gruppenmitgliedern erwartet, er plant und bestimmt Aufgabeninhalte, Durchführungsverfahren und zu erreichende Ziele und drängt insgesamt auf Leistungserbringung. Entsprechend umgesetzt bedeutet es einen vor allem aufgabenorientierten Führungsstil.

Es wird dabei angenommen, dass ein Vorgesetzter *sowohl* hohe Rücksichtnahme *als auch* hohe Gestaltungsinitiative im Führungsverhalten realisieren kann, also beide Führungsstile miteinander zu einem gemischten Führungsstil kombinieren kann, und nicht ein »mehr« an »Consideration« durch ein »weniger« an »Initiating Structure« »erkaufen« muss et vice versa.

Effizienz

Die Ohio-Studies haben vor allem in Laborexperimenten weiterhin die Auswirkungen der beiden Verhaltensweisen auf die Effizienz untersucht:

- *Initiating Structure* als vornehmlich aufgabenorientierter Führungsstil kann über die Zieldefinition und klarere Ziel-/Mittelbeziehungen zu höheren Gruppenleistungen führen. In unklaren oder bedrohlich erscheinenden Situationen lässt sich durch Erfüllung bestimmter individueller Ziele auch die Zufriedenheit von Gruppenmitgliedern erhöhen. Allerdings werden Kosten (durch Fehlzeiten, Fluktuation, geringe Arbeitsqualität etc.) verursacht, wenn nicht gleichzeitig in starkem Maße eine Beziehungsorientierung hinzukommt, die den Gruppenzusammenhalt wiederherstellen kann.
- *Consideration* als vornehmlich personenbezogener Führungsstil wirkt sich auf die Zufriedenheit der Mitarbeiter positiv aus, während zur Arbeitsproduktivität eine eindeutige Beziehung nicht nachgewiesen werden konnte. Es steigert die Beliebtheit des Vorgesetzten und fördert den Zusammenhalt einer Gruppe.

Kritik

Allerdings gibt es auch *Kritik*: Ob »Initiating Structure« und »Consideration« tatsächlich unabhängige Verhaltensdimensionen sind, ist letztlich nicht eindeutig geklärt. Befragungen von Vorgesetzten ergaben eine größere Unabhängigkeit, Befragungen von Untergebenen dagegen eine größere Abhängigkeit der Dimensionen. Man kann davon schlussfolgern, dass Vorgesetzte ihr eigenes Verhalten der Idealvorstellung von Personalführung ähnlicher wahrnehmen, als dies entweder real zutrifft oder aber von den Untergebenen wahrgenommen wird. Dies verwundert nicht weiter, wenn die methodischen Schwächen der Studien näher betrachtet werden: So kann einerseits sowohl die Validität der verwendeten Skalen infrage gestellt werden als auch ihre Reliabilität. Andererseits sind die einzelnen Messinstrumente – und somit die Ergebnisse verschiedener Untersuchungen – nur schwer miteinander vergleichbar, dies jedenfalls umso mehr, je stärker die verwendeten Instrumente und ihre Kriteriumsmaße voneinander differieren. Die unzureichende Konsistenz der Ergebnisse aufgrund methodischer Unterschiede verstärkt die Bedenken gegen die Generalisierbarkeit einzelner und zusammengefasster Ergebnisse. Die Hauptgründe für die Inkonsistenz der Befunde liegen darin, dass wichtige intervenierende Situa-

6.2 Grundlegende Ansätze der Führungsforschung

tionsvariablen (z. B. Aufgaben- und Zeitdruck; intrinsische Motivation; hierarchische Stellung) nicht beachtet wurden.

Trotz aller Einwendungen kann angenommen werden, dass es sich bei »Consideration« und »Initiating Structure« um fundamentale Führungsverhaltenskategorien handelt, denn auch eine Vielzahl nachfolgender Studien bestätigt tendenziell die Zweidimensionalität des Führungsverhaltens, auch wenn die Dimensionen oft anders benannt bzw. weiter aufgespalten wurden.

Mit den zeitlich parallelen Untersuchungen am Survey Research Center der University of Michigan (»*Michigan Studies*«) wurde im Wesentlichen dasselbe Ziel angestrebt wie mit den Ohio-Studien: Das Erkennen von Verhaltensunterschieden, die erfolgreiche von weniger erfolgreichen Führungspersonen abheben (vgl. Katz/Maccoby/Morse, 1950; Kahn/Katz, 1972; Pelz, 1974; Patchen, 1962; Mann, 1965). Die durch die Michigan-Studien erhobenen *Führungsstilvarianten* lassen sich auf einem eindimensionalen Kontinuum (Michigan-Stil-Kontinuum) den Gegenpolen

Michigan-Studies

▸ »*employee orientation*« (Mitarbeiterorientierung, Betonung der zwischenmenschlichen Beziehungen bei der Aufgabenerfüllung)

und

▸ »*production orientation* « (Aufgabenorientierung, produktionsorientiert, Betonung der technischen Leistungsaspekte der Aufgabe)

zuordnen. Sie sind ähnlich einzuordnen wie die beiden eben dargestellten Dimensionen.

Die Vertreter der Ohio-Schule betonen die Unabhängigkeit der beiden skizzierten Dimensionen (im Gegensatz dazu stehen die Michigan-Studies, allerdings nur zu Beginn ihrer Forschungen). Diese Annahme bedeutet, dass Vorgesetzte sowohl hohe Beziehungsorientierung als auch hohe Aufgabenorientierung im Führungsverhalten realisieren können und nicht (s. o.) ein »Mehr« an *Consideration* durch ein »Weniger« an *Initiating Structure* »erkaufen« müssen et vice versa. Grafisch führt diese Auffassung zur Darstellung beider Verhaltensweisen in einem Koordinatensystem anstatt auf einem eindimensionalen Kontinuum (s. Abbildung 2-44).

Zweidimensionalität

Abb. 2-44

Beziehungen zwischen »Consideration« und »Initiating Structure«

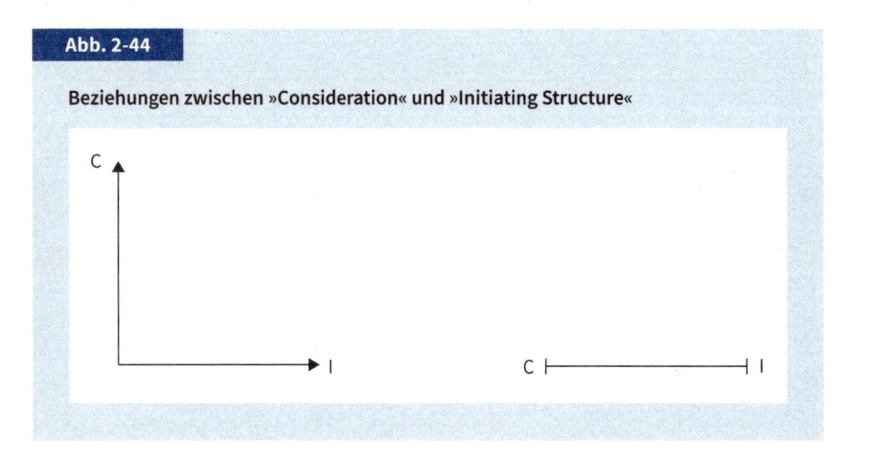

6.2 Personalführung
Grundlegende Ansätze der Führungsforschung

Die erläuterte Differenzierung wurde – mit unterschiedlichen Bezeichnungen, teilweise auch mit voneinander abweichenden Thesen über die Zusammenhänge – in verschiedenen, vor allem empirischen Forschungsansätzen und -modellen aufgegriffen. Eine umfassende Beschreibung und Analyse der Führungsprozesse ist mit den zweidimensionalen Ansätzen nicht möglich. Es wird fast ausschließlich das Verhalten der Führer ohne Beachtung des situationalen Kontextes untersucht (vgl. Blessin/Wick, 2014, S. 106 ff.).

6.2.1.4 Vieldimensionale Führungsstile

Nicht nur Entscheidungsfindung

Die Vertreter vieldimensionaler Ansätze haben den Grundgedanken von Tannenbaum/Schmidt weiterentwickelt (vgl. Bleicher/Meyer, 1976; Baumgarten, 1977). Sie führen beispielsweise ein System abgestufter organisatorischer Führungselemente ein, beispielsweise Führungsphilosophie (Art des Führungsleitbildes und Men-

Abb. 2-45

Vieldimensionaler Analyseansatz von Führungssituation und -stil

		1 2 3 4 5 6 7	
Formalisierungsgrad	stark		schwach
Organisationsgrad	stark		schwach
Informationsbeziehung	bilateral		multi-lateral
Häufigkeit der Vorgesetzten-Mitarbeiter-Kontakte	selten		oft
Art der Willensbildung	individuell		kollegial
Verteilung der Entscheidungsaufgaben	zentral		dezentral
Art der Willensdurchsetzung	bilateral		multi-lateral
Verteilung der Implementierungsaufgaben	zentral		dezentral
Aufgabencharakter	generell		speziell
Art der Kontrolle	Fremdkontrolle		Selbstkontrolle
Verteilung der Kontrollaufgaben	zentral		dezentral
Handlungsmotive des/r Vorgesetzten	Pflicht; Leistung		Integration
Einstellung des/r Vorgesetzten zu Mitarbeitern	Misstrauen		Offenheit
Handlungsmotive des/r Mitarbeiter/in	Sicherheit; Zwang		Selbstständigkeit; Einsicht
Einstellung des/r Mitarbeiter/in zu Vorgesetzten	Respekt; Abwehr		Achtung; Vertrauen
Bindung der Mitarbeiter an das Führungssystem	schwach		stark
Mitarbeiterqualifikation	niedrig		hoch
soziales Gruppenklima	gespannt		stark
Basis des Kontraktes zw. Vorgesetzten u. Mitarbeiter	Abstand		Gleichstellung

Quelle: in Anlehnung an *Baumgarten*, 1977, S. 25 f.

schenbildes), Organisationsstruktur (Organisations- und Konkretisierungsgrad), Willensbildung (Entscheidungsvorbereitung, -bildung und -partizipation), Willensdurchsetzung (Durchsetzung der Entscheidung, Autoritätsbasis, Kommunikation) und Willenssicherung (Kontrolle). Dies sind die Merkmale, mit denen die Führungssituation unmittelbar handlungsbezogen genau definiert werden kann. Sie kennzeichnen je nach Ausprägung (unipolar – multipolar bzw. hoch – niedrig), dargestellt durch ein Polaritätsprofil, einen mehr partizipativen oder autoritären Führungsstil. Interessant ist der Ansatz, weil die dichotome Sichtweise zugunsten einer differenzierten vieldimensionalen Anschauung aufgegeben wird, und zudem verschiedene Merkmalsausprägungen zugelassen sind. Eine lediglich auf der Willensbildung bzw. auf die Orientierung des Führers beschränkte Charakterisierung des Führungsstils vernachlässigt andere wesentliche Aspekte. In der Literatur wird daher die Zahl der (Verhaltens-)Dimensionen erweitert; nur so ist eine hinreichend genaue Beschreibung des Führungsstils möglich, s. hierzu Abbildung 2-45.

In der Diskussion um Führungsstile hat sich der vieldimensionale Ansatz nicht durchgesetzt.

Kritik

Es ist auch der Nachteil des Ansatzes, dass die einzelnen Führungselemente lediglich aus Plausibilität und Intuition der Verfasser beruhen. Eine empirische Ermittlung bzw. Bestätigung wäre vorteilhafter. Ohne eine genaue Operationalisierung und theoretische Fundierung der Führungselemente ist dies jedoch nicht möglich. So sind auch die wahrscheinlich bestehenden Beziehungen zwischen den Elementen nicht bekannt. Von daher wäre es ein Sisyphos-Unterfangen, dies empirisch anzugehen. Als Heuristik für die Wahl des Führungsstils und die Analyse der Führungssituation ist die Idee der vieldimensionalen Führungsstile jedoch sehr hilfreich. Denn auch jenseits der Entscheidungsfindung gibt es noch gestaltbare Elemente einer Führungssituation, die partizipative respektive autoritäre Führungsstile ausmachen.

WISSENSWERTES

Agiles Management

»Agiles Management« ist nach unserer Ansicht ein Modebegriff in der HR-Literatur und Beratungsszene. Es gilt derzeit als eines der Top-Zukunftsthemen des Human Resources. Was ist darunter ungefähr zu verstehen? Starre, hierarchische Informations- und Entscheidungsstrukturen innerhalb eines Betriebes sollen durch moderne Formen der internen Kommunikation (Verwendung eigener Social Media u. a.) aufgebrochen werden, wichtige Entscheidungen werden zügig durch das Top-Management getroffen, Hierarchien sind durchlässig für »agile« Karriere(kriterie)n, notwendige Veränderungen gehen rasch vor sich, Vertrauenskulturen liegen vor, selbstständiges Agieren untergeordneter Mitarbeiter ist gewünscht (auch jenseits von Vorgaben) u. a. (vgl. Kienbaum, 2014). Und weiter: »Das Konzept [der Agilität] umfasst kurze, überschaubare Planungs- und Umsetzungszyklen mit konkreten Ergebnissen (›prototyping‹), so dass sofortiges Anpassen auf veränderte Rahmenbedingungen möglich wird (›inspect and adapt‹). Fehler werden frühzeitig sichtbar und können bereits im Frühstadium korrigiert werden, Prioritäten werden regelmäßig hinterfragt und neu ausgerichtet. Agilität steht für iteratives Vorgehen, laterales Führen, interdisziplinäre und cross-funktionale Teamarbeit sowie organisierte Selbstverantwortung.« (Häusling et al., 2014, S. 18) Solche neuen Termini mögen hier und da einen neuen Akzent setzen helfen, vielleicht auch unter bestimmten Umständen ein sinnvolles Konzept charakterisieren, aber vom Ansatz her bieten sie nichts Neues.

6.2.1.5 Transaktionale und transformationale Führungsstile

Als populär hat sich in den letzten Jahren die Differenzierung von Bass (vgl. Bass, 1990; Selzer/Bass, 1990; Avolio/Bass, 1988; Tichy/Devanna, 1986; Bass/Riggio, 2005; Felfe, 2006a) in transaktionale und in transformationale Führung erwiesen (vgl. Wunderer, 2011, S. 241 ff.; Weibler, 2012, S. 376 ff.).

Zielorientierung

Im Rahmen der sogenannten *transaktionalen Führung* haben die Führungskräfte ziel- und ergebnisorientierte Aufgaben ihren Mitarbeitern gegenüber zu erfüllen. Diese bestehen im Einzelnen aus: (1) Definition/Vereinbarung klarer und operationaler Ziele, (2) Analyse der Verträglichkeit von Mitarbeiter- und Betriebszielen, (3) Analyse und Berücksichtigung der Aufgabenneigungen, (4) Stärkung der Erfolgserwartungen der Mitarbeiter, (5) Förderung wichtiger Fähigkeiten, (6) Gestaltung einer fördernden Arbeitssituation und (7) Belohnung der Zielerreichung. Bei einem solchen Führungsstil »kennen« die Führer die Motive und Motivationen ihrer Mitarbeiter und sind in der Lage zu zeigen, wie diese sie am Arbeitsplatz befriedigen können. Es findet eine Art von – rationalem – Tauschgeschäft statt, das dennoch leistungsorientiertes Handeln fördern kann.

»Wenn Du ein Schiff bauen willst, dann trommle nicht Männer zusammen, um Holz zu beschaffen und um die Arbeit zu verteilen, sondern lehre sie die Sehnsucht nach dem weiten endlosen Meer.« Antoine de Saint-Exupéry

Bei der *transformationalen Führung* haben Führungskräfte ihren Mitarbeitern gegenüber insbesondere Coach- und Motivationsrollen zur Wertveränderung zu erfüllen. Ihre Aufgabe besteht in einer zwar zielgruppenorientierten, aber ebenso individualisierten Förderung der Mitarbeiter. Mit einem solchen Führungsstil wird intendiert, dass die Mitarbeiter mehr leisten, als sie sich selbst zutrauen, sei es durch Zurückstellung von Eigeninteressen beispielsweise zugunsten des Betriebes, durch Erkennen der Bedeutung ihrer Aufgaben, durch Änderung ihrer Motive o. a. Als Voraussetzung gilt die transaktionale Führung. Abbildung 2-46 zeigt die diesbezüglichen Komponenten nach Bass.

Multifactor Leadership Questionnaire (MLQ)

Bass/Avolio (1995, in Anlehnung an Felfe, 2006) haben ein Instrument entwickelt, um transformationale Fähigkeiten über Untergebene erheben zu können: den »Multifactor Leadership Questionnaire (MLQ)«. Inwieweit er tatsächlich in der Lage ist,

---

ZUR VERTIEFUNG

Authentische Führung

Heutzutage heißt das – fast schon modische – Schlüsselwort für eine erfolgreiche Führungskraft vielfach »Authentizität«: natürlich sein, echt und glaubwürdig wirken, sich gleichbleibend und konsequent verhalten. Unter authentischer Führung wird in der wissenschaftlichen Diskussion ein von Moral, Wertvorstellungen und innerer Überzeugung geleitetes Führungsverhalten verstanden, das in einer authentischen Beziehung mit den geführten Personen (hierarchisch) respektive den Kollegen (lateral) vollzogen wird. Die Führungskraft reflektiert dabei kontinuierlich die eigenen Eigenschaften, Verhaltensweisen und Ziele und gleicht diese mit den Informationen und dem Feedback seiner Umwelt zu ihrem Verhalten ab. Durch die Selbstreflexion wird ein authentisches Führen bewirkt, welches als vorbildhaft bei den zu führenden Personen wahrgenommen wird und diese zu ebenfalls authentischem Agieren bewegt – so die Annahme. Die resultierende authentische Beziehung zwischen Führungskraft und Geführtem bildet die Basis für ein vertrauensvolles Verhältnis sowie einen Zuwachs an Engagement und Wohlfühlen, was die Leistungsbereitschaft der Mitarbeiter fortwährend positiv beeinflusst (vgl. Weibler 2012, S. 141 f.). Die Ansichten, ob Führungskräfte authentisch agieren sollen oder nicht, divergieren dabei (vgl. http://www.persoenlichkeits-blog.de/article/4589/muessen-fuehrungskrafte-authentisch-sein [letzter Abruf: 03.03.2016]).

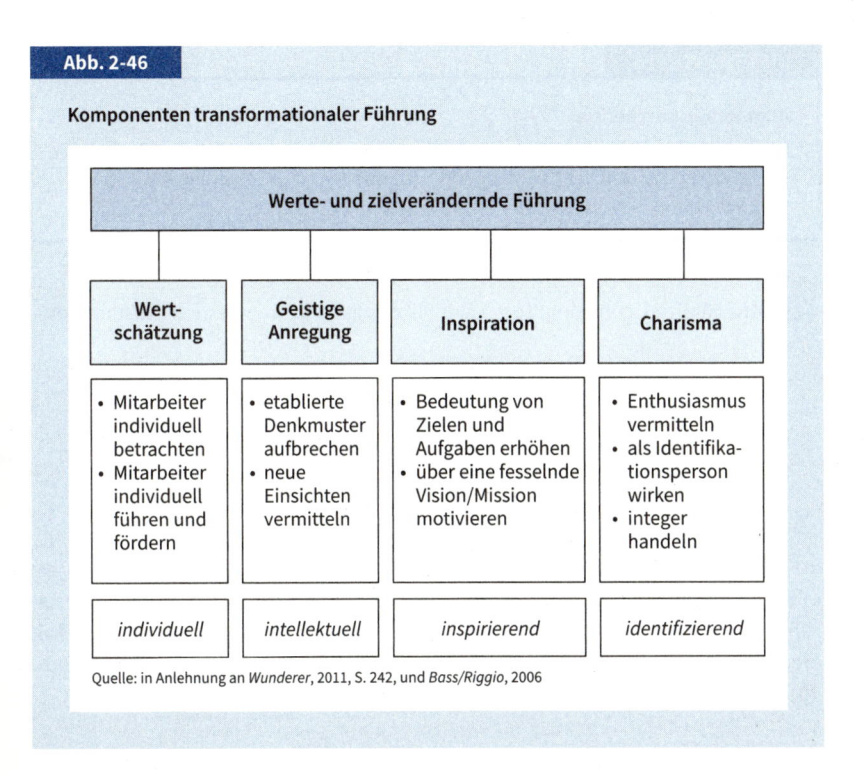

Abb. 2-46
Komponenten transformationaler Führung

Werte- und zielverändernde Führung

Wert-schätzung	Geistige Anregung	Inspiration	Charisma
• Mitarbeiter individuell betrachten • Mitarbeiter individuell führen und fördern	• etablierte Denkmuster aufbrechen • neue Einsichten vermitteln	• Bedeutung von Zielen und Aufgaben erhöhen • über eine fesselnde Vision/Mission motivieren	• Enthusiasmus vermitteln • als Identifikationsperson wirken • integer handeln
individuell	*intellektuell*	*inspirierend*	*identifizierend*

Quelle: in Anlehnung an *Wunderer*, 2011, S. 242, und *Bass/Riggio*, 2006

---

diese zu erheben, ist umstritten und aufwendig. Einige Beispiel-Items verdeutlichen aber zumindest, was mit einem transformationalen Führungsstil gemeint ist, wie anspruchsvoll die Erwartungen an die – charismatischen – Verhaltensweisen der Führungskräfte sind und wo man im Rahmen der Führungskräfteentwicklung ansetzen könnte, entsprechende Wirkungen bei den Mitarbeitern zu erzielen. Nachfolgend sind ein paar der grundlegenden Items bzw. *Elemente transformationaler Führung* wiedergegeben, die das Gemeinte verdeutlichen helfen:

▸ »idealized influence attributed«: Die Führungskraft, mit der ich zusammenarbeite,
  … macht mich stolz drauf, mit ihr zu tun zu haben,
  … stellt die eigenen Interessen zurück, wenn es um das Wohl der Gruppe geht.
▸ »idealized influence behavior«: Die Führungskraft, mit der ich zusammenarbeite,
  … spricht mit anderen über ihre wichtigsten Überzeugungen und Werte,
  … macht klar, wie wichtig es ist, sich 100prozentig für eine Sache einzusetzen.
▸ »inspirational motivation«: Die Führungskraft, mit der ich zusammenarbeite,
  … äußert sich optimistisch über die Zukunft,
  … spricht mit Begeisterung über das, was erreicht werden soll.
▸ »intellectual stimulation«: Die Führungskraft, mit der ich zusammenarbeite,
  … schlägt neue Wege vor, wie Aufgaben bearbeitet werden können,
  … bringt mich dazu, Probleme aus verschiedenen Blickwinkeln zu betrachten.

> »In dir muss brennen, was du in anderen entzünden willst.« Augustinus

6.2 Personalführung
Grundlegende Ansätze der Führungsforschung

> **WISSENSWERTES**
>
> **Augmentationstheorie**
> Mit der Augmentationstheorie wird der Zuwachs an Wirksamkeit der Mitarbeiterführung verstanden, der bei einer bestehenden transaktionalen Führung durch die transformationale Führung erreicht werden kann.

- »individualized consideration«: Die Führungskraft, mit der ich zusammenarbeite,
    - ... erkennt meine individuellen Bedürfnisse, Fähigkeiten und Ziele,
    - ... hilft mir, meine Stärken auszubauen.
- »charisma«: Die Führungskraft, mit der ich zusammenarbeite,
    - ... vermag mich durch ihre Persönlichkeit zu beeindrucken,
    - ... ist für mich so wichtig, dass ich den Kontakt zu ihr suche und pflege.

Kombination

Erst die *Kombination* von rationaler und emotionaler Führung verspricht Führungseffizienz. Abbildung 2-47 demonstriert dies. Allerdings wird sowohl die Differenzierung als auch die Kombination nicht von allen Autoren übernommen (vgl. Bass/Avolio, 1994, 1994a, S. 1 ff.; Bass/Riggio, 2006; Weibler, 2012, S. 380 ff.; Blessin/Wick, 2014, S. 113 ff.).

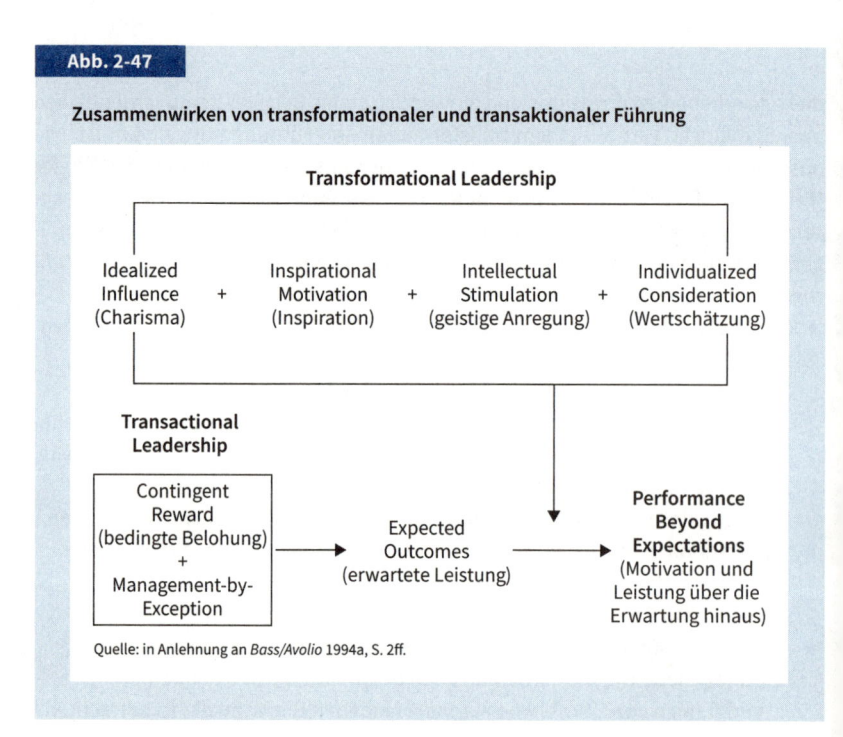

Abb. 2-47

Zusammenwirken von transformationaler und transaktionaler Führung

Transformational Leadership:
Idealized Influence (Charisma) + Inspirational Motivation (Inspiration) + Intellectual Stimulation (geistige Anregung) + Individualized Consideration (Wertschätzung)

Transactional Leadership:
Contingent Reward (bedingte Belohnung) + Management-by-Exception → Expected Outcomes (erwartete Leistung) → Performance Beyond Expectations (Motivation und Leistung über die Erwartung hinaus)

Quelle: in Anlehnung an *Bass/Avolio* 1994a, S. 2ff.

6.2.2 Führungstheorien

6.2.2.1 Zur Führungsforschung

Das Ziel der Formulierung von Führungstheorien besteht in der Beschreibung, Erklärung und – wenn möglich – Vorhersage der Bedingungen, Potenziale, Strukturen, Prozesse und Konsequenzen von Führung. Abbildung 2-48 visualisiert die entsprechenden Funktionen wie mögliche Variablen (nach Wunderer, 2011).

Ziel

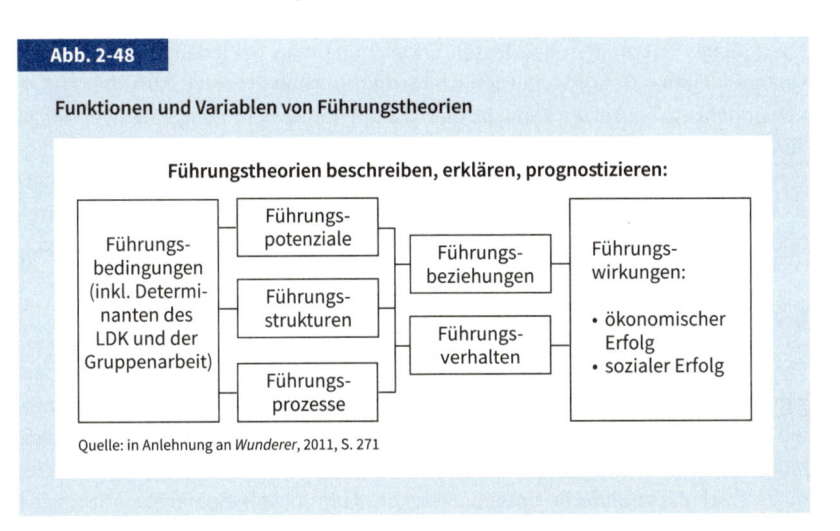

Abb. 2-48

Funktionen und Variablen von Führungstheorien

Führungstheorien beschreiben, erklären, prognostizieren:

- Führungsbedingungen (inkl. Determinanten des LDK und der Gruppenarbeit)
- Führungspotenziale
- Führungsstrukturen
- Führungsprozesse
- Führungsbeziehungen
- Führungsverhalten
- Führungswirkungen:
  - ökonomischer Erfolg
  - sozialer Erfolg

Quelle: in Anlehnung an *Wunderer*, 2011, S. 271

Entsprechend müssen Führungstheorien Aussagen darüber ermöglichen, inwieweit Faktoren wie organisatorische Rahmenbedingungen, Merkmale von Führern und Geführten, Besonderheiten der zu bearbeitenden Aufgaben bzw. der verfolgten Ziele usw. Bedeutung für das Führungsgeschehen haben und in ihrer Ausprägung als Determinanten des Führungserfolges anzusehen sind. Ziel ist es letztlich auch, dass sie Gestaltungsempfehlungen für Führungsprozesse geben können. Bislang fehlen allerdings Führungstheorien, die erklären könnten, wie beispielsweise Vor-

Komplexität des Problemfeldes

WISSENSWERTES

Bürokratieansatz von Max Weber

Beim Bürokratieansatz von *Max Weber* handelt es sich um einen organisationssoziologischen Ansatz zur Erklärung von bürokratischer Herrschaft. Dazu wird anhand von sieben Merkmalen (Arbeitsteilung, Amts-/Hierarchie, Regelgebundenheit, Aktenmäßigkeit, Standardisierung, Unpersönlichkeit und Laufbahnprinzip) das Funktionieren großer Organisationen beschrieben. Diese Merkmale konstituieren nach *Weber* die Bürokratie als einen Idealtypus (i. S. relevanter Beschreibungsdimensionen der Wirklichkeit, nicht als anzustrebendes Modell) zur Durchsetzung legitimer Herrschaftsinteressen. Legale Herrschaft bzw. Führung ist dabei im Gegensatz zur traditionellen (qua Geburt) oder charismatischen (qua Heiligkeit oder Vorbild) Herrschaft bzw. Führung an beiderseitig geltende Regeln gebunden und unabhängig vom Instanzeninhaber (vgl. Weber, 1922).

6.2 Personalführung
Grundlegende Ansätze der Führungsforschung

gesetzte in bestimmten Situationen ihre Mitarbeiter beeinflussen müssten, um vorher definierte Ziele zu erreichen. Angesichts der Komplexität des Problemfeldes ist auch nicht zu erwarten, dass solche Theorien oder gar eine allgemeine, integrierende Führungstheorie vorgelegt werden. Vielmehr liegt eine Vielzahl an verschiedenen, teilweise sich ausschließenden und/oder in ihren Kernaussagen veralteten, teilweise aufeinander aufbauenden bzw. weiterentwickelten theoretischen Ansätzen vor: Eigenschaftsansätze der Führung, Verhaltensansätze der Führung, Situationstheorien der Führung, ökonomische Theorien der Führung, Theorien der Führungssubstitute, Interaktionsansätze der Führung. Mitarbeiterführung ist ein multifaktorielles Geschehen, bei dessen Erforschung man bei jedem der relevanten Faktoren (Führer, Geführte, betriebliche Strukturen und Prozesse, Aufgaben, externes Umfeld etc.) ansetzen kann. Insofern ist die Berücksichtigung einer Vielzahl an Variablen und deren Interaktionen eine conditio sine qua non im Rahmen der Führungsforschung, selbst wenn dies mit zur Verbindung einer einheitlichen Führungstheorie beiträgt. Hilfsweise bezieht man sich daher oft auf Führungskonzeptionen und Führungsmodelle. Nachfolgend wird auf ausgewählte Aspekte eingegangen.

6.2.2.2 Eigenschaftstheorien

Persönlichkeitsmerkmale ausschlaggebend!?

Im Rahmen der Eigenschaftsansätze (»trait approach«, »personality approach«) geht man davon aus, dass Führungserfolg und damit auch der Erfolg allgemein und die Karriere einer Führungskraft primär durch deren *personale Eigenschaftsmerkmale* determiniert werden. Entsprechend dieser individualistischen Sichtweise reduziert sich die empirische Untersuchung des Führungsphänomens auf die Suche nach den »kritischen« Eigenschaften. Eigenschaften gelten dabei als zeitlich stabile, in vielen Situationen angewendete und bei allen Menschen, wenngleich in unterschiedlichen Ausprägungen vorhandene Persönlichkeitsmerkmale. Zu fragen ist in diesem Sinne:
- Wodurch unterscheiden sich Führer von Geführten?
- Wodurch unterscheiden sich erfolgreiche von weniger erfolgreichen Führungskräften?

Empirie

Hierzu liegt eine Fülle von empirischen Untersuchungen und Eigenschaftsbeschreibungen vor, die vor allem in den USA angestellt wurden, und zwar mithilfe unterschiedlicher Methoden (z. B. Fallstudien, Verhaltensbeobachtungen, Biografien). Die Prüfung der dabei ermittelten Befunde in mehreren Sammelreferaten (vgl. Stogdill, 1948; Mann, 1959; Ghiselli, 1966; Korman, 1969) ergab bereits vor geraumer Zeit, dass die Zahl der identifizierten Führungseigenschaften zwischen 79 und 500 lag, von denen jedoch nur wenige übereinstimmend in einer Mehrzahl von Studien aufgeführt wurden. Häufig genannt wurden Persönlichkeitsspezifika wie Energie, Ausdauer, Selbstbewusstsein, Intelligenz, Zielstrebigkeit, Menschenkenntnis, Wortgewandtheit, aber auch Alter, Größe oder Gewicht. Davon sind lediglich die letztgenannten eindeutig messbar, in ihrer Bedeutung für Führung allerdings unerfindlich. Die erstgenannten Merkmale sind dagegen in unterschiedlicher Weise interpretierbar und somit schwer operationalisierbar. Der klassische Eigenschaftsansatz »unit-

»Autorität hat man nicht, sie wächst einem zu.«
Franz Müntefering

Grundlegende Ansätze der Führungsforschung — 6.2

> **ZUR VERTIEFUNG**
>
> **Charismatische Führung**
>
> Unter charismatischer Führung wird seit Max Weber eine Form der vor allem hierarchischen Mitarbeiterführung verstanden, die wesentlich auf die durch andere wahrgenommene Persönlichkeit einer Person (= Vorgesetzter) basiert. Die Anziehungskraft dieser Person ist hoch; sie führt zu Vertrauen und einer starken Identifikation der Mitarbeiter mit den Zielen dieser »ungewöhnlichen« Person und in Folge zu einer hohen Bereitschaft, die Vorstellungen dieser Person – bisweilen unkritisch und ohne unbedingt sonstige Belohnungen zu erwarten – zu folgen. Beispiele von Gandhi bis Hitler zeigen die Bandbreite der möglichen Folgen auf. Charisma stellt nach dem allgemeinen Verständnis in der Forschung eine Persönlichkeits*eigenschaft* dar, die sich im Zeitablauf herausbildet. Die Führungsforschung beschäftigt sich allerdings mehr mit den *Verhaltens*weisen einer charismatischen Person, da diese einen besseren empirischen Zugang bieten. Die Empirie belegt die Überlegenheit charismatischer Führung – gerade in Krisensituationen und anstehenden großen Veränderungen. Bedacht werden muss allerdings auch, dass zumindest im Verantwortungsbereich der charismatischen Person die Gefahr einer Einheitskultur und damit einhergehende Innovationsverluste verbunden sind. Für die Personaler ist es zudem unbefriedigend, dass man – bei Akzeptanz der zugrunde liegenden These – Mitarbeiter nicht gezielt zur charismatischen Führung entwickeln kann (vgl. Steyrer, 2002, S. 184 ff.; Weibler, 2012, S. 132 ff.; Blessin/Wick, 2014, S. 69 ff.; Walter/Bruch, 2009).

trait approach«) ging sogar so weit, dass nur ein einziges charakteristisches Merkmal als »eigentlich« bedeutsam angesehen wurde. Dies wie auch die Weiterentwicklung mit einer Kombination verschiedener anderer Merkmale (»*multi-trait approach*«) impliziert, dass Erfolg vor allem auf Führereigenschaften zurückzuführen ist.

In einer zusammenfassenden *Beurteilung* der Eigenschaftsansätze, d. h. dem Versuch, erfolgreiche Führung mit einer Summe dafür notwendiger bzw. förderlicher Eigenschaften zu erklären, kann Folgendes festgehalten werden (vgl. Blessin/Wick, 2014, S. 50 ff.): Für das praktische Problem, erfolgreiche Führungskräfte zu identifizieren und heranzubilden, liefern sie allein *keine* ausreichend brauchbare Lösung, denn:

▸ Wissenschaftlich abgesicherte Aussagen über generell erforderliche Führungseigenschaften konnten nicht aufgestellt werden: Es mangelt sowohl an präzisen Definitionen als auch an übereinstimmendem Begriffsgebrauch.
▸ Aussagen über die relative Wichtigkeit einzelner Führungseigenschaften fehlen fast völlig.
▸ Eigenschaften, die zur Erlangung einer Führungsposition führen, sind nicht notwendigerweise identisch mit denen, die mit erfolgreicher Führung selbst zusammenhängen (bzw. im Führungsprozess noch erlernt werden).
▸ Den Forschungsansätzen war – trotz vielfältiger Bemühungen – wenig Erfolg beschieden, wenngleich sie immer wieder einmal verändert eingeführt werden. Ihnen fehlt eine theoretische wie empirische Basis insbesondere auch über den Transferprozess, wie also Eigenschaften in – welche – einzelne Verhaltensweisen »transformiert« werden und unter welchen Bedingungen auf welche Art unter Einsatz welcher (Macht-)Mittel erfolgreich Einfluss auf andere Personen ausgeübt wird.

Randnotiz: Beurteilung: keine ausreichend brauchbare Lösung

Vieles deutet darauf hin, dass persönlichkeitsspezifische Merkmale der Führenden für die effiziente Aufgabenerfüllung der Geführten zwar eine Rolle spielen – sicher-

Randnotiz: … zwar eine Rolle …, aber nicht die einzige

6.2 Personalführung
Grundlegende Ansätze der Führungsforschung

> **WISSENSWERTES**
>
> **GLOBE-Projekt**
>
> GLOBE, Akronym für »Global Leadership and Organizational Behavior Effectiveness Research Program«, steht für ein internationales Forschungsprojekt, mit dem Ziel, herauszufinden, was exzellente Mitarbeiterführung (»outstanding leadership« ausmacht. Die Ergebnisse sind international kontextspezifisch, d. h. es werden offenbar – leicht nachvollziehbar – unterschiedliche kulturspezifische Akzente gesetzt. Für die deutschsprachigen Länder wurde Folgendes ermittelt: Integrität, inspirierend, nicht-autoritär, visionär, entschieden partizipativ, Leistung, administrativ und Teamintegrator als *besonders positiv* sowie Gesichtsbewahrer, selbstbezogen und bösartig als *besonders negativ* (vgl. Chhokar/Brodbeck/House, 2007; Brodbeck, 2016, S. 47 ff.; kritisch Blessin/Wick, 2014, S. 65 ff.). Hilfreich sind die Eindrücke in die kulturspezifischen Unterschiede. Allerdings vernachlässigen die Ergebnisse die situationsspezifisch unterschiedlichen »guten« Führungen in den jeweiligen Kulturen; es gibt nicht »die« ideale Führungseigenschaft respektive das »ideale« Führungsverhalten.

lich jedoch nicht die einzige: Sie können nicht aus dem Zusammenhang mit der Führungssituation, in der sie zum Tragen kommen, herausgenommen werden. Denn diese hat für bestimmte Führereigenschaften entweder fördernde oder aber hindernde Auswirkungen. Wichtige Merkmale der Situation sind zum Beispiel Aufgabenart, Erwartungen der Interaktionspartner, Knappheit der verfügbaren Ressourcen.

6.2.2.3 Situationstheorien

Kontingenzmodell von Fiedler: eine Revolution

Resümee aus den zuvor referierten Gruppen von Forschungsansätzen ist die Einsicht, dass es offenbar unmöglich ist, eine Liste von Eigenschaften eines Führers zu erstellen bzw. spezifische Verhaltensweisen zu beschreiben, mit denen man in der Lage ist, Führungserfolg hinreichend sicher zu prognostizieren. Daher setzte die Suche nach einem neuen Ansatz ein, der die uneinheitlichen Ergebnisse der bisherigen Forschung erklären konnte.

Mit der Entwicklung des *Kontingenzmodells* von Fiedler (1967, 1971, 1971a; Fiedler/Chemers, 1974) erlangten die Situationsansätze in den 1970er-Jahren eine breite Akzeptanz. Die Entwicklung wird vielfach als Meilenstein der neueren Führungsforschung betrachtet. Es ist auf der Grundlage einer ganzen Reihe von Untersuchungen entstanden. Dieser Ansatz stellte erstmals systematisch auf die situationsbezogene Effizienz des Vorgesetztenverhaltens ab.

Effizienzkriterium des Modells ist die *Gruppenleistung*, die aus dem *Zusammenwirken zweier Hauptvariablen* erklärt wird:
1. Verhaltensweise des Führers (in Abbildung 2-57 auf der Vertikalen abgetragen),
2. situative Günstigkeit der Führungssituation (in Abbildung 2-57 auf der Horizontalen abgetragen).

Zu den *Modellelementen* im Einzelnen:

Elemente

▸ Zu 1.) *Verhaltensweise des Führers* (Führungsstil): Sie wird mithilfe des Messwertes LPC (Least Preferred Coworker) differenziert und eruiert. Der LPC-Wert besagt in niedriger Ausprägung, dass der Führende den am wenigsten geschätzten Mitarbeiter distanziert, streng und abweisend beurteilt, was nach Fiedler als Indika-

6.2 Grundlegende Ansätze der Führungsforschung

tor für ein aufgabenbezogenes Führungsverhalten anzusehen ist. Ein mittlerer bis hoher LPC-Wert zeigt ein personenorientiertes Führungsverhalten an und kommt zustande, wenn ein Mitarbeiter trotz grundsätzlicher Ablehnung durch den Führenden von diesem dennoch wohlwollend und verständnisvoll beurteilt wird.

▸ Zu 2.) Grad der situativen Günstigkeit der *Führungssituation*: Sie wird in drei wesentlichen Situationsvariablen mit jeweils zwei möglichen Ausprägungen zur Charakterisierung der Führungssituation beschrieben: (1) *Führer-Mitarbeiter-Beziehungen* (gut – schlecht): Der Führende charakterisiert sie für die Atmosphäre der Gruppe. Je positiver die Gruppen beschrieben sind, desto größer ist der Einflussspielraum des Führenden. (2) *Strukturiertheit der Aufgabe* (strukturiert – nicht strukturiert): Bekanntheit der Aufgabe, Eindeutigkeit der Lösung und Erkennbarkeit ihrer Richtigkeit, Möglichkeit, sie auf verschiedenen Wegen zu finden; sie wurde meist durch Expertenratings bestimmt. (3) *Positionsmacht des Führenden* (hoch – niedrig): Sie ist zusammengefasster Ausdruck der ihm zur Verfügung stehenden Möglichkeiten (mittels Prüfliste erfragt), die Gruppenstruktur zu bestimmen bzw. zu verändern, Gruppenmitglieder zu belohnen oder aber zu bestrafen etc.

Durch *kombinatorisches Zusammenfügen* der unterschiedlichen Ausprägungen dieser Situationsvariablen entsteht ein eindimensionales Kontinuum situativer Günstigkeit mit acht Abschnitten (I–VIII). Je nach faktischer Ausprägung und Konstellation dieser Situationsmerkmale empfiehlt sich nach Fiedler ein bestimmter Füh-

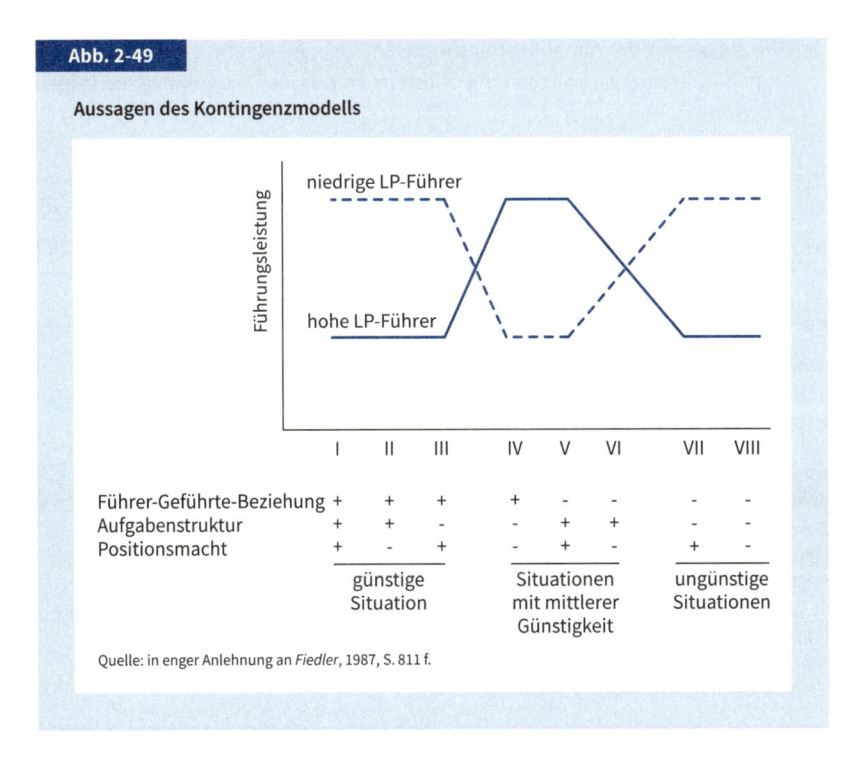

Abb. 2-49

Aussagen des Kontingenzmodells

	I	II	III	IV	V	VI	VII	VIII
Führer-Geführte-Beziehung	+	+	+	+	−	−	−	−
Aufgabenstruktur	+	+	−	−	+	+	−	−
Positionsmacht	+	−	+	−	+	−	+	−
	günstige Situation			Situationen mit mittlerer Günstigkeit			ungünstige Situationen	

Quelle: in enger Anlehnung an *Fiedler*, 1987, S. 811 f.

6.2 Personalführung
Grundlegende Ansätze der Führungsforschung

rungsstil. Die Kombination der beiden Variablen »Führungsstil« (LPC-Werte) und »Situationscharakteristika« zu einer Tendenzaussage hinsichtlich der Gruppenleistung bzw. der Führungseffizienz ist in den Kurvenzügen von Abbildung 2-49 wiedergegeben. (Sie entspricht Fiedlers jüngerer Version; vgl. Fiedler, 1987, S. 811 f.)

»Eine Frau ist nicht besser, sie ist anders.«
Ursula von der Leyen

Die in diesem Kurvenzug zum Ausdruck kommende *Kontingenzhypothese* Fiedlers besagt:
- »Aufgabenorientierte« Führungspersönlichkeiten (mit niedrigen LPC-Werten) sind erfolgreich, d. h. erzielen hohe Gruppenleistungen in besonders »günstigen« (Felder I–III) und in (sehr) »ungünstigen« Situationen (Felder VII, VIII).
- »Personenorientierte« Führer mit hohen LPC-Werten bewirken eine höhere Effizienz in Situationen mittlerer Günstigkeit (Felder IV–VI).

Implikationen

In dem Kurvenverlauf sind nach Fiedler (1987, S. 815) drei wesentliche *Implikationen* des Modells enthalten:
- Beinahe jeder Führer ist wahrscheinlich effektiv in einigen Situationen, aber ineffektiv in anderen, d. h. es gibt weder »gute« noch »schlechte« Führer.
- Wenn es darum geht, die Leistung zu erhöhen, muss der Versuch unternommen werden, entweder die Persönlichkeitscharakteristika des Führers oder die Führungssituation zu ändern. Aber – so Fiedler weiter –, da es schwierig, wenn nicht gar unmöglich ist, die Persönlichkeit zu ändern, laufen die Empfehlungen zur Verbesserung des Führungserfolgs darauf hinaus, die Führungssituation – wenn notwendig – anzupassen. Fiedler spricht also nicht von der situativen Wahl eines Führungsstils, sondern von der situativen Auswahl von Führungspersonen.
- Eine Zunahme oder Abnahme der situativen Günstigkeit führt zu einer Veränderung der Leistungschancen von Führern mit hohen respektive niedrigen LPC-Werten.

Im Gegensatz zu klassischen Führungstrainings, in denen versucht wird, die Persönlichkeit bzw. das Verhalten von Führenden zu verändern, zielen Fiedlers Trainingskonzepte (vgl. Fiedler/Chemers, 1974) auf die Fähigkeit ab, Führungssituationen

WISSENSWERTES

Führung durch Frauen: anders, besser, erfolgreicher?

In der eher politischen Gender-Debatte zur Führung steht vor allem die Thematik der Frauenquote (bzw. der diskriminierungsfreie Zugang zu leitenden Positionen in Betrieben) im Mittelpunkt (vgl. Oechsler/Paul, 2015, S. 317 ff.; Felfe, 2009, S. 68 ff.). Daneben thematisiert die einschlägige Forschung auch die Besonderheiten von Frauen in Führungspositionen. Dies geschieht mit unterschiedlichen Schwerpunkten. Man beschäftigt sich mit einer gegebenenfalls vorhandenen Unterschiedlichkeit und Erfolgswirksamkeit des weiblichen Führungsverhaltens ebenso wie mit Geschlechts- und Führungsstereotypen und deren Reproduktionen einer zugrunde liegenden Diskriminierungsproblematik u. Ä. Die Forschung zumindest zu dem erstgenannten Aspekt unterliegt der Problematik, dass Führungssituationen sehr unterschiedlich sind sowie sich laufend ändern und es von daher nahezu unmöglich ist, sowohl »typisches« männliches wie weibliches Führungsverhalten ausreichend treffend zu erfassen als auch deren jeweilige Beziehung zum Führungserfolg situationsspezifisch treffend zu erfassen. Dennoch liegen Indizien dafür vor, dass Frauen anders führen und diese Andersartigkeit in vielen Führungssituationen positive Wirkungen für Betriebe wie Mitarbeiter haben (vgl. Weibler, 2012, S. 494 ff.)

diagnostizieren und ändern zu können, um so der Persönlichkeit des Führers gerecht zu werden.

Fiedler hat mit seinem Modell und seinen Hypothesen zahlreiche Kritiker (s. Graen/Orris/Alvares, 1971; Sashkin, 1972; Neuberger/Roth, 1974; von Rosenstiel/Nerdinger, 2011, S. 329) gefunden. Die wichtigsten Punkte, an denen sie ansetzen, sind die folgenden:

▸ Das *Effizienzkriterium*: Der Ansatz beschränkt sich auf die Gruppenleistung, rechnet diese nur dem Führenden zu und lässt andere Kriterien, zum Beispiel die Zufriedenheit der Gruppenmitglieder, außer Betracht.
▸ Die *Modell-Variablen*: Messgegenstand und Aussagekraft des *LPC-Wertes* sind nicht völlig geklärt. Das Führungsverhalten wird als *die* Erfolgsdeterminante herausgestellt, es wird zudem als stabil betrachtet: Da Fiedler den Möglichkeiten, Verhaltensänderungen bei den Vorgesetzten durch Training zu bewirken, skeptisch gegenübersteht, wird er als Anhänger der Eigenschaftstheorie bezeichnet. Hingegen wird nicht nur bestritten, dass der LPC-Wert eine eindimensionale Größe sei, sondern auch, dass er eine *Verhaltens*variable sei. So wird er vielfach in anderer Interpretation für eine *Einstellungs*variable gehalten. Die drei *Situationsfaktoren* seien des Weiteren zu wenig, möglicherweise nicht immer relevant und nicht auf das soziale Umfeld der Gruppe bezogen. Überdies ist die Operationalisierung der Variablen »Günstigkeit der Situation« problematisch.
▸ Die *Methodik*: Auch die Techniken der Operationalisierungen der Kern-Variablen haben Widerspruch geerntet; durch die Kleinheit der Stichproben ist es Fiedler nicht gelungen, signifikante Rangkorrelationen zu finden. Die Korrelationen haben »nur« eine übereinstimmende Tendenz. Von seinen Befunden abweichende Korrelationen hat Fiedler als »unzulänglich erhoben« zurückgewiesen.

Kritik

Eines kann jedoch als *positiver Befund* gewertet werden. Mit Situationsmodellen wird die grundlegende Vorstellung aufgegeben, dass es möglich sei, generell gültige Gesetze auch in Aussagesystemen über menschliches Verhalten festzustellen. Denn solche Gesetzmäßigkeiten sind deswegen problematisch, weil sie zumeist eindeutige Kausalrelationen unterstellen bzw. behaupten, dass diese jedoch der *Komplexität realen menschlichen Handelns* nicht gerecht zu werden vermögen. Situationsansätze sind von dem Anliegen geprägt, statt genereller kausaler Erklärungssysteme »bescheidenere«, situationsbezogene Hypothesen zu erarbeiten.

Situationstheorie: Ein Zurück gibt es nicht!

Situationsansätze gehen also übereinstimmend davon aus, dass es ein *einziges*, in *allen* Situationen *erfolgreiches* Führungshandeln nicht gibt und dass erfolgreiche Personalführung offenbar vom Zusammenwirken verschiedener Situationsvariablen mit dem gezeigten Führungsstil abhängig ist. Sie erlangten bis heute breite Akzeptanz und stellen eine nicht wegzudenkende Basis der Führungstheorie dar.

In welcher Breite der Situationsansatz seit langem *akzeptiert* ist, dokumentieren auch die erschienenen *Handwörterbücher der Führung* (vgl. Kieser/Reber/Wunderer, 1987, 1995; Schreyögg/von Werder, 2004). Eine Vielzahl von Beiträgen lässt schon im Titel erkennen, dass man explizit oder implizit von der Grundeinsicht ausgeht, dass Führung von bestimmten Rahmenbedingungen abhängt und diese somit zu berücksichtigen hat:

Situationsmerkmale

6.2 Personalführung
Grundlegende Ansätze der Führungsforschung

- *Individuelle Merkmale*: Führung von Behinderten und Leistungsgewandelten, von neuen Mitarbeitern, von älteren Mitarbeitern, Frauen, Männer, motivationale Eigenschaften der Geführten, Stress und Führung.
- *Verschiedene Betriebstypen*: Führung in multinationalen Betrieben, in Selbstverwaltungsbetrieben und Genossenschaften, in selbst steuernden Gruppen, in Lehr- und Forschungsinstitutionen, in Verbänden, in der Bürokratie, in der öffentlichen Verwaltung, in Klein- und Mittelbetrieben, im Militär.
- *Verschiedene Funktionsbereiche des Betriebs*: Führung in Materialwirtschaft, in Forschung und Entwicklung, im Marketingbereich, im Produktionsbereich.
- *Strukturmerkmale des Betriebs*: Gruppengröße und Führung, Kontrolle, Führungsebene, Projektorganisation, Produktmanagement, Matrixorganisation und Führung.
- *Sonstige*: Führung und Organisationsklima, Organisationskultur und Führung, Führung bei Mitbestimmung, Humanisierung und Führung, Kommunikationspolitik und Führung.
- *Gesellschaftliche Rahmenbedingungen*: Kulturabhängigkeit der Führung, Führung in Entwicklungsländern.
- *Spezialsituationen des Betriebs*: Führung bei Reorganisation, Führungsaufgabe in der Sanierung, Führung bei Rückentwicklung von Organisationen, Führung in Krisensituationen, Organisationsentwicklung und Führung.
- *Technologie*: Fertigungstechnik, Bürokommunikationstechnik und Führung.

Klassifikation

Eine allgemeine Würdigung der Situationsansätze ergibt: Die Aussagensysteme situationstheoretischer Ansätze verdichten sich zu einem Beziehungsgeflecht, in das – gewollt – eine große *Vielzahl von Variablen*, Variablenausprägungen und -kombinationen eingehen. Das birgt die Gefahr in sich, dass die Übersicht verloren geht und greifbare, praktisch handhabbare Konsequenzen nicht erzielt bzw. nicht erkennbar werden.

Bei Einbezug zu vieler Situationsfaktoren geraten die Modelle zu Ansätzen der Erklärung aller Determinanten der Arbeitsleistung, unter denen Führung nur eine einzige ist, von der man noch nicht einmal weiß, eine wie gewichtige Rolle sie spielt. Zudem hilft die Einsicht wenig, dass – überspitzt formuliert – alles von allem abhängt.

Kritik am situativen Ansatz

Darüber hinaus dürfen spezielle *Kritik*punkte nicht verschwiegen werden:
- Es wird teilweise nach wie vor nach Bestlösungen gesucht: zwar nun nicht mehr nach *einem generell optimalen* Führungsstil, sondern nach denjenigen Führungsverhaltensweisen, die *situationsspezifisch* angemessen sind. Damit wird verkannt, dass auch in einer bestimmten Situation Spielräume für die Wahl unter mehreren Führungsvarianten bestehen können (äquifinale Vorgehensweisen).
- Das rührt möglicherweise daher, dass den Situationsansätzen grundsätzlich ein *statisches* Denken zugrunde liegt: Die Suche nach dem für eine gegebene Situation geeigneten Führungsstil lässt die Tatsache unberücksichtigt, dass sich Interaktionsstruktur und Führungsprozess fortlaufend entwickeln.
- Des Weiteren bleibt zumeist unbeachtet, dass Personalführung nicht lediglich eine »Mikro-Beziehung« einzelner handelnder Personen ist, sondern in den *Ma-*

kro-Rahmen der jeweiligen Institution eingebettet ist, der zum Beispiel durch ganz spezifische Problemlagen (Innovationsdruck, Konkurrenzbedrohung o. Ä.) geprägt sein mag.

Trotz aller Kritik: Situationsansätze besitzen in forschungsstrategischer, aber auch in pragmatischer Sicht großes *(Erklärungs-)Potenzial*. Vor allem auch deshalb, weil sie offen sind, d. h. die Möglichkeit zur Integration von komplexeren, auch interdisziplinären Forschungsansätzen und empirischen Ergebnissen bieten. Das Verständnis für das komplexe Phänomen der Führung kann so schrittweise durch neue Erkenntnisse erweitert werden. Die Entwicklung eines Modells, das alle »relevanten« Situationsfaktoren (inkl. aller Abhängigkeiten untereinander) und deren Bezüge zu den Effizienzkriterien gleichzeitig berücksichtigt, dürfte ein utopisches Unterfangen sein.

Potenzial

6.2.2.4 Attributionstheorien

Wie in den Ausführungen zur Leistungsmotivation schon angesprochen (s. Teil 3, Kap. 3.2, 3.5), beschäftigt sich die Attributionstheorie mit der Zuschreibung von Ursachen zu Handlungen oder sozialen Ereignissen. Im Rahmen von Attributionstheorien der Mitarbeiterführung wird die Führung nicht als ein objektiver Sachverhalt verstanden, sondern als ein subjektiv wahrgenommenes Phänomen. Im Zentrum stehen insbesondere Personen (Vorgesetzte wie Untergebene), die Urteile über die Ursachen ihres eigenen (Führungs-)Verhaltens und das (Führungs-)Verhalten anderer bilden sowie die Frage, wie diese dann ihr eigenes Verhalten und ihre eigene Zufriedenheit beeinflussen.

Attributionstheorie von Kelley
Die klassische Attributionstheorie stammt von Kelley (1967, 1972, 1972a) und soll im Folgenden kurz dargestellt werden (vgl. Weibler, 2012, S. 119 ff.). Als Ursachen für eigene oder beobachtete Handlungen lassen sich nach Kelley grundsätzlich anführen:
▸ Eigenschaften der handelnden Person selbst (*Personen-Attribution*),
▸ spezielle Eigenschaften der Zielobjekte der Handlung (*Entitäts-Attribution*) und
▸ Besonderheiten der Situation bzw. Zufall (*Umstands-Attribution*).

Attributionstheorie von Kelley

Entsprechend dem varianzanalytischen Modell (Anova-Modell) lassen sich nach Kelley diese drei Klassen von Ursachen als Faktoren darstellen, denen ein bestimmter Varianzanteil einer abhängigen Variablen zugeordnet werden kann. Diese Zuordnung erfolgt auf der Basis des *Kovariationsprinzips*: Verfügt eine Person über Informationen aus mehreren Beobachtungen, wird sie eine Handlung derjenigen Ursache zuschreiben, mit der sie über diese Beobachtungen hinweg kovariiert. Konkret geschieht dies über die Einschätzung folgender drei Kriterien:
▸ *Distinktheit* (Bei hoher Distinktheit lässt sich eine Handlung nur in Verbindung mit bestimmten Entitäten beobachten.),

Anova-Modell

- *Konsens* (Ein hoher Konsens bezeichnet die Übereinstimmung der beurteilten Handlung mit Handlungen anderer Personen.) und
- *Konsistenz* (Eine hohe Konsistenz bezeichnet die zeitliche und situative Stabilität einer Handlung.).

> Stellt beispielsweise die Leitungsspitze einer Unternehmensberatung fest, dass die Projekte eines ihrer Berater immer und bei allen Kunden gut ankommen, wird er dies auf die Person des Beraters und dessen Qualifikation, Auftreten usw. zurückführen. In der Sprache Kelleys diagnostiziert er hinsichtlich des Phänomens »Akzeptanz des Kunden« eine geringe Distinktheit, einen geringen Konsens sowie eine hohe Konsistenz, woraus er eine Personen-Attribution ableitet. Sind aber alle Berater (hoher Konsens) immer (hohe Konsistenz) bei einem ganz bestimmten Kunden erfolgreich (hohe Distinktheit), wird dies auf die Besonderheit des Kunden (z. B. dessen geringes Anspruchsniveau) zurückzuführen sein, was einer Entitäts-Attribution entspricht. Auf die Umstände wird attribuiert, wenn sich zwar spezifische Effekte bez. eines bestimmten Objektes beobachten lassen (z. B. Kundenakzeptanz), sonst aber keine Regelmäßigkeiten im Sinne von Konsens oder Konsistenz zu beobachten sind, die eine Attribution auf die Größen Person oder Entität zulassen würde.

Ist eine Person nicht in der Lage, ausreichende Konsens-, Konsistenz- und Distinktheitsinformationen zu verarbeiten, kann sie keine vollständige Kausalanalyse durchführen. Dies kann der Fall sein, wenn nur Informationen aus einer Beobachtung vorliegen, aber auch, wenn nicht ausreichend Zeit zur Verfügung steht. In diesem Fall lässt sich auf kausale Schemata zurückgreifen, mit denen entweder unvollständige Informationen ergänzt werden oder die konkrete Annahmen über die Ursachen der betreffenden Handlungen liefern. Das weiter vorne dargestellte Klassifikationsschema von Weiner (internal vs. external/stabil vs. instabil) stellt ein solches kausales Schema dar (s. Teil 2, Kap. 3.5.3).

Forschungsrichtungen

Im Bereich der Attributionstheorien der Führung lassen sich zwei *Forschungsrichtungen* unterscheiden: Die eine Richtung beschäftigt sich mit der Frage, wann eine Person als wirkliche Führungskraft von den Nachgeordneten identifiziert wird und welche Attributionsprozesse sich dabei ergeben. Die andere Richtung thematisiert, welche Attributionen Führungskräfte selbst bei der Einschätzung ihrer Mitarbeiter vornehmen.

Calders Attributionstheorie der Führung

Führung ist ein Wahrnehmungsphänomen

Calder (1977) geht davon aus, dass ein Führer nicht durch seine tatsächlich vorhandenen Eigenschaften oder eine bestimmte Rollenzuweisung zum Führer wird, sondern dass ihm die persönliche Disposition des Führers *von den Geführten* zugeschrieben wird. Führung ist insofern ein Wahrnehmungsphänomen, welches darin besteht, dass eine Person einer anderen aufgrund deren Verhaltens Führung(-seigenschaften) attribuiert.

Grundlegende Ansätze der Führungsforschung 6.2

Dieser *Prozess der Zuschreibung* des Konstrukts »Führung« läuft nach Calder in vier Schritten ab:
- Zunächst wird das Verhalten einer Person wahrgenommen oder bestimmte Effekte auf nicht beobachtetes Verhalten dieser Person zurückgeführt.
- Danach wird überprüft, ob sich die Person durch ihr Verhalten von anderen Personen absetzt, ob das gezeigte Verhalten eine gewisse Konsistenz aufweist und inwieweit es den eigenen Erwartungen an eine Führungskraft entspricht. Wird das gezeigte Verhalten außerdem als charakteristisch für eine Person eingeschätzt, kann es als Indiz für vorhandene Führungseigenschaften herangezogen werden.
- Dies aber nur, wenn nachfolgend festgestellt wird, dass zu dem gezeigten Verhalten überhaupt Alternativen existiert haben.
- Ist dies der Fall und damit deutlich geworden, dass die potenzielle Führungskraft spezifische Handlungen vollzieht, die sich von anderen möglichen Handlungen durch ihre Effekte positiv abheben, wird sich der Beobachter letztendlich fragen, inwieweit er von den vollzogenen Handlungen direkt betroffen ist und ob sich diese mit den eigenen Zielen vereinbaren lassen. Je eindeutiger sich diese Fragen bejahen lassen, desto eher wird der Beobachter dem Führer Führungseigenschaften attribuieren.

Allerdings werden nicht immer solche komplizierten kognitiven Analysen angestellt, wenn einer Person Führungseigenschaften attribuiert werden. So konnte aufgrund systematischer Arbeiten gezeigt werden, dass Mitarbeiter konkrete Vorstellungen davon haben, was einen Führenden normalerweise auszeichnet (vgl. Lord/Foti/De Vader, 1984, S. 343 f.). Sie besitzen also eine Art *»Führungsprototypen«*. Stimmt eine Person mit diesem Prototypen in Dimensionen wie Verhalten, Auftreten, Art der Kleidung oder der kontextuellen Einbindung überein, kann sie als Führer klassifiziert werden, auch wenn ihr Führung im Sinne des oben beschriebenen vierstufigen Attributionsprozesses nicht zuzusprechen wäre (vgl. Weibler, 2012, S. 122 ff.).

»Sei ein Maßstab für Qualität. Manche Leute kennen kein Umfeld, in dem man nur Spitzenleistungen erwartet.« Steve Jobs

Mitchells Attributionstheorie der Führung

Der Ansatz von Mitchell (1987; Green/Mitchell, 1979) beschäftigt sich mit Attributionen, die Führer hinsichtlich des Verhaltens der Geführten vornehmen sowie deren Einfluss auf das weitere Führungsverhalten der attribuierenden Personen. Dabei geht Mitchell von einem zweistufigen Prozess aus, der sich aus einer Diagnose- und einer Entscheidungsphase zusammensetzt. Siehe zu diesen Zusammenhängen auch Abbildung 2-50.

Kognitive Aspekte der Wahrnehmung von Führung

- Die *Diagnosephase* wird durch den eigentlichen Attributionsprozess gebildet, der nach dem oben dargestellten Kovariationsprinzip abläuft. In Anlehnung an die Aussagen Kelleys geht Mitchell davon aus, dass die Ursachen für das gezeigte Mitarbeiterverhalten bzw. dessen Leistungen in dessen Person, der Umwelt oder in Besonderheiten der Arbeitsaufgabe begründet liegen können. Allerdings ist in der Praxis kaum davon auszugehen, dass Vorgesetzte immer in der Lage sein werden, vollständige und differenzierte Kausalanalysen vorzunehmen. In die-

Prozessphasen

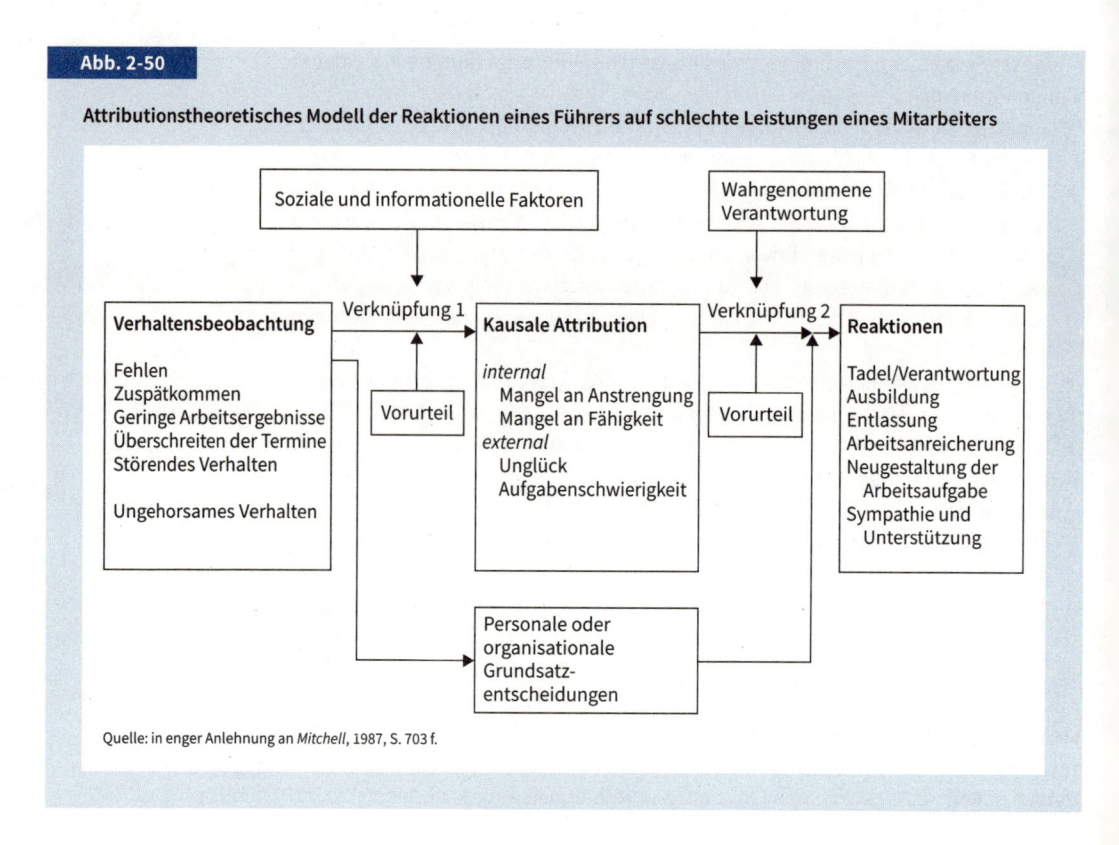

6.2 Personalführung
Grundlegende Ansätze der Führungsforschung

Abb. 2-50

Attributionstheoretisches Modell der Reaktionen eines Führers auf schlechte Leistungen eines Mitarbeiters

```
                Soziale und informationelle Faktoren        Wahrgenommene
                              │                              Verantwortung
                              ▼                                    │
                                                                   ▼
┌──────────────────────┐ Verknüpfung 1 ┌──────────────────┐ Verknüpfung 2 ┌──────────────────────┐
│ Verhaltens-          │──────────────▶│ Kausale          │──────────────▶│ Reaktionen           │
│ beobachtung          │               │ Attribution      │               │                      │
│                      │               │                  │               │ Tadel/Verantwortung  │
│ Fehlen               │   ┌────────┐  │ internal         │  ┌────────┐   │ Ausbildung           │
│ Zuspätkommen         │   │Vorurteil│ │   Mangel an      │  │Vorurteil│  │ Entlassung           │
│ Geringe Arbeits-     │   └────────┘  │   Anstrengung    │  └────────┘   │ Arbeitsanreicherung  │
│   ergebnisse         │               │   Mangel an      │               │ Neugestaltung der    │
│ Überschreiten der    │               │   Fähigkeit      │               │   Arbeitsaufgabe     │
│   Termine            │               │ external         │               │ Sympathie und        │
│ Störendes Verhalten  │               │   Unglück        │               │   Unterstützung      │
│                      │               │   Aufgaben-      │               │                      │
│ Ungehorsames         │               │   schwierigkeit  │               │                      │
│   Verhalten          │               │                  │               │                      │
└──────────────────────┘               └──────────────────┘               └──────────────────────┘
            │                               │                   ▲
            │                               ▼                   │
            │                       ┌──────────────────┐        │
            └──────────────────────▶│ Personale oder   │────────┘
                                    │ organisationale  │
                                    │ Grundsatz-       │
                                    │ entscheidungen   │
                                    └──────────────────┘
```

Quelle: in enger Anlehnung an *Mitchell*, 1987, S. 703 f.

sem Fall werden sie seine Ursachenzuschreibung unter Verwendung (vereinfachender) kausaler Schemata durchführen. Daneben ist mit individuellen Verzerrungen zu rechnen. Im Einzelnen ist zum Beispiel zu erwarten, dass (vgl. Neuberger, 1991, S. 205 f.): (1) Führungskräfte Misserfolge ihrer Mitarbeiter eher internal (Person) attribuieren, während die Mitarbeiter als Handelnde ihren Misserfolg primär external (Umstände/Aufgabe) attribuieren; (2) sich mit abnehmender psychologischer Distanz der Vorgesetzte der Sichtweise des Mitarbeiters annähert; (3) viele Führungskräfte bei der Beurteilung spezifischer Leistungen ihrer Mitarbeiter nicht über realistische Vergleichsmöglichkeiten hinsichtlich der Leistungen anderer Mitarbeiter verfügen und so auf subjektive Erwartungen o. Ä. zurückgreifen müssen; (4) sich Führungskräfte von Stereotypen und Vorurteilen leiten lassen, was zum Beispiel dazu führt, dass Erfolg von Frauen eher external attribuiert wird, während der Erfolg bei Männern vergleichsweise eher der Person zugeschrieben wird.

▶ In der *Entscheidungsphase* wählen die Führer aus der Menge der ihnen zur Verfügung stehenden Führungsverhaltens eine Verhaltensweise aus. Diese Wahl hängt grundsätzlich davon ab, ob die spezifischen Verhaltensweisen positiv oder negativ beurteilt werden, wie schwerwiegend die durch das Verhalten erzielten Effekte einzuschätzen sind und ob diese durch die Person des Geführten verursacht wurden. Grundsätzlich ist nach den Hypothesen Mitchells davon auszugehen, dass Vorgesetzte auf internal attribuierte Ergebnisse eher mit direktem Führungsverhalten (Belohnung/Bestrafung) und auf external attribuierte Ergebnisse eher mit indirektem Führungsverhalten (Unterstützung, strukturelle Veränderungen) reagieren.

Mit diesen kognitiven Aspekten der Wahrnehmung von Führung ist ein wesentlicher Beitrag für die Erklärung der Determinanten von Führungsverhalten geleistet worden. Natürlich sehen auch die Attributionstheoretiker selbst, dass die Attributionen von Führenden und Geführten nur als eine unter vielen das Führungsgeschehen beeinflussenden Determinanten anzusehen sind. So werden Attributionen häufig durch Grundsatzentscheidungen überflüssig. Zum anderen gibt es auch viele Führungssituationen, in denen die Aufgabe, soziale oder andere Kontextfaktoren möglicherweise für bestimmte Führungsaktivitäten wichtiger sind. Trotzdem gilt es als nützlich, Einsichten in die kognitiven Prozesse der Attributionen zu gewinnen (vgl. Blessin/Wick, 2014, S. 176 ff.).

Erklärungsbeitrag

6.2.2.5 Weg-Ziel-Modell der Führung

House (1971), House/Mitchell (1974) und Evans (1970, 1995) haben auf Basis der Erwartungs-Valenz-Ansätze der Motivation ein sogenanntes Weg-Ziel-Modell (»path-goal theory«) der Führung erarbeitet. Es steht zudem im engen Zusammenhang zum Weg-Ziel-Modell der Motivation (s. Teil 3, Kap. 3.4.5, 6.2.2.5). Die Autoren haben dabei eine eher trivial erscheinende These zum Ausgangspunkt ihrer Studien gemacht: »Der Erfolg des Führungsverhaltens von Vorgesetzten zeigt sich am leistungsbezogenen Verhalten ihrer Mitarbeiter!« In Folge stehen zunächst die Mitarbeiter im Zentrum ihrer Überlegungen und nicht die Führungskräfte – sowie eine Motivationstheorie der Führung und weniger eine Führungstheorie. Evans (1995, Sp. 1076) formuliert: »Das Verhalten des Führers wird für die Untergebenen in dem Ausmaße akzeptierbar sein, als dieses Verhalten eine unmittelbare Quelle der *Zufriedenheit* [besser: Bedürfnisbefriedigung] ausmacht oder instrumentell für die zukünftige Zufriedenheit der Untergebenen ist. Dies bedeutet, daß [!] die Antwort auf die Frage, welches Führungsverhalten Zufriedenheit bewirkt, in Abhängigkeit von den Charakteristika des Untergebenen und der jeweils gegebenen Situation beantwortet wird.«

»Ans Ziel kommt nur, wer eines hat.«
Martin Luther

Die Autoren differenzieren entsprechend drei *Basisthesen*:
▸ Motivation ist das Resultat aus Valenz und Instrumentalität.
▸ Verhalten ist das Resultat aus Motivation, Fähigkeit und Aufgabe.
▸ Zielerreichung ist das Ergebnis aus Verhalten und Instrumentalität.

Infolge wird im Rahmen des Weg-Ziel-Modells der Führung folgende Motivationsgleichung aufgestellt (vgl. Schanz, 2000, S. 671 f.; Weibler, 2012, S. 370 ff.; Evans, 1995):

6.2 Personalführung
Grundlegende Ansätze der Führungsforschung

$M = IV_b + P_1 IV_a + \left[\sum_{i=1}^{n} (P_{2i}) \times (EV_i)\right]$, wobei

M = Motivation zu leistungsbezogenem Verhalten negatives Vorzeichen würde Vermeidungstendenz signalisieren)	IVb = intrinsische Valenz leistungsbezogenen Verhaltens (Anreiz, welcher vom leistungsbezogenen Verhalten selbst ausgeht)
P1 = Anstrengungs-Zielerreichungs-Erwartung (Instrumentalität)	IVa = intrinsische Valenz der Zielerreichung (Anreiz, welcher vom Ergebnis des Verhaltens ausgeht)
P2i = Zielerreichungs-Belohnungs-Erwartung (Instrumentalität)	EVi = extrinsische Valenz für Zielerreichung (bspw. Attraktivität einer Gehaltserhöhung)

Motivationsgleichung

Die Motivationsgleichung mit ihren Valenzen und Instrumentalitäten eignet sich zur Analyse von Führungsproblemen wie zum Umgang mit ihnen, da sie den Führenden verschiedene eigene Einflussmöglichkeiten anbietet: Sie können Belohnungen direkt veranlassen (EV_i), den Zugang zu extrinsischen Belohnungen ermöglichen (P_1), sich konsistent verhalten (P_{2i}), interessante Aufgaben verteilen (IV_a), Partizipation erhöhen (IV_b) u. a.

In einer jüngeren Fassung des Weg-Ziel-Modells werden zusätzlich zum Verhalten der Geführten verstärkt das Führungsverhalten und andere intervenierende situative Faktoren thematisiert. Dieses Führungsverhalten kann danach in vier *Ausprägungen* auftreten:

- »directive leadership«: Führungskraft übernimmt die Planung Organisation und Kontrolle der Tätigkeiten der Geführten. These: Stark strukturierende Eingriffe der Vorgesetzten werden bei mehrdeutigen Aufgaben positiv, bei klar definierten Aufgaben negativ aufgenommen.
- »supportive leadership«: Vorgesetzter nimmt Rücksicht auf Wünsche der Mitarbeiter und schafft eine angenehme Arbeitsatmosphäre. These: Unterstützendes Führungsverhalten der Vorgesetzten wirkt sich positiv auf die Arbeitszufriedenheit aus zum einen bei engagierten Mitarbeitern und zum anderen bei stresserzeugenden, frustrierenden Aufgaben.
- »achievement-oriented leadership«: Vorgesetzte setzen anspruchsvolle Ziele, stehen für eine hohe Leistungsorientierung und gleichzeitig auch für Vertrauen. These: Bei mehrdeutigen Aufgabensituationen führt eine solche leistungsorientierte Personalführung zu hohen Instrumentalitätserwartungen, bei Routineaufgaben dagegen zu geringen.
- »participative leadership«: Der Vorgesetzte hat Interesse daran, gemeinsam mit den Geführten sich zu beraten und die Entscheidungsfindung vorzunehmen. These: Partizipative Personalführung ist dann erfolgreich, wenn sie als instrumentell zur Reduzierung von Mehrdeutigkeit wahrgenommen wird.

Empirisch hinreichende Bestätigungen hat die Theorie nicht gefunden, was auch bei ähnlich komplexen Modellen kaum zu erwarten ist (vgl. Evans, 1995). Sie liefert aber eine heuristisch sinnvolle und einsichtige Thematisierung der motivationalen Überlegungen bei den Geführten.

6.2.2.6 Substitutionstheorien

Fast sämtliche führungstheoretischen Ansätze gehen von der impliziten Annahme einer hierarchischen Führung aus, wenn es darum geht, Mitarbeiter zu überzeugen oder zu bestimmten Verhaltensweisen zu bewegen (s. o.). Die Theorien der Führungssubstitute weisen nun darauf hin, dass an Stelle dieser Führung quasi alternativ ein »Führungsersatz« in Form von Strukturelementen bzw. Mechanismen der Führungskonzeption treten kann. Auch sprechen sie damit potenzielle Neutralisierer direkter Führungsverhaltensweisen an, also betriebliche Faktoren, die stärker wirken (können) als direkte Beeinflussungsversuche von Vorgesetzten. Sie gehen dabei der Frage nach, welchen Einfluss die interaktionale, hierarchische Mitarbeiterführung im Vergleich zu indirekten, strukturellen Formen der Verhaltenssteuerung tatsächlich hat. Je stärker die Variablen der strukturellen Führung ausgebildet sind, desto geringer wird die Möglichkeit und Notwendigkeit angesehen, über die interaktionale Mitarbeiterführung Einfluss auf die Mitarbeiter nehmen zu können. Es wird dabei auch angenommen, dass unter bestimmten Bedingungen *institutionelle Regelungen* (= *Führungssubstitute*) erfolgsversprechender sind als die direkte Einflussnahme der Vorgesetzten.

Ersatz »direkter« Führung

Türks Kontexttheorie der Personalführung

Einen grundsätzlichen Ansatz aus diesem Bereich lieferte Türk (1981), der in einer Art »Kontexttheorie der Personalführung« die Bedeutung der organisatorischen Umfeldbedingungen für die Personalarbeit aufzeigen wollte. Der Begriff der »sozialen Kontrolle« sowie die von dieser ausgehende konformierende Wirkung stehen im Mittelpunkt seines Ansatzes. Unter »*sozialer Kontrolle*« werden dabei alle sozialen Prozesse verstanden, welche »... die Funktion haben, eine Konformität des Handelns mit bestehenden systembezogenen Handlungsmustern (Erwartungen, Anforderungen, Normen, Zielen, Werten, Rollen usw.) zu erreichen, zu sichern oder wiederherzustellen.« (Türk, 1981, S. 45) Dabei handelt es sich um einen Einflussprozess, der unter Verwendung verschiedener Kontroll- oder Steuerungsmittel von bestimmten Trägern aktiv ausgeübt wird.

Soziale Kontrolle

Soziale Kontrolle bzw. die Sicherung von *Konformität* im Sinne der einheitlichen Ausrichtung des von den einzelnen Mitarbeitern gezeigten (Arbeits-)Verhaltens und den diesem zugrunde liegenden Strukturen (Einstellungen, Orientierungen usw.) auf die jeweiligen organisationalen Ansprüche oder Gegebenheiten kann in Arbeitsorganisationen sowohl (1) durch die Kontrolle von Handlungspotenzialen als auch (2) durch die Kontrolle der konkreten Handlungen selbst erfolgen (vgl. Abbildung 2-51).

Erstgenanntes geschieht zum einen über die Mechanismen »*Bildung*« und »*Sozialisation*«, womit die Prägung bzw. Modifikation von personalen Handlungspotenzialen umschrieben ist, und zum anderen über die *Auswahl* und den *Einsatz* von Personal, wodurch definierte personale Handlungspotenziale bestimmten organisationalen Positionen zugeordnet werden.

6.2 Personalführung
Grundlegende Ansätze der Führungsforschung

Abb. 2-51

Prozesse und Medien sozialer Kontrolle organisatorischen Handelns

Vor-organisationale soziale Kontrolle	Organisationale »Potenzialkontrolle«	Organisationale Handlungskontrolle
• Vor-organisationale Sozialisation • Vor-organisationale Allgemein- und Berufsbildung	• Selektion von Personal • Allokation von Personal • Organisationale Sozialisation • Organisationale Aus- und Weiterbildung	• Unpersönliche Kontrolle (durch Technik administrative Regelungen und Anreizsysteme und/oder Stellenschneidung) • Persönliche Kontrolle (durch: Gleichgestellte und/oder Vorgesetzte)

Quelle: in Anlehnung an *Türk*, 1981, S. 46

Handlungskontrolle

Zweitgenanntes, die konkrete Handlungskontrolle, vollzieht sich durch unpersönliche sowie persönliche Mechanismen. Als markanteste Mittel *unpersönlicher Handlungskontrolle* führt Türk die Stellenschneidung, die Technisierung und Standardisierung sowie die administrativen Regelungen hinsichtlich der Distribution von organisationalen Benefits (Anreizsystemen) an. Träger *persönlicher Handlungskontrolle* (hinsichtlich betrieblicher Leistungsziele, Loyalität usw.) sind Kollegen aufgrund deren reziproker Abhängigkeit voneinander (vgl. hierzu die Ausführungen zur Gruppenarbeit) und Vorgesetzte im Rahmen der Personalführung.

Residualfaktor

Nach der Auffassung Türks muss die Personalführung als *Residualfaktor* angesehen werden, der situationsspezifisch nur dann eingesetzt wird, wenn alternative Mechanismen der sozialen Kontrolle im Sinne der obigen Aufzählung nicht ausreichen oder nicht zum Einsatz gelangt sind. Als solcher gewinnt die Personalführung zum Beispiel an Bedeutung, wenn es in der betrieblichen Praxis um die Einforderung von über die geforderten Kontraktleistungen hinausgehenden Leistungen geht, deren Nichterbringung für den Mitarbeiter weder mit Entgelteinbußen noch mit Regel- oder Vertragsverletzungen einhergeht.

Die Möglichkeit, individuelles (Leistungs-)Verhalten außer durch direkte, interaktionale auch durch strukturelle Führung zu lenken, wird auch von anderen Autoren postuliert.

Theorie der Führungssubstitution von Kerr et al.

Ersatz?

Kerr et al. (s. Kerr/Mathews, 1987; Kerr/Jermier, 1977) haben mittels empirischer Studien versucht, *konkrete Führungssubstitute* zu ermitteln. Dabei wird – subsumiert unter den Kategorien der Mitarbeiter-, Aufgaben und Organisationscharakteristika – eine Reihe potenzieller Führungssubstitute genannt, wie zum Beispiel pro-

Grundlegende Ansätze der Führungsforschung 6.2

fessionelle Orientierung, Leistungsfeedback, Technologieeinsatz, Struktur der (Arbeits-)Aufgaben, Organisationsstrukturierung, kohäsive Arbeitsgruppen usw. (vgl. Abbildung 2-52).

Führungssubstitute »ersetzen« und/oder unterstützen direktes Vorgesetztenverhalten. Allerdings ist es auch möglich, dass sie gewissermaßen das direkte Führungsverhalten – entweder einer beziehungsorientierten und/oder einer aufgabenorientierten Führung – konterkarieren. Dementsprechend kann man differenzieren

Substitute i. e. S. und Neutralisierer von Führungsverhalten

- in *Substitute i. e. S.* (Durch sie wird direkte Mitarbeiterführung unmöglich und überflüssig; beispielsweise verstehen Mitarbeiter ihre Aufgabe, Technologie, bestimmte Methode, sodass eine fachliche Anleitung unnötig ist.) und
- in *Neutralisierern* (Sie hindern Führungskräfte zu handeln oder wirken ihrem Verhalten entgegen; beispielsweise durch fehlendes Interesse an Belohnungen, kein Einfluss auf Entgelte.).

Abb. 2-52

Führungssubstitute

Charakteristika ...	Führen zur Neutralisierung von	
	beziehungsorientierter Führung	aufgabenorientierter Führung
des Mitarbeiters:		
1. Fähigkeit, Erfahrung, Training, Wissen		X
2. Bedarf an Unabhängigkeit	X	X
3. »professionelle« Orientierung	X	X
4. Gleichgültigkeit gegenüber organisationalen Belohnungen	X	X
der Aufgabe:		
5. nicht ambitioniert, routinemäßig		X
6. Methodisch invariabel		X
7. liefert eigenes Feedback bzgl. Durchführung		X
8. intrinsisch befriedigend	X	
der Organisation:		
9. Formalisierung (klare Pläne, Ziele, Verantwortung)	0	X
10. Inflexibilität (strenge Regeln und Verfahren)		X
11. hoch spezialisierte und aktiv beratende Stabsfunktionen		X
12. eng verbundene, kohäsive Arbeitsgruppen	X	X
13. organisationale Belohnungen nicht innerhalb des Einflussbereiches des Führers	X	X
14. räumliche Distanz zwischen Vorgesetzten und Mitarbeitern	X	X

Quelle: in enger Anlehnung an *Kerr/Mathews*, 1987, S. 920

6.2 Personalführung
Grundlegende Ansätze der Führungsforschung

Je stärker diese indirekten Steuerungsgrößen ausgeprägt sind, desto geringer ist die Möglichkeit respektive die Notwendigkeit, überhaupt direkt zu führen. Dies entlastet damit auch die Führungskraft.

Auf zwei empirisch erhobene Merkmale soll im Folgenden kurz eingegangen werden.

- »*Professionelle Orientierung*« bedeutet, dass berufliche Experten spezifische Verhaltensweisen entwickeln. So schenken sie zum Beispiel dem Urteil von Fachkollegen oft mehr Glauben, als dem Urteil des hierarchischen Vorgesetzten. Die Identifikation mit ihrem Beruf führt dazu, dass Leistungsnormen innerhalb der Gruppe von Fachkollegen, nicht aber durch den formalen Vorgesetzten, entwickelt und festgelegt werden. Professionalisierung beeinflusst außerdem den Prozess der Aufgabenerfüllung. So vermindern Ausbildung und Training eines Mitarbeiters in der Regel dessen Abhängigkeit von anleitenden Aktivitäten des Vorgesetzten und ermöglichen es im Idealfall, dass der Mitarbeiter Zielvereinbarungen und aufgabenbezogene Informationen selbststeuernd im Sinne der Unternehmungsziele umsetzen kann.

- Aus der Arbeit selbst resultierendes »*Leistungsfeedback*« kann ein anderes potenzielles Substitut für interaktionale Führung sein. Es gibt Aufgaben, die klare und objektive Daten in Bezug auf den Grad der Aufgabenerfüllung liefern. Als Beispiel hierfür wird die Durchführung einer Herz-Bypass-Operation durch einen Chirurgen angeführt. Normalerweise wird der Chirurg innerhalb von Sekunden nach der durchgeführten Operation über den Erfolg oder Fehlschlag seiner Arbeit informiert sein. Diese und andere Gründe können die kritische Aufgaben-Feedback-Funktion des Führers unbedeutend werden lassen im Vergleich zu der Information, die von den Aufgaben selbst gegeben wird.

Lückenbüßer?

Auch wenn beispielsweise Türk seinen Ansatz selbst als *lücken- oder interventionstheoretisches Modell* bezeichnet, kann damit natürlich keine Negierung der herausragenden Bedeutung der direkten Personalführung verbunden sein. Zwar wird zum Beispiel der Anteil hoch qualifizierter bzw. professioneller Mitarbeiter immer größer oder breiten sich die mit dem Anwachsen der Arbeitsorganisationen verbundenen instrumentell ausgerichteten und funktional stabilisierenden Mechanismen sozialer Kontrolle aus. Dies führt nach den Aussagen Türks dazu, dass der Personalführungsbedarf in der modernen Systemgesellschaft ständig sinkt. Jedoch wird dadurch die Führungskraft nicht automatisch zum »*Lückenbüßer der Organisation*« (Luhmann, 1995) degradiert, der gänzlich durch Zwänge in seinem Handeln fremdbestimmt ist und lediglich im Notfall des Nichtfunktionierens einer gut geölten Maschinerie von Führungssubstituten einzugreifen hat. Es ist ein stark überzeichnetes Bild, weil suggeriert wird, dass Führer und Geführte durch ein übermächtiges System von Medien sozialer Kontrolle erdrückt würden, das umfassend und unentrinnbar sei..

Aus Sicht des Betriebs stellt die Möglichkeit, den sich in der betrieblichen Praxis immer wieder als kompliziert darstellenden Faktor »Führungskräfte« (bzw. deren Führungsverhalten) durch »verlässlichere« und »stabilere« Größen wie »Struktur«, »System« etc. ersetzen zu können, natürlich eine interessante Perspektive dar. Al-

Grundlegende Ansätze der Führungsforschung — 6.2

lerdings geht damit auch die Gefahr der Bürokratisierung, des Verlustes von Flexibilität usw. einher. Entsprechende Entwicklungen haben bereits dazu geführt, dass vielerorts zugleich ein Übermaß an Management (-by-system) und ein Defizit an Führung beklagt wird, was in weiten Bereichen zu einer »*Re-Personalisierung der Führung*« (z. B. Management-by-wandering-around) geführt hat (Staehle, 1999, S. 388).

Theorie der Substitution struktureller Führung

Wunderer (2011, S. 316 f.) schlägt daher – als Kritik an der Einseitigkeit anderer Ansätze – die Theorie der Substitution struktureller Führung vor. Sie plädiert – quasi umgekehrt – für die Ersetzung struktureller Steuerungsmechanismen durch interaktionelle Mitarbeiterführung. Da die Koordination der Einzelhandlungen in Unternehmungen seines Erachtens nur durch das Zusammenwirken struktureller und interaktioneller Mitarbeiterführung bewerkstelligt werden kann, soll diese Theorie ein Gegengewicht zur populären Diskussion bilden.

Substitution struktureller Führung

Als *Gründe* für die Notwendigkeit einer solchen Diskussion führt er an:
- *Unwägbarkeiten im Alltag*: In heterogenen und dynamischen Umwelten kann auch ein sorgfältig ausgearbeitetes Regelwerk nie lückenlos sein, denn die Vielfalt potenzieller Anforderungen ist selten bis in alle Einzelheiten überschaubar; auch müssen zur Flexibilitätssicherung Vorschriften allgemein und interpretationsfähig gehalten werden.
- *Besonderheit »Faktor Arbeit«*: Mitarbeiter sind Subjekte mit eigenen, situativ wechselnden Motiven und Zielen, die nicht prinzipiell mit den betrieblichen Zielen kompatibel sind. Die Mitarbeiter verfügen dabei über besondere Qualitäten, zum Beispiel polyvalente Fähigkeiten, Erfahrungswissen, deren Nutzung für die Betriebe heute nötiger ist denn je.

> Inwieweit sich die Substitution struktureller Führung insgesamt als sinnvoll erweist, hängt von verschiedenen *Einflussgrößen* ab. Von zentraler Bedeutung gelten hierbei: Führungskultur (z. B. Bürokratieorientierung), Größe des Betriebs (v. a. Beschäftigtenzahl), Qualifikation und Motivation von Vorgesetzten und Mitarbeitern, Führungsverfassung (z. B. zentralistisch vs. föderalistisch), allgemeiner Organisationsgrad (z. B. Formalisierung, Generalisierung, Standardisierung), Führungsstrategie (z. B. autokratischer vs. delegativer Führungsstil), Aufgabenkomplexität, individuelle Regelungsnotwendigkeit oder Sonderfälle, spezielle Situation (z. B. Krise, Transformationsprozess) und personale Konflikte.

Für die Führungsforschung und -praxis liefern die Theorien zur Substitution von Führung wichtige Denkanstöße, weil sie den Blick auf die Tatsachen lenken, dass
- sich Führung nicht im »luftleeren Raum« abspielt,
- Führung durch betriebliche Strukturen und Prozesse, durch Mitarbeiter- und Aufgabenmerkmale deutlich geprägt (sowohl gefördert als aber auch eingeengt) und auch bis zu gewissen Graden substituiert werden kann,

Theoretischer Ansatz?

- Führung auch mit anderen Teilsystemen des Personal-Managements (Personalauswahl, -einführung, -versetzung, -fortbildung, Anreizsystemen etc.) interaktiv verwoben ist.

Gerade im Gesamtzusammenhang des Personal-Managements wird deutlich, dass Personalführung in dem weiteren Sinne der Verhaltenssteuerung mehr ist als nur *interaktionelle* Mitarbeiterführung. Die Theorien der Führungssubstitute zeigen dies überzeugend an und erfüllen damit, trotz aller Unschärfe, eine heuristische Funktion.

6.3 Ausgewählte Personalführungskonzepte

Normative Soll-Konzepte

Die im Folgenden behandelten Konzepte zur Realisierung bestimmter Führungsstile in der Praxis wurden aufgrund der dargestellten theoretischen und empirischen Vorarbeiten entwickelt. Sie haben den Charakter von idealtypischen normativen *Soll-Konzepten* und werden der Wirtschafts- und Verwaltungspraxis oft im Zusammenhang mit Trainingskonzepten angeboten. Zu nennen sind: Verhaltensgitter von Blake/Mouton, Drei-D-Konzept von Reddin, System 1-4 von Likert, normatives Entscheidungsmodell von Vroom/Yetton, situatives Führungsmodell von Hersey/Blanchard, u. a. Die genannten werden nun skizziert.

6.3.1 Verhaltensgitter (»Managerial Grid«) von Blake/Mouton

»Managerial Grid«

In den Ohio-Studien waren durch Faktorenanalyse zwei Dimensionen des Führungsverhaltens isoliert worden: »Consideration« und »Initiating Structure«. In Anlehnung an diese Ergebnisse entwickelten Blake/Mouton (1964, 1968) das sogenannte Verhaltensgitter (»Managerial Grid«), eine zweidimensionale Darstellung von möglichen bzw. erwünschten Kombinationen dieser Verhaltensdimensionen (Abbildung 2-53). Die Dimension der Mitarbeiterorientierung nennen Blake/Mouton »Concern for People« (Betonung humaner Aspekte, Zufriedenheit) und die Dimension der Aufgabenorientierung »Concern for Production« (Betonung ökonomischer Aspekte, Leistung). Beide Dimensionen werden auf einer neunstufigen Skala abgebildet. Durch Kombination ergeben sich 81 Felder, die die Autoren als faktisch mögliche kennzeichnen. Einer eingehenden Untersuchung unterziehen sie jedoch nur die vier Eckfelder und das Mittelfeld des Gitters.

9.9-Stil – das Ideal

Die tatsächliche Realisierbarkeit der Kombinationen, die von den Feldern symbolisiert werden, ist davon abhängig, ob die (Bündel von) Führungsverhaltensweisen und -maßnahmen, die betont eine bestimmte Orientierung bewirken (sollen) – z. B. die Leistung –, in Bezug auf die jeweils andere Wirkungsweise – im Beispiel: die Zufriedenheit – fördernde oder wenigstens neutrale Eignungen besitzen. Dann nämlich könnte hinsichtlich der beiden Dimensionen (Leistung und Zufriedenheit)

6.3 Ausgewählte Personalführungskonzepte

Abb. 2-53

Verhaltensgitter

```
High
  9  │ 1,9                           │ 9,9
     │ Attention to needs of         │ Work accomplishment is
     │ people for satisfying         │ from committed people;
     │ relationships leads to        │ interdependence through
  8  │ comfortable friendly          │ a common stake in
     │ organization atmosphere       │ organization purpose leads
     │ and work tempo.               │ to relationsship of trust
  7                                    and respect.

  6            5,5
               Adequate organization performance
               possible through balancing the
  5            necessity to get out work with
               maintaining moral of people at
               satisfactory level.
  4

  3
     │ 1,1                           │ 9,1
     │ Exertion of minimum effort    │ Efficiency of operations
  2  │ to get work done is           │ results from arranging
     │ appropriate to sustain        │ conditions of work in such
     │ organizational                │ a way that human elements
  1  │ membership.                   │ interfere to a minimum
Low                                    degree.
       1    2    3    4    5    6    7    8    9
      Low                                      Low
                  Concern for Production
```

(Y-Achse: Concern for People)

Quelle: in Anlehnung an *Blake/Mouton*, 1968, p. 33

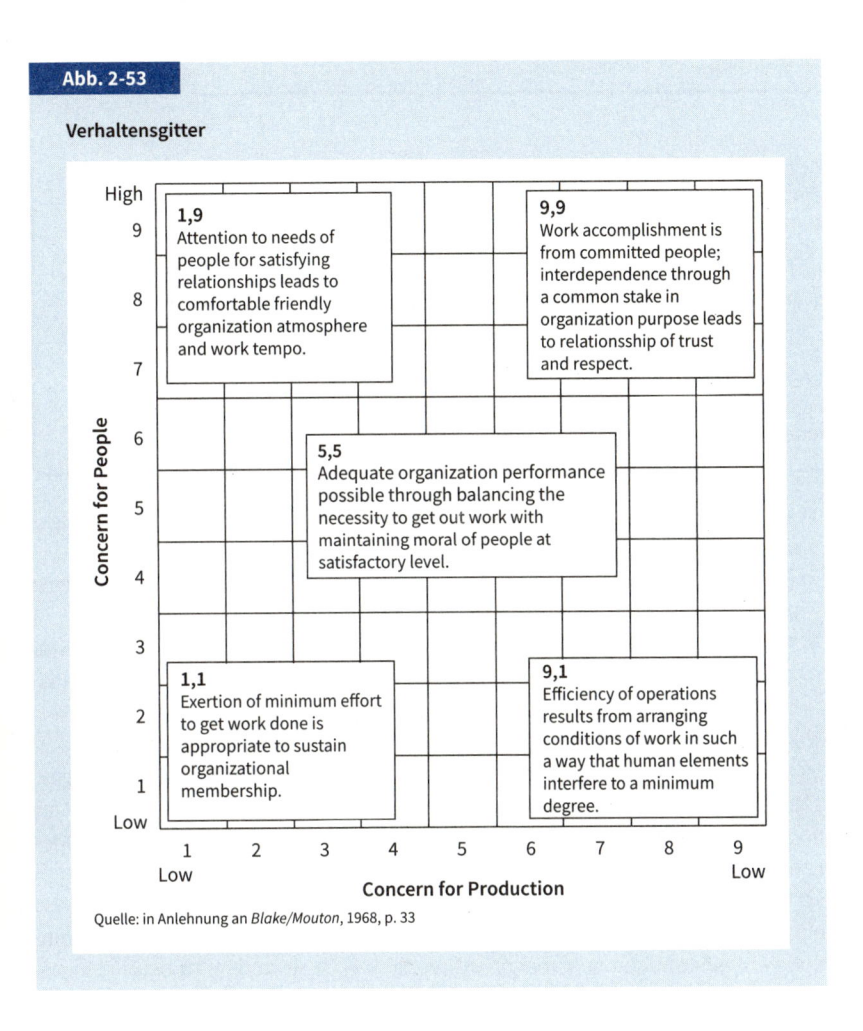

Zielkomplementarität bzw. -neutralität konstatiert werden. Auf eine spezifizierte Aufgliederung in einzelne Verhaltenskategorien oder Führungselemente, die je nach Ausprägung leistungs- und/oder zufriedenheitsbetont wirken und deren gemeinsam mögliche und verträgliche Praktizierung gehen die Autoren jedoch nicht näher ein. Gleichwohl wird – als *normative Komponente* des Konzeptes – vereinfacht ein 9.9-Stil als universell effizient empfohlen, was mit den Resultaten der Ohio-Studien begründet wird.

Neben den *Kritikpunkten*, die bereits zu den Ohio-Studien angeführt wurden, wird in der Literatur schon früh auf folgende Schwächen hingewiesen (vgl. Staehle, 1999, S. 343).

▸ Es handelt sich bei dem Verhaltensgitter um ein relativ grobes, dem zugrunde liegenden Untersuchungsmaterial vereinfachendes Konzept.
▸ Von 81 möglichen Führungsstilen werden lediglich fünf behandelt.
▸ Konflikte werden verdeckt.

Kritik

6.3 Personalführung
Ausgewählte Personalführungskonzepte

> **WISSENSWERTES**
>
> **Harzburger Modell**
>
> Unter dem Harzburger Modell wird ein nach dem 2. Weltkrieg populäres, mittlerweile aber als veraltet geltendes praxisorientiertes Führungsmodell verstanden. Es passte sehr gut zum damaligen Zeitgeist, der u. a. ein Weg von einem Führerprinzip forderte. Kerngedanken sind: konsequente Aufgabendelegation und Führungsverantwortung seitens der Vorgesetzten, Handlungsverantwortung und Rückmeldepflicht seitens der Mitarbeiter vor allem bei Abweichungen. Die dezentrale Entscheidungsfindung sowie die partielle Selbstbestimmung der Mitarbeiter werden als Vorteile des Harzburger Modells angesehen. Demgegenüber steht allerdings eine Vielzahl von nachteiligen Effekten des Modells: enge Verhaltensvorschriften, die vor allem kreative Problemlösungen erschweren, Inflexibilität, Überbewertung formaler Regelungen, Vernachlässigung informaler Aspekte, Ressortdenken, Bürokratismus. Das Führungsmodell war und ist aufgrund dieser Aspekte umfangreicher Kritik ausgesetzt. Letztlich wird Delegation nur in sehr engen Bahnen zugelassen und verwaltet, sodass schon in den 1980er-Jahren das Modell an Popularität und Angemessenheit verlor (vgl. von Saldern, 2009).

- Es erscheint zweifelhaft, ob jeder Führer in der Lage ist, gleichzeitig hoch aufgabenorientiert und personenorientiert zu führen.
- Es werden monokausale Zusammenhänge zwischen Führungsstil und Effizienz hergestellt; Einflüsse situativer Faktoren bleiben unberücksichtigt.
- Die Existenz von Hierarchien wird als typisch für alle Organisationen angesehen. Der propagierte 9.9-Stil gerät damit in Verdacht, lediglich ein Manipulationsinstrument zur Leistungssteigerung zu sein.

Modifikation

In späteren Veröffentlichungen betonen Blake/Mouton (vgl. Blake/Mouton/Lux, 1987, Sp. 2019f.), dass »Concern for People« und »Concern for Production« nicht als *unabhängig*, sondern als *interdependent* angesehen werden müssen. Analog einer chemischen Verbindung, bei der vorher eigenständige Komponenten ihre Identität verlieren und in der neuen Verbindung völlig neue Eigenschaften entwickeln, muss eine hohe Personenorientierung (9) sehr differenziert gesehen werden: In Verbindung mit einer hohen Aufgabenorientierung (9.9) ist sie anders zu beurteilen, als mit einer niedrigen Aufgabenorientierung (9.1). Somit ist die Führungsstilkombination ein unteilbares Phänomen.

6.3.2 Drei-D-Konzept von Reddin

Das Drei-D-Konzept von Reddin (1970, 1971) geht ebenfalls von den Ohio-Studies bzw. von dem daraus abgeleiteten Verhaltensgitter von Blake/Mouton aus. Reddin bezeichnet die vier Eckfelder des Verhaltensgitters als Basisstile und nimmt sie als Grundlage für eine Erweiterung um die »Situationsadäquatheit« der Führung als dritte Dimension.

Die vier *Basisstile* sind:
- *Einsatzstil*: starke Aufgabenorientierung (9.1-Feld bei Blake/Mouton),
- *Kontaktstil*: starke Mitarbeiterorientierung (1.9-Feld),
- *Trennungsstil*: geringe Ausprägung beider Stilrichtungen (1.1-Feld),
- *Integrationsstil*: Kombination starker Aufgaben- und Mitarbeiterorientierung (9.9-Feld).

Ausgewählte Personalführungskonzepte 6.3

Ausgehend von der Grundeinsicht, dass die Führungseffizienz (»effectiveness«) von den zwei Komponenten des Führungsverhaltens und der situativen Bedingungen bestimmt wird, fügt er den beiden unabhängigen Dimensionen *Aufgabenorientierung* (»task orientation«) und *Kontaktorientierung* (»relationship orientation«) als dritte Dimension die *Situationsadäquatheit* der Führung hinzu (daher Drei-D-Konzept). Jeder Basisstil kann nun situationsadäquat (und damit effizient) oder situationsinadäquat (und damit ineffizient) eingesetzt werden. Insgesamt ergeben sich so acht verschiedene Führungsstile. Abbildung 2-54 verdeutlicht das Konzept.

Situationsorientiertes Führungsverhalten

Abb. 2-54

Differenzierung der Basisstile nach der Effizienz der jeweiligen Verhaltensausprägung

situationsinadäquat genutzt (weniger effizient)	Basisstile	situationsadäquat genutzt (effizienter)
Kompromissler	← integrieren →	Dynamischer Führer
Deserteur	← sich heraushalten →	Bürokrat
Autokrat	← der Aufgabe verschreiben →	Wohlwollender Autokrat
Missionar	← Verbindung halten →	Förderer

Quelle: in Anlehnung an *Reddin*, 1970, S. 61

Als *Situationskomponenten* hebt Reddin die Organisation, die (Arbeits-)Technologie, Vorgesetzte, Mitarbeiter und Untergebene hervor, die in Abhängigkeit vom jeweiligen Basisstil unterschiedliche Anforderungen (»demands«) an die Führenden stellen.

Schließlich leitet Reddin aus seinem Drei-D-Konzept drei *Führungsqualifikationen* ab, deren Vorhandensein für effiziente Führung notwendig sei:

- *Offenheit für Situationsfaktoren:* die Fähigkeit, die Bedingungen und Anforderungen einer Situation im Hinblick auf situationsadäquates Führungsverhalten richtig einzuschätzen;
- *Führungsflexibilität:* die Fähigkeit, den Führungsstil den situativen Bedingungen anzupassen;
- *Gestaltungsfähigkeit:* die Fähigkeit, die Situation bzw. einzelne Elemente gegebenenfalls zu verändern, zu gestalten.

Qualifikation

Der Fortschritt gegenüber dem Verhaltensgitter liegt in der Verdeutlichung der Situationsabhängigkeit der Führung; Reddin nennt wichtige Situationsfaktoren. Allerdings ist das Modell wegen seiner Allgemeinheit kaum falsifizierbar.

6.3.3 System 1-4 von Likert

In Anlehnung an das ursprünglich eindimensionale Führungsstilkontinuum der Michigan-Studien entwickelte Likert (1967/1975) ein »Führungssystem 1-4«. Er wollte durch gruppierende Zusammenfassung der Ausprägungen von 43 (später 51) Merkmalen eine geschlossene Darstellung des Führungsverhaltens vorlegen. Diese Einzelmerkmale sind zu sieben (später acht) Hauptkategorien zusammengefasst: Motivation, Kommunikation, Interaktion, Entscheidungsbildung, Zielsetzung und Befehlserteilung, Kontrolle, Leistung, zugrunde gelegte Führungsprozesse (»leadership processes used«).

Je nach Beantwortung von verschiedenen skalierten Fragen zu obigen Merkmalen wird das Führungsverhalten in das System 1-4 eingruppiert. Je niedriger der errechnete Punktwert ist, desto autoritärer, d. h. auf dem Kontinuum zum System 1 tendierend, wird das Führungsverhalten eingeschätzt. Kooperative Führung drückt sich in hohen Punktwerten aus (s. Abbildung 2-55)

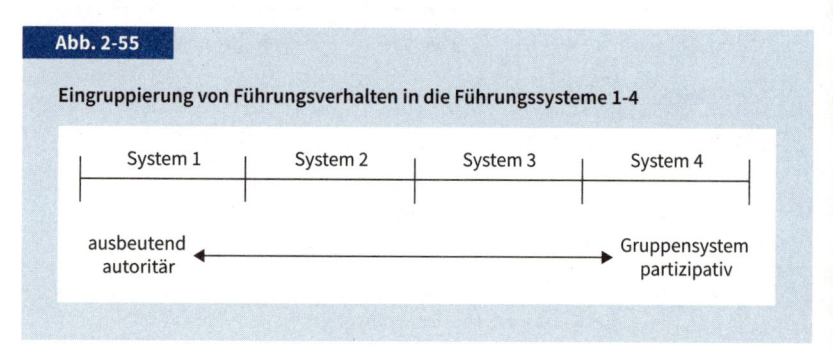

Abb. 2-55

Eingruppierung von Führungsverhalten in die Führungssysteme 1-4

| System 1 | System 2 | System 3 | System 4 |

ausbeutend autoritär ←——————————————————→ Gruppensystem partizipativ

Grundsätze

In knapper Kennzeichnung kann System 1 als auf Strafandrohungen und System 2 als vorwiegend auf Belohnungen gestützt beschrieben werden. System 3 stellt eine Übergangsform zum System 4 dar: In letzterem manifestiert sich partizipative Führung. Ihr wird attestiert, dass sie durch effektive Führer bewirkt werde, deren Verhalten vor allem drei *Grundsätze* befolge:
1. Beziehungen zu persönlicher Hilfestellung herstellen (»supportive relationships«),
2. durch die Gruppen Entscheidungen treffen und überwachen lassen und
3. hohe Leistungsziele setzen.

Für den ersten Grundsatz sollen Führungs- und Organisationsprozesse so beschaffen sein, dass alle Handlungs- und Interaktionsprozesse von jedem Gruppenmitglied als für Selbstachtung und -entfaltung nützlich und förderlich angesehen werden.

»linking pin«

Das zweite Prinzip ist unter dem Stichwort »*linking pin*« bekannt geworden: Eine überlappende Gruppen- und Organisationsstruktur wird dadurch erreicht, dass jede Arbeitsgruppe durch eines ihrer Mitglieder, das gleichzeitig mehreren Gruppen angehört, mit der gesamten Organisation verbunden ist. Diese Verbindungsmitglieder sind die »linking pins«. An Entscheidungsprozessen werden alle Gruppenmitglieder beteiligt.

Der dritte Grundsatz steht mit dem zweiten in engem Zusammenhang: Vorgesetzte und unterstellte Mitarbeiter sollen eine *hohe Leistungsorientierung* haben. Damit dies bei gleichzeitiger Befriedigung von Individual- und Gruppenbedürfnissen bewirkt wird, werden die Gruppenbeteiligung an Entscheidungsprozessen und die überlappende Gruppenstruktur zu notwendigen Systemprinzipien gemacht. Erkennbar muss dazu eine Integration der Ziele von Individuen, Gruppen und Institutionen versucht werden.

Likerts Systematik trägt durch die positive Betonung von System 4 *normative Züge*: Für dieses System nimmt er an, dass in ihm generell höhere Leistungen erreicht würden als in den anderen Führungssystemen. Dass er über die allgemein gehaltenen Grundsätze hinaus keine konkreten Anhaltspunkte für näher spezifizierte Führungsverhaltensweisen liefert, ist ihm nicht anzulasten. Er erkennt, dass solche genaueren Regeln den Charakteristika der jeweiligen Situation und der beteiligten Personen angepasst werden müssen.

Normative Züge

6.3.4 Normatives Entscheidungsmodell von Vroom/Yetton

Das Modell von Vroom und Yetton (1973; Jago, 1987; Vroom/Jago, 1974) ist mit »Entscheidungsmodell« korrekt benannt, denn es versteht sich als Hilfe für das Treffen von Entscheidungen – alle anderen der Entscheidung vor- und nachgelagerten Führungstätigkeiten bleiben außer Betracht.

Für die Antwort auf die Frage, auf welche Weise ein Entscheidungsproblem gelöst werden soll, stellt das Modell *fünf Vorgehensweisen* zur Wahl, die sich durch den unterschiedlichen Grad der Partizipation der Mitarbeiter voneinander unterscheiden:

Vorgehensweisen

A I	Autoritäre Alleinentscheidung. Der Vorgesetzte löst das Problem selbst auf der Grundlage der verfügbaren Informationen.
A II	Autoritäre Entscheidung nach Beschaffung von Informationen durch Mitarbeiter.
B I	Entscheidung nach vorheriger Beratung mit einzelnen Mitarbeitern.
B II	Entscheidung nach vorheriger Beratung mit Mitarbeitern in einer Gruppenbesprechung.
G II	Problemlösung und Entscheidung durch die Mitarbeiter als Gruppe.

Für die Lösung von Problemen, die nur einen Mitarbeiter des Vorgesetzten betreffen, sogenannte »individuelle Probleme«, sind zusätzliche Verhaltensweisen beschrieben. Welcher dieser Entscheidungsstile gewählt wird, hängt vom Typ der zu lösenden Problemsituation ab. Er kann bestimmt werden durch eine Situationsdiagnose, für die *sieben Fragen* beantwortet werden müssen, die das Vorhandensein oder aber Nicht-Vorhandensein von Problemmerkmalen oder Situationsaspekten betreffen. Sie sind in Abbildung 2-56 in der linken Randspalte aufgeführt (A – G)

Situationsdiagnose

6.3 Personalführung
Ausgewählte Personalführungskonzepte

Abb. 2-56

Entscheidungsmodell von Vroom/Yetton

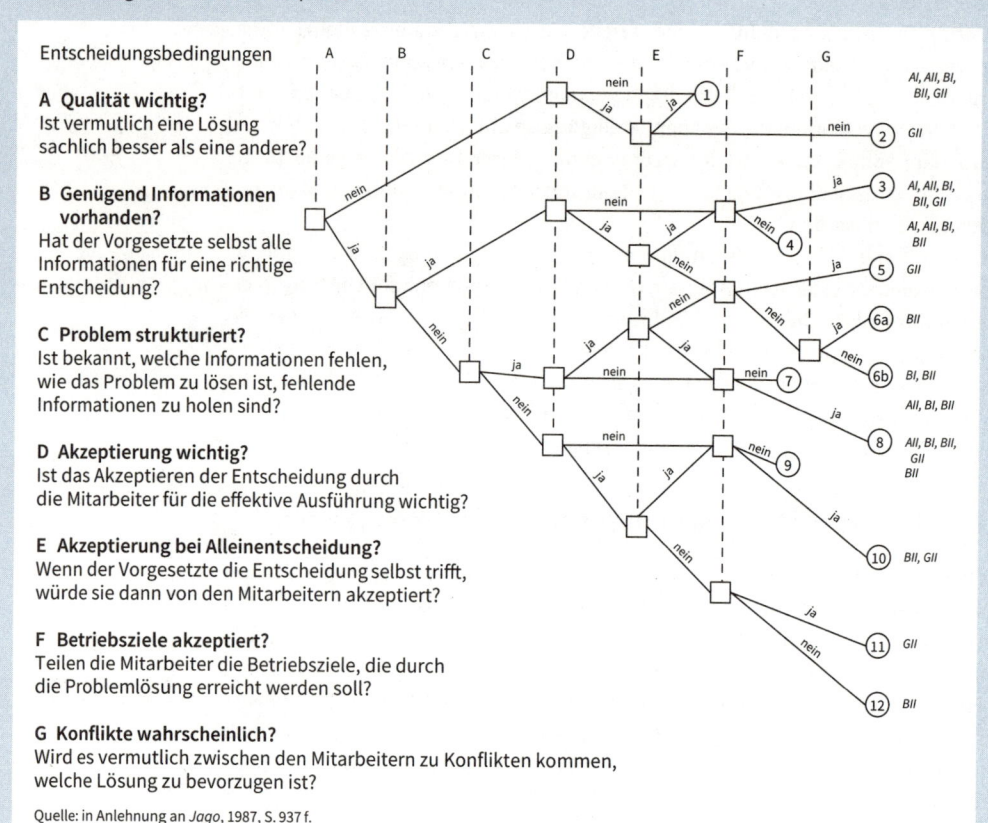

Entscheidungsbedingungen

A Qualität wichtig?
Ist vermutlich eine Lösung sachlich besser als eine andere?

B Genügend Informationen vorhanden?
Hat der Vorgesetzte selbst alle Informationen für eine richtige Entscheidung?

C Problem strukturiert?
Ist bekannt, welche Informationen fehlen, wie das Problem zu lösen ist, fehlende Informationen zu holen sind?

D Akzeptierung wichtig?
Ist das Akzeptieren der Entscheidung durch die Mitarbeiter für die effektive Ausführung wichtig?

E Akzeptierung bei Alleinentscheidung?
Wenn der Vorgesetzte die Entscheidung selbst trifft, würde sie dann von den Mitarbeitern akzeptiert?

F Betriebsziele akzeptiert?
Teilen die Mitarbeiter die Betriebsziele, die durch die Problemlösung erreicht werden soll?

G Konflikte wahrscheinlich?
Wird es vermutlich zwischen den Mitarbeitern zu Konflikten kommen, welche Lösung zu bevorzugen ist?

Quelle: in Anlehnung an *Jago*, 1987, S. 937 f.

Endpunkte:
1 — AI, AII, BI, BII, GII
2 — GII
3 — AI, AII, BI, BII, GII
4 — AI, AII, BI, BII
5 — GII
6a — BII
6b — BI, BII
7 — AII, BI, BII
8 — AII, BI, BII, GII, BII
9 — (BII)
10 — BII, GII
11 — GII
12 — BII

Empirie

Quellen für diese sieben Entscheidungsbedingungen waren für die Autoren empirische (v. a. sozialpsychologische) Studien. Bei je zwei möglichen Antworten zu diesen sieben Fragen (ja oder nein) gibt es theoretisch 27 = 128 Problemkonstellationen. 13 von ihnen halten Vroom/Yetton für praktisch von Belang. Welcher dieser *13 Problemtypen* in einer konkreten Entscheidungssituation nun tatsächlich vorliegt, kann mithilfe eines *Entscheidungsbaums* festgestellt werden, den die Autoren als Hilfsinstrument entwickelt haben und der in Abbildung 2-56 wiedergegeben ist.

Entscheidungsregeln

Es gilt nun, für jeden dieser 13 Problemtypen von Entscheidungssituationen diejenige der fünf oben beschriebenen Vorgehensweisen zu finden, die zu einer optimalen Lösung führt. Die Endpunkte in dem Entscheidungsbaum zeigen alle zulässigen Vorgehensweisen an. Ersichtlich sind für sieben Problemtypen mehrere zulässig. Die zulässigen Entscheidungsstile haben die Autoren mittels *sieben Ent-*

6.3 Ausgewählte Personalführungskonzepte

Abb. 2-57

Entscheidungsregeln

1. Informationsregel:
Wenn die Qualität der Entscheidung wichtig ist (A: ja), der Vorgesetzte jedoch nicht genügend Informationen oder Fachkenntnisse hat (B: nein), darf nicht nach A I vorgegangen werden.

2. Ziel-Übereinstimmungs-Regel:
Wenn die Qualität der Entscheidung wichtig ist (A: ja), die Mitarbeiter jedoch die Ziele der Institution nicht teilen (F: nein), so ist G II auszuschließen.

3. Regel für sehr unklare Probleme:
Es gibt Situationen, in denen die Qualität der Entscheidung wichtig ist (A: ja), der Vorgesetzte jedoch nicht genügend Informationen oder Sachkenntnis hat (B: nein), und zudem unklar ist, welche Informationen fehlen bzw. wo fehlende Informationen gefunden werden können (C: nein). Dann müssen Informationen auf möglichst günstige Art von den Mitarbeitern eingeholt werden. Daher entfallen sowohl A I wie auch (weil an Einzelgespräche gebunden) die Stile A II und B I als ineffizient.

4. Akzeptanzregel:
Wenn die Akzeptanz der Entscheidung durch die Mitarbeiter wichtig ist (D: ja), diese eine autokratische Entscheidung vermutlich nicht akzeptieren (E: nein), so scheiden A I und A II aus.

5. Konfliktregel:
Wenn die Akzeptanz der Entscheidung durch die Mitarbeiter wichtig ist (D: ja), eine Alleinentscheidung nicht akzeptiert würde (E: nein), die Mitarbeiter verschiedene Lösungen bevorzugen, die zu Konflikten zwischen ihnen führen werden (G: ja), so fallen die Vorgehensweisen A I, A II und B I aus.

6. Fairnessregel:
Wenn die Entscheidungsqualität unwichtig ist (keiner der möglichen Lösungsvarianten ist aus sachlichen Überlegungen heraus der Vorzug einzuräumen, A: nein), die Akzeptanz aber wichtig ist (D: ja), die Mitarbeiter eine Alleinentscheidung jedoch ablehnen würden (E: nein), so dürfte nicht nach Stilen A I, A II, B I und B II vorgegangen werden; es verbleibt allein G II.

7. Akzeptanz-Vorrang-Regel:
Wenn die Akzeptanz einer Entscheidung wichtig ist (D: ja), die Mitarbeiter eine Alleinentscheidung jedoch nicht annehmen würden (E: nein), die Ziele der Institution jedoch nicht teilen (F: ja), dann sollten A I, A II, B I und B II nicht angewandt werden.

Quelle: in Anlehnung an *Jago*, 1987, S. 939 f.

scheidungsregeln ermittelt, die sie aufgrund von Plausibilitätsüberlegungen entwickelt haben. Von diesen sieben Regeln, die in Abbildung 2-57 aufgeführt sind, dienen die ersten drei der Wahrung der Entscheidungs*qualität*, die restlichen vier der Sicherung der Entscheidungs*akzeptanz*. Qualität und Akzeptanz sind somit im Entscheidungsvorgang berücksichtigte *Effizienzkriterien*.

Um für diejenigen Fälle, für die mehrere zulässige Vorgehensweisen existieren, zu einer *eindeutigen* Endauswahl zu gelangen, haben Vroom/Yetton zwei Modelle (A und B) entwickelt. Modell A fügt als weiteres Effizienzkriterium den Zeitaufwand hinzu. Die hierfür zusätzlich eingebrachte achte Entscheidungsregel fordert von den möglichen Entscheidungsstilen den jeweils autokratischsten zu wählen: In Abbildung 2-57 ist dies der jeweils erstgenannte. Spielt Zeitdruck keine Rolle, empfiehlt Modell B, die jeweils partizipativste Lösung zu wählen. In Abbildung 2-66 ist dies die letztgenannte.

In einer Weiterentwicklung des Modells (vgl. Vroom/Jago, 1974) wurde die Ja/Nein-Dichotomisierung der sieben Fragen zur Situationsdiagnose durch Fünf-

Weiterentwicklung

er-Skalen ersetzt, zwei weitere Situationsfaktoren sind hinzugefügt worden. Sie betreffen (1) die geografische Verteilung der Mitarbeiter und (2) den Zeitdruck des Entscheidenden. Die Konzepte des Entscheidungsbaums und der zulässigen Verhaltensweisen wurden aufgegeben, ebenso die Möglichkeit der Wahl unter den Modellen A und B. An ihre Stelle wurden fünf simultane Gleichungen gesetzt, wodurch das Modell so kompliziert geworden ist, dass ein Design für ein Führungskräfte-Training noch nicht entwickelt werden konnte.

Kritik

An dem oben dargestellten Modell ist mit vielfältigen Argumenten *Kritik* geübt worden (vgl. Neuberger, 2002, S. 507 ff.; Staehle, 1999, S. 861 f.):

▶ Die *Modellkonzeption* wird als zu simpel kritisiert: Die Situationsmerkmale beziehen sich ausschließlich auf die zu treffende Entscheidung. Andere, die reale Führungssituation kennzeichnende Merkmale (z. B. Organisationsstruktur), die den Entscheidungsspielraum ebenfalls beeinflussen können, bleiben unberücksichtigt. Das grundsätzliche Präferieren von Partizipation bzw. das Legitimieren von autoritärem Verhalten bei Zeitdruck vereinfacht das Führungsproblem zu sehr. Die heute allgemein akzeptierten Konzepte der Beziehungs- und Aufgabenorientierung finden im Modell keinen Niederschlag. Kriterien für den Führungserfolg sind die Qualität und die Akzeptanz der Entscheidung; sozialpsychologische Effizienzkriterien bleiben unbeachtet.

▶ Das Infragestellen der *Gültigkeit des Modells* ist gleichbedeutend mit Zweifeln, ob mit seiner Hilfe in der Führungspraxis tatsächlich Entscheidungen erfolgreich getroffen werden können: Empirische Untersuchungen zur Validität sind ihrerseits methodisch kritisiert worden.

▶ Bezüglich der *Praxisrelevanz* wird bemängelt, dass die Modellhandhabung schwierig und zeitaufwändig sei, das Wissen um den richtigen Entscheidungsstil nicht identisch sei mit der Fähigkeit, ihn zu praktizieren, das Modell für Ausbildungszwecke besser geeignet sei als zur umfassenden Erklärung des komplexen Phänomens Führung.

6.3.5 Situatives Führungsmodell von Hersey/Blanchard

Basis des situativen Führungsmodells von Hersey/Blanchard (1977) ist das Drei-D-Konzept von Reddin. Die beiden Autoren unterscheiden vier Führungsstile und zwar als Kombinationen unterschiedlicher Ausprägungen der beiden Verhaltensdimensionen Aufgaben- und Personenorientierung (vgl. die vier Quadranten in Abbildung 2-58).

Glockenkurve

Die Autoren machen die Wahl einer »effektiven« Führung davon abhängig, wie der von ihnen hervorgehobene Situationsfaktor »Reifegrad der Mitarbeiter« beschaffen ist. Sie unterscheiden *vier Reifestadien* (M 1 bis M 4 in Abbildung 2-58) und ordnen ihnen die vier Führungsstile zu. Bei sehr »unreifen« Mitarbeitern (M 1) führt die Anwendung autoritärer Führung zu höherer Effektivität (i. S. v. institutioneller Zielerreichung, wobei die Zielinhalte beliebig bestimmt werden können). Zunehmende Reife der Mitarbeiter (M 2, M 3) macht Aufgabenorientierung immer entbehrlicher, Personenorientierung umso wichtiger, bis im höchsten Reifestadium M 4 Delegation, d. h. weitgehende Selbstständigkeit der »Geführten« angebracht ist. Die

Ausgewählte Personalführungskonzepte 6.3

Abb. 2-58

Situatives Führungsmodell von Hersey/Blanchard

	S3 Partizipativ (»Partizipating«)	S2 Integrierend (»Selling«)
Personenorientierung (Hoch ↔ Niedrig)	S4	S1
	Delegierend (»Delegating«)	Autoritär (»Telling«)

Niedrig ← Aufgabenorientierung → Hoch

Reifegrad des Mitarbeiters

Hoch	Mittel	Niedrig
M 4	M 3 M 2	M 1

Quelle: in enger Anlehnung an *Hersey/Blanchard*, 1977, S. 194

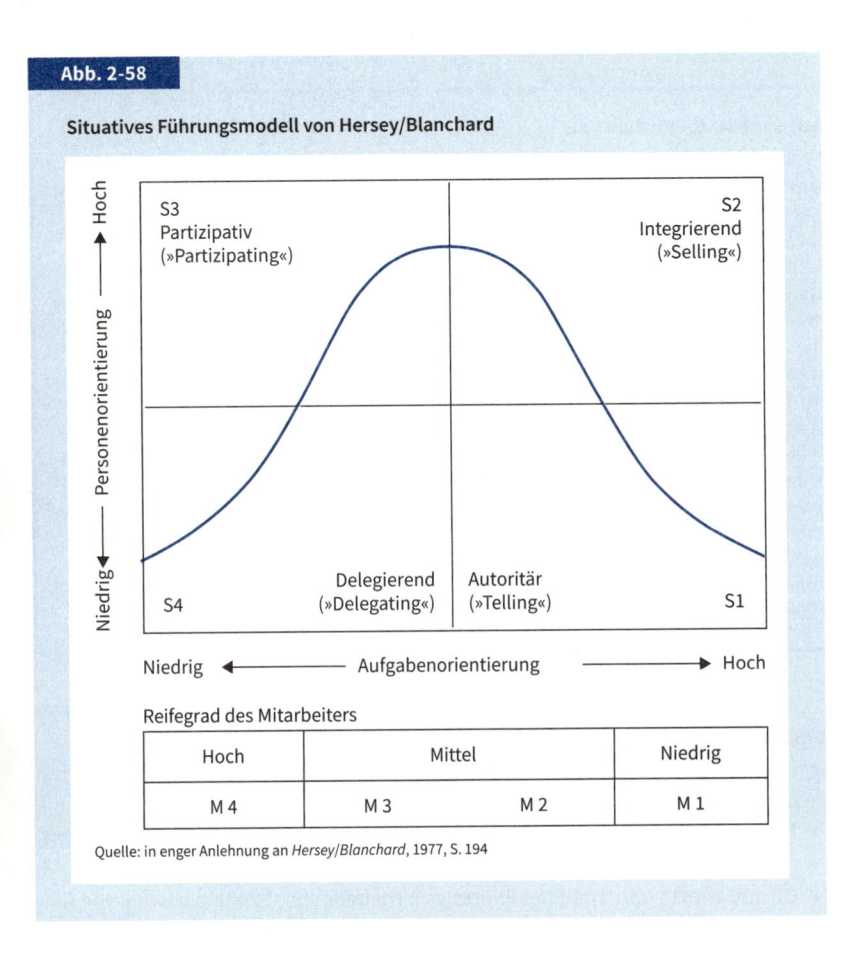

Glockenkurve veranschaulicht die empfohlene Verknüpfung zwischen Reifegrad und Führungsstil (normative Komponente).

Für die »Reife« werden – immer in Relation zur gestellten Aufgabe gesehen – die beiden Kategorien »*Funktionsreife*« (Faktoren des Könnens) und »*psychologische Reife*« (Faktoren des Wollens). Die vier Reifestadien sind wie folgt gekennzeichnet:
M 1 = geringe Reife (Motivation, Wissen und Fähigkeiten fehlen),
M 2 = geringe bis mäßige Reife (Motivation, aber fehlende Fähigkeiten),
M 3 = mäßige bis hohe Reife (Fähigkeiten, aber fehlende Motivation),
M 4 = hohe Reife (Motivation, Wissen und Fähigkeiten vorhanden).
Um stets höchsten Führungserfolg zu erreichen, müsste ein Vorgesetzter einen dem vorliegenden Reifegrad seiner Mitarbeiter jeweils entsprechenden Führungsstil praktizieren. Zudem soll er nach Hersey/Blanchard mithilfe von gezielter Belohnung und Förderung Personalentwicklung betreiben und den Reifegrad seiner Mitarbeiter kontinuierlich erhöhen. Damit soll der Vorgesetzte nicht nur passiv auf die Qualifikationen seiner Mitarbeiter *reagieren*, sondern sie *aktiv* beeinflussen. Auch dies sind *normative* Aussagen zum Führungsverhalten.

Reifestadien

6.4 Personalführung
Dilemmata der Führung

> **ZUR VERTIEFUNG**
>
> **Idiosynkrasiekreditmodell der Mitarbeiterführung**
>
> Das Idiosynkrasiekreditmodell von Hollander zählt zu den Theorien der Mitarbeiterführung. Aufbauend auf den Austauschtheorien untersucht es die Beziehung von Führern und Geführten und zwar speziell die Wahrnehmung des Führers von Seiten der Geführten und dessen Einfluss auf die Durchsetzung von Innovationsprozessen. Diese Wahrnehmung wird von zwei Hauptfaktoren bestimmt: der Kompetenz des Führers, die als »Beitrag zur Hauptaufgabe der Gruppe« definiert wird, sowie der Konformität des Führers, sprich inwiefern die Person des Führers »Zeichen der Loyalität zur Gruppennorm« zeigt. Je größer die wahrgenommenen Vorteile sind, die die Geführten von der Führungsperson haben, desto eher sind sie bereit, Anweisungen entgegenzunehmen, der Führungsperson Status und Wertschätzung zuzubilligen oder auch bei Veränderungen bzw. innovativen Prozessen »mitzuziehen«. So wird der paradoxe Zustand umschrieben, dass, um Veränderungen zu bewirken, ein Führer sich erst einmal ein sogenanntes »Akzeptanzkapital« erarbeiten muss, welches wiederum durch das Gegenteil von Innovation, nämlich Konformität mit Gruppennormen, erkauft wird. Homans hat diesen Prozess mit der Feststellung zusammengefasst, dass Einfluss über andere Personen um den Preis erworben wird, das eigene Selbst von anderen Personen beeinflussen zu lassen. Hieraus lassen sich nun eine Reihe von weiteren Aussagen ableiten, beispielsweise dass frühe Konformität höhere Toleranz gegen spätere Non-Konformität, sprich Neuerungen, zulässt etc. Wichtig an diesem Führungsmodell ist die Auseinandersetzung mit dem dynamischen Aspekt der Führung (Bewirken von Veränderung durch die Entwicklung der Führer-Anhänger-Beziehung) sowie die Betonung der Rolle der Geführten innerhalb des Führungsprozesses. Das Idiosynkrasiekreditmodell hat jedoch keinen normativen, sondern lediglich deskriptiven Charakter (vgl. Hollander, 1987; Weibler, 2012).

Kritik

Auch gegenüber diesem Modell sind gleichwohl kritische Anmerkungen angebracht:
- Die Autoren reduzieren die Situationsfaktoren auf einen einzigen: den Reifegrad der Mitarbeiter.
- Effektivität der Führung wird nicht inhaltlich, sondern lediglich formal definiert, und zwar als situationsadäquat richtiges Vorgesetztenverhalten.
- Ob und wie die Varianten des Führungsverhaltens, also Kombinationen von Aufgaben- und Personenorientierung auch tatsächlich praktiziert werden können, wird nicht näher diskutiert. Allerdings haben Hersey und Keilty (1980) später ein auf den Kommunikationsprozess zwischen Vorgesetzten und Mitarbeiter ausgerichtetes Trainingsprogramm entwickelt.
- Auch die Validität der Ergebnisse und die Praxistauglichkeit sind sehr umstritten.

6.4 Dilemmata der Führung

»Den Charakter eines Menschen erkennt man dann, wenn er Vorgesetzter geworden ist.«
Erich Maria Remarque

Die Zeit, in der die Führung von Mitarbeitern eine der vielen Aufgaben von Linienvorgesetzten war, ist vorbei. Linienvorgesetzte sind zentrale Personalverantwortliche und erste Ansprechpartner des ihnen zugeordneten Personals. Ihre erste Aufgabe als Führungskraft ist die Personalführung verbunden mit den damit notwendigen direkten wie indirekten Vorgehensweisen (v. a. Planung, Kontrolle, Organisation, Information). Dies hat auch Auswirkungen auf die Stellenbesetzungen, bei denen in Folge neben den Qualifikationen für die Erfüllung der Sachaufgaben auch solche für die Personalführung geprüft werden müss(t)en. Dies hat des Weiteren

6.4 Dilemmata der Führung

Auswirkungen auf die Personalentwicklung, die Nachwuchskräfte unterschiedlicher Provenienz rechtzeitig auf die Übernahme einer solchen Personalverantwortung für die Mitarbeiterführung und die Systemhandhabung vorbereiten – sowie später als Führungskraft auch bei der Umsetzung unterstützend begleiten – müss(t)en. Dabei bleibt zu berücksichtigen, dass Personalführung selten zu den Inhalten gleich welchen Ausbildungswegs (Studium oder Berufsausbildung; Betriebswirtschaft, Rechtswissenschaft, Medizin, Ingenieurwesen u. a.) zählt. Und wenn, dann handelt es sich beispielsweise beim Studium sehr oft um Wahl-Pflicht-Fächer (mit Abwahlmodus) und einem Umfang von ein bis zwei Vorlesungen im gesamten Zeitraum des Studiums. Mit anderen Worten: Führungskräfte sind selten auf diese Aufgabe vorbereitet. Und dies, obwohl gerade die Personalführung ein kritischer Erfolgsfaktor fast jeden Betriebes ist (s. Teil 1, Kap. 2).

Es gibt eine Fülle von situationalen, sozio-kulturellen, persönlichkeitsspezifischen und anderen Bedingungen, die dafür maßgebend sind, dass Bestimmungsfaktoren für das Zustandekommen menschlicher Leistungen in verschiedenen Betrieben unterschiedliche Ausprägungen annehmen. Andererseits aber gibt es auch eine Reihe von wichtigen Merkmalen, die für eine Vielzahl von Betrieben in gleichem Maße zutrifft. Sie sind im Folgenden herauszuarbeiten, um eine Ausgangsbasis für den Grundansatz des Buches zu schaffen. Situationsspezifische Sonderheiten sollen dabei allerdings nicht gänzlich außer Betracht bleiben.

> Mitarbeiterführung als Zusatz- und nicht als Hauptaufgabe!?

Diese und andere »neue« Aufgaben von Führungskräften, aber auch der Sachverhalt, dass durch Individualisierungs- und Flexibilisierungstendenzen Führungsbeziehungen und Motivationsproblematiken im Allgemeinen komplexer geworden sind, führen zu »erhöhten« Anforderungen an Führungskräfte.

> »Gute Führungskräfte sind auch in puncto Höflichkeit führend.«
> Samuel Brunner

Um so kritischer ist es, wenn man im Gespräch mit Führungskräften immer wieder feststellt, dass Mitarbeiterführung nicht selten als Angelegenheit angesehen wird, die neben dem »eigentlichen Geschäft« wie dem Controlling oder dem Vertrieb, miterledigt wird. Dabei war die Führung von Mitarbeitern immer schon eine

---

WISSENSWERTES

Qualität der Mitarbeiterführung

Ein vielfach geäußertes Problem in Betrieben stellt die Mitarbeiterführung dar. Seit Jahren wird gerade von Personalern immer wieder geklagt, dass der »durchschnittliche« Vorgesetzte kaum dazu in der Lage ist, angemessen Mitarbeiterführung zu praktizieren. Es fehle am Können und oft am Wollen der Führungskräfte; von vielen würde Mitarbeiterführung als lästiges Übel verstanden, ein Übel, das von der eigentlichen Fachaufgabe ablenkt! Insgesamt gesehen wäre dies kein Wunder: Die Vorgesetztenfunktion ist in so gut wie keinem Bildungsgang als Qualifizierungsinhalt vorgesehen – und wenn, dann nur am Rand. Fach- und andere Methodenkompetenzen stehen im Vordergrund. Erst dann, wenn man sich fachlich zufriedenstellend in Betrieben bewiesen hat, stehen Führungstätigkeiten an. Dann beginnt – aber nicht immer – eine entsprechende Weiterqualifizierung z. B. durch das eine oder andere Drei-Tages-Seminar bis hin zu Coaching-Angeboten. Die Arbeitsbedingungen lassen es dabei zeitlich kaum zu, dass Vorgesetzte sich für die Führungstätigkeiten qualifizieren können. Oft lassen sie es auch kaum zu, diese auszuüben. Die zugeteilte Arbeitslast ist enorm, weil die Kontrollspannen groß sind, die zugeteilten Mitarbeiter nicht ausreichend selbstständig arbeiten ... Wie bedeutend die Problematik ist, zeigt im Übrigen der Medienmarkt. Eine Vielzahl an Bestsellern ist publiziert worden, die eine schlechte Mitarbeiterführung anzeigen (vgl. Werle, 2005; Münk, 2006; Babiak/Haare, 2007; Sutton, 2008 et al.).

6.4 Personalführung
Dilemmata der Führung

»anspruchsvolle« Aufgabe. Nicht zuletzt deshalb, weil Führende nicht völlig autonom handeln können, sondern unterschiedlichen Beeinflussungen und Zwängen ausgesetzt sind. Dies alles stellt sie vor verschiedene Dilemmata, im Sinne letztlich selten befriedigend lösbarer Rollenkonflikte als Vorgesetzte. Führungskräfte können ihr Führungsverhalten häufig nicht frei wählen, sind quasi in Zwangssituationen und befinden sich von daher in Dilemmata zwischen divergierenden Zielen und Werten, zwischen Verstand und Gefühl. Neuberger (2002, S. 337 ff.) hat 14, dieser letztlich nie ganz aufzulösenden *Dilemmata* beschrieben. Nachfolgend sind die bemerkenswertesten skizziert:

Mittel oder Zweck?

▸ *Objekt und Subjekt.* Soll der Vorgesetzte den Mitarbeiter als Mittel oder Zweck, als Kostenfaktor (Einsatzgröße, Leistungsträger, Stelleninhaber, Instrument) oder als Mitmenschen und Partner betrachten? Soll er ihn verplanen, berechnen, gängeln, fremdbestimmen oder ihm Entscheidungsfreiheit, Eigeninitiative und Selbstbestimmung zuerkennen? Es ist zweifelhaft, ob unter den in westlichen Industrienationen gültigen Bedingungen (Arbeitsteilung, Zielvorgabe, Mittelknappheit, Kooperationssicherung, Rechtfertigungsdruck) einer der beiden Pole vernachlässigt werden kann, wenn die wichtigsten Systemwirkungen gewährleistet sein sollen.

Individualität

▸ *Einzigartigkeit und Gleichartigkeit.* Jeder Vorgesetzte hat es mit Menschen zu tun, von denen keiner dem anderen gleicht. Er hat diese Individualität zu respektieren, zu fördern und eventuell sogar zu nutzen. Er wird mit Einfühlungsvermögen auf die Besonderheiten des Einzelfalls einzugehen und die Würde des »ganzen« Menschen zu achten haben. Andererseits aber steht in Betrieben die Arbeitskraft, die für aufgabenbezogene Leistungen benötigt wird, im Mittelpunkt des Interesses: Man hat Arbeitskräfte gerufen, aber Menschen sind gekommen.

▸ *Bewahrung und Veränderung.* Für abgestimmtes Handeln in Betrieben muss man sich aufeinander verlassen und aus der Gegenwart in die Zukunft extrapolieren können. Dies bedeutet, dass handlungsbestimmende Regeln, Werte, Einstellungen, Strukturen erhalten und verankert werden müssen. Konstanz, Stabilität, Tradition schaffen Verhaltenssicherheit und Transparenz – aber sie gefährden dann Bestand und Entwicklung, wenn Menschen und Umwelten sich ändern und das Festhalten am Bewährten zur Verkrustung führt. Deshalb ist es gleichzeitige Aufgabe des Vorgesetzten zu erneuern, Veränderungen auch gegen Widerstand durchzusetzen und Entwicklungen einzuleiten, die Bestehendes entwerten.

Zufriedenheit

▸ *Herausforderung und Fürsorge.* Ein strategisches Ziel von Personalführung ist Zufriedenheit der Mitarbeiter und ihre Bedürfnisbefriedigung. Wenn Zufriedenheit jedoch den Beigeschmack von Sattheit, Sich-Zufrieden-Geben und Sich-Abfinden bekommt, dann ist es auch Führungsaufgabe, herauszufordern, zu belasten, vorübergehend unzufrieden zu machen. Damit ist bessere Gewähr gegeben, dass Mitarbeiter auch Innovationen ersinnen, Risiken eingehen, »zu neuen Ufern aufbrechen«.

»Fassade?«

▸ *Zurückhaltung und Offenheit.* Eines der prinzipiellen Ziele der Personalentwicklung ist es, unnötige Fassaden abzubauen und die Beteiligten in die Lage zu versetzen, authentisch, frei und offen miteinander zu reden. Für den Vorgesetzten

Dilemmata der Führung 6.4

kann dies bedeuten, eigene Unwissenheit, Ratlosigkeit und Ängste zuzugeben. Er soll die ohnehin meist löcherige Maske des Starken, Allwissenden, Unfehlbaren ablegen und ein spontanes, ungekünsteltes und partnerschaftliches Verhältnis zu seinen Mitarbeitern herstellen. Auf der anderen Seite läuft er dabei Gefahr, sich auszuliefern, erpressbar zu werden und – weil er den verbreiteten Kult der heroischen Selbstdarstellung nicht mitmacht – abgewertet zu werden. Hinzu kommt, dass Offenheit wie Verbergen Tauschgeschäfte sind: Wer viel gibt, bekommt viel vom gleichen. Es kann auch belastend sein, Privates oder zu viel Privates von Mitarbeitern zu erfahren.

- *Einzelverantwortung und Gesamtverantwortung.* Insbesondere bei der Verwirklichung des Delegationsprinzips wird unterstellt, der Mitarbeiter sei für die übertragenen Aufgaben selbst voll verantwortlich; der Vorgesetzte habe lediglich die Führungsverantwortung. In der Praxis lässt sich eine derart Trennung nicht immer vollziehen; zumindest kann sie problematisch werden. Dies jedenfalls dann, wenn der Vorgesetzte (zumindest indirekt und langfristig) für ein Versagen seiner Mitarbeiter zur Rechenschaft gezogen wird. Häufig wird wenigstens erwartet, dass er sich für alle zu seinem Bereich gehörigen Entwicklungen und Ergebnisse verantwortlich fühlt. — Verantwortung

- *Kontrolle und Vertrauen.* Diese plakative Gegenüberstellung ist so nicht ganz korrekt; sie müsste entweder heißen: »Misstrauen und Vertrauen« oder besser: »Kontrolle und Selbstständigkeit«. Gemeint ist: Ein Vorgesetzter prüft im Vertrauen auf Fähigkeiten, Einsatz und Loyalität seiner Mitarbeiter lediglich die vor- — Vertrauen

WISSENSWERTES

Informationsasymmetrien

In jedem Führungsverhältnis – und darüber hinaus auch in anderen zwischenmenschlichen Situationen nicht nur am Arbeitsplatz lassen sich sogenannte Informationsasymmetrien postulieren, das heißt: Die Kenntnisse über für die Situation relevante Informationen sind ungleich zwischen Vorgesetzten (Prinzipal) und Nachgeordneten (Agent) verteilt. (Der Neuen Institutionenökonomie gebührt das Verdienst darauf vehement hingewiesen zu haben.) Solche Asymmetrien liegen in *unterschiedlichen Bereichen* vor (vgl. Jost, 2008, S. 474 ff.):

- Der Principal kann das Agentenverhalten aufgrund mangelnder Fachkenntnisse nicht beurteilen (»hidden information«) oder aus praktischen Gründen nicht beobachten (»hidden action«).
Er kennt das Ergebnis, weiß aber nicht, welcher Anteil daran dem Agenten zuzuschreiben ist. Hier besteht prinzipiell die Gefahr des »moral hazard«. (Ein Agent verfällt sich unmoralisch zu Lasten des Betriebs/Prinzipals.)
- Mit »hidden characteristics« sind unveränderbare Eigenschaften des Agenten oder der von ihm angebotenen Güter und Dienstleistungen angesprochen. Diese bleiben dem Prinzipal ex ante vor Vertragsschluss aktiv verborgen. Hierdurch besteht die Gefahr der adversen Selektion (Risikos der Auswahl unerwünschter Agenten bzw. Mitarbeiter).
- Beim sogenannten »hidden intention« weiß der Prinzipal ex ante nicht, welche Motive der Agent tatsächlich verfolgt. Er gerät dadurch möglicherweise in ein Abhängigkeitsverhältnis, wenn er ex post den Agenten nicht zu einem interessenkonformen Verhalten bewegen kann. Es besteht die Gefahr des »hold up« (Ausbeutungsrisiko).

So hilfreich die Pointierung dieser möglichen, oft vorliegenden Informationsasymmetrien auch für die wissenschaftliche wie praxisbezogenen Auseinandersetzung ist, sie werden im Alltag von Betrieben nicht prinzipiell zu Lasten des Partners ausgenutzt. (Über die Wahrscheinlichkeit des Ausnutzens kann man nur spekulieren, da auch hier wiederum situationsspezifische Bedingungen sowie das Verhalten der jeweils anderen Partei starken Einfluss ausüben.)

6.4 Personalführung
Dilemmata der Führung

gelegten Ergebnisse, ansonsten aber führt er Kontrollen nur auf Wunsch des Mitarbeiters zu dessen Entlastung und Beratung durch. Dieses Vorgehen setzt selbstständige, kompetente und verlässliche Mitarbeiter voraus, die sich selbst koordinieren oder vereinbarte Pläne zuverlässig einhalten. Solche Bedingungen sind für viele Vorgesetzte eine Utopie, weshalb sie häufiger und eingehender kontrollieren.

▸ *Eigennutz und Gemeinnutz*. Diese oft zum Entweder-Oder stilisierten Handlungsmotive bezeichnen – auf die unmittelbare Situation des Vorgesetzten angewandt – die polare Spannung zwischen egoistischer Vorteilssicherung und selbstlosem Beitrag für das Ganze.

»Misstrauen ist ein Zeichen von Schwäche.«
Mahatma Gandhi

Jedes Führungshandeln ist ein spezifisches Ergebnis von individuellen Versuchen, mit diesen Dilemmata fertig zu werden. Die Dilemmata sind ein Teil der Umweltkomplexität, die insgesamt im Grunde unüberschaubar ist. In ihr kann nur handeln, wer diese Komplexität reduziert. Das beginnt in den Wahrnehmungen (z. B. des Agierens eines Mitarbeiters), setzt sich in der Interpretation dieser Wahrnehmungen fort (Urteilsbildung über den Mitarbeiter: Attribuierungsprozesse) und endet vorläufig in einer Reaktion: Führungshandeln.

WIEDERHOLUNGSFRAGEN ZU KAPITEL 6

1. Welche Grundprobleme der Mitarbeiterführung existieren?
2. Welche Richtungen der Mitarbeiterführung gibt es und warum sind diese wichtig?
3. Was ist der Unterschied zwischen direkter und indirekter Führung?
4. Welche Kategorien der Führungseffizienz kann man unterscheiden?
5. Differenzieren Sie die Begriffe »Führungsverhalten« und »Führungsstil«.
6. Welche Führungsstile unterscheiden die IOWA-Studies?
7. Skizzieren Sie die Darstellung von Führungsstilen nach Tannenbaum/Schmidt.
8. Wodurch sind zweidimensionale Führungsstile gekennzeichnet?
9. Was ist der Unterschied von transaktionalen und transformationalen Führungsstilen?
10. Was leisten Führungstheorien?
11. Welchen Ansatz verfolgen die Eigenschaftstheorien der Führung?
12. Skizzieren Sie die Vorgehensweise und die Hauptaussagen des Kontingenzmodells von Fiedler.
13. Womit beschäftigen sich Attributionstheorien der Führung?
14. Skizzieren Sie die zentralen Inhalte der Attributionstheorie der Führung nach Mitchell.

15. Was ist der zentrale Gedanke von Situationstheorien der Führung?
16. Was besagt der Ansatz von Türk?
17. Welche Erkenntnisse liefern die Studien von Kerr et al. zur Theorie der Führungssubstitution?
18. Was schlägt Wunderer als Gegenthese zur Führungssubstitution vor und warum?
19. Welche Dimension des Verhaltens nehmen Blake und Mouton in ihr Verhaltensgitter auf und welche Verhaltensweisen sind daraus abzuleiten?
20. Welche vier Führungsstile unterscheiden Hersey/Blanchard in ihrem situativen Führungsmodell, abhängig von welchen Verhaltensdimensionen?
21. Was ist unter den »Dilemmata der Führung« zu verstehen?

Teil 3

Primäre Personal-Managementsysteme

1 Informatorische Fundierung (Betriebliche Personalforschung)

> **LEITFRAGEN**
>
> **Notwendigkeit**
> - Warum ist eine informatorische Fundierung im Sinne einer betrieblichen Personalforschung sinnvoll?
> - Warum beschäftigt man sich mit der Erforschung der Arbeitsbeziehungen?
>
> **Bereiche**
> - Wie segmentiert man die Belegschaft und warum eigentlich?
> - Welche Bereiche bzw. Aufgabenfelder sind idealtypischerweise zu analysieren?
> - Welche Zusammenhänge bestehen zwischen den Aufgabenfeldern der Personalforschung und den anderen Personalteilsystemen?
> - Welche Instrumente können im Rahmen der Arbeitsmarktforschung (wozu) eingesetzt werden?
> - Wie sieht ein idealtypischer Ablauf der Arbeitsforschung aus?
> - Was sind »Qualifikationen« und »Eignungen« und wie werden sie im Kontext der Qualifikations- und Eignungsforschung erfasst?
> - Was wird mit den einzelnen Komponenten der Personalbedarfsbestimmung bezweckt?
> - Auf welche Objekte bezieht sich die Evaluationsforschung?
>
> **Zuständigkeit**
> - Wer ist für welche Aufgabengebiete zuständig?

Was macht ein Personalverantwortlicher ohne nähere Informationen über die Qualifikationen der Bewerber? Welche Bemessungsgrundlagen werden sinnvollerweise für variable Entgeltsysteme im Produktionsbereich verwendet? Wer sind die Leistungsträger eines Betriebs? Welche Anforderungen gehen von einer neu eingerichteten Stelle aus? Welche Karrieremöglichkeiten bieten sich einem Mitarbeiter an? Welches Personalauswahlinstrument bietet eine akzeptable, effiziente wie effektive Lösung an? Welche Weiterbildungsmaßnahmen der Vergangenheit waren effektiv? ...

Solche und viele andere ähnliche Fragen lassen sich ohne Information über die genannten Objekte allenfalls zufällig treffend beantworten. Informationen an sich reichen aber nicht. Sie können willkürlich gesammelt sein, zufällig zur

1.1 Informatorische Fundierung (Betriebliche Personalforschung)
Begriff und Konzept

Verfügung stehen, in ihrer Qualität (Genauigkeit, Vollständigkeit, Variabilität) unterschiedlich sein, lückenhaft sein und Ähnliches. Es gibt Situationen, in denen man keine andere Chance hat, mit diesen Informationsmängeln umzugehen, und dennoch eine gestellte Frage beantworten zu müssen. Solche Situationen sind nicht selten und sie werden – zumindest in Anbetracht des vorliegenden Zwangs – oft auch zufriedenstellend angegangen. Dennoch: Weitgehend vollständige Informationen zum Zeitpunkt der Entscheidung – oder zumindest eine Vielzahl an validen Informationen – würden die Entscheidungsqualität verbessern. Um dies herbeizuführen, bedarf es einer prinzipiell systematischen Informationssuche und -verarbeitung. Diese ist vorab zu strukturieren und umzusetzen.

Bei einer solchen informatorischen Fundierung handelt es sich keineswegs um eine wissenschaftliche Personalforschung, die – durchgeführt durch Wissenschaftler – mit einem ganz anderen Erkenntnisinteresse und anderen Anforderungen stattfindet. Nicht, dass die betriebliche Personalforschung nicht mit wissenschaftlichen Erkenntnissen und Methoden zu tun hat; diese inspirieren, leiten an, helfen gegebenenfalls zu interpretieren, aber: mehr nicht.

Es liegt auf der Hand, dass man im Regelfall keine Extra-Forscher beschäftigen muss, um eine solche betriebliche Personalforschung zu betreiben. Vieles wird direkt durch unmittelbare Vorgesetzte und die normale Arbeit von Mitarbeitern des Personalbereichs umzusetzen sein – angeleitet durch Instrumente, Rollenzuweisungen und Zeitpläne.

Im vorliegenden Kapitel werden nun sowohl die einzelnen Teilbereiche der Personalforschung mit ihren Inhalten und anzuwendenden Methoden ebenso dargestellt wie der Verwendungszusammenhang zu den Personalaufgaben.

1.1 Begriff und Konzept

Informatorisches Fundament

Personalbezogene Aktivitäten eines Betriebes werden im betrieblichen Entscheidungsprozess festgelegt. Dieser Prozess der Gewinnung, Verarbeitung und Bewertung von erhebbaren, zulässigen und sinnvollen Informationen ist in seiner Güte vor allem determiniert durch die verwendete Informationsbasis. Aufgrund begrenzter Ressourcen und oft auch fehlendem Verständnis stehen den Personalverantwortlichen zum Entscheidungszeitpunkt aber nur selten alle entscheidungsrelevanten Informationen zur Verfügung. Dies kann eine Gefährdung erfolgreicher Personalarbeit und die Fehlallokation von Ressourcen bei der Suche, dem Aufbau und der Pflege eines Mitarbeiterpools zur Folge haben. Daher gilt es, durch systematische Erhebung entscheidungsrelevanter Informationen »optimale« Entscheidungsprozesse zu fördern. Die betriebliche Personalforschung (synonym: informatorische Fundierung der Personalarbeit) stellt hierzu das Fundament zur Verfügung (vgl. Becker, F.G./Martin, 1993).

1.1 Begriff und Konzept

> Ein *Zielbezug*, konstitutives Merkmal von Betrieben wie des Personal-Managements, dominiert auch die informatorische Fundierung: Diese ist insofern unbedingt auf die Gewinnung und Verarbeitung solcher Informationen zu richten, die vermutlich zielführend für die effiziente und effektive Bearbeitung von sinnvollen Personalaufgaben sind.

Die Verantwortung für die Arbeitsmarktforschung liegt konzeptionell bei der Personalleitung. Auch die Auswahl und/oder Entwicklung sowie der Einsatz der verschiedenen Instrumente liegt in ihrem Aufgaben- wie Verantwortungsbereich, auch wenn diese von nachgeordneten Personalern oder externen Personen eingesetzt werden. — *Verantwortung*

Für personalwirtschaftliche Entscheidungen ist eine problemadäquate Informationsbasis zu erarbeiten. Dabei werden bei der betrieblichen Personalforschung folgende Ziele verfolgt: — *Ziele*
- Ermittlung personalwirtschaftlicher Problemstellungen (Chancen und Risiken),
- Gewinnung und Analyse von Informationen zur Durchführung aller Personalaufgaben,
- Prognose voraussichtlicher Folgen personalwirtschaftlicher Maßnahmen und
- Bewertung personalwirtschaftlicher Handlungen und Systeme.

Verschiedene *Aufgabenbereiche* der betrieblichen Personalforschung können differenziert werden (vgl. auch Martin, 1994; Drumm, 2008; Matiaske, 2004; Nienhüser/Krins, 2005). Sie stellen jeweils den Ausgangspunkt der informatorischen Fundierung wie auch personalwirtschaftlicher Entscheidungen dar. Ein einheitliches Verständnis der Personalforschung liegt allerdings nicht vor: Die Objekte zur Fundierung personalwirtschaftlicher Entscheidungsprozesse sind vor allem in der Breite vielfältig. Sie reichen von individuellen Qualifikationsmerkmalen über Kontrollaspekte bis hin zum Humanvermögen eines Betriebs. In der Regel werden nur einzelne Objekte unter dem Stichwort »Personalforschung« behandelt. Dies wird der informatorischen Bedeutung der Personalarbeit in seiner Breite nicht gerecht. Es bedarf einer problembezogenen breiten Auffassung. Mittels einer systematischen, entscheidungs- und objektorientierten Kategorisierung lassen sich sechs Objektbereiche differenzieren (vgl. Abbildung 3-1). — *Ausgangspunkt*

> Entsprechend lässt sich definieren: Bei der betrieblichen Personalforschung (bzw. informatorischen Fundierung der Personalarbeit) handelt es sich um eine wissenschaftlich gestützte, im Wesentlichen systematische Informationsgewinnung und -verarbeitung im Bereich des Personal-Managements, vor allem über Personen (Mitarbeiter und Bewerber), Arbeitsplätze und -situationen, Arbeitsmärkte, Arbeitsbeziehungen, Personalbedarf sowie die Personalarbeit selbst durch betriebliche Stellen bzw. in deren Auftrag zur zielbezogenen Fundierung personalwirtschaftlicher Entscheidungen. — *Definition*

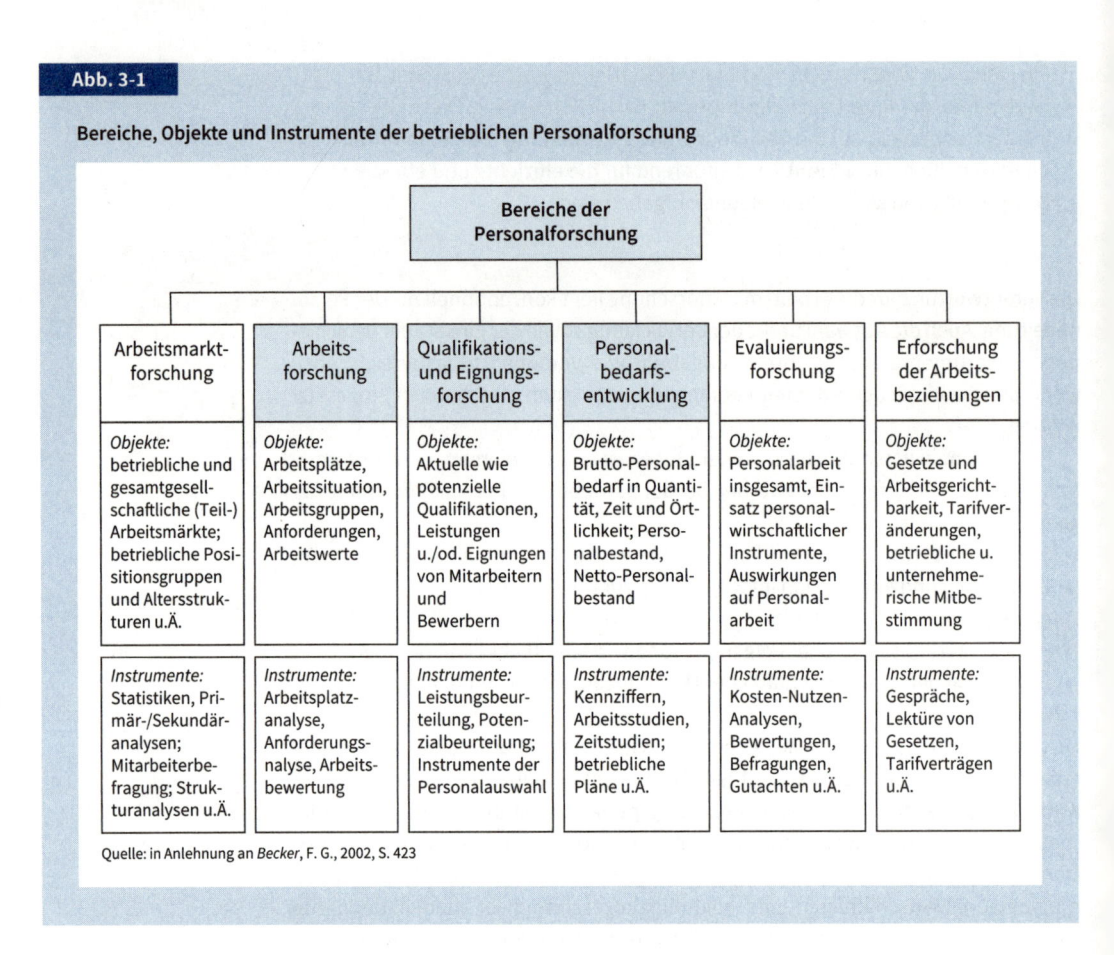

1.1 Informatorische Fundierung (Betriebliche Personalforschung)
Begriff und Konzept

Abb. 3-1

Bereiche, Objekte und Instrumente der betrieblichen Personalforschung

	Bereiche der Personalforschung				
Arbeitsmarkt-forschung	**Arbeits-forschung**	**Qualifikations- und Eignungs-forschung**	**Personal-bedarfs-entwicklung**	**Evaluierungs-forschung**	**Erforschung der Arbeits-beziehungen**
Objekte: betriebliche und gesamtgesell-schaftliche (Teil-)Arbeitsmärkte; betriebliche Positionsgruppen und Altersstrukturen u.Ä.	*Objekte:* Arbeitsplätze, Arbeitssituation, Arbeitsgruppen, Anforderungen, Arbeitswerte	*Objekte:* Aktuelle wie potenzielle Qualifikationen, Leistungen u./od. Eignungen von Mitarbeitern und Bewerbern	*Objekte:* Brutto-Personal-bedarf in Quantität, Zeit und Örtlichkeit; Personalbestand, Netto-Personal-bestand	*Objekte:* Personalarbeit insgesamt, Einsatz personal-wirtschaftlicher Instrumente, Auswirkungen auf Personalarbeit	*Objekte:* Gesetze und Arbeitsgericht-barkeit, Tarifver-änderungen, betriebliche u. unternehme-rische Mitbe-stimmung
Instrumente: Statistiken, Pri-mär-/Sekundär-analysen; Mitarbeiterbe-fragung; Struk-turanalysen u.Ä.	*Instrumente:* Arbeitsplatz-analyse, Anforderungs-analyse, Arbeits-bewertung	*Instrumente:* Leistungsbeur-teilung, Poten-zialbeurteilung; Instrumente der Personalauswahl	*Instrumente:* Kennziffern, Arbeitsstudien, Zeitstudien; betriebliche Pläne u.Ä.	*Instrumente:* Kosten-Nutzen-Analysen, Bewertungen, Befragungen, Gutachten u.Ä.	*Instrumente:* Gespräche, Lektüre von Gesetzen, Tarifverträgen u.Ä.

Quelle: in Anlehnung an *Becker*, F. G., 2002, S. 423

Wissenschaftliche ≠ betriebliche Personal-forschung

Die Unterschiede zwischen betrieblicher und *wissenschaftlicher Personalforschung* liegen im Erkenntnisinteresse und oft im Erkenntnisobjekt. Die wissenschaftliche Personalforschung geschieht durch Wissenschaftler im eigenen Auftrag und ist hauptsächlich Grundlagenforschung (i. S. relativ allgemeiner, weitreichender, oft abstrakter Fragestellungen). Für die *betriebliche Personalforschung* besteht dagegen ein eindeutiger Interessenbezug. Diese informatorische Fundierung ist auf die Anforderungen eines Betriebes sowie zur Verbesserung von Effektivität und Effizienz konzipiert, kann durch interne wie externe Forscher respektive Personen durchgeführt werden und sollte nicht im wissenschaftsfreien Raum verlaufen. Leitbilder wie das Postulat theoriegeleiteter Forschung, Interdisziplinarität und Seriosität gepaart mit Pragmatismus helfen, sinnvolle Informationen zu beschaffen.

Zuständigkeiten

Von den sechs angeführten Bereichen fallen die Arbeitsmarktforschung im Wesentlichen sowie die Evaluierungsforschung und die Erforschung der Arbeitsbeziehungen fast gänzlich in den Aufgaben- und Verantwortungsbereich der Personalabteilung. Linienvorgesetzten kommt hier eher selten eine Aufgabe zu. Anders ist es bei den drei anderen, in der Abbildung optisch hervorgehobenen Objektbereichen.

1.1 Begriff und Konzept

Hier werden die jeweiligen Rahmensetzungen und auch die Prozesse durch die Personalabteilung verantwortet, die Umsetzung erfolgt aber bei sehr vielen Instrumenten im Zusammenwirken mit den direkten Vorgesetzten.

Nach der weiter oben vorgenommenen Differenzierung in primäre und sekundäre Personalsysteme (Teil 1, Kap. 2), müssten konsequenterweise entsprechend differenziert auch hier diese Forschungsbereiche thematisiert werden. Um jedoch keine willkürliche Trennung der Bereiche vorzunehmen, haben wir uns entschlossen, sie in diesem Kapitel geschlossen darzustellen.

Die verschiedenen *Arten von Fragestellungen*, mit denen sich die betriebliche Personalforschung in diesem Sinne beschäftigt, zeigt Abbildung 3-2 beispielhaft. Die Fragetypen illustrieren die Sinnhaftigkeit einer entsprechenden informatorischen Fundierung.

Fragestellungen

Dabei kommt es darauf an, dass aufbauend auf wissenschaftlichen Erkenntnissen, aber dennoch pragmatisch Methoden und Verfahren generiert und verwendet werden, die für personalwirtschaftlich relevante Entscheidungen notwendige Informationen aufdecken, analysieren und prognostizieren helfen. Dies sollte laufend erfolgen, sich auf relevante Informationsquellen konzentrieren und Informationen zugriffsgünstig abspeichern. Selten benötigte Informationen sind situationsspezifisch zu ermitteln. Kosten-Nutzen-Überlegungen begleiten dabei jeweils die Entscheidungsprozesse.

Wie weiter oben (Teil 1, Kap. 2.3) angegeben, spricht vieles für eine differenzielle Personalarbeit. Hierauf muss auch die betriebliche Personalforschung eingehen, indem sie für ihre Zwecke Segmentierungen der Arbeitnehmerschaft vornimmt. Da »[d]as ›Personal‹ .. keine uniforme Masse von Beschäftigen dar[stellt]« (Schramm,

Segmentierung der Arbeitnehmerschaft

Abb. 3-2

Typen von Fragestellungen der betrieblichen Personalforschung

Problemtyp	Beschreibung	Ursachen-Forschung	Wirkungs-/ Evaluationsforschung	Prognose	Hypothesentests (i. e. S.)
Fragestellung	Was ist der Fall?	Warum? Was ist die Ursache von X?	Wie wirkt Sachverhalt / Maßnahme X?	Was wird zum Zeitpunkt t_x der Fall sein?	Stimmt die (wissenschaftliche) Aussage: A bewirkt B?
Beispiele	Wie hoch sind die Fehlzeiten in der Abteilung A?	Woher resultieren die relativ hohen Fehlzeiten in Abteilung A?	Wie wirkt sich Gruppenarbeit und/oder wirken sich Rückkehrgespräche auf die Fehlzeiten aus?	Wie hoch werden die Fehlzeiten nach der Einführung von Gruppenarbeit im Jahr 2014 sein?	Stimmt die These, dass die Zunahme postmaterieller Werte bei den Mitarbeitern der Abteilung A zu einer verstärkten Freiheitsorientierung führt?

Quelle: in Anlehnung an *Nienhüser/Becker*, C., 2000

1.1 Informatorische Fundierung (Betriebliche Personalforschung)
Begriff und Konzept

> **VERTIEFUNG**
>
> **Stamm- und Randbelegschaften**
>
> Mit Stamm- und Randbelegschaften sind diversifizierte Arbeitsmärkte angesprochen – mit unterschiedlichen Teilhabechancen der jeweils betroffenen Arbeitnehmer (vgl. bspw. Köhler/Preisendörfer, 1988).
> - Zur *Stammbelegschaft* zählen i. d. R. unbefristet beschäftigte Arbeitnehmer, die für die erwartete Standardauslastung mehr oder weniger dauerhaft benötigt werden. Sie haben ein geringe(re)s Beschäftigungsrisiko und gelten vielfach als ein Garant für Stabilität und qualitativ hochwertige Arbeit – und stehen im Allgemeinen im Zentrum personalwirtschaftlicher Überlegungen.
> - Zur *Randbelegschaft* zählen v. a. befristet Beschäftigte, Leiharbeitnehmer, Praktikanten, Mini-Jobber und auch »Free Lancer« (Freie Mitarbeiter). Mit ihnen lassen sich bei saisonalen, täglichen und/oder konjunkturellen Schwankungen des Personalbedarfs die Personalfixkosten flexibel anpassen. Die Randbelegschaft dient von daher als Puffer zum Ausgleich von Beschäftigungsschwankungen. Oft haben Mitarbeiter der Randbelegschaft (häufig Hausfrauen, Studenten, Rentner) einen niedrigen Status, ein geringes Qualifikationsniveau, niedrigere Entgelte und ein hohes Beschäftigungsrisiko. Der durch Kosten- und Flexibilisierungsgründen verstärkte Einsatz von Randbelegschaften führt mittlerweile zu »Randbelegschaftskarrieren« (Klimecki/Gmür, 2005). Dadurch werden vielfach schon fast traditionelle Ungleichheiten weiter verstärkt. Die Zugehörigkeit zur Randbelegschaft bedeutet aber nicht zwangsweise eine Schlechter-Behandlung.

2004, Sp. 121), sondern sich aufgrund von Unterschieden differenzieren lässt, sind für ein differenzielles Personal-Management Teilgruppen der Belegschaft zu bilden. Die Bestimmung homogener, d. h. von Mitarbeitern mit in etwa gleich voneinander abgrenzbaren Merkmalen, gebildeter Segmente, für die bestimmte Aussagen in aller Regel zutreffend sind und für die folglich ein Anspruch auf eine differenzielle Gemeingültigkeit gefordert wird, ist also der Ausgangspunkt. Darauf aufbauend sind dann jeweils segmentspezifisch differenzielle Regelungen zu erarbeiten. Dies kann für unterschiedliche Personalfunktionen durchaus auch unterschiedlich erfolgen (z. B. bei Entgeltsystemen in Tarifmitarbeiter, Außertarifliche, Leitende, Vorstände, in der Berufsausbildung in gewerbliche und kaufmännische Azubis, in der PE entsprechend eines lebensphasenorientierten Konzepts in Einsteigersingles, »junge« Eltern etc.).

Eine tragfähige *Typenbildung* ist schwierig, da mehrdimensional. Die wissenschaftliche Forschung kann nur Ideen und grundsätzliche Modelle anbieten. In der betrieblichen Praxis liegen branchen-, betriebs- und größenspezifische Besonderheiten vor, die zu unterschiedlichen Ergebnissen führen können, sodass spezifische Modelle nicht hilfreich sind. Hilfestellungen zur Differenzierung von Personalsegmenten bietet prinzipiell die Marktsegmentierung aus dem Absatzbereich (vgl. Ostrowski, 2012, S. 127). Den dort verwendeten Prinzipien und Methoden folgend und auf den Objektbereich des Personals übertragen, sind verschiedene (Alternativ-)Kriterien möglich, wie bspw. Personenattribute, personengebundene funktionale Merkmale, Persönlichkeitsmerkmale, Fähigkeitsmerkmale und Merkmale der persönlichen Lebensverhältnisse. Diese personalen Merkmale helfen dabei – als sog. Moderatoren –, allgemeine Thesen über das Verhalten von Menschen in raum-zeitliche und merkmalsbezogene Aussagen zu formulieren (vgl. Marr, 1989, S. 38 ff.; Marr/Friedel-Howe, 1989, S. 325 f.).

1.2 Arbeitsmarktforschung

> **ZUR VERTIEFUNG**
>
> **Qualitative Forschungsmethodik**
> »Interest in qualitative research has increased in recent years regarding its relevance for developing the field of strategy and Human Resource Management further. ... Qualitative research can be understood as a complex, changing and contested field that is a site of multiple methodologies and research practices. Qualitative research is what Punch calls an ›umbrella term‹ which encompasses not a single entity, but is multidimensional and pluralistic. ... Qualitative research subsumes different research designs, including biographies, phenomenological and ethnomethodological studies, grounded theory studies, biographical, historical and action methods and case studies. Within qualitative research on human resource management, two research designs receive greater attention, namely case studies and grounded theory studies. ... The claimed benefits of qualitative research for theorizing are also subject in critique that can be concentrated on two issues: .. theory building [and] quality of the methods ...« (Ridder/Hoon, 2009, S. 93 f., mit verschiedenen Literaturhinweisen)

Das *methodologische Instrumentarium* der Personalforschung insgesamt ist wegen der heterogenen Objekte breit angelegt. Es reicht von quantitativen (bspw. standardisierte Mitarbeiterbefragungen) und qualitativen Methoden der Daten*gewinnung* (bspw. Mitarbeitergespräche) bis zu quantitativen (bspw. beschreibende Statistik, Zeitreihenverfahren) und hermeneutischen Methoden der Daten*auswertung* (bzw. Interpretation von Zeugnissen und Motivationen) (vgl. Drumm, 2008, S. 89 ff.; Nienhüser/Krims, 2005; Kromrey, 2009; Leblebici/Matiaske, 2004; Ridder/Hoon, 2009; Mayring, 2010).

Die geforderten messtheoretischen Gütekriterien für die empirische Forschung – v. a. Validität, Reliabilität und Objektivität – die für weite Teile der wissenschaftlichen Personalforschung angelegt werden, sind in der betrieblichen Personalforschung in der Regel nicht erreichbar. Sie können nur Orientierungspunkt der Gestaltung und des Einsatzes von Instrumenten sein. Problemspezifische Anpassungen sind dabei durchaus möglich (vgl. Becker, F.G., 2009, S. 169 ff.).

> »So einfach wie möglich. Aber nicht einfacher!«
> Albert Einstein

1.2 Arbeitsmarktforschung

Die Arbeitsmarktforschung beschafft, sammelt und interpretiert quantitative und qualitative Informationen über bereits in Betrieben vorhandene, für Betriebe vielleicht zukünftig bedeutsame und/oder auf dem Beschaffungsmarkt aktuell wie zukünftig verfügbare »Personalressourcen«.

> »Tatsachen muss man kennen, bevor man sie verdrehen kann.«
> Mark Twain

Zwei Ausprägungen lassen sich prinzipiell unterscheiden:
▸ Die *überbetriebliche Arbeitsmarktforschung* durch das Institut für Arbeitsmarkt- und Berufsforschung der Bundesagentur für Arbeit (www.iab.de) analysiert in Deutschland auf der Angebotsseite Erwerbs-, Arbeitsmarkt-, Beschäftigten- und Arbeitslosenstatistiken sowie auf der Nachfrageseite das Angebot offener Stellen, Arbeitskräftebedarfsprognosen und Arbeitsmarktkonkurrenzanalysen.

Überbetriebliche Arbeitsmarktforschung

1.2 Informatorische Fundierung (Betriebliche Personalforschung)
Arbeitsmarktforschung

Da durch die gesamtwirtschaftliche Ausrichtung der Daten keine betriebsspezifische Aufbereitung erfolgt, muss der Betrieb seinen arbeitsmarktbezogenen Informationsbedarf selbst decken und die *eigenständige, zielbezogene Interpretation* der Informationen vornehmen.

Betriebliche Arbeitsmarktforschung

▶ Unter *betrieblicher Arbeitsmarktforschung* wird die Erschließung, Aufbereitung und Auswertung arbeitsmarktbezogener Informationen, die für Entscheidungen im Rahmen der eigenen Personalarbeit relevant sind, verstanden (vgl. Scherm, 1990, 2004; Drumm, 2008). Gewonnen werden sollen Informationen darüber, in welcher Anzahl, mit welcher Qualifikation, wo und wann Arbeitnehmer am externen und am internen Arbeitsmarkt für die Erfüllung verschiedener Aufgaben zur Verfügung stehen.

Ziel

Ziel einer solchen betrieblichen Arbeitsmarktforschung ist die möglichst frühzeitige Exploration betrieblich relevanter Arbeitsmärkte, um so antizipativ gegenwärtige und zukünftige Arbeitskräfteangebots- und -nachfragepotenziale aufzudecken (Arbeitsmarktanalyse) sowie relevante Veränderungen von Rahmenbedingungen und Einflussfaktoren des Arbeitsmarktes zu erkennen (Arbeitsmarktprognose). Die Informationen beeinflussen vor allem Personalbeschaffung, -auswahl, -entwicklung, Entgeltverträge sowie das in diesem Fall übergreifende Personalmarketing und das Employer Branding zur Generierung und Ausnutzung vorhandener akquisitorischer Potenziale. Auch die Mitarbeiterführung erhält Impulse durch die Analysen.

Segmentierung

Nach einer vorherigen, notwendigen Segmentierung der betrieblichen Arbeitsmärkte werden die für den spezifischen Betrieb relevanten Ausschnitte, die sogenannten *Arbeitsmarktsegmente*, untersucht und zwar
1. des betriebsinternen Arbeitsmarktes als auch
2. des betriebsexternen Arbeitsmarktes.

Siehe zu einem Überblick über mögliche generelle betriebsrelevante Arbeitsmarktsegmente Abbildung 3-3.

> **TERMINOLOGIE**
>
> **Arbeitsmarktsegmente**
>
> Mit dem Begriff des Personals verbindet man eine homogene Menge an sich aber unterschiedlicher Mitarbeiter sowohl von den Qualifikationen als auch vom Engagement, Lebensbedingungen, Alter u. a. her. Arbeitsmarktsegmente helfen, diese unterschiedlichen Mitarbeiter in sich homogene, aber sich voneinander unterscheidbare Segmente zu gruppieren, bspw.: Mechatroniker, Elektroniker Kaufleute, Elektroingenieure, Angelernte, Randbelegschaften usw. Für einen sinnvollen und vor allem der Diversität gerecht werdenden Umfang dient ein darauf aufbauendes differenzielles Personal-Management. Auch die Arbeitsmarktforschung ist auf die Segmentierung angewiesen.

Arbeitsmarktforschung 1.2

Abb. 3-3

Differenzierung der Arbeitsmärkte mit möglichen Arbeitsmarktsegmenten

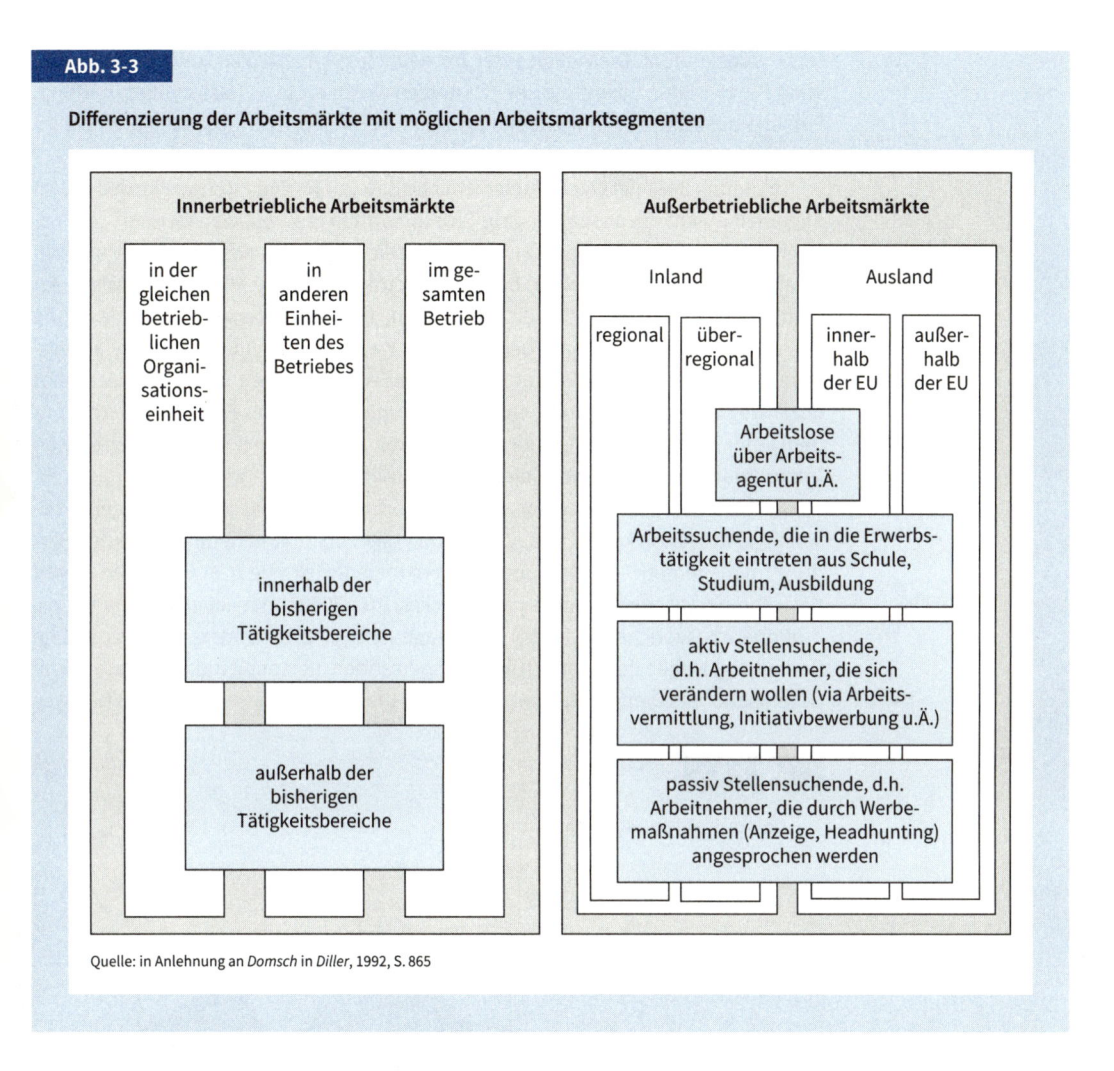

Innerbetriebliche Arbeitsmärkte
- in der gleichen betrieblichen Organisationseinheit
- in anderen Einheiten des Betriebes
- im gesamten Betrieb
  - innerhalb der bisherigen Tätigkeitsbereiche
  - außerhalb der bisherigen Tätigkeitsbereiche

Außerbetriebliche Arbeitsmärkte
- Inland
  - regional
  - überregional
- Ausland
  - innerhalb der EU
  - außerhalb der EU

  - Arbeitslose über Arbeitsagentur u.Ä.
  - Arbeitssuchende, die in die Erwerbstätigkeit eintreten aus Schule, Studium, Ausbildung
  - aktiv Stellensuchende, d.h. Arbeitnehmer, die sich verändern wollen (via Arbeitsvermittlung, Initiativbewerbung u.Ä.)
  - passiv Stellensuchende, d.h. Arbeitnehmer, die durch Werbemaßnahmen (Anzeige, Headhunting) angesprochen werden

Quelle: in Anlehnung an *Domsch* in *Diller*, 1992, S. 865

Analyse des internen Arbeitsbeschaffungsmarkts

Unter betriebsinternen Arbeitsmärkten ist die Menge der (oft auch nur der veränderungswilligen) Beschäftigten des Betriebs und/oder die Menge (zukünftig) vakanter Stellen zu verstehen, differenziert nach den oben genannten Segmenten. Für Entscheidungen darüber, ob später Mitarbeiter intern oder aber extern am Arbeitsmarkt beschafft werden sollen, sind Informationen über den internen Personalbestand und seine (geplante) Entwicklung notwendig. Dies ist auch sinnvoll, um gegebenenfalls eine Analyse motivationsrelevanter Arbeitsbedingungen bezüglich Fluktuation und Fehlzeiten vornehmen zu können sowie die betriebliche Personalstruktur zu erheben. Insofern sind auch Informationen über Gesundheitsquoten bzw. krankheitsbedingte Fehlzeiten, Altersstrukturen, Absentismus, Geschlechterverteilung – jeweils differenziert für die Organisationseinheiten und in den Segmen-

Interner Arbeits- und Beschaffungsmarkt

1.2 Informatorische Fundierung (Betriebliche Personalforschung)
Arbeitsmarktforschung

ten – zweckmäßig. Die Analyse der betrieblichen »*Altersstruktur*« beispielsweise kann Hinweise für zukünftige Entwicklungen wie Bedarfe an Personalbeschaffung, Personalauswahl, Gesundheitsmanagement, Veränderungen an Arbeitsplatzbedingungen anzeigen.

Abbildung 3-4 zeigt vier unterschiedliche Kategorien von Altersstrukturen an. Im Allgemeinen gilt die ausbalancierte Struktur, mit in etwa gleichverteiltem Lebensalter unter den Beschäftigten als ideal. Derzeit entwickeln sich die Strukturen hin zu alterszentrierten Betrieben, bei denen deutlich die über 45- bis 67-jährigen Arbeitnehmer viel stärker vertreten sein werden, als die jüngeren. All dies hat im Sinne der differenziellen Personalarbeit (s. Teil 1, Kap. 2.3) Auswirkungen auf viele verschiedene Bereiche der Personalarbeit. Die Auswirkungen werden dabei nicht durchweg als »negativ« eingeschätzt (Zunahme an längeren Krankheitszeiten, mit dem Alter nachlassende Steuerungswilligkeit etc.). Auch positive Bewertungen (mehr Erfahrungs-Know-how, mehr Konstanz etc.) finden statt.

Solche Strukturen geben notwendige Informationen über zukünftige Stellenbesetzungsnotwendigkeiten, die Ausrichtung des Personalmarketings und des Bindungsmanagement, die Nutzung der Personalentwicklung u. a. Gerade in Zeiten des »demografischen Wandels« (vgl. Becker, F.G., 2009a) hat ein auf solchen Informationen ausgerichtetes Personal-Management eine besonders erfolgskritische Bedeutung. Neben der Altersstruktur können andere Personalstrukturen (synonym: Organisationale Demografie, Personalkonfiguration) erhoben werden, um Näheres

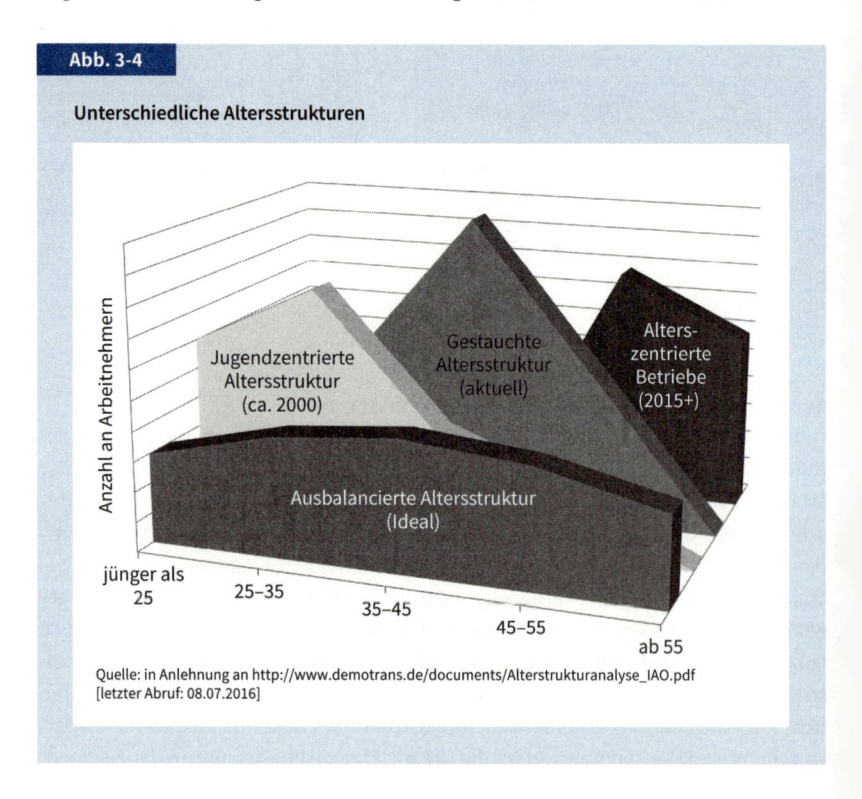

Abb. 3-4

Unterschiedliche Altersstrukturen

Quelle: in Anlehnung an http://www.demotrans.de/documents/Alterstrukturanalyse_IAO.pdf [letzter Abruf: 08.07.2016]

Arbeitsmarktforschung 1.2

ZUR VERTIEFUNG

Altersstruktur

Unter der Altersstruktur versteht man die zahlenmäßige Verteilung der gesamten Belegschaft eines Betriebs nach Altersstufen (»Alterspyramide«). Diese Verteilung der Belegschaft auf einzelne Altersgruppen ist sinnvoll für die Analyse und Prognose des Personalbestands sowie somit der Personalbedarfsermittlung. Die Altersstatistik dient dabei einerseits der Ermittlung von Abgängen wegen Erreichung der Altersgrenze und andererseits der Überwachung der Altersstruktur. Die Altersstruktur sollte idealerweise ein möglichst ausgewogenes Verhältnis zwischen älteren und jüngeren Arbeitnehmern in den einzelnen Bereichen und Berufsgruppen aufweisen, um relativ konstante Personalaufwendungen (Personalkosten), Personalbeschaffungen u. a. zu haben (vgl. Nienhüser, 1991, 1998). Allerdings kann die demografische Entwicklung einen Betrieb gewissermaßen dazu »zwingen«, auch eine Schieflast zu akzeptieren, um den Personalbedarf überhaupt decken zu können.

über die Zusammensetzung der Belegschaft nach bestimmten Merkmalen zu erfahren, wie zum Beispiel zu: Verhältnis Stamm- zu Randbelegschaft, gelernte, angelernte und ungelernte Arbeiter; weibliche und männliche Mitarbeiter allgemein sowie bei Positionsgruppen, Berufskategorien, Familienstand, Dauer der Betriebszugehörigkeit. Um Personalstrukturen aussagefähig zu machen, werden normalerweise Verhältniszahlen, z. B. Prozentzahl der Führungskräfte, der Produktionsarbeiter, des Forschungs- und Entwicklungspersonals, der Frauen etc. gebildet (vgl. Scholz, 2014, S. 351 ff.).

Als gesonderter Bereich der innerbetrieblichen Arbeitsmarktforschung ist die innerbetriebliche Meinungsforschung zu nennen. Sie versucht, Arbeitszufriedenheit, Meinungen der Mitarbeiter, aber auch Karrieremuster für bestimmte Personalsegmente wie für die Gesamtbelegschaft zu erfassen. Mitarbeiterbefragungen sind ein Instrument dieser Forschung (vgl. Bungard, 2004, 2007; Domsch/Ladwig, 2013, 2013a).

Innerbetriebliche Meinungsforschung

Mitarbeiterbefragungen (oft synonym: Betriebsklimastudien) sind ein Instrument zur Beschaffung von Informationen über die Stimmung unter den Mitarbeitern und in Folge der Gestaltung des Personal-Managements. Im Auftrag der Unternehmungsleitung und in Zusammenarbeit mit den Arbeitnehmervertretungen werden, meist mit Hilfe von (teil-)standardisierten Fragebögen (online oder schriftlich) und/oder (teil-)strukturierten Interviews, anonym und auf freiwilliger Basis, entweder bei allen Mitarbeitern oder bei repräsentativen Stichproben der Belegschaft Informationen über die Einstellungen, Ansichten, Erwartungen, Bedürfnisse u. Ä. der Mitarbeiter bezogen auf den Arbeitsplatz, das betriebliche Arbeitsumfeld und die Umwelt erhoben (siehe Abbildung 3-5). Man will – oft regelmäßig etwa alle drei Jahre – daraus Hinweise gerade auf allgemeine oder spezielle personalwirtschaftliche Stärken und Schwächen erlangen. Diese sind entweder gleich aus den Daten selbst erkenntlich oder werden im Anschluss durch weitergehende Untersuchungen und Gespräche geklärt. Schließlich gilt es im Nachhinein, Bewährtes zu belassen und unzufriedene Umstände zu verändern. Die Mitarbeiterbefragung ist letztlich ein Diagnoseinstrument, um über die Zufriedenheitsgrade der Mitarbeiter mit bestimmten betrieblichen Umständen informiert zu werden. Informationen, die man sonst nur schwerlich in ihrer Bedeutung frühzeitig erfahren hätte, und die die

Inhalte einer Mitarbeiterbefragung

1.2 Informatorische Fundierung (Betriebliche Personalforschung)
Arbeitsmarktforschung

Abb. 3-5

Beispiele einer umfassenden Mitarbeiterbefragung

Lfd. Nr.	Kernbereiche	Fragen zum jeweiligen Kernbereich über (Beispiele)
1	Tätigkeit, Arbeitsorganisation	Arbeitsbereich, Art der Tätigkeit, Art der Arbeitsorganisation, Arbeitsbelastungen, Verbesserungsvorschläge
2	Arbeitsbedingungen	Umweltbelastungen (Klima, Beleuchtung, Lärm), Arbeitsplatzgestaltung, Arbeitszeitgestaltung Verbesserungsvorschläge
3	Entgelt, Sozialleistungen	Höhe des Entgelts im Vergleich zur Leistung, zu Kollegen, zu anderen Betrieben; Bedeutung der zusätzlichen Sozialleistungen Verbesserungsvorschläge
4	Kommunikation, Information	Information über den Gesamtbetrieb; Informationen über die Arbeit i. e. S.; gewünschte Zusatzinformationen; Informationsquelle, -medien; Verbesserungsvorschläge
5	Zusammenarbeit	Zusammenarbeit mit unmittelbaren Kollegen (Team), mit anderen Abteilungen und internen Dienstleistern, im Gesamtbetrieb Verbesserungsvorschläge
6	Möglichkeit zur Umsetzung eigener Leistungsfähigkeit und Leistungsbereitschaft	Eignungs- und neigungsadäquater Arbeitseinsatz; Einsatz- und Entfaltungsmöglichkeiten; Wichtigkeit der Arbeit, Verbesserungsvorschläge
7	Weiterbildung, Entwicklungsmöglichkeiten	Weiterbildungsangebot, Möglichkeiten zur Nutzung; Schwierigkeiten bei der Nutzung; Möglichkeiten und Hindernisse des Aufstiegs, Verbesserungsvorschläge
8	Vorgesetztenverhalten, Beziehung zu Vorgesetzten	Fachliche Fähigkeiten des Vorgesetzten, Informationsverhalten, Motivation, Berücksichtigung der eigenen Meinung, Gerechtigkeit, Hilfe bei beruflichen und privaten Schwierigkeiten, Verbesserungsmöglichkeiten
9	Betrieb	Einschätzung der Sicherheit des eigenen Arbeitsplatzes, der Beschäftigung im Betrieb; Gesamtzufriedenheit mit der Arbeit im Betrieb, allgemeines Ansehen des Betriebs beim Befragten, beim Kunden, in der Gesellschaft; Verbesserungsvorschläge
10	Statistik zur Personalstruktur	Alter, Geschlecht, Betriebszugehörigkeit, Betriebsteil, Einkommensform, Einkommenshöhe, Arbeitszeitform; Mitarbeitergruppe/Hierarchie

Quelle: in Anlehnung an *Domsch/Ladwig*, 2013a, S. 6 f.

Gelegenheit (eher Notwendigkeit) zur Verbesserung der Umstände gibt. Die Qualität der Informationen aus Befragungen hängt neben der Qualität der Fragen auch von der Handhabung der Durchführung und weiteren situativen Faktoren (Rücklauf, Krisen u. Ä.) ab. Ganz entscheidend ist auch, wie (offen) die Betriebe die erhobenen Informationen an ihre Belegschaft kommunizieren sowie wie mit erhobenen Mankos umgegangen wird.

Analyse des externen Arbeitsbeschaffungsmarktes

Demografischer Wandel

Als betriebsexterne Arbeitsmärkte gelten die Ausschnitte aus dem Gesamtarbeitsmarkt, auf dem der Betrieb als Nachfrager nach Arbeitsuchenden auftreten will. Die Arbeitsmarktsegmente werden funktional (einzelne Berufs- oder Personen-

Arbeitsmarktforschung 1.2

ZUR VERTIEFUNG

Demografische Entwicklung

Mit großer Wahrscheinlichkeit ist davon auszugehen, dass es zunehmend schwieriger wird, junge Leute mit als notwendig erachteten Einstiegsqualifikationen für einen Betrieb zu gewinnen. Durch die niedrigen Geburtenquoten »wachsen« weniger potenzielle Arbeitnehmer in unserer Gesellschaft nach (vgl. Birg, 2001). Da gleichzeitig ein größerer Anteil älterer Arbeitnehmer ausscheidet, steht ein negativer Saldo (Abgänge aufgrund des Erreichens der Altersgrenze/potenziell zur Verfügung stehende junge Einsteiger) an. Der Wettbewerb um die jungen, insbesondere qualifizierten Arbeitnehmer wird sich intensivieren (»War bzw. Competition for Talents«, vgl. Meißner/Becker, F.G., 2007). Viele vakante Positionen werden sich nicht besetzen lassen. Es altert nicht nur die Gesellschaft, es altert auch die Altersstruktur in Unternehmen – oder (mit Rückgriff auf Kaufmann, 2005) sie entjüngt sich. Die demografischen Rahmendaten der Entwicklung des Erwerbs-Personen-Potenzials liegen seit Langem vor. Seit wenigen Jahren (ca. 2002/03) werden sie häufiger als Problem genannt (vgl. Becker, F.G., 2009a, und Teil 5, Kap. 2.2.2).

---

gruppen), räumlich (lokal bis global) und zeitlich (Analyse- und Prognosehorizont) gebildet. Quantitative Ausprägungen, Wanderungsbewegungen, Mobilitätsbarrieren, Entgeltstrukturen, rechtliche Restriktionen sind zu beachten.

Die externe Arbeitsmarktforschung besteht in der Beschaffung und Aufbereitung arbeitsmarktbezogener Informationen. Zwei Kategorien können unterschieden werden:

▸ *Allgemeine* Informationen, die aus gut zugänglichen statistischen Quellen beziehbar sind:
gegenwärtige, zukünftige Bevölkerungsstruktur, allgemeine Arbeitsmarktsituation, Veränderungen der Beschäftigungsstruktur (Mobilitätsforschung), Veränderungen der Präferenzen bezüglich Arbeitszeit (z. B. Teilzeitarbeit, Job Sharing) und -ort (z. B. Telearbeitsplätze), Auslandsarbeitsmärkte: vorhandenes, zukünf-

Problem »genügend Auszubildende«

MEINUNG

»Mangelware« junge Arbeitnehmer

In Zukunft ist zu erwarten, dass die Gewinnung von (qualifizierten) Auszubildenden (noch) schwieriger wird. Die Konkurrenz um die als ausbildungsfähig geltenden Jugendlichen wird insofern künftig zunehmen. Den Wettbewerb um diese jungen Hoffnungsträger gewinnt man nicht dadurch, dass man – sofern der Bedarf aktuell ist – sich verstärkt und punktuell an die potenziellen Auszubildenden wendet. Erfolgreich ist eine Strategie, die sich bereits Jahre vorher um diese potenzielle Belegschaft kümmert. Schulpartnerschaften, Tage der offenen Tür, Einladungen der Mitarbeiter mit ihren Familien, Angebote von Schulpraktika und Betriebsbesichtigungen für Schüler u. a. sind Maßnahmen, die im Zeitablauf dazu beitragen, das Image bei potenziellen Auszubildenden zu erhöhen. Darüber hinaus genügt es nicht, lediglich darüber zu klagen, dass viele Schulabgänger keine ausreichende Ausbildungsqualifikation mitbringen. Wenn der Markt eng ist und man unbedingt junge Arbeitskräfte für Ausbildungsberufe benötigt, dann ist es ökonomisch für einen Arbeitgeber sinnvoll, frühzeitig zielbezogene Aktivitäten umzusetzen. Bereits während der Schulzeit kann man – durchaus gemeinsam mit anderen Betrieben – Angebote unterbreiten, die die Qualifikationen der Schüler erhöhen und dazu beitragen, dass sie ausbildungsfähig werden. Während der Ausbildungsphase kann man durch entsprechende Deutsch-, Mathematikkurse u. a. dazu beitragen, die Ausbildungsqualifikation zu erhöhen und die Abbrecherquote zu reduzieren. Auch das aktive Kümmern um die sogenannten *Flüchtlingskinder* – gerade in berufsnahen und -qualifizierenden Bereichen – dient nicht nur diesen und der Gesellschaft, sondern auch ganz nachhaltig den aktiven Betrieben selbst. Wer hier selbst aktiv ist, hat größere Chancen seine Vakanzen erfolgreich zu besetzen.

1.2 Informatorische Fundierung (Betriebliche Personalforschung)
Arbeitsmarktforschung

tiges Potenzial, Entwicklung der volkswirtschaftlichen Produktivität, der Bildungsstruktur, der arbeitsmarktrelevanten Gesetzgebung u. a. Für Entscheidungen betrieblicher Personalbeschaffungspolitik können Informationen dieser Art jedoch nur einen Hintergrund bilden, vor dem weitaus detailliertere Kenntnisse verarbeitet werden müssen, insbesondere solche über diejenigen Teilmärkte, die für den Betrieb jeweils von Belang sind. Dies trifft beispielsweise bei der Diskussion um den demografischen Wandel und seine Auswirkungen auf Betriebe oder spezifische Betriebe zu. Der Betroffenheitsgrad und/oder -zeitpunkt ist durchaus unterschiedlich.

Teilmärkte
> Spezielle Informationen über einzelne Teilmärkte erfordern eine sinnvolle Abgrenzung von Teilmärkten: in regionaler Hinsicht (Welche Regionen sind hinsichtlich des Arbeitsmarkts besonders interessant für den Betrieb?) sowie in qualitativer Hinsicht (Welche Berufsgruppen und/oder Studienabsolventen sind besonders interessant für den Betrieb?)

Abgrenzung von Teilmärkten
Es bestehen Interdependenzen zwischen regionalen und qualitativen Teilarbeitsmärkten. So hängt die für einen Betrieb sinnvolle regionale Ausdehnung von seinen personalen Interessenlagen, d. h. von Art und Anzahl gesuchter Arbeitskräfte ab: für Führungskräfte der überregionale Markt, für Teilzeitbeschäftigte hingegen in der Regel nur der regional eng begrenzte Teilmarkt.

ZUR VERTIEFUNG

Bologna-Reform

Die Änderung des Hochschulstudiums in Deutschland und dem restlichen Europa, festgemacht an dem Terminus »Bologna-Reform«, hat zu größeren strukturellen Veränderungen des Angebots an Hochschulabsolventen geführt, auch zu Veränderungen, die nicht direkt mit Bologna, aber im gleichen zeitlichen Rahmen initiiert wurden. Solche Veränderungen betreffen Arbeitgeber insofern, als dass sie sich auf gänzlich andere Qualifikationen von arbeitsuchenden Akademikern einstellen mussten (und nach wie vor müssen). Die Umstrukturierung der meisten Studiengänge an Hochschulen in Bachelor- und in Master-Studiengänge – verbunden mit der Forderung, eine stärkere Anwendungsorientierung (»Employability«) umzusetzen – führte zu großen Unbekannten im Rahmen der Rekrutierung von Akademikern: Was können eigentlich die Bachelor- und was die Master-Absolventen? Zusätzlich sind – auch durch die Einführung von privaten Akkreditierungsinstitutionen – eine Vielzahl an privaten Hochschulen mit überproportional vielen Studiengängen entstanden. Auch deren Absolventen streben auf den Arbeitsmarkt. Was können diese, auch im Vergleich zu den Absolventen der traditionellen Universitäten und Fachhochschulen? Wie ist dies mit dem dualen Hochschulstudium und den damit verbundenen Absolventen? Insgesamt hat sich die Anzahl an Studiengängen vervielfacht und damit die Unübersichtlichkeit für die Rekruter. Zudem ist es zu einer Entgrenzung von Hochschulabschlüssen zwischen Universitäten, Fachhochschulen und sonstigen neu-akademischen Einrichtungen gekommen und damit zu einer weiteren Unübersichtlichkeit.

Die Vielfalt an Angeboten vom Hochschulmarkt ist deutlich größer geworden. Nur eine gezielte Analyse des akademischen Arbeitskräftemarkts hilft hier, es sind vorzeitig – also nicht erst nach Einstellung der Absolventen – treffende Auswahlentscheidungen vorzunehmen, gegebenenfalls spezifische Trainee-Programme und Karrierepfade (s. Teil 3, Kap. 5.4.3.2) anzubieten und ein spezifisches Hochschulmarketing (bspw. mit einer Konzentration auf einen für einen Betrieb überschaubaren Markt) u. Ä. zu entwickeln. Ohne entsprechende Arbeitsmarktforschung lässt man dem Zufall viel Spielraum.

Arbeitsmarktforschung 1.2

An Informationen über so abgegrenzte Teilmärkte interessieren vor allem solche, aus denen die gegenwärtige wie auch für die Zukunft zu erwartende Situation des jeweiligen Teilmarktes hervorgeht, d. h. Informationen über:
- die Größe des Arbeitskräftepotenzials,
- die Struktur des Arbeitskräftepotenzials: Altersschichtung, Geschlechterverteilung, Anteil latenten Potenzials etc.,
- Aufstiegs-, Anpassungs-, regionale Mobilität,
- Qualifikationen, Motivationen, Arbeitseinstellungen, Work-life-Balance-Vorstellungen u. Ä.,
- repräsentative Daten über gebotene und/oder individuell erwartete Arbeitsbedingungen wie Arbeitsplatzausstattung, Entgelt, Arbeitszeit usw.

Als einfach zu beschreibende Auswege bieten sich an: eine Nutzung der Arbeitsagenturen als Informationsquellen, ständige Marktbeobachtung in eigener Regie durch Sammeln und Verarbeiten aller verfügbaren Informationen, Analyse der Erfolge von Personalbeschaffungen, differenziert nach unterschiedlichen Methoden.

Dass Erkenntnisse aus allgemeiner und aus Teil-Arbeitsmarktforschung durchaus nicht immer gleich gewichtet sein müssen, zeigt sich zum Beispiel dann, wenn trotz generell großen Arbeitskräfteangebots (hohe Arbeitslosenquote) dringender und kurzfristig nicht zu deckender Bedarf an speziell qualifizierten Arbeitskräften

ZUR VERTIEFUNG

Arbeitsmarkttheorien

Arbeitsmarkttheorien beschäftigen sich mit Analysen und Erklärungen von Prozessen und Ergebnissen des Arbeitsmarktes. Sie lassen sich in klassische bzw. neoklassische sowie in die neueren mikroökonomischen Arbeitsmarkttheorien untergliedern. Neoklassische Arbeitsmarkttheorien verstehen den Arbeitsmarkt als Auktionsmarkt. Sie basieren auf den Annahmen des vollkommenen Marktes (also vollständiger Information, vollständiger Faktormobilität, nicht vorhandener Markteintritts- und -austrittsbarrieren sowie homogener Arbeit). Des Weiteren wird den Betrieben Gewinnmaximierung und den Arbeitnehmern Nutzenmaximierung als einziges handlungsleitendes Ziel unterstellt. Folgende Ansätze sind vor allem anzuführen (vgl. Zerche/Schönig/Klingenberger, 2000; Sesselmeier/Funk/Waas, 2010):
- Die *Theorie des kurzfristigen Arbeitsangebots* versucht, in Abwandlung der neoklassischen Haushaltsnachfragetheorie, die Angebotsmenge auf dem Arbeitsmarkt zu erklären. Das Nutzen maximierende Individuum wird gerade soviel arbeiten, dass der Nutzenentgang durch die letzte aufgegebene Freizeitstunde dem Nutzenzuwachs durch den aufgrund der Entgeltzahlung vermehrten Güterkonsum entspricht. Im Gleichgewicht bildet dann der Marktlohnsatz den Wert ab, den ein Arbeitsanbieter einer zusätzlichen Freizeitstunde beimisst.
- Die *Theorie der kurzfristigen Arbeitsnachfrage* zeigt entsprechend, dass unter der Annahme vollständiger Konkurrenz und damit völlig elastischen Arbeitsangebots der Betrieb Mengenanpasser ist und so lange Arbeitnehmer einstellt, wie das Wertgrenzprodukt, also die bewertete Leistung der letzten eingestellten Arbeitskraft, über dem zu zahlenden Lohn liegt.
- Mit den skizzierten Ansätzen lassen sich viele der Phänomene am Arbeitsmarkt nicht erklären. Das führte zur Entwicklung mehrerer Ansätze, die als neuere *mikroökonomische Arbeitsmarkttheorien* bezeichnet werden: Suchtheorie, Humankapitaltheorie, Kontrakttheorie, Effizienzlohntheorie, Insider-Outsider-Modelle, Filtertheorien und Segmentationstheorie. (Bis auf die Segmentationstheorie stellen alle Ansätze Varianten des neoklassischen Grundmodells dar.) Sie unterscheiden sich von den neoklassischen Arbeitsmarktmodellen, indem sie eine oder mehrere der restriktiven Annahmen des vollkommenen Marktes aufgeben und so realitätsnäher vorgehen. Sie bleiben jedoch bei der Annahme rationalen Verhaltens.

1.2 Informatorische Fundierung (Betriebliche Personalforschung)
Arbeitsmarktforschung

> **WISSENSWERTES**
>
> **Gen Y**
>
> In Anlehnung an Couplands (1992) Generation X beschreibt die *Gen Y* bzw. die *Generation Y* (geboren zwischen 1980 und 1995/2000) das Phänomen der jungen (Berufs-)Generation, die als erste in der virtuellen Hightech- und Konsumwelt aufgewachsen ist. Diese Altersgruppe gilt als erste wirklich vernetzte und globale Generation. Sie ist die flexible Generation – so die idealtypische Annahme –, die Flexibilität zum höchsten Lebensprinzip und zur Tugend erhebt. Dabei tauscht sie die Sicherheit dauerhafter Verpflichtungen gegen die Selbstverwirklichung. Vergnügen und der eigene Lustgewinn stehen im Vordergrund ihres Denkens und Handelns. Daher geht sie nur noch temporäre Allianzen und pragmatische Bindungen auf Zeit ein – auch in der Arbeitswelt. Bezeichnungen wie »Flickenteppich«, »Bastel-« oder »Wahlbiografie« beschreiben die sich ergebenden Lebensläufe dieser Generation. Vertreter dieser Altersgruppe werden zudem als optimistisch, multikulturell, paradox, entrepreneurial, experimentierfreudig, erlebnishungrig, hochinformiert, fun-suchend und aus eigener Erfahrung lernend charakterisiert. Zudem gelten sie als karriere- und leistungsorientiert – und sind von daher durchaus im Fokus des externen Personalmarketings (vgl. Sennet, 1998; Scholz, 2003; Sheahan, 2005).
>
> *Achtung*: Nicht nur der Terminus »Gen Y« ist sehr beliebt geworden und wird recht pauschal für die heutige, für den Arbeitsmarkt bereite Generation verwendet. Er soll dabei die relativ stark Social-Media-affine Ausrichtung der jungen Leute ausdrücken. Die eigentliche Bedeutung (s. o.) des Begriffs wird dabei ignoriert bzw. gar nicht wahrgenommen. Zudem kann man feststellen, dass viele »empirische« Daten zu Gen Y sich doch auf einen kleineren Kreis von jüngeren Leuten (v. a. Hochschulabsolventen, oft wirtschaftswissenschaftlicher Studiengänge) bezieht, allgemeine Aussagen zur Generation eigentlich gar nicht möglich sind.

besteht (z. B. an Facharbeitern bestimmter Spezialisierungen, Ingenieure bestimmter Fachrichtungen, Ärzte). Dieser Bedarf ist überdies oft latent, weil viele Betriebe ihre Nachfrage aus Kenntnis der Arbeitsmarktlage gar nicht mehr artikulieren. Für eine erfolgreiche Personalbeschaffungspolitik ist es beispielsweise generell notwendig, dass Ergebnisse von Arbeitsmarktforschungen rechtzeitig, regelmäßig und kurzfristig zur Verfügung stehen und Prognosen enthalten.

Probleme

Mit den Instrumenten der Arbeitsmarktanalyse sind allerdings einige *Probleme* verbunden: Verfügbares statistisches Material (z. B. die amtlichen Nachrichten der Statistischen Ämter, Veröffentlichungen von Verbänden) ist häufig – zumeist wegen Berufsaggregationen – nur wenig brauchbar. Methodisch einwandfreie, zielgerichtete Befragungen durch kommerzielle Institute sind wegen der damit verbundenen

> **WISSENSWERTES**
>
> **Generation Z**
>
> Die Generation Z (je nach Verständnis nach 1995 oder nach 2000 Geborene) studiert oder macht in den 2010er-Jahren die ersten Schritte auf den Arbeitsmarkt und stellt insofern die Arbeitgeber vor »neue« Herausforderungen. Sie »will« geregelte Arbeitszeiten, unbefristete Verträge und klar definierte Arbeitsplatzstrukturen. Eine Vermischung von Privatleben und Beruf ist nicht angestrebt. Loyalität zum Arbeitgeber ist nicht wirklich gegeben, genauso wie es auch andersherum nicht erwartet wird. »Online« gehört zu ihrem gesamten Leben und die Multitasking-Fähigkeit ist von daher selbstverständlich, allerdings ohne die stärkere digitale Kompetenz der Gen Y (s. o.). Dennoch ist ihre Anpassungsfähigkeit, nicht jedoch ihr Durchhaltevermögen stark ausgeprägt (vgl. Scholz, 2014a; http://www.karrierefuehrer.de/branchen/wirtschaftswissenschaften/generation-z-interview-christian-scholz.html, http://www.welt.de/wirtschaft/karriere/bildung/article152993066/Was-Generation-Z-vom-Berufsleben-erwartet.html; letzte Abrufe: 12.05.2016). Inwieweit dies alles wirklich auf große Teile der jungen Arbeitnehmerschaft zutrifft, ist allerdings zumindest umstritten.

Kosten oft nur Großbetrieben möglich. Quantitative Prognosemethoden (Trendextrapolationen, Regressionsanalysen u. a.) leiden oft unter dem Mangel an detaillierten Informationen und erbringen nur Näherungslösungen, u. a.

Als einfach zu beschreitende Auswege bieten sich an: eine Nutzung der Arbeitsagenturen als Informationsquellen, ständige Marktbeobachtung in eigener Regie durch Sammeln und Verarbeiten aller verfügbaren Informationen, Analyse der Erfolge von Personalbeschaffungen, differenziert nach unterschiedlichen Methoden.

1.3 Arbeitsforschung

1.3.1 Begriffe und Konzept

> Die betriebliche Arbeitsforschung beschäftigt sich zunächst mit der Analyse und Prognose der Arbeitssituation, den vom Arbeitsplatz ausgehenden Anforderungen an die Qualifikation sowie der Bewertung des Schwierigkeitsgrads der Aufgabenerfüllung.

Begriff

Eine zweckmäßige Zuordnung von Personen und Stellen in Gegenwart und Zukunft benötigt Informationen über Anforderungen und Qualifikationen in ihren *gegenwärtigen* wie auch *zukünftigen* Ausprägungen, damit gleichzeitig in ihren Ähnlichkeiten und ihren Unterschieden. Solche Informationen geben das Fundament aller Planungsbemühungen im Personal-Management ab, weil davon ausgegangen wird, dass mit zunehmender Übereinstimmung der Anforderungen eines Arbeitsplatzes mit den Leistungsvoraussetzungen des Arbeitsplatzinhabers dessen Bewährungswahrscheinlichkeit an diesem Arbeitsplatz zunimmt. Entsprechend richten sich personalwirtschaftliche Maßnahmen wie die Auswahl und Platzierung von Bewerbern oder die Fortbildung von Mitarbeitern an dieser »Passung« aus.

Unter *Anforderungen* werden *Soll-Vorstellungen* über diejenigen Voraussetzungen verstanden, die von einer Aufgabenstellung und der zugehörigen Arbeitssituation ausgehen und die von einer Person (Arbeitsplatzinhaber) erfüllt sein müssen, die diese Aufgabe zureichend bewältigen soll. Sie stellen das Bindeglied zwischen Stellen- und Personenmerkmalen dar und lassen sich durch zwei Aspekte kennzeichnen: Einerseits gehen von Arbeitsplätzen bestimmte Erfordernisse an diejenigen Personen aus, die sie besetzen (sollen). Andererseits liegen in den Personen bestimmte Möglichkeiten (Potenziale, Voraussetzungen), diesen Erfordernissen zu genügen. Das verdeutlicht die wichtige Schlussfolgerung, dass es nur sinnvoll ist, solche Anforderungen zu formulieren, die auch als persönliche Qualifikationsmerkmale im Sinne von Soll-Qualifikationen festgestellt werden können. Erkennbar bieten sich in diesem Zusammenhang zur Kategorisierung der Anforderungsinhalte (-merkmale) vorerst zum einen die personengebundenen Determinanten menschlicher Arbeitsleistungen an: Faktoren des Wollens und des Könnens. Zum anderen

Arbeitsplatzanforderungen

1.3 Informatorische Fundierung (Betriebliche Personalforschung)
Arbeitsforschung

Kontinuum der Merkmalsausprägungen

gehen auch von den Arbeitsbedingungen Anforderungen aus, die zum Beispiel als Belastungen verkraftet werden müssen.

Wird für jedes Anforderungsmerkmal ein Kontinuum möglicher Ausprägungen (u. U. skaliert) definiert, so könnten die für eine konkrete Aufgabenstellung faktisch festgelegten Merkmalsausprägungen grafisch verbunden werden. Damit würde – in Anlehnung an die bekannten Polaritätsprofile – ein Anforderungsprofil entstehen. Seine Ermittlung setzt eine Analyse der Arbeitssituation und eine Anforderungsbewertung voraus.

Genfer Schema

Auf einer internationalen Konferenz in Genf wurden im Jahre 1950 Anforderungen und Anforderungsarten zur Verwendung bei analytischen Verfahren der Arbeitsbewertung vorgeschlagen. Diese heute allgemein als *Genfer Schema* bezeichnete Taxonomie war vielfach Ausgangspunkt für später entwickelte Vorgehensweisen. Es differenziert dabei in vier Hauptanforderungskategorien bzw. Anforderungsgruppen (Können, Beanspruchung/Belastung, Verantwortung, Arbeitsbedingungen/Zusatzpunkte) und des Weiteren – basierend auf einer Unterscheidung in muskelmäßige oder nicht muskelmäßige, geistige Ausprägungen – letztendlich in sechs anzuwendende Anforderungsarten. Siehe dazu Abbildung 3-6. Mittlerweile hat das Genfer Schema vor allem historischen Wert. Von der Intention her wird es zwar immer noch verwendet, aber in anderen, vielfach branchenbezogenen und zeitadäquaten Differenzierungen (vgl. REFA, 1987).

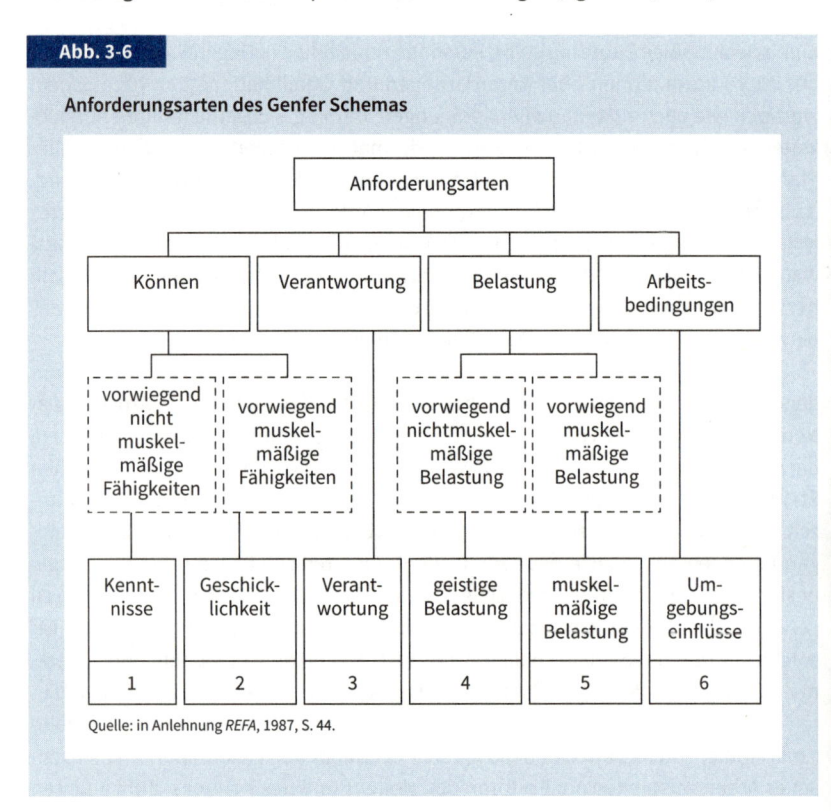

Abb. 3-6

Anforderungsarten des Genfer Schemas

Anforderungsarten
- Können
  - vorwiegend nicht muskelmäßige Fähigkeiten → Kenntnisse (1)
  - vorwiegend muskelmäßige Fähigkeiten → Geschicklichkeit (2)
- Verantwortung → Verantwortung (3)
- Belastung
  - vorwiegend nichtmuskelmäßige Belastung → geistige Belastung (4)
  - vorwiegend muskelmäßige Belastung → muskelmäßige Belastung (5)
- Arbeitsbedingungen → Umgebungseinflüsse (6)

Quelle: in Anlehnung *REFA*, 1987, S. 44.

Arbeitsforschung 1.3

An die Formulierung von Anforderungen lassen sich verschiedene Ansprüche formulieren. Deren Erfüllung ist wiederum mit bestimmten Problemen verbunden. Nachfolgend wird auf diese, getrennt nach inhaltlichen und methodischen Aspekten eingegangen.

Die Verantwortung für die gesamte Arbeitsforschung liegt konzeptionell wie auch für eine zielbezogene Mitarbeiterqualifizierung bei der Personalleitung. Auch die Auswahl und/oder Entwicklung sowie der Einsatz der verschiedenen Instrumente liegt in ihrem Aufgaben- wie Verantwortungsbereich. Lediglich in der Anwendung sind die direkten, teilweise auch die übernächsten, Vorgesetzten verantwortlich mit eingebunden.

Verantwortung

1.3.2 Ansprüche und Probleme

1.3.2.1 Inhaltliche Ansprüche und Probleme

Qualifikationsanforderungen leiten sich her aus der aktuellen bzw. zukünftigen Arbeitssituation. Diese setzt sich zusammen aus den durch den Aufgabenträger (innerhalb einer Arbeitsgruppe) zu erreichenden Zielen (erwartete Leistungsergebnisse), den zu ihrer Erreichung notwendigen Aktivitäten (i. S. v. Aufgaben), dem dazu erforderlichen Leistungsverhalten der Mitarbeiter sowie den Arbeitsbedingungen (personaler und sachlicher Art wie z. B. räumliche, klimatische Aspekte, hierarchische Einordnung, Motivation und Qualifikation der Kollegen u. a.). Damit sind die Bestimmungsgrößen von Anforderungen benannt, die die inhaltlichen Ansprüche an die informatorische Fundierung von Anforderungsprofilen stellen. Sie alle müssen bei der Ableitung Berücksichtigung finden und entsprechend ihrer Bedeutung gewichtet werden.

Arbeitssituation

Die von einem Arbeitsplatz ausgehenden Anforderungen sind in Form individueller *Leistungsvoraussetzungen* auszudrücken, also in Form von Verhaltensdeterminanten entweder wie Fähigkeiten, Fertigkeiten, Wissen und Motiven oder Fach-, Methoden-, Sozial- und Selbstkompetenz. Denn die Belastung und Beanspruchung des Individuums durch die Aufgabenerfüllung am Arbeitsplatz resultiert aus dem Ausmaß der Inanspruchnahme dieser Leistungsvoraussetzungen. Insofern müssen Aussagen über die Arbeitssituation mit solchen über die Leistungsvoraussetzungen verknüpft sein.

Aufgaben der Stelle bezeichnen die zur Erreichung der Teilziele erforderlichen Aktivitäten der Stelleninhaber, die unter den jeweiligen Arbeitsbedingungen ablau-

Analyse der Arbeitssituation

TERMINOLOGIE

Employability

Mit Employability ist die Beschäftigungs- oder Arbeitsmarktfähigkeit von Arbeitnehmern angesprochen. Sie zu erhalten und zu steigern liegt in der gemeinsamen Verantwortung der Mitarbeiter und der Betriebe (und hier insbesondere der Personalentwicklung).

1.3 Informatorische Fundierung (Betriebliche Personalforschung)
Arbeitsforschung

fen. Die betriebswirtschaftliche Organisationslehre (s. Becker, F.G., 2015, S. 177 ff.) verfügt über analytische Instrumente für die Untersuchung der Stellenziele und -aufgaben sowie der Aufgabenerfüllungsprozesse (*Aufgaben- und Arbeitsanalyse*).

Die Aufgabenerfüllung vollzieht sich innerhalb gegebener sachlicher wie personaler Arbeitsbedingungen. Zunächst betrifft dies die vorgesehenen Arbeitsverfahren und Arbeitshilfsmittel ebenso sowie die Organisationskultur u. Ä. Hier setzt eine *Bedingungsanalyse* an. Daneben bleibt zu beachten, dass die Aufgaben im arbeitsteiligen Handlungszusammenhang des Betriebs nicht isoliert und losgelöst von anderen Stellen erfüllt werden. Sie erfordern die Aufnahme und Aufrechterhaltung von Interaktionsbeziehungen mit internen und externen Partnern sowie damit die Übernahme bestimmter Rollen. Die Ergänzung der Aufgaben- und Arbeitsanalyse durch eine *Rollenanalyse* erscheint daher notwendig. Sie hebt die Art und Weise der notwendigen Interaktionsbeziehungen zwischen den Arbeitsplätzen und zu externen Partnern hervor. Auch dadurch ergeben sich – in einer späteren Analysephase – spezifische Anforderungen an das erwartete Verhalten und so an die notwendige Qualifikation.

Anforderungsanalyse

Schritte der *Anforderungsanalyse* beziehen sich auf den Zusammenhang zwischen den Anforderungskomponenten (Aufgaben, Bedingungen, Rollen) untereinander sowie zwischen ihnen und den genannten generellen Bestimmungsgrößen. Dazu eingesetzte Instrumente sollten eine schrittweise Umsetzung in *notwendige* Leistungsvoraussetzungsmerkmale (i. S. v. Qualifikationsanforderungen) leisten.

Anforderungsprognose

Anforderungen sind im Zeitablauf keineswegs konstant, sie unterliegen vielmehr – wie die ihnen zugrunde liegenden Aufgaben, Bedingungen und Rollen – vielfältigen Änderungen zum Beispiel aufgrund von technologischem und/oder strategischem Wandel. Bei langfristiger Betrachtung müssen Richtung und Intensität von Änderungen der Anforderungen berücksichtigt werden; die Anforderungsanalyse ist durch eine *Anforderungsprognose* zu ergänzen. Den eben gewonnenen Erkenntnissen zufolge vollzieht sich eine Ermittlung und Prognose von Anforderungen in zwei Schritten:

- *Analyse und Prognose* der *Arbeitssituation*, um Informationen über Erfordernisse der Arbeitsplätze zu erhalten,
- *Ableitung* (i. S. v. Analyse und Prognose) der persönlichen *Leistungsvoraussetzungen*, um diesen Erfordernissen zu genügen.

Fragen

Diese Schritte einer Anforderungsanalyse und -prognose sind notwendig, um Antworten auf die folgenden *Beispielfragen* zu erhalten:
- Welche Leistungsergebnisse werden durch welche Aktivitäten bewirkt?
- Durch welches Leistungsverhalten werden die Leistungsergebnisse bewerkstelligt?
- Wie wird das Leistungsverhalten durch die gegebenen Arbeitsbedingungen, durch die Arbeitsorganisation und durch die Interaktionen (mit internen und externen Partnern) beeinflusst?
- Welche persönlichen Dispositionen erlauben ein bestimmtes Leistungsverhalten?
- Wie wirken die Erfordernisse der Arbeitssituation auf die Personen als Belastung und Beanspruchung?

1.3.2.2 Methodische Ansprüche und Probleme

Über die wichtigsten Ansprüche theoretischer und pragmatischer Art an die Sammlung und Auswertung von Informationen über Arbeitsplatzanforderungen herrscht weitgehend Einigkeit:
1. Zugrundelegung eines theoretisch und empirisch begründeten Modells der Informationssammlung und -auswertung,
2. Zielorientierung der Informationssammlung und -auswertung, d. h. eine dem Verwendungszweck angemessene Vorgehensweise und
3. Wirtschaftlichkeit der Informationssammlung und -auswertung.

Ansprüche

Die Informationssammlung mündet praktisch in die Aufstellung von Anforderungskatalogen.

Zu 1: Zugrundelegung eines Modells

Ein theoretisch und empirisch begründetes Modell ist der Informationssammlung und -auswertung dann zugrunde gelegt, wenn die Anforderungsanalyse und -prognose bei solchen Tätigkeiten ihren Ausgang nimmt, die in der Wirklichkeit beobachtbar und erhebbar sind. Persönliche Leistungsvoraussetzungen können dem Ergebnis einer solchen Tätigkeitsanalyse zuerst lediglich hypothetisch zugeordnet werden. Diese Zuordnungen sind im Anschluss empirisch zu bestätigen – so die idealtypische Vorgehensweise. Eine solche Modellverwendung schließt Vorgehensweisen aus, in denen auf subjektive Annahmen gestützte (und damit intersubjektiv nicht prüfbare) Kataloge aufgestellt werden, die behaupten, alle diejenigen menschlichen Eigenschaften zu enthalten, die für eine erfolgreiche Aufgabenerfüllung erforderlich seien. Die Vielfalt und Vielzahl von Arbeitsplätzen macht vielmehr eine Erarbeitung differenzierter Anforderungskategorien notwendig, d. h. die Entwicklung von *Taxonomien* (i. S. v. Klassifikationsschemata zur Ordnung der Anforderungskategorien).

Begründetes Modell

Inhaltlich bedeutet die Zugrundelegung eines begründeten Modells, dass nach Möglichkeit alle Komponenten von Anforderungen erfasst werden: Also alle diejenigen, die von der Arbeitssituation ausgehen und Leistungsvoraussetzungen begründen. Die Verknüpfung dieser beiden Kategorien (Arbeitssituation, Leistungsvoraussetzungen) ist ein bisher kaum gelöstes *Transformationsproblem*.

Transformationsproblem

Eine solche Verknüpfung bedeutet, dass den Aktivitätsmerkmalen Verhaltensmerkmale zugeordnet werden und letzteren wiederum Qualifikationsmerkmale. Diese Verkettung ist deswegen notwendig, weil eine losgelöste – zum Beispiel allein auf Persönlichkeitsmerkmale gerichtete – Sichtweise zu einer Formulierung von Anforderungsmerkmalen führen würde, die ohne Arbeitsbezug bleiben müsste.

Die Taxonomieentwicklung ist der *Grundstein* für die Sammlung derjenigen Informationen, die für die Aufstellung von Anforderungskatalogen erforderlich sind. Daran schließt sich eine *betriebsindividuelle Spezifizierung* an: Für sie ist zu erheben, welche Anforderungsmerkmale in welchen Ausprägungen für die einzelnen Arbeitsplätze kennzeichnend sind. Für eine solche Erhebung stehen grundsätzlich die bekannten Techniken der empirischen Sozialforschung zur Verfügung, wie direkte Be-

1.3 Informatorische Fundierung (Betriebliche Personalforschung)
Arbeitsforschung

obachtung, Selbstdurchführung und/oder Interview (frei oder strukturiert). Das bedeutet, dass Anforderungen nicht autonom und subjektiv (etwa durch den »Chef«) festgelegt, sondern – durch Berücksichtigung mehrerer Ansatzpunkte – möglichst »objektiv« erhoben werden.

Bei der Erhebung von Anforderungen haben sich strukturierte Interviews unter Zuhilfenahme standardisierter Fragebögen weitgehend durchgesetzt. Sie erlauben am ehesten die geforderte Intersubjektivität bei der Erhebung und die Zusammenarbeit mehrerer Personen. Zudem genügen sie in weitaus höherem Ausmaß den Ansprüchen an die Zielorientierung und die Wirtschaftlichkeit der Informationssammlung und -auswertung.

Nicht nur hier: Zielorientierung

Zu 2: Zielorientierung der Informationssammlung und -auswertung

Zielorientierung der Informationssammlung und -auswertung heißt in diesem Zusammenhang, dass Anforderungskataloge den spezifischen Zwecken der Personalarbeit dienen sollen. Eine Taxonomie von Arbeitsplatzanforderungen muss daher die Tätigkeiten von Mitarbeitern vollständig und ihrer Bedeutung entsprechend erfassen. Unter pragmatischen Gesichtspunkten wird gefordert, dass eine Taxonomie entweder für einen bestimmten Betrieb speziell entwickelt oder aber eine allgemeinere auf ihn zugeschnitten wird.

Effizienz

Zu 3: Wirtschaftlichkeit

Bei der Sammlung und Auswertung von Informationen über Arbeitsplatzanforderungen das Gebot der Wirtschaftlichkeit zu beachten, ist besonders für diejenigen Managementtechniken praktisch bedeutsam, deren Anwendungserfolge sich nicht sofort und unmittelbar zeigen und auch nur höchst ungenau in Geld zu bemessen sind. Techniken des Personal-Managements gehören dazu. Die für die Aufstellung und Anwendung von Anforderungskatalogen eingesetzten Verfahren dürfen daher nicht zu viele Daten beschaffen und verarbeiten; die Datenbeschaffung und -verarbeitung darf ihrerseits nicht zu aufwändig sein.

1.3.3 Arbeitsplatzanalyse, Anforderungsanalyse und Arbeitsbewertung

1.3.3.1 Konzept

Die unterschiedlichen Analyse- und Prognoseebenen der Arbeitsforschung werden in Abbildung 3-7 visualisiert. (Die Erläuterung der aufgeführten Ebenen bzw. Teilbereiche erfolgt weiter unten.) Mit der Darstellung soll veranschaulicht werden, dass zum Ersten die Arbeitssituation analysiert werden muss. Auf Basis der Ergebnisse der Arbeitsplatzanalyse ist es zum Zweiten möglich, Qualifikationsanforderungen abzuleiten. Diese Anforderungsanalyse ist wiederum – in den in Deutschland gängigen Verfahren – zum Dritten die Grundlage für eine anforderungsgerechte Bewertung der zu vergütenden Arbeitsschwierigkeiten. Diese Arbeitsbewertung führt dann zur Festlegung der Vergütungshöhe (i. S. v. eines Tarifgehalt)

Arbeitsforschung 1.3

Abb. 3-7

Teilbereiche der Arbeitsforschung

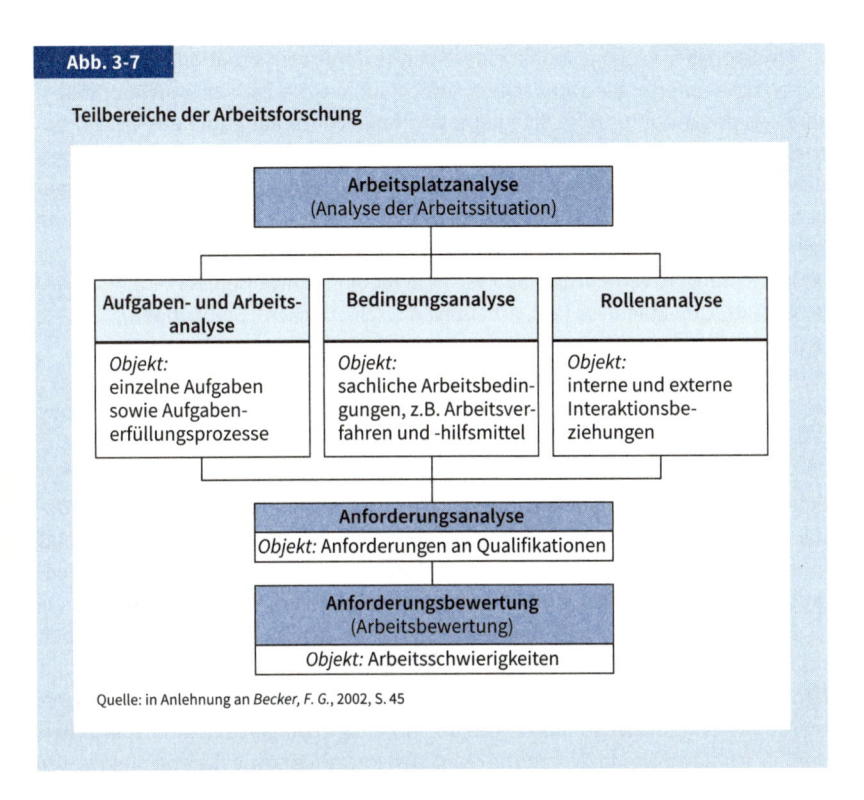

```
                    Arbeitsplatzanalyse
                 (Analyse der Arbeitssituation)
                            |
   ┌────────────────────────┼────────────────────────┐
Aufgaben- und Arbeits-   Bedingungsanalyse         Rollenanalyse
analyse
Objekt:                  Objekt:                   Objekt:
einzelne Aufgaben        sachliche Arbeitsbedin-   interne und externe
sowie Aufgaben-          gungen, z.B. Arbeitsver-  Interaktionsbe-
erfüllungsprozesse       fahren und -hilfsmittel   ziehungen

                    Anforderungsanalyse
               Objekt: Anforderungen an Qualifikationen

                    Anforderungsbewertung
                      (Arbeitsbewertung)
                   Objekt: Arbeitsschwierigkeiten
```

Quelle: in Anlehnung an *Becker, F. G.*, 2002, S. 45

1.3.3.2 Arbeitsplatzanalyse: Aufgaben- und Arbeits-, Bedingungs-, Rollenanalyse

Aus der Arbeitssituation heraus ergeben sich die Anforderungen an die Qualifikation der Stelleninhaber. Zu Grunde liegt eine entsprechende Analyse und Prognose dieser Arbeitssituation, die wir hier – vereinfachend – als *Arbeitsplatzanalyse* bezeichnen.

Arbeitssituation

> Die *Arbeitsplatzanalyse* dient hier als Oberbegriff für verschiedene Teilanalysen: die Aufgaben-, Bedingungs- und Rollenanalyse (= Analyse der Arbeitssituation), gefolgt von der Anforderungsanalyse und der Arbeitsbewertung.

Die Arbeitssituation eines Mitarbeiters im Betrieb ist in diesem Sinne durch die gestellte *Aufgabe*, die geltenden *Arbeitsbedingungen* (inkl. der Arbeitsverfahren und -hilfsmittel, darüber hinaus auch durch eine Vielzahl weiterer situativer Faktoren) sowie der zu erfüllenden *Rollen* gegenüber internen und externen Interaktionspartnern gekennzeichnet.

Bei der Analyse des Arbeitssituation geht es darum, wer was, wann, wie, wo und mit wem tut.

1.3 Informatorische Fundierung (Betriebliche Personalforschung)
Arbeitsforschung

Aufgaben- und Arbeitsanalyse

Traditioneller Ausgangspunkt einer Analyse der Arbeitssituation ist eine *Aufgabenanalyse* unter organisatorischem Gesichtspunkt. Sie ist hier insoweit interessant, als das mit ihrer Hilfe eine komplexe Aufgabenstellung (die des Gesamtbetriebs sukzessive) in solche Teilaufgaben kriteriengestützt zerlegt werden kann, von denen spezifische Anforderungen im Sinne von Leistungsvoraussetzungen ausgehen. Dazu können unterschiedliche *Analysemerkmale* zur näheren Untersuchung herangezogen werden (vgl. Kosiol, 1962, S. 62 f.; Becker, F.G., 2015, S. 184 ff.):

- Verrichtungen/Verrichtungsanalyse (z. B. Kleben, Schweißen, Nieten),
- Objekte/Objektanalyse (z. B. Arbeiten an Tisch-, Decken-, Stehlampen),
- Phasen/Phasenanalyse (Planungsphasen, Realisierung, Kontrolle),
- Rang/Ranganalyse (Entscheidung, Ausführung) und
- Zweckbeziehung (direkt oder indirekt auf die Ausführung der Hauptaufgaben ausgerichtete Teilaufgaben).

Eine »richtige«, d. h. exakte Ableitung ist prinzipiell in der Praxis kaum möglich. Daher wird im Allgemeinen ein pragmatisches Vorgehen gewählt. Nachfolgend erfolgt eine Synthese. Sie zielt auf die Zusammenfassung der analytisch abgeleiteten Teilaufgaben zu versachlichten, auf einzelne Stellen verteilbare Aufgabenkomplexe.

Bei der *Arbeitsanalyse* werden die auf Stelleninhaber übertragenen Teilaufgaben bis in die kleinsten Arbeitselemente (i. S. v. Phasen) differenziert. Danach erfolgt im Rahmen einer Synthese die personale, temporale und lokale Zuordnung aggregierter Arbeitselemente zu Arbeitsgängen und Arbeitsgangfolgen am Arbeitsplatz. Beider Ziel ist die effiziente Gestaltung der Arbeitsprozesse sowie der von diesen ausgehenden Anforderungen.

Bedingungsanalyse

Zu diesen Beschreibungsmerkmalen treten die Erfüllungsmerkmale Zeit, Ort, Hilfsmittel und Träger. Ihre erfüllungsbezogene Verlängerung findet die Aufgabenanalyse in der *Bedingungsanalyse*. Diese richtet sich auf die Gliederung der Erfüllungsvorgänge (Arbeitsverfahren), die Analyse der Arbeitsbedingungen (unterschiedlicher sachlicher Art) und die Analyse der Mittel zur Aufgabenerledigung (Arbeitshilfsmittel).

Rollenanalyse

Die Ergänzung der Aufgaben- und Bedingungsanalyse durch eine *Rollenanalyse* erscheint – aus den bereits oben angesprochenen Gründen – angeraten. Sie hebt die personalen Interaktionsbeziehungen zwischen den Arbeitsplätzen und externen Partnern hervor.

Grenzen der Arbeitsplatzanalyse

Aufgaben-, Bedingungs- und Rollenanalysen haben Grenzen darin, dass eine vollständige, d. h. eine alle relevanten Merkmale umfassende und über eine längere Zeit gültige Erfassung der Arbeitsplätze, kaum möglich erscheint. Zudem sind insbesondere geistige Tätigkeiten nur schwer analysierbar und beschreibbar. Das hat vor allem drei *Gründe*:

1. Die Zweckbestimmung der Arbeitsplatzanalyse, der Ermittlung von Anforderungen zu dienen, ist nicht operational definierbar, solange der korrespondierende Begriff der persönlichen Qualifikation nicht hinreichend präzise abgegrenzt ist. Dies wiederum ist davon abhängig, wie viele und welche Determinanten der Leistung und der Leistungsvoraussetzungen einbezogen werden und welches

Modell der Leistungserbringung zugrunde gelegt wird. Darüber besteht weithin keine Einigkeit.
2. Mit dem technologischen und arbeitsprozessualen Wandel verschieben sich die zu fordernden individuellen Leistungsvoraussetzungen und zwar an die »gleichen« Arbeitsplatzplätzen: Abnahme körperlicher, Zunahme geistiger Belastungen, steigende Bedeutung von Kooperationsfähigkeit, von Einsatzflexibilität etc. Dieser Veränderungsprozess ist oft schleichend und schwierig in Anforderungen umsetzbar.
3. Die genannten Faktoren der Arbeitssituation sind im Hinblick auf ihre Relevanz als Leistungsvoraussetzungen und insofern auch im Hinblick auf ihre Bedeutung als Begründung für Anforderungsarten weitgehend ununtersucht. Das betrifft sowohl das betriebliche Umfeld wie auch die Arbeitskontaktpersonen, obwohl in der Praxis der Personalauswahl heute auf diese Faktoren zunehmend Wert gelegt wird.

1.3.3.3 Anforderungsanalyse

Bei stetiger Entwicklung von betrieblichem Umfeld und Struktur sowie insbesondere bei tief greifenden Veränderungen mit Strukturbrüchen ist der Anforderungsanalyse eine Entwicklungsprognose voranzustellen. Für hierbei erkannte zukünftige Aufgaben besteht grundsätzlich noch keine stellenbezogene Zuordnung, sodass die übliche stellenbezogene *Anforderungsanalyse* zu kurz greift. Drumm (2008, S. 206) schlägt deshalb eine Vorgehensweise vor, die im Wesentlichen aus folgenden sieben *Schritten* besteht:

<!-- Anforderungsanalyse -->

1. Analyse des Betriebsumfeldes und Festlegung strategischer Ziele und Pläne,
2. Entwurf entsprechender Szenarien zukünftiger Tätigkeitsfelder,
3. Ermittlung der Aufgaben, die in zukünftigen Tätigkeitsfeldern gelöst werden müssen,
4. Ableitung von Anforderungen an Fähigkeiten, Kenntnisse und das Verhalten der Mitarbeiter (Qualifikationen) aus tätigkeitsfeldbezogenen Aufgaben,
5. Bündelung dieser Anforderungen zu Stellen (Bündelungskriterien sind zum Beispiel Berufsbilder, Spezialisierung vs. Generalisierung, die Ganzheitlichkeit eines Aufgabenkomplexes, Ähnlichkeit und Synergie),
6. Bestimmung des quantitativen Bedarfs an diesen neuen Stellen und
7. Prämissenkontrolle zur rechtzeitigen Erkennung von Veränderungen des Umfeldes und strategischer Ziele.

Die Ergebnisse werden gesammelt dazu genutzt, die Qualifikationsanforderungen im Rahmen einer Anforderungsanalyse abzuleiten. Die Durchführung einer Anforderungsanalyse bedingt zweierlei:
▶ Kenntnis von Verfahren (Heuristiken), mit denen es möglich ist, die mit einem Arbeitsplatz verbundenen Anforderungen aufzufinden. Die Analyse der Arbeitssituation bietet dafür zwar wichtige Anhaltspunkte, enthält jedoch selbst keine Brücke, über die von festgestellten Situationsmerkmalen aus ein Katalog notwendiger und hinreichender Anforderungsmerkmale formuliert werden könnte.

Bedingungen für Anforderungsanalysen

1.3 Informatorische Fundierung (Betriebliche Personalforschung)
Arbeitsforschung

Ein Verfahren, das dies leistet, ist bis heute nicht bekannt: Anforderungen werden vielmehr in eher autonomer Weise benannt.
- Kenntnis von begrifflichen Kategorien, in denen Arbeits-, Prozess- und Situationsaspekte, Aspekte der Persönlichkeit und ihres Verhaltens o. Ä. erfasst, beschrieben und einander zugeordnet werden könnten, und zwar so, dass ihre Summe im Ergebnis die »notwendigen Leistungsvoraussetzungen« ausmacht.

Methoden

Als *Methoden* der Arbeitsplatzanalyse und/oder der Anforderungsanalyse werden eingesetzt (vgl. von Rosenstiel/Nerdinger, 2011, S. 71 ff.):
- unstandardisierte Methoden (vorliegende Arbeitsplatzbeschreibungen, freie Berichte von Stelleninhabern, frei formulierte Berichte von Arbeitsanalytikern und Vorgesetzten, Arbeitsdurchführung durch den Arbeitsanalytiker, Dokumentenanalyse),
- halbstandardisierte Methoden (Methode der kritischen Ereignisse, Arbeitstagebuch, Beobachtung, Interview o. Ä.),
- standardisierte Methoden (Fragebogen, Beobachtungsinterview, Checklisten o. Ä.).

Verfahren

Diese verschiedenen Methoden werden nun – einzeln oder kombiniert – in unterschiedlichen Verfahren (resp. Instrumenten) zur Arbeitsplatzanalyse sowie teilweise auch zur Anforderungsbewertung eingesetzt. Wir differenzieren diese hier in (1) nicht-psychologische, technisch-arbeitswissenschaftlich ausgerichtete Verfahren und (2) psychologisch orientierte Verfahren.
- Unter den nicht-psychologischen, *technisch-arbeitswissenschaftlich ausgerichteten Analysen* (arbeits-/verrichtungsorientierte Analysen) werden solche verstanden, die zum Beispiel mittels Arbeitsablauf-, Arbeitsplatz-, Bewegungs-, Kosten- und Belastungsstudien versuchen, Arbeitsvorgänge zu erfassen (auch zu vereinfachen, Belastungen abzubauen, technische Ausrüstungen zu verbessern) sowie Umgebungseinflüsse auf ihre Stärke und ihre Auswirkungen hin zu untersuchen. Im Vordergrund stehen die Arbeitsbedingungen und die technologisch-organisatorischen Arbeitsinhalte als Objekte.
- Unter *psychologisch-orientierten Analysen* (personenorientierte Analysen) werden solche verstanden, mit denen versucht wird, das beobachtbare und abfragbare Verhalten der arbeitenden Person am Arbeitsplatz systematisch und psychologisch sinnvoll festzustellen. Sie konzentrieren sich auf die allgemeine Beschreibung des menschlichen Verhaltens und der Verhaltensmuster am Arbeitsplatz und orientieren sich weniger an technischen Aspekten der spezifischen Arbeit. Gleichzeitig gilt es, ein möglichst vollständiges Bild der Arbeitssituation, der Arbeitsaufgaben und der Arbeitsmittel zu erstellen, um daraus Rückschlüsse für die Arbeitssituation und die abzuleitenden Anforderungen zu ziehen.

> Wie aus den Formulierungen ersichtlich, werden manche der genannten Verfahren auch im Zusammenhang der Veränderung von Arbeitsbedingungen eingesetzt und zwar dort, wo es gilt, zu große Belastungen abzubauen.

1.3 Arbeitsforschung

Eine Vielzahl von *psychologisch-orientierten Verfahren* liegt vor. Sie lassen sich weiter unterteilen in:

- *aufgaben- oder aktivitätsorientierte Ansätze* (»task oriented«), die von sachbezogenen Arbeitsplatzerfordernissen ausgehen (Instrumente für aufgabenorientierte Verfahren sind zum Beispiel (vgl. von Rosenstiel/Nerdinger, 2011, S. 74 ff.): Supervisor Task Description Questionnaire (STDQ) (Dowell/Wexley, 1978), Supervisor Position Description Questionnaire (SPDQ) (Preen, 1963), Job Analysis Questionnaire (JAQ) (Krzystofiak/Newman/Anderson et al., 1979), Management Position Description Questionnaire (MPDQ) (Tornow/Pinto, 1976), Executive Position Description Questionnaire (EPDQ) (Hemphill, 1959), Verfahren zur Ermittlung von Regulationserfordernissen (VERA), Analyse der Regulationshindernisse in der Arbeitstätigkeit (RHiA) und Subjektive Arbeitsanalyse (SAD).
- *verhaltensorientierte Ansätze* (»worker oriented«), die an dem bei der Aufgabenerfüllung beobachteten Verhalten anknüpfen (Instrumente für verhaltensorientierte Verfahren sind z. B.: Position Analysis Questionnaire (PAQ) (McCormick, 1976), Fragebogen zur Arbeitsanalyse (FAA) (Frieling/Hoyos, 1978), Arbeitswissenschaftliches Verfahren zur Tätigkeitsanalyse (AET) (Rohmert/Landau, 1979) und Behaviour Expectation Scales (BES) (Smith/Kendall, 1963).
- *persönlichkeitsorientierte Ansätze* (»trait/ability oriented«), die die Persönlichkeitsvoraussetzungen für eine erfolgreiche Aufgabenerfüllung zur Grundlage nehmen (Instrumente für persönlichkeitsorientierte Verfahren sind zum Beispiel: Minnesota Job Requirements Questionnaire (MRJQ) (Desmond/Weiss, 1973), Taxonomy of Human Performance (Fleishman, 1975) und Job Diagnostic Survey (JDS) (Hackman/Oldham, 1975).

Psychologisch-orientierte Verfahren

Die Anforderungskataloge (als die gewählten Taxonomien), die unter Zugrundelegung dieser Ansätze entwickelt worden sind, zeigen erhebliche Unterschiede. Mithilfe der angesprochenen Beurteilungskriterien lässt sich eine Reihe von Gründen formulieren, die dafür sprechen, Anforderungskataloge zu entwickeln, die der aufgabenorientierten Gruppe entstammen:

- *Verhaltensorientierte Verfahren* sind trotz ihres anerkannt hohen theoretischen und empirischen Niveaus entweder zu breit, wenn sie (wie »Position Analysis Questionnaire«, »Fragebogen zur Arbeitsanalyse« und »Arbeitswissenschaftliches Erhebungsverfahren zur Tätigkeitsanalyse«) die ganze Palette menschlichen Leistungsverhaltens zu erfassen versuchen: Sie enthalten damit speziell für Führungstätigkeiten zu wenig prägnante Merkmale. Oder aber sie sind zu eng, wenn sie (wie der »Job Diagnostic Survey«) nur einen Aspekt (hier: den motivationalen) menschlichen Verhaltens berücksichtigen.
- *Persönlichkeitsorientierten Verfahren* fehlt in aller Regel der Arbeitsplatzbezug; damit sind sie nicht ausreichend praxisorientiert. Sie lassen sich höchstens indirekt mit Aufgabenanforderungen koppeln.
- Von den *aufgabenorientierten Verfahren* kann das von Tornow/Pinto (1976) auf allen (auch höheren) Managementebenen und -funktionen angewandt und auf die jeweiligen Verhältnisse eines konkreten Betriebes zugeschnitten werden. Die anderen Verfahren (»Supervisor Position Description Questionnaire«; »Job Ana-

Anforderungskataloge

1.3 Informatorische Fundierung (Betriebliche Personalforschung)
Arbeitsforschung

lysis Questionnaire«) sind eher für die unteren Managementebenen (Meister, Vorarbeiter) geeignet, weil sie ihren Schwerpunkt auf die technische Seite der Aufgaben legen.

1.3.3.4 Arbeitsbewertung

> Der von einem Arbeitsplatzinhaber zu bewältigende Schwierigkeitsgrad lässt sich durch die Summe der Ausprägungen aller festgestellten Anforderungsarten pro Arbeitsplatz ausdrücken. Mit Verfahren der *Arbeitsbewertung* (synonym: Anforderungsbewertung) wird der Versuch unternommen, diese Schwierigkeitsgrade quantitativ zu erfassen, um darauf später die Vergütungshöhe (s. Teil 3, Kap. 6) »anforderungsgerecht« zu basieren.

Aufgabe der Arbeitsbewertung ist letztlich die vergleichende Beurteilung der Arbeitsplätze innerhalb einer Branche oder eines Betriebs hinsichtlich der zu vergütenden Arbeitsschwierigkeiten. Der Anspruch einer solchen anforderungsgerechten Vergütung ist in fast allen geltenden Entgelttarifverträgen verankert und diesen wird wie folgt nachgekommen: Arbeitnehmer, die an Arbeitsplätzen mit höheren Anforderungen an die Qualifikation beschäftigt sind, sollen ein höheres Entgelt erhalten als Arbeitnehmer, die niedrigeren Anforderungen genügen sollen. Dazu werden unterschiedliche Bewertungsmethoden und Bewertungsprinzipien angewandt, die wechselseitig miteinander kombinierbar sind.

Unter *Bewertungsmethode* wird die Art und Weise des Vorgehens bei der Arbeitsbeurteilung verstanden:

Summarische und analytische Vorgehensweise

- *summarische Arbeitsbewertung* (ungeteilte Beurteilung der gesamten Arbeitsschwierigkeit eines Arbeitsplatzes) und
- *analytische Arbeitsbewertung* (Zerlegung Arbeitsplatzschwierigkeit in einzelne Anforderungsarten und folgende Beurteilung der Ausprägungen).

Bewertungsprinzipien dienen der Einordnung der Arbeitsplätze nach Maßgabe der für sie ermittelten Schwierigkeitswerte:

Prinzip der Reihung und der Stufung

- *Reihung* (stufenlose Rangordnung in Abhängigkeit von der Schwierigkeit, allerdings ohne die Abstände befriedigend zu differenzieren) sowie
- *Stufung* (schwierigkeitsspezifische Einordnung in vorher – wie auch immer – definierte Stufen).

Die sich in Kombinationen ergebenden klassischen *Standardverfahren* der Arbeitsbewertung lassen sich dann, wie in Abbildung 3-8 dargestellt, einordnen.

Im Einzelnen sind die Arbeitsbewertungsverfahren wie folgt zu kennzeichnen (vgl. Wibbe, 1966, S. 31 ff.; Möller, 1974, S. 35 ff.; Ridder, 2015, S. 236 ff.):

Die summarischen Arbeitsbewertungen werden in zwei, unterschiedlich umfangreiche Formen differenziert:

- *Rangfolgeverfahren*: Jede einzelne Arbeit wird global mit allen anderen Tätigkeiten in einem Betrieb verglichen und in eine Rangfolge eingeordnet, die den ge-

Arbeitsforschung 1.3

Abb. 3-8

Standardverfahren der Arbeitsbewertung

Bewertungs- prinzipien	Bewertungs- methoden	summarisch	analytisch
Reihung		Rangfolgeverfahren	Rangreihenverfahren
Stufung		Entgeltgruppenverfahren	Stufenwertzahlverfahren

schätzten Schwierigkeitsgraden entspricht. Ein wirklich sinnvoller Einsatz ist in der betrieblichen Praxis wegen fehlender Differenzierungsmöglichkeiten kaum sinnvoll.
- *Entgeltgruppenverfahren*: Es wird eine bestimmte, nach Schwierigkeitsgraden abgestufte Anzahl von Entgeltgruppen (synonym: Tarifgruppen) definiert. Die Arbeitsplätze werden mit Hilfe von Richtbeispielen beurteilt und in die Entgeltgruppen eingeordnet (vgl. Abbildung 3-9 hierzu). Dieses Verfahren ist weitverbreitet. Es ist ökonomisch effizient, selbst wenn Nachteile durch eine nicht ganz so genaue Differenzierung vorliegen.

Eine dichotome Differenzierung findet auch bei den analytischen Arbeitsbewertungen statt:
- *Rangreihenverfahren*: Jede Arbeit wird pro Anforderungsart durch Vergleich mit allen anderen Arbeiten in eine Rangreihe gebracht. Es entstehen also so viele Rangreihen, wie Anforderungsarten unterschieden werden. In jeder Rangreihe steht die Arbeit mit der niedrigsten Ausprägung an unterster, diejenige mit der höchsten Ausprägung an oberster Stelle. Eine in mehreren Anforderungsarten schwierige Arbeit wird dadurch mehrfach hoch eingeordnet. Die generelle Problematik des Bewertungsprinzips »Reihung« wird dadurch nicht behoben, sodass auch diese Verfahrensarten generell nicht wirklich sinnvoll in der betrieblichen Praxis eingesetzt werden können.

Rangreihenverfahren

- *Stufenwertzahlverfahren*: Die Anforderungsmerkmale werden durch Gewichtungen in eine Rangskala der relativen Bedeutung zueinander gebracht. Darüber hinaus wird jedes Merkmal in Ausprägungsstufen unterteilt und mit Punktbewertungen versehen. Die Arbeitsplätze eines Betriebs (Betriebsteils) sind daraufhin einzustufen, welche Anforderungsart einem Arbeitsplatzinhaber welche Beanspruchungshöhe abverlangt. Die dabei aufgefundenen Punktzahlen werden addiert; hohe Punktzahlen sind Ausdruck für hoch eingeschätzte Arbeitsschwierigkeiten. Das Verfahren verspricht im Prinzip eine sinnvolle Einschätzung der Arbeitsschwierigkeiten.

Stufenwertzahlverfahren

Analytische Arbeitsbewertungen zeichnen sich gegenüber den summarischen Verfahren durch größere Genauigkeit und dadurch aus, dass mit ihnen ein höheres

1.3 Informatorische Fundierung (Betriebliche Personalforschung)
Arbeitsforschung

Abb. 3-9

Tarifliche Entgeltgruppen (am Beispiel vom ERA)

E 1	Einfache Tätigkeiten, die nach einer zweckgerichteten Einarbeitung und Übung von bis zu vier Wochen verrichtet werden können. Es ist keine berufliche Vorbildung erforderlich.
E 2	Tätigkeiten, deren Ablauf und Ausführung weitgehend festgelegt sind. Erforderlich sind Kenntnisse und Fertigkeiten, wie sie in der Regel durch ein systematisches Anlernen von bis zu sechs Monaten erworben werden.
E 3	Tätigkeiten, deren Ablauf und Ausführung überwiegend festgelegt sind. Erforderlich sind Kenntnisse und Fertigkeiten, wie sie in der Regel durch ein systematisches Anlernen von mehr als sechs Monaten erworben werden.
E 4	Tätigkeiten, deren Ablauf und Ausführung teilweise festgelegt sind. Erforderlich sind Kenntnisse und Fertigkeiten, wie sie in der Regel durch eine mindestens zweijährige fachspezifische Ausbildung erworben werden.
E 5	Sachbearbeitende Aufgaben und/oder Facharbeiten, deren Erledigung weitgehend festgelegt sind. Erforderlich sind Kenntnisse und Fertigkeiten, wie sie in der Regel durch eine abgeschlossene mindestens 3-jährige fachspezifische Berufsausbildung erworben werden.
E 6	Schwierige sachbearbeitende Aufgaben und/oder schwierige Facharbeiten, deren Erledigung überwiegend festgelegt sind. Erforderlich sind Kenntnisse und Fertigkeiten, wie sie in der Regel durch eine abgeschlossene mindestens dreijährige fachspezifische Berufsausbildung und mehrjährige Berufserfahrung erworben werden.
E 7	Umfassende sachbearbeitende Aufgaben und/oder besonders schwierige und hochwertige Facharbeiten, deren Erledigungen teilweise festgelegt sind. Erforderlich sind Kenntnisse und Fertigkeiten, wie sie in der Regel durch eine abgeschlossene mindestens dreijährige fachspezifische Berufsausbildung und eine mindestens zweijährige Fachausbildung oder zusätzliche Kenntnisse und Fertigkeiten, die durch langjährige Berufserfahrung erworben werden.
E 8	Ein Aufgabengebiet, das im Rahmen von bestimmten Richtlinien erledigt wird oder hochwertigste Facharbeiten, die hohes Dispositionsvermögen und umfassende Verantwortung erfordern. Erforderlich sind Kenntnisse und Fertigkeiten, wie sie in der Regel durch eine abgeschlossene mindestens dreijährige fachspezifische Berufsausbildung und eine mindestens zweijährige Fachausbildung erworben werden sowie zusätzliche Kenntnisse und Fertigkeiten, die durch langjährige Berufserfahrung erworben werden.
E 9	Ein erweitertes Aufgabengebiet, das im Rahmen von Richtlinien erledigt wird. Erforderlich sind Kenntnisse und Fertigkeiten, wie sie durch den Abschluss einer mindestens vierjährigen Hochschulausbildung erworben werden. Diese Kenntnisse und Fertigkeiten können auch durch eine abgeschlossene mindestens dreijährige fachspezifische Berufsausbildung und eine mindestens zweijährige Fachausbildung und eine langjährige Berufserfahrung sowie eine zusätzliche spezielle Weiterbildung oder auf einem anderen Weg erworben werden.
E 10	Ein Aufgabenbereich, der im Rahmen von allgemeinen Richtlinien erledigt wird. Erforderlich sind Kenntnissee und Fertigkeiten, wie sie durch den Abschluss einer mindestens vierjährigen Hochschulausbildung erworben werden und Fachkenntnisse durch mehrjährige spezifische Berufserfahrung. Diese Kenntnisse und Fertigkeiten können auch auf einem anderen Weg erworben werden.
E 11	Ein erweiterter Aufgabenbereich, der teilweise im Rahmen von allgemeinen Richtlinien erledigt wird. Erforderlich sind Kenntnisse und Fertigkeiten, wie sie durch den Abschluss einer mindestens vierjährigen Hochschulausbildung erworben werden sowie Fachkenntnisse und langjährige spezifische Berufserfahrung. Diese Kenntnisse und Fertigkeiten können auch auf einem anderen Weg erworben werden.

Quelle: in Anlehnung an http://www.era-tv.de/ [letzter Abruf: 16.05.2016]

Arbeitsforschung 1.3

Maß an Objektivität erreicht werden kann. Allerdings kann es unter Kosten-Nutzen-Überlegungen sinnvoll sein, auf diese Genauigkeit nicht so viel Wert zu legen.

Stufenwertzahlverfahren sind die komplizierteren Techniken. An ihnen können die einzelnen Schritte der Anforderungsbewertung am besten verdeutlicht werden. Aufgrund einer Anforderungsanalyse werden die *Anforderungsarten (-merkmale)* festgelegt, gegebenenfalls je nach betriebsindividuellen Besonderheiten in Untermerkmale zerlegt. Pro (Unter-)Merkmal werden dann Ausprägungsskalen (-stufen) zugeordnet, in denen die Stärke der Beanspruchung durch das Anforderungsmerkmal zum Ausdruck kommt. Um alle Arbeitsplätze über die Gesamtheit ihrer Schwierigkeitsinhalte und Beanspruchungsstufen hinweg vergleichbar zu machen, ist eine *Wertzahlzumessung* erforderlich. Diese geschieht durch Vergabe dimensionsloser Punkte, die zu einem Gesamt-Arbeitswert pro Arbeitsplatz additionsfähig sind.

Stufenwertzahlverfahren

Die Anforderungsmerkmale sind in ihrer Bedeutung für eine wirksame Aufgabenerfüllung und in der Schwere, mit der ihre Erfüllung einen Arbeitsplatzinhaber beansprucht, nicht gleichwertig. Daher werden sie *gewichtet*. Hinzu kommen *Punktwerte* für die Beanspruchungsstufen pro Anforderungs(unter)merkmal. Dies lässt subjektiven, interessengeleiteten Einflüssen Raum. Völlige Objektivität ist nicht erreichbar; sie kann näherungsweise erzielt werden, wenn in einer Bewertungsgruppe Interessenausgleich herbeigeführt wird, in die zum Beispiel Kaufleute und Techniker, Vertreter der Geschäftsleitung und der Arbeitnehmer sowie Bewertungs-

Gewichtung

Abb. 3-10

Schema einer Arbeitsbewertung nach dem Stufenwertzahlverfahren

Anforderungsart	Gewichtung	Untermerkmale	Stellen					
			I Punkte		II Punkte		III Punkte	
			abs.	gew.	abs.	gew.	abs.	gew.
A	30	A1	3	90	1	30	2	60
		A2	4	120	1	30	3	90
		A3	1	30	1	30	1	30
			8	240	3	90	6	180
B	40	B1	0	0	2	80	1	40
		B2	3	120	2	80	3	120
		B3	2	80	1	40	0	0
			5	200	5	200	4	160
C	10	C1	1	10	2	20	4	40
		C2	1	10	0	0	3	30
		C3	2	20	2	20	4	40
			4	40	4	40	11	110
D	20	D1	2	40	3	60	1	20
		D2	2	40	3	60	2	40
		D3	1	20	2	40	1	20
			5	100	8	160	4	80
	100		22	**1160**	20	**980**	25	**1060**

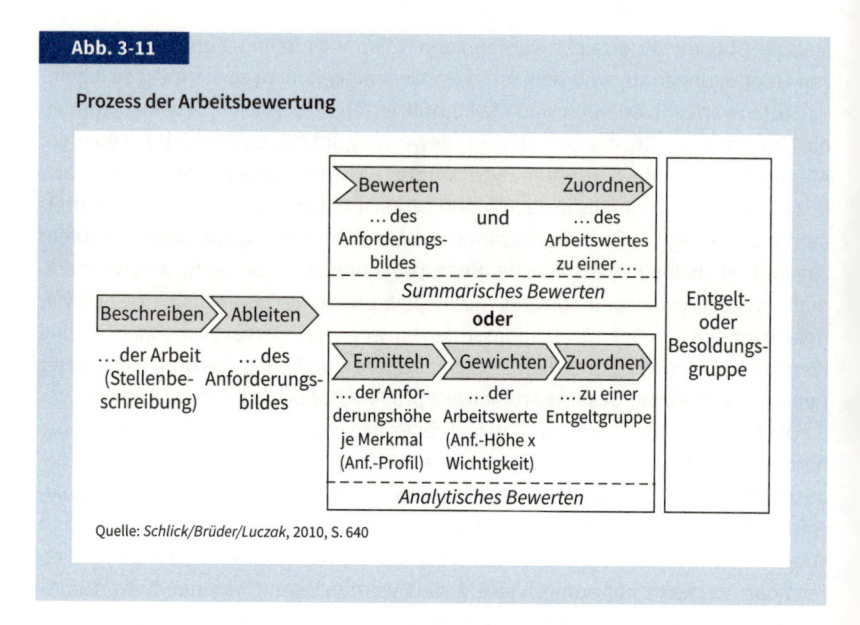

1.3 Informatorische Fundierung (Betriebliche Personalforschung)
Arbeitsforschung

Abb. 3-11

Prozess der Arbeitsbewertung

```
                          Bewerten            Zuordnen
                          ... des             ... des
                          Anforderungs-       Arbeitswertes
                          bildes              zu einer ...
                          ─────────────────────────────────
                          Summarisches Bewerten              Entgelt-
  Beschreiben  Ableiten   oder                               oder
                                                             Besoldungs-
  ... der Arbeit  ... des  Ermitteln  Gewichten  Zuordnen    gruppe
  (Stellenbe-  Anforderungs- ... der Anfor-  ... der        ... zu einer
  schreibung)  bildes       derungshöhe  Arbeitswerte   Entgeltgruppe
                            je Merkmal   (Anf.-Höhe x
                            (Anf.-Profil) Wichtigkeit)
                          ─────────────────────────────────
                          Analytisches Bewerten
```

Quelle: *Schlick/Brüder/Luczak*, 2010, S. 640

spezialisten entsandt werden. Das Ergebnis einer so vollzogenen Anforderungsbewertung demonstriert in einem formalen Zahlenbeispiel Abbildung 3-10. Die sich für die drei Stellen ergebenden Punkte werden mit einem vorher festgelegten Geldwert (bspw. € 3,50) multipliziert, sodass man dann entsprechend der Arbeitsschwierigkeiten genau differenzierte Entgelte ermitteln kann.

Für die Treffsicherheit einer Bewertung wichtig ist ein systematischer, aufgaben- und zielbezogener Ablauf der Arbeitsbewertung. Abbildung 3-11 visualisiert eine prinzipiell zweckmäßige Vorgehensweise sowohl für die analytische als auch die summarische Vorgehensweise.

Hay-Verfahren

Speziell für die Arbeitsbewertung von *Führungskräftepositionen* wird oft im Grundsatz auf das Hay-Verfahren zur Erstellung von Stellenwertprofilen zurückgegriffen (vgl. Bellak, 1982; Schettgen, 1996; Gonschorrek/Hoffmeister, 2006, S. 266). Es stellt eine Weiterentwicklung des Rangreihenverfahrens dar. In mehreren Schritten werden die unterschiedlichen Stelleninhalte erfasst, verglichen und analytisch oder summarisch bewertet. Bei der Analyse verwendet man die drei Dimensionen »Wissen« (als Input), »Denkleistung« und »Verantwortung« (als Output). Differenzierte Bewertungsregeln helfen, diese weiter untergliederten Dimensionen (4-8 Stufen) sowie die sich ergebenden Anforderungen jeder Stelle festzustellen. Es ergeben sich zunächst für jede Stufe, Dimension und Stelle Punktwerte. Die angewendete Methodik wird teilweise stark kritisiert. Mittlerweile hat es auch Weiterentwicklungen zum »Job Evaluation Manager« gegeben (vgl. http://de.slideshare.net/Armenian_HR_Assocaition/hay-jobs-Evaluation; letzter Abruf: 06.03.2016) wie auch vielfältige Variationen im Angebot von Personalberatern. Zur Darstellung der prinzipiellen Vorgehensweise bei der Bewertung siehe Abbildung 3-12.

1.3 Arbeitsforschung

Abb. 3-12

Bewertungskriterien nach Hay

Dimensionen		Bewertungskriterien					
	Wissen			Denkleistung		Verantwortung	
Faktoren der Aufgabenbewältigung	Sach- oder Fachwissen	Managementanforderungen	Umgang mit Menschen	Denkrahmen	Denkanforderungen	Handlungsfreiheit	Art der Einflussnahme	Geldgrößenordnung
Bewertungsstufen	8 Stufen	7 Stufen	3 Stufen	8 Stufen	5 Stufen	8 Stufen	4 Stufen	6 Stufen
Belegung mit Punktwerten				Gesamtsumme der Stelle				

Quelle: *unbekannt*

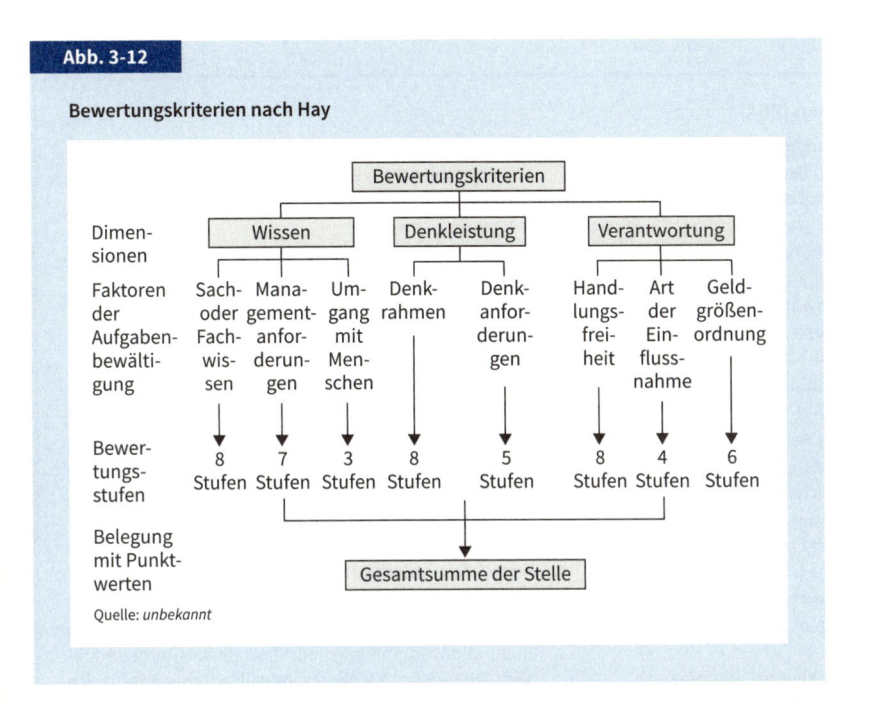

Die generelle *Problematik* der Arbeitsforschung besteht durch die Vielschichtigkeit menschlicher Arbeit. Diese induziert eine interdisziplinäre Arbeit von Arbeitsmedizinern, -psychologen, -wissenschaftlern, Ingenieuren und Betriebswirten. Eine solche Interdisziplinarität ist in Betrieben kaum herstellbar. Hier können allerdings interdisziplinär ausgebildete Arbeitsforscher ansetzen. Die Problematik besteht des Weiteren vor allem darin, dass es kein hinreichendes theoretisches Modell gibt, um die Anforderungen aus Arbeitsaufgaben abzuleiten. Zudem lassen sich die oft verwendeten Anforderungen vielfach kaum voneinander abgrenzen sowie in ihren Ausprägungen nur unzuverlässig messen. Es zeigt sich bei der Ermittlung von Anforderungen, dass sie weniger eine objektive Ableitung darstellen, sondern Ergebnis eines auch mikropolitisch geführten Verhandlungsprozesses sind.

In Gebrauch befindliche Arbeitsbewertungsverfahren beschränken sich überwiegend auf einige arbeitsplatzbezogene Faktoren des Könnens. Darüber hinausgehende situative Anforderungsfaktoren und Determinanten des Wollens zur Leistungserbringung bleiben dabei oft außer Betracht.

Anforderungsprofile werden heute in der Praxis überwiegend – in Form von Arbeitsbewertungen – unabhängig von Qualifikationsprofilen (für Arbeitsplatzinhaber) verwendet und zwar für eine anforderungsgerechte Entgeltdifferenzierung sowie für Arbeitsgestaltungen und Rationalisierungen von Arbeitsabläufen. Darüber hinaus sind Anforderungsprofile zusammen mit Qualifikationsprofilen in allen Bereichen des Personal-Managements notwendig, wenn auch Aussagen über Mitarbeiter-Soll-Qualifikationen benötigt werden, also für die Personalbedarfsermittlung, die Personalbeschaffung, den Personaleinsatz und die Personalentwicklung.

Problematik

Praxis

1.3 Informatorische Fundierung (Betriebliche Personalforschung)
Arbeitsforschung

> **ZUR VERTIEFUNG**
>
> **Entgeltrahmenabkommen (ERA)**
>
> Das Entgeltrahmenabkommen wurde 2003 zwischen der Gewerkschaft IG Metall und dem Arbeitgeberverband Gesamtmetall geschlossen. Ziel dieses Abkommens war die Beseitigung der tariflichen Trennung zwischen Arbeitern und Angestellten, die Harmonisierung der Vergütung für gleichwertige Arbeiten sowie eine Anpassung der Vergütungsgruppen an aktuellen Anforderungen.
> ERA ersetzt die vormals bestehenden Lohnrahmen- und Gehaltsrahmentarifverträge (LRTV und GRTV) für Arbeiter und Angestellte und enthält darüber hinaus Regelungen zur Leistungsbeurteilung und -zulage (vgl. Reichel, 2005; https://www.gesamtmetall.de/tarifpolitik/tarifvertraege/entgeltrahmentarifvertrag-era, letzter Abruf: 16.05.2016).
> ERA ist kein bundeseinheitlicher Tarif, es ist regional in den Tarifgebieten durchaus unterschiedlich geregelt. Grundsätzlich besteht ERA aus folgenden Tarifverträgen:
> - Im *EntgeltrahmenTV* werden die Eingruppierungsbestimmungen, das Bewertungsverfahren, die Entgeltformen sowie Belastungen und Erschwernisse geregelt.
> - Der *EntgeltTV* enthält schließlich die genaue Entgelttabelle sowie die Ausbildungsvergütung.
> - Im *EinführungsTV* bzw. *ÜberleitungsTV* ist geregelt, innerhalb welcher Zeitschiene eine Überführung in das Entgeltrahmenabkommen stattfinden soll.
>
> Darüber hinaus finden sich dort Bestimmungen zum Eingruppierungsverfahren, der Besitzstandssicherung sowie der Sicherung der betrieblichen Kostenneutralität.
> - Der *TV ERA-Anpassungsfonds* enthält alle Regelungen zum Aufbau des Fonds und die Faktoren für die Bemessung der Fondszuführung. Die genaue Ausgestaltung des tariflichen Regelwerkes differiert je nach Tarifregion.
>
> Im Fokus der vereinbarten *systembedingten Kostenneutralität* steht, dass das Tarifvolumen laut Entgeltrahmenabkommen nicht höher sein darf, als das Tarifvolumen der alten Tarifverträge unterteilt nach Arbeitern und Angestellten. Je nach Tarifregion sind zwischen elf und 17 Entgeltgruppen festgelegt. Die Einordnung in eine Entgeltgruppe erfolgt anhand der mit einer Tätigkeit verbundenen Arbeitsanforderung (Wissen, Können, Kenntnisse, Erfahrung; Handlungs- und Entscheidungsspielraum; Selbstständigkeit und Verantwortung; Zusammenarbeit, Kooperation, Kommunikation; Flexibilität; Mitarbeiterführung). Diese wird wiederum individuell entweder durch ein summarisches oder analytisches Bewertungsverfahren ermittelt. Siehe dazu beispielhaft Abbildung 3-13. Das Entgeltrahmenabkommen sieht auch ein *Leistungsentgelt* vor, das zusätzlich zum Grundentgelt gezahlt wird.

Abb. 3-13

Beispiel des Stufenwertzahlverfahrens aus dem ERA zum Anforderungsmerkmal »Handlungs- und Entscheidungsspielraum«

Anforderungsmerkmale		Bewertungsstufen für die Arbeitsaufgabe	Punktwert
Handlungs- und Entscheidungsppielraum	1	Die Erfüllung der Arbeitsaufgabe ist im Einzelnen vorgegeben.	2
	2	Die Erfüllung der Arbeitsaufgabe ist weitgehend vorgegeben.	10
	3	Die Erfüllung der Arbeitsaufgabe ist teilweise vorgegeben.	18
	4	Die Erfüllung der Arbeitsaufgabe erfolgt überwiegend ohne Vorgaben weitgehend selbstständig.	30
	5	Die Erfüllung der Arbeitsaufgabe erfolgt weitgehend ohne Vorgabe selbstständig.	40

1.4 Qualifikations- und Eignungsforschung

1.4.1 Begriff und Konzept

Die Qualifikations- und Eignungsforschung dient der Erhebung, Beschreibung, Beurteilung und Prognose der Qualifikationen und letztlich der Eignungen von Mitarbeitern wie Bewerbern.

Zur Informationsgewinnung werden die verschiedenen Formen der personalen Eignungsprüfung und speziell der Eignungsbeurteilung eingesetzt. Als Oberbegriff für alle Beurteilungen von Personen in Betrieben dient hier die *personale Eignungsprüfung* informatorische Fundierung für alle diesbezüglichen Entscheidungen des Personal-Managements. Die verschiedenen Instrumente sind dabei vor allem auf einzelne Personen ausgerichtet. Sie ist in mehrere spezielle Formen zu differenzieren (vgl. Wunderer, 1978; siehe auch Abbildung 3-14):

▸ Die *Eignungsdiagnostik* wird von Fachleuten (in der Regel Psychologen) mittels eignungsdiagnostischer Verfahren (z. B. Leistungs- und Persönlichkeitstests) angewendet. Sie kann zwar auch im betrieblichen Umfeld zu vielerlei Zwecken ein-

Eignungsprüfung

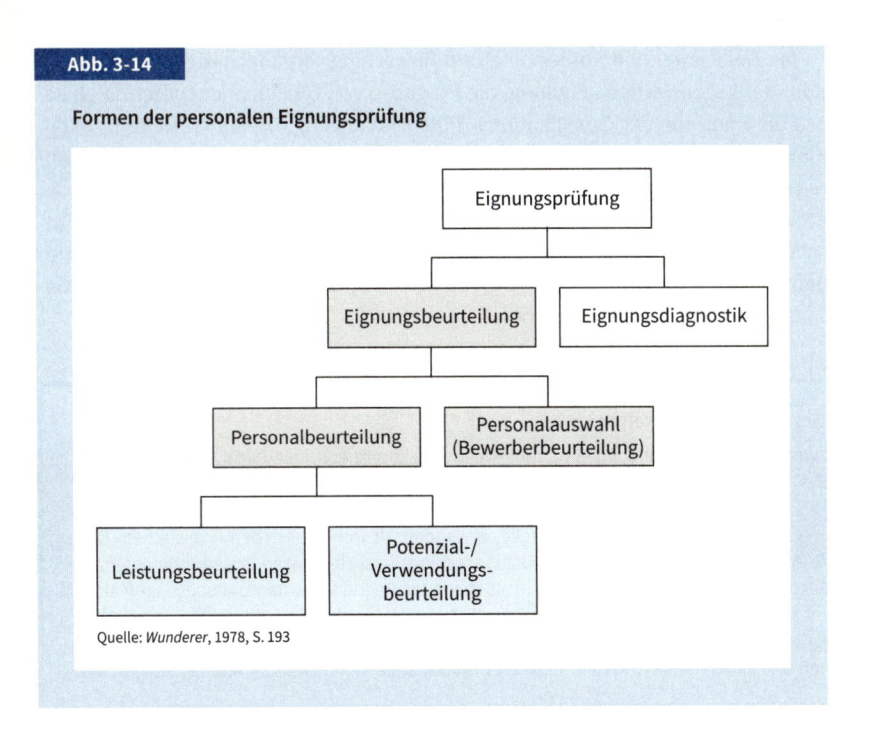

Abb. 3-14

Formen der personalen Eignungsprüfung

```
                    Eignungsprüfung
                    /            \
          Eignungsbeurteilung   Eignungsdiagnostik
          /            \
Personalbeurteilung   Personalauswahl
    /        \        (Bewerberbeurteilung)
Leistungs-   Potenzial-/
beurteilung  Verwendungs-
             beurteilung
```

Quelle: *Wunderer*, 1978, S. 193

1.4 Informatorische Fundierung (Betriebliche Personalforschung)
Qualifikations- und Eignungsforschung

gesetzt werden, wird in der Regel jedoch außerhalb von Betrieben durchgeführt. Ihr Aussagewert ist zumindest für betriebliche Zwecke zumeist sehr gering. Von einer unprofessionellen Anwendung ist im Übrigen abzuraten.

Eignungsbeurteilung

▸ Die *Eignungsbeurteilung* ist dagegen eine »Laienbeurteilung«, die von Mitarbeitern des Betriebs durchgeführt wird. (»Laie« ist hier nicht diskreditierend gemeint. In den meisten Fällen werden Linienvorgesetzte und in psychologischen Aspekten angelernte Personaler mit solchen Aufgaben vertraut. Für die ist der Terminus treffend. Sollten professionelle Organisations- bzw. Personalpsychologen mit entsprechenden Aufgaben betraut werden, so ist er allerdings unzutreffend.) Sie wird hier wie folgt differenziert:
  - Die *Bewerberbeurteilung* betrifft die Feststellung der voraussichtlichen Eignung von externen wie internen Bewerbern für vakante Stellen hinsichtlich der jeweiligen Stellenanforderungen im Rahmen der meist als Personalauswahl bezeichneten Aufgabe.
  - Die *Personalbeurteilung* bezieht sich dagegen ausschließlich auf bereits im Betrieb beschäftigte Mitarbeiter. Die Beurteilung findet hinsichtlich der Objekte Eignung, Leistung und Potenzial statt.

Verantwortung

Die Verantwortung für die gesamte Qualifikations- und Eignungsforschung liegt konzeptionell wie auch für eine zielbezogene Mitarbeiterqualifizierung bei der Personalleitung. Auch die Auswahl und/oder Entwicklung sowie der Einsatz der verschiedenen Instrumente liegt in ihrem Aufgaben- wie Verantwortungsbereich. Lediglich in der Anwendung sind die direkten, teilweise auch die übernächsten Vorgesetzten verantwortlich mit eingebunden.

»Erfolg besteht darin, dass man genau die Fähigkeiten hat, die im Moment gefragt sind.«
Henry Ford

Als *Ziele* gelten die Aufdeckung und Bewertung vergangener Leistungen und/oder der gegenwärtigen Eignung, die Prognose von Qualifikationspotenzialen sowie die Kontrolle der Qualifikations-/Potenzialnutzung. Die durch sie ermittelten Informationen sind unabdingbar für Personalauswahl, -einsatz, -entwicklung, Anreizsysteme, Entgeltdifferenzierung, Karriereplanung und/oder die Gestaltung der Arbeitsbedingungen, wenngleich die Instrumente nur Hilfestellungen für die Entscheidungsprozesse darstellen können. Sie bieten keine »objektiven« Informationen an und sind insofern durch die verantwortlichen Entscheidungsträger im Gesamtzusammenhang einzuordnen.

TERMINOLOGIE

Qualifikation, Eignung, Kompetenz, Fähigkeiten ...

In Wissenschaft und Praxis werden eine Vielzahl von Termini zu der hier diskutierten Thematik genutzt: Qualifikation, Eignung, Kompetenz, Fähigkeit, Fertigkeiten (und ihre weitere Untergliederungen). Noch vielfältiger sind die mit ihnen verbundenen Begriffe: Mit dem gleichen Terminus werden unterschiedliche Begriffe verbunden, mit unterschiedlichen Termini oder oft auch der gleiche Begriff angesprochen. Inkompatible Gleichsetzungen von unterschiedlichen Begriffssystemen sind dabei ebenso vorzufinden, wie unreflektierte Auseinandersetzungen. Dies alles erschwert es den Lesern, die Thematik eindeutig nachzuvollziehen und die Probleme zu entschlüsseln. An dieser Stelle verwenden wir vornehmlich den »klassischen« Qualifikations-, teilweise auch den »modernen« Kompetenzbegriff als absoluten Begriff sowie den Eignungsbegriff als relativen (Relation »Anforderungen/Qualifikationen«). Weiter hinten bei der Personalentwicklung, Teil 3, Kap. 5.1.1, gehen wir auch auf den modernen Kompetenzbegriff ein.

1.4.2 Qualifikations-, Kompetenz- und Eignungsprofile

Zunächst gilt es auch an dieser Stelle zu differenzieren, was wir hier unter den zusammenhängenden Begriffen »Qualifikation«, »Kompetenz« und »Eignung« verstehen.

- *Qualifikation* als »absoluter Begriff« bezieht sich im Allgemeinen auf die Kenntnisse, Fähigkeiten, Fertigkeiten, Verhaltensmöglichkeiten, Werte und Einstellungen einer Person, die dieser prinzipiell zur Verfügung stehen, die diese also als vorhandenes Leistungspotenzial aktuell realisieren kann. Sehr verschiedene Taxonomien differenzieren dabei die Qualifikationskomponenten durchaus unterschiedlich. Hiervon zu unterscheiden sind die (Qualifikations-)Anforderungen, die vom Arbeitsplatz ausgehenden Soll-Voraussetzungen an die Qualifikation (s. Teil 3, Kap. 1.4.1).
- *Kompetenz* ist ein ebenso »absoluter Begriff« und ebenso vieldeutig generiert und verwendet. Er gilt im Vergleich zum Qualifikationsbegriff als anwendungsorientierter, stärker auf die Erfordernisse der betrieblichen Praxis zugeschnitten. Dazu wird er in den vorliegenden Taxonomien in verschiedene Arten differenziert. Oft gilt als Oberbegriff die Handlungskompetenz, die dann differenziert wird in Fach-, Methoden-, Sozial-, Führungs-, Selbst- und/oder Lernkompetenz, aber auch andere mehr.

Es herrscht in der Fachwissenschaft wie -öffentlichkeit eine sehr große Vielfalt bei der Verwendung der gerade skizzierten Begriffe. Sie ist einerseits theoretisch-abstrakter und durchaus reflektierter Natur, andererseits aber auch von einigen Zufälligkeiten oder Unbedachtheiten geprägt. Es ist hier nicht der Ort den Wettbewerb der beiden Termini und Begriffe zu führen. Wir gehen hier vereinfachend von einer

Randnotizen: Kompetenz; Qualifikation ≠ Eignung; Qualifikationsmerkmale

---

VERTIEFUNG

Qualifikationsbegriff

Weithin anerkannte Definitionen zur Qualifikation, aber auch zu anderen Begriffen in diesem Umfeld (bspw. Fähigkeiten) liegen nicht vor. Eine allgemeine *Klassifizierung* der eignungsrelevanten Merkmale ist zudem schwierig und vor allem umstritten. Eine sinnvolle Qualifikationsklassifizierung muss von den Teilsystemen des Personal-Managements ausgehen, innerhalb derer die Kenntnis differenzierter Eignung von Bedeutung ist: für die Personalplanung, -forschung, -beschaffung, -auswahl, -entwicklung u. a. Daher können hier folgende *Qualifikationsmerkmale* respektive Kategorien von Qualifikationsmerkmalen unterschieden werden:

- *Wissen*: der Besitz von Kenntnissen;
- *geistige Fähigkeiten*: die Kombination von Wissen und von Know-how in der Wissensanwendung (z. B. Kombinationsfähigkeit, Kooperationsfähigkeit, Intelligenz);
- *körperliche Fähigkeiten*: die Geschicklichkeit, die aus der Verbindung körperlicher Eigenschaften (z. B. Kraft) mit dem Know-how ihres richtigen Einsatzes (= Fertigkeiten) resultiert;
- *Persönlichkeitsmerkmale*: spezielle Eigenschaften und Verhaltensweisen, die notwendig sind für eine bestimmte, d. h. aufgabenspezifisch determinierte Art und Weise des Einsatzes von (1) bis (3), zum Beispiel Umsicht, Ausdauer, Geduld, Einfühlungs-, Reaktions-, Konzentrationsvermögen, Umgangsgewandtheit.

In allen vier Kategorien sind weitere Differenzierungen möglich und in praxi notwendig. Jeweils generell erschöpfende Aufzählungen sind wegen der Vielfalt von gegenwärtigen und auch zukünftigen Aufgabenstellungen nicht möglich.

1.4 Informatorische Fundierung (Betriebliche Personalforschung)
Qualifikations- und Eignungsforschung

> **VERTIEFUNG**
>
> **Kompetenzbegriff**
>
> Kompetenz bzw. sprachlich genauer Handlungskompetenz wird – nicht ganz überschneidungsfrei – oft differenziert in folgende, nicht immer additiv verwendete Unterarten:
>
> - Mit *Fachkompetenzen* (synonym: Sachkompetenz) sind Breiten- und Tiefenwissen und ihr Anwendungs-Know-how gemeint, die für die fachliche Bewältigung der Berufsaufgaben benötigt werden.
> - *Methodenkompetenzen* umfassen die Fähigkeiten, zu analysieren, Konzepte zu entwickeln, zu entscheiden und zu steuern, was gleichbedeutend ist mit einer gedanklichen Antizipation derjenigen Arbeitsschritte, die für eine Tätigkeit erforderlich sind. Als Einzelfähigkeiten sind hier angesprochen: kritisches, analytisches und vernetztes Denken, Lernfähigkeit, Reflexionsfähigkeit, alternative Arbeitsweisen u. Ä.
> - *Sozialkompetenzen* befähigen zur Tätigkeit in Gruppen unterschiedlicher sozialer Strukturen (hinsichtlich Alter, sozialer Herkunft, Hierarchieebene): Sie ermöglichen es, erfolgreich zur Problemerkennung und Lösung sowie zur Handhabung von sach- und personenbezogenen Konflikten beizutragen, konstruktiv und aktiv an Entscheidungen mitzuwirken, Verantwortung in der Gruppe zu übernehmen u. Ä.
> - Von manchen Autoren wird noch die *Führungskompetenz* gesondert angeführt (und dann nicht der Sozialkompetenz zugerechnet). Sie meint die Fähigkeit, Mitarbeiter und andere Interaktionspartner zu überzeugen, sich durchzusetzen, entsprechendes Führungsverhalten (s. Teil 2, Kap. 6.2) zu zeigen und Verantwortung zu übernehmen.
> - Wieder andere führen noch die *persönliche Kompetenz* (synonym: Selbstkompetenz) an als Fähigkeit, für sich selbst verantwortlich zu sein, sich motiviert und zielorientiert verhalten zu können. Einerseits ist es richtig, diese Facetten gesondert hervorzuheben, andererseits »speist sie sich« aus der Methodenkompetenz.

Ko-Existenz zweier alternativ zweckmäßig einsetzbarer Konstrukte aus. Entsprechend verwenden wir manchmal in diesem Buch den einen und manchmal den anderen Begriff, um dadurch auch zu demonstrieren, dass man mit beiden gut umgehen kann.

Eignung

Von Qualifikation bzw. Kompetenz zu differenzieren ist aber in jedem Fall der Begriff der Eignung. *Eignung* als »relativer Begriff« bezieht die Ist-Qualifikation auf die Soll-Voraussetzung eines Arbeitsplatzes. Unter Eignung wird dann das auf einen konkreten Arbeitsplatz bezogene Leistungspotenzial eines Mitarbeiters verstanden: seine spezifische Qualifikation (verbunden mit seinen Arbeitskenntnissen sowie letztlich auch seinen motivational bedingten, an die Arbeitssituation geknüpften individuellen Zielen und Erwartungen). Damit sind Eignungen nicht als universale, sondern als relationale Konstrukte anzusehen, die ihre Bedeutung erst durch die Zuordnung zu einer bestimmten Tätigkeit erhalten. Als personenbezogene Ist-Vorstellungen stellen Eignungen den Gegenbegriff zu arbeitsplatzbezogenen Anforderungen dar (vgl. Abbildung 3-15).

Wenn von »Bester« die Rede ist, dann darf dies nur relativ gemeint sein und zwar im Sinne von »Bestgeeignetster«. Sofern es absolut gemeint ist, und damit gewissermaßen die Summe aller Qualifikation angesprochen wird, dann sollte es für die Personalauswahl irrelevant sein.

Eine in den letzten Jahrzehnten zunehmende Bedeutung hat eine weitere Klassifikation, welche auf den Arbeitsplatzbezug abhebt, gewonnen. Unterschieden wird zwischen (vgl. Dahrendorf, 1956; Kern/Schumann, 1970):

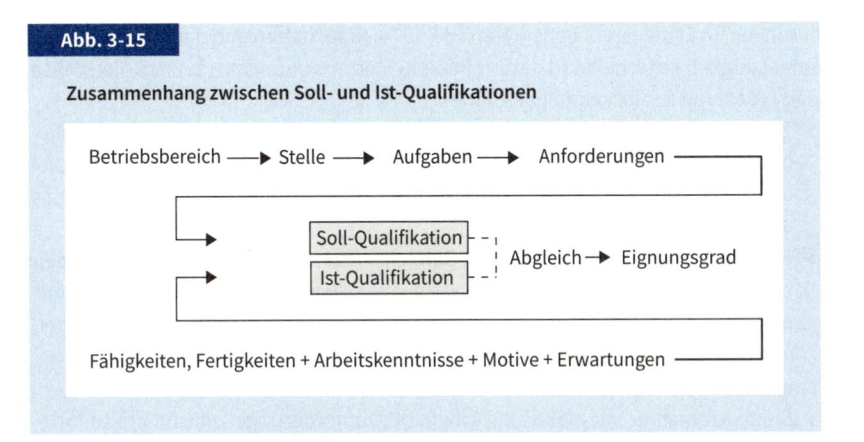

Qualifikations- und Eignungsforschung 1.4

Abb. 3-15

Zusammenhang zwischen Soll- und Ist-Qualifikationen

Betriebsbereich → Stelle → Aufgaben → Anforderungen

Soll-Qualifikation
Ist-Qualifikation
Abgleich → Eignungsgrad

Fähigkeiten, Fertigkeiten + Arbeitskenntnisse + Motive + Erwartungen

- auf die (technischen) Erfordernisse eines bestimmten Arbeitsplatzes ausgerichteten funktionalen, auch prozessgebundenen, technisch-fachlichen (Spezialisten-)Qualifikationen und
- auf andere Arbeitsplätze/-bereiche transferierbare extrafunktionale, auch prozessunabhängige, überfachliche (Generalisten-)Qualifikationen.

Extrafunktionale und funktionale Qualifikationen

Auch wenn sich in der Literatur eine gewisse Beliebigkeit in der Abgrenzung dieser beiden Kategorien eingestellt hat, lässt sich als gemeinsamer Nenner konstatieren, dass unter ersteren berufsfachliche Kompetenzen verstanden werden, die sich aus den inhaltlichen Anforderungen von abgegrenzten Sachaufgabenbereichen ergeben. Extrafunktionale Qualifikationen hingegen haben eine gewisse Universalität der Einsetzbarkeit, beziehen sich auch auf die Art und Weise des Arbeitsvollzugs und umfassen auch allgemeine, d. h. intellektuelle, kreative, soziale sowie wertebezogene Kompetenzen. Es geht also nicht nur um die Beseitigung bestehender Qualifikationslücken, um veränderten Anforderungen zu genügen, sondern auch um Qualifikationen, die einen Mitarbeiter in die Lage versetzen, solche Anforderungen für seinen Arbeitsplatz und letztendlich für die betriebliche Zukunft zu definieren. (Ersteres wird als »Single-loop-learning« und letzteres als »Double-loop-learning« bezeichnet; s. Teil 3, Kap. 5.1.1) Mithin sind es zwei Gruppen von Anforderungen, deren Bewältigung extrafunktionalen Qualifikationen dienen sollen: Zum einen befähigen sie zum Einsatz in verschiedenartigen Tätigkeitsfeldern und zum anderen dienen sie der individuellen Entwicklungsfähigkeit und damit letztlich der Entwicklungsfähigkeit des Betriebs.

Eine Auseinandersetzung mit solchen extrafunktionalen Qualifikationen stellt die Konzeption der Schlüsselqualifikationen (resp. Schlüsselkompetenzen) nach Mertens (1974) dar. Charakterisierend für diese ist, dass sie keinen »unmittelbaren und begrenzten Bezug zu bestimmten disparaten praktischen Tätigkeiten erbringen, sondern vielmehr a) die Eignung für eine große Zahl von Positionen und Funktionen als alternative Optionen zum gleichen Zeitpunkt, und b) die Eignung für die Bewältigung einer Sequenz von (meist unvorhersehbaren) Änderungen von Anfor-

Schlüsselqualifikationen

1.4 Informatorische Fundierung (Betriebliche Personalforschung)
Qualifikations- und Eignungsforschung

derungen im Laufe des Lebens« (Mertens, 1974, S. 40) haben und damit die Entwicklungsfähigkeit entscheidend determinieren. Mertens unterscheidet beispielsweise vier Typen von Schlüsselqualifikationen:
- *Basisqualifikationen*, welche als ›Qualifikation höherer Ordnung‹ einen vertikalen Transfer auf spezielle Anwendungsfelder erlauben. Dies sind zum Beispiel logisches, kritisches, strukturiertes und dispositives Denken sowie analytisches Vorgehen und Lernfähigkeit.
- *Horizontalqualifikationen* eröffnen durch den raschen Abruf andernorts gespeicherten Wissens einen horizontalen Transfer. Diese »Informiertheit über Informationen« unterscheidet Mertens in die Dimensionen: Wissen über das Wesen von Informationen, Gewinnung von Informationen, Verstehen von Informationen sowie Verarbeiten von Informationen.
- *Breitenelemente* sind praktische Arbeitsplatzanforderungen, die für breite Tätigkeitsfelder relevant sind, wie zum Beispiel Kenntnisse über Messtechnik in Metallberufen.
- *Vintage-Faktoren*, worunter Mertens von Generation zu Generation unterschiedliche Bildungsinhalte versteht, die zum Beispiel durch die Weiterentwicklung von Schulungsinhalten entstehen können.

Aus der Beschreibung ergibt sich, dass Schlüsselqualifikationen sich eher auf kognitive und affektiv-emotionale und weniger auf sensomotorische Qualifikationselemente beziehen.

Bedingungen

Die Qualifikations- und Kompetenzmerkmale sollten verschiedene *Bedingungen* erfüllen, um für das Personal-Management tatsächlich brauchbar zu sein:
- *Analysierbarkeit*, d. h. eindeutige Abgrenzbarkeit und Zuordnungsmöglichkeit zu einer konkreten Aufgabe,
- *Notwendigkeit*; als generelles Prüfkriterium hierfür kann etwa die Frage dienen, ob die Aufgabe nicht erfüllbar ist, wenn das Merkmal fehlt,
- *Identifizierbarkeit* des Ist-Eignungsmerkmals bei Personen; nur solche Merkmale sind sinnvoll, für die es geeignete Feststellungsoperationen gibt: Tests, Beobachtungsverfahren, Interviews etc.,
- *Trainierbarkeit*, d. h. die Möglichkeit der Vermittlung an Personen, die bestimmte Eignungsmerkmale nicht haben: etwa durch Aus-, Fortbildung, Übung, Erfahrung.

Gegenwart und Zukunft

Angaben über Qualifikationen/Kompetenzen und Eignungen von Mitarbeitern besagen, inwieweit diese den Anforderungen eines bestimmten Arbeitsplatzes entsprechen können. Wie bei der arbeitsplatzbezogenen Perspektive (Anforderungsanalyse und -prognose) auch, muss dabei zwischen einer gegenwarts- und zukunftsorientierten Betrachtungsweise unterschieden werden.

Qualifikationsdiagnose

- *Qualifikationsdiagnosen* zielen auf das aktuelle, also das gegenwärtig realisierte und realisierbare Leistungspotenzial eines Mitarbeiters ab. Sie liefern eine deskriptiv-statische Betrachtung im Sinne einer Ist-Beschreibung und dienen der informatorischen Fundierung von personalwirtschaftlichen Selektionsentscheidungen, die darauf abzielen, aktuell eine Passung zwischen einer bestimmten

1.4 Qualifikations- und Eignungsforschung

Stelle und einer Person sicherzustellen. Entsprechend werden Qualifikationsdiagnosen zum einen beispielsweise im Rahmen von Stellenbesetzungen, also der Personalauswahl und -platzierung (Bewerberbeurteilung) durchgeführt. Von daher beziehen sie sich auf vor allem die Qualifikation (resp. Kompetenzdiagnosen auf die Kompetenz und/oder Eignungsdiagnosen auf die Eignung). Sie lassen sich zum anderen auch als Leistungsbeurteilungen konzipieren, wenngleich hierbei nur ein Ausschnitt, die – wie auch immer operationalisierte – Leistung, bewertet wird. Sie geben ein Selbstfeedback, ein Feedback für die Mitarbeiterführung sowie Informationen für eine eventuelle leistungsbezogene Vergütung.

▸ *Qualifikationsprognosen* (= Potenzialbeurteilungen, s. u.) richten sich dagegen auf das potenzielle, d. h. erst noch zu realisierende Leistungspotenzial (bzw. potenzielle Handlungskompetenz) eines Mitarbeiters und dienen vor allem der informatorischen Fundierung von Personalentwicklungs- und Karriereaktivitäten. Um aber über Qualifikationsprognosen etwa die Frage zu beantworten, inwieweit ein Mitarbeiter die einem bestimmten Arbeitsplatz entsprechenden Leistungsvoraussetzungen entwickeln kann, reicht eine rein statische Betrachtung nicht aus. Vielmehr müssen Qualifikationen auch einen dynamischen Aspekt aufweisen, wenn durch sie (Personal-)Entwicklung abgebildet und gesteuert werden soll.

Potenzialbeurteilung

In allen Fällen ergeben sich *Qualifikations- bzw. Kompetenzprofile*, die zunächst absolut gelten, dann aber relativ rasch auf Anforderungen bezogen und so dann zu aktuellen oder zukünftigen *Eignungsprofilen* umgeformt werden können.

Profile

Grundsätzlich sind solche *Profile* sowohl die Basis für die Beurteilung von potenziellen neuen Mitarbeitern im Rahmen der Bewerberbeurteilung respektive der Personalauswahl als auch die Grundlage für die Beurteilung bereits beschäftigter Mitarbeiter im Rahmen der Personalbeurteilung und -entwicklung. Die jeweilige Informationsgrundlage ist jedoch eine andere. Während sich das Verhalten, die Erreichung (betrieblicher) Ziele o. a. eines bereits beschäftigten Mitarbeiters über einen längeren Zeitraum unter »echten« Arbeitsbedingungen beobachten und erfassen lässt, lassen sich Beobachtungen im Rahmen der Personalauswahl nur zeitlich eng begrenzt vornehmen, wobei sich die potenziellen neuen Mitarbeiter zudem in einer mehr oder weniger künstlichen »Bewerbersituation« befinden.

ZUR VERTIEFUNG

Prädiktoren

Prädiktoren sind solche Variablen, die für die Vorhersage von Kriterien (i. S. v. Zuständen, Ereignissen u. a.) bzw. deren Ausprägung eingesetzt werden. In den Fällen, in denen eine unmittelbare Feststellung eines Kriteriums zum aktuellen Zeitpunkt nicht oder nur sehr schwierig möglich ist, bedient man sich solcher Maße, die die zukünftige Entwicklung, so die Annahme, bereits vorzeitig anzeigen. Typische Instrumente sind psychologische Tests, mit denen Interessen, Leistungen, Begabung etc. (bspw. im Rahmen der Potenzialbeurteilung oder zu Zwecken der Personalauswahl) vorhergesagt bzw. erkannt werden sollen. Besteht zwischen dem Test (und den mit ihm erhobenen Prädiktoren) und dem Kriterium eine hohe Korrelation (Korrelationsanalyse), so gilt der Test als valide (= gültig).

1.4 Informatorische Fundierung (Betriebliche Personalforschung)
Qualifikations- und Eignungsforschung

Prinzipielle Ansätze der Eignungsprüfung

Im Rahmen der Eignungsprüfung lassen sich drei verschiedene, wenngleich auch untereinander kombinierbare *Ansätze* differenzieren, die jeweils auch die Richtung der Qualifikationsdiagnose wie -prognose weisen können (vgl. Abbildung 3-16):

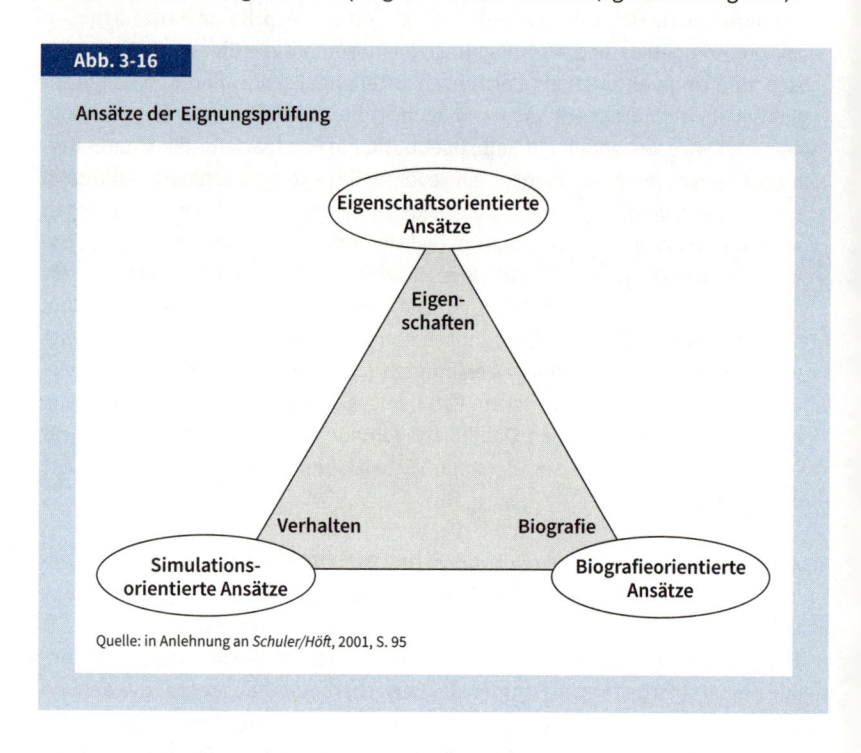

Abb. 3-16

Ansätze der Eignungsprüfung

- Eigenschaftsorientierte Ansätze (Eigenschaften)
- Simulationsorientierte Ansätze (Verhalten)
- Biografieorientierte Ansätze (Biografie)

Quelle: in Anlehnung an *Schuler/Höft*, 2001, S. 95

▸ *Eigenschaftsorientierte Ansätze* fokussieren die Erhebung und Bewertung des Objekts »Eigenschaften«. Man geht von der Annahme aus, dass Eigenschaften relativ stabil sind und zudem einen spezifischen Arbeitsplatzbezug haben. Von daher genügen allgemeine Eigenschaftstests verbunden mit Vorstellungen zu arbeitsplatzbezogenen Eigenschaftsausprägungen, um Entscheidungen zu begründen. Bestimmten Persönlichkeitseigenschaften (erhoben durch Intelligenz-, Einstellungs-, Fähigkeits- und/oder Persönlichkeitstests) wird dabei die eine Aussagekraft für beruflichen Erfolg zugesprochen. Dies trifft insbesondere für die Intelligenz zu, die gerade für komplexe Tätigkeitsbereiche mit einer hohen Aussagekraft verbunden zu sein scheint (vgl. Schuler/Höft/Hell, 2014, S. 153 ff.).

Biografische Ansätze

▸ *Biografische Ansätze* konzentrieren sich auf das Objekt »individuelle Biografie« von Personen und schätzen diese in Bezug zu aktuellen und/oder zukünftigen Aufgaben ein. Mit den Verfahren werden entweder Daten aus der Vergangenheit von Personen (via Lebenslauf und/oder biografischer Fragebogen) oder vergangenes Verhalten dieser Personen in stellenrelevanten Situationen (via biografischer Interviews) erhoben, um auf dieser Basis Schlussfolgerungen für zukünftige(s) Erfolge und Verhalten für eine bestimmte Stelle zu ziehen. Insofern sind

1.4 Qualifikations- und Eignungsforschung

solche biografischen Daten (Familiengegebenheiten; sprachliche, religiöse Aktivitäten; Ausbildung u. a.) zu erheben, von denen ein Zusammenhang zu beruflichem (Miss-)Erfolg angenommen wird. Hieraus wird dann prognostiziert, inwieweit vergleichbares Verhalten in der Zukunft zu erwarten ist – gemäß der Aussage von Lord Byron: »The best predictor for the future is the past.«

▸ *Simulationsorientierte Ansätze* haben das Objekt »Verhalten« im Mittelpunkt. Die verschiedenen Verfahren konzentrieren sich auf durch Impulse stimuliertes aktuelles Verhalten (Denk- und/oder Tat-Handeln) von Personen (v. a. via situativer Interviews und/oder Assessment-Center), bewerten dieses im Hinblick auf die Anforderungen und nehmen das Bewertungsergebnis als Basis für die Auswahlentscheidung. Sie versuchen direkt oder indirekt Arbeitsplatzsimulationen vorzunehmen, in denen dann die Probanden durch ihr Verhalten Aufschluss darüber geben, inwieweit sie für bestimmte Aufgaben geeignet sind. Die Verfahren konfrontieren die Bewerber also bereits frühzeitig mit ausgewählten, stellenbezogenen Aufgaben. Dadurch soll arbeitsplatzrelevantes Verhalten stimuliert werden. Die Rekruter erhalten sodann Rückmeldungen darüber, wieweit die Bewerber mit diesen Aufgaben zurechtkommen. Gleichzeitig erhalten diese Personen

Simulationsorientierte Ansätze

Abb. 3-17

Prozess der situativen Verhaltenserfassung und -beobachtung

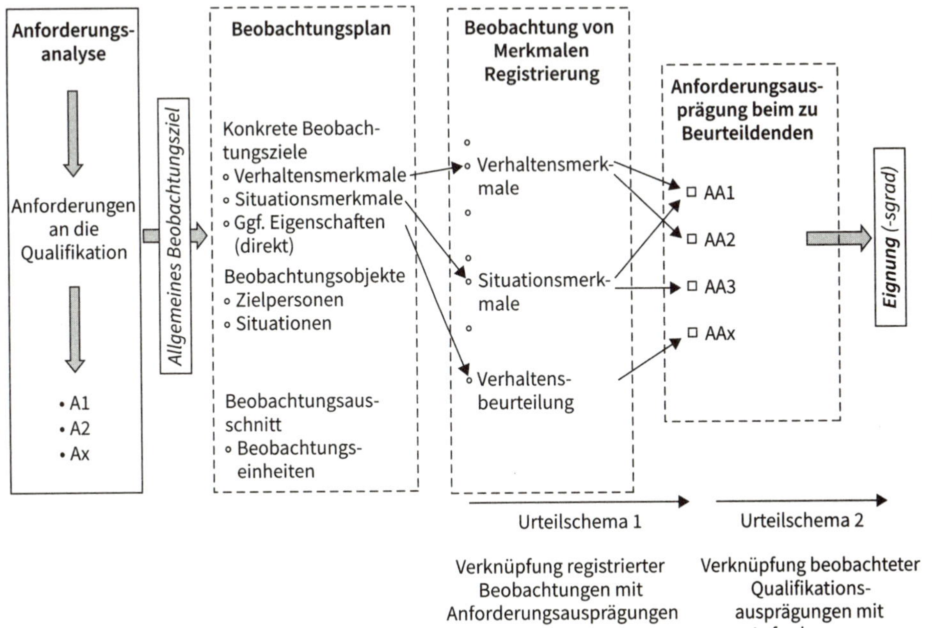

Quelle: in Anlehnung an *Stemmler*, 2010, S. 42

1.4 Informatorische Fundierung (Betriebliche Personalforschung)
Qualifikations- und Eignungsforschung

auch einen Einblick in den Arbeitsalltag. Die Verfahren sind unterschiedlich aufgebaut, es geht hier nicht allein nur um ein sogenanntes Tathandeln, sondern unter Umständen auch um ein Denkhandeln (i. S. v. fiktivem Handeln in bestimmten Situationen). Instrumente sind v. a.: Arbeitsproben, Assessment-Center, situative Interviews, computergestützte Szenarios, Situational Judgment Tests (vgl. Kanning/Schuler, 2014, S. 215 ff., sowie Teil 3, Kap. 2.3.3.4).

Erfassung und Beurteilung der Eignung

Abbildung 3-17 visualisiert ein prinzipiell adäquates Vorgehen, um systematisch auf Basis erhobener Anforderungsmerkmale (im Rahmen der Anforderungsanalyse) ein fallbezogenes Konzept der Methoden zur Beurteilung von Qualifikationen (Beobachtungsplan) zu erarbeiten und dann durch die Trennung von Beobachtung und Beurteilung ein einem ersten Urteilsschritt zunächst die einzelnen Tat-Verhaltensweisen (bspw. in Assessment-Center, s. u.) oder Denk-Verhaltensverweisen (bspw. situative Interviews, s. u.) zu beobachten, zu erfassen und zu registrieren sowie in einem zweiten Urteilsschritt diese auf die Qualifikationsdimensionen zu bündeln und durch den Vergleich mit den Anforderungen die Eignung bzw. den Eignungsgrad zu bewerten (vgl. Stemmler, 2010, S. 37 ff., 2010a, S. 43ff; Westhoff et al., 2010).

> »Eigenschaften sind nicht direkt beobachtbar. Sie sind Annahmen oder *Konstrukte*, die sich für die Vorhersage u. a. beruflichen Verhaltens als äußerst nützlich erwiesen haben. ... Da Konstrukte nicht direkt beobachtbar sind oder gar gemessen werden können, müssen Eigenschaften indirekt über *Indikatoren* der jeweiligen Konstrukte erfasst werden. Mittels der Methode der Verhaltensbeobachtung kann man Verhaltensindikatoren für Eigenschaften erfassen; andere Indikatoren können u. a. über Selbsteinschätzungen in Fragebögen, über Interviews oder über Leistungstests gewonnen werden. ... Wenn eine Eigenschaft bei einer Person stark ausgeprägt ist, wird .. die Wahrscheinlichkeit für das Auftreten des mit der Eigenschaft assoziierten Verhaltens zunehmen.« (Stemmler, 2010a, S. 44)

Eigenschaften und Verhalten

Neben den skizzierten drei Ansätzen finden sich allerdings in der Praxis auch Vorgehensweisen, die entweder gemischt oder ohne Basis, wenig fundiert, stringent und konsistent »Eignungen feststellen«.

Kritik

In der wissenschaftlichen Personalforschung sind die eigenschaftsorientierten Verfahren *umstritten* (s. bereits Neuberger 2002, S. 237 ff.), vor allem hinsichtlich einer ausschlaggebenden Bedeutung für die Personalauswahl. Unstrittig ist, dass Eigenschaften einen Einfluss auf die Qualifikation von Personen haben. Unstrittig ist aber auch, dass ein konkreter Arbeitsplatzbezug nicht spezifizierbar ist. Es liegen bislang auch keine, hier notwendigen Studien vor, die es gestatten, aufgrund eines »IQ«, eines Einstellungsmusters und/oder einer Big-Five-Konstellation (vgl. Teil 2, Kap. 4.2.8) den Eignungsgrad für eine gut ausgeübte Position (welcher Profession auch immer) vorherzusagen. Dennoch ist das Vorurteil, über Eigenschaften »die« Eignung für eine spezifische Position – über Testverfahren wie auch über die eigenen Erfahrung – feststellen zu können, sehr weit verbreitet und offenbar in der

Qualifikations- und Eignungsforschung 1.4

> **VERTIEFUNG**
>
> **Persönlichkeit**
>
> »Persönlichkeit« (synonym: Charakter) kann unterschiedlich definiert werden. Versteht man darunter ein *Konstrukt an Persönlichkeitseigenschaften* (z. B. Kreativität, Temperament, Toleranz, Erregbarkeit, Intelligenz; vgl. Asendorpf, 2007), dann treffen die soeben formulierten Schwierigkeiten zum einen bei der Erhebung derselben in Betrieben und zum anderen bei der unzulänglichen Zuordnung zu individuellen Arbeitsverhaltensweisen zu. Beschreibt man dagegen Persönlichkeit anhand eines *Konstrukts von Verhaltensdimensionen*, so lässt sich Persönlichkeit auch als Auswahlkriterium im Rahmen der Qualifikations- und Eignungsbeurteilung verwenden. Beispiel: Unterschiedliche individuelle, wenngleich stabile Ausprägungen anhand der Big-Five-Dimensionen mit Extraversion (Item: aktives und initiatives Verhalten u. Ä.), Verträglichkeit (Items: höfliches, kooperatives Verhalten o. Ä.), Offenheit für Neues (Items: aufgeschlossen gegenüber neuen Ideen u. Ä.), Emotionale Stabilität (Items: ruhiges, emotionales, angespanntes Verhalten o. Ä.), Gewissenhaftigkeit (Items: sorgfältiges, planvolles Verhalten o. Ä.); s. Teil 2, Kap. X. Den Verhaltensdimensionen zugehörige operationalisierte Items, sofern zuverlässig gebildet, lassen sich auch in betrieblichen Bewertungssituationen durch entsprechend qualifizierte Experten und/oder Organisationsmitglieder erfassen, sodass dann Personen entsprechend charakterisiert werden können. Es geht dabei auch nicht darum, quasi per Händedruck, erstem Eindruck, Lebenserfahrung u. Ä., »den« Charakter zu »erfassen«; es sind schon systematisch geplante und intersubjektiv nachvollziehbare Erfassungen für einigermaßen valide Urteile notwendig. So werden dann nicht Charakter»eigenschaften« erfasst, sondern typische situative Verhaltensmerkmale einer Person, die diesen Charakter formen. Die Verhaltensweisen sind situativer Ausdruck grundlegender individueller Dispositionen, die im Zusammenspiel von Genen und individuellen Sozialisationsprozessen entstanden sind. Diese Dispositionen formen dabei aber nicht personenübergreifend spezifische Verhaltensweisen. Es macht also für Betriebe keinen Sinn, das Allgemeine zu erfassen (selbst wenn es effektiv wie effizient für sie möglich wäre), sondern es gilt, den spezifischen Charakter in arbeitsrelevanten Situationen zu beurteilen. In diesem Verständnis macht auch ein »persönlichkeitsorientierter« Ansatz Sinn.

Praxis nicht auszurotten. Die Aussagekraft ist bei den verhaltensorientierten Verfahren biografischer und simulationsorientierter Prägung deutlicher positiver (vgl. Schuler/Höft, 2001). Bei diesen Verfahren werden jeweils prozessorientierte Qualitätsanforderungen gestellt. Sie sind auch eingepasst in einen umfassenderen Auswahlprozess. Insgesamt bieten sie von daher bei sorgfältiger Umsetzung eine höhere Validität.

Des Weiteren sollten Eignungsentscheidungen nicht allein auf einer rein fachlichen Basis (Vergleich »Qualifikation und Anforderungen«) entschieden werden (vgl. von Rosenstiel, 1992, S. 157; von Rosenstiel/Nerdinger, 2011, S. 155 ff.; Schuler, 2014, S. 3 ff.). Für eine langfristig wirkende Personalentscheidung sind auch die beiden Ebenen »Interessen, Motive, Werte ↔ Befriedigungspotenzial einer Stelle« sowie »Entwicklungspotenzial ↔ Veränderungsmöglichkeiten« von großer Bedeutung für eine beidseitig zufriedenstellende Zusammenarbeit, siehe auch Abbildung 3-18. Im oberen Teil sind in einem ersten Schritt jeweils ein Qualifikations- und ein Anforderungsprofil gegenübergestellt. Die verwendeten Kriterien beziehen sich im Allgemeinen fast ausschließlich auf aktuelle Gegebenheiten hinsichtlich der Qualifikation bzw. Kompetenz. Darüber hinaus macht es aber auch Sinn, gerade bei der Bewerberbeurteilung andere Aspekte einer weiter verstandenen, dreidimensionalen Eignung zu berücksichtigen. Dies wird im zweiten Schritt durch eine Gegenüberstellung von individuellen Wünschen mit dem Befriedigungspotenzial (der Stelle, des Betriebes mit seinen Karrieremöglichkeiten) verdeutlicht sowie in einem dritten Schritt durch den Vergleich von Entwicklungspotenzial der Person mit

… mehr als nur fachliche Eignung!

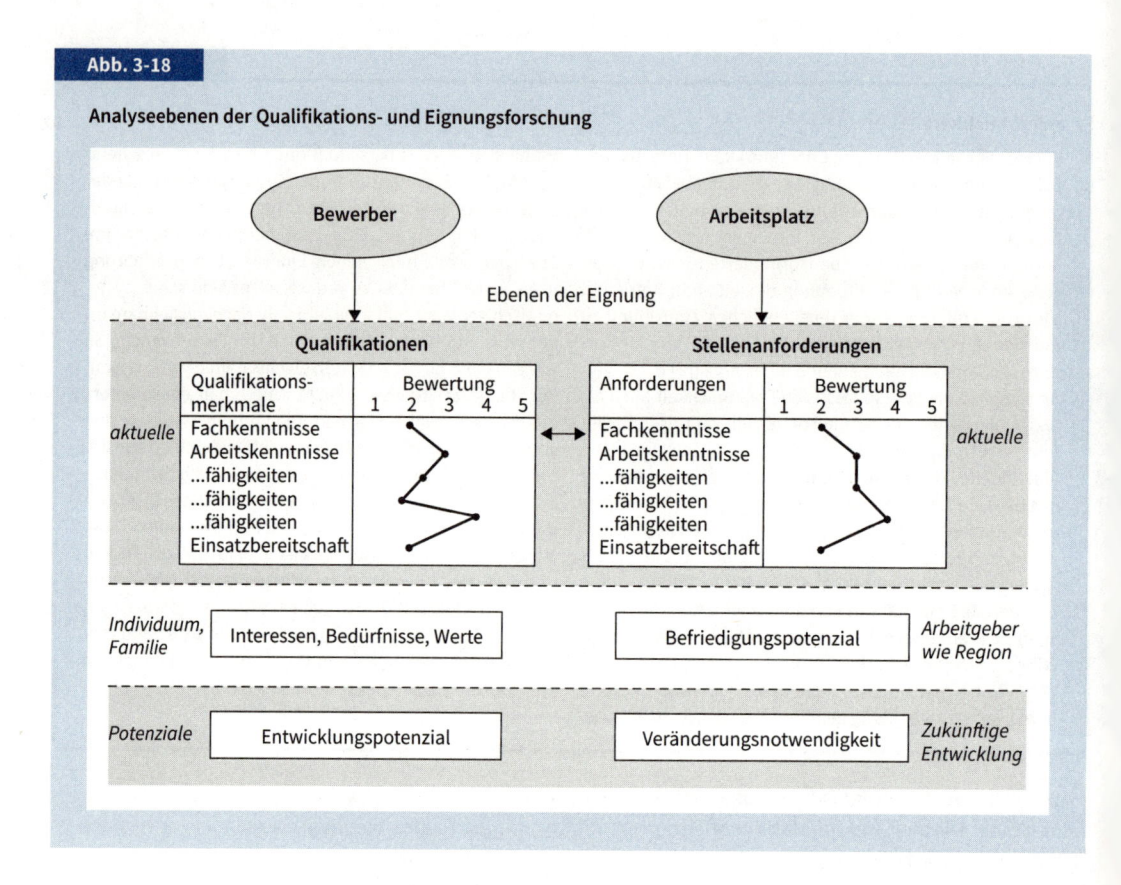

1.4 Informatorische Fundierung (Betriebliche Personalforschung)
Qualifikations- und Eignungsforschung

Abb. 3-18

Analyseebenen der Qualifikations- und Eignungsforschung

	Bewerber	Arbeitsplatz	
	↓ Ebenen der Eignung	↓	
aktuelle	Qualifikationen: Qualifikationsmerkmale (Fachkenntnisse, Arbeitskenntnisse, …fähigkeiten, …fähigkeiten, …fähigkeiten, Einsatzbereitschaft) – Bewertung 1–5	Stellenanforderungen: Anforderungen (Fachkenntnisse, Arbeitskenntnisse, …fähigkeiten, …fähigkeiten, …fähigkeiten, Einsatzbereitschaft) – Bewertung 1–5	aktuelle
Individuum, Familie	Interessen, Bedürfnisse, Werte	Befriedigungspotenzial	Arbeitgeber wie Region
Potenziale	Entwicklungspotenzial	Veränderungsnotwendigkeit	Zukünftige Entwicklung

der Veränderungsnotwendigkeit (auf einer Stelle oder im Betrieb). Auch auf diesen beiden Ebenen der Eignung sollte eine Übereinstimmung vorliegen – sofern man eine idealtypische, relativ dauerhafte Auswahlentscheidung vornehmen möchte und kann.

> **WISSENSWERTES**
>
> **DIN 33430**
>
> Seit 2002 hat das Deutsche Institut für Normung e. V. (DIN) eine Norm, die DIN 33430, mit »Anforderungen an Verfahren und deren Einsatz bei berufsbezogenen Eignungsbeurteilungen« formuliert. Sie beinhaltet Qualitätsstandards zum Inhalt und zum Prozess von berufsbezogenen Eignungsbeurteilungen und zur Qualität der Personen, die diese durchführen (vgl. Westhoff et al., 2010; https://www.bdp-verband.de/bdp/politik/din.shtml). Sie hat keine Rechtsverbindlichkeit, eine Anwendungspflicht gibt es nicht. Sie formuliert jedoch »Good Practice«-Regeln.

1.4 Qualifikations- und Eignungsforschung

1.4.3 Inhaltliche und methodische Ansprüche und Probleme

Verfahren zur Qualifikationsdiagnose und -prognose sind in verschiedenen Disziplinen, zum Beispiel in der psychologischen Diagnostik oder in den Arbeitswissenschaften entwickelt worden. In erheblichem Umfange liegen auch eigenständige Entwürfe aus der Praxis des Personalmanagements vor, d. h. aus der Wirtschaft, aus der Verwaltung u. a. Die wichtigsten Ansprüche an die Erhebung und Auswertung von Qualifikationsdaten werden hier in den gleichen Kriterienklassen wie für Anforderungsdaten skizziert. Diesen Ansprüchen genügen die Verfahren der Qualifikationsdiagnose und -prognose – im strengen wissenschaftlichen Sinne – oft nur unzureichend. Es entstehen *Erhebungs-, Mess- und Auswertungsprobleme* ähnlich wie bei der Anforderungsanalyse.

Als klassische *Gütekriterien* für Qualifikationsdiagnosen und -prognosen liegen – ähnlich wie auf der Anforderungsseite – folgende Einzelansprüche nahe:

Gütekriterien

1. Zugrundelegung eines theoretisch und empirisch begründeten Modells (vgl. Schuler, 1978, S. 155 f.; Lienert/Raatz, 1998, S. 7 ff.),
2. Praktikabilität,
3. Wirtschaftlichkeit.

Gerade die beiden letztgenannten Kriterien haben in der betrieblichen Praxis eine nachvollziehbare Bedeutung, auch wenn sie dabei oft dazu beitragen, die Treffsicherheit der vorgenommenen unter Umständen maßgeblichen Bewertungen zu reduzieren. Dieser Konflikt ist eine stete Begleiterscheinung bei den Anwendern.

Zugrundelegung eines theoretisch und empirisch begründeten Modells

Dies bedeutet, dass Qualifikations- resp. Kompetenzmerkmale prinzipiell auf Anforderungsmerkmale bezogen sein müssen, dass sie und ihre Erhebungsverfahren den sozialwissenschaftlichen Gütekriterien genügen sollten, dass die zwischen Beurteilenden und Beurteilten (sowohl bei der Personalauswahl wie bei der Personalbeurteilung) entstehenden sozialen Beziehungen zu beachten sind sowie in Rechnung gestellt wird, dass vor allem der Prozess der Personalbeurteilung motivationale Nachwirkungen (bspw. Verhalten aufgrund von Un-/Zufriedenheit der Mitarbeiter mit dem Ergebnis oder dem Prozess) ausübt.

Die Qualifikationsdiagnose geht gerade zur Feststellung der Eignung von den durch die Anforderungsanalyse erhobenen personalen Leistungsvoraussetzungen aus. Nur so kann die Anforderungs- und Arbeitsplatzbezogenheit von Qualifikationsdiagnosen und – darauf aufbauend – von Qualifikationsprognosen sichergestellt werden.

Die Qualität der Beurteilungsverfahren wird anhand der drei in der empirischen Sozialforschung hinreichend bekannten *Gütekriterien* Validität, Reliabilität und Objektivität bestimmt (vgl. Lienert/Raatz, 1998, S. 7 ff.).

▸ Bei der *Validität* wird unterschieden zwischen *Inhalts-, Konstrukt- und Kriteriumsvalidität*. Ein Messverfahren wird als inhaltsvalide bezeichnet, wenn die einzelnen Aufgaben/Items des Verfahrens mit den Aufgaben am Arbeitsplatz identisch sind. Das in der Messsituation und am Arbeitsplatz erwartete/erforderliche

Validität

1.4 Informatorische Fundierung (Betriebliche Personalforschung)
Qualifikations- und Eignungsforschung

Verhalten entsprechen sich (z. B. Arbeitsprobe). Die *Konstruktvalidität* stellt ein Kriterium dafür dar, dass ein Messverfahren tatsächlich das misst, was es messen soll. Konkret geht es um die psychologisch-inhaltliche Aufklärung dessen, was ein eignungsdiagnostisches Verfahren misst. So muss zum Beispiel ein Intelligenztest tatsächlich das abbilden, was in der Theorie als eignungsdiagnostisches Konstrukt »Intelligenz« beschrieben ist. Die *Kriteriumsvalidität* bezieht sich auf die Verwertbarkeit diagnostischer Aussagen und gibt den Zusammenhang zwischen dem in der Testsituation gezeigten und im Mess- bzw. Testergebnis manifestierten Verhalten und einem Kriterium (z. B. dem Berufserfolg) wieder. Je nachdem, ob das Kriterium zeitgleich mit dem Test oder zu einem späteren Zeitpunkt als dieser erhoben wird, spricht man von Übereinstimmungs- bzw. Prognosevalidität. Insbesondere letztere ist in der betrieblichen Eignungsdiagnostik von vorrangigem Interesse. Beispielsweise kann die Testleistung als Entscheidungskriterium für die Wahl eines Ausbildungsberufs herangezogen werden, wenn ein positiver (korrelativer) Zusammenhang zwischen dem Ergebnis eines Berufseignungstests und dem späteren Ausbildungserfolg konstatiert werden kann.

Reliabilität
> Der Begriff der *Reliabilität* bezieht sich auf die Messgenauigkeit eines Verfahrens. Reliabilität wird unterstellt, wenn ein Diagnose- bzw. Prognoseverfahren bei mehreren Messungen übereinstimmende Ergebnisse produziert.

Objektivität
> *Objektivität* ist der Grad, in dem die Ergebnisse eines Beurteilungsverfahrens unabhängig vom Untersuchenden sind. Es lassen sich unterscheiden, die *Durchführungsobjektivität*, als Unabhängigkeitsgrad der Beurteilungsergebnisse von Variationen im Verhalten der Beurteilenden, die *Auswertungsobjektivität*, als Unabhängigkeitsgrad vom Beurteilenden bei der Kategorisierung bzw. Erfassung von Ergebnissen und die *Interpretationsobjektivität*, als Grad der Unabhängigkeit vom Beurteilenden bei der Interpretation der Ergebnisse eines Beurteilungsverfahrens (vgl. Lienert/Raatz, 1998, S. 7 f.; Becker, F.G., 2009, S. 169 f.).

Beurteilungsfehler
Der zur Qualifikationsdiagnose wie auch -prognose (also zur Personalbeurteilung und zur Personalauswahl) führende Urteilsprozess kommt bei zahlreichen Verfahren durch persönliche Kontakte zwischen Beurteilendem und Beurteiltem zustande. Dadurch fließen persönliche Einstellungen, Wahrnehmungen, Fähigkeiten in die Urteile ein, möglicherweise auch Sympathie oder Antipathie. So entstehen leicht Urteilstaktiken, -tendenzen und vor allem bewusste oder unbewusste Urteilsfehler. Solche *Beurteilungsfehler* betreffen bewusste und vor allem unbewusste Verfälschungen der Beurteiler (Könnens-Probleme) im Rahmen der Personalbeurteilung und teilweise der Personalauswahl. Sie lassen sich in vier Kategorien differenzieren, die weitere Unterformen aufweisen, siehe Abbildung 3-19.

Wahrnehmungsverzerrungen
Wahrnehmungsverzerrungen stellen unbewusste Übertreibungen eines Beurteilers dar, die sich in verschiedene Richtungen entwickeln:
> Der *Halo-Effekt* kommt dadurch zum Tragen, dass ein Beurteilungsmerkmal (z. B. Wortgewandtheit) durch eine (unbewusste) Überbewertung durch den Beurteiler auf mehrere andere (z. B. Integrität, Sozialverhalten, Zuverlässigkeit)

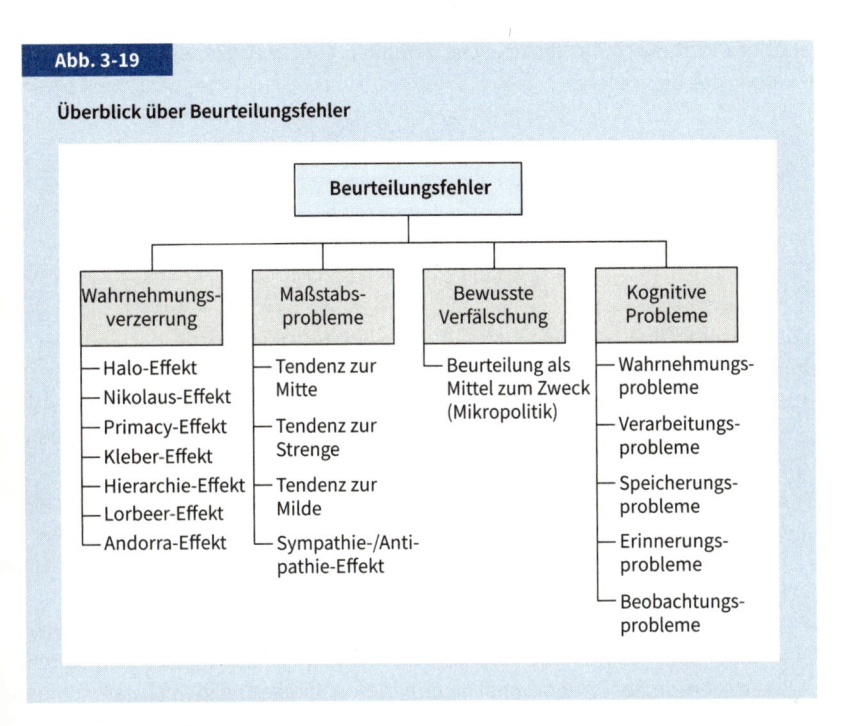

Qualifikations- und Eignungsforschung 1.4

Abb. 3-19

Überblick über Beurteilungsfehler

```
                        Beurteilungsfehler
         ┌──────────────────┼──────────────────┬──────────────────┐
  Wahrnehmungs-        Maßstabs-          Bewusste         Kognitive
  verzerrung           probleme           Verfälschung     Probleme
```

- Wahrnehmungsverzerrung
  - Halo-Effekt
  - Nikolaus-Effekt
  - Primacy-Effekt
  - Kleber-Effekt
  - Hierarchie-Effekt
  - Lorbeer-Effekt
  - Andorra-Effekt

- Maßstabsprobleme
  - Tendenz zur Mitte
  - Tendenz zur Strenge
  - Tendenz zur Milde
  - Sympathie-/Antipathie-Effekt

- Bewusste Verfälschung
  - Beurteilung als Mittel zum Zweck (Mikropolitik)

- Kognitive Probleme
  - Wahrnehmungsprobleme
  - Verarbeitungsprobleme
  - Speicherungsprobleme
  - Erinnerungsprobleme
  - Beobachtungsprobleme

ausstrahlt, sodass der Beurteiler letztendlich nur ein Merkmal tatsächlich bewertet.
- Der *Nikolaus-Effekt* (synonym: »recency-effect«) drückt aus, dass der Beurteiler bei der Bewertung speziell auf Ereignisse, die erst kürzlich stattgefunden haben, abstellt.
- Mit dem *Primär-Effekt* (synonym: »primacy-effect«, »first-impression-effekt«) wird ausgedrückt, dass die in einer Beurteilungsperiode bzw. -sequenz zuerst erhaltenen Informationen bzw. Eindrücke auf den Beurteiler größere Wirkung erzielen als später erhaltene und von daher unbewusst bei der Bewertung übergewichtet werden.
- Der *Kleber-Effekt* hat zur Folge, dass längere Zeit nicht beförderte Mitarbeiter von Beurteilern unbewusst unterschätzt und entsprechend schlecht bewertet werden.
- Der *Hierarchie-Effekt* kommt dadurch zum Ausdruck, dass die Beurteiler solche Mitarbeiter besser bewerten, die höher als andere in der Hierarchie eingeordnet sind.
- Unter dem *Lorbeer-Effekt* ist ein Beurteilungsfehler zu verstehen, bei dem der Beurteiler insbesondere die in der Vergangenheit erreichten »Lorbeeren« berücksichtigt, ohne dass ein unmittelbarer Bezug zur aktuellen Beurteilung gegeben ist.
- Der *Andorra-Effekt* (nach dem Roman von Max Frisch) betrifft eine Sich-selbst-erfüllende Prophezeiung des Beurteilers bezüglich des zu Beurteilenden: Die Pro-

1.4 Informatorische Fundierung (Betriebliche Personalforschung)
Qualifikations- und Eignungsforschung

gnose trifft durch das tatsächliche Verhalten ein (so zumindest die Wahrnehmung des Beurteilers).

> *Achtung*: Diese Beurteilungsfehler lassen sich nicht generell durch Schulungsmaßnahmen oder einen »Oberaufseher« verhindern oder korrigieren. Dazu sitzen sie offenbar – individuell unterschiedlich – zu tief in den Menschen fest. Ihr Ausmaß lässt sich allerdings reduzieren.

Maßstabsprobleme

Maßstabsprobleme beziehen sich auf unbewusste Verzerrungen der Beurteiler durch verschiedene Anspruchsniveaus bzw. Maßstäbe:
- Bei der *Tendenz zur Mitte* geschieht eine unzutreffende Maßstabsanwendung dadurch, dass überproportional häufig mittlere Urteilswerte auf den Skalen von den Beurteilern gewählt werden.
- Bei der *Tendenz zur Milde* erfolgt eine unzutreffende Maßstabsanwendung, indem die Beurteiler in ihren Beurteilungen auf Skalen durchschnittlich im Vergleich zu anderen Beurteilern nach oben abweichen. Ihr Anspruchsniveau ist faktisch niedriger.
- Bei der *Tendenz zur Strenge* verwenden Beurteiler einen unzutreffenden Maßstab durch ein zu hohes Anspruchsniveau. Dies führt im Vergleich zu anderen Beurteilern zu überproportional niedrigen Einstufungen auf den Skalen.
- Beim *Sympathiefehler* erfolgt eine verzerrte Maßstabsanwendung, indem auf die Beurteiler besonders sympathisch wirkende Mitarbeiter unbewusst besser bewertet werden als andere. Umgekehrtes Verhalten stellt einen Antipathie-Effekt dar.

Kognitive Beurteilungsprobleme

Daneben bestehen noch verschiedene *kognitive Probleme der Beurteilung*, die zu kaum beeinflussbaren Verzerrungen bei der Wahrnehmung, der Verarbeitung, der Speicherung, der Erinnerung und der Beobachtung von Informationen/Verhalten führen. Die kognitive Beurteilungspsychologie beschäftigt sich mit den prinzipiellen Möglichkeiten, die menschliche Beurteiler im Rahmen des kognitiven Umgangs mit Informationen haben. Solche Aspekte sind insofern von Bedeutung für Eignungsprüfungen, als dass sie charakteristisch für die Informationsverarbeitung von Menschen (beruhend auf deren kognitiven Strukturen) und somit auch von Beurteilern sind. Die kognitive Beurteilungspsychologie hat speziell die Prozesse der Attribution und Stereotypisierung durch die Beurteiler im Beurteilungsprozess sowie deren Einfluss auf die Beurteilung zum Gegenstand. Demnach ist die Eignungsbeurteilung in entscheidendem Maße insb. von den jeweiligen Beobachtungs- und Erinnerungsmöglichkeiten der Beurteiler abhängig. Der komplexe Prozess der Erfassung, Speicherung, Verarbeitung, Interpretation und Erinnerung von beurteilungsrelevanten Informationen bietet vielfältige Ansatzpunkte, die zu Verzerrungen führen. Die jeweils individuell begrenzte kognitive Komplexität führt beispielsweise zu Folgendem: Unterschätzung der Informationsfaktoren, Bestätigung von Vorurteilen und Vorinformationen, Betrachtung vornehmlich herausragender Merkmale, Verfälschung der Personen- bzw. Situationsabhängigkeit, Beobachtung nur unter

1.4 Qualifikations- und Eignungsforschung

bestimmten, nicht so genau zu rekonstruierenden, unterschiedlichen Bedingungen, individuelle Wahl der Maßstäbe, sprachliche Probleme u. a. m. (vgl. Ilgen/Feldman, 1983; Lueger, 1992; Becker, F.G., 2009).

Bei *bewussten Verfälschungen* (Wollensprobleme) schließlich erfolgen die Beurteilungen als Mittel zum Zweck, zum Beispiel um Mitarbeitern eine bestimmte Entgeltzulage zuzuspielen oder sie wegzuloben, um bestimmte Bewerber zu bevorzugen o. Ä. Im Prinzip ist jeder Entscheidungsprozess in Betrieben mit mikropolitischen Aktivitäten der Beteiligten, d. h. mit rein interessengeleiteten Aktivitäten der Mitarbeiter für sich selbst oder andere, durchwoben. Alle Entscheidungsprozesse – auch die der Beurteilung – sind politische Prozesse. Nicht, dass alle Mitarbeiter zu jeder Zeit betriebliche Entscheidungen, immer durch eigene Interessen geleitet, in wesentlichem Umfang mikropolitisch determinieren. Je stärker beispielsweise Machtmotiv und Dominanzstreben der Mitarbeiter verschiedener Hierarchieebenen ausgeprägt sind, desto eher wird dies der Fall sein. Mikropolitik ist dabei nicht durchweg negativ zu sehen. Vom individuellen Standpunkt aus ergeben sich direkte und indirekte Bedürfnisbefriedigungsmöglichkeiten. Von der betrieblichen Perspektive aus werden dadurch Entscheidungsprozesse initiiert und in Gang gehalten, Kommunikationsstrukturen jenseits der formalen Organisation geschaffen, Mitarbeiter besser geführt, unter Umständen sogar »bessere« Beurteilungen durchgeführt. Es wäre unrealistisch davon auszugehen, dass die Mitarbeiter »lediglich« aufgabenbezogenes Verhalten zeigen und betriebliche Ziele verfolgen. Fast jeder ist zu Teilen auch Politiker im Eigeninteresse, in der Verfolgung individueller, aber auch gruppenbezogener Zielsetzungen. Dies betrifft auch die Personalbeurteilung (vgl. Küpper/Ortmann, 1986; Lorson, 1996; Neuberger, 2006, 2006a).

Mikropolitik

Solche Fehler soweit wie möglich zu vermeiden, ist umso eher möglich, je besser es gelingt, den folgenden Forderungen Genüge zu tun:

Anforderungen

▸ Die Beurteilungsverfahren sollen *transparent* sein.
Die Verfahren zur Beurteilung von Qualifikationen werden für andere nachvollziehbar gemacht durch Offenlegung der Leistungserfassung (Wer wird beurteilt? Was wird beurteilt? Wer urteilt? Wann wird beurteilt?), der Leistungsdimensionen (Welche Faktoren verursachen und welche beeinflussen die Leistung?) und der Maßnahmen (Welche Konsequenzen haben die Beurteilungsergebnisse?).

▸ Die Beurteilenden müssen für diese verantwortungsvolle Tätigkeit ausreichend und regelmäßig *trainiert* sein.
Eine Schulung der Beurteilenden verhilft diesen dazu, die Beurteilungsverfahren zu beherrschen, eigene Urteilsfehler zu erkennen, zu überwinden und Urteile mit hinreichender Sicherheit abzugeben.

▸ Den am Beurteilungsprozess Beteiligten sollten Mechanismen zur Verfügung stehen, die eine weitgehend *vorurteilsfreie* Verständigung und Einigung ermöglichen.
Beurteilungsvorgänge bzw. -ergebnisse lösen immer wieder Konflikte aus. Diese lassen sich nur vermeiden, wenigstens aber in ihren negativen Auswirkungen verringern, wenn Beteiligte regelmäßig und offen miteinander sprechen. Daher ist es sinnvoll, dies durch bestimmte Gesprächsregeln (z. B. Gesprächszeiten oder -abstände) zu sichern.

1.4 Informatorische Fundierung (Betriebliche Personalforschung)
Qualifikations- und Eignungsforschung

Den Beurteilungsgesprächen kommt im Rahmen der informatorischen Fundierung Bedeutung zu. In ihnen können u. a. Informationen über persönliche Ziele, Situationsveränderungen, Leistungsprobleme individueller oder organisatorischer Art an die Personalverantwortlichen weitergegeben werden (vgl. Neuberger, 2015). Es ist daher sinnvoll (und rechtlich auch notwendig), ein anschließendes *Mitarbeitergespräch* zum festen Bestandteil jeder Personalbeurteilung zu machen.

Steuernde Effekte

Dadurch, dass ein Betrieb bestimmte Qualifikationsmerkmale wählt und in seinen Diagnoseverfahren verwendet, legt er fest, *was* als Leistung anerkannt und gegebenenfalls »belohnt« wird. Insofern gehen von Verfahren der Qualifikationsdiagnose steuernde Einflüsse auf die Motivation der Mitarbeiter aus. Diese kann nur untermauert werden, wenn Beurteilungsergebnisse als Informationen an die Beurteilten zurückfließen und bei diesen Lernprozesse auslösen. Je besser dabei das zugrunde gelegte Modell verstanden wird, desto besser lassen sich auch die mit ihm verbundenen Ideen transportieren.

Zwecke

Praktikabilität
Qualifikationsdiagnosen und -prognosen wie auch die Personalauswahl genügen dem Anspruch der Praktikabilität, wenn sie ihren Verwendungszwecken entsprechend angewendet werden. Das jedoch wird vor allem dadurch erschwert, dass Qualifikationsdaten häufig verschiedenen Zwecken dienen. So stehen neben den Zwecken der Karriereplanung zum Beispiel auch solche der Feststellung der Entwicklungsnotwendigkeit, -fähigkeit und -würdigkeit der Mitarbeiter (für Fortbildungen, Beförderungen, Entlassungen) sowie der Entgeltfindung. Für letztere werden Daten benötigt, die den Vergleich aller Mitarbeiter untereinander ermöglichen. Zur Praktikabilität der Erhebung und Auswertung von Qualifikationsinformationen gehört nicht zuletzt, dass mit den in dem Betrieb angewandten Verfahren die bestehenden gesetzlichen Vorschriften, insbesondere des Betriebsverfassungsgesetzes, eingehalten werden.

Wirtschaftlichkeit
Für die Wirtschaftlichkeit von Qualifikationsdiagnose und -prognose sowie Personalauswahl gilt Ähnliches wie für die Erhebung und Auswertung von Anforderungsinformationen (s. Teil 3, Kap. 1.3.3).

1.4.4 Personalbeurteilung

1.4.4.1 Verständnis

> Allgemein ist unter Personalbeurteilung (synonym: Mitarbeiterbeurteilung) als Teil der Eignungsprüfung ein institutionalisierter Prozess zu verstehen, in dem planmäßig und formalisiert Informationen über die Leistungen und/oder die Potenziale von Mitarbeitern durch dazu beauftragte Mitarbeiter

1.4 Qualifikations- und Eignungsforschung

> hinsichtlich arbeitsplatzbezogener, entweder vergangenheits-, gegenwarts- oder zukunftsorientierter Kriterien gewonnen, verarbeitet und ausgewertet werden.

Sie bezieht sich auf unterschiedliche Objekte (Leistungsergebnis-, Leistungsverhalten- und/oder Potenzialkriterien) und lässt sich durch verschiedene Mitarbeiter durchführen (vgl. Becker, F.G., 2009; Breisig, 1998; Lohaus/Schuler, 2014).

Nach dem letztgenannten Untergliederungskriterium ist die Personalbeurteilung wie folgt zu differenzieren:

Richtung der Personalbeurteilung

- Die *Untergebenenbeurteilung* (synonym: Nachgeordnetenbeurteilung) ist die typische Form der Personalbeurteilung. Vorgesetzte beurteilen die ihnen direkt unterstellten Mitarbeiter bezüglich deren Leistungen bzw. Qualifikationspotenzialen.
- Die *Gleichgestelltenbeurteilung* (synonym: Kollegenbeurteilung, Peer Rating) stellt eine spezifische Variante der Personalbeurteilung dar. Als Beurteiler fungieren die hierarchisch in etwa gleichgestellten und im gleichen organisatorischen Bereich tätigen Kollegen eines zu beurteilenden Mitarbeiters. Dies geschieht mithilfe eines spezifischen Beurteilungsformulars. Ziel ist es, die Kenntnisse der Kollegen zur Einschätzung der Leistung und/oder Qualifikation der Mitarbeiter zu nutzen. Die Beurteilung wird in der Regel so durchgeführt, dass alle Kollegen von Kollegen gleichzeitig beurteilt werden (vgl. Jochum, 1987; Gerpott, 1992; Wunderer, 2011; Marcus/Schuler, 2006).
- Bei der *Vorgesetztenbeurteilung* beurteilten Mitarbeiter ihre unmittelbaren Vorgesetzten insbesondere bezüglich ihres Führungsverhaltens, aber teilweise auch bezüglich anderer Qualifikations- bzw. Leistungsmerkmale in der Regel anhand vorgegebener Kriterien. Je nachdem, ob diese Informationen nur an die Vorgesetzten selbst oder die Personalabteilung weitergegeben werden bzw. die Angaben anonym sind oder nicht, erhalten die Vorgesetzten Rückkopplungsinformationen über ihr von den Mitarbeitern wahrgenommenes Verhalten und/oder die Personalabteilungen Informationen über die Qualifikationen der Vorgesetzten (vgl. Ebner/Krell, 1991; Nerdinger, 2005).

Vorgesetztenbeurteilung

- Bei der *Selbstbeurteilung* sind die Mitarbeiter bei der Beurteilung ihrer Leistung oder ihres Potenzials zugleich Objekt der Beurteilung wie auch Beurteiler. Man versucht durch die Einbeziehung der betroffenen Mitarbeiter Entwicklungsprozesse zu fördern, die Akzeptanz der letztendlichen Urteile zu erhöhen sowie ein besseres Verständnis der Leistungserbringung bzw. der Qualifikation zu fördern.
- Die *360°-Beurteilung* stellt die umfassendste Form der Personalbeurteilung dar. Insbesondere das Leistungsverhalten der Führungskräfte soll aus unterschiedlichen Perspektiven (Vorgesetzte, Kollegen, Mitarbeiter, Kunden) eingeschätzt werden. Zu den jeweiligen Erhebungen werden unterschiedliche Teilinstrumente eingesetzt. Siehe hierzu die Abbildung 3-20. Die systematische Interpretation dieser Bewertungsinformationen soll ein umfassendes individuelles Feedback und eine damit verbundene Verhaltenssteuerung ermöglichen. Der damit verbundene Arbeitsumfang – vier anonyme Erhebungen mit unterschiedlichen

360°-Beurteilung

1.4 Informatorische Fundierung (Betriebliche Personalforschung)
Qualifikations- und Eignungsforschung

Abb. 3-20

360°-Beurteilung

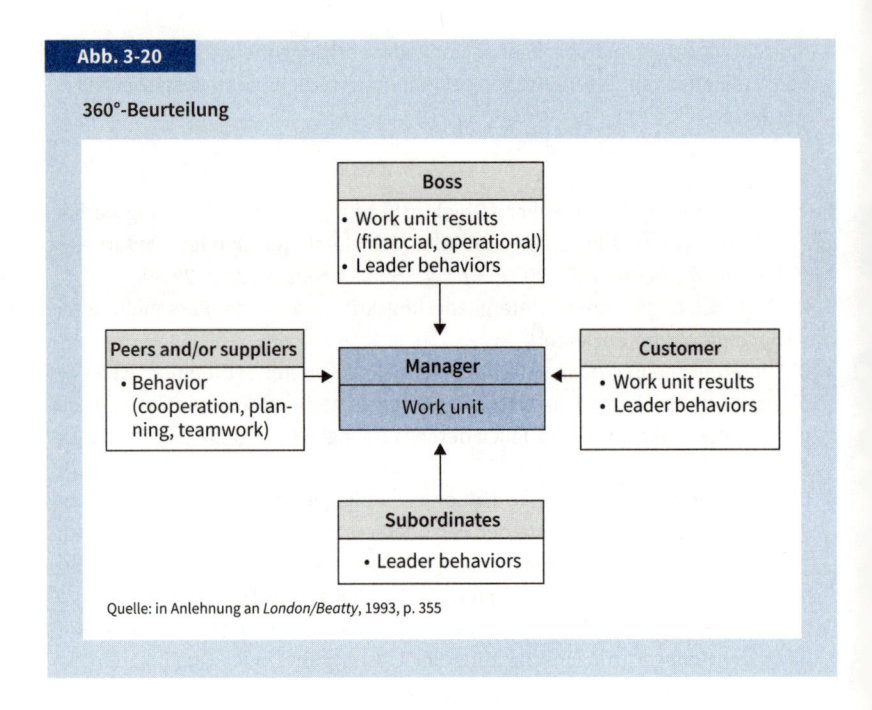

```
                        ┌─────────────────────────┐
                        │         Boss            │
                        │ • Work unit results     │
                        │   (financial, operational)│
                        │ • Leader behaviors      │
                        └───────────┬─────────────┘
                                    │
                                    ▼
┌──────────────────────┐   ┌─────────────────┐   ┌──────────────────────┐
│ Peers and/or suppliers│   │     Manager     │   │      Customer        │
│ • Behavior           │──▶│                 │◀──│ • Work unit results  │
│   (cooperation, plan-│   │    Work unit    │   │ • Leader behaviors   │
│   ning, teamwork)    │   └─────────────────┘   └──────────────────────┘
└──────────────────────┘            ▲
                                    │
                        ┌───────────┴─────────────┐
                        │      Subordinates       │
                        │ • Leader behaviors      │
                        └─────────────────────────┘
```

Quelle: in Anlehnung an *London/Beatty*, 1993, p. 355

Personengruppen verbunden mit der Sinnhaftigkeit valider Teilergebnisse – trägt aber zur Kritik des Einsatzes bei (vgl. Neuberger, 2000; Lohaus/Schuler, 2014, S. 381 ff.; Scherm, 2014). Es gilt als *modernes Instrument* der Beurteilung, und Modernität zählt manchmal mehr als valide Ergebnisse (»Neo-Institutionalismus«, vgl. Becker, F.G., 2015, S. 56 ff.).

1.4.4.2 Funktionen

Die Personalbeurteilung wird zur Verfolgung unterschiedlicher *Funktionen* eingesetzt. Die möglichen *manifesten* (im Sinne offiziell verfolgter, personal- und führungspolitischer) Funktionen wie auch die *latenten* (im Sinne tatsächlich, aber nicht offiziell verfolgen) Funktionen einer Personalbeurteilung lassen sich schaubildlich wie in Abbildung 3-21 darstellen.

> Manifeste Beurteilungsfunktionen:
> Die benennt man!

Bei den *manifesten* Funktionen handelt es sich um solche, die »offiziell« von Systembetreibern genannt werden. Sie sind in zwei Hauptgruppen zu differenzieren:
▸ *Führungspolitische Funktionen* zielen auf eine effiziente strukturelle wie interaktionelle Mitarbeiterführung (s. Teil 2, Kap. 6.1.2) vor allem durch die beurteilenden Vorgesetzten ab. Die Leistungsbeurteilung soll beispielsweise in diesem Zusammenhang den Mitarbeitern die Vorgesetzteneinschätzung zur gezeigten Leistung in der Vergangenheit wiedergeben, letztendlich die individuelle Leistungsbereitschaft (weiter) stimulieren und zur Personalförderung mittels Qualifikationsentwicklung beitragen. Gleichzeitig wird damit vielfach verbunden, eine ausreichende Basis für die Potenzialbeurteilung zu haben.

1.4 Qualifikations- und Eignungsforschung

Abb. 3-21

Funktionen einer Personalbeurteilung

Manifeste Funktionen		Latente Funktionen	
Führungspolitische Funktionen	Personalpolitische Funktionen	... gegenüber Beurteilern	... gegenüber Beurteilten
• Individuelle Personalförderung • Leistungsstimulierung • Individuelle Potenzialermittlung • Individuelle Leistungsinventur • Koordinationsfunktion	• Organisationale Leistungsinventur • Evaluierung von Personalinstrumenten • Analyse von Qualifizierungsbedarf • Begründung von Karriereentscheidungen • Begründung von Entgeltdifferenzierungen	• Steuerungsfunktion zur Mitarbeiterführung • Steuerungsfunktion zum Arbeitsverhalten	• Disziplinierungsinstrument • Sozialisationsfunktion • Nachträgliche Legitimation von Entscheidungen • Steuerungsfunktion zum Arbeitsverhalten

Quelle: in Anlehnung an *Becker, F.G.*, 2009, S. 268

▸ *Personalpolitische Funktionen* zielen auf die Feststellung der organisationalen Leistungsfähigkeit (also des Gesamtbetriebs bzw. einer Organisationseinheit) in der Vergangenheit, die generelle Evaluierung der Wirkungen des Einsatzes personalpolitischer Maßnahmen (z. B. Einführung einer neuen Arbeitsorganisation) sowie zusätzlich auf die Begründung und Legitimation von Karriereentscheidungen und Entgeltdifferenzierungen ab.

Neben diesen Zielsetzungen bestehen *latente Funktionen*, d. h. keineswegs von den Systembetreibern offiziell genannte Funktionen. Sie sind auf die Verhaltensbeeinflussung sowohl der Beurteiler als auch der zu beurteilenden Mitarbeiter gerichtet:

▸ Die Beurteiler werden in ihrem Führungsverhalten angehalten bzw. indirekt gesteuert, die Mitarbeiter systematisch (i. S. vorgegebener Kriterien) zu bewerten und ein Beurteilungsgespräch zu führen. Daneben wird durch die Wahl des Beurteilungsverfahrens teilweise auch das sonstige Arbeitsverhalten inhaltlich in eine grobe Richtung gesteuert.
▸ Auf die zu beurteilenden Mitarbeiter üben die eventuell mit einer Leistungsbeurteilung erwarteten Konsequenzen eine indirekte Disziplinierungsfunktion aus. Zudem kommt den normativ gesetzten Erwartungen in der Leistungsbeurteilung eine Sozialisationsfunktion zu.

Latente Beurteilungsfunktionen: Die verschweigt man!

Nicht alle angegebenen Funktionen sind gleichzeitig erreichbar, wenngleich in der betrieblichen Praxis vielfach hiervon ausgegangen wird. Als problematisch erweist sich bei der Umsetzung von Personalbeurteilungen normalerweise die Verfolgung von mehreren Funktionen (»eierlegende Wollmilchsau«) gleichzeitig (vgl. Neuberger, 1980; Becker, F.G., 2009).

Im Folgenden konzentrieren wir uns auf die Untergebenenbeurteilung. Objekt sind dabei die untergebenen Mitarbeiter in ihrer Rolle als beschäftigte Entschei-

Untergebenenbeurteilung

dungs- und/oder Aufgabenträger. Ihr (möglicher) Beitrag zur Erreichung der betrieblichen Ziele wird betrachtet. Differenziert wird das Objekt insofern, als dass zwischen Leistungsbeurteilung (vergangenheits- und gegenwartsorientiert auf Leistungen der Mitarbeiter) und Potenzialbeurteilung (zukunftsorientiert auf Qualifikationspotenziale und Eignungen der Mitarbeiter) unterschieden wird.

1.4.4.3 Leistungsbeurteilung

Die Leistungsbeurteilung (vgl. Becker, F.G., 2009; Becker, F.G./Fallgatter, 1998; Breisig, 1998; Lohaus/Schuler, 2014) stellt einen institutionalisierten Prozess zur planmäßigen und formalisierten Gewinnung, Verarbeitung und Auswertung von Informationen über die in einer bestimmten Periode erbrachte Leistung (im Gegensatz zur Potenzialbeurteilung) eines Mitarbeiters durch dazu beauftragte Mitarbeiter bezüglich vereinbarter Leistungskriterien dar. In einer weiten *Begriffsfassung* zählt zur Leistungsbeurteilung:

Begriff der Leistungsbeurteilung

1. Auswahl der Funktion(en),
2. Bestimmung des Beurteilungsverfahrens, Objektspezifikation (v. a. Eigenschaften, Verhalten, Aufgaben und/oder Ziele),
3. Objektrepräsentation, Auswahl der Methodik,
4. die Leistungsbewertung in zwei Phasen: (5a) Bewertung I: Erhebung der Leistungsergebnisse, Beobachtung des Leistungsverhaltens, Dokumentation der Leistungsbedingungen, Ausfüllen des Beurteilungsformulars; (5b) Bewertung II: Analyse der positions-, zeit-, situations- und funktionsspezifischen Leistungskomponenten, Beurteilungsgespräch, Urteilsfindung, Konsequenzvorschlag; sowie
5. ergänzend Schlussfolgerungen für die nachfolgende Beurteilungsperiode.

Abgleich Soll-Ist-Leistungsergebnis

Die vier erstgenannten Begriffskomponenten werden in der Wirtschaftspraxis allerdings zumeist vorab von den Systembetreibern inhaltlich bestimmt.

> Die *Grundidee* der Leistungsbeurteilung besteht darin, ein tatsächlich beobacht- und beschreibbares Ist-Leistungsergebnis mit einem Soll-Leistungsergebnis zu vergleichen. Der Übereinstimmungsgrad von Ist- und Soll-Ergebnis wird dabei als Indikator für die Leistung bzw. den Erfolg von Mitarbeitern gewertet. Sind Soll- oder Ist-Ergebnisse nicht bestimm- oder erfassbar, so basiert die Leistungsbeurteilung auf der Hypothese, dass Leistungsergebnisse durch Leistungsverhalten zustande kommen. Ist dieses tatsächlich beobachtbar und auch als Soll-Verhalten beschreibbar, so gründet die Leistungsbeurteilung auf dem Vergleich von Soll- und Ist-Verhalten. Die zu erwartenden wie geltenden Leistungsbedingungen sind zusätzlich zu berücksichtigen.

Qualifikations- und Eignungsforschung 1.4

Um die Leistungsbeurteilung durchzuführen sind Verfahren notwendig. *Beurteilungsverfahren* sind dabei methodische Hilfsmittel, mit deren Hilfe die Beobachtungen der Beurteiler in schriftliche und meist auf einem wertenden Kontinuum eingeordnete Aussagen ausgedrückt werden. Sie ermöglichen es dadurch, beobachtete Beurteilungsobjekte strukturiert zu erfassen und einer Auswertung zugänglich zu machen. Bei ihrer Anwendung handelt es sich dabei um einen institutionalisierten Prozess, bei dem planmäßig und formalisiert Informationen über die in einem bestimmten Zeitraum erbrachte Leistung des zu beurteilenden Mitarbeiters gesammelt und ausgewertet werden. Die Beurteilung erfolgt jeweils durch speziell dazu beauftragte Organisationsmitglieder und wird anhand vorher vereinbarter Kriterien durchgeführt.

Beurteilungsverfahren

Die *Verfahren der Leistungsbeurteilung* lassen sich unterschiedlich klassifizieren, je nachdem, welches Gruppierungsmerkmal verwendet wird:

Verfahrensklassifikation

- nach dem Strukturierungsgrad in freie und gebundene Verfahren,
- nach dem Objekt in eigenschafts-, verhaltens-, tätigkeits-/aufgaben- und zielorientierte Verfahren,
- nach den Beurteilern in Untergebenen-, Vorgesetzten-, Gleichgestellten-, Selbst- und Teambeurteilungsverfahren,
- nach der Genauigkeit der Methode in summarische und analytische Verfahren,
- nach ihrem Ursprung in sozialpsychologische, psychometrische und betriebswirtschaftlich pragmatische Verfahren sowie
- nach ihrem Vorgehen bei der Bewertung in freie Beurteilungen, Rangordnungs-, Kennzeichnungs-, Einstufungsverfahren, aufgabenorientierte Verfahren und zielorientierte Verfahren.

Diese Differenzierung verwenden wir auch hier, da sie differenziert auf Alternativen eingeht. Siehe dazu Abbildung 3-22.

Nachfolgend sind die im Folgenden genannten Verfahren beschrieben (vgl. Becker, F.G., 2009):

Verfahren

1. Freie Beurteilungen sehen keine formalen und inhaltlichen Einengungen der Beurteiler, außer des Beurteilungszeitraums, vor.
2. Rangordnungsverfahren versuchen, die zu Beurteilenden einer definierten Arbeitsgruppe unmittelbar miteinander zu vergleichen.
3. Bei Kennzeichnungsverfahren sind vorab Beurteilungsaussagen definiert, deren Wert den Beurteilern aber nicht bekannt ist. Sie vergleichen nur, ob sie beobachtbar waren oder nicht.
4. Merkmalsorientierte Einstufungsverfahren prüfen das Vorhandensein und die Ausprägung vorab und allgemein festgelegter Beurteilungsmerkmale, oft auch von Persönlichkeitseigenschaften.
5. Mit verhaltensorientierten Einstufungsverfahren wird – vorab kategorial definiertes – Leistungsverhalten eingeschätzt.
6. Aufgabenorientierte Verfahren stellen das positions- und mitarbeiterspezifische Zustandekommen von Leistung in den Mittelpunkt.
7. Ziel-(Ergebnis-)orientierte Verfahren gehen von den erwarteten, vorab definierten Leistungen (= Zielen) aus.

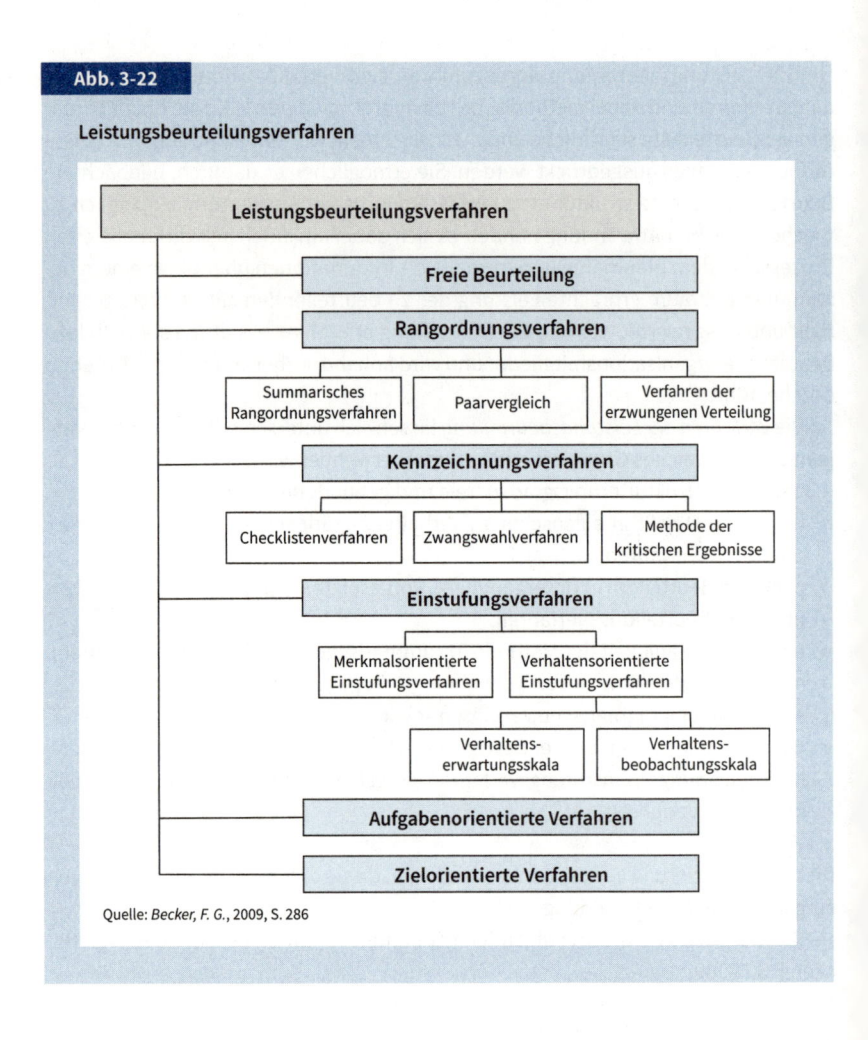

1.4 Informatorische Fundierung (Betriebliche Personalforschung)
Qualifikations- und Eignungsforschung

Abb. 3-22

Leistungsbeurteilungsverfahren

- Leistungsbeurteilungsverfahren
  - Freie Beurteilung
  - Rangordnungsverfahren
    - Summarisches Rangordnungsverfahren
    - Paarvergleich
    - Verfahren der erzwungenen Verteilung
  - Kennzeichnungsverfahren
    - Checklistenverfahren
    - Zwangswahlverfahren
    - Methode der kritischen Ergebnisse
  - Einstufungsverfahren
    - Merkmalsorientierte Einstufungsverfahren
    - Verhaltensorientierte Einstufungsverfahren
      - Verhaltenserwartungsskala
      - Verhaltensbeobachtungsskala
  - Aufgabenorientierte Verfahren
  - Zielorientierte Verfahren

Quelle: *Becker, F. G.*, 2009, S. 286

… wenig nutzbar!

Freie Beurteilung

Die Freie Beurteilung basiert auf der Idee, Erfahrungen und Fachwissen von geschulten »Beurteilungsexperten« für die Personalbeurteilung nutzbar zu machen. Gerade die weitgehende Unstrukturiertheit des Verfahrens soll es ermöglichen, genauer auf Arbeitsplatz- und Mitarbeiterspezifika einzugehen. Die freie Beurteilung wird in zwei verschiedenen Varianten praktiziert: (1) Im Rahmen der Beurteilung beschreiben die Beurteiler ihre Eindrücke auf einem formlosen Beurteilungsbogen über die vergangenen, von den zu beurteilenden Mitarbeitern gezeigten Leistungen oder Qualifikationspotenziale, in erzählender Form, ohne an eine bestimmte Systematik gebunden zu sein (völlig unstrukturierte Beurteilung). (2) Manchmal erfolgen jedoch Vorgaben, Fragen und andere Hilfestellungen, als dass nach bestimmten Leistungsinhalten (z. B. Arbeitsquantität, -qualität, Fachwissen) und/oder besonderen Stärken/Schwächen gefragt wird (teilstrukturierte Beurteilung). Wenngleich die freie Beurteilung wegen ihrer Willkür, der Beurteilerüberforderung und in der Regel unsystematischen Vorgehensweise zu Recht sehr umstritten ist, hat sie den Vorteil, dass arbeitsplatz- und zeitspezifische Bedingungen prinzipiell leicht berücksichtigt und subjektiv bewertet werden können. Letztlich trägt ihre Unstrukturiertheit allerdings zu einem wenig aussagefähigen, v. a. nicht vergleichbaren Ergebnis bei.

Rangordnungsverfahren

Mithilfe von Rangordnungsverfahren werden vor allem im Rahmen der Leistungsbeurteilung die Beurteilten bzw. ihre Leistungen entweder analytisch hinsichtlich bestimmter Kriterien oder summarisch anhand eines Gesamtkriteriums miteinander verglichen und in eine auf- bzw. absteigende Rangfolge eingegliedert. Dadurch ergibt sich aus der Sicht des Beurteilers die relative Stellung jedes Beurteilten hinsichtlich der jeweiligen Leistung (bzw. als Äquivalent angenommener Bezugsgrößen) auf einer Ordinalskala. Im Allgemeinen werden die in der Abbildung genannten drei Arten dieses Verfahrens diskutiert. Insgesamt gesehen haben die Verfahren ihre frühere Bedeutung aufgrund ihrer unspezifischen Aussagen verloren (vgl. Becker, F.G., 2009; Lohaus/Schuler, 2014).

… nicht mehr von Bedeutung!

Kennzeichnungsverfahren

Im Rahmen von Kennzeichnungsverfahren geben die Beurteiler jeweils an, ob bestimmte vorgegebene Beurteilungskriterien bzw. bestimmte Aussagen auf die Beurteilten zutreffen oder nicht. Die Merkmalskriterien sind in ihrer Reihenfolge in der Regel beliebig gemischt oder nach dem Anschein gleicher Erwünschtheit gruppiert. Die mit diesem Verfahren von den Beurteilern geforderten dichotomen Aussagen anhand von Skalen mit binär messbaren Merkmalsausprägungen (ja für »Aussage trifft zu«, nein für »Aussage trifft nicht zu«) erlauben eine direkte Auswertung und eine nachfolgende Skalierung der einzelnen Items, ohne allerdings (zunächst) etwas über die Rangordnung oder gar die Differenz zwischen den Beurteilten hinsichtlich eines Merkmals auszusagen. Man unterscheidet insbesondere drei Arten:

- Das *Check-List-Verfahren* operiert mit einer Liste von Beschreibungen über Verhaltensweisen, die für die Leistung förderlich oder aber hinderlich sind und aus der eine Wahl zu treffen ist, ohne dass Bewertungen abzugeben sind.
- Ähnlich steht das *Zwangswahlverfahren* (»Forced Choice-Methode«) auf der Grundlage der vorgegebenen, gruppierten Verhaltensbeschreibungen über erfolgreiche und erfolglose Mitarbeiter, denen das Verhalten der zu Beurteilenden zuzuordnen ist.
- Mit der *Methode kritischer Ereignisse* (»Critical Incidents«) (vgl. Flanagan, 1954, S. 336 ff.; s. Teil 3, Kap. 2.3.3.4) werden auf einer Liste von Verhaltensweisen kritische, d. h. Erfolg oder Misserfolg begründende Ereignisse (Tätigkeiten, auch Ergebnisse) verzeichnet. Aufgrund von Beobachtungen werden Häufigkeitsverteilungen ermittelt, auf deren Grundlage zusammenfassende Beurteilungen gebildet werden.

Verschiedene Arten

Auch diese Verfahren haben ihre Bedeutung in der betrieblichen Praxis aufgrund der aufwendigen Verfahrensweisen mittlerweile eingebüßt und werden nicht mehr nennenswert verwendet.

1.4 Informatorische Fundierung (Betriebliche Personalforschung)
Qualifikations- und Eignungsforschung

Merkmalsorientierte Einstufungsverfahren

In der überwiegenden Anzahl von Betrieben mit Leistungsbeurteilungen haben sich in den deutschsprachigen Ländern merkmalsorientierte Einstufungsverfahren (oft auch als analytische Einstufungsverfahren bezeichnet) der Leistungsbeurteilung durchgesetzt (vgl. Neuberger, 1980; Breisig, 1998; Becker, F.G./Stöcker, 2000; Becker, F.G., 2009). Sie sehen nach unserer Erfahrung eine jährliche Beurteilung mit einem vorgegebenen Kriterienkatalog (durchschnittlich 12-15 Kriterienmerkmale) und vorgegebener Stufenzahl (durchschnittlich 7 – mit unterschiedlichen Philosophien hinsichtlich gerader und ungerader Stufenzahl) vor.

Standardkriterienkataloge

Bei diesen Verfahren sind weitere in den Beurteilungsformularen je Kriterium nach dem Ausprägungsgrad geordnete, verbal oder numerisch bezeichnete Skalenstufen zur Bewertung vorgegeben. Die verschiedenen Ausprägungsgrade sollen die Kriterien bzw. die Güte der Leistungen individuell ausdrücken. Die damit verbundenen Vorstellungen sind mehr oder weniger präzisiert. Die durch die Beurteiler wahrgenommene Ausprägung der Kriterien bei den zu beurteilenden Mitarbeitern ist mit den zu den verschiedenen Beurteilungsmerkmalen vorgegebenen Kriterien- bzw. Skalenausprägungen zu vergleichen, die treffendste Ausprägung ist zu wählen. Die Kriterienausprägungen werden bei der letztendlichen Bewertung im Endeffekt oft numerisch erfasst, ihrer angenommenen Bedeutung gemäß gewichtet und zu einem Leistungswert (aus dem sich eine eventuelle Leistungszulage ergibt) zusammengefasst. Normalerweise werden *Standardkriterienkataloge* über verschiedene Funktionsbereiche und -ebenen hinweg verwendet. Eine Differenzierung findet selten statt. Zusätzliche Merkmale sind bei Führungskräften üblich. Bei den Kriterien handelt es sich um solche, denen ein Leistungsbezug unterstellt wird, wie zum Beispiel Arbeitsquantität, Arbeitsqualität, Kreativität, Führungsverhalten.

Obwohl solche Verfahren (s. auch Abbildung 3-23) am wenigsten den oben formulierten Ansprüchen an die Qualifikationsdiagnose genügen, sind sie in der Wirtschaftspraxis sehr weit verbreitet (vgl. Becker, F.G., 2009, S. 307).

Haupteinwände

Im Einzelnen sind gegen diese Verfahren die folgenden *Haupteinwände* zu erheben (vgl. Neuberger, 1980; Becker, F.G., 2009):
- Die Anforderungsseite bleibt weitgehend unberücksichtigt, da nur allgemeine Kriterien benannt werden.
- Gültige, zuverlässige und objektive Urteile sind kaum möglich. Die weiter oben beschriebenen Beurteilungsfehler treffen gerade bei diesen Verfahren besonders stark zu und führen zu zumindest unbewusst verfälschten Bewertungen.
- Ein situationsspezifischer oder individueller Zuschnitt ist (wenn überhaupt) nur schwer praktizierbar. Allenfalls willkürlich und im Einzelfall lässt es sich bei »guten« Beurteilern umsetzen.
- Es ist möglich, dass die Verfahrensanwendung negative motivationale Effekte nach sich zieht, die die Leistungsbereitschaft und/oder Leistungsintensität beeinträchtigen, wenn nicht positiv ausgerichtete Aktivitäten (z. B. Mitarbeitergespräche) begleitend eingesetzt werden. Die emotionale Komponente ist gerade bei diesen Verfahren prinzipiell so stark, weil letztlich keine nachvollziehbare Begründung aufgrund der Unbestimmtheit der Kriterien möglich ist.

1.4 Qualifikations- und Eignungsforschung

Abb. 3-23

Bewertungsformular eines merkmalsorientierten Einstufungsverfahrens

Bewertungsmerkmale	Gewichtung	Bewertungsskala				
		1	2	3	4	5
		entspricht selten der Erwartung	entspricht i. A. der Erwartung	entspricht voll der Erwartung	liegt über der Erwartung	liegt weit über der Erwartung
I. Anwendung der Kenntnisse	1	0	2	4	6	8
Darunter ist z. B. zu verstehen: • Beweglichkeit des Denkens *oder* • Erkennen des Wesentlichen *oder* • gezeigte Selbstständigkeit						
II. Arbeitseinsatz	1	0	2	4	6	8
Darunter ist z. B. zu verstehen: • Initiative *oder* • Ausdauer *oder* • Zuverlässigkeit						
III. Arbeitsquantität	2	0	4	8	12	16
Darunter ist z. B. zu verstehen: • Intensität der Arbeitsausführung *oder* • Umfang des erzielten Arbeitsergebnisses						
IV. Arbeitsqualität	2	0	4	8	12	16
Darunter ist z. B. zu verstehen: • Genauigkeit der Arbeitsausführung *oder* • Fehlerfreiheit des Arbeitsergebnisses						
V. Zusammenarbeit und persönliche Wirksamkeit	1	0	2	4	6	8
Darunter ist z. B. zu verstehen: • Informationsaustausch *oder* • Zusammenarbeit *oder* • Mitarbeiter anzuweisen oder • anzuleiten oder • zu beurteilen oder zu fördern						

Quelle: in Anlehnung an *Becker, F.G.*, 1992, S. 9

▸ Die Auswahl der Kriterien basiert zumeist auf Usancen sowie Plausibilitätsüberlegungen und nicht auf empirischen Studien arbeitsplatzspezifischer Leistungsinhalte. Die Erfahrung zeigt dabei, dass vielfältige *eigenschaftsorientierte Kriterien* (z. B. Initiative, Zuverlässigkeit, Flexibilität) als Standardmerkmale ausgewählt werden. Diese Kriterien sind für die Leistungsbeurteilung ungeeignet. Die übliche Verwendung offener oder versteckter eigenschaftsorientierter Kriterien steht dabei in keinem bekannten Zusammenhang zur Leistung. Auf ihr basierende Beurteilungen übersehen zudem die Bedeutung der Arbeitssituation. Bei

Eigenschaftsorientierung

1.4 Informatorische Fundierung (Betriebliche Personalforschung)
Qualifikations- und Eignungsforschung

Routinetätigkeiten werden beispielsweise »Kreativität« und »Initiative« kaum zugelassen. Zudem wird die Vorgesetzten/Mitarbeiter-Beziehung bei der fruchtlosen Diskussion um (versteckte) Eigenschaften nicht verbessert, sondern unnötig belastet.

Verhaltensorientierte Einstufungsverfahren

Dimensionen

Verhaltensorientierte Einstufungsverfahren (vgl. Domsch/Gerpott, 1985; Becker, F.G., 2009; Lohaus/Schuler, 2014) stellen Einstufungsskalen dar, die auf empirisch-systematisch ermittelten, stellentypischen Verhaltensbeschreibungen basieren. Speziell in Nordamerika finden solche Verfahren die größte Akzeptanz. Ziel der Verfahren ist es – neben der Gewinnung der Verhaltensaussagen für jeden Stellentyp – unterscheidbare Leistungsdimensionen für die Arbeitsplätze zu identifizieren. Eine Position wird dazu in ihre einzelnen Aufgabenbereiche (Dimensionen) zerlegt. Diese Dimensionen stellen die Beurteilungskriterien dar. Jede Dimension erhält eine separate Skala. Diese Skalen enthalten Skalenwerte in Form von aufgabenbezogenen Verhaltensbeschreibungen je Stufe. Die Stufen werden durch Kurzbeschreibungen stellentypischen Verhaltens (und ihrer Güte) definiert. Die Verfahren bestehen schließlich aus einem Set verschiedener Beurteilungsskalen. Ein Beurteiler muss jede Dimension lesen und sich jeweils für eine bestimmte Verhaltensbeschreibung entscheiden. Die Entwicklung des Beurteilungsformulars erfolgt in der Regel in Zusammenarbeit mit zukünftigen Beurteilern. Verschiedene Verfahrensvarianten liegen vor, vor allem Verhaltenserwartungs-, Verhaltensbeobachtungs- und Verhaltenssummenskalen.

BARS/VES

▸ Die *Verhaltenserwartungsskala* (VES) ist eine besondere Form einer Leistungsbeurteilung (vgl. Smith/Kendall, 1963; Campbell et al., 1973; Domsch/Gerpott, 1985; Becker, F.G., 2009; Weinert, 2004). Sie ist unter der Bezeichnung »behavioral anchored rating scales – BARS« von Smith/Kendall entwickelt und im Zeitablauf vor allem als »behavioral expectation scale« bezeichnet worden. Bei den Verhaltenserwartungsskalen handelt es sich um ein empirisch unter Beteiligung von zukünftigen Beurteilern entwickeltes, auf spezifische Arbeitsplatztypen bezogenes Beurteilungsinstrument, das sich durch verhaltensorientierte Beschreibungen (Verhaltensitems) im Beurteilungsformular auszeichnet. Smith/Kendall hatten die Idee, dass verschiedene Leistungslevel in Beurteilungsskalen durch Verhaltensbeispiele der Positionsinhaber »verankert« werden könnten. Das Beurteilungsformular der Verhaltenserwartungsskalen besteht schließlich aus einem Set verschiedener Beurteilungsskalen. Sie beruhen auf der stufenweisen Entwicklung und Definition von Arbeitsbereichen (Leistungsdimensionen) sowie kriterienspezifischen Einstufungsskalen, die als Beurteilungskriterien dienen sollen. Abgezielt wird auf eine Standardisierung des Beurteilungsprozesses zur Verbesserung der Vergleichbarkeit verschiedener Beurteilungen (durch die Formulierung gemeinsamer Bezugssysteme, Kriterien, Verhaltensaussagen, Leistungsdimensionen), die Reduzierung von Beurteilungsfehlern sowie auf eine Verbesserung von Beurteilungsgesprächen mithilfe verhaltensspezifischer Feedbacks für die Beurteilten. Durch die Partizipation einer Vielzahl von Arbeitsplatzexperten und späteren Anwendern erwartet man die Entwicklung stark positi-

1.4 Qualifikations- und Eignungsforschung

onsbezogener Skalen. Sie sollen es den Beurteilern zudem erlauben, Verhalten – und nicht diffuse Eigenschaften oder Zielerreichungen – zu bewerten. Siehe zu einem Beispiel Abbildung 3-24.

▶ Die *Verhaltensbeobachtungsskalen* (VBS; »behavioral observation scale/BOS«) sind vor allem durch Latham/Wexley zur Leistungsbeurteilung entwickelt worden (vgl. Latham/Wexley, 1977, 1981; Domsch/Gerpott, 1985; Becker, F.G., 2009; Weinert, 1998). Bei dieser Verfahrensart werden mithilfe der Methode der kritischen Ereignisse (vgl. Teil 3, Kap. 2.3.3.4) durch Arbeitsplatzexperten (Beurteiler

BOS/VBS

Abb. 3-24

Beispiel einer Verhaltenserwartungsskala

Vermittelt dem Verkaufspersonal klare Vorstellungen über dessen Aufgaben und Verantwortungsbereiche; arbeitet taktvoll und freundlich mit Untergebenen zusammen; nimmt effiziente und gerechte Arbeitseinteilung vor und ergänzt formale Trainingsmaßnahmen durch persönliche Anleitung; hält sich laufend informiert über das, was sein Verkaufspersonal am Arbeitsplatz tut und hält sich bei Vereinbarungen mit Untergebenen an die Unternehmenspolitik.

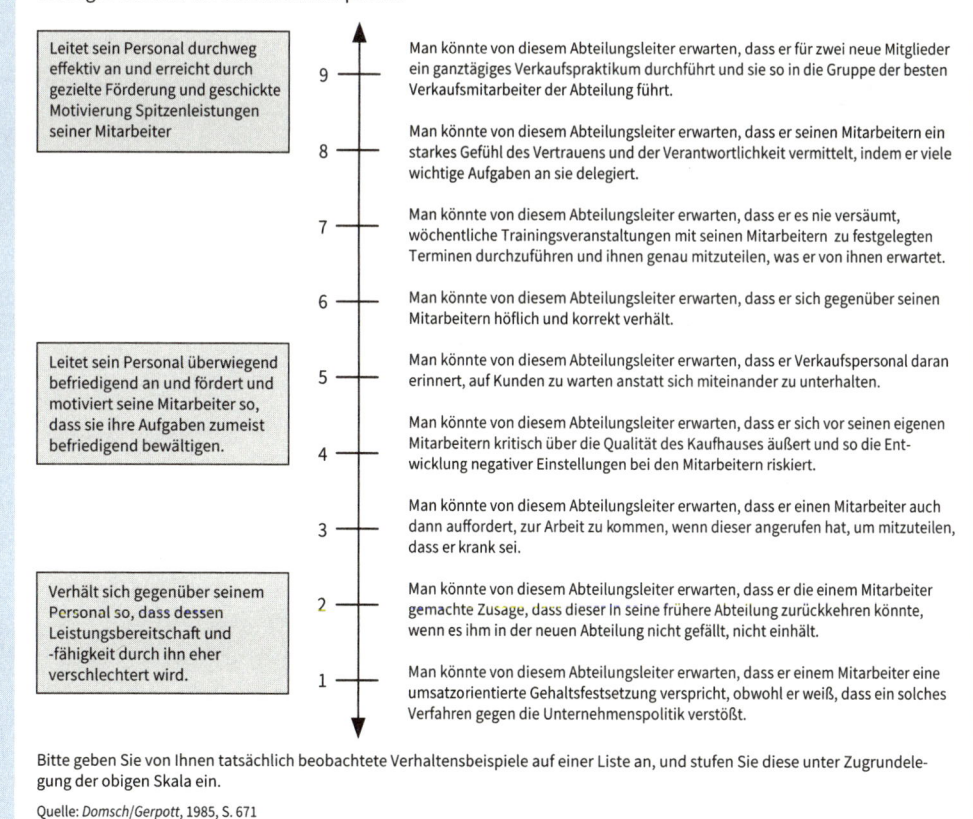

Skala	Verhalten	Erwartungen
9	Leitet sein Personal durchweg effektiv an und erreicht durch gezielte Förderung und geschickte Motivierung Spitzenleistungen seiner Mitarbeiter	Man könnte von diesem Abteilungsleiter erwarten, dass er für zwei neue Mitglieder ein ganztägiges Verkaufspraktikum durchführt und sie so in die Gruppe der besten Verkaufsmitarbeiter der Abteilung führt.
8		Man könnte von diesem Abteilungsleiter erwarten, dass er seinen Mitarbeitern ein starkes Gefühl des Vertrauens und der Verantwortlichkeit vermittelt, indem er viele wichtige Aufgaben an sie delegiert.
7		Man könnte von diesem Abteilungsleiter erwarten, dass er es nie versäumt, wöchentliche Trainingsveranstaltungen mit seinen Mitarbeitern zu festgelegten Terminen durchzuführen und ihnen genau mitzuteilen, was er von ihnen erwartet.
6		Man könnte von diesem Abteilungsleiter erwarten, dass er sich gegenüber seinen Mitarbeitern höflich und korrekt verhält.
5	Leitet sein Personal überwiegend befriedigend an und fördert und motiviert seine Mitarbeiter so, dass sie ihre Aufgaben zumeist befriedigend bewältigen.	Man könnte von diesem Abteilungsleiter erwarten, dass er Verkaufspersonal daran erinnert, auf Kunden zu warten anstatt sich miteinander zu unterhalten.
4		Man könnte von diesem Abteilungsleiter erwarten, dass er sich vor seinen eigenen Mitarbeitern kritisch über die Qualität des Kaufhauses äußert und so die Entwicklung negativer Einstellungen bei den Mitarbeitern riskiert.
3		Man könnte von diesem Abteilungsleiter erwarten, dass er einen Mitarbeiter auch dann auffordert, zur Arbeit zu kommen, wenn dieser angerufen hat, um mitzuteilen, dass er krank sei.
2	Verhält sich gegenüber seinem Personal so, dass dessen Leistungsbereitschaft und -fähigkeit durch ihn eher verschlechtert wird.	Man könnte von diesem Abteilungsleiter erwarten, dass er die einem Mitarbeiter gemachte Zusage, dass dieser in seine frühere Abteilung zurückkehren könnte, wenn es ihm in der neuen Abteilung nicht gefällt, nicht einhält.
1		Man könnte von diesem Abteilungsleiter erwarten, dass er einem Mitarbeiter eine umsatzorientierte Gehaltsfestsetzung verspricht, obwohl er weiß, dass ein solches Verfahren gegen die Unternehmenspolitik verstößt.

Bitte geben Sie von Ihnen tatsächlich beobachtete Verhaltensbeispiele auf einer Liste an, und stufen Sie diese unter Zugrundelegung der obigen Skala ein.

Quelle: *Domsch/Gerpott*, 1985, S. 671

1.4 Informatorische Fundierung (Betriebliche Personalforschung)
Qualifikations- und Eignungsforschung

wie Beurteilte) leistungsdifferenzierende Verhaltensaussagen generiert. Die VBS unterscheiden sich wie folgt von den Verhaltenserwartungsskalen: Sie basieren auf tatsächlich beobachteten Verhaltensweisen und fordern von den Beurteilern nicht, von ihren allgemeinen Eindrücken auf vorgegebene Verhaltensitems zu schließen. Mit dem Verhaltensbeobachtungsansatz werden Informationen über das tatsächlich erwünschte Verhalten am Arbeitsplatz generiert sowie den Beurteilern beobachtbare Verhaltensaussagen präsentiert. Auf einer 5-Punkte-Likert-Skala (prinzipiell: 0-4 bzw. sehr oft, oft, gelegentlich, selten, nie) müssen sie für jedes im Beurteilungsformular angegebene Verhaltensitem bewerten, inwieweit dieses Verhalten von »fast nie« bis »fast immer« gezeigt bzw. beobachtet wurde. Die summierten Skalenwerte gelten als numerisches Äquivalent für die von den Mitarbeitern in einer arbeitsplatzspezifischen Leistungsdimension gezeigte Leistung. Gesamtleistungsziffern für Mitarbeiter werden durch die Addition dieser Skalenwerte berechnet. Siehe zu einem Beispiel Abbildung 3-25.

Diese starren und aufwendigen Verfahren haben zumindest im deutschsprachigen Bereich eine geringe Praxisrelevanz, wenngleich sie von der Herangehensweise überzeugen.

Abb. 3-25

Beispiel einer Verhaltensbeobachtungsskala (Ausschnitt)

Example of One BOS Criterion or Performance Dimension for Evaluating Managers*

I. Overcoming Resistance to Change

(1) Describes the details of the change to subordinates.

   Almost never   1   2   3   4   5   Almost always

(2) Explains why the change is necessary.

   Almost never   1   2   3   4   5   Almost always

(3) Discusses how the change will affect the employee.

   Almost never   1   2   3   4   5   Almost always

(4) Listens to the employee's concerns.

   Almost never   1   2   3   4   5   Almost always

(5) Asks the employee for help in making the change work.

   Almost never   1   2   3   4   5   Almost always

(6) It necessary, specifies the date for a follow-up meeting to respond to the employee's concerns.

   Almost never   1   2   3   4   5   Almost always

Total = _____

Below adequate	Adequate	Full	Excellent	Superior
6–10	11–15	16–20	21–25	26–30

* Scores are set by management.

Quelle: in Anlehnung an *Latham/Wexley*, 1981, S. 56 (deutsch in *Becker, F.G.*, 2009, S. 321)

Qualifikations- und Eignungsforschung 1.4

Aufgabenorientierte Verfahren
Unter aufgabenorientierten Einstufungsverfahren sind solche Verfahren zu verstehen, die ausgehend von den in einer bestimmten Leistungsperiode von Mitarbeitern zu erfüllenden, positionsspezifischen Aufgaben eine darauf zugeschnittene Leistungsbeurteilung der Aufgabenerfüllung durchführen. Das bekannteste aufgabenorientierte Verfahren ist das »Konzept der ganzheitlichen Qualifikation« nach Capol (1965, S. 90 ff.). Mit der Methode wird bewusst auf die interindividuelle Vergleichbarkeit der Leistungen verzichtet. Stattdessen wird das Verstehen des Zustandekommens einer individuellen Leistung, also subjektives Beurteilen, bewusst zum wesentlichen Prinzip des Verfahrens erhoben. Zudem soll das Verfahren Hinweise zu Qualifikationsentwicklungen geben. Im Einzelnen ist das Verfahren wie folgt *aufgebaut*:

Subjektivität

Aufbau

- Zunächst erfolgt gemeinsam und vorab eine Untersuchung, Differenzierung und schriftliche Festlegung der konkreten und wesentlichen Aufgabenstellungen des spezifischen Positionsinhabers.
- Die Beurteilung des Arbeitsverhaltens wird anhand der speziellen Aufgabenliste mithilfe von vier Stufen (ausgezeichnet, gut, befriedigend, unbefriedigend) sowie der Beschreibung des Sozialverhaltens vorgenommen. Jede Bewertung ist jeweils mit Angabe von Beobachtungen und belegbaren Tatsachen verbal zu begründen.
- Jede Einstufung soll den Erfüllungsgrad der geforderten Leistung einer spezifischen Teilaufgabe wiedergeben. Die Einstufungen dienen nur als methodisches Hilfsmittel für die Beurteiler und nicht statistischen Auswertungen. Nachfolgend ist die Frage nach den jeweiligen Ursachen der beschriebenen Verhaltensweisen zu beantworten. Hiermit wird eine Möglichkeit geschaffen, individuelle Qualifikationen wie auch externe Leistungsbedingungen als Ursachen mit in die Begründung für gut oder schlecht bewertete Aufgabenerfüllungen einzubeziehen.
- Schließlich erfolgt in einer weiteren Rubrik ein Vorschlag, der aufgrund der Leistungsbeurteilung einzuleitende Maßnahmen (z. B. Förderung, Qualifizierung, Arbeitsplatzveränderung, Leistungszulagen) erfasst.

Kritisch ist insbesondere anzumerken, dass ein solches Verfahren einen hohen Entwicklungsaufwand erfordert und mangels interindividueller Vergleichbarkeit der Ergebnisse nicht ohne erhebliche subjektive Einflüsse zur Entgeltdifferenzierung herangezogen werden kann. Aufgabenorientierte Einstufungsverfahren stellen aber, trotz aller treffender Einzelkritik, eine äußerst fruchtbare Idee zur Entwicklung aufgaben-, zeit-, situations- und personenspezifischer Beurteilungsverfahren dar, zumindest für solche Positionen, an denen eine Zielformulierung nur schwer möglich ist.

Kritik

Zielorientierte Verfahren
Das zielorientierte Verfahren der Leistungsbeurteilung (vgl. Mungenast, 1990; Fallgatter, 1996; Becker, F.G., 2009; Breisig, 1998; Becker, M., 2013; Watzka, 2011) ist eine relativ moderne Verfahrensart der Leistungsbeurteilung. Sie geht in erster Linie von den erwarteten Leistungsergebnissen bzw. den gestellten Zielen sowie den diesbezüglich erreichten Ergebnissen eines Verantwortungsbereichs aus. Die Leistungsbeurteilung ist in diesem Sinne gleich Zielerreichungskontrolle im Planungs- bzw. Führungssystem. Im Rahmen der bei der zielorientierten Betriebsführung norma-

Management-by-Objectives

1.4 Informatorische Fundierung (Betriebliche Personalforschung)
Qualifikations- und Eignungsforschung

lerweise angeführten Konzeption eines *Management-by-Objectives* (MbO) wird die Leistungsbeurteilung allerdings in aller Regel vernachlässigt.

Wesentliches, vorgelagertes Element des MbO ist die Ableitung und Bestimmung der betrieblichen Ziele (bis hin zu Stellenzielen).

Prozess

▸ Das MbO sieht vor, eine wechselseitige Zielabstimmung zwischen Vorgesetzten und Untergebenen aufzunehmen und die vereinbarten *Ziele zur Grundlage* von Leistungsbeurteilungen zu machen. Der erste Vorgang einer vorläufigen Zielableitung hierarchieabwärts gehört dabei zur Anforderungsseite, während bei der Zielbestätigung hierarchieaufwärts in das Zielvereinbarungsgespräch zwischen Vorgesetztem und Untergebenem auch Leistungsvermögen und -bereitschaft Eingang finden. Damit kommt auch im MbO der Einfluss der Positionsinhaber auf die Aufgaben und damit auf deren Anforderungen zum Tragen.

▸ Beurteilungsobjekte sind also vor allem der *Zielerreichungsgrad* eines Geschäftsbereichs, der Abteilung oder auch der einzelnen Mitarbeiter, eventuelle Verhaltensziele sowie die Ursachen möglicher Zielabweichungen. Die Zieldefinition dient insofern als Basis für die Leistungsbeurteilung, wobei die jeweiligen Leistungsziele vorab hinsichtlich ihrer Kriterien und Standards festzulegen sind. Die Beurteilung erfolgt durch einen Soll-Ist-Vergleich am Ende der Beurteilungsperiode. Die im MbO vorgesehene Abweichungsanalyse deckt u. a. mögliche Leistungslücken und deren Ursachen auf. Weitere Instrumente wie Beurteilungsgespräche ermöglichen Qualifikationsdiagnosen und Verlängerungen zu Qualifikationsprognosen sowie weiteren Maßnahmen.

Zu einer integrierten Darstellung von Leistungsbeurteilung und MbO siehe Abbildung 3-26.

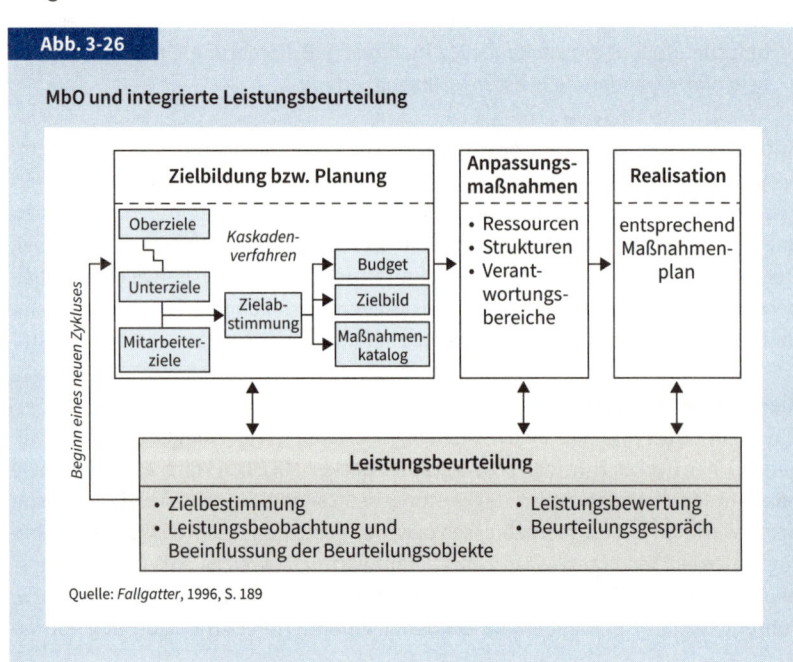

Abb. 3-26

MbO und integrierte Leistungsbeurteilung

Quelle: *Fallgatter*, 1996, S. 189

1.4 Qualifikations- und Eignungsforschung

Solche Verfahren sind normalerweise nur für Führungspositionen anwendbar, da gerade diese Mitarbeitergruppe mehr Spielraum bei der Aufgabenerfüllung und Einfluss auf die Zielerreichung hat. Der Vorteil von zielorientierten Leistungsbeurteilungen liegt vor allem in der vom administrativen Standpunkt aus einfachen Berechnung von variablen Entgelten. Diese sind an den jeweiligen Zielerreichungsgrad gekoppelt. Problematisch ist jedoch, dass keine anderen Determinanten als die individuelle Leistung berücksichtigt werden (z. B. tatsächlicher Schwierigkeitsgrad der Zielerreichung). Diese lassen sich nur mit zusätzlichen subjektiven Beurteilungen erfassen. Teilweise wird im Rahmen der zielorientierten Beurteilung eine zusätzliche sogenannte *Weganalyse* ergänzend vorgeschlagen, um für die Zielabweichungsanalyse genaue Ursacheninformationen zu erhalten (vgl. Müller, 1974, 1974a). Hiermit soll der Weg der Zielabweichung bzw. das Leistungsverhalten sowie teilweise auch das Wirken externer Leistungsbedingungen erfasst werden, um beides bei den Leistungsurteilen berücksichtigen zu können. Nur mit der damit verbundenen Berücksichtigung geltender Leistungsbedingungen lässt sich angemes-

Führungspositionen

Abb. 3-27a

Bewertungsformular für einen Personalleiter im Rahmen eines zielorientierten Verfahrens

Zielsetzungen

Ziel Nr.	Aufgaben gem. Stellenbeschreibung	Ziel	Randbedingungen	Maß- bzw. Bewertungsvorschriften	Informationsgrundlagen	Gewicht
Allgemeine Aufgaben						
1	Planung	Einhaltung des Budgets des unterstellten Bereichs bei Durchführung aller geplanten Aktivitäten oder bei a. o. Umständen sofort nach Kenntnisnahme Bericht erstatten	Keine neuen Aufgaben	Abweichung in % des Budgetbetrages	Budgetberichte	6
2	Personalführung	Einhaltung von Arbeitszeiten und allg. Weisungen durch direktunterstellte Mitarbeiter	Technische Voraussetzungen für korrekte Gleitzeiterfassung gegeben.	Korrektheit der Gleitzeitdaten	Gleitzeitabrechnung Reklamationen	3
3	Information und Koordination	Laufende Information des Stellvertreters, sodass dieser in der Lage ist, die Aufgaben des Stelleninhabers in dessen Abwesenheit wahrzunehmen.	Mitarbeiter, der die Stellvertreterfunktion übernimmt, wird gem. Abmachung mit Abt. X auf Anfang der Periode in die Personalabt. versetzt.	Führung der Geschäfte bei Abwesenheit Stelleninhaber.	Korrespondenz Aktennotizen usw.	8

1.4 Informatorische Fundierung (Betriebliche Personalforschung)
Qualifikations- und Eignungsforschung

Abb. 3-27b

Bewertungsformular für einen Personalleiter im Rahmen eines zielorientierten Verfahrens (Fortsetzung)

Zielsetzungen

Ziel Nr.	Aufgaben gem. Stellenbeschreibung	Ziel	Randbedingungen	Maß- bzw. Bewertungsvorschriften	Informationsgrundlagen	Gewicht
4	Personalbeschaffung u. -einsatz	Besetzung frei werdender Stellen innerhalb minimaler Frist, 50 % innerhalb von sechs Monaten besetzt. Alle Anforderungen aus der letzten Periode bis Ende Bewertungsperiode besetzt.	Gleichbleibende Arbeitsmarktsituation	Schnelligkeit der Besetzung zu gewünschten Bedingungen.	Personalanforderung, Stellenplan	10
5		Eingestellte Mitarbeiter erfüllen die Anforderungen der Stelle	Anforderungen der Stellen durch die betr. Vorgesetzten genügend klar definiert.	Zahl der Austritte in den ersten 3 Monaten bzw. Zahl der Versetzungen.	Rapporte, sonstige Berichte.	10
6		Personalumschlag: pro Monat nicht mehr als 10 Austritte	Einhaltung der vorhandenen Führungsrichtlinien durch Vorgesetzte.	Zahl der Austritte	Personalstatistik	10
7		Mit neuen Mitarbeitern am ersten Tag und mindestens einmal in der Probezeit Kontakt aufgenommen.		Erfassung der Probleme neuer Mitarbeiter	Besuchsnotizen, Berichte	8

sen die individuelle Leistung bewerten. Abbildung 3-27 zeigt beispielhaft ein Bewertungsformular (in drei Teilen).

Positive Effekte

Studien zeigen insgesamt positive Folgen sowohl für den Betrieb als auch für die Mitarbeiter, wenn Diagnoseverfahren in der oben skizzierten Form angewendet wurden (vgl. Schuler, 1978, S. 153; Watzka, 2011). Das sonst oft als Manko beobachtete Phänomen einer Beurteilungstendenz zur Mitte (zum Durchschnitt) verminderte sich rapide. Die Beurteilungen wurden insgesamt kritischer, die Zufriedenheit der Mitarbeiter mit dem Beurteilungssystem war trotzdem sehr groß.

Zielorientierte Diagnoseverfahren werden nicht nur zustimmend beschrieben und kommentiert. Gegen sie werden vielmehr auch *Einwände* vorgebracht. In der Hauptsache sind es die folgenden:

Einwände

▸ Die Verfahren seien *unvollständig*, da eine Analyse der Ursachen von Leistungsdefiziten Hypothesen über das hierfür verantwortliche Leistungsverhalten, über

Abb. 3-27c

Bewertungsformular für einen Personalleiter im Rahmen eines zielorientierten Verfahrens

Bewertung der Zielerreichung

Ziel Nr.	Ergebnis	Kommentar zur Zielerreichung (Begründung von Abweichungen)
1	Budget – 10 % eingehalten.	Personalwerbespesen wesentlich unter geplanten Ausgaben. Begründung: Einsparung durch Reduktion Zahl der Werbeträger, keine laufenden Serien mehr.
2	Am Ende der Bewertungsperiode Einhaltung der Vorschriften durch alle Mitarbeiter.	Am Anfang der Periode z. T. Nichteinhaltung der Blockzeiten durch Mitarbeiter. Nach Gespräch keine Abweichungen mehr.
3	Kein Stellvertreter vorhanden. Platzhalterschaft gesichert	Bei Planung zu optimistisch, dass neuer Mitarbeiter rechtzeitig von der anderen Abteilung freigegeben werde. Als Ersatzlösung Platzhalterschaft durch Hr. ... funktioniert zufriedenstellend.
4	70 % der frei werdenden Stellen innerhalb von 6 Monaten besetzt. 10 % der Anforderungen aus der letzten Periode noch offen.	Ziel angesichts der rel. guten Arbeitsmarktlage eher zu tief gesetzt (ungenügende Grundlagen bei der Zielfestlegung). Standortänderung einer Abteilung gegenüber letzter Periode hatte unbesetzte Stellen zur Folge.
5	Bei drei von 85 Besetzungen Anforderungen nicht erfüllt, bei zwei davon interne Versetzungen möglich.	In einem Fall Fehleinschätzung Bewerber, in zwei Fällen von vornherein als Versuch betrachtet.
6	Zwischen 12 und 17 Austritte pro Monat.	Zuwenig direkte Einflussmöglichkeiten durch Personalabteilung. Ziel zu hoch. Stelleninhaber überblickte Situation zu Beginn der Bewertungsperiode infolge kurzer Einarbeitungszeit nicht völlig. Insbesondere Problem, inwieweit GL Einflussnahme der Personalabteilung unterstütze, unklar. Zielerreichung in Anbetracht der Sachlage gut.
7	Nur etwa 50 % der Mitarbeiter am Eintrittstag gesehen. 90 % während der Probezeit gesehen.	Häufige Terminüberschneidungen mit anderen Verpflichtungen. Kapazität falsch eingeschätzt, insbesondere, da kein Stellvertreter vorhanden.

Quelle: in Anlehnung an *Müller*, 1974

die persönlichen Voraussetzungen sowie über die Leistungsbedingungen erforderlich mache.
- Die Verfahren setzten voraus, dass die Leistungsergebnisse eindeutig auf bestimmte Personen *zuzurechnen* seien, was in der Realität häufig nicht möglich sei (z. B. bei der Teamarbeit).
- Die Verfahren konzentrierten sich auf die Bewertung messbarer Anforderungselemente (insbesondere basierend auf quantifizierbaren Zielsetzungen), wodurch ein nicht geringer Teil weiterer Beurteilungskriterien außer Betracht bliebe.
- Allgemeine und vergleichbare *Standards* bei der Zielformulierung lägen im Rahmen des Instruments nicht vor und müssten einzelfallspezifisch definiert werden.
- Die Verfahren *vernachlässigten* die Leistungsbedingungen und -voraussetzungen.

1.4 Informatorische Fundierung (Betriebliche Personalforschung)
Qualifikations- und Eignungsforschung

»Wenn mein Chef wüsste, was ich alles kann, müsste ich ja den ganzen Tag arbeiten!« unbekannt

Wenn man die hier dargestellten Verfahren anhand der formulierten Gütekriterien für Qualifikationsdiagnosen beurteilt und daraufhin einem Vor- und Nachteilsvergleich unterzieht, so liegt nach unserem Dafürhalten eine Verwendung zielorientierter Verfahren nahe. Denn sie versprechen am ehesten eine zumindest zufriedenstellende Erfüllung der Ansprüche. Besonders wichtig erscheint uns, dass bei der Prüfung letztlich solchen Verfahren der Vorzug gegeben wird, mit denen es ohne Schwierigkeiten möglich ist,

- dass offene und ungezwungene Gespräche (Beurteilungsgespräche) zwischen allen am Urteilsprozess beteiligten Personen (besonders: Vorgesetzte und Untergebene) geführt werden, und zwar regelmäßig zu Vorgehensweisen, Ergebnissen und Folgen der Beurteilungen,
- ein informatives und gründliches Feedback der Beurteilungsergebnisse sicherzustellen,
- die Beurteilenden systematisch, regelmäßig und gründlich zu trainieren.

ZUR VERTIEFUNG

Mitarbeitergespräch

Das Mitarbeitergespräch kann sowohl als ein Instrument der betrieblichen Personalforschung als auch der Verhaltenssteuerung im Sinne der Mitarbeiterführung wie der Systemhandhabung sein. Es betrifft eine systematische Vorgesetzten-Mitarbeiter-Interaktionen, und zwar zur Erreichung verschiedener Gesprächsziele:

- Das *Führungsgespräch* ist Teil der kooperativen Führung und wird regelmäßig zur Diskussion der Zusammenarbeit sowie zur Bilanzziehung zwischen Vorgesetzten und Mitarbeiter durchgeführt. Es kann dabei gleichzeitig der Anerkennung und der Kritik dienen.
- Das *Beurteilungsgespräch* ist Bestandteil der Personalbeurteilung. Es dient vor allem Leistungsfeedback und lässt sich in prinzipiell zwei Varianten durchführen: In der traditionellen Variante wird den Mitarbeitern das Ergebnis der Beurteilung eröffnet. In einer angemesseneren Variante erfolgt ein Gespräch zur Beurteilung, in dem Selbsteinschätzungen der Mitarbeiter mit den Ansichten der Beurteiler konfrontiert werden, bevor eine (u. U. gemeinsame) Festlegung des Ergebnisses erfolgt.
- Ein *Beratungs- und Förderungsgespräch* kann auf Initiative des Mitarbeiters wie des Vorgesetzten durchgeführt werden. In ersterem Falle geht es um den Rat des Vorgesetzten für ein Mitarbeiterproblem. Im zweiten Falle steht die Förderung der Qualifikation und der beruflichen Karriere des Mitarbeiters im Vordergrund. Selbsteinschätzungen des Mitarbeiters werden mit Vorgesetztenmeinungen hinsichtlich Leistungsmotivation, Leistungsfähigkeit und Qualifikationspotenzial zur Förderung des Mitarbeiters konfrontiert.
- Das *Zielsetzungsgespräch* ist Bestandteil des Management-by-Objectives und besteht zum einen aus der Vorgabe oder der Vereinbarung von überprüfbaren Zielen für eine bestimmte Leistungsperiode und für einen Mitarbeiter. Zum anderen werden während und nach Ablauf der Periode der Grad der Zielerfüllung, die Leistungsbedingungen und eventuelle Abweichungen diskutiert.
- Bei *Problemlösungsgesprächen* geht es um die mehr oder weniger formalisierte Form der Kommunikation zwischen Vorgesetzten und Mitarbeitern zur Identifizierung und Handhabung eines betrieblichen Problems beim Arbeitsvollzug oder bei Interaktionsbeziehungen.
- *Abgangsgespräche* (synonym: Austrittsinterview) können nach oder unmittelbar vor Ausscheiden eines Mitarbeiters aus einem Arbeitsbereich oder des Betriebes durch gesondert beauftragte, auch externe Personen mittels Fragebogen oder offenen Gesprächen durchgeführt werden. Ziel ist es, eventuell negativ wirkende Faktoren der Arbeitssituation zu identifizieren.
- Das *Entgeltgespräch* betrifft zum einen die Mitteilung des Vorgesetzten an den Mitarbeiter über eine eventuelle außertarifliche Gehaltserhöhung sowie deren Begründung. Zum anderen kann es auch das vom Mitarbeiter angeregte Gespräch über eine angestrebte Entgelterhöhung betreffen.

Je nach Gesprächsform und -inhalt empfehlen sich unterschiedliche Vorgehensweisen (vgl. Neuberger, 2015; Fiege; Muck/Schuler, 2014, S. 765 ff.).

1.4 Qualifikations- und Eignungsforschung

Bei Qualifikationsdiagnosen der beschriebenen Art sind Beteiligungsrechte des Betriebsrats zu beachten.

Bei den bislang kurz vorgestellten Verfahren handelt es sich um die Beurteilung eines Mitarbeiters durch den direkten Vorgesetzten.

1.4.4.4 Potenzialbeurteilung

Wie bereits dargestellt, handelt es sich bei Leistungsbeurteilungen um vergangenheitsbezogene Qualifikationsdiagnosen. Vielfach besteht in der betrieblichen Praxis jedoch die Notwendigkeit zur Formulierung von Qualifikations- und Eignungsprognosen (sowohl für die Personalauswahl als auch für die – in diesem Abschnitt im Mittelpunkt stehende – Karriereplanung von Mitarbeitern). Dies ist immer dann der Fall, wenn für Arbeitsplätze (deren Aufgabeninhalte) oder deren personale Besetzung Veränderungen geplant werden. Ist abzusehen, dass Aufgabeninhalte von Arbeitsplätzen sich ändern werden (z. B. im Gefolge von technologischem Wandel oder von geplanten Job Enrichment-Maßnahmen), während die derzeitigen Arbeitsplatzinhaber sie auch in Zukunft besetzen wollen (sollen), so wird eine Aussage darüber notwendig, ob und in welchem Ausmaß sie die geänderten Anforderungen erfüllen werden. Qualifikationen zu prognostizieren ist ebenso erforderlich für Mitarbeiter, die in einem späteren Zeitpunkt einen anderen als den gegenwärtigen Arbeitsplatz besetzen sollen (Nachwuchs-Einsatz, Personalentwicklung). Die Qualifikationsprognose respektive die Potenzialbeurteilung versucht für einzelne Mitarbeiter die Frage zu beantworten, inwieweit diese in der Lage sein werden, *zukünftig gleichen oder veränderten Anforderungen zu genügen* (vgl. Becker, F.G., 1992a; Touet, 1997; Thömmes, 1996; von Rosenstiel/Lang-von Wins, 2000).

Beurteilungsobjekt ist das Qualifikationspotenzial (oft synonym: latente oder potenzielle Qualifikationen, Leistungs-, Eignungs-, Fähigkeitspotenzial). Es betrifft das potenzielle Arbeitsvermögen einer Person im Sinne von realisierbaren individuellen Leistungsvoraussetzungen. Es steht also für jene Qualifikationsmerkmale, die auf Basis der jeweils aktuell gegebenen Qualifikation im Zeitablauf in ihrer Ausprägung beibehalten werden oder sich verändern können. Unterscheiden kann man wie folgt (s. auch Abbildung 3-28):

- Das *aktuelle Qualifikationspotenzial* setzt sich aus zwei Komponenten zusammen:
  - Zum einen existiert das aktuell *eingesetzte* Qualifikationspotenzial. Dieses bezieht sich auf all die Qualifikationsmerkmale, die Mitarbeiter in ihrer aktuellen Position realisieren (realisiertes Arbeitsvermögen). Dieses setzt sich in das aktuelle Leistungsverhalten um (bspw. die Anwendung vorhandener Englischkenntnisse).
  - Das aktuell-*latente* Qualifikationspotenzial steht zum anderen für vorhandene Qualifikationsmerkmale, die aktivierbar sind, aktuell in der Position aber nicht eingesetzt werden (latentes, sofort realisierbares Arbeitsvermögen). Sie zeigen sich insofern auch nicht im aktuellen Leistungsverhalten (bspw. die Nichtnutzung vorhandener Französischkenntnisse am Arbeitsplatz).

Randnotizen: Notwendigkeit; Qualifikationspotenzial

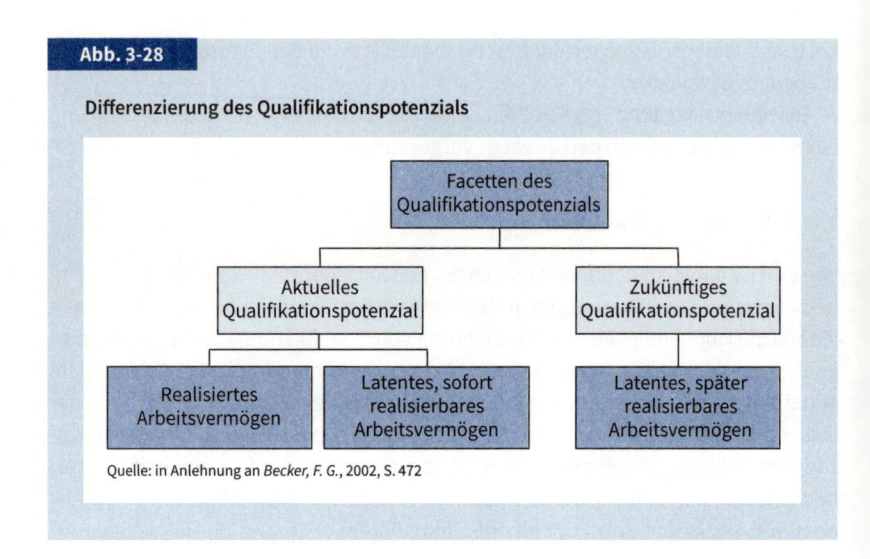

1.4 Informatorische Fundierung (Betriebliche Personalforschung)
Qualifikations- und Eignungsforschung

Abb. 3-28

Differenzierung des Qualifikationspotenzials

```
                    Facetten des
                 Qualifikationspotenzials
                    /            \
          Aktuelles              Zukünftiges
    Qualifikationspotenzial   Qualifikationspotenzial
         /         \                   |
  Realisiertes   Latentes, sofort   Latentes, später
  Arbeitsvermögen  realisierbares   realisierbares
                 Arbeitsvermögen    Arbeitsvermögen
```

Quelle: in Anlehnung an *Becker, F. G.*, 2002, S. 472

▸ Das *latente zukünftige bzw. potenzielle Qualifikationspotenzial* bezieht sich darüber hinaus auf die Qualifikationsmerkmale, die von einer Person nicht aktuell realisierbar sind, aber von denen man annimmt, dass sie im Zeitablauf nach entsprechender Selbst- und/oder Personalentwicklung aktualisiert werden können (latentes, später realisierbares Arbeitsvermögen, bspw. aufgrund allgemein guter Sprachlernfähigkeiten das Erlernen von Spanisch, Russisch o. a.). In manchen Publikationen wird nur das latente Arbeitsvermögen als Qualifikationspotenzial bezeichnet.

Unter *Potenzialbeurteilung* (vgl. Becker, F.G., 1991, 1992; Touet, 1997) (oft synonym: Entwicklungs-, Eignungs-, Karrierebeurteilung) ist letztendlich der planmäßige Versuch zu verstehen, für einzelne Mitarbeiter durch die Erfassung a) der einzelnen realisierten und b) der aktuell vorhandenen, aber noch nicht realisierten Qualifikationsmerkmale sowie c) deren jeweilige Entwicklungschancen systematisch und regelmäßig die Frage zu beantworten, inwieweit sie – unter Berücksichtigung von bestimmten Qualifizierungsmaßnahmen – in der Lage sein werden, prognostizierten (Arbeits-)Anforderungen in der Zukunft zu genügen.

Begriff

▸ Im Ergebnis handelt es sich bei der Potenzialbeurteilung um eine Prognose über *relative Eignungsaussagen*, d. h. prognostizierte Anforderungen bestimmter Aufgaben oder Stellen werden auf prognostizierte Qualifikationen von Mitarbeitern bezogen. Von der inhaltlich ähnlichen Personalauswahl wird sie zumeist abgegrenzt, weil ihr genaue Informationen über den zu Beurteilenden zur Verfügung stehen (können).

1.4 Qualifikations- und Eignungsforschung

▸ Hinsichtlich der *Reichweite* wird unterschieden: (1) Eine sequenzielle Potenzialbeurteilung bezieht sich dabei auf die nächste hierarchische Stufe. (2) Eine absolute Potenzialbeurteilung erfasst alle Einsatzmöglichkeiten für mehrere Jahre. Sie ergibt dann ein prognostisches Bewegungsprofil für die Mitarbeiter, mit einer bestimmten qualifikationsgemäßen Aufeinanderfolge der Positionen.

Reichweite

Als *Verfahren* werden in der betrieblichen Praxis vor allem eingesetzt (s. auch Abbildung 3-29):
1. diagnoseorientierte Verfahren,
2. psychologische Testverfahren,
3. biografische Verfahren und
4. Assessment-Center.

Verfahrensüberblick

Die genannten Verfahrensarten sind vielfach um Varianten spezifiziert und erweitert worden, bspw. das Management-Audit (s. Teil 3, Kap. 2.3.3.6).

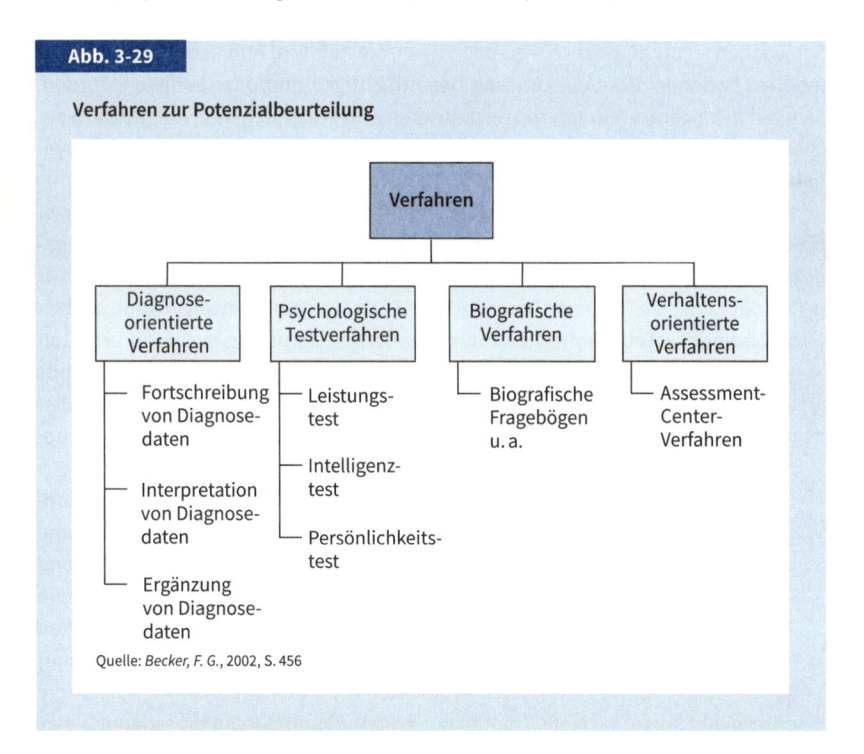

Abb. 3-29

Verfahren zur Potenzialbeurteilung

Verfahren
- Diagnoseorientierte Verfahren
  - Fortschreibung von Diagnosedaten
  - Interpretation von Diagnosedaten
  - Ergänzung von Diagnosedaten
- Psychologische Testverfahren
  - Leistungstest
  - Intelligenztest
  - Persönlichkeitstest
- Biografische Verfahren
  - Biografische Fragebögen u. a.
- Verhaltensorientierte Verfahren
  - Assessment-Center-Verfahren

Quelle: Becker, F. G., 2002, S. 456

Diagnoseorientierte Verfahren
Bei den diagnoseorientierten Verfahren handelt es sich um die üblicherweise angewendeten Verfahren der Potenzialbeurteilung. Sie basieren üblicherweise auf einer vorgenommenen Leistungsbeurteilung, also einer Erhebung, die sich auf gegenwartsorientierte Informationen bezieht. In Betrieben werden solche Qualifikations-

1.4 Informatorische Fundierung (Betriebliche Personalforschung)
Qualifikations- und Eignungsforschung

»Wer seine Schwächen nicht kennt, hat eine Stärke zu wenig.«
Lothar Habler

prognosen im Rahmen der Personalbeurteilung und damit auf Daten basierend formuliert, die dem Arbeitsalltag des Mitarbeiters entstammen.

In der Regel formuliert der Vorgesetzte im Anschluss an eine Leistungsbeurteilung weitere Verwendungs- und Entwicklungsmöglichkeiten für seine Mitarbeiter. Dies kann global geschehen, oder aber durch die Bewertung spezifischer Merkmale (*Meta-Qualifikationen*), von denen angenommen wird, dass sie besondere Bedeutung für die Entwicklung von Mitarbeitern besitzen wie Lernbereitschaft und -fähigkeit, Mobilitätsbereitschaft und -fähigkeit. Je nachdem, ob Leistungsergebnisse, Leistungsverhalten oder aber Eigenschaften Gegenstand der Qualifikationsdiagnose waren, wird versucht, Verhaltensformen oder Eigenschaften zu identifizieren, die für neue Aufgaben wichtig erscheinen. So lassen sich beispielsweise Aussagen über beobachtetes Leistungsverhalten dahingehend ergänzen, dass Verhaltensformen danach unterschieden werden, in welchem Grade sie für eine andere Stelle verwendbar sind.

Eine der zentralen Meta-Qualifikationen ist im Übrigen, seine eigenen Schwächen (natürlich auch die anderer) zu kennen. Diese Kenntnis hilft nicht nur, die Schwächen – sofern möglich – zu beseitigen, sie hilft v. a. Aufgabensituationen zu meiden, in denen diese die Leistung beeinträchtigen und/oder auffallen würden. Sich auf die eigenen Stärken zu konzentrieren und entsprechende Aufgaben zu suchen (bzw. entsprechende Aufgaben den Mitarbeitern zuzuteilen) ist im Allgemeinen effektiver wie effizienter.

Verfahrensarten

Im Rahmen solch diagnoseorientierter Verfahren stellt sich die Qualifikationsprognose im Kern als *Fortschreibung, Interpretation und/oder Ergänzung einer Qualifikationsdiagnose* dar. Dies wird im Folgenden näher erläutert.

- Mit der *Fortschreibung* von Diagnosedaten (v. a. Leistungsbewertungen), die beispielsweise vorab durch merkmalsorientierte Einstufungsverfahren ermittelt wurden, wird – quasi in der Form von Trendextrapolationen – versucht, Trends der bis dahin erhobenen Qualifikationsmerkmale in die Zukunft zu extrapolieren. Prognostiziert wird eine zeitabhängige Änderung des Merkmals bei gegebener Tätigkeit durch Erwerb von Erfahrung oder Routine.
Eine solche Fortschreibung setzt eigentlich voraus, dass aussagekräftige und konsistente Diagnosen über einen längeren Zeitraum hinweg vorliegen. Nur dann lassen sich Entwicklungstendenzen für Qualifikationsmerkmale erkennen und begründen. Gleichwohl kann über ihr Fortexistieren in der Zukunft keine sichere Aussage gemacht werden, da Fortschreibungen ex definitione von unveränderten Rahmenbedingungen ausgehen. Gerade diese Annahme erscheint aber in einer dynamischen Umwelt als höchst problematisch. Ebenso problematisch ist die prinzipielle Annahme eines Trends sowie die Herkunft der Diagnosedaten.
- Eine *Interpretation* von Diagnosedaten (wiederum v. a. Leistungsbeurteilungen) greift besonders typische oder augenfällige Kennzeichen der Zusammensetzung und Entwicklung von Qualifikationen heraus. Man versucht beispielsweise, die (Dis-)Kontinuität der Qualifikations- oder Leistungsentwicklung, die zeitliche Dauer dieser Entwicklung, die Ausprägungsstärken einzelner Merkmale sowie vor allem deren Änderungstendenz auf Basis vergangener Leistungsbeurteilungen zu prognostizieren:

1.4 Qualifikations- und Eignungsforschung

- die Kontinuität (Diskontinuität) der Leistungsentwicklung: zum Beispiel eine stetige Steigerung der Leistungsergebnisse im Laufe eines längeren Beobachtungszeitraums,
- die zeitliche Dauer von Entwicklungsfortschritten: zum Beispiel der Zeitraum, den jemand vom Eintritt in den Betrieb bis hin zur vollwertigen Aufgabenerfüllung benötigt,
- der Entwicklungsaufwand, d. h. die unternommenen Anstrengungen zur Erreichung eines bestimmten Leistungsniveaus: zum Beispiel die Art und die Anzahl der von einem bestimmten Mitarbeiter genutzten Personalentwicklungsmaßnahmen.

Gerade die Interpretation durch »Laien«, und dabei handelt es sich in diesem Sinne bei den beurteilenden Vorgesetzten, oft auch bei den zuständigen Personalern, ist hier kritisch zu betrachten. Ohne Training und Systematik besteht kaum eine Chance auf eine zutreffende Einschätzung.

▸ Die *Ergänzung* der Leistungsbeurteilung bezieht sich mehr auf die Beurteilung individueller Entwicklungsmöglichkeiten. Sie wird global (durch offene Fragen bez. des Potenzials der zu beurteilenden Mitarbeiter, zusätzlich zu den Fragen zur Leistung) oder anhand spezifischer Qualifikations- oder Leistungsmerkmale (durch willkürliche Auswahl vorgegebener, teilstrukturierter Fragen), von denen angenommen wird, dass sie von Bedeutung für das Potenzial sind, vorgenommen. Auch die Wirkungen von möglichen Qualifizierungsmaßnahmen sollen im Hinblick auf mögliche Zielpositionen durch die Vorgesetzten antizipiert werden. Eine Analyse der Zusammensetzung der Qualifikationsmerkmale kann weitere Auffälligkeiten der individuellen Qualifikation aufzeigen:
- das Gefälle zwischen den Ausprägungsstärken der einzelnen Anforderungs- und Qualifikationsmerkmale sowie zwischen dem Anforderungs- und Qualifikationsprofil insgesamt; dadurch wird beispielsweise deutlich, ob ein Mitarbeiter eine Spezialqualifikation besitzt oder aber über breit gestreute Leistungspotenziale verfügt,
- die Einstufung der vorhandenen Ausprägungsstärken in den Qualifikationsmerkmalen nach ihrer Wichtigkeit für die Erbringung der Gesamtleistung: Dadurch werden zum Beispiel Qualifikationsüberschüsse bei besonders bedeutsamen Anforderungselementen sichtbar.

Auch hier trifft wieder die o. g. »Laienproblematik« zu.

Die *Probleme* der Prognosen auf der Grundlage von Diagnosedaten liegen in ihrer Vergangenheitsorientierung. Ihre Grundlage ist stets die Annahme, dass sich Qualifikationen weder stark im Umfang, noch abrupt ändern und/oder die in der Vergangenheit beobachteten Änderungsrichtungen auch beibehalten werden. Diese Annahme erscheint gewagt, weil sich nicht nur Anforderungen, sondern auch Qualifikationen in bisweilen recht kurzen Zeiträumen ändern können. (Es bleibt zu beachten, dass die diagnoseorientierten Verfahren sich nicht alleine auf die in der Vergangenheit gezeigten Verhaltensweisen konzentrieren.) In der Regel fehlt auch der direkte Bezug zu einer bestimmten Stelle und deren Anforderungen. Zudem sind Beurteiler bei der freien Beurteilung überfordert. Insgesamt gesehen ist die

Probleme der Vergangenheitsorientierung

1.4 Informatorische Fundierung (Betriebliche Personalforschung)
Qualifikations- und Eignungsforschung

Gefahr des Peter-Prinzips (s. Teil 3, Kap. 5.3.3.4) außerordentlich groß. Trotzdem kann man sagen, dass für Mitarbeiterqualifikationen ein Zusammenhang von Vergangenheit, Gegenwart und Zukunft im Regelfall besteht; eine konstante respektive regelmäßige Entwicklung von Mitarbeitern über einen längeren Zeitraum ist in der Realität nicht untypisch. Dafür spricht auch die Beobachtung, dass die Karriereentwicklung eines Mitarbeiters von den Erfahrungen abhängt, die dieser in den einzelnen Phasen seiner Karriere gemacht hat.

»Kafkaeske Komödie«

Insgesamt gesehen sollten die skizzierten diagnoseorientierten Verfahren zur Einschätzung des Mitarbeiterpotenzials nicht angewendet werden. Sie stellen willkürliche, dem Zufall überlassende, unsystematische Instrumente ohne eine vernünftige Basis dar. Die anderen, später erläuterten Verfahren (Tests, biografische Fragebögen und Assessment-Center) haben eine andere, wenn auch nicht immer unbestrittene Qualität als die gerade erläuterten Vorgehensweisen in der betrieblichen Praxis, da sie außerhalb des Arbeitsplatzes positioniert sind und eher durch Fachleute durchgeführt werden. Grundlage ihrer Potenzialeinschätzung ist nicht das gezeigte Leistungsverhalten am Arbeitsplatz, sondern dies sind die Persönlichkeit bzw. Persönlichkeitsmerkmale, biografische Daten *und/oder* Verhaltenseinschätzungen in Testsituationen.

»Ob ein Mensch klug ist, erkennt man am besten an seinen Fragen«
Gerhart Hauptmann

> Verfahren der Potenzialbeurteilung stehen in einem engen Zusammenhang zu den Instrumenten der Personalauswahl. Dort geht es letztlich auch um eine Potenzialanalyse, wenn auch weniger absolut auf die Qualifikationen, sondern mehr relativ auf die Eignung, also die Relation von Anforderungen und Qualifikationen, bezogen. Im Rahmen der informatorischen Fundierung entsprechender Auswahlentscheidungen müsste die Thematisierung der Instrumente und des prozessualen Vorgehens in diesem Kapitel der betrieblichen Personalforschung stattfinden. Üblicherweise thematisieren die meisten anderen Lehrbücher die Thematik jedoch unmittelbar im Rahmen der Personalauswahl. Manche Leser fanden dies auch sinnvoller. Wir haben uns daher entschlossen, dies in diesem Buch ebenfalls zu tun. Wir bitten diejenigen, die gerne kompakt zur Potenzialbeurteilung etwas gelesen hätten, um Verständnis.

Psychologische Testverfahren
Siehe hierzu die Ausführungen in Teil 3, Kap. 2.3.3.5,

Biografische Fragebögen
Siehe hierzu die Ausführungen in Teil 3, Kap. 2.3.3.5.

Assessment-Center (simulations- und verhaltensorientierte Verfahren)
Siehe hierzu die Ausführungen in Teil 3, Kap. 2.3.3.6.

1.4 Qualifikations- und Eignungsforschung

Darstellung der Entwicklungspotenziale

Einen Ansatz zur Systematisierung der Ergebnisse einer Potenzialbewertung stellt das »Human Resource«-Portfolio dar. Aufbauend auf einer Befragung von 55 Managern in unterschiedlichen Karrierephasen haben Ference/Stoner/Warren (1977) mithilfe der Kriterien »gegenwärtige Leistung« und »Entwicklungspotenzial« vier Typen unterschieden, die in Abbildung 3-30 wiedergegeben werden.

Personalportfolio: Einfach – und wenig aussagekräftig!

Abb. 3-30

»Human Resource«-Portfolio

Current performance	Likelihood of future promotion		
	Low		High
High	Solid Citizens (effective plateauees)		Stars
	Organizationally plateaued	Personally plateaued	
Low	Deadwood (ineffective plateauees)		Learners (comers)

Quelle: in Anlehnung an *Ference/Stoner/Warren*, 1977, S. 603

Vonseiten des Betriebs bedeutet ein ausgeglichenes Portfolio, dass genügend
- »*Stars*« (i. S. v. Spitzenkräften) auf verantwortlichen Stellen vorhanden sind, die mit genügend betrieblichen Gestaltungsfreiheiten und -chancen ausgestattet sind und zukünftige Platzierungen in der oberen Hierarchie oder auf anderen wichtigen Positionen ermöglichen werden,
- »*Learners*« (deutsch oft als Fragezeichen übersetzt) für die zukünftige Entwicklung aufgebaut werden können und dass in diese auch investiert wird, auch wenn die Entwicklungsmöglichkeiten noch nicht befriedigend klar sind,

MEINUNG

Mitarbeiter-Portfolio

Achtung: So schön ein solches Portfolio vielleicht auf den ersten Blick erscheint, es vernebelt die Problematik bei der Erhebung von Leistung und Potenzial sowie deren Zusammenhänge. Die Einstufungen zur gegenwärtigen Leistung wie auch zum Potenzial werden vielfach stark vereinfacht – und damit i. d. R. weit von validen Vorgehensweisen – vorgenommen. Zudem – so zeigen Praxiserfahrungen – gibt es gewisse Probleme von Vorgesetzten, ihre wirklichen Einschätzungen zu ihren zugeordneten Mitarbeitern der Realität anzupassen. Aber wie wollen auch Laien das Potenzial für Aufgaben, die sie selbst nicht kennen, aufgrund begrenzter Möglichkeiten einschätzen können? Eine »kafkaeske Komödie« wird hier inszeniert: Man weiß um die große Problematik solcher Einschätzungen, legt sie aber dennoch für zentrale Entscheidungen zugrunde – und verdrängt dabei die schwankende Basis (vgl. Becker, F.G., 1991a)!

Auch sprachlich sind manche der vielerorts vorzufindenden Personalportfolien unmöglich: »Deadwood« und »Unkraft« sind keine vertretbaren Ausdrücke für mitarbeitende Menschen!

1.5 Informatorische Fundierung (Betriebliche Personalforschung)
Personalbedarfsermittlung

> **MEINUNG**
>
> **Verortung von Leistungsträgern**
>
> Um Missverständnisse vorzubeugen: Leistungsträger befinden sich nach unserer Meinung nicht unbedingt oder ausschließlich auf den oberen Hierarchieebenen. Eine angelernte Produktionsmitarbeiterin mit Engagement und Ehrgeiz, gute Arbeit zu leisten, gehört ebenso dazu, wie ein qualifizierter Ingenieur, ein quirliger Verkäufer, eine geschickte Projektmanagerin u. a. m. Bedeutsam ist neben der Eignung und dem Engagement vor allem noch die Verfügbarkeit solcher Mitarbeiter am Arbeitsmarkt. Je knapper die entsprechende Mitarbeiterkategorie, desto genauer und intensiver müssen die zielgerichteten Personalaktivitäten sein. Um auch hier Missverständnisse vorzubringen: Vice versa gilt dies nicht! Bei einem Überangebot an entsprechenden Arbeitskräften heißt es nicht, dass keinerlei mitarbeiterbezogene Aktivitäten umgesetzt werden (müssen). Engagement lässt sich nicht durch Ignoranz, Standardbehandlung oder gar (gefühlte) Ausbeutung erreichen.

- »Solid Citizens« (i. S. v. Leistungsträgern) existieren, sie im Betrieb und/oder nach eigener Ansicht gut positioniert sind sowie diese gegebenenfalls auch Entwicklungsperspektiven sehen und dementsprechend gefördert werden,
- Aufmerksamkeit dem »Deadwood« (i. S. v. Mitläufern) geschenkt wird und diese auf anderen Positionen entweder bewusst eingesetzt oder für diese umorientiert werden.

»Talent ohne harte Arbeit ist letztendlich wertlos.« Oliver Kahn

Für einen Mitarbeiter auf einer Karriereplatzierung (vgl. Abbildung 3-30 ist es sinnvoll, sich die Ursachen für seine Situation zu verdeutlichen. Im für ihn positivsten Fall ist seine Karriereplatzierung eine eigene gezielte Entscheidung als Ergebnis einer individuellen Karriereplanung. Liegen Karriere- oder Entwicklungsrestriktionen des Betriebs vor, so ist bei darüber hinaus liegenden Karrierezielen für den Mitarbeiter eventuell ein Arbeitgeberwechsel sinnvoll. Hat man die Grenzen des eigenen Potenzials erreicht, stellt sich die Frage nach einem Karrierewechsel, einem Ausweichen auf außerberufliche Ziele oder dem Abfinden mit der gegenwärtigen Situation. Zu Recht gewarnt wird vor einer Übersimplifizierung des Portfolioansatzes im Personalbereich, in dem Sinne einer eigenschaftsorientierten Kategorisierung der Mitarbeiter und damit verbundenen vorschnellen Schlussfolgerungen, wie: »We polish the stars, fix the problems, feed the workhorses plenty of hay, and shoot the dogs« (Odiorne, 1984, S. 68).

1.5 Personalbedarfsermittlung

1.5.1 Begriff und Inhalt

> Unter der *Planung des betrieblichen Personalbedarfs* ist die Ermittlung des gegenwärtigen und zukünftigen Personal-Sollbestands zu verstehen, der zur Erreichung der betrieblichen Ziele erforderlich ist, spezifiziert in quantitativer, qualitativer und zeitlicher Hinsicht. Sie weist gleichzeitig die (Über-,

1.5 Personalbedarfsermittlung

Unter-)Deckung dieses Sollbestands aus und kann sich auf einzelne Teilbereiche oder/und den gesamten Betrieb beziehen.

Eine so verstandene Personalbedarfsplanung ist Voraussetzung für die Entwicklung von Maßnahmen und Programmen zur Beseitigung von Sollbestands-Über- bzw. -Unterdeckungen. Der Personalbedarfsplan als Planungsergebnis hat *abgeleiteten* (derivativen) Charakter; denn in aller Regel geschieht der Einsatz menschlicher Arbeitskraft nicht um ihrer selbst willen, sondern zur Erreichung bestimmter betrieblicher (Teil-)Ziele.

Planung

Unmittelbar darauf bezogene Pläne sind einer Personalbedarfsplanung vorgelagert und enthalten ihr Ausgangsmaterial; jedoch kann das Zusammentragen aller erforderlichen Informationen für einen bestehenden und zukünftigen Personalbedarf durchaus als *eigenständige* Planung bezeichnet werden. Sie fällt nicht automatisch als »Abfallprodukt« vorgelagerter Pläne an, sondern muss vielmehr durch systematische Informationssammlung der (qualitativen, quantitativen, zeitlichen) Bedarfskomponenten gezielt betrieben werden.

Die Verantwortung für die Personalbedarfsermittlung liegt konzeptionell bei der Personalleitung. Rahmendaten kommen aus dem strategischen Management des Betriebs. In der Umsetzung sind sowohl Personalmitarbeiter als auch Linienvorgesetzte unterschiedlicher Ebenen verantwortlich involviert.

Verantwortung

Der sprachlichen Präzisierung dient die Unterscheidung von *Brutto-Personalbedarf* (Bb, Gesamtheit der benötigten Quantität und Qualität an Arbeitskräften = Soll-Personalbestand) und *Netto-Personalbedarf* (Nb, zu beschaffende bzw. freizusetzende Arbeitskräfte), der durch Abzug des *Personal-Ist-Bestands* (I, vorhandene Arbeitskräfte) ermittelt werden kann:

Brutto- wie Netto-Personalbedarf

Bb – I = Nb (Voraussetzung: Bb > I)

Liegt letztere Voraussetzung nicht vor, ist also I > Bb, so ergibt sich ein negativer Nettobedarf, d. h. ein *Personalfreisetzungsvolumen* (F): I – Bb = F.

Die *Komponenten des Personalbedarfs* sind bereits in der eingangs gegebenen Definition enthalten: Quantität, Qualität und Terminierung des Personalbedarfs.

Komponenten: Quantität, Qualität, Zeit, Ort

▸ Die *Quantität* eines Personalbedarfs ist abhängig von der zugrunde liegenden Begriffsfassung: Beim Bruttobedarf ist sie identisch mit der Summe der erforderlichen Arbeitskräfte, beim Nettobedarf identisch mit der durch Vergleich mit dem Ist-Bestand festgestellten (Unterdeckungs-)Lücke bzw. mit dem (Überdeckungs-) Freisetzungsvolumen. Die Bedarfsquantität ist eher eine statistische Größe, die für konkrete Bedarfsdeckungs- bzw. Abbaumaßnahmen jedoch ohne ausreichende Aussagekraft bleibt, solange sie nicht durch zusätzliche Angaben hinsichtlich des zu beschaffenden (freizusetzenden) Personals angereichert wird.

▸ Die *Qualität* des Brutto-Personalbedarfs ist gedanklich gleichzusetzen mit der Summe der für die Arbeitsplätze eines Betriebs existierenden Anforderungsprofile. Für den Netto-Personalbedarf kommt die qualitative Kennzeichnung des

1.5 Informatorische Fundierung (Betriebliche Personalforschung)
Personalbedarfsermittlung

Ist-Bestands – mithin die Summe der Qualifikationsprofile der vorhandenen Arbeitskräfte – hinzu. Die Güte, die »Treffsicherheit« betrieblicher Personalpolitik, die dafür sorgen soll, dass die »richtige Person am richtigen Platz« sitzt, ist abhängig von einer sorgfältigen und zutreffenden Planung der Personalbedarfsqualität.

Planungshorizont
> Die *zeitliche Komponente* einer Personalbedarfsplanung betrifft in der Hauptsache die Länge des Planungshorizontes und die Terminierung des Bedarfs. Die allgemeine Unterteilung in kurz-, mittel- und langfristige Planung hilft ohne nähere Präzisierungen auch hier nicht weiter, weil – je nach Variabilität der Grundarten – ein 2- bis 3-Jahresplan in einer Branche, die durch raschen technologischen (modischen) Wandel gekennzeichnet ist, bereits als langfristig gelten kann. Die sinnvolle Mindestlänge für eine Personalbedarfsplanungsperiode hängt zuerst davon ab, wofür (für welche Teilsysteme des Personal-Managements) die Planung aufgestellt und herangezogen wird. Hinzu kommt die zeitliche Reichweite der betrieblichen Planung, in welche die Personalplanung eingebettet ist. Ausschlaggebend ist in jedem Falle die Zeitspanne, die zwischen dem planerischen Erkennen eines quantitativ und qualitativ präzisierten Personalbedarfs und dem Wirkungserfolg derjenigen Maßnahmen liegt, die zu seiner Beseitigung ergriffen werden können. So wird eine Personalbedarfsplanung, die primär oder einzig dem Aufdecken von Arbeitskräftebestandslücken dient, die durch Personalbeschaffung vom externen Arbeitsmarkt geschlossen werden können, der seinerseits keine Verknappungstendenzen aufweist, sich auf eine wesentlich kürzere Frist erstrecken können als in dem Fall, in dem sie Teil einer Personalplanung für hoch qualifizierte Führungskräfte ist, die durch Fortbildungsmaßnahmen auf zukünftige Führungsaufgaben vorbereitet werden sollen.

Abb. 3-31

Haupteinflussgrößen auf den Personalbedarf

Personalbedarfs-komponente	Einflussfaktoren auf den Personalbedarf, wirken in der Hauptsache auf →	Planungsgegenstand
Quantität	1) Wirtschaftslage, Konjunktur i. V. m. geplantem Absatz 2) Arbeitsdauer 3) Technisierungs- (Mechanisierungs-)grad i. V. m. Arbeitsproduktivität 4) Fluktuation 5) Niveau der Betriebsorganisation	Arbeitsvolumen Arbeitsteilung(-inhalte) Ersatzhäufigkeit u. a. Führungskräftebedarf
Qualität	6) Produktions-(Arbeits-)verfahren 7) Rationalisierungsvorhaben 8) Anforderungsprofile (Arbeitsplätze) 9) Qualifikationsprofile (Mitarbeiter) 10) Qualifikationslücken 11) Aus-, Fortbildungsprogramme	Aufgabeninhalte Aufgabenwandel Soll-Bestandsqualifikation Ist-Bestandsqualifikation Trainingsinhalte Änderungen der Ist-Bestandsqualifikationen
Zeit	12) Altersaufbau	Zeitpunkt für Versetzung, Ersatz etc.

Personalbedarfsermittlung 1.5

Eine jede praktisch aufgestellte Personalbedarfsplanung kann nur so gut sein wie die verarbeiteten Informationen über die Einflussgrößen des Personalbedarfs (vgl. Drumm, 2008, S. 207 ff.). Deren vollständige Aufzählung und Systematisierung, vor allem eine allgemein gültige Bedeutungsgewichtung, ist wegen der Vielfalt der betrieblichen Besonderheiten nicht möglich. Dennoch soll ein Mindestkatalog von häufig als wichtig genannten *Determinanten des Personalbedarfs* knapp angedeutet werden (vgl. Abbildung 3-31). Dabei sind die aufgelisteten Einflussfaktoren weder stets in Bezug auf die Bedarfskomponenten überschneidungsfrei, noch auf deren Spezifizierungen, d. h. die Planungsgegenstände (letzte Spalte).

Determinanten

1.5.2 Prozess

1.5.2.1 Ermittlung des Brutto-Personalbedarfs

Es gibt eine Reihe von Modellen und methodischen Ansätzen, mit denen versucht wird, funktionale Beziehungen zwischen Einflussfaktoren und dem Personalbedarf abzubilden, um daraus Berechnungsmodi für die Ermittlung des Personalbedarfs herzuleiten (vgl. Scholz, 2014, S. 275 ff.).

Es versteht sich von selbst, dass die theoretische Maximalforderung, sämtliche Einflussfaktoren einzubeziehen, nicht erfüllt werden kann. Zumeist werden daher abstrahierende Schwerpunkte in Bezug auf bestimmte zu berücksichtigende Gruppen von Faktoren gesetzt, die jedoch auch in praxi *Ermittlungsprobleme* aufweisen. Dabei bleiben jeweils zwei Arten von Schwierigkeiten:

Probleme

- die Ermittlung konkreten und korrekten Zahlenmaterials für die Modellparameter sowie
- die Abstraktion von weiteren Bedarfsdeterminanten infolge der fiktiven Reduzierung auf die einbezogenen Parameter.

Es lassen sich grundsätzlich zwei Gruppen von *Ermittlungsmethoden* unterscheiden, die wiederum jeweils genauer gekennzeichnet werden können:

Methoden

1. *Methoden zur detaillierten Ermittlung* des gegenwärtigen und kurzfristigen Brutto-Personalbedarfs: Modellansätze der Organisationslehre und Modellansätze der Unternehmensforschung.
2. *Methoden zur* globalen *Schätzung* des langfristigen Brutto-Personalbedarfs: vergangenheitsbezogene Modelle und nicht vergangenheitsbezogene Modelle.

Detaillierte Ermittlungsmethoden
Detaillierte Bedarfsermittlungen, in die zusätzlich qualitative Aspekte einbezogen werden, können als Verfeinerungen für kurz- oder mittelfristige Planungszeiträume angestellt werden (vgl. RKW, 1996, S. 86 ff.; Oechsler/Paul, 2015, S. 80 ff.). Hier sind Modellansätze der Organisationslehre und der Unternehmensforschung zu nennen:

1.5 Informatorische Fundierung (Betriebliche Personalforschung)
Personalbedarfsermittlung

Modellansätze der Organisationslehre

Personalmessung

Grundlage können hier *Organisationspläne* sein, welche die für die Aufbauorganisation getroffenen Regelungen schaubildlich fixieren. Das heißt, Organisationspläne geben Aufgabenkomplexe gleichartiger und gleicher Aufgaben an. Diese müssen zur Erfüllung auf einzelne Personen übertragen werden. Die Menge der Aufgaben erfordert eine bestimmte Menge an einzusetzenden Menschen. Die Kriterien zur Quantitätsbestimmung werden häufig unter dem Stichwort »*Personalbemessung*« diskutiert. Deren einfache Grundformel lautet: Die Zeit, die die Bewältigung einer Arbeit in Anspruch nimmt, dividiert durch die Zeit, die eine Person zur Verfügung stellt, ist gleich der Zahl der einzusetzenden Personen. So erlangt die zur Erfüllung eines ermittelten Arbeitsvolumens erforderliche Arbeitszeit besondere Bedeutung, weil sie als eine der Hauptdeterminanten für den Personalbedarf herangezogen wird. Mit dem Problem der Zeitermittlung beschäftigen sich eingehend die arbeitswissenschaftlichen *Zeitstudien*. Auf den Verwaltungsbereich sind die entwickelten arbeitswissenschaftlichen Methoden kaum anwendbar. Für Routinetätigkeiten wurden spezielle Zeitermittlungsmethoden erarbeitet, zum Beispiel das *Multimoment-Verfahren*, mit der *Normalzeiten* für einen bestimmten Prozentsatz der Tätigkeiten exakt ermittelt werden und auf den Zeitbedarf für die restlichen Aktivitäten per Analogie geschlossen wird. Dagegen kann in Bezug auf den zeitlichen und qualitativen Aufwand für Führungstätigkeiten überwiegend nur mit Schätzwerten operiert werden, die aufgrund von Befragungen sachkundiger Führungskräfte zu gewinnen sind. Weitere Besonderheiten für Personalbedarfsplanungen sind im Dienstleistungsbereich, vor allem in dem – von der Zahl der dort Beschäftigten her – bedeutsamen Wirtschaftszweig des Handels zu berücksichtigen (s. Abbildung 3-32).

Stellenplan, Stellenbeschreibungen

Durch die Personalbemessung wird also die Anzahl der Stellen genau festgelegt, die für die Ausführung der Einzelaufgaben notwendig ist. Wird nun der Organisati-

Abb. 3-32

Hilfsmittel der Personalbedarfsermittlungskennzahlen je nach Branche oder Abteilung

Branche/Abteilung	Bezugsgröße
Einzelhandel	Umsatz, Kundenfrequenz
Versicherungen	Schadensfälle
Banken	Anzahl der Konten, Buchungsposten
Buchhaltungen	Anzahl der Buchungen, Anzahl Kreditoren/Debitoren
Telefonisten	Anzahl der registrierten Anrufe und deren durchschnittliche Dauer
Finanzämter	Anzahl der veranlagten Personen
Schreibabteilungen	Anschläge pro Minute, bearbeitete Schriftstücke (z. B. bei Juristen)

Quelle: *Hohlbaum/Olesch*, 2004, S. 21

1.5 Personalbedarfsermittlung

> **WISSENSWERTES**
>
> **Modifikation von Stellenprofilen**
>
> Die Modifikation von Stellenprofilen zur Deckung von spezifischem Personalbedarf ist des Weiteren zu benennen. Beispielsweise könnten Ingenieure (oder andere knappe Personalressourcen) von Routinetätigkeiten (»C-Aufgaben«) befreit werden. Eine solche Entlastung (durch technische Assistenten o. Ä.) hilft das potenzielle Arbeitsvolumen der Ingenieure für »A-Aufgaben« zu erhöhen und die Personalbeschaffungsproblematik zu verringern. Ähnliches würde prinzipiell ein teilweiser Verzicht des Einsatzes von Ingenieuren im Vertrieb (»Vertriebsingenieure«) bewirken, wenn alternativ technisch sachverständige Verkäufer für sie eingesetzt werden.

onsplan um diese Stellen erweitert, ergibt sich der *Stellenplan*, der grafisch oder tabellarisch dargestellt werden kann. Stellenpläne können um qualitative Aspekte erweitert werden, die aus *Stellenbeschreibungen* hervorgehen, und zwar solche, die nähere Beschreibungen der an den einzelnen Arbeitsplätzen zu erfüllenden Aufgabeninhalte liefern, ergänzt um Angaben über Kompetenzen, Verantwortungen, Über- und Unterstellungsverhältnisse. Die zu erfüllenden Aufgaben sind eine der Grundlagen für die Formulierung der Anforderungen eines Arbeitsplatzes. Daher ist es ebenso möglich wie – zwecks Dokumentation auch dieser qualitativen Informationen für den Personalbedarf – sinnvoll, Stellenbeschreibungen um Anforderungen an den Stelleninhaber zu ergänzen. Sollen Stellenbeschreibungen für detailliertere Bedarfsermittlungen im Rahmen von Brutto-Personalbedarfsplanungen (d. h. des Soll-Bestands) brauchbar sein, müssen sie in der Weise gehandhabt werden, dass sie nicht nur – stets aktualisiert – den Arbeitsplätze-Ist-Zustand zutreffend beschreiben, sondern darüber hinaus auch als gesonderter Planungsteil existieren: Für zukünftig neue Arbeitsplätze und für geplante Änderungen derzeit bestehender Stellen. Dieser Forderung genügen Stellenbeschreibungssysteme in der Praxis nur selten.

Modellansätze der Unternehmungsforschung

In der Unternehmungsforschung sind Modellansätze verschiedener Ausgangspunkte entwickelt worden. Es können drei Kategorien von Modellen unterschieden werden:

▶ *Produktionsprogrammorientierte Modelle*. In ihnen wird der Personalbedarf mittels verschiedener Produktionsfunktionen ermittelt, und zwar nach dem Grundschema, in dem ein bestimmtes »Produktionsprogramm« als unabhängige Variable, der Personalbedarf als abhängige Variable fungiert. Andere Daten können wahlweise als Parameter in Form von intervenierenden Variablen eingegeben werden. Als sinnvoll erweist es sich, Produktionsfunktionen differenziert nach Aufgabenarten aufzustellen und in ihnen arbeitsspezifische Besonderheiten der einzelnen Stellen (etwa: Intensitätsgrad, Technisierungsgrad, Ausbringungsmenge) zu berücksichtigen. Über eine Aggregation der Produktionsfunktionen kann dann der gesamte Personalbedarf ermittelt werden.

▶ *Ablauforientierte Modelle* versuchen, zum Beispiel mit Hilfe von Netzplänen, Lösungen für die Frage zu finden, zu welchen Zeiten welche Arbeitskräfte an welchen Stellen einzusetzen sind. Als Hilfsmittel dazu werden Terminübersichten,

Unterschiedliche Ansatzpunkte

1.5 Informatorische Fundierung (Betriebliche Personalforschung)
Personalbedarfsermittlung

> **ZUR VERTIEFUNG**
>
> **Multimoment-Verfahren**
>
> Zeitstudien nach dem Multimoment-Verfahren (synonym: Stichprobenverfahren) beschränken sich auf stichprobenartige Datenerhebungen der Arbeitszeit. Sie konzentrieren sich dabei auf die Erfassung der Häufigkeit zuvor festgelegter Ereignisse an einem oder mehreren gleichartigen Arbeitsplätzen mittels stichprobenartig durchgeführter Kurzbeobachtungen. Zwei Varianten sind zu differenzieren (vgl. Ladwig, 2010; andere Verfahren: Becker, F.G., 2002, S. 592 ff.):
>
> ▸ Das *Multimoment-Häufigkeitszählverfahren* (MMH) ist ein auf den mathematisch-statistischen Gesetzmäßigkeiten beruhendes Verfahren, mit dem prozentuale Häufigkeiten unregelmäßig auftretender Vorgänge mit einer Irrtumswahrscheinlichkeit von fünf Prozent ermittelt werden, indem durch eine Vielzahl von zufällig verteilten Kurzbeobachtungen das Auftreten vorher definierter Ereignisse (z. B. Stillstand von Maschinen) festgehalten und ihre prozentualen Anteile ermittelt werden. Indem die absolute Häufigkeit eines jeden Ereignisses auf die Gesamtzahl der Beobachtungen (Notierungen) bezogen wird, erhält man für jedes Ereignis eine relative (prozentuale) Häufigkeit als Ergebnis der MMH-Studie. Das aus der Stichprobe gewonnene Ergebnis lässt einen Schluss auf die wahre Beschaffenheit des gesamten Vorganges (Grundgesamtheit) zu, indem mit Hilfe der mathematischen Statistik der Fehler des Ergebnisses in gesetzte zulässige (bekannte) Grenzen zurückgedrängt wird.
>
> ▸ Das *Multimoment-Zeitmessverfahren* (MMZ) sieht vor, verbindliche Aussagen über die Zeitdauer von langzyklischen Vorgängen durch zeitlich zufallsbedingte Notierungen der jeweils bei der Beobachtung angetroffenen Vorgänge zu treffen. Im Gegensatz zum MMH liefert das MMZ keine definierten Ereignisse, die gezählt und relativiert werden, sondern direkte Zeitwerte für die jeweiligen Vorgänge durch diskontinuierliche Messung sogenannter Zeitlängen.

Terminkarteien u. a. m. benötigt. Erkennbar handelt es sich hierbei also um sehr exakte, auf engere Arbeitsbereiche bzw. genau spezifizierte Arbeitsabläufe zugeschnittene kurzfristige Personalbedarfsrechnungen in der Kategorie operativer Planungen.

▸ *Organisationstheoretisch orientierte Modelle* sind vor allem solche, die auf eine Bestimmung des Bedarfs an Führungskräften zielen. Sie gehen zumeist innerhalb der Mitarbeiterpyramide von Realisationsebenen aus und ermitteln mit Hilfe von *Leitungsspannen* (»Span of Control«: Zahl der einem Vorgesetzten zu unterstellenden Mitarbeiter) sukzessive »von unten nach oben« den Führungskräftebedarf. Kritisch ist allerdings anzumerken, dass immer dann, wenn von pauschalisierten Vorstellungen hinsichtlich der Leitungsspannengröße ausgegangen wird, sowohl betriebsspezifische Besonderheiten (Branche, Größe, Spezialisierungsgrad etc.) wie auch individuelle Differenzierungen (z. B. Qualifikationsniveau) außer Betracht bleiben. Ein zusätzliches Problem entsteht, wenn Stabsstellen keine Berücksichtigung finden.

Globale Ermittlungsmethoden

Eine Vielzahl an unterschiedlich basierten, mehr inhaltlich umfassender ausgerichteten Methoden können ebenso eingesetzt werden:

Intuitive Verfahren

▸ Verschiedene *intuitive Prognoseverfahren* sind zunächst zu nennen. Die benötigten Daten werden aus Delphi-Befragungen und Szenario-Analysen abgeleitet, oder sogar aus einfachen Schätzungen. Gerade letztgenannte Methode ist in der betrieblichen Praxis weit verbreitet und gerade bei kleineren wie mittelgroßen Betrieben – bei erfahrenen Schätzern – im Hinblick auf die Kosten-Nutzen-Relation auch akzeptabel. Allerdings: Globale Bedarfsschätzungen können nur grobe quantitative, d. h. nicht um qualitative Konkretisierungen verfeinerte Aussagen liefern. Sie sind daher in der Hauptsache für längerfristige Globalplanungen geeignet. Das aber nur dann, wenn Betriebe, die solche Methoden anwenden, mit Schätzungen dieser Art (insbesondere mit der Treffsicherheit der Ergebnisse) einige Erfahrungen gesammelt haben. Denn die Verlässlichkeit so globaler Schätzwerte, die zumeist auf der Grundlage von Produktions- bzw. Umsatzvolumina erarbeitet werden, ist stark von dem jeweiligen Grad der Stabilität der Ausgangsdaten (z. B. der Märkte) abhängig: Insofern ergeben sich branchenmäßige Unterschiede ihrer Brauchbarkeit

- *Vergangenheitsbezogene Modelle* arbeiten mit statistischen Methoden oder – für bestimmte Planungsgrößen – mit speziellen Ansätzen. Allgemein gehen sie davon aus, dass sich Erfahrungswerte auf die Zukunft übertragen lassen. Zu den für globale Personalbedarfsschätzungen herangezogenen statistischen Methoden sind *Trendextrapolationen* und Regressions-(Korrelations-)Rechnungen zu zählen, die häufig auf der Grundlage von Relationen von Output-Ziffern (Produktionsvolumen, Absatzhöhe) zu dafür eingesetzter Personalstärke operieren. Die umfangreicheren Ansätze ökonometrischer Modelle bauen zumeist auf *Regressionsmodellen* auf und erfassen die Bedarfseinflussgrößen über Kennzahlen mithilfe mehrerer Gleichungen. Ihre Anwendung ist aufwendiger und daher eine Frage der Wirtschaftlichkeit (Relation des Nutzens bei vorhandenem Treffsicherheitsrisiko zu notwendigem Aufwand). Eine Variante statistischer Modelle sind Prognosen bestimmter *Kennzahlen*, zum Beispiel der Arbeitsproduktivität, aufgrund von Vergangenheitszahlen.

Trendexploration, Regressionsmodelle, Simulationen

- *Nicht vergangenheitsbezogene Modelle* werden häufig in Form von *Identitätsgleichungen* (»Balancing Equations«) oder als Formeln, in die statistische Erfahrungswerte nicht eingehen, formuliert. Dabei wird der Personalbedarf zu anderen Größen in Beziehung gesetzt, die als Determinanten des Personalbedarfs vorrangig erscheinen. So werden Größen verknüpft wie: Gesamtoutput, fremdbezogene Zwischengüter, Arbeitsstunden, Änderungsraten des Output/Arbeitsstunden-Verhältnisses (Arbeitsproduktivität). Diese Variablen können auch in Simulationsmodelle eingehen, die dann auf EDV-Anlagen durchgerechnet werden.

1.5.2.2 Ermittlung des Personalbestands

Auch die Ermittlung des Personalbestands kann für unterschiedliche Zeitpunkte angestellt werden: sowohl für gegenwärtige (t_0) wie auch für zukünftige (t_x).

Die Feststellung des *gegenwärtig* in einem Betrieb vorhandenen Personalbestands bereitet *quantitativ* in aller Regel keinerlei Schwierigkeiten, denn der Stellenplan muss nur um die Namen der gegenwärtigen Stelleninhaber erweitert werden (*Stellenbesetzungsplan*). Anders ist dies schon mit der Aussage über das mit dem »vorhandenen« Personal zu bewältigende Arbeitsvolumen: Dazu werden (aufgrund von Vergangenheitsdaten statistisch aufbereiteten Materials) Angaben über Abwesenheitsraten, durchschnittliche (evtl. saisonal schwankende) Krankenstände, über Arbeitspensen etc. benötigt. Eine Personalbedarfsplanung, die in ei-

Stellenbesetzungsplan

1.5 Informatorische Fundierung (Betriebliche Personalforschung)
Personalbedarfsermittlung

ZUR VERTIEFUNG

Markoff-Modelle

Markoff-Modelle sind quantitative Methoden, die im Rahmen der Personalbedarfsermittlung – speziell der Personalbestandsvorhersage – als Prognosemodelle angewendet werden. Da diesen Modellen kein Personalbestand zugrunde liegt, werden keine Bedarfsprognosen, sondern Bestandsprognosen angestellt. Die Ermittlung des Personalbedarfs ergibt sich erst in einem weiteren Schritt unter Verwendung des prognostizierten Bestandes und weiterer personal- und produktionspolitischer Zielsetzungen. In den Markoff-Modellen wird dabei von der grundlegenden Vorstellung ausgegangen, dass der Zustand eines Systems im Zeitpunkt T_1 vom Zustand in T_0 abhängt. Bei der Anwendung sind dabei folgende Voraussetzungen zu berücksichtigen: 1. Die Folge der einzelnen Zustände muss lückenlos sein. 2. Mittels Daten aus der Vergangenheit (aus mehreren Perioden; möglichst gewichtet, um Zufallsschwankungen zu kompensieren) sind Übergangswahrscheinlichkeiten zu ermitteln. 3. Die Zustände müssen »stabil« sein (sowohl extern: Arbeitsmarkt, als auch intern: Organisationsstruktur, Beförderungsgrundsätze). 4. Klassifizierung des Personalbestandes im Hinblick auf unterscheidbare und in sich homogene Gruppen. Aus den Voraussetzungen folgt, dass die Personalbestandsdaten in T_{n+1} von denen in T_n verschieden und abhängig sind. Die Anwendung dieses Modells ist nur dann sinnvoll, wenn es sich bei den zu untersuchenden Betrieben um auf stabilen Märkten agierende Akteure handelt. Insofern werden privatwirtschaftlich und im Wettbewerb stehende Betriebe dieses Modell wenig benutzen, da wesentliche exogene Daten (Bedingung der statistischen Abhängigkeit des Zustandes T_{n+1} vom Zustand T_n ist nicht erfüllt) nicht zur Anwendung gelangen (vgl. Scholz, 2014, S. 356 ff.).

nem ausgebauten System des Personal-Managements Grundlage der Personalbedarfsdeckung und -entwicklung sein soll, erfordert *qualitative* Merkmale. So wird es unumgänglich, Angaben über Berufserfahrung, bewiesene Leistungsfähigkeit (Qualifikations- und Eignungsprofile, gemessen an Anforderungsprofilen etwa aufgrund von Personalbeurteilungen), vorhandenes (evtl. nicht genutztes und insofern latentes) Leistungspotenzial, über Berufsziele, Aufstiegserwartungen, d. h. über die relevanten Komponenten des Könnens wie auch des Wollens zur Leistung aufzunehmen bzw. zu erarbeiten.

Probleme

Hinsichtlich der Ermittlung des Personalbestands *zukünftiger Zeitpunkte* ergeben sich folgende Probleme:

▸ Veränderungen des Personalbestands resultieren aus Mitarbeiterabgängen wegen Erreichens der Altersgrenze, Invalidität, Tod, Beurlaubung (z. B. Wehrdienst, weitere Ausbildung), Kündigungen durch Mitarbeiter (= Fluktuation im engeren Sinne), Entlassungen durch den Betrieb, Mitarbeiterzugängen wegen verbindlicher Einstellungszusage, Übertritt vom Ausbildungs- ins Arbeitsverhältnis, Rückkehr von Beurlaubten. Diese Zu- und Abgänge sind einerseits mit unterschiedli-

WISSENSWERTES

»Variety Seeking«

Arbeitgeberwechsel gehören für viele zur individuellen Karriere dazu. Sie helfen vielfach dem Aufstieg, einer breiten Qualifizierung und dem Schnuppern unterschiedlicher Kulturen. Der Weggang beispielsweise eines jungen Mitarbeiters (bzw. dessen Fluktuation) muss nicht aufgrund von Unzufriedenheit mit dem aktuellen Arbeitsplatz oder Betrieb initiiert sein. Lust zum Wechsel (»Variety Seeking«) ist oft die Ursache. Nach ein paar Wanderjahren ist diese Lust vielleicht befriedigt. Im Rahmen des Personalmarketings (genauer: eines Regain-Managements; s. Teil 3, Kap. 3) Kontakt zu halten mit ehemaligen Leistungs- und Potenzialträgern, kann helfen, gerade diese Personen leichter zur Rückkehr zu bewegen als solche Personen zu rekrutieren, die den Betrieb noch nicht kennen.

Personalbedarfsermittlung 1.5

chen Sicherheitsgraden zu erwarten und andererseits von personalpolitischen Maßnahmen abhängig (»dispositionsabhängig«). Kurzfristig ist ein Teil der Größen als relativ sicher voraussehbar anzusehen (z. B. Pensionierungen). Andere Größen lassen sich lediglich aufgrund betrieblicher Statistiken schätzen (z. B. Fluktuationsquote). Langfristig ist man nur noch auf Schätzungen angewiesen, die sich auf Statistiken wie Altersstruktur der Bevölkerung und des Betriebs (Vergleichsmaßstab) sowie Erwerbslebenserwartung stützen müssen.

▸ Um von bloßen Personalbestandszahlen auf Angaben über zu bewältigende Arbeitsvolumina zu kommen, sind – ebenso wie für den Brutto-Personalbedarf – Prognosen über Arbeitszeitentwicklungen (-veränderungen) und ihre Auswirkungen erforderlich. Insofern sind die entsprechenden Konsequenzen von Arbeitszeit-, Urlaubsregelungen sowie Überstundenpolitik abzuschätzen und in die Planung mit aufzunehmen.

▸ Sollten für den Netto-Personalbedarf brauchbare Unterlagen zur Verfügung stehen, sind auch die eben erwähnten qualitativen Merkmale des vorhandenen Personals im Hinblick auf diejenigen Veränderungen zu prognostizieren, die bis zu dem Zeitpunkt t_x zu erwarten sind. Dabei bereiten Voraussagen über die Entwicklung der Mitarbeiter-Qualifikationen die größten Schwierigkeiten, sind aber

ZUR VERTIEFUNG

Fluktuation

Eine einheitliche Definition von Fluktuation liegt nicht vor. Umstritten ist, ob jegliches oder nur jedes freiwillige Ausscheiden eines Mitarbeiters aus einem Betrieb hierunter fällt. Die undifferenzierte Berücksichtigung aller Personalabgänge (Fluktuation i. w. S.) hat eine wenig aussagekräftige Zahl zur Folge. Mitarbeiter, die infolge von Pensionierung, Berufsunfähigkeit, Tod und eigener Kündigung ausscheiden, werden alle zusammen erfasst. Dies macht die ursachengerechte Fluktuationsanalyse insb. über mehrere Betriebe hinweg unmöglich. Ein Vergleich mit Fluktuationsquoten vorheriger Perioden und anderen Betrieben wird unsinnig. Die Abgänge durch Pensionierung, Berufsunfähigkeit und Todesfälle sind in der Regel Ausdruck von Zufällen, der betrieblichen Altersstruktur, Personalfreisetzung u. a. Sie sind insofern stark zeit- und betriebsbezogen. Der Vergleich zweier heterogen zustande gekommener Ziffern kann daher keine sinnvolle Interpretation ermöglichen. Notwendig ist eine differenzierte Berechnung, wobei sich das Fluktuationsverständnis auf die freiwillige Kündigung seitens der Mitarbeiter (Fluktuation i. e. S.) beschränken sollte. Hierfür wird eine vergleichbare Fluktuationsquote ermittelt, die auch für die Prognose des Personalbestands verwendet werden kann. Eine Fluktuationsanalyse wird eingesetzt, um differenziert zu erkunden, warum Mitarbeiter den Betrieb verlassen. Fluktuation – ob gewollt oder ungewollt – ist aufgrund der mit ihr verbundenen hohen Friktionen, der mit ihr entstehenden Vakanzen und Personalbedarfe ein Umstand, der unter ökonomischen Aspekten sehr genau zu erfassen und zu bewerten ist. Dies ist letztlich notwendig, um die vielfältig entstehenden Kosten der Fluktuation zu reduzieren. Fluktuation ist prinzipiell nicht negativ zu bewerten, gestattet sie es doch unter Umständen Kosten zu senken (mittels eines Einstellungsstopps im Rahmen der Personalfreisetzung), neue Mitarbeiter von außen zur Vermeidung von Betriebsblindheit einzustellen, betrieblichen Mitarbeitern einen Karriereanreiz zu bieten o. Ä. (vgl. Nieder, 2004).

Absentismus

Unter Absentismus ist eine spezielle Verhaltensweise von Arbeitnehmern im Zusammenhang mit Fehlzeiten zu verstehen. Absentismus entspricht dem motivational bedingten, durch den Arbeitnehmer entscheidbaren Entschluss zur Abwesenheit, sogenannte motivationsbedingte Fehlzeiten. Sie sind nicht durch medizinische Gründe (z. B. Krankheit, Mutterschutz) oder durch vertragliche Regelungen (z. B. Urlaub) zu erklären. Dem Absentismusproblem im Speziellen wie auch dem Fehlzeitenproblem im Generellen wird in der betrieblichen Praxis erhebliche Bedeutung zugesprochen, da mit ihm erhebliche Personalkosten durch Überstunden, Minderarbeit, Abstimmungsprobleme, Aushilfen oder Personalleasing entstehen. Absentismus ist allerdings auch als Indikator für eine unzureichende Mitarbeiterführung zu deuten.

1.5 Informatorische Fundierung (Betriebliche Personalforschung)
Personalbedarfsermittlung

für die Planung zukünftiger Vakanzenbesetzungen, Versetzungen, Beförderungen und Fortbildungsprogramme dann notwendig, wenn man Anpassungsfriktionen und Überraschungen nicht hinnehmen will. In diesem Zusammenhang ist auf die Ausführungen über Qualifikationsprognosen (s. Teil 3, Kap. 1.4.4.4) zu verweisen.

1.5.2.3 Ermittlung des Netto-Personalbedarfs (Soll-Ist-Vergleich)

Soll-Ist-Vergleich

Der letzte Schritt einer Personalbedarfsplanung besteht in einer Gegenüberstellung des Sollbestands mit dem Ist-Bestand, und zwar für jeden geplanten Zeitraum.

Einer *kurzfristigen* Planung des Netto-Personalbedarfs kann folgendes Schema zugrunde gelegt werden:

    (1) Brutto-Personalbedarf im Zeitpunkt t_x
− (2) Personalbestand im Zeitpunkt t_0
+ (3) Abgänge (t_x bis t_0)
- sichere Abgänge: z. B. bei Pensionierung, durch Wehrdienst;
- statistisch erfassbare Abgänge: Fluktuation, Invalidität, Tod;
- Abgänge als Auswirkungen getroffener Dispositionen: Beförderungen, Versetzungen;

− (4) feststehende Zugänge (t_x bis t_0): z. B. durch vertragliche Verpflichtungen, durch Beförderungen, Übernahmen aus dem Ausbildungsverhältnis

= (5) Netto-Personalbedarf im Zeitpunkt t_x
→ Ersatzbedarf bei Unterdeckung
→ Freistellungsbedarf bei Überdeckung

Dieses Schema kann auf einzelne Organisationseinheiten (Abteilungen, Hauptabteilungen, Sparten, Hierarchieebenen usw.) differenziert angewandt, zu größeren betrieblichen Einheiten bis hin zum Gesamtbetrieb aggregiert werden. Seine rechnerische Einfachheit darf über die erheblichen Ermittlungs- und Handhabungsschwierigkeiten nicht hinwegtäuschen, die sich auf die Eingangsgrößen und auf die Voraussetzungen beziehen.

Langfristige Planung

Bei einer *langfristigen* Planung kompliziert sich das Schema erheblich:

    (1) Brutto-Personalbedarf
± (2) Bedarfsveränderungen zum Beispiel infolge von Erweiterungsinvestitionen, gleichzeitig Änderungen der Organisationsstruktur, Rationalisierungsmaßnahmen (zeitlich parallel)

= (3) Brutto-Personalbedarf im Zeitpunkt t_n
− (4) Personalbestand
± (5) Bestandsveränderungen
(wie kurzfristig)

= (6) Netto-Personalbedarf im Zeitpunkt t_n
→ Ersatzbedarf
→ Neubedarf bei Unterdeckung (Erweiterungsbedarf)
→ Freistellungsbedarf bei Überdeckung

1.5 Personalbedarfsermittlung

Kurzfristig geht der Netto-Personalbedarf nur auf Veränderungen im Personalbestand zurück. Er besteht somit nur aus Ersatz- bzw. Freistellungsbedarf. Langfristig hängt er sowohl von Veränderungen des Personalbestands als auch des Brutto-Personalbedarfs ab (in Abhängigkeit von den oben genannten Determinanten des Personalbedarfs). Damit ergibt sich Ersatz- und/oder Neubedarf bzw. Freistellungsbedarf.

Eine Dokumentation dieses Gegenüberstellungsergebnisses wird unterschiedlich ausfallen, je nachdem, ob sie im Wege einer Gesamtbetrachtung erfolgt oder aber auf einzelne Tätigkeitsbereiche bezogen werden soll. Für globale Bedarfsaussagen dürfte das Schwergewicht auf quantitativen Planungsinhalten liegen, schon deshalb, weil Angaben über qualitative Mitarbeitermerkmale nur in beschränktem Rahmen aggregationsbedürftig und -fähig sind.

Kurzfristige Planung

Netto-Personalbedarf im Planungszusammenhang

Die anzuschließende Planung von Maßnahmen zur Beseitigung der ermittelten Differenz(-en) (= Netto-Personalbedarf) bezieht sich im Falle eines »negativen« Bedarfs auf die Freisetzung von Personal, im »positiven« Falle auf die Beschaffung von Personal.

Ein Personalbeschaffungs- wie auch ein Personalfreisetzungsbedarf kann jeweils betriebsintern oder -extern (am Arbeitsmarkt) gedeckt bzw. abgebaut werden.

Betriebsintern kann ein Personalbeschaffungsbedarf nur gedeckt werden, wenn an anderer Stelle ein Personalfreisetzungsbedarf besteht und die dort freigesetzten Mitarbeiter durch den Einsatz geeigneter Personalentwicklungsmaßnahmen in qualitativer, quantitativer und zeitlicher Hinsicht den Personalbeschaffungsbedarf zum Ausgleich bringen können.

Im Rahmen der Personalbedarfsplanung besitzt die Personalentwicklung somit zwei *Aufgaben*:

▸ Zum einen soll die Entstehung von Personalfreisetzungs- und (externem) Personalbeschaffungsbedarf durch den Einsatz von Personalentwicklungsmaßnahmen vermieden werden.
▸ Zum anderen soll entstandener Freisetzungsbedarf durch Einsatz von Arbeitsstrukturierungs- oder Bildungsmaßnahmen in seinen qualitativen, quantitativen und zeitlichen Ausprägungen so verändert werden, dass er zur Deckung bestehenden Personalbeschaffungsbedarfs eingesetzt werden kann.

»Negativer« wie »positiver« Personalbedarf

Aufgaben

Neben den negativen individuellen Auswirkungen für die Mitarbeiter, die auf den externen Arbeitsmarkt freigesetzt werden, ist jede auf den externen Arbeitsmarkt gerichtete Personalbeschaffung oder -freisetzung mit hohen Kosten verbunden. Schon allein aus betriebswirtschaftlichen Kosten-Nutzen-Überlegungen heraus ist es für den Betrieb nahe liegend, auf dem »betriebsinternen Arbeitsmarkt« – unterstützt durch Personalentwicklungsmaßnahmen – einen Ausgleich herbeizuführen, zumindest solange, wie die hiermit verbundenen Personalentwicklungskosten die Kosten für extern gerichtete Maßnahmen des Personalabbaus und der Personalrekrutierung nicht übersteigen.

Kosten

1.5 Informatorische Fundierung (Betriebliche Personalforschung)
Personalbedarfsermittlung

Auf die einzelnen Schritte und Maßnahmen der Personalbeschaffung, -freisetzung und -entwicklung wird im Einzelnen im weiteren Verlauf dieser Schrift ausführlich eingegangen (vgl. auch Abbildung 3-33).

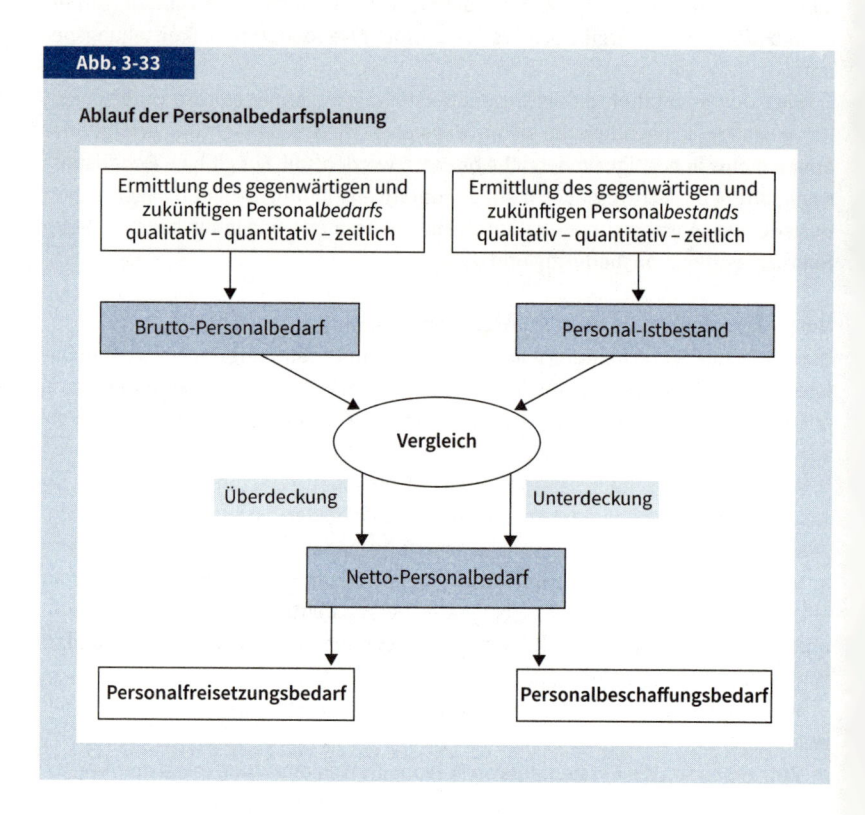

Abb. 3-33

Ablauf der Personalbedarfsplanung

```
Ermittlung des gegenwärtigen und            Ermittlung des gegenwärtigen und
zukünftigen Personalbedarfs                 zukünftigen Personalbestands
qualitativ – quantitativ – zeitlich         qualitativ – quantitativ – zeitlich
                │                                       │
                ▼                                       ▼
     Brutto-Personalbedarf                      Personal-Istbestand
                │                                       │
                └───────────────┐       ┌───────────────┘
                                ▼       ▼
                              Vergleich
           Überdeckung                       Unterdeckung
                        │           │
                        ▼           ▼
                     Netto-Personalbedarf
                        │           │
                        ▼           ▼
      Personalfreisetzungsbedarf   Personalbeschaffungsbedarf
```

1.5.3 Probleme und Grenzen der Bedarfsplanung

An dieser Stelle sollen einige Punkte zusammengetragen werden, die über die allgemeinen Probleme bei der Planungs- und Informationsgewinnung hinausgehen und zu den weiter oben angeführten Einzelproblemen hinzutreten (vgl. auch RKW, 1996, S. 78 ff.; Scholz, 2014, S. 291 ff.). Man kann diese *Probleme* gliedern in solche der quantitativen, der qualitativen, der zeitlichen Bedarfsermittlung und in weitere spezielle Probleme.

Statistische Stütze

▸ *Quantitative* Voraussagen können insbesondere durch statistisches Erfahrungsmaterial gestützt werden. Diese statistische Stütze wird umso schwächer, je kleiner die zugrunde liegenden statistischen Massen sind, was Hierarchie aufwärts mehr und mehr der Fall ist. Für Ausfälle und Kündigungen liegt dann kaum noch Erfahrungsmaterial vor. Für die oberen Hierarchieebenen wäre die Personalbedarfsplanung daher tendenziell eher auf Einzelpersonen zuzuschneiden. Erkenntnisse aus Personalbewegungen aufgrund statistischen Erfahrungsmaterials können mit einiger Wahrscheinlichkeit nicht von der zugrunde liegenden

Grundgesamtheit losgelöst und auf andere Personengruppen übertragen werden. So sind vermutlich die Abgangsraten umso höher, je niedriger die hierarchischen Ränge und die Qualifikations-Niveaus der Tätigkeiten der hierzu erfassten Personen sind.

- Was die Planung der *qualitativen* Komponenten des Personalbedarfs angeht, so kommt zu den an den entsprechenden Stellen bereits aufgeführten Problemen noch eine Reihe weiterer hinzu. Denn je weiter oben die zu planenden Stellen in der betrieblichen Hierarchie angesiedelt sind, desto mehr gewinnt das qualitative Moment der Personalplanung insgesamt an Bedeutung, desto mehr nimmt die für die Einarbeitung und innerbetriebliche Fortbildung notwendige Zeit wie auch Vorbildung zu und desto stärker nimmt die Auswechselbarkeit der Mitarbeiter ab. *Qualitative Komponenten*

- Planungen mit unterschiedlichen *zeitlichen* Horizonten bedürfen spezifischer Ausgestaltungen. So ist die für kurzfristige Pläne mögliche und auch notwendige Detailliertheit für längerfristige Pläne tendenziell abzubauen, weil sonst die Gefahr eines Missverhältnisses zwischen dem mit den Plänen erzielbaren Nutzen und dem für ihre Aufstellung erforderlichen Aufwand wächst. Zu dem Problem abnehmender Überschaubarkeit der Gegebenheiten zur Planrealisierung bei wachsendem Planungshorizont kommt hinzu, dass die Unsicherheitsquellen je nach Planungsinhalt unterschiedlich sind: Für Neubedarf an Personal sind diese Quellen auch in den Teilplänen zu suchen, aus denen er abgeleitet wird, wohingegen mit der Planung des Personalersatzbedarfs autonome Probleme der Personalplanung verbunden sind. *Horizonte*

- Mit der Personalbedarfsplanung sind *spezielle* Probleme insofern verbunden, als dass Interdependenzen in den Aktivitäten einzelner Stellen nur schwer erfassbar sind und daher unberücksichtigt bleiben müssen. In der Folge ist die Gefahr eines zu hohen Personalbedarfsausweises nicht zu übersehen, weil sie nicht ohne Beteiligung des Betriebsrats durchgeführt werden darf (§ 92 BetrVG), der auch nicht ohne Einfluss für die Personalbedarfsdeckung ist und sie sinnvollerweise durch eine Personalkostenplanung zu ergänzen ist, damit auch die Erfolgsseite des gesamten betrieblichen Zielsystems berücksichtigt wird, Mitarbeiterleistung und -kosten auch ex ante vergleichbar werden, die Bedarfsdeckungsmöglichkeiten auch von ihren finanziellen Konsequenzen her im Vorgriff exakter erkannt werden können. *Probleme*

Weder die Grenzen noch die aufgezeigte Problematik einer Personalbedarfsplanung aber dürfen zur vorschnellen Resignation verleiten: Inhalt und Sorgfalt eines Plans, der den Personalbedarf beinhaltet, sind maßgeblich bestimmend für den Erfolg von Maßnahmen zur *Deckung* des Personalbedarfs. Die Schlussfolgerung, eine Personalbedarfsplanung zu unterlassen, weil man den Anforderungen an eine optimale Ausgestaltung nicht ausreichend Rechnung zu tragen in der Lage ist, kann demnach nur als höchst gefährlich bezeichnet werden. Richtiger wäre es daher, den Personalbedarf zunächst nach Maßgabe vorhandener Informationen und Mittel zu planen und auf schrittweise Verbesserungen hinzuarbeiten.

1.6 Erforschung der Arbeitsbeziehungen

> Die Erforschung der Arbeitsbeziehungen (»Industrial Relations«, synonym: Industrielle Beziehungen) betrifft die analytische und prognostische Auseinandersetzung mit den Personen(-gruppen) und Objekten der Mitbestimmung: Gesetzgebung und Arbeitsgerichtsbarkeit, Tarifpartner und Tarifverträge, Mitbestimmung und ihre Organe (s. Teil 4, Kap. 7.1).

Ziele

Ziele sind die Untersuchung der Absichten der beteiligten Mitbestimmungspartner, der Inhalte, der Auswirkungen für personalwirtschaftliche Entscheidungen sowie der gesamtbetrieblichen Auswirkungen. Die Informationen dienen als Basis vor allem für die Gestaltung von Arbeitsverträgen, personalen Einzelmaßnahmen, Entgeltsystemen und Arbeitszeitgestaltung, der Personalplanung sowie das Verhalten zum Betriebsrat.

Verantwortung

Die Verantwortung für die das Konzept der Erforschung der betrieblich relevanten Arbeitsbeziehungen und dessen praktische Umsetzung liegt bei der zentralen Personalleitung. Direkte Vorgesetzte sind hier allenfalls zufällig involviert.

Die meisten der genannten Objekte beziehen sich auf rechtlich festgelegte Inhalte. Darüber hinaus ist das Verhältnis von Personalforschung und Betriebsrat zu thematisieren. Es kann auf drei *Ebenen* diskutiert werden:

Untersuchungsebenen

- Im Rahmen der Personalforschung hat der Betriebsrat Mitwirkungsrechte. Er ist insofern »*Mitgestalter*« einzelner Aufgabenbereiche: Arbeitsmarktforschung (Mitbestimmungsrechte bei der Ermittlung von Arbeitszufriedenheit o. Ä.), Arbeitsforschung (ggf. Mitentscheidungsrechte über die Wahl der Methode zur Bestimmung von Vorgabezeiten; Informations- und Beratungsrechte bezüglich der Folgen geplanter Änderungen der strukturellen, technischen wie prozessualen Arbeitsorganisation), Qualifikations- und Eignungsforschung (Mitbestimmungs-

---

ZUR VERTIEFUNG

Betriebliche und überbetriebliche Arbeitsbeziehungen

Der Begriff der Arbeitsbeziehungen bezieht sich auf die Institutionen, Verfahren und Regeln, welche die sozialen, wirtschaftlichen und politischen Beziehungen zwischen Arbeitgebern und deren Verbänden, Arbeitnehmern und deren Verbänden sowie dem Staat bestimmen. Fünf verschiedene Ebenen können differenziert werden: (1) Ebene des Arbeitsplatzes, (2) betriebliche bzw. Unternehmungsebene, (3) regionale oder sektorale Ebene, (4) nationale Ebene und (5) internationale Ebene. Auf vielen dieser Ebenen sind unterschiedliche Akteure tätig: individuelle Arbeitnehmer und Arbeitsgruppen bzw. deren Repräsentanten, Arbeitnehmervertretungen, Betriebs- bzw. Unternehmungsleitungen und kommunale Behörden, regionale bzw. sektorale Arbeitgeberverbände, entsprechende Gewerkschaften und regionale staatliche Instanzen, nationale Arbeitgeberverbände, Gewerkschaften und nationale staatliche Instanzen, europäische Arbeitgeber- und Arbeitnehmerverbände und EU-Institutionen.

Für die betriebliche Personalforschung sind die entsprechend relevanten Bereiche herauszugreifen, zu segmentieren und zu untersuchen. Im Rahmen einer wissenschaftlichen Personalforschung befassen sich unterschiedliche Wissenschaftsdisziplinen mit den Industrial Relations, v. a.: Betriebs- und Volkswirtschaftslehre, Rechtswissenschaften, Soziologie, Politologie. Eine umfassende Theorie liegt jedoch nicht vor.

> **MEINUNG**
>
> **Erforschung der Arbeitsbeziehungen und Moral**
>
> Ist es moralisch in Ordnung, sich den Betriebsrat als Objekt der betrieblichen Personalforschung vorzunehmen, und näher in Erfahrung zu bringen, wie welcher Betriebsrat einzuschätzen sein wird o. Ä.? Die Betriebsräte selbst gehen sicherlich auf Basis systematischer Analysen und Überlegungen über die Verhandlungsposition und Spielräume des Arbeitgebers, mit Kenntnissen über dessen Rahmenbedingungen sowie über die Verhaltensweisen der konkreten Arbeitgebervertreter in gemeinsame Gespräche. Dies ist nur vernünftig, ebenso vernünftig wie das Vorgehen des Arbeitgebers sich ebenso gut vorzubereiten. Insofern wird er sich vorab selbstverständlich darüber informieren, wie die Verhandlungspositionen, -restriktionen und -spielräume des Betriebsrats sind und wie die Betriebsratvertreter sich vermutlich – aus welchen Gründen – verhalten werden.

rechte auf der konzeptionellen Ebene zum Beispiel bei der Aufstellung von Beurteilungsgrundsätzen und Auswahlrichtlinien), Personalbedarfsermittlung (Informations-, Beratungsrechte und teilweise Vorschlagsrecht bei Einführung und Durchführung). Kenntnisse über diese Mitwirkungsrechte sind notwendig, um sie bei der Planung und Durchführung von Maßnahmen einbeziehen zu können.

- Als »*Kunde*« nutzt der Betriebsrat die Personalforschung, indem er manche ihrer Ergebnisse (z. B. via Arbeitsplatzanalyse, Meinungsbefragung) für seine Arbeit zugrunde legt.
- Als »*Objekt*« der Personalforschung wird der Betriebsrat vielfach tabuisiert, d. h. als solches oft nicht wahrgenommen. Kenntnisse über Ziele, Verhaltensweisen o. Ä. der Betriebsräte sind jedoch hinsichtlich einer antizipativen und reaktiven Auseinandersetzung für die Personalarbeit sinnvoll. Nur so lassen sich Verhandlungsspielräume und Reaktionsweisen vorhersehen.

Als *Instrumente* werden vornehmlich Dokumentenanalysen, Sekundäranalysen und Gespräche eingesetzt. `Instrumente`

Die zentrale *Problematik* der Erforschung der Arbeitsbeziehung besteht vor allem in den vielfach vorliegenden regionalen Unterschieden, der Vielzahl an Urteilen der Arbeitsgerichtsbarkeit, dem Interessenbezug der Arbeitgeber und der Erhaltung des Vertrauens. `Probleme`

1.7 Evaluierungsforschung

> Die Evaluierungsforschung betrifft die Standortbestimmung der Personalarbeit (Wie gut sind wir?) und deren Zukunftsorientierung (Was können wir besser machen?).

Die Verantwortung für diese Personalaufgabe liegt bei der zentralen Personalleitung, gegebenenfalls partiell delegiert an einzelne untergeordnete Funktionsträger (bspw. in der Personalentwicklung für Qualifizierungsmaßnahmen). `Verantwortung`

1.7 Informatorische Fundierung (Betriebliche Personalforschung)
Evaluierungsforschung

> **WISSENSWERTES**
>
> **Cranfield-Projekt**
>
> Beim Cranfield-Projekt (bzw. Cranet-Projekt) handelt es sich um ein internationales Netzwerk von Wissenschaftlern aus etwa 40 Universitäten weltweit, das sich seit 1989 regelmäßig mit empirischen Studien zu Personalpraktiken beschäftigt. Ziel ist es, Vergleichsdaten zur Personalarbeit in aller Welt zu ermitteln und aufzuarbeiten. Man erhält zwar keinen repräsentativen Einblick in die Personalpraktiken und die Stellung der Personalarbeit in Betrieben, aber einen vergleichenden Überblick über prinzipielle Vorgehensweisen (vgl. Kabst et al., 2009; Steinmetz et al., 2012; https://wiwi.uni-paderborn.de/dep1/international-business-prof-dr-kabst/forschung/the-cranfield-project/; letzter Abruf: 06.03.2016).

Ziele

Ziele einer betrieblichen Evaluierungsforschung sind die systematische Erarbeitung von Rückmeldungen über die Güte der Personalarbeit absolut wie relativ und deren gegebenenfalls notwendigen Verbesserung. Die gewonnenen Informationen sind Basis vor allem für die Personalstrategie, die Personalorganisation, die Definition personalwirtschaftlicher Probleme, die Personalentwicklung, den Instrumenteneinsatz o. Ä.

Objekte

Die *Objekte* der Evaluierungsforschung sind:

- *Personalarbeit insgesamt bzw. Teilaufgaben derselben* (z. B. Outsourcing von Personalaufgaben, Humanvermögen, direkte und indirekte Personalkosten, Effektivität personalwirtschaftlicher Leistungen; »Benchmarking«),
- *Einsatz personalwirtschaftlicher Instrumente* (z. B. Einsatz vorzeitiger Pensionierungen, Prognose von Problemfeldern und Wirkungen des Instrumenteneinsatzes, Effizienz personalwirtschaftlicher Leistungen, Bewertung alternativer Personalauswahlverfahren, Evaluierung von Personalentwicklungsinstrumenten) und
- *Personalarbeit aufgrund betrieblicher Entscheidungen* (z. B. Folgewirkungen von Sachinvestitionen, Untersuchung des Erfolgs von Total Quality Management).

Verständnis

Evaluation ist ein Begriff, der unter verschiedenen Bezeichnungen (Effizienzforschung, Bildungscontrolling, Erfolgsbewertung, Erfolgsermittlung, Erfolgskontrolle, Qualitätskontrolle, Wirkungskontrolle, Bewertung u. a.) kursiert und oft etwas anderes meint.

> Evaluation im hier vertretenen Sinne bedeutet, mittels prinzipiell wissenschaftlicher Verfahrensweisen Aussagen über die Auswirkungen der Personalarbeit im Allgemeinen bis hin zu den Auswirkungen spezieller Personalmaßnahmen und -instrumente zu generieren.

Dies wird im Wesentlichen in Bezug auf vorher festgelegte Ziele geschehen. Allerdings ist prinzipiell ergänzend auch eine zielfreie Evaluation möglich, zumindest dann, wenn die Ziele noch unvollständig, instabil und nicht eindeutig sind. Evaluation stellt insgesamt gesehen keine reine Informationserhebung dar, sondern schafft die Verbindung der Information mit möglichen Handlungsfolgen (s. hierzu auch Teil 3, Kap. 5.4.4 zur Evaluation im Rahmen der Personalentwicklung).

1.7 Evaluierungsforschung

Die verfolgten Fokusse im Rahmen der Evaluierungsforschung bestimmen i. W. die Ausgestaltung des jeweiligen Evaluationskonzepts, da nur so eine zielwirksame Umsetzung möglich ist. Abbildung 3-34 enthält eine Zusammenstellung möglicher Fokusse.

Fokusse

Die nicht ganz überschneidungsfrei zu trennenden Arten einer Evaluation drücken die allgemeinen formellen Herangehensweisen an eine Evaluation aus. Die Extremformen sind in der betrieblichen Praxis kaum in Reinkultur vorzufinden, stellen aber eine Orientierungshilfe für eine Gestaltung dar. In der Literatur werden eine Vielzahl möglicher Differenzierungen genannt, bspw.: parteilich versus überparteilich; quantitativ versus/und qualitativ; vor, während oder nach einer Maßnahme; routinemäßig versus einmalig; standardisiert vs. nicht-standardisiert, zufällig versus systematisch; summativ versus formativ; partiell versus total; Fremd- versus Selbstevaluation u. a. Beispielhaft sei auf die Differenzierung in formative und summative Vorgehensweisen eingegangen, da eine Entscheidung darüber zur grundlegenden Ausrichtung einer Evaluation führt:

Arten der Evaluation

▸ Bei der *formativen Evaluation* werden die Ergebnisse ähnlich der Aktionsforschung schon während des zu bewertenden Personalprozesses zur Optimierung der Maßnahme angewandt. Sie stellt einen iterativen Prozess der Findung und Umsetzung von Ergebnissen dar und ist durch qualitative Daten, Evaluation in Echtzeit und Mitsprache bis Selbstbestimmung der Beteiligten zu charakterisieren.

Abb. 3-34

Fokusse einer Evaluierungsforschung

Fokus	Erläuterungen
... zur Evaluation zur Wahrnehmung und Legitimation der Personalarbeit	Wahrnehmung der Personalarbeit durch andere betriebliche Bereiche, Veranschaulichung der Wirkungseffekte (Effektivität), Nachweis der Zielerreichung, Legitimation der Budgets, des Ressourceneinsatzes und der Aktivitäten u. Ä.
... zur Verbesserung, Beurteilung und Steuerung der Personalarbeit	Ausschöpfung von Rationalisierungspotenzialen, Feststellen der Zielgenauigkeit einer Maßnahme, Feststellen der Zweckmäßigkeit eines Personalinstruments (absolut wie relativ), Eruierung des Wirkungsspektrums, Rückmeldung (für alle Beteiligten), Dokumentation (der Ergebnisse), Diagnose (bspw. des Lernprozesses), Entscheidung über Fortsetzung, Adaption oder Einstellung einer Maßnahme, Frühwarnfunktion u. Ä.
... als Lernprozess	Integration der Evaluation als permanenten Lernprozess in alle Personalmaßnahmen
... als Entscheidungsvorbereitung	Einbezug der Evaluationsergebnisse in betriebliche bzw. die Personalarbeit betreffende Entscheidungsprozesse, Absicherung durch (Experten-)Gutachten, Ableitung von Planungs- und Handlungsalternativen, Alternativenreduktion, Reduktion der Unsicherheit über Wirkungen von Personalmaßnahmen, Prüfung von Innovationsmöglichkeiten u. Ä.
... als Durchsetzungshilfe	Reduzierung von Widerständen durch eine Vorabevaluation, Motivierung und Aktivierung (der Beteiligten) u. Ä.
... als Prognose	Erfahrungswerte für Erfolgsvoraussage künftig zu realisierender Personalmaßnahmen
... als Ritual	ohne obengenannte Funktionen

1.7 Informatorische Fundierung (Betriebliche Personalforschung)
Evaluierungsforschung

▸ Eine *summative Evaluation* hält die Bedingungen der Maßnahme konstant und die Ergebnisse werden am Ende des Personalprozesses über eine Erhebung quantitativer Daten mit standardisierten Instrumenten festgestellt.

Ebenen einer Evaluation

Die Ebenen kennzeichnen den Erstreckungsbereich einer Evaluation, die mehr sein kann als Erfolgskontrolle, d. h. nicht nur das Ergebnis der Personalmaßnahme steht im Blickfeld, sondern auch ihr Kontext sowie das Vorher und Nachher. Dies führt zu möglichen Ansatzpunkten:

▸ *Input-Evaluation:* Als Ansatzpunkte sind hier Aspekte anzusehen, die die Voraussetzungen, die Ausgangsposition(en) und den Input einer Maßnahme dokumentieren: zugrunde liegende Prämissen und Ziele, Bedingungen wie bspw. Philosophie, Organisationskultur, Ressourcenausstattung, Vorbereitung wie Bedarfserhebung und Teilnehmerauswahl, Methoden und Instrumente der Personalarbeit, Angebote externer Seminaranbieter etc.

▸ *Prozess-Evaluation:* Diese Ebene enthält die Evaluation des adäquaten Verlaufes der einzelnen Prozessphasen und des Gesamtprozesses während der Durchführung.

▸ *Output-Evaluation:* Der Output einer personalbezogenen Maßnahme – i. S. ihrer tatsächlich erzielten Effekte – kann differenziert werden in die Reaktionsebene (unmittelbare Reaktion der Teilnehmer auf die Maßnahme), die Lernebene (Ist ein Lernerfolg bei den Betroffenen zu verzeichnen?), die Verhaltensebene (Tritt eine kurz-/langfristige Verhaltensänderung am Arbeitsplatz ein?) sowie die Organisationsebene (Hat die Verhaltensänderung Auswirkungen auf den Unternehmungserfolg?

Methodische Fragen

Verschiedene Methoden (oder Kombinationen von diesen) können zum Einsatz kommen:
▸ schriftliche Befragung mittels *Fragebogen*,
▸ Einzel- und Gruppen*interviews*,
▸ *Leistungsanalysen*,
▸ *experimentelle* und *quasi-experimentelle* Designs,
▸ Selbst- und Fremd*beobachtung*,

WISSENSWERTES

Benchmarking

Beim Benchmarking werden prinzipiell Produkte, externe/interne Dienstleistungen und/oder Prozesse über mehrere – vorzugsweise die relativ besten – Betriebe hinweg kontinuierlich oder zu einem bestimmten Zeitpunkt verglichen. Gerade das Personal-Management, das ja in keinem direkten Wettbewerb steht, bietet sich als Objekt einer solchen Methode an. Im Rahmen eines Personalcontrollings kann Benchmarking eingesetzt werden, um ausgewählte Kennziffern und/oder andere personalwirtschaftliche Indikatoren verschiedener Betriebe miteinander zu vergleichen (vgl. Glanz/Dailey, 1992). So erhält man vermeintlich den Eindruck einer anzustrebenden »best practice«. Der Vergleich fremder mit eigenen personalwirtschaftlichen Daten respektive Leistungen sagt aber nichts darüber aus, wie diese innerhalb des eigenen Betriebs auf die Erreichung der Personalstrategie wirken (vgl. Ulrich/Brockbank/Yeung, 1989; Scholz, 2014, S. 33 ff.).

1.7 Evaluierungsforschung

- Evaluation by wandering around,
- Sekundär- und Dokumentenanalysen u. Ä.

Die Kriterien einer Evaluation sollten vor Beginn der jeweiligen Maßnahme eruiert werden. Dies beinhaltet neben sog. Leitkriterien (wie Kostengünstigkeit, Verfügbarkeit, Effektivität, Wertschöpfung, Effizienz, Qualität etc.) auch die Berücksichtigung mehrdimensionaler, mehrdeutiger, auch widersprüchlicher und instabiler Bewertungskriterien. Die Ableitung der Kriterien erfolgt aus den Zielen bzw. Funktionen der Maßnahme und der Evaluation. Über die Kriterien sollte unter den Beteiligten Einigkeit bestehen, nur dann kann eine Evaluation ihren jeweiligen Zweck erfüllen. Dies würde auch die Verwendung solcher Kriterien rechtfertigen, die aus anderen Unternehmungsbereichen (bspw. Finanzbereich) stammen, wenn sie allgemein akzeptiert werden.

Kriterien einer Evaluation

Abb. 3-35

Mögliche Maßgrößen für eine HR-Balanced-Scorecard

Wirtschaftlichkeit
- Wertschöpfung (pro Mitarbeiter) oder Cash-Flow (pro Mitarbeiter)
- Personalkosten (absolut oder relativ)
- Produktivitätskennzahlen (pro Mitarbeiter oder pro Team)

Mitarbeiter
- Kennzahlen zur Mitarbeiterzufriedenheit (Indices)
- Absentismusquote; Fluktuationsquote, durchschnittliche Betriebszugehörigkeit
- Frauenquote, Durchschnittsalter
- Teilzeitquote
- Struktur des Zielvereinbarungssystems
- Hierarchie- und Teamstrukturen

Kundenorientiertes Personalmanagement

Qualität
- Half-life-Kennzahl
- Soll-Ist-Abweichungen
- Durchführungszeiten
- Fehlerquote; Anzahl an Beschwerden
- Erfolgsquoten
- Zahl an gelösten Problemstellungen

Lernen & Wissen
- Anzahl der Mitarbeiter, die eine weiterführende Aufgabe und/oder Position sofort übernehmen können
- Anzahl von bereichsübergreifenden Projekten
- Weiterbildungsaufwand
- Weiterbildungstage pro Mitarbeiter
- Erfahrungszirkel
- Anzahl der Verbesserungsvorschläge, deren Realisierungsquote sowie der entsprechende Wert

Quelle: *Tonnesen*, 2000, S. 97; in Anlehnung an *Wunderer*, 2011, S. 448

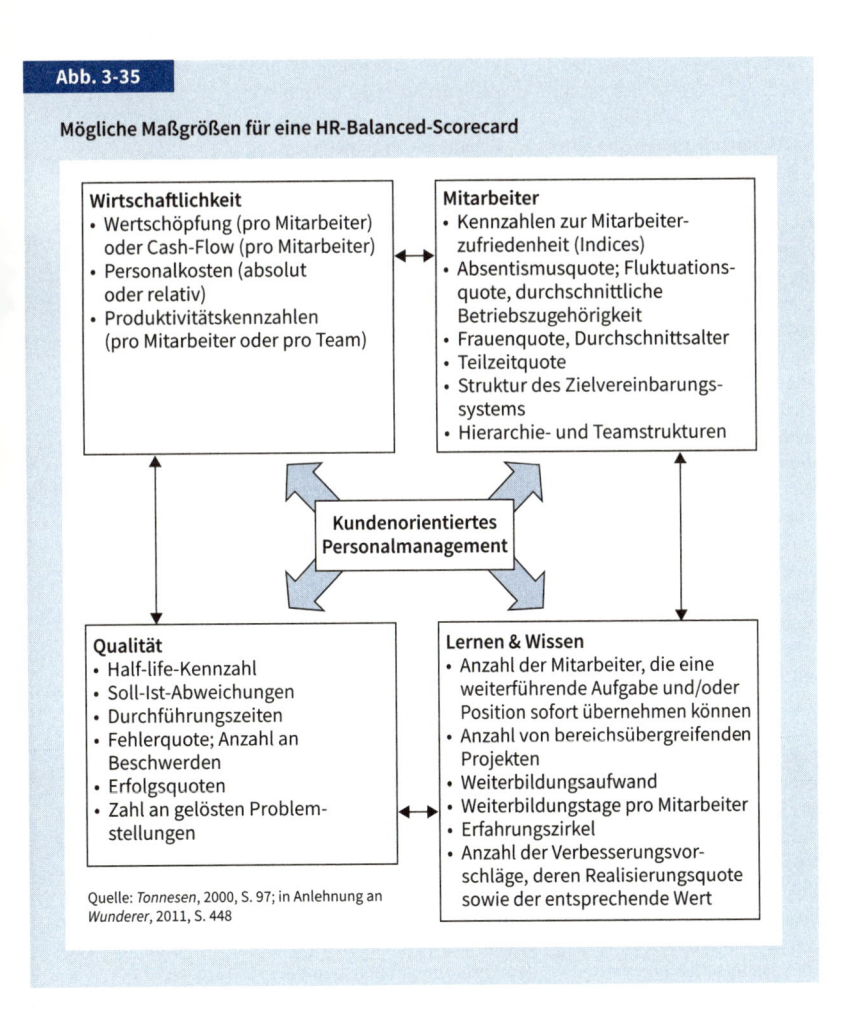

1.7 Informatorische Fundierung (Betriebliche Personalforschung)
Evaluierungsforschung

Instrumente

Zu den *instrumentellen Bausteinen* einer Beurteilung der Personalarbeit zählen Sozialbilanzen, die Humanvermögensrechnung, Kosten-Nutzen-Analysen, Nutzwertanalysen, Organisationsanalysen, das Verfahren der kritischen Ereignisse (s. Teil 3, Kap. 2.3.3.4) und die Modellbildung sowie eine Balanced Scorecard (BSC). Ein Beispiel für eine entsprechende Anwendung dieses Instruments visualisiert Abbildung 3-35.

Probleme

Die *Problematik* der Evaluierungsforschung besteht vor allem in generellen Mess- und Bewertungsschwierigkeiten, der unterschiedlichen Rollen des Personalbereichs und der Einbeziehung strategischer Wirkungen personalwirtschaftlicher Maßnahmen (vgl. Fleer, 2001; Werning, 2013). An verschiedenen Stellen in diesem

---

ZUR VERTIEFUNG

Balanced Scorecard (BSC)

Bei der BSC handelt es sich um ein System strategieorientierter Kennzahlen zur mehrdimensionalen Steuerung (vgl. Kaplan/Norton, 1997). Die BSC soll dazu beitragen, eine verfolgte Strategie inhaltlich zu präzisieren, die Strategieinhalte zu übermitteln, strategieorientierte Zielvorgaben für die Organisationseinheiten abzuleiten sowie die strategische Kontrolle zu verbessern. Das traditionelle Management orientiert sich an finanziellen Kennzahlen (bspw. Return on Investment, Eigenkapitalrentabilität, Liquidität). Diese Kennzahlen im Rahmen einer *Finanzperspektive* sind eindimensional und vergangenheitsorientiert, sie verleiten zu einer kurzfristigen Betrachtung von (strategischen) Projekten allein schon deshalb, weil sich erst langfristig rentierende Investitionen kurzfristig negativ auf die Kennzahlen niederschlagen. Die BSC versucht, diese eindimensionale Betrachtungsweise um drei weitere Perspektiven zu ergänzen:

- Die *Kundenperspektive* fokussiert die betrieblichen Ziele im Hinblick auf Kundenwünsche und Markterfordernisse (bspw. Erhöhung der Kundenzufriedenheit, der Lieferpünktlichkeit, des Marktanteils). Für die Kunden- und Marktsegmente sind Ziele zu entwickeln, die es über die Umsetzung von spezifischen Maßnahmen zu erreichen gilt. Die Kennzahlen der BSC sollen den Stand der Zielerreichung widerspiegeln.
- Die *Perspektive der internen Geschäftsprozesse* richtet sich auf die wesentliche innerbetriebliche Wertschöpfung (bspw. Erhöhung der Lagerumschlagshäufigkeit, Verringerung der Ausschussquote). Die Darstellung der Wertschöpfungskette sowie die Operationalisierung über Kennzahlen helfen hier zum Verständnis.
- Die *Lern- und Entwicklungsperspektive* schließlich konzentriert sich auf die Qualifizierung und die Motivation der Mitarbeiter, die entscheidend den gesamten Entscheidungs- und Umsetzungsprozess im Betrieb gerade für Innovationen (bspw. durch die Senkung der Produktentwicklungszeit, Anzahl der Patente) determinieren.

Für jede dieser Perspektiven lassen sich Ziele, Kennzahlen, Vorgaben und Maßnahmen formulieren. Die BSC fokussiert so Evaluationen aus vier verschiedenen Ebenen und trägt so dazu bei, die einseitige Betrachtung aus rein finanzwirtschaftlicher Sicht zu überwinden. Dies gestattet es nunmehr auch auf Gesamtbetriebsebene, die personalwirtschaftlichen Leistungsbeiträge stärker als Ressource des betrieblichen Erfolgs zu betrachten. Zudem vermittelt die Darstellung der Ursache-Wirkungs-Beziehungen ein besseres Verständnis von Aufgabensituationen und Zusammenhängen: Lern- und Entwicklungsperspektive → Perspektive der internen Geschäftsprozesse → Kundenperspektive → Finanzperspektive. Der finanzielle Erfolg des Betriebs betrifft die oberste Zielsetzung. Sie kann nur über die Schaffung von Kundennutzen erreicht werden. Dieser kann letztlich nur geschaffen werden, wenn die zugrunde liegenden betrieblichen Prozesse effektiv und effizient ablaufen. Dies ist letztlich nur durch Innovationen und eine Verbesserung der Mitarbeiterqualifikation und -motivation möglich.

Des Weiteren wird ein Instrument angeboten, welches auch im Rahmen der Evaluierungsforschung, speziell beim Personalcontrolling (s. Teil 4, Kap. 5), verwendet werden kann. Sicherlich ist es hinsichtlich der theoretischen Begründung fraglich, aber dennoch wird es gerne in vielen Betrieben eingesetzt: Mit wenigen, als aussagefähig eingeschätzten, verständlichen und weitgehend akzeptierten Größen aus allen erfolgsrelevanten betrieblichen Bereichen eine Überprüfung des Leistungsniveaus einer organisatorischen Einheit vorzunehmen, ist ein überzeugendes Argument (vgl. Wunderer, 2011, S. 443 ff.).

1.7 Evaluierungsforschung

Lehrbuch greifen wir auf Teilaspekte der Evaluierungsforschung zurück (ganz besonderes im Rahmen der Personalentwicklung).

Ein offenbar grundsätzliches Problem der Evaluierungsforschung, gerade im Bereich der Personalentwicklung, scheint zu sein, sie überhaupt durchführen zu können oder zu wollen. Viele Gespräche mit Personalverantwortlichen weisen auf zu knappe Ressourcen hin und möglicherweise auch eine mangelnden Bereitschaft, sich einer solchen Bewertung zu stellen. Dabei kann nur eine konsequente, wenngleich vielleicht auch nur sporadisch und einzelfallbezogen durchgeführte Evaluation dazu beitragen, die knappen Ressourcen sinnvoll(er) einzusetzen. (Für den Bereich der Personalentwicklung vgl. auch Becker/Meißner/Werning, 2008).

WIEDERHOLUNGSFRAGEN ZU KAPITEL 1

1. Was sind die Ziele einer problemadäquaten Informationsbasis für das Personal-Management?
2. Welche Aufgabenbereiche gehören der betrieblichen Personalforschung an?
3. Welche Informationen liefert die Arbeitsmarktforschung über den internen und externen Arbeitsbeschaffungsmarkt?
4. Was ist unter dem Begriff und dem Konzept der Arbeitsforschung zu verstehen?
5. Welche Teilbereiche sollten im Rahmen der Arbeitsplatzanalyse genauer und warum untersucht werden?
6. Nach welchen Schritten kann man im Rahmen einer Anforderungsanalyse vorgehen?
7. Welche Standardverfahren der Arbeitsbewertung können sinnvollerweise angewendet werden und wodurch sind diese gekennzeichnet?
8. Wozu dient die Qualifikations- und Eignungsforschung?
9. Welche Fehler können im Rahmen einer Beurteilung generelle auftreten?
10. Was ist unter dem Begriff der Personalbeurteilung zu verstehen?
11. Welche Grundidee beinhaltet die Leistungsbeurteilung?
12. Skizzieren Sie ein Beurteilungsverfahren, welches oft in der Praxis angewendet wird!
13. Welche Nachteile weisen die merkmalsorientierten und welche die zielorientierten Beurteilungsverfahren auf?
14. Wodurch unterscheidet sich die Potenzial- von der Leistungsbeurteilung?
15. Wie »funktionieren« diagnoseorientierte Verfahren der Potenzialbeurteilung?
16. Was ist der Unterschied zwischen Brutto- und Netto-Personalbedarf?
17. Wie kann der Brutto-Personalbedarf ermittelt werden?

1.7 **Informatorische Fundierung (Betriebliche Personalforschung)**
Evaluierungsforschung

18. Welche Probleme können im Rahmen der Ermittlung eines zukünftigen Personalbestands auftreten?

19. Welchen Grenzen unterliegt die Bedarfsplanung?

20. Was sind die Ziele der Erforschung von Arbeitsbeziehungen?

21. Womit befasst sich die Evaluierungsforschung?

2 Personalbedarfsdeckung

> **LEITFRAGEN**
>
> **Zur Botschaft einer Personalbedarfsdeckungskette**
> - Was bedeutet die »Kettenbeziehung« für die Personalbedarfsdeckung?
> - Welche Kettenphasen tragen zur personalwirtschaftlichen Wertschöpfung
>   – wie – bei?
>
> **Felder der Personalbedarfsdeckung**
> - Welche Bestandteile hat die Personalbedarfsdeckungskette?
> - Wie sind sie miteinander verbunden?
> - Wie lässt sich die Personalentwicklung einordnen?
>
> **Zuständigkeit**
> - Wer ist Hauptverantwortlicher für die jeweiligen Phasen?
> - Welche Rolle kommt dem Personalleiter zu?

Stellen Sie sich folgende Szenarien vor:

(1) Zur Formulierung einer Stellenanzeige wird die vier Jahre alte Stellenbeschreibung des zu besetzenden Arbeitsplatzes genommen! Die Wahrscheinlichkeit, dass sich in der heutigen Zeit Stellenaufgaben, -methoden und -instrumente geändert haben, ist groß. Entsprechend sind auch unter Umständen veränderte Qualifikationsanforderungen die Folge.

(2) Im Rahmen der Personalauswahl sind verschiedene Personen für die Durchführung von seriellen Auswahlgesprächen involviert. Stellen Sie sich vor was passiert, wenn jeder – unabhängig von den einbezogenen Kollegen – sich selbst Gedanken um die Stellenanforderungen und die wesentlichen Auswahlkriterien machen und die Ergebnisse anwenden würde.

Quintessenz dieser »fiktiven« Frage ist, dass die Personalbedarfsdeckung früh anfängt, jedenfalls früher, als manche Verantwortliche sich dies vorstellen. Fehler werden oft schon in der Frühphase gemacht; sie lassen sich kaum noch korrigieren.

2.1 Begriff, Inhalt und Determinanten der Personalbedarfsdeckung

> Unter *Personalbedarfsdeckung* sind alle diejenigen Aktivitäten zu verstehen, die im engeren Sinne auf die Gewinnung und den Einsatz von personellen Kapazitäten gerichtet sind, die im Betrieb benötigt werden. Im weiteren Sinne zählt auch die Personalentwicklung (Deckung eines qualitativen Bedarfs) sowie die Personalbindung (Erhalt des Personalbestands) zur Personalbedarfsdeckung.

Teilaufgaben

Mit den Worten »im Betrieb benötigt« ist die Bedarfsorientierung verdeutlicht, »Gewinnung und Einsatz« führen zur Unterscheidung von vier (ggf. fünf, s. u.) *Teilaufgaben* (-phasen) des gesamten Personalbedarfsdeckungsprozesses. Es sind dies:

1. Mit der *Thematisierung der Qualifikationsanforderungen* startet der Prozess. Linienvorgesetzte und Personaler (ggf. zusätzlich: bisherige Stelleninhaber) besprechen miteinander, welche Aufgaben aktuell und vor allem in der Zukunft zu erfüllen sind. Daraus leiten sie die notwendigen Anforderungen an die Qualifikation des »idealen« Positionsinhabers ab. Die »einfache« Verwendung der vorherigen Stellenausschreibung sollte nicht erwogen werden. Sie ist auf eine Stelle von gestern bezogen und beinhaltet nicht automatisch die sich mittlerweile vollzogenen Veränderungen an Aufgaben, Instrumenten und Rollen. Betriebe sind »im Fluss«, Veränderungen sind die Normalität – auch bei den Qualifikationsanforderungen. Nur die Kenntnis des zukünftigen Arbeitsplatzes und die genau hieraus entwickelten Anforderungen gestattet es, eine zielorientierte Personalbeschaffung und -auswahl vorzunehmen.
2. Die *Personalbeschaffung* (hier synonym: Rekrutierung), die im Wesentlichen die Suche nach potenziellen Bewerbern umfasst, setzt nach Maßgabe des in einer

> **ACHTUNG**
>
> **Diskussion der Qualifikationsanforderungen**
>
> Die erste Phase der Personalbedarfsdeckungskette wird trotz ihrer Bedeutung – in Theorie wie Praxis – nachlässig behandelt. Dabei ist ihre Bedeutung für die Effektivität der Personalauswahl enorm.
> Nur wenn zum Ersten die stellenbezogen richtige Festlegung der aktuellen Ausschreibung (neben den Anforderungen auch die zugrunde liegenden Aufgaben, Instrumente und Rollen) erfolgt, werden die »richtigen« potenziellen Bewerber angesprochen. Nur so kann der Bewerbermarkt, den der Betrieb ansprechen wollte, auch tatsächlich ausgeschöpft werden. Sollte die Ausschreibung inhaltlich unzutreffend sein, bewerben sich zum einen Personen, die nachher der eigentlich zu besetzenden Stelle nicht entsprechen, und es bewerben sich zum anderen nicht solche Personen, die tatsächlich geeignet wären.
> Zum Zweiten ist die frühzeitige gemeinsame Absprache der am Auswahlprozess beteiligten Personen (idealtypisch: Personaler, nächster und übernächster Vorgesetzter) wichtig, da hier zum einen eine gemeinsame Basis für den Auswahlprozess geschaffen werden kann und zum anderen diese Basis so auch bewusst gemacht und mit einem Commitment verbunden wird. Dies verhindert eine spätere individuelle Kreierung neuer Auswahlkriterien, »die die anderen vorher vergessen haben«.

2.1 Begriff, Inhalt und Determinanten der Personalbedarfsdeckung

> **TERMINOLOGIE**
>
> **Rekrutierung**
>
> Im Zusammenhang der Personalbeschaffung i. e. S. und i. w. S. wird oft der Terminus »Rekrutierung« (Rekruting, recruiting) verwendet. Der aus dem englischen Sprachraum übernommene Terminus ist dabei in der Regel mit der Personalbeschaffung i. e. S. vergleichbar. Es gibt aber auch Autoren, die auch die Personalauswahl in dem dem Terminus zugeordneten Begriff hierunter fassen. Die Terminologie leidet ein wenig darunter, dass die entsprechenden begrifflichen Verständnisse nicht immer ausreichend deutlich gemacht werden.

Personalbedarfsplanung ermittelten Personalbedarfs an. Ziel ist es, aus diesem Kreis qualifizierte Bewerbungen zu erhalten. Sobald diese vorliegen, ist die Personalbeschaffung – in dem hier vertretenen Verständnis – erfolgreich beendet. (Andere Autoren verstehen sowohl die Personalbeschaffung als auch die – hier synonym verwendete – Rekrutierung weiter und schließen die Personalauswahl mit ein. Wir finden es sprachlich besser bzw. verständlicher zu differenzieren.)

3. Zur Personalbedarfsdeckung zählt nach der Beschaffung die *Personalauswahl*, ein Auswahl- und Entscheidungsprozess, in dessen Ablauf zunächst Bewerbungsunterlagen und danach einige wenige Bewerber beurteilt werden und an dessen Ende die Bestimmung derjenigen Kandidaten steht, die sich für bestimmte Positionen aus einem Kreise von Bewerbern als die »Geeignetsten« herausgestellt haben.
4. Erst mit dem erfolgreichen, vollständigen Einsatz des neu gewonnen Personals, d. h. dessen voller Leistungsfähigkeit auf der für sie jeweils neuen Stelle, ist der Personalbedarf in Bezug auf die Besetzung einer vakanten Stelle für einen Betrieb gedeckt. Insofern zählt auch die *Personaleinführung* zur Bedarfsdeckungskette, denn erst mit ihrem erfolgreichen Abschluss ist der Personalbedarf wirklich gedeckt. Der Prozess der Personaleinführung beginnt im engeren Sinne mit dem ersten Arbeitstag. Ihm schließen sich – in den nachfolgenden Tagen, Wochen, ggf. Monaten – neben fachlichen Einarbeitungshilfen auch soziale Integrationsaspekte an (s. Teil 3, Kap. 2.4).
5. Versteht man unter Personalbedarfsdeckung zudem die Schließung einer qualitativen Personalbedarfslücke, so stellt auch die *Personalentwicklung* eine ihrer Teilaufgaben dar (s. Teil 3, Kap. 5). Maßnahmen der *Personalbindung* können zudem dazu beitragen, dass kein oder zumindest ein geringerer Beschaffungsbedarf entsteht (s. Teil 3, Kap. 3). Letztlich handelt es sich dabei um antizipative Maßnahmen der Personalbedarfsdeckung, indem nämlich dazu beigetragen wird, unnötige Lücken im Netto-Personalbedarf zu verhindern.

Die beiden letztgenannten Elemente werden hier unter der Personalbedarfsdeckung i. w. S. gefasst.

2.1 Personalbedarfsdeckung
Begriff, Inhalt und Determinanten der Personalbedarfsdeckung

> **VERTIEFUNG**
>
> **Relevanz und Irrelevanz von Kriterien**
>
> Basierend auf bewertungstheoretischen Überlegungen sind Kriterien (wie Prädiktoren) nur dann wirklich aussagekräftig, wenn sie »relevant« sind. Dies bedeutet beispielsweise für die Personalauswahl Folgendes: Relevant sind die tatsächlich verwendeten Auswahlkriterien bzw. Indikatoren, wenn sie mit dem Letztkriterium (»ultimative criterion«) ausreichend übereinstimmen. Das »*Letztkriterium*« stellt das Konstrukt dar, welches man als Sollvorstellung an Qualifikation eigentlich erwartet (bspw. eine sehr gute Kommunikationsfähigkeit als Teilelement dieser Qualifikation). Das dann im Auswahlprozess benutzte »*aktuelle Kriterium*« (bspw. für die Kommunikationsfähigkeit Indikatoren wie schriftlicher Ausdruck, verbales wie nonverbales Verhalten im Bewerbungsgespräch u. Ä.) versucht zwar, diese Idealvorstellung zu erreichen, aber aufgrund verschiedener Probleme deckt es nur einen Teil des Letztkriteriums ab. Die übereinstimmenden Teile (vom ultimativen und vom aktuellen Kriterium) werden »*relevantes Kriterium*« genannt. Im Allgemeinen ist eine Person nicht in der Lage (aus kognitiven, sprachlichen und/oder zeitlichen Gründen) alle Elemente der idealen Sollvorstellung bei den Auswahlkriterien zu verwenden. Der fehlende Teil führt dann zu einer *Defizienz des Kriteriums*. (Wichtige Auswahlaspekte bleiben – in der Regel unerkannt – bei den verwendeten Indikatoren unberücksichtigt. Als Beispiel könnte man hier relevante nonverbale Verhaltensweisen anführen.) In solchen Bewertungsprozessen werden zudem oft auch Auswahlkriterien verwendet, die eigentlich nicht zum Letztkriterium gehören. (Beispielsweise wird Fachwissen indirekt beim kommunikativen Verhalten mitbewertet, da es mehr oder weniger gestattet, sich »besser« auszudrücken. Dabei ist Fachwissen kein direkter Aspekt der Kommunikationsfähigkeit!) Ein solcher Fehler führt zur sogenannten *Kontamination des Kriteriums*. Die verwendeten Indikatoren erfassen auch auswahlfremde Aspekte. Die beschriebene Problematik der alltäglichen Personalauswahl und anderer Bewertungsakte wird in Abbildung 3-36 ausgedrückt (vgl. auch Becker, F.G., 2009, S. 179 ff.; Weinert, 2004, S. 321 ff.).

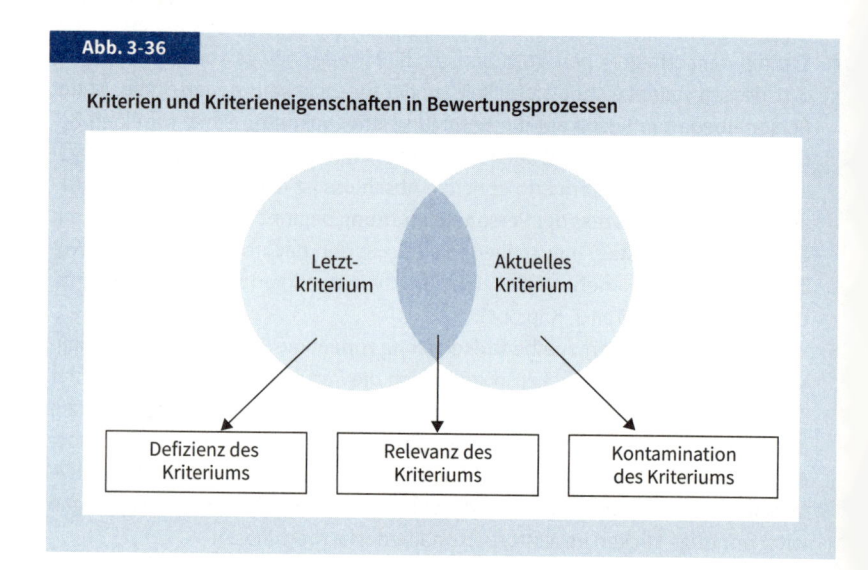

Abb. 3-36

Kriterien und Kriterieneigenschaften in Bewertungsprozessen

(Venn-Diagramm: Letztkriterium ∩ Aktuelles Kriterium)

- Defizienz des Kriteriums
- Relevanz des Kriteriums
- Kontamination des Kriteriums

Personalbedarfsdeckungskette

Abbildung 3-37 stellt nun die Abfolge der Personalbedarfsdeckung i. e. S. als Kette mit den zentralen Phasen schaubildlich dar. Das Kettenbild soll verdeutlichen, dass jede Verbindung und jedes Kettenelement funktionieren muss, damit die Kette auch ihren Zweck erfüllen kann.

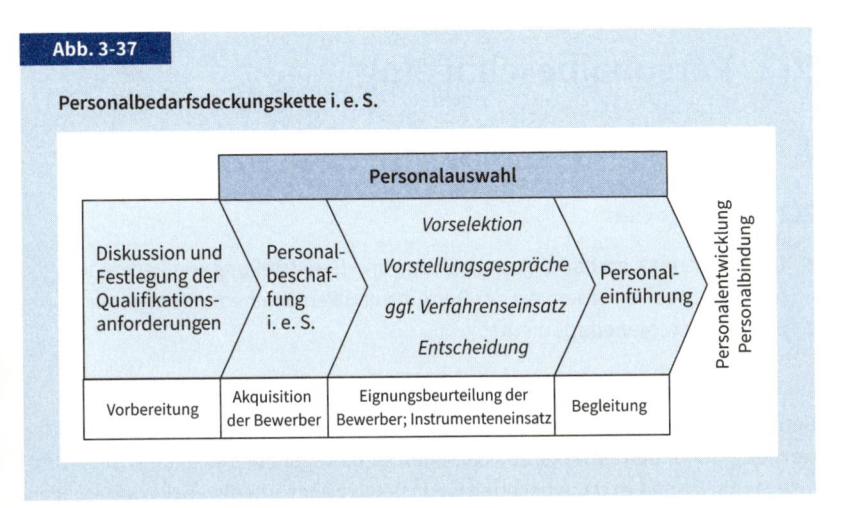

Begriff, Inhalt und Determinanten der Personalbedarfsdeckung 2.1

Abb. 3-37

Personalbedarfsdeckungskette i. e. S.

		Personalauswahl		
Diskussion und Festlegung der Qualifikationsanforderungen	Personalbeschaffung i. e. S.	Vorselektion Vorstellungsgespräche ggf. Verfahrenseinsatz Entscheidung	Personaleinführung	Personalentwicklung / Personalbindung
Vorbereitung	Akquisition der Bewerber	Eignungsbeurteilung der Bewerber; Instrumenteneinsatz	Begleitung	

Unter *Determinanten der Personalbedarfsdeckung* sollen alle diejenigen Einflussgrößen verstanden werden, von deren Ausprägungen der Erfolg der Bemühungen zur Personalbeschaffung, -auswahl und zum -einsatz abhängt. Es sind dies vor allem:

- die Qualität der Informationen, die das Ergebnis der Personalbedarfsplanung ausmachen, nämlich über die *Bedarfskomponenten*:
  (1) Bedarfsquantität (Zahl der zu besetzenden Stellen),
  (2) Bedarfsqualität (die Anforderungen der Stellen),
  (3) Bedarfsterminierung und
  (4) Bedarfsorte
  (Auf sie ist oben (s. Teil 3, Kap. 1.5) bereits näher eingegangen worden);
- vom Betrieb aus mit dem Bedarfsdeckungsprozess verbundene *Ziele und Bedingungen*, die in der Regel auch ökonomische Konsequenzen betreffen, wie zum Beispiel die entstehenden Kosten der Personalbeschaffung und -auswahl, die es zu minimieren gilt;
- der *externe Arbeitsmarkt* beeinflusst Möglichkeiten und Erfolge der Personalbedarfsdeckung insofern, als er etwa durch die starke *Heterogenität* gesuchter und vermittelter Arbeitsleistungen, den Grad der *Mobilität* von Arbeitskräften u. a. m. die Auswahl von Beschaffungsmethoden und -instrumenten mit beeinflusst. Hinderlich ist dabei oft die geringe *Transparenz* des Arbeitsmarktes;
- *arbeitsrechtliche Regelungen* können oft einschneidende Restriktionen darstellen.

Determinanten

2.2 Personalbeschaffung

2.2.1 Methoden der Personalbeschaffung

2.2.1.1 Kategorien

> Unter Personalbeschaffung ist die Suche und Bereitstellung von Personalressourcen zu verstehen, die der Deckung von Personalbedarf (entweder Ersatz- oder Neubedarf) dient.

Betrieblicherseits wird versucht, potenzielle und qualifizierte Bewerber zu einer Bewerbung für im Betrieb vakante Positionen zu bewegen. Die Aufgabe – zumindest im engeren Sinne – ist dann beendet, wenn Bewerbungsunterlagen der zuständigen Stelle für die Personalauswahl zugehen. (In einem weiteren Sinne wird unter Personalbeschaffung auch die Personalauswahl verstanden. Dieser Sichtweise wird hier nicht gefolgt.) Die dabei anzuwendenden Methoden und Instrumente unterscheiden sich vor allem danach, ob sich ansprechbare Personalressourcen innerhalb oder aber außerhalb des Betriebs befinden.

Abb. 3-38

Interne und externe Personalbeschaffungsmethoden und -maßnahmen

Personalbeschaffung			
Interne Methoden		**Externe Methoden**	
Maßnahmen mit Änderung bestehender Arbeitsverhältnisse	**Maßnahmen ohne Änderung bestehender Arbeitsverhältnisse**	**Maßnahmen mit Abschluss neuer Verträge**	**Sonstige Maßnahmen**
dauerhaft: • Versetzung (aufgrund von Direktansprache oder innerbetrieblicher Stellenausschreibung) • Umschulungen • Übernahme von Auszubildenden • Umwandlung von Teilzeit- in Vollzeitarbeitsplätze bzw. befristeter in unbefristete Arbeitsverhältnisse	*dauerhaft:* • Erhöhung des Qualifikationsniveaus oder Veränderung der Qualifikation • Job Enrichment • Job Enlargement • Stellenclearing	*dauerhaft:* • Personalvermittler (Bundesagentur für Arbeit, Personalberater, Headhunter) Stellenanzeige • Kontakt- und Rekrutierungsmessen • Abwerbung • Nutzung von Direktkontakten (u. a. via Hochschul- und Schulmarketing) • Nutzung von Stellenbörsen, sozialen Netzwerken u. Ä.	*dauerhaft:* • Employer Branding: »Blindbewerbungen«
	temporär: • Überstunden • Sonderschichten • Urlaubsverschiebung	*temporär:* • Anwerbung von Aushilfskräften (befristete Arbeitsverhältnisse)	*temporär:* • Arbeitnehmerüberlassung (Personalleasing)

2.2 Personalbeschaffung

WISSENSWERTES

Internationale Arbeitsmärkte
Die Erweiterung der Fokusse der Personalbeschaffung auf internationale Arbeitsmärkte und die Anwerbung für heimische wie internationale Standorte ist eine weitere Komponente. Sie kann ergänzt oder auch alternativ ersetzt werden durch die Verlagerung von Arbeitstätigkeiten oder ganzer Arbeitsplätze in solche internationale Arbeitsmärkte, die besser jetzt und/oder später in der Lage sind, den spezifischen Arbeitskräftebedarf sowohl quantitativ als auch qualitativ zu decken.

In Abhängigkeit der Nutzung des betrieblichen oder überbetrieblichen Arbeitsmarktes lassen sich die Methoden der Personalbeschaffung, wie in Abbildung 3-38 dargestellt, unterscheiden.

Vorgehen

In der Praxis werden häufig Maßnahmen der Aktivierung internen und externen Beschaffungspotenzials
- *parallel* eingesetzt, um die vorhandenen Ressourcen voll auszuschöpfen und um Mitarbeiter mit dem Herausforderungscharakter einer Stellenbesetzung anzureizen bzw. auch
- *sukzessive* eingesetzt, etwa wenn nach Versetzungen Stellen frei werden, die intern nicht mehr zu besetzen sind.

2.2.1.2 Interne Personalbeschaffung

Eine *Besetzung vakanter Stellen aus den eigenen Reihen* kann entweder mit oder ohne Änderung bestehender Arbeitsverhältnisse einhergehen:
- Maßnahmen, bei denen sich das bisherige Beschäftigungsverhältnis – dauerhaft – ändert, sind beispielsweise Versetzungen, Umschulungen, die Übernahme von Auszubildenden oder die Umwandlung von Teilzeit- in Vollzeitarbeitsverträge bzw. befristete in unbefristete Arbeitsverhältnisse.
- Überstunden und Sonderschichten, Urlaubsverschiebungen oder die Erhöhung des Qualifikationsniveaus durch Personalentwicklung – als Maßnahmen zur Deckung eines temporären Bedarfs – halten dagegen an dem bestehenden Beschäftigungsverhältnis fest. Hierzu kann man auch Job Enrichment und Job Enlargement (s. Teil 3, Kap. 5.4.3.2) zählen, die beide letztlich durch die Übernahme zusätzlicher, von den Stelleninhabern ohne Überbelastung machbarer Aufgaben bestimmte Personalbedarfe decken helfen können. Stellenclearing ist hier ebenfalls eine mögliche Maßnahme.

Instrumente

Die *Maßnahmen einer internen Personalbeschaffung* können des Weiteren danach unterschieden werden, ob sie sich zur Deckung eines eher kurzfristigen, oft auch nur temporären oder eines eher mittel- bis langfristigen, dauerhaften Personalbedarfs eignen. Rasch umsetzbar sind in aller Regel Überstunden und Sonderschichten (sofern diese Maßnahmen noch nicht ausgenutzt wurden), mit Abstrichen auch Urlaubsverschiebungen. Sie lassen sich als temporäre Maßnahmen auch wieder nahezu problemlos zurücknehmen. Etwas verzögert bieten sich Änderungen bestehender Arbeitsverhältnisse an, die zwar gegebenenfalls nach einem Angebot des

2.2 Personalbedarfsdeckung
Personalbeschaffung

> **WISSENSWERTES**
>
> **Stellenclearing**
>
> Stellenclearing wird im Rahmen der internen Personalbeschaffung insbesondere zur Ordnung des kurzfristigen Personalbedarfs durchgeführt. Es erfolgt ein Informationsaustausch zwischen von Vakanzen betroffenen Abteilungsleitern (als Vorgesetzte der Arbeitsplatzinhaber) und Mitarbeitern der Personalabteilung, um offene Stellen und deren Anforderungen sowie gleichzeitig interne Deckungsmöglichkeiten durch zur Verfügung stehende, entsprechend qualifizierte Mitarbeiter abzustimmen.

Betriebs auch rasch umgesetzt werden können, in der Regel aber doch etwas Zeit erfordern (zumindest Umschulungen und die Übernahme von Auszubildenden am Ende deren Berufsausbildung). Die prinzipielle Möglichkeit, Teilzeit-Arbeitsverhältnisse in Vollzeitarbeitsplätze zu wandeln besteht ebenso. Jedoch bedarf dies zum einen des entsprechenden Wunsches der betroffenen Mitarbeiter sowie zum anderen der Notwendigkeit, dass der Bedarf genau an dieser Stelle besteht bzw. die ins Auge gefassten Mitarbeiter die benötigte Eignung aufweisen. Je nach qualitativem Personalbeschaffungsbedarf lassen sich via Personalentwicklung weitere »Beschaffungsmaßnahmen« umsetzen, und zwar in unterschiedlichem Tempo: Kenntnisse lassen sich rasch, Verhaltensweisen sukzessive vermitteln, damit die betroffenen Personen andere, aktuell vakante und zu besetzende Positionen bzw. entsprechende Aufgaben übernehmen können. Im Übrigen kann durch eine in der Personalentwicklung integrierte Karriere- oder Verwendungsplanung der Boden für rasche interne Beschaffungsmaßnahmen gut vorbereitet werden. Recht flexibel können personelle Engpässe auch durch entwicklungsfähige Mitarbeiter aufgefangen werden, die sich entweder aus eigenem Antrieb auf offene Stellen bewerben oder auf Vorschlag durch direkte oder andere Vorgesetzte (Beförderungsvorschläge) für die zu besetzende Stelle in Frage kommen. Dies wird weiterhin unter Karriereplanung thematisiert (s. Teil 3, Kap. 5.3.3.4).

Innerbetriebliche Stellenausschreibung

Eine Sonderform der internen Personalbeschaffung stellen die *innerbetrieblichen Stellenausschreibungen* dar. Sie dienen der direkten Gewinnung von Stellenanwärtern aus den eigenen Reihen und der Information über das innerbetriebliche Beschaffungspotenzial (u. a. mitbestimmt und veränderbar durch Karrierewünsche von Mitarbeitern). Sie können vom Betriebsrat verlangt werden (§ 93 BetrVG), der bei Unterlassen die Zustimmung zur Einstellung externer Bewerber unter Umständen verweigern kann. Innerbetriebliche Stellenausschreibungen enthalten Beschreibungen der vakanten Stellen und ihrer Anforderungen und werden der Belegschaft durch Anschlag am »Schwarzen Brett«, Anzeige in der Werkszeitung, im Intranet und/oder in anderer geeigneter Form bekannt gemacht. Zeitgleich steht es dem Betrieb allerdings frei, auch andere Beschaffungsinstrumente einzusetzen – es sei denn, einschlägige Betriebsvereinbarungen sehen etwas anderes (bspw. eine Karenzzeit von vier Wochen) vor.

2.2 Personalbeschaffung

WISSENSWERTES

Betriebsblindheit

Betriebsblindheit ist ein Ausdruck dafür, dass Mitarbeiter sich in bestimmten Situationen gewohnheitsmäßig verhalten, obwohl sich beispielsweise die Ausgangsbedingungen für die ursprünglich effiziente Verhaltensweise geändert haben oder sie keine andere Vorgehensweise aufgrund ihrer begrenzten Berufserfahrung ausschließlich oder langzeitig im derzeitigen Betrieb kennen. Dies trifft umso mehr zu, als man in der Vergangenheit immer wieder zumindest zufriedenstellend die angestrebten Ziele erreicht hat. Oft wird dies als nachteilig angesehen, weil dadurch eine Art »Blindheit« vor Veränderungen im Umfeld, denen man innovativ begegnen müsste, angenommen wird. In Betrieben hat man die Möglichkeit, die Betriebsblindheit vor allem durch regelmäßige Versetzungen, externe Fortbildungen und externe Personalbeschaffung zu reduzieren.

Innerbetriebliche Stellenausschreibungen bringen einige Voraussetzungen und *Probleme* mit sich:

Probleme

- Sinnvoll sind sie überhaupt nur, wenn genügend geeignete interne Bewerber zu erwarten sind; andernfalls verlängern sie den Prozess der Personalbeschaffung.
- Es ergeben sich häufig Differenzen zwischen dem Arbeitgeber und dem Betriebsrat darüber, welche Positionen intern ausgeschrieben werden sollen.
- Zwar erhöhen innerbetriebliche Stellenausschreibungen die Transparenz des internen Arbeitsmarktes, jedoch sind sowohl die bisweilen erwünschte – wenigstens temporäre – Geheimhaltung der Vakanz bzw. Besetzung einer Stelle wie auch die Vertraulichkeit von Bewerbungen erschwert. Manche Vorgesetzte »schätzen« es beispielsweise nicht, dass sich ihre Untergebenen »ohne ihr Einverständnis« auf andere interne Stellen (gar in anderen Bereichen des Betriebs) bewerben. Im Falle einer erfolglosen Bewerbung sind dann Nachteile für die »Undankbaren« möglich.
- Der Betrieb ist rechtlich übrigens nur dann verpflichtet, – bei der späteren Auswahlentscheidung – interne Bewerber externen vorzuziehen, wenn das Eignungsniveau der beiden gleich ist. Sind Externe geeigneter, dann ist problemlos eine Besetzung von außen möglich. In öffentlich-rechtlichen Betrieben bezieht sich die Eignung dabei recht stark auf die formalen Qualifikationen, wenn ansonsten die im Auswahlverfahren insgesamt erhobenen Qualifikationen Grundlage der Bewertung und des Vergleichs sind. Allerdings: Spielräume beim Vergleich sind prinzipiell gegeben und nutzbar.
- Das »Recht« eines Vorgesetzten, Mitarbeiter (u. U. auch Nachfolger) vorzuschlagen, kann so indirekt beschnitten werden.

Als Vorteile lassen sich demgegenüber die eingesparten Kosten einer externen Suche, die prinzipiell schnellere Besetzungsmöglichkeit sowie die verkürzten Einarbeitungszeiten anführen. Allerdings hinterlassen sie auch wieder Vakanzen, teilweise sogar eine Vakanzenkette (bei mehreren internen Besetzungen infolge einer Vakanz an der Hierarchiespitze).

Vorteile

2.2.1.3 Externe Personalbeschaffung

Die externen Beschaffungsalternativen dienen einem zweifachen *Zweck*:
- zum einen sollen sie die kurz- bis mittelfristige Deckung des aktuellen, gegebenenfalls auch nur temporären Bedarfs an Mitarbeitern sowie
- zum anderen aber auch ein langfristiges Erschließen externer Mitarbeiterpotenziale ermöglichen.

Während die Verfolgung des ersten Zwecks mit einem werbetechnisch gestützten »Verkaufen« der Vorteile des Arbeitsplatzes einhergeht (gezielte Personal(an)werbung, Bewerberansprache) ist der zweite Zweck weiter gefasst: Mit Blick nicht nur auf den aktuellen, sondern auch den künftigen Personalbedarf betreibt ein Betrieb qualifizierte externe Personalbeschaffung im Sinne eines »Personalmarketing« und eines »Employer Brandings« (s. Teil 3, Kap. 2.2.2).

Beschaffungswege und -instrumente

Einsatz einer Personalvermittlung

Verschiedene Beschaffungsmaßnahmen bei der externen Rekrutierung bieten sich an. Zunächst kann der Betrieb sich der Hilfe anderer Dienstleister bedienen, staatlicher wie privater, um Bewerbungen für vakante Positionen zu erhalten. Verschie-

---

ZUR VERTIEFUNG

Anonyme Bewerbungen

Manchmal wird zur Vermeidung bewusster wie unbewusster Diskriminierung bei der Personalauswahl gefordert, nur anonyme Bewerbungen zuzulassen. Statt umfangreiche Bewerbungsunterlagen mit vielfältigen Informationen zu Alter, Geschlecht, Herkunft u. a. wird stattdessen ein standardisierter Bewerbungsbogen eingesetzt, der – zumindest im ersten Schritt einer Bewerbung – nur Informationen über die beruflichen, stellenbezogenen Qualifikationen der Bewerber erfasst. Die Informationen dieses Bogens fundieren dann die Entscheidung zu einer (Nicht-)Einladung zu einem Auswahlgespräch – ohne das die genannten Merkmale irgendeine Wirkung zeitigen konnten. Mit Start dieses Gesprächs endet natürlich die Anonymität. Bis dahin sollen Vorurteile, die vor allem durch Fotos, Geschlecht, Name und/oder Altersangabe ausgelöst werden, systematisch unterbunden werden.
Ein Pilotprojekt der Antidiskriminierungsstelle des Bundes (http://www.antidiskriminierungsstelle.de/DE/ThemenUndForschung/Projekte/anonymisierte_bewerbungen/das_pilotprojekt/anonymisierte_bewerbungen_node.html [letzter Abruf: 12.03.2016]) untersuchte in acht Betrieben insgesamt 246 anonyme Personalbeschaffungs- und -auswahlprozesse mit circa 8.500 Bewerbern. Die Studienauswertung ergab: Das anonyme Verfahren hilft vor allem jüngeren Frauen und Migranten zu Vorstellungsgesprächen *eingeladen* zu werden – so die Quintessenz der (allerdings nicht repräsentativen) Studie.
Für interessierte Betriebe werden zum Download durch die Antidiskriminierungsstelle verschiedene Unterlagen zum Einsatz der anonymen Bewerbung bereitgestellt.
Es erscheint aus Personalsicht sinnvoll, Rekruter (und die sie beschäftigenden Betriebe) vor ihren eigenen unreflektierten Vorurteilen zu schützen. Eine anonyme Bewerbung kann dazu beitragen – bis zum Vorstellungsgespräch. Eine gewollte Diskriminierung kann mit ihr, zumindest bei der letztendlichen Auswahlentscheidung, nicht ausgeschlossen werden – sei es aus rechtlich oder ethisch unzulässigem Grund oder auch durch die sinnvolle Schaffung einer Vielfalt in der Mitarbeiterschaft (»Diversity Management«). Problematisch erscheint aus Auswahlsicht, dass Bewerbungsunterlagen standardisiert werden und so die Möglichkeit, individuell gestaltete Bewerbungs- respektive Motivationsschreiben einzureichen, stark eingeschränkt wird. Gerade Letzteres ermöglicht viele Einblicke in Eignungsfacetten der Bewerber.
Alternativ zu (teil-)anonymen Bewerbungen könnten Schulungsmaßnahmen für die Rekruter verwendet werden, um verdeckte wie offene Diskriminierungen auf eine andere Art und Weise zu verhindern.

2.2 Personalbeschaffung

dene, unterschiedlich in ihrem Leistungsangebot ausgerichtete Dienstleister bieten sich zur *Personal-* bzw. *Arbeitsvermittlung* an. Durch einen direkte(re)n Zugang zum externen Beschaffungspotenzial und entsprechender spezifischer Kenntnisse können sie den Beschaffungsprozess beschleunigen und/oder erleichtern. Solche Institutionen sind v. a.:

- *Arbeitsämter*: Innerhalb der Bundesagentur für Arbeit (www.arbeitsagentur.de) sowie ihrer regionalen Arbeitsagenturen und Jobzentren übernimmt die Zentralstelle Auslands- und Fachvermittlung (ZAV) in Frankfurt/M. besondere Beratungs- und Vermittlungsaufgaben zur Besetzung von Positionen der obersten und oberen Leitungsebene und zwar weltweit.
- *Private Arbeitsvermittler*: Dienstleister, die Betriebe im Rahmen konkreter Beratungsaufträge bei der Suche und Auswahl von Arbeitskräften gewerbsmäßig unterstützen, unterliegen einer Zulassung durch das zuständige Landesarbeitsamt. Sie bieten ähnliche Dienste wie die Arbeitsagenturen an und sind meist regional ausgerichtet. In 1994 fiel das Vermittlungsmonopol der damaligen Bundesanstalt für Arbeit, in 2002 auch die Erlaubnispflicht. Seit dieser Zeit ist die private Arbeitsvermittlung ein erlaubtes freies Gewerbe.

Private Arbeitsvermittlungsdienste werden v. a. durch *Personalberatungen* angeboten, deren Leistungsbreite insgesamt wie folgt aussieht:

Personalberatung

- Analyse der zu besetzenden Position: Aufgabenstellung, Anforderungen, organisatorische Einordnung, sachliches und personelles Umfeld;
- Formulierungen von Anzeigentexten, in denen der Auftraggeber oft nicht genannt wird. Der Personalberater inseriert unter seinem Namen (gleichzeitig indirekte Eigenwerbung) oder unter Chiffre;
- auftragsbezogene »direct oder executive search« (sog. »Head Hunting«; s. u.), durch direkte Ansprache potenzieller Kandidaten nicht mehr nur auf der Ebene des Top-Management, sondern auch auf der zweiten und dritten Führungsebene sowie für sog. Spezialisten;
- Gegenüberstellung und Bewertung der eingegangenen Bewerbungsunterlagen, Besprechung der Ergebnisse mit dem Auftraggeber;
- Durchführung der Grobselektion;
- Einholung von Auskünften und Referenzen;
- umfassende Beurteilung, Auswahl eines engeren Kreises ernsthaft in Frage kommender Bewerber;
- Mitwirkung bei der Vorstellung beim Auftraggeber;

TERMINOLOGIE

Job-Nomaden

Mit Job-Nomaden sind Arbeitnehmer gemeint, die bei der Arbeitsplatzsuche und/oder ihrer Karriereforderung freiwillig (ggf. auch unfreiwillig) mehrfach ein hohes Maß vor allem an örtlicher Mobilität gezeigt haben. Dies kann man aus der Sicht eines Arbeitgebers sowohl positiv als auch negativ werten.

2.2 Personalbedarfsdeckung
Personalbeschaffung

> **WISSENSWERTES**
>
> **eHilfen: Karriereseiten etc.**
>
> Mit Hilfe elektronischer Kommunikationsmedien wird auch potenziellen Bewerbern einiges angeboten, um sich nicht nur über interessante Arbeitgeber zu informieren, sondern sich selbst auch allgemein über seine Interessen und Stärken zu informieren, Netzwerke aufzubauen u. Ä. Solche Seiten wie beispielsweise »careerloft« für Studierende, »blicksta« für Schüler und HR-Blogs helfen den Betroffenen.

▸ Beratung bei der Auswahlentscheidung, eventuell auch bei der Gestaltung von Arbeitsverträgen.

> Eigentlich drückt das Wort »Personalberatung« mehr aus als lediglich eine Hilfestellung beim Rekrutierungsprozess. Es hat sich jedoch eingebürgert, bei solchen Dienstleistungen (also der Hilfestellung im Personalbeschaffungs- und -auswahlprozess) generell von Personalberatung zu sprechen. Dies schließt nicht aus, dass andere Institutionen unter dem gleichen Begriff auch noch weitere Beratungsangebote fassen.

Nutzen

Somit reichen die Leistungsangebote von Personalberatern oft über den eigentlichen Vorgang der Personalbeschaffung im engeren Sinne hinaus und umfassen auch eine Mitwirkung bei der Personalauswahl. Die Gründe ihrer Inanspruchnahme sind verschieden: Wunsch nach Diskretion und Anonymität des Personal suchenden Betriebs – besonders bei Spitzenpositionen – unzureichende Kapazitäten der eigenen Personalabteilung (Arbeitsentlastung), Erwartung größerer Erfolgschancen durch Nutzung der spezifischen Informationen und Beziehungen sowie eine unterstellte Neutralität und Unvoreingenommenheit des Personalberaters. Allerdings ist angesichts recht hoher Kosten und eventuell mangelnder Kenntnisse externer Berater bezüglich betriebsinterner Gegebenheiten auch das Wider ins Kalkül zu ziehen.

Im Rahmen der *Anwerbung* (direkte Personalwerbung) kann sich ein Betrieb verschiedener Suchmedien bedienen. Praktisch in Anspruch genommen werden vor allem:

▸ *Inserate* (= Stellenanzeigen) in Zeitungen und Zeitschriften (regional/überregional; Fachpublikationen) oder anderen Werbeträgern (z. B. Informationsbroschü-

> **TERMINOLOGIE**
>
> **Head Hunting**
>
> Beim Head Hunting handelt es sich um eine besondere Form der Personalbeschaffung vor allem durch Personalberatungen, die insbesondere für die Suche nach höherrangigen Managern und Spezialisten im Auftrag eines Betriebs eingesetzt wird. Auftragsbezogen werden durch die Berater mögliche Bewerber direkt – persönlich wie telefonisch – angesprochen und eventuell dem Mitarbeiter suchenden Betrieb für dessen Personalauswahl vorgeschlagen (vgl. Hofmann/Steppan, 2010).

2.2 Personalbeschaffung

ren, Plakate) dienen der spezifischen Ansprache potenzieller Bewerber. Sie sollten zielgruppenspezifisch platziert werden.
▸ Des Weiteren kann man bestehende oder herzustellende *Kontakte* zu Institutionen, die über Personalpotenziale verfügen bzw. zu Aspiranten Zugang besitzen nutzen:
- Berufs-, Fach-, Hochschulen (»Campus Rekruting«, »College Recruiting«; s. u.). Gerade das betriebliche *Hochschulmarketing* hat sich durch die unterschiedlichsten Formen der Kontaktaufnahme als attraktive Beschaffungsquelle direkter und indirekter Anwerbung erwiesen: Fachvorträge an Hochschulen, Anzeigen in Hochschulpublikationen, Schenkungen an Hochschulen, Einladungen von Studenten und Lehrpersonal zu Betriebsbesichtigungen, Unterstützung von Dissertationen und Abschlussarbeiten, Bereitstellen von Praktikantenplätzen, Broschüren über den Personal suchenden Betrieb: Betätigungsfeld, Ziele, Aufstiegschancen etc.
- Auch ein betriebliches *Schul- und Ausbildungsmarketing* wird hier zunehmend – in Anbetracht des demografischen Wandels – eingesetzt. In diesem Rahmen gilt es, Kontakte zu regionalen Schulen, Lehrern und Schülern zu intensivieren, um letztlich geeignete Schulabgänger für eine Bewerbung auf einen Ausbildungsplatz oder einen Platz im dualen Hochschulstudium zu gewinnen.
- Im Fokus der Suche können auch Betriebe stehen, die Personal mit gesuchter Qualifikation beschäftigen. Diese Form der Anwerbung wird auch »*Abwerbung*« genannt. Sie gilt in Deutschland zumeist als wenig seriös und wird zum Beispiel durch unter Umständen stillschweigende Übereinkünfte zwischen (örtlich benachbarten) Betrieben, sich Arbeitskräfte gegenseitig nicht aktiv abzuwerben, und durch gesetzliche Wettbewerbsverbote für bestimmte Berufsgruppen (vgl. §§ 74ff. HGB) zu vermindern gesucht. Dennoch stellt sie oft den »letzten Versuch« der Personalbeschaffung dar: vor allem bei großer

Campus Rekruting

Abwerbung

ZUR VERTIEFUNG

Abwerbung

Unter Abwerbung wird der (geglückte) Versuch verstanden, Mitarbeiter anderer Betriebe (auch von direkten Konkurrenten am Absatzmarkt) gezielt und systematisch anzusprechen und als Arbeitnehmer für den eigenen Betrieb zu gewinnen. Dies kann durch eigene Mitarbeiter wie auch durch Head-Hunter geschehen. Die Abwerbung von Mitarbeitern anderer Betriebe ist – entgegen manchen Alltagsmeinungen – grundsätzlich zulässig. Sie ist ein erlaubtes Mittel im freien Wettbewerb.

Lediglich unter bestimmten Umständen ist eine Abwerbung rechtlich nicht zulässig (Verstoß gegen §§ 1ff. UWG/ Gesetze gegen unlauteren Wettbewerb). Dies ist dann der Fall, wenn die Abwerbung einen verwerflichen Zweck verfolgt (Bsp.: beabsichtigte Behinderung und Ausbeutung des Konkurrenten durch Abwerbung eines Mitarbeiters, für den der Betrieb eigentlich keinen Personalbedarf hat) und/oder sie mit verwerflichen Methoden oder Mitteln (Bsp.: Verleitung zum Vertragsbruch oder zum Bruch eines nachvertraglichen Wettbewerbsverbots, Androhen von Nachteilen, Anbieten sachfremder Lockmittel, Prämienangebote für weitere Abwerbungen, Ansprache direkt im Konkurrenzbetrieb – von der ersten kurzen Kontaktaufnahme abgesehen) umgesetzt wird. Gestattet sind allerdings Angebote besserer Arbeitsbedingungen und höheren Entgelts sowie die Veranlassung einer ordnungsgemäßen Vertragsauflösung. Da die Abwerbung weder gezielt und umfassend rechtlich geregelt ist, ist sie weitgehend in ihrer Zulässigkeit der Rechtsprechung überlassen (vgl. Joppich, 2012; Meurer, 2012).

2.2 Personalbedarfsdeckung
Personalbeschaffung

Knappheit an speziell qualifizierten Arbeitskräften, die durchaus auch bei hoher Arbeitslosenquote bestehen kann. Sie können durch den Betrieb selbst oder über Mittler vorgenommen werden.
- Nutzen kann der Betrieb als Quelle zur Gewinnung von potenziellen Stelleninteressierten auch *Mitarbeiter*, die Zugang zu Personen mit den gesuchten Qualifikationen (z. B. Familienangehörige) haben, und prinzipiell als Mittler der Informationen dienen können.
- Oft eingesetzt wird auch die Präsenz bei Industriemessen und/oder speziellen *Rekrutierungsveranstaltungen* (Kontakt- und Rekrutierungsmessen wie z. B. dem Deutschen Absolventen-Kongress in Köln).

▸ Als Alternative zu Stellenanzeigen in den konventionellen Printmedien werden zunehmend auch das *Inter- bzw. Intranet* und *soziale Medien* genutzt.

Nutzung des Internets

Die seit Mitte der 1990er-Jahre stetig zunehmende Nutzung des *Internets als Stellenbörse* nimmt eine Zwitterstellung zwischen Arbeitsvermittlung und Anwerbung ein. Hier lassen sich vier Gruppen von Jobanbietern unterscheiden:
▸ kommerzielle Stellenanbieter (Internet- und Personalmarketing-Agenturen),
▸ nicht-kommerzielle Stellenanbieter (öffentliche Institutionen wie Verbände, Behörden und Hochschulen),
▸ Tageszeitungs- und Zeitschriftenverlage, die z. T. für die von ihnen veröffentlichten Stellenanzeigen eine Parallelschaltung in einem eigenen Online-Stellenmarkt anbieten und
▸ Betriebe mit eigenen Jobportalen.

Jobbörsen

Im Gegensatz zu den beiden letztgenannten, die im Wesentlichen nur eine andere Form der Platzierung von Stellenangeboten bieten, fungieren die beiden ersten Anbieter als regelrechte *Jobbörsen*. Der Kern ihrer Dienstleistung liegt in der Gestaltung und Pflege von Datenbanken mit aktuellen Stellengesuchen und Stellenangeboten. Individuell aufbereitete Informationen und nach Schlagworten geordnete Anzeigen – z. T. verbunden mit umfangreichen Betriebsportraits oder Links auf die jeweilige Betriebshomepage – erleichtern eine Vorselektion (s. Abb. 3-39).

> Differenzieren kann man in *allgemeine Jobbörsen*, in *Jobbörsen für SAY* (Studierende, junge Absolventen und Young Professionals) und in *Jobbörsen für spezifische Berufsgruppen* (teilweise spezielle Bereiche der genannten anderen Börsen aber auch bspw. von Die Zeit für Hochschulen und Hotelcareer für die Hotelbranche) (vgl. http://www.deutschlandsbestejobportale.de; http://www.berufszentrum.de/artikel_0804.html [letzter Abruf: 07.04.2016]). Manche Anbieter bieten neben einer Kontaktaufnahme auch Mithilfe am Rekrutierungsprozess an und schließen so die Lücke zwischen Anwerbung und Arbeitsvermittlung.

Das Internet als Stellenbörse zu nutzen ist vor allem durch seine Aktualität und Schnelligkeit sowie die vergleichsweise kostengünstige globale Verbreitung attraktiv.

2.2 Personalbeschaffung

Abb. 3-39

Überblick über Jobbörsen (Auswahl)

Allgemeine Jobbörsen

Stepstone	Jobbörse für Berufseinsteiger und erfahrene Fachkräfte; 1996 gegründet
Jobware	Jobbörse für Fach- und Führungskräfte; 1996 gegründet
Kalaydo	Marktplatz auch für Jobs; 2006 gestartet
Jobcluster	Jobbörse mit Livesuche für Fach- und Führungskräfte (Bewerbern), Schüler und Schülerinnen (Berufseinsteiger); 2009 gegründet
Stellenanzeigen.de	Online-Karriereportal; 1995 gegründet
MeineStadt	neben Jobofferten auch Stadtinformationen u. a.; 1996 gegründet
Xing	als soziales Netzwerk für berufliche Kontakte bietet einen Stellenmarkt (auch für Nicht-Nutzer) an; 2003 gegründet
Süddeutsche Zeitung	Online-Stellenmarkt der Süddeutschen Zeitung
FAZjob.net	Online-Stellenmarkt der FAZ
LinkedIn	als Berufsnetzwerk gegründet, bietet auch Nicht-Mitgliedern Zugang u. a. zu Stellenofferten; gegründet 2002

Jobbörsen für SAY (Studenten, Absolventen, Young Professionals)

Staufenbiel	https://www.staufenbiel.de/startseite.html
Absolventa	https://www.absolventa.de/
UNICUM Karrierezentrum	http://karriere.unicum.de/
Xing	https://www.xing.com/jobs/
LinkedIn	https://de.linkedin.com/

Jobbörsen für Wirtschaftswissenschaftler

Kimeta	http://www.kimeta.de/
Indeed.de	http://de.indeed.com/
Hotelcareer	http://www.hotelcareer.de/
Staufenbiel	https://www.staufenbiel.de/startseite.html
UNICUM Karrierezentrum	http://karriere.unicum.de/

E-Recruiting (E-Rekrutierung, E-Rekruting) ist ein Ausdruck für die Unterstützung der Personalbeschaffung (und teilweise auch der Personalvorauswahl) durch den Einsatz informationstechnisch unterstützter Verfahren, computergestützter Instrumente sowie verschiedener Social-Media-Tools. Im Wesentlichen handelt es sich um

E-Rekrutierung und soziale »Medien«

2.2 Personalbedarfsdeckung
Personalbeschaffung

Personalbeschaffung via Internet. Als zentrale Kanäle der Gewinnung werden Stellenbörsen, die betriebliche Karriere-Web-Seite sowie die verschiedenen Social Media verstanden. Darüber hinaus wird heute vielfach schon die digitale Bewerbung erwartet und damit auch die Personalauswahl verändert. Mit der zunehmenden Verfügbarkeit des Internets auf mobilen Geräten, wie Smartphones oder Tablets, gehören verschiedenartigste Anwendungen, Informationsportale und Netzwerke zu den ständigen Begleitern potenzieller Bewerber. Permanenter Austausch und Aktivität im Web 2.0 sind somit fast dauerhaft verfügbar und nehmen auch in Hinblick auf die Rekrutierung neuer Mitarbeiter zunehmend Einfluss auf die Veränderung gerade bei der Personalbeschaffung (vgl. Böhm/Niklas, 2012, S. 118; vgl. Bitkom, 2011).

Ein reger elektronischer Austausch zwischen potenziellen Mitarbeitern und dem Betrieb ist einer der Wege, das Internet für die Rekrutierung zu nutzen. Gerade für die vielen Bewerber, die sich über die betrieblichen Internetseiten informieren, liegt es nahe, dort – beispielsweise bei der Online-Stellenanzeige – ein computergestütztes eignungsdiagnostisches Tool zur Bewerbervorauswahl oder zum Self-Assessment anzubieten sowie in Folge auch ein elektronisches Bewerbermanagement. So können gleichzeitig Bewerbungen angeregt, kanalisiert, angenommen und auch – einheitlich – verarbeitet werden. Manche E-Tools gehen dabei noch weiter; sie bieten Hilfestellungen bei der Entwicklung von Qualifikationskriterien, der Veröffentlichung von Stellenanzeigen, der Integration von natürlich computergestützt generierten wie ausgewerteten Testverfahren u. a. an.

Rekrutierungstrends zeigen, dass Betriebe in den letzten Jahren bei der Personalbeschaffung und auch der Personalauswahl häufig auf das Internet und spezielle Rekrutingsoftware (an der Grenze zwischen Personalmarketing und Personal/vor/auswahl) zurückgreifen. Zum einen versprechen sie sich dabei eine zielgruppenadäquatere Ansprache sowie zum zweiten einen effizienteren Personalbedarfsdeckungsprozess. Inwieweit damit auch die Qualität von Personalbeschaffung und Personalauswahl beeinflusst wird, bedarf sicher einer spezifischen Betrachtung.

Potenzielle *Aufgabenbereiche eines E-Rekrutings* sind (vgl. Strohmeier/Bondarouk/Konradt, 2012; Laumer/Eckhardt/Weitzel, 2012; Holm, 2012; Böhm/Niklas, 2012):

- Stellenanzeigen am Online-Stellenmarkt von allgemeinen wie speziellen Jobbörsen sowie die Nutzung von Such-Tools (gezieltes und kostengünstiges Kontaktieren von Personen),
- »*Mobile Recruiting*« (Kontaktaufnahme mit potenziellen Kandidaten über Mobiltelefone, Blackberrys, iPads u. a.),
- Nutzung der *Social Media* (Soziale Netze) zum einen, um potenzielle Bewerber auf die Stellenangebote aufmerksam zu machen, zum anderen zur Direktsuche potenziell infrage kommender Personen,
- Gestaltung der *Karriere-Webseite* des Betriebs unter Marketingaspekten (ansprechendes Corporate Design; Angebote an zielgruppenspezifischen Informationen; Stellenangebote; Aufforderung zu Blindbewerbungen; Nutzung von Blogs; Kontaktmöglichkeiten),
- Angebot von *Online-Bewerbungsformularen*, die unmittelbar auf den betrieblichen Webseiten und/oder den Seiten der Jobbörsen ausgefüllt werden,

2.2 Personalbeschaffung

- *E-Assessment* (synonym: Online-Assessment; psychologische und andere Eignungstests im Internet zur Selbstselektion wie Vorauswahl – mit sehr unterschiedlichen Meinungen zur Aussagekraft; teilweise auf spielerischer Basis als Recruitainment, vgl. Diercks/Kupka, 2014),
- *Recruiting Games* (Online-Spiele auf der Homepage für Bewerber oder Interessierte; dienen der Imagesteigerung und der Informationsweitergabe an Bewerber, aber auch der Informationsgewinnung durch die Spielergebnisse),
- Angebot von *Video-Podcasts* (filmische Darstellung von Betrieb, Arbeitsplatz und/oder Kollegen vielfach in authentischen Umfeldern) im Rahmen des Personalmarketings und Employer Brandings,
- Abbildung des gesamten internen Informations- und Kommunikationsprozesses von der Stellenausschreibung bis zur Entscheidung (*Bewerbermanagementsysteme*).

Warum wählen Betriebe diesen Weg? Zum Ersten wird durch entsprechende Angebote ein verändertes Suchverhalten potenzieller Bewerber akzeptiert. Damit verbunden sind eine tägliche, 24-stündige Ansprechbereitschaft des suchenden Betriebs sowie eine weltweite Verbreitung nicht nur am Tag einer Stellenanzeige. Zum Zweiten erhoffen Betriebe sich gerade bei vielen Bewerbungen ein kostengünstigeres Bewerbermanagement, insbesondere dann, wenn die genannten weiteren Bausteine genutzt werden. Zum Dritten ist möglicherweise eine zielgruppenadäquatere Ansprache möglich. E-Rekruting sollte allerdings *nicht* die alleinige Form der Personalbeschaffung sein: Es gibt auch noch »traditionelle Bewerber«, papierene Bewer-

ZUR VERTIEFUNG

Social Media im E-Rekruting

Abbildung 3-40 skizziert die üblichen Social Media (vgl. Büttgen/Kissel, 2013; Dannhäuser, 2015; Bürge, 2016, S. 40 ff.). Nahezu alle genannten Plattformen sind dabei miteinander verknüpfbar und auch mobil über ein Smartphone oder Tablet abrufbar. Die Ansichten über ihre sinnvolle Verwendung gehen auseinander. Bei manchen besteht gerade zu ein Hype über ihre Nutzung, andere sehen keine Ernsthaftigkeit dahinter.

Abb. 3-40a

Überblick über Social-Media-Plattformen im E-Rekruting (Auswahl)

Facebook	Bei Facebook handelt es sich um ein soziales Netzwerk als browserbasierte Plattform im Internet, die es den Nutzern ermöglicht, eigene Profile anzulegen und darüber in Kontakt mit anderen Nutzern zu treten. Die Relevanz steigt mit dem Grad der Vernetzung, welche in Anbetracht der Zeit- und Ortsunabhängigkeit stetig steigt. Facebook verfügt über mehr als 28 Mio. Nutzer (Stand 23.08.2016). Im Rahmen der Rekrutierung wird es neben einer Informationsmöglichkeit vor allem zur Steigerung der Bekanntheit durch die Präsenz genutzt und im Idealfall auch zur Verbesserung des Images und somit zu einer erhöhten Bewerberzahl. Die Schnelllebigkeit dieser Netzwerke und die Gefahr, durch Kommentare der Nutzer ein ungewünschtes Image aufzubauen, stellt in diesem Zusammenhang eine Herausforderung für die Unternehmung dar (vgl. Bernauer et al., 2011, S. 50 ff.).

2.2 Personalbedarfsdeckung
Personalbeschaffung

Abb. 3-40b

Überblick über Social-Media-Plattformen im E-Rekruting (Auswahl) – Fortsetzung

XING	XING ist ein soziales Netzwerk für berufliche Kontakte und wird daher auch als Business-Netzwerk bezeichnet. Etwa 9 Mio. Mitglieder weltweit nutzen die Plattform für Geschäft, Job und Karriere (Stand: 23.08.2016). Die Mitglieder haben die Möglichkeit, ein persönliches Profil zu erstellen, welches den eigenen Lebenslauf, besondere Qualifikationen und auch Stellengesuche beinhalten kann. Betriebe haben zudem durch den Erwerb sog. »Rekruter-Accounts« Zugriff auf erweiterte Funktionen, um potenzielle neue Mitarbeiter und Kandidaten zu finden oder gezielt auf Vakanzen aufmerksam zu machen. Allgemeine Informationen zum Betrieb, ebenso wie offene Stellenangebote sind auf den betriebseigenen Profilen zu finden und ermöglichen die aktive Kontaktaufnahme durch den Bewerber. Das Netzwerk stellt somit einen weiteren virtuellen Weg der Rekrutierung dar, der durch die Interaktion zwischen Bewerber bzw. Interessent und Betrieb gekennzeichnet ist.
Twitter	Twitter gehört zu den Micro Blogs respektive Weblogs. Dies sind offene Seiten, die Gedanken, Informationen und Neuigkeiten der Verfasser, demnach auch eines mit agierenden Betriebs, festhalten und veröffentlichen. Der Zusatz »Micro« bezieht sich auf die Beschränkung von meistens 140 Zeichen pro Nachricht. Die Verbreitung der Informationen in Echtzeit bietet den Nutzen, aktuelle Informationen schnell mit Menschen zu teilen, die sich für den Betrieb u. a. als potenziellen neuen Arbeitgeber interessieren. Darüber hinaus verbreitet sich die Nachricht durch Verweise in anderen Blogs und anderweitige Vernetzung rasant und führt mit steigender Verbreitung zu vermehrten Treffern bei Suchmaschinen wie Google. Potenzielle Bewerber werden so auf diversen Wegen auf die betriebseigene Homepage oder relevante Blogs geleitet. Ein aktiver Austausch zwischen dem Benutzer und dem Betrieb wird angeregt, was eine Vertrauenssteigerung und eine erleichterte Informationsweitergabe bewirken kann, die wiederum bei der Rekrutierung genutzt werden (vgl. Bernauer et al., 2011, S. 71 ff.).
LinkedIn	Bei LinkedIn handelt es sich um ein internationales Business-Netzwerk, das von über 450 Mio. Fach- und Führungskräften genutzt wird, um Informationen, Ideen sowie Karriere- und Geschäftschancen auszutauschen. Im deutschsprachigen Raum liegt die Mitgliederzahl bei ca. 8 Mio. Benutzern (Stand: 23.08.2016). In einem speziellen Bereich »Talent Solutions« wird Betrieben die Möglichkeit geboten, Stellenanzeigen zu veröffentlichen und über eine Rekrutingfunktion aktiv nach passenden Kandidaten zu suchen. Die direkte, gezielte Ansprache und Kontaktaufnahme ist somit für einzelne, spezifische Stellen möglich und stellt einen interaktiven Kanal zur Gewinnung neuer Mitarbeiter dar.
Youtube	Zahlreiche Betriebe nutzen die Videoplattform Youtube, um mit Imagefilmen oder Erfahrungsberichten aktueller Mitarbeiter die Aufmerksamkeit in das Blickfeld potenzieller Bewerber zu rücken. Konkrete Stellenangebote sind vor allem für Ausbildungsberufe und duale Studiengänge zu finden. Spezialisierte oder einzelne aktuelle Stellen finden sich über diesen Kanal in der Regel nicht. Eine Interaktion zwischen Betrieb und Nutzer ist über diese Plattform nur sehr eingeschränkt, über eine Kommentarfunktion zu einzelnen Videos, realisierbar. Eine einfache und unverbindliche Erreichbarkeit der Inhalte ist jedoch vorteilhaft für den Betrieb (siehe exemplarisch die Kanäle der Firmen Beiersdorf, Weidmüller, Deutsche Post; vgl. Bernauer et al., 2011, S. 85).

bungen bieten zudem noch andere Informationspotenziale als elektronische. Bei den mannigfaltigen Möglichkeiten, die das (mobile) Internet bietet, werden in Zukunft weitere Wege der elektronischen Rekrutierung zu erwarten sein.

Blindbewerbungen

Überall wird dabei versucht potenzielle Bewerber zu gewinnen. Nutzen können als attraktiv geltende Arbeitgeber auch die ihnen vorliegenden »*Blindbewerbungen*« (synonym: Initiativbewerbungen), also die Bewerbungsunterlagen, die ohne eine vorherige Stellenausschreibung von Interessenten quasi »einfach so« eingereicht wurden. Sie sind zwar in der Regel nur eingeschränkt für spezielle Vakanzen nutz-

2.2 Personalbeschaffung

Abb. 3-40c

Überblick über Social-Media-Plattformen im E-Rekruting (Auswahl) – Fortsetzung

Kununu	Kununu ist eine Arbeitgeber-Bewertungsplattform. (Der Name »Kununu« stammt aus der afrikanischen Sprache Suaheli und bedeutet »unbeschriebenes Blatt«.) Der Gedanke des direkten Erfahrungsaustausches steht dabei im Vordergrund, ähnlich wie bei Plattformen, die Hotelbewertungen beinhalten. Auf dieser Plattform haben die derzeit tätigen Mitarbeiter die Möglichkeit, nach bestimmten Kriterien den eigenen Arbeitgeber zu bewerten. Arbeitnehmer können in den drei deutschsprachigen Ländern die Arbeitsverhältnisse bei ihren aktuellen wie ehemaligen Arbeitgebern anonym, wenngleich auch regelgeleitet bewerten. Die Bewertungsskala beginnt bei 1 (schlecht) und endet mit einer 5 für eine sehr gute Bewertung. Mittlerweile können auch Arbeitgeber – gegen Entgelt – ihre Profile auf den Plattformen einstellen. So haben sie auch die Möglichkeit, ihnen unangenehme Eindrücke von anonymen Personen zumindest zu kommentieren. Die Qualität der Einträge ist nicht unbedingt sichergestellt, die »Noten« wirken dennoch im positiven wie negativen Sinne auf potenzielle Bewerber. Die Gefahr besteht bei dieser Anwendung darin, dass die Mitarbeiter anonym Erfahrungen und Bewertungen verbreiten können, was zu einem negativen Rekrutierungseffekt führen kann. Positiv genutzt werden kann von Betrieben jedoch eine Verknüpfung des Bewertungsportals, um Interessenten auf die Homepage des Betriebs zu locken und ebenso, um eine gesteigerte Authentizität zu vermitteln (vgl. Bernauer et al., 2011, S. 88 f.).
Wikis	Rekruting-Wikis sind Plattformen, die kollektives Wissen zur Verfügung stellen. Benutzer sind in der Lage, Informationen gegebenenfalls zu korrigieren. Im Gegensatz zu internen Wikis, bieten externe Wikis der vernetzten Öffentlichkeit Zugang zu Informationen und können im Rekrutierungsprozess für Tipps und Tricks zum erfolgreichen Bewerben genutzt werden, ebenso wie für Erfahrungsberichte oder weitere Vernetzung mit einzelnen Betrieben.
Instant-Messaging-Dienste	Weitere Möglichkeiten des E-Rekrutings im Bereich der Social Media bieten sog. Instant-Messaging-Dienste wie bspw. »WhatsApp«, »Signal« oder »Snapchat«. Dort können sich Nutzer Nachrichten schreiben, aber auch Fotos, Videos und Dokumente zusenden. Diese Medien können auch im Rahmen des Personalmarketings bzw. der Rekrutierung von Betrieben genutzt werden. Aufgrund der Beliebtheit eignen sich solche Dienste besonders für Arbeitgeber, die eben diese Zielgruppe ansprechen möchten.

bar, können aber dennoch helfen, rasch geeignete Kandidaten für sich ergebende Vakanzen einzuladen. Dies trifft insbesondere bei begehrten Arbeitgebern zu, die über ihr erfolgreiches Employer Branding – gewissermaßen im Rahmen einer passiven Beschaffung – eine Vielzahl an oft auch sehr guten Blindbewerbungen tagtäglich erhalten.

WISSENSWERTES

Active Sourcing

»Active Sourcing« steht für ein ganzes Bündel an Beschaffungsmaßnahmen zur Identifizierung und Ansprache potenziell geeigneter Arbeitnehmer v. a. auf dem externen Arbeitsmarkt. Gerade in Situationen, in denen es einem Arbeitgeber nicht gelungen ist, eine wichtige Stelle intern, durch eine Stellenanzeige und andere Maßnahmen zu decken, setzt spätestens diese aktive Suche an. Dazu zählt die zielgerichtete Analyse der verschiedenen ePortale: XING, LinkedIn, Freelance, Lebenslaufdatenbanken, Suchmaschinen, Facebook u. Ä. Ebenso können – wenngleich nicht zeitpunktspezifisch genau – die Nutzung von Karrieremessen und Fachtagungen zum Kennenlernen als Maßnahmen genutzt werden. Langfristiger ist noch der Aufbau eines internen und/oder externen Talentpools (identifizierter Führungskräftenachwuchs bzw. materiell und/oder ideell geförderte Studierende). Selbstverständlich gehört auch die beinahe schon klassische Form des Headhunting (s. o.) zum Active Sourcing.

2.2 Personalbedarfsdeckung
Personalbeschaffung

> **KREATIVE IDEE**
>
> **Kreativer Beschaffungsweg und Schaffung eines Wettbewerbsvorteils**
>
> Ein Industriebetrieb stiftet eine Professur mit einer bestimmten technischen Ausrichtung an einer regionalen Hochschule. Warum? Die langfristige Produkt- und Prozessplanung zeigt, dass im Forschungs- und Entwicklungsbereich Qualifikationen von Nöten sind, die es aktuell am Arbeitsmarkt nicht gibt. Universitäre Grundlagenforschung zeigt dabei an, dass dort eine Technologie entwickelt wird, die am Markt und damit im Wettbewerb sehr viele Vorteile bietet. Der Industriebetrieb möchte diese frühzeitig nutzen. Die entsprechenden neuartigen personellen Fach- und Methodenkompetenzen zur Entwicklung eines anwendungsfähigen Produkts und dessen Produktion sind derzeitig nicht verfügbar. Über eine angemessen besetzte Stiftungsprofessur und mit den damit verbundenen Ausbildungsangeboten werden in wenigen Jahren diese Qualifikationen aber vorliegen. Durch einen guten Kontakt auf verschiedenen Ebenen (Praktika, Studienarbeiten, Lehrbeauftragte, gemeinsame Teams) zu den Studierenden der Hochschule werden von diesem Betrieb schon seit vielen Jahren zahlreiche Absolventen als Arbeitnehmer gewonnen. Durch die spezifische Ausbildung mit Hilfe der Stiftungsprofessur geht man davon aus, dass der zukünftige spezifische Personalbedarf für die Neuproduktentwicklung auch gedeckt werden kann (und nicht vor allem Mitwettbewerber davon profitieren). Übrigens: Die Idee ging auf. Die Eingangsinvestition amortisierte sich binnen eines Jahres. Die Marktführerschaft mit dieser speziellen Technologie hält sich nach wie vor.

Personalleasing

Manchmal regen solche Initiativbewerbungen sogar an, über die Einrichtung einer neuen Stelle (für den Einsatz der speziellen, vom Bewerber angebotenen Qualifikation) nachzudenken.

> Das *Personalleasing* (hier synonym zur gewerblichen Arbeitnehmerüberlassung oder Zeit- bzw. Leiharbeit verstanden) stellt eine spezielle Methode der temporären Personalbeschaffung, also der Personalbedarfsdeckung für eine bestimmte, relativ eng begrenzte Zeitperiode und/oder eine schnell zu besetzende Vakanz dar.

Die Zeitarbeit ist gemäß dem Gesetz zur Regelung der gewerbsmäßigen Arbeitnehmerüberlassung (AÜG) durch eine Rechtsbeziehung zwischen drei Vertragsparteien charakterisiert. Sie liegt dann vor, wenn ein Arbeitnehmer durch einen Arbeitgeber an einen Dritten gewerbsmäßig zur Erfüllung einer Arbeitsleistung überlassen wird. Die zwingende Beteiligung dieser drei Parteien umschreibt der Gesetzgeber durch die Begriffe Verleiher (Zeitarbeitsunternehmen), Leiharbeitnehmer (Zeitarbeitnehmer) und Entleiher (Kundenunternehmen) (vgl. Dreyer, 2009, S. 19).

Abbildung 3-41 veranschaulicht für das Dreiecksverhältnis der Arbeitnehmerüberlassung die Rechtsbeziehungen.

Zur Beurteilung und Anlässe und der Bedeutung der Arbeitnehmerüberlassung können die *Bedarfskomponenten* herangezogen werden:

- In *zeitlicher* Hinsicht steht das Schließen von Personalbedarfsdeckungslücken über *kurze Fristen* im Vordergrund; so etwa, wenn für Arbeitsausfälle aufgrund von Krankheit, überraschender Kündigung, Tod oder Urlaub vorerst zumindest Zwischenlösungen gefunden werden müssen. Personalleasing wird auch – als eine der möglichen alternativen – zur Deckung saisonal (durch Auftragsspitzen) bedingten Personalbedarfs, der das sonst übliche Arbeitsvolumen überschrei-

Abb. 3-41

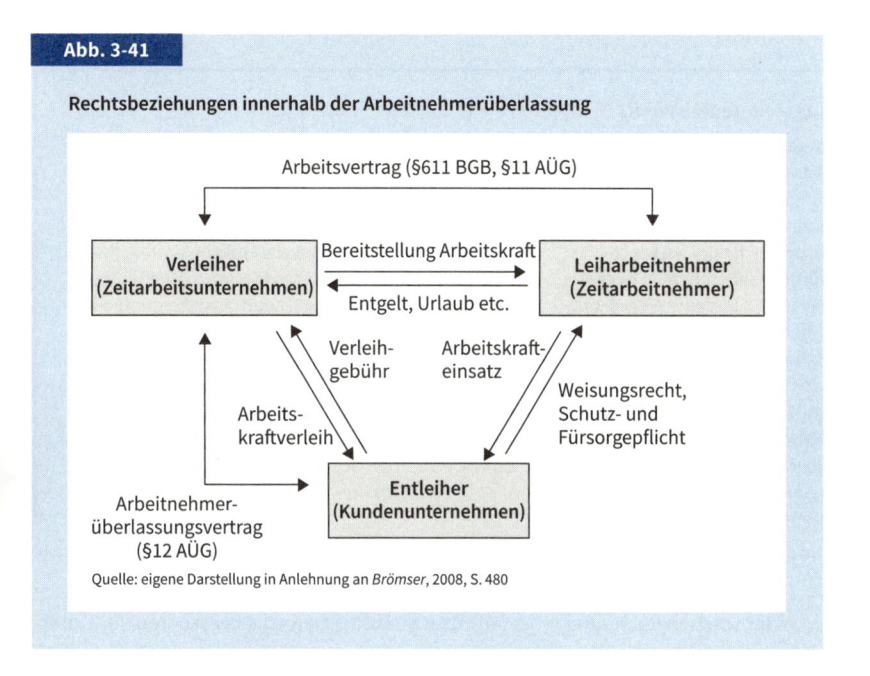

Rechtsbeziehungen innerhalb der Arbeitnehmerüberlassung

```
                Arbeitsvertrag (§611 BGB, §11 AÜG)
        ┌──────────────────────────────────────────────┐
        ▼                                              ▼
┌──────────────────┐  Bereitstellung Arbeitskraft  ┌──────────────────┐
│    Verleiher     │ ────────────────────────────▶ │  Leiharbeitnehmer │
│(Zeitarbeits-     │ ◀──────────────────────────── │ (Zeitarbeitnehmer)│
│ unternehmen)     │    Entgelt, Urlaub etc.       │                   │
└──────────────────┘                               └──────────────────┘
        ▲        ▲      Verleih-    Arbeitskraft-    ▲
        │        │      gebühr      einsatz          │  Weisungsrecht,
        │   Arbeits-                                 │  Schutz- und
        │   kraftverleih                             │  Fürsorgepflicht
        │           ▼                            ▼
        │                  ┌──────────────────┐
        │                  │     Entleiher    │
        └─────────────────▶│ (Kundenunternehmen)│
  Arbeitnehmer-            └──────────────────┘
  überlassungsvertrag
  (§12 AÜG)
```

Quelle: eigene Darstellung in Anlehnung an *Brömser*, 2008, S. 480

---

tet, herangezogen. Die Personalleasingbetriebe sind in der Lage, diesen Bedarf schnell und in aller Regel auch sehr passgenau hinsichtlich der Eignungsanforderungen zu decken.

Dieser Aspekt der *vorübergehenden* Bedarfsdeckung, der Personalleasing als Bestandteil der *kurzfristigen* Personalplanung ausweist, wird als wesentlich angesehen. Bei langfristiger, leihweiser Überlassung von Mitarbeitern werden dagegen eher Probleme gesehen: mangelhafte Kontinuität der Besetzung bestimmter Arbeitsplätze (durch wechselnde Leiharbeitnehmer bedingt), soziale Probleme für die Leiharbeitnehmer im Zusammenhang mit ihrer Eingliederung (»Mitarbeiter zweiter Klasse«), Mehrkosten gegenüber dauerhafter Besetzung u. a.

▸ Im Hinblick auf die *qualitative* Komponente können zwei Gesichtspunkte Bedeutung erlangen: die wertvolle Ergänzung des eigenen Arbeitskräftereservoirs durch betriebsexterne Spezialisten und die Möglichkeit, auf das Halten eigener spezifischer, teurer Personalreserven verzichten zu können. Personalleasingbetriebe nehmen diese Notwendigkeit ab.

▸ Ein *quantitativer* Aspekt erlangt überbetriebliche Bedeutung dann, wenn es Personalleasingbetrieben gelingt, latentes Arbeitskräftepotenzial (Arbeitsmarktreserven) zu mobilisieren und einzugliedern sowie damit die Gesamtbeschäftigung in der Arbeitsgesellschaft zu erhöhen.

▸ In *erfolgswirtschaftlicher* Hinsicht ist zu beachten, dass die verleihenden Betriebe ihre Kosten in Form von Gebühren überwälzen. Sie sind daher in einer Vergleichsrechnung den alternativen betrieblichen Personalbeschaffungs-, -einstellungs-, -verwaltungs-, Entgelt- und Sozialleistungskosten gegenüberzustellen. In

Kurzfristige Personalplanung

2.2 Personalbedarfsdeckung
Personalbeschaffung

> **MEINUNG**
>
> **Arbeitnehmerüberlassung – ein Teufelswerk?**
>
> Wenn man manchen Bericht aus den Medien zur Kenntnis nimmt, dann sind Zeitarbeitnehmer prinzipiell unterbezahlt, ohne feste Anstellung und der Willkür sowohl des Leasinggebers wie des Leasingnehmers ausgeliefert. Wenn dies flächendeckend oder auch nur überwiegend so der Realität entsprechen würde, dann müsste in der Tat – vermutlich allein aus rechtlichen Gründen – eingeschritten werden. Aber Arbeitnehmerüberlassung muss nicht so sein und ist bei vielen Personalleasingbetrieben auch nicht so ausgeprägt. Durchaus längere Beschäftigungszeiten zu angemessenen Entgelten sind Standard bei vielen seriösen Personalleasingbetrieben. Allerdings: Viele Berichte in den Medien sind nicht aufgebauscht. Sie entsprechen der Realität. Hier sind nicht nur staatliche Organe, sondern auch die Leasingnehmer aufgefordert, sich moralisch den Menschen gegenüber zu verhalten (vgl. Dütsch, 2011).
>
> Die Bundesregierung hat in diesem Zusammenhang in 2016 strengere Regeln für die Beschäftigung von Leiharbeiternehmern aufgestellt. Im Wesentlichen wurde festgelegt: 18 Monate Höchstdauer des Einsatzes (Überlassungshöchstdauer), spätestens nach neun Einsatzmonaten gleiches Entgelt wie die Stammarbeitnehmer (»Equal Pay«) sowie kein Einsatz als Streikbrecher (vgl. http://www.bmas.de/DE/Presse/Pressemitteilungen/2016/pk-leiharbeit-werkvertraege.html; http://www.spiegel.de/wirtschaft/soziales/leiharbeiter-wechseln-oft-in-regulaere-jobs-oder-werden-arbeitslos-a-1113396.html [letzte Abrufe: 16.10.2016]).

einer solchen Rechnung müssten zusätzlich einerseits die Leerkosten der Unterbeschäftigung ständig eingestellter Mitarbeiter und andererseits die zusätzlichen Kosten für die Anpassung und Einarbeitung der bei wiederkehrender Arbeitnehmerüberlassung wechselnden Mitarbeiter berücksichtigt werden.

> Seit der Finanz- und Wirtschaftskrise 2007-2008 hat sich bei vielen die Einstellung zur Kurzarbeit und vor allem zum Personalleasing verändert. Zur Flexibilisierung der Personalkapazität sind Betriebe gut beraten, jenseits der unbedingt notwendigen Stammbesetzung für die Normalauslastung zeitlich flexible Arbeitsverhältnisse für Auslastungsspitzen einzugehen. Nur so können sie ihre Personalfixkosten der Nachfrage anpassen. Personalleasing hilft dies zu realisieren (vgl. Schwaab/Durian, 2009).

2.2.1.4 Funktionen der Beschaffungsmaßnahmen

Personalbeschaffung aus externem Potenzial benötigt zur Akquisition geeignete Maßnahmen (synonym: Instrumente). Hierfür kommen direkte und indirekte Werbemittel infrage, die je nach Art des Bedarfs (Zielgruppen) und darauf abgestimmten, einschlägigen Beschaffungswegen gewählt werden können wie vor allem Inserate, Plakate an den Firmeneingängen, Broschüren, Informationsgespräche, Vorträge, Betriebsbesichtigungen, Intranet, soziale Netzwerke.

Auch hier: Zielorientierung

Ein effizienter Maßnahmeneinsatz verlangt vor allem eine *zielgruppengerechte Bewerberansprache*, um unter Berücksichtigung vertretbarer Beschaffungsdauern und -kosten die relativ geeignetsten Mitarbeiter gewinnen zu können. Das bedeutet, dass *Teilarbeitsmärkte* qualitativ (nach Berufsgruppen) und regional unterschieden werden müssen, letzteres insbesondere für solche Berufsgruppen, bei denen grö-

2.2 Personalbeschaffung

ßere Mobilität nicht erwartet werden kann. Das trifft allerdings auf Führungskräfte in Spitzenpositionen nicht zu: Dieser Teilarbeitsmarkt benötigt daher keine regionale Differenzierung (es sei denn nach Ländern für multinationale Konzerne).

Eine in dieser Hinsicht gezielte Instrumentenwahl und -nutzung erfordert Informationen über zu erwartende Wirkungen. Sie hängen von betriebsinternen wie auch -externen Faktoren ab, die ihrerseits in unterschiedlichem Maße durch den Personal suchenden Betrieb beeinflussbar sind.

Zwei *Funktionen* sind es in erster Linie, die Personalbeschaffungsmaßnahmen erfüllen sollen, die aber nicht unabhängig voneinander sind:

Informationen und Verhaltensbeeinflussung

1. Personalwerbung respektive -marketing soll eine *Informationsfunktion* erfüllen; mit ihr soll
2. eine Akquisition und Selektion aus vorhandenem Personalpotenzial bewirkt werden. Man kann dies insofern auch als *Verhaltensbeeinflussungsfunktion* der Maßnahmen bezeichnen, als sie prinzipiell geeignete Personen zu Bewerbungen veranlassen sollen.

Dabei ist die Erfüllung der ersten Funktion Voraussetzung dafür, dass auch die zweite erreicht wird, auf die die Maßnahmen der Personalbeschaffung letztendlich hinzielen.

Die *Informationsfunktion* ist erfüllt, wenn ein Beschaffungsinstrument, zum Beispiel ein Inserat, mindestens alle diejenigen Informationen enthält, die ein potenzieller Bewerber erwartet und ihn schließlich zur Bewerbung bewegen. Dies sind:

Informationsfunktion

- Informationen über den *Betrieb* selbst: Branche, Größe und Bedeutung, Standort (evtl. »Freizeitwert«), Führungsstil u. a.;
- Informationen über den zu besetzenden *Arbeitsplatz*: Aufgaben, Kompetenzen und Verantwortungen, hierarchische Einordnung, das sachliche und persönliche Arbeitsumfeld, die Arbeitszeit;
- Informationen über die *Anforderungen* an den gesuchten Stelleninhaber: erforderliche Kenntnisse, Fähigkeiten (evtl. Ausbildungsgänge), persönliche Eigenschaften etc.;
- Informationen über die *Leistungen* des Betriebs: Entgelt, soziale Leistungen, Fortbildungs-, Aufstiegsmöglichkeiten u. a.;
- Informationen über die *Art der Kontaktaufnahme*, zum Beispiel telefonische Erkundigungen am Wochenende;
- Informationen über erwünschte *Inhalte* und *Form* der *Bewerbung*: benötigte Unterlagen, Vorstellungen etc.

WISSENSWERTES

AGG (Allgemeines Gleichbehandlungsgesetz)

Was gilt es bei der Personalbeschaffung zu beachten?
- Suchen Sie stets geschlechtsneutral!
- Vermeiden Sie Altersangaben!
- Vorsicht bei Fotos – fordern Sie keines!
- Ablehnungsgründe sollten schriftlich festgehalten werden – zu Ihrer eigenen Sicherheit!
- Beschreiben Sie vakante Stellen genau!

2.2 Personalbedarfsdeckung
Personalbeschaffung

> **VERTIEFUNG**
>
> **CV Parsing**
>
> Nicht immer lieben Bewerber Online-Bewerbungstools, bei denen man seinen Lebenslauf in vorgefertigte Schablonen hineinformulieren muss. Manche Arbeitgeber verzichten auch aus inhaltlichen Gründen darauf. Um dennoch elektronische Bewerbungen nutzen und sinnvoll verwenden zu können, ist das »CV Parsing« entstanden. Mit ihm werden aus digitalen Bewerbungstexten, bspw. aus Anschreiben und Lebensläufen, Inhalte und Zusammenhänge nach bestimmten semantischen Kriterien erfasst, erkannt und in standardisierte Bewerberdatensätze überführt. CV Parsing steht also für das automatische Einlesen von Bewerbungsunterlagen und v. a. Lebensläufen (inkl. Name, Adresse, Geburtsdaten, Abschlüsse, Berufserfahrungen, Fachkenntnisse, Foto) und deren Übertragung in ein betriebliches Bewerbermanagementsystem. Die Programme sind noch nicht perfekt, benötigen also Nacharbeit, helfen aber dennoch dabei, das elektronische Bewerbermanagement zu professionalisieren.

Verhaltensbeeinflussungsfunktion

Die *Verhaltensbeeinflussungsfunktion* erlangt besondere Wichtigkeit, wenn ein wesentlicher, den Erfolg des Betriebs beeinflussender Faktor (strategisches Erfolgspotenzial) darin liegt, dass bereits im Betrieb tätige Mitarbeiter bleiben bzw. neue Mitarbeiter von außen hinzugewonnen werden können. Ist der Arbeitsmarkt für (strategisch) wichtige Positionen vom Arbeitskräfteangebot her sehr eng, so liegt ein dem »Käufermarkt« auf der Absatzseite entsprechendes Phänomen vor: Die relativ größere Marktmacht besitzen die Nachfrager nach Arbeitsplätzen, weil das Angebot seitens der Betriebe die Nachfrage übersteigt. Bezüglich der Arbeitsleistung allerdings ist der Arbeitsmarkt für den Betrieb ein Beschaffungsmarkt, wie zuvor deutlich wurde.

2.2.2 Personalmarketing und Employer Branding

Der Begriff des Personalmarketings sowie seine Ziele, Objekte und Methodik werden sehr unterschiedlich in der Literatur wie in der Wirtschaftspraxis verwendet (vgl. Bröckermann/Pepels, 2002; Felser, 2009). Die Bandbreite reicht von der Betrachtung des Personalmarketings als eine einzelne Funktion des Personal-Managements (insb. im Rahmen der externen Personalbeschaffung) bis hin zu der Auffassung, dass es ein personalpolitisches Konzept darstellt, welches fast alle personalwirtschaftlichen Teilfunktionen in sich vereint. Dieser letzten Sichtweise wird hier nicht gefolgt. Es wird als Teilaufgabe der Personalbeschaffung verstanden. Ein Employer Branding wiederum ist ein Teilbereich des Personalmarketings (s. u.).

Personalmarketing kann – wie die Personalbeschaffung – zwei verschiedene *Ausrichtungen* haben: externes und internes Personalmarketing.

Als einfach zu beschreibende Auswege bieten sich an: eine Nutzung der Arbeitsagenturen als Informationsquellen, ständige Marktbeobachtung in eigener Regie durch Sammeln und Verarbeiten aller verfügbaren Informationen, Analyse der Erfolge von Personalbeschaffungen, differenziert nach unterschiedlichen Methoden.

Internes Personalmarketing

▸ Richtet sich ein Personalmarketing auf den internen Arbeitsmarkt (*internes Personalmarketing*) aus, so bezieht es sich im Wesentlichen auf Versuche, die Mitarbeiterbindung positiv zu beeinflussen. Hier geht es dann darum, vor allem eine erhöhte Bleibemotivation (als Teil der Mitarbeiterbindung, s. dazu noch Teil 3,

Personalbeschaffung 2.2

Kap. 3) der bereits in dem Betrieb beschäftigten Mitarbeiter zu erreichen. Hier ist die gesamte Palette betrieblicher Anreize bzw. deren Gestaltung angesprochen.
▶ Ein *externes Personalmarketing* (oft synonym mit »Personalmarketing« gemeint) richtet sich dagegen auf die Erschließung des externen Arbeitsmarktes aus. Insbesondere durch den Auf- und Ausbau eines positiven Images auf den beschaffungsrelevanten Arbeitsmarktsegmenten eines Betriebs soll die externe Personalbeschaffung einfacher werden. Das Ziel des externen Personalmarketings ist die mittel- bis langfristige Erschließung von Personalpotenzialen auf dem externen Arbeitsmarkt. Gewissermaßen soll eine Marke, eine Arbeitgebermarke geschaffen werden, die per se schon bei vielen auf Aufmerksamkeit und Akzeptanz stößt. Heute spricht man in diesem Zusammenhang gerne von *Employer Branding* (s. u.), als der Schaffung einer Arbeitgebermarke. Personalmarketing beinhaltet aber mehr: Zielgruppenspezifische Konzepte können über ein Hochschulmarketing (Ansprache von angehenden Hochschulabgängern), ein Ausbildungsmarketing (Ansprache von angehenden Schulabgängern) oder andere segmentspezifische Programme Zielgruppen außerhalb des Betriebs genauer beeinflussen. Letztendlich geht es kurz- bis langfristig darum, dass sich bei vakanten Stellen eine Vielzahl von qualifizierten Personen zu einer Bewerbung entschließt. Personalmarketing ist von daher nicht nur in Zeiten eines Personalbedarfs durchzuführen, sondern zu jeder Zeit, um sich langfristig ein gutes Image auf dem Arbeitsmarkt zu schaffen.

ZUR VERTIEFUNG

Employer Branding

Employer Branding ist eines der relativ neuen Stichworte der Personalarbeit (vgl. Wiese, 2005; Bach/Sterner, 2011; Hesse/Mattmüller, 2015; Ternes/Runge, 2016). Es gilt hier als Teil des Personalmarketings und hat also sowohl eine interne (s. auch Teil 3, Kap. 3) als auch eine externe Komponente. Den Betrieb auf dem externen wie internen Arbeitsmarkt als positive Arbeitgebermarke (»brand«) zu positionieren, ist hier das Idealziel. Betriebe wie BMW und Porsche, als Beispiele, brauchen eigentlich keine Stellenanzeigen zu starten, sie erhalten genügend vorliegende Initiativbewerbungen von qualifizierten Arbeitnehmern – weil sie als »gute« Arbeitgeber gelten. (Und dabei ist es zunächst einmal gleichgültig, ob lediglich die Produktmarke dies bewirkt oder die betrieblichen Arbeitsmärkte so »gut« sind.) Und selbst wenn diese Arbeitgeber mit anderen Arbeitgebern um die gleichen hochqualifizierten Arbeitnehmer »kämpfen«, haben sie einen Vorteil: Ihr Image auf dem Arbeitsmarkt ist so gut, dass sie bessere Chancen haben, die Qualifizierten für ein Arbeitsverhältnis zu gewinnen. Die Arbeitgeberattraktivität löst einen »Sog-Effekt« aus.

Potenzielle Arbeitnehmer tendieren initiativ dazu, sich bei den als attraktiv geltenden Betrieben zu bewerben und gegebenenfalls vorliegende Vertragsangebote im Vergleich zu konkurrierenden Angeboten eher anzunehmen. Die Marke zieht, sie verspricht viel, außerdem ist sie Teil der Belohnung, da andere Kontaktpersonen den so beschäftigten Arbeitnehmern Achtung entgegenbringen. Man beachte aber: Es sind nicht »diese Porsches und BMWs«, die alleine das Image einer Marke am Arbeitsmarkt tragen (entsprechend den Umfragen zum besten Arbeitgeberimage deutschlandweit). Es gibt je nach Arbeitsmarkt durchaus viele überregionale wie regionale Arbeitgebermarken – mit entsprechenden segmentspezifischen Vorteilen. Der Aufbau eines Marketingimages ist allerdings nicht einfach, wie wir aus dem Marketing wissen, ist auch nicht kostengünstig. Er ist schwierig und nur über lange Jahre möglich. Die dann entstehende »Rente« ist allerdings in allgemein schwierigen Arbeitsmarktsituationen (i. S. einer angebotsorientierten Marktsituation) von großer Bedeutung. Aber: Image allein reicht nicht aus!

2.2 Personalbedarfsdeckung
Personalbeschaffung

Wirklich »gute« Personalarbeit differenziert nicht nach der aktuellen Arbeitsmarktlage!

Sicherlich setzt nicht jeder Personalverantwortliche eine entsprechende Marktorientierung um. Gerade in Zeiten, in denen das Suchen, Gewinnen und Halten von Leistungsträgern aufgrund eines Überangebots entsprechender Arbeitnehmer aus ökonomischer Sicht als nicht erforderlich erscheint, wird diese Sichtweise oft nicht vertreten. »Gute« Personalarbeit differenziert nicht nach der aktuellen Arbeitsmarktlage. Wird die prognostizierte Arbeitsmarktlage in wichtigen Mitarbeitersegmenten allerdings zu einem Angebotsmarkt, d. h. zeichnet sich ab, dass zu wenig potenzielle Leistungsträger auf den Arbeitsmärkten zur Verfügung stehen, dann ist eine marktorientierte Personalarbeit um so wichtiger. Ein solches Arbeitsmarktszenario lag zumindest bis zum Ausufern der Finanz- und Wirtschaftskrise vor. Besonders angesichts enger externer Arbeitsmärkte steht die Idee des Schaffens von Präferenzen für einen Betrieb, der Arbeitskräfte sucht, bzw. die Idee des Steigerns seiner Attraktivität als Arbeitgeber im Vordergrund. Denn sie lenkt die Aufmerksamkeit der für den Betrieb und das Personal Verantwortlichen auf die Notwendigkeit des Einsatzes von Marketinginstrumenten zum Akquirieren von Arbeitskräften im Wege des »Vermarktens« von Arbeitsplätzen (deren Nicht-Besetzung fatale Folgen haben könnte).

Wettbewerbsvorteile

Es gilt infolgedessen, Wettbewerbsvorteile auf dem Arbeitsmarkt zu erlangen, um potenzielle Anbieter von Arbeitsleistungen zu veranlassen, den eigenen Betrieb statt anderer als Arbeitgeber zu präferieren. Will sich der Betrieb für potenzielle Mitarbeiter gegenüber Wettbewerbern positiv profilieren – und dazu auf den relevanten Arbeitsmärkten ein positives Image aufbauen –, sind diejenigen Vorteile zu er-

---

WISSENSWERTES

Realistische Rekrutierung

Stellen Sie sich vor, Ihnen würde im Vorstellungsgespräch direkt oder indirekt vermittelt, die Entgelte im Betrieb stiegen mit der Leistung, Karrierepositionen könnte sich jeder Arbeitnehmer mit Leistung und Potenzial rasch erarbeiten und Delegation sei wichtiger Bestandteil der Unternehmungskultur! In den ersten zwei Jahren der Beschäftigung lernen Sie dann, dass Delegation nur in den Leitlinien des Betriebs vorkommt und ansonsten eine Misstrauenskultur vorherrscht. Ihre andauernden zeitlichen, auch hochwertigen Leistungen werden zwar – vielleicht – verbal von Ihrem Vorgesetzten gewürdigt, ein Entgeltgespräch wird aber immer mit dem Hinweis auf die andauernde unsichere Lage der Konjunktur abgewiegelt – trotz guter betrieblicher Ergebnisse. In den Nachwuchskader werden Sie mit dem Argument »Der ist schon voll!« nicht aufgenommen. Manche Führungspositionen im Hause werden »zufälligerweise« mit Personen besetzt, die dem gleichen Sport frönen wie der Geschäftsführer. Was würden Sie wohl denken und wie verbunden fühlen Sie sich noch Ihrem – im Vorstellungsgespräch – gegebenen Versprechen, der engagierten Mitarbeit unter flexiblen Bedingungen? Es wäre nicht verwunderlich, wenn Sie sich betrogen fühlen würden – quasi durch Vertragsbruch des Arbeitgebers. Er hat Sie möglicherweise damals belogen, Ihr »Ja« durch falsche Angaben erschlichen. Ihr Commitment wird jetzt vermutlich gering sein, alles andere wäre unnatürlich. Ein Wechsel zu einem anderen Arbeitgeber oder eine angepasste Reduzierung Ihres Arbeitseinsatzes sind zu erwarten. Beides wäre ineffizient aus der Sicht Ihres Arbeitgebers. Er hätte es verhindern können, entweder durch das Angebot versprochener Konsequenzen oder durch wirklichkeitsnahe Informationen im Einstellungsprozess. Realistische Rekrutierung ist das Zauberwort, nur so gewinnt ein Betrieb Commitment – wenn auch nicht jeden interessanten Kandidaten. Selbst wenn man keine ethisch-moralischen Wertmaßstäbe anlegen würde, die Gefahr der Frühfluktuation und die damit verbundenen Kosten machen eine solche Vorgehensweise ineffizient. »Realistisch Rekrutieren« ist nicht nur ehrlicher, sondern mittel- bis langfristig auch effizienter (vgl. Wanous, 1978; Becker, F.G./Brinkkötter, 2005).

Personalbeschaffung 2.2

mitteln, die dieser möglichen Arbeitsplatzinteressenten bieten könnte. Die folgenden *Kriterien* können dabei hilfreich sein (vgl. Drumm, 2008, S. 294):
- gegenwärtige und zukünftige Aufgabenfelder,
- gegenwärtiges und zukünftiges Leistungsprogramm,
- gegenwärtige und zukünftige Angebote zur Perioden- und Lebensarbeitszeit,
- gegenwärtige und zukünftige Möglichkeiten der Ausbildung, des Aufstiegs und der Personalentwicklung, der regionalen, nationalen und internationalen Mobilität,
- gegenwärtige und zukünftige Bedingungen der Vergütung, Erfolgs- und Vermögensbeteiligung sowie sonstigen Sozialpolitik,
- gegenwärtige und zukünftige Konzepte der Personalführung und Einbindung von Mitarbeitern, Autonomie,
- gegenwärtige Werthaltungen,
- gegenwärtige infrastrukturelle und kulturelle Standortfaktoren,
- klare Haltung gegenüber ökologischen Problemen.

Die Kriterienausprägungen müssen natürlich nicht nur zum Betrieb und seiner Organisationskultur passen, sondern auch den individuellen Zielsetzungen, Bedürfnissen und Werthaltungen – potenzieller – Arbeitnehmer entsprechen. Nur dann können *Beschäftigungsvorteile* entstehen. Nicht auszuschließen ist jedoch auch das Wecken neuer oder Verstärken latenter Bedürfnisse. Insofern kommt einer gezielten betrieblichen Personalforschung erhebliche Bedeutung zu, die verwertbare Er-

WISSENSWERTES

Schulmarketing

Beim Schulmarketing (mit einer etwas anderen Blickrichtung auch Ausbildungsmarketing genannt) handelt es sich um ein zielgruppenspezifisches Konzept des externen Personalmarketing, mittels dessen die Zielgruppe der Schüler gezielt angesprochen und für den Betrieb als Bewerber gewonnen werden soll. Da bereits während der Schulzeit erste Entscheidungen bezüglich des späteren Berufs (und Arbeitgebers) getroffen werden, beschäftigen sich manche Betriebe bereits frühzeitig mit dieser Zielgruppe. Zur Zielgruppe zählen primär Schüler in der schulischen Erstausbildung, Berufsschüler sowie vor allem angehende Schulabgänger. Sekundär gehören auch Lehrer, Eltern und Peer-Groups (Gruppe der Gleichaltrigen und Gleichgesinnten) zur Zielgruppe des Schulmarketings, da sie einen nicht unerheblichen Einfluss auf die Berufswahl haben. Das Schulmarketing greift auf eine Vielzahl von vor allem kommunikationsbezogenen Maßnahmen zurück. Solche Maßnahmen stellen u. a. die Teilnahme an und Organisation von Berufsmessen oder Info-Tagen, die Ausrichtung von Schülerwettbewerben, Betriebspräsentationen sowie unterstützende Tätigkeiten für die Berufswahl wie Bewerbertrainings, Berufseignungstests und Berufsberatung dar. Darüber hinaus erhält die Zielgruppe einen direkten Einblick in den Betrieb über die Bereitstellung eines Angebots an Schülerpraktika und Exkursionen. Um eine Verbindung zwischen Schule und Betrieb herzustellen, eignen sich Schulpatenschaften sowie die finanzielle Förderung von Unterrichtseinheiten oder technischer Ausstattung. Auch Vorträge auf Lehrerkonferenzen werden genutzt, um die Sekundärzielgruppe Lehrer zu erreichen. Des Weiteren kommen im Rahmen des Schulmarketings Instrumente der unpersönlichen Kommunikation zum Einsatz, da auf Grund deren hohen Reichweite eine größere Zielgruppe angesprochen werden kann. Neben klassischen Maßnahmen wie Stellen- und Imageanzeigen in Zeitungen sowie Aushängen auf dem Schulgelände, nutzen immer mehr Betriebe »eMethoden«, um sich bei der Zielgruppe vorzustellen. So werden der internetaffinen Zielgruppe umfassende Informationen auf den Karriereseiten des Betriebs sowie den sozialen Netzwerken wie Facebook, Twitter u. a. bereitgestellt (vgl. Dietl, 2003; Dietl/Speck, 2003).

2.2 Personalbedarfsdeckung
Personalbeschaffung

ZUR VERTIEFUNG

Blogs, Netzwerke, Podcasts

Unter *Blogs* werden Online-Tagebücher verstanden, in denen eine oder mehrere Personen regelmäßig zu fachlichen oder auch persönlichen Themenstellungen Texte und Bilder publizieren (z. B. https://www.otto.de/azubiblog/).
Elektronische *Netzwerke* sind Webanwendungen, die es allen registrierten Nutzern ermöglichen, ihre persönlichen Profile innerhalb eines gesetzten Rahmens den anderen Nutzern zur Verfügung zu stellen mit dem Ziel, damit Kontakte aufzubauen und zu pflegen (z. B. Xing, LinkedIn).

Podcasts als selbstproduzierte Audio- und/oder Tonaufnahmen werden vielfach im Rahmen des Employer Brandings eingesetzt, um das Arbeitgeberimage zu stärken.
Die beiden erstgenannten Tools dienen dem Austausch von Arbeitnehmern untereinander, das letztgenannte kann zur Kommunikation von Arbeitgebern zu potenziellen Arbeitnehmern genutzt werden.

WISSENSWERTES

Hochschulmarketing

Der Begriff »Hochschulmarketing« kann im Allgemeinen zwei verschiedene Bedeutungen haben. Einerseits bezeichnet er das Marketing einer Hochschule im Wettbewerb um Studenten. Andererseits kann darunter verstanden werden, die Zielgruppe der Studenten als potenzielle Arbeitnehmer zu erschließen und mit ihnen in Kontakt zu kommen. Letztere Bedeutung ist weniger missverständlich auch als Campus Recruiting bekannt. Es ist als zielgruppenspezifisches Konzept Teil des externen Personalmarketings. Ein modernes Hochschulmarketing gliedert sich in drei Komponenten und beginnt mit der Identifikation der Zielhochschulen, an denen später verschiedene Maßnahmen durchgeführt werden (»Key-School-Strategy«). Mögliche Kriterien, anhand derer Hochschulen ausgewählt werden können, sind bspw. die Vereinbarkeit des jeweiligen Lehrangebots mit den betrieblichen Anforderungen, Erfahrungswerte mit Studenten und Absolventen einer Hochschule, bestehende Beziehungen zu einer Hochschule, der Ruf oder Rankingplatz einer Hochschule oder auch ihre regionale Nähe. An den Zielhochschulen gilt es im nächsten Schritt ein Netzwerk aufzubauen und zu pflegen, wobei Studenten und gerade angehende Hochschulabsolventen im Mittelpunkt stehen. Generell wurde erkannt, dass sich der frühzeitige Auf- und Ausbau von Kontakten zu vielversprechenden Studenten lohnt, um sie bereits während des Studiums an den Betrieb binden und anschließend als Fach- oder Führungskräftenachwuchs gewinnen zu können. Die dritte und letzte Komponente des Hochschulmarketings bildet die operative Umsetzung, d. h. die Durchführung konkreter Maßnahmen. So wird die Zielgruppe über Maßnahmen wie Aushänge, Stellenanzeigen, Flyer oder Internetseiten indirekt angesprochen. Eine direkte Ansprache wird mittels Unternehmenspräsentationen, Werksbesichtigungen, Seminaren, Workshops oder der Teilnahme an Hochschulmessen umgesetzt. Zudem werden u. a. Praktika und Abschlussarbeiten angeboten oder auch Stipendien vergeben. Zusätzlich können Betriebe die Hochschule durch Spenden, die Mitarbeit in verschiedenen Gremien oder die Mitgliedschaft bei studentischen Organisationen unterstützen. Im Allgemeinen steigt jedoch der (finanzielle und/oder personelle) Aufwand mit der Wirksamkeit bzw. Nähe zum Studenten, d. h. mit der Intensität des Kontakts. So haben Praktika und Abschlussarbeiten eine hohe Wirksamkeit, der Aufwand ist dafür ebenfalls entsprechend hoch. Hochschulmarketing bietet den Vorteil geringer Steuerverluste durch die mögliche Eingrenzung des Adressatenkreises. Des Weiteren können Betriebe versuchen, sich einen Zeitvorsprung durch die frühe Ansprache der Studenten zu sichern. Dadurch erhält der Betrieb die Möglichkeit, einen potenziellen Bewerber und sein Verhalten im Vorfeld kennenzulernen. Aber auch die Studenten lernen den Betrieb und seine Kultur kennen und können sich während ihres weiteren Studiums ggf. an den speziellen Anforderungen orientieren. Das Risiko von Fehlentscheidungen wird auf diese Weise beiderseits gesenkt. Dennoch ist Hochschulmarketing trotz Beschränkung auf einige Zielhochschulen i. d. R. mit einem relativ hohen finanziellen und personellen Aufwand verbunden. Dies wird allerdings zumeist als Investition in den Erfolg versprechenden Fach- und Führungskräftenachwuchs angesehen (vgl. Klimecki/Gmür, 2005; Holtbrügge, 2015).

Personalbeschaffung 2.2

kenntnisse über Einstellungen, Erwartungen, Verhaltensweisen von Berufstätigen (auch: Berufsstartern) zutage fördert. Meinungs-, Berufs-, Mobilitäts- und Arbeitsmarktforschung gehören in dieses Feld.

Beschäftigungsvorteile sind aber erst dann gleichzeitig Wettbewerbsvorteile, wenn bekannt ist, dass Arbeitsmarktkonkurrenten sie nicht (bzw. nicht so gut) bieten, wie der eigene Betrieb. Insofern ist zudem eine Konkurrentenanalyse anzustellen, die mithin Teil der Arbeitsmarktforschung (vgl. Teil 3, Kap. 1.2) sein muss. Sie hat Informationen zu liefern über das Nachfrage- und Akquisitionsverhalten von Arbeitsmarkt-Wettbewerbern sowie über ihr (ggf. noch nicht per Werbung verwertetes) akquisitorisches Potenzial.

Hauptproblem einer solchen Konkurrentenanalyse ist die Ermittlung und Erschließung entsprechender Informationsquellen (Stellenanzeigen, Geschäftsberichte, Firmenportraits, Anwesenheit auf Fachtagungen, Präsentation in Fachzeitschriften u. a. m.). Der informationssuchende Betrieb kann selbst aktiv werden, indem er in Einstellungsinterviews gezielte Fragen auch nach Konkurrenzbetrieben stellt und auswertet, wenn Bewerber bei diesen gearbeitet haben.

Wettbewerbsvorteile

Ansprache von Hochschulen

EXKURS

Spezielle Zielgruppen

Bei der Handhabung der Arbeitsmarktentwicklungen geht es auch darum, das Reservoire an potenziellen Mitarbeitergruppen besser auszuschöpfen, gegebenenfalls auch anders zu definieren – zumindest anders als die Mitwettbewerber am Arbeitsmarkt. Im Rahmen der betrieblichen Personalforschung sind bei knappem Arbeitskräftepotenzial Überlegungen notwendig, den Arbeitsmarkt neu zu betrachten, anders oder neu zu segmentieren, auch zu erweitern. Vielleicht lassen sich »neue Kunden« (sprich: andere Arbeitskräftepotenziale als bisher – respektive intensiver als vorher) gewinnen. Heutzutage sind insbesondere fünf Zielgruppen hervorzuheben:

(1) Ingenieure. Als spezielle Zielgruppe der Arbeitsmarktsuche gelten heute (künftige) Ingenieure fast aller Schattierungen. An ihnen besteht ein Mangel in unserer Wissensgesellschaft. Ursache sind nicht allein die Auswirkungen des demografischen Wandels. Die angenommene Unattraktivität des Ingenieurberufs und -studiums hat lange zu niedrigen Anfängerzahlen bei entsprechenden Studiengängen geführt. Erst in jüngster Zeit zeichnet sich eine Entspannung ab. So lange zudem ein Einkommensgefälle zwischen Vertriebsingenieuren (Ingenieure als qualifizierte Verkäufer mit hohen Einkommensmöglichkeiten) und Entwicklungs-/Fertigungsingenieuren (Ingenieure zur Erbringung von technischen Leistungen mit mittleren Einkommen) vorherrscht, »produzieren« Betriebe sich einen größeren Ingenieursmangel selbst.
Intern ist zudem zu überlegen, wie man die beschäftigten Ingenieure von relativ einfachen Alltagstätigkeiten entlasten (bspw. durch IT-Lösungen oder eine Anlernausbildung »Ingenieur-Assistent«) und in Folge mehr »echte« Ingenieursleistungen erhalten könnte.

(2) Junge (zukünftige) Arbeitnehmer. In Zukunft ist zu erwarten, dass die Gewinnung von (qualifizierten) Auszubildenden (noch) schwieriger wird (nicht nur wegen der Gen Y, s. Teil 3, Kap. 1.1). Den Wettbewerb um diese jungen Leistungsträger gewinnt ein Arbeitgeber nicht dadurch, dass er – sofern der Bedarf aktuell ist – sich verstärkt an die potenziellen Auszubildenden wendet. Erfolgreich ist eine Strategie, die sich bereits Jahre vorher um diese potenzielle Arbeitnehmerschaft kümmert. Schulpartnerschaften, Tage der offenen Tür, Einladungen der Mitarbeiter mit ihren Familien, Angebote von Schulpraktika und Betriebsbesichtigungen für Schüler u. a. m. sind Maßnahmen, die im Zeitablauf dazu beitragen, das Image bei potenziellen Auszubildenden zu erhöhen. Darüber hinaus genügt es nicht, lediglich darüber zu klagen, dass viele Schulabgänger keine ausreichende Ausbildungsqualifikation mitbringen. Wenn der Markt eng ist und ein Betrieb unbedingt junge Arbeitskräfte für Ausbildungsberufe benötigt, dann ist es ökonomisch sinnvoll, Aktivitäten zu unternehmen. Bereits während der Schulzeit kann ein Betrieb – durchaus gemeinsam mit anderen Betrieben – Angebote unterbreiten, die die Qualifikation der Schüler erhöht. Auch während der Ausbildungsphase kann man durch entsprechende Deutsch-, Mathematikkurse u. a. dazu beitragen, die Ausbildungsqualifikation zu erhöhen.

2.2 Personalbedarfsdeckung
Personalbeschaffung

EXKURS

(3) Frauen. Die Gruppe der erwerbstätigen Frauen (insb. der erwerbstätigen Mütter) gewinnt immer an Relevanz, wenn der Arbeitsmarkt (der Männer) enger wird. Unabhängig von der damit verbundenen ethischen Komponente ist die genannte Erwerbstätigengruppe ein noch nicht ausreichend ausgeschöpftes Reservoire zur Deckung von Vakanzen. Dies hängt auch mit deren offenbar stetig zunehmender Qualifikation zusammen. Manche argumentieren intern – gerade bei hochqualifizierten und durch die Nachwuchsförderung mit hohen Entwicklungsinvestitionen begleiteten Mitarbeiterinnen – mit dem Kostenargument der durch Schwangerschaften und Elternurlaube ausfallenden Mitarbeiterinnen. Denen ließe sich entgegnen: (1) Die Wahrscheinlichkeit, dass eine Arbeitnehmerin schwanger wird, ist heutzutage durchschnittlich deutlich geringer als noch vor 15 Jahren. Der Geburtenrückgang zeigt dies statistisch eindeutig an. (2) Die Fluktuation von gleichqualifizierten Männern ist durchschnittlich deutlich höher als bei Frauen. Insofern ist das Kosten/Nutzen-Verhältnis bei deren Entwicklungsinvestitionen relativ geringer. Zumindest mittel- bis langfristig sind solche Kosten-»Argumente« nicht zutreffend. Zudem: Qualifizierten Frauen einen interessanten (und mit ihren wahrgenommenen familiären Pflichten attraktiven) Arbeitsplatz zu bieten, gehört mittlerweile zum Standardrepertoire einer Personalarbeit. Auch die bereits beschäftigten Mitarbeiterinnen sind anzusprechen. Studien zeigen, dass die Bleibewahrscheinlichkeit von qualifizierten Frauen umso höher ist, je ausgeprägter und sinnvoller die betrieblichen Maßnahmen zur Vereinbarkeit von Familie und Beruf gestaltet sind. Die Entgelte spielen dabei nur eine Nebenrolle.

(4) Migranten. Migranten bieten einen weiteren für Betriebe gut nutzbaren Arbeitskräftepool. Jugendliche (aber auch erwachsene) Migranten sind nicht prinzipiell schlechter oder besser qualifiziert als deutsche Jugendliche. Durch häusliche Umstände sind sie vielfach in ihren Deutschkenntnissen noch nicht auf dem Stand (vieler) deutscher Jugendlicher. Hier gilt es anzusetzen, damit sie hier vergleichbare Qualifikationen erwerben können. Bei einer bevölkerungsmäßig veränderten und zudem globalisierten Gesellschaft sind zudem die kulturellen Qualifikationen dieses Erwerbspersonenpotenzials von großem Wert (»Diversity«, vgl. Teil 2, Kap. 3). Darüber hinaus zeigt die Erfahrung, dass Migranten eine hohe Motivation haben, sich zu engagieren. Dies stärk die Position im Wettbewerb, sofern man sie zu nutzen weiß.

(5) Ältere Arbeitnehmer. Manche Betriebe sind mittlerweile stolz, den Altersdurchschnitt ihrer Belegschaft ohne gestiegene Personalkosten erhöht zu haben. Auch dies zeigt, dass der »Jugendwahn« am Arbeitsmarkt vorbei ist. Die Beschäftigungsquote älterer Mitarbeiter steigt (oder muss arbeitsmarktorientiert steigen). Das, was seit den 1980er-Jahren empirisch als bewiesen gilt (bspw. Lehr/Wilbers, 1992), dass ältere Arbeitnehmer durchaus leistungsfähig sind, bestimmt noch relativ selten das Einstellungs- bzw. das (Nicht-Einstellungs-)Verhalten. In Vorurteilen ist aber das Defizit-Modell en vogue. Das Kompensationsmodell geht dagegen realistisch davon aus, dass es zwar den Abbau einzelner Qualifikationsmerkmale bei älteren Arbeitnehmern gibt, aber durch den – im Vergleich zu Jüngeren – Aufbau anderer Qualifikationsmerkmale werden diese Defizite zumindest kompensiert. Das Kompetenzmodell geht noch weiter: Durch eine andere Mischung und Gewichtung von Qualifikationsmerkmalen entsteht bei älteren Arbeitnehmern eine höhere Kompetenz. Zudem darf man nicht übersehen, ältere Arbeitnehmer altern nicht alle auf die gleiche Art und Weise. Sie haben unterschiedliche Historien, verschiedene Arbeitsplätze, unterschiedliche genetische und körperliche Voraussetzungen. Insofern ist differenzielles Altern in der Empirie beobachtbar. Apropos: Mittelständische Betriebe setzen deutlich stärker als Großbetriebe auf ältere Arbeitnehmer – oft sogar bis zur normalen Pensionierung!?

> Die aktuelle *Flüchtlingsthematik* ist in diesem Zusammenhang ebenfalls bedeutsam. Prinzipiell bieten diejenigen »Flüchtlinge«, denen ein Bleibe- und Asylrecht zusteht, ein Arbeitskräftereservoir für die Zukunft. Sofern die Betroffenen gewillt und prinzipiell geeignet sind, können gezielte und individuell passende Qualifizierungsmaßnahmen diesen Personenkreis für den hiesigen Arbeitsmarkt qualifizieren. Hier sind frühzeitige Deutsch- und Kulturkurse ebenso anzuführen wie Maßnahmen zur Qualifizierung für betriebliche Tätigkeiten, Berufsausbildungen, gegebenenfalls auch Studiengänge u. a. Die arbeitsrechtlichen Bedingungen sind dabei ebenso passend zu verändern wie staatliche Finanzmittel zur Förderung für die ersten Jahre notwendig sind.

2.2 Personalbeschaffung

MEINUNG

Familie & Beruf, Verantwortung, (Betriebs-)Kitas, »Gen Kapovaz« u. Ä.

In unserer Gesellschaft tragen Frauen in der Regel immer noch die Hauptlast bei der Kindererziehung und der Haushaltsführung. Wollen Mütter (und interessierte Väter) während der Kindererziehung weiter berufstätig sein, so bedürfen sie – idealtypisch – eines Arbeitsplatzes, der ihnen Familie und Beruf, also beides, ermöglicht. Aus gesamtgesellschaftlicher Verantwortung, aber auch vielfach aus betriebswirtschaftlicher Notwendigkeit heraus, ist dies bzw. kann dies auch Ziel von Arbeitgebern sein. Dies klingt auf den ersten Blick einfach, ist aber in der Realität schwieriger umsetzbar. Beispiele: Heißt Berufstätigkeit während der Erziehungszeiten Vollzeit oder Teilzeit (und wenn, wann Teilzeit)? Geht es um einen der Qualifikation und Berufserfahrung adäquaten Arbeitsplatz oder nur um »einen« Arbeitsplatz? Steigt frau bereits gleich nach dem Mutterschutz – Teilzeit oder Vollzeit – wieder ein, nach einem Jahr, nach drei Jahren oder eventuell auch erst nach sechs oder mehr Jahren? Wie sind beispielsweise zweimonatige Elternzeiten, Auslandsreisen, Dual-Career-Paare, Führungstätigkeiten in Teilzeit u. Ä. integrierbar? ... Hier steht jeder Betrieb in der moralischen (s. auch Teil 5, Kap. 3) wie auch in der betriebswirtschaftlichen Verantwortung – und damit teilweise in einem Dilemma.

Die staatlichen Maßnahmen, Kita-Plätze in einem ausreichenden Umfange – quasi für gleich nach der Geburt – einzurichten, werden derzeit von vielen Arbeitgebern um weitergehende Angebote ergänzt: Familie & Beruf wird durch Kitas am Wochenende und an 24 Stunden am Tag für viele Arbeitnehmer »endlich« realisierbar. Flexibler Arbeitskräfteeinsatz am Wochenende, an langen Abenden, für Auslandsreisen, für Springertätigkeiten u. a. wird endlich möglich. Alle profitieren! Scheinbar auch die Kinder, lernen sie doch im jungen Alter bereits – befreit von ihren gestressten Eltern – mit vielen verschiedenen Personen umzugehen, an verschiedenen Orten mit verschiedenen Spielkameraden – auch ganz plötzlich – zu spielen. Kapazitätsorientierte, flexible Kinderbetreuung ist Spitze. Zudem sozialisiert sie eine »Gen Kapovaz«, die in etwa zwei Jahrzehnten mit ihren sozialisierten Qualifikationen auf den Arbeitsmarkt kommt: super flexibel mit hoher Sozialkompetenz, nicht bindungszentriert, robust gegenüber weniger guten Führungskräften, rund um die Uhr einsetzbar – lediglich dreimal die Woche müssen sie jeweils für eine Stunde auf die Couch ...

PS: Gerade für Alleinerziehende (wenngleich nicht nur) können die genannten flexiblen Kinderbetreuungszeiten *in Einzelfällen* allerdings eine große Entlastung mit sich bringen.

PPS: Statt solchermaßen flexibilisierten Betreuungszeiten sollten viele Betriebe sich nicht weigern, höher qualifizierten Frauen (wie Männern) *Teilzeitstellen*, die auch den Bedürfnissen von Müttern (bzw. Vätern) mit Kindern entsprechen, anzubieten. Hier gibt es vielfach noch Bedarf (vgl. https://www.welt.de/debatte/kommentare/article 124337419/Muetter-in-Teilzeit-waehlen-das-groesstmoegliche-Risiko.html; http://www.zeit.de/karriere/beruf/2016-03/teilzeitarbeit-muetter-kuendigung-personalmanager [letzte Abrufe: 16.10.2016].

PPPS: Hoffentlich vergibt das *Audit berufundfamilie* für die oben skizzierte Flexibilität und kinderfeindlichen Vorgehensweisen nicht auch noch Punkte für die Arbeitgeberattraktivität, ansonsten braucht es ein neues Label »Kinderattraktivität von Arbeitgebern« – oder?

Neben der Darstellung und zielgruppengerechten Vermittlung der spezifischen Attraktivität des Betriebs als Arbeitsplatz nach außen hat das Personalmarketing noch weitere Probleme zu lösen:

▸ Auswahl und Nutzung effektiver Personalbeschaffungswege und -maßnahmen, zum Beispiel professionelle Personalberatung, Personalleasing,
▸ konkrete Einstiegsangebote bedarfsgerecht, zielgruppengerecht und zeitgemäß zu entwickeln und formulieren – darunter fallen zum Beispiel Aufgaben von der Gestaltung und Platzierung einer Stellenanzeige bis hin zur Entwicklung besonderer Ausbildungsprogramme und -angebote.

Auch aus der Grundposition eines Personalmarketings im engeren Sinne heraus ist auf die Notwendigkeit eines ganzheitlichen Personal-Managements (im Sinne eines erweiterten Personalmarketingbegriffs) hinzuweisen: Die Bemühungen eines (ex-

Umfang

2.2 Personalbedarfsdeckung
Personalbeschaffung

tern orientierten) Personalmarketings dürfen nicht mit Eintritt neuer Mitarbeiter in den Betrieb enden. Auch das interne Personal muss »umworben« werden, was bedeutet, dass die Maßnahmen des Personalmarketings ihre Fortführung in denjenigen der Personalentwicklung und der Personalführung finden. Damit verschmelzen sich (externes) Personalmarketing, (interne) Personalentwicklung und andere personalpolitische Instrumente (wie Motivation und Führung, Vergütung und Sozialpolitik einschließlich Erfolgs- und Vermögensbeteiligung) zu einem ganzheitlichen Personal-Management.

Abb. 3-42

Übersicht über Labels und Wettbewerber zu »Guten Arbeitgebern«

»Great-Place-to-work«	Dies ist weltweit größte und bekannteste, zugleich vermutlich auch aufwendigste Arbeitgeberwettbewerb. Seit 2002 werden aus einem Teilnehmerfeld aus allen Branchen und Größenklassen »Deutschlands Beste Arbeitgeber« im Rahmen einer Benchmarkstudie (u. a. mit eigener Mitarbeiterbefragung und bezogen auf viele »weiche« Faktoren) ermittelt.
»Top Job«	Hierbei handelt es sich um eines der bekanntesten Labels. Es konzentriert sich auf die Auszeichnung der besten Arbeitgeber im Mittelstand mittels einer strukturierten Erhebung und in Zusammenarbeit mit der Hochschule St. Gallen (HSG).
»Best Pers Award« (BPA)	Hierbei handelt es sich um einen der ersten Arbeitgeberwettbewerbe. Es wird getragen durch das Institut für Managementkompetenz der Universität des Saarlandes und konzentriert sich auf mittelständische Unternehmen und die Hardfacts der Personalarbeit.
»Trendence«	Dieses Label beruht auf einer Studierenden- und Absolventenbefragung bei Wirtschafts-, Ingenieur-, Informatik und Rechtswissenschaften und stellt jährlich die 100 Top-Arbeitgeber Deutschlands vor.
»Kununu«	Diese Institution bietet ein Gütesiegel für durch aktuelle und ehemalige Mitarbeiter gut bewertete Arbeitgeber an. Hier findet kein eigentlicher Vergleich statt, sondern es liegen individuelle Meinungen bezogen auf einen Arbeitgeber vor.
»FOCUS Top nationale Arbeitgeber«	Dieses Label basiert – in Zusammenarbeit mit Xing und Kununu – auf Arbeitnehmerbefragungen zu ausgewählten Fragen (Führungsverhalten, berufliche Perspektiven, Gehalt, Image u. Ä.) und hebt die in unterschiedlichen Segmenten am besten bewerteten Unternehmen hervor.
»Top Employers«	Unter dieser Bezeichnung werden verschiedene Ausführungen von jährlichen Zertifizierungen (Top Employers Deutschland, Top Employers Deutschland/Mittelstand, Top Employers Automotive) auf Basis von Online-Befragungen zu Personalbereichen mit nachfolgender Prüfung und Auditierung vermarktet.
»Top Arbeitgeber«	Dies ist ein einjähriges Gütesiegel, das via strukturiert erfragten Selbstauskünften und ausgewählten Arbeitnehmerinterviews unterschiedliche Bewertungsbereiche (bspw. Unternehmungskultur, Entwicklungsmöglichkeiten, Jobsituation, Work-Life-Balance, Vergütung) fokussiert.
»Deutscher Arbeitgeber Award«	Der Award basiert auf einer Bewertung der Arbeitgeber auf Basis von Selbstauskünften, Mitarbeiterbefragungen und einer Auditierung im Zusammenwirken von Handelsblatt und DEKRA.
Sonstige	Darüber hinaus gibt es noch andere Wettbewerbe und Auszeichnungen, teilweise auf ausgewählte Regionen konzentriert, teilweise auf bestimmte Branchen oder Objekte (z. B. Vereinbarkeit von Familie und Beruf) bezogen, Zertifikate, die auf Basis von Audits vergeben werden (bspw.: Audit berufundfamilie, getragen durch die Hertie-Stiftung; vgl. www.berufundfamilie.de; sowie FAIR Company, vgl. www.faircompany.de/fair-company/), sowie andere mehr.

2.2 Personalbeschaffung

> **WISSENSWERTES**
>
> **Preis für »gute« Arbeitgeber**
>
> In den letzten Jahren sind verschiedene Wettbewerbe zur Qualität der Personalarbeit in Betrieben entstanden, die im besten Fall zu Auszeichnungen (Qualitätssiegel) für die Arbeitgeber führten – und so zum Employer Brand beitragen sollen. Die Wettbewerbe sind unterschiedlich konzipiert, umfangreich, teuer und angesehen (vgl. Straush, 2011) – und in ihrer Anzahl kaum noch zu übersehen. Zudem gibt es eine Reihe verschiedenartiger Labels für »gute Arbeitgeber«. Nachfolgend werden einige dieser unterschiedlich aufwändigen, preislich zwischen Null und 20.000 Euro positionierten und unterschiedlich basierten Auszeichnungen in Abbildung 3-42 skizziert.
>
> Manchmal ist verwunderlich, dass – übertrieben formuliert – überall andere Arbeitgeber gewinnen. »Jobsuchenden bringen die Rankings wenig. Denn nur wer zahlt, wird überhaupt geprüft«, so Straush (2011, S. 1) dazu. So weit würden wir nicht gehen. Zum einen macht sich manchmal schon das Fehlen eines irgendwie gearteten Labels auf der Karriereseite negativ bemerkbar. Zum anderen bieten ernstgenommene Wettbewerbe intern die Chance auf Verbesserungen, die genutzt, auch zu besseren Arbeitnehmerbewertungen u. Ä. führen. Für den, der allerdings nur »kaufen« möchte ist eine solche »Investition« kaum nützlich.

2.2.3 Kriterien zur Auswahl von Methoden der Personalbeschaffung

Welche der unterschiedlichen Instrumente der Personalbeschaffung im Betrieb zum Einsatz kommen, ist von einer Reihe von Rahmendaten bzw. Voraussetzungen abhängig: Kenntnisse über den Bedarf an beschaffungsrelevanten Informationen sind dabei ebenso wichtig wie die Bewertung der verschiedenen Methoden im betriebsspezifischen Kontext.

Informationen über bereits im Betrieb vorhandene bzw. auf dem Beschaffungsmarkt verfügbare Personalressourcen liefert die (inner- und außerbetriebliche) Arbeitsmarktforschung (vgl. Teil 3, Kap. 1.2).

Eine Bewertung der verschiedenen Beschaffungsmethoden darf sich nicht nur auf einen bloßen Vorteil/Nachteil-Vergleich beschränken, sondern muss immer auch situationsadäquat ausgerichtet sein. Vier verschiedene Aspekte sind hier anzusprechen:

Zielorientierte Auswahl

(1) Generelle Vor- und Nachteile

Die Vor- und Nachteile der Personalbeschaffung aus externen und internen Potenzialen werden in der folgenden Abbildung (vgl. Abbildung 3-43) gegenübergestellt:

Ob eine Stelle intern oder extern besetzt werden soll, ist von verschiedenen Faktoren abhängig. Einer liegt in den Merkmalen der zu besetzenden Position: So wird in der Praxis bei der Beschaffung von Führungskräften dem Versuch, die internen Ressourcen auszuschöpfen, der Vorzug gegeben.

Interne Besetzung

(2) Differenzierung nach Zielgruppen

Für die Entscheidung, welche Methoden der Personalbeschaffung angewandt und welche Instrumente wie gestaltet und eingesetzt werden sollen, ist die auf diesen Zweck zugeschnittene Eingrenzung derjenigen Zielgruppe(n), die angesprochen werden soll(en), eine der wichtigsten Vorbedingungen, denn umso selektiver und

2.2 Personalbedarfsdeckung
Personalbeschaffung

Abb. 3-43

Interne und externe Personalbeschaffung im Vergleich

	Interne Personalbeschaffung	Externe Personalbeschaffung
Ökonomische Vorteile	• Geringe Informationskosten • Geringe Zeitverluste der Stellenbesetzung • Geringe Verhandlungs-, Einarbeitungs- und Fluktuationskosten • Geringe Entgelterwartungen der Arbeitskraft in den ersten Einsatzjahren • Geringe Kontrollkosten	• Größere Auswahlmöglichkeiten • Höhere Leistungsbereitschaft, da die subjektiv eingeschätzte Arbeitsplatzsicherheit geringer ist • Geringere Kosten bei Personalabbau • Insgesamt niedrigeres Lohnniveau • Personalentwicklungsaufwand wird als externe Vorleistung »miteingestellt«
Aktivierungsförderung	**Motivationswirkung:** • Motivationspotenziale sind bereits bekannt • Geringere Frustrationsgefahr durch unerfüllte Erwartungen • Allgemeines Signal für Aufstiegschancen • Anreize durch offene Konkurrenz um knappe Aufstiegschancen, sofern diese erreichbar scheinen; dadurch auch geringere Gefahr unerwünschter Solidarisierung gegen Unternehmensziele • Geringere Wahrscheinlichkeit ungeplanter Individualstrategien auf dem Karriereweg **Qualifikationswirkung:** • Qualifikationspotenziale bereits bekannt • Qualifikationen sind leichter unmittelbar betriebsspezifisch nutzbar • Erhaltung betriebsspezifischer Qualifikationen • Unabhängigkeit von extern verfügbaren Qualifikationen	**Motivationswirkung:** • Anpassung der Motivationspotenziale an aktuell wirksame Umweltentwicklungen • Größere Disziplinierungsmöglichkeiten des Personals durch externe Alternativen • Aufbrechen bestehender Deutungs- und Wertmuster • Dispositionsspielraum in der Altersstruktur mit lebensalterspezifischen Motivationen • Verhinderung von Beförderungsautomatismus und Seilschaftenbildung **Qualifikationswirkung:** • Erwerb neuartiger Qualifikationspotenziale, die betriebsintern nicht erzeugt werden können • Verhinderung von Betriebsblindheit • Chance zur Gewinnung von Informationen über direkte Konkurrenten bzw. mögliche Kooperationspartner
	tendenziell stabilisierend	*tendenziell flexibilisierend*
Aktivierungsbeschränkend	**Motivationswirkung:** • Möglicher Rückgang der Leistungsbereitschaft durch geringe externe Konkurrenz **Qualifikationswirkung:** • Gefahr der Veralterung fachspezifischer Qualifikationen durch fehlende Anreize zur Weiterqualifizierung • Förderung von »Betriebsblindheit«	**Motivationswirkung:** • Demotivierung des internen Personals durch fehlende Aufstiegsperspektiven **Qualifikationswirkung:** • Höhere Fluktuation verbunden mit der Abwanderung aufgebauter Qualifikationen

Quelle: *Klimecki/Gmür*, 2005, S. 163

differenzierter kann die Akquisitionswirkung erwartet werden. Mit der Bestimmung der richtigen Zielgruppe(n) wird eine Vorauswahl getroffen, aus der heraus dann die engere Auswahl für das spezifische Anforderungsprofil der vakanten Stelle erst möglich wird.

Differenzierung

Die Bestimmung derjenigen Kriterien, die zur Zielgruppenabgrenzung heranzuziehen sind, ist eine Zweckmäßigkeitsfrage. Ihre Beantwortung hängt von der Erwartung ab, inwieweit der Betrieb mit der Zielgruppe eine ausreichende Anzahl von geeigneten Bewerbern erhalten kann. Als solche Kriterien haben sich bewährt:

2.2 Personalbeschaffung

- Wirtschaftszweige (Metallindustrie, Einzelhandel),
- Berufsgruppen (Schlosser, Verkäuferinnen),
- Vorbildung (Schultyp, Fach-, Hochschulstudium),
- Berufsbildung (Lehre, Berufserfahrung),
- Alter, Geschlecht, Arbeitszeit (unter Berücksichtigung der betrieblichen Belegschaftsstruktur).

Zielgruppen können durch Betonung eines Kriteriums, aber auch durch Mischung mehrerer Kriterien bestimmt werden. Von den Zielgruppen hängt dann ab, welche Beschaffungsmethoden und -instrumente Aussicht auf Erfolg haben. Die Abbildung (vgl. Abbildung 3-44) verdeutlicht diese Zusammenhänge beispielhaft.

Bestimmte Beschaffungsmethoden und Arten der Informationsgestaltung bedingen sich häufig gegenseitig. So werden über sogenannte informelle Beschaffungswege (z. B. über das soziale Netzwerk der Belegschaft) andere Informationen über ein Stellenangebot übertragen als über formelle (z. B. Stellenanzeigen). Verschiedene Untersuchungen haben ergeben, dass durch informelle Methoden qualifiziertere Arbeitskräfte (gemessen v. a. an Leistungs- und Fluktuationskriterien) gewonnen werden als auf formellem Wege. Als Begründung dafür erscheint plausibel, dass über informelle Wege offensichtlich realistischere Informationen über den Arbeitsplatz übermittelt werden. Sie führen zu einer Selbstselektion jener Bewerber, die nicht erwarten, ihre persönlichen Ziele an dem Arbeitsplatz erreichen zu können.

Abb. 3-44

Zusammenhänge zwischen der Bestimmung von Zielgruppen und der Wahl von Personalbeschaffungsmethoden und -instrumenten

Zielgruppenkriterien	Zielgruppe	Personalbeschaffungsmethoden, -instrumente
Berufsgruppe, -bildung	Auszubildende	Kontakt zu Berufsschulen, Arbeitsamt, soziale Medien
Arbeitszeit, Geschlecht	teilzeitbeschäftigte Frauen	Belegschaftsmitglieder, Arbeitsamt
Berufsgruppe, -bildung	Facharbeiter-Nachwuchskräfte	Berufsschule, soziale Medien, Arbeitsamt, lokale Presse, Branchenwerbung
Berufsgruppe, Vorbildung	Wissenschaftler	Kontakt zu Hochschulen (Hochschulmarketing), überregionale Zeitungen, wissenschaftliche Zeitschriften, Internet-Jobbörsen, Absolventenkongresse, Personalberater
Berufsgruppe, Vorbildung, Alter	Führungskräfte	Interne Ressourcen, Inserate in überregionalen Zeitungen, dto. in Fachzeitschriften, Internet-Jobbörsen, ausgewählte soziale Medien, Kontakte zu Banken etc., Personalberater

2.2 Personalbedarfsdeckung
Personalbeschaffung

(3) Zeitraum der Personalbeschaffung

Das »Zeitraum«-Kriterium erlangt insofern Bedeutung, als eine Abstimmung zwischen den Terminen der erforderlichen Personalbedarfsdeckung und dem Zeitbedarf der einsetzbaren Beschaffungsinstrumente herbeizuführen ist. So kommt beispielsweise eine mehrere Monate dauernde Spezialausbildung für bereits im Betrieb beschäftigte Mitarbeiter nicht für die Besetzung einer überraschend frei gewordenen Stelle infrage, die sofort wiederbesetzt werden muss (kurzfristiger Bedarf). Tendenziell kann gesagt werden, dass

Kurz- und langfristiger Personalbedarf

- für kurzfristigen Bedarf neben der Arbeitnehmerüberlassung für Spitzenbedarf vor allem die Nutzung interner Ressourcen (durch Versetzung, u. U. auch Mehrarbeit), Online-Medien und Inserate (in regionaler Presse) infrage kommen (Personalmarketing im Sinne der Personalwerbung), während
- langfristiger Bedarf durch eine innerbetriebliche Personalentwicklung, durch arbeitsmarktbezogene Pflege des Firmenimages und andere, längere Zeiträume in Anspruch nehmende Beschaffungsmethoden und -instrumente (Personalmarketing) gedeckt werden kann.

(4) Wirtschaftlichkeit der Personalbeschaffung

Kostenarten

Dass bei gleichem erzielbaren Nutzen alternativer Personalbeschaffungsmethoden bzw. -instrumente diejenigen zu wählen sind, die geringere Kosten verursachen, gehört zu den nicht weiter begründungsbedürftigen betriebswirtschaftlichen Grundeinsichten. Allerdings bereitet schon die exakte Kostenerfassung oft nicht unerhebliche Schwierigkeiten. Zu den Kostenarten der Personalbeschaffung zählen: Anwerbungs-, Auswahl-, Einstellungs- und Übergangskosten als direkte Akquisitionskosten, wohingegen beispielsweise Aus- und Fortbildungskosten direkte aber auch indirekte Kosten enthalten, die nicht zweifelsfrei abgrenzbar und ermittelbar sind.

Nutzengrößen

Die größeren Probleme jedoch liegen bei dem Ansatz von Nutzengrößen. Angenommen, die Fortbildung eines bestimmten Mitarbeiters für eine Führungsposition würde das gleiche kosten wie eine relativ aufwendige Kampagne der Beschaffung einer Führungskraft vom externen Arbeitsmarkt, angenommen auch, Gleichqualifizierung sei gewährleistet, ist dann gleicher »Nutzen« unterstellbar? Wie ist der Wert des Vorteils langjähriger Betriebserfahrung gegen den alternativen Zusatznutzen einer »Personalauffrischung« von außen abzuwägen?

Sollen demnach Beschaffungsalternativen unter wirtschaftlichen Gesichtspunkten beurteilt werden, ist es notwendig, die oben aufgeführten, qualitativen Aspekte der Konsequenzen unterschiedlicher Beschaffungsmaßnahmen zu quantifizieren (also z. B. Vor- und Nachteile zu bewerten), um zu Aussagen mit vergleichbaren Größen zu gelangen. Die bekannten Grundprobleme der Nutzenerfassung, -bewertung und -prognose treten auch hier sämtlich und unvermindert auf.

2.3 Personalauswahl

2.3.1 Begriff, Bedeutung und Problematik der Personalauswahl

Die Personalauswahl (synonym: Bewerberbeurteilung, -auswahl; »personell or employee selection«) wurde weiter oben als ein Entscheidungsprozess der betrieblichen Personalforschung (speziell: Qualifikations- und Eignungsforschung) beschrieben, der eine zielorientierte Auslese unter den Bewerbern für eine vakante Stelle zum Gegenstand hat. Der Kreis der Bewerber ist das Resultat von vorherigen Maßnahmen der Personalbeschaffung. Er determiniert insoweit die Alternativen der Auswahlentscheidung, deren Ziel letztlich die Bestimmung des »Geeignetsten« unter den Bewerbern ist. Eine Reihe von Bedingungen (z.B. ökonomische wie angemessene Gehaltshöhe, zeitliche wie akzeptable Anfangszeit, Situation des Arbeitsmarkts, Bewerberlage) ist zusätzlich zu berücksichtigen.

Die Idealvorstellung über ein »richtiges« Vorgehen bei der Feststellung der Bewerberqualifikationen ist die, mit der stellenbezogen zusammengestellten Summe aller Beurteilungsverfahren ein Bewertungsergebnis zu erreichen, aus dem hervorgeht, in welchen Graden die Arbeitsplatzanforderungen von den einzelnen Bewerbern erfüllt werden und wer der Geeignetste für den Arbeitsplatz ist.

Die Bestimmung des »Geeignetsten« macht Feststellungen von Bewerberqualifikationen erforderlich und setzt Kenntnisse der Stellenanforderungen voraus, denen die Qualifikationen entsprechen sollen. Die Güte der Auswahlentscheidung hängt insofern zunächst von der Präzision der Formulierung der Arbeitsanforderungen, und erst später von den Möglichkeiten zureichender Qualifikationsdiagnosen und -prognosen sowie der Vergleichbarkeit ihrer Ergebnisse mit den Anforderungen ab. Die grundsätzlichen Ausführungen zu Problemkreisen der Eignungsbeurteilung (s. Teil 3, Kap. 1.4) gelten auch hier.

> *Qualifikation* bedeutet eine absolute Einschätzung vorhandener Kenntnisse, Fähigkeiten und Fertigkeiten. Ebenso absolut ist die hierzu alternativ feststellbare *Kompetenz* (mit ihren verschiedenen Unterarten). *Eignung* bezieht sich dagegen auf den Vergleich von Qualifikationen/Kompetenzen auf Stellenanforderungen und ist insofern eine relative Aussage. Es geht um einen zeitspezifischen Fit (aktuell wie für die nächste Zukunft) zwischen Arbeitsplatzsituation und Person. Sowohl über-, als auch unterqualifizierte Positionsinhaber sollen so vermieden werden. Den »Besten« – i.S. einer absoluten Einschätzung der »höchsten« Qualifikation – einstellen zu wollen, missachtet dies. Allenfalls i.S. des Bestgeeignetsten ließe sich diese Bezeichnung verwenden (s. Teil 3, Kap. 1.4.2).

2.3 Personalbedarfsdeckung
Personalauswahl

Personalauswahlkette

Die Personalauswahl gilt allgemein als eines der *kritischen Elemente* eines Personal-Managements, da sie den Erfolg eines jeden Betriebs in ganz entscheidendem Maße mit bestimmt: »Personalauswahl ist die wichtigste Managemententscheidung überhaupt. ... ›Only good staff make good stuff.‹« (Sprenger/Arnold, 2013, S. 840) Dementsprechend sorgfältig sollte das Vorgehen sein.

Die Personalauswahl setzt nach Eingang der Bewerbungen verschiedene Instrumente der Qualifikations- und Eignungsforschung ein, um aus den Bewerbern eine geeignete Person für die vakante Stelle auszuwählen. Ein umfassender, d. h. auf die zentralen Stellgrößen einer effektiven Entscheidung fokussierter Auswahlprozess lässt sich in Form einer Personalauswahlkette (als spezifischer Ausschnitt der Personalbedarfsdeckungskette, s. o.) darstellen. Siehe hierzu die Abbildung 3-45.

- Ausgangspunkt ist die *Ermittlung* (und gemeinsame Abstimmung) der aktuellen und v. a. zukünftigen *Anforderungen*, die von einer guten bis ausreichenden Erfüllung der Arbeitsaufgaben ausgehen. Ohne solche Anforderungsprofile sind zweckgerichtete Qualifikationsüberprüfungen (und vorab ja auch schon Aktivitäten der Personalbeschaffung) nicht möglich.
- Im Rahmen einer *Vorselektion* werden die eingegangenen Bewerbungsunterlagen (Anschreiben, Zeugnisse, Lebenslauf u. a.) gesichtet und einer ersten Analyse hinsichtlich formaler und inhaltlicher Qualifikationanforderungen unterzogen. Die ersten unpassend eingeschätzten Bewerber werden hier bereits aussortiert. Manche Bewerber, mit denen die Entscheider sich etwas näher bewertend auseinandersetzen möchten, werden gegebenenfalls noch mittels eines Telefoninterviews und/oder eines Online-Assessments weiter geprüft. Von daher lässt sich die Vorselektion in zwei aufeinanderfolgende Phasen differenzieren. Am

BEACHTENSWERT

Schulzeugnisse irrelevant zur Vorselektion ...

Die Deutsche Bahn erprobt ein Bewerbungsverfahren, bei dem Zensuren keine Rolle spielen. »Nicht wenige Menschen merken erst, nachdem sie die Schule verlassen haben, dass Lernen Spaß macht. Auf einmal fällt Rechnen leicht, Französisch-Vokabeln bleiben viel besser hängen – und das nur, weil kein Druck mehr da ist. Oder weil man vielleicht in der Schule einen schlechten Lehrer hatte. Schulnoten jedenfalls, davon ist Ulrich Weber überzeugt, sagen nur begrenzt etwas über die Fähigkeiten eines Menschen aus. Und deshalb startet der Personalvorstand der Deutschen Bahn ein ungewöhnliches Pilotprojekt: ein Bewerbungsverfahren, bei dem Schulnoten zweitrangig sind. Schüler, die sich ... um einen Ausbildungsplatz oder ein Duales Studium bei der Deutschen Bahn bewerben wollen, können ... online an einem Test teilnehmen. Dazu müssen sie zwar zunächst die übliche Bewerbung mit Lebenslauf und Zeugnissen einreichen. ›Aber jeder Bewerber, absolut jeder, wird daraufhin zum Online-Test eingeladen‹, erklärt eine Sprecherin der Bahn. ›Völlig egal, welche Noten er in seinem Zeugnis hat.‹ Fähigkeiten vor Noten. In dem Test werden Fähigkeiten abgefragt, die für das jeweilige Berufsfeld wichtig sind, für das sich der Kandidat beworben hat. Angehende Gleisbauer beispielsweise sollten mechanisch-technisches Verständnis mitbringen. Und bei Eisenbahnern, die den Betriebsablauf koordinieren, sind Gewissenhaftigkeit und ausgeprägtes Pflichtbewusstsein gefragt. ... Durch den Online-Test bekämen alle Schüler die gleiche Chance. Vielleicht fördere der Test ›noch unentdeckte Talente zu Tage, die uns sonst verborgen geblieben wären‹, meint der Personalvorstand. ... Ziel sei nicht, die Besten zu ermitteln, sondern diejenigen, die mit ihren Kompetenzen den jeweiligen Anforderungen gut entsprächen, sagt Weber.« (http://www.sueddeutsche.de/karriere/bewerbung-bei-der-deutschen-bahn-zeugnis-egal-1.1722142 [letzter Abruf: 16.10.2016])
Die Qualität des Online-Verfahrens muss natürlich stattdessen gewährleistet respektive vorher ausreichend auf Validität getestet sein.

2.3 Personalauswahl

Abb. 3-45

Personalauswahlkette

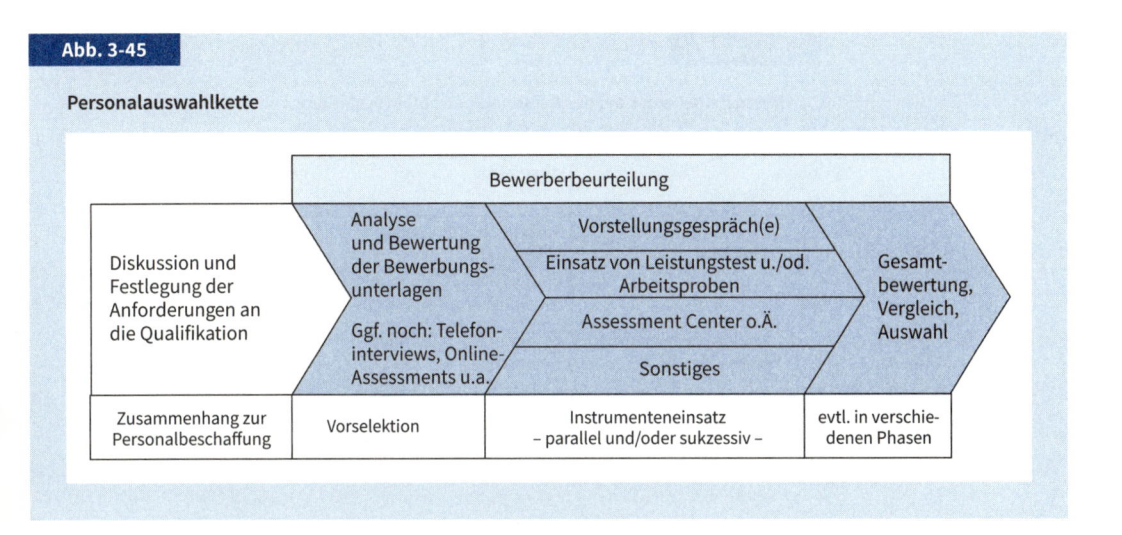

Diskussion und Festlegung der Anforderungen an die Qualifikation	Analyse und Bewertung der Bewerbungsunterlagen / Ggf. noch: Telefoninterviews, Online-Assessments u. a.	Bewerberbeurteilung: Vorstellungsgespräch(e) / Einsatz von Leistungstest u./od. Arbeitsproben / Assessment Center o. Ä. / Sonstiges	Gesamtbewertung, Vergleich, Auswahl
Zusammenhang zur Personalbeschaffung	Vorselektion	Instrumenteneinsatz – parallel und/oder sukzessiv –	evtl. in verschiedenen Phasen

Ende ist zu entscheiden, welche Bewerber als Kandidaten für den weiteren Auswahlprozess gelten. Diese werden dann zum Arbeitgeber eingeladen und zwar zu Vorstellungsgesprächen, Auswahltests und/oder anderen Maßnahmen.
- Danach wird versucht, die jeweilige Qualifikation der Bewerber durch verschiedene, durchaus parallel eingesetzte *Verfahren* zu erfassen. Zur gegenseitigen Information und Bildung eines Urteils eignen sich Gespräche mit unterschiedlichen Verantwortlichen (v. a. Personalsachbearbeiter und direkter Fachvorgesetzter). Verschiedene Varianten von Vorstellungsgesprächen lassen sich einsetzen (v. a. freie wie strukturierte Interviews, Einzel-, Mehrfach- und Serieninterviews, situative wie biografische Interviews; s. u.). Vielfach werden begleitend auch andere, unterschiedlich sinnvolle Instrumente zur Diagnose und Prognose von Qualifikationen eingesetzt: psychologische Tests, Leistungs- und Fähigkeitstests, Arbeitsproben, Assessment-Center, biografische Fragebogen u. a. (s. u.).
- Zum Abschluss erfolgen die Gesamtbewertung, der Vergleich der engeren Kandidaten und dann die Auswahlentscheidung. In diesem Zusammenhang kann die Prozessphase teilweise mehrfach durchlaufen werden, und zwar dann, wenn der Wunschkandidat das Stellenangebot nicht annimmt.

Eine effektive Personalauswahl vermeidet dabei die sog. Fehler erster und zweiter Art (siehe Abbildung 3-46; vgl. bspw. Kanning, 2004, S. 16 ff., Weuster, 2012, S. 1):

Fehler erster und Fehler zweiter Art

- Bei einem Fehler der ersten Art würden objektiv geeignete Bewerber als nicht geeignet eingeschätzt. Für den Arbeitgeber macht sich dieser Fehler dann nicht bemerkbar, wenn noch genügend andere tatsächlich geeignete Personen in der Endauswahl sind und aus diesen der Stelleninhaber gewählt wird. Wenn dies nicht der Fall ist, dann hat dieser Fehlertyp nachhaltig Wirkungen, allerdings ohne dass die Entscheider ihn bemerken.
- Beim Fehler der zweiten Art werden dagegen objektiv nicht geeignete Kandidat als geeignet bewertet und gegebenenfalls auch eingestellt. Dies stellt ein nach-

2.3 Personalbedarfsdeckung
Personalauswahl

Abb. 3-46

Potenzielle Fehler bei der Personalauswahlentscheidung

Entscheidung / Eignung	Bewerber als ungeeignet abgelehnt	Bewerber als geeignet eingestellt
Objektiv geeignete Bewerber	Fälschlich abgelehnte Bewerber: Fehler 1. Art (unsichtbares Fehlurteil)	Zu Recht eingestellte Personen: Richtige Entscheidung
objektiv ungeeignete Bewerber	Zu Recht abgelehnte Bewerber: Richtige Entscheidung	Fälschlich akzeptierte Bewerber: Fehler 2. Art (Fehlurteil/Fehlbesetzung)
Evaluation	i. d. R. nicht prüfbar	Nach Einstellung prüfbar

haltiges Problem dar, insbesondere dann, wenn man die Probezeit – sofern es eine solche gibt – nicht nutzt, die fehlende Eignung noch nachträglich festzustellen und eine Kündigung auszusprechen. Die Bedeutung des Fehlers steigt mit der Relevanz der zu besetzenden Stelle für den Betrieb.

Jedenfalls sind die verantwortlichen Entscheider gut beraten, sich um die Vermeidung beider Fehlerarten zu kümmern.

> Eine problematische Situation liegt vor, wenn kein wirklich geeigneter Bewerber – aus der Sicht des Betriebs – bekannt ist oder bereit ist, den Arbeitsplatz zu besetzen. Weder Über- noch Unterqualifikationen sind befriedigend, da jeweils der Eignungsgrad zu gering ist, um eindeutige Entscheidungen treffen zu können. Was macht man als Personaler nun mit nicht ganz geeigneten Bewerbern, wenn man keine bessere Alternative hat? Dennoch einstellen? Nachgelagerte Personalentwicklung für die fehlenden Eignungsmerkmale? Neuausschreibung und erstmals verlängerte Vakanz? Verlagerung des Arbeitsplatzes bzw. Abschaffung oder Veränderung durch geeignete Maßnahmen (Automatisierung, Aufspaltung u. a.)?
> Bedenken sollten die Entscheider, dass die mittel- bis langfristigen Auswirkungen einer ungeeigneten Stellenbesetzung leicht die kurzfristigen Vorteile überwiegen können.

Fehlentscheidungen vermeiden

Die betriebliche Praxis ist an der Entwicklung geeigneter Instrumente zur Qualifikationsdiagnose prinzipiell sehr interessiert: Fehlentscheidungen bei der Personalauswahl haben Störungen bei der Betriebszielerreichung, oft auch des »Betriebsklimas« zur Folge, sie sind dazu stets mit zusätzlichen Kosten verbunden (Personalbeschaffungs-, Auswahl-, Einarbeitungskosten) (s. o.). Daher ist es ver-

2.3 Personalauswahl

> **ZUR VERTIEFUNG**
>
> **Adverse Selection**
>
> Adverse Selection – aus der Institutionenökonomie übertragen auf die Personalauswahl und eine Beförderungsentscheidung – ist letztlich eine nicht pareto-optimale bzw. eine ungünstige/falsche Entscheidung des Betriebes, die durch eine Informationsasymmetrie, hier v. a. von »hidden characteristics«, entstehen kann. Bewerber verbergen wesentliche, für eine Position oder einen Betrieb eher abträgliche denn zweckmäßige Eigenschaften (vgl. Jost, 2014, S. 288 ff.). Dadurch können die genannten Fehlentscheidungen entstehen, zumindest dann, wenn es dem Betrieb durch ihre Personalauswahlverfahren nicht gelingt, diese verborgenen Eigenschaften zu entdecken.

ständlich, dass teilweise in der Regie einzelner Betriebe »maßgeschneiderte« Diagnoseinhalte und -verfahren ausgearbeitet und angewendet werden. Ihnen wird oft ein großer Stellenwert in punkto Konkurrenzvorsprung beigemessen; aufgrund des daraus folgenden Geheimhaltungsstrebens sind sie in der wissenschaftlichen Literatur zumeist nicht – jedenfalls nicht zusammenfassend – bekannt. Erfahrungen mit der betrieblichen Praxis zeigen dabei allerdings auch, dass viele Betriebe sich eher auf selbstgestrickte Eigenentwicklungen als auf validierte Instrumente verlassen.

Für die Praxis der Personalauswahl gilt es, in diesem Zusammenhang eine Mehrzahl von generellen Schwierigkeiten zu bewältigen:

Probleme

- Es existiert stets eine *Mehrzahl von Anforderungsdimensionen* (z. B. hinsichtlich des Fachwissens, bestimmter Fähigkeiten und Verhaltensweisen, der Verantwortung): Zum Ersten werden oft bei den Qualifikationsprüfungen der engeren Bewerbern nicht in allen Dimensionen die gleichen Eignungsgrade konstatiert. Es liegen insofern i. d. R. heterogene Eignungsprofile vor. Dies erschwert die Entscheidung für oder gegen einen Bewerber. Zum Zweiten erschwert dies auch die vergleichende Eignungsbeurteilung: Der eine Bewerber kann das eine besser, die andere Bewerberin etwas anderes relativ besser. In der Summe sind sie prinzipiell gleichwertig eingeschätzt. Zur Handhabung beider Teilprobleme sind – idealtypisch – vorab festgelegte Entscheidungsregeln hilfreich, wie z. B.: Es müssen Mindeststandards je Dimension formuliert und erfüllt werden. Der direkte Vorgesetzte fällt die Entscheidung!
- Es gibt eine *Mehrzahl von Informationsquellen*, auf die man die Stellenanforderungen zurückführen sollte (vgl. auch Arbeitsforschung in Teil 3, Kap. 1.3): die zu übernehmende Aufgabe, die eingesetzten Arbeitsverfahren und Hilfsmittel sowie situative Kontextfaktoren (das betriebsinterne Arbeitsumfeld mit gleichgestellten Kollegen, Vorgesetzten und unterstellten Mitarbeitern sowie das betriebsexterne Arbeitsumfeld mit den Kontaktpartnern bestimmter Lieferanten- oder auch Abnehmerfirmen u. a.). Sie stellen unter Umständen unterschiedliche Anforderungen, die in einem für Entscheider unangenehmen Fall ebenso unterschiedlich durch vorhandene Qualifikationen der Bewerber gedeckt werden können. Wie handhabt man diese Problematik?
- Die bei Bewerbern vorhandenen Ist-Qualifikationen werden mit einer *Mehrzahl von passenden Verfahren* zu eruieren versucht: z. B. Auswertung der Bewerbungsunterlagen, Tests, Gespräche, Beobachtungen. Hierbei liegt das Problem

2.3 Personalbedarfsdeckung
Personalauswahl

> **MEINUNG**
>
> **Zur Auswahlkompetenz**
>
> Zu guter Letzt: Offenbar ist bei vielen Beteiligten im Auswahlprozess das »Selbstvertrauen« in die eigene Auswahlkompetenz so stark ausgeprägt, dass sie sich selbst ohne Zweifel für geeignet halten, z. B. (1) Auswahlgespräche unstrukturiert und mit selbst ausgewählten (»Killer-«)Fragen, aber dennoch effektiv zu führen, (2) am Händedruck den Eignungsgrad von Kandidaten entscheidend festzustellen, (3) Persönlichkeitsmerkmale im Gespräch festzustellen, (4) »Impression Management« von Kandidaten problemlos zu entlarven, (5) allgemeine wie spezifische Leistungstests selbst zu kreieren, (6) verhaltensbezogene Assessment-Center (s. u.) partiell durch Persönlichkeitstests u. Ä. verändern zu können ... Den Selbsteinschätzungen von Personalern wie Linienvorgesetzten sind in der Praxis offenbar keine Grenzen gesetzt.
>
> Selbstkritische Distanz, regelmäßige Auswahltrainings, Einbezug von Experten für den Instrumenteneinsatz, interne Evaluationen und Kenntnis der einschlägigen Literatur wären hier sinnvollere Verhaltensweisen.

darin, dass alle Verfahren Ergebnisse zu jeweils mehreren Anforderungsarten (z. T. auch -kategorien) liefern, m. a. W. die einzelnen Instrumente nicht jeweils umfassend anforderungsspezifisch sind, sondern nur jeweils Bausteine liefern, die mosaikartig zusammenzusetzen sind.

- *»Es gibt keine Wahrheit über Bewerber!«* (Laske/Weiskopf, 1996) Lediglich situationsspezifische und deutungsnotwendige Einblicke in die Qualifikation der Bewerber sind durch die Verantwortlichen möglich. Objektive Urteile sind nicht möglich. Diese Tatsache wird in der Auswirkung umso gewichtiger, je weniger Zeit in den Auswahlprozess investiert wird.
- *Äquifinalität* ist ein Stichwort, welches zu verdeutlichen hilft, dass vergleichbare Arbeitsleistungen bzw. -erfolge mittels durchaus unterschiedlich ausgeprägter Qualifikationsfacetten und/oder Verhaltensweisen erreicht werden können. Personalauswahlverfahren fokussieren dagegen oft eine eher einseitige, bestimmte Sichtweise – sowohl was die Anforderungsinhalte als auch die verwendeten Auswahlinstrumente (»Rasenmähermethode«) betrifft. Hier gilt es, sofern die Entscheider sich nicht einschränken möchten, durchaus alternative Verfahren parallel oder mehrere unterschiedliche ausgerichtete Instrumente (nicht allein additiv, sondern auch rein korrespondierend) einzusetzen.

»A-Leute ziehen A-Leute, B-Leute ziehen C-Leute.« Alte Weisheit

- Der *gesamte Personalauswahlprozess* ist von Bedeutung. Eine Konzentration auf die Auswahlphase mit dem Einsatz von Auswahlinstrumenten greift zu kurz. Die anderen Phasen können ebenso problematisch sein, aber gegebenenfalls auch ausgleichend wirken. Statt sich mit der »Spirale der Verfahrensverbesserung« (Laske/Weiskopf, 1996) zu beschäftigen, sollte das integrative Zusammenwirken der Kettenglieder einer betrieblichen Auswahlkette stärker beachtet werden.

> In der Personalforschung wie -praxis werden die weiter vorne bereits dargestellten drei kombinierbaren Prinzipien der Eignungsbeurteilung zur Personalauswahl favorisiert: eigenschafts-, biografie- sowie simulations- respektive verhaltensorientierte Ansätze (s. Teil 3, Kap. 1.4.2, mit Abb. 3-16; vgl. zudem Schuler/Höft/Hell, 2014, S. 153 f.; Schuler, 2014, S. 155 ff.; Sarges, 2013, S. 27 ff.). Der eigenschaftsorientierte Ansatz wird hier aus den weiter vorne angeführten Argumenten nicht näher vertieft, wenngleich einige

Ausführungen bei der Erläuterung der Testverfahren erfolgen. Zur kurzen Erinnerung: Persönlichkeitseigenschaften sind sowohl aufgrund von Erfassungs- als auch Zuordnungsproblemen zu Arbeitsverhalten nicht zweckmäßige Auswahlkriterien. Persönlichkeit im Sinne eines auf situativen oder zumindest teilweise situationsübergreifenden Sets von stabilen Verhaltensweisen bzw. -dispositionen, die einen Menschen charakterisieren, kann aber durchaus erfasst werden – mit den beiden anderen genannten Ansätzen.

2.3.2 Qualifikationanforderungen und Anforderungsprofil

Unbedingter Ausgangspunkt eines seriösen Auswahlverfahrens ist die im Rahmen der Arbeitsforschung durchzuführende Festlegung des Aufgaben- und des Anforderungsprofils für die zu besetzende Stelle (s. Abbildung 3-18, Teil 3., Kap. 1.3., 1.4.2; vgl. Kanning, 2004, S. 221) gemeinsam durch die zuständigen Aufgabenträger. Die in Stellenausschreibungen angesprochenen Ausrichtungen, Aufgaben und Qualifikationsanforderungen sind dabei prinzipiell handlungsleitend, insgesamt gesehen aber generell in Breite wie Tiefe so unbestimmt, dass sie durch die Verantwortlichen in jedem Einzelfall konkretisiert werden müssen. Nur durch eine konkrete, miteinander durchgeführte Operationalisierung der Profile ist eine ausreichende Basis für valide, auf dem gleichen Verständnis fußende und mit einem Commitment versehene vergleichende, stellenbezogene Beurteilung geschaffen.

Seriöser Ausgangspunkt ...

Bei der Analyse dieser Problemstellung sind voneinander teilweise unabhängige Aspekte (»Aufgabenprofil → Anforderungen an die Qualifikation → operationale Verhaltens- und/oder Ereignisindikatoren«) angesprochen (vgl. Kanning, 2004, S. 226 ff.). Daher ist es sinnvoll, sie einzeln zu betrachten. Dies haben wir weiter vorne (s. Teil 3, Kap. 1.3.3) bereits getan. An dieser Stelle sei auf die zentralen Aspekte noch einmal kurz hingewiesen:

Professionelle Ableitung

▸ Zunächst werden aus der Arbeitsplatzanalyse und -prognose die zu erfüllenden Aufgaben spezifiziert, in ihren Bedeutungen gewichtet und in einem Profil zusammengeführt. Dabei ist nicht die letzte Stellenausschreibung einfach zu nehmen, sondern es sind aus bedachten, gegebenenfalls veränderten und/oder zu-

MEINUNG

Zur Äquifinalität von Anforderungen

Es sei an die Äquifinalität von Qualifikationen im Hinblick auf die Erreichung betrieblicher Ziele erinnert, die eine wie auch immer geartete »Der Schlüssel muss in unser Schloss passen!«-Haltung ad absurdum führt – gerade dann, wenn ein Betrieb Vielfalt in der Belegschaft sucht und/oder braucht. Natürlich ist es einfacher, mit eindimensionalen Vorstellungen zum Anforderungsprofil an eine Personalauswahl heranzugehen. Man wird vermutlich auch geeignete Kandidaten finden. Allerdings sollten die Entscheider sich bewusst bleiben, dass man dadurch im Grunde genommen nur einen (Verhaltens-)Typ sucht. Für die Stabilität einer Arbeitsgruppe ist dies zweckmäßig. Für Innovation und Veränderungsfähigkeit steht jedoch eine mehrdimensionale, durchaus alternativ denkende Vorgehensweise. Berücksichtigt man dies nicht, dann sucht man nur einen »Schlüssel, der in ein bestimmtes Türschloss« passt – und zwar für eine Tür, die morgen nicht mehr unbedingt gebraucht wird.

2.3 Personalbedarfsdeckung
Personalauswahl

sätzlichen Aufgaben adäquate Qualifikationsanforderungen auf eine vakante Position spezifisch abzuleiten.
- Diese Aufgaben obliegen im Allgemeinen den hauptamtlichen Personalern in Zusammenarbeit mit direktem und übernächstem Vorgesetzten (s. u.).
- Die Tatsache »Aufgabe ≠ Qualifikationsanforderungen« wird oft unzureichend zur Kenntnis genommen. Es bedarf idealtypischerweise einer professionellen Ableitung von Qualifikationanforderungen aus den Aufgaben sowie den Merkmalen der erwarteten Aufgabensituation.

> Qualifikationsmerkmale bzw. Kompetenzarten sind nur in wenigen Fällen durch die später einzusetzenden Auswahlverfahren gleich ersichtlich. Es bedarf einer Operationalisierung von Qualifikationsanforderungen in (Auswahlsituationen) beobachtbare Verhaltensitems bzw. ersatzweise einsetzbare valider Surrogate. Ohne eine solche Operationalisierung lassen Qualifikationen sich nicht valide erfassen.

Hier ist jeweils Fachexpertise gefordert. Je geringer sie einfließt, desto geringer ist die Chance auf treffende und/oder anwendbare Stellenausschreibungen, Anforderungsprofile, Auswahlinstrumente und Qualifikations- bzw. Eignungsbewertungen.

Beteiligung aller Entscheider

Ebenfalls idealtypischerweise werden diese Aufgaben – wie bereits erwähnt – mit allen Entscheidern der Stellenbesetzung umgesetzt, um sowohl eine Basis für eine *gemeinsame Auswahlentscheidung* als auch ein *Commitment* mit ihnen zu schaffen. Diese Aufgabe lediglich an den »Fachmann« aus dem Personalbereich zu delegieren, unterschätzt die Bedeutung und den Wirkungshorizont dieser Aufgabe. Sicherlich, für die »Übersetzung« von Aufgaben in erfassbare Qualifikationsanforderungen und erfassbare Items ist der Personalexperte zuständig. Aber die zukünftigen Aufgaben einer Stelle lassen sich nur durch die in Planungs- und Organisationsprozesse einbezogenen Linienvorgesetzten benennen. Zudem erweist es sich als sinnvoll, dass durch den frühzeitigen und gemeinsamen Prozess viel eher sichergestellt wird, dass in den späteren Auswahlphasen die an der Entscheidung beteiligten Personen auch die gleiche Ausgangsbasis für ihre Einschätzungen haben. Durch die multiperspektivisch und multipersonell vorgenommene Entscheidung besteht ein Commitment hierzu. Spätere willkürliche Abweichungen hiervon sind unwahrscheinlicher, als wenn »der Personaler« dies alleine getan hätte.

ZUR VERTIEFUNG

Profiling

Profiling ist im Zusammenhang der Personalauswahl der systematische und individuelle Vergleich von Stellenanforderungen mit den Qualifikationsmerkmalen eines Kandidaten. Letzteres basiert zum einen auf der Analyse der Bewerbungsunterlagen (v. a. Anschreiben und Lebenslauf) sowie zum anderen auf den Einsatz von Testverfahren und der Analyse der Ergebnisse. Dies ist eine übliche Vorgehensweise. Berater etablieren sich zunehmend als Profiler. Allerdings kann man nicht unbedingt von einer rational nachvollziehbaren Vorgehensweise bei deren Arbeit sprechen. Hier wird Intuition und Erfahrung eine große Rolle spielen – im besten Fall (vgl. Scheller, 2008, S. 309 ff.; Pelzl, 2005).

Personalauswahl 2.3

Ergebnis der Anforderungsfestlegung sollte ein *Anforderungsprofil* sein, dass entlang der gewählten Qualifikationsfacetten bzw. Kompetenzarten sowie deren Gewichtung zunächst ein idealtypisches Anforderungsprofil ergibt. (Das vollständige Profil ergibt sich dadurch, dass die für erforderlich gehaltenen Niveaus je Qualifikationsmerkmal in einer Tabelle angekreuzt und dann die Kreuze miteinander grafisch verbunden werden.) Abbildung 3-47 enthält ein noch offenes Beispielformular zur Eignungsbewertung, mit dem sowohl strukturiert die Qualifikationen (und ihr Profil) knapp erfasst als auch vorab das ideale Anforderungsprofil anhand der gleichen Merkmale erstellt werden kann. Ein solches Formular stellt ein Hilfsinstrument für die angesprochenen Teilaufgaben dar, ersetzt aber nicht verschriftlichte und umfangreichere Notizen. Zudem wird mit ihm nicht automatisch die Entscheidung »berechnet«. Eignung ist mehrdimensional und seine Bewertung lässt sich nicht einfach durch ein Einzelkriterium, ein Gesamtkriterium oder multiple Kriterien (vgl. Becker, F.G., 2009, S. 185 ff.) lösen.

Hilfsmedium

Abb. 3-47

Beispielformular zur Eignungsbewertung

Positionsbezeichnung:
Name:

1 = unabdingbar/höchstmögliche Ausprägung
2 = sollte erfüllt sein/in hoher Ausprägung erforderlich
3 = wünschenswert/in durchschnittlicher Ausprägung erforderlich
4 = nur bedingt erforderlich/geringe Ausprägung erforderlich
5 = nicht erforderlich/nicht gewünscht

A = AP voll erfüllt
B = AP gut erfüllt
C = AP durchschnittlich erfüllt
D = AP ausreichend erfüllt
E = AP nicht erfüllt

	Gewichtung	1	2	3	4	5	Beschreibung	Beurteilung
Fachkompetenz								
• …								
• …								
Methodenkompetenz								
• …								
• …								
Personale Kompetenz								
• …								
• …								
Sozialkompetenz								
• …								
• …								
Sonstiges								
• …								

2.3 Personalbedarfsdeckung
Personalauswahl

2.3.3 Auswahlinstrumente

2.3.3.1 Überblick

Zur eigentlichen Personalauswahl, also der Bewertung der Bewerber i. e. S., stehen im Wesentlichen die in Abb. 3-48 genannten Instrumente zur Verfügung. Sie werden alleine oder in Kombination, in Reinform oder abgewandelt sowie allgemein oder stellenspezifisch entwickelt eingesetzt.

Bei der jeweiligen Auswahl der stellenbezogen einzusetzenden Auswahlinstrumente sind drei Fragen zu beantworten (vgl. Kanning, 2004, S. 239 ff.): (1) Was soll bewertet werden (Ansätze: Verhalten, Biografie, Eigenschaften und/oder anderes)? (2) Welche Erkenntnisse aus der Personalforschung gibt es zu den infrage kommenden Auswahlmethoden (bspw. Validität, Reliabilität, Relevanz u. Ä.)? (3) Welche zeitlichen personellen und finanziellen Ressourcen stehen beim Einsatz zur Verfü-

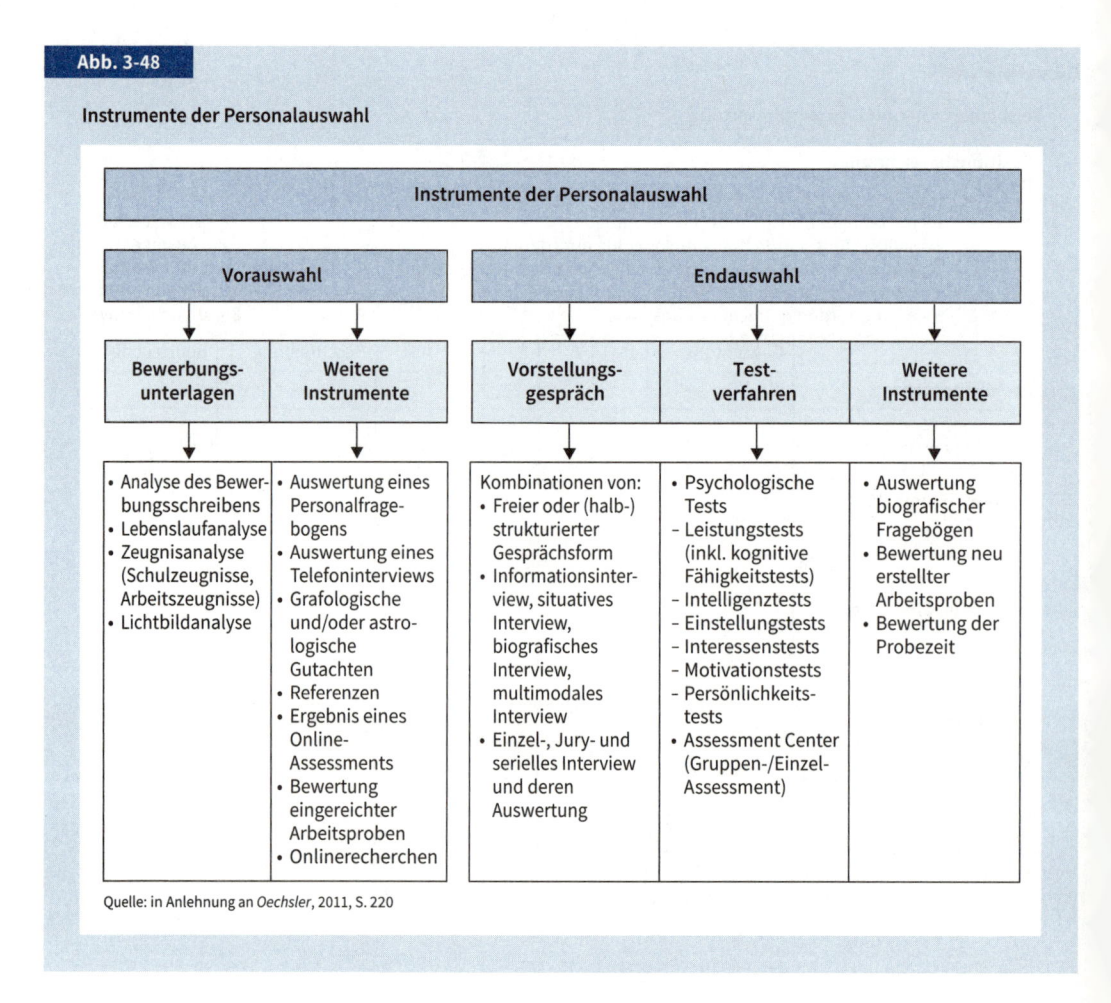

Abb. 3-48

Instrumente der Personalauswahl

Instrumente der Personalauswahl				
Vorauswahl		**Endauswahl**		
Bewerbungsunterlagen	Weitere Instrumente	Vorstellungsgespräch	Testverfahren	Weitere Instrumente

• Analyse des Bewerbungsschreibens
• Lebenslaufanalyse
• Zeugnisanalyse (Schulzeugnisse, Arbeitszeugnisse)
• Lichtbildanalyse
	• Auswertung eines Personalfragebogens
	• Auswertung eines Telefoninterviews
	• Grafologische und/oder astrologische Gutachten
	• Referenzen
	• Ergebnis eines Online-Assessments
	• Bewertung eingereichter Arbeitsproben
	• Onlinerecherchen
		Kombinationen von:
		• Freier oder (halb-)strukturierter Gesprächsform
		• Informationsinterview, situatives Interview, biografisches Interview, multimodales Interview
		• Einzel-, Jury- und serielles Interview und deren Auswertung
			• Psychologische Tests
			  – Leistungstests (inkl. kognitive Fähigkeitstests)
			  – Intelligenztests
			  – Einstellungstests
			  – Interessenstests
			  – Motivationstests
			  – Persönlichkeitstests
			• Assessment Center (Gruppen-/Einzel-Assessment)
				• Auswertung biografischer Fragebögen
				• Bewertung neu erstellter Arbeitsproben
				• Bewertung der Probezeit

Quelle: in Anlehnung an *Oechsler*, 2011, S. 220

gung? Nach einer Beantwortung dieser Fragen können die Entscheider zielbezogen den zu verwendenden Kanon an Auswahlinstrumenten auswählen und/oder gestalten.

Der Prozess der Personalauswahl bzw. der Einsatz unterschiedlicher Auswahlinstrumente vollzieht sich dabei sukzessive – alleine auch schon deshalb, um die Kosten niedrig zu halten: Zunächst werden die Bewerbungsunterlagen analysiert und bewertet, gegebenenfalls auch Online-Assessments und Telefoninterviews durchgeführt oder vorliegende Arbeitsproben bewertet. Eventuell werden danach im Rahmen eines persönlichen Treffens auch Tests unterschiedlicher Ausrichtungen (Intelligenz-, Leistungstest u. a.), Arbeitsproben, biografische Fragebögen und/oder Assessment-Center eingesetzt. In diesem Zusammenhang kommen ebenso Interviews (unterschiedlicher Ausrichtungen, ggf. auch mehrfach) zum Einsatz. Schlussendlich wird die Auswahlentscheidung aus einem kleineren Kreis an übrig gebliebenen Bewerbern getroffen. Auf all diese Möglichkeiten (und auch auf manche, die nicht empfehlenswert sind) wird nun nacheinander kritisch darstellend eingegangen. Zu Beginn steht der Umgang mit den Bewerbungsunterlagen.

2.3.3.2 Analyse und Bewertung der Bewerbungsunterlagen

Von den einzelnen Kandidaten für eine Stellenbesetzung liegt den am Auswahlprozess Beteiligten üblicherweise eine Reihe von Unterlagen vor, die zur Stützung der Bewerbung auf eine Stellenausschreibung oder unaufgefordert mit eingereicht wurden. Dies sind: Bewerbungsschreiben, Lebenslauf, Schul-, Bildungsabschluss-, Berufszeugnisse u. Ä., gegebenenfalls auch Referenzen, polizeiliches Führungszeugnis, amtsärztliche Bescheinigungen und/oder ein firmeninterner Personalfragebogen. Die Bewerbungsunterlagen können dabei in unterschiedlicher Form vorliegen: klassische selbst gestaltete Unterlagen oder vereinfacht übernommene und nur inhaltlich individualisierte Bewerbungsmappe, per eBewerbung ausgefüllter elektronischer Bewerbungsfragebogen und/oder alle Bewerbungsunterlagen als pdf-Anlage einer E-Mail.

»Übliche« Bewerbungsunterlagen

Diesen Unterlagen sind Basisinformationen zu entnehmen, die die Bewerber kennzeichnen und drei Funktionen dienen: Zum Ersten ist es möglich, in einer ersten Vorauswahl völlig ungeeignete Bewerber auszuschließen, zum Zweiten bieten sie erste Anhaltspunkte für eine Qualifikationsbeurteilung und zum Dritten ermöglichen sie es, offene Fragen für ein gegebenenfalls nachfolgendes Gespräch zu erkennen.

Funktionen

Die Prüfung der eingegangenen Bewerbungsunterlagen ist also der erste Schritt zur Identifizierung einer geeigneten Person. Sie folgt der Logik des biografieorientierten Ansatzes. Es gilt aus den – vielen – Bewerbungen diejenigen herauszufiltern, die aus der Sicht der stellenbesetzenden Institution am ehesten auf Basis der Papierlage für nähere und kostenintensivere Auswahlprozesse infrage kommen (vgl. Weuster, 2012, S. 97 ff.).

2.3 Personalbedarfsdeckung
Personalauswahl

> Inhalt und Ausmaß der Anforderungen an Bewerbungsunterlagen unterscheiden sich dabei teilweise erheblich, je nachdem welche Stelle besetzt werden soll und was der Betrieb diesbezüglich für Bewerber erwartet. Bei der Ausschreibung einer Stelle in der Innenrevision oder im Verkauf kann er sicherlich eine andere Aufbereitung der schriftlichen Bewerbungsunterlagen erwarten, als wenn es sich um die Stelle eines Facharbeiters in der Produktion oder eines Lageristen handelt. Die Anforderungen der Stellen sind andere, und nicht jede dieser Anforderungen spiegelt sich in der Form und der Semantik eines Anschreibens, eines Lebenslaufes u. Ä. wider. Insofern ist es beispielsweise notwendig, andere Maßstäbe anzulegen. Im Übrigen, darauf gehen wir weiter unten ein, spricht auch ein fehlerhaftes Anschreiben nicht generell gegen die Weiterverfolgung der Bewerbung auf eine kaufmännische Position.

Vorauswahl durch erfahrene Personaler

Die Analyse der Bewerbungsunterlagen wird oft unterschätzt und manchmal noch recht unerfahrenen Kräften überlassen, die dann auf Basis von formulierten Vorgaben eine erste Vorauswahl vornehmen. Dabei wirken sich Fehlentscheidungen bereits in diesem Stadium auf den gesamten Prozess aus, da sie später kaum korrigiert werden können (vgl. Kanning, 2004, S. 314 ff.). Aufgrund der Schwierigkeiten gerade bei der Analyse der Bewerbungsunterlagen sind »Fehler« nicht zu vermeiden. Es bedarf insofern später einzusetzender valider Instrumente (Testverfahren, Gesprächsarten u. Ä.), um diese Fehler ausbügeln zu können. Kaum korrigierbar ist dagegen, frühzeitig ausselektierte Bewerber später doch noch näher auf ihre Eignung zu prüfen. Nur erfahrene Personaler sind in der Lage, die Fehlerquote in dieser Prozessphase gering zu halten, sei es, weil sie nicht auf einzelne Items achten und ein besseres Auge für die Gesamtzusammenhänge haben, oder weil sie aus ungewöhnlichen (i. S. v. nicht normierten) Bewerbungen viel besser die mögliche Substanz entnehmen können.

MEINUNG

Zur Expertise der betrieblichen Experten

Es ist manchmal schon erstaunlich, was wir als Gesprächspartner einiger Arbeitgeber so direkt und indirekt zur Personalauswahl hören und/oder lesen:

- Da gibt es Betriebe, die lassen Praktikanten oder gar Online-Tools die Vorselektion durchführen ...!? Die Personalauswahl ist die zentrale Personalinvestition und die gehört in die Hände von Profis, zumindest dann, wenn die Entscheider tatsächlich eine qualitativ hochwertige Auswahl umsetzen möchten.
- Da gibt es Rekruter, die am Handschlag »erkennen«, ob jemand für eine Stelle geeignet ist ...!? Selbst wenn dies ein passendes Indiz wäre, so sollte ein Auswahlprofi doch sein Bestes tun, die Bedeutung dieses Indizes nicht i. S. des Halo-Effekts wirken zu lassen.
- Da gibt es Betriebe, für die gehört zum klassischen Assessment-Center die Erfassung von Persönlichkeitsmerkmalen automatisch dazu ...!? Dabei ist seit Anbeginn der Nutzung des authentischen Assessment-Centers klar, dass es mit diesem Instrument lediglich um die Erfassung von Verhaltensweisen geht. Versucht ein Betrieb, Eigenschaften zu erfassen, dann handelt es sich eindeutig nicht um ein Assessment-Center (s. u.).
- Da gibt es Personen, die nach wie vor unstrukturierte Auswahlinterviews durchführen. Das »Ich kann das schon!«-Syndrom ist weit verbreitet. ...

Personalauswahl 2.3

Beim Vorselektionsprozess bleibt zudem zu berücksichtigen, dass die diagnostische und prognostische Aussagekraft von Bewerbungsunterlagen – trotz oft gegenteiliger Meinungen in der betrieblichen Praxis – begrenzt ist und oft einzelne Aspekte aus den Unterlagen fehlinterpretiert werden.

Überschätzung der Aussagekraft

> Kanning (2015, S. 84) ist zuzustimmen, wenn er formuliert: »Zudem hat die Forschung ... nur wenige Kriterien identifiziert, die uns in die Lage versetzen, auf Grundlage der Bewerbungsunterlagen berufliche Leistungen in nennenswertem Maße zu prognostizieren. Alles in allem erscheint die Sichtung der Bewerbungsunterlagen somit als ein besonders stumpfes Schwert der Personaldiagnose. Aus diesem Grund wird zu einer sehr zurückhaltenden Deutung der Unterlagen nach dem Prinzip: ›Lieber einen Bewerber zu viel zum Einstellungsinterview einladen, als einen zu wenig‹ geraten.«

Auf einige zentrale Aspekte dieses »Nadelöhrs« für Bewerber wird nun eingegangen.

Anschreiben werden von Personalentscheidern im Allgemeinen daraufhin analysiert, ob im *Bewerbungsschreiben* Bewerbungsgründe, Gründe für die selbst angenommene Eignung für die ausgeschriebene Stelle, Ausführungen zu eigenen Stärken u. Ä. beschrieben werden. Das Bewerbungsschreiben kann im Hinblick auf äußere Form und Stil analysiert werden. Gegenstand einer *Formanalyse* sind v. a. Sauberkeit und die Gestaltung des Schreibens (s. u.), während sich die *Stilanalyse* auf Ausdrucksgewandtheit, Wortschatz usw. bezieht. Im Rahmen einer inhaltlichen Analyse versuchen die Entscheider die Beweggründe der Bewerbung, die Motivation, die vorhandene Qualifikation und Erfahrungen, die Selbsteinschätzung o. Ä. zu erschließen. Manche der genannten Bewertungsaspekte gehen bei einer elektronischen Bewerbung verloren (vgl. Becker, M., 2013, S. 492 ff.) und sind daher dort nicht Gegenstand einer Bewertung.

Bewerbungsanschreiben

Prinzipiell ist es zwar nachvollziehbar, dass die Entscheider – gerade für kaufmännische Positionen – im Rahmen der Bewertung der *Formalien* einer Bewerbung beispielsweise auf Flecken, Tippfehler, Grammatikfehler, unseriöse E-Mail-Adresse, Eselsohren, Falschschreiben der Anschrift, Durchstreichungen, schlechte Kopien, fehlende Unterlagen (ebenso Übersichtlichkeit des Lebenslauf, Lücken im Lebenslauf) sowie manche Stilelemente achten, sowie sie als sinnvolle Indikatoren zur Eignungsprüfung verstehen und sie letztlich negativ bewerten (und zwar hinsichtlich von Persönlichkeitsmerkmalen wie fehlende Gewissenhaftigkeit, Unstrukturiertheit u. a.), *allerdings*: »Bislang hat keine einzige Studie die Aussagekraft derartiger Deutungen überprüft!« (Kanning, 2015, S. 86) Daraus folgt, dass die Entscheider mit den genannten Interpretationen vorsichtig umgehen sollten. Andere Erklärungen für das »Fehlverhalten« werden in der betrieblichen Praxis leicht quasi automatisch ignoriert. Unerfahrenheit, Legasthenie, Zeitnot, schlechte Ratgeber u. Ä., die oft nichts mit der geforderten Qualifikation zu tun haben, führen dann schon frühzeitig zum Ausscheiden im Entscheidungsprozess um die vakante Stelle.

Formalien von Bewerbungsschreiben

2.3 Personalbedarfsdeckung
Personalauswahl

> Also: Flecken, Tippfehler, Grammatikfehler, unseriöse E-Mail-Adressen, Eselsohren, Falschschreiben der Anschrift, Durchstreichungen u. a. m. sind keine hinreichenden Indizien für die fehlende Eignung für viele Positionen. Sie als K.O.-Kriterium zu verwenden, entbehrt zumindest jeder wissenschaftlichen Grundlage.

Fazit

Von der Personalwissenschaft wird letztlich die gesamte diagnostische Aussagekraft des Anschreibens als *sehr zweifelhaft* angesehen. Anschreiben geben keinen Hinweis auf das Alltagsverhalten der Bewerber. Sie sind in hohem Maße an Ratgebern angepasst. Die inhaltlichen Einschätzungen zur Passbarkeit unterliegen dem Bias, dass den Verfassern weder genau klar ist, was mit den via Stellenausschreibungen geforderten Qualifikationen wirklich gemeint ist, noch ist für die Leser des Anschreibens genau klar, was die Verfasser mit bestimmten Ausdrücken (bspw. Teamfähigkeit, Motivation) gemeint haben. All das führt zu der Aussage: »Im Grunde genommen spricht außer der tradierten Personalauswahlroutine nichts dagegen, das Anschreiben einfach komplett zu ignorieren.« (Kanning, 2015, S. 89) Auch für manchmal von Arbeitgebern geforderte Motivationsschreiben gibt es keine relevanten Hinweise, inwieweit diese eine Aussagekraft hinsichtlich der Eignung von Bewerbern haben (vgl. Kanning, 2004, S. 319 ff., 2015, S. 89 f.; Schuler, 2014, S. 261 ff.; Kanning/Pöttker/Klinge, 2008, S. 91 ff.). Rekrutern ist in Folge anzuraten, sich streng stellenbezogen auf wenige K.O.-Kriterien zu begrenzen und ansonsten Fragen mitzunehmen für den nächsten Auswahlschritt im Rahmen der Analyse der Bewerbungsunterlagen.

Lebenslauf

Der *Lebenslauf* gibt einen Überblick über die Gesamtentwicklung des Bewerbers (vgl. Weuster, 2012, S. 126 ff.; Becker, M., 2013, S. 495 ff.). Durch Analyse sollen sich Hinweise auf die allgemeine Entwicklungstendenz, das soziale Niveau (soziokultureller Hintergrund), die berufliche wie private Biografie sowie Anhaltspunkte für ein mögliches Vorstellungsgespräch ergeben.

Analysebereiche

Folgend werden die einzelnen Blickrichtungen der Lebenslaufanalyse skizziert:
- Im Rahmen der *Zeitfolgenanalyse* wird geprüft, ob der Lebenslauf vollständig ist und wie häufig vom Bewerber die Stelle gewechselt wurde, ob Zeitlücken vorhanden sind und Ähnliches. Bei der Bewertung ist besonders das Alter des Bewerbers zu berücksichtigen; es lässt durchaus unterschiedliche Bewertungen von Positions- und Arbeitgeberwechseln zu. So können häufige Wechsel bei einem jüngeren Bewerber auf Orientierungsstreben und Energie hinweisen, wären also positiv zu bewerten. Anders bei einem älteren Bewerber: Erst kurz zurückliegende Arbeitsplatzwechsel fallen eher negativ ins Gewicht, da zunehmendes Alter mit zunehmender Konstanz des Arbeitsverlaufsprozesses übereinstimmen sollte. Bei manchen Tätigkeiten (z. B. Köchen) und bei Nachwuchskräften ist ein häufiger Wechsel vertretbar. Insofern gilt auch hier: Es gibt keine allgemeinen, eindeutig geltenden Bewertungen mit einem validen Hintergrund.
- Mit der *Positionsanalyse* (synonym: Entwicklungsanalyse) wird geprüft, ob der bisherige Berufsweg einen sinnvollen Ablauf (Wechsel und Aufbau der Aufgaben-

2.3 Personalauswahl

bereiche) aufweist, einen Wechsel des Berufs beinhaltet oder ob auch ein Trend nach oben oder unten (Aufstieg, Abstieg) zu erkennen ist.
- Die *Branchen- und Firmenanalyse* prüft, ob der Bewerber aus der gleichen, einer vor- oder nachgelagerten Branche verwertbares Wissen mitbringt. Ebenso wird analysiert, ob der Bewerber aus einem Groß- oder Kleinbetrieb stammt und diesbezüglich Vor- bzw. Nachteile für die Integration in den eigenen Betrieb abzuleiten sind.
- Zusätzlich können die Rekruter die im Lebenslauf angegebenen Sprachkenntnisse, Hobbys u. a. noch auf ihren stellenbezogenen Gehalt prüfen. Inwieweit hier jeweils Rückschlüsse möglich sind, hängt von den spezifischen Angaben und ihrem jeweiligen Bezug zur Stelle ab. Mit vorschnellen Interpretationen sollten die Entscheider sich hier zurückhalten.

Die Interpretation des Lebenslaufs beruht in Betrieben oft auf gängigen Vorurteilen und nicht auf wissenschaftlich nachgewiesenen Zusammenhängen – beispielsweise im Hinblick auf bestimmte Freizeitaktivitäten (z. B.: Mannschaftssportler haben prinzipiell eine höhere Sozialkompetenz als Tennisspieler!) oder Lücken im Lebenslauf (z. B.: Nicht erklärte Lebenslauflücken »verstecken« prinzipiell Eignungsmängel.). Als etwas aussagekräftiger gelten angegebenes soziales Engagement (schwach) und dokumentierte Berufserfahrung (stärker), letztere aber nur bei spezifischen Verläufen (mit genutzten Entwicklungschancen während der Beschäftigung). Das Vorliegen von Führungserfahrung gilt auch nicht unbedingt als Garant für ein besseres Führungsverhalten, sodass auch führungsunerfahrene Bewerber nicht prinzipiell schlechter abschneiden. »Führungserfahrungen« bedeutet ja nicht unbedingt »gutes Führungsverhalten«, ebenso wenig wie Führungserfahrungen in einem hierarchisch strukturierten Betrieb gewährleisten, dass diese Personen später angemessenes Führungsverhalten in kooperativen Strukturen zeigen können. Problematisch für die Auswertung sind zudem die Tendenz zur Selbstidealisierung bei Bewerbern und die Vergleichbarkeit verschiedener Lebensläufe anhand eines standardisierten Schemas.

Gerade *Laien* – und dabei handelt es sich im Allgemeinen bei Vorgesetzten – können daher wenig valide von einem Lebenslauf auf eine Qualifikation schließen (vgl. Kanning, 2004, S. 323 ff.).

Schlussendlich bleibt auch die Analyse des Lebenslaufs diffus im Hinblick auf valide Verwertbares. Hinsichtlich inhaltlicher Anforderungen, also dem (Nicht-)Vorliegen bestimmter Ausbildungen und Erfahrungen, dem (nicht-)Vorhandensein bestimmter Fremdsprachenkenntnisse u. Ä. sind allerdings hilfreiche Informationen zur Vorauswahl entnehmbar, ansonsten muss man mit der Interpretation im Hinblick auf die stellenrelevanten Anforderungen sehr vorsichtig sein. Vorurteile könnten ansonsten leicht die richtigen Bewerber negativ selektieren.

Zeugnisse sollen Auskunft geben entweder über Erfolge in der schulischen Ausbildung (Schulzeugnis), einer Hochschulausbildung (Studienzeugnis) oder über erbrachte Leistungen in der betrieblichen Praxis (Arbeitszeugnis) (vgl. Weuster, 2012, S. 160 ff.).

_{Interpretation}

_{Laien}

_{Schul- und Hochschulzeugnisse}

2.3 Personalbedarfsdeckung
Personalauswahl

Schulzeugnisse und auch *Hochschulzeugnisse* informieren aber lediglich über die Allgemeinbildung, einzelne Kenntnisse und Fähigkeiten. Schulnoten wird allerdings oft eine hohe Aussagekraft für die Prognose des nachfolgenden Ausbildungs- und/oder Studienerfolgs zugesprochen, Examensnoten für den beruflichen Erfolg. Solche Noten weisen dabei aber v. a. entweder auf die Qualifikation und das Interesse oder aber auf die Anpassungsfähigkeit – an schulische bzw. akademische Anforderungen, an den (Hochschul-)Lehrer u. Ä. – des Bewerbers hin. Ihre Aussagefähigkeit ist wegen der relativen Ferne zu betrieblichen Arbeitsbedingungen und wegen eines größeren zeitlichen Abstands bei älteren Bewerbern beschränkt. Bei der Auswahl von Auszubildenden und Jungakademikern haben sie hinsichtlich vergleichbarer Anforderungen (Berufsschule, Interessen u. Ä.) durchaus einen Sinn, allein schon deshalb, weil ansonsten wenig an Bewerbungsunterlagen vorzuweisen ist. Aus dieser Tatsache heraus, sollten solche Zeugnisse aber nicht überbewertet werden.

> *Anpassungsleistung* bedeutet Anpassung an schulische bzw. hochschulspezifische Anforderungen. Sie kann von daher kein Prädiktor für berufliche Stellenanforderungen sein – es sei denn, dort wird nahezu das Gleiche erwartet wie an der (Hoch-)Schule. Letzteres mag tatsächlich bei der Einstellung von Auszubildenden und bei der Auswahl von Bewerbern für eine Duale Hochschulausbildung der Fall sein.

Arbeitszeugnisse

Arbeitszeugnisse erstrecken sich auf vergangene, bei anderen Arbeitgebern durchgeführte Tätigkeiten und deren Beurteilung durch die vorhergehenden Arbeitgeber (entweder durch den Personaler und/oder den direkten Vorgesetzten). Inhaltlich lassen sich zwei Arten von Arbeitszeugnissen unterscheiden:
- Das *einfache Zeugnis* enthält Angaben über die Person des Arbeitnehmers sowie Angaben über Art und Dauer der Beschäftigung.
- Das *qualifizierte Zeugnis* erstreckt sich – nur auf Verlangen des Arbeitnehmers – über die Angaben des einfachen Zeugnisses hinaus auch auf seine Führung und seine Leistungen im Betrieb. Dabei sind abgestufte Umschreibungen der wahrgenommenen Leistung üblich. Indikatoren für solche Leistungen sind beispielsweise Arbeitsumfang, -bereitschaft, Fachkenntnisse etc., aber auch das Sozialverhalten.

Zeugnissprache

Beim qualifizierten Zeugnis ist zu beachten, dass der Arbeitgeber vor der Schwierigkeit steht, zum einen über Leistung und Verhaltensweisen wahrheitsgemäß auszusagen, andererseits jedoch gesetzliche Vorschriften über den Inhalt eines Zeugnisses berücksichtigen zu müssen (vgl. Hesse/Schrader, 2011; Schleßmann, 2012). Nach einem Grundsatzurteil des Bundesarbeitsgerichts (BAG) sollen Zeugnisaussagen »vom verständigen Wohlwollen für den Arbeitnehmer getragen sein und ihm sein weiteres Fortkommen nicht erschweren«.

In der Folge haben sich in der Praxis »indirekte« Zeugnisaussagen gebildet, die für den Bewerber ungünstige Vorkommnisse verschlüsselt ausweisen. So steht für viele die Passage »... hat die ihm übertragenen Arbeiten im Großen und Ganzen zu

2.3 Personalauswahl

unserer Zufriedenheit erledigt« für mangelhafte Leistungen des Beurteilten. Allerdings: Es gibt durchaus Variationen der Zeugnissprache. Der Leser eines Zeugnisses kann nie sicher sein, ob der Verfasser das »gleiche Lexikon« verwendet hat. Auch ist nicht unbedingt bekannt, ob der Verfasser eines Zeugnisses sich überhaupt wissentlich der Zeugnissprache bedient hat.

Arbeitszeugnisse haben insofern einen anderen Wert als Schul- und Hochschulzeugnisse. Die qualifizierten Bewertungen in ihnen sind verzerrt formuliert und gestatten keinen wirklichen Eindruck über die Qualifikation. Die unterschiedliche Kenntnis von »Zeugnissprachen« sowie deren Deutungsprobleme tragen ein Übriges dazu bei, den Wert von Arbeitszeugnissen zu minimieren. Anders sieht es mit den Beschreibungen der konkreten Arbeitstätigkeiten aus. Hier werden treffende Aussagen über vergangene Arbeitsaufgaben formuliert. Sie bieten die einzig nützlichen Informationen aus Arbeitszeugnissen (vgl. Kanning, 2004, S. 327 ff., 2015, S. 93 f.).

Werthaltigkeit

> Impulse zum Nachdenken gibt das folgende Zitat von Sprenger/Arnold (2013, S. 840): »Es soll ja auch immer noch Manager geben, die Bewerber-Zeugnisse lesen – obwohl man sie besser wöge.«

Lichtbilder dürfen zwar nach Inkrafttreten des Allgemeinen Gleichbehandlungsgesetzes (AGG) nicht mehr von den Arbeitgebern angefordert werden, sie liegen aber dennoch vielen Bewerbungen bei. Vom Format und Ausdruck (Pose, Kleidung) des Fotos eines Bewerbers wird dann oftmals auf Lebensniveau und -einstellung geschlossen. Grundsätzlich kann ein Lichtbild jedoch nur vage Anhaltspunkte liefern – selbst wenn die Personalentscheider die Eindrücke überinterpretieren, indem sie bewusst wie unbewusst ihre Einladungsentscheidung auch auf ihren Eindruck des Fotos basieren. Sie verursachen Wirkungen bei den Vorselektierern, Wirkungen, die nicht unmittelbar etwas mit der stellenspezifischen Eignung der Bewerber zu tun haben (vgl. Weuster, 2012, S. 111 ff.).

Bewerberfoto

> *Beispiele*: Das Aussehen wirkt vielfach über den Halo-Effekt (vgl. Teil 3, Kap. 1.4.3): Ein bestimmtes Merkmal – hier das wahrgenommene und/oder präsentierte Aussehen – überstrahlt alle anderen positiv oder negativ, verzerrt somit den Gesamteindruck, und zwar ohne realen Grund. Dies bedeutet, dass beispielsweise als gut aussehend wahrgenommene Personen unbewusst – selbst von Profis der Personalauswahl – in der Regel als fachlich wie sozial kompetenter und intelligenter eingeschätzt werden als weniger gut aussehende (Attraktivitätseffekt). Bei »gut aussehenden« Frauen kann die Wirkung im Übrigen umgekehrt sein, insbesondere dann, wenn sie sich auf »typische« Männerberufe beworben haben. Ebenso verzerrende Effekte gehen von Fotos aus, die übergewichtige, große, breitschultrige, fremdländische Bewerber zeigen. Alle Versuche physiognomischer Deutung auf Intelligenz, auf Leistungsfähigkeit oder Charakter des Bewerbers haben sich als fragwürdig erwiesen.

2.3 Personalbedarfsdeckung
Personalauswahl

> **WISSENSWERTES**
>
> **Absageschreiben**
>
> Für eine Vakanz wird i. d. R. ein neuer Mitarbeiter eingestellt. Alle anderen Bewerber erhalten ein Absageschreiben, wenngleich in unterschiedlichen Phasen des Auswahlprozesses (manchmal nach der Vorselektion, manchmal erst nach Auswahlinterviews u. Ä.). Rechtliche Unsicherheiten und Sorgen vor Klagen oder Schadenersatzansprüchen führen dazu, dass solche Absageschreiben relativ standardisiert formuliert werden. Ethisch-moralisch verantwortungsvoller wären individualisierte Schreiben, die genauer auf den Absagegrund eingehen und v. a. auf den Eignungsgrad und nicht die absolute Qualifikation Bezug nehmen. Absagen sind vielfach emotional belastend, insofern besteht ein entsprechender »Anspruch« auf ein freundliches und verbindliches Feedback. Aus den o. g. Gründen greifen Personaler – verständlicherweise – lieber zu standardisierten Schreiben. Aber auch diese können sich durch einen freundlichen Tonfall, personalisierte Angaben, wertschätzende Formulierungen sowie eine zeitnahe Versendung positiv von anderen abheben.

All solche Merkmale, möglicherweise auch durch ein nicht besonders gutes Foto wahrgenommen und interpretiert, haben nichts mit der Qualifikation für die vakante Stelle zu tun (vgl. Kanning, 2004, S. 316 ff., 2015, S. 86 f.). Manchmal lässt allerdings die Art des Bildes (farbig, schwarz/weiß; Urlaubs- oder Bewerbungsfoto; Ganzkörper- oder Gesichtsmotiv u. a.) vermutlich einigermaßen treffende singuläre Rückschlüsse auf den Bewerber zu.

Resümee

Insgesamt gesehen sind die skizzierten Bewerbungsunterlagen hinsichtlich ihrer validen Aussagekraft für eine Stellenbesetzung *nicht sehr positiv bewertet* bzw. als wirklich hilfreich dargestellt worden. Dennoch kann auf dieser Basis kein Plädoyer für die Nicht-Nutzung der Unterlagen gehalten werden. Eine vorsichtige Interpretation vor allem durch qualifizierte Entscheider ist aber dennoch angeraten. Tragfähige Hilfen liefern die Bewerbungsunterlagen für die Vorselektion dabei dann, wenn sie konsistente Informationen bieten, die sich zu einem gesamthaften Bild fügen. Berücksichtigen sollten die Entscheider bei der Interpretation unbedingt Folgendes: Mögliche Bewertungsfehler zu konkreten Bewerbungsunterlagen lassen sich

- zum Ersten durch eine kritische Reflexion der jeweils eigenen Urteilsbildung,
- zum Zweiten durch spezifische und zu wiederholende Trainings sowie
- zum Dritten durch explizite Verfahrensregeln (bspw. Erarbeitung eines Anforderungsprofils, Trennung von Beobachtung und Beurteilung)

reduzieren (vgl. Kanning, 2004, S. 314 ff.).

2.3.3.3 Einsatz weiterer Instrumente zur Vorselektion

Nach der ersten Phase der Vorselektion kann es zum einen sein, dass noch deutlich zu viele Kandidaten infrage kommen, als aus Kosten-Nutzen-Erwägungen heraus vernünftigerweise zu einem Vorstellungsgespräch und/oder zu anderen Auswahlverfahren eingeladen werden sollten. Zum anderen können auch bei der Vorselektion Fragen offen geblieben sein, deren Beantwortung sinnvollerweise in eine gute Selektionsentscheidung einfließen sollten. In solchen Fällen bieten sich weitere Instrumente zur Vorselektion an.

2.3 Personalauswahl

Manche Betriebe verlangen von ihren Bewerbern ausgefüllte, nach Eingang der Bewerbungsunterlagen untermittelbar zugesendete *Personalfragebögen*. Diese sollen die für die Betriebe wichtigen Daten wie Angaben zu Person, Schul- und Berufsausbildung, beruflichem Werdegang sowie speziellen Berufskenntnissen und Erfahrungen erfassen. Personalfragebögen sollen diese Daten in systematischer und einfach auswertbarer Form darstellen. Elektronische Formen im Rahmen eines E-Rekrutings lösen solche papierenen Formen der klassischen Personalfragebögen ab.

Manche Betriebe sind dazu übergegangen, nur noch *Online-Bewerbungen* standardmäßig zuzulassen. Hier steht den Bewerbern im Internet ein Tool zur Verfügung, das gewissermaßen einen Personalfragebogen abbildet. Entsprechend werden auf die gestellten Fragen bzw. die vorhandenen Rubriken die diesbezüglichen Einträge der Bewerber erwartet. Eine Vollstandarisierung ist in manchen Bereichen vorgesehen, d. h. die Antwortmöglichkeiten müssen nur noch angekreuzt werden. Mittlerweile liegen aber auch Software-Programme vor, die aus gescannten Bewerbungsunterlagen »selbstständig« solche Personalbögen ausfüllen. Nach vollständiger Eingabe, teilweise auch zwischendurch, wird die Plausibilität der Antworten durch das Programm (bzw. den vorher programmierten Inhalten) geprüft, teilweise auch gleich die Passung [!] der Bewerber auf die ausgeschriebene Stelle. In einer weiten Fassung solcher Online-Tools kann dann auch gleich automatisch eine Einladung zu einem Vorstellungsgespräch oder zu weiteren Testverfahren hinausgeschickt werden (vgl. Schuler, 2014, S. 204 ff.).

Im Rahmen der informatorischen Fundierung der Personalauswahl wird nach wie vor – vor allem bei der Auswahl von hierarchisch höheren Führungskräften – von einigen Arbeitgebern eine *Schriftbildanalyse* (synonym: grafologisches Gutachten, Handschriftenanalyse) herangezogen. Schriftproben der Bewerber werden dabei von »Experten« hinsichtlich einer Gesamtbeurteilung der Persönlichkeit der Bewerber analysiert. Speziell die Einstellung zur Arbeit und psychische Leistungsvoraussetzungen (Dynamik, Durchsetzungsvermögen, Belastbarkeit, Kontaktvermögen u. Ä.) sollen bewertet werden. Wissenschaftliche Aussagekraft kommt der Grafologie – zumindest außerhalb des medizinisch-psychischen Bereiches – allerdings nicht zu. »Seit Hunderten von Jahren haben Menschen versucht, die Persönlichkeit durch die Analyse der Handschrift zu erforschen, bis zum heutigen Tag und ohne nennenswerten Erfolg. ... [D]ie Handschrift sagt nicht viel aus über die Persönlichkeit eines Menschen, gleichgültig, ob Graphologen oder Laien eine Schrift analysieren.« (Weinert, 2004, S. 365) Von daher sind die Gutachten als Instrument der Personalauswahl ungeeignet. Offenbar sehen dies einige Arbeitgeber anders, wenn Interessierte sich die Werbeanzeigen von Grafologen in Personalfachzeitschriften ansehen. Ein grafologisches Gutachten ist nur mit ausdrücklicher Zustimmung eines Bewerbers rechtlich zulässig. Das Nachkommen der Aufforderung, einen handschriftlichen Lebenslauf einzureichen, reicht dazu als Zustimmung nicht aus (vgl. Weinert, 2004, S. 364 ff.; Becker, M., 2013, S. 498 f.; Weuster, 2012, S. 125 ff.; Kanning, 2010, S. 83 ff.).

Auch *astrologische Gutachten* werden offenbar von einigen Arbeitgebern zur Personalauswahl angeführt (vgl. auch hierzu die Werbeanzeigen entsprechender An-

---

Personalfragebögen: auf Papier und/oder online

»Mit Würde auf der Welt zu sein heißt, jeden Tag sein Horoskop zu korrigieren.«
Umberto Eco

»Die Sterne lügen nicht – sie schweigen.«
Rudolf Kippenhahn

2.3 Personalbedarfsdeckung
Personalauswahl

> **ZUR VERTIEFUNG**
>
> **»Von Schädeldeutern und anderen Scharlatanen«**
>
> Einer der führenden deutschen Personalwissenschaftler und -psychologen Kanning (2010) thematisiert sehr deutlich, warum keine Physiognomie, kein Schriftmuster, keine Sterndeutung, auch keine individuelle Interpretation von Vor- und/oder Nachnamen, Farben, Gesten u. Ä. eine irgendwie geartete qualifizierte Aussage über die stellenspezifische Eignung eines Bewerbers (und darüber hinaus) gestattet. Allerdings: Letztlich geht es bei den Praktiken in Betrieben nicht um valide Vorgehensweisen, sondern der Glaube allein ist ausreichend zur Begründung. Passende »wissenschaftliche« Begründungen werden dabei gerne hingenommen, unpassende allerdings entweder ignoriert oder als unseriös u. Ä. abgetan.

bieter in Personalfachzeitschriften). Die wissenschaftliche Personalforschung hält auch dieses Tool als Auswahlinstrument für völlig ungeeignet. Es verrät mehr über den Arbeitgeber und seine Verhaltensweisen als über die Bewerber (vgl. Kanning, 2010, S. 117 ff.).

Referenzen

Referenzen von Privatpersonen und ehemaligen Vorgesetzten werden – so die Intention derjenigen, die sie einsetzen – zur Bestätigung bestimmter Charakteristika und Entwicklungen herangezogen. Dabei hängen die Zuverlässigkeit von Referenzen und ihre Wirkung oftmals von der Bekanntheit und Besonderheit der angegebenen Referenzperson ab. Nicht selten sind allerdings Gefälligkeitsgutachten und »Wegloben«. Referenzen sind daher wegen ihres Wahrheitsgehalts nicht unproblematisch. Sie mögen stimmen oder nicht, jedenfalls kann ein Rekruter sich nie sicher sein, ob das eine oder das andere der Fall ist. Dabei macht es de facto keinen Unterschied aus, ob Referenzen schriftlich eingereicht oder mündlich eingeholt werden. Es mag sein, dass im Falle einer guten Bekanntschaft der Personalentscheider mit einem Referenzgeber sinnvolle Informationen generiert werden. Allerdings dürfen Entscheider in solchen Zusammenhängen nicht ignorieren, dass im Rahmen des Kommunikationsprozesses oft sozial gewünschte Antworten erteilt oder wahrgenommen werden (vgl. Bellmann, 2013; Weuster, 2012, S. 293 ff.).

Eingereichte Arbeitsproben

Bei manchen Stellen (v. a. im künstlerischen Bereich) wird bereits bei der Ausschreibung darauf hingewiesen, dass erstellte Arbeiten mit den Bewerbungsunterlagen einzureichen sind. Die Analyse dieser Arbeiten dient dann der Entscheidungsfindung. (Näheres zur Analyse von Arbeitsproben siehe weiter unten in Teil 3, Kap. 2.3.3.7).

Online-Recherchen

Online-Recherchen (bzw. Synonyme für Hintergrundrecherchen zu Bewerbern: Pre-Employment Checks oder Screening, Background Checks) sind ein ambivalent diskutierbares Thema der Personalauswahl. Es ist ein präventiv eingesetztes, wenngleich selten »offiziell« genutztes Instrument, um mehr Erkenntnisse über die ausgewählten Bewerber hinsichtlich von Charakter, Zuverlässigkeit und Integrität gerade im Zusammenhang der Vorselektion zu erlangen bzw. zu verifizieren. »Das Netz« mit seinen verschiedenen elektronischen Kanälen (z. B. Facebook, Twitter, Google, XING, LinkedIn) bietet heute vielfältige Informationen über Personen, manches absichtlich für die Öffentlichkeit zugänglich gemacht, manches gelangt auf anderen Wegen in die Netz-Öffentlichkeit. Solche Informationen kann der Betrieb prinzipiell suchen und auch nutzen, um Näheres über Bewerber in Erfahrung zu

2.3 Personalauswahl

bringen. Valide Informationen hinsichtlich der Stellenanforderungen liefert eine solche Recherche allenfalls zufällig. Dies ist auch kein Wunder, kennen die Entscheider doch die jeweiligen Hintergründe nicht. Rechtlich sind solche Recherchen nur in Grenzen zulässig und zudem sind sie ethisch-moralisch umstritten (vgl. Roos, 2013, S. 751 ff.).

Online-Tests (i. S. v. web- oder computerbasierten Eignungstests, Online-Assessments, eAssessments u. Ä.) werden vor allem im Rahmen der Vorauswahl zur Abschätzung der Eignung eingesetzt. Auf Basis der Informationen aus den Bewerbungsunterlagen hat es in der Regel bereits vorab eine erste Selektion gegeben, bei der die offensichtlich nicht Geeigneten (bspw. aufgrund fehlender erforderlicher Basisausbildung) herausgefiltert wurden. Die verbliebenen (meist vielen) Bewerber werden dann aufgefordert, an einem – idealtypischerweise stellenspezifisch entwickelten – Online-Test teilzunehmen. Ziel ist es, über Fragen gerade zu biografischen und qualifikationsbezogenen Aspekten solche Bewerber zu identifizieren, die mit hoher Wahrscheinlichkeit für die ausgeschriebene Stelle nicht geeignet sind. Die »*Negativselektion*« wird insofern über die Online-Tests fortgesetzt.

Insbesondere bei jüngeren Bewerbern (v. a. Berufseinsteigern) bieten deren vorherige Lebenslaufstationen noch keine hinreichenden Unterscheidungsmerkmale zur fundierten Vorselektion. Sie sind insgesamt zu ähnlich, sodass für Entscheider bei einer ernsthaften und v. a. auch persönlichen Prüfung der individuellen Eignungen ein hoher Aufwand entsteht. Online-Assessments können hier relativ aufwandsarm weiterhelfen. Sie liefern im besten Fall zusätzliche Informationen, die eine Beurteilung besser zu fundieren helfen. Falsch wäre es dabei allerdings, »den Computer selbst entscheiden« zu lassen, wer danach eingeladen wird und wer nicht.

Unterschiedliche Formen von Online-Tests werden im Allgemeinen, teilweise auch kombiniert, eingesetzt. Sie werden auch unterschiedlich verstanden (vgl. Brünn, 2010, S. 29; Kupka, 2007, S. 2; Konradt/Sarges, 2003, S. 6 f.) v. a.:

- Eignungsdiagnostisch direkt entwickelte Online-Tests dienen der angesprochenen Vorauswahl. Allerdings lassen sich auch ältere papierene Testverfahren in Online-Tests umwandeln.
- Indirekt tragen Tools zum Self-Assessment über die Hilfe zur Selbstselektion der Bewerber dazu bei, die Vorselektion weiter voranzubringen (vgl. Kupka/Selivanova/Diercks, 2013, S. 3 ff.).
- Als Objekte der Online-Tests werden unterschiedliche adressiert: Persönlichkeit/Eigenschaften, biografische Aspekte, Allgemeinwissen, kognitive und nicht-kognitive Fähigkeiten, Fachwissen, analytisches Denken, (»Denk-«)Verhalten in beruflichen Situationen (berufsbezogene Simulationen) und/oder Intelligenz. Ein einheitliches Verständnis liegt nicht vor (vgl. Lievens/Harris, 2003, S. 145 f.; Brünn, 2010, S. 28; Schuler/Höft/Hell, 2014, S. 154 f.). Von daher ist es derzeit auch schwierig, eine qualitative Abschätzung eindeutig vornehmen zu können.

In Zweifel gezogen werden kann, inwieweit über solche eAssessments »Persönlichkeit« erfasst werden kann. Hier wird vermutlich eher der »Wunsch Vater des Gedankens sein«. Gut konstruierte *und* insofern auch entsprechend validierte Instru-

Online-Tests

Kritik

2.3 Personalbedarfsdeckung
Personalauswahl

mente, die jenseits einer solchen Persönlichkeitserfassung konstruiert sind, können aber tatsächlich zusätzliche Informationen für die weitere Vorselektion generieren. Inwieweit diese Informationen dann zu der einen oder der anderen Entscheidung beitragen, unterliegt dabei dem reflektierten Ermessen der Entscheider.

Hinzu kommen bei der endgültigen Entscheidung über den Einsatz noch die Auseinandersetzung um verschiedene operative Probleme, die einer angemessenen Handhabung bedürfen: Sicherstellung, dass tatsächlich die Bewerber die Tests durchführen, Einsatz ausreichend stellenbezogener Tests, Reichweite der Aussagefähigkeit für die Stelle u. Ä.

Telefoninterviews

Darüber hinaus bieten sich *Telefoninterviews* dazu an, im direkten Kontakt über Telefon oder auch Skype u. Ä. noch fehlende Informationen einzuholen, einen unmittelbaren Eindruck über Bewerber zu gewinnen und in diesem Zusammenhang auch – idealtypischerweise systematisch, ggf. auch situativ und biografisch (s. u.) – Fragen, die auf eine Abschätzung von Qualifikationen und anderen stellenrelevanten Objekten (Anfangszeitpunkt, Entgeltvorstellungen, Führerscheinbesitz u. Ä.) abzielen, zu stellen. So kann ein Betrieb eine höhere Erfolgsquote bei den persönlichen Vorstellungsterminen erreichen. Gerade bei weit entfernt wohnenden Bewerbern hilft dieses Instrument auch, die Reisekosten insgesamt gering zu halten (vgl. Schmidt/Rader, 1999; Silvester et al., 2000; Kroeck/Magnusen, 1997).

> Von Telefoninterviews zu differenzieren sind solche Telefongespräche, die auf Basis von in der Stellenanzeige angegebenen Informationen zu einem Gesprächspartner und auf Initiative von Bewerbern geführt werden. Hier steht insbesondere das Informationsinteresse der Bewerber im Mittelpunkt. Ein solches Angebot wirkt bewerberfreundlich, ist ein Mittel des Personalmarketings, kann Unklarheiten aus der Stellenausschreibung beseitigen helfen, die Passgenauigkeit von eingehenden Bewerbungen erhöhen u. a. (Weuster, 2012, S. 90 ff.)

WISSENSWERTES

Recrutainment

Unter Recrutainment werden im Rahmen der Personalauswahl hin und wieder die Auswahltools eines Online-Assessments (s. o.), Online-Personalmarketings (v. a. Employer Branding-Aktivitäten unmittelbar auf einer Internetseite) und E-Rekruting (i. W. Aufforderung zu Bewerbungen auf vakante Positionen) verstanden, zumindest dann, wenn die hieraus stammenden Tools in einen spielerisch-simulativen Kontext zusammen eingebunden sind (vgl. Diercks, 2014; Kupka/Martens/Diercks, 2011). Der simulative Charakter der dazugehörigen browserbasierten Online-Applikationen soll zunächst die Motivation zur Auseinandersetzung mit einem Betrieb als Arbeitgeber fördern sowie danach ein virtuelles Erleben des jeweiligen Betriebs ermöglichen. Dies wiederum fördert eine treffende Selbstselektion nachhaltig, so die Zielsetzung. Recrutainment setzt sich auch in den Social-Media-Formaten fort (Bsp.: Facebook Applikationen »Could it be U« von Unilever, »Bist du eine Kronese?« der Krone AG, »poweRBrands« von Reckitt-Benckiser; vgl. auch gttp://www.personalmarketingblog.de/could-it-be-u-unilevers-facebook-self-assessment, https://www.allianz.com/de/karriere-alt/allianz_interaktiv/karriere_games.html/, http://www.cyquest.net/online-assessment-verfahren/, http://postbank-ausbildungsnavi.de/, https://blicksta.de/, http://www.probier-dich-aus.de/) [letzter Abruf: 30.03.2016]).

2.3.3.4 Vorstellungsgespräch

Das Vorstellungsgespräch (synonym: Einstellungsgespräch, Auswahlgespräch, Bewerberinterview o. Ä.) ist das in der Praxis verbreitetste Auswahlinstrument sowohl für interne wie für externe Bewerber (vgl. Weinert, 2004; von Rosenstiel/Nerdinger, 2011, S. 159 ff.; Weuster, 2012, S. 191 ff.; Schuler, 2014). Es ist zumeist ein Baustein eines mehrstufigen Prozesses der Personalauswahl, an dessen Beginn üblicherweise die Analyse von Bewerbungsunterlagen steht. Hier schließt sich normalerweise ein irgendwie geartetes Gespräch mit den in die erste engere Wahl genommenen Bewerbern an. Von daher unterscheidet sich das nun thematisierte Vorstellungsgespräch von den Telefoninterviews, die im Rahmen der Vorauswahl mit einer anderen Intention (absolute Feststellung von bestimmten Eignungsmerkmalen und nicht vergleichende Bewertung der Eignung).

Dem Vorstellungsgespräch voraus oder parallel dazu werden oft auch andere Auswahlverfahren durchgeführt. In kleinen und mittelgroßen Betrieben ist das Bewerberinterview allerdings oft das einzig eingesetzte Auswahlinstrument.

Das Bewerberinterview wird in der Regel zwischen einer Person vonseiten des Arbeitgebers (Interviewer) und dem Bewerber durchgeführt (zu Abwandlungen s. u.). Es muss sich auch nicht lediglich um »ein« Gespräch handeln. Neben den weiter unten skizzierten, alternativ oder ergänzend durchzuführenden Interviewvarianten ist es bei den in die engere Wahl gekommenen Kandidaten üblich, mehrere solche Vorstellungsgespräche durchzuführen. Dabei wechseln in aller Regel entweder die Themen oder die (immer höherrangigeren) Gesprächspartner. Idealtypisch – gemeinsam oder sukzessive – beteiligt sein sollten: direkter Vorgesetzter (Fokus: direkte soziale Passung und Fachkompetenz), nächsthöherer Vorgesetzter (Fokus: uneigennütziger Blick auch auf die Qualifikationspotenziale) und Personaler (Fokus: Sozial- und Selbstkompetenz, Qualifikationspotenziale).

Synonym: Bewerberinterview

> »Über mehrere Jahrzehnte hin gab es eine erhebliche Diskrepanz zwischen Forschern und Praktikern: Die Forschung warnte nachhaltig vor dem Gebrauch von [unstrukturierten] ... Einstellungsgesprächen, weil sie sowohl unzuverlässig als auch unvalide seien. Praktiker dagegen machten reichlichen Gebrauch davon.« (Weinert, 2004, S. 343) Hier hat sich mittlerweile viel geändert, solche Diskrepanzen gibt es zwar immer noch, aber mittlerweile haben sehr viele Personalpraktiker die wesentlichen Kritikpunkte angenommen und setzen auf qualitativ sinnvollere Vorgehensweisen.

Durch ein Vorstellungsgespräch können Informationen aus anderen Quellen zur Qualifikation und nachfolgend zur Eignung ergänzt werden. Die persönliche Passung (»Chemie«), die für viele Tätigkeiten eine wichtige Anforderung ist, lässt sich fast nur durch dieses Instrument beurteilen. Allerdings wird die Qualität der aus einem Einstellungsgespräch gewonnenen Informationen in der Praxis häufig überschätzt, was weniger am Instrument selbst, sondern an seiner jeweiligen Spezifikation und seiner Umsetzung durch die Interviewer liegt.

2.3 Personalbedarfsdeckung
Personalauswahl

Ziele

Als *Ziele* eines Vorstellungsgesprächs sind aus betrieblicher Sicht Folgende zu nennen:
- Gewinnung eines persönlichen Eindrucks über die Bewerber,
- Ermittlung fehlender Daten zur jeweiligen Person,
- Ermittlung noch nicht vorliegender Informationen zum aktuellen und positionsspezifischen Leistungsvermögen (i. S. der Eignung) sowie zur Einsatzfähigkeit und -motivation (inkl. Erwartungen und Zielvorstellungen) der Bewerber zur Fundierung der Auswahlentscheidung (im Zusammenwirken mit anderen ggf. verwendeten Auswahlinstrumenten),
- Informationsweitergabe an den Bewerber zur realistischen Einschätzung von Arbeitsplatz und Arbeitgeber,
- Werbung als Arbeitgeber gerade für geeignete Bewerber sowie
- gegebenenfalls Nutzung zu zielführenden Verhandlungen mit als geeignet eingeschätzten Kandidaten.

> »Das Gespräch als eignungsdiagnostische Methode genießt hohe Wertschätzung nicht nur seitens der Verwender, sondern auch der Bewerber. Beide sehen das Gespräch als taugliche – also valide – Methode an, sich ein Bild vom Gegenüber zu machen und relevante Information als Entscheidungsgrundlage zu gewinnen. Beide schätzen und halten die dabei zu gewinnenden Hinweise für glaubhafter als die aus schriftlich übermittelter Information. Interviewer nutzen darüber hinaus Auswahlgespräche als Gelegenheit zur Öffentlichkeitsarbeit. Bewerber schätzen die Möglichkeiten der Situationskontrolle ... und nutzen .. die Situation als Gelegenheit, Feedback zu gewinnen, sowie als Grundlage ihrer Selbstselektion. Schließlich bietet das Interview als einziges Auswahlverfahren den Rahmen, Vereinbarungen über den weiteren Auswahlprozess und über die Bedingungen der Zusammenarbeit zu treffen.« (Schuler, 2014, S. 278)

»Der erste Eindruck ist wichtig, aber der Zweite enthüllt die Wahrheit!« unbekannt

Damit erhält das Vorstellungsgespräch die *Schlüsselfunktion* im gesamten Auswahlprozess.

Jedes Interview stellt eine soziale Situation dar und zwar eine Situation, die von keinem der Beteiligten völlig kontrolliert werden kann und eine, die auch durch si-

---

WISSENSWERTES

»Human Branding«

Es war nur eine Frage der Zeit, bis dem Employer Branding der Arbeitgeber ein Human Branding der Arbeitnehmer gegenübergestellt wird. Auch Arbeitnehmer wollen sich besser »vermarkten« und sich als Marke einen Vorteil am Arbeitsmarkt sichern. Die ansprechenden Gestaltung von Bewerbungsschreiben und Lebenslauf, die geschickte (normgerechte) Gestaltung des äußeren Erscheinungsbilds (Kleidung, Farben, Frisur, Schmuck etc.), ein Coaching zur Persönlichkeitsprofilierung und ein Training eines situationsangemessenen Verhaltens zählen zum Branding dazu.

Insofern ist es verständlich, dass der Arbeitgeber gut beraten ist, eine »Strategie der Entschleierung« (Laske/Weiskopf) durchzuführen.

tuative Merkmale und die Kognitionen der Beteiligten einen dynamischen Verlauf nehmen kann. Die Ausführungen zur Feldtheorie wie auch zum S-O-R-Modell (vgl. Teil 2, Kap. 2.1) haben deutlich gemacht, dass es hier nicht auf »objektive« Gegebenheiten ankommt, sondern auf die jeweiligen individuellen – bewussten wie unbewussten – Wahrnehmungen und Interpretationen der beteiligten Menschen. Solche Aspekte (vgl. Weuster, 2012a) sind sowohl in der Planung als auch der Umsetzung solcher Bewerbungsgespräche zu berücksichtigen.

> *Beispiele*: Ein Gespräch an einem gesonderten Besprechungstisch löst andere Interpretationen aus als auf der gegenüberliegenden Seite eines Schreibtischs. Eine freundliche Begrüßung mit Small Talk kann Nervosität rasch abbauen helfen (und damit die Aussagekraft des Verhaltens erhöhen). Die Unkenntnis zentraler Lebenslaufinformationen vermittelt den Eindruck, nur Pro-Forma-Kandidat zu sein, und führt zu weniger engagiertem Bewerberverhalten. ... Und hierbei ist es jeweils völlig egal, ob dies tatsächlich so gemeint ist. Die Interpretationen der Bewerber (deren »O«) sind entscheidend.

Es gibt verschiedene, kombinierbare und nicht überschneidungsfreie Möglichkeiten ein Vorstellungsgespräch umzusetzen (siehe Abbildung 3-49).

Formen des Vorstellungsgesprächs

Abb. 3-49

Idealtypische Arten von Vorstellungsgesprächen

Differenzierungskriterium	Arten
Nach Freiheitsgraden für Interviewer, v. a.:	• Unstrukturierte Interviews • Teilstrukturierte Interviews • Vollstrukturierte Interviews – jeweils mit unterschiedlichen Standardisierungsgraden –
Nach der Anzahl der beteiligten Interviewer, v. a.:	• Einzelgespräch • Mehrfachgespräch (differenziert in: serielles Gespräch, Jury-Interview, Gruppeninterview)
Nach der Art und Weise der Generierung und Ausrichtung der Fragen, v. a.:	• Informationsgespräch • Situatives Interview • Biografisches Interview • Multimodales Interview
Nach Anlass und Zeitpunkt des Einsatzes, v. a.:	• Kennlern- bzw. Kontaktinterview • Telefonisches (Vorab-)Interview • Automatisierte telefonische Screening-Interviews • Videokonferenz-Interview • Persönliches Kurzinterview • Interviews zur Endauswahl
Sonderformen, bspw.:	• Stressinterview • Tiefeninterview • Kreuzverhör • Speed Dating

2.3 Personalbedarfsdeckung
Personalauswahl

Zunächst hervorzuheben sind die nach *Freiheitsgraden* für die Interviewer zu differenzierenden Gesprächsarten. Drei idealtypische Varianten werden unterschieden (vgl. Kanning/Pöttker/Klinge, 2008, S. 121 ff.; Weuster, 2012, S. 205 ff.):

Unstrukturierte Interviews

- *Unstrukturierte Interviews* (synonym: freie; oft fälschlicherweise auch als unstandardisiert benannte Gespräche, s. u.) sehen in ihrer schärfsten Form keine vorab bestimmten Fragen vor. Diese Fragen variieren dabei durchaus zwischen den verschiedenen Vorstellungsgesprächen mit unterschiedlichen Bewerbern. Die Antworten werden dabei allenfalls stichwortartig notiert. Von dieser – i. S. von Max Weber – idealtypischen Form kann partiell abgewichen werden, beispielsweise indem die Fragen bewerberspezifisch aus den Bewerbungsunterlagen generiert oder bestimmte als generell empfundene Fragen (Was sind Ihre Stärken und Ihre Schwächen? Wo sehen Sie sich in fünf Jahren in unserem Betrieb? ... Diese und ähnliche Fragen sind hinsichtlich ihrer Relevanz und Validität für die Eignungsprüfung irrelevant. Allerdings bilden sich manche Rekruter ein, aus den Antworten relevante Schlussfolgerungen ziehen zu können.) an alle Bewerber gestellt werden. Die Aussagekraft von solchen unstrukturierten Interviews ist, selbst wenn sie partiell abgewandelt werden, sehr gering (vgl. Weinert, 2004, S. 345 ff.).

> »Gründe für eine mangelnde Brauchbarkeit von in Interviews gewonnenen Daten ... können in drei Bereichen angesiedelt werden: Auf der einen Seite könnten Ursachen in der Person des Interviewers selbst liegen, d. h. *erstens* kann der Interviewer die erhaltenen Informationen möglicherweise nur ungenügend verarbeiten und gelangt deshalb zu fehlerhaften Urteilen. *Zweitens* kann auch die Gestaltung des Interviews fehlerhaft sein, und *drittens* können sich in der Interaktion von Interviewer und Bewerber Probleme ergeben, die die ganze Bandbreite von kommunikativen Störungen repräsentieren. ... die Wahrnehmung und Einstufung der Bewerber durch die Interviewer [hängt] zu einem großen Teil von deren während des Interviews gezeigtem nonverbalem Verhalten, speziell ihrer Mimik [ab] .. Aufgrund dieser Wahrnehmungen werden ... Urteile über die Persönlichkeit der Bewerber getroffen – so entsteht ein in hohem Maße subjektives und schwer zu hinterfragendes Bild der Kandidaten, das weniger ein Spiegel der tatsächlichen Bewerbereignung, als eine Wiedergabe individueller Vorurteile ist.
> Die Erfahrung, das Training, das Expertenwissen, und die kommunikativen Fertigkeiten des Interviewers beeinflussen das Ergebnis des Interviews erheblich. Die Gestaltung der Informationssammlung liegt ebenso in seiner Hand, wie die anschließende Gliederung, Interpretation und Urteilsbildung. ... Der Interviewer sollte sich grundsätzlich bewußt [!] machen, daß [!] die Daten und Ergebnisse des von ihm durchgeführten Einstellungs..interviews seine persönlichen Kenntnisse, Fertigkeiten und Vorlieben bzw. Abneigungen sind. ...
> *Neben der Expertise des Interviewers werden als bedeutendste Moderatoren der Validität von Interviews die Interviewstruktur und der Anforderungsbezug angesehen.* Eine hohe Strukturiertheit und ein hoher Anforderungsbezug

2.3 Personalauswahl

Abb. 3-50

Validität unstrukturierter und strukturierter Einstellungsinterviews

Unstrukturierte Interviews		Strukturierte, anforderungsbezogene Interviews	
• Arvey/Campion, 1982	r = 0,05 bis r = 0,25	• Wiesner/Cronshaw, 1988	r = 0,40
• Reilly/Chao, 1982	r = 0,19	• Latham, 1989	r = 0,30 bis r = 0,40
• Hunter/Hunter, 1984	r = 0,08 bis r = 0,14	• Pulakos u. a., 1996	r = 0,29 bis r = 0,35
• Wiesner/Cronshaw, 1988	r = 0,13		

Quelle: in Anlehnung an *Lang-von Wins/von Rosenstiel*, 2000, S. 83

tragen offensichtlich wesentlich zur Verläßlichkeit [!] des durch das Interview gewonnenen Urteils bei.« (Lang-von Wins/von Rosenstiel, 2000, S. 81 f., tw. Herv. durch die Verfasser; vgl. auch Abbildung 3-50 mit Validitätskoeffizienten der unterschiedlichen Interviewformen).

»Die einfache Übertragung der Testgütekriterien *Objektivität*, *Reliabilität* und *Validität* auf das Interview ist problematisch, zumal wegen des vergleichsweise vielfältigen Interaktionsgeschehens mehrere Subformen der jeweiligen Gütekriterien getrennt zu bewerten wären ...Wertet man das Interview auf der Basis bisheriger Untersuchungen ... und berücksichtigt dabei vor allem z. B. die Einzelinformationen, wie: Wie valide ist das Interview zur [Erhebung der Stärken eines Bewerbers] ...? Wie zuverlässig antwortet [ein Bewerber, wenn er seine Schwächen beschreiben soll] ...? Wie valide kann man mit einzelnen Interviewdaten ... die künftige Einsatzbereitschaft an einem Arbeitsplatz abklären? So kann das Urteil über die Güte des Verfahrens sicherlich nicht rundweg befriedigen. Bezieht man das Urteil jedoch auf das Interview als *Bandbreitenverfahren*, sieht man also seine relativen Stärken in manchen Bereichen und Phasen des diagnostischen Prozesses und schließt damit das Kriterium der Nützlichkeit ein, ist ... die Bewertung deutlich günstiger.« (Keßler, 1999, S. 436 ff.)

▸ *Teilstrukturierte Interviews* (synonym: halbstrukturierte, manchmal aber auch fälschlicherweise bezeichnet als halb- bzw. teilstandardisierte Interviews, s. o.) sehen im Allgemeinen systematisch und gezielt festgelegte Fragen für einen Gespräch vor. Die Fragen können, müssen aber nicht unbedingt aus stellenspezifischen Anforderungen (vgl. hierzu die Ausführungen zu den situativen und den biografischen Interviews, s. u.) hergeleitet sein und sich auf die Prüfung der stellenspezifischen Eignung beziehen. Alle Antworten werden frei (entweder stichwortartig oder ausführlich) notiert. Nachdem alle Interviews geführt wurden,

Teilstrukturiertes Interview

2.3 Personalbedarfsdeckung
Personalauswahl

> **WISSENSWERTES**
>
> **Strukturierung und Standardisierung**
>
> ... zwei Termini und viele unterschiedliche Deutungen (und Begriffe) – sowohl in der Forschung als auch in Betrieben, sodass – manchmal offenbar sogar bei den Verwendern dieser Termini – nicht immer klar ist, was in bestimmten Zusammenhängen mit ihnen gemeint ist.
>
> Vielfach wird vereinfacht konstatiert, dass beide Termini für den gleichen Begriff stehen, beispielsweise für eine »strukturierte bzw. standardisierte« Vorgehensweise. Manchmal wird differenziert und zwar ausgehend von Wortdeutungen: »Struktur« steht für Gefüge, innere Gliederung, ordentliche Zusammenfügung, »strukturieren« für eine solche Ordnung schaffen. »Standard« bedeutet dagegen Richtschnur, herkömmliche Normalausführung, »standardisieren« für nach einem Muster vereinheitlichen, normen. Diese Deutungen sind eigentlich auch mit dem Sprachgefühl kompatibel.
>
> Konsequenterweise müsste dann für die Auseinandersetzung mit Bewerbungsinterviews Folgendes gelten:
>
> ▸ *Strukturierte Interviews* stellen keine eindeutig definierte, homogene Kategorie dar (vgl. Campion/Palmer/Campion, 1997). Im Allgemeinen sind es solche Interviews, bei denen vorab durch die Personalverantwortlichen eine wie auch immer geartete und beabsichtigte Ordnung (inhaltlich, vom Ablauf her u. Ä.) bei Fragen und/oder Antwortmöglichkeiten erarbeitet und umgesetzt wird (s. u.).
>
> ▸ *Standardisierte Interviews* sind solche, bei denen das Interview oder Teile hiervon nach einem vorgegebenen Muster von den Interviewern für alle Interviews umzusetzen sind. Der Standardisierungsgrad kann dabei unterschiedlich sein (s. u.).
>
> *Fazit*: Inhaltlich wird mit den beiden Termini jeweils etwas anderes ausgedrückt. Eine gesprächsspezifische Strukturierung hat nicht unbedingt eine Standardisierung zur Folge. Insofern kann ein Rekruter ein strukturiertes Gespräch führen, welches aber aufgrund einer mangelnden Standardisierung keinen wirklichen Vergleich zu anderen Bewerberinterviews zulässt (vgl. auch Campion/Palmer/Campion, 1997; Levashina u. a., 2014). Zudem lässt sich als Standard auch definieren, dass ausschließlich freie Interviews geführt werden. Die bewertende Schlussfolgerung wäre die gleiche. Es macht insgesamt also Sinn, die Termini auch faktisch mit unterschiedlichen Begriffen zu hinterlegen.

haben die Entscheider dann stellenbezogen für alle Kandidaten vergleichbare Antworten und Einschätzungen vorliegen. (Alternativ kann eine Teilstrukturierung sich auch auf nur manche Fragenkomplexe sowie auch auf manche Antwortalternativen beziehen.) Solche systematischen Vorgehensweisen führen zu einer relativ hohen Aussagekraft dieser Interviewvariante (vgl. Jetter, 2008, S. 88 ff.). Allerdings bedarf es hierzu auch einer guten Vorbereitung, einer qualifizierten Gesprächsführung sowie eines Gefeitsein gegen die wesentlichen Beurteilungsfehler (bspw. via regelmäßigen Trainings).

Gilt die Teilstrukturierung für alle Gespräche, dann ist sie zugleich standardisiert. Ansonsten trifft irgendeine Form zwischen einer Teilstandardisierung und einer unstandardisierten Umsetzung zu.

> »Was ein Interview valide macht: die Strukturierung des Einstellungsgesprächs, Inhalt der Fragen, Training des Interviewers, mehrere Interviewer, die bereits vorhandenen Informationen, die Konstruktvalidität.« (Weinert, 2004, S. 344)

Vollstrukturiertes Interview

▸ *Vollstrukturierte Interviews* (fälschlicherweise manchmal als standardisierte Gespräche bezeichnet s. o.) sehen neben dem gerade angesprochenen analytisch hergeleiteten Fragekomplex darüber hinaus auch vorab bereits formulierte und vor allem skalierte Antwortmöglichkeiten vor. Die Interviewer notieren dann nicht die zentralen Inhalte der erhaltenen Antworten, sondern sie kreuzen eine der vorgegebenen skalierten Antwortkategorien an und zwar die, die aus ihrer Sicht am ehesten auf die gegebene Antwort zutrifft. Die Güte der Antwortmöglichkeiten ist dabei im o. g. Idealfall bereits vorab empirisch getestet, sodass Wertepunkte hinsichtlich der Eignung dafür vergeben werden können. Kritisch festzuhalten ist dabei, dass einerseits zwar vordergründig die Eignungsgrade leicht »gemessen« und verglichen werden können, andererseits aber nicht die genauen Antworten verwertet werden, sondern nur die zugeordneten. Hier gehen Informationen verloren. Zudem ist der Aufwand einer integren Erarbeitung sehr hoch. Diese Interviewvariante ist nur dann vertretbar, wenn viele gleichartige Stellen mit vergleichbaren Anforderungen zu besetzen sind.

Vollstrukturierte Interviews sind dann gleichzeitig standardisiert, wenn sie für alle stellenbezogenen Bewerbergespräche gleichartig verwendet werden sollen. Wenn nicht, ergeben sich Abstufungen zwischen teilstandardisierter und unstandardisierter Anwendung.

Kombinationen der skizzierten Varianten und Abwandlungen sind möglich, wenngleich gerade den halbstrukturierten, standardisiert durchgeführten Interviews die größte Aussagekraft für die Personalauswahl zugesprochen wird.

Nach der *Anzahl der beteiligten Interviewer* (teilweise auch Bewerber) kann differenziert werden in das Einzelgespräch (einzelner Interviewer) und in das Mehrfachgespräch (mehrere Interviewer bzw. Beteiligte des Arbeitgebers) (vgl. Weuster, 2012, S. 219 ff.).

Wer wird beteiligt?

▸ Beim *Einzelgespräch* führt ein Interviewer mit einem einzelnen Bewerber das Gespräch. Es ist eine Vier-Augen-Situation (einfaches Zweier-Interview). Sowohl Länge als auch unmittelbarer Zweck und die Form kann variieren (s. u.).
▸ Beim *Mehrfachinterview* sind verschiedene Unterformen zu differenzieren:
(1) Bei der *seriellen Gesprächsform* interviewen mehrere Vertreter des Arbeitgebers hintereinander einen Bewerber. Die Terminabstände können dabei sowohl eng getaktet sein, als auch im Rahmen des Fortschritts des Auswahlprozesses auseinandergezogen sein, sodass beispielsweise die hierarchisch am höchsten angesiedelten Entscheider im Auswahlprozess nur noch die Kandidaten kennenlernen, die in der engsten Wahl sind. Die Inhalte der einzelnen Interviews spannen sich dabei von einer genauen Wiederholung der gestellten Fragen bis hin zu der Prozessphase entsprechend angepassten anderen Fragen.
(2) Beim *Jury-Interview* (synonym: Board-Interview) befragen mehrere Interviewer einen Bewerber in einem Termin gleichzeitig und miteinander.
(3) Im Rahmen eines *Gruppeninterviews* interviewt ein Interviewer (im Beisein anderer Entscheider) oder interviewen mehrere Interviewer im Rahmen eines Termins mehrere Bewerber gleichzeitig.

Auch hier sind Kombinationen möglich und vielfach sinnvoll. Wichtig ist eine miteinander abgesprochene Aufgabenverteilung sowie eine hinreichende, auch für andere Entscheider nachvollziehbare Dokumentation der Gespräche. Das »Mehrau-

2.3 Personalbedarfsdeckung
Personalauswahl

> **MEINUNG**
>
> **Wer trifft die Entscheidung?**
>
> Idealtypisch sollte ein Experte aus dem Personalbereich, der direkte Fachvorgesetzte sowie der übernächste Fachvorgesetzte in etwa gleichberechtigt bei der Auswahlentscheidung sein. Jede der genannten Personen ist in mindestens einem der genannten Auswahlgespräche involviert. Die Einbeziehung der Personen kann je nach Auswahlprozessphase unterschiedlich sein, bspw.: Der Personalexperte führt mit allen ein Gespräch, der direkte Vorgesetzte mit einer kleineren Auswahl an Kandidaten, der übernächste Vorgesetzte mit den zwei, drei Personen aus der engeren Wahl. Im Falle einer Unstimmigkeit zwischen den beteiligten Entscheidern wird normalerweise den Fachvorgesetzten das letzte Entscheidungsrecht eingeräumt. Die Personalexperten erhalten dabei oft ein »Vetorecht«, also das Recht, im Einzelfall die anstehende Entscheidung der Vorgesetzten (in Abstimmung mit der Personalleitung) zu verhindern. Begründet wird dies damit, dass viele Fachvorgesetzten zu sehr die unmittelbare situationsspezifische Fachkompetenz betonen, neue Mitarbeiter aber in aller Regel unbefristet eingestellt werden und ihre fachlichen wie persönlichen Kompetenzen im Zeitablauf auch auf anderen Positionen im Betrieb passen sollten. Und dies kann ein Personalexperte in aller Regel aufgrund seiner Erfahrung und Ausbildung besser einschätzen.

genprinzip« sollte gerade bei der so wichtigen Personalinvestition »Personalauswahl« unabdingbar sein.

Zwei *Interviewarten* werden heutzutage mit guten Gründen empfohlen und auch – vom Grundsatz, oft jedoch nicht in einer wirklich systematischen Form – in vielen Betrieben und in der einen oder anderen Güte umgesetzt: situative und biografische Interviews. Sie lassen sich prinzipiell in teil- wie auch in vollstrukturierter Form durchführen, wenngleich aus verschiedenen Gründen (s. o.) vielfach die teilstrukturierte Variante (teilstrukturiert in Bezug auf die systematische Erarbeitung der Fragen und deren standarisierter Anwendung) vorgezogen wird.

Situatives Interview

Das *situative Auswahlinterview* ist den simulationsorientierten, verhaltensbezogenen Verfahren zuzuordnen. Eine genaue Struktur, ähnlich wie beim später skizzierten BDI (s. u.), liegt bislang nicht vor. Mit der damit verbundenen Philosophie wird versucht, typische Arbeitsplatzsituationen mit alltäglichen Problemen als Basis für Interviewfragen zu entwickeln. Diese werden den Bewerbern geschildert. Sie werden dann aufgefordert, zu beschreiben, wie sie sich als Stelleninhaber in den Problemsituationen vermutlich verhalten würden und warum. Der Interviewansatz geht insofern von der Grundidee aus, dass Verhaltensintentionen in für eine Stelle erfolgskritischen Situationen am zu besetzenden Arbeitsplatz gute Prädiktoren für späteres reales Verhalten sind. Faktisch handelt es sich um eine Wissensarbeitsprobe bzw. um Denk-Handeln i. S. einer mentalen Tätigkeitssimulation. Die Fragen sind dabei – idealtypisch – maßgeschneidert aus einer Mehrzahl von im Rahmen einer Arbeitsplatzanalyse ausgesuchten und formulierten Elementen zusammenzustellen, und zwar solchen, die sich jeweils auf erfolgskritische Ereignisse und Verhaltensweisen in realen Aufgabensituationen beziehen.

> Die entsprechende Arbeitsplatzanalyse und Anforderungsgenerierung (vgl. Teil 3, Kap. 1.3) kann dabei prinzipiell auf verschiedene Art und Weise umgesetzt werden (Experteninterviews, umfangreiche Befragungen u. a.). Mit ihr müssen zeit- und situationsspezifisch aber auf jeden Fall, genau auf

> die vakante Stelle bezogen, unterschiedlich erfolgskritische Verhaltensweisen für die zentralen Stellenaufgaben erarbeitet werden.

Im Ergebnis werden den Kandidaten dann durch ein bis zwei – geschulte – Interviewer sukzessive die Aufgabensituationen geschildert. Sie sollen dann antworten, wie sie in diesen Situationen handeln würden. Die Antworten werden in der teilstrukturierten Variante alle im Wesentlichen frei notiert. Eine Bewertung der Antworten auf ihre betriebsspezifische Angemessenheit erfolgt in einem gesonderten Schritt, systematisch bezogen auf die Anforderungen und ebenso im Vergleich mit den Antworten anderer Bewerber. In einer vollstrukturierten Vorgehensweise sind auch bereits unterschiedlich erfolgskritische Verhaltensweisen beispielhaft in Skalen mit Abstufungen hinsichtlich ihrer eingeschätzten Güte angegeben, sodass »nur noch« ein Ankreuzen erfolgen muss.

Das situative Interview basiert auf den Thesen der – von Latham et al. mitformulierten – Zielsetzungstheorie, mit der angenommen wird, dass Verhaltensintentionen zum einen verhaltenssteuernd wirken. In einer ursprünglichen, vollstrukturierten Variante (vgl. Latham et al., 1980) werden empirisch bei Stellenexperten – via der Methode der kritischen Ereignisse – zum Ersten erfolgskritische Problemsituationen einer Stelle erhoben, zum Zweiten die als besonders positiv und besonders negativ empfundenen Verhaltensweisen von Stelleninhabern zum Umgang mit diesen Problemsituationen. Die systematische Auswertung der Befragungen führt zu einer Batterie von dimensional strukturierten Interviewfragen. Die Dimensionen beziehen sich auf unterschiedliche Anforderungskategorien. Neben den Fragen werden zusätzlich auch als gut wie als weniger gut eingeschätzte Verhaltensantworten skaliert den Fragen zugeordnet (i. S. v. verhaltensverankerten Beurteilungsskalen; s. Teil 3, Kap. 1.4.4.3). Mit einem Pretest wird der Einsatz getestet. Schlussendlich wird der Fragen- und Antwortkatalog systematisch bei

Zielsetzungstheorie

ZUR VERTIEFUNG

Verfahren der kritischen Ereignisse

Das Verfahren bzw. die Methode der kritischen Ereignisse (synonym: Critical-Incident-Technique) wird sowohl im Rahmen der Arbeitsforschung (speziell: Anforderungsanalyse) als auch in der Qualifikations- und Eignungsforschung bzw. Leistungsbeurteilung eingesetzt. Das von Flanagan (1954) ursprünglich entwickelte halbstandardisierte Verfahren versucht ganz bewusst, im positiven wie negativen Sinne herausragende »kritische« Verhaltensweisen oder Ereignisse eines Arbeitsplatzes bzw. Arbeitsplatzinhabers durch die Befragung von Vorgesetzten und/oder Arbeitsplatzexperten herauszufinden, die in der Vergangenheit besonders zum Erfolg bzw. zum Misserfolg beigetragen haben. Es werden also keine typischen bzw. repräsentativen Tätigkeitsausschnitte eines Arbeitsplatzes erhoben. Die erhobenen Beispiele werden skaliert und letztlich mittels einer Checkliste der »kritischen Ereignisse« an einem Arbeitsplatz dargestellt. Je nach Zweck erfolgt eine weitere Verarbeitung (s. o.). Die Verwendung der Critical-Incident-Technique ist zeitintensiv, die Abgrenzung der Ereignisse schwierig und selten eindeutig, v. a. aber kaum vollständig.

2.3 Personalbedarfsdeckung
Personalauswahl

Abb. 3-51

Verhaltensdreieck des biografischen und des situativen Interviews

Die Fragen sind hier auf biografische Situationen hin formuliert. Es wäre ebenso möglich, sie auf fiktive Situationen zu beziehen und intendiertes Handeln zu erfragen.

Situation
- Geben Sie mir ein Beispiel ...
- Wie war die Situation?
- Worum ging es?
- Was geschah konkret?

Situation

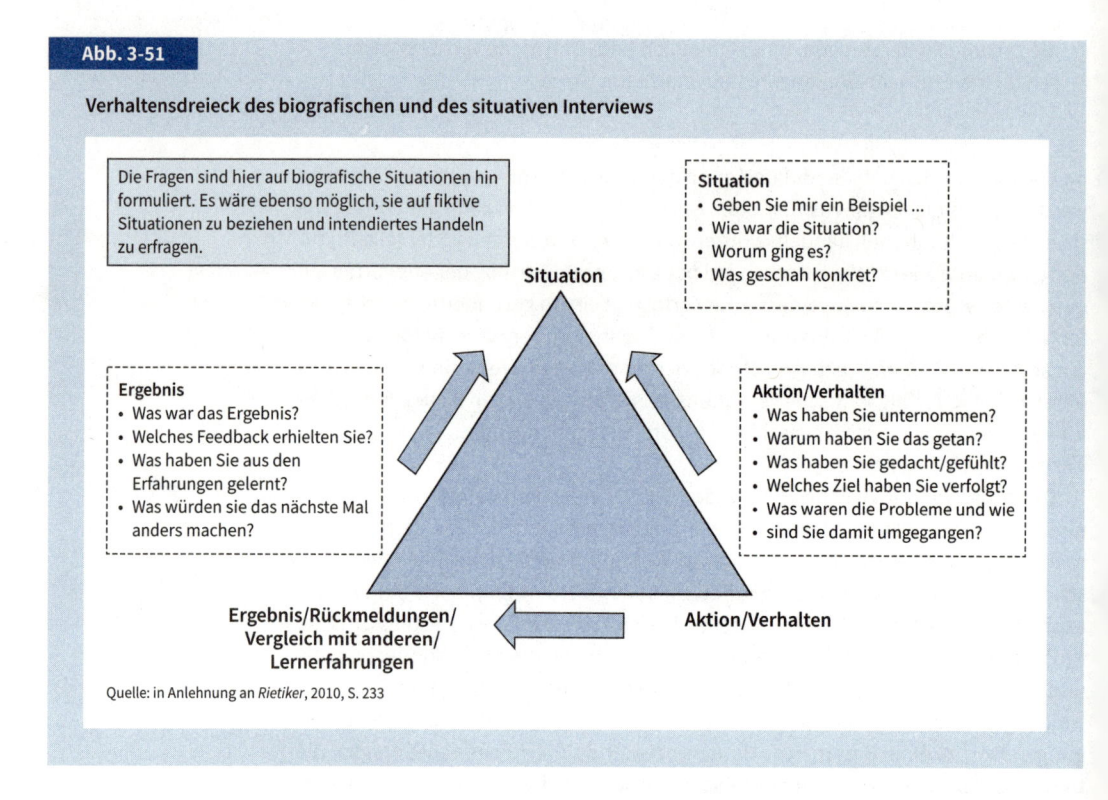

Ergebnis
- Was war das Ergebnis?
- Welches Feedback erhielten Sie?
- Was haben Sie aus den Erfahrungen gelernt?
- Was würden sie das nächste Mal anders machen?

Aktion/Verhalten
- Was haben Sie unternommen?
- Warum haben Sie das getan?
- Was haben Sie gedacht/gefühlt?
- Welches Ziel haben Sie verfolgt?
- Was waren die Probleme und wie sind Sie damit umgegangen?

Ergebnis/Rückmeldungen/ Vergleich mit anderen/ Lernerfahrungen

Aktion/Verhalten

Quelle: in Anlehnung an *Rietiker*, 2010, S. 233

jedem Kandidaten eingesetzt. Die Auswertung gestaltet sich dann aufgrund der Wertepunkte bei den Skalenantworten als einfach (vgl. Weinert, 2004, S. 345 ff.; Kanning/Schuler, 2014, S. 228 ff.; Schuler, 2014, S. 234 ff.; Maurer/Sue-Chan/Latham,1999; Seijts/Kyei-Poku, 2010).

Von diesem ursprünglichen Idealmodell kann man *abweichen*, indem beispielsweise andere Formen der Arbeitsplatzanalyse durchgeführt werden, eine Teil-, statt einer Vollstrukturierung angestrebt wird, eine Ergänzung um biografische (situative) Fragen stattfindet u. Ä.

Abbildung 3-51 visualisiert die prinzipiellen Vorgehensweisen bei der Durchführung des biografischen bzw. situativen Gesprächs.

Kritik

Zur spezifischen Aussagekraft des situativen Interviews ist wegen der prinzipiellen Unterschiedlichkeit bei den Vorgehensweisen (v. a. bei der Erhebung der kritischen Ereignisse bzw. Fragen sowie den Auswertungsfreiheiten) nicht wirklich Genaueres festhaltbar. Es wird jedoch generell mit guten Gründen angenommen, dass bei beiden Varianten sowie einem damit verbundenen strengen Aufgabenbezug, einer im Auswahlprozess umgesetzten Trennung von Beobachtung und Bewertung, einer adäquaten Dokumentation sowie einer systematischen vergleichenden Befragung eine hohe Aussagekraft gegeben ist. Validitätsstudien geben zu dieser Interpretation guten Anlass (vgl. Weuster, 2012, S. 253 ff.).

Personalauswahl 2.3

Abb. 3-52

Situatives Problem und situative Fragen

Sie haben in einer wichtigen Angelegenheit eine falsche Entscheidung getroffen, die das Unternehmen viel Geld kosten kann. Sie befürchten, dass Ihr Vorgesetzter nicht gerade sehr erfreut sein wird, wenn er davon erfährt. Wie verhalten Sie sich?

1	2	3	4	5
Hofft darauf, das Problem selbst beheben zu können und erzählt nichts dem Vorgesetzten		Informiert den Vorgesetzten über die Situation und wie es dazu kommen konnte		Informiert unverzüglich den Vorgesetzten und erzählt ohne Umschweife die Situation und wie es dazu kommen konnte; macht Vorschläge, wie er selber den Schaden eingrenzen kann

Quelle: unbekannt

Abbildung 3-52 visualisiert eine Beispielfrage sowie ein Beispiel für eine mögliche Skalierung.

Beispielfrage

Mit *biografischen Auswahlinterviews* (ähnlich: Behavior Description Interview, s. u., Behavioral Interview, Verhaltensbeschreibungsinterview) wird der biografische Auswahlansatz umgesetzt. Sie sind vergangenheitsorientiert und folgen dem Ansatz, dass zukünftiges Verhalten am besten durch vergangenes Verhalten vorhergesagt werden kann (vgl. Janz, 1982, S. 578; Janz, 1989, S. 159; Janz/Hellervik/Gilmore, 1986, S. 32; Motowidlo et al., 1992, S. 572; Pulakos/Schmitt, 1995, S. 290; Sarges, 2013, S. 582). Ihr Einsatz zielt darauf ab, im Vorstellungsgespräch Informationen zu erhalten einerseits aus der Biografie einer Person, ihrer Sozialisation, ihren Erlebnissen sowie andererseits *vor allem* realen, situationsspezifischen Verhaltensweisen in der Vergangenheit. Die Fragen werden – ebenso wie beim situativen Interview – stellenspezifisch erarbeitet und in einen situativen, stellenrelevanten Kontext eingebunden. Entsprechend wird dann nach konkreten Verhaltensweisen in spezifischen Situationen aus dem beruflichen oder privaten Kontext gefragt. Die Bewertungen der erzählten und begründeten Antworten werden dann auf Angemessenheit für die betriebsspezifischen Vorstellungen hin bewertet, um so eine Prognose über eine erfolgreiche Stellen- bzw. Berufsausübung zu erstellen. Es geht also nicht wie bei den auf den ersten Blick vielleicht ähnlichen biografischen-narrativen Interviews (vgl. Jakob, 1997) um die Erfassung allgemeiner biografischer Informationen und deren Interpretation, sondern um konkrete Verhaltensweisen in bestimmten Situationen. Theoretische Grundlage ist dabei die Annahme einer Konsistenz im Verhalten in unterschiedlichen Kontexten. Unter der Annahme einer Verhaltenskonsistenz erhält der Anwender so Eindrücke zur individuellen Eignung (s. o.; vgl. Weuster, 2012, S. 271 ff.; Schuler, 2014, S. 267 ff.).

Biografische Interviews

Verschiedene *Varianten* dieses Grundansatzes liegen vor:

▸ Das *Behavior Description Interview* (BDI) von Janz/Hellervik/Gilmore (1986; vgl. auch unter den Termini »Patterned Behavior Description Interview« Janz 1982, 1989 sowie »strukturiertes Verhaltensbeschreibungs-Interview« Weuster, 2012)

2.3 Personalbedarfsdeckung
Personalauswahl

stellt die Ursprungsform des biografischen Interviews dar. Die Vorgehensweise sieht wie folgt aus: Zu Beginn des BDI-Prozesses werden im Rahmen einer Anforderungsanalyse reale, erfolgsrelevante Ereignisse einer Stelle gesammelt. Personen aus dem Umfeld der Stelle (aktueller Stelleninhaber, Vorgesetzter, übernächster Vorgesetzter, Kunden) werden mithilfe der Critical Incident Technique (CIT; vgl. Flanagan, 1954) Fragen dazu gestellt, welches individuelles Verhalten sie in typischen Stellensituationen als besonders positiv als auch als besonders negativ einschätzen. Die so ermittelten kritischen Ereignisse werden dann fünf bis zehn zu definierenden Leistungsdimensionen zugeordnet. Diese Leistungsdimensionen und die zugehörigen Ereignisse (10 bis 20 pro Dimension) bilden dann bei der teilstrukturierten Form die Basis für die dann durchzuführenden Bewerberinterviews. Für eine vollstrukturierte Form müssen auch mögliche Antworten in unterschiedlicher Güte durch dieses Verfahren empirisch erarbeitet werden. Mit den Fragen gilt es herauszufinden, wie die Bewerber sich in früheren realen, prinzipiell vergleichbaren Situationen verhalten haben. Verschiedene Varianten zu dieser Vorgehensweise liegen vor (Sarges, 2013c, S. 582; Schuler, 2014a, S. 285 ff.; Weuster, 2012, S. 271 ff.). Ähnlich orientiert sind das »Structured Behavioral Interview« (vgl. Motowidlo, 1999; Motowidlo et al., 1992) und das »Experience-Based Interview« (vgl. Pulakos/Schmitt, 1995).

Varianten

Hinsichtlich des Fragenkatalogs lassen sich verschiedene Varianten nutzen. Die zentrale Variante besteht darin, allen Bewerbern die gleichen Fragen zu stellen. Anzahl und Formulierung sind im Vorhinein durch einen Standardfragenkatalog standardisiert (vgl. Motowidlo et al., 1992, S. 572; Pulakos/Schmitt, 1995, S. 296). Eine zweite Variante ist es, einen Fragenkatalog zu nutzen, aus dem die Interviewer aus ihrer Sicht geeignete Fragen auswählen. Hiernach könnten Bewerbern für die gleiche Stelle aufgrund ihrer unterschiedlichen Hintergründe und Erfahrungen unterschiedliche biografische Fragen gestellt werden (vgl. Janz/Hellervik/Gilmore, 1986, S. 93; Janz, 1982, S. 578). In einer weiteren Variante kann der Fragenkatalog an die Berufserfahrung der Bewerber angepasst werden. Für Berufserfahrene und Berufsanfänger sind dann unterschiedliche Sets an biografischen Fragen zu entwickeln. Gerade bei Berufsanfängern ist dann zu berücksichtigen, dass keine Berufserfahrung vorliegt und insofern nur auf vergangene andersartige Situationen Bezug genommen werden kann, bei denen dennoch ein Rückschluss auf das zukünftige Arbeitsverhalten möglich erscheint (vgl. Janz/Hellervik/Gilmore, 1986, S. 65).

Eigenschaften versus Verhaltensweisen

Weitere Varianten ergeben sich hinsichtlich der eventuellen Notwendigkeit von Nachfragen. Nachfragen können vorab formuliert und in einen Fragenkatalog prophylaktisch integriert werden (vgl. Janz/Hellervik/Gilmore, 1986, S. 64 f., S. 122 ff.). Nachfragen können allerdings auch frei formuliert werden (vgl. Motowidlo et al., 1992, S. 572). Solche Nachfragen dienen der näheren Erkundigung zu den angeführten vergangenen Situationen und Verhaltensweisen (vgl. Janz, 1989, S. 159; Janz/Hellervik/Gilmore, 1986, S. 64; Motowidlo et al., 1992, S. 574), der Sicherstellung, dass auch tatsächlich Fragen beantwortet werden und nicht ausweichend auf sie eingegangen wird (vgl. Janz, 1982, S. 578; Pulakos/Schmitt,

1995, S. 296), und/oder der Feststellung, wie ein Bewerber sich in einer ähnlichen Situation ein weiteres Mal verhalten hat (vgl. Janz, 1989, S. 159).

> »Als methodisch besonders aussagekräftig … sind die Verhaltensbeschreibungen zu sehen. Häufig fragen Personalverantwortliche in Bewerbungsgesprächen nicht nach den Verhaltensweisen der Bewerber, sondern versuchen bestimmte Eigenschaften auf abstrakter Ebene zu erfassen. Beispiel hierfür wäre eine geschlossene Frage wie etwa: ›Würden Sie sich als leistungsorientiert/kritikfähig/teamfähig bezeichnen?‹ Es liegt auf der Hand, dass eine solche Frage seitens des Bewerbers leicht zu beantworten ist. Auch Fragen nach den größten Stärken und Schwächen eröffnen nicht das Gespräch, sondern verleiten den Bewerber dazu, vorformulierte Standardantworten zu erwidern.« (Lang-von Wins et al., 2008, S. 153) Fragen nach konkreten Verhaltensweisen eröffnen dagegen die Chance, eine treffende Einschätzung gewinnen zu können.
> »Ein weiterer Vorteil … ist die Fokussierung auf den Bewerber. Es werden einzelne Strukturmerkmale vorgeschlagen, anhand derer Informationen vom Bewerber abgefragt werden können. Da häufig der Redeanteil in unstrukturierten Bewerbungsgesprächen sehr ungleich zugunsten der Personalverantwortlichen verteilt ist, mag das BDI [s. o.] insbesondere in dieser Hinsicht hilfreich sein.« (ebd.)

▸ Auch das *biografische Interview* (BI) von Sarges (2011) orientiert sich an der Vergangenheit der Bewerber. Im Gegensatz zum BDI werden die Verhaltensweisen in erfolgskritischen Situationen allerdings nicht bei den Bewerbern abgefragt, sondern es wird in den Bewerbergesprächen versucht, diese aufzuspüren und zwar über die Berichte der Bewerber über ihren beruflichen Lebensweg. Hier sind indirekte Schlussfolgerungen notwendig. Dazu sind nur speziell geschulte und erfahrene Interviewer in der Lage.

Abbildung 3-53 visualisiert mithilfe einer voll-strukturierten *Beispielfrage* die Art des Nachfragens und die Form der späteren Einstufung durch die Interviewer. Die jeweils fünf verankerten Antwortstufen und die dort wiedergegebenen idealtypischen Schilderungen sind vorab stellenbezogen erarbeitet worden. Alternativ zu dieser Vorgehensweise könnten in einer teilstrukturierten Form nur die Fragen vorliegen und die Antworten würden frei notiert und erst zu einem späteren, zeitlich abgetrennten Zeitpunkt – u. U. auch vergleichend – bewertet werden (Grundsatz »*Trennung von Beobachtung und Bewertung*«).

Beispiel

> »Dahinter steht die Annahme, dass früheres Verhalten der beste Prädiktor ist für künftiges Verhalten am Arbeitsplatz, und dass diese Information ein systematisches Bild des Bewerbers liefert, das auch seine Person und Motivation reflektiert. Eine Verallgemeinerung dieser Annahme ist offen-

2.3 Personalbedarfsdeckung
Personalauswahl

> **Abb. 3-53**
>
> **Biografische Fragen zur Anforderungsdimension »Teamfähigkeit«**
>
> Welche Erfahrungen haben Sie mit Gruppenarbeit gemacht? (Beschreiben Sie ein Beispiel!)
> Sind in der Gruppenarbeit auch mal Probleme und Meinungsverschiedenheiten aufgetreten?
> (Welche Probleme waren dies?)
> Was haben Sie unternommen, um die Problem zu lösen? (Und warum?)
> Was ist dabei herausgekommen?
> Was würden Sie ggf. heute anders machen?
>
> | 1 | 2 | 3 | 4 | 5 |
> |---|---|---|---|---|
> | Arbeitet weniger gerne im Team, empfindet Probleme und Meinungsverschiedenheiten als unangenehm und hält sich deshalb aus dem Problemlösungsprozess lieber heraus. | | Arbeitet gerne in einem Team, nimmt auftretende Probleme wahr, macht Vorschläge zur Problemlösung und hilft bei der Problemlösung mit. | | Bewertet Teamarbeit als sehr produktiv, erkennt rasch Probleme in der Gruppe, steuert kreative Vorschläge zur Problemlösung bei und ist bei der Durchführung der Problemlösung engagiert dabei. |
>
> Quelle: aus *Schuler*, 2014c, S. 288, in Anlehnung an *Schuler*, 2002, S. 199 ff.

sichtlich fragwürdig, denn sie kann nur stimmen, wenn die Umstände des Verhaltens auch ähnlich sind.« (Weinert 2004, S. 341).

Aufwand zur Fragenformulierung

Abbildung 3-54 stellt die zentralen Elemente der Grundtypen situativer und biografischer Interviews nebeneinander dar.

Ein kritischer Aspekt sowohl situativer als auch biografischer Interviews aus Sicht der Praxis ist sicherlich die stellenspezifisch notwendige Erhebung kritischer Ereignisse durch ein aufwändiges empirisches Verfahren. Daraus werden ja die für das Auswahlgespräch tatsächlich relevanten Eignungs- bzw. Verhaltensdimensionen, die dazugehörigen wirklich differenzierenden Fragen und gegebenenfalls auch die qualitativ unterschiedlichen idealtypi-

---

ZUR VERTIEFUNG

Situational Judgment Tests (SJT)

Im Rahmen des Grundprinzips eines SJT (als Instrument eines simulationsorientierten Ansatzes) werden den Bewerbern verschiedene Situationen aus dem jeweiligen Berufsalltag präsentiert. Die Rekruter interessieren sich dann für die jeweiligen Reaktionen auf jede einzelne dieser Situationen. Die Simulation erfolgt dabei in Form einer schriftlichen Situationsbeschreibung oder eines Videofilms (ggf. mit alternativen Verhaltensweisen in einer gleichen Problemsituation). Die Reaktionen der Bewerber bzw. ihre Antworten werden dann mithilfe eines Fragebogens erfasst. Eine Vielzahl an Varianten bieten sich an. Im Vergleich zur Arbeitsprobe kann der Anwender deutlich mehr stellenrelevante Situationen präsentieren, im Vergleich zum situativen Interview hat er zeitliche Vorteile hinsichtlich des Einsatzes der Interviewer (vgl. Kanning/Schuler, 2014, S. 222 ff.).

2.3 Personalauswahl

Abb. 3-54

Situative und biografische Interviews

Situative Interviews	Biografische Interviews
• Prinzipiell simulationsorientierter Ansatz (Stimuli zur mentalen Tätigkeitssimulation) • Objekt: Verhaltensintention (Denkhandeln) • Verhaltensintention als Prädikator für reales Verhalten • Angenommene Korrelation von fiktivem Denkhandeln zu realem Tathandeln • Sammlung arbeitsplatzbezogener kritischer Ereignisse bzw. Verhaltensweisen • Erarbeitung von situationsspezifischen Fragestellungen zu zentralen arbeitsplatzbezogenen Problemstellungen • Bewertungen hinsichtlich der Angemessenheit des für sinnvoll gehaltenen Verhaltens und der Begründungen hierfür (ggf. mit vorformulierten Antwortskalen) • Spezifische Interviewformen (bspw. bei Latham et al., 1980)	• Prinzipiell biografischer Ansatz (Befragung zu realen Verhaltensweisen in der Vergangenheit) • Objekt: vergangenes Verhalten (Tat-Handeln) • »The best predictor for the future behavior..is past behavior .. in similar circumstances.« (Janz/Hellervik/Gilmore, 1986, S. 32) • Angenommene Existenz stabiler individueller Verhaltensweisen • Erarbeitung von situationsspezifischen Fragestellungen zu zentralen arbeitsplatzbezogenen Problemstellungen und ihrer Begründungen auf Anregung der gestellten Fragen • Bewertungen hinsichtlich der Angemessenheit des gezeigten Verhaltens und der Begründungen hierfür (ggf. mit vorformulierten Antwortskalen) • Spezifische Interviewformen (bspw. bei Janz/Hellervik/ Gilmore, 1986)

schen Antworten durch eine u. U. umfängliche Befragung erarbeitet. Einen solchen Prozess leisten sich Betriebe allenfalls bei solchen allgemeinen Positionen, die fast permanent neu bzw. wieder besetzt werden müssen. Um zu verhindern, dass der für die Auswahl sinnvolle Grundgedanke der Erhebung erfolgskritischer Ereignisse und Verhaltensweisen für eine spezifische Stelle verloren geht, lässt sich alternativ zu dieser Vorgehensweise auch eine einfache Form anwenden: Personaler, Fachvorgesetzter und übernächster Vorgesetzter setzen sich bei einer Vakanz zusammen und erarbeiten gemeinsam mit dem Fokus »erfolgskritische Verhaltensweisen«

ZUR VERTIEFUNG

Beispielfragen »Biografische Interviews«
- »Beschreiben Sie bitte eine Situation, in der Sie ...«
- »Wann haben Sie bereits einmal ... erlebt? ... Wie sind Sie damit umgegangen? ... Warum?«
- »Wie haben Sie sich verhalten, als das von Ihnen geleitete Projekt drohte, nicht rechtzeitig beendet werden zu können?«
- »Haben sie schon einmal etwas für Ihren Freundeskreis organisiert?«
- »Haben Sie schon einmal Führungsaufgaben übernommen?«

(vgl. *Schuler* 2014a, S. 284)

Beispielfragen »Situative Interviews«
- »Wie würden Sie sich verhalten, wenn einer Ihrer Mitarbeiter Ihnen mitteilt, dass er von seinen Kollegen gemobbt wird?«
- »Sie treffen gerade den Einkäufer eines Ihrer Stammkunden. Er teilt Ihnen mit, dass sein Unternehmen zukünftig einen Teil der bei Ihnen bislang bezogenen Ware nicht mehr bei Ihnen einkaufen wird. Wie reagieren Sie?«

2.3 Personalbedarfsdeckung
Personalauswahl

> den stellenspezifischen Fragenkatalog und thematisieren dabei vorab auch zumindest ihre Erwartungen hinsichtlich der zweckmäßigen stellenbezogenen Verhaltensweisen.

Multimodales Interview

Über die reinen situativen und biografischen Interviews (vgl. auch Pulakos/Schmitt, 1995; Motowidlo, 1999; Motowidlo et al., 1992; Latham/Skarlicki, 1995; Huffcutt et al., 2004; Krajewski, 2006) hinaus gibt es auch einen systematischen Kombinationsversuch: Die sogenannten *multimodalen Auswahlinterviews* stellen eine gezielte Mischung aus den konstrukt- respektive eigenschafts-, simulations- und biografieorientierten Varianten dar (s. Schuler 2014, S. 286 ff., Schuler, 2002; Kanning/Pöttker/Klinge, 2008, S. 125 ff.). Die Vorgehensweise zur Erarbeitung von Fragen ist mit den oben geschilderten Interviewformen ähnlich. Die Umsetzung ist aufgrund der kombinatorischen Verwendung und aufgrund einer spezifischen Vorstellung der Umsetzung anders. Kennzeichen dieses teilstrukturierten Interviews ist vor allem die invariante Abfolge von acht Gesprächsphasen (s. Abbildung 3-55).

Abb. 3-55

Interviewmodule des Multimodalen Interviews

Interviewabschnitt	Inhalt	Bewertung
Gesprächsbeginn	Kurze informelle Unterhaltung, Schaffung einer freundlichen Atmosphäre, Erläuterung Verfahrensablauf, »Eisbrecherfragen«	Keine Bewertung
Selbstvorstellung des Bewerbers	Aussagen des Bewerbers zu Werdegang, beruflicher Erfahrung, aktueller Situation, berufsbezogenen Erwartungen	Freie anforderungsbezogene Beurteilung
Berufsorientierung und Arbeitgeberwahl	Aussagen des Bewerbers zu standardisierten Fragen zu berufsbezogenem Interesse, Motiven der Berufswahl, Arbeitgeberwahl und Bewerbung, ggf. zu Fachwissen (bei erfahrenen Bewerbern)	Verhaltensverankerte Einstufungsskalen
Freier Gesprächsteil	Interviewer stellt Fragen zur Selbstvorstellung und zu den Bewerbungsunterlagen	Summarische Bewertung
Biografiebezogene Fragen	Interviewer erfasst berufsbezogene Eigenschaften und Verhaltensweisen durch – aus Anforderungsanalysen abgeleiteten und ggf. validierten – Fragen zu konkreten Beispielen aus der Vergangenheit des Bewerbers	Verhaltensverankerte Einstufungsskalen
Realistische Tätigkeitsinformationen	Ausgewogene, bedarfsgerechte Informationen über Stelle, Tätigkeitsanforderungen und betriebliche Hintergründe als Möglichkeit zur Selbstselektion	Keine Bewertung
Situative Fragen	Interviewer erfasst berufsbezogene Verhaltensweisen durch Schilderung von erfolgskritischen Situationen und – auf Basis kritischer Ereignisse erarbeiteter (s. Teil 3, Kap. 2.3.3.4) – Fragen nach beabsichtigtem Verhalten	Verhaltensverankerte Einstufungsskalen
Gesprächsabschluss	Stellen noch offener Fragen beider Seiten, ggf. Aufklärung zu Unklarheiten, Absprache des weiteren Vorgehens	Keine Bewertung

Quelle: in enger Anlehnung an *Schuler*, 2014a, S. 287

Fünf der Phasen dienen dabei der diagnostischen Urteilsbildung und drei einem natürlichen Gesprächsverlauf. Empfohlen wird von Schuler ein Gesprächsverlauf über circa 30 bis 60 Minuten [!], also ein überraschend kurzer Zeitraum für eine so zentrale Phase im Auswahlprozess. Schuler spricht dieser Variante eine hohe Validität aufgrund eigener Studien zu.

Prinzipiell ergeben sich bei der Bewertung des multimodalen Interviews ähnliche kritische Kommentare wie beim situativen und beim biografischen Interview. Sie lassen sich ergänzen über den doch sehr strikten Gesprächsverlauf, den kurzen Zeitrahmen und die noch fehlenden Validierungsstudien anderer Autoren. Prinzipiell lassen sich natürlich auch Abänderungen umsetzen.

Nach *Anlass und Zeitpunkt des Einsatzes* lassen sich ebenfalls verschiedene Interviewformen unterscheiden, v. a.: Kennlern- bzw. Kontaktinterview (in der Frühphase der Vorselektion zur ersten Sondierung auf beiden Seiten, ob ernsthafte Bewerbung/-sprüfung sinnvoll ist), telefonisches Vorinterview (bereits via standardisierter, teilstrukturierter Fragenkataloge v. a. zum Faktencheck), Videokonferenz-Interview (entweder als besondere Form des Vorinterviews oder als Interviewform für weit entfernt lebende Kandidaten), automatisierte telefonische Screening-Interviews (automatisierte, standardisierte Form von Telefoninterviews via »Computerstimme«), persönliches Kurzinterview (erste direkte persönliche Kontaktaufnahme zur Eindrucksgewinnung) und letztlich die Interviews zur Endauswahl (s. die Ausführungen zu den anderen Interviewformen) (vgl. Weuster, 2012, S. 226 ff.).

> Interviewformen nach Einsatzzeitpunkt

Als *Sonderformen* existieren insbesondere bei den Einzelgesprächen

> Sonderformen

- *Stressinterviews* (Bewerber werden gezielt unter Druck gesetzt, um ihre Belastungsfähigkeit zu testen),
- *»Kreuzverhöre«* (Bewerber werden durch mehrere Interviewer quasi gezielt und nachhaltig mit permanenten, rasch aufeinander folgenden, teilweise sich wiederholenden Fragen und/oder kritischen Nachfragen unter Druck gesetzt),
- *Tiefeninterviews* (unbewusste Einstellungen, Werte, Motive der Bewerber sollen aufgedeckt werden) und
- *Speed Dating* (recht kurze Form des ersten Kennenlernens bspw. auf Messen, s. u.)

Gerade die Aussagekraft von Stress- und Tiefeninterviews ist bei betrieblichen Einstellungsinterviews prinzipiell zweifelhaft. Sie werden von daher auch eher selten angewendet.

Die prognostische Validität des Einstellungsgesprächs wird, folgt man empirischen Studien, schon länger als nicht besonders hoch eingeschätzt, sie schwankt zudem extrem (vgl. Sarges, 2013c, S. 575 ff.; Weuster, 2012, S. 193 ff.). Allerdings gelten diese schlechten Einschätzungen nur für das unstrukturierte bzw. freie Interview. Ein bislang noch nicht zentral angesprochener Nachteil der »normalen« Interviews ist die mögliche Verfälschung der Beurteilung durch das subjektive Empfinden des Interviewers (vgl. Weuster, 2012a, S. 1 ff.). Speziell im US-amerikanischen Raum existiert eine Vielzahl von psychologisch orientierten empirischen Studien, die die Einflüsse von Vorurteilen, Kleidung, Sprachstil, physischer Attraktivität, Kör-

> Validität

2.3 Personalbedarfsdeckung
Personalauswahl

WISSENSWERTES

Speed Dating

Speed-Dating, ursprünglich als eine Methode der Partnersuche genutzt, wird mittlerweile auch bei der Suche nach einem Arbeitsplatz eingesetzt, und zwar vor allem innerhalb von Fachmessen. Dort finden Betriebe und Bewerber recht schnell zusammen. Im Viertelstunden-Takt nehmen potenzielle Bewerber an den Tischen potenzieller Arbeitgeber Platz und stellen sich den Personalmitarbeitern vor. Ist die Zeit um, wechseln die Bewerber an einen anderen Tisch. Manchmal sind Vorabanmeldungen der potenziellen Bewerber sinnvoll, um zeitlich alle interessanten Gespräche führen zu können. Wer beim Speed-Dating überzeugt, bekommt das Angebot eines offiziellen Vorstellungsgesprächs bzw. einer offiziellen Bewerbung. Die Stelleninteressierten sollten mit vorbereiteten und in genügender Zahl vorhandenen Unterlagen, insbesondere einem schriftlichen Lebenslauf, zur Personalmesse erscheinen. Als Vorteile werden gesehen: schnelle, unkomplizierte und direkte Bewerber- und Arbeitgebervorauswahl, unmittelbarer Vergleich verschiedener Arbeitgeber. Als Nachteile sind die hohe Irrtumswahrscheinlichkeit aufgrund der fehlenden Zeit, eine Person ausreichend kennenzulernen, nicht wirklich ernstgenommene Bewerbungen u. Ä. anzuführen (vgl. Nassoufis, 2012; Esch/Knörle/Strödter, 2014; sogar per Dating-App: http://www.personalwirtschaft.de/recruiting/personalauswahl/artikel/speeddating_bewerbung_per_video.html; letzter Abruf: 15.04.2016).

persprache u. v. a. m. auf die Dynamik der Interaktion im Vorstellungsgespräch untersuchen. Eine ganze Reihe von verzerrenden Einflüssen konnte dabei nachgewiesen werden. Neben diesen Argumenten trägt natürlich die bereits angesprochene unsystematische Vorgehensweise eher zu zufälligen Informationen zu dem einen oder anderen Bewerber bei; wirkliche Vergleiche – gar der Eignungen zu zentralen stellenbezogenen Aspekten – sind so nicht möglich. Letztlich wirken die eben genannten und kritisierten Eindrücke als ausschlaggebend.

Anders einzuschätzen sind die sogenannten (teil-)strukturierten Interviews mit weitgehend standardisierter Umsetzung. Ihnen wird eine relativ hohe Validität zugesprochen.

»Gutes« Auswahlinterview

Die wissenschaftliche Forschung zu Auswahlinterviews empfiehlt die im Folgenden genannten Prinzipien für ein »gutes« Interview gleichwelcher Form. Sie stellen gleichzeitig Möglichkeiten zur methodischen Verbesserung vorhandener, eher freier Interviewvorgehensweisen dar (vgl. z. B. Weinert, 2004, S. 292 ff., 347; Schuler, 2014a; Weuster, 2012):

- strikte anforderungsbezogene Gestaltung,
- Prüfung der Fragen auf ihre Eignung als Prädiktoren,
- Beschränkung des Gesprächs auf diejenigen Aspekte, die nicht durch andere Methoden gesammelt werden können,
- Durchführung in teil-strukturierter und zumindest teil-standardisierter Form,
- Durchführung situativer, biografischer und/oder multimodaler Interviews,
- Einsatz mehrerer Interviewer (evtl. mehrere Gespräche),
- Vermeidung von Kreuzverhören, suggestiven Fragen und längeren eigenen Gesprächsanteilen,
- Trennung von Informationssammlung (und Beobachtung) während des Interviews sowie Bewertung und Entscheidung erst nach dem Interview (ggf. mit anderen Interviewern),
- standardisierte Durchführung der Gewichtungs- und Entscheidungsprozesse sowie

2.3 Personalauswahl

- Vorbereitung der Interviewer durch ein sorgfältig konzipiertes und durchgeführtes Interviewertraining und
- sorgfältige punktuelle Vorbereitung (vorherige Auswertung der Bewerbungsunterlagen, Vorbereitung des Ablaufs und der Fragen des Gesprächs auf Basis der Anforderungen der vakanten Stelle, schriftliche Einladungen, Schaffung einer ungestörten Gesprächsgelegenheit, angenehme äußere Bedingungen u. Ä.; vgl. Weuster, 2012, S. 197 ff.),
- Einhalten eines Gesprächsablaufs, der eine gute und offene Atmosphäre bietet sowie die Gesprächszielsetzungen erreichen hilft.

Abb. 3-56a

Beispiel einer Checkliste für einen idealtypischen Interviewablauf

Allgemeine Phase	Interviewphase oder -element	Teilaufgaben und Regeln
Planung	Entwicklung des Interviewleitfadens	Frühzeitig vorher: • Generelle Schulung über Gesprächsführung und zu Bewertungsfehlern • Kenntnis über »No Gos« und »Good Practices« in Vorstellungsinterviews Im konkreten Verfahren: • Erstellung einer Anforderungsanalyse • Ableitung von Anforderungsprofil mit Anforderungsdimensionen • Generierung von Fragen zur Erfassung der Dimensionen • Festlegung der Interviewstruktur • Festlegung eines einheitlichen Auswertungssystems • Festlegung von einheitlichen Entscheidungsregeln • Einübung der Rolle als Interviewer • Überprüfung des Leitfadens (i. S. eines Pretests)
	Organisatorisches	Frühzeitig vorher: • Festlegung der Interviewtermine • Einladung der Kandidaten • Anforderung ggf. fehlender Unterlagen • Einladung anderer am Gespräch beteiligter Personen (bzw. Abstimmung des Termins mit ihnen) • Klärung der Raumfrage • Planung der Sitzordnung • Ggf. Vorbereitung einer Betriebs- und/oder Arbeitsplatzbesichtigung Kurz vorher: • Nochmaliges Studium der zentralen Bewerbungsunterlagen • Geistiges Durchgehen des Gesprächsleitfadens • Ggf. nochmals Absprache der Rollenverteilung • Sicherstellung angenehmer, ungestörter Rahmenbedingungen • Organisation der Begrüßung, der Wartegelegenheiten und der Bewirtung der Bewerber • Bereitstellung der erforderlichen Unterlagen und des Schreibmaterials
Durchführung	Gesprächsatmosphäre	• Bewerber persönlich mit Namen ansprechen • Freundliches, höfliches und ruhiges Verhalten während des gesamten Gesprächs • Bewerber ernstnehmen, respektvollen, gleichrangigen Umgang pflegen • Sprachliche Anpassung an Alter und Ausbildungsstand des Bewerbers • Abbau von Hemmungen und Ängsten beim Gesprächspartner • Ungezwungene Gesprächsatmosphäre schaffen • Vermeidung von Zeitdruck

2.3 Personalbedarfsdeckung
Personalauswahl

Abb. 3-56b

Beispiel einer Checkliste für einen idealtypischen Interviewablauf (Fortsetzung)

Allgemeine Phase	Interviewphase oder -element	Teilaufgaben und Regeln
	Konstanz und »Objektivität«	• Gleiches Verhalten gegenüber allen Bewerbern • Keine Hilfestellung bei der Beantwortung der Fragen • Allen Bewerbern werden die gleichen Fragen gestellt • Nur Nachfragen stellen, wenn eine Bewertung der Antwort nicht möglich war • Konstantes Verhalten während der gesamten Interviewsituation • Beteiligung eines weiteren Beurteilers
	Gesprächsbeginn	• Vorab »Small Talk« zur positiven Einstimmung • Getränke anbieten • Alle anwesenden Personen vorstellen • Klärung der organisatorischen Bedingungen • Aufklärung über die Gesprächsdauer, den Ablauf und die Ziele des Gesprächs • Erläuterung der Stelle und der Arbeitssituation • Information über die Art der Fragen • Bewerber ermutigen, Verständnisfragen zu stellen • Bewerber die Möglichkeit einräumen, Fragen zu stellen
	Gesprächssteuerung	• Zurückhaltung bei eigenen Ausführungen und inhaltlichen Ergänzungen (größerer Gesprächsanteil liegt beim Bewerber) • Thematisierung ausschließlich stellenrelevanter Inhalte • Thematische Bereiche voneinander abgrenzen und nacheinander abhandeln • Abarbeitung der Themen in Anlehnung an den Gesprächsleitfaden • Von offenen zu geschlossenen Fragen vorgehen • Von fachlichen zu persönlichen Inhalten vorgehen • Fließende Überleitung zwischen den Fragen schaffen
	Aktives Zuhören	• Bewerber ansehen, Interesse signalisieren • Zugewandte Körperhaltung und -sprache • Genug Zeit für die Beantwortung der Fragen geben • Pausen machen • Positive Verstärker wie Nicken und Paraphrasieren • Bei Unklarheiten rückversichern, ob der Bewerber richtig verstanden wurden, evtl. nachfragen • Dem Bewerber die volle Aufmerksamkeit widmen (nicht ans Telefon gehen, nicht in Unterlagen blättern, nicht mit anderen Beurteilern unterhalten) • »Zwischen den Zeilen lesen« (Darauf achten, wie etwas gesagt wird, was betont wird, was verschwiegen wird. Spekulationen allerdings unbedingt vermeiden!)
	Notizen	• Nur stichwortartige Notizen machen • Nicht fortwährend scheiben • Evtl. Protokollanten einsetzen
	Gesprächsabschluss	• Gesprächsinhalte zusammenfassen • Bewerber die Möglichkeit geben, Fragen zu stellen • Je nach Auswahlphase evtl. Verhandlungen über Gehalt, Vertrag, Einstellungstermin etc. • Weiteres Vorgehen besprechen • Abschließende verbindliche Vereinbarungen treffen • Freundliche Atmosphäre bis zum Schluss bewahren • Evtl. Betriebs- und/oder Arbeitsplatzbesichtigung

2.3 Personalauswahl

Abb. 3-56c

Beispiel einer Checkliste für einen idealtypischen Interviewablauf (Fortsetzung)

Allgemeine Phase	Interviewphase oder -element	Teilaufgaben und Regeln
Auswertung und Entscheidung	Interview- auswertung	• Zunächst separate Bewertung des Bewerbers durch jeden Beurteiler • Antworten des Kandidaten für jede Frage mithilfe der Gesprächsnotizen bewerten • Ggf. Vergabe von Punktwerten mithilfe verhaltensverankerter Antwortskalen für jede Frage • Ggf. Zusammentragen der Punkte der Fragen und Bildung der Mittelwerte für jede Anforderungsdimension • Einigung auf eine gemeinsame Bewertung des Bewerbers durch Berechnung des Mittelwerts *oder* durch Diskussion der Beurteilungen und wenn möglich Einigung auf einheitliche Bewertung • Erstellung eines Eignungsprofils durch Zuordnung der Bewertungen auf den Anforderungsdimensionen
	Entscheidungs- findung	• Abgleich des Eignungsprofils mit dem Anforderungsprofil • Urteilsfindung über Eignung oder Ablehnung des Bewerbers nach vorher festgelegtem Entscheidungsschema (›Mindestanforderungen müssen erfüllt sein!‹ oder ›Kompensation ist möglich.‹) • Einheitliches Vorgehen der Entscheidungsfindung bei allen Bewerbern • Schriftliche Absage oder Zusage des Bewerbers • Bei Absage zurücksenden der Bewerbungsunterlagen mit einem Begleitschreiben • Bei Eignung Verständigung über weiteres Vorgehen (evtl. Einladung zu weiteren Auswahlverfahren)

Quelle: in Anlehnung an *Kanning/Pöttker/Klinge*, 2008, S. 141 ff.

MEINUNG

Fragen nach Stärken und Schwächen

Kanning (2013) formuliert zu manchen Fragen in Vorstellungsgesprächen wie folgt: »»Was sind Ihre besonderen Stärken?‹. Diese Frage ist eher für die Berufsberatung als für die Personalauswahl geeignet. In der Personalauswahl geht es nicht darum, eine passende Stelle zu den Stärken des Bewerbers zu finden, sondern zu überprüfen, wie stark stellenrelevante Kompetenzen bei dem Bewerber ausgeprägt sind. Der Interviewer muss daher gezielt bestimmte Kompetenzen untersuchen und nicht darauf hoffen, dass der Bewerber etwas von sich gibt, das zufällig passt. Selbst wenn der Bewerber eine Kompetenz nennt, die stellenrelevant ist (z. B. Teamfähigkeit), sagt dies wenig aus. Zum einen weiß man als Entscheider nicht, ob der Bewerber Teamfähigkeit so definiert, wie es für die Stelle notwendig wäre, zum anderen bleibt die Ausprägung der Kompetenz unbekannt. Selbst wenn die Teamfähigkeit zu den besonderen Stärken des Bewerbers gehört, kann sie für die konkrete Stelle immer noch zu gering ausgeprägt sein. Für Fußballmannschaften sucht man schließlich auch niemanden, der besser Fußball als Tennis spielt, sondern jemanden, der hinreichend gut Fußball spielen kann. Für die Frage ›Was sind Ihre größten Schwächen?‹ gilt dasselbe wie für die Frage nach den Stärken. Zudem ist zu bedenken, dass die allermeisten Bewerber auf diese Frage vorbereitet sind. Natürlich nennt man keine wirklichen Schwächen, sondern stellt Stärken als vermeintliche Schwächen dar oder gibt Banalitäten preis. Der typische Bewerber ist demnach zum Beispiel so leistungsorientiert, dass er schon in der Schule immer den Langsamen geholfen hat. ›Sind Sie teamfähig?‹ Diese oder ähnliche Fragen, in denen der Betrieb die Bewerber explizit nach berufsrelevanten Kompetenzen fragt, beleidigen die Intelligenz der meisten Bewerber. Es ist eine Aufforderung, dem Interviewer nach dem Mund zu reden.« Recht hat Kanning!

2.3 Personalbedarfsdeckung
Personalauswahl

»Lass' diesen Hände-
druck dir sagen, was un-
aussprechlich ist.« !?
Johann Wolfgang
von Goethe

Praxis

Abbildung 3-56 visualisiert mittels eines idealtypischen Beispiels eine Checkliste zur Planung, Durchführung, Auswertung und Entscheidungsfindung des gesamten Interview(er)prozesses (vgl. Kanning/Pöttker/Klinge, 2008, S. 138 ff.; Weuster, 2012, S. 233 ff.).

In Betrieben ist die praktische Umsetzung sehr heterogen, je nachdem wie die Rekruter sich an solche oder andere Good-Practice-Regeln halten. Zudem zeigt die Empirie, dass es offenbar recht schwer für die Interviewer ist, sich nicht hintergründig von anderen als den arbeitsplatz- und anforderungsrelevanten Faktoren entscheidend beeinflussen zu lassen (bspw. empfundene Werthaltungen, Aussehen, Sympathie u. Ä.) (vgl. Sarges, 2013c, S. 576 ff.).

2.3.3.5 Testverfahren

Allgemein versteht man unter Tests jede Datenerhebungsmethode, bei der individuelle Reaktionen unter standardisierten Bedingungen erfasst werden, wobei sich die Standardisierung auf Inhalt und Form der Instrumente, Datenauswertung und -interpretation o. Ä. bezieht. Die Standardisierung kann sehr unterschiedlich sein, ebenso wie die verschiedenen vorgeschlagenen wie angewendeten Verfahren. Hier thematisieren wir ausschließlich solche Testverfahren, die für die Personalauswahl Verwendung finden (könnten), also Auswahltests. Nachfolgend werden zunächst psychologische Auswahltests in unterschiedlichen Ausrichtungen sowie danach das verhaltensbezogene Testverfahren »Assessment-Center« dargestellt (allerdings aus technischen Gründen in einem eigenen Gliederungspunkt).

Psychologische Tests

Unter *psychologischen Auswahltests* werden im Allgemeinen solche diagnostischen Verfahren verstanden, bei denen Verhaltensweisen oder Persönlichkeitsmerkmale von Personen unter standardisierten Bedingungen erfasst werden. Die Standardisierung bezieht sich dabei auf Inhalt und Form der Instrumente, Datenauswertung, Interpretation o. Ä. Diese Tests werden im betrieblichen Umfeld zur informatorischen Fundierung zumeist im Rahmen der Personalauswahl und der Analyse des Personalentwicklungsbedarfs eingesetzt, und zwar dort, wo fast ständig größere Bewerber- bzw. Mitarbeiterzahlen anfallen. Lediglich bei einem umfangreichen Einsatz rentiert sich die Eingangsinvestition der Testentwicklung.

Viele verschiedene Testverfahren stehen zur Verfügung. In aller Regel werden mit solchen Tests den Bewerbern Fragen gestellt, bei denen von den angegebenen Ant-

---

ZUR VERTIEFUNG

Eignungsdiagnostik

»Eignungsdiagnostik« ist ein Sammelbegriff für vielfältige Verfahren und Instrumente zur Erfassung (gar »Messung«) von Kompetenzen auch mit Bezug zu speziellen beruflichen Tätigkeiten. Angestrebt ist mit ihr eine möglichst genaue Vorhersage über die Erfolgswahrscheinlichkeit einer Stellenbesetzung, aber auch über die Zufriedenheit einer Person mit speziellen Berufen. In der Eignungsdiagnostik werden zunehmend mathematische Algorithmen verwendet, die einerseits treffend individuelle Qualifikationen erfassen (sollen) und andererseits diese auf spezifische Stellenanforderungen beziehen. Ergebnis sind Eignungsprofile, die den Entscheidern helfen entweder gleich eine (Vor-)Auswahl vorzunehmen oder Fragen für nachfolgende Gespräche zu generieren (vgl. auch Teil 3, Kap. 1.4).

wortmöglichkeiten im Regelfall jeweils eine optimal ist. Aus den Antworten, dem Antwortverhalten oder dem allgemeinen Testergebnis versuchen die Entscheider dann rückzuschließen, inwieweit bei der Person bestimmte Qualifikationsmerkmale so ausgeprägt sind, dass sie geeignet für die ausgeschriebene Stelle ist. Objekte dieser Tests sind nicht alleine Eigenschaften, sondern gegebenenfalls auch Verhaltensmerkmale, Fähigkeiten und/oder Fertigkeiten.

Aus der Sicht betrieblicher Personalarbeit ist die wichtigste Voraussetzung für den sinnvollen Einsatz eines Tests, dass diejenigen Qualifikationsmerkmale ermittelt werden, die für eine erfolgreiche Berufsausübung an einem bestimmten zu besetzenden Arbeitsplatz (gegebenenfalls an mehreren vorgesehenen Positionen) wichtig sind. Solche stellenbezogenen, erfolgsrelevanten Kriterien müssen mithilfe der Testverfahren erfassbar und in ihrer Ausprägung bewertbar werden. Die Überprüfung von Tests hinsichtlich ihrer diesbezüglichen Qualität erfolgt anhand der bereits weiter vorn erläuterten Gütekriterien der empirischen Sozialforschung (s. Teil 3, Kap. 1.4.3). Objektive, valide und reliable Kriterien und vor allem Prädiktoren zu finden, gehört dabei zu den schwierigsten und oft nicht gelösten Problemen der informatorischen Fundierung – auch – der Personalauswahl.

Psychologische Tests lassen sich in unterschiedliche Ausrichtungen kategorisieren, wobei diese Kategorien selbst wieder verschiedene Instrumente umfassen. Hinsichtlich der *Klassifikation* besteht in der Fachliteratur Uneinigkeit (vgl. Bricken-

»Intelligenz hat etwas mit der Fähigkeit zu tun, Probleme zu lösen.«
Gerd Mietzel

WISSENSWERTES

Führungseigenschaften

»Aktuellere Analysen ... zeigen .., dass kognitive Fähigkeiten im Sinne verschiedener Aspekte der *Intelligenz*, *Lernfähigkeit* in dem Sinne, dass man sich rasch auf neue Situationen einstellen kann, die *Motivation*, ein selbstgesetztes oder vorgegebenes Ziel zu erreichen, sowie Fähigkeiten und Bereitschaft im *Umgang mit anderen Menschen* recht stabil und *bedeutsam zur Prognose des Führungserfolgs beitragen* können. Empirische Untersuchungen beschäftigen sich jedoch auch mit vielen anderen Persönlichkeitsmerkmalen. Tatsächlich fand man eine Vielzahl solcher Merkmale, die im genannten Sinne mit Führung korrelieren ... Das Problem besteht allerdings darin, dass diese Merkmale keineswegs durchgängig in allen empirischen Untersuchungen ... mit dem Führungserfolg korrelieren und das die Korrelationen von Studie zu Studie sehr unterschiedlich ausfallen. Das Auffallende ... sind ... nicht die gelegentlich relativ geringen Korrelationen zwischen Persönlichkeitsmerkmal und Führungserfolg, sondern die ungewöhnlich großen Streuungen der Korrelationskoeffizienten. Man darf daraus ableiten, dass die Bedeutung dieser Eigenschaften für den Führungserfolg von *Situation zu Situation* ... höchst unterschiedlich ist. ... Individuelle Eigenschaften sind demnach für das Verhalten ... relevant. Das Verhalten hängt aber keinesfalls nur von den Eigenschaften ab, sondern auch von der Situation. Gleiches Verhalten wiederum führt keineswegs in allen Situationen zum Erfolg ... Das implizite Ziel des personalistischen Ansatzes bestand ... darin, Merkmale der Führungspersönlichkeit zu ermitteln, diese Persönlichkeit mit eignungsdiagnostischen Verfahren auszusuchen, in Führungspositionen zu platzieren und somit den Führungserfolg generell zu sichern. Im Sinne eines so allgemeinen Anspruchs darf dieser Ansatz als nahezu gescheitert gelten. Es gibt nicht ›die Führungspersönlichkeit‹. ... Wenn mit eignungsdiagnostischen Maßnahmen überhaupt zur Vorhersage des Führungserfolges beigetragen werden dann, so ist dies lediglich situationsspezifisch möglich: Nicht nur die Merkmale des Führenden, sondern auch die Merkmale der Geführten und die Merkmale der Aufgabe und der Situation sind – mit allen dabei implizierten Interaktionen – zu berücksichtigen. Der personalistische Ansatz wird durch derartige Ergänzungen komplex ... Er beinhaltet jedoch eine erhöhte Chance, gültige Vorhersagen des Führungserfolgs zu liefern. Versuche, die in der Richtung unternommen wurden, hat man z. B. unter dem Namen ›Assessment-Center‹ zusammengefasst.« (von Rosenstiel/Nerdinger, 2011, S. 182 ff., kursiv im Original fett)

2.3 Personalbedarfsdeckung
Personalauswahl

kamp, 2002; Lössl, 1992; Schuler, 2014, S. 160 ff.). So können Testverfahren aufgrund formaler Klassifikationsaspekte als auch nach inhaltlichen Gesichtspunkten unterteilt werden. Zweckmäßig für die Personalauswahl erscheint eine Klassifikation, die primär inhaltliche und sekundär formale Aspekte betont und wie folgt einordnet (vgl. Brickenkamp, 2002; Sarges, 2013):

Leistungstests
- *Leistungstests* sind eine spezifische Form zur Analyse der – wie auch immer verstandenen – »Leistung« (vgl. Becker, F.G., 2009) und gehören zu den kognitiven Fähigkeitstests. Ausgangspunkt ist die Überlegung, dass die Positionsinhaber bei der Erfüllung ihrer spezifischen Arbeitsplatzaufgaben auch Ansprüchen an Konzentration, Intelligenz, Aufmerksamkeit o. Ä. (als spezifische Leistungskriterien) genügen müssen. So wird dann bspw. bei Konzentrations-Leistungs-Tests die maximale Leistungsfähigkeit eines Individuums in bestimmten Situationen (Zeitdruck, Stress o. Ä.) zu erfassen versucht. Zu einzelnen allgemeinen Leistungstests gehören beispielsweise der Pauli-Test sowie der Durchstreiche-Test (vgl. Becker, F.G., 2002, passim). Über andere Testverfahren werden Wissen, spezielle Fähigkeiten wie Konzentration sowie sensorische (z. B. Gehörsinn) oder motorische Funktionen (z. B. Muskelkraft) überprüft. Situativ gestaltete Leistungstests konfrontieren die Bewerber mit Situationen aus dem Berufsalltag, sie simulieren insofern Arbeitssituationen (quasi als Arbeitsprobe, s. u.). Die Probanden müssen angeben, wie sie sich in einer vergleichbaren Situation verhalten würden (Denk-Handeln). Die Antworten müssen betriebsspezifisch ausgewertet werden, da unterschiedliche Kulturen und Verhaltensweisen jeweils als sinnvoll erachtet werden. Computergestützte Problemlösungstests versuchen über Computersimulationen, Computerplanspiele u. Ä. diagnostische Urteile über Teilqualifikationen von Bewerbern zu fundieren. Sofern die Leistungstests relevante Qualifikationen über einen spezifischen Arbeitsplatz erfassen und wissenschaftlichen Ansprüchen genügen, haben sie – insbesondere zweckmäßig gestaltete situative Tests – eine gute Aussagekraft für den entsprechenden Teil einer möglichen Eignung (vgl. Kanning, 2004, S. 360 ff.; Schuler/Höft/Hell, 2014, S. 167 ff.; Schuler, 2014, S. 177 ff.; Süß/Beauducal, 2013, S. 616 ff.).

Intelligenztests
- *Intelligenztests* sind als Instrumente der Personalauswahl in der Praxis besonders weit verbreitet. Sie gelten seit einiger Zeit als besonders aussagekräftige Auswahltests und werden im Allgemeinen zu den eben beschriebenen Leistungstests gruppiert. Schwierigkeiten bereitet dabei bereits die Frage, was Intelligenz überhaupt ist. In der Literatur wird dieses Phänomen nur vage umschrieben gleichzeitig gibt es eine große Bandbreite von Definitionen. »Intelligenz« beinhaltet letztlich ein Faktorenbündel, welches aus einzelnen Aufgabenbereichen bzw. Fähigkeiten wie Raumvorstellung, Wahrnehmungsvermögen, Wortverständnis, Rechenvermögen, Gedächtnis, Sprachgeläufigkeit induktives und deduktives Denken besteht. Eine allgemeine Intelligenz wird dann mit der Fähigkeit zum abstrakten Denken und Problemlösen umschrieben und wird von den gängigen Intelligenztests in einer ähnlichen Art und Weise »gemessen«. Altersbezogene, kulturbedingte Einschätzungen und entsprechende Gewichtungen der Faktoren sind dabei berücksichtigt. Intelligenz wird dabei nicht direkt erfasst, sie ist stets ein theoretisches Konstrukt, das nur indirekt einer Erfassung zugänglich

2.3 Personalauswahl

ist. Intelligenztests verwenden dann zur operationalen Definition bestimmte Items sowie zur Erfassung passende Messoperationen (vgl. Kanning, 2004, S. 360 ff.; Weinert, 2004, S. 349 ff.; Schuler, 2014, S. 162 ff.; Schuler/Höft/Hell, 2014, S. 154 ff., Schmidt/Hunter, 1998).

Intelligenztests haben insbesondere bei der Auswahl von Führungskräften und Fachkräften eine größere Rolle erhalten, weil es seit längerem Hinweise darauf gibt, dass eine hohe Intelligenz gerade bei komplexen, dynamischen und invarianten Aufgabenstellungen ein besonderes Eignungsmerkmal ist (vgl. Schmidt/Hunter, 1989; Schuler/Höft/Hell, 2014, S. 153 ff.; Kanning, 2015, S. 97). Selbst bei Akademikern ergibt sich noch eine größere interindividuelle Streuung, sodass gerade für Führungs- und Fachpositionen die Erfassung Sinn ergibt (vgl. Kanning, 2009, S. 350 ff.).

> Unter anderem interessiert auch die Frage, ob es eine »allgemeine Intelligenz« gibt, die in allen verschiedenen Messungen der Intelligenz gemeinsam auftritt. Diese allgemeine Intelligenz kann mit der Fähigkeit zum abstrakten Denken und Problemlösen umschrieben werden und wird von allen gängigen Intelligenztests gemessen. Wird das Gesamtergebnis eines Intelligenztests auf die Normalverteilung der Bezugspopulation bezogen und umgerechnet, ergibt sich ein Intelligenzquotient (IQ). Zusätzlich können spezielle Fähigkeitstests sensorische (z. B. Gehörsinn) oder motorische Funktionen (z. B. Muskelkraft) prüfen. Ihr Einsatz als zusätzliches Instrument der betrieblichen Personalauswahl oder Bedarfsermittlung ist nur dann sinnvoll, wenn tatsächlich die zur Erfüllung des Arbeitsplatzes notwendigen Qualifikationen ermittelt werden: Die Arbeitsplatzrelevanz ist notwendig. Dies setzt die arbeitsplatzspezifische Auswahl oder Modifikation einer Vielzahl von Testverfahren voraus sowie die kompetente Betreuung und Auswertung in der Regel durch Psychologen (vgl. Sarges, 2013; Brickenkamp, 2002; von Rosenstiel/Nerdinger, 2011, S. 167 ff.).

Der bekannteste deutschsprachige Intelligenztest ist der *Hamburg-Wechsler-Intelligenztest für Erwachsene (HAWIE)*, ein Individualtest, der nur im Einzelversuch durchgeführt werden kann. Zu den bekanntesten deutschsprachigen Gruppenintelligenztests zählt der *Intelligenz-Struktur-Test nach Amthauer*.

▶ Mit *Persönlichkeitstests* versuchen die Anwender, auf einem hohen Abstraktionsniveau einzelne Teilaspekte einer Persönlichkeit oder die Persönlichkeit als Ganzes (Charakterbild), auf jeden Fall aber relativ stabile, den Zeitablauf überdauernde Verhaltensdispositionen der Bewerber zu erfassen und vergleichbar zu machen. Die Tests sind dabei vor allem auf Interessen (Interessenstests), Einstellungen (Einstellungstests), Selbstwahrnehmungen und/oder Persönlichkeitsdimensionen (bspw. Big-Five-Modell mit emotionaler Stabilität, Extraversion, Offenheit für Neues, Verträglichkeit und Gewissenhaftigkeit) gerichtet und werden mittels Fragebögen umgesetzt. Allgemeine Testverfahren sind bei einer hohen Anzahl an Bewerbern relativ günstig, aber nicht auf die Position hin zugeschnit-

Persönlichkeitstests

2.3 Personalbedarfsdeckung
Personalauswahl

ten. Insofern ist ihre Aussagekraft begrenzt (s. Weinert, 2004, S. 352 ff.; Schuler/Höft/Hell, 2014, S. 173 ff., Schuler, 2014, S. 185 ff.).

> Sarges (2013d, S. 2 ff.) weist nachdrücklich darauf hin, dass sowohl Persönlichkeit an sich, falls überhaupt »messbar«, keine wirkliche Aussagekraft an sich hat. Das für den Berufsalltag relevante Verhalten ergibt sich aus situationsspezifischen Interaktionen zwischen beteiligten Personen und der Situation. Persönliche Eigenschaften können dabei sehr unterschiedlich wirken, positiv wie negativ oder neutral. Flexibilität in variierenden Arbeitssituationen ist gefordert, entsprechend auch variierendes Verhalten, die jeweils ein Fit zwischen Situation und Eigenschaften fordern. Dies allerdings im Rahmen der Personalauswahl zu erheben, dazu bedarf es spezifisch erarbeiteter bzw. modifizierter Tests.

Persönlichkeitstests werden vor allem in zwei verschiedenen Formen durchgeführt (vgl. Fahrenberg, 1971; Lienert/Raatz, 1998):

Projektive Tests

– *Projektive Tests* (synonym: Projektive Verfahren, Persönlichkeits-Entfaltungs-Verfahren) zielen auf die Erfassung von Persönlichkeitsstrukturen und -dynamiken ab. Letztere suchen die Persönlichkeit des Bewerbers ohne dessen Wissen und Wollen abzubilden: Deutungsaufgaben (Tintenkleckse: Rohrschach-Test, Bilder: Thematic Apperception-Test, s. u.), Sympathiewahl von Reizen (Portraitfotos: Szondi-Test, Farben: Lüscher-Test). Im Gegensatz zu den psychometrischen Tests sind projektive Tests nicht auf vorher festgelegte Merkmale einer Person gerichtet, sondern lassen ein weites Reaktions- und Interpretationsspektrum zu. Die Versuchspersonen sollen anhand von Deutungen oder Gestaltungen von Reizen angeregt werden, ihre Ideen, Fantasien, Wünsche etc. auf den Reiz zu projizieren. Diese Projektion ist dann Gegen-

ZUR VERTIEFUNG

Bochumer Inventar zur berufsbezogenen Persönlichkeitsbeschreibung (BIP)

Das Bochumer Inventar zur berufsbezogenen Persönlichkeitsbeschreibung (vgl. Hossiep/Paschen, 2003) zählt zu den psychologischen Testverfahren. Es intendiert, berufsrelevante Persönlichkeitsmerkmale v. a. von Berufstätigen (Fach- und Führungskräfte) sowie Arbeitsuchenden im deutschsprachigen Raum systematisch zu erfassen. Den BIP-Teilnehmern werden dazu eine Reihe von systematisch entwickelten Aussagen vorgelegt, die sie jeweils daraufhin beurteilen sollen, inwieweit die Aussagen auf sie persönlich zutreffen. Die Hauptfragenkomplexe des BIP sind die berufliche Orientierung, das Arbeitsverhalten, die sozialen Kompetenzen und die psychische Konstitution. Die Antworten werden anhand von bestimmten zentralen beruflichen Dimensionen jeweils zu Zahlenwerten komprimiert, dann mittels eines Profilblatts visualisiert und letztlich in einem psychologischen Gutachten zusammengefasst. Die aktuelle fünfte, revidierte Version misst insgesamt 17 Skalen (berufsrelevante Aspekte der Persönlichkeit) mithilfe von 251 zu bewertenden Aussagen (sog. Items). Die Bearbeitungsdauer – mit einem papierenen Fragebogen oder am Computer – umfasst etwa 45 und 60 Minuten (vgl. http://www.testentwicklung.de/testverfahren/BIP/). Von anderen Persönlichkeitstests unterscheidet sich der BIP v. a. durch seinen ausdrücklichen Berufsbezug. Das BIP wird in unterschiedlichen Zusammenhängen angewendet, beispielsweise bei der Personalauswahl, der Personalentwicklung und zur individuellen Standortbestimmung (vgl. Schuler, 2014, S. 189 ff.).

Personalauswahl 2.3

> **ZUR VERTIEFUNG**
>
> **Thematic-Apperception-Test**
>
> Der Thematic-Apperception-Test (TAT) (deutsch: Thematischer Apperzeptions-/Auffassungstest) ist ein projektiver Test, der gelegentlich zur Personalauswahl eingesetzt wird. Den Bewerbern werden mehrdeutige Bilder von Alltagssituationen vorgegeben, zu denen sie jeweils assoziierte Geschichten erzählen sollen. Diese Geschichten werden dann von den Testleitern inhaltlich ausgewertet. Der TAT dient u. a. dazu, die Leistungsmotivation zu messen. Ursprünglich wurde der TAT entwickelt, um psychisch Kranken, die nicht in der Lage sind, ihr Leiden zu artikulieren, helfen zu können. Der TAT ist auch unter Psychologen umstritten (vgl. Heckhausen, 1989; Brickenkamp, 2002; Sarges, 2013).

stand der Interpretation durch den durchführenden Psychologen. Die Auswertung beruht auf heterogenen, meist qualitativen Deutekonzeptionen. Da projektive Verfahren insbesondere zur Erfassung tiefer liegender psychischer Strukturen bei Fragestellungen der klinischen Psychologie konstruiert wurden, ist deren Einsatz im betrieblichen Umfeld *bedenklich* und sollte – wenn überhaupt – nur von speziell geschulten Psychologen durchgeführt werden. Die Problematik dieser Tests liegt neben rechtlichen Erwägungen darin, dass sie die Probanden zwingen, in ihre Intimsphäre Einblick zu geben und dass sie ursprünglich als diagnostische Hilfsmittel für therapeutische Maßnahmen kranker Menschen dienten. Beides hat beispielsweise mit der informatorischen Fundierung in Betrieben wenig zu tun.

– Mit *psychometrischen (Persönlichkeits-)Tests* wird mithilfe von Personalfragebögen versucht, jeweils bestimmte Teilaspekte der Persönlichkeit der Bewerber zu erfassen. Ihr Ziel ist somit nicht die Abbildung der gesamten Persönlichkeit wie bei den projektiven Verfahren, sondern sie konzentrieren sich auf die typische Performanz oder Selbsteinschätzung einer Person bzw. eines Probanden – und dies in quantifizierbarer Form; die zu analysierenden Verhaltensmerkmale sind vorher festgelegt. Ein bekanntes Verfahren ist der 16-Persönlichkeitsfaktoren-Test (16-PF-Test). Der Einsatz psychometrischer Tests als Personalauswahlinstrument ist, wie der aller Persönlichkeitstests, sehr kritisch zu betrachten.

Psychometrische Tests

Der Einsatz der Persönlichkeitstests insgesamt ist zunächst aus rechtlicher Sicht problematisch, da durch solche Tests, insbesondere aber durch projektive Tests, Persönlichkeitsrechte der Bewerber verletzt werden können. Ihr Einsatz ist daher nur mit deren ausdrücklicher Zustimmung gestattet und darüber hinaus nur durch einen kompetenten Psychologen – wenn überhaupt – sinnvoll. Problematisch ist der Einsatz von Persönlichkeitstests aber auch dadurch, dass die erfasste »Persönlichkeit« kaum in einer bekannten Beziehung zur vakanten Position steht und insofern keine anforderungsbezogene Auswahlentscheidung getroffen werden kann. Die DIN-Norm 33430 für berufsbezogene Eignungsbeurteilungen (vgl. http://www.bdp-verband.org/bdp/politik/din.shtml [letzter Abruf: 16.09.2016]; s. Teil 3, Kap. 1.4.2) kann auch nicht erfüllt werden.

2.3 Personalbedarfsdeckung
Personalauswahl

Weitere Testverfahren wie z. B. verschiedene Einstellungs-, Integritäts-, Motivations- und Interessentests (vgl. Schuler, 2014, S. 197 ff.; Weuster, 2004, S. 350 ff.) werden verwendet.

Abbildung 3-57 gibt einen Überblick über manche Testverfahren.

Der Einsatz der bislang thematisierten Intelligenz-, Leistungs- und Persönlichkeitstests als Instrument der betrieblichen Personalauswahl oder Bedarfsermittlung ist nur dann sinnvoll, wenn tatsächlich die zur Erfüllung des Arbeitsplatzes not-

Abb. 3-57

Überblick über ausgewählte Testverfahren

Leistungstests, z. B.:	
d2-Test: Aufmerksamkeits- und Belastungstest, misst Tempo und Konzentration	Ein Reiz muss in einer Vielzahl von visuell ähnlichen Reizen wieder erkannt und durchgestrichen werden.
Drahtbiegeprobe: Verfahren zu manumotorischen Funktionsprüfungs- und Eignungsdiagnostik	Ein Stück Draht ist nach einer Vorlage auf eine bestimmte Art und Weise zu biegen.
Intelligenztests, z. B.:	
Leistungsprüfsystem (LPS): erfasst intellektuelle Leistungsfähigkeit und allgemeine Intelligenz	Verschiedene Aufgaben, z. B. zu Wortschatz oder Rechenfähigkeit, sind zu lösen.
Standard Progressive Matrices (SPM): sprachfreier Intelligenztest	Eine Reihe von geometrischen Figuren ist durch eine von sechs Antwortalternativen zu ergänzen.
Persönlichkeitstests, z. B.:	
Rorschach-Test: Ziel ist die Erfassung gesamter Persönlichkeitsstruktur	Zehn Tafeln mit Klecksbildern, teils schwarz-weiß, teils farbig, sind zu deuten.
Thematic Apperception-Test (TAT): zur Erfassung der Gesamtpersönlichkeit unter Berücksichtigung von Umweltbeziehungen	Mehrdeutige Bilder von Alltagssituationen; zu jedem ist eine »spannende« Geschichte zu erzählen.
Satzergänzungstest: breites variables Anwendungsfeld, besonders Neurotizismus und soziale Anpassung	Einzelne Worte oder Satzanfänge sind zu ganzen Sätzen zu ergänzen.
Minnesota Multiphasic Personality Inventory (MMPI): misst 10 pathologische Kategorien, zusätzliche Lügenskala	Fragebogen mit 560 Feststellungen, die mit »stimmt« oder »stimmt nicht« zu beantworten sind.
Freiburger Persönlichkeitsinventar (FPI): misst zwölf Eigenschaften zur Belastung und Beanspruchung	Fragebogen mit 212 Thesen, die mit »stimmt« oder »stimmt nicht« zu beantworten sind.
Sixteen Personality Factors (16-PF-Test): Ziel der Erfassung der Gesamtpersönlichkeit über sechzehn Faktoren	Fragebogen mit 184 Fragen, die mit »ja« oder »nein« zu beantworten sind.
Bochumer Inventar zur berufsbezogenen Persönlichkeitsbeschreibung (BIP)	Erfasst werden berufliche Orientierung, Arbeitsverhalten, soziale Kompetenzen und psychische Konstitution mit insgesamt 17 Skalen mithilfe von 251 Items.

Quelle: in Anlehnung an *Becker, M.*, 2013, S. 509

wendigen Qualifikationen ermittelt werden: Die Arbeitsplatzrelevanz ist notwendig. Dies setzt die arbeitsplatzspezifische Auswahl oder Modifikation einer Vielzahl von Testverfahren voraus sowie die kompetente Betreuung und Auswertung in der Regel durch Psychologen.

> Wolfgang Pauli besuchte Nils Bohr einmal in dessen Landhaus und sah, dass ein Hufeisen über der Eingangstür hing. »Professor!« sagte er, »Sie? Ein Hufeisen? Glauben Sie denn daran?« Worauf Bohr antwortete: »Natürlich nicht. Aber wissen Sie, Herr Pauli, es soll einem auch helfen, wenn man nicht daran glaubt.«

2.3.3.6 Assessment-Center

Werden in Betrieben Qualifikationsdiagnosen und -prognosen im Rahmen spezieller eignungsdiagnostischer Situationen wie Personalauswahl und Potenzialbeurteilung formuliert, geschieht dies nicht selten über ein Assessment-Center (kurz: »AC«) als – im Idealfall – verhaltens- und simulationsorientiertes Testverfahren bzw. Gruppenauswahlverfahren.

Verhaltensorientierte Verfahren

> Die Bezeichnungen in den Betrieben weichen davon aber auch ab: Manche verbinden mit einem AC infolge schlechter praktischer Umsetzung ein »Assassination-Center« o. Ä. und versuchen daher durch eine andere Terminologie eine positivere Konnotation zu erreichen. Manche setzen es eher in der Personalentwicklung ein und sprechen von »Förderseminar«, »Potenzialanalyse« o. Ä. Andere weichen von den Grundelementen ab (s. u.) und wählen von daher einen anderen Sprachausdruck.

Assessment-Center sind *simulationsorientierte Verfahren*, die über die Erfassung von Bewerber*verhalten* Schlussfolgerungen über den Eignungsgrad für eine spezifische Stelle treffen. Sie sind in diesem Sinne auf betriebliche und stellenspezifische Anforderungen – im Idealfall – maßgeschneiderte Auswahltests, welche sich v. a. aus situationsbezogenen, auf die konkreten Anforderungen bezogenen Einzeltests zusammensetzen. Obwohl solche *AC* im Einzelnen unterschiedlich ausgestaltet sein können, folgen sie im idealtypischen Grundsatz dem gleichen Schema (vgl. Jeserich, 1981; Kleinmann, 2013; Sarges, 2001; Kompa, 2004; Schuler, 2014, S. 272 ff.; Berthel et al., 1988; Kompa, 2004). Unbedingte Elemente sind dabei (vgl. Abbildung 3-58):

▸ Die Teilnehmer durchlaufen in einer ein- bis dreitägigen workshopähnlichen Veranstaltung mehrere eignungsdiagnostische, oft standardisierte Übungen, sodass jede Anforderungs- bzw. Bewertungsdimension von mehreren Instrumenten erfasst werden kann (Verfahrensprinzip »*Methodenvielfalt*«). Eine betriebs- *und* stellenspezifische Standardisierung ist zu vertreten, wenn dadurch nach wie vor erfasst wird, was für den Betrieb sinnvoll ist. Der Einsatz allgemein standardisierter Instrumente – beispielsweise durch einen für ein Assessment-Center

2.3 Personalbedarfsdeckung
Personalauswahl

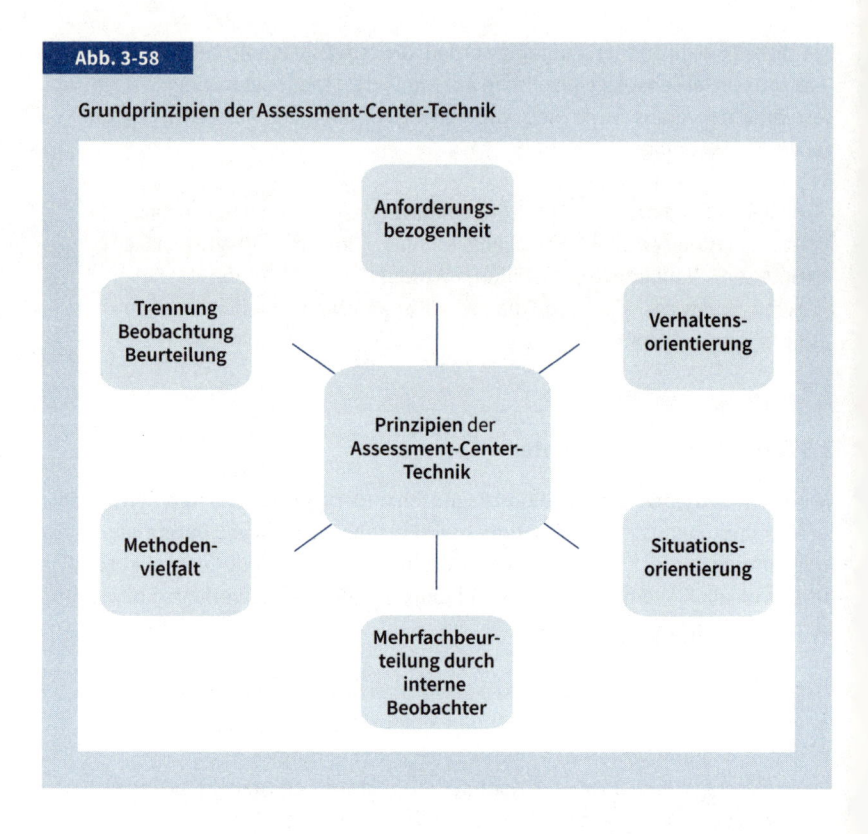

Abb. 3-58

Grundprinzipien der Assessment-Center-Technik

- Anforderungsbezogenheit
- Verhaltensorientierung
- Situationsorientierung
- Mehrfachbeurteilung durch interne Beobachter
- Methodenvielfalt
- Trennung Beobachtung Beurteilung

Prinzipien der Assessment-Center-Technik

engagierten Dienstleister – entfernt die Bewertung von der Erfassung des Letztkriteriums.
▸ Diese Übungen sollen wichtige arbeitsplatztypische Situationen im auswählenden Betrieb simulieren (Verfahrensprinzip »*Situationsbezogenheit*«), da nur so passende Schlussfolgerungen hinsichtlich der situationsspezifischen Eignung möglich sind.
▸ Dabei wird jeder einzelne Bewerber von mehreren, gut vorbereiteten Beobachtern (i. W. Führungskräften aus den Fachbereichen des Betriebs, u. U. ergänzt – nicht ersetzt! – durch externe Berater) beobachtet und beurteilt (Verfahrensprinzipen »*Mehrfachbeurteilung*« und »*interne Beurteiler*«).
▸ Es werden primär eignungsdiagnostische Verfahren eingesetzt, die Qualifikationen über die systematische Beobachtung von Verhalten »messbar« machen sollen und nicht über Eigenschaften u. Ä. (Verfahrensprinzip »*Verhaltensorientierung*«) und
▸ die zu beurteilenden Verhaltensanforderungen werden aus einer differenzierten, am besten zeitspezifischen Anforderungsanalyse abgeleitet (Verfahrensprinzip »*Anforderungsbezogenheit*«).
▸ Das Verfahren trägt zudem dazu bei, die Beobachtungen und die Bewertungen der beurteilenden Führungskräfte zu den jeweiligen Probanden zeitlich vonein-

ander abzugrenzen (Verfahrensprinzip »*Trennung von Beobachtung und Bewertung*«).

Eine systematische Vorauswahl, offene Kommunikation, individuelles Feedback sowie gute Planung und Moderation des Assessment-Centers sind des Weiteren für ein idealtypisches Format zu gewährleisten (vgl. insgesamt zu den unbedingten Kriterien http://www.arbeitskreis-ac.de/index.php?option=com_content&view=article&id=150 [letzter Abruf: 05.07.2016]). Ist eines der in der Abbildung 3-58 aufgeführten Kriterien nicht erfüllt, dann handelt es sich im eigentlichen Sinne nicht um ein Assessment-Center, sondern allenfalls um eine Abart. Dies trifft auch auf solche Verfahren zu, bei denen eigenschaftsbezogene Tests integriert sind. Sie können nicht Inhalt eines Assessment-Centers im eigentlichen Sinne sein.

Die Benennung als Assessment-Center garantiert nicht den Inhalt. Umgekehrt liegen auch Assessment-Center vor, die – aus unterschiedlichen Gründen – anders benannt sind.

Werden diese Verfahrensprinzipien nicht eingehalten, dann handelt es sich strenggenommen nicht um ein Assessment-Center (i. e. S.). Von zentraler Bedeutung ist insbesondere die Betonung der Verhaltens- und der Situationsorientierung, d. h. der Betrieb hat idealtypische Verhaltensvorstellungen für eine bestimmte Stelle und vergleicht diese mit dem – via stellenrelevanter Übungen stimulierten – Verhalten der Kandidaten in der Auswahlsituation. Wenn die Entscheider sich von dieser Vorstellung entfernen und/oder das Verfahren durch andere Auswahlinstrumente ergänzen, dann handelt es sich allenfalls um ein Assessment-Center i. w. S. – wenn überhaupt noch um ein AC. Zu berücksichtigen bleibt an dieser Stelle auch, dass die allgemeinen Validitätsstudien sich auf das »echte« Instrument beziehen und nicht auf die Verfahren, die allein so benannt werden.

Assessment-Center ≠ Assessment-Center

Assessment-Center entstammen ursprünglich dem militärischen Bereich und haben allgemeine Beachtung und weite Anerkennung durch die Ergebnisse der »Management Progress Study« erlangt, einer 1956 begonnenen Langzeitstudie bei AT&T (vgl. Bray/Grant, 1966). Heute kommt die Assessment-Center-Technik in einer Vielzahl von Betrieben zum Einsatz. Dabei haben sich die Zusammenhänge, in denen Assessment-Center eingesetzt werden, in den letzten 30 Jahren verschoben. Während ursprünglich die Beurteilung von (Nachwuchs-)Führungskräften im Zusammenhang mit der informatorischen Fundierung anstehender Auswahl- und Beförderungsentscheidungen im Vordergrund stand, wurde die Assessment-Center-Technik später auch angewendet, um externe Bewerber bis hin zu Auszubildenden zu beurteilen.

Historie

Verschiedene Varianten des Ansatzes liegen vor. Üblich ist ein *Gruppen-Assessment-Center*, bei dem mehrere Bewerber quasi gleichzeitig auf ihren Eignungsgrad bewertet werden. Um den Besonderheiten gerade von qualifizierten Fach- und Führungskräften gerecht zu werden, wurden davon abweichend *Einzel-Assessment-Center* (s. u.) entwickelt. *Potenzial-, Entwicklungs- oder Lernpotenzial-Assessments* dienen im Rahmen der Personalentwicklung der Einschätzung von Qualifikationspotenzialen, Karriereoptionen oder Lernchancen von Mitarbeitern wie Bewerbern.

AC-Varianten

2.3 Personalbedarfsdeckung
Personalauswahl

Evaluations-Assessment-Center können zur Ex-post-Kontrolle von Entwicklungsmaßnahmen eingesetzt werden. *Management Audits* (s. u.) sind prinzipiell ebenfalls Einzel- bzw. Gruppen-Assessment-Center für Mitarbeiter, bei denen externe Fachleute die Qualifikationen und Potenziale ausgewählter Führungskräfte einschätzen. Auf die zentralen Varianten wird im Folgenden kurz eingegangen. Sogenannte Online-Assessments passen dagegen nur sprachlich, nicht jedoch inhaltlich zu den Varianten eines Assessment-Centers.

Gruppen-Assessment-Center

Typisch für ein *klassisches Gruppen-AC* sind neben den o. a. unbedingten Verfahrenselementen: gleichzeitige Bewertung von verschiedenen Probanden (»idealtypisch«: zwölf) über einen etwa zweitägigen Zeitraum. Auch hier werden stellenspezifisch entwickelte Methoden (Fallstudien, Vorträge, Gruppendiskussionen, Postkorb-Übungen, Rollenspiele, Interviews u. Ä.; s. u.) eingesetzt, die sich auf arbeitstypische Situationen konzentrieren. Das Probandenverhalten wird mehrfach durch verschiedene Beurteiler (»idealtypisch«: sechs Führungskräfte des Betriebs) beobachtet. Externe Beobachter kennen die Kultur eines Betriebs und seine unausgesprochenen Merkmale nicht wirklich, insofern können sie die betriebsinternen Beobachter aus den Fachbereichen nicht substituieren, allenfalls an der einen oder anderen Stelle beratend ergänzen. Die Eignungsbewertung findet erst zum Abschluss des Zeitraums statt, um Halo-Effekten u. a. aufgrund der ersten Eindrücke bei den ersten Beobachtungsgelegenheiten mit ihren abträglichen Wirkungen auf die Entscheidungsgüte vorzubeugen. Ein erfahrener Moderator leitet das AC. Im engeren Sinne eines idealtypischen Verfahrens nehmen die Beurteiler auch an der Generierung der Anforderungen und der Ableitung der darauf bezogenen Verhaltensitems (Was kann man bei den verschiedenen Übungen an Verhaltensweisen beobachten? Wie sind diese zu erfassen? u. Ä.). So können die Anwender besser sicherstellen, dass das AC-Instrument auch von den Beurteilern wirklich verstanden und zielbezogen angewendet wird. Sofern diese Regeln strikt eingehalten werden, ergibt sich eine hohe Validität für das Gruppen-Assessment-Center.

Grundphasen

Die *Phasen*, in denen idealtypische Assessment-Center ablaufen, sind im schon als klassisch zu bezeichnenden Ablaufplan aus Abbildung 3-59 wiedergegeben. Hervorzuheben – weil oft vernachlässigt – sind an dieser Stelle v. a. die folgenden Phasen:
1. Entwicklung von stellen- bzw. anforderungsbezogenen Bewertungskriterien und -dimensionen unter Mitwirkung der späteren Beobachter,
2. Auswahl und/oder Entwicklung der auf spezifische Arbeitsplatzsimulationen bezogenen Übungen,
3. Beobachtung des Verhaltens der Kandidaten und Niederschrift dieser Beobachtungen,
4. Bewertung (individuell wie gemeinschaftlich).

2.3 Personalauswahl

Abb. 3-59

Ablauf eines Gruppen-Assessment-Centers

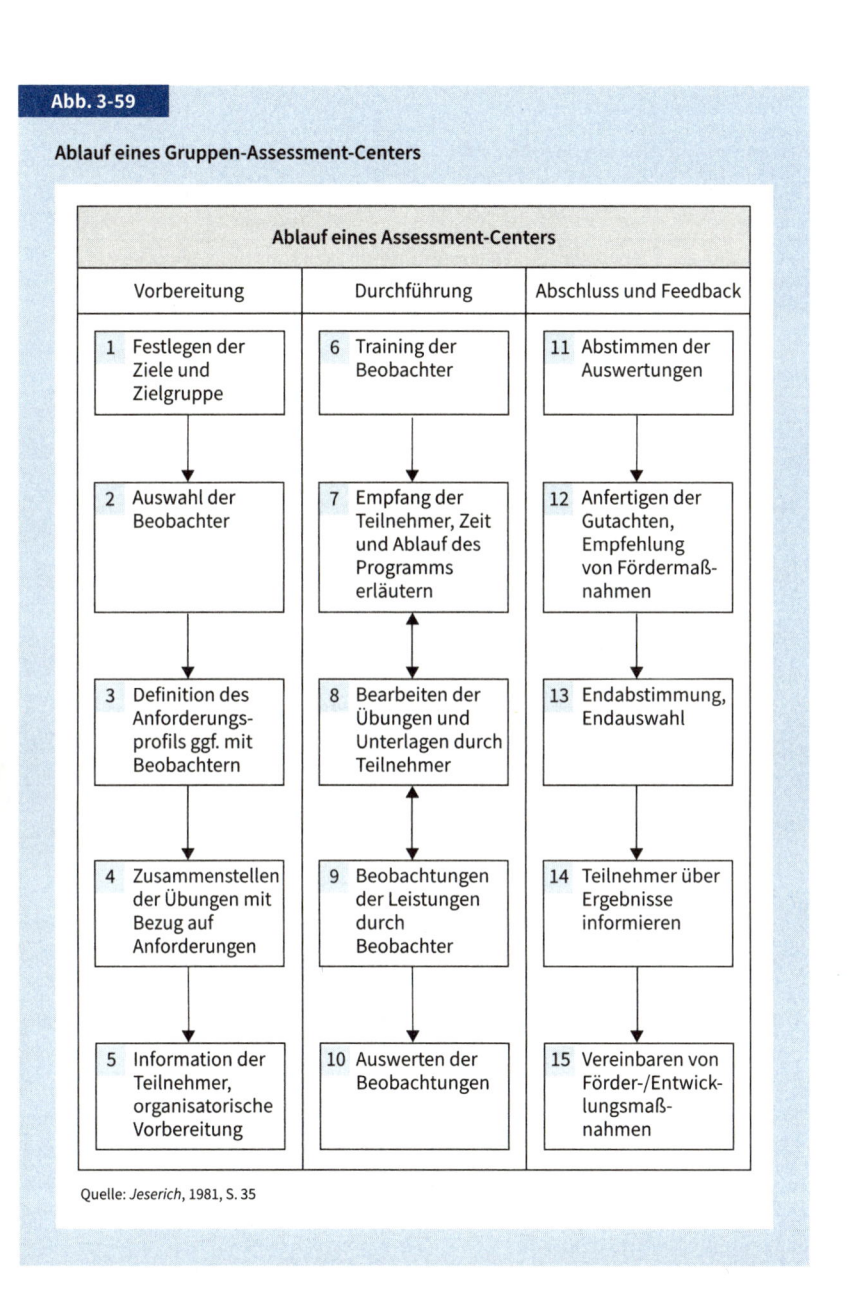

Ablauf eines Assessment-Centers		
Vorbereitung	Durchführung	Abschluss und Feedback
1 Festlegen der Ziele und Zielgruppe	6 Training der Beobachter	11 Abstimmen der Auswertungen
2 Auswahl der Beobachter	7 Empfang der Teilnehmer, Zeit und Ablauf des Programms erläutern	12 Anfertigen der Gutachten, Empfehlung von Fördermaßnahmen
3 Definition des Anforderungsprofils ggf. mit Beobachtern	8 Bearbeiten der Übungen und Unterlagen durch Teilnehmer	13 Endabstimmung, Endauswahl
4 Zusammenstellen der Übungen mit Bezug auf Anforderungen	9 Beobachtungen der Leistungen durch Beobachter	14 Teilnehmer über Ergebnisse informieren
5 Information der Teilnehmer, organisatorische Vorbereitung	10 Auswerten der Beobachtungen	15 Vereinbaren von Förder-/Entwicklungsmaßnahmen

Quelle: *Jeserich*, 1981, S. 35

Die für AC gebräuchlichen *Methoden* sind außerordentlich vielgestaltig. Zu den wichtigsten zählen (vgl. zu einem Überblick Abbildung 3-60):
- Postkorbübungen, in denen die Teilnehmer in einem begrenzten Zeitrahmen einen Satz von Schriftstücken bearbeiten und die diesbezüglich relevanten Zusammenhänge erkennen und strukturieren sollen;
- führerlose Gruppendiskussionen, in denen die Teilnehmer mit oder ohne Rollen-

Methodenvielfalt bei den Übungen

2.3 Personalbedarfsdeckung
Personalauswahl

Abb. 3-60

Simulationsorientierte Verfahrensarten (des Assessment-Centers)

	Rollenspiel	Postkorb-übung	Arbeitsproben	Planspiele	Gruppen-diskussionen	Vorträge
Idee	Simulation des Interaktions-verhaltens via Verteilung von Rollen (Kolle-gen, Mitarbei-ter, Kunden, ...)	Simulation administrativer Tätigkeiten ohne Interak-tion (aber mit Zeitdruck, Pri-orisierung, ...)	Simulation von berufsrele-vantem Ver-halten in einer kontrollierten Situation (Pro-grammierer, Mechaniker, Verkäufer), ...	Planspiele zur Erfassung be-rufsbezogener Fähigkeiten und Verhal-tensweisen	Simulation des Interaktions-verhaltens in kleinen Grup-pen via Diskus-sion zu vor-gegebenen Thema	Simulation des Vortrags-verhaltens (verbale wie nonverbale Botschaften)
Vor-teile	Interaktivität, Beobachtbar-keit des Ver-haltens	Direkter Bezug zum Arbeits-verhalten, relativ einfache Auswertung	Testen tatsäch-licher Quali-fikation und Leistungen, hohe Objek-tivität	Relativ ein-fache Anwen-dung und Auswertung	Beobachtung des tatsäch-lichen Ver-haltens	Beobachtung des tatsäch-lichen Verhal-tens in partiell berufsrelevan-ten Feldern
Nach-teile	Hohe Anforde-rungen an die Rollenspieler, ggf. Verzerrung durch Test-situation	Ggf. Verzerrung durch Test-situation	Ggf. Verzerrung durch Test-situation	Ggf. begrenzte Relevanz für spätere Arbeitsaus-führung	Ggf. Verzerrung durch Test-situation, be-grenzte Rele-vanz für spä-tere Tätigkeit	Ggf. Verzerrung durch Eloquenz der Redner

Quelle: in Anlehnung an *Oechsler/Paul*, 2015, S. 240

vorgaben unterschiedliche Themen diskutieren und beispielsweise einen Grup-penkonsens formulieren sollen;
- Interviews, Befragungen und Präsentationen zu unterschiedlichen Themen;
- Simulationen von Arbeitssituationen, zum Beispiel Besprechungen leiten, Fall-bearbeitungen, Plan-, Rollenspiele.

Mehrfachbeobachtung

Die herausragenden Merkmale der Assessment-Center sind darin begründet, dass die Anwender diejenigen Fehler zu vermeiden suchen, die sich durch Einzelperso-nen als Beurteilende und die Anwendung nur jeweils eines diagnostischen Verfah-rens einschleichen können. Von daher rührt, dass für Assessment-Center der Ein-satz jeweils einer *Mehrzahl* von
- teilnehmenden, zu beurteilenden Kandidaten,
- urteilenden Beobachtern und
- angewandten Methoden

zentrales Kennzeichen ist (»*Mehrfach-Prinzip*«). Die zu beurteilenden Personen un-terziehen sich nicht einzeln, sondern in Gruppen (in der Regel sechs bis 15 Kandi-daten) dem Bewertungsprozess. Die Beurteilungen nehmen speziell vorbereitete und trainierte Beobachter aus höheren Leitungsebenen des Betriebs vor (in der Regel drei bis sechs Personen). Eine endgültige Qualifikationsdiagnose oder -prognose kommt erst nach gemeinsamer Diskussion und Urteilsabstimmung durch die Beobachter zustande.

Die Vorteile sind: die Konzentration auf relevante Verhaltensweisen, die Einigung auf bestimmte Verhaltensitems als Beurteilungskriterien, der Einsatz mehrerer – idealtypisch – geschulter, interner Beurteiler und die vielfältigen, auf Arbeitssituationen bezogenen Übungen führen dazu, dass eine intersubjektiv besser nachvollziehbare, weitgehend bewusstere Entscheidung eines kompetenten Gremiums getroffen wird. *Vorteile*

Die Befürworter von Assessment-Centern belegen deren Gültigkeit in der Regel durch den Voraussageerfolg (»Prognosevalidität«). Nach der klassischen AT&T-Studie korrelieren die Erfolgsprognosen für durch AC ausgelesene Kandidaten hoch signifikant mit deren späterem Erfolg (operationalisiert durch Aufstieg und Einkommenszuwachs). Weniger subjektive Einzelbeurteilungen und eher objektive Urteile werden – so die Befürworter – dadurch erreicht, dass geschulte Bewertergruppen die Urteile in gemeinsamer Urteilsfindung treffen. Auch die Zuverlässigkeit erscheint herkömmlichen Verfahren überlegen. Zusätzlich ergeben sich positive Motivations- und Lerneffekte sowohl für die Kandidaten wie auch für die Bewerter. Wenn es sich bei den Bewertern tatsächlich um Linienvorgesetzte handelt, lassen sich auch positive Wirkungen auf ihr Führungsverhalten im Alltag erwarten (vgl. Obermann, 2013; von Rosenstiel/Nerdinger, 2011, S. 185 ff.). All dies gilt allerdings nur, wenn die oben beschriebenen Elemente auch umgesetzt sind. Jede Abweichung davon reduziert die Validität. *Pro AC*

Problempunkte von AC sind die ressourcenaufwändigen Phasen der Anforderungsanalysen und der Entwicklung von Übungen, der zeitaufwändige Beobachtung vieler in die engere Wahl gekommener Kandidaten über zwei bis drei Tage, die Durchführungskosten, die Sichtbarmachung aufgabenrelevanter Verhaltensweisen durch geeignete, realitätsnahe und betriebsbezogene Übungen, die vernachlässigte, weil schwierig zu erfassende Lernfähigkeit und Verhaltensflexibilität der Kandidaten, die valide Beobachtung der Verhaltensweisen sowie die Qualifikation der Beobachter (vgl. Kleinmann, 2013; Obermann, 2013; Sarges, 2013, S. 656 ff.; Kanning/Schuler, 2014, S. 230 ff.). *Problempunkte*

Das *Einzel-Assessment-Center* ist eine AC-Variante, allerdings ohne so idealtypisch standardisiert zu sein wie das Gruppen-Assessment-Center. Insofern werden auch *nicht* alle idealtypischen AC-Anforderungen erfüllt. Folgende Elemente gehören im Allgemeinen zu dieser AC-Variante: *Einzel-Assessment-Center*

1. Der Fokus liegt auf einer Person, indem es mit jeweils einer bzw. einem Teilnehmer sowie in der Regel ein bis zwei Rekrutern umgesetzt wird.
2. Es dauert in etwa einen Tag.
3. Neben Interviews werden unterschiedlich viele Verfahren bzw. Simulationen (Fallstudien, Rollenspiele, Präsentationen, Tests u. Ä.) durchgeführt.
4. Ziel ist es wiederum, stellentypische Arbeitssituationen abzubilden bzw. sich auf die dafür sinnvollen Qualifikationsmerkmale und Verhaltensweisen zu konzentrieren. Die Verfahren sind aber in aller Regel nicht ausschließlich verhaltensbezogen. Ebenso wenig verfolgen alle Verfahren den simulationsorientierten An-

2.3 Personalbedarfsdeckung
Personalauswahl

satz, auch der eigenschaftsorientierte Ansatz mit psychologischen Testverfahren wird partiell verfolgt.

5. Hauptzielgruppe sind in Arbeitsorganisationen vor allem das Mittel- und Top-Management und ähnliche Positionen, wenn die Beteiligten Diskretion wahren oder tiefergehender analysieren möchten.

Faktisch ist das Einzel-AC dabei eine Begriffsklammer für unterschiedlichste Methoden und Verfahren. Die Übungen eines Gruppen-AC können nicht so konsequent auf alle Stellenanforderungen und Verhaltensweisen umgesetzt werden. Das Einzel-AC bietet aber dafür eher die Möglichkeit zur Flexibilität und von Nachgesprächen. Inwieweit dies über eine idealtypische Validierung auch getestet wird, entzieht sich allgemeiner Kenntnis, wird aber vermutlich eher selten umgesetzt. Zur Aussagekraft liegen bislang keine wirklich sinnvollen Aussagen vor. Dies hängt mit den sehr unterschiedlichen Umsetzungsformen sowie den organisations- und positionsspezifischen Besetzungen zusammen (vgl. Sarges, 2013b, S. 825 ff., Obermann, 2013, S. 361 ff.).

Personalentwicklung

Neben der Personalauswahl kann das Assessment-Center auch in der Personalentwicklung eingesetzt werden, und zwar in mehrfacher Hinsicht: (1) als Instrument zur Erkennung von Entwicklungspotenzial, (2) als Qualifizierungsinstrument und (3) als Evaluationsinstrument zur Feststellung von Qualifizierungsmaßnahmen. Im Allgemeinen ist die erstgenannte Zielsetzung mit ihm verbunden.

Maßschneidern!?

Assessment-Center gehen nicht betont und vorwiegend von empirisch allgemein ermittelten Anforderungskategorien aus. Der Anforderungsbezug wird durch eine erdachte Simulation von Arbeitssituationen hergestellt, kann aber nur dann als einigermaßen hinreichend betrachtet werden, wenn konkret die Simulationsbeispiele aus realen Situationen im jeweiligen Anwenderbetrieb gewonnen wurden. Das spricht für den betriebsspezifischen Zuschnitt der Assessment-Center (»tailor-

WISSENSWERTES

Management-Audit

Ein Management-Audit ist ein strukturiertes Verfahren zur fachlichen wie überfachlichen Potenzialeinschätzung von Personen – entweder allgemein oder spezifisch bezogen auf den strategischen Erfolg eines Betriebs. Es wird manchmal als Alternative zum Assessment-Center genannt. Mit diesem Instrument fokussiert man auf die Qualifikation und individuelle Leistungsfähigkeit von Führungskräften und zwar entweder im Rahmen der Personalauswahl oder einer Potenzialbeurteilung (und hier einer gegebenenfalls nachfolgenden Personalentwicklung). Methodisch wird es sehr unterschiedlich umgesetzt: halbstrukturierte Interviews, Einzel-Assessment, 360°-Feedback u. a.

Modifiziert kann darunter auch die Auditierung eines ganzen Managementteams oder gar des ganzen Managements verstanden werden (vgl. Sarges/Westermann, 2013; Wübbelmann, 2005). Im Grunde genommen stellt ein Management-Audit kein eigenes Auswahl- oder Bewertungsinstrument dar, sondern es wird hier lediglich ein modernistisch angehauchter Begriff für ein Sammelsurium sehr unterschiedlicher Vorgehensweisen verwendet.

made«) und gegen den Kauf und die unabgewandelte Anwendung genereller Assessment-Center (»pre-packaged«) – gar noch mit »eingekauften« betriebsfremden Beobachtern.

Vorbereitung, Einführung und Durchführung von Assessment-Centern verursachen nicht unerhebliche Kosten. Beobachter und Kandidaten müssen für die Dauer des Beobachtungs-, Beurteilungs- und Bewertungsprozesses freigestellt werden, es werden Räume, Geräte und Methoden benötigt. Die Kosten lassen sich rechtfertigen, wenn der Nutzen beträchtlich höher liegt. Nutzen drückt sich durch Überlegenheit gegenüber alternativen Verfahren aus – jeweils bezogen auf die Kosten einer möglichen Fehlbesetzung. Insofern ist ein Assessment-Center prinzipiell »günstiger« bei der Besetzung einer Leitungsposition als bei einer Ausbildungsstelle, bei wiederkehrend zu besetzenden Traineeplätzen als bei einer punktuell zu besetzenden Einzelstelle sowie bei einer erfolgskritischen Position. Zusätzlich von Belang ist, die oben aufgeführten Elemente bzw. Kriterien einzuhalten. Dass der Zuwachs an Voraussageerfolg durch Assessment-Center mit ihren höheren Kosten gegenüber anderen Verfahren generell Schritt hält, ist jedoch umstritten, weil Untersuchungen dazu widersprüchliche Ergebnisse erbrachten.

> *Aus gutem Grunde eine Wiederholung*: Unbedingte Elemente eines Assessment-Centers sind: (1) ausschließlich *Verhaltensorientierung* (Eigenschaftsorientierung ist kein Bestandteil!), (2) *Situationsbezogenheit* (der eingesetzten Methoden, um spätere reale Situationsforderungen bewältigen zu können), (3) *Methodenvielfalt* (um viele relevante Verhaltensstimuli geben zu können), (4) *Mehrfach-Prinzip der Beobachtung* (um verschiedene Beobachtungen aller Kandidaten zu ermöglichen), (5) *Anforderungsbezogenheit* (um dem zu besetzenden Arbeitsplatz entsprechen zu können), (6) *betriebliche Beobachter* (um soziale Passbarkeit zu erfassen) und (7) *Trennung von Beobachtung und Beurteilung* (um frühzeitig Urteilsbildung zu verhindern). Ist ein Element nicht gegeben, handelt es sich streng genommen *nicht* mehr um ein Assessment-Center, sondern nur noch um eine Abart.

2.3.3.7 Sonstige Instrumente

Verschiedene andere Instrumente werden im Rahmen der betrieblichen Personalauswahl noch diskutiert und genutzt. Auf einige wird im Folgenden eingegangen.

Je nach zu besetzender Stelle ist auch eine Anforderung von *Arbeitsproben* möglich. Arbeitsproben dienen im Rahmen simulationsorientierter Verfahren dazu, die Bewerber mit ausgewählten Aufgaben zu konfrontieren, die sie so oder so ähnlich im Rahmen der ausgeschriebenen Stelle erledigen müssten. Hier kann der Bewerber auf seinen zukünftigen Arbeitsplatz zugeschnittene Aufgabenfelder kennenlernen bzw. der Betrieb einen Einblick in die Leistungsfähigkeit des Kandidaten gewinnen. Die Aufgabenerfüllung kann dabei wirklich oder simuliert von den Kandidaten gefordert werden. Sinnvollerweise sollten die ausgewählten Arbeitsproben reprä-

Arbeitsprobe

2.3 Personalbedarfsdeckung
Personalauswahl

sentativ für die Stelle sein und eine relativ hohe Realitätsnähe haben. Die Bandbreite von Arbeitsproben ist sehr weit. Partiell könnte man auch – die oben bereits dargestellten – Instrumente simulationsorienterter Auswahlverfahren (v. a. situatives Interview und Assessment-Center) als Arbeitsprobe verstehen. Allerdings wird dort keine wirkliche Ausführung einer Arbeitsaufgabe verlangt. Insgesamt gesehen haben Arbeitsproben eine relativ gute Vorhersagekraft, allerdings nur dann, wenn auch standardisiert vorgegangen wird und die Arbeitsproben die Aufgabe einigermaßen treffend repräsentieren. Intelligenz und Berufserfahrung helfen im Übrigen den Bewerbern in diesen Arbeitsproben gut abzuschneiden, sodass nicht alleine erfahrene Kandidaten bei Arbeitsproben gut abschneiden. Insgesamt gesehen sind Arbeitsproben empfehlenswerte Auswahlinstrumente (vgl. Melchers, 2015; Thornton/Kedharnath, 2013; Schuler, 2014, S. 224 ff.; Kanning/Schuler, 2014, S. 218 ff.).

> Formen der Arbeitsproben sind durchaus auch Praktika und Masterarbeits-Betreuungen durch Betriebe. Diese lernen so potenzielle Kandidaten kennen und können viel besser einschätzen, ob diese Personen sozial wie leistungsbezogen zu ihnen passen. Dies funktioniert auch in der umgekehrten Richtung.

Probezeit

Kein echtes Auswahlinstrument, aber dennoch als Instrument im Rahmen einer effizienten wie effektiven Bedarfsdeckungskette anzuführen, ist die *Probezeit*. Es handelt sich um die ersten Monate eines neuen Beschäftigungsverhältnisses, während dessen von beiden Vertragsparteien eine vereinfachte Kündigungsmöglichkeit genutzt werden kann. Hier kann das Echtzeitverhalten der Neuen nahe beobachtet werden. So bieten sich die besten Chancen, die tatsächliche Eignung der ausgewählten Person zu prüfen und Schlussfolgerungen darüber zu ziehen, ob man als Entscheider eine richtige Entscheidung getroffen hat oder eben nicht. Dies ist auch dadurch bedingt, dass Rekruter die Person-Situation-Beziehung nun tatsächlich bewerten können. Bei den vorherigen doch eher personenzentrierten Auswahlverfahren kann dies allenfalls fiktiv geprüft werden – und ist insofern eher mit Fehldeutungen verbunden. Im negativen Falle ist eine Kündigung während der Probezeit dann – zumindest für den Arbeitgeber – die günstigere Entscheidung, als jahrelang ein problematisches Arbeitsverhältnis weiter zu führen. Doch dazu bedarf es neben dem Willen zur Nutzung der Probezeit auch einer ernsthaften Vorbereitung, einer intensiven Begleitung und einer konsequenten Auswertung der Probezeit (vgl. Sprenger/Arnold, 2013).

Biografische Fragebögen

Biografische Fragebögen sind hochstandardisierte Instrumente zur systematischen Gewinnung, psychometrischen Auswertung und Interpretation von Vergangenheits- und Hintergrunddaten von Bewerbern – und somit eine Art von Test. Sie werden vor allem bei der Personalauswahl, aber auch der Potenzialbeurteilung, eingesetzt, d. h. es erfolgt der Versuch, bisherige Verhaltensweisen zur Prognose zukünftigen Verhaltens zu nutzen (vgl. Weinert, 2004, S. 365 ff.; Schuler, 2014, S. 260 ff.; Schuler/Stehle, 1986).

2.3 Personalauswahl

> Als *Basisthese* gilt auch hier: Die besten Vorhersagekriterien für zukünftiges, erfolgreiches Arbeitsverhalten – und damit für (Miss-)Erfolg – sind Persönlichkeitsmerkmale, Sozialisationsbedingungen und/oder Verhaltensmuster in der Vergangenheit.

Man erhebt mit standardisierten Fragen zum einen biografische Fakten der Vergangenheit (z. B. Eltern-Kinder-Beziehungen, sozioökonomischen Status, religiöses Engagement, Mitgliedschaft in Parteien und Vereinen) und zum anderen Persönlichkeitsmerkmale (z. B. soziale Introvertiertheit, positive Studieneinstellung, Teamfähigkeit). Diese »Fakten« sollten relativ überdauernd und situationsübergreifend wirken, um so eine Prognosekraft für den zukünftigen Berufserfolg bei bestimmten Aufgabenstellungen zu haben. Die Validität solcher biografischer Fragebögen gilt als hoch, allerdings nur dann, wenn sie sorgfältig für jede zu besetzende Position durch geschultes Fachpersonal erstellt und ausgewertet werden. Wird dies nicht sichergestellt, dann ist vom Einsatz abzuraten. Nur wenige deutsche Betriebe wenden sie an (vgl. Kanning, 2004, S. 392 ff.; Sarges, 2013a, S. 570 ff., Schuler, 2014a, S. 268 ff.). Der Einsatz bedarf der Zustimmung des Betriebsrats.

In den USA, dem Herkunftsland dieser Verfahren, sind vor allem zwei *Formen* von biografischen Verfahren verbreitet: Der »Weighted-Application Blank« (WAB) und der »Biographical Information Blank« (BIB), die beide auf Cascio (1982; Cascio/Aguinis, 2010) zurückgehen.

Überdauernde, nicht situationsspezifische Merkmale als Basis

- Beim *WAB* werden mittels eines Fragebogens die biografischen Daten der Mitarbeiter ermittelt. Vergleichbare Personen aus dem eigenen oder aus anderen Betrieben werden ebenfalls mit dem Fragebogen konfrontiert und anhand von ordinal skalierten Erfolgskriterien in erfolgreiche und nicht erfolgreiche Personengruppen sowie in Erhebungs- und Kontrollgruppen dichotom eingeteilt. Diese Personen werden zuvor aufgrund ihrer Aufgaben einer Positionsfamilie zugeordnet. Sofern es gelingt, zentrale verhaltensprägende Dimensionen zu erkennen, werden aus Personen mit ähnlichen Persönlichkeitsmerkmalen Subgruppen (Cluster) gebildet, für die jeweils ähnliche Verhaltensweisen prognostiziert werden können. Erwartet werden signifikant unterschiedliche biografische Daten in beiden Erhebungsgruppen. Vergleichbare Persönlichkeitsmerkmale und Erfahrungsmuster von Erhebungs- und Kontrollgruppen gelten als Validierung und führen dann zur Bewertung des individuellen Qualifikationspotenzials für die korrespondierenden Positionsfamilien und zu einer Entscheidung bezüglich der Eignung. Dabei wird lediglich von einer Koinzidenz, nicht von einer Kausalität zwischen biografischen Daten und dem Erfolg im Betrieb ausgegangen. Die Ursachen der Koinzidenz bleiben im Dunkeln.
- Der *BIB* ist von der Vorgehensweise dem WAB ähnlich, jedoch werden hier biografische Daten erhoben, die bewusst extrem auf subjektive Einstellungen und Eigenbeurteilungen des Bewerbers abstellen (s. Abbildung 3-61). So würde der WAB beispielsweise nach dem Ausbildungsabschluss fragen, der BIB hingegen, womit ein Bewerber am liebsten unterhalten würde, wäre man Entertainer.

2.3 Personalbedarfsdeckung
Personalauswahl

Abb. 3-61

Taxonomie für biografische Daten

Historical	How old were you when you got your first paying job?	Future or hypothetical	What position do you think you will be holding in 10 years? What would you do if another person screamed at you in public?
External	Did you ever get fired from a job?	Internal	What is your attitude toward friends who smoke marijuana?
Objective	How many hours did you study for your real-estate license test?	Subjective	Would you describe yourself as shy? How adventurous are you compared to your coworkers?
Firt-hand	How punctual are you about coming to work?	Second-hand	How would your teachers describe your punctuality?
Discrete	At what age did you get your driver's license?	Summative	How many hours do you study during an average week?
Verifiable	What was your grade point average in college? Were you ever suspended from your Little League team?	Non-verifiable	How many servings of fresh vegetables do you eat every day?
Controllable	How many tries did it take you to pass the CPA exam?	Non-controllable	How many brothers and sisters do you have?
Equal access	Were you ever class president?	Nonequal access	Were you captain of the football team?
Job relevant	How many units of cereal did you sell during the last calendar year?	Not job relevant	Are you proficient at crossword puzzles?
Noninvasive	Were you on the tennis team in college?	Invasive	How many young children do you have at home?

Quelle: *Mael*, 1991, p. 773

Kritik

Folgendes ist zur Bewertung *festzuhalten*: Die prognostische Validität von biografischen Daten ist möglicherweise, so zeigen Studien, im Vergleich zu anderen Methoden zumindest der Personalauswahl relativ hoch. Allerdings bleibt auch zu bemerken, dass die Zusammenhänge zwischen einem bestimmten Lebenslauf und dem späteren Erfolg im Beruf theoretisch kaum geklärt sind (ein theoretisches Konzept fehlt). Es ist beispielsweise nicht bekannt, warum frühere Hauptschüler mit Ferienjobs später im Versicherungsaußendienst weniger erfolgreich sind als Hauptschüler ohne Ferienjobs, während es bei ehemaligen Realschülern genau umgekehrt ist. Einen anderen Kritikpunkt stellen die einzelnen, oft intimen Fragen an die Bewerber bzw. Mitarbeiter dar. Hier liegen ethische Probleme vor. Zudem darf die relativ hohe prognostische Validität nicht darüber hinwegtäuschen, dass nur ein relativ geringer Teil der Faktoren, die für den späteren Berufserfolg sprechen, betrachtet werden. Weitere Probleme biografischer Verfahren bestehen vor allem in dem fehlenden Anforderungsbezug, in der Bildung angemessener Kontrollgruppen, den eher willkürlich ausgewählten biografischen Daten, den kulturspezifischen Leistungsindikato-

2.3 Personalauswahl

> **MEINUNG**
>
> **»Bauchgefühl«**
>
> In Personalauswahlentscheidungen wird häufiger das »Bauchgefühl« als ein entscheidendes Element thematisiert. Letztlich sind die Empfehlungen diesbezüglich unterschiedlich, allerdings jeweils differenziert nach unterschiedlichen Situationsbedingungen. Erfahrene, langjährig in Auswahlverfahren involvierte Personalexperten haben sich eine vermutlich brauchbare Grundlage für intuitive Entscheidungen geschaffen. Die meisten Vorgesetzten, die in solche Entscheidungsprozesse eingebunden sind, haben dies nicht – auch wenn sie schon zwanzig Jahre oder länger Berufserfahrung (in einem fachlichen Metier und eben nicht in der Personalauswahl) haben. Ist der Betrieb in der Endauswahl bei in etwa gleichqualifizierten Bewerbern angelangt, mag intuitives Entscheiden auch im Hinblick auf die spätere Zusammenarbeit auf der sozialen Ebene sinnvoll angewendet werden. Vorab wird jedoch von der Personalwissenschaft mit guten Argumenten davon abgeraten, seiner »Menschenkenntnis« zu sehr zu vertrauen. Die Welt der Fehlermöglichkeiten ist – gerade für nicht regelmäßig geschulte oder gar untrainierte Laien – vielfältig: unbewusste Dissonanzreduktionen, Halo-Effekte, Ähnlichkeitseffekte u. a. sind hier beispielhaft zu nennen (s. auch Teil 3, Kap. 1.4.3). Systematisches Vorgehen und investierte Zeit helfen hier, die Fehlerproblematik ausreichend in den Griff zu bekommen (vgl. Wottawa/Hiltmann, 2015, S. 148 ff.; Kanning/Pöttker/Klinge, 2008, S. 1 ff.).
>
> »Subjektivität« ist ein umstrittenes Element – nicht nur – im Auswahlprozess (vgl. Becker, F.G., 2009, S. 216 ff.). Von einer völligen Verbannung (»Objektivität« muss erreicht werden!) bis hin zu einem Plädoyer für ein kontrolliertes Zulassen sind Meinungen zu vernehmen. Ein partiell kontrolliertes Zulassen und die unbedingte Thematisierung subjektiver Eindrücke, auch wenn ihnen zunächst jegliche »objektive« Begründung fehlt, verbessert den Auswahlprozess. Nur so lässt sich das Problem der unmöglichen wirklichkeitsgetreuen Identifikation aller relevanten Qualifikationsmerkmale zur Prognose zukünftigen Leistungsverhaltens angemessen angehen (s. Osterloh/Tiemann, 1993, S. 104 ff.; Laske/Weiskopf 1996, S. 311 ff.).

ren, den möglicherweise falschen Antworten der Bewerber, dem Diskriminierungspotenzial und der konservativen Fortschreibung von sozialen und anderen Gegebenheiten.

Die Idee biografischer Daten lässt sich auch auf den simulations- und verhaltensorientierten Ansatz übertragen, indem das in bestimmten Situationen in der Vergangenheit gezeigte Verhalten erfragt wird. Die Situationen müssen dabei einen aktuellen Arbeitsplatzbezug haben und die erzählten Verhaltensweisen auf ihre Tragfähigkeit für diesen Arbeitsplatz bewertet werden.

2.3.4 Entscheidung

Schlussendlich steht die Auswahlentscheidung an. Da die individuellen wie vergleichenden Eignungsstufungen in den meisten Fällen letztendlich nicht objektiv – auch nicht über Punktbewertungsverfahren – gefällt werden können, steht hier eine »echte« Managemententscheidung an. Angestrebt werden sollten intersubjektiv nachvollziehbare, also auch begründete Entscheidungen für und gegen die Kandidaten der letzten Auswahlrunde.

»Leicht« fällt eine solche Entscheidung dann, wenn alle in der engeren Wahl stehenden Personen als sehr gut geeignet bewertet wurden. Schwieriger ist die Situation, wenn keiner der Bewerber eine hundertprozentige Eignung – zumindest nicht in allen Anforderungsbereichen – aufweisen kann, also relative Qualifikationsmängel vorliegen. Hier stehen die Auswahlverantwortlichen dann vor der Entscheidung, ob sie dieses Manko einer (längeren) Vakanz der Stelle vorziehen, ob sie Personal-

> »Ich überlege. Mein Bauch entscheidet.«
> Max Grundig

> »Es ist kein Fisch ohne Gräten und kein Mensch ohne Mängel.«
> Julius Wilhelm Zincgref

2.3 Personalbedarfsdeckung
Personalauswahl

entwicklungsmaßnahmen in einer verantwortbaren Zeit zu Erreichung der vollen Eignung sehen und/oder ob sie über stellenverändernde Maßnahmen indirekt eine Eignung »schaffen«.

2.3.5 Rechtliche Aspekte

Bei der externen Personalbeschaffung sowie bei der Personalauswahl sind zahlreiche kollektiv- und individualrechtliche Bestimmungen zu beachten, die den Gestaltungsspielraum des Arbeitgebers stark einengen (können).

Die Abbildungen 3-62 bis 3-65 geben einen Überblick über die zentralen rechtlichen Aspekte, die vom Arbeitgeber bei der Anbahnung des Arbeitsverhältnisses zu beachten sind, wobei die Darstellung sich am zeitlichen Ablauf der Anbahnungsphase orientiert.

Fragerecht

Nachfolgend wird das Fragerecht des Arbeitgebers als ein wichtiger individualrechtlicher Aspekt, der sowohl für die Gestaltung von Personalfragebögen als auch für Vorstellungsgespräche von Bedeutung ist, kurz erläutert.

Vor allem bei einer für sie schwierigen Arbeitsmarktlage versuchen die Bewerber, so wenig wie möglich bestehende oder auch nur vermutete negative Informationen über sich preiszugeben. Der Arbeitgeber hingegen hat ein hohes Interesse, möglichst umfassende Informationen über die Bewerber zu erhalten, um so eine zuverlässige Entscheidungsbasis zu gewinnen und das Risiko von »personalen Fehlinvestitionen« zu minimieren.

Abb. 3-62

Externe Personalbeschaffung und Personalauswahl – Zentrale rechtliche Aspekte

Zentrale rechtliche Regelungen, die sich auf den gesamten Prozess der externen Personalbeschaffung und der Personalauswahl beziehen

Individualrechtliche Ebene
Generell gilt der Grundsatz der allgemeinen Vertragsfreiheit (= Abschluss-, Auswahl-, Form- und Inhaltsfreiheit), aber:
- Beschränkung des Auswahlermessens durch
  - Abschluss- und Beschäftigungsverbote für bestimmte Mitarbeiter(-gruppen) z. B. nach §§ 5, 7 JArbSchG, §§ 3, 4, 6, 8 MuSchG, §§ 18 AufenthG.
  - Abschlussgebote vor allem für Behinderte nach § 81 SGB IX
  - (geschlechtsbezogenes) Benachteiligungsverbot nach § 7 AGG
- Beschränkung der Handlungsfreiheit durch das gesetzliche Schuldverhältnis nach dem Grundsatz von »Treu und Glauben« (§ 242 BGB), sodass zwischen den Parteien die gewohnheitsrechtlich anerkannten Grundsätze der culpa in contrahendo (c.i. c.) Anwendung finden
- Beschränkung des Informationsstrebens des Arbeitgebers aufgrund des Persönlichkeitsrechts des Bewerbers

Kollektivrechtliche Ebene (Beteiligung des Betriebsrats bei allgemeinen personellen Angelegenheiten)[1]
Beteiligungsrechte:
- bei der Personal(beschaffungs)planung (§ 92 BetrVG)
- bei Personalfragebogen (§ 94 I BetrVG)
- bei der Aufstellung allgemeiner Beurteilungsgrundsätze (§ 94 II BetrVG) bei Auswahlrichtlinien (§ 95 BetrVG)
- in Bezug auf das Auswahlergebnis (§ 99 BetrVG)

[1] Die Beteiligungsrechte des Personalrats und des Sprecherausschusses werden hier nicht dargestellt.

2.3 Personalauswahl

> **ZUR VERTIEFUNG**
>
> **Neo-Institutionalismus**
>
> Neo-institutionalistische Ansätze erklären die Entstehung und die Veränderung von Betrieben wie von organisatorischen Regeln vor allem durch den kulturell-gesellschaftlichen Rahmen, in den diese Betriebe eingebettet sind (vgl. Meyer/Rowan, 1977; Scott, 1988; Kieser/Walgenbach, 2010, S. 43 ff.). Nicht »objektiv« vorliegende situative Merkmale der Umwelt gelten als Ursache, Initiator und Effizienzkriterium betrieblicher Strukturmerkmale. Betriebe wählen stattdessen bestimmte Lösungen, weil andere Betriebe und/oder Meinungsführer sie ebenso präferieren, weil sie allgemein als »Best Practice« gelten sowie weil sie daher die Akzeptanz der Maßnahme innen wie außen (bei den Stakeholdern) sicherstellen. Gemäß dem Neo-Institutionalismus sind formale betriebliche Regeln im Wesentlichen das Ergebnis einer entsprechenden betrieblichen Anpassung an die gegebenen institutionellen Erwartungen aus der Umwelt und dies unabhängig davon, ob dies die Effizienz des Betriebs fördert oder nicht: Die Legitimität formaler Strukturen ist letztlich bedeutender als deren Effizienz.
>
> Solche Überlegungen begleiten auch die gesamte Personalarbeit. Auch müssen (Personal-)Verantwortliche sich regelmäßig die Fragen stellen: Warum machen wir das? Hilft es der Effizienz und Effektivität?

Die ständige Rechtsprechung des Bundesarbeitsgerichts seit 1957 hat sich wiederholt mit dem Interessenkonflikt zwischen dem Persönlichkeitsrecht des Bewerbers und dem Informationsstreben des Arbeitgebers beschäftigt. Als Ergebnis lassen sich drei Fallgruppen unterscheiden:

Interessenskonflikte

1. Der Bewerber hat die Pflicht, Umstände, die ihn erkennbar hindern werden, die konkret vorgesehene Aufgabe zu erfüllen, von sich aus zu offenbaren.
2. Auf zulässige Fragen des Arbeitgebers hat der Bewerber wahrheitsgemäß und vollständig zu antworten. Andernfalls kann der Arbeitgeber den Arbeitsvertrag später nach §§ 119, 123 BGB anfechten.
3. Unzulässige Fragen kann der Arbeitnehmer verweigern oder falsch beantworten, ohne dass dies für ihn rechtlich negative Konsequenzen hat.

Abb. 3-63

Zentrale rechtliche Regelungen der externen Personalbeschaffung

Externe Personalbeschaffung – Zentrale rechtliche Regelungen

- **Stellenanzeige:** Die Stellenanzeige ist kein Angebot i. S. von § 145 BGB, sondern soll potenzielle Bewerber informieren und sie zur Abgabe eines Vertragsangebots auffordern. Der Arbeitgeber darf jedoch keine falschen Erwartungen bei den Bewerbern wecken, da er sonst zum Ersatz des Vertrauensschadens verpflichtet sein kann. Zudem sind Stellenanzeigen nach § 11 i. V. m., § 7 I AGG benachteiligungsfrei auszuschreiben. Dieses betrifft Benachteiligungen aus Gründen der Rasse, der ethnischen Herkunft, des Geschlechts, der Religion oder der Weltanschauung, einer Behinderung, des Alters oder der sexuellen Identität nach § 1 AGG.
- **Abwerbung von Mitarbeitern:** Die Abwerbung von Mitarbeitern durch den Arbeitgeber ist in der Regel zulässig, wenn er dabei nicht gegen die guten Sitten verstößt oder die Abwerbung sich nicht als unlauterer Wettbewerb i. S. des § 1 UWG darstellt.
- **Staatliche Arbeitsvermittlung:** Das Vermittlungsangebot der Agentur für Arbeit ist im SGB III § 35 geregelt. Dieses beinhaltet Vermittlungstätigkeiten für Ausbildungssuchende, Arbeitsuchende und Arbeitgeber unter Berücksichtigung von Neigung, Eignung und Leistungsfähigkeit der Arbeits- und Ausbildungssuchenden und der Anforderungen der angebotenen Stellen.
- **Private Arbeitsvermittlung:** Seit 2002 existiert durch eine Neuregelung auf dem Gebiet der privaten Arbeitsvermittlung die Aufhebung der Verpflichtung privater Vermittler, eine Erlaubnis der Bundesagentur für Arbeit zur Vermittlungstätigkeit einholen zu müssen. Die Vermittlung durch private Arbeitsvermittler regeln die §§ 292-298 SGB III.

2.3 Personalbedarfsdeckung
Personalauswahl

»Lügerecht«

Da die Abgrenzung zwischen zulässigen und unzulässigen Fragen problematisch ist, ergeben sich für den Arbeitgeber somit zwei Probleme: Er stellt nicht alle zulässigen Fragen, sodass wichtige Informationen für die Bewerberbeurteilung fehlen können. Falls er aber unzulässige Fragen stellt, haben die Bewerber ein »Lügerecht«, sodass unter Umständen falsche Informationen erhoben werden.

Abb. 3-64

Zentrale rechtliche Regelungen der Personalauswahl

Personalauswahl – Zentrale rechtliche Regelungen[1]

- **Bewerbungsunterlagen:** Aus dem gesetzlichen Schuldverhältnis resultiert für den Arbeitgeber die Pflicht zur sorgfältigen Behandlung und Aufbewahrung der Unterlagen. Zudem ist er verpflichtet, für eine vertrauliche Behandlung der Unterlagen zu sorgen. Bei der Analyse der Bewerbungsunterlagen können Beteiligungsrechte des Betriebsrats nach § 94 II und § 99 BetrVG bestehen.

- **Einstellungsfragebogen:** Bei der inhaltlichen Gestaltung des Fragebogens können das Persönlichkeitsrecht der Bewerber sowie die Bestimmungen des BDSG zu Beschränkungen des Frage- und Erhebungsrechts führen. Der Arbeitgeber ist verpflichtet, die Daten erfolgloser Bewerber zu löschen. Die Gestaltung von Einstellungsfragebögen kann zudem der Mitbestimmung des Betriebsrats nach § 94 I und II sowie § 95 BetrVG unterliegen.

- **Vorstellungsgespräch:** Das Fragerecht des Arbeitgebers wird insbesondere durch das allgemeine Persönlichkeitsrecht begrenzt. Der Arbeitgeber darf nur solche Frage stellen, die einen unmittelbaren Bezug zur Stelle (und deren Anforderungsprofil) aufweisen. Für Gruppendiskussionen ist die Zustimmung der Bewerber einzuholen. Zudem bestehen Offenbarungspflichten sowohl für die Bewerber, als auch für den Arbeitgeber. Es können – je nach Art des Vorstellungsgesprächs – Beteiligungsrechte des Betriebsrats nach § 94 I und II sowie § 95 BetrVG bestehen.

- **Psychologische Tests:** Wegen des arbeitsrechtlichen Prinzips, dass nur Eigenschaften des Bewerbers erfragt oder geprüft werden dürfen, die einen unmittelbaren Bezug zur Stelle aufweisen, sind psychologische Tests nur dann zulässig, wenn sie sich auf diese anforderungsspezifischen Persönlichkeitsmerkmale beschränken. Zudem muss der Bewerber auch bei einem rechtlich zulässigen Test die Möglichkeit haben, die Teilnahme zu verweigern. Der Arbeitgeber ist somit verpflichtet, den Bewerber umfassend über den Test aufzuklären und dessen Zustimmung einzuholen. Es können Beteiligungsrechte des Betriebsrats nach § 94 I und II sowie § 95 BetrVG bestehen.

- **Assessment-Center:** Für das Assessment-Center gelten die gleichen Regelungen wie für Vorstellungsgespräche und psychologische Tests.

- **Biografische Fragebogen:** Der Einsatz biografischer Fragebogen ist rechtlich problematischer als der Einsatz von Einstellungsfragebogen, da wegen der Art der Fragen die Gefahr zunimmt, dass die Grenzen des Fragerechts überschritten werden. Bei der Konstruktion biografischer Fragebogen ist besonders zu beachten, dass bestimmte Bewerbergruppen weder durch Inhalt noch durch Formulierungen der Items diskriminiert werden. Zudem tangiert die Konstruktion solcher Fragebogen (wegen der Bildung von Extremgruppen) auch die anderen Mitarbeiter des Unternehmens, sodass sich nach § 82 und § 84 BetrVG rechtliche Konsequenzen für den Arbeitgeber ergeben können. Es können Beteiligungsrechte des Betriebsrats nach § 94 I und II sowie § 95 BetrVG bestehen.

- **Ärztliche Einstellungsuntersuchungen:** Bei jeder ärztlichen Einstellungsuntersuchung, die auf Veranlassung und im Interesse des Arbeitgebers erfolgt, liegt ein Eingriff in das Persönlichkeitsrecht des Bewerbers vor. Daher finden Untersuchungen auf den Gesundheitszustand und die Arbeitsfähigkeit dort ihre Grenzen, wo sie keinen Bezug mehr zu den Erfordernissen der Stelle aufweisen. Um beurteilen zu können, ob und in welchem Umfang ein Bewerber beschäftigt werden kann, bedarf der Arbeitgeber keiner einzelnen gesundheitlichen Daten und Untersuchungsbefunde, sondern lediglich des Ergebnisses einer ärztlichen Beurteilung. Damit der Arzt dem Arbeitgeber überhaupt ein Ergebnis mitteilen kann, muss der Bewerber den Arzt von der Schweigepflicht entbinden. Diese Regelungen sind auch auf Zusatzuntersuchungen (HIV-Infektion/AIDS-Erkrankung und Genomanalysen) anzuwenden. Beteiligungsrechte des Betriebsrats können nach den §§ 9-11 ASiG und den § 87 I Nr. 7, § 94 I und II sowie § 95 BetrVG bestehen.

[1] Nachfolgend werden nur die zentralen rechtlichen Regelungen für ausgewählte Instrumente der Personalauswahl skizziert. Die Beteiligungsrechte des Betriebsrats werden nicht in der Abbildung, sondern in Kapitel 4 erläutert.

2.3 Personalauswahl

Abb. 3-65

Fragerecht des Arbeitgebers

	Offenbarungspflicht des Bewerbers	Zulässige Frage und wahrheitsgemäße Beantwortung	Unzulässige Frage und »Lügerecht«
Wettbewerbsverbot	Ja	Soweit es sich auf die auszuübende Tätigkeit bezieht	Ja
Beruflicher Werdegang	Nein	Ja	Nein
Schwangerschaft	Nein	I. d. R. Nein Ausnahme: Bewerbung auf eine befristete Stelle, der ein mutterschutzrechtliches Beschäftigungsverbot (Verbot aus Schutzgründen) immanent ist	Ja Auch zulässig, wenn Bewerberin die vereinbarte unbefristete Tätigkeit wegen des Mutterschutzes zunächst nicht aufnehmen darf
Letztes Einkommen	Nein	Wenn bisheriges Einkommen Schlüsse auf Eignung für angestrebte Position zulässt	Wenn nicht aufschlussreich für die erforderliche Qualifikation
Vorstrafen	Generell Nein, Ausnahme: s. rechts	Soweit für die Stelle von Bedeutung, z. B. Eigentumsdelikte bei Kassierer, Verkehrsdelikte bei Fahrer, Sittlichkeitsdelikte bei (Hochschul-)Lehrer und Erzieher	Ja, aber nur wenn Vorstrafe nicht mehr im polizeilichen Führungszeugnis vermerkt ist.
Vermögensverhältnisse	Nein	Zulässig bei leitenden Angestellten, Inkassotätigen, Bankkassierern u. Ä.	Ja, wenn auf Ehepartner bezogen
Religiöse, weltanschauliche oder politische Überzeugungen, Zugehörigkeit zu Parteien	Nein	Ausnahmsweise konfessionelle Krankenhäuser/Kindergärten, religions-/parteigebundene Verlage bzw. Tendenzbetriebe	s. links
Gewerkschaftszugehörigkeit	Nein	Allenfalls wegen Tarifbindung oder betrieblichem Beitragseinzug	
Heiratsabsichten, insb. bei Frauen	Nein	Nein	Ja
(Schwer-)Behinderung, chronische Krankheiten	Wenn der Bewerber erkennen muss, dass er wegen der Behinderung die vorgesehene Arbeit nicht leisten kann oder eine deswegen beschränkte Leistungsfähigkeit für die vorgesehene Arbeit von ausschlaggebender Bedeutung ist	Soweit für die Stelle von Bedeutung sowie wenn bei Stellenbesetzung Menschen mit Behinderung bei gleicher Eignung bevorzugt werden	Wenn kein Einfluss auf die vertragsgemäße Leistung

Quelle: in Anlehnung an *Ertel*, 2012, S. 126 ff.; *Söllner/Waltermann*, 2009, S. 70 ff.; *Watzka*, 2014, S. 71 ff. (ursprünglich: 1991, S. 15 f.)

Durch Lehre und Rechtsprechung hat sich als Grenze des Fragerechts ergeben, dass die Fragen des Arbeitgebers einen unmittelbaren Bezug zur Stelle (und damit zu deren Anforderungsprofil) aufweisen müssen. Abbildungen 3-63 und 3-64 geben Überblicke über wichtige Fragen und ihre rechtliche Beurteilung.

2.4 Einführung neuer Mitarbeiter

2.4.1 Verständnis, Begründung und Problemfelder

> Unter Personaleinführung (prinzipiell alternative Termini: Inplacement, Eingliederung, Sozialisation, Einarbeitung, Onboarding, Integration, Induktion, Personalentwicklung-into-the-Job) wird die gezielte, aktive Begleitung neuer Mitarbeiter in ihr neues Aufgabengebiet in einem anderen sozialen betrieblichen Umfeld unter fachlichen (»Einarbeitung«) wie sozialen Aspekten (»Integration«) verstanden. In einem engeren Sinne beschränkt sich diese Aufgabe auf Tätigkeiten mit Beginn des ersten Arbeitstages, in einem weiteren Sinne starten sie bereits viel früher und zwar mit Beginn der Personalbedarfsdeckungskette (s. u.).

Begriff

Personaleinführung ist integraler Teil des Personal-Managements respektive – genauer – der Personalbedarfsdeckung (vgl. Becker, F.G., 2004; Becker, F.G. et al., 2012). Es ist erstaunlich, wie spät Personalwissenschaft wie -praxis den Erfolgsbeitrag einer gezielten Einführung neuer Mitarbeiter ignoriert hat. Erst seit wenigen Jahren wurde sie von vielen »entdeckt« und zwar unter dem innovativen, neudeutschen Terminus »Onboarding« (wenngleich oft nur eingeengt auf den Stellenantritt; s. u.).

Personaleinführung wird dabei schon länger als Teilphase des betrieblichen *Lern- und Sozialisationsprozesses* verstanden (vgl. Althauser, 1982; Louis/Posner/ Powell, 1983), also des Prozesses der sukzessiven, partiellen Aneignung der in einem Betrieb verbindlichen Kompetenzen, Werte, Normen, Deutungs- und Verhaltensmuster. »Neue« sind Sozialisanten, der Betrieb Sozialisationsinstanz (vgl. Feldman, 1981). Inwieweit es zu einer – im Ausmaß gewünschten – Annäherung tatsächlich kommt, ist auch abhängig vom Wollen und Können der Neuen sowie der Fähigkeiten des Betriebs. Von daher ist eine aktive Auseinandersetzung mit dieser Aufgabenstellung angeraten. Die gezielte Einführung von neuen Mitarbeitern nimmt also nicht von ungefähr in der betrieblichen Praxis häufiger konkret Gestalt an, wobei allerdings Inhalt, Umfang und Intensität der Maßnahmen betriebsspezifisch stark schwanken. Sie beschränkt sich dabei – idealtypischerweise – nicht allein auf die Voreintrittsphase, d. h. die Zeitperiode mit Start des ersten Beschäftigungstags, sondern setzt bereits viel früher ein, um eine antizipative, zielorientierte Beeinflussung durch den Betrieb zu ermöglichen (s. Phasen der Personaleinführung weiter unten).

2.4 Einführung neuer Mitarbeiter

»Onboarding« (vgl. Brenner, 2014) scheint der moderne Terminus für Personaleinführung zu sein. Seit dem dieser auf dem »Markt« ist, mehren sich die betrieblichen Programme und die Publikationen, die sich um die Einarbeitung und Integration von neuen Mitarbeitern kümmern. Seltsamerweise scheint für viele Autoren die Thematik eine neue zu sein, bei der es weder zitierwürdige theoretische wie praxisorientierte Quellen gibt, noch ein anderes – umfassenderes und nicht allein auf den Stellenantritt verengtes – Verständnis vorliegt.

Die Deckung eines Personalbedarfs kann erst als abgeschlossen betrachtet werden, wenn die *stabile Integration* neuer Mitarbeiter in den Betrieb gelungen ist. Die ersten Wochen und Monate der Betriebszugehörigkeit gelten dabei als kritischer Zeitraum. Erfahrungen bestätigen immer wieder die (zu) hohe Fluktuationsrate während des ersten Jahres. Die für solche *Frühfluktuationen* geschätzten Kosten bewegen sich zwischen Euro 17.500 für einen qualifizierten Facharbeiter und Euro 130.000 und mehr für eine Führungskraft. (Die Kostenschätzungen variieren durchaus je nach spezifischer Vorgehensweise und den vorliegenden Bedingungen. Hier haben wir eine moderate Durchschnittsschätzung vorgenommen.) Diese Kosten entstehen aus folgenden Gründen: Minderleistung des Mitarbeiters vor, während und nach der individuellen oder betrieblichen Entscheidung, zu kündigen, die Entlassung, aber auch die Anwerbung, Auswahl und Einstellung eines neuen Mitarbeiters, dessen Anlernen und Einarbeiten. Hinzu kommen die für die übrigen Mitarbeiter gegebenenfalls erhöhten zusätzlichen Arbeitsbelastungen während der Trennungs- und der Eingewöhnungsphase, die Verluste von Sozialkontakten, Störungen der Arbeitsabläufe und Gruppenprozesse, Änderungen von Rollenverteilungen und Kommunikationsnetzen (vgl. Bauer/Erdogan, 2011; Lohaus/Habermann, 2015, S. 26 ff.).

Hohe Frühfluktuation ist auch ein *Indikator* für besondere Probleme in der Einführungsphase, gegebenenfalls auch für Fehler in der Personalauswahl. Jedenfalls gilt es diese Problematik näher zu analysieren. Neben der Beendigung des Arbeitsverhältnisses eigentlich noch bevor es wirklich angefangen hat, ist noch ein weiterer kostenwirksamer Aspekt anzuführen: die Nichtausnutzung des Leistungspotenzials zu Beginn der Tätigkeit. Sie hat ebenfalls eine nicht zu vernachlässigende Kosten- und/oder Nutzenauswirkung. Entweder liegen dadurch Leerkosten vor (Wenige Leistungen trotz voller Personalkosten!) oder der Nutzen wird nicht optimal erreicht (Volle Leistungsfähigkeit wird verzögert!). Zusätzlich kann es dadurch zu immateriellen Kosten kommen, dass durch eine hohe Frühfluktuation und/oder fehlende Willkommenskultur Imageschäden nach außen entstehen, dass durch die wechselnden Arbeitsbeziehungen eine Belastung der Arbeitsgruppe bis hin zur Störung des Betriebsklimas die Folge ist u. Ä. Die damit jeweils verbundenen vielfältigen negativen Konsequenzen rechtfertigen den Einsatz spezieller Maßnahmen einer Personaleinführung (vgl. Kieser et al., 1980, 1990; Rehn, 1990; Bauer/Green, 1994; Maier/Spieß, 1994; Snell, 2006; Dai/De Meuse/Gaeddert, 2011).

Jährlich wechseln Millionen von Arbeitnehmern ihren Arbeitsplatz bzw. treten ihren ersten Arbeitsplatz an. Es handelt sich um Berufseinsteiger, Stellen- und Be-

Marginalien: Begründung; Frühfluktuationen u. a.; »Persistentes Massenphänomen«

2.4 Personalbedarfsdeckung
Einführung neuer Mitarbeiter

rufswechsler. Die Thematik der Personaleinführung ist insofern ein »persistentes Massenphänomen« (vgl. Schneider, 1999, S. 9). Aus ökonomischer Sicht ist insbesondere in betrieblichen Arbeitsmarkt- bzw. Personalsegmenten, in denen aus betrieblicher Sicht Probleme bestehen, die Investition in eine Personaleinführung angeraten. Ansonsten stellen der kostenintensive Rekrutierungs- und Auswahlprozess und eine nachfolgend fehlende Einbindung in den Betrieb den Beginn einer Fehlinvestition dar.

»Neue« Mitarbeiter

Im Zusammenhang mit der Thematik der Personaleinführung muss auch der Begriff »neuer Mitarbeiter« thematisiert werden. Der Begriff des neuen Mitarbeiters ist uneindeutig und enthält verschiedene, heterogene Gruppen: Berufsanfänger, Berufswechsler, Firmenwechsler, innerbetrieblicher Stellenwechsler. Die Dauer der Personaleinführung ist je nach Gruppe verschieden, bedingt durch Berufs-, Branchenerfahrung, aber auch durch konkrete Erfahrungen. Personaleinführung umfasst zum einen den Qualifizierungsprozess für die neue Position (»tätigkeitsbezogene Einarbeitung«) und zum anderen den Sozialisierungsprozess in der Organisation und Arbeitsgruppe (»soziale Eingliederung«, »Integration«).

Der »psychologische Teil« der beginnenden neuen Arbeitstätigkeit macht es notwendig, vor allem eine verhaltenswissenschaftlich gestützte Analyse und Beschäftigung (mit) der Thematik zu forcieren. Die Eingliederung in das »neue« soziale System ist dabei Teilphase des betrieblichen Sozialisationsprozesses (vgl. Althauser, 1982; Louis, 1980; Rehn, 1990; Feldman, 1981; Bauer/Erdogan, 2011; Wanous, 1992, S. 187, bezeichnet es als »personalization« anzugehen). Eine Integration der neuen Mitarbeiter beinhaltet insofern auch die Vermittlung der sozialen Normen, der Verhaltensweisen, der Rollenmuster, Einstellungen respektive die gegenseitige Annäherung.

Orientierungslosigkeit

Die Situation eines neuen Mitarbeiters im Betrieb lässt sich global mit »Orientierungslosigkeit« kennzeichnen. Ein zwischenbetrieblicher Arbeitsplatzwechsel macht das Vertrautmachen mit neuen Arbeitssituationen erforderlich. Für den neuen Mitarbeiter sind die betrieblichen Besonderheiten nicht wie für die alteingesessenen Belegschaftsmitglieder Selbstverständlichkeiten; sie stellen vielmehr Neuland, z. T. sogar Barrieren dar, deren Überwindung für ihn mit erhöhten Belastungen einhergeht (vgl. Louis, 1980, S. 241 f.). Die an ihn gerichteten Verhaltenserwartungen (Rollen) entschlüsselt und interpretiert der neue Mitarbeiter aufgrund seiner früheren Erfahrungen. Je mehr Elemente sich aber gegenüber seiner alten Stelle geändert haben, desto größer ist die Gefahr, dass er bestimmte Verhaltenserwartungen überhaupt nicht oder verzerrt wahrnimmt oder glaubt, Erwartungen nachkommen zu müssen, die gar nicht an ihn gerichtet werden (vgl. Althauser, 1982, S. 101). Die Entschlüsselung der Rollen wird zum einen durch die Tatsache erschwert, dass sich in Betrieben und auch in Arbeitsgruppen mit der Zeit Routinen und Selbstverständlichkeiten der Verständigung herausbilden, bei denen weniger verbale Kommunikation, dagegen mehr Mimik und Gestik eingesetzt wird. Zum anderen ist der neue Mitarbeiter zunächst ein Außenseiter, der nur schrittweise in die Arbeitsgruppe integriert und in ihre »Geheimnisse« eingeweiht wird. Er muss sich in gewachsene Sozialstrukturen einpassen und sich eine Statusposition sichern. Je besser und gefestigter die gruppendynamischen Beziehungen in der Gruppe sind,

2.4 Einführung neuer Mitarbeiter

desto stärker wird der Neue als Eindringling empfunden. Die Gruppe nimmt dann eine reservierte Haltung ein.

Als *Hauptprobleme* werden vor allem genannt: Realitätsschock aufgrund enttäuschter Erwartungen, quantitative Rollenüberlastung (Aufgaben sind in der zur Verfügung stehenden Zeit nicht lösbar), qualitative Unterforderung (Anforderungen liegen unter den Qualifikationen des Mitarbeiters), Rollenunklarheit (zu wenig Informationen über das erwartete Verhalten), Feedback-Defizite und Führungsdefizite genannt (vgl. Krüger, 1983, S. 132 ff.; Kieser/Nagel, 1986, S. 957 f.).

Probleme

Hinzu können weitere Probleme kommen: Die versprochenen, zumindest als solche wahrgenommenen Anreize des Arbeitgebers, die zur Teilnahmemotivation und -entscheidung führten, werden nach dem Stellenantritt als unrealistisch, als nicht gegeben o. Ä. empfunden. Der psychologische Vertrag wird dann als nicht erfüllt angesehen. Solche und ähnliche Begründungen führen dann dazu, dass mithilfe der *Anreiz-Beitrags-Theorie* und der Gegenüberstellung von Anreiz- und Beitragsnutzen (vgl. Teil 2, Kap. 3.1) systematisch mögliche Fallen einer nicht funktionierenden Personaleinführung eruiert und dann auch bearbeitet werden können.

Anreiz-Beitrags-Theorie

In der nachfolgenden Übersicht (vgl. Abbildung 3-66) sind wichtige Aspekte der neuen Arbeitssituation aufgeführt, hinsichtlich derer sich der neue Mitarbeiter orientieren muss. Zum Teil spiegelt sich in ihnen auch die Kultur eines Betriebs (geteilte Normen und Werte), die zu erlernen ist, wider (vgl. Sathe, 1985, S. 99 f.; Levinson, 1972, S. 520 ff.).

Abb. 3-66

Orientierungsnotwendigkeiten neuer Mitarbeiter

(1)	Welches sind die wichtigsten Gradmesser für Leistung und darauf bezogene Belohnungen/Bestrafungen?
(2)	Wie findet man heraus, auf welche Art und Weise man die geforderte Leistung erbringen kann, und wie sieht das Feedback aus?
(3)	Von welchen Schlüsselpersonen ist man abhängig, wenn man die Arbeit erfolgreich bewältigen will? (Gibt es Widersacher/Saboteure?)
(4)	Welches sind die größten Hürden bei der Aufgabenbewältigung, technische, logistische, interpersonelle, mikropolitische?
(5)	Welche Quellen für welche Hilfen gibt es?
(6)	Welches sind die wichtigsten unausgesprochenen Annahmen über Arbeit, Menschen, interpersonelle Beziehungen?
(7)	Was braucht man, um im Unternehmen erfolgreich zu sein; welche Personen werden am meisten respektiert; was wird als heldenhaft angesehen?
(8)	Was wird als ernste Strafe angesehen; welche Fehler werden nicht verziehen?
(9)	Welche Rituale, Symbole, Zeremonien spiegeln am ehesten den Charakter des Unternehmens wider?
(10)	Welchen Hauptregeln hat jeder im Unternehmen zu folgen (z. B. Kleidung, Lebensstil, was sagt oder tut man bzw. sagt oder tut man nicht, wen kritisiert man öffentlich etc.)?

Quelle: in Anlehnung an *Sathe*, 1985, S. 99 ff.

2.4 Personalbedarfsdeckung
Einführung neuer Mitarbeiter

Commitment

In diesem Zusammenhang erhält das Konzept des »Commitment« Bedeutung. Unter Commitment versteht man eine »psychologische Bindung« zwischen Individuum und Betrieb und es beinhaltet (vgl. Rastetter, 1998, S. 626; Teil 2, Kap. 2.3)
- die Loyalität zum Betrieb,
- die Bereitschaft, hohe Anstrengungen zu erbringen,
- die fehlende Bereitschaft, selbst gegen bessere Bezahlung, höheren Status oder professionelle Freiheiten, den Betrieb zu verlassen.

Zur Förderung des Erhalts neuer Mitarbeiter im Betrieb sollte bereits in der Rekrutierungs- und Eintrittsphase das Commitment zwischen Betrieb und Bewerber durch eine gezielte Informationspolitik und geeignete Einarbeitungsprogramme aufgebaut und gestärkt werden.

Commitment wird im Allgemeinen aus drei Ebenen zusammengesetzt, die wesentliche Komponenten der motivationalen Personalbindung (vgl. Teil 3, Kap. 3) benennen (vgl. Meyer/Allen, 1997):
- »*Affective Commitment*« (emotionale Verbundenheit, sei es als Identifikation mit den betrieblichen Zielen und/oder in persönlichen Kontakten),
- »*Continuance Commitment*« (kalkulative Verbundenheit, als Ergebnis eines Vergleichs der möglichen Verluste, beispielsweise Senioritätsrechte, betriebsspezifisches Know-how, des Betriebswechsels mit dem damit verbundenen Gewinn, bspw. neue Chancen, höheres Entgelt),
- »*Normative Commitment*« (ethisch-normative Verbundenheit aus einem Arbeitsethos, einem Verantwortungsgefühl heraus).

Jede Commitment-Komponente beeinflusst auf spezifische Weise die Mitarbeiterbindung und die Leistungsbereitschaft. Das affektive Commitment ermöglicht dabei vermutlich ein hohes Maß an Bindung, Leistungsbereitschaft sowie Loyalität und ist folglich für den Betrieb besonders interessant.

> In dem hier vertretenen Verständnis ist »Commitment« und »Personalbindung« *nicht* identisch. Mitarbeiterbindung ist mehr, da mit ihr noch eine ausgesprochene Leistungsbereitschaft verbunden ist, die beim üblichen Commitment oft in der Diskussion untergeht.

2.4.2 Einführungsstrategien

Um mit den skizzierten Problemsituationen umzugehen, werden in der Literatur unterschiedliche idealtypische »Strategien« (i. S. von Mustern expliziter oder impliziter Vorgehensmuster) der Personaleinführung aus betrieblicher Sicht diskutiert.

»Populär« – allerdings wenig sinnvoll – sind folgende Vorgehensweisen (vgl. Kieser/Nagel, 1986, S. 958; Stiefel, 1979, S. 132 ff.; Solinger et al., 2013):
- Mit der »*Schonstrategie*« werden bewusst niedrige Leistungsansprüche an neue Mitarbeiter gestellt, um sie nicht zu überfordern. Die Gefahr dieser Vorgehens-

2.4 Einführung neuer Mitarbeiter

weise liegt in einer Unterforderung und in Folge in einer Frustration aller beteiligten Seiten. Sie ist nicht zu empfehlen.

- Mit der »*Wirf-ins-kalte-Wasser-Strategie*« entfällt eigentlich die Personaleinführung. Nach anfänglich weitergegebenen Informationen wird rasch und unmittelbar mit dem »normalen« Arbeitsprozess begonnen. Die neuen Mitarbeiter sind selbstverantwortlich für die Aufgabenerfüllung und die für sie gegebenenfalls notwendige Informationseinholung. Auch hier können – diesmal durch eine Überforderung – Frustrationen leicht entstehen. Diese Vorgehensweise ist wohl nur in seltenen Fällen wirklich erfolgreich.

- Mit der »*Entwurzelungsstrategie*« werden quasi unlösbare Aufgaben gestellt, die von den Neuen ohne Hilfe des Vorgesetzten nicht gehandhabt werden können. Den neuen Mitarbeitern werden so ihre Grenzen aufgezeigt und bewusst verunsichert. Dadurch zeigt der Vorgesetzte die Machtverhältnisse auf. Diese Strategie kann allenfalls von bösartigen Vorgesetzten gewählt werden. Ein wirklich positiver Effekt ist nicht zu erwarten.

> Die Bedürfnislage der Mitarbeiter wird bei diesen drei »Strategie«arten ignoriert. Als angemessene Basisstrategien der Einführung gelten *weder* die »Schonstrategie« (lange in Ruhe lassen) *noch* die »Wirf-ins-kalte-Wasser-Strategie« oder die schärfere Form der »Entwurzelungsstrategie«. Individuell und situationsspezifisch mag die eine oder andere Strategie vielleicht angemessen sein, für einen Gesamtbetrieb eignet sich jedoch keine. Angemessen ist vielmehr eine fordernde, aber zugleich lösbare Aufgabenstellung für die Neuen und eine systematische Einarbeitungs- und Integrationsstrategie mit individuellen Ausprägungen i. S. einer differenziellen Personalarbeit (s. Teil 1, Kap. 2.3).

Sinnvoller für die Diskussion ist von daher auch die Differenzierung von Stiefel (1979, S. 318). Er diskutiert zwar auch »ins Wasser werfen« und »Grenzen aufzeigen«, weist aber ebenso auf »arbeitsbegleitendes Training«, »trainingsbegleitende Aufgabenübernahme« und »vollzeitliches Einführungstraining«, als unterschiedliche, ab-

TERMINOLOGIE

Personaleinführung = Training-into-the-job?

Manchmal wird Training-into-the-job als Personaleinführung bezeichnet. Wir vertreten eine andere Einschätzung und Kategorisierung: Personaleinführung ist mehr als eine Personalentwicklungsmaßnahme wie das Training-into-the-job (s. Teil 3, Kap. 5.3.3.1). Neben der fachlichen Einarbeitung »on-the-job«, eventuell begleitet durch »off-the-job«-Maßnahmen (beides = Training-into-the-job), beinhaltet die Personaleinführung auch die soziale Integration neu eingestellter oder neu positionierter Mitarbeiter; und gerade diese Eingliederung wird durch »into-the-job« keineswegs angesprochen. Allerdings: Personalverantwortliche können natürlich auch die soziale Integration nicht für eine personalwirtschaftliche Aufgabe halten …

2.4 Personalbedarfsdeckung
Einführung neuer Mitarbeiter

gestufte Vorgehensweisen, hin. Mit dieser Differenzierung ist die Breite möglicher Ausprägungen besser erfasst.

Kollektive vs. individualisierte Maßnahmen

Von einer anderen Betrachtungsebene aus kann man die *Strategien der Personaleinführung* zudem differenzieren in (vgl. van Maanen/Schein, 1979):

- *institutionalisierte Einführungsstrategien* (eher kollektiv ohne spezifische Ausrichtung auf einzelne neue Organisationsmitglieder – ohne Bezug zur differenziellen Personalarbeit) und
- *individualisierte Einführungsstrategien* (eher individuell auf die einzelnen neuen Organisationsmitglieder konzipiert als eine Art individuelle Zusammenstellung von Modulen aus einem betrieblichen Baukastensystem).

Je nach Anzahl der Neuen, deren Arbeitsbeginn und der Besonderheit der neu eingestellten Personen empfiehlt sich die erst- oder die zweitgenannte Vorgehensweise.

2.4.3 Phasen der Personaleinführung

Personaleinführung i. e. S. und i. w. S.

Der Ablauf der Personaleinführung ist bei näherer Betrachtung umfangreicher als in der Regel auf den ersten Blick angenommen. Es macht Sinn, sich näher mit ihm zu beschäftigen, da Hinweise zum Verständnis wie zu Handlungsweisen generiert werden können. Die Auseinandersetzung macht dabei die Unterscheidung von Personaleinführung im engeren und im weiteren Sinne notwendig.

> Personaleinführung *i. e. S.* (Einstiegsphase, oft »Entry«-Phase genannt) stellt die letzte größere Phase der Personalbedarfsdeckungskette (s. o.) dar. Diese beginnt mit dem ersten Beschäftigungstag.

Die Idee einer Beeinflussung der »Neuen« beginnt – so die wissenschaftliche Personalforschung – aber nicht erst mit diesem Tag, sondern bereits vorher (der »Pre-entry«-Phase bzw. Voreinstiegsphase) und zwar mit der Lektüre der Stellenausschreibung und/oder beim Hörensagen über die spezifische Organisationskultur des Arbeitgebers. Hier werden erste Eindrücke gebildet. Von daher sollte beides (»Pre-entry« wie »Entry«) prinzipiell zielgerichtet zu beeinflussen.

> Personaleinführung *i. w. S.* startet insofern bereits mit der Entwicklung eines mehrere Facetten umfassenden Inplacementkonzepts sowie der Pflege einer dazu passenden Organisationskultur. Es setzt sich fort mit der Formulierung der Stellenausschreibungen, dem Vorstellungs- und Auswahlprozess sowie den Vertragsverhandlungen und der Zeit zwischen Vertragsabschluss und erstem Beschäftigungstag fort. Erst dann startet die Personaleinführung i. e. S.

2.4 Einführung neuer Mitarbeiter

In Anlehnung an rollentheoretische Phasenmodelle unterscheiden wir daher infolge des weiten Verständnisses fünf Phasen der Personaleinführung i. w. S. (siehe Abbildung 3-67; vgl. Kieser et al., 1990, S. 6 ff.; Althauser, 1982, S. 24 ff.; Rehn, 1990, S. 19; Neuberger, 1994, S. 123 f.; Lohaus/Habermann, 2015, S. 69ff):

1. die Vorbereitungsphase (Konzeptentwicklung, ggf. Training),
2. die Vorbereitungs-, Auswahl- und Entscheidungsphase (»Voreinstiegsphase« und im Übergang die »Pre-arrival«-Phase),
3. die Konfrontationsphase (»Einstiegsphase I«),
4. die Einarbeitungsphase (»Einstiegsphase IIa«) und – parallel dazu –
5. die Integrationsphase (»Einstiegsphase IIb«).

Phasen

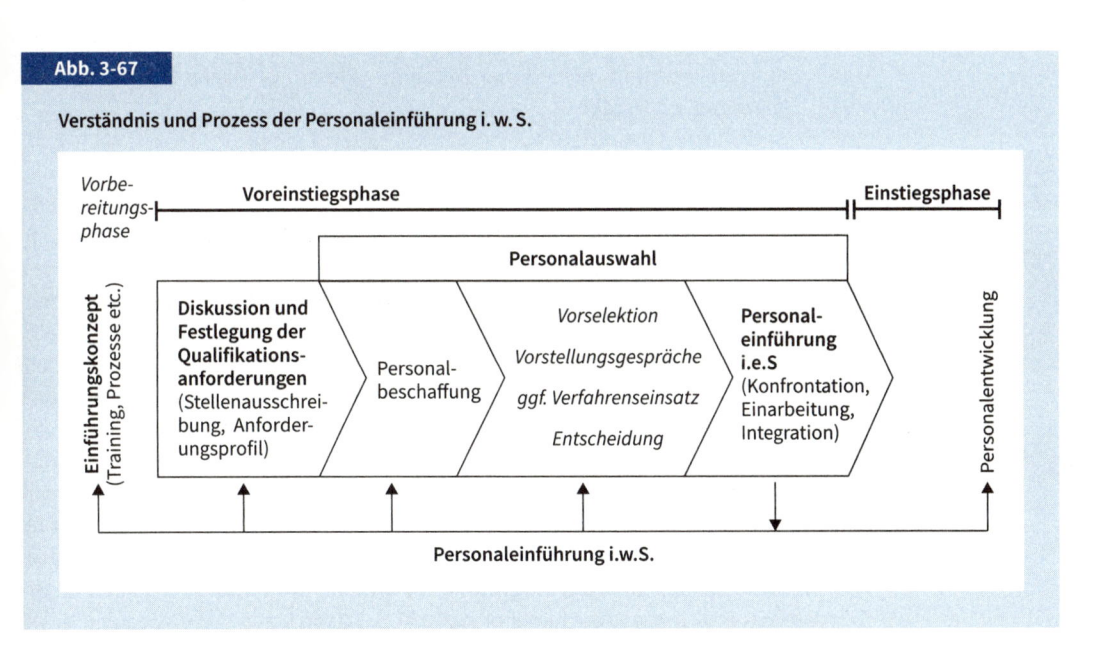

Abb. 3-67

Verständnis und Prozess der Personaleinführung i. w. S.

Vorbereitungsphase

Vor dem Start einer Personaleinführung steht – zumindest bei Umsetzung eines zielorientierten Beitrags – die Erarbeitung eines betrieblichen *Inplacementkonzepts* (Was soll alles Bestandteil, wer sollen Akteure etc. sein?) und eine darauf bezogene Vorbereitung zur Umsetzung des geplanten Konzepts (z. B. Training des eingesetzten Personals, Entwicklung der Instrumente). Es stellt für beide unterschiedlich weite Verständnisse der Personaleinführung die Basis dar.

Konzeptentwicklung

2.4 Personalbedarfsdeckung
Einführung neuer Mitarbeiter

Beschaffung, Auswahl und Entscheidung

Voreintrittsphase

Mit dem Start einer konkreten Personalbedarfsdeckung beginnt dann die »Voreinstiegsphase«. Dieser Komplex umfasst verschiedene Umstände wie Teilphasen, die mit der Thematik in Zusammenhang stehen:

- In der Vorbereitungsphase nimmt man bei Stellenausschreibung und Anforderungsprofil Bezug zur vorherigen Sozialisation, der sogenannten »antizipatorischen Sozialisation« i. S. einer werte- wie qualifikationsbezogenen Vorprägung der (potenziellen) Bewerber.
- Danach werden über die Beschaffungsaktivitäten (Stellenausschreibung u. Ä.) sowie in der Auswahl- und Entscheidungsphase viele schriftliche und mündliche Botschaften an die Kandidaten und die späteren Neuen gesendet sowie psychologische Verträge abgeschlossen, die für den fachlichen wie sozialen Einstieg von Belang sind.

Ist der Arbeitsvertrag geschlossen, bleibt in aller Regel noch ein Zeitraum bis zum Stellenantritt. Auch dieser Zeitraum (»Pre-arrival«) kann für das Inplacement genutzt werden.

Dies wird im Folgenden noch näher spezifiziert.

Antizipatorische Sozialisation

Die betriebliche Sozialisation im Rahmen der Personaleinführung, d. h. die soziale Integration der neuen Mitarbeiter als wechselseitiger Anpassungsprozess an den Betrieb, beginnt eigentlich schon weit vor Eintritt in den Betrieb mit seiner jeweiligen Sozialisation (vgl. van Maanen, 1976; Feldman, 1981) respektive mit den Sozialisationsprozessen vor Eintritt in den Betrieb (vgl. Schanz, 2000, S. 377 ff.). Ein neuer Mitarbeiter kommt nicht als »unbeschriebenes Blatt«. Es sind individuell eine Vielzahl von Sozialisationsprozessen durchlebt worden. Verschiedene Sozialisationsphasen im Elternhaus, Kindergarten, Schule, Ausbildung usw. vermitteln Verhaltensweisen, Werte und Einstellungen. Diese sind in der Regel schichtenspezifisch anders ausgeprägt. Auf diese hat der neue Arbeitgeber keinen Einfluss, aber auf sie kann er im Rahmen des Beschaffungs- und Auswahlprozesses Bezug nehmen. Betriebsspezifisch bestimmte Werte und Normen, solche, die mit denen des Betriebs übereinstimmen, gestatten einen komplikationsloseren Einführungsprozess et vice versa (vgl. Kieser et al., 1990, S. 61; van Maanen, 1976; Jablin, 1984; Neuberger, 1994, S. 122 ff.): Personen aus (Klein-)Unternehmerhaushalten werden i. d. R. ein ausgeprägteres Verständnis für Entrepreneurship mitbringen, als solche aus Beamtenelternhäusern, jahrelange Mannschaftssportler eine größere Akzeptanz von Hierarchien als Tennisspieler, erfahrene ehemalige Konzernmitarbeiter haben eine andere Entscheidungsfreiheit internalisiert als solche in mittelständischen Betrieben u. Ä.

Bei der Personalauswahlentscheidung ist insofern später – antizipatorisch – darauf zu achten, inwieweit die sozialisierten Werte, Normen und Verhaltensweisen der Bewerber auf die Stelle und in den Betrieb passen.

Stellenausschreibung

Die aktive Personaleinführung beginnt insofern mit der Stellenausschreibung und der Festlegung des Anforderungsprofils. Mit ihr werden durch die Benennung der Aufgaben und der Anforderungen sowie die Skizze des Arbeitgebers sowohl Hinweise zum zukünftigen Arbeitsplatz als auch Versprechen (vgl. zum psychologischen Vertrag in Teil 2, Kap. 2.3) abgegeben. Auch nehmen die (späteren) Neuen die Aussagen der Stellenbeschreibung als Zukunftsbeschreibung wahr, bewerben sich auf dieser Basis und verknüpfen Erwartungen mit ihr, Erwartungen die allerdings in der nächsten Teilphase noch korrigiert, aber auch verfestigt werden können.

Die Personaleinführung setzt sich nach der Ausschreibung über den gesamten Auswahlprozess mit seinen verschiedenen Phasen – mal intensiver (z. B. im Interview), mal eher hintergründiger (z. B. Kommunikationsumfang) – mit der abschließenden beiderseitigen Entscheidung bis zum ersten Arbeitstag fort. Während des skizzierten Zeitraums werden Erwartungen an den zukünftigen Arbeitsplatz verstärkt. Dies betrifft v. a. zwei Zeitabschnitte des gesamten Prozesses:

Auswahlprozess

Die zunächst genannte Teilphase von der Vorauswahl, v. a. aber über die persönliche Vorstellung bis zur Entscheidung sind insofern bedeutsam, als dass hier von den Bewerbern – selbstverständlich auch von den Rekrutern – Informationen wahrgenommen und verarbeitet werden, die Grundlage des psychologischen Vertrags und auch wesentliche Ursache der Entscheidung, einen Arbeitsvertrag zu unterzeichnen, sind. Stellt sich später heraus, dass hier fehlwahrgenommen oder gar fehlinformiert wurde, dann ist eine erfolgreiche Arbeitsbeziehung nicht sehr wahrscheinlich. Betriebe sind von daher gut beraten, weder durch zweideutige Informationen, noch durch Halb- oder gar Unwahrheiten die Selbstselektion der Bewerber auf Basis unzureichender Elemente zu verfälschen. Eine realistische Rekrutierung ist ratsam (s. u.).

Psychologischer Vertrag

Auch der Zeitabschnitt zwischen Vertragsunterzeichnung und dem erstem Arbeitstag (»Pre-arrival«) kann für die Personaleinführung genutzt werden. Vor Antritt der Stelle ist die Motivation zur Informationsaufnahme bei neuen Mitarbeitern als besonders hoch anzusehen. Betreuungstätigkeiten während dieses Zeitraums ha-

Voreintrittsphase

WISSENSWERTES

Realistischen Rekrutierung

Betriebliche Aktivitäten, die einen wahrheitsgemäße Information von Bewerbern beinhalten, lassen sich unter dem – gerade angesprochenen – Begriff der »Realistischen Rekrutierung« zusammenfassen (vgl. Wanous, 1980/1992, 1977, S. 601 ff.; Premack/Wanous, 1985, S. 706 ff.; Wanous/Reichers, 2000, S. 435 ff.; Becker/Brinkkötter, 2005). Der auf Wanous zurückgehende Ansatz nimmt an, dass es bei Arbeitsbeginn zu vielen enttäuschten Erwartungen kommt. »Hohe« Erwartungen sind in der Rekrutierungsphase durch positiv verzerrte Informationen entstanden, die eine überzogene Erwartungshaltung zur Folge haben. Die Erwartungen sind dabei Basis der vertraglichen Entscheidungen beider Seiten. Die Problematik der unzutreffenden Erwartungsbilder hängt damit zusammen, dass eine Partei im Personalauswahlprozess unvollständige respektive nicht ganz zutreffende Informationen erhält. Realistische Vorinformationen senken die Erwartungen auf ein Maß, das den tatsächlichen Gegebenheiten entspricht. Treffende und vollständige Informationen über Arbeitsplatz und Arbeitgeber – auch über für die neuen Mitarbeiter gegebenenfalls unangenehme Seiten des Betriebs – sowie persönliches In-Augenschein-Nehmen von Tätigkeitsplatz und Interaktionspartner nivelliert somit gegebenenfalls unrealistische Annahmen, fördert die Selbstselektion, mildert einen eventuellen Realitätsschock durch die damit verbundene »Schutzimpfung« (Schutzimpfungseffekt: Sich auf negative Aspekte einstellen und »innere Widerstandskräfte« aufbauen; vgl. Kieser/Nagel, 1986, S. 960). Die anfängliche Bindung wird dabei auch dissonanztheoretisch (s. Teil 2, Kap. 3.4.4) begründet: Wenn man sich trotz abträglicher Aspekte für eine Stelle entscheidet, benötigt man später »sehr gute« Gründe für eine Enttäuschung. Das Individuum wird stattdessen eher nach Argumenten für seine Entscheidung suchen und dadurch die Bindung noch erhöhen.

2.4 Personalbedarfsdeckung
Einführung neuer Mitarbeiter

> **WISSENSWERTES**
>
> **»No Show-Quote«**
>
> »Die ›no show‹-Quote bezeichnet reservierte, aber nicht in Anspruch genommene Plätze, vornehmlich bei Flugreisen oder in der Gastronomie. Doch auch im Personalwesen ist Nichterscheinen ohne Absage eine weit verbreitete Unart – und zwar mit steigender Tendenz: Bewerbungsgespräche werden nicht wahrgenommen, die neue Stelle trotz Arbeitsvertrag nicht angetreten … Hierbei handelt es sich offensichtlich um ein Phänomen des steigenden Fachkräftemangels: Qualifizierte Berufseinsteiger können sich den Arbeitgeber aussuchen, und tun das auch noch, obwohl schon anderenorts verbindliche Zusagen gemacht wurden.« (http://www.perspektive-mittelstand.de/Steigende-No-show-Quote-im-Personalwesen/management-wissen/5278.html [letzter Abruf: 27.10.2016])
>
> Eine Möglichkeit – solche Probleme etwas früher festzustellen und gegebenenfalls zu verhindern oder zumindest die nachteiligen Auswirkungen zu reduzieren – wären Pre-arrival-Tätigkeiten. »Wankelmütige« Kandidaten können so vielleicht noch überzeugt werden, zumindest wird man eher von ihrem Nichterscheinen informiert (vgl. auch http://www.faz.net/aktuell/beruf-chance/recht-und-gehalt/wankelmuetige-bewerber-unterschrieben-weggeblieben-1410947.html; http://www.business-wissen.de/artikel/mitarbeiterbindung-wie-firmen-die-no-show-quote-senken/ [letzte Abrufe: 27.10.2016].

ben, so die weitverbreitete Annahme, meist positive Wirkungen auf die baldigen Mitarbeiter – sowohl für die fachliche als auch die soziale Komponente. Wichtige Inhalte sind beispielsweise Leitbild des Betriebs, formelle Regelungen und ein Verzeichnis relevanter Stellen und Kontaktpersonen. Der konkrete – aktuelle – Inhalt sollte sich nach der Zielgruppe, der Größe und Art des Betriebs und nach dem Umfang anderer, bereits existierender, schriftlicher Hilfen, wie zum Beispiel Stellenbeschreibungen, richten. In dieser Phase werden in aller Regel Informationen viel aufmerksamer gelesen, als in den ersten Einstiegstagen. Dort herrscht oft sogar ein »Overload« an Informationen vor, der die Aufnahme der Inhalte behindert.

Ebenso in diese Phase fällt die konkrete Vorbereitung der internen Verantwortlichen für die Personaleinführung von der zeitnahen Schulung der Betroffenen über die Entwicklung und Bereitstellung von spezifischen Checklisten bis hin zur Informationsweitergabe an Mitarbeiter im speziellen Fall.

Konfrontation

»Entry«

Mit dem Eintritt in den Betrieb am ersten Arbeitstag (respektive der ersten Arbeitstage) werden die Neuen mit ihrem Arbeitsplatz, den Kollegen, ihren Aufgaben, der Kultur usw. konfrontiert, die »Entry«-Phase mit ihren insgesamt drei Teilphasen beginnt. Vielfach wird während dieser ersten Begegnungsphase die Grundeinstellung zum Betrieb für die Beschäftigungsdauer entscheidend geprägt. Alle Aktivitäten während der Entry-Phase umfassen dabei prinzipiell zum Ersten einen notwendigen funktionalen Qualifizierungsprozess für die neue Position (i. S. einer *tätigkeitsbezogenen Einarbeitung*) und zum Zweiten den gezielten Sozialisationsprozess in den Betrieb wie der speziellen Arbeitsgruppe (i. S. einer kulturellen und *sozialen Eingliederung*) (s. Abbildung 3-68).

Informationsinteresse

Die Begegnung mit der neuen Arbeitssituation zeichnet sich für die neuen Mitarbeiter durch ein hohes Informationsinteresse, aber auch durch ein hohes Informationsangebot des Arbeitgebers (systematisch wie unsystematisch, bewusst geplant wie auch unbedacht) aus. Die bisherigen Erwartungen werden mit der Realität des

2.4 Einführung neuer Mitarbeiter

Abb. 3-68

Zentrale Aspekte der Personaleinführung i. e. S.

(1) Fachliche Einarbeitung
- tätigkeitsbezogene Einarbeitung
- differenziert nach Zielgruppen
- *Ziel*: rasche, erfolgreiche fachliche Erfüllung der Arbeitsaufgabe

(2) Soziale Eingliederung
- Integration in Organisation
- Integration in Arbeitsgruppe
- *Ziel*: rasche, erfolgreiche Sozialisation mit Bindungswirkung

Betriebs konfrontiert. Vorhandener Arbeitsplatz (oder nicht), Aufnahmerituale, Zeit des Vorgesetzten und von Kollegen (oder nicht, systematisches Feedback) u. a. vermitteln Informationen darüber, wie weit man willkommen ist oder eben nicht. Eine vorliegende Diskrepanz zwischen Erwartungen und den vorgefundenen respektive wahrgenommenen Gegebenheiten ist zu bewältigen (vgl. Brenner, 2014). Gegebenenfalls ergeben sich Überraschungen.

Louis (1980, S. 226 ff.) differenziert fünf *Formen der Überraschung*:

▸ Das betriebliche Arbeitsumfeld wird nicht so vorgefunden, wie der neue Arbeitnehmer sich das vorgestellt hat.
▸ Der neue Mitarbeiter empfindet eine Andersartigkeit der Person insofern, als dass er sich nicht passend zur Arbeitsumgebung empfindet.
▸ Unbewusste Erwartungen werden nicht erfüllt.
▸ Es entsteht eine nicht erwartete emotionale Reaktion auf die erwarteten rationalen Arbeitsbedingungen.
▸ Der neue Mitarbeiter erlebt einen Kulturschock, seine bisher erworbenen Normen und Werte sind am neuen Arbeitsplatz nicht mehr gültig.

»Wie Du kommst gegangen, so wirst Du empfangen...«
unbekannt

Bei einer starken Ausprägung der *Desillusionierung* ist der Erfolg einer Einführung i. e. S. gefährdet. Es kann in dieser Phase der Orientierung – vor allem bei Berufsanfängern – zu einem »Realitätsschock« aufgrund von nicht erfüllten oder erfüllbaren Erwartungen kommen. Möglichkeiten zum Erwartungs- und Meinungsaustausch wirken dabei stabilisierend (vgl. Rehn, 1990, S. 81 ff.; Huber, 1992, S. 767). Ein solcher Schock kann auch bei einer Informationsüberflutung entstehen. Insofern ist ein geplanter, freundlich wirkender Prozess der ersten Tage zu planen und umzusetzen. Der Arbeitsplatz ist nicht nur eingerichtet und funktionsfähig, der Vorgesetzte hat Zeit, nicht nur fachliche Inhalte werden thematisiert u. Ä.

2.4 Personalbedarfsdeckung
Einführung neuer Mitarbeiter

Einarbeitung – die eine Seite

Fachliche Einarbeitung

Im sich unmittelbar anschließenden Zeitraum entwickeln neue Mitarbeiter Strategien zur Bewältigung von mit der Stelle und dem Betrieb verbundenen Aufgaben und Anforderungen. Dies können sie erst, wenn die Anforderungen für sie verständlich sind. Ebenso muss eine Lösung für solche Erwartungen, die während der Konfrontationsphase unerfüllt blieben, gefunden werden. Um Lösungsstrategien entwickeln zu können, müssen die Neuen ihre Rolle in dem Betrieb eindeutig ausmachen können. Hier hilft die gezielte *fachliche Einarbeitung*. Rollenunklarheit und -konflikte sollten daher weitgehend vermieden bzw. gelöst werden (vgl. Kieser et al., 1990, S. 29 ff.; Verfürth, 2010). Die Arbeitsaufgabe gilt es deshalb mithilfe des Betriebs (u. a. Stellenbeschreibungen) bestmöglich und rasch zu bewältigen, um die fachlichen Anforderungen zu erfüllen. Hier findet auch die sachliche Anpassung der Arbeitsvorstellungen der neuen Mitarbeiter mit den Bedingungen des Betriebs (bspw. Karriere-/Entwicklungschancen, Vergütungspraktiken, Kultur) statt. Der in der Auswahlphase vorformulierte psychologische Vertrag wird nun konkretisiert.

Rollentypen

Die Mitarbeiter gehen diese Problematik unterschiedlich an. Van Maanen und Schein (1979, S. 228 ff.) beschreiben drei mögliche *alternative Rollentypen*:

- *Konformist/Verwalter*. Dem neuen Mitarbeiter erscheint es am sinnvollsten, durch die Anpassung an die Vorgaben akzeptiert zu werden.
- *Kreativer Individualist*. Der neue Mitarbeiter akzeptiert die organisatorische Zielsetzung, er behält sich jedoch einen kritischen Blick auf die Arbeitsumgebungen vor. Dadurch stellt er erhebliche Anforderungen an sein Arbeitsumfeld.
- *Rebell*. Der neue Mitarbeiter stellt die an ihn gerichteten Erwartungen prinzipiell in Frage.

Im Hinblick auf die genannten Rollentypen erscheint vielfach der kreative Individualist als das anzustrebende Ergebnis einer erfolgreichen Personaleinführung (vgl. Kieser et al., 1990, S. 5).

Integration – die andere Seite

Soziale Integration

Die soziale Eingliederung (synonym: Integration) in den Arbeitsbereich und in den Betrieb erfolgt parallel zur Einarbeitung. Ihr Ziel ist erreicht, wenn die Probleme der Konfrontation und Einarbeitung erfolgreich bewältigt wurden. Wichtig in diesem Zusammenhang ist die innere Bindung der neuen Mitarbeiter an den Betrieb, folglich die Identifikation mit ihr und die Einsatzbereitschaft für diese. Persönliche Beziehungen gilt es aufzubauen, die der sozialen Verankerung dienen.

Die »Entschlüsselung« der neuen Rollen wird dadurch erschwert, dass sich im Zeitablauf in Betrieben und ihren Bereichen spezifische Routinen und Selbstverständlichkeiten entwickeln, die so einfach nicht zu durchschauen sind. Diese »Geheimnisse« werden oft nur schrittweise preisgegeben. Dies geschieht umso langsamer, je gewachsener und gefestigter die vorherigen Sozialstrukturen sind, sowie je eher der Neue als Eindringling empfunden wird. Beides verschärft die Orientierungslosigkeit und das Problem der Integration (vgl. Neidhardt, 1979, S. 546; Louis, 1980, S. 241 f.). Frühzeitige soziale Beziehungen helfen, hier frühzeitig ein Verständnis zu entwickeln.

2.4.4 Einarbeitungsinstrumente

Der Eingliederungsprozess ist dann erfolgreich abgeschlossen, wenn der neue Mitarbeiter in seinem Verlauf eine Mitarbeiterbindung an den Betrieb (vgl. Teil 3, Kap. 3)entwickelt hat, wenn er die zentrale Aufgabe versteht, beherrschen lernt und Motivation darin einbringt, als kreativer Individualist jedoch an Verbesserung betrieblicher Prozesse interessiert bleibt. Zeitlich lässt sich diese Phase nicht ausreichend genau einengen. Je nach Schwierigkeit der Aufgabenerfüllung, nach Komplexität der Aufgabe sowie nach Eignungsgrad (und Arbeitskenntnis) der Stelleninhaber kann es sich bei der Einarbeitung um ein paar Stunden, aber auch um ein paar Monate, bei der Integration dagegen in der Regel um mehrere Monate handeln.

Um die Einarbeitungs- und Integrationsziele zu erreichen, bietet sich der Einsatz spezieller Einarbeitungsprogramme an. Deren genaue Ausgestaltung muss die Besonderheiten des Betriebs und der einzugliedernden Mitarbeiter berücksichtigen; Standardlösungen gibt es insofern nicht. Die wichtigsten möglichen Bausteine eines solchen »Induktionsprogramms« werden nachfolgend kurz skizziert (vgl. Stiefel, 1979; Feldman, 1976; Snell, 2006; Lohaus/Habermann, 2015, S. 101ff).

Einarbeitungsprogramm

Es ist sinnvoll, *Einführungsschriften* vor Arbeitsantritt auszugeben. Wenn dies nicht geschehen ist, dann sollten sie spätestens am ersten Arbeitstag ausgegeben werden. Sie dienen einer ersten Orientierung des Mitarbeiters, indem sie zum Beispiel den Betrieb als Produktionsstätte (Geschichte, Produktprogramm, Marktposition etc.), als Arbeitsstätte (Führungsgrundsätze, Personalpolitik, Arbeitszeit, Sozialleistungen, Vorschlagswesen etc.), als Aus- und Weiterbildungsstätte (Weiterbildungsangebot, Teilnahmevoraussetzungen, Ansprechpartner) und als Erfahrungsraum (Wo findet man was bzw. wen?) vorstellen. Der konkrete Inhalt, die Länge und die Ausgestaltung richten sich nach der Zielgruppe, nach der Größe und Art des Betriebs und vor allem nach Art und Umfang anderer, bereits existierender, schriftlicher Hilfen wie zum Beispiel Stellenbeschreibungen. Für ihre Erarbeitung gilt, dass sie grundsätzlich aktualisierbar, erweiterbar und leicht mit anderen schriftlichen Hilfen kombinierbar sein sollten. Vorteile von Einführungsschriften liegen vor allem in ihrer jederzeitigen Verfügbarkeit, in der Anregung zur Information und in der Möglichkeit zur spannungsfreien Informationsaufnahme ohne Zwang zur Stellungnahme. Allerdings darf die Wirkung von Einführungsschriften wegen einer gewissen Abstumpfung gegen informatorische Überschwemmungen auch nicht überschätzt werden

Schriftliches

Checklisten, die alle wichtigen Aktivitäten und Informationsnotwendigkeiten enthalten, können für den neuen Mitarbeiter und den für seine Einführung Verantwortlichen gleichermaßen eine nützliche Hilfe sein.

Initiationsrituale sind Aufnahmezeremonien mit offiziellem Charakter (z. B. Begrüßung durch den Vorstand). Sie entfalten ihre Wirkungen auf der psychologischen Ebene, indem sie dem neuen Mitarbeiter Aufmerksamkeit und Akzeptanz durch die neue Umgebung signalisieren. Das Publikmachen seiner Beitrittsentscheidung bewirkt, dass sich der Mitarbeiter stärker an seine Entscheidung gebunden fühlt.

Persönliches

Orientierungsveranstaltungen liefern dem neuen Mitarbeiter erste Informationen nach seinem Betriebseintritt. In der Praxis bietet sich eine Koppelung mit den

2.4 Personalbedarfsdeckung
Einführung neuer Mitarbeiter

Initiationsritualen an. Als Inhalte kommen alle für eine Einführungsschrift geeigneten Themen in Frage.

Seminare

Einführungsseminare finden im Gegensatz zu Orientierungsveranstaltungen für eine Gruppe neuer Mitarbeiter mehrfach, d. h. über die ersten Monate in dem Betrieb verteilt, statt. Sie dienen zum einen dem Informationsaustausch zwischen dem Betrieb und den Mitarbeitern und zum anderen dem Informationsaustausch neuer Mitarbeiter untereinander. Einarbeitungsprobleme können so intensiv diskutiert und gegebenenfalls sogleich gelöst werden. Dem einzelnen Mitarbeiter wird durch den Kontakt mit »Leidensgenossen« die Normalität seiner Probleme verdeutlicht, was beim Abbau von Frustrationen hilft. Daneben können Einführungsseminare zum gezielten weiteren Informationsausbau genutzt werden. Voraussetzung für ihre Durchführung sind eine ausreichende Betriebsgröße und die Existenz einer homogenen Gruppe neuer Mitarbeiter (vgl. Kieser et al., 1990, S. 171 ff.; Kieser/Nagel, 1986, S. 961 f.).

»Gewöhnlich haben die Menschen den guten Willen zu helfen nur bis zu dem Augenblick, da sie es könnten.«
Luc de Clapiers

Patenkonzepte sehen die Betwwreuung eines neuen Mitarbeiters durch einen gleichgestellten Kollegen vor. Die möglichen Aufgaben eines Paten sind außerordentlich vielfältig. Er soll den Neuen in die Arbeitsgruppe einführen und mit allen wichtigen Kontaktpersonen bekannt machen. Er soll die fachliche Einarbeitung übernehmen, mit geschriebenen und ungeschriebenen Gesetzen des Betriebs vertraut machen, bei fachlichen und persönlichen Problemen beraten, Bezugsperson/Anlaufstelle sein, bei guten Leistungen loben, bei schlechten Leistungen aufbauend kritisieren, zu selbstständigem Handeln anleiten u.v.m. Für diese Aufgaben muss der Pate überdurchschnittliche Qualifikationen (Zuverlässigkeit, Verschwiegenheit, Ausgeglichenheit etc.) sowie fachliche und pädagogische Fähigkeiten aufweisen. Intensive und regelmäßige Schulungen sind wichtige Voraussetzungen.

Das Patenkonzept wird teilweise kritisch gesehen: Neben der Gefahr der Überforderung des Paten entsteht die Frage, ob die Einführung neuer Mitarbeiter nicht eine echte Führungsaufgabe ist, die der Vorgesetzte wahrnehmen muss und die nicht an einen Paten delegierbar ist (vgl. Althauser, 1982, S. 222 f.; Kieser et al., 1990, S. 154 ff.).

Mentoring

Mentorenkonzepte sehen die Betreuung durch einen hierarchisch höher gestellten Mitarbeiter vor (vgl. Teil 3, Kap. 5.4.3.5). Folgende Mentoren Funktionen im Rahmen der Personaleinführung sind zu nennen: Lehrer/Coach/Trainer, positives Rollenmodell, Talentförderer, Türöffner, Beschützer, der negative Konsequenzen von Fehlern abwehrt, »Sponsor, der für eine gute Presse sorgt«, erfolgreicher Führer, der Akzente setzt. Der größte Nachteil dieses Konzepts liegt in der Gefahr des Aufbaus einer »Kronprinzenmentalität« beim Betreuten. Vom Anwendungsbereich her ist es eher auf den Führungsnachwuchs zugeschnitten.

Chefaufgabe

Der *Mitarbeiterführung* kommt in der Integrationsphase große Bedeutung zu. Der Vorgesetzte soll das Einarbeitungsprogramm bezüglich Inhalt und Terminierung zusammen mit dem Mitarbeiter erstellen, damit Über- und Unterforderungen vermieden werden können; das Tempo des Lernfortschritts bestimmt der Mitarbeiter. Um die Verhaltenssicherheit zu stärken, sind häufiges spontanes Feedback, aber auch institutionalisierte Feedback-Gespräche in kurzen Abständen sinnvoll.

2.4 Einführung neuer Mitarbeiter

In der betrieblichen Praxis wäre eine systematische und weitgehend begründete Auswahl sowie eine Integration der Instrumente sinnvoll. Die Inhalte eines Einarbeitungsprogramms sollten sich nicht nur auf das Vermitteln »formaler« Regeln oder Vorschriften (wie z. B. Organigramme oder Stellenbeschreibungen) beschränken. Ein zusätzlicher Einblick in eher »informale« Kommunikationsregeln bzw. -wege und Interaktionsstrukturen kann die soziale Integration neuer Mitarbeiter erleichtern. Daneben können auch Methoden des (externen) Personalmarketings dazu beitragen, schon in der Rekrutierungsphase ein »Fit« zwischen Bewerber und Betrieb herzustellen und auszubauen. Erfolg versprechende Integrationsprogramme beginnen demnach nicht erst mit Eintritt neuer Mitarbeiter in den Betrieb, sondern bereits bei der Personalauswahl.

WIEDERHOLUNGSFRAGEN ZU KAPITEL 2

1. Skizzieren Sie den Personalbedarfsdeckungsprozess.
2. Differenzieren Sie die Begriffe Personalbeschaffung i. e. S. und i. w. S.
3. Worin unterscheidet sich die interne von der externen Personalbeschaffung?
4. Welche möglichen Wege und Instrumente der externen Personalbeschaffung gibt es?
5. Was ist unter dem Begriff »E-Rekruting« zu verstehen?
6. Erläutern Sie die Rechtbeziehungen innerhalb der Arbeitnehmerüberlassung.
7. Was ist das Ziel des externen Personalmarketings?
8. Worin unterscheidet sich das Personalmarketing vom Employer Branding?
9. Vergleichen Sie die Vor- und Nachteile der internen mit denen der externen Personalbeschaffung.
10. Welchen Problemen unterliegt die Personalauswahl?
11. Skizzieren Sie die Bestandteile der Personalauswahlkette.
12. Welche Informationen sollten im Rahmen der Analyse von Bewerbungsunterlagen bewertet werden?
13. Welche Formen des Vorstellungsgesprächs gibt es und was zeichnet diese aus?
14. Welche zentralen rechtlichen Aspekte sind im Rahmen der Personalauswahl zu beachten?
15. Welche Personaleinführungsstrategien werden in Literatur wie Praxis diskutiert? Wie sind sie einzuschätzen?
16. Skizzieren Sie die Phasen der Personaleinführung.
17. Inwiefern umfasst die Personaleinführung mehr als die Einarbeitungsphase?

3 Personalbindung – Beispiel einer Querschnittsfunktion

> **LEITFRAGEN**
> - Commitment, Personalbindung – wie sind die Zusammenhänge?
> - Welche Bindungsfaktoren sind von Bedeutung?
> - Was sagt die Empirie?
> - Inwieweit kann ein Employer Branding Betrieben in Situationen mangelnder Personalbindung helfen?
> - Welche zentralen Elemente eines Bindungsmanagements gilt es zu thematisieren?
> - Zählt Wissensmanagement auch zum Bindungsmanagement?
> - Kunden- und Mitarbeiterbindung – gibt es Verbindungen?
> - Spricht etwas für ein differenzielles Bindungsmanagement?

3.1 Verortung und Verständnis

Termini und Begriff

Die Bindung der Leistungsträger stellt stets eine der personalwirtschaftlichen Schlüsselaufgaben zukunftsorientierter Betriebe dar (»Retention Dilemma«, vgl. Hay Group, 2001). Dieser Sachverhalt erfährt im Hinblick auf die demografische Entwicklung (vgl. Birg, 2001; Meißner/Becker, F.G., 2007) zusätzliche Brisanz. »Personalbindung« (synonym: Mitarbeiterbindung) ist dabei ein relativ junges Objekt der personalwirtschaftlichen Diskussion. Dies zeigt sich – trotz mittlerweile vieler Quellen – am mageren, wenngleich heterogenen Forschungsstand. Zudem ist »Mitarbeiterbindung« kein einfaches Objekt der Auseinandersetzung. Vordergründig ist zwar klar, um was es sich handelt (vereinfacht: Erhaltung der Bleibemotivation der Mitarbeiter) – doch handelt es sich nun um einen Zustand, um Maßnahmen, bezieht es sich auf alle Mitarbeiter, welcher Dauer unterliegt es u. a.? Nachfolgend wird ein Überblick über die aktuelle wissenschaftliche Diskussion gegeben – vom Begriff über empirische Studien bis hin zu theoretischen Arbeiten (vgl. zu Folgendem Becker, F.G., 2009b).

Objekt

Verschiedene *Termini* werden verwendet, um das hier als »Personal bzw. Mitarbeiterbindung« bezeichnete Objekt anzusprechen. Treffend formuliert es Bröckermann (2004, S. 18; vgl. auch Bröckermann/Pepels, 2004; DGFP, 2014) unter dem Stichwort »Konfusion«: »Identifikation, Integration, Loyalität, Mitarbeiterbindung,

Termini

3.1 Personalbindung – Beispiel einer Querschnittsfunktion
Verortung und Verständnis

> **TERMINOLOGIE**
>
> **Motivationale Personalbindung und Qualifikationsbindung**
>
> Klimecki/Gmür (2005, S. 331 ff.) differenzieren – anders als hier – die Thematik der Bindung von Mitarbeitern einerseits in die motivationale Personalbindung und andererseits in die Qualifikationsbindung in Wissenssystemen. Mit dem erstgenannten Aspekt ist ähnlich wie in dieser Quelle der Ansatzpunkt der Mitarbeiter. Sowohl die kurzfristige als auch seine langfristige Bindung an den Arbeitgeber soll hier erhalten bleiben, um die Kompetenzen nutzen zu können. Mit zweitgenanntem Aspekt ist nicht das Individuum angesprochen, sondern dessen Know-how. Und dieses kann prinzipiell auch dem Arbeitgeber erhalten bleiben, wenn individuelle Mitarbeiter die Organisation verlassen. Als Konzepte zur Wissens- resp. Know-how-Sicherung geben sie an: soziale Wissenssysteme (via Job Rotation, Teamorganisationen u. a.), formale Wissenssysteme (via Handbüchern, Wissenskarten u. a.) sowie technische Wissenssysteme (via Data Warehouse, Entscheidungsunterstützungssystemen, Expertensystemen u. a.). Letztlich soll ein organisatorisches Wissensmanagement sowohl als Ersatz für gegebenenfalls fluktuierende Mitarbeiter als auch zur Unterstützung der Mitarbeiter aufgebaut werden.
>
> So sinnvoll solche Maßnahmen sind, sie werden hier allerdings nicht zur Thematik der Personalbindung gezählt. Sie stellen i. W. keine personalwirtschaftliche Aufgabe dar.

Personalbindung, Personalerhaltung, aber auch, weil es angeblich englisch besser klingt, Attraction, Commitment, Relationship, Retainment, Staff Retention ….« Sicherlich ist zunächst kein Terminus sprachlich »richtiger« als der andere; er sollte aber zum mit ihm intendierten Begriff und auch zum Objekt passen..

Know-how-Erhalt

Die terminologische Problematik setzt sich beim *Begriff* der Mitarbeiterbindung fort. Eine einheitliche oder auch nur eine dominierende Definition liegt in der Literatur nicht vor. Um die sachliche und differenzierte Auseinandersetzung mit der Thematik in der aktuellen Diskussion zu verbessern, ist es sinnvoll, eine Explikation der Begriffsinhalte durchzuführen (vgl. dazu Becker 2009a). Diese ergab, dass verschiedene Aspekte und inhaltliche Pointierungen bei den Begriffen rund um die Mitarbeiterbindung vorzufinden sind: faktischer Verbleib (also nicht Kündigung), Zugehörigkeitsgefühl (unterschiedliche Stärke), Bestimmung der Zielgruppe (alle oder ausgewählte, unterschiedlich wichtige Mitarbeiter/-gruppen), Know-how-Verbleib (oder Mitarbeiterverbleib), Bereitschaft nicht nur zu bleiben, sondern auch gute Leistungen zu erbringen u. a. Die Bandbreite ist weit. Auf einige der zentralen Aspekte wird im Folgenden näher eingegangen.

Letztendliches Ziel

Aus betriebswirtschaftlicher Sicht zählt schlussendlich, was am Arbeitsverhalten und im Arbeitsergebnis erkennbar ist. Die Bereitschaft, für einen Betrieb weiter zu arbeiten, ist die notwendige Voraussetzung für einen Betrieb, von der Mitarbeitertätigkeit zu profitieren, aber keine hinreichende. Die emotionale Bereitschaft, seine arbeitsvertraglichen Pflichten zu erfüllen und – gewissermaßen darüber hinaus – engagiert im betrieblichen Interesse seine Qualifikationen einzusetzen, ist erst die ökonomisch relevante Personalbindung. Bei der Mitarbeiterbindung sollte es insofern sowohl um die Förderung der Bleibe- als auch um die Förderung der Leistungsmotivation gehen. Teilnahmemotivation ist die Zielrichtung eines externen Personalmarketings, Bleibe- und eine hierauf bezogene Leistungsmotivation die Zielrichtungen eines Bindungsmanagements.

3.1 Verortung und Verständnis

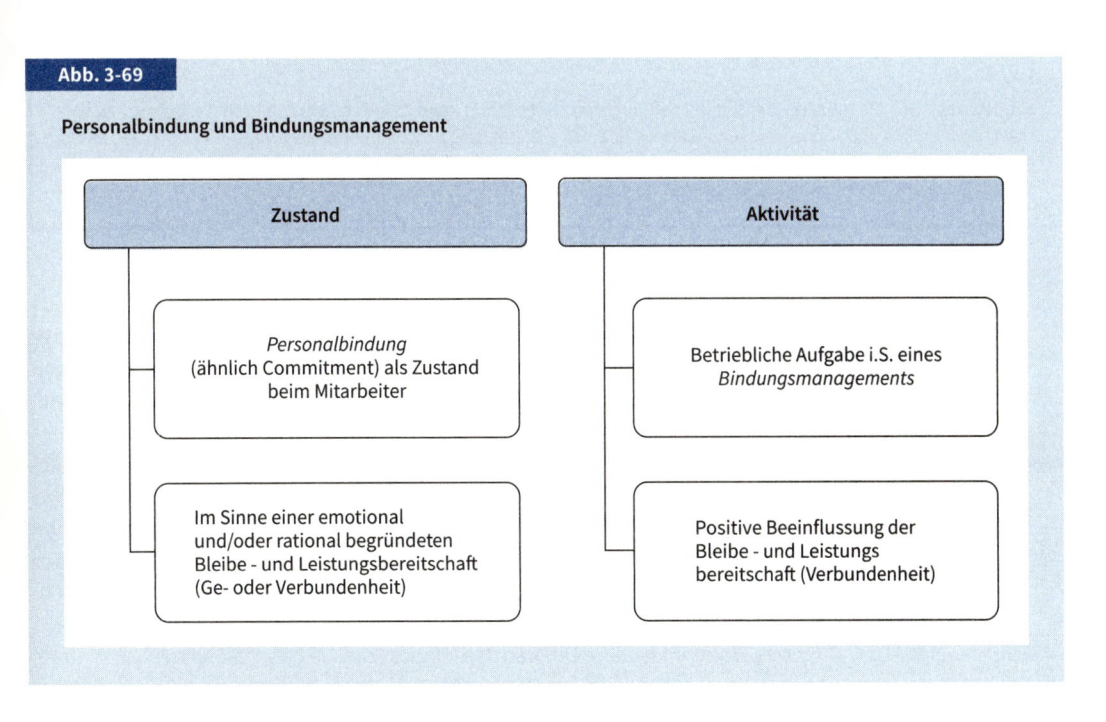

Differenzieren kann man das Objekt letztlich in *Personalbindung als Zustand und als Aktivität*. So lässt sich eine trennschärfere begriffliche Differenzierung vornehmen, aber auch nur, wenn man zwei verschiedene Termini mit jeweils einem anderen Begriff verwendet (vgl. Abb. 3-69):

- *Personalbindung* (ähnlich »Commitment«, s. u.) als Zustand beim Mitarbeiter vor allem im Sinne einer emotional und/oder rational begründeten (utilitaristischen) Bleibe- und Leistungsbereitschaft sowie *[Zustand]*
- Personalbindung als Aufgabe des Betriebs im Sinne eines *Bindungsmanagements* (alternativ: Retentionmanagement), um die Bleibe- und Leistungsbereitschaft von bestimmten Mitarbeiter(gruppe)n zumindest zeitspezifisch mit Hilfe verschiedener Maßnahmen positiv zu beeinflussen. *[Aktivität]*

Durch eine solche Begriffsfassung sind allerdings noch nicht alle für ein Verständnis relevanten Aspekte angesprochen. Darüber hinaus sind noch weitere Fragen zu klären.

Zunächst gilt es, die juristische Bindung durch den *Arbeitsvertrag* zu benennen, die nur indirekt etwas mit einer Mitarbeiterbindung (Zwangsbindung, kalkulatorische Bindung) zu tun hat. Die arbeitsvertragliche Bindung regelt die Rechte sowie Pflichten des Arbeitnehmers auf einer sehr allgemeinen, abstrakten Ebene – und mehr nicht. Eine empfundene Mitarbeiterbindung (als Zustand beim Mitarbeiter) hängt von diversen, höchst individuellen Faktoren ab, ist weitaus komplizierter als die Bindung durch den Arbeitsvertrag und wird allenfalls durch einen psychologischen Arbeitsvertrag (vgl. Teil 2, Kap. 2.3) »vertraglich verankert«. *[Juristische Bindung]*

Abb. 3-69

Personalbindung und Bindungsmanagement

Zustand	Aktivität
Personalbindung (ähnlich Commitment) als Zustand beim Mitarbeiter	Betriebliche Aufgabe i.S. eines *Bindungsmanagements*
Im Sinne einer emotional und/oder rational begründeten Bleibe- und Leistungsbereitschaft (Ge- oder Verbundenheit)	Positive Beeinflussung der Bleibe- und Leistungsbereitschaft (Verbundenheit)

3.1 Personalbindung – Beispiel einer Querschnittsfunktion
Verortung und Verständnis

> **TERMINOLOGIE**
>
> **Commitment**
>
> Beim Commitment handelt es sich um einen englischsprachigen Begriff, der wörtlich übersetzt »Bindung« an den Betrieb oder »Verpflichtung« gegenüber dem Arbeitgeber bedeutet und in personalwirtschaftlichen Zusammenhängen als Ausdruck für eine bestimmte Einstellung eines Mitarbeiters gegenüber einem Betrieb und dessen Zielen verwendet wird. Er unterscheidet sich von dem hier verwendeten Begriff der Personalbindung, da diese v. a. noch einen Leistungsbezug aufweist. Zudem ist das Bindungsmanagement nicht enthalten.
>
> Das Commitment beruht – nach der weit verbreiteten Klassifikation von *Allen/Meyer* – auf drei verschiedenen Aspekten (vgl. Allen/Meyer, 1990; Meyer/Allen, 1997; van Dick, 2004):
>
> - Ein *affektives Commitment* (»affective commitment«) ist gegeben, wenn der Betrieb eine große persönliche Bedeutung (Gefühl der Verbundenheit) für das Individuum hat. Der Vorteil eines hohen affektiven Commitments ist dabei darin zu sehen, dass sich Mitarbeiter dem Betrieb gegenüber nicht nur zum Bleiben verpflichtet fühlen, sondern auch bereit sind, ihre Leistungsfähigkeit einzubringen. Diese Bindung entsteht als Ergebnis befriedigender Erfahrungen und Erlebnisse im Betrieb.
> - Im Fall des *kalkulatorischen Commitments* (»continuance commitment«) basiert die Bindung auf Kosten-Nutzen-Abwägungen (Attraktivität des aktuellen Arbeitsplatzes im Vergleich zu alternativen Arbeitsplatzangeboten), also auch einem Kalkül der Verluste, die ein Verlassen des Betriebs zur Folge hätte. Diese Bindung baut sich mit jeder individuellen »Investition« in den Betrieb auf.
> - Von einem *normativen Commitment* (»normative commitment«) wird besprochen, wenn sich eine Person aus moralisch-ethischen Gründen dem Betrieb verpflichtet fühlt (insb. auch als Reaktion auf besonders faires Verhalten). Diese Bindung entsteht insofern als Ergebnis des betrieblichen Sozialisationsprozesses.
>
> **Involvement**
>
> »Involvement« bezeichnet das individuelle Engagement, mit dem sich jemand einem Objekt oder einer Tätigkeit zuwendet. *Job Involvement* ist dabei auf eine spezifische Arbeitstätigkeit, *Work Involvement* auf die Arbeit allgemein ausgerichtet.
>
> **Loyalität**
>
> Mit Loyalität wird die individuelle Bereitschaft angesprochen, eigene Ziele und Interessen zugunsten einer anderen Person oder des Betriebes zurückzustellen, auch gerade dann, wenn dies zeitweise zum eigenen Nachteil ist. Loyalität kann dabei von Mitarbeitern (im Betrieb, zu Vorgesetzten, zu Nachgeordneten) wie vom Betrieb (zu Mitarbeitern) gelebt werden.

Zeithorizont

Ferner ist der *Zeithorizont* der intendierten Bindung anzusprechen. Die Aufgabe des Bindungsmanagements hat keinen unendlichen Zeithorizont: »Lebenslange Beschäftigungsverhältnisse« sind prinzipiell in Zeiten der Flexibilisierung auch mit dem arbeitgebenden Betrieb nicht mehr tragfähig. Es geht mehr darum, für berufliche Lebenszeitabschnitte eine Ver- und Gebundenheit anzustreben.

Regain-Management

In einem weiteren Sinne kann man unter der Gestaltungsaufgabe der Personalbindung auch eine mögliche *Rückgewinnung* (Regain-Management) ehemaliger Mitarbeiter thematisieren. Ehemalige Leistungsträger, die aus unterschiedlichen Gründen den Betrieb verlassen haben, werden weiterhin kontaktiert, um letztendlich eine bessere Chance zu haben, sie später als Arbeitnehmer rückgewinnen zu können (vgl. Stauss, 2000; von der Mosel, 2015).

Differenzielles Bindungsmanagement

Des Weiteren ist eine Differenzierung der Mitarbeiterschaft sinnvoll. Eine hundertprozentige Bindung aller kann aus Bedarfs- und Kostengründen nicht inten-

3.1 Verortung und Verständnis

> **VERTIEFUNG**
>
> **Personalbindung in virtuellen Arbeitsgruppen**
>
> In vielen Arbeitsbereichen arbeiten Gruppen lediglich oder vor allem virtuell miteinander. Ein persönliches Kennenlernen ist nicht vorgesehen, passiert auch eher zufällig. Auch in solchen Gruppen kann eine Bindung an den Betrieb ein angestrebtes, sinnvolles Ziel ein. Die Möglichkeiten, eine Personalbindung aber seitens des Arbeits- und/oder Personalbereichs zu initialisieren und zu verstärken sind geringer, als bei herkömmlichen Arbeitsplätzen. Sicherlich muss auch hier die Gruppenzusammensetzung beachtet werden, ebenso wie andere Gruppenphänomene eine Rolle spielen (vgl. Marquardt, 2015).

diert sein. Mitarbeiterbindung per se ist nicht Ziel der betrieblichen Personalarbeit. Gebunden werden sollen vor allem die für die Zukunft benötigten Leistungsträger, diejenigen also, die als Ressourcen den zukünftigen betrieblichen Erfolg mit sicher stellen sollen. Andere Mitarbeitergruppen, die entweder aufgrund der Personalbedarfsprognose nicht betriebsnotwendig beschäftigt werden können oder deren Leistungsverhalten unterdurchschnittlich ist, stehen nicht im Blickfeld der Personalbindung (vgl. Ostrowski, 2012).

Hier behilft man sich vielfach durch folgende Differenzierungen:

Segmente

- In aller Regel soll die *Stammbelegschaft* (unbefristet Beschäftigte) gebunden werden. Die *Randbelegschaft* (Zeitarbeitnehmer, befristet Beschäftigte u. Ä.), die nur für Beschäftigungsspitzen engagiert wird, steht hier außen vor. Doch solange auch die Bindung einer Leistungsmotivation Inhalt der Personalbindung ist, so ist ein Betrieb auch daran interessiert, dass die Randbelegschaften während ihrer Beschäftigungszeiten eine hohe Ge- und Verbundenheit haben. Dies ist umso bedeutender, als dass die betroffenen »Mitarbeiter« auch wiederholt beschäftigt werden. Die Zielsetzung der Mitarbeiterbindung ist allerdings zeitlich befristet und unterscheidet sich insofern von dem möglichen zeitlichen Ansatz bei der Stammbelegschaft.
- Im Vordergrund der Bindung steht eine Differenzierung nach Leistungsgraden oder Potenzialen, wenngleich dies unterschiedlich operationalisiert wird. Damit verbunden ist die Frage, ob die *gesamte Belegschaft* generell oder nur *spezielle Mitarbeiter(-gruppen)* gebunden werden sollen.

»Keeping the Good Apples« oder »Keeping the people who keep you in business« (Branham, 2001) sind vielfach formulierte Antworten auf die Frage »Wen soll ein Betrieb binden?« Klimecki/Gmür (2005) unterscheiden in einer Matrix (Achsen »Zukünftige Bedeutung der aktuellen Kompetenzen und Potenzialeinschätzung der Person« sowie »Aktuelle Bedeutung der Kompetenzen der Person«) vier Mitarbeitergruppen: Träger der strategischen Entwicklung, Leistungsträger und Kernbelegschaft, Potenzialreserve sowie »normale« Mitarbeiter (i. d. R. 50–70 Prozent der Belegschaft). Einige Personen (-gruppen) sind erfolgskritischer als andere, und in Folge ist zu differenzieren in Quasi-Standardmaßnahmen zur Mitarbeiterbindung sowie in personen(-gruppen)spezifische Maßnahmen. Prinzipiell wird diese Ansicht auch hier vertreten: Leistungsträger können (fast) überall im Betrieb stecken; auch die Hierarchieebene spielt keine vorrangige Rolle. Zu den Leistungsträgern zählen »Stars«, »Talente« und grundsolides, treues, enga-

3.1 Personalbindung – Beispiel einer Querschnittsfunktion
Verortung und Verständnis

giertes »Fußvolk«, die »ganz normalen« Mitarbeiter, die ihre Arbeitsaufgaben zufriedenstellend bis gut erfüllen. Ihr Ersatz würde die damit verbundenen Transaktionskosten vermutlich nicht rechtfertigen – von ethisch-moralischen Aspekten des Auswechselns sowie von Rückwirkungen auf das verbleibende Personal ganz zu schweigen.

Bezugsobjekt der Bindung

Auch ist zu klären, welches Bezugsobjekt der Bindung (vgl. Moser, 1996, S. 48; Meifert, 2005, S. 56) eigentlich gemeint ist: Woran sollen die Mitarbeiter eigentlich gebunden werden: an die Abteilung, die unmittelbaren Vorgesetzten, die direkte Arbeitsgruppe, den direkt beschäftigenden Tochterbetrieb oder den gesamten Konzern? Die Beantwortung ist an sich schon schwierig, besonders aber unter Berücksichtigung folgender Umstände: Immer wieder in der Vergangenheit hat sich gezeigt, dass Betriebsteile an andere Betriebe verkauft werden, die diese Bereiche teilweise sogar weiter verkaufen. Arbeitnehmer haben dabei den Arbeitsplatz nicht gewechselt, innerhalb von Jahren aber durchaus drei verschiedene Arbeitgeber gehabt. Wenn Personalbindung auch auf die Verbundenheit der Mitarbeiter Bezug nimmt, dann ist die gestellte Frage nicht trivial.

Begründungen

»Zusammenkommen ist ein Beginn, Zusammenbleiben ein Fortschritt, Zusammenarbeiten ein Erfolg.« Henry Ford

Eine fehlende Personalbindung erhöht das *strategische Personalrisiko*. Der Weggang und/oder das fehlende Engagement von (erfolgskritischen) Mitarbeitern – und sei es nur vorübergehend – gefährdet den ökonomischen Erfolg. Je stärker eine Mitarbeiterbindung vorliegt und ausgeprägt ist, desto geringer ist in Folge das notwendige und resultierende Aktivitätsniveau der Personalbedarfsdeckung. Eine fehlende Mitarbeiterbindung ist ferner mit einer nicht vorhandenen (Bleibe-/Leistungs-) Motivation gleichzusetzen. Klimecki/Gmür (2005, S. 331 ff.) sprechen in diesem Zusammenhang Symptome für Motivationsverluste (u. a. geringe Zufriedenheit, geringe Leistungsbereitschaft, hohe Fluktuationsquote, hohe Fehlzeitenquote, Änderungswiderstände, wenige Verbesserungsvorschläge) und Qualifikationsverluste (u. a.: starke Abhängigkeit von Mitarbeitern mit Spezial- oder Erfahrungswissen, hoher Zeitaufwand für die Einarbeitung neuer Mitarbeiter, Abhängigkeit von externen Experten in Kernbereichen des Betriebs, hohe Fehlerrate insbesondere bei Routinetätigkeiten, hoher Koordinationsaufwand zwischen Bereichen und Abteilungen) an. Hiermit sind letztlich potenzielle Kosten einer nicht vorhandenen Mitarbeiterbindung angesprochen, die ein Bindungsmanagement begründen.

Opportunitätskosten

Personalbindung kann allerdings kein ökonomisch fundiertes Ziel per se sein. Erst dann, wenn die Opportunitätskosten höher sind als die Kosten der Mitarbeiterbindung, besteht rein ökonomisch betrachtet eine Sinnhaftigkeit eines Bindungsmanagements. Das ökonomische Kalkül gebietet, sich nur mit solchen Aufgaben, nur mit solchen Personengruppen und nur mit solchen Situationen (und jeweils nur in einem gewissen Umfang) zu beschäftigen, die eine kurz- bis langfristige positive Kosten-Nutzen-Relation aufweisen. (Bei der Mitarbeiterbindung es ist wie bei der Kundenbindung: Die Neukundengewinnung ist ein Vielfaches teurer als die Bindung vorhandener Kunden bzw. Mitarbeiter.) Darüber hinaus sind nur noch ethisch-moralische Vorstellungen begründete Ursachen für entsprechendes Verhalten im Betrieb.

In diesem Zusammenhang bezeichnen Gmür/Thommen (2006; vgl. auch Kropp, 2004) Personalbindung als »das Management personalbezogener Risiken«. Je mehr ein Betrieb davon abhängig ist, dass ihm seine Leistungs- und Potenzialträger langfristig erhalten bleiben, umso größer ist seine Bedeutung. Gmür/Thommen (2006) heben drei verschiedene Aspekte des Risikos her: (1) Verlust von Routinekompetenz: Know-how geht durch den Weggang von Mitarbeitern (vorübergehend) verloren oder wird nicht eingesetzt. (2) Verlust von Kernkompetenz: Spezielles Know-how geht verloren und könnte zudem Wettbewerbern zur Verfügung gestellt werden. (3) Verlust von Betriebskohäsion und -lokomotion: Der Weggang (die Demotivation) zentraler, für den Gruppenzusammenhalt und/oder die Dynamik der Gruppe wichtiger Personen kann zu einem Stillstand führen. Anders, aber vom Ansatz her ähnlich, differenziert Kobi (1999, 2000) und zwar in Austritts-, Motivations-, Engpass- und Anpassungsrisiko. Im Rahmen der Idee des Risikomanagements bleibt es jedoch nicht bei der allgemeinen Feststellung der Risiken. Sie müssen konkretisiert werden. Dies bedeutet für die Mitarbeiterbindung, dass die Austritts- und die Motivationsrisiken bestimmter Mitarbeiter(-gruppen) zu eruieren (überhaupt, in ihrem Ausmaß und ihrer Bedeutung für den Betrieb) und dann risikoorientiert anzugehen sind.

Risikomanagement

Eine interessante Überlegung wird von Kerr/Jackofsky (1989) in die Diskussion eingebracht: Die Kosten der Personalbindung sind v. a. der teilweise Verzicht auf Flexibilität. Die Autoren benennen Kriterien, unter welchen Bedingungen sich – in nordamerikanischen Sozial- und Rechtssystemen – die Inkaufnahme einer solchen reduzierten Flexibilität durchaus rein ökonomisch »lohnen« kann. Zunächst differenzieren sie in eine Selektionsstrategie (baut auf fortlaufender Neubesetzung auf, nimmt hohe Fluktuationsraten in Kauf) und in eine Entwicklungsstrategie (Mitarbeiter werden gebunden und weiter entwickelt). Dann konstatieren sie: Je langsamer eine betriebliche Strategie sich ändert, je homogener der Betrieb organisiert ist und je stärker ein Clan- gegenüber einem Marktprinzip die inneren Arbeitsbeziehungen prägt, um so effektiver ist – transaktionskostentheoretisch betrachtet – diese Entwicklungs- gegenüber der Selektionsstrategie.

Flexibilität

3.2 Forschungsstand

Eine Reihe empirischer Studien, sowohl über die Verbreitung der Personalbindung als auch über mögliche Determinanten der Bindung, sind bislang durchgeführt worden (vgl. Becker, F.G., 2009a, aber auch Meifert, 2005, 2013; Piezonka, 2013; Ostrowski, 2012; von der Mosel, 2015; Süß, 2006; Felfe, 2008). Zwei Aspekte seien hier hervorgehoben:

▸ Zusammenfassend sei zu Beginn auf die empirische Commitmentforschung (und ihren Bezug zur Bleibemotivation) eingegangen (vgl. Moser, 1996; van Dick, 2004; Meifert, 2005, 2013): Das »affektive Commitment« trägt vermutlich sehr stark zur Bleibemotivation bei. Da es allerdings von vielfältigen Variablen beeinflusst wird, ist die entsprechend instrumentelle Nutzung dieser Erkenntnis noch

3.2 Personalbindung – Beispiel einer Querschnittsfunktion
Forschungsstand

in den Anfängen. Das »kalkulative Commitment« ist dagegen von einer überschaubaren Anzahl von Faktoren (v. a. getätigte persönliche Investitionen, subjektiv wahrgenommene Arbeitsmarktmobilität, Abhängigkeit von einem regelmäßigen Entgelt) abhängig. Allerdings ist empirisch bislang ein eher schwächerer positiver Zusammenhang zur Bleibemotivation ermittelt worden. Zum »normativen Commitment« ist die empirische Lage recht dürftig und durch widersprüchliche Ergebnisse gezeichnet. Der Einfluss auf die Bleibemotivation ist insofern noch nicht nachgewiesen.

▸ Die vor allem durch Zeitungsberichte bekannten (»Engagement-Index«-Studien von Gallup (s. http://www.gallup.de/183104/engagement-index-deutschland.aspx [letzter Abruf: 03.06.2016]) weisen seit Jahren wiederholt auf eine relativ niedrige Bindung von Mitarbeitern (nicht nur, aber gerade auch) in deutschen Betrieben hin (nur circa 12 bis 16 Prozent gebundene Mitarbeiter). Determinanten dieser Bindung wurden nicht erforscht. Der wirtschaftliche Schaden der damit verbundenen Demotivation wird auf bis zu 250 Milliarden Euro geschätzt (vgl. o. V., 2004, 2008).

Immaterielle Anreize, Gerechtigkeit, Ehrlichkeit

Eine Interpretation der empirischen Studien deutet darauf hin, dass immaterielle Anreize, Gerechtigkeit, Ehrlichkeit u. a. eine sehr große Bedeutung für die motivationale Mitarbeiterbindung haben. Als Quintessenz lässt sich festhalten: Immaterielle Anreize um die Determinanten interessanter Arbeitsplätze sind wirksame Bindungsdeterminanten – wenn die Studien repräsentativen Charakter hätten. Diesen haben sie aus verschiedenen Gründen (Sample, Vorgehen, Dokumentation) nicht. Empirisch ermittelte Indizien liegen vor, mehr nicht.

In der wissenschaftlichen und der betriebsnahen personalwirtschaftlichen Literatur liegen verschiedene Konzepte zum Umgang mit der Personalbindung (und dem Bindungsmanagement) vor (vgl. Becker, F.G., 2009a).

Organisationstheoretische Basis

Wirklich organisationstheoretische Grundlagen werden selten in der Literatur thematisiert. Der einzige Versuch – jenseits der Commitment-Forschung – ist Bauer/Jensen (2001, S. 12 ff.; vgl. auch Jensen, 2004, S. 233 ff.; Meifert, 2005, S. 61 ff.) zuzuordnen. Sie thematisieren die Erklärung der Mitarbeiterbindung mit Anleihen aus der Organisations- und Motivationstheorie sowie aus der Kundenbindungsforschung:

▸ Unter Bezug auf Hirschmann (1974) wird Personalbindung auf folgende Faktoren zurückgeführt: Arbeitszufriedenheit, mangelnde Attraktivität eines Konkurrenzangebotes, zu hohes Risiko bei einer beruflichen Veränderung und Wechselbarrieren. Gerade das Wechselrisiko aus der Sicht der Mitarbeiter wird als entscheidungsrelevant für die – rational zustande gekommene – Mitarbeiterbindung thematisiert.

▸ Mit der Transaktionskostentheorie werden ökonomische Überlegungen über getätigte Investitionen von Seiten des Mitarbeiters in den Mittelpunkt gestellt und als Transaktionskosten in den Vordergrund gestellt: Hat der Mitarbeiter sich bislang im Betrieb spezifisch fortentwickelt, so verliert er bei einem Arbeitsplatzwechsel die erlangte Seniorität, das intern geschätzte Know-how, Anerkennung

und womöglich den Anspruch auf einen erarbeiteten Vorteil. Entsprechend gut wird er sich einen Wechsel zu einem anderen Arbeitgeber überlegen.
- Mit dem Konzept des Variety Seeking (vgl. Tscheulin, 1994) wird speziell auf jüngere und/oder sehr gut ausgebildete Mitarbeiter eingegangen. Durch einen sozialisationsbedingten Wertewandel (»erlebnisorientierte Lebensführung«) wird angenommen, dass allein die Tatsache des Arbeitgeberwechsels einen zusätzlichen Nutzen (Abwechslung, Ansehen, Anerkennung u. Ä.) – neben der neuen beruflichen Herausforderung – stiftet. Es handelt sich um ein kultur-, gruppen- und/oder segmentspezifisches implizit befriedigendes Wechselstreben – oft von gerade hochqualifizierten Arbeitnehmern (vgl. Wilkens, 2004). Verlockungen zu einem Arbeitsplatzwechsel können auch bei prinzipieller Zufriedenheit mit dem aktuellen Arbeitsplatz bestehen.
- Zu guter Letzt wird die sozialpsychologische Interaktionstheorie angeführt. Diese erklärt soziale Interaktionen über das ökonomische Tauschprinzip. Zwischenmenschliche Beziehungen sind demnach durch Geben und Nehmen charakterisiert, wobei keiner der Interaktionspartner auf Dauer bereit sein wird, mehr zu geben als zu nehmen. Dieses Anreiz-Beitrags-Gleichgewicht lässt sich auf die Mitarbeiterbindung übertragen: Der Mitarbeiter wägt seine Arbeitszufriedenheit im »alten« Betrieb mit der Attraktivität eines Konkurrenzangebotes ab. Erweist sich dieses Angebot als vorteilhafter, so wird er trotz einer grundsätzlichen Arbeitszufriedenheit den Arbeitsplatz aller Voraussicht nach wechseln.

Mit der letzten Überlegung ist die Anreiz-Beitrags-Theorie angesprochen (vgl. Barnard, 1938; March/Simon, 1976; Cyert/March, 1995; s. Teil 2, Kap. 3.1). Sie wird näher erläutert, da sie einen differenzierten Erklärungs- und Gestaltungsbeitrag für die Auseinandersetzung mit der Personalbindung und einem Bindungsmanagement in sich birgt (vgl. ähnlich Gmür/Thommen, 2006).

Anreiz-Beitrags-Theorie

Zunächst differenziert sie die Motivation – neben ihren materiellen und immateriellen Inhalten – in unterschiedliche, oben i. W. bereits angesprochene Ausrichtungen: Teilnahmemotivation (Verhaltensbereitschaft, einem Betrieb beizutreten), Leistungsmotivation (Verhaltensbereitschaft, die eigene Qualifikation engagiert im Sinne der betrieblichen Ziele einzusetzen) und Bleibemotivation (Bereitschaft, im Betrieb als Mitarbeiter zu bleiben). Ein Mitarbeiter wird bei freier Wahl des Arbeitsplatzes nun seine Mitgliedschaft (Teilnahmemotivation) und sein leistungsorientiertes Verhalten (Leistungsmotivation) im Betrieb beibehalten bzw. steigern, wenn und solange sein subjektiv eingeschätzter Anreiznutzen (alle materiellen und immateriellen Belohnungen, die die Person von einem Betrieb erhält) den Beitragsnutzen (Kosten für die Beiträge bzw. maximaler Anreizwert der Belohnung, die die Person bei einer anderen oder weniger intensiven Tätigkeit erwarten könnte) übersteigt bzw. ihm entspricht. Die Mitarbeiter setzen ihre Teilnahme im Betrieb nur solange fort, wie die gebotenen Anreize gleich groß oder größer sind als die geforderten Beiträge (Bleibemotivation). Eine (ggf. nur relative) Verschlechterung des Anreiz-Beitrags-Verhältnisses erhöht die Neigung den Betrieb zu verlassen (vgl. March/Simon, 1976, S. 89; Schanz, 2000, S. 336 ff.; Bartscher-Finzer/Martin, 2003) oder die Leistung des Mitarbeiters zu senken. Die Anreiz-Beitrags-Theorie empfiehlt letztlich

3.3 Personalbindung – Beispiel einer Querschnittsfunktion
Bindungsmanagement

die eigenen Mitarbeiter als Kunden (»Die Mitarbeiter sind die ersten Kunden!«) zu verstehen: Ohne sie lassen sich weder Produkte und Dienstleistungen generieren noch vertreiben. Insofern sind sie – quasi im Sinne einer internen Kundenorientierung – die erste Zielegruppe des Betriebs.

3.3 Bindungsmanagement

Ein Bindungsmanagement (synonym: Retentionmanagement, s. o.) stellt eine Querschnittsfunktion der betrieblichen Personalarbeit dar und zwar in dem Sinne, dass die zu verwendenden Maßnahmen aus verschiedenen Funktionen des Personalmanagements gezielt zusammengestellt werden. Auch hier ist eine differenzielle Vorgehensweise (vgl. Ostrowski, 2012; Teil 1, Kap. 3) empfehlenswert. Die Nutzung der Möglichkeiten eines Anreizsystems, der Personalentwicklung, der direkten, strukturellen wie kulturellen Mitarbeiterführung, der Arbeitsplatzgestaltung u. a. ist hier angeraten.

Abbildung 3-70 gibt einen Überblick über ein mögliches Konzept des Bindungsmanagements für Bleibe- und Leistungsmotivation. Es lässt sich im Prinzip auch theoretisch basieren, letztlich ist es aber einem – hier nicht genannten – Betrieb entnommen. Unterschieden wird zum Ersten in »harte« und in »weiche« Gestal-

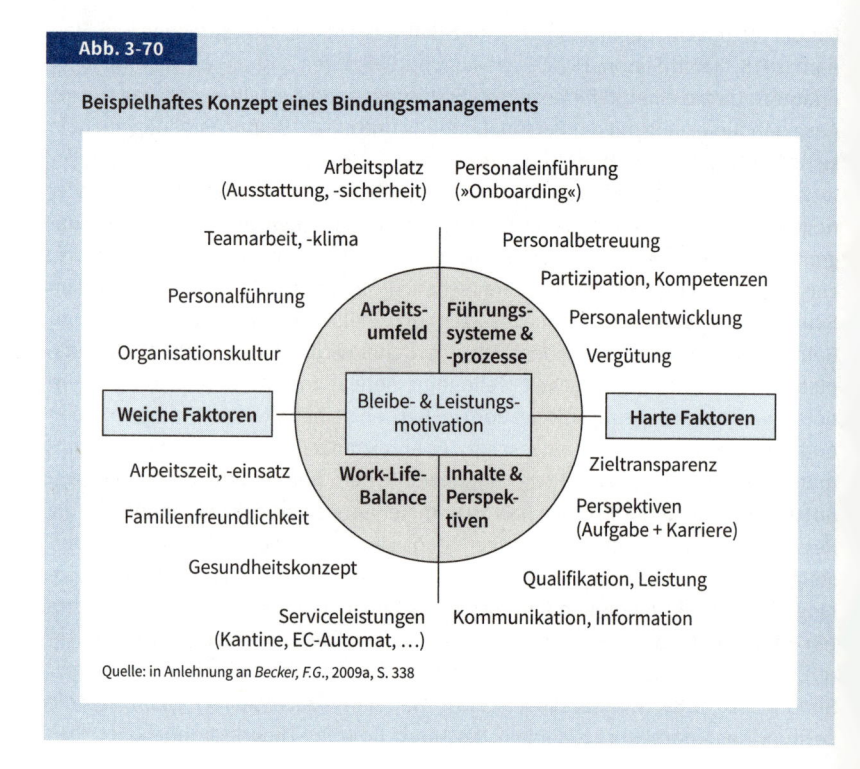

Abb. 3-70

Beispielhaftes Konzept eines Bindungsmanagements

Arbeitsplatz (Ausstattung, -sicherheit)
Personaleinführung (»Onboarding«)
Teamarbeit, -klima
Personalbetreuung
Partizipation, Kompetenzen
Personalführung
Personalentwicklung
Organisationskultur
Vergütung

Weiche Faktoren — Arbeitsumfeld | Führungssysteme & -prozesse — Bleibe- & Leistungsmotivation — Work-Life-Balance | Inhalte & Perspektiven — **Harte Faktoren**

Arbeitszeit, -einsatz
Zieltransparenz
Familienfreundlichkeit
Perspektiven (Aufgabe + Karriere)
Gesundheitskonzept
Qualifikation, Leistung
Serviceleistungen (Kantine, EC-Automat, …)
Kommunikation, Information

Quelle: in Anlehnung an *Becker, F.G.*, 2009a, S. 338

454

tungsfaktoren. Damit verbunden ist vor allem die Möglichkeit, die Determinanten gezielt seitens einer betrieblichen Stelle auszugestalten und von daher auch die Wirkungen sicherer vorherzusehen. Die sogenannten harten Faktoren gestatten dies eher. Auf der anderen Seite haben die weichen Falktoren oft eine nachhaltigere Wirkung. Zum Zweiten baut die Differenzierung auf vier verschiedenen, wenngleich angrenzenden Kategorien auf: die direkt gestalteten *Führungssysteme und -prozesse,* die *Inhalte* der Arbeit und den prinzipiellen beruflichen *Perspektiven,* das partiell direkt, im Wesentlichen aber indirekt gestaltbare *Arbeitsumfeld* sowie die individuelle *Work-life-Balance,* auf die auch nur indirekt Einfluss genommen werden kann. Die Kategorien sind hier nur beispielhaft weiter spezifiziert. Eine systematische, zum Betrieb und seinen Mitarbeitergruppen passende, bedürfnisbezogene Gestaltung der Determinanten sowie vor allem die Handhabung durch die zentralen Personalverantwortlichen (von der Leitungsspitze über die Personaler bis hin zu den direkten Vorgesetzten) ist letztlich zielführend (vgl. Becker, 2009a; vom Hofe, 2005; Szebel-Habig, 2004).

3.4 Fazit

Personalbindung hat eine durchaus ambivalente Wirkung: Eine Verpflichtung seitens der Mitarbeiter ist nicht ohne eine Verpflichtung seitens des Betriebs zur andauernden Zusammenarbeit realisierbar, mit all den damit verbundenen abnehmenden Flexibilitätswirkungen. Werden Mitarbeiter und insbesondere die sogenannten Leistungsträger als wertvolle Ressource betrachtet, dann dürfen sie faktisch nicht als »Manövriermasse« betrieblichen Handels verstanden werden (via befristeter Arbeitsverträge, flexibler Arbeitseinsätze u.a.). Die Vertragsbindung wäre ansonsten einseitig und nicht tragfähig für die Personalbindung. Als problematisch für ein Bindungsmanagement erweisen sich gesellschaftliche wie betriebspolitische Tendenzen der Entbindung und Flexibilisierung: Keine lebenslangen, sondern Lebensabschnittsbindungen zählen, Betriebe werden aufgekauft, teilverkauft, unbenannt, aufgespalten, Randbelegschaften werden zu Lasten der Stammbelegschaften aufgebaut. Menschen suchen Abwechslung, haben ein anderes Verständnis zur Bindung (bspw. nicht »lebenslange« Loyalität zum Betrieb, sondern »nur« eine raum-zeitlich bezogene Bindung oder eine, die nur durch unmittelbare Gegenleistungen gegeben ist).

Scholz (2003) thematisiert unter dem Kunstwort »Darwiportunismus« die beiderseitige Bindungslosigkeit von Arbeitgebern und Arbeitnehmern. Er greift zurück auf die Flexibilisierungswünsche der Arbeitgeber und einer – durchaus nicht unabhängigen – Ich-Orientierung der Arbeitnehmer (mit dem Abbau von Bindungswünschen) (vgl. Stein, 2001). Der Darwinismus der Arbeitgeber äußert sich in der permanenten Förderung der (vermeintlich) Stärkeren und in dem Versuch der jederzeitigen Optimierung. Mitarbeiter werden in jeder Hinsicht zum flexiblen Produktionsfaktor. Der Opportunismus der Arbeitnehmer entsteht – möglicherweise – durch dieses Verhalten, welches Loyalität, Vertrauen und Bindung erodiert; es

»Kapital lässt sich beschaffen, Fabriken kann man bauen, Menschen muss man gewinnen.«
Hans Christoph von Rohr

3.4 Personalbindung – Beispiel einer Querschnittsfunktion
Fazit

entsteht die Haltung: »Ich zuerst!« Gefördert wird eine solche Verhaltensweise noch durch die Zugehörigkeit eines großen Teils der Mitarbeiterschaft zur sogenannten Generation Y (Gen Y), einer Generation des Müßiggangs (vgl. Sennet, 1998). »Mitarbeiterbindung« gewinnt in solchen Zusammenhängen einen anderen Zugang, ist für Scholz (2003) aber dennoch möglich. Es ist eine andere Art von Bindung, »… vielleicht kurzfristiger, vielleicht mit einer anderen Intensität, vielleicht in einer anderen Form.« Statt zu jammern, sollten Betriebe sich auf die neue, nicht zu verändernde Situation einstellen und sie positiv nutzen, indem der psychologische Vertrag (vgl. Rousseau 1995) auf eine neue, »ehrliche(re)« Grundlage gestellt wird (vgl. auch Becker, F.G./Schmalenberger/Ostrowski, 2010, 2012).

Differenzielle Sichtweise

Vermutlich trifft auch deshalb die Aussage von Meifert (2013, S. 308) zu: »Mitarbeiterbindung [ist] ein höchst individuelles Phänomen.« Damit ist allerdings nicht allein ein bestimmter Mitarbeiter gemeint, sondern auch ein jeweils bestimmter Personenkreis. Die letztlich unterschiedlichen Mitarbeitersegmente erfordern einen spezifischen Umgang im Sinne einer differenziellen Personalarbeit und zwar aufgrund der segmentspezifischen Mitarbeitermerkmale und Bindungsdeterminanten sowie des jeweiligen Zeithorizonts der Beschäftigung (vgl. Teil 1, Kap. 3).

WIEDERHOLUNGSFRAGEN ZU KAPITEL 3

1. Was kann man unter Personalbindung verstehen?
2. Was versteht man unter Regain-Management?
3. Beschreiben Sie abstrakt, welche Mitarbeitergruppen man binden sollte und begründen Sie Ihre Auswahl.
4. Wieso ist eine Personalbindung überhaupt sinnvoll?
5. Welche zentralen Bindungsfaktoren hat die empirische Forschung ermittelt?

4 Personalfreisetzung

> **LEITFRAGEN**
>
> **Was versteht man zweckmäßigerweise unter Personalfreisetzung?**
> - Was ist Personalfreisetzung?
> - Was unterscheidet Personalfreisetzung von Entlassung?
>
> **Welche Maßnahmen der Personalfreisetzung werden eingesetzt?**
> - Welche Maßnahme gibt es ohne Abbau der Beschäftigtenzahl?
> - Welche Maßnahmen gibt es mit Abbau der Beschäftigtenzahl?
> - Welche Stellung hat ein Personalfreisetzungsplan?
>
> **Kündigungen: Was muss man wissen?**
> - Welche Kündigungsgründe gibt es?
> - Welche Kündigungsarten gibt es?
> - Welche Mitwirkungsrechte hat ein Betriebsrat?
>
> **Was gibt es noch für Besonderheiten?**
> - Was ist ein Sozialplan?
> - Was ist ein Interessensausgleich?
> - Was ist eine Massenentlassung?

Stellen Sie sich vor, ein Mitarbeiter betrügt Ihren Betrieb, er hat Sie oder Kollegen bestohlen, er hat Sie oder andere beleidigt, er ist nicht mehr in der Lage, die notwendigen Leistungen zu erbringen o. Ä. Ist da die Überlegung, diesen Mitarbeiter »freizusetzen« nicht logisch? Wie macht man das – rechtlich wie sozial vertretbar?

Stellen Sie sich vor, die Konjunktur in Ihrem Bereich bricht durch externe Einflüsse (Finanzmarktkrise, Zusammenbruch des Automobilmarktes mit ihren direkten wie indirekten Auswirkungen auf Zulieferer, Arbeitnehmereinkommen und Staat) plötzlich und ohne absehbare Kehrtwende zusammen! Die Kunden stornieren ihre aktuellen wie avisierten Aufträge, sodass Ihr Beschäftigungsgrad sinkt. Ihre Ressourcenauslastung sinkt deutlich unter 100 Prozent, Aussicht auf baldige Besserung ist nicht gegeben. Die beschäftigen Mitarbeiter in einer solchen Situation weiter unverändert zu halten – ohne ökonomisch sinnvolle Tätigkeit für alle – wäre aller Voraussicht nach ökonomisch nicht zu verantworten. Volle Personalkostenlast, aber deutlich geringere Verkaufserträge reduzieren nicht nur den Jahresüberschuss, die folgen-

4.1 Personalfreisetzung
Begriff, Objekte und Ziele der Personalfreisetzung

den Sanierungsmöglichkeiten, die Attraktivität des Betriebs für renditeinteressierte Eigentümer, die notwendigen Preisuntergrenzen, sondern sie gefährdet die Überlebensfähigkeit des Betriebs als Ganzes. Von der kurzfristigen Zahlungsunfähigkeit (ohne Umsätze weniger Geld für Entgeltauszahlungen) bis zu mittelfristig sich ergebenden Wettbewerbsnachteilen (ohne Gewinne keine Investitionen, ohne Rendite keine Kapitalgeber) kann hier viel Nachteiliges die Folge sein. Es ergibt sich insofern die Notwendigkeit auch der Anpassung der personellen (Über-)Kapazität: Personalfreisetzung ist notwendig – durchaus mit ökonomischen wie sozialen Nachteilen für manche Mitarbeiter verbunden, aber zur Erhaltung des Ganzen mit Vorteilen für die dann (noch) beschäftigten Mitarbeiter.

Die Bandbreite an Personalfreisetzungsmöglichkeiten zur Reduzierung der Personalkapazitäten ist vielfältig. Sie setzt bereits bei einer vorsichtigen Einstellungspolitik an, zieht sich über einen differenzierten Aufbau von Stamm- und Randbelegschaften hin und endet dann bei speziellen Maßnahmen, um zielgenau mittel- bis kurzfristig die Personalkapazität tatsächlich zu reduzieren, dauerhaft oder zeitbezogen.

In diesem Kapitel wird basierend auf einer situationsspezifisch auftretenden Personalüberkapazität das gesamte Spektrum der Freisetzungsmöglichkeiten informativ dargestellt. Dadurch soll auch eine problembezogene Auswahl von Maßnahmen (einzeln oder im Zusammenhang) den Entscheidungsträgern erleichtert werden.

4.1 Begriff, Objekte und Ziele der Personalfreisetzung

Begriff

Sowohl aus Entwicklungen des Umfelds als auch aus betriebsinternen Faktoren können Veränderungen des Aufgabenvolumens und/oder der Anforderungen an die Mitarbeiter und damit eine Veränderung des Nettopersonalbedarfs resultieren. Dies kann sowohl zur (externen oder internen) Beschaffung als auch zur Freisetzung von Personal führen.

> Personalfreisetzung (oft synonym: Personalanpassung) bedeutet die Reduzierung einer Personalüberdeckung (= negativer Netto-Personalbedarf), die in quantitativer, qualitativer, zeitlicher und/oder örtlicher Hinsicht zu spezifizieren ist.

Sie kann – analog zur Personalbeschaffung – sowohl intern durch qualitative, zeitliche oder örtliche Anpassung als auch extern durch die Abgabe von Personal an den Arbeitsmarkt erfolgen. Dadurch, dass nicht unbedingt die Beschäftigtenanzahl angesprochen wird, sondern eher die von diesen angebotene und vertragliche vereinbarte Personalkapazität, geht es bei der Personalfreisetzung eigentlich um eine

Begriff, Objekte und Ziele der Personalfreisetzung — 4.1

Reduzierung der Arbeitszeitkapazität, und zwar differenziert nach Örtlichkeit, Dauer, Zeitraum u. Ä.

Objekte der Personalfreisetzung sind nicht nur die Mitarbeiter eines Betriebs (die Arbeitnehmer i. S. des Arbeitsrechts sind), sondern alle Personen, die einem Betrieb ihr Leistungspotenzial auf der Basis eines Arbeits- oder arbeitsähnlichen Vertrags zur Verfügung stellen und eine Vergütung erhalten (also zum Beispiel auch Auszubildende, Praktikanten, Leihmitarbeiter, freie Mitarbeiter).

Personalfreisetzungen haben positive als auch negative Auswirkungen:

Auswirkungen

- für die Betriebe sowohl positive (vor allem ökonomische) als auch negative Wirkungen (z. B. auf Betriebsklima oder Image) und
- für die von Freisetzungsmaßnahmen unmittelbar betroffenen Mitarbeiter vor allem negative Wirkungen (z. B. Gefährdung der materiellen Existenzgrundlage, Statusverlust, reduziertes Selbstwertgefühl). Allerdings darf auch nicht unterschlagen werden, dass ökonomisch sinnvolle Freisetzungen die Bestandsfähigkeit des Arbeitgebers (und damit auch Arbeitsplätze) sichert.

Aus diesen Wirkungen in Verbindung mit der für das Personal-Management postulierten Dualität von institutionellen und individuellen Zielen kann als Ziel der Personalfreisetzung die hinreichende Reduzierung einer Personalüberdeckung bei gleichzeitiger Minimierung der negativen Folgen für den Betrieb und die Mitarbeiter formuliert werden (vgl. Becker, F.G./Meurer, 1988, S. 273).

WISSENSWERTES

Personalarbeit in der Krise

Die 2008/09 sich fast dynamisch entwickelnde weltweite Finanz- und Wirtschaftskrise stellte nicht nur viele Betriebe als Ganzes vor ökonomisch nur schwierig zu meisternde Fragen. Auch die betriebliche Personalarbeit war vor bis dahin kaum in dieser Breite und in der Schnelligkeit bekannte Problemstellungen gestellt. Umsatz- und Produktionslücken von teilweise über 50 Prozent mit einer entsprechenden Nichtauslastung der Beschäftigung in Produktion wie Vertrieb, eine nur diffuse Aussicht auf Besserung in den nächsten Monaten Strategien konnten so nicht entstehen, auch wegen der Unkenntnis über den weiteren generellen Fortgang und mögliche plötzliche Entwicklungen in der eigenen Branche. Schnell bei der Hand waren die kurzfristig wirksamen Maßnahmen wie der Abbau der Randbelegschaften (v. a. Reduktion des Personalleasings, Nichtverlängerung befristeter Beschäftigungsverhältnisse), Abbau von Überstunden, Leeren von Arbeitszeitkonten, Nichtbesetzung vakanter Stellen sowie die Nutzung der – rechtlich immer weiter verlängerten – Kurzarbeit in vielen Bereichen.

Im Hinterkopf der Personalverantwortlichen bewegte sich dabei allerdings die vorhandene Erkenntnis, dass der anstehende demografische Wandel einen Wettbewerb um knappe Leistungsträger mitbringen wird. Eine Kündigung von Arbeitskräften (kurzfristig durchaus angeraten) in 2008 könnte dem eigenen Betrieb dadurch mittelfristig einen Wettbewerbsnachteil durch fehlende oder neu einzuarbeitende unerfahrene Arbeitskräfte in 2010, 2011 ... erbringen. Also abwarten – solange das Instrument der Kurzarbeit noch weiter eingesetzt werden konnte. Dennoch, auch betriebsbedingte Kündigungen wurden und mussten teilweise umgesetzt werden. Dabei gab es aber durchaus Betriebe, die in der Krise auch Personal im größeren Umfang einstellten: die Lebensmittelhändler Rewe und Edeka sprachen von 9.000 bzw. 8.000 geplanten Neueinstellungen, die Deutsche Telekom von 3.500, der Dienstleister Dörmann von 1.000 u. a. m. Bei ihnen stieg – möglicherweise sogar indirekt krisenbedingt (»Schokolade hilft, wenn's einem schlecht geht!«) – die Nachfrage der Kunden und damit auch nach Beschäftigten. Es gab also beides in der Krise: Abbau wie Aufbau der Belegschaften. Die Krise war nicht überall!

4.2 Ursachen der Personalfreisetzung

Die im Rahmen dieses Lehrbuchs geforderte Integration des Personal-Managements in die Gesamtführung ist auch für die Personalfreisetzung von Bedeutung. Die in der (strategischen) Planung durch eine Umfeld- und Betriebsanalyse erhobenen (Frühwarn-)Informationen für die Formulierung von (Gesamt- und Funktional-)Strategien bilden die informationelle Basis für eine differenzierte Analyse und Prognose potenzieller Ursachen der Personalfreisetzung im Rahmen der Personalplanung.

Nachfolgend werden einige wichtige Ursachen aufgelistet, wobei zum Teil bestehende sachliche und zeitliche Interdependenzen vernachlässigt werden:

- Eine rückläufige *konjunkturelle Entwicklung* wirkt sich auf die Branchen und Betriebe einer Volkswirtschaft unterschiedlich aus und kann zu einem Rückgang des Absatzes und der Produktion führen.

Umweltänderungen

- Konjunkturelle Entwicklungen werden häufig durch *strukturelle Änderungen* (z. B. Änderung von Bedarfsstrukturen) in und zwischen den Wirtschaftszweigen, Regionen oder Betriebsgrößenklassen einer Volkswirtschaft überlagert. So ist in entwickelten Wirtschaftsnationen seit Längerem ein tief greifender Wandel dergestalt zu beobachten, dass sogenannte »alte Industrien« (Stahl, Kohle, Elektronik u. v. a.) an Bedeutung verlieren, Dienstleistungen hingegen deutlich und mit als steigend prognostizierter Tendenz hinzugewinnen. »Bedeutung« meint dabei auch den Umfang der gebotenen Arbeitsplätze. Zum anderen ist in Branchen, in denen besonders hoher Wettbewerbsdruck herrscht ein Trend zu (globalen) Großbetrieben unübersehbar. Mit den im Rahmen von Wachstumsstrategien umgesetzten Fusionen und Akquisitionen geht dabei regelmäßig massiver Stellenabbau einher.
- In vielen Branchen und Betrieben ergeben sich aus der Art des Produktions- und Absatzprogramms *saisonale Schwankungen* der Beschäftigung.
- *Technologischer Wandel kann* sowohl das Aufgabenvolumen (z. B. durch Substitution von menschlicher Arbeit durch den Einsatz neuer Technologien) als auch die Anforderungen an die Mitarbeiter beeinflussen. Heutzutage deuten sich gerade unter dem Label »Industrie 4.0« (vgl. Teil 4, Kap. 6.4) viele Automatisierungsmöglichkeiten in der Mensch-Maschinen-Kommunikation an, die wenn schon keine generellen Freisetzungsbedarfe so doch partielle (mit notwendigen Umqualifizierungen und Versetzungen) nach sich ziehen werden.

Fehler

- *Management- und Planungsfehler* auf die bereits skizzierten Entwicklungen des betrieblichen Umfelds können auch Anlass für Personalfreisetzungsbedarf sein.

> In diesem Zusammenhang ist darauf hinzuweisen, dass Management immer ein risikobehaftetes Tun ist. Erfolgreiches Management schafft dabei nicht nur betriebliche Werte, sondern auch Arbeitsplätze mit Einkommensmöglichkeiten. Erfolge sind bei Risikoentscheidungen aber nicht die unbedingte Folge, sonst wären es ja keine Risikoentscheidungen. »Fehlinvestitionen« gehören daher zum normalen Geschäft – zumindest von erwerbswirt-

4.2 Ursachen der Personalfreisetzung

> schaftlichen Betrieben. Oft können die möglichen Folgeprobleme für die Beschäftigungsverhältnisse zumindest teilweise aufgefangen werden oder sie tangieren »nur« die Randbelegschaft. Treffen dann noch zwei Umstände aufeinander, bspw. neben einer Fehlinvestition auch konjunkturelle Probleme, dann lässt sich ein Abbau der personellen Überkapazität auch der Stammbelegschaft selten verhindern. Hier jeweils von Managementfehlern zu sprechen, ist unangemessen. Erst wenn tatsächlich gut vorhersehbare Entwicklungen missachtet, viel zu große Risiken eingegangen oder Entwicklungen einfach verschlafen wurden, sollte man von »Management- und Planungsfehlern« sprechen.

- Eine *strategische Neuorientierung* des Betriebs (oder von Geschäftsfeldern) und daraus resultierende tief greifende Veränderungen des Leistungsprogramms, wie etwa massive Verringerungen der Produktlinien (»Konzernumbau«) und/oder der Fertigungstiefe (»Outsourcing«) führen ebenfalls in den meisten Fällen zu Personalabbau. Solche Neuorientierungen sind vielfach die Basis für zukünftig gesundes Wirtschaften und für späteres Wachstum, welches man vielleicht ohne eine solche Veränderung nicht erreichen könnte. — *Strategische Veränderungen*
- *Stilllegung* von Betriebsbereichen, *Standortverlagerungen* und/oder *Änderungen der Aufbau- oder Ablauforganisation* (z. B. Abbau von Hierarchien im Rahmen von »Lean-Management«) sind weitere mögliche Gründe, die entweder Folgeerscheinungen vorgenannter Entwicklungen sind oder sich aus anderen betriebswirtschaftlichen Notwendigkeiten ergeben (sollten).

Diese Ursachen sind erkennbar von ganz unterschiedlicher Qualität, u. a. was ihre Herkunft (betriebsextern oder -intern) und damit auch ihre Gestaltbarkeit angeht. Eine Resultante mehrerer Ursachen dürfte der grundlegende Wandel der gesamten Konfiguration der Erwerbsarbeit sein, der seit Längerem beobachtet und für die Zukunft als immer weiter fortschreitend prognostiziert wird, und der den Abschied von seit Generationen in Deutschland als selbstverständlich Gewohntem bedeutet: Unbefristete Dauerbeschäftigungsverhältnisse dürften immer mehr *eher die Ausnahme als die Regel* sein, was zur Folge haben wird, dass Wechsel von Arbeitsplatz, Arbeitgeber und sogar Beruf nichts Ungewöhnliches sein wird. Die Praxis von betrieblichen Personalfreisetzungen erscheint dann ebenfalls in neuem Licht. — *Dauerbeschäftigungsverhältnisse ade!*

ZUR VERTIEFUNG

Austrittsinterview

Das Austrittsinterview dient insbesondere dazu, freiwillig fluktuierende (Ex-)Mitarbeiter am Ende des Arbeitsverhältnisses danach zu befragen, was sie zu einer Kündigung bewegt hat und wie sie das Arbeitsverhältnis empfunden haben. Es kann mündlich oder schriftlich, teil- oder voll-strukturiert, durch die (ehemaligen) Vorgesetzten, durch Personaler oder unbeteiligte Dritte erfolgen. Ziel ist es, Informationen darüber zu gewinnen, ob und gegebenenfalls wie die Arbeitssituation zukünftig zu verbessern ist. Es ist von daher kein Instrument der Personalfreisetzung (vgl. Frühs, 1998; Löscher, 2015).

Wichtiger als die *Vorhersagbarkeit* der genannten Ursachen sind das Ausmaß ihrer Beeinflussbarkeit und die betriebspolitische Intention ihrer tatsächlichen Beeinflussung. So könnten zum Beispiel Stilllegungen von Betriebsbereichen, Standortverlagerungen, Organisationsänderungen »ohne Rücksicht auf personelle Konsequenzen durchgezogen« oder aber ganz anders angegangen werden: etwa unter Einschluss ernsthafter Versuche, solche Konsequenzen wirklich sozialverträglich abzufedern oder gänzlich zu vermeiden.

Auch den angesprochenen Wandel der Beschäftigungsverhältnisse in der Arbeitswelt können Betriebe mit entsprechenden Gestaltungen ihres Personal-Managements positiv begleiten: Ein integratives Betreiben von Personalfreisetzung und Personalentwicklung wäre eine Innovation, die zum Beispiel eine berufliche Neuorientierung von Mitarbeitern fördern könnte. Sie würde neben betrieblichem auch individuellen sowie gesellschaftlichen Nutzen stiften.

Vermeidung

Ebenso beginnt die *Vermeidung von Freisetzungsmaßnahmen* mit der sorgfältigen Schaffung von neuen Arbeitsplätzen für eine intendierte *Stammbelegschaft*. Dies verhindert zumindest kurzfristige Beschäftigungsschwankungen mit den damit verbundenen, auch individuellen Problemen. Sicherlich liegen diese auch vor, wenn es Schwankungen bei der *Randbelegschaft* gibt, diese sind aber in aller Regel etwas besser auffangbar und sie betreffen Personen, denen keine unbefristete Beschäftigung – gewissermaßen über die psychologische Komponente eines unbefristeten Arbeitsvertrages – »versprochen« wurde.

4.3 Planung der Personalfreisetzung

Die Personalfreisetzungsplanung beinhaltet die gedankliche Erfassung und Reduzierung einer Personalüberdeckung spezifiziert nach quantitativen, qualitativen, zeitlichen und örtlichen Aspekten (vgl. Becker, F.G./Meurer, 1988, S. 273) und wird in zwei Planungsformen (vgl. Drumm/Scholz, 1988, S. 146 f.) unterschieden:

Antizipative Planung verhindert Personalfreisetzungen – allerdings auch Neueinstellungen

▸ Die *antizipative Personalfreisetzungsplanung* wird als integrativer Bestandteil der Betriebs- und Personalplanung verstanden. Sie versucht durch die Analyse und Prognose möglicher Ursachen und die Ableitung von betriebs- und personalpolitischen Strategien Personalüberdeckungen zu vermeiden oder diese durch den rechtzeitigen Einsatz »weicher« Freisetzungsmaßnahmen (z. B. Nutzung der natürlichen Fluktuation, Urlaubsgestaltung) zu reduzieren.

▸ Die *reaktive Personalfreisetzungsplanung* beginnt erst, wenn bereits eine Personalüberdeckung besteht, sodass der Einsatz von »harten« Freisetzungsmaßnahmen (vor allem Kündigungen) in der Regel nicht mehr zu vermeiden ist.

Personalfreisetzungsprozess

Die Planung der Personalfreisetzung besteht aus einer Vielzahl von Einzelaktivitäten, zwischen denen sachliche und zeitliche Beziehungen bestehen. Die Strukturierung dieser Beziehungen kann durch ein Phasenschemata erfolgen. Dieses ist jedoch nur als »Orientierungshilfe« für eine betriebsindividuelle Gestaltung zu verste-

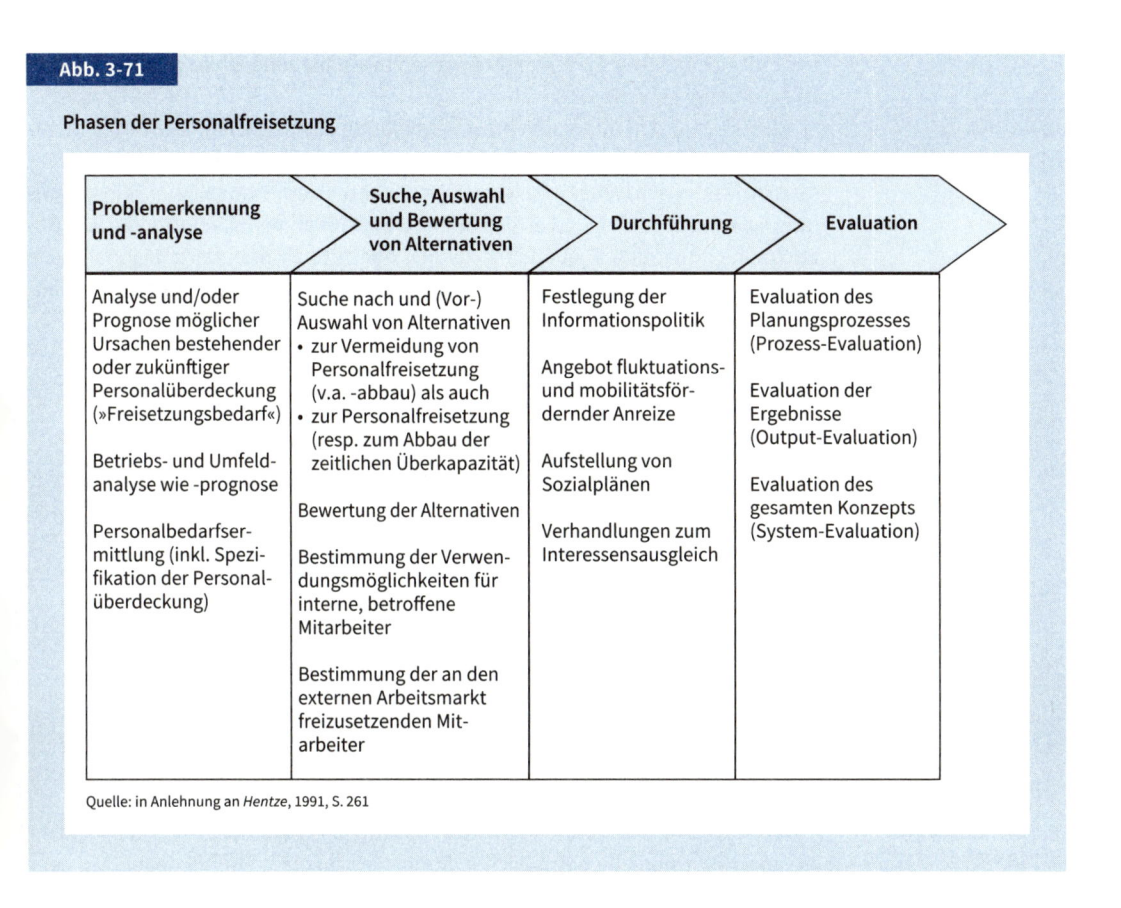

4.4 Alternativen (zur Vermeidung) der Personalfreisetzung

Abb. 3-71

Phasen der Personalfreisetzung

Problemerkennung und -analyse	Suche, Auswahl und Bewertung von Alternativen	Durchführung	Evaluation
Analyse und/oder Prognose möglicher Ursachen bestehender oder zukünftiger Personalüberdeckung (»Freisetzungsbedarf«)	Suche nach und (Vor-)Auswahl von Alternativen • zur Vermeidung von Personalfreisetzung (v.a. -abbau) als auch • zur Personalfreisetzung (resp. zum Abbau der zeitlichen Überkapazität)	Festlegung der Informationspolitik Angebot fluktuations- und mobilitätsfördernder Anreize	Evaluation des Planungsprozesses (Prozess-Evaluation) Evaluation der Ergebnisse (Output-Evaluation)
Betriebs- und Umfeldanalyse wie -prognose	Bewertung der Alternativen	Aufstellung von Sozialplänen	Evaluation des gesamten Konzepts (System-Evaluation)
Personalbedarfsermittlung (inkl. Spezifikation der Personalüberdeckung)	Bestimmung der Verwendungsmöglichkeiten für interne, betroffene Mitarbeiter Bestimmung der an den externen Arbeitsmarkt freizusetzenden Mitarbeiter	Verhandlungen zum Interessensausgleich	

Quelle: in Anlehnung an *Hentze*, 1991, S. 261

hen. Abbildung 3-71 zeigt ein mögliches Phasenschema, das auch die der Planung nachgelagerten Phasen der Durchführung und Kontrolle umfasst.

4.4 Alternativen (zur Vermeidung) der Personalfreisetzung

4.4.1 Überblick

Die Menge der Alternativen, die einem Betrieb zur (Vermeidung der) Personalfreisetzung zur Verfügung stehen, hängt von der Planungsform (antizipativ oder reaktiv) ab, die somit gleichzeitig als Kriterium für die Systematisierung von Maßnahmen (zur Vermeidung) der Personalfreisetzung dienen könnte (vgl. Drumm/Scholz, 1988, S. 146 ff.). Ein Teil der nachfolgend dargestellten Maßnahmen kann jedoch

4.4 Personalfreisetzung
Alternativen (zur Vermeidung) der Personalfreisetzung

sowohl antizipativ als auch reaktiv eingesetzt werden, sodass hier eine andere Systematisierung gewählt wird.

Differenzierung

Zunächst wird in Alternativen zur Vermeidung von Personalfreisetzung und Alternativen der Personalfreisetzung differenziert. Die Alternativen der Personalfreisetzung lassen sich weiter nach den Determinanten des Personalbedarfs in quantitativ, qualitativ, zeitlich und örtlich orientierte Maßnahmen differenzieren. Die Bezeichnung »quantitativ, qualitativ, zeitlich oder örtlich orientierte Maßnahmen« bedeutet jedoch nicht, dass diese stets und direkt mit einem quantitativen, qualitativen, zeitlichen oder örtlichem Freisetzungsbedarf verbunden sind.

Nach der Wirkung auf den Personalbestand lassen sie sich jedoch wieder zu zwei Gruppen zusammenfassen, sodass sich die nachfolgende *Systematisierung* ergibt:
- Alternativen zur Vermeidung von Personalfreisetzung,
- Alternativen der Personalfreisetzung
  - ohne Reduktion des Personalbestands (»interne Freisetzung«) differenziert in
    - qualitativ orientierte Maßnahmen,
    - örtlich orientierte Maßnahmen,
    - zeitlich orientierte Maßnahmen;
  - mit Reduktion des Personalbestands (»externe Freisetzung«).

4.4.2 Vermeidung von Personalfreisetzung

Aus dem Ziel der Personalfreisetzung ergibt sich, dass ihre Vermeidung in der Regel jeder noch so »weichen« Freisetzungsalternative vorzuziehen ist. Nachfolgend werden einige »Vermeidungsstrategien« skizziert:

»Probleme warten nie. Greifen wir sie zu zaghaft an, so lösen sie zur Abwechslung mal uns.«
Martin Gerhard Reisenberg

Zu den betriebspolitischen *Vermeidungsstrategien* zählen die folgenden beiden:
- Zum einen sind alle betrieblichen Strategien, die dem Aufbau neuer und dem Erhalt und Ausbau bestehender Wettbewerbsvorteile dienen und die gleichzeitig die Beschäftigungsentwicklung (und damit den Bruttopersonalbedarf) positiv beeinflussen, zu nennen. Voraussetzung ist hier allerdings auch, dass die gegebenenfalls von Freisetzungen betroffenen Mitarbeiter unter den veränderten Arbeits- und Beschäftigungsbedingungen weiter arbeiten können und wollen. Mit diesen können prinzipiell Veränderungen der Qualifikationsanforderungen, der Entgelteinstufungen, der Einsatzorte und der Arbeitszeiten verbunden sein sowie
- Zum anderen sind alle Maßnahmen, die zur Erlangung – befristeter – staatlicher Beschäftigungsgarantien oder ähnlich wirkender staatlicher Maßnahmen (bspw. »Abwrackprämie« für Autos in der Krise 2008/09) führen, sowie die Verschiebung von Rationalisierungsinvestitionen zu nennen. Damit sind allerdings keine Dauereffekte verbunden. Zudem können sie mittel- bis langfristig zu unökonomischem Verhalten mit Auswirkungen auf die Wettbewerbsfähigkeit führen.

Daneben gibt es noch eine Reihe anderer Maßnahmen, die insbesondere bei zeitlich begrenzten und/oder saisonalen Personalüberdeckungen sowie im Vorfeld von bestandsreduzierenden Maßnahmen ergriffen werden können, so zum Beispiel Lager-

4.4 Alternativen (zur Vermeidung) der Personalfreisetzung

produktion, Übernahme von Fremdaufträgen oder Vorziehen von Reparatur- und Wartungsarbeiten.

In der Praxis wird die Personalfreisetzung (unter Vernachlässigung der dualen Zielsetzung) zum Teil auch als eine Strategie zur Senkung von (zu hohen Personal-) Kosten gesehen. Die kostenreduzierenden Wirkungen von Personalfreisetzungen sind jedoch – mit dem Verweis auf mögliche zukünftige Wettbewerbsnachteile – vor allem bei mittel- und langfristiger Betrachtung nicht unumstritten. Zur Vermeidung der sogenannten »ökonomischen Freisetzung« könnten zunächst folgende Maßnahmen ergriffen werden: Reduzierung freiwilliger sozialer Leistungen, »Einfrieren« von Vergütungsbestandteilen und Kürzung von Vergütungsbestandteilen – und zwar als *absolute* Kürzungen mit unmittelbarer Wirkung oder als *relative* Kürzungen über Auslaufregelungen durch partielle Anrechnung künftiger Steigerungen der Vergütung. Zudem sollte kritisch geprüft werden, ob vergleichbare Kostenreduktionen nicht auch durch die Ausschöpfung von Kostensenkungspotenzialen in anderen Bereichen (z. B. bei Betrieben mit materialintensiver Produktion in der Beschaffung) erzielt werden können.

Kostensenkungen

Durch personalpolitische Flexibilisierungsstrategien können generell in den Teilsystemen des Personal-Managements zum Beispiel durch

Flexibilisierung

- die Förderung von Schlüsselqualifikationen (vgl. auch qualitätsorientierte Maßnahmen),
- die Gestaltung flexibler Perioden- und Lebensarbeitszeitmodelle (vgl. auch zeitorientierte Maßnahmen),
- die Gestaltung flexibler Vergütungssysteme oder
- den Aufbau einer Stamm- und Randbelegschaft

Flexibilitätspotenziale aufgebaut werden, die zumindest eine kurz- bis mittelfristige Anpassung an eine neue Beschäftigungsentwicklung (und/oder eine Milderung von Folgen der Personalfreisetzung für Betrieb und Mitarbeiter) ermöglichen.

4.4.3 Kriterien zur Beurteilung von Alternativen der Personalfreisetzung

Möglicherweise zu erwartende und faktisch existierende Personalfreisetzungserfordernisse stellen das Personal-Management vor *schwerwiegende Entscheidungen*, gerade auch im Hinblick auf die möglichen sozialen wie psychologischen Folgen für die Belegschaft (und deren Angehörige). Je näher die Entscheidungsträger zu den betroffenen Mitarbeitern tätig sind, desto schwieriger wird – aufgrund psychologischer Aspekte – deren Entscheidungsfindung. Für alle Beteiligten hilft ein sorgfältiges Abwägen der anzulegenden Beurteilungskriterien (erhoffte positive Wirkungen, zu vermeidende/vermindernde negative Konsequenzen). Nachfolgend werden einige dieser *Beurteilungskriterien* skizziert:

- *Quantitative Aspekte*: Diese beziehen sich auf das mögliche Ausmaß von Freisetzungsalternativen (z. B. sind vorzeitige Pensionierungen nur für einen Teil des Personals zu realisieren).

Auswirkungen

4.4 Personalfreisetzung
Alternativen (zur Vermeidung) der Personalfreisetzung

- *Qualitative Aspekte*: Hier ist die Wirkung von Alternativen auf die Qualifikationsstruktur zu beachten. So sind zum Beispiel oft die Mitarbeiter, die sich aus formalen Gründen (Lebensalter, soziale Auswahl) anbieten würden, wichtige Leistungsträger.
- *Zeitliche Aspekte*: Zum einen sind die Wirkungsdauer von Alternativen und zum anderen die zeitlichen Restriktionen, wie zum Beispiel Kündigungsfristen oder die Dauer des noch nicht in Anspruch genommenen Urlaubs, zu beachten.
- *Rechtliche Bedingungen*: Der Gestaltungsspielraum eines Betriebs wird durch eine Vielzahl von Regelungen des individuellen (z. B. Kündigungsschutzgesetz) und kollektiven Arbeitsrechts (z. B. Betriebsverfassungsgesetz) begrenzt, deren Nichtbeachtung zu arbeitsgerichtlichen Verfahren und zum Beispiel zur Rücknahme von Freisetzungsentscheidungen und/oder zu erheblichen Kosten führen kann. Bei der nachfolgenden Darstellung von Alternativen der Personalfreisetzung werden ausgewählte Regelungen näher erläutert.
- *Zustimmungserfordernisse*: Für zahlreiche Freisetzungsalternativen (z. B. Aufhebungsverträge) ist die Zustimmung der betroffenen Mitarbeiter erforderlich. Ihre Realisierung ist somit fraglich, kann aber unter Umständen durch die Gewährung von (materiellen) Anreizen gefördert werden.
- *Ökonomische Wirkungen*: Bei der Analyse der ökonomischen Folgen sind positive (z. B. Reduzierung der Personalkosten) und negative Wirkungen (z. B. Zahlung von Abfindungen, Sozialplanzahlungen) abzuwägen.
- *Wirkungen auf das betriebliche Image*: Personalfreisetzungen und damit manchmal verbundene öffentliche Aktionen von Arbeitnehmern, wie zum Beispiel Straßenblockaden, können das Image eines Betriebs nachhaltig beeinflussen. Dies kann zum Beispiel zu negativen Einstellungen bei potenziellen Bewerbern führen und damit als »Bewerbungshindernis« wirken.
- *Folgen für die Gesellschaft*: In Zeiten hoher Arbeitslosigkeit führen vor allem Personalfreisetzungen mit Reduktion des Personalbestands zu negativen Folgen für die Gesellschaft (z. B. höhere Ausgaben für soziale Leistungen, Kaufkraftverluste, sinkende Steuereinnahmen). Bei »guten« Arbeitsmärkten, auf denen Arbeitnehmer relativ rasch einen neuen, angemessenen Arbeitsplatz in der Region, in der Branche o. Ä. finden können, sind diese Auswirkungen natürlich anders zu beurteilen, als in den eingangs genannten Zeiten.

Betroffene Mitarbeiter
- *Folgen für die freizusetzenden Mitarbeiter*: Die Folgen für die Mitarbeiter sind vor allem bei Kündigungen gravierend, da diese u. a. zur Gefährdung der materiellen Existenzgrundlage (auch der gesamten Familie) oder zu destabilisierten Familienbeziehungen führen können.
- *Wirkungen auf die nicht direkt betroffenen Mitarbeiter*: Bei der Auswahl von Alternativen sind auch die Wirkung auf die Mobilitätsbereitschaft und das Fluktuationsverhalten zu beachten. So neigen vor allem besonders qualifizierte Mitarbeiter dazu, sich in anderen Betrieben einen neuen (sicheren) Arbeitsplatz zu suchen, während die weniger qualifizierten Mitarbeiter im Betrieb verbleiben.

4.4.4 Alternativen der Personalfreisetzung

Abbildung 3-72 gibt zunächst einen Überblick vor allem über die Alternativen der Personalfreisetzung. Allerdings dienen nicht alle Alternativen der Reduzierung einer Personalüberdeckung. Eine verhaltensbedingte Kündigung hat beispielsweise ihren Grund im (wiederholten) Fehlverhalten eines Arbeitnehmers und nicht darin, dass die Stelle nicht mehr benötigt wird. Eine stufenweise Pensionierung (und eine damit u. U. verbundene Stellenreduzierung) kann allein auf Wunsche eines Arbeitnehmers umgesetzt werden; gegebenenfalls können aber auch beide Effekte gleichzeitig gewollt sein.

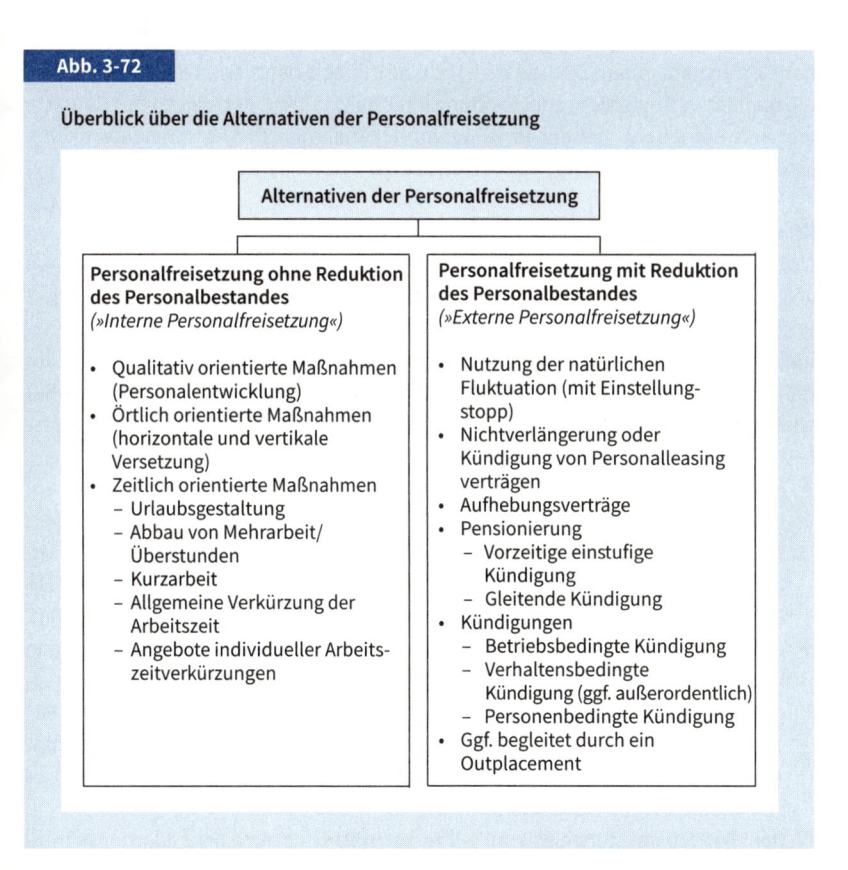

Abb. 3-72

Überblick über die Alternativen der Personalfreisetzung

Alternativen der Personalfreisetzung

Personalfreisetzung ohne Reduktion des Personalbestandes
(»Interne Personalfreisetzung«)

- Qualitativ orientierte Maßnahmen (Personalentwicklung)
- Örtlich orientierte Maßnahmen (horizontale und vertikale Versetzung)
- Zeitlich orientierte Maßnahmen
  - Urlaubsgestaltung
  - Abbau von Mehrarbeit/ Überstunden
  - Kurzarbeit
  - Allgemeine Verkürzung der Arbeitszeit
  - Angebote individueller Arbeitszeitverkürzungen

Personalfreisetzung mit Reduktion des Personalbestandes
(»Externe Personalfreisetzung«)

- Nutzung der natürlichen Fluktuation (mit Einstellungstopp)
- Nichtverlängerung oder Kündigung von Personalleasingverträgen
- Aufhebungsverträge
- Pensionierung
  - Vorzeitige einstufige Kündigung
  - Gleitende Kündigung
- Kündigungen
  - Betriebsbedingte Kündigung
  - Verhaltensbedingte Kündigung (ggf. außerordentlich)
  - Personenbedingte Kündigung
- Ggf. begleitet durch ein Outplacement

4.4.4.1 Personalfreisetzung ohne Reduktion des Personalbestands

Die Personalfreisetzung ohne Reduktion des Personalbestands kann durch die Änderung von Qualifikationen der Mitarbeiter durch Personalentwicklung, die Änderung der Arbeitszeit oder die Änderung von Arbeitsorten durch horizontale oder vertikale Versetzung erfolgen und wirkt somit auf bestehende Beschäftigungsverhältnisse ein.

4.4 Personalfreisetzung
Alternativen (zur Vermeidung) der Personalfreisetzung

(1) Qualitativ orientierte Maßnahmen

Personalentwicklung

Die Änderung von Qualifikationen im Rahmen der internen Freisetzungsproblematik erfolgt in den Teilsystemen der Personalentwicklung (insb. durch Maßnahmen der Anpassungs- und Aufstiegsfortbildung sowie Umschulung). Diese werden im nachfolgenden Kapitel erläutert. Zu den Teilsystemen der Personalentwicklung zählt auch die Versetzung. Im Rahmen der Personalfreisetzung dient sie jedoch vor allem der örtlichen Anpassung, also dem Kapazitätsausgleich zwischen Betriebsbereichen, und wird daher gesondert behandelt.

Entwicklungsbereitschaft und -fähigkeit

Der Erfolg qualitativ orientierter Maßnahmen hängt in erster Linie von der Entwicklungsbereitschaft und -fähigkeit der Mitarbeiter sowie dem Ausmaß der sachlichen und zeitlichen Divergenzen zwischen den »alten« und den »neuen« Anforderungen ab. Die qualitative Anpassung ist für den Betrieb unter Umständen mit hohen Kosten und hohem Zeitbedarf verbunden. Für die betroffenen Mitarbeiter führt die qualitative Anpassung zur Erhöhung ihrer Beschäftigungschancen (u. U. auch in anderen Betrieben). Bei der Planung von Maßnahmen der Personalentwicklung sind zudem die Beteiligungsrechte des Betriebsrats zu beachten.

(2) Örtlich orientierte Maßnahmen

Örtliche Maßnahmen in Form von horizontalen und/oder vertikalen Versetzungen von Mitarbeitern dienen einem Kapazitätsausgleich innerhalb eines Betriebs mit unterschiedlichem Arbeitskräftebedarf in den Betriebsteilen. sodassLokale Personalüberdeckungen in schrumpfenden Betriebsbereichen können so unter Umständen durch lokale Personalunterdeckungen (= Personalbedarf) in wachsenden Betriebsbereichen kompensiert werden. Dabei sind vor allem die folgenden arbeitsrechtlichen Aspekte zu beachten:

Versetzungen

▸ Nach der Legaldefinition in § 95 III BetrVG ist Versetzung die Zuweisung eines anderen Arbeitsbereichs, die voraussichtlich die Dauer von einem Monat überschreitet oder die mit einer erheblichen Änderung der Umstände verbunden ist, unter denen die Arbeit zu leisten ist. Sie können sowohl horizontal (auf einer Hierarchieebene) als auch vertikal (hierarchischer Aufstieg oder Abstieg) erfolgen.

▸ Falls die Versetzungen nicht mehr kraft Weisungsrecht des Arbeitgebers erfolgen können, kann der Arbeitgeber Änderungskündigungen (i. S. des § 2 KSchG) aussprechen. Eine Änderungskündigung liegt vor, wenn der Kündigende (in der Regel der Arbeitgeber) das Arbeitsverhältnis kündigt und dem Kündigungsempfänger die Fortsetzung des Arbeitsverhältnisses unter geänderten Arbeitsbedingungen anbietet (vgl. § 2 S. 1 KSchG).

Dem Betriebsrat stehen sowohl bei Versetzungen als auch bei Änderungskündigungen verschiedene Beteiligungsrechte zu.

Effekte

Für den Betrieb lassen sich durch Versetzungen externe Personalfreisetzungen und damit vor allem *Kündigungen* vermeiden. Zudem ergeben sich die generell für die interne Beschaffung geltenden positiven Effekte. Probleme können aber zum einen entstehen, wenn Versetzungen nicht auf nahezu identische Positionen erfolgen, sondern die betroffenen Mitarbeiter erhebliche Qualifikationsdefizite haben, die auch durch Personalentwicklung nicht behoben werden können. Zum anderen

4.4 Alternativen (zur Vermeidung) der Personalfreisetzung

können zeitliche Divergenzen zwischen Freisetzungs- und Beschaffungsbedarf bestehen. Weitere Nachteile für den Betrieb können sich aber zum Beispiel auch dadurch ergeben, dass der Bestand von eingespielten Gruppen oder Teams (und damit von unter Umständen wichtigen informellen Strukturen) gefährdet wird.

Auch für den einzelnen Mitarbeiter können Versetzungen erhebliche negative Folgen haben (z. B. hierarchischer Abstieg, Prestigeverlust, längere Anfahrtswege oder Wohnungswechsel).

(3) Zeitlich orientierte Maßnahmen
Die Änderungen der Arbeitszeit sollen durch Reduktion der quantitativen Leistung – bei Konstanz des quantitativen und qualitativen Personalbestands – zu einer Anpassung an ein (kurz- oder langfristig) reduziertes Aufgabenvolumen führen.

Urlaubsgestaltung
Die Urlaubsgestaltung dient dem Ausgleich von kurzfristigen, zeitlich vorhersehbaren und/oder saisonalen *Beschäftigungsschwankungen* durch die Anwendung der folgenden Maßnahmen:

▸ Verlagerung und/oder Verlängerung der Betriebsferien,
▸ Gewährung von unbezahltem Urlaub,
▸ Verlagerung von individuellen Urlaubsansprüchen in beschäftigungsschwache Zeiten (durch Schaffung geeigneter Anreize),
▸ Gewährung von Langzeiturlauben (Sabbaticals, s. u.).

Temporäre Wirkungen

Dabei sind insbesondere die Beteiligungsrechte des Betriebsrats nach § 87 I Nr. 5 BetrVG zu beachten.

Die Wirkung von Maßnahmen der Urlaubsgestaltung wird vor allem durch die festliegenden Jahresurlaubsansprüche, die Höhe der vorhandenen (Rest-)Urlaubsansprüche und die Bereitschaft der Mitarbeiter zur Inanspruchnahme von unbezahltem Urlaub und Sabbaticals sowie zur Änderung der individuellen Urlaubsplanung und damit zur Verlagerung von Urlaubsansprüchen bestimmt.

Abbau von Mehrarbeit/Überstunden
Mit dem Abbau von Mehrarbeit/Überstunden kann eine Personalüberdeckung relativ kurzfristig reduziert werden. Die Rückkehr zur *Normalarbeitszeit* ist relativ problemlos, da es sich genau genommen um die Rücknahme einer speziellen Form der Deckung von kurzfristig erhöhtem Personalbedarf handelt. Sie führt zu einem überproportionalen Rückgang der Personalkosten (durch den Wegfall von tariflichen Zuschlägen). Im Gegensatz zur Einführung von Mehrarbeit/Überstunden (§ 87 I Nr. 3 BetrVG) bestehen bei deren Rücknahme keine Beteiligungsrechte des Betriebsrats.

Für die Mitarbeiter ist der Abbau von Mehrarbeit/Überstunden zwar einerseits mit mehr Freizeit und geringeren gesundheitlichen Belastungen verbunden, andererseits führt er jedoch zu einer realen Einkommensminderung. Daraus können Konflikte resultieren, insbesondere dann, wenn die Mitarbeiter das »Zusatzeinkommen« bereits über einen längeren Zeitraum bezogen und als Bestandteil der »normalen« Vergütung angesehen haben.

... Einkommensminderung

4.4 Personalfreisetzung
Alternativen (zur Vermeidung) der Personalfreisetzung

Ähnliche zeitliche – nicht jedoch Kosten reduzierende – Wirkungen können generell auch durch den Aufbau von Zeitschulden der Mitarbeiter im Rahmen von Gleitzeitmodellen erzielt werden.

Kurzarbeit

Kurzarbeit: »die« Maßnahme in 2009

Die der Mitbestimmung des Betriebsrats unterliegende (§ 87 I Nr. 3 BetrVG) Einführung von Kurzarbeit für einen gesamten Betrieb oder einzelne Betriebsteile bietet dem Betrieb die Möglichkeit, sich flexibel an einen zeitlichen Personalüberhang anzupassen. Es handelt sich um eine *vorübergehende Verkürzung* der betriebsüblichen Arbeitszeit mit der Intention, so bald wie möglich zur Normalarbeitszeit zurückzukehren und zwar auch dann, wenn der Zeitraum der Kurzarbeit noch nicht genau bestimmt werden kann.

Für den Betrieb ist die Kurzarbeit vor allem vorteilhaft, weil der Mitarbeiterbestand dann erhalten bleibt, die Personalkosten sinken und der Einkommensausfall der Mitarbeiter durch die Gewährung von »Kurzarbeitergeld« durch die Bundesagentur für Arbeit teilweise kompensiert werden kann.

Allgemeine Verkürzung der Arbeitszeit

Allgemeine Arbeitszeitverkürzung

Eine Verkürzung der täglichen, wöchentlichen, monatlichen oder jährlichen Arbeitszeit aller Mitarbeiter führt entweder zu einem Rekrutierungsbedarf oder zur Reduktion der quantitativen Leistung bei Erhalt des Personalbestands. Rechtliche Grundlagen können sowohl (Haus-)Tarifverträge oder Betriebsvereinbarungen, aber auch der individuelle Arbeitsvertrag sein.

Entgeltausgleich?

Eine allgemeine Verkürzung der Arbeitszeit führt – wenn sie nicht oder nur teilweise mit Entgeltausgleich verbunden ist – für den Betrieb vor allem zu einer Senkung der Personalkosten und für die Mitarbeiter zu Einkommensverlusten. Dieses Vorgehen wird daher – bei Arbeitgebern und Arbeitnehmern sowie deren Verbänden – kontrovers diskutiert.

In der Vergangenheit war eine allgemeine Arbeitszeitverkürzung ohne vollen Entgeltausgleich für die (tarifgebundenen) Betriebe kaum zu realisieren. (Eine der prominentesten und letztlich sehr erfolgreichen Ausnahmen war die Volkswagen AG 1993 mit ihrem damaligen Personalvorstand Hartz.)

Angebot individueller Arbeitszeitverkürzungen

Individuelle Arbeitszeitverkürzung

Der Betrieb kann zwar allen oder ausgewählten Mitarbeitern oder Mitarbeitergruppen individuelle dauerhafte oder zeitlich begrenzte Verkürzungen der täglichen, wöchentlichen, monatlichen oder jährlichen Arbeitszeit anbieten. Sie sind jedoch in der Regel nur mit Zustimmung der Mitarbeiter (oder eventuell durch eine Änderungskündigung) zu realisieren. Daneben sind weitere sachliche Aspekte (z. B. Teilbarkeit von Aufgaben und Stellen) und rechtliche Restriktionen zu beachten.

Eine individuelle Arbeitszeitverkürzung kann zum Beispiel in *Form* von Job Sharing (s. Teil 3, Kap. 6.2.3), kapazitätsorientierter variabler Arbeitszeit oder Umwandlung von Voll- in Teilzeitstellen erfolgen. Eine besondere Form der vorzeitigen Pensionierung, der gleitende Übergang in den Ruhestand, zählt eigentlich auch zu den

Alternativen (zur Vermeidung) der Personalfreisetzung 4.4

ZUR VERTIEFUNG

Kurzarbeit

In der Wirtschaftskrise 2008/09 griffen viele Betriebe auf das Freisetzungsinstrument »Kurzarbeit« zurück. Nachfolgend einige beschreibende wie bewertende Ausführungen zu diesem in 2009 sinnvollerweise und überraschend schnell durch die Politik veränderten Instrument der Personalfreisetzung (s. Abbildung 3-73).

Abb. 3-73

Kurzarbeit

Kurzarbeit in 2008:	Der vom Betrieb befürchtete Arbeitsausfall gilt als zeitlich befristet, andere Maßnahmen (z. B. Überstundenabbau) reichen nicht aus, wirtschaftliche Gründe sind verursachend, mindestens ein Drittel der Belegschaft ist betroffen (zumindest mit einem Entgeltausfall von mehr als 10 Prozent), der Arbeitsausfall ist der Agentur für Arbeit angezeigt und der Betriebsrat (respektive die betroffenen Arbeitnehmer) sind einverstanden – dann gibt es Kurzarbeitergeld für einen Zeitraum von maximal sechs Monaten. Das reduzierte Einkommen wird vom Arbeitgeber ausgezahlt – zumindest mit einer Teilerstattung durch die Agentur für Arbeit.
Kurzarbeit ab bzw. in 2009:	Die maximale Bezugsdauer wurde zunächst auf 18, später auf 24 Monate verlängert – sowohl für bereits eingeführte als auch neu eingesetzte Kurzarbeit (auch für Leiharbeitsbetriebe). Die Agenturen für Arbeit erstatten bis Ende 2010 die Hälfte der Beiträge zur Sozialversicherung, die auf die Kurzarbeit entfallen. Bei Weiterbildung während der Kurzarbeit werden für diese Zeiten diese Beiträge zu 100 Prozent übernommen. Des Weiteren wurde eingeführt, dass es ausreicht für einen oder mehrere Mitarbeiter Kurzarbeit zu beantragen, wenn ein Entgeltausfall von mehr als zehn Prozent nachgewiesen wird (vorher: mindestens ein Drittel der Belegschaft musste betroffen sein).
Einkommen des Arbeitnehmers:	Bestimmte Weiterbildungen während der Kurzarbeit werden zusätzlich gefördert. Bei vollem Arbeitsausfall (Kurzarbeit 100 Prozent) erhalten die betroffenen Beschäftigten 50 Prozent (Arbeitnehmer mit mindestens einem Kind im Haushalt 67 Prozent) ihres entgangenen Nettolohns als Kurzarbeitergeld (KuG).
Aufwand des Arbeitgebers:	Bei einer Vollarbeitszeit zahlt der Arbeitgeber das Arbeitsentgelt des Arbeitnehmers plus den normalen Arbeitgeberanteil zur Sozialversicherung. (Der Arbeitnehmer trägt im Übrigen seinen Anteil, berechnet auf sein gesamtes Einkommen.) Bei einer 100-prozentigen *Kurzarbeit* entfällt für den Arbeitgeber die Zahlung des Arbeitnehmerentgelts gänzlich. Lediglich Sozialversicherungsbeiträge sind zu entrichten, und zwar in reduzierter Höhe: Für das Kurzarbeitergeld reduzieren sich diese auf 80 Prozent, die jeweils zur Hälfte von der Agentur für Arbeit und dem Arbeitgeber zu entrichten sind. Bei gleichzeitigen Qualifikationsmaßnahmen entfällt die Entrichtung eines betrieblichen Beitrags vollends. Bei einer teilweisen Kurzarbeit gelten für die Arbeitszeit die »normalen« Regeln, für die anteilige Kurzarbeit die reduzierten Aufwendungen.
Vorteile:	*Arbeitgeber*: schnell finanziell wirksam; wertvolle Mitarbeiter bleiben erhalten, eine spätere Suche nach neuem Personal entfällt. *Arbeitnehmer*: Beitrag zur Sicherung ihrer Arbeitsplätze, Chance auf Weiterbildung, Sozialversicherungsniveau bleibt erhalten. *Staat*: Arbeitslosenzahl wird nicht erhöht, Befriedigung der Gesellschaft, Kosten der Arbeitslosigkeit gegebenenfalls höher.

individuellen Arbeitszeitverkürzungen. Er wird jedoch weiter unten bei der Darstellung der vorzeitigen Pensionierung behandelt.

Bei der Verkürzung individueller Arbeitszeiten bestehen – außer bei Änderungskündigungen – keine Beteiligungsrechte des Betriebsrats.

4.4 Personalfreisetzung
Alternativen (zur Vermeidung) der Personalfreisetzung

> **WISSENSWERTES**
>
> **Sonderurlaub**
>
> Manche Betriebe bieten ihren Mitarbeitern per Betriebsvereinbarung an, eine bestimmte Anzahl an Sonderurlaubstagen zu nehmen. »Finanziert« wird der Sonderurlaub durch einen Verzicht beispielsweise des tariflich oder betrieblich vereinbarten 14ten Monatsgehalts. Entsprechend des jeweiligen Anteils berechnet sich die Anzahl der Tage. Der Sonderurlaub muss vorab beantragt werden. Abteilungsweise wird dann darüber entschieden, ob er genehmigt werden kann. Voraussetzung zur Genehmigung ist nämlich, dass der Arbeitsanfall durch die anderen Mitarbeiter während der zusätzlich freien Zeit erledigt werden kann. Mehrere gleichzeitige Sonderurlaube stoßen da im Allgemeinen auf Schwierigkeiten. Abteilungen mit einer höheren – temporären – Personalüberdeckung können dies großzügiger handhaben, als Abteilungen ohne eigentliche Personalüberdeckung.
>
> Übrigens: Unbezahlte Sonderurlaubstage können auch ohne Betriebsvereinbarung genehmigt werden. Allerdings: Die Reduzierung des Personalüberhangs geschieht eher zufallsgesteuert und ist auch mengenmäßig eher partiell befriedigend.

4.4.4.2 Personalfreisetzung mit Reduktion des Personalbestands

»Abbau«

Falls eine Reduktion der Mitarbeiterzahl nicht zu vermeiden ist, kann der Betrieb zunächst Maßnahmen wie die Nichtverlängerung befristeter Arbeitsverträge oder die Nichtverlängerung/Kündigung von Personalleasingverträgen ergreifen. Diese zielen vor allem auf den *Abbau der »Randbelegschaft«* zugunsten der »Stammbelegschaft«. Zudem kann der Personalbestand durch die Nutzung der natürlichen Fluktuation (in Verbindung mit einem Einstellungsstopp) reduziert werden.

Der Betrieb kann aber auch versuchen, die Beendigung des Arbeitsverhältnisses seitens der Mitarbeiter zu fördern, und zwar zum einen durch spezielle Anreize wie das Angebot von Aufhebungsverträgen mit Abfindungen und/oder Outplacement sowie Angebote zur vorzeitigen Pensionierung. Zum anderen kann die Bereitschaft der Mitarbeiter zur Beendigung des Arbeitsverhältnisses durch das – ethisch-moralisch normalerweise nicht zu akzeptierende (vgl. Teil 5, Kap. 3) – Ausüben von »sozialem Druck« auf bestimmte Mitarbeiter(-gruppen) oder auch die Rücknahme bisheriger Anreize (z. B. freiwilliger sozialer Leistungen) gefördert werden. Die zuletzt genannten Maßnahmen sind wegen ihrer schwer abzuschätzenden ökonomischen und sozialen Folgen zwar umstritten, werden in der Wirtschaftspraxis aber durchaus ergriffen.

Oftmals ist jedoch die Beendigung bestehender Arbeitsverhältnisse durch Kündigung seitens des Arbeitgebers unvermeidlich, wobei auch hier die Folgen betrieblicherseits »abgefedert« werden können, bestenfalls durch Konzepte einer Integration von Personalfreisetzung und Personalentwicklung.

Nachfolgend werden die wichtigsten Freisetzungsalternativen, die zu einer Reduktion des Personalbestands führen, dargestellt.

Nutzung der natürlichen Fluktuation mit Einstellungsstopp

Einstellungsstopp

Mit der Einführung von Einstellungsstopps wird versucht, die »natürliche Fluktuation« der Mitarbeiter (z. B. Kündigung seitens der Mitarbeiter, Pensionierung, Invalidität, Tod) durch den Verzicht auf Ersatz- und/oder Neueinstellungen auszunutzen und so eine quantitative Reduktion des Personalbestands im Zeitablauf zu errei-

4.4 Alternativen (zur Vermeidung) der Personalfreisetzung

chen. Zudem kann die Wirkung von Einstellungsstopps durch das Angebot fluktuationsfördernder Anreize positiv beeinflusst werden.

Es sind verschiedene Arten von Einstellungsstopps denkbar:

- Bei einem *generellen Einstellungsstopp* erfolgen in allen Betriebsbereichen weder Ersatz- noch Neueinstellungen. Neben den möglichen positiven Wirkungen auf die Personalkosten ergeben sich gravierende Nachteile, da eine Steuerung der Personalstruktur nicht mehr möglich ist.
- Bei einem *relativen Einstellungsstopp* erfolgen nur Ersatzeinstellungen und keine Neuschaffungen von Stellen, sodass die quantitative Wirkung auf den Personalbestand sehr gering ist.
- Bei einem *qualifizierten Einstellungsstopp* erfolgen die Einstellungen nur noch für ausgewählte Mitarbeitergruppen (z. B. Fach- und Führungskräfte, Auszubildende) oder Betriebsbereiche, sodass personale Engpässe sowie mittel- bis langfristig negative Wirkungen auf die Personalstruktur unter Umständen vermieden werden können.
- Bei einem *modifizierten Einstellungsstopp* werden Ersatz- und/oder Neubedarf intensiv geprüft. Diese Variante ist zwar mit hohem Kontrollaufwand (und oft auch mit internen Widerständen »nicht erfolgreicher« Bereiche) verbunden, kann aber inhaltlich auf die Besonderheiten einer personalen Überdeckung am besten abgestimmt werden.
- Bei einem *befristeten Einstellungsstopp* werden in einem bestimmten Zeitraum keine Einstellungen mehr vorgenommen. Diese Variante kann vor allem in den Betriebsbereichen sinnvoll sein, in denen zeitlich überschaubare Personalüberdeckungen bestehen.

Die Wirkungen von Einstellungsstopps hängen von der Zahl der ausscheidenden Mitarbeiter und damit vor allem von der Personalstruktur und der Arbeitsmarktlage ab. Daneben sind auch die Beteiligungsrechte des Betriebsrats zu beachten.

Wirkungen

Nichtverlängerung befristeter Arbeitsverträge

Ein befristeter Arbeitsvertrag liegt dann vor, wenn das Arbeitsverhältnis durch Zeitablauf (Zeit-/Datumsbefristung) oder Erreichen eines vereinbarten Zwecks (Zweckbefristung) endet. Während des befristeten Arbeitsverhältnisses ist eine ordentliche Kündigung nur möglich, wenn dies im Arbeitsvertrag vereinbart wurde. Eine außerordentliche Kündigung aus wichtigen Gründen kann jederzeit ausgesprochen werden.

Die *Reduktion des Personalbestands* kann daher unter Umständen durch die Nichtverlängerung dieser Arbeitsverhältnisse erfolgen. Generell sollte bereits vor Abschluss befristeter Arbeitsverträge zur Deckung eines zeitlich begrenzten Einstellungsbedarfs eine bedarfsadäquate Befristung erfolgen. Der Abschluss befristeter Arbeitsverträge kann dem Betrieb somit einen erheblichen Flexibilitätsspielraum eröffnen; von ihm macht die Praxis daher in zunehmendem Maße Gebrauch. Wie gut dabei die Befristungsdauer planbar ist, hängt davon ab, ob und wie präzise das Arbeitsvolumen (z. B. eines Projekts) in Inhalt und Zeitbedarf abgeschätzt werden kann.

4.4 Personalfreisetzung
Alternativen (zur Vermeidung) der Personalfreisetzung

Zulässigkeit

Befristete Arbeitsverhältnisse sind in Betrieben unter bestimmten Voraussetzungen zulässig. Der Grund für diese Einschränkungen besteht darin, dass durch den mehrfachen Abschluss von befristeten Arbeitsverträgen der gesetzliche Kündigungsschutz nach dem Kündigungsschutzgesetz umgangen werden kann.

Für das Berufsausbildungsverhältnis ist der befristete Vertragsabschluss gesetzlich vorgeschrieben (§§ 14, 21 BBiG). Die Nichtübernahme von Auszubildenden stellt somit einen Sonderfall der Nichtverlängerung befristeter Arbeitsverhältnisse dar.

Nichtverlängerung oder Kündigung von Personalleasingverträgen

Arbeitnehmerüberlassung

Durch Personalleasing (synonym: Arbeitnehmerüberlassung, Leih- oder Zeitarbeit) kann ein kurzfristiger, zeitlich begrenzter Personalbedarf gedeckt werden, der durch Fehlzeiten (z. B. wegen Urlaub oder Krankheit) von Mitarbeitern der »Stammbelegschaft« oder durch eine unvorhersehbare, kurzzeitige oder saisonal bedingte Erhöhung des Arbeitsvolumens entstanden ist. Die Substitution von »normalen Beschäftigten« durch Leihmitarbeiter ist jedoch sowohl aus sachlichen Erwägungen als auch durch die Bestimmungen des Arbeitnehmerüberlassungsgesetzes (AÜG) nur begrenzt möglich.

Die Kündigung oder Nichtverlängerung von Personalleasingverträgen ist eine für den Betrieb relativ problemlose Möglichkeit zum Abbau einer Personalüberdeckung. Die Wirkung auf den Personalbestand wird dabei vom Ausmaß des Einsatzes von Leihmitarbeitern bestimmt. Auch die Kündigung eines Personalleasingvertrags ist in der Regel ohne Angabe von Gründen kurzfristig möglich und führt zu einer sofort wirksamen Kostensenkung. Die Maßnahme betrifft nur die nicht durch einen Arbeitsvertrag direkt an den Betrieb gebundenen Mitarbeiter und führt in der Regel auch nicht zur Freisetzung der Leihmitarbeiter durch den Verleiher.

Angebot von Aufhebungsverträgen

Der (Dienst-)Aufhebungsvertrag ist ein Vertrag, mit dem ein Arbeitgeber und ein Arbeitnehmer – im Rahmen der allgemeinen Vertragsfreiheit (§ 305 BGB) – jederzeit für die Zukunft einvernehmlich die Beendigung des Arbeitsverhältnisses vereinbaren können. Dabei spielen weder die Kündigungsschutzbestimmungen noch die Beteiligungsrechte des Betriebsrats eine Rolle. Bei der inhaltlichen Gestaltung von Aufhebungsverträgen sollten jedoch die zum Teil komplizierten steuer- und sozialversicherungsrechtlichen Regelungen und deren Folgen für Arbeitgeber und Arbeitnehmer beachtet werden.

Vorteile

Die Vorteile von Aufhebungsverträgen für den Betrieb – vor allem im Gegensatz zu Kündigungen – liegen zum einen in den guten *Steuerungsmöglichkeiten* und zum anderen in der hohen bestandsreduzierenden Wirkung:

▸ So kann der Betrieb Aufhebungsverträge – im Gegensatz zur Kündigung – gezielt ausgewählten Mitarbeiter(gruppen) anbieten und so die mit Kündigungen verbundenen negativen Folgen wie zum Beispiel Verlust oder Fluktuation besonders qualifizierter Mitarbeiter und die daraus resultierenden Wirkungen auf die Alters- und Qualifikationsstruktur weitgehend vermeiden.

▸ Aufhebungsverträge sind unter Umständen mit geringeren Kosten verbunden als Individualkündigungen oder Massenentlassungen, da die Personalkosten mit

4.4 Alternativen (zur Vermeidung) der Personalfreisetzung

> **ZUR VERTIEFUNG**
>
> **Abfindung**
>
> Eine Abfindung ist der wirtschaftliche Ausgleich, den ein Arbeitnehmer zur einvernehmlichen Beendigung des Arbeitsverhältnisses erhält. Grundsätzlich ist hierfür kein automatischer Anspruch gegeben. Basis sind u. a. ein Aufhebungsvertrag, ein Sozialplan, ein (außer-)gerichtlicher Vergleich oder auch ein gerichtliches Auflösungsurteil. Bei Letzterem klagt ein Arbeitnehmer gegen eine sozial ungerechtfertigte Kündigung beim Arbeitsgericht (Arbeitsgerichtsbarkeit). Stellt das Gericht fest, dass das Arbeitsverhältnis durch die Kündigung nicht aufgelöst ist, dem Arbeitnehmer jedoch die Fortsetzung des Arbeitsverhältnisses nicht zuzumuten ist, so hat das Gericht (nach Kündigungsschutzgesetz) auf Antrag des Arbeitnehmers das Arbeitsverhältnis aufzulösen und den Arbeitgeber zur Zahlung einer angemessenen Abfindung zu verurteilen. Als Abfindung ist dabei ein Betrag von bis zu 12 Monatsverdiensten (Entgelt) festzusetzen. Bei älteren Arbeitnehmern mit längeren Beschäftigungszeiten sind höhere Abfindungen vorgesehen. Als Monatsverdienst gilt dabei, was dem Arbeitnehmer bei der für ihn maßgeblichen regelmäßigen Arbeitszeit in dem Monat, in dem das Arbeitsverhältnis endet, an Geld und Sachbezügen zusteht. Besonderheiten des konkreten Arbeitsverhältnisses sowie das Verhandlungsgeschick der Parteien beeinflussen die Höhe ebenfalls. Eine Anrechnung auf das Arbeitslosengeld erfolgt nur in Ausnahmefällen. Für Leitende Angestellte gelten andere Regelungen. Hier werden eventuelle Abfindungen frei ausgehandelt, manchmal mit sehr hohen Beträgen (»Goldener Fallschirm«) (vgl. Hjort, 2015).

sofortiger Wirkung ohne Beachtung von (Kündigungs-)Fristen reduziert werden können. Auch die Kosten für Abfindungen sind in der Regel geringer als Sozialplanzahlungen.

Die Wirkung von Aufhebungsverträgen hängt letztlich davon ab, ob die Mitarbeiter den angebotenen Aufhebungsverträgen zustimmen. Für diese können Aufhebungsverträge zum einen mit ähnlichen Folgen wie Kündigungen (Verlust der materiellen Existenzgrundlage, längere Arbeitslosigkeit) verbunden sein. Zum anderen kann eine einvernehmliche Trennung (u. U. in Verbindung mit Outplacement-Maßnahmen) sowohl materiell als auch für die weitere berufliche Entwicklung Vorteile bieten.

Wirkungen

Vorzeitige Pensionierung

Unter Pensionierung wird hier die formalisierte, endgültige altersbedingte Beendigung der Berufsausübung von Arbeitnehmern verstanden. Die Mitarbeiter gehen in ihren »Ruhestand«. Der Betrieb kann durch die vorzeitige Pensionierung (i. S. eines Vorruhestands) von Mitarbeitern bes. durch die Beeinflussung der (individuellen) Pensionierungszeitpunkte eine Reduktion (oder Erhaltung) des Personalbestands fördern und insofern die Personalkapazität beeinflussen. Im Gegensatz zu Kündigungen (und anderen Alternativen zur Reduktion des Personalbestands) führen vorzeitige Pensionierungen auch nicht zu einer »Überalterung« der Belegschaft, sondern unter Umständen (wieder) zu einer ausgewogenen Altersstruktur – es sei denn, sie wird in sehr großem Umfang umgesetzt (vgl. Gasche/Krolage, 2012).

Ruhestand

Die vorzeitige Pensionierung kann in zwei Formen erfolgen, die nachfolgend kurz skizziert werden:

▸ Die vorzeitige *einstufige Pensionierung* erfolgt zu einem bestimmten Zeitpunkt (abrupt von einem Tag zum anderen) vor dem eigentlichen Rentenalter. Seit ei-

Abruptes Ende

4.4 Personalfreisetzung
Alternativen (zur Vermeidung) der Personalfreisetzung

> **TERMINOLOGIE**
>
> **»Pensionierung«**
>
> »Pension« ist im engeren Sinne die Altersversorgung bzw. das Ruhegeld eines Beamten. Pensionierung ist analog dazu eigentlich die »Verrentung« dieser Beamten, also der Übergang vom aktiven Berufsleben in den Ruhestand. Umgangssprachlich wird vielfach nicht so genau differenziert zwischen »Pensionierung« und »Verrentung«. Wir verwenden hier fast traditionsgemäß den Terminus der Pensionierung – meinen inhaltlich aber durchaus beides.

niger Zeit ist eine Flexibilisierung dieser Pensionierungsform zu beobachten, und zwar chronometrisch durch Veränderung der Lebensarbeitszeit. Der Einsatz der einstufigen Frühpensionierung als eine »weiche« Freisetzungsalternative, ermöglicht eine zumindest rechtlich und organisatorisch problemlose Trennung von (u. U. leistungsgewandelten oder -geminderten) älteren Mitarbeitern. Aufgrund der oft angespannten finanziellen Situation der gesetzlichen Rentenversicherung, den Besetzungsproblemen in manchen Personalsegmenten, den wieder erkannten besonderen, geldwerten Erfahrungskompetenzen Älterer und der immer wieder aufkommenden Debatte um die hohen Entgeltnebenkosten am Standort Deutschland wird sie als Freisetzungsalternative von vielen politischen und betrieblichen Entscheidungsträgern mittlerweile anders bewertet als noch vor einigen Jahren. Zurzeit gelten folgende Bestimmungen des Sozialgesetzbuchs (SGB): Nach § 35 SGB VI wird die – politisch nach wie vor umstrittene – Regelaltersgrenze seit 2012 (bis 2031) schrittweise von 65 auf die Vollendung des 67sten Lebensjahrs angehoben. Seit dem 01.07.2014 können dabei nach § 236b SGB VI gesetzlich Versicherte, die mindestens 45 Beitragsjahre vorweisen können, ab 63 Jahren abschlagsfrei in Rente gehen. Ab Jahrgang 1953 steigt diese Altersgrenze bis zum Jahrgang 1964 schrittweise an. Schwerbehinderte Menschen beziehen nach § 37 SGB VI ihre Rente.

Stufenweiser Übergang

▸ Die *gleitende Pensionierung* (synonym: gleitender oder stufenweise Übergang in den Ruhestand) ist eigentlich der zeitlich orientierten Anpassung zuzuordnen. Sie erfolgt nicht abrupt, sondern in einem unter Umständen mehrere Jahre umfassenden Zeitraum (»Gleitphase«), in dem die Arbeitszeit chronologisch durch Variation von Tages- und/oder Wochenarbeitszeiten sukzessive reduziert wird und zum Teil auch andere Komponenten der Arbeit (z. B. Belastungen oder Arbeitsbedingungen) reduziert oder geändert werden. Dieses eher kontinuierliche Modell wurde in der betrieblichen Praxis nicht so stark eingesetzt wie das sogenannte Blockmodell. Bei diesem werden prinzipiell zwei gleich große Zeitblöcke gebildet: eine Arbeitsphase mit Vollzeitarbeit und eine Freistellungsphase mit Nullarbeit. Bei Letzterem handelt es sich de facto um eine einstufige Pensionierung.

4.4 Alternativen (zur Vermeidung) der Personalfreisetzung

Kündigungen

Falls die bisher dargestellten Alternativen der Personalfreisetzung nicht zu einer hinreichenden Reduktion des Personalbestands führen, ist die Beendigung bestehender Arbeitsverhältnisse durch Kündigung unvermeidlich.

Kündigung: Zu »guter« Letzt!

> Eine Kündigung ist eine einseitige, empfangsbedürftige und rechtsgestaltende Willenserklärung *einer* der beiden Parteien des Arbeitsvertrags (hier: Arbeitgeber), durch die das Arbeitsverhältnis für die Zukunft aufgelöst werden soll.

Bei Kündigungen sind zahlreiche arbeitsrechtliche Regelungen zu beachten (vgl. Oechsler/Paul, 2015, S. 515ff).

Hauptformen der Kündigung sind die ordentliche und die außerordentliche.

- Die *ordentliche Kündigung* erfolgt unter Beachtung der gesetzlichen (vgl. §§ 620ff. BGB). Neben den Fristen sind die Regelungen über Inhalt, Form, Zugang, Rücknahme, Mängel und Umdeutung von Kündigungen sowie über die Angabe der Kündigungsgründe zu beachten (vgl. Schaub et al., 2015), Es kann auch kollektiv- oder individualvertraglich vereinbarte Kündigungsfristen geben, die es selbstverständlich zu berücksichtigen gilt.
- Die *außerordentliche Kündigung* erfolgt in der Regel fristlos. Sie kann nur aus wichtigem Grund (§ 626 BGB) erfolgen, bspw.: ausschweifende Internetnutzung zu privaten Zwecken, tätige sexuelle Belästigung am Arbeitsplatz, mutwillige falsche Abrechnung der Arbeitszeit (vgl. Kolb, 2010, S. 229). Dies bedeutet, dass dem Arbeitgeber die Fortsetzung des Arbeitsverhältnisses bis zum Ablauf der Kündigungsfrist nicht zugemutet werden kann. Wegen dieser rechtlichen Voraussetzung ist die außerordentliche Kündigung in der Regel keine »echte« Alternative der Personalfreisetzung und wird nachfolgend nicht erläutert.

Für den Betrieb sind neben den Beteiligungsrechten des Betriebsrats vor allem die in zahlreichen Gesetzen enthaltenen Kündigungsbeschränkungen von Bedeutung, da diese den Gestaltungsspielraum des Betriebs erheblich begrenzen (können) (vgl. Teil 4, Kap. 4.2.3).

WISSENSWERTES

Innere Kündigung

Mit einer inneren Kündigung wird nicht der formale Akt einer rechtlich wirksamen Kündigung des Arbeitsvertrages umgesetzt. »Lediglich« der psychologische Vertrag einer engagierten Mitwirkung bei der betrieblichen Aufgabenerfüllung wird aufgekündigt. »Dienst nach Vorschrift«, eine nicht geäußerte Verweigerung engagierter Leistung ist die Folge. Ursachen sind Enttäuschung durch das Arbeitgeberverhalten, den Betrieb insgesamt und/oder Vorgesetzte, Perspektivlosigkeit und/oder Schwierigkeiten mit der »Work-Life-Balance« u. a. Eine reale Kündigung wird nicht vorgenommen, da Alternativen nicht zur Verfügung stehen oder noch schlechter bewertet werden. Die Dunkelziffer in deutschen Betrieben wird teilweise hoch eingeschätzt: zehn bis 90 Prozent!

4.4 Personalfreisetzung
Alternativen (zur Vermeidung) der Personalfreisetzung

Kündigungsschutz

Die Kündigungsbeschränkungen umfassen
- den *allgemeinen Kündigungsschutz* für alle unter den Geltungsbereich des Kündigungsschutzgesetzes fallenden Arbeitnehmer und
- den darüber hinausgehenden *besonderen Kündigungsschutz* für bestimmte Mitarbeitergruppen, die als besonders schutzbedürftig gelten, und zwar zum Beispiel für:
  - Schwerbehinderte (Schwerbehindertengesetz),
  - Auszubildende (Berufsbildungsgesetz),
  - Schwangere Frauen, Mütter und Erziehungsurlauber(innen) (Mutterschutz- und Bundeserziehungsgeldgesetz) und
  - Mitglieder der Betriebsverfassungsorgane (Kündigungsschutzgesetz).

Regelungen

Zudem können weitere individual- und kollektivvertragliche (z. B. durch Rationalisierungsschutzabkommen) Restriktionen bestehen.

Nachfolgend werden die Grundzüge des allgemeinen Kündigungsschutzes nach dem Kündigungsschutzgesetz (KSchG) kurz skizziert.

Der *allgemeine Kündigungsschutz* nach dem KSchG bezieht sich auf ordentliche Kündigungen. Er gilt nur für
- Arbeitnehmer, deren Arbeitsverhältnis in demselben Betrieb im Zeitpunkt des Ausspruchs der Kündigung ununterbrochen mehr als sechs Monate besteht (§ 1 I KSchG) und
- Betriebe, in denen in der Regel mehr als zehn Arbeitnehmer beschäftigt sind. Bei der Ermittlung der Anzahl der regelmäßig beschäftigten Arbeitnehmer werden die Auszubildenden nicht berücksichtigt (§ 23 I S. 2 KSchG). Teilzeitbeschäftigte sind reduziert zu berücksichtigen (§ 23 I S. 3 KSchG).

Kriterium »sozial gerechtfertigt«

Ist das KSchG anwendbar, kann der Arbeitgeber dem Arbeitnehmer nur dann wirksam ordentlich kündigen, wenn die Kündigung sozial gerechtfertigt ist. Eine Kündigung des Arbeitgebers kann nach § 1 II KSchG sozial gerechtfertigt sein, wenn sie durch *Gründe* (vgl. Schaub et al., 2015) bedingt ist, die
- in der Person des Arbeitnehmers oder
- im Verhalten des Arbeitnehmers liegen oder
- dringende betriebliche Erfordernisse einer Weiterbeschäftigung des Arbeitnehmers in diesem Betrieb entgegenstehen.

Drei unterschiedliche *Kündigungsgründe* werden entsprechend unterschieden:

Personenbedingte Kündigung

- Personenbedingte Kündigungsgründe beruhen auf persönlichen Eigenschaften und Fähigkeiten des Arbeitnehmers. Dazu zählen zum Beispiel eine entstandene mangelnde körperliche oder geistige Eignung für betriebliche Stellen sowie Erkrankungen, die die Einsatzfähigkeit des Arbeitnehmers erheblich beeinträchtigen. Die Abgrenzung zu verhaltensbedingten Kündigungsgründen ist teilweise durchaus problematisch. Zudem ist eine generelle Feststellung an dieser Stelle nicht möglich, da in der Rechtspraxis die spezifischen Situationen ausschlaggebend sind. In jedem Einzelfall sind die Interessen des Arbeitnehmers und des Betriebs sorgfältig gegeneinander abzuwägen. Dabei sind auch die Möglichkeiten einer anderen Beschäftigung im Betrieb zu berücksichtigen.

4.4 Alternativen (zur Vermeidung) der Personalfreisetzung

> **ZUR VERTIEFUNG**
>
> **Abmahnung**
>
> Die Abmahnung ist eine aus Beweisgründen gebotene schriftliche oder mündliche Rüge vertragswidrigen Verhaltens, in welcher ein Arbeitgeber einem Arbeitnehmer die Unrechtmäßigkeit seines Tuns vorhält, ihn zur ordnungsgemäßen Vertragserfüllung auffordert und für den Wiederholungsfall arbeitsrechtliche Sanktionen (z. B. Versetzung oder Kündigung) androht. Eine Abmahnung erfüllt damit zum einen eine Dokumentationsfunktion und zum anderen eine Warnfunktion. In manchen Fällen ist sie Voraussetzung für eine rechtlich einwandfreie Kündigung. Der Arbeitnehmer kann sich gegen eine Abmahnung wehren, beispielsweise auch eine Gegendarstellung anfertigen.

- Verhaltensbedingte Kündigungsgründe beruhen vor allem auf Vertragsverletzungen des Arbeitnehmers, wobei nur solche Gründe eine Kündigung rechtfertigen, die es dem Arbeitgeber unzumutbar machen, das Arbeitsverhältnis fortzusetzen. Bei verhaltensbedingten Kündigungen ist zu beachten, dass der Kündigung in der Regel eine Abmahnung (s. u.) vorausgehen muss. Die Abmahnung ist dabei dem Prognoseprinzip geschuldet. Eine Kündigung sollte immer das letzte Mittel zur Konfliktlösung (»Ultima-Ratio-Prinzip«) sein. Erst, wenn ein Arbeitgeber davon ausgehen muss, dass der Arbeitnehmer sein Verhalten nicht ändert bzw. ändern wird und die eingetretene Pflichtverletzung zukünftig das Arbeitsverhältnis belasten wird, kann eine Kündigung in Erwägung gezogen werden. Eine der Kündigung vorausgehende Abmahnung stellt insofern ein Mittel dar, den Arbeitnehmer auf die möglichen Konsequenzen hinzuweisen und ihm Gelegenheit zu angemessenem Verhalten zu geben. Eine Kündigung ist dabei keine Bestrafung, sondern eine Maßnahme um zukünftige Pflichtverletzungen zu vermeiden (vgl. Kolb, 2010, S. 237).

  Verhaltensbedingte Kündigung

- Eine betriebsbedingte Kündigung ist sozial gerechtfertigt, wenn eine betriebliche Entscheidung vorliegt, durch die aufgrund innerbetrieblicher (z. B. Rationa-

  Betriebsbedingte Kündigung

> **WISSENSWERTES**
>
> **Massenentlassung**
>
> Die Massenentlassung stellt die »härteste« Möglichkeit der Personalfreisetzung dar. Man versteht darunter nach § 17 Kündigungsschutzgesetz die Kündigung einer bestimmten, nach unterschiedlichen Schwellwerten bestimmten Anzahl der regelmäßig beschäftigten Arbeitnehmer (in Betrieben mit in der Regel mehr als 20 und weniger als 60 Arbeitnehmern mehr als fünf Arbeitnehmer, in Betrieben mit in der Regel mindestens 60 und weniger als 500 Arbeitnehmern zehn vom Hundert der im Betrieb regelmäßig beschäftigten Arbeitnehmer oder aber mehr als 25 Arbeitnehmer und in Betrieben mit in der Regel mindestens 500 Arbeitnehmern mindestens 30 Arbeitnehmer) innerhalb von 30 Tagen. Die Massenentlassung unterliegt einigen gesetzlichen Normen gerade zur betrieblichen Mitbestimmung. Sie gehört zunächst zu den Vorgängen, die gemäß Betriebsverfassungsgesetz mit dem Wirtschaftsausschuss und mit dem Betriebsrat ausführlich zu beraten sind. Darüber hinaus besteht bei jeder einzelnen personellen Maßnahme innerhalb der Massenentlassung ein Mitbestimmungsrecht des Betriebsrates. Finden Massenentlassungen als Folge von Betriebsänderungen statt, so ist ein Interessenausgleich abzuschließen. Jede Massenentlassung ist nach Kündigungsschutzgesetz durch den Arbeitgeber bei der Agentur für Arbeit mit der Stellungnahme des Betriebsrates schriftlich anzuzeigen. In dieser Anzeige ist die Zahl der zu entlassenden Arbeitnehmer anzugeben (vgl. www.gesetze-im-internet.de/kschg/BJNR004990951.html; Abruf: 03.05.2016).

4.4 Personalfreisetzung
Alternativen (zur Vermeidung) der Personalfreisetzung

lisierung) oder außerbetrieblicher Ursachen (z. B. Auftragsmangel, Umsatzrückgang) das Aufgabenvolumen reduziert wird und der Wegfall des betroffenen Arbeitsplatzes oder einer Mehrzahl von Arbeitsplätzen zur Folge hat – sofern man die Personalkapazität an den vorliegenden Netto-Personalbedarf anpassen will. Hat der Arbeitgeber die Absicht, mehreren Arbeitnehmern aus betriebsbedingten Gründen zu kündigen, muss er bei der Auswahl der zu kündigenden Arbeit-

ZUR VERTIEFUNG

Interessenausgleich

Ein Interessenausgleich stellt nach Betriebsverfassungsgesetz (BetrVG) eine Vereinbarung zwischen Arbeitgeber und Betriebsrat dar, die versucht, die widerstreitenden Interessen der Parteien in Einklang zu bringen. Er wird im Rahmen von Betriebsänderungen insbesondere als flankierende Maßnahme bei Personalfreisetzungen eingesetzt. Der Arbeitgeber muss bei Betriebsänderungen mit nachteiligen Folgen für die Belegschaft einen Interessenausgleich mit dem Betriebsrat suchen. Ähnliches gilt für den Sozialplan. Dieser Interessenausgleich stellt die Regelung der technischen und der organisatorischen Abwicklung einer Betriebsänderung in Form und Durchführung dar. Er verläuft dabei meist wie folgt: rechtzeitige Unterrichtung des Betriebsrats, Beratung mit dem Betriebsrat, Interessenausgleich bzw. Einigungsstelle. Kommt ein Interessenausgleich nicht zustande, können Betriebsrat oder Arbeitgeber die Agentur für Arbeit um Vermittlung ersuchen. Geschieht dies nicht oder bleibt ein unternommener Vermittlungsversuch ohne Ergebnis, können Betriebsrat oder Arbeitgeber die Einigungsstelle anrufen. Der Arbeitgeber kann dennoch beliebig handeln, unabhängig davon, ob eine Einigung zustande kommt und was für einen Inhalt sie hat. Dementsprechend eingeschränkt sind die Rechte des Betriebsrats. Versucht der Arbeitgeber allerdings nicht, zum Interessenausgleich zu kommen, muss er einen Nachteilsausgleich leisten. Das heißt, dass Arbeitnehmer, die infolgedessen entlassen werden, beim Arbeitsgericht Klage erheben können mit dem Antrag, den Arbeitgeber zur Zahlung von Abfindungen zu verurteilen. Erleiden Arbeitnehmer infolgedessen andere wirtschaftliche Nachteile, so hat der Arbeitgeber diese Nachteile bis zu einem Zeitraum von zwölf Monaten auszugleichen (vgl. Röder/Baeck, 2016).

Sozialplan

Die Einigung über den Ausgleich oder die Milderung wesentlicher wirtschaftlicher Nachteile durch den Arbeitgeber für die von einer Betriebsänderung betroffenen Arbeitnehmer wird nach Betriebsverfassungsgesetz »Sozialplan« genannt. Als wirtschaftliche Nachteile, die den Arbeitnehmern infolge der geplanten Betriebsänderung entstehen, gelten: Minderung des Arbeitsentgelts, Wegfall von Sonderleistungen oder Verlust von Anwartschaften auf betriebliche Altersversorgung, Umzugskosten oder erhöhte Fahrtkosten (§ 112 V BetrVG). Der Sozialplan wird insbesondere als flankierende Maßnahme bei Personalfreisetzungen eingesetzt, um die Folgen von Betriebsänderungen sozial erträglich zu gestalten. Als Inhalte des Sozialplans gelten im Allgemeinen: Zahlung von Abfindungen, Vorrang von Umschulungen, Versetzung vor Kündigung, Mietrecht in Werkswohnungen, Regelung der betrieblichen Altersversorgung, Qualifizierungsmaßnahmen, Umzugsbeihilfen u. a. Ziel des Sozialplans ist es, einen Ausgleich für den Verlust des Arbeitsplatzes zu schaffen bzw. eine Überleitungs- und Versorgungsfunktion zu erfüllen. Die Sozialpläne haben dabei der Härte des Einzelfalls Rechnung zu tragen sowie letztendlich auch sozial und wirtschaftlich vertretbar zu sein. Der Sozialplan gehört zum Bereich der betrieblichen Mitbestimmung. Arbeitgeber und Betriebsrat haben in den Verhandlungen unterschiedliche Zielsetzungen: Dem Arbeitgeber liegt insb. am Zustandekommen des Interessenausgleichs, damit die Betriebsänderung in ordentlichen Bahnen verläuft. Der Betriebsrat dagegen möchte für die Arbeitnehmer einen akzeptablen Sozialplan aushandeln. Können sich Betriebsrat und Arbeitgeber nicht einigen, entscheidet die Einigungsstelle über die Aufstellung eines Sozialplans. Besteht eine geplante Betriebsänderung allein in der Entlassung von Arbeitnehmern, ist § 112a BetrVG zu beachten. Wird auch dort keine Einigung zwischen der wirtschaftlichen Lage des Betriebs sowie den sozialen Belangen der Arbeitnehmer erzielt, so können Betrieb oder Betriebsrat den Vorstand der Bundesagentur für Arbeit um Vermittlung ersuchen. Sozialplan und Interessenausgleich können in den Verhandlungen gekoppelt sein (vgl. Röder/Baeck, 2016).

4.4 Alternativen (zur Vermeidung) der Personalfreisetzung

nehmer soziale Gründe berücksichtigen (§ 1 III KSchG). In diese sogenannte soziale Auswahl sind alle vergleichbaren Arbeitnehmer einzubeziehen, wobei derjenige zu kündigen ist, der davon am wenigsten hart betroffen wird. Einzubeziehende soziale Gesichtspunkte sind nach § 1 III S. 1 KSchG die Dauer der Betriebszugehörigkeit, das Lebensalter und die Unterhaltspflichten. Diese Regelung gilt nicht für Arbeitnehmer, deren Weiterbeschäftigung, insbesondere wegen ihrer Kenntnisse, Fähigkeiten und Leistungen oder zur Sicherung einer ausgewogenen Personalstruktur des Betriebs, im berechtigten betrieblichen Interesse liegt (§ 1 III S. 2 KSchG)

Den möglichen positiven (ökonomischen) Wirkungen von Kündigungen für den Betrieb stehen auch negative Aspekte gegenüber. So können unter Umständen die Kosten senkenden Wirkungen durch Sozialplanzahlungen nach §§ 112 und 112a BetrVG (über)kompensiert werden. Kündigungen können jedoch auch zu Imageverlust, Verschlechterung des Betriebsklimas oder einer erhöhten Fluktuation nicht betroffener, aber besonders mobiler und qualifizierter Mitarbeiter führen.

Negative Wirkungen

Für die betroffenen Mitarbeiter können Kündigungen zum Beispiel zu langfristiger *Arbeitslosigkeit* und damit sinkenden *Wiederbeschäftigungsmöglichkeiten*, zu einer Gefährdung der materiellen Existenzgrundlage, zu einer Reduktion des sozialen Kontaktfelds oder zu einer Destabilisierung der Familienbeziehungen führen (vgl. Watzka, 1989, S. 64 ff.).

Diese negativen Aspekte des Personalabbaus werden nicht gänzlich zu verhindern sein, allerdings kann man versuchen, sie nach Möglichkeit zu vermindern. Im Rahmen spezifischer Angebote der Personalentwicklung lassen sich beispielsweise Maßnahmen zu einer beruflichen Neuorientierung (potenziell) freizusetzender Mitarbeiter, Bewerbungshilfen u. a. anbieten. Dieser positive Umgang mit Personalabbau (bzw. aus der Sicht der Betroffenen: mit Arbeitslosigkeit) wird im Folgenden skizziert.

Hilfen

Integration von Personalabbau und Personalentwicklung
Die Praxis des Personalabbaus in der Vergangenheit war geprägt durch Entlassungen mit finanzieller Entschädigung (v. a. Abfindungen, »passive« Sozialpläne). Die deutsche Gesetzgebung will hier einen Wandel bewirken durch Änderungen des Arbeitsförderungsrechts (z. B. im Sozialgesetzbuch III). Wichtige Regelungen sehen Unterstützungen »aktiver« Sozialpläne vor, in denen Geld- in Dienstleistungen umgewandelt werden. *Ziel* ist die Vermeidung von Arbeitslosigkeit statt Entschädigung für den Arbeitsplatzverlust.

»Aktiver« Sozialplan

Solche Dienstleistungen, angeboten von Personal abbauenden Betrieben, bestehen aus Maßnahmen und Instrumenten, die konzeptionell eine spezifische Form von Personalentwicklung darstellen. »Spezifische Form« deswegen, weil damit die traditionelle interne Sichtweise von Personalentwicklung (s. Teil 3, Kap. 5.1) verlassen wird, die ausschließlich auf Verbesserungen der innerbetrieblichen Aufgabenerfüllung gerichtet war. Nachfolgend skizzierte Instrumente sind anders, nämlich extern ausgerichtet. Das heißt, sie beinhalten die Erlangung/Verbesserung von Qualifikationen, die auch und im Wesentlichen auf die Bewältigung überbetriebli-

4.4 Personalfreisetzung
Alternativen (zur Vermeidung) der Personalfreisetzung

> **ZUR VERTIEFUNG**
>
> **Beschäftigungsgesellschaft**
>
> Beschäftigungsgesellschaften (oft auch: Qualifizierungs- oder Transfergesellschaften) sind Anfang der 1980er-Jahre – vorrangig durch die Initiative von Gewerkschaften, aber auch durch das beschäftigungspolitische Engagement kommunaler und freier Träger sowie Verbände – entstanden (vgl. Backes, 2009). Infolge der unterschiedlichen Trägerschaft bildeten sich betriebliche, überbetriebliche und kommunale Beschäftigungsgesellschaften heraus. Ihre grundlegende Funktion besteht darin, Arbeitnehmer, die von Massenentlassungen bedroht sind, sowie allgemein von Arbeitslosigkeit bedrohte Arbeitnehmer »aufzufangen« und ihnen am Arbeitsmarkt einen sozialverträglich gestalteten Übergang in eine neue Beschäftigung zu ermöglichen bzw. eine verbesserte Reintegration von Arbeitslosen zu erreichen. Arbeitsagenturen begleiten dies mit materieller Förderung. Obwohl es keine allgemeingültige bzw. anerkannte Begriffsbestimmung für Beschäftigungsgesellschaften gibt, ist man sich weitgehend darüber einig, dass eine Beschäftigungsgesellschaft vor allem ein Instrument der Arbeitsmarkt- und Strukturpolitik darstellt, welches Umstrukturierungsmaßnahmen in Krisenbranchen und -regionen sowie von großen Betrieben sozialverträglich begleiten soll. Ihre Gründung ist zum Ausgleich kurzfristiger Beschäftigungsschwankungen sinnvoll, langfristig führt sie allerdings unter Umständen nur zu einer Verdeckung und nicht zur Behebung von Arbeitslosigkeit. Strukturanpassungen werden durch sie verhindert. Beschäftigungsgesellschaften erfüllen somit eine zeitlich befristete Brückenfunktion, die das Risiko der Entlassung respektive Arbeitslosigkeit reduziert. Darüber hinaus kann sie qualifizierende und beratende Funktionen (Existenzgründung, Outplacement) übernehmen (vgl. Backes, 2009).

cher Anforderungen gerichtet sind, auf neue Arbeitsinhalte zumeist, die in anderen Positionen und in anderen Betrieben erbracht werden können. Instrumente, die dies leisten, können entsprechend den Teilsystemen der Personalentwicklung, von der Bildung über die Arbeitsstrukturierung bis hin zur Karriereplanung eingesetzt werden.

Personalentwicklung als Hilfe

Maßnahmen der *Fortbildung* können auch dafür eingesetzt werden, berufliche Kenntnisse und Fertigkeiten von Mitarbeitern zu erhalten, zu verbessern, neuen

> **ZUR VERTIEFUNG**
>
> **Outplacement**
>
> Outplacement betrifft im Rahmen der betrieblichen Personalfreisetzung die Beratung und Unterstützung von – vor allem mittels Kündigung seitens des Arbeitgebers und Aufhebungsverträgen – aus dem Betrieb ausscheidenden Arbeitnehmern bei der Suche nach einem neuen Arbeitsplatz (vgl. Lohaus, 2010; von Rundstedt, 2010). Mit Hilfe einer Reihe von Methoden und Instrumenten wird den Betroffenen der Umgang mit ihrer sozialen Umwelt und ihrem Betrieb sowie die Verarbeitung und Bewältigung des Ausscheidens erleichtert. Der Einsatz eines Outplacements ist insbesondere dann angebracht, wenn der Betrieb den unmittelbaren Entschluss zur Trennung bzw. Kündigung getroffen hat. Das Outplacement kann dabei bereits mit der Übermittlung der entsprechenden Nachricht beginnen. Die Beratung im engeren Sinne, d. h. was genau zu tun ist, stellt das Kernstück des Outplacementprogramms dar. Zielsetzungen sind vor allem Verringerung der mit der Trennung verbundenen materiellen und immateriellen Kosten für Arbeitgeber wie Arbeitnehmer, positive Wirkungen auf die verbleibenden Mitarbeiter und Förderung von Aufhebungsverträgen. Zum Outplacement können zählen: (a) bezahlte Freizeiten (bis zum Ablauf der regulären Kündigungsfrist), um den Mitarbeitern die intensive Suche nach einem neuen Arbeitsplatz direkt im Anschluss zu ermöglichen, (b) Aushandeln der Abfindungsbedingungen (Abfindung), (c) Hilfe bei der Suche nach neuen Arbeitsverhältnissen, (d) psychologische Hilfestellung, (e) Hilfestellung bei eventuell notwendigen Umzügen.

4.4 Alternativen (zur Vermeidung) der Personalfreisetzung

> **ZUR VERTIEFUNG**
>
> **Transfermanagement**
>
> Viele Betriebe intendieren nicht oder sind durch die Organisationskultur oder ihre Träger daran gehindert, ihren Personalüberhang durch einen Abbau der Belegschaft mittels Kündigungen und Abfindungen vorzunehmen. Sie setzen mehr auf die natürliche Fluktuation und anstehende Ruhestandsübergänge sowie einen damit gekoppelten bedingten Einstellungsstopp. Mit dieser Vorgehensweise ist in der heutigen sich wandelnden Geschäftswelt Folgendes verbunden: Eine bestimmte Anzahl von – ggf. sogar bestimmten – Mitarbeitern wird auf ihren aktuellen Arbeitsplätzen nicht mehr benötigt, da diese Arbeitsplätze wegfallen oder die Anforderungen an die Aufgabenerfüllung sich in einer Weise ändern, dass die derzeitigen Stelleninhaber sie nicht erfüllen können und/oder wollen. Andere Stellen wiederum werden – auch mit bestimmten, oft höherwertigen Qualifikationsanforderungen – neu geschaffen oder natürlich frei und intern besetzt. So entstehen Vakanzen vor allem auf unteren Hierarchieebenen, die gegebenenfalls neu besetzt werden. Die intern eigentlich freigesetzten Mitarbeiter könnten nun in einer Transferstelle geschult werden, um solche, für sie anderweitigen Aufgaben befriedigend erfüllen zu können: Qualifikation und Integration. Dies kann durch eine offene Umschulung, aber ebenso durch eine einfache Umqualifizierung geschehen, einige Wochen, aber auch einige Monate dauern. Ebenso besteht für die Transferstelle die Möglichkeit, auch externe Arbeitsangebote zu beschaffen (ggf. mit einem entsprechenden Arbeitsvertrag oder i. S. einer Arbeitnehmerüberlassung). Darüber hinaus kann eine betriebliche Transferstelle auch einen Springerpool leiten, um gewissermaßen eine interne Personalleasingfunktion ausüben zu können.

Entwicklungen anzupassen mit dem Ziel, sie für die Weiterbeschäftigung in anderen Betrieben verbessert zu befähigen.

Mit einer *Umschulung* kann ein Berufswechsel vorbereitet werden: Der Erwerb neuer Qualifikationen ist dem Nachholen einer Ausbildung gleichzusetzen.

Auch *Beratungsleistungen* im Rahmen der Personalentwicklung können für Veränderungen in der Beschäftigungssituation von freizusetzenden Mitarbeitern eine wichtige Rolle spielen: Sie helfen beim Aufbau einer Berufsperspektive, klären über die Arbeitsmarktsituation, über Möglichkeiten zur Existenzgründung auf, befähigen zu erfolgreicher Stellensuche und Bewerbung, informieren über Fortbildungs- und Umschulungsangebote.

Typische Formen der *Arbeitsstrukturierung* wie Job Enlargement, Job Rotation, Gruppenarbeit können speziell dafür eingesetzt werden, im Learning-on-the-job solche Qualifikationen zu vermitteln, die auch für außerbetriebliche Weiterbeschäftigungen von besonderem Rang sind. Die Einbindung in Projektarbeit könnte hierfür eine interessante Variante sein.

WIEDERHOLUNGSFRAGEN ZU KAPITEL 4

1. Was ist unter dem Begriff der Personalfreisetzung zu verstehen?
2. Erläutern Sie mögliche Ursachen der Personalfreisetzung.
3. Welche Formen der Personalfreisetzungsplanung gibt es?
4. Was sind Strategien zur Vermeidung der Personalfreisetzung?
5. Skizzieren Sie Alternativen der Personalfreisetzung ohne Reduktion des Personalbestands.

4.4 Personalfreisetzung
Alternativen (zur Vermeidung) der Personalfreisetzung

6. Skizzieren Sie Alternativen der Personalfreisetzung mit Reduktion des Personalbestands.
7. Welche Kündigungsgründe gibt es?
8. Was ist eine Abmahnung und wann wird sie eingesetzt?

5 Personalentwicklung

> **LEITFRAGEN »PERSONALENTWICKLUNG«**
>
> **Zum Verständnis einer Personalentwicklung**
> ▸ Ist Personalentwicklung unabdingbar oder gibt es unter Umständen auch substituierende Alternativen?
> ▸ Was bedeutet die »Organisation von Lernprozessen«?
> ▸ Ist eine apersonale Steuerung von Lernprozessen möglich?
>
> **Welche Felder der Personalentwicklung sind zu betrachten?**
> ▸ Welche Prozessphasen durchläuft die Personalentwicklung?
> ▸ Welche Bedeutung haben diese Prozessphasen jeweils für den Erfolg einer Qualifizierungsmaßnahme?
> ▸ Transfersteuerung – notwendiger Bestandteil?
> ▸ Training-on-the-Job versus -off-the-Job: Was ist wann sinnvoller?
>
> **Zuständigkeit**
> ▸ Wer trägt für welche Personalentwicklungsmaßnahme die Verantwortung?
> ▸ Welche Verantwortung trägt der Betroffene?

Stellen Sie sich Folgendes vor:

(1) Ihr Vorgesetzter nimmt Sie in der letzten Zeit häufiger mit zu Terminen, bei denen komplexe und aufwendige Projekte initiiert, fortentwickelt, bearbeitet und/oder präsentiert werden. Zunächst sind Sie Zuschauer, später erhalten Sie Teilaufgaben zur selbstständigen Bearbeitung übertragen. Während seiner Abwesenheit vertreten Sie ihn zumindest, um den Informationsfluss aufrechtzuerhalten. Ist dies vielleicht Personalentwicklung?

(2) Ihr Vorgesetzter teilt Ihnen mit, dass Sie in zwei Monaten eine Karriereposition (Abteilungsleitung »Produktdesign«) übernehmen sollen. Bis dahin hätte er Sie bereits zu drei Seminaren zur Mitarbeiterführung (Grundlagen, Gesprächsführung, Konfliktmanagement) angemeldet. Zudem sei es besser, den Resturlaub zu nehmen und eine ordentliche Übergabe an Ihren Nachfolger vorzubereiten. Ist das Personalentwicklung – und wenn ja, welche?

(3) Unsere Personalentwicklung wird immer besser und erfolgreicher – so der Personalchef –, seit Jahren steigen kontinuierlich die Ausgaben für Trainingsmaßnahmen! Was würden Sie ihm daraufhin sagen?

5.1 Personalentwicklung
Begriff, Objekte, Ziele, Lerntheorien

5.1 Begriff, Objekte, Ziele, Lerntheorien

5.1.1 Begriff und Objekte

Begriff

Der Begriff der Personalentwicklung wird nicht einheitlich verwendet. Hier soll den bereits existierenden Definitionen keine gänzlich neue hinzugefügt, sondern vielmehr eine Begriffsfassung gewählt werden, die die meisten der übereinstimmend benutzten Merkmale enthält und sich im Rahmen der Gesamtkonzeption dieser Schrift als zweckmäßig erweist.

> Unter Personalentwicklung (PE) werden insofern diejenigen betrieblichen Maßnahmen verstanden, mit denen die Qualifikationen (resp. Kompetenzen) von Mitarbeitern aller Hierarchieebenen nach einem einheitlichen Konzept erfasst und bewertet sowie diese durch die Organisation von Lernprozessen mithilfe kognitiver, motivationaler und situationsgestaltender Verhaltensbeeinflussung aktiv und weitgehend systematisch im Hinblick auf betriebliche und individuelle Zielsetzungen verändert bzw. diese Veränderungen angeregt werden.

»Wissen ist der einzige Rohstoff, der sich bei Gebrauch vermehrt.« Albert Einstein

Bereits diese Orientierung legt eine spezifische Art und Weise der Erfüllung der Entwicklungsaufgaben nahe: die Zusammenarbeit der Betroffenen bei der Bedarfsermittlung, Planung, Durchführung sowie Evaluation und Transfersicherung.

Es handelt sich im Wesentlichen um intentionales Lernen – entsprechend einer Instruktion erfolgt absichtliches Lernen.

Potenzialorientierung

Die Personalentwicklung wirkt v. a. auf das *Qualifikationspotenzial* ein. Darunter wird das potenziell realisierbare Arbeitsvermögen eines Mitarbeiters verstanden (s. Teil 3, Kap. 1.4). Das Arbeitsvermögen seinerseits wird determiniert durch die individuell verschiedenen Lebens- und Arbeitsbiografien mit seinen genetischen und sozialisationsbedingten Inhalten. Zur Entfaltung der Wirksamkeit des potenziell realisierbaren Arbeitsvermögens eines jeden Mitarbeiters bedarf es einer individuellen Aktivierung des Potenzials. Dies bedeutet, dass Motivation zur Personalentwicklung als conditio sine qua non (d. h. als unabdingbare Voraussetzung) gilt. Gleichzeitig wird hiermit ausgedrückt, dass das Qualifikationspotenzial immer auch individuelles Entwicklungspotenzial ist und, da individuelle Qualifikationen Determinanten des menschlichen Leistungsverhaltens sind, Personalentwicklung immer auch auf Verhaltensentwicklung abzielt. Verhalten ist schließlich das, was im Funktionsfeld der Arbeit sichtbar wird und den Erfolg determiniert.

Begriffsexplikation

Mit einigen näheren Erläuterungen zu den Begriffsmerkmalen wird auch zugleich der Inhalt und der Kontext der Personalentwicklung beschrieben:

▶ Durch Ausrichtung auf die Mitarbeiter wird Personalentwicklung von der sogenannten Organisationsentwicklung (Entwicklung eines Betriebs) abgegrenzt: Letztere bezieht zusätzlich zur personellen auch die strukturelle Seite des Arbeitsvollzugs und deren Veränderungen mit ein. Dennoch sind enge, korrespon-

5.1 Begriff, Objekte, Ziele, Lerntheorien

> **TERMINOLOGIE**
>
> **Polyvalenzqualifikation**
>
> Eine Polyvalenzqualifikation (synonym: Mehrfachqualifikation; Hybridqualifikation) eines Mitarbeiters liegt vor, wenn dieser Qualifikationsmerkmale aufweist, die ihn für mehr als eine Stelle geeignet erscheinen lassen. Hierunter können Kombinationen von Qualifikationen aus unterschiedlichen Fachgebieten (z. B. Metall-/Elektro- und Datenverarbeitungsbereich, kaufmännisches und technisches Know-how) verstanden werden, die normalerweise auf unterschiedlichen Bildungswegen vermittelt werden. Im Unterschied zu der extrafunktionalen Qualifikation sind hier auch funktionsspezifische Merkmale mit enthalten. Eine solche Polyvalenzqualifikation vergrößert das Flexibilitätspotenzial beim Personaleinsatz, bei der Veränderung von Anforderungen, bei Stellvertretungen, bei der Karriereplanung o. Ä. Neben den verschiedenen Vorteilen von Mehrfachqualifikationen bestehen allerdings auch einige potenzielle Nachteile: Das Problem der Entgeltberechnung liegt insbesondere bei einer anforderungsgerechten Entgeltfindung vor. Nicht alle Qualifikationen eines Mitarbeiters können hierdurch »entgolten« werden. Die jeweils nicht eingesetzten Qualifikationsmerkmale eines Mitarbeiters können veralten bzw. einschlafen.

dierende Rückwirkungen gegeben; teilweise werden auch Organisationsveränderungen als Impulse für Lernprozesse im Rahmen gezielter Personalentwicklung gesetzt.
- Durch den Bezug auf Mitarbeiter aller Hierarchieebenen (inkl. Ausbildungsbereich) wird keine Mitarbeitergruppe von der Personalentwicklung ausgeschlossen, wie dies etwa der Fall wäre, wenn ausschließlich auf Führungskräfte abgehoben würde (»Management« Development).
- Mit Qualifikationsverbesserungen ist der Versuch angesprochen, aktuelle und/ oder zukünftige Stellenanforderungen mit persönlichen Qualifikationen (resp. Kompetenzen) in Übereinstimmung zu bringen.

> Im Gegensatz zu Investitionen in das sachliche Anlagevermögen können Aufwendungen für die Personalentwicklung (»personales Anlagevermögen«) weder über Jahre abgeschrieben noch im Anlagevermögen bilanziert werden. Sie sind im gleichen Jahr Aufwand und sind ansonsten in den Büchern unsichtbar, es sei denn, man erstellt eine Humanvermögensrechnung o. Ä. (s. Teil 4, Kap. 4.2). Wenngleich diese Vorgehensweisen zum Teil nachvollziehbar sind, verfolgen sie doch eher eine klassische Auffassung von Produktionsfaktoren, als dass sie die Bedeutung der Humanressourcen treffend würdigen.

- Letztlich geht es um die *Organisation von Lernprozessen*, denn Lernen »müssen« die Mitarbeiter selbst. Gezielte Impulse zum Lernen, ob durch Seminare, Fragen, Aufgabenveränderungen, Karriere- und/oder Lernziele o. a., sind zu setzen.
- Die intendierte Verhaltensbeeinflussung kann mithilfe *kognitiver* (Wissen, Verständnis u. Ä.), *motivationaler* (Lernbereitschaft) *und/oder situationsgestaltender* (Impulse durch Veränderungen der Arbeits- und Führungssituation) *Ansätze* respektive Stimuli vorgesehen werden.

»Der Mensch soll lernen. Nur die Ochsen büffeln.«
Erich Kästner

5.1 Personalentwicklung
Begriff, Objekte, Ziele, Lerntheorien

> **MEINUNG**
>
> **Kompetenzmanagement**
>
> Kompetenzmanagement ist auch einer dieser Termini und Begriffe, welche die besonders aktive Steuerung zentral wichtiger (Personal-)Ressourcen eines Betriebs betonen sollen. Oft genug bleiben sie in ihrer Verwendung inhaltsleer oder stellen nichts anderes als moderne Personalentwicklung, Innovationsmanagement oder Wissensmanagement dar. Je stärker ein solches Konzept die organisationalen Fähigkeiten (ähnlich: Kernkompetenzen) im Sinne des ressourcenorientierten Ansatzes (vgl. Teil 1, Kap. 1, 2) thematisiert, desto eher ist damit tatsächlich auch eine eigenständige Aufgabe angesprochen, nämlich der Aufbau eines professionellen Personalmanagements, eines flexiblen Organisationssystems, einer serviceorientierten Kundenbetreuung o. Ä. als Umsetzung des strategischen Managements (vgl. Freiling, 2002).

- Unter *Lernort* ist in einem weiteren Sinne jeder physische Ort zu verstehen, an dem sich Lernprozesse in einem Lernfeld vollziehen. Dies kann ein Schulungsraum, aber auch ein Arbeitsplatz sein, an dem gezielt Qualifikationen vermittelt oder verbessert werden sollen.

Lernfelder

- Die betrieblichen Einheiten und interne wie externe Arbeitsbedingungen, in denen bzw. durch die gelernt werden kann und/oder zum Lernen angeregt wird bzw. Qualifikationen sich verändern können, sind also auch als potenzielle *Lernfelder* eines Betriebs zu verstehen.
  Neben dem Lernfeld ist noch das *Funktionsfeld* anzusprechen. Hierbei handelt es sich um die besetzte (zu besetzende) Stelle mit ihrer Aufgabensituation. Für dieses soll gelernt werden bzw. an diesem soll das Gelernte (später) angewendet werden. Allerdings kann auch in ihnen – durch spezifische Aufgabenstellungen »on-the-Job« (s. Teil 3, Kap. 5.3.3.2) – gelernt werden. Dann ist Lern- und Funktionsfeld zunächst identisch. Aber auch hier gilt: Im Funktionsfeld ist das Gelernte danach anzuwenden.

- Der Inhalt der Personalentwicklung wird also nicht beschränkt auf Fortbildung und »Off-the-Job«-Maßnahmen (s. u.). In unserem Verständnis der Personalentwicklung sind auch solche Maßnahmen eingeschlossen, die implizit Qualifikationsveränderungen bewirken (z. B. via Arbeitsstrukturierung), und solche, die auf Leistungsänderungen zielen (unter Inanspruchnahme bisher nicht genutzter Qualifikationen) sowie solche, die das Miteinander in der Arbeitsgruppe beeinflussen.
  Abbildung 3-74 demonstriert anschaulich, dass die Person(al)entwicklung in andere Entwicklungsbereiche automatisch eingebunden und mit ihnen verzahnt ist. Sie visualisiert individuelle, interpersonale und a-personale (organisatorische) Ansatzpunkte der Personalentwicklung (vgl. Neuberger, 1994, S. 12 f.). Zentraler Ansatzpunkt ist i. d. R. die Person des Mitarbeiters. Aber auch ganze Arbeitsgruppen (resp. Teams) können gemeinsam qualifiziert werden sowie Einzelpersonen mithilfe (mehr oder weniger zufällig zusammengestellter) Gruppen (z. B. für Führungs- und Sozialkompetenzen) entwickelt werden. Gezielt geänderte Organisationselemente können zudem Entwicklungsprozesse anregen sowie dadurch auch organisationales Lernen (s. u.) fördern.

Begriff, Objekte, Ziele, Lerntheorien **5.1**

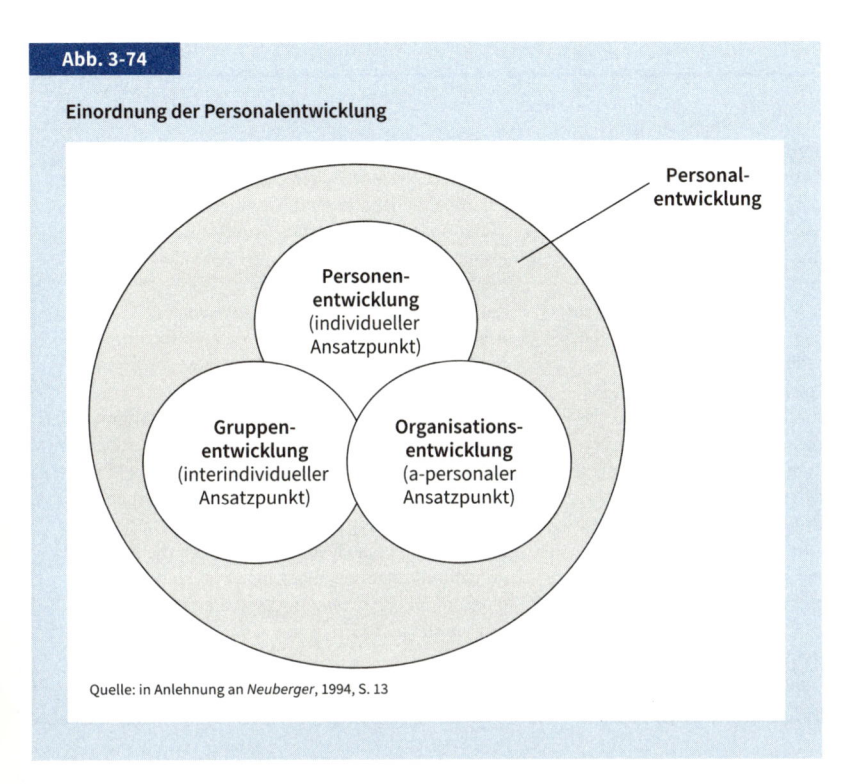

Abb. 3-74

Einordnung der Personalentwicklung

- Personalentwicklung
  - Personenentwicklung (individueller Ansatzpunkt)
  - Gruppenentwicklung (interindividueller Ansatzpunkt)
  - Organisationsentwicklung (a-personaler Ansatzpunkt)

Quelle: in Anlehnung an *Neuberger*, 1994, S. 13

▸ Eine »*entwicklungsfreundliche*« *Organisationskultur* wird als wichtiger betrieblicher Kontextfaktor bezeichnet (vgl. Sonntag, 1999, S. 19). Damit ist gemeint, dass Personalentwicklung als Vorgesetztenaufgabe akzeptiert, durch das Top-Management unterstützt, durch interpersonale Beziehungen gefördert und durch ein adäquates Führungsmodell konstituiert und vorangebracht werden sollte.

Klima

▸ Der Zusatz, dass Personalentwicklung eine *doppelte zielbezogene Orientierungsrichtung* hat, stellt auf die Grundmaxime als Instrument zur betrieblichen und individuellen Zielerreichung ab. Letztendlich ist die betriebliche Zielsetzung dominant; wohlwissend, dass ohne die Berücksichtigung individueller Wünsche, die betrieblichen Ziele nicht erreicht werden können.

> »Personalentwicklung ist die Transformation des unter Verwertungsabsicht zusammengefassten Arbeitsvermögens. ... Arbeitsvermögen ist die Potenz, ... die in den Mitarbeitern vorhanden ist und die entwickelt werden muss. Dieses Arbeitsvermögen ist so zu transformieren, dass es den Anforderungen genügt, wobei es als ein aggregiertes Arbeitsvermögen zu sehen ist. Es geht nicht darum, den einzelnen Mitarbeiter für sich isoliert zu fördern, sondern die Belegschaft – *das Personal steht im Mittelpunkt*.« (Neuberger, 2005, S. 3; Herv. FGB)

5.1 Personalentwicklung
Begriff, Objekte, Ziele, Lerntheorien

> **MEINUNG**
>
> **Talentmanagement**
>
> Talentmanagement ist einer der Termini bzw. Begriffen, die man als »modernistisch« bezeichnen kann. Er bezeichnet an sich nichts Neues, bringt es aber auf den Punkt! Zumindest verstehen alle, dass es sich um etwas Wichtiges handelt: Talente für einen Betrieb zu gewinnen, sie zu (be-)fördern, vor allem aber zu entwickeln und/oder zu binden (vgl. Lewis/Heckman, 2006; Ritz/Thom, 2011). Zumindest einiges von diesem Bestreben ist kritisch zu betrachten:
> - Was denn nun »*Talente*« sind, bleibt vielfach im *Nebulösen* stecken. Oft genug werden darunter die (offenbar wenigen) besonders (für höhere Leitungspositionen) potenzialträchtigen jungen Mitarbeiter verstanden. Mit der besonderen Betonung von diesen »Talenten« wird leicht vergessen, dass ohne die Leistungsträger (Mitarbeiter vielleicht mit weniger Potenzial, dafür aber hohe Leistungsfähigkeit, und zwar überall in der Hierarchie) garnichts in einem Betrieb läuft, es also zumindest ebenso wichtig ist, diese zu »managen«.
> - Bei manchen Publikationen gewinnt man zudem den Eindruck, dass unter »Talenten« auch nichts anderes als entweder alle Stammmitarbeiter eines Betriebes oder aber alle Mitarbeiter, die an einer Aufstiegsqualifizierung teilnehmen sollen, zu verstehen sind.
> - »Talentmanagement« ist im Grunde nichts anderes, als für eine ausgewählte Gruppe von Mitarbeitern (»differenzielle Personalarbeit«, s. Teil 1, Kap. 3) gezielt Personalmaßnahmen bspw. von der Arbeitsmarktforschung über die die Personalbeschaffung und -einführung hinweg bis hin zur Personalentwicklung zu konzeptionieren und umzusetzen. Manchmal bezieht diese Konzeption in der Literatur sich auch ausschließlich auf verschiedene Fördermaßnahmen im Rahmen der Personalentwicklung für die Personengruppe (»Führungskräftenachwuchs«). Mit der Benennung als Talentmanagement drückt man aus, dass man hier eine besonders wichtige Aufgabe erkannt und angegangen ist. Wenn dies innerbetrieblich notwendig ist, um etwas Gutes zu tun, warum nicht ...?!

Konzept

▸ Tätigkeiten der Personalentwicklung können sporadisch und/oder punktuell, d. h. ohne *Konzeption* (ohne System) geschehen. Ihr Zielverbesserungsbeitrag wäre dann – wenn er eintritt – zufällig. Sollen Erfolge betrieblicher Führung nicht von Zufällen abhängen, so wird es unabdingbar, auch die Personalentwicklung in Inhalt und Abläufen Regelungen zu unterwerfen, die in ihrer Gesamtheit die Personalentwicklung zu einem System zusammenschließen. Dies bedeutet eine weitgehend systematische Erfassung der Qualifikationen und des Entwicklungsbedarfs sowie eine gezielte Planung, Umsetzung, Evaluierung und Transfersteuerung.

»Zwei Dinge sollen die Kinder von ihren Eltern bekommen: Wurzeln und Flügel.« Johann Wolfgang von Goethe

▸ *Selbstentwicklung* ist von daher nicht Bestandteil einer betrieblichen Personalentwicklung. Menschen lernen viel in Alltagssituationen; dieses nicht intentionale, eher zufällige Lernen ist nicht Bestandteil der Personalentwicklung.
Dies gestaltet sich anders beim bewusst eingesetzten Lernen am Arbeitsplatz (Training-on-the-Job; s. Teil 3, Kap. 5.3.3.2). Hier kann Lernen zwar nicht genau geplant und organisiert werden; hier kann Lernen nur durch die – vorgesehene, gegebenenfalls gestaltete – Arbeitssituation angeregt werden. Lernen ist in diesem Sinne nicht mehr »zufällig«.

5.1.2 Ziele

Die Grundmaxime des Personal-Managements, die Erreichung individueller und auch institutioneller Ziele prinzipiell gleichermaßen zu ermöglichen, gilt selbstverständlich auch für die Personalentwicklung. Unter dieser Maxime ist es Ziel der Personalentwicklung, sicherzustellen, dass arbeitsplatzbezogene Anforderungen und personenbezogene Qualifikationen übereinstimmen und sich kongruent entwickeln, d. h. betriebsrelevante Qualifikationen aufgebaut werden und Qualifikationsabbau vermieden wird. An dieses generelle Personalentwicklungsziel anknüpfend lassen sich nach den Interessenten differenzierte Zielsetzungen des Betriebs, der Mitarbeiter und der Gesellschaft unterscheiden.

Gesellschaftliche Ziele

Die Gesellschaft bildet nicht nur den kontextualen Rahmen für die Personalarbeit, sondern hat eigenständige Erwartungen an die Personalentwicklung. In ökonomischer Sicht geht es um die Erhaltung und Verbesserung des gesellschaftlichen Humanvermögens, das notwendig ist, um den wirtschaftlich-technischen und gesellschaftlich-sozialen Wandel zu gestalten. Betriebe sollen einen Beitrag leisten zur Verringerung der Arbeitslosigkeit und zur optimalen Allokation der humanen Ressourcen.

Wissensgesellschaft: Sie baut auf Personalentwicklung mit auf!

In politischer Sicht kann Personalentwicklung zudem – zumindest indirekt – einen Beitrag leisten zur Gewährung des Grundrechts auf freie Entfaltung einer verantwortungsvollen, kritikfähigen und selbstbewussten Persönlichkeit, zur Aufrechterhaltung von Handlungswillen, Lebensoptimismus und Zukunftsbejahung. Sie kann des Weiteren durch die betriebliche Sozialisation Unterstützung leisten bei der Erziehung zum mündigen Staatsbürger in einer Demokratie.

So verständlich wie diese Zielsetzungen auch sind, sie müssen letztlich aber aus einzelwirtschaftlicher Sicht auch für den Betrieb von ersichtlichem Nutzen und finanzierbar sein.

Ziele des Betriebs

Personalentwicklung trägt in letzter Konsequenz dazu bei, die obersten Betriebsziele (seien es Gewinnerzielung, Überlebensfähigkeit, zufriedenstellende Rendite o. a.) zu erreichen. Konkreter ausgedrückt strebt Personalentwicklung die effiziente Entwicklung der Personalausstattung derart an, dass der Personalbedarf in quantitativer, qualitativer und zeitlicher Hinsicht langfristig optimal gedeckt wird. Es geht insoweit um die langfristige Erhaltung und Verstärkung des betrieblichen Humanvermögens als zentrale Ressource. Diese Formulierung ist allerdings nicht ausreichend operational, um aus ihr konkrete betriebliche Maßnahmen der Personalentwicklung abzuleiten. Dies wird erst möglich, wenn speziellere Ziele der Personalentwicklung formuliert werden. Für sie kann es ebenso wenig Allgemeingültigkeit geben wie für individuelle Ziele. Sie können nur aufgrund der speziellen betrieblichen Situation, auch hinsichtlich des bestehenden individuellen wie betrieblichen Personalbedarfs und seiner Entwicklung, in der Zukunft konkret bestimmt werden.

»Lernen ist wie Rudern gegen den Strom. Sobald man aufhört, treibt man zurück.«
Benjamin Britten

5.1 Personalentwicklung
Begriff, Objekte, Ziele, Lerntheorien

> **WISSENSWERTES**
>
> **Personalentwicklung um ihrer selbst willen?**
>
> Oft stehen alternative, substituierende und/oder sich ergänzende Maßnahmen der Personalentwicklung zur Verfügung, die teilweise für einen Betrieb vielleicht mehr Sinn machen, um ein bestehendes Problem zu handhaben. Neustrukturierung von Arbeitsplätzen und -prozessen, Versetzungen, Rationalisierungen, Neueinstellungen sollten als prinzipielle Alternative – zur Handhabung eines Problems bzw. eines möglichen Entwicklungsbedarfs – ebenso geprüft werden. Nicht Personalentwicklung soll per se umgesetzt werden, sondern ein – antizipiertes – betriebliches Problem soll gehandhabt werden.

Ziele der Mitarbeiter

Mitarbeiterziele: Indirekt wichtig!

Personalentwicklung kann dazu beitragen, Wünsche und Erwartungen, die einzelne Mitarbeiter im Hinblick auf ihre persönliche Entfaltung und ihr berufliches Weiterkommen haben, zu erfüllen. Dies ist umso besser möglich, je genauer die von den Mitarbeitern verfolgten Ziele und Wünsche bekannt sind.

Dazu ist es für jeden Einzelnen erforderlich, sich zuerst selbst über die eigenen beruflichen Zielsetzungen Klarheit zu verschaffen: Wie steht er zum Betrieb, zu seinen Aufgaben, zu den daraus resultierenden Anforderungen, welche Aufgaben kann er bewältigen, will er übernehmen? Dies ist gleichbedeutend mit einer Art Selbstanalyse, die auch die eigenen vorhandenen Fähigkeiten, Anlagen und Neigungen einzuschließen hat.

Personalentwicklung als Belohnung?

Die Ziele der Mitarbeiter sind aufgrund unterschiedlicher Werte, Normen, Erwartungen und Motive individuell verschieden, sodass eine abschließende Aufzählung nicht möglich sein kann. Bei einer Analyse der verschiedenen Zielkategorien sollte letztlich klar sein: Betriebliche Personalentwicklung dient keinem Selbstzweck und soll vor allem die betriebliche Zielerreichung unterstützen. Mitarbeiterziele sind insofern »Mittel zum Zweck«. Sie zu verfolgen hilft oft die betrieblichen Ziele zu erreichen – aber nicht unbedingt. Zudem sind Mitarbeiterziele oft so individuell, sodass man aus dem Gleichheitsgrundsatz heraus und aus Effizienzgesichtspunkten nicht alle verfolgen kann: Individualisierung wird zu teuer und steht zudem, es sei auf das AGG verweisen, teilweise rechtlich auf unsicheren Füßen.

> **UMSTRITTEN**
>
> **Qualifizierungsmaßnahme als Incentive!?**
>
> Nicht jede, äußerlich als Qualifizierungsmaßnahme gekennzeichnete Maßnahme (z. B. Englischseminar auf Hawaii, Textverarbeitungskurs in St. Moritz im Februar) ist tatsächlich in erster Linie eine Personalentwicklungsmaßnahme. Solche Maßnahmen gehören eher in den Bereich der Anreizsysteme; mit Qualifizierung haben sie jedenfalls kaum etwas zu tun. Damit sollen solche Maßnahmen nicht generell abqualifiziert, sondern nur anders zugeordnet werden. Es mag durchaus gute Gründe geben, in Einzelfällen solche Belohnungen für gute/s Leistungsverhalten und/oder -ergebnisse zu vergeben. Personalentwicklung ist es dennoch nicht.

5.1.3 Lerntheorien

5.1.3.1 Klassische Lerntheorien

Personalentwicklung i. S. einer Organisation von Lernprozessen basiert in ihren zentralen Elementen auf lerntheoretischen Hypothesen. Lerntheorien treffen Annahmen über den Prozess des menschlichen Lernens wie der Gestaltung einer passenden Lernumgebung im Lern- wie im Funktionsfeld (Arbeitsplatz). Die klassischen Lerntheorien fokussieren dabei das Lernen eines Individuums, während neuere Lerntheorien sich auf das Lernen von Gruppen und gesamten Organisationen konzentrieren.

Die klassischen Lerntheorien lassen sich i. W. in drei *Grundrichtungen* unterscheiden (vgl. Arnold, 2004): behavioristische, kognitive und konstruktivistische Lerntheorien. Sie sind zwar (zumindest manche Einzelansätze) nicht überschneidungsfrei, docken manchmal aneinander an oder gehen ineinander über, sie unterscheiden sich jedoch in ihren grundsätzlichen Annahmen.

> »Wählt man seine Weisung mit Bedacht, werden die Werke vollendet.«
> Chinesische Weisheit

Behavioristische Lerntheorien

Die behavioristischen Lerntheorien orientieren sich an den Grundbegriffen Reiz (»stimulus«) und Verhalten (»response«) sowie insofern an dem S-R-Modell (Reiz-Reaktions-Theorien). Nicht der Lernprozess – als nicht erfassbare »Black Box« – als solcher steht im Zentrum der Thesen, sondern lediglich das beobachtbare Verhalten nach einem Stimulus. Von Interesse sind Reize, die als Folgewirkung eines Verhaltens auftreten und die Häufigkeit desselben steigern (beim Verstärkerreiz), senken (beim Strafreiz) oder nicht beeinflussen (beim neutralen Reiz). Lernen kann dementsprechend von außen gelenkt werden: Belohntes Verhalten tritt in Folge der Verstärkung häufiger auf, bestraftes Verhalten tritt seltener auf etc., auch wenn die Reize nicht mehr dem Verhalten folgen. Dies wird als Lernen bezeichnet. Zwei theoretische Ausrichtungen werden im Allgemeinen differenziert (vgl. Gerrig, 2014, S. 203 ff.; Klimecki/Gmür, 2005, S. 193 ff.; Gagné, 1973, S. 88 ff.): die klassische und die operante (zusammen mit der instrumentellen) Konditionierung.

> »Was ist nun das Wesen des Behaviorism? Daß der Mensch ein Tier ist wie jedes andere. ...«
> Hermann Keyserling

▸ Die *klassische Konditionierung* (»Hunde«-Experiment nach Pawlow, 1927; Kontiguitätstheorie) thematisiert die einfachste Form sogenannten assoziativen Lernens, d. h. der Verknüpfung zwischen Stimuli. Dem Lernenden werden dabei zwei Reize direkt hintereinander dargeboten. Der erste Reiz löst normalerweise keine Reaktion aus, der zweite schon. Sofern diese zwei Stimuli mehrfach erfolgen, dann wird irgendwann beim Lernenden bereits der erste Reiz allein die eigentlich zum zweiten Reiz gehörende Reaktion hervorrufen. Es hat sich in der Zwischenzeit (via »Lernen«) eine Assoziation zwischen dem ersten bedingten Reiz (»conditioned stimulus«) und dem zweiten unbedingten Reiz (»unconditioned stimulus«) gebildet. Der bedingte Reiz fungiert gewissermaßen als Signal (»Signallernen«). Diese Effekte funktionieren prinzipiell sowohl bei einer positiven (via Belohnungen) als auch bei einer negativen (via Bestrafungen) Konditionierung. Das bekannte Pawlowsche Beispiel lief wie folgt: Ein Hund sieht immer wieder leckeres Futter (unbedingter Stimulus), in Folge dieser Wahrnehmungen

> Pawlowsche Hunde-Experiment

5.1 Personalentwicklung
Begriff, Objekte, Ziele, Lerntheorien

setzt sein Speichelfluss ein (unbedingte Reaktion). Im Zeitablauf wird zuerst eine Glocke geläutet (bedingter Reiz), bevor der Hund das Futter sieht (unbedingter Reiz). Nach kurzer Zeit bildet der Hund die Assoziation »Glocke-Futter«, sodass allein das Läuten der Glocke nun bereits seinen Speichelfluss auslöst.

Im Rahmen einer *Reizgeneralisierung* wird ein ursprünglich »gelernter« Reiz auf andere ähnliche Situationen übertragen: (1) Ein »Stift« hat durch Konditionierung gelernt, vor einem bestimmten (bspw. sehr strengen) Ausbilder Angst zu haben. Diese – begründete oder unbegründete – Angst vor einem Ausbilder wird von dem Auszubildenden auf alle Ausbilder übertragen. So wurde der Reiz generalisiert. (2) Auf einem Seminar lernt man einen Trainer kennen, der einem besonders sympathisch ist, obwohl man diesen Menschen noch niemals zuvor gesehen hat. Die Erklärung liegt darin, dass man vermutlich in seiner Vergangenheit eine ähnlich aussehende Person (bspw. einen Patenonkel) mit einem angenehmen Stimulus verknüpft hatte.

> Watson (1930) übertrug – im Übrigen nicht wirklich ethisch-moralisch korrekt – die Thesen von Pawlow auf individuelles Verhalten mit dem Ergebnis, dass seines Erachtens gerade Verhaltensänderungen durch Training via Konditionierung erfolgreich sein können. Ein entsprechendes Verhaltenstraining umfasst dabei die Phasen »untraining« und »retraining«. Von großer Bedeutung beim Lernen sind dabei die Prinzipien »frequency« und »recency«. Je häufiger das Individuum in einer bestimmten Art und Weise auf den gleichen Stimulus reagiert (Häufigkeit), desto eher ist es in der Lage, auf den gleichen Stimulus auch das nächste Mal (positiv) zu reagieren – vorausgesetzt, dass die Reaktionen vorher verstärkt wurden. Je jünger die letzte Reaktion auf einen Stimulus ist (Neuheitsgrad), desto eher ist das Individuum gewogen, diese Reaktion auch wieder zu zeigen – vorausgesetzt, dass das Ergebnis als positiv wahrgenommen wurde.

»Irrend lernt man.«
Johann Wolfgang von Goethe

▸ Die *operante Konditionierung* (»Katzen«-Experiment nach Thorndike, 1913; Verstärkungstheorie) thematisiert schon etwas komplexere Lernformen. Sie fokussiert die Beeinflussung eines spontan gezeigten Verhaltens durch das Ergebnis auf dieses Verhalten. Je nachdem, ob das Ergebnis des Verhaltens positiv (als Belohnung) oder negativ (Wegfall einer Bestrafung) wahrgenommen wird, wird dieses Verhalten künftig häufiger oder weniger häufig gezeigt. Man spricht auch von positiver Verstärkung bzw. negativer Verstärkung. Beispiele: (1) Ein Kind schreit an der Kasse, weil es etwas von den Süßigkeiten an der Kasse haben möchte. Die Eltern geben nach, weil ihnen das Geschrei unangenehm ist. Das Kind lernt so, was es demnächst an der Kasse erfolgreich machen muss (Prinzip einer positiven Verstärkung). (2) Schüler erledigen regelmäßig ihre Hausaufgaben, um zu vermeiden, dass die Lehrer sie ermahnen (Prinzip einer negativen Verstärkung). Bei einer operanten Konditionierung wird also eine Assoziation zwischen einer Verhaltensweise und einem Verstärker (oder dem Ausbleiben einer Bestrafung) gebildet. Diese Assoziation ist oft durch eine Abfolge von Versuch

Begriff, Objekte, Ziele, Lerntheorien 5.1

und Irrtum entstanden. Und hier liegt der Unterschied zum klassischen Konditionieren. Dort werden Verhaltensweisen durch spezifische Reize ausgelöst, hier lernen Menschen, dass bestimmte Verhaltensweisen positive, neutrale oder negative Reaktionen bei anderen hervorrufen. Dementsprechend ist die spätere Auftretenswahrscheinlichkeit des Verhaltens anzunehmen.

Auf Basis dieser Überlegungen entstand das Konzept der *instrumentellen Konditionierung* (»Ratten«-Experiment nach Skinner, 1938, 1974). Nach den einschlägigen Studien will der Mensch mit seinem Verhalten ein bestimmtes Ziel erreichen. Je nachdem, ob er Erfolg oder nicht mit diesem Verhalten bei der Zielerreichung hat, wird sich die Wahrscheinlichkeit dieses Verhaltens ändern. Je nach Erwünschtheit des Ergebnisses wird er beim nächsten Mal wieder dasselbe oder eher ein anderes Verhalten (Mittel-Zweck-Beziehung) zeigen. Insofern hängt die Häufigkeit spezifischer Verhaltensweisen davon ob, inwieweit sie von angenehmen Folgen begleitet werden oder nicht. Eine positive Verstärkung von Verhalten durch Belohnungen wirkt dabei am besten, wenn die erwünschte Reaktion unmittelbar erfolgt (verstärkt wird).

Skinners Ratten-Experiment

Der Unterschied zwischen operantem und instrumentellem Konditionieren setzt an der Intention des Lehrenden an: Während bei der operanten Variante beliebiges, eventuell unbeabsichtigtes oder zufälliges Verhalten betrachtet wird (Die Lernenden haben gelernt, dass auf einen bestimmten Stimulus ein bestimmtes Ereignis folgt.), fokussiert die instrumentelle Variante den Zweck des Verhaltens. (Die Lernenden haben verstanden, dass ein bestimmtes Verhalten eine bestimmte Folgewirkung hat. Die Wahrscheinlichkeit des Auftretens einer bestimmten Verhaltensweise steht daher in Abhängigkeit von dem erwarteten Resultat.)

Unterschied

Der Behaviorismus insgesamt – und infolge auch die behavioristischen Lerntheorien mit ihren ursprünglichen Tierexperimenten – verfolgt ein stark *mechanisches Menschenbild*, in dem der Mensch ausschließlich als von außen determiniertes Objekt betrachtet wird. Kognitive wie auch emotionale Vorgänge im Menschen werden ignoriert, als nicht näher erkennbare Black Box betrachtet. Von daher lassen sich auch komplexere Zusammenhänge des Lernens nicht erklären. Lernen ist mehr als ein Ablauf von Signal- und Reflexketten. Zudem bieten sie unzureichende Erklärung individuellen Verhaltens. Individuen reagieren bspw. durchaus sehr unterschiedlich auf den selben Stimulus – ein Phänomen, welches mit behavioristischen Lerntheorien nicht erklärt werden kann.

Menschenbild

Für die Personalentwicklung bleibt zu konstatieren, dass man prinzipiell nach einem eingeübten Reiz-Reaktions-Schema lernen kann. Insofern ist Lernen v. a. eine Frage der richtigen Reize und Belohnungen sowie des steten Trainierens. Der Personalentwickler »weiß«, was in diesem Prozess richtig und falsch ist, und er findet Mittel und Wege, die Inhalte angemessen zu vermitteln. Lernen selbst ist dabei rezeptiv und passiv. Das Ergebnis ist die »Speicherung« von Wissen und in Folge eine reine Wiedergabe vorgegebener Lerninhalte bzw. eintrainierter Verhaltensweisen – ohne Verständnis. Insofern entsteht »träges Wissen« ohne gezielte Transfermöglichkeit. Inwieweit eine behavioristisch gestaltete Personalentwicklung bei den Ad-

Fazit

5.1 Personalentwicklung
Begriff, Objekte, Ziele, Lerntheorien

ressaten intellektuell und motivational ankommt, hängt wiederum von deren Qualifikation und Motivation ab.

Kognitive Lerntheorien

»Lernen, ohne zu denken, ist eitel; denken, ohne zu lernen, gefährlich.« Konfuzius

Der Gegenstand der kognitiven (bzw. kognitivistischen) Lerntheorien ist prinzipiell die Erklärung geistiger Prozesse, die nicht durch ein Reiz-Reaktions-Schema über ein konditioniertes Reagieren zu erklären sind. Sie verstehen Lernen als aktiven, kognitiv gesteuerten Informationsverarbeitungsprozess: Es gibt äußere Reize (Stimuli, Input-Faktoren), die durch kognitive Prozesse des Individuums auf unterschiedliche Art und Weise erfasst, erworben, bearbeitet, gespeichert, erinnert, abgerufen und in Wissen oder Fähigkeiten transferiert werden (Verarbeitung im Organismus) sowie dann zu Verhaltensweisen in bestimmten Situationen (Reaktion, Output) führen (s. S-O-R-Modell in Teil 2, Kap. 2.1). Auch hier gibt es unterschiedliche Ansätze. Gemeinsame Grundannahmen sind, dass kognitive Strukturen und Prozesse einen zentralen Einfluss auf das individuelle Verhalten haben, diese dabei in einer Wechselwirkung zu äußeren Informationen stehen und durch diese modifiziert werden können sowie die Individuen gedankliche Hypothesen über Ursache-Wirkungszusammenhänge bilden. *Drei zentrale Ansätze* werden hier differenziert: die sozial-kognitive Lerntheorie mit dem Modell-Lernen, verstehendes Lernen und Lernen via kognitiver Schemata.

Modell-Lernen

▸ Im Rahmen des *Modell-Lernens* (synonym: Beobachtungslernen) wird die Fähigkeit des Individuums zum symbolischen und stellvertretenden Lernen fokussiert (vgl. Bandura, 1979, S. 31 ff.). Erkenntnis (i. S. v. Qualifikation) baut sich durch die aktive Auseinandersetzung mit der Umwelt (v. a. Wahrnehmung, Verarbeitung, Bewertung) auf, sei es beim Zuhören oder beim Tun. Unter Modell-Lernen wird daher ein Lernprozess verstanden, im Zuge dessen eine Person das Verhalten einer anderen Person sowie dessen Konsequenzen beobachtet und schließlich – eventuell modifiziert – imitiert (bspw. Kinder, die Verhaltensweisen ihrer Eltern, oder Mitarbeiter, die Führungsverhalten ihrer Vorgesetzten übernehmen). Dabei handelt es sich entweder um die Übernahme von für den Lernenden völlig neuer Verhaltensweisen, die Unterdrückung oder Enthemmung vorher gelernten, abweichenden Verhaltens und/oder das Auslösen bereits gelernter, aber nicht gezeigter Verhaltensweisen als Reaktionen. Es wird dadurch gelernt, dass sowohl das Verhalten anderer, v. a. wichtiger Personen, als auch die Konsequenzen des Verhaltens bei diesen Personen beobachtet (als Modelle) und verarbeitet werden.

> So lernt ein Mitarbeiter bspw. durch einen Kollegen, seine Arbeit anders zu strukturieren (Übernahme neuen Verhaltens), sich seinem Vorgesetzten gegenüber frech (Enthemmung) bzw. devot (Unterdrückung vorher gelernten, abweichenden Verhaltens) zu verhalten, oder bemüht sich, auf einem Gebiet zu glänzen, während sein Kollege gerade auf einem anderen Gebiet sehr erfolgreich ist (Auslösen bereits gelernter, vorher nicht gezeigter Reaktionen).

5.1 Begriff, Objekte, Ziele, Lerntheorien

Für den Verhaltenserwerb spielt dieses Lernen am Modell eine *wichtige Rolle*.
- Zum Ersten sind hier die Modellwirkungen von *Personen in attraktiven Positionen* (bspw. bestimmte Vorgesetzte) relevant. Sie sind quasi symbolische Verhaltensmuster, sei es bei der Mitarbeiterführung, sei es im Umgang mit Kunden, Vorgesetzten u. a. Gezieltes wie »normales« Verhalten im Funktionsfeld dieser Personen gegenüber den Lernenden ist im Rahmen der Entwicklung einsetzbar.
- Zum zweiten lässt sich Modell-Lernen im Rahmen eines *Verhaltenstrainings* als Verhaltensmodellierung (vgl. Tannenbaum/Yukl, 1992) für Methoden- und Sozialkompetenzen (bspw. Konfliktbewältigung, Gruppendiskussionen, Feedback) gezielt einsetzen (vgl. Sonntag/Stegmaier, 2001).

Das Beobachtungslernen wird durch verschiedene kognitive Informationsverarbeitungsprozesse gesteuert. Abbildung 3-75 visualisiert den *Prozess*, der nachfolgend skizziert wird (vgl. Bandura, 1971, 1979):

»Es gibt keine andere vernünftige Erziehung, als Vorbild sein, wenn es nicht anders geht, ein abschreckendes.«
Albert Einstein

Abb. 3-75

Prozess des Modell-Lernens

Modelled Events	Attentional Processes	Retention Processes	Motor Reproduction Processes	Motivational Processes	Matching Performances
	• Modeling Stimuli: – Distinctiveness – Affecting valence – Complexity – Prevalance – Functional value • Observer Characteristics: – Sensory capacities – Arousal level – Motivation – Perceptual set – Past reinforcement	• Symbolic coding • Cognitive organization • Symbolic rehearsal • Motor rehearsal	• Physical capabilities • Availability of component responses • Selb-observation of reproductions • Accuracy feedback	• External reinforcement • Vicarious reinforcement • Self-reinforcement	

Quelle: in enger Anlehnung an *Bandura*, 1971, S. 24

- Zu Beginn stehen die modellierten Ereignisse (bspw. das wahrgenommen Verhalten anderer).
- Dem folgt zunächst eine Aneignungsphase in zwei Teilschritten:
  - Zum Ersten spielen im Rahmen der sog. Aufmerksamkeitsprozesse folgende Elemente im kognitiven und an dieser Stelle v. a. selektiven Verarbeitungsprozess eine große Rolle: einerseits die Modellperson und ihre Attraktivität, Glaubwürdigkeit u. Ä. sowie andererseits die Merkmale des Beobachters, seine Erwartungen, Interessen, sein emotionaler Zustand u. a.

Prozessbeschreibung

5.1 Personalentwicklung
Begriff, Objekte, Ziele, Lerntheorien

- Zum Zweiten erfolgen die kognitiven Behaltensprozesse des Gedächtnisses. In Abhängigkeit der möglichen symbolischen Kodierung des beobachteten Verhaltens, der individuellen kognitiven Fähigkeiten und Strukturen, der aktuellen Motivation und vergangener Belohnungen bleibt mehr oder weniger für spätere Verhaltensprozesse hängen.
- Im darauffolgenden Nachbildungsprozess stehen ebenso zwei Teilphasen an:
    - Zum Ersten erfolgen auf der kognitiven Ebene motorische Reproduktionsprozesse und zwar in Abhängigkeit von physischen Fähigkeiten, anderen Teilfertigkeiten, der Selbstbeobachtung und der Qualität eines Feedbacks (und ggf. Anpassungen).
    - Zum Zweiten bedarf es motivationaler Prozesse (externe, stellvertretende und/oder selbstverstärkte), damit das Erlernte auch in das Verhaltensrepertoire aufgenommen und tatsächlich gezeigt wird.

So entstehen dann die sogenannten Nachbildungsleistungen.

»Bildung ist die Fähigkeit Parallelen zu sehen.« Sigmund Graff

Im Rahmen des Modell-Lernens kann man noch *differenzieren* (vgl. Bandura, 1979, S. 49 ff.)
- in die *abstrakte Modellierung* (nicht die beobachteten Verhaltensweisen des Modells, sondern v. a. die zugrunde liegenden Strukturen und Regeln werden übernommen) und
- in *kreative Modellierung* (mehrere Modelle werden miteinander kombiniert, fließen in neuartige Muster ein).

Verstehendes Lernen

▶ Beim *verstehenden Lernen* (»Lernen durch Einsicht«) erkennt ein Lernender – aufgrund des Einsatzes spezifischer Bildungsveranstaltungen und/oder »neues Wissen«, bspw. wie ein bestimmtes Problem gelöst, eine konkrete Aufgabe o. Ä. gehandhabt werden sollte. Um zu solch einer individuellen Einsicht bzw. zu solch einem Lernerfolg zu gelangen, ist es sinnvoll, die kognitiven Strukturen durch Impulse (individuell neuartige Ideen, Wissensangebote, Erfahrungen anderer, prinzipielles Know-how einer Herangehensweise u. a.) anzusprechen und gegebenenfalls dadurch zu erweitern oder zu verändern (vgl. Winkel/Petermann/Petermann, 2006, S. 145 ff.). Man weiß nach einem Vortrag oder einer Lektüre mehr! Man seziert ein größeres, schwer lösbares Problem in kleinere, bekanntere und kann diese dann sukzessive lösen! Das Erlernen vieler kognitiver Bausteine führt zur »Einsicht«, zum Umgang mit einer Problemsituation! Solche und ähnliche Lernsituationen sind hier angesprochen.

Im Lernprozess (bspw.: Phase des Aufnehmens, Phase des Erwerbs, Phase der Speicherung, Phase der Reproduktion) geht es darum, beim Lernenden Aufmerksamkeit zu erzielen, Neugierde zu wecken, aber auch Lehrziele mitzuteilen, individuelle Erwartungen zu wecken, an Vorwissen anzuknüpfen, dem Lerninhalt eine Bedeutung zu geben, motivierende Lernmaterialien zu präsentieren, Lernhilfen anzubieten, gegebenenfalls konkrete Beispiele einzubauen, Gelerntes testen und anwenden zu lassen, Feedback zu geben, Transfer zu üben (vgl. Gagné, 1973, S. 63 ff.).

»Mir ist ein Licht aufgegangen!« Redensart

Beispiel: Die verbale Kenntnisvermittlung in einem Seminar beruht auf Einsicht. Ein Lehrender versucht die zu vermittelnden Inhalte kognitiv zu erläutern. Die Lernenden sollen verstehen, wie ein Modell, ein Instrument funktioniert u. Ä. Da-

5.1 Begriff, Objekte, Ziele, Lerntheorien

bei geht es nicht allein um abstrakte Erklärungsversuche, auch durch Beispiele kann man erläutern.

> Verstehendes Lernen fokussiert einen Prozess, bei dem ein Individuum ein Problem denkend analysiert, strukturiert und versteht, sodass es – andere – Strategien zu dessen Handhabung erarbeiten kann. Als Ergebnis eines solchen Lernprozesses zeigt sich oft ein geändertes oder neuartiges Verhalten.

▶ *Theorien der kognitiven Schemata* (v. a. Piaget, 1991, Neisser, 1979) fokussieren ebenso den kognitiven Reflexionsprozess von Individuen. Lernen ist für sie aber eine Veränderung von immer komplizierter werdenden kognitiven Strukturen, die wiederum nur aus den vorab vorhandenen Strukturen verstanden werden können.

Theorien kognitiver Schemata

– *Piagets theoretischer Ansatz* geht von der These aus, dass die Individuen im Laufe ihres Lebens »Bilder« über ihre Umgebung haben, die sie in ihrem Verhalten laufend anwenden. Diese Bilder werden durch neue Erfahrungen verändert, das Individuum lernt. Diese Bilder über die Umgebung (Person-Umwelt-Beziehung) kennzeichnet er als Schemata (i. S. von konkreten Programmen für Bewegungen bis hin zu abstrakten Deutungen). Sie sind in ihrer inneren Struktur prinzipiell logisch konsistent und geben gesamthaft Auskunft darüber, wie eine wahrgenommene Begebenheit zu interpretieren ist sowie welche Verhaltensweisen als Reaktion erfolgen sollen. Piagets Ansatz stellt keine direkte Lerntheorie dar. Er ermöglicht allerdings einen Einblick, wie kognitive Fähigkeiten sich in der Umwelt und im Zeitablauf entwickeln können. Für die Person-Umwelt-Beziehung sind zwei Prozessarten relevant:

Assimilation und Akkommodation

1. Mit der *Assimilation* wird die Nutzung eines vorhandenen Schemas auf eine individuell wahrgenommene Situation angesprochen. Auf die äußeren Stimuli wird so reagiert, wie es die verfestigte innere Struktur vorsieht – unabhängig von der Treffsicherheit der Wahrnehmung. Die kognitive Struktur bestimmt dabei in einem gewissen Sinne, wie – individuell – die Umwelt »aussieht«. Assimilation ist also gleichzusetzen mit dem Beleg älterer Deutungs-, Wert- und Verhaltensmuster – allerdings nur so lange, wie diese einen erfolgreichen Umgang mit realen Anforderungen gewährleisten.
2. Mit der *Akkommodation* wird die Veränderung eines inneren Schemas oder auch die Neukonstruktion eines solchen Schemas angesprochen. Dies geschieht dann, wenn die individuellen Wahrnehmungen nicht mehr mit einem vorhandenen Schema erklärt, sie aber auch nicht ignoriert werden können. Dadurch wird die innere Struktur durch einen äußeren Stimulus verändert. Der kognitive Apparat gestaltet dann eine neue, zusätzliche Interpretation, um die Umwelt wieder verstehen zu können. Lernen durch Akkommodation findet insofern statt, wenn die »altbewährten« Schemata an äußeren Ereignissen scheitern, das Individuum irritieren und so zur Konstitution eines differenzierten, neuen Schemas führen.

5.1 Personalentwicklung
Begriff, Objekte, Ziele, Lerntheorien

Kognitive Landkarten

- Die *Schematheorie von Neisser* (1979) verfolgt ein ähnliches Konzept. Auch hier sind Schemata individuelle Bilder (bzw. kognitive Landkarten) zur Deutung der Wahrnehmungen in der Umwelt. Sie sind Basis für das individuelle Verhalten. Die Individuen bewegen sich dabei aktiv in ihrer unmittelbaren Umwelt und sind auf der aktiven Suche nach Bestätigung ihrer Schemata oder auch nach Impulsen, die eine Modifikation erfordern, um eine optimale Verhaltensanpassung sicherzustellen. So entsteht ein aktiver fortwährender Prozess des Lernens zur Bestätigung, zur Modifikation und/oder zur Schaffung neuer Schemata.

> Klimecki/Gmür (2005, S. 199) bewerten wie folgt: »Der reflexionsorientierte Ansatz von PIAGET und NEISSER relativiert die Bedeutung äußerer Anlässe für den Erwerb neuer Qualifikationen oder die Veränderung der Motivationsstruktur. Sie sind zwar wesentliche Auslöser von Veränderungen, das Ergebnis des Lernprozesses und die Frage, ob es überhaupt im Einzelfall zu einem Lernfortschritt kommt, hängt jedoch nur von der bestehenden Struktur der Deutungs-, Wert- und Handlungsmuster ab.«

Fazit

Überträgt man diese beiden kognitivistischen Lerntheorien auf die Personalentwicklung, so kommt man zu folgenden *Schlussfolgerungen* (ähnlich Klimecki/Gmür, 2005, S. 199 f.): (1) Qualifikationen lassen sich zum Teil gezielt vermitteln, indem die »Verarbeitung« von Wissen entsprechend gesteuert wird und die richtigen Methoden zur Problemlösung respektive zum Lernen eingesetzt werden. »Wissen« ergibt sich dabei allerdings erst aus der individuellen Auseinandersetzung des Individuums mit der relevanten Umgebung. (2) Die Lernenden lösen während des Lernprozesses eigenständig (Lern-)Probleme. Die gestellten Aufgaben sind den Lernenden angepasst. Lehrende begleiten den Lernprozess und helfen unter Umständen aktiv oder auf Rückfrage. (3) Personalentwicklung ist in diesem Sinne v. a. Anstoß zur Selbstentwicklung des Individuums, da Lernen individuell erfolgt. (4) Das Individuum entwickelt sich auf Basis seiner vorhandenen Schemata. Äußere Lernstimuli müssen insofern genau an diesen individuellen Schemata anknüpfen, sie ansprechen, bestätigen oder irritieren.

Konstruktivistische Lerntheorien

»Die meisten Menschen sind bereit zu lernen, aber nur die wenigsten sich belehren zu lassen.«
Winston Churchill

Die *konstruktivistischen Lerntheorien* begreifen Lernen als selbstgesteuerten, aktiven Prozess. Hier stellt Lernen also ebenfalls keine Black-Box dar, sondern ist der Erkenntnis zugänglich. Dabei geht man davon aus, dass Menschen mit ihren kognitiven Systemen selbstorganisierte Systeme sind, die selbstreferentiell bezogen sind. »Wissen« entsteht dabei durch *subjektive Interpretation* und v. a. »*Konstruktion*«. Lernen stellt sich daher nicht als Prozess dar, bei dem einfach Informationen importiert werden. Dennoch sind Überschneidungen zu den kognitiven Lerntheorien – mal mehr, mal weniger – gegeben. Allerdings ist der Unterschied deutlich: Grundsätzlich wird mit dem konstruktivistischen Ansatz davon ausgegangen, dass Individuen auf ihr subjektives Bild der Umwelt, und nicht, wie bei kognitivisti-

5.1 Begriff, Objekte, Ziele, Lerntheorien

schen Ansätzen auf Reize einer und Wechselwirkungen mit einer objektiven Umwelt reagieren.

Diese *aktive Wissenskonstruktion* im Gehirn gilt es im Rahmen der Personalentwicklung zu aktivieren, anzupassen, zu überarbeiten und zu erweitern. Dies geschieht durch Impulse und durch die Gestaltung von Lernsituationen in Lern- wie Funktionsfeldern, in denen jeweils bestehende Abbilder der Realität neu reflektiert werden. Die Personalentwicklung hat sich dementsprechend mit der Gestaltung einer (gezielt) anregenden Lernumgebung zu beschäftigen. In dem dann folgenden Lernprozess kommt der Berücksichtigung des Vorwissens eine entscheidende Rolle zu, »neues Wissen« kann nur im Bezug auf dieses vorhandene Wissen »konstruiert« werden. Lehren »erzeugt« nach diesem Verständnis also nicht unmittelbar ein neues Know-how, sondern regt allenfalls an, das selbst-konstituierte Know-how zu verändern. Was jemand unter bestimmten Bedingungen gegebenenfalls lernt, hängt dabei stark von dem Lernenden selbst und seinen Erfahrungen ab.

Die »Übernahme« neuen Wissens ist das Ergebnis einer eigenständigen Konstruktion des Individuums auf der Basis vorheriger Erfahrungen.

Eigenständige Konstruktion

> Auch die Leser dieser Zeilen bilden das Gelesene nicht einfach ab, sondern lösen eigene Überlegungen, Assoziationen und Emotionen aus, die gegebenenfalls Know-how – wie auch immer – verändern. Die Konstruktionsprozesse basieren dabei auf sinnesphysiologischen, neuronalen, kognitiven und sozialen Prozessen.

Gerade wenn es um die Vermittlung zentraler Inhalte geht, um Grundüberzeugungen und Verständnis, dann macht es Sinn, anderen nicht zu sagen, »was richtig ist«, sondern sie selbst diese Schlussfolgerung bilden zu lassen – selbst wenn dann nicht genau das Ergebnis sich ergibt, was man sich vorgestellt hat. Wissen wird – in die-

»Es ist keine Schande nichts zu wissen, wohl aber, nichts lernen zu wollen.« Platon

WISSENSWERTES

Lernmotivation

»Lernen ohne (Lern-)Motivation ist wie Balkonpflanzen ohne Wasser: eine Geldvergeudung!« Lernen ist deutlich effizienter, wenn die Person motiviert ist, dass was Objekt der Personalentwicklung sein soll, tatsächlich auch sich anzueignen. Allerdings ist nicht allein das Objekt eine Anreizdeterminante, auch – andere kognitive, emotionale, soziale, situative Faktoren wie – der vorgesehene Zeitpunkt, die Art, die Anstrengungserwartung (Werde ich dies Erlernen können?) und der antizipierte Nutzen (positive Konsequenzerwartung) des Lernens, gegebenenfalls auch vorhandene Lernlust (»intrinsische Motivation«), Erfahrungen, Trainer, Lernpartner, Lernort u.a. (vgl. Teil 2, Kap. 4.2.5). Motivation ist eine Grundvoraussetzung dafür, zunächst (passiv oder aktiv) am Lernprozess teilzunehmen sowie danach auch zu Lernen und das Erlernte zu behalten. Ideal wäre eine Motivation vor Beginn des intendierten Lernprozesses. Allerdings kann auch die Entwicklung der konkreten Lernmotivation erstes Ziel einer Personalentwicklungsmaßnahme sein, also das kognitive und emotionale »Ja, ich will und kann!« frühzeitig zu entwickeln. Es gilt bei der Personalentwicklung, nicht generell davon auszugehen, dass die Lerner immer motiviert sind, sich entwickeln zu lassen. Es ist als essentieller Bestandteil der Personalentwicklung sicherzustellen, dass die Lernmotivation entweder vorhanden ist oder spätestens während der Maßnahme entwickelt wird. Sich lediglich auf die eigene Ansicht (»Das ist doch wichtig! Und er müsste dies doch können!«) zu verlassen, ist ein Fehler.

5.1 Personalentwicklung
Begriff, Objekte, Ziele, Lerntheorien

sem Gedankengang – individuell konstruiert. Die Lernenden bewältigen dabei vielfach komplexe Lernsituationen. Dem zentralen Personalentwicklern kommt dabei vorab die Rolle des Gestalters und währenddessen die Rolle des Coaches zu.

Der bisherige Text konzentrierte sich auf ausgewählte, für die gedankliche Auseinandersetzung mit der Personalentwicklung zweckmäßige lerntheoretische Ansätze. Damit war nicht die Intention verbunden, einen Überblick über alle Ansätze zu geben. Dazu bedarf es zusätzlicher Lektüre (vgl. Winkel/Petermann/Petermann, 2006).

Anwendung der Lerntheorien

»Im Flugzeug gibt es während starker Turbulenzen keine Atheisten.«
Robert Lembke

Alle drei lerntheoretischen Ansätze können im Rahmen der Personalentwicklung verwendet werden. Eine generelle Zuordnung der Paradigma zu den Richtungen oder den Methoden der Personalentwicklung ist allerdings nicht sinnvoll. Es hängt sehr stark von den Qualifikationen der Lernenden, deren intellektuellem Potenzial, den Lerngegenständen »Fertigkeiten«, »Fähigkeiten« und/oder »Wissen« u. Ä. ab, welches lerntheoretische Set am zweckmäßigsten eingesetzt wird. Zwar lässt sich allgemein konstatieren, dass Fertigkeiten am besten – im Sinne des behavioristischen Ansatzes – trainiert und Kenntnisse dagegen eher via kognitivistischer Lehrmethoden vermittelt werden sollten. Geht es um Verständnis und Begreifen, dann bietet sich vielfach die konstruktivistische Lehrmethodik an. Je stärker das intellektuelle Potenzial ausgeprägt ist, desto eher sind konstruktivistische und/oder kognitivistische Instrumente erfolgreich einsetzbar. Training-on-the-Job-Instrumente helfen aufgrund der nachdrücklichen Erfahrungen am Arbeitsplatz gegebenenfalls Know-how neu zu konstruieren. ... Oft sind die Ansätze auch miteinander – gewissermaßen in einem Programm – kombinierbar.

5.1.3.2 Neuere Lerntheorien

Lernende Organisation und organisationales Lernen

Neuere Lerntheorien haben die individualistische Perspektive verlassen und auch damit die Sicht auf die Personalentwicklung verändert bzw. erweitert. Verschiedene Elemente haben hier einen Platz in der Diskussion gefunden: »Lernende Organisation«, »Organisationales Lernen« mit verschiedenen Lernformen und »Wissensmanagement« (vgl. Rump, 2010).

In einer idealisierten Vorstellung löst sich die systematisch initiierte Personalentwicklung in einer *Lernenden Organisation* (Organisation wird hier im institutionellen Sinne verstanden.) auf. Diese ist als (normatives) Idealmodell eines Betriebs zu verstehen, in der organisationales Lernen insoweit institutionalisiert ist, als dass zu jeder Zeit – quasi automatisch – alle zukünftig und aktuell notwendigen, individuellen wie gruppenbezogenen Qualifikationen entwickelt werden respektive vorhanden sind (vgl. Senge, 1990; Sattelberger, 1996).

In der Literatur im Allgemeinen und in der Lerntheorie im Besonderen sind dabei die Begriffe »Lernende Organisation« und »*Organisationales Lernen*« eher unscharf verwendete Begriffe.

Lernen als Ressource

Im allgemeinen Verständnis handelt es sich zudem beim organisationalen Lernen um eine Metapher, die für den Übergang von individuellem Wissen (Werte, An-

5.1 Begriff, Objekte, Ziele, Lerntheorien

nahmen u. a.) auf andere Mitarbeiter insofern gelingt, als dass dann gemeinsames Wissen mit betrieblichen Folgen vorliegt. Durch die Wechselwirkung von lernenden Personen und lernender Organisation entsteht ein institutioneller Wissensspeicher. Er enthält Facetten, die nicht allen Mitarbeitern bekannt sind. Ziel des Organisationalen Lernens ist aber weniger dieses Ergebnis als vielmehr der Lernprozess, der zur Organisationsentwicklung (i. S. laufend verbesserter Handlungskompetenz) beitragen soll (vgl. Conrad, 1998; Ridder, 2015). Im Rahmen des Organisationalen Lernens besteht die betriebliche Absicht, organisationale Lernprozesse zu institutionalisieren.

> Die gesamte Wissensbasis soll verbreitert werden. Als solches ist sie eingebettet in ein *Wissensmanagement*. Unter diesem Stichwort werden verschiedene Formen und Aufgaben – jenseits der traditionellen Organisations- und Personalentwicklung – diskutiert: Management (1) der Wissens- und Informationsquellen, (2) der Wissensträger- und Informationsressourcen, (3) des Wissensangebots, (4) des Wissensbedarfs und (5) der Infrastrukturen der Wissens- und Informationsverarbeitung (vgl. Rehäuser/Krcmar, 1996; Ridder, 2015).

Die Prozesse des Organisationalen Lernens unterscheiden sich von individuellen Lernprozessen und auch von Betrieb zu Betrieb. Lernen wird dabei als Austausch- respektive Lernprozess verstanden. Für Argyris/Schön (1978) entspringt beispielsweise Organisationales Lernen durch die Entstehung und Verbreitung sogenannter Handlungstheorien. Verschiedene *Lernformen* werden thematisiert:

»Weisheit der Vielen« unbekannt

Lernformen

- Im »*Single-loop-learning*« findet Lernen wie folgt statt: Mitarbeiter eines Betriebs reagieren auf internen und externen Wandel insoweit, als dass sie ihre Handlungsstrategien ändern, wenn diese nicht mehr zu den erwarteten Ergebnissen führen. Dieser Lernprozess funktioniert dabei wie bei einer thermostatgesteuerten Maschine (i. S. v. Anpassungslernen).
- »*Double-loop-learning*« stellt dagegen eine Lernform dar, bei der das »mismatch« zwischen realen und erwarteten Konsequenzen zu einer Entwicklung der Zielvorstellungen führt. Gerade in sich verändernden Welten sind die Fähigkeit

TERMINOLOGIE

»Tacit Knowledge«

Unter Tacit Knowledge (implizites respektive stilles Wissen) werden jene intangiblen Ressourcen eines Betriebs verstanden, die »stillschweigend« oder nur unbewusst, implizit vorhanden sind. Im Unterschied zu tangiblen Ressourcen, wie dem gesamten Anlagevermögen, lenken intangible Ressourcen den Blick auf durch Konkurrenten nur schwer kopierbare Wettbewerbsvorteile. Bei Tacit Knowledge handelt es sich damit vor allem um das spezifische Know-how von Mitarbeitern, das sich nicht nur auf die unmittelbare Produkterstellung und -weiterentwicklung, sondern sich auch auf Kontakte zu Kunden und Lieferanten bezieht. Zudem lässt sich die Lernfähigkeit (respektive Lernen) oder ein ausgeprägtes Qualitätsbewusstsein von Mitarbeitern als Tacit Knowledge fassen, was ebenfalls Quellen für langfristige Wettbewerbsvorteile sein können.

zur Infragestellung des Gewohnten und ein Lernen zu einem adäquateren Ziel stärker gefragt. Gleichzeitig kann so die Voraussetzung für ein effizientes Single-loop-learning geschaffen werden.
- Mit »*Deutero-learning*« ist schließlich die Fähigkeit von Betrieben angesprochen, ihre Lernfähigkeit selbst zu verbessern. Die Reflexion der Lernprozesse in einem weiteren Sinne hinsichtlich fördernder und hindernder Determinanten sowie ineffizienter Phasen kann zu diesem organisationalen Lernen führen.

Hierzu bedarf es unbedingt der Anwendung der weiter unten besprochenen Evaluation der Personalentwicklung.

5.2 Personalentwicklungskonzept

5.2.1 Stellenwert konzeptioneller Personalentwicklung

Die Erfahrung, dass Innovationen in Produkte, Technik und Management eine regelmäßige und systematische Weiterentwicklung des Personals voraussetzt, führt zu der Erkenntnis, dass, je weitergehender die Personalentwicklung in einem Betrieb betrieben wird, desto wertvoller der Nutzen hieraus ist. Ein weithin zu beobachtendes Zeichen für diese Entwicklung ist die Umkehrung des Trends zur Arbeitsteilung.

Personalentwicklung: eine »conditio sine qua non« überlebender Betriebe

In Bezug auf die personalwirtschaftlichen Konsequenzen dieser Entwicklung, lassen sich zwei gemeinsame Grundgedanken festhalten:
- Zum Ersten, dass durch eine verstärkte *Vernetzung einzelner Arbeitsschritte* der gesamte Arbeitsprozess effizienter gestaltet werden kann. Das hat Auswirkungen auf die Menschen in Betrieben und zwar bedingt durch die Technisierung der Informationsverarbeitung und Kommunikation, die damit einhergehende Entkoppelung des Menschen von Papier- und Materialflüssen sowie durch das Denken in komplexen Strukturen und ganzheitlichen Prozessen. Sie fordern Qualifikationen, die durch »einfache« Bildungsveranstaltungen ungenügend gelehrt werden können und stattdessen konzeptionelle Personalentwicklungsarbeit fordern. Damit nimmt auch die Beeinflussung des Qualifikationspotenzials der Mitarbeiter an Bedeutung zu.

»Es gibt nur eins, was auf Dauer teurer ist als Bildung – keine Bildung.« John F. Kennedy

- Zum Zweiten, dass die Bestandsfähigkeit des Betriebs letztendlich von der *Entwicklungsfähigkeit der Mitarbeiter* abhängt. Ein Betrieb ist permanent gezwungen sich weiterzuentwickeln, und zwar entweder reaktiv auf Grund von Veränderungen des Umfelds oder aktiv gestaltend »von innen heraus«. Im ersteren Fall müssen die Mitarbeiter zumindest in der Lage sein, den Wandel zu vollziehen. Der letztere Fall bezieht sich darauf, dass organisationsstrukturelle Änderungen durch Personen in Gang gesetzt werden, die die Änderungsnotwendigkeiten erkennen und die Änderungsprozesse selbst in die Wege leiten, vollziehen und sichern.

5.2 Personalentwicklungskonzept

> **WISSENSWERTES**
>
> **Personalentwicklung: Ja oder nein?**
>
> Bedeutsam ist auch die Einstellung gegenüber Sinn und Zweck von Personalentwicklung. In diesem Sinne lassen sich folgende »idealtypische« Personalentwicklungsstrategien unterscheiden (vgl. ähnlich Taylor/Lippitt, 1983):
>
> - »*Purchasing Method*«: Personalentwicklung findet nicht statt, Mitarbeiter werden nach Qualifikationsbedarf eingestellt und bei nicht ausreichender Leistung entlassen. Hier finden entweder »Last-minute-Einkäufe« statt oder man sucht gezielt anderswo nach qualifizierten Arbeitnehmern, um sie dann im eigenen Betrieb einzusetzen. Hier überlässt man es anderen, Arbeitnehmer zu qualifizieren.
> - »*Jungle Method*«: Personalentwicklung findet nicht statt, auftretende personelle Engpässe werden durch Neueinstellungen oder zufällig vorhandenes Personal beseitigt.
> - »*Manufacturing Method*«: Personalentwicklung findet selektiv und nur bei Bedarf statt, halb ausgebildete Mitarbeiter mit Berufserfahrung werden in Abhängigkeit von ihrer Qualifikation eingesetzt und auf verschiedenen Positionen ausprobiert.
> - »*Ad-hoc Method*«: Personalentwicklung findet hier kurzfristig und v. a. unsystematisch statt. Mehr oder weniger zufällig werden Mitarbeiter für plötzlich festgestellte Qualifikationsbedarfe ausgewählt und trainiert.
> - »*Agricultural Method*«: Personalentwicklung findet auf allen Ebenen statt, es werden vor allem junge Nachwuchskräfte mit hohem Wachstumspotenzial eingestellt und systematisch und im Einklang mit der betrieblichen Strategie qualifiziert. Hiermit wird eine ressourcenorientierte Perspektive (vgl. Teil 1, Kap. 1, 2) umgesetzt.
>
> *Achtung*: »Idealtypisch« bedeutet nicht, dass alle sinnvolle Strategien der Personalentwicklung sind oder sein könnten. Idealtypisch (i. S. v. Max Weber) bedeutet, dass ein möglicher Strategietypus prägnant erläutert ist!

> »Skeptischen Schätzungen zufolge ziehen allerdings gerade einmal 10 Prozent der Maßnahmen [für Investitionen in die Personalentwicklung] die gewünschten Effekte nach sich. Die Gründe sind vielfältig. Bedarfsanalysen, mit deren Hilfe sich feststellen ließe, welche Mitarbeiter einen spezifischen Weiterbildungsbedarf haben, werden nur selten sorgfältig durchgeführt. Stattdessen unterzieht man viele Mitarbeiter nach dem Gießkannenprinzip den gleichen Schulungen. Nach der Maßnahme lässt man die Mitarbeiter oftmals alleine mit der wichtigen Aufgabe, die neu erworbenen Kompetenzen in den Berufsalltag zu transferieren. ... Zudem setzt man nicht selten Methoden ein, deren Nutzen entweder nicht belegt oder sogar widerlegt ist.« (Kanning, 2013a, S. 7)

Erkennbar sind beide Aspekte weder voneinander trennbar, noch ist es möglich, generell einen der Aspekte zum stets richtigen Ausgangspunkt zu nehmen. Die hier geforderte Veränderungsfähigkeit beeinflusst die Arbeitsinhalte und Ablaufprozesse, was wiederum zu Änderungen der Stellenanforderungen führt, die an die sie besetzenden Personen zu richten sind. Zur personalen Bewältigung der veränderten Anforderungen sind eigenständige Qualifikationen und Leistungen der im Betriebe tätigen Mitarbeiter erforderlich, die weiter oben bereits unter dem Stichwort extrafunktionaler Qualifikationen (vgl. Teil 3, Kap. 5.1.1) eingeführt wurden. Über die inhaltliche Komponente der Personalentwicklung hinaus, ist hier auch die »Intensität« der Entwicklungsprogramme, die von rein kognitiven Maßnahmen bis zu

5.2 Personalentwicklung
Personalentwicklungskonzept

Tendenzen

teilnehmerspezifischen kognitiven und sozialen bzw. strategieumsetzenden Kompetenzerweiterungen reichen können, angesprochen.

Neben diesem strategischen Zusammenhang gibt es noch eine Reihe weiterer Tendenzen, welche sich in der betrieblichen Praxis beobachten lassen.

- Die zunehmende Dynamik der Wirtschaft hat zum einen zur Folge, dass die erforderlichen Leistungsbeiträge fast *permanenten Veränderungen* unterliegen. Im Gegensatz zu dem oben angeführten individuellen Beitrag zur Entwicklung von Betrieben ist hier eine Flexibilität in der tagtäglichen Arbeitsbewältigung gemeint.
- Zum anderen führt sie zu einer *abnehmenden Arbeitsplatzsicherheit*, die ein verstärktes Eigeninteresse der Mitarbeiter an ihrer Beschäftigungsfähigkeit auch außerhalb des jetzigen Arbeitsplatzes bzw. Arbeitgebers hervorruft. Überbetriebliche, insbesondere zertifizierte Qualifikationen können sich für die Individuen in diesem Sinne vorteilhaft auswirken.
- Zu beobachten ist weiterhin eine *Dezentralisierung* der Personalentwicklungsarbeit. Während die Konzeption, Koordination und Abwicklung von Entwicklungsmaßnahmen weiterhin von zentralen Stellen übernommen wird, liegen deren Initiierung und Verantwortung zunehmend im Bereich der betroffenen Mitarbeiter bzw. deren Führungskräfte.
- Zunehmende Bedeutung erlangt die Personalentwicklungsarbeit auch für das *Personalmarketing*. Bei gleichzeitig abnehmender absoluter Zahl an benötigten Arbeitskräften, sind Betriebe zunehmend darauf angewiesen, die (wenigen) besten zur Verfügung stehenden Arbeitskräfte an sich zu binden. Gerade bei diesen »High-Potentials« unterschiedlicher hierarchischer Ebenen kann jedoch ein starkes Aufstiegs- und Fortbildungsbedürfnis unterstellt werden, welchem bei der Wahl eines Arbeitgebers ein hoher Stellenwert zukommt. Insofern erhält Personalentwicklung das zusätzliche Ziel, neben Qualifikationsverbesserungen auch die Personalbindung zu bewirken.

WISSENSWERTES

»Corporate Universities«

In den beiden letzten Jahrzehnten haben manche Betriebe im Rahmen ihrer Führungskräfteentwicklung sog. »Corporate Universities« (schlecht übersetzt in »Unternehmungsuniversitäten«) eingerichtet. Sie bestehen im Allgemeinen aus einem Netzwerk von inner- und außerbetrieblichen Fachleuten sowie von universitären Einrichtungen (in der Regel »Business Schools«). Gerade für sogenannte High Potentials wird versucht, maßgeschneiderte Fortbildungsprogramme zu entwickeln, die speziell auf die betrieblichen Anforderungen ausgerichtet sind. Der Unterschied zu normalen Personalentwicklungsbereichen ist eher sprachlicher Natur (vgl. Heuser/Sattelberger, 1999; Scholz, 2014; Domsch/Andresen, 2001). Mit »Universität« haben sie wenig gemein. Es klingt aber »besser«. Mit »Corporate Universities« sind also im Grunde genommen lediglich Weiterbildungsakademien und/oder -plattformen von größeren Betrieben zur Qualifizierung von Mitarbeitern (v. a. Führungskräften) zu verstehen (gegebenenfalls auch Kunden und Lieferanten). Manchmal kopieren sie mit externen Bildungsanbietern, teilweise auch mit nationalen wie internationalen Hochschulen (s. http://www.human-resourcesmanager.de/ressorts/artikel/das-comeback-der-corporate-universities-9459, http://www.boeckler.de/pdf/mbf_netzwerke_corporate_unis.pdf [letzte Abrufe: 02.05.2016]; Seufert, 2010).

5.2 Personalentwicklungskonzept

Obwohl in der Praxis die Wichtigkeit der Personalentwicklung erkannt wird, folgt sie systematischen Vorstellungen nur sehr zögerlich und dann im Wesentlichen auf einer operativen Ebene mit unkoordinierten instrumentellen Einsätzen.

»Irrtümer«

Gründe hierfür können sein:
- Investitionen in Mitarbeiter werden als Betriebs- und nicht als Investitionskosten angesehen, und Betriebskosten gilt es zu minimieren.
- Personal-Management wird mit kurzfristigem Zeithorizont betrieben und nicht an strategischen Geschäftsausrichtungen orientiert, sodass die Entwicklungsnotwendigkeit falsch bzw. unzureichend eingeschätzt wird.
- Personal-Management wird ohne strategische Planung auf Grund von Notständen und unter Zeitdruck aktionistisch betrieben, obwohl es die Ressource mit den längsten zeitlichen Reichweiten ist, was den Aufbau und die Wirkungsdauer angeht.
- Aber auch: Offenbar gilt für viele Betriebe, dass die Effektivität von Entwicklungsmaßnahmen nicht im Zentrum steht, sonst würden effiziente Evaluationen und Transfersteuerungen zumindest versucht (s. u.).

In der Folge droht Personalentwicklung – nicht in ein systematisches Personal-Management integriert – kontraproduktiv zu wirken. *Beispielsweise*: Eine Entwicklungsmaßnahme zur Förderung von kooperativen Führungsstilen bedarf auch solcher Beurteilungs- und Anreizsysteme, die diese Führungsstile belohnen oder ihnen zumindest nicht entgegenstehen, da sonst die beabsichtigte Wirkung ausbleibt (vgl. Becker, F.G., 1988, S. 206). Die im Rahmen einer zeitintensiven Fortbildung vermittelten Qualifikationen sollten auch am Arbeitsplatz einsetzbar und – vorab – die verwendeten Methoden im Übrigen dem Adressatenkreis angemessen sein.

Bedrohung

Personalentwicklung sollte aus den genannten Gründen nicht Zufällen überlassen werden. Eine gezielte, geordnete und differenzielle Vorgehensweise in einem Konzept ist ökonomisch notwendig. Dazu bedarf es eines offenen Systems

VERTIEFUNG

Führungskräfteentwicklung (»Management Development«)

Konzeptionelle Personalentwicklung bezieht sich auf alle Mitarbeitergruppen aller Hierarchieebenen sowie aller Funktionsbereiche. Im Rahmen differenzieller Personalarbeit (s. Teil 1, Kap. 3) kann aber die Gruppe der Führungskräfte (ggf. auch der Führungsnachwuchskräfte) gesondert behandelt werden. Eine solche Führungskräfteentwicklung bzw. ein solches Management Development bezeichnet die segmentspezifische Qualifizierung für die bereits bestellten Führungskräfte, teilweise auch für die Nachwuchskräfte für Leitungspositionen. (Letzteres wird oft auch separat als Talentmanagement bezeichnet. S. Teil 3, Kap. 5.1.1.) Insofern sind prinzipiell das gesamte System und der gesamte Prozess der Personalentwicklung auch für die Führungskräfteentwicklung relevant. Betont wird in Literatur wie Praxis oft die Identifikationsfunktion von Qualifikationspotenzialen (s. Teil 3, Kap. 1.4.4.4, 5.3.1) des Management Development für spätere Karrierewege. Inhalte sind im Allgemeinen solche Qualifikationen und Qualifikationspotenziale, die für die Personalführung, für die Leitung von Projekten und allgemein für die Unternehmungsführung auf höheren hierarchischen Positionen sinnvoll oder gar notwendig sind. Ihre Umsetzung ist – wie bei der allgemeinen Personalentwicklung – off-the-Job, on-the-Job, nearby-the-Job und along-the-Job (bzw. in einer passenden Kombination) möglich, wobei vielfach die along-the-Job-Maßnahmen vor allem für Führungskräfte eingesetzt werden. Kurze Veranstaltungen für spezielle Inhalte zählen ebenso dazu wie mittel- bis langfristige Entwicklungsprogramme für die gesamte Führungsqualifikation (vgl. Berthel, 1987, 1992, 1992a, 1995).

der Personalentwicklung mit aufeinander abgestimmten Strukturelementen und Prozessphasen.

5.2.2 System der Personalentwicklung

Struktur und Prozess

Ein System der Personalentwicklung setzt sich letztlich aus einer Vielzahl von strukturellen wie prozessualen Elementen des gesamten Systems der Personalarbeit zusammen: Personalforschung (gerade mit den Objekten Arbeitsplatz und Qualifikation, aber auch Evaluierungsforschung), Personalplanung an sich, Gestaltung der Arbeitsbedingungen, immaterielle Anreize und Mitarbeiterführung sowie Personalorganisation. Diese Systemelemente werden hier unter einem bestimmten Blickwinkel fokussiert: dem personalen Ablauf der Personalentwicklung. Abbildung 3-76 visualisiert den hier thematisierten Prozess innerhalb des Personalentwicklungssystems.

> Auf den ersten Blick ist es nicht einfach festzuhalten, welches denn nun das zentrale Element eines solchen PE-Systems ist: die Qualifizierung, als die Phase, in der die Mitarbeiter entwickelt werden, die Transferphase, in der das Gelernte im Arbeitsverhalten angewendet wird, oder die Arbeitsergebnisse (unter Einbeziehung der Kosten-Nutzen-Überlegungen)? Da Personalentwicklung – genauso wie alle anderen Personalaufgaben – kein Selbst-

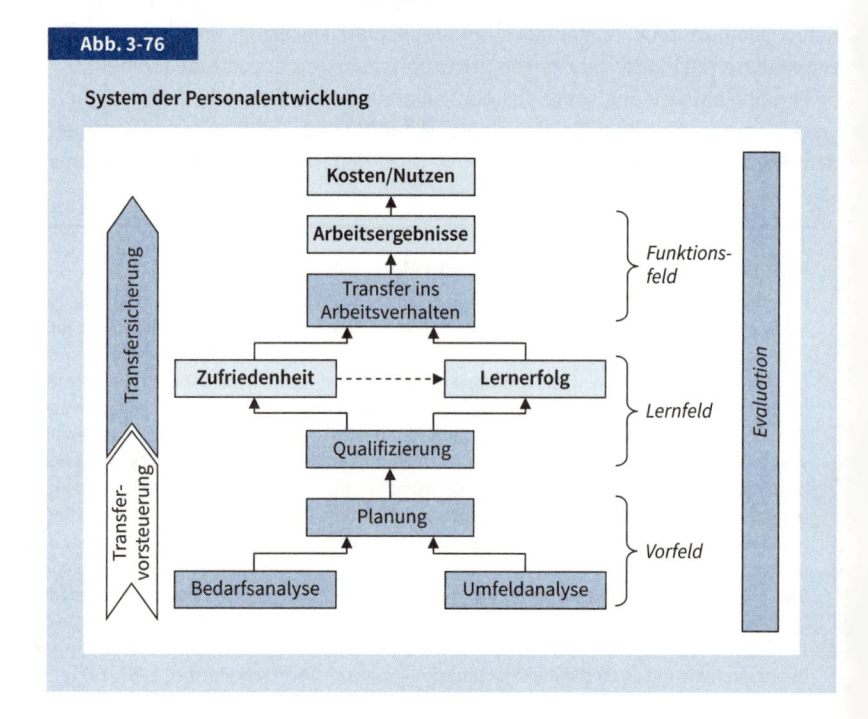

Abb. 3-76

System der Personalentwicklung

5.2 Personalentwicklungskonzept

zweck sind, kann es nur das letztgenannte Element sein. Lediglich für die Personalentwicklung an sich, sind die beiden erstgenannten Elemente zentral. Diese Elemente sind jedoch nicht alleine, sondern zusammen mit anderen im System der Qualifizierung (Personalentwicklungssystem) verortet. Sie sind miteinander verflochten und zwar so, dass nur ein funktionierendes Miteinander letztlich auch das ökonomische Ziel erreichen lässt.

Nachfolgend wird nun das System in seinen *zentralen Elementen* erläutert.

Wir haben im Vergleich zu den ersten Auflagen den Prozess in seinen Phasen modifiziert, aber auch um ein wesentliches Element ergänzt: die Transfersicherung (in zwei Teilphasen). Personalentwicklung ist kein Selbstzweck. Letztlich dient sie – ebenso wie alle anderen Personalaufgaben – der betrieblichen Zielerreichung. Effektivität wie Effizienz steht im Vordergrund – oder anders ausgedrückt: Der Transfer des zu Lernenden und des Gelernten in die reale Aufgabenerfüllung sollte funktionieren. Um hier Hilfestellungen zu erhalten, sind Evaluationen in verschiedenen Bereichen sinnvoll.

»Es ist die wichtigste Kunst des Lehrers, die Freude am Schaffen und am Erkennen zu wecken.« Albert Einstein

Nachfolgend gilt es, das *System der Personalentwicklung* überblicksartig zu erläutern.

Im Vorfeld sind zwei Phasen angesiedelt:

Phasen

- In der *Analysephase* findet eine konkrete Analyse des Personalentwicklungsbedarfs statt. Hier wird der ziel- bzw. problemorientierte Bedarf mit Bezug zu betrieblichen Zielen erhoben. Diese ist begleitet durch eine Umfeldanalyse und -prognose. Diese ist notwendig, um zum einen Bedarfe, die sich außerbetrieblich ergeben, fundieren zu können. Zum anderen trägt sie dazu bei, passende Zeiträume und -orte für Personalentwicklungsmaßnahmen zu erfassen (bspw. Lernkultur, Transferbedingungen, Zeiträume).
- In der *Planungsphase* werden Maßnahmen zur Deckung des Entwicklungsbedarfs konzipiert (Lerninhalte, Transfermaßnahmen, Zielgruppe/Person, Methoden u. a.), aufeinander abgestimmt und gestartet. Die Planung führt zu verschiedenen Personalentwicklungskonzepten unterschiedlicher Richtungen und für verschiedene Adressaten, je nachdem, ob es sich um eine Einstiegs-, eine Anpassungs- und Erweiterungs- oder eine Aufstiegsqualifizierung handelt.

Im Lernfeld findet die eigentliche Vermittlung »neuen« Arbeitsvermögens statt.

Lernfeld

- Die *Qualifizierungsphase* betrifft insofern die verschiedenen Formen des – im Wesentlichen organisierten – Lernens. Beim Training-off-the-Job (s. Teil 3, Kap. 5.3.3.3) findet sie außerhalb des Lernfelds (Lernfeld ≠ Funktionsfeld) statt, beim Training-on-the-Job (s. Teil 3, Kap. 5.3.3.2) erfolgt sie bei der Erfüllung der – spezifischen – Arbeitsaufgaben am Arbeitsplatz (Lernfeld ≠ Funktionsfeld) selbst, beim Training-near-by-the-Job (s. Teil 3, Kap. 5.3.3.4) sind neben der eigentlichen Arbeit (primäres Funktionsfeld) noch zusätzliche Sonderaufgaben (sekundäre Funktionsfeld) übertragen und beim Training-along-the-Job (s. Teil 3, Kap.

5.2 Personalentwicklung
Personalentwicklungskonzept

5.3.3.5) sind vornehmlich unterschiedliche Beratungsimpulse zur Begleitung der Entwicklung angesetzt.

Im Funktionsfeld findet die Personalentwicklung ihren vorläufigen Abschluss.
- Der *Transfer* des Gelernten (vom Lernfeld) in das Funktionsfeld findet hier statt, also die konkrete, selbstständige Anwendung bei der konkreten Aufgabenerfüllung.

Transfersicherung und -vorsteuerung
- Mit dem *Transfermanagement* wird die ökonomisch relevante Anwendung des Gelernten (v. a. Effizienz) von Anfang an zu sichern versucht. Es umfasst zwei Phasen:
  - Die Transfer*vorsteuerung* trägt dazu bereits durch die intendierte optimale Gestaltung der Personalentwicklungsmaßnahme bei: treffender Zeitpunkt, richtig analysierter Bedarf, passende Lernblöcke u. a.
  - Mit der Transfer*sicherung* wird dann – vom Beginn der eigentlichen Lernphase an – Sorge dafür getragen, dass in der Qualifizierung selbst schon Transfer-Know-how vermittelt wird sowie anschließend Unterstützungsmaßnahmen angeboten werden, am Arbeitsplatz das Gelernte auch angemessen umzusetzen (s. Teil 3, Kap. 5.3.4.7).

Evaluation
- Um das Transfermanagement treffend reaktiv, aber auch antizipativ zu gestalten, bedarf es Informationen aus den realen Prozessen der Personalentwicklung. Dazu dient die *Evaluierungsphase*. Sie begleitet den gesamten Prozess (von daher Input-, Prozess- und Output-Evaluation; s. Teil 3, Kap. 5.3.4) und ist letztlich auch auf das gesamte Konzept anzuwenden (vgl. Werning, 2013; Becker, F.G./Günther, 1999).

Zur *Rolle der Personalentwickler* sowie der *Organisation der Personalentwicklung* im Umfeld von Organisations- und Personalstrategien, Mitarbeitern, Arbeitsbeziehungen, Gender, Umwelt u. a. vgl. Becker, M., 2013, S. 843 ff.

5.2.3 Förderung von Selbstentwicklung

»Jeder Mensch hat die Chance, mindestens einen Teil der Welt zu verbessern, nämlich sich selbst.« Paul Anton de Lagarde

Unter Selbstentwicklung ist die individuelle, bewusste Steuerung des eigenen Karrierewegs durch Individuen mittels selbstinitiierter, zielorientierter Qualifizierung in und außerhalb von Betrieben zu verstehen. Sie liegt damit erst einmal in der eigenen Verantwortung der einzelnen Mitarbeiter. Die Selbstentwicklung bezieht sich in ihrem Umfang auf alle individuellen Qualifikationsmerkmale, vom Wissenserwerb über die Erweiterung der Fähigkeiten bis hin zum Lernen neuer Verhaltensweisen sowie der graduellen Veränderung von Persönlichkeitsmerkmalen.

Individuelles *Ziel* der Selbstentwicklung muss dabei nicht unbedingt eine bessere Aufgabenerfüllung auf einer spezifischen Position sein. Es kann sich auch beispielsweise auf eine höhere Zufriedenheit mit der eigenen Qualifikation sowie auf die Erweiterung der gesamten Qualifikation für nachfolgend angestrebte vertikale oder horizontale Karrierepositionen beziehen. Selbstentwicklung orientiert sich vom Verständnis her primär nicht an den Erfordernissen eines Betriebes. Sie ist

5.2 Personalentwicklungskonzept

> **VERTIEFUNG**
>
> **Lebenszyklusorientierte Personalentwicklung**
>
> Personalentwicklung trifft in Betrieben auf Mitarbeiter, die sich in unterschiedlichen Lebens- und Karrierephasen befinden (vgl. Teil 3, Kap. 5.3.3.4). Nach dem Credo der differenziellen Personalarbeit (vgl. Teil 1, Kap. 3) bedeutet dies in Folge, dass entsprechend des Alters, der Positionsgruppe, der familiären und berufsrelevanten Situation, der vorhandenen Karriereorientierung u. Ä. die Personalentwicklung Ideen, Pläne, Methoden und Maßnahmen vorsehen sollten, die diesen jeweiligen Phasen während der Beschäftigungszeit entsprechen. Personalentwicklung ist dabei abzustimmen mit der Gestaltung der Arbeitsbedingungen, v. a. der flexiblen Arbeitszeitgestaltung (vgl. Teil 3, Kap. 6.3.2) Gerade in Zeiten des Fachkräftemangels, aber auch der Bindung qualifizierter Mitarbeiter, ist eine solche Segmentierung mit segmentbezogener Ausgestaltung ein ökonomisch sinnvolles wie auch ein individuell angestrebtes Vorgehen. Die differenzielle Vorgehensweise orientiert sich dabei nicht nur am Wollen der betroffenen Mitarbeiter (bspw. in einer bestimmten Lebensphase mehr Zeit vor Ort mit der Familie zu verbringen oder sehr viel Neues zu lernen), sondern auch an den generell gegebenen personalen wie sachlichen Situationsmerkmalen (bspw. lernen Ältere anders als Jüngere, akzeptieren Führungskräfte Einzelcoaching eher als Seminare). Ein »kleiner« Nebeneffekt dieses Verständnisses ist auch, dass Personalentwicklung nicht alleine auf jüngere Beschäftigte konzentriert wird, sondern bis zur Verrentung umgesetzt wird (vgl. Graf, 2002, 2007).

mehr auf den individuellen Karriereweg, die Qualifikation und die Eigeninteressen der Mitarbeiter bezogen.

Trotz dieses persönlichen Bezuges ist die Selbstentwicklung auch im Interesse eines Betriebes und sollte durch ihn mit gefördert werden. Die betriebliche Personalentwicklung ist im Vergleich zur Selbstentwicklung mehr zweckbezogen, d. h. auf bestimmte betriebliche Aufgaben und Karrierepositionen hin orientiert. Auch die Selbstentwicklung kann sich zwar hierauf beziehen. Sie geht aber darüber hinaus, indem auch andere Betriebe prinzipiell von den Mitarbeitern in ihre Überlegungen einbezogen werden und indem auch nicht nur unmittelbar (oder zukünftig zu erwartende) aufgabenrelevante Qualifikationsmerkmale angestrebt werden. Im Rahmen der Selbstentwicklung können die Mitarbeiter allerdings betriebliche Personalentwicklungssysteme nutzen.

> »Alle Entwicklung ist letzten Endes Selbstentwicklung, die nur von außen angestoßen werden muss.« (Neuberger, 1991, S. 310)

Der betrieblichen Personalentwicklung kommt bei der Selbstentwicklung die Aufgabe der Hilfe zur Selbsthilfe zu. Die Förderung der Selbstentwicklung hat demzufolge an deren Komponenten anzusetzen und kann sich über die positive Stimulierung von Anstrengungs- und Konsequenzerwartungen des Mitarbeiters in Bezug auf die eigene Lern-Leistung und dessen Ergebnis vorteilhaft auf das Selbstverständnis und damit die Bereitschaft zur Eigeninitiative auswirken (vgl. Berthel, 1990, S. 224 f.; Neuberger, 1990a; Becker, F.G., 1992a).

Hilfe zur Selbsthilfe

5.3 Prozessphasen der Personalentwicklung

5.3.1 Entwicklungsbedarfs- und Umfeldanalyse

5.3.1.1 Notwendigkeit von Analyse und Prognose

Voraussetzung für eine systematische Personalentwicklung ist eine auf die Zukunft gerichtete Personalbedarfsplanung und Personalbestandsplanung, mit deren Hilfe, aufbauend auf prognostizierten Veränderungen der betrieblichen Struktur und deren Umfeld, zukünftige Aufgaben und Anforderungen im Tätigkeitsfeld der Mitarbeiter analysiert werden. Eine Personalentwicklungs- und Umfeldanalyse (wie -prognose) ist die notwendige Folge.

Lückenkonzept

Bei einer Bedarfsanalyse nach dem sogenannten Lückenkonzept werden gegenwärtige Qualifikationen einer Person den gegenwärtigen wie zukünftigen Anforderungen einer Stelle gegenübergestellt und damit *Deckungslücken* offen gelegt, die durch Personalentwicklung zu schließen sind. Entwicklungsbedarf entsteht bei Abweichungen vom Idealzustand der Stellenbesetzung, d. h., wenn Mitarbeiter im Sinne der Erreichung betrieblicher (und individueller) Ziele nicht optimal eingesetzt sind. Ein *Einsatzoptimum* ist dann vorhanden, wenn

▸ bestehende Arbeitsplätze derart besetzt sind, dass die Mitarbeiterqualifikationen den Stellenanforderungen entsprechen, Qualifikationen entsprechend sich wandelnden Anforderungen verändert werden, die vorhandenen Qualifikationen im Zuge der Aufgabenerfüllung genutzt werden;

▸ für derzeit und zukünftige freie Arbeitsplätze (Vakanzen), eine ausreichende Zahl von Nachwuchskräften bzw. Positionsaspiranten vorhanden ist, diese Personen auf ihre künftigen Aufgaben so vorbereitet sind, dass ihre Qualifikationen bei Übernahme der Stelle ausreichen.

Die Deckungslücken können gegenwärtig bestehen und/oder zukünftig entstehen. Gegenwärtiger Entwicklungsbedarf ist einfacher detailliert zu formulieren als zukünftiger Entwicklungsbedarf, da Bedarfsprognosen mit den üblichen Planungsunsicherheiten behaftet sind.

Insgesamt wird deutlich, welche *Voraussetzungen* erfüllt sein müssen, damit Abweichungen von diesem Optimum erkannt und Entwicklungsmaßnahmen inhaltlich konkretisiert werden können. Es sind aus dem inner- wie außerbetrieblichen Umfeld Informationen erforderlich: Kenntnisse der Aufgaben- und Stellenveränderungen (Inhalte der Organisations- und Stellenplanung), Kenntnisse der Stellenanforderungen und ihrer Veränderungen, Kenntnisse der Mitarbeiterqualifikationen und ihrer voraussichtlichen Entwicklungen und Kenntnisse der Entwicklungsbedürftigkeit der Mitarbeiter.

5.3 Prozessphasen der Personalentwicklung

> **ZUR VERTIEFUNG**
>
> **Thesen zur Qualifizierung**
>
> In der Literatur werden seit längerem unterschiedliche Thesen zur Qualifizierungsnotwendigkeit diskutiert:
> - *Höherqualifizierungsthese*: Technischer Wandel und die Hinwendung zu automatisierter Arbeit bedingen einen Trend zur Höherqualifizierung.
> - *Dequalifizierungsthese*: Bei zunehmender Mechanisierung steigen zunächst die Qualifikationsanforderungen an, sinken dann aber wieder, da die prozessgebundenen Qualifikationen die handwerklichen Fertigkeiten entwerten.
> - *Differenzierungs- und Polarisierungsthese*: Die zunehmende Technologisierung und damit Automatisierung bewirkt eine Abwertung der Qualifikation für die technischen Erfordernisse eines konkreten Arbeitsplatzes (prozessgebundene Qualifikationen) und gleichzeitig eine Steigerung der Bedeutung prozessunabhängiger Qualifikationen (vgl. Kern/Schumann, 1970, S. 71).
>
> Das Nebeneinanderbestehen dieser widersprüchlichen Thesen ist erklärbar durch den Einfluss individueller Einstellungen des Managements gegenüber der Nutzung organisatorischer Spielräume. Das hat eine Vielfalt von faktisch existierenden Strukturen zur Folge, die ihrerseits die Qualifikationsanforderungen an die Arbeitsplätze determinieren.

Das Vorliegen dieser Informationen ist notwendig, um den Bedarf an Personalentwicklung feststellen zu können. Dieser Personalentwicklungsbedarf hat zwei Komponenten: | Qualifikationsentwicklungen

- Die *sachliche Komponente* sagt aus, wofür und wohin entwickelt werden soll. Es geht hierbei um das Schließen der Deckungslücken i. S. des Definierens von Entwicklungszielen und -inhalten. | Bedarfskomponenten
- In der *personalen Komponente* kommt zum Ausdruck, wer entwickelt werden soll. Es geht also um die Mitarbeiter(-gruppen), für die Entwicklungsmaßnahmen geplant und durchgeführt werden sollen.

Geht Personalentwicklung über die Schließung von Deckungslücken hinaus und hat auch die Entwicklungsfähigkeit der Mitarbeiter und/oder des Betriebs zum Ziel (»Lernende Organisation«, s. o.), reicht die thematisierte technische Betrachtung der Erhebung von vorhandenen Defiziten in der Aufgabenerfüllung nicht mehr aus. Entsprechend der Ausführungen zu extrafunktionalen Qualifikationen ist dann an der Entwicklungsfähigkeit der Mitarbeiter anzusetzen, welche es zu fördern gilt.

»Wir müssen die Jugend auf ihre Zukunft vorbereiten, nicht auf unsere Vergangenheit.« unbekannt

> Es ist eine der unverzichtbaren Aufgaben von Vorgesetzten »... rauszukriegen, wo die Stärken und Schwächen der Mitarbeiter sind und sie entsprechend zu fördern. Nicht in der Gutmenschhaltung, sondern aus ganz nüchternen egoistischen Überlegungen.« (Neuberger, 2005, S. 5)

5.3.1.2 Erhebung des Entwicklungsbedarfs

Grundlegende Komponenten der Bedarfsermittlung zur Reduzierung von Unsicherheit und Unbestimmtheit bei der Gestaltung von Entwicklungsmaßnahmen sind in Abbildung 3-77 überblicksartig wiedergegeben (vgl. Becker, M., 2013, S. 825 ff.; Sonntag, 1999, S. 22; von Rosenstiel, 1999, S. 110 f.):

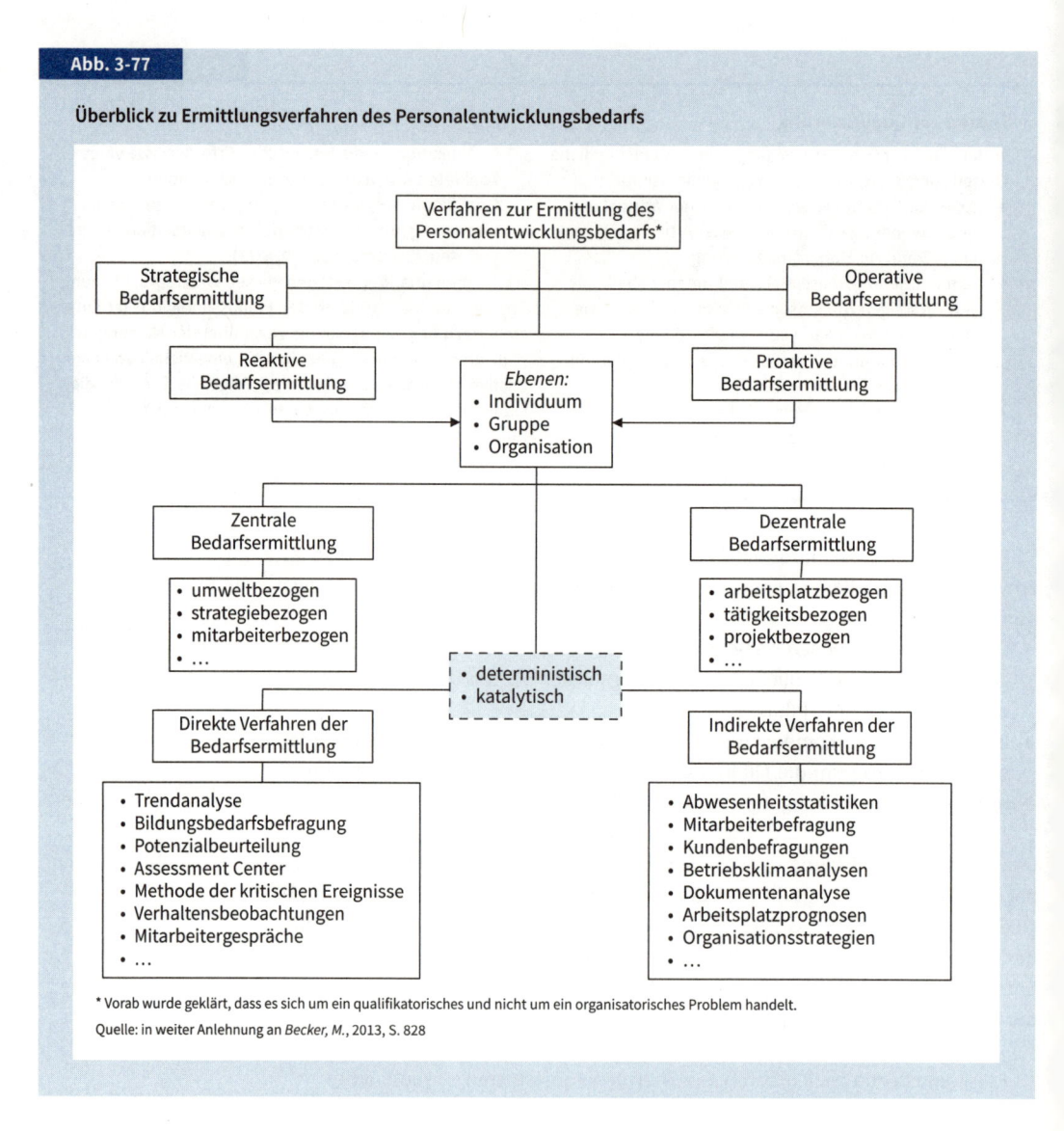

5.3 Personalentwicklung
Prozessphasen der Personalentwicklung

Abb. 3-77

Überblick zu Ermittlungsverfahren des Personalentwicklungsbedarfs

```
                    Verfahren zur Ermittlung des
                    Personalentwicklungsbedarfs*

    Strategische                                    Operative
    Bedarfsermittlung                               Bedarfsermittlung

        Reaktive              Ebenen:               Proaktive
        Bedarfsermittlung     • Individuum          Bedarfsermittlung
                              • Gruppe
                              • Organisation

        Zentrale                                    Dezentrale
        Bedarfsermittlung                           Bedarfsermittlung

        • umweltbezogen                             • arbeitsplatzbezogen
        • strategiebezogen                          • tätigkeitsbezogen
        • mitarbeiterbezogen                        • projektbezogen
        • ...                                       • ...

                              • deterministisch
                              • katalytisch

        Direkte Verfahren der                       Indirekte Verfahren der
        Bedarfsermittlung                           Bedarfsermittlung

        • Trendanalyse                              • Abwesenheitsstatistiken
        • Bildungsbedarfsbefragung                  • Mitarbeiterbefragung
        • Potenzialbeurteilung                      • Kundenbefragungen
        • Assessment Center                         • Betriebsklimaanalysen
        • Methode der kritischen Ereignisse         • Dokumentenanalyse
        • Verhaltensbeobachtungen                   • Arbeitsplatzprognosen
        • Mitarbeitergespräche                      • Organisationsstrategien
        • ...                                       • ...
```

* Vorab wurde geklärt, dass es sich um ein qualifikatorisches und nicht um ein organisatorisches Problem handelt.

Quelle: in weiter Anlehnung an *Becker, M.*, 2013, S. 828

> Was heißt eigentlich Bedarf? Ist Bedarf das, was die potenziellen Lerner nachfragen? Ist Bedarf das, was die Entwicklungsexperten aufgrund ihrer Expertise für die Zukunft annehmen und als Qualifizierungsinhalt für sinnvoll erachten? Liegt kein Bedarf vor, wenn angebotene Maßnahmen nicht nachgefragt werden?

5.3 Prozessphasen der Personalentwicklung

Die Abbildung bedarf an der einen und der anderen Stelle einer Erläuterung:

- Zunächst einmal ist zu prüfen, ob ein gegebenenfalls vorhandenes betriebliches Problem wirklich eines ist, welches durch eine Personalentwicklung – *am besten* – zu handhaben ist. Alternativ könnte gegebenenfalls eine organisatorische Veränderung o. a. das Problem kostengünstiger, dauerhafter, schneller ... lösen helfen.
- Personalentwicklungsbedarf kann sich aus unterschiedlichen *Ebenen der Organisation* ergeben: Individuum, Gruppe und Gesamtbetrieb. Insofern ist die Durchführung einer *Mehrebenenanalyse* angeraten (vgl. Fritsch, 1985, S. 46 ff.). Im Rahmen von Entwicklungskonzepten, die allein auf der Individualebene eines Mitarbeiters angesiedelt sind, geraten ansonsten Probleme nicht ins Blickfeld, die von der Betriebs- und oder der Gruppenebene herrühren und einen Bildungsbedarf erzeugen, der nicht unmittelbar mit der Erfüllung einzelner Aufgaben zusammenhängt (bspw. via Formulierung einer neuen Strategie, Abbau von Organisationspathologien).
- Auf entdeckte Probleme (bspw. in der Mitarbeiterführung) rasch zu reagieren ist gut, besser ist es vielfach, Probleme zu *antizipieren* und entsprechend frühzeitig (ex ante) Qualifizierungsmaßnahmen (bspw. über eine Schulung zur Mitarbeiterführung) veranlasst zu haben.
- In die Bedarfsermittlung involviert werden sollten die Experten aus Management und Personalentwicklung ebenso wie die Arbeitsplatzexperten aus den Bereichen.
- Perspektivisch ist nicht nur eine deterministische Lückenanalyse zu verfolgen, sondern auch *katalytisch* bei der Ermittlung des Bedarfs vorzugehen, d. h. sich generalistischer für verschiedene Situationen vorzubereiten (s. u.).
- Darüber hinaus kann man einerseits versuchen, direkt den Bedarf zu ermitteln, indem Methoden eingesetzt werden, die sich unmittelbar auf dieses Erhebungsobjekt konzentrieren. Andererseits lassen sich auch durch gezielte Analysen anderswo erhobener Informationen gegebenenfalls Rückschlüsse auf Entwicklungsbedarfe ableiten.

Konkretisierung

Abbildung 3-78 gibt einen Überblick über ausgewählte *Instrumente*, mit denen man die Bedarfsanalyse systematisch angehen kann. Sie enthält Instrumente sowohl zu Erhebung aufgaben- als auch zur Erhebung personenbezogene Daten.

Die prinzipielle Vorgehensweise einer auf einer Lückenanalyse basierenden *deterministischen Bedarfsermittlung* hat in der betrieblichen Praxis oft den Nachteil, dass man sich zu sehr auf die aktuellen Lücken konzentriert, also zum einen lediglich eine Analyse (und nicht auch eine Prognose) durchführt sowie zum anderen sich auf eher funktionale (und nicht auch extrafunktionale) Qualifikationen (vgl. Teil 3, Kap. 5.1.1) konzentriert. Gerade in einem Zeitalter des Wandels spricht manches für eine andere Orientierung bei der Bedarfsermittlung. Deutlich sprachen Bronner/Schröder bereits früh (1983, S. 27 ff.) diese Problematik an und schlugen zum Umgang damit eine »katalytische« Fortbildung« vor. Mit diesem Vorschlag ist selbstverständlich nicht nur eine Qualifizierungsmaßnahme angesprochen, sondern bereits vorher die Ermittlung des später zu deckenden eher extrafunktionalen Entwick-

Hilfsmittel

»Grabe den Brunnen, bevor du Durst hast.« Chinesisches Sprichwort

Katalytische Qualifizierung

5.3 Personalentwicklung
Prozessphasen der Personalentwicklung

Abb. 3-78

Instrumente zur Bedarfsanalyse und -prognose

Instrumente	Beschreibungen
Bedarfsermittlung via Organisationsanalyse	Die Organisationsanalyse dient der Ableitung von Zielvorgaben aus dem strategischen Management, den Führungsgrundsätzen und aus den Daten der strategischen Personalplanung. Weiterhin lassen sich so beispielsweise spezifische Kompetenzen aus der geplanten Einführung neuer Techniken oder sprachliche und kulturelle Kompetenzen aus einer geplanten Fusion Betrieben ableiten.
Bedarfsermittlung via. Mitarbeiterbefragungen (schriftlich/Online)	Durch eine regelmäßig durchgeführte *allgemeine Mitarbeiterbefragung* – als schriftliche bzw. Online-Befragung – (vgl. Teil 3, Kap. 1.2) erhält man Informationen über Einstellungen, Erwartungen und Bedürfnisse der Mitarbeiter bezogen auf den Arbeitsplatz, das betriebliche Arbeitsumfeld und die Umwelt. Gerade die spezifischen Fragen zu Entwicklungsbedarfen, -wünschen, -erfahrungen u. Ä. bieten Informationen für die Bedarfsanalyse.
Bedarfsermittlungen via Expertenbefragungen	Expertenbefragungen – via Fragebogen oder persönlicher Interviews – richten sich v. a. an ausgewählte Arbeitsplatzexperten, also Personen, die über die – aktuellen wie zukünftigen – Aufgabeninhalte, den Arbeitsvollzug und dessen Anforderungen Bescheid wissen, oder die diejenigen Mitarbeiter(-gruppen), für die eventuell benötigte Qualifizierungsinhalte ermittelt werden sollen. Als Experten kommen – je nach Fragenkomplex – Mitglieder des Managements, Vorgesetzte, Trainer, Organisationsspezialisten und die Mitarbeiter selbst in Betracht.
Bedarfsermittlungen via Methode der kritischen Ereignisse	Mit der Methode der kritischen Ereignisse (s. Teil 3, Kap. 2.3.3.4) werden systematisch kritische Vorfälle oder Schwierigkeiten beim Aufgabenvollzug entweder durch die Mitarbeiter selbst mithilfe tagebuchartiger Aufzeichnungen oder aber mittels einer Arbeitsanalyse notiert. Man konzentriert sich infolge auf die besonders erfolgswichtigen Mängel und überlegt, ob sie in unzureichenden Mitarbeiterqualifikationen ihren Grund haben und ob diese durch Entwicklungsmaßnahmen verbessert werden können.
Bedarfsermittlung via individueller Mitarbeitergespräche	Mitarbeitergespräche (vgl. Teil 3, Kap. 1.4.4.3) dienen u. a. dazu, individuelle Entwicklungserfordernisse und -möglichkeiten aufzuzeigen. Sie dienen darüber hinaus auch der Beratung und Orientierung in Karrierefragen und ergeben so Entwicklungswünsche resp. -bedarfe. Zudem können auch die einzelnen Mitarbeiter Hinweise auf aktuellen oder künftigen Entwicklungsbedarf geben, wenn sie eine Chance bekommen, ihren subjektiv erlebten Bedarf zu artikulieren.
Bedarfsermittlung via Gruppengespräche	Mit Gruppengesprächen mit Mitarbeitern und ggf. anderen Arbeitsplatzexperten unterschiedlicher Formen kann Qualifizierungsbedarf ebenfalls ermittelt werden. Dazu gehören Brainstorming-Sitzungen, Übungen zu Problemidentifizierungen, direktes Erfragen konkreter Trainingsinhalte u. a.
Bedarfsermittlung via Lernzielkatalogen	Für bestimmte Positionen werden (entweder standardisierte oder gemeinsam zu besprechende) Lernzielkataloge erarbeitet. Sie basieren auf den Arbeitsplatzanalyse und -prognosen und den abgeleiteten Qualifikationsanforderungen. Die Anforderungen sind dann die Basis für die Lernziele. Entweder wird für zukünftige Anforderungen (an der gleichen oder einer anderen Stelle) dann eine Standardprogramm an Qualifizierungsmaßnahmen entwickelt oder es werden bezogen auf die individuell vorhandenen Qualifikationen individuelle Maßnahmen vorgesehen.
Bedarfsermittlung via Dokumentenanalysen	Zur Aufdeckung von Entwicklungsbedarf können auch Dokumente wie – sinnvoll durchgeführte – Leistungsbeurteilungen bzw. die Analyse solcher Dokumente dienen. Die Kenntnis von Schul- und Hochschulcurricula, gut verfügbare Dokumente, gibt Hinweise darüber, was Auszubildende und Hochschulabsolventen vermutlich wissen und können und was vermutlich nicht. Hieraus kann man Entwicklungsbedarf für bestimmte Positionsgruppen ableiten.

Prozessphasen der Personalentwicklung 5.3

Abb. 3-78

Instrumente zur Bedarfsanalyse und -prognose (Fortsetzung)

Instrumente	Beschreibungen
Bedarfsermittlung via Kennzahlen-analysen	Kennzahlen (z. B. steigende Fluktuationsraten, Krankenquoten, Überstunden, Kundenreklamationen, Inventurdifferenzen, sinkende Produktivität, Zahl von Verbesserungsvorschlägen) haben einen heuristischen Charakter, indem sie Impulse zur Überprüfung von Qualifikationen und infolge von gegebenenfalls vorhandenem Entwicklungsbedarf in bestimmten Organisationsbereichen geben.
Bedarfsermittlung via Verhaltens-beobachtungen	Aus der Beobachtung des Arbeitsverhaltens im Funktions- wie Lernfeld können Rückschlüsse auf vorhandene oder aber nicht vorhandene individuelle Qualifikationen gezogen werden. Verhaltensbeobachtungen sind in verschiedenen Formen möglich: Zunächst als Beobachtungen durch Dritte in »Originalsituationen«, zum Beispiel als Dauerbeobachtungen am Arbeitsplatz, als Multimomentstudien, als Mikromomentaufnahmen u. a. Eine andere Form sind Beobachtungen in »Sondersituationen«, z. B. in Rollenspielen.
Bedarfsermittlung via Assessment-Center	Geeignet zur informatorischen Fundierung ist auch das Assessment-Center (vgl. Teil 3, Kap. 2.3.3.5). Mit ihm können Mitarbeiter in Situationen beobachtet werden, die künftigen Anforderungen entsprechen. Im Ergebnis kann sich durch ein nicht so optimales Verhalten ein individueller Entwicklungsbedarf ergeben.

lungsbedarfs. Welchen Änderungen in den Zielen, im Bildungsbedarf etc. sie Rechnung trägt, zeigt die Abbildung 3-79, die die Idee auf die gesamte Qualifizierung überträgt. Sie verdeutlicht damit gerade für die stärker der Veränderung unterworfenen Fach- und Leitungsstellen eine andere Orientierung bei den notwendigen Qualifikationen.

Erkennbar wird hierbei auch die individuelle Ebene der Ermittlung von Qualifizierungsbedarf verlassen. Es ist nicht nur zu fragen, welche Qualifikationsdefizite die einzelnen Mitarbeiter haben, sondern auch, welche Qualifikationen für interpersonale Beziehungen in Gruppen und für Interaktionen in und von Gruppen erforderlich sind und schließlich: Welche Phänomene sind es aus der Makrosicht des Betriebs, die Anlässe für Qualifizierungsaktivitäten begründen können, die aber ihrerseits nicht (direkt) auf individuelle oder gruppenbezogene Defizite zurückgeführt werden können?

Problematisch im Zusammenhang der Personalentwicklung und der Erhebung eines individuellen Qualifizierungsbedarfs ist das Assessment-Center dann, wenn es weniger als Analyseinstrument für ein Feedback an den einzelnen Mitarbeiter, sondern als »Nadelöhr der High Potentials« für die Führungslaufbahn eingesetzt wird. Umgangssprachlich ist so das AC als »Assassination-Center« entstanden.	»Assassination Center«

Abb. 3-79

Kennzeichen deterministischer und katalytischer Qualifizierung

Unterscheidungskriterien	Deterministische Qualifizierung	Katalytische Qualifizierung
Ziele	Institution: Aufgabenerfüllung Person: Qualifikation	Institution: Anpassungsfähigkeit Person: Lernfähigkeit
Bildungsbedarf	konkret erkennbarer und definierter Bildungsbedarf	nicht eindeutig definierter, sondern auch vom Teilnehmer artikulierbarer Bildungsbedarf
Instrumente	Institution: Gezielte Bildung Person: Defizit-Minderung	Institution: Projektive Bildung Person: Potenzial-Verstärker
Bekanntheitsgrad der Funktionszusammenhänge	eindeutig bestimmbare, weitgehend konstante Funktionszusammenhänge zwischen den Problemlöse-Potenzialen	komplexe und variable Funktionszusammenhänge zwischen den Problemlöse-Potenzialen
Erfolgsermittlung	Institution: Leistung Person: Eignung	Institution: Potenziale Person: überfachliche Kompetenz
Erfolgsprognosen	vorhersehbare Wirkungen einer gezielten Defizit-Minderung	nur begrenzt vorhersehbare Wirkungen einer Potenzialverstärkung
Erfolgssteuerung	in hohem Maße programmierbarer Erfolg von Qualifizierungsmaßnahmen	nur in geringerem Maße programmierbarer, wenn auch durchaus steuerbarer Erfolg der Qualifizierungsmaßnahmen

Quelle: in Anlehnung an *Fritsch*, 1985, S. 35, und *Bronner/Schröder*, 1983

5.3.1.3 Identifizierung der Entwicklungsadressaten

Wer soll entwickelt werden?

Mit der Feststellung des betrieblichen Entwicklungsbedarfs sind die *Entwicklungsadressaten* bzw. Personen auszuwählen. Dies betrifft die personale Komponente des Personalentwicklungsbedarfs. Auswahlkriterium der Praxis ist vielfach die gegenwärtige Funktion und Position. Personalentwicklung zielt jedoch nicht nur auf die Erhaltung der Eignung für gegenwärtige Aufgaben ab, sondern auch auf den Qualifikationsaufbau für zukünftige Anforderungen. Rational gesehen ist entscheidend, ob ein Mitarbeiter entwickelt werden möchte *und* ob er ein entsprechendes Entwicklungspotenzial besitzt.

Probleme

Hinsichtlich der Entwicklungsbedürfnisse der Mitarbeiter darf nicht verkannt werden, dass sie zum einen *nicht* einfach zu ermitteln sind und zum anderen Mitarbeiter nicht selten Schwierigkeiten haben, sie deutlich und hinreichend informiert treffend zu *artikulieren*. In mehreren Leistungsdeterminanten liegen Komponenten verborgen, die gemeinsam zu Entwicklungsbedürfnissen führen: in Motiven, Einstellungen, Valenzen, Anordnungen, Erwartungen – sämtlich durch Erfahrungen und Lernprozesse aus der Arbeitsumwelt geprägt. Zwar gibt es etliche Instrumente, die als Artikulationshilfen betrachtet werden können; gleichwohl bleibt, dass in möglicherweise nicht wenigen Einzelfällen Erwartungs- und Erfahrungshorizonte von Mitarbeitern eng sind, daher Entwicklungschancen nicht erkannt werden und der Entwicklungswille nicht sehr ausgeprägt ist. Zudem überschätzen wie unterschätzen sich manche Mitarbeiter hinsichtlich ihres Potenzials. (Dieser Irrtum kann auch leicht Vorgesetzten passieren; schließlich sind sie keine Potenzialexperten.)

> »Was hat das Unternehmen für ein Interesse, seine Mitarbeiter für den Arbeitsmarkt zu qualifizieren? Bislang war das Interesse genau umgekehrt. Nämlich Mitarbeiter durch eine sehr spezialisierte Investition ins Humanvermögen, die woanders nicht verwendet werden kann, an das Unternehmen zu binden. Damit hat man den Mitarbeiter in der Hand.« Heutzutage ist es notwendig, »dass .. die Qualifikationen breiter angelegt sein müssen, dass man nicht auf eine ganz bestimmte Verwendung hin ausbildet. Das ist genau das Dilemma des Unternehmens ...« (Neuberger, 2005, S. 4)

Entwicklungsziele der Adressaten können beispielsweise in *Mitarbeitergesprächen* erhoben werden. Zu beobachten ist, dass neben Sicherheit, finanziellen Gründen, Aufstieg und anderen generellen Zielen im Zuge des Wertewandels individuelle Entwicklungsziele wie Selbstbestimmung, Individualität, Selbstverwirklichung, o. Ä. an Bedeutung zunehmen, was bei der Ermittlung die Wichtigkeit der individuellen Erhebung deutlich macht. Pragmatisch gesehen ist hierfür die bereits angesprochene Selbstanalyse der Mitarbeiter notwendig, mit deren Hilfe sie sich über ihre persönlichen Entwicklungswünsche und -ziele klar werden. Die unverkennbaren methodischen Parallelen zur Erhebung des betrieblichen Entwicklungsbedarfs zeigen, dass sich diese beiden Bereiche vielfach überschneiden.

Entwicklungsziele

Beim Abbau von Bewusstseins- und Kenntnisdefiziten können Mitarbeiterberatungs- und Mitarbeiterfördergespräche, zum Beispiel durch entsprechend qualifizierte Personalentwickler, hilfreich sein.

Die Erhebung von *Entwicklungspotenzialen* gestaltet sich *ungleich schwieriger* (vgl. Teil 3, Kap. 1.4.4.4). Um Potenziale analysieren zu können, sind Anforderungen auf der einen Seite und Qualifikationen auf der anderen Seite mehrmals gleich zu formulieren, wobei eine Leistungsbeurteilung hier alleine nicht ausreicht, da diese nur eine Einschätzung der gegenwärtigen Leistungsfähigkeit wiedergibt.

Entwicklungspotenziale

Ist die Erhebung gegenwärtiger Qualifikationen von der methodischen Seite her schon problematisch, so ist die Erhebung von Potenzialen mit noch größeren methodischen Unwägbarkeiten bzw. Unschärfen verbunden, was allein schon darin begründet liegt, dass Informationen über das Potenzial bezogen auf die Erfüllung neuer, d. h. anderer oder gestiegener Anforderungen benötigt werden.

Das Entwicklungspotenzial kann von der Deckungslücke nach oben oder unten abweichen, wobei unabhängig von dem Problem der Ermittlung des Potenzials, nur solche Mitarbeiter zu den Entwicklungsadressaten gehören können, deren Potenzial größer oder gleich der Deckungslücke ist. Apropos Deckungslücke: Die in der Zukunft gegebenenfalls relevanten Positionen sind vielfältig. Allein aus ökonomischen Gründen kann man nicht für diese Vielzahl an Stellen eine genaue Lückenanalyse durchführen. Hier behilft man sich dann entweder durch eine begrenzte Auswahl an Positionen und/oder mit einer Konzentration auf für Positionsgruppen extrafunktionale Qualifikationen (vgl. Teil 3, Kap. 3.1.1).

5.3 Personalentwicklung
Prozessphasen der Personalentwicklung

Auswahlregeln

Häufig findet eine Auswahl von *Entwicklungsadressaten* auch aufgrund weniger rationaler Kriterien statt. Subjektiver und mit (persönlichen) Werturteilen verbunden sind folgende Auswahlregeln (vgl. Drumm, 2008, S. 346):
- Chancengleichheit für alle Mitarbeiter als potenzielle Entwicklungsadressaten,
- Privilegierung bestimmter Mitarbeitergruppen, mit den Unterfällen
    - Begabtenförderung solcher Mitarbeiter mit hohem Entwicklungspotenzial,
    - Senioritätsprinzip mit einer Bevorteilung von Mitarbeitern mit langer Betriebszugehörigkeit und Erfahrung,
    - Juvenilitätsprinzip als Bevorzugung jugendlicher Mitarbeiter.

Die beiden ersten auswahlorientierten Strategien sind gekennzeichnet durch komplexe, optimierte Selektionssysteme, Nutzung externer Vorselektion, breiten Einsatz von Assessment-Centern zur Beurteilung, Heranziehung von Zusatzgutachten zur Absicherung persönlicher Meinungen über Mitarbeiter, schnellen Einsatz von Freisetzungsmaßnahmen und eine Förderung der Mitarbeiter nach persönlichen Kriterien der direkten Vorgesetzten. In den beiden letzteren entwicklungsorientierten Strategien finden sich komplexe und optimierte Entwicklungssysteme, strukturierte Trainee-Programme, langfristig angelegte Förderkonzepte, Förderung von Zusatzqualifikationen, seltener Einsatz von Probezeiten und Kündigungen.

Partizipation

Gibt obige Liste das »was« und »wann« der Programmentwicklung wieder, so stellt sich die Frage nach dem »wie«, also der Gestaltung des Prozesses der Programmentwicklung. Dem Wunsch nach Kooperation bei der Personalentwicklung kann in den Vorbereitungsstadien durch Vorgehensweisen entsprochen werden, die schon früh Domsch (1983) am Beispiel der Fortbildung aufgezeigt und insgesamt »partizipative Bildungsplanung« genannt hat.

5.3.1.4 Umweltanalyse und -prognose

Rollen

Neben der unmittelbaren Bedarfsanalyse ist zudem zur Fundierung der Qualifizierungsplanung eine Analyse der das Transfer- und Lernfeld umgebenden Umwelt notwendig. Gerade die Terminierung von Qualifizierungsmaßnahmen ist auf solche Informationen angewiesen. So lassen sich die Zeiten für das Lernen und die Zeiten zur Anwendung des Gelernten im Transferfeld optimal abstimmen.

Der außer- wie innerbetrieblichen Umwelt kommen insgesamt verschiedene, durchaus alternative *Rollen* zu:

1. *Impulsrolle.* Die Umweltsituation kann – als unabhängige Variable – eine Impulsrolle bei der Entwicklungsbedarfsermittlung übernehmen. Impulse für neue Bildungsinhalte gehen vor allem von folgenden Faktoren aus: institutionell-betriebliche Faktoren (technologische Veränderungen, Veränderungen im Managementbereich sowie personal-politische Faktoren), Änderungen der Marktverhältnisse, neue Lehrmethoden, andersartige E-Affinität zu Lernmedien u. a.
2. *Gestaltungsrolle.* Die Umwelt ist eine intervenierende Variable, die eine Gestaltungsrolle übernehmen kann. Qualifizierungsmaßnahmen sollten – alleine schon zur Sicherstellung des Transfers – die geltenden Arbeitsbedingungen des betrieblichen Umfelds beachten: Ein Fremdsprachenkurs unmittelbar vor einem

Urlaub, vor einer intensiven (deutschsprachigen) Projektaufgabe, ein Jahr vor einer Aufgabe, die die Fremdsprache fördert, ist schlecht platziert. Arbeitsintensive, saisonale Phasen am Arbeitsplatz sind ungeeignet für Qualifikationsmaßnahmen wie auch für den unmittelbaren Transfer nach Ende einer Maßnahme zum Lernfeld. Der Verweis auf einen Transfercoach nach einer Bildungsmaßnahme kann nur fruchten, wenn dieser zur rechten Zeit dafür qualifiziert und auch verfügbar ist. Ältere und jüngere Arbeitnehmer in die gleiche wissensvermittelnde Qualifizierungsmaßnahme mit der gleichen Lehrmethodik zu »stecken« gilt als suboptimal, weil beide prinzipiell unterschiedlich kognitive Lehrinhalte verarbeiten. Solche und ähnliche Situationselemente sind sinnvolle Objekte der Umweltanalyse und -prognose.

Eine Nichtberücksichtigung der Umwelt in der späteren Planung trägt bereits quasi systematisch die Gründe für eine geringe Transferwahrscheinlichkeit in sich.

> *Beispiele*: (1) Ein Französischintensivkurs im Juli wird sich nicht als besonders sinnvoll herausstellen, wenn die Endsendung in einer Projekt der französischen Tochtergesellschaft erst für Februar des Folgejahres vorgesehen ist. (2) Der vorgesehene Einsatz als Assistent eines Geschäftsleiters wird dann produktiv sein können, wenn der Geschäftsleiter in dieser Zeit vorwiegend vor Ort ist sowie etwas Zeit und Muße hat, sich gerade in der Anfangsphase intensiver um den Lernenden zu kümmern.

5.3.2 Personalentwicklungsplanung

5.3.2.1 Differenzierung

Personalentwicklung lässt sich nach den Kriterien »Zielrichtung« und »Ansatzpunkte einer Qualifizierung« differenzieren (vgl. Thom, 1987; Becker, F.G., 1995a), für die jeweils unterschiedliche Planungskonzepte sinnvoll sind. Die Grenzen sind zwar fließend und dadurch auch nicht immer trennscharf; die Subsystembildung trägt jedoch in Theorie und Praxis zur Komplexitätsreduzierung bei. Die »Ansatzpunkte« der Qualifizierung fokussieren Methoden und Instrumente, die zur Qualifizierung eingesetzt werden. Sie werden in einem nachfolgenden Abschnitt thematisiert. Die »Zielrichtung« setzt an dem intendierten Erfolg von Qualifizierungsmaßnahmen und der Entwicklungsrichtung einer Qualifizierung an. Abbildung 3-80 vermittelt einen Überblick über die damit verbundene Kategorisierung, die im Folgenden in zwei aufeinanderfolgenden Schritten erläutert wird:

> »Die Kunst der Planung besteht darin, den Schwierigkeiten der Ausführung zuvorzukommen.«
> Marquis de Vauvenargues

▸ *Berufs- und stellenvorbereitende Qualifizierung* betrifft solche betrieblichen Personalentwicklungsaktivitäten, die erstmals Mitarbeiter auf einen Beruf bzw. eine bestimmte Stelle(nklasse) vorbereiten sollen (= Einstiegsqualifizierung). In erster Linie zählt hierzu der gesamte Ausbildungsbereich (s. u.), die duale Berufsausbildung, die duale Hochschulausbildung und die betriebliche Umschulung sowie die Einstiegsqualifizierung (EQ) der Bundesagentur für Arbeit (BA).

Teilbereiche

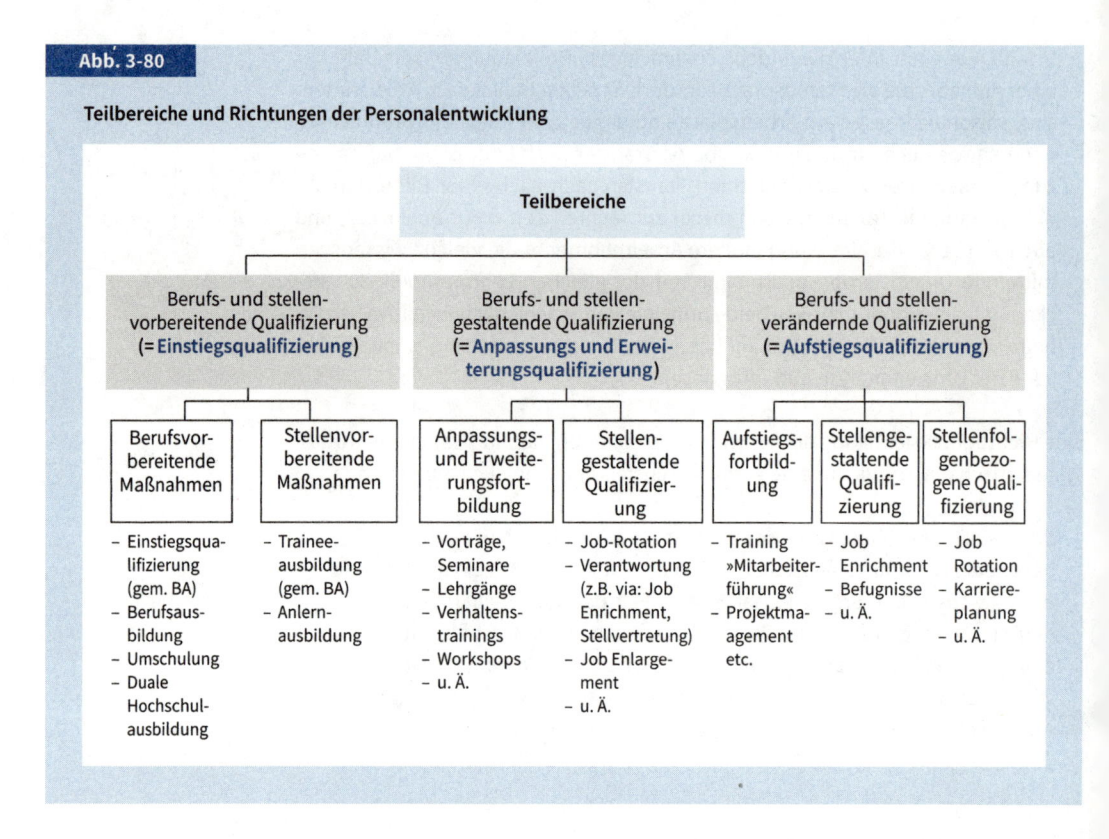

5.3 Personalentwicklung
Prozessphasen der Personalentwicklung

Abb. 3-80

Teilbereiche und Richtungen der Personalentwicklung

	Teilbereiche	
Berufs- und stellenvorbereitende Qualifizierung (= **Einstiegsqualifizierung**)	Berufs- und stellengestaltende Qualifizierung (= **Anpassungs und Erweiterungsqualifizierung**)	Berufs- und stellenverändernde Qualifizierung (= **Aufstiegsqualifizierung**)

Berufsvorbereitende Maßnahmen	Stellenvorbereitende Maßnahmen	Anpassungs- und Erweiterungsfortbildung	Stellengestaltende Qualifizierung	Aufstiegsfortbildung	Stellengestaltende Qualifizierung	Stellenfolgenbezogene Qualifizierung
– Einstiegsqualifizierung (gem. BA) – Berufsausbildung – Umschulung – Duale Hochschulausbildung	– Traineeausbildung (gem. BA) – Anlernausbildung	– Vorträge, Seminare – Lehrgänge – Verhaltenstrainings – Workshops – u. Ä.	– Job-Rotation – Verantwortung (z.B. via: Job Enrichment, Stellvertretung) – Job Enlargement – u. Ä.	– Training »Mitarbeiterführung« – Projektmanagement etc.	– Job Enrichment – Befugnisse – u. Ä.	– Job Rotation – Karriereplanung – u. Ä.

Als stellenvorbereitend gelten die Anlernausbildung sowie die Traineeausbildung.

▸ *Berufs- und stellengestaltende Qualifizierung* setzt bei bereits im Betrieb beschäftigten Mitarbeitern an. Die Mitarbeiter werden für die veränderten Anforderungen ihrer aktuellen Aufgabenerfüllung – i. S. einer Anpassungs- und Erweiterungsqualifizierung – qualifiziert. Dies geschieht über eine Anpassungs- und Erweiterungsfortbildung sowie einer stellengestaltenden Qualifizierung (i. S. einer Arbeitsstrukturierung).

▸ *Berufs- und stellenverändernde Qualifizierung* intendiert eine Aufstiegsqualifizierung für das betriebliche Stellengefüge. Zu differenzieren ist in die Aufstiegsfortbildung sowie die stellengestaltende (mittels Arbeitsstrukturierung) und die stellenfolgenbezogene Qualifizierung (per Karriereplanung). In den letzten beiden Fällen wird bewusst implizites Lernen mit in den Personalentwicklungsprozess einbezogen.

Für die unterschiedlichen Richtungen gelten vielfach andere Grundlagen für die Planung der konkreten Qualifizierungsprozesse. Gerade die Einstiegsqualifizierung ist zum Teil rechtlich determiniert, bei den anderen Bereichen sind die individuellen Voraussetzungen oft unterschiedlich sowie die Adressatenkreise unterschiedlich groß.

5.3.2.2 Einstiegsqualifizierung

Die Einstiegsqualifizierung bezieht sich auf verschiedene, i. d. R. neue Mitarbeiter(-gruppen) und lässt sich auch umgangssprachlich als »Ausbildung« (s. u.) bezeichnen. Man versteht darunter alle betrieblich initiierten Bildungsmaßnahmen, mit denen neuen Mitarbeitern, die für bestimmte spätere Tätigkeiten oder Berufe erforderlichen Qualifikationen systematisch vermittelt werden. Dabei werden On-the-Job- und Off-the-Job-Maßnahmen (s. Teil 3, Kap. 5.3.3.2, 5.3.3.3) systematisch miteinander kombiniert. Unter solchen Aktivitäten fallen im Wesentlichen an

Berufs- und stelleneinführend

- ausbildungsvorbereitend:
  - die Einstiegsqualifizierung (EQ) der Bundesagentur für Arbeit (BA),
- berufsvorbereitend:
  - die Berufsausbildung nach dem Berufsbildungsgesetz (BBiG),
  - die duale Hochschulausbildung (v. a. die Kombination von Berufsausbildung mit einem Bachelor-Studium) und
  - Umschulung sowie
- stellenvorbereitend:
  - die Trainee-Ausbildung (v. a von Hochschulabsolventen) und
  - die Anlernausbildung.

Sie werden nachfolgend erläutert.

Terminologie

> *Achtung*: Die Terminologie um die »Ausbildung« und die »duale Ausbildung« herum ist uneinheitlich, v. a. zwischen umgangssprachlichen und fachwissenschaftlichen Diskursen. »*Ausbildung*« wird hier als Terminus wie Begriff verwendet, der die große Vielzahl an unterschiedlichen Ausbildungswegen in den deutschsprachigen Ländern ausdrücken soll. »*Berufsausbildung*« (synonym: duale Berufsausbildung) ist auf die spezifischen, staatlich anerkannten Berufsausbildungsberufe konzentriert, die im Rahmen der dualen Berufsausbildung (Berufsschule wie Ausbildungsbetrieb) unter Aufsicht der Kammern umgesetzt werden. Hier zählen wir auch die Berufsausbildungen dazu, die über Berufsfachschulen und/oder Berufskollegs in Kombination mit Pflichtpraktika angeboten werden (z. B. Physiotherapeuten, Erzieher). Die »*duale Hochschulausbildung*« wiederum fokussiert verschiedene Ausbildungswege, die im Wesentlichen eine Kombination der dualen Berufsausbildung mit einem Bachelorstudium verbinden. Von allen hier genannten Alternativen sind wiederum die Trainee-, die Anlern- und die *Einstiegsqualifizierung der BA* (EQ) zu differenzieren. Sie beinhalten zwar auch alle duale Komponenten, doch ist hier vieles frei gestaltbar.

Einstiegsqualifizierung (EQ der BA)

Gerade in den letzten Jahren sind durch die große Anzahl von jungen Menschen mit problematischen Schulkarrieren und die Flüchtlinge im jugendlichen Alter Herausforderungen auch für Betriebe als »Bildungsstätten« entstanden. Diese soll durch die von der Bundesagentur für Arbeit (BA) staatlicherseits geförderte »Einstiegsqua-

... vor der Berufsausbildung

5.3 Personalentwicklung
Prozessphasen der Personalentwicklung

lifizierung« (EQ) begegnet werden. In diesem Verständnis geht es darum, junge Menschen zur Ausbildungsfähigkeit zu verhelfen. Je mehr eine solche Aufgabe angegangen wird, desto mehr tragen Betriebe auch zur gesellschaftlichen Stabilisierung bei. Der aktuelle Arbeitsmarkt »hilft« im Übrigen, einer solche Aufgabe auch im betrieblichen Interesse nachzukommen. Wenn es schwierig ist, sowohl quantitativ als auch qualitativ ausreichende Nachfragen nach Ausbildungsplätzen zu erhalten, dann kann man durch – oft auch staatlich geförderte (vgl. https://www.arbeitsagentur.de/web/content/DE/Unternehmen/Ausbildung/Ausbildungsvorbereitung/Einstiegsqualifizierung/Detail/index.htm?dfContentId=L6019022DSTBAI516577; http://www.dihk.de/themenfelder/aus-und-weiterbildung/ausbildung/einstiegsqualifizierungen/einstiegsqualifizierung; http://www.igmetall-nrw.de/uploads/media/2008_04_04_Handreichung.pdf [letzte Abrufe: 26.05.2016]) – aktive betriebliche Versuche, junge Menschen zur »*Ausbildungsfähigkeit*« zu verhelfen, unter Umständen den eigenen Bedarf decken. Intention ist es, diesen Menschen Gelegenheit zu geben, berufliche Handlungsfähigkeit zu erlangen. Gleichzeitig bietet eine solche Einstiegsqualifizierung einem Ausbildungsbetrieb die Chance, den Menschen sowie seine Fähigkeiten und Fertigkeiten über einen Zeitraum von sechs bis zwölf Monaten im täglichen Arbeitsprozess beobachten zu können. Manche Betriebe beschäftigen im Rahmen einer solchen Vorgehensweise sogar eigene Lehrer, die Sprach- und Mathematikkenntnisse vermitteln.

Berufsausbildung

Deutsche Berufsausbildung

In der Berufsausbildung werden erstmalig und systematisch berufliche Kenntnisse und Fähigkeiten erworben. Im Jahr 2015 absolvierten insgesamt knapp 800.000 Personen in Deutschland eine betriebliche Berufsausbildung in Industrie, Handel und Dienstleistungen. Über 280.000 absolvierten diese erfolgreich, gut 300.000 Personen starteten eine Berufsausbildung. Es handelt sich also durchaus um eine relevante Größe, wenngleich sich die Personen natürlich auf eine Vielzahl von Betrieben verteilen.

Aufgabe der beruflichen Erstausbildung nach BBiG ist die Vermittlung einer breit angelegten beruflichen Grundbildung und der für die Ausübung einer qualifizierten Tätigkeit notwendigen fachlichen Fertigkeiten und Kenntnisse. Ferner hat sie den Erwerb der erforderlichen Berufserfahrungen zu ermöglichen (§ 1 Abs. 2 BBiG). In Deutschland wird die Berufsausbildung überwiegend im Rahmen des sogenannten dualen Systems durchgeführt, d. h. in kooperativer Form in den beiden Lernorten Betrieb und Berufsschule. Gemäß Berufsbildungsgesetz (BBiG) darf die Ausbildung Jugendlicher unter 18 Jahren nur in anerkannten Ausbildungsberufen stattfinden, die vom Bundesminister für Bildung und Wissenschaft in einem Verzeichnis geführt werden. Das BBiG regelt die Verteilung der Ausbildungskompetenzen, die Rechte und Pflichten von Ausbildern und Auszubildenden, das Prüfungswesen und den Erlass von Ausbildungsordnungen. Mit diesem Gesetz besteht eine gewisse Normierung der Ausbildung und Einhaltung von Mindeststandards; obwohl es nicht derart restriktiv ist, dass es nicht gleichzeitig Freiräume für die Betriebe zur Gestaltung der Ausbildungsinhalte gemäß unternehmerischer Anforderungen und Anpassung an Entwicklungen sichert. Neben dem BBiG ist für die Berufsausbildung das BetrVG von Bedeutung, da dem Betriebsrat durch dieses Gesetz Einfluss auf die Errichtung und Ausstattung von Berufsbildungseinrichtungen und die Durchführung der eigentlichen Maßnahmen gewährt wird (vgl. Becker, M., 2013, S. 265 ff.; Klotz, 2010).

Als Ziele werden üblicherweise formuliert: (1) Die *gesellschaftlich-staatliche Motivation* bezüglich der Ausgestaltung des Ausbildungssystems ist die Umsetzung des bildungspolitischen Anspruchs der Chancengleichheit nach Abschluss der Ausbildung, die Steigerung der Wiederbeschäftigungschance bei Arbeitslosigkeit und die Erhöhung von Mobilität und Aufstieg. (2) Von *betriebswirtschaftlicher Seite* können zwei »Triebfedern« das Ausmaß der Ausbildungspolitik prägen: betriebspolitisch gesehen dient sie der bedarfsgerechten Bereitstellung relevanter Fähigkeits- und Kenntnispotenziale, personalpolitisch betrachtet erhöht sie darüber hinaus das interne Beschaffungspotenzial.

Ziele

Erreicht werden kann damit eine weitgehende Abkoppelung vom externen Arbeitsmarkt. Mit einer derartigen Ausbildungspolitik können für die Betriebe folgende *Vorteile* verbunden sein:

Vorteile

- Vermittlung branchen- und betriebsspezifischer Qualifikationen,
- Minimierung der Beschaffungskosten bei späteren Vakanzen auf Fachkräftepositionen sowie
- Sicherung des Nachwuchsbedarfs an kaufmännischen und gewerblichen Nachwuchskräften.

Diese potenziellen Vorteile ergeben sich nur im systematischen Zusammenhang von Personalentwicklung und Personalauswahl, der über die personalpolitischen Ziele besteht und auf der Personalplanungsebene vollzogen wird.

Zwischen den betrieblichen und staatlichen Zielen der Ausbildung im dualen System besteht ein *Zielkonflikt*, da die staatlichen Intentionen tendenziell zu Generalisierung, demgegenüber jedoch die betrieblichen Intentionen eher zu Speziali-

WISSENSWERTES

Problematik der dualen Berufsausbildung

Teilweise wird in der heutigen dynamischen Umwelt angesprochen, dass viele Berufsausbildungen heutzutage zu spezifisch und einseitig qualifizieren. Im Hinblick auf den schon derzeitigen Wandel an Arbeitsanforderungen wäre es vielmehr erforderlich, generalistische (Meta-)Qualifikationen in der Berufsausbildung zu vermitteln, als dies heute in vielen, gerade spezialisierten, Berufen geschieht. So ist die Gefahr recht groß, dass die entsprechend qualifizierten jungen Leute fünfzehn bis zwanzig Jahre später mit ihrem ursprünglich erlernten Beruf in einer »Arbeitswelt 2030« große Schwierigkeiten haben werden, eine ihrer Berufserfahrung entsprechenden Position zu erhalten. Umschulungen und Neuanfänge würden notwendig. Nur eine allgemeinere Berufsausbildung mit berufsübergreifenden Qualifizierungen in Betrieb wie Berufsschule können die gesellschaftliche, individuelle wie letztlich auch betriebliche Problematik antizipativ verhindern helfen (vgl. https://www.welt.de/wirtschaft/article158739657/Im-Alter-haben-Akademiker-einen-entscheidenden-Vorteil.html, https://www.cesifo-group.de/de/ifoHome/presse/Pressemitteilungen/Pressemitteilungen-Archiv/2016/Q4/press_20161013_cesifowp6116.html [letzte Abrufe: 17.10.2016]. Es ist zu vermuten, dass die gleiche Argumentation auch auf die vielen spezialisierten Studienprogramme an vielen Hochschulen zutrifft: Qualifizierung nur dem Zeitgeist (und dem Profit der Bildungsträger) entsprechend und nicht aus Verantwortung den Studierenden gegenüber.

5.3 Personalentwicklung
Prozessphasen der Personalentwicklung

Abb. 3-81

Das duale System der Berufsausbildung

Elemente der Berufsausbildung	Dualität	
	Betriebliche Ausbildung	Schulische Ausbildung
Institution	Ausbildungsbetrieb	Berufsschule
Lehrender	Ausbilder nach der Ausbildereignungsverordnung	Berufsschullehrer mit Abschluss gemäß Studien- und Prüfungsordnung
Lernender	Auszubildender	Berufsschüler
Ausbildungsvorschriften	Ausbildungsordnung	Rahmenlehrplan
Aufsicht	zuständige Stellen der Kammern	staatliche Behörden
Finanzierung	Unternehmungen	Öffentliche Hand
Planung	Betriebe und Selbstverwaltungsorganisation der Wirtschaft*	staatliche Behörden
Ordnungskompetenz	Bund	Länder

* z. B. IHKs für alle Dienstleistungs-, Handels- und Industrieunternehmungen (§ 44 BBiG)

Quelle: in Anlehnung an *Drumm*, 2008, S. 324

sierung führen. Der Ausgleich erfolgt bei dem in Deutschland bestehenden dualen System der Berufsausbildung durch Kombination berufsschulischen Unterrichts und praktischer Ausbildung in den Betrieben. Erstere dient zur Vermittlung allgemeiner, theoretisch geprägter Kenntnisse und Fertigkeiten, wodurch bezüglich der staatlichen Anliegen an die Ausbildung eine weitgehende Normierung erfolgt. Letztere dient der spezifischen Ausbildung am Arbeitsplatz oder einer Ausbildungswerkstatt, wobei diese durch weitere, jedoch betriebsspezifische, theoretische Schulungen ergänzt sein kann.

Das duale System

Abbildung 3-81 zeigt die wichtigsten Elemente der beruflichen Ausbildung, die in ihrer Kombination von unterschiedlichen Lernorten und Funktionsfeldern die Dualität ausmachen.

Duale Hochschulausbildung

Berufsausbildung & Studium

Seit einigen Jahren nimmt eine bestimmte Form der Ausbildung nachhaltig zu: die *Kombination einer Berufsausbildung mit einem verbundenen Bachelor-Studium an einer (Fach-)Hochschule bzw. Berufsakademie*. Klassischer dualer Studiengang ist dabei das Studium an der Verwaltungs- und Wirtschaftsakademie (»VWA-Studium«).

Viele Betriebe haben bemerkt, dass einerseits klassische Ausbildungen (im kaufmännischen wie im gewerblichen Bereich) im Hinblick auf andere und steigende Qualifikationsanforderungen nicht mehr zur Berufsausübung ausreichen (»Push-Argument«), andererseits auch ein vermehrtes Interesse an einer Hochschulausbildung seitens der Neueinsteiger zu vermerken ist (»Pull-Argument«). Dieses beiderseitige Interesse hat zu einem Aufbau vielfältiger dualer Studiengänge geführt, sodass zwei qualifizierte Abschlüsse angestrebt werden. Das Angebot ist derzeit stark

5.3 Prozessphasen der Personalentwicklung

> **WISSENSWERTES**
>
> **Stand und Veränderungen in der Bildungslandschaft**
>
> Mit dem Stichwort »PISA« wird seit vielen Jahren auf Qualifikationsdefizite von Schülern insgesamt verwiesen. Betriebe klagen (zudem) seit Langem darüber, dass die Qualifikationen von Schulabgängern bei Weitem nicht den Anforderungen für eine Berufsausbildung entsprechen. Hochschulen äußern Ähnliches über die Einstiegsqualifikation ihrer Studenten. Vergleichbare Kritik wird über den Ausbildungsstandard der Absolventen an Hochschulen geäußert. Die im Rahmen des Bologna-Prozesses vorgenommenen Änderungen hinsichtlich von Bachelor- und Master-Studiengängen mit ihren sehr heterogenen Ergebnissen tun ein Übriges, um Probleme zu generieren. Die Hochschullandschaft entwickelt sich im Wildwuchs: Neue Bachelor- und Master-Studiengänge in vielen Bereichen lösen »Diplom«-Studiengänge ab, sind dabei aber oft nicht spezifisch und neu konzipiert. Eine Vielzahl unterschiedlicher Hochschulen bietet Abschlüsse an. Die Studiengänge existieren in einer viel höheren Heterogenität, was ihre Ausrichtungen betrifft, als bislang. Diese heterogene Hochschullandschaft (= Marktsegment) fordert die Rekruter; sie überfordert sie, zumindest dann, wenn sie gerne einen Überblick über alles hätten. Viele Betriebe stellen sich vermehrt die Frage: »Was können eigentlich die Bachelor-Absolventen?«. Die Beantwortung der Frage ist Bestandteil einer marktorientierten Personalarbeit: von der Arbeitsmarktforschung über die Fokussierung auf einzelne Produkt-Markt-Kombinationen (sprich: bestimmte Studiengänge an bestimmten Einrichtungen) bis hin zu spezifischen Trainee-Programmen und/oder neu gestalteten Stellenprofilen für Direkteinsteiger.

konzentriert auf bestimmte Studiengänge, v. a. auf verschiedene Ingenieurstudienrichtungen, Informatik und Wirtschaftswissenschaften. Die Anzahl an Auszubildenden bzw. Studierenden steigt teilweise sprunghaft (vgl. http://de.statista.com/statistik/daten/studie/156968/umfrage/duale-studiengaenge-2004-bis-2009/ [letzter Abruf: 26.05.2016]).

Zunächst wird – *idealtypischerweise* – parallel die Berufsausbildung zum Grundstudium (i. S. breiter fachlicher Basis) des Bachelor-Studiengangs durchgeführt. Nach Abschluss der Berufsausbildung wird neben der Berufsausübung – dann berufsbegleitend – das Studium zu Ende geführt. Es handelt sich vom Ansatz her um eine sehr anwendungsorientierte Qualifizierung. Sie bietet eine gute Basis für anforderungsvolle Tätigkeiten und das Lower-Management. Zudem bindet sie qualifizierte junge Mitarbeiter an den Betrieb, statt nach der Ausbildung ein externes Studium – ohne Rückkehrsicherheit – aufzunehmen.

Ablauf

Die Qualifizierung benötigt in der Regel das Einverständnis bzw. die Initiative des Betriebs. Dieser benötigt einen Kooperationspartner aus der Hochschule mit einem passenden Studiengang und wählt aus den Bewerbern die Teilnehmer am dualen Studiengang aus.

Das Angebot an dualen Studiengängen wie auch die Nachfrage aus Betrieben und durch Schüler wächst derzeit dynamisch (vgl. www.duales-studium.de, www.ausbildungplus.de; http://www.ausbildungplus.de/files/Auswahlbibliographie_Duales_Studium.pdf [letzter Abruf: 09.05.2016]). Offenbar ist hier eine Bildungsangebotslücke, die den Spagat zwischen Berufsausbildung und (Fach-)Hochschulstudium betrifft. Den Studierenden bietet es ein bezahltes Studium mit (nahezu) Arbeitsplatzgarantie, den Betrieben ein höheres Attraktivitätsprofil für Abiturienten und eine höherwertige Ausbildung verbunden mit einer erwarteten höheren Mitarbeiterbindung, den Hochschulen eine höhere Auslastung und teilweise auch – bei den vielen privaten Hochschulangeboten – Profit.

5.3 Personalentwicklung
Prozessphasen der Personalentwicklung

Duales Studium # duales Studium

Neben diesem Idealtypus lassen sich unter dem Oberbegriff noch andere *Varianten* fassen, die zwar ebenso zur Personalentwicklung passen, aber einen anderen Charakter haben (vgl. Becker, M., 2013, S. 289 ff.; Oechsler/Paul, 2015, S. 442). Siehe dazu Abbildung 3-82.

Abb. 3-82

Varianten des dualen Studiums

Ausbildungsintegriertes (»idealtypisches«) duales Studium	Praxisintegriertes duales Studium	Berufsintegriertes duales Studium	Berufsbegleitendes duales Studium
Gleichzeitige Durchführung einer beruflichen Ausbildung und eines Hochschulstudiums (Bachelor), die zu zwei Abschlüssen führt.	Studierende erwerben in unterschiedlichen Phasen ihres Studiums praktische Kenntnisse in einem Betrieb (via Pflichtpraktikum, Seminar- und Abschlussarbeiten)	Nach einer einschlägigen Berufsausbildung führen die studierenden ein Hochschulstudium unter Anrechnung einzelner Leistungen der Ausbildung durch (i. S. d. Fortbildung).	Vergleichbar mit einem Fernstudium, d. h. Phasen des Selbststudiums wechseln sich mit Lehrveranstaltungen ab. Unterschied: Der Arbeitgeber unterstützt das Studium (als Fortbildung) mit Leistungen (bspw. Freistellungen oder finanziellen Beiträgen).

Quelle: in Anlehnung an *Stertz*, 2011, *Oechsler/Paul*, 2015, S. 442

Umschulung

»Lieber spät als nie.« Sprichwort

Das Verständnis von Umschulungen ist in der betrieblichen Praxis durchaus unterschiedlich. Maßnahmen, die zu einem anerkannten Berufsabschluss führen, werden ebenso häufig als Umschulungen bezeichnet wie Bildungsmaßnahmen, die nur wenige Monate dauern und die keines Abschlusses bedürfen.

Im eigentlichen Sinne bezeichnet Umschulung nach dem Berufsbildungsgesetz (BBiG) berufliche Bildungsmaßnahmen, die das Ziel haben, den Übergang eines Arbeitnehmers in eine andere als die vorher ausgeübte oder erlernte berufliche Tätigkeit zu ermöglichen; insbesondere um dessen berufliche Beweglichkeit zu sichern oder zu verbessern. Hierzu gehören beispielsweise solche Bildungsmaßnahmen, durch die der Betrieb Mitarbeiter mit geschwächter oder nachlassender Leistungsfähigkeit (im Rahmen einer beruflichen Rehabilitation) auf Tätigkeiten vorbereitet, die ihrer aktuellen Eignung besser entsprechen. Auch andere persönliche und arbeitsmarktbezogene Gründe können für eine Umschulung sprechen.

Die Umschulung baut dabei auf einer Berufsausbildung und/oder vorangegangenen Erwerbsphase auf. Dies erlaubt oft eine Verkürzung der Berufsausbildung zum neuen Berufsbild gegenüber einem absoluten Berufseinsteiger. Sie erfolgt systematisch entweder in Vollzeit- oder in Teilzeitform durch betriebliche, überbetriebliche und/oder öffentlich-rechtliche Träger. Am Ende steht wie bei der Berufsausbildung eine Prüfung durch eine der zuständigen Kammern (Industrie- und Handels- oder Handwerkskammer).

Prozessphasen der Personalentwicklung 5.3

Umschulungen sind geeignete Reaktionen bzw. qualitative Anpassungsmaßnahmen auf technische Umstellungen (bspw. nach einer Personalfreisetzung) und damit Schutz (Vermeidung oder Beendigung) vor Arbeitslosigkeit (durch rechtzeitigen Berufswechsel, durch die Korrektur der Berufswahl und/oder das Nachholen einer Erstausbildung). Auch zum Wiedereinstieg nach längeren Betreuungsphasen und Krankheiten sind sie geeignet.

Trainee-Ausbildung
Trainee-Programme sind spezielle betriebliche Einarbeitungsprogramme, in denen Hochschulabsolventen (v. a. Bachelor-, teilweise auch Master-Absolventen) systematisch mit dem betrieblichen Geschehen, den strukturellen Zusammenhängen und Arbeitsanforderungen des Betriebs vertraut gemacht werden, indem sie nach ihrem Hochschulabschluss ihre berufliche Karriere beginnen. Die Trainees durchlaufen in den – unterschiedlich langen (ca. sechs bis 24 Monate) – Programmen mehrere Ausbildungsstationen, in denen sie teilweise auch praktisch (»On-the-Job«) mitarbeiten. Obligatorisch sind auch zusätzliche »Off-the-Job«-Bildungsmaßnahmen.

»Der kleine Prinz ist tot.« Spiegel Online

> Die Bewertung eines Traineeprogramms für eine betriebliche Karriere wechselt: Mal gilt es als der Königsweg für eine glänzende Karriere, mal gilt es als Maßnahme zum Defizitabbau (v. a. praxisbezogener Kompetenzen). Mal wird er nur für Bachelor-Absolventen als unbedingt notwendig erachtet, mal auch Master-Absolventen empfohlen oder auch nicht. Letztlich kommt es auf die spezifischen Vorab-Qualifikationen von Neueinsteigern an (mit oder ohne Berufsausbildung, Praktika etc.), auf die Funktionen eines Trainee-Programms (bspw. prinzipiell auch: Aufbau eines persönlichen Netzwerks) sowie die Charakteristika und die Qualität des Programms selbst.

Die Programme können unterschiedlich breit wie tief organisiert sein und auch Auslandsaufenthalte beinhalten (vgl. Becker, M., 2013, S. 560 ff.; Nesemann, 2011, S. 38 ff.). Zentrale *Varianten* sind die Folgenden:

- das »klassische« *ressortübergreifende Programm* (Kennenlernen prinzipiell aller Funktionen und Organisationsbereiche in der Breite eines Betriebs),
- das *ressortübergreifende* Programm mit Fachausbildungsphase (etwas verkürzte allgemeine Ausbildung zu Gunsten einer Konzentration auf eine Sachfunktion wie bspw. Marketing/Vertrieb, Finanzen/Rechnungswesen),
- das *ressortbegrenzte Programm* mit Vertiefungsphase (Kennenlernen v. a. einer Sachfunktion und eines betrieblichen Organisationsbereichs in der Tiefe),
- das *projektbezogene Programm* (Kennenlernen des Betriebs durch Mitwirkung an verschiedenen, viele Bereiche des Betriebs betreffender Projekte) und
- das *individuelle Programm* (konkret auf die Bedarfe einer Person zugeschnitten).

Unterschiedliche Ansätze

5.3 Personalentwicklung
Prozessphasen der Personalentwicklung

Ziele

Unterschiedliche Ziele werden mit Trainee-Programmen verfolgt (vgl. Ferring/Thom, 1981, auch Nesemann, 2011):
- eher *kurzfristig*: Kennenlernen von funktionsbezogenen Zusammenhängen, Kennenlernen und Einüben von Arbeitstechniken der betrieblichen Praxis, Kennenlernen der Organisationsstruktur und -prozesse, Kennenlernen der Organisationskultur und von vielen Mitarbeitern,
- eher *mittel- bis langfristig*: Erhöhung der Einsatzflexibilität der Trainees für unterschiedliche Verwendungsbereiche, Erkennen von Fach- und Führungspotenzial, Schaffung einer breiten Basis von Personalressourcen für spätere Stellenbesetzungen (größere Unabhängigkeit von außen durch einen Nachwuchs-/Führungskräftepool), Schaffung individueller Netzwerke (Freundschaften der Trainees tragen lange!), Verbesserung des Images am Arbeitsmarkt durch gute Ausbildung.

Anlernausbildung

Schnell, speziell und ohne Abschluss

Nicht alle Schulabgänger oder auch Erwachsene, die eine neue Berufstätigkeit anstreben, wollen sich einer länger dauernden Berufsausbildung unterziehen oder haben nicht die dafür notwendigen Grundqualifikationen. Auch Betriebe sind oft interessiert, neue Mitarbeiter schnell an bestimmten, eher einfachen Arbeitsplätzen – zudem relativ günstig hinsichtlich des Entgelts – einsatzfähig zu haben. Die Automatisierung, gerade in gewerblichen Bereichen, in denen »Ungelernte« häufig eingesetzt werden, führt jedoch zu gravierenden Veränderungen, die ein systematisches Anlernen erforderlich machen. So hat die Automatisierung häufig eine Zunahme des Umfangs und der Komplexität der durchzuführenden Arbeiten zur Folge. Spezielle Anlernausbildungsprogramme bieten sich deshalb auch für diese Arbeitsplätze an, in denen eine einfache Unterweisung in die Tätigkeit nicht ausreichen würde. Auch spezielle Anlernwerkstätten, die sich in räumlicher Nähe zu den Produktionsstätten befinden, können eingerichtet werden.

> *Beispiele*: Die Bedienung einer eher einfachen Produktionsmaschine oder einer Säge, der fachliche passende Umgang mit Kunden am Bankschalter u. Ä. sind hier anzuführen.

Gegenüber einer Berufsausbildung nach BBiG sind solche Anlernausbildungen
- von relativ kurzer Dauer (von ein paar Tagen bis zu einigen Monaten),
- auf spezielle Anforderungen eines Arbeitsplatzes zugeschnitten, d. h. sie erfordern keine berufliche Grundausbildung,
- nicht mit einem staatlich anerkannten Abschluss verbunden.

Praktische Unterweisung

Anlernausbildungen finden häufig in Form von praktischen Unterweisungen (s. u.) statt, wobei die Entwicklung von Fertigkeiten im Vordergrund steht. Für den Anzulernenden hat die Anlernausbildung den Vorteil, dass sie die Arbeitsplatzsicherheit, wenn auch nur geringfügig, erhöht. Bildungsmaßnahmen sollten praktischerweise problemnah gestaltet werden, um deren Notwendigkeit zu vermitteln. Da man in der Regel von lernungewohnten Teilnehmern ausgehen kann, stellen Anlernausbildungen auf kurze Lernmodule, möglichst kombiniert mit praktischen Anwendungen ab.

5.3.2.3 Anpassungsqualifizierung

Anpassungsqualifizierung i. S. einer berufs- und stellengestaltenden Qualifizierung setzt bei bereits im Betrieb beschäftigten Mitarbeitern an. Diese Mitarbeiter sollen für sich verändernde Anforderungen auf ihren prinzipiell gleich bleibenden Arbeitsplätzen qualifiziert werden, zudem ist dem Prozess der Dequalifizierung vorzubeugen. Die verändernden Anforderungen können sich auf grundlegende Fach- und Methodenkompetenzen beziehen (bspw. neue Technologien, Betriebssysteme, Vertriebstechniken), aber auch auf eher punktuelle Entwicklungsbedarfe (bspw. Neuprodukte, neue Softwareversionen). In erster Linie erfolgt eine solche Qualifizierung über eine off-the-Job Anpassungs- und Erweiterungsfortbildung. Allerdings kann auch die stellengestaltende Qualifizierung (i. S. einer On-the-Job Arbeitsstrukturierung) zur Personalentwicklung genutzt werden.

Berufs- und stellengestaltend

Anpassungs- und Erweiterungsfortbildung
Anpassungs- und Erweiterungsfortbildung wird via Training-off-the-Job umgesetzt. Sie fokussiert die Angleichung von Kenntnissen, Fähigkeiten und/oder Fertigkeiten der Mitarbeiter an veränderte oder sich verändernde Anforderungen am aktuellen Arbeitsplatz. Mit durchaus verschiedenen Fortbildungsveranstaltungen wird die Erhaltung, Erweiterung und Anpassung der bereits vorhandenen beruflichen Qualifikation angestrebt, um so einerseits auf dem aktuellen Stand der Berufsausübung zu stehen und andererseits dem Erhalt der horizontalen Mobilität der betroffenen Mitarbeiter zu dienen. Eine Höherqualifizierung, die gegebenenfalls eine tarifliche Neueinstufung zur Folge hätte, ist damit nicht verbunden. Vielfältige Training-off-the-Job-Instrumente bieten sich an (s. u.).

> *Beispiele*: Die Einführung eines neuen Software-Programms (Schulung über ein neues Betriebssystem, zu Programmupdates etc.), das Angebot neuartiger Produkte und der Einsatz anderer Verkaufsmethoden (Vertriebsschulung), der Einsatz von Video-Konferenzen im internationalen Umfeld (Auffrischung der Englischkenntnisse durch Seminare) u. Ä. sind in diesem Kontext zu nennen.

Anpassungs- und Erweiterungsfortbildung kann im Übrigen auch auf Führungspositionen notwendig werden, beispielsweise dann, wenn es darum geht, die Auswahlkompetenzen der Führungskräfte zu verbessern oder zu erhalten, in neue zielorientierte Beurteilungssysteme einzuführen, Fremdsprachenkenntnisse aufzubessern u. Ä.

5.3 Personalentwicklung
Prozessphasen der Personalentwicklung

> **TERMINOLOGIE**
>
> **Bildung**
>
> Bildung ist ein sowohl in der Alltagssprache als auch in zahlreichen Disziplinen wie Anthropologie, Philosophie, Pädagogik, Didaktik u. a. verwendeter Begriff. Bildung als Vorgang ist mit Lernen gleichzusetzen, das zumeist über theoretische Einsicht vollzogen wird. Vom Inhalt her wird Bildung in vielfacher Hinsicht unterschieden, so zum Beispiel als ästhetische, musische, sprachliche, technische, religiöse Bildung. Der Versuch, allgemein gültige Schlüsselqualifikationen in dem spezifischen Sinne von »stoff- und situationsübergreifenden allgemein gültigen Lernfähigkeiten« zu trainieren, ist auf Basis der zur Zeit vorliegenden empirischen Befundlage als umstritten anzusehen. Es scheint vielmehr so, dass Lernende domänenspezifische, d. h. auf die jeweiligen Inhalte bezogene, Lern- und Studienstrategien entwickeln (vgl. Krapp/Weidemann, 1999, S. 89).
> Verschiedene Bildungskategorien zu unterscheiden ist auch nötig im Zusammenhang mit gesetzlichen Regelungen. So teilt zum Beispiel das Weiterbildungsgesetz des Landes Nordrhein-Westfalen Bildung in Sachbereiche auf: personenbezogene Bildung; Eltern- und Familienbildung; freizeitorientierte und kreativitätsfördernde Bildung; politische Bildung; wissenschaftliche Bildung; nichtberufliche, abschlussbezogene Bildung; berufliche Bildung.
> Die hier angesprochene berufliche respektive betriebliche Bildung ist von der Allgemeinbildung abzugrenzen. Dies ist auch mit dem Arbeitsförderungsgesetz (AFG) konform, in dem es heißt, man versteht unter beruflicher Fortbildung alle Maßnahmen, die das Ziel haben, berufliche Kenntnisse und Fertigkeiten festzustellen, zu erhalten oder der technischen Entwicklung anzupassen oder einen beruflichen Aufstieg zu ermöglichen und eine abgeschlossene Berufsausbildung oder eine angemessene Berufserfahrung voraussetzen (§ 41 AFG). Die berufliche Bildung ihrerseits wird unterteilt in berufliche Ausbildung und Fortbildung; Fortbildung setzt Ausbildung in der Regel voraus.

Stellengestaltende Qualifizierung

Mit der stellengestaltenden Qualifizierung ist die gezielte (Um-)Gestaltung von Stellen als Training-on-the-Job-Methodik angesprochen. Vor allem unter dem Terminus »Arbeitsstrukturierung« lassen sich hier verschiedene Instrumente einzeln oder kombiniert – auch mit Fortbildungsmaßnahmen – einsetzen. Job Enrichment, Job Enlargement, Job Rotation und Einsätze als Stellvertreter, Assistenten u. Ä. sind hier als bekannteste Instrumente zu nennen (vgl. Teil 3, Kap. 5.3.3.2). Mit ihnen werden spezifische Lehrziele gerade im praktischen Bereich verfolgt.

5.3.2.4 Aufstiegsqualifizierung

Berufs- und stellenverändernd

Aufstiegsqualifizierung stellt eine intendierte berufs- und stellenverändernde Qualifizierung im betrieblichen Stellengefüge dar. Im Wesentlichen ist die vertikale Karriere bzw. die dafür notwendige Qualifikation Ziel der Entwicklungsmaßnahmen. Die dazu passenden Maßnahmen werden differenziert in die Aufstiegsfortbildung (Off-the-Job-Training) sowie die stellengestaltende (mittels Arbeitsstrukturierung) und die stellenfolgenbezogene Qualifizierung (per Karriereplanung) als On-the-Job-Training. In den letzten beiden Fällen wird zudem bewusst implizites Lernen mit in den Personalentwicklungsprozess einbezogen.

Aufstiegsfortbildung

Fortbildung wurde weiter oben bereits thematisiert. Verschiedene Off-the-Job-Maßnahmen (vgl. Teil 3, Kap. 5.3.3.3) werden hier dazu genutzt, Mitarbeitern neue, für weiterführende Positionen notwendige Qualifikationen zu vermitteln. Hier ist

5.3 Prozessphasen der Personalentwicklung

die ganze Palette insbesondere von Methoden- und Führungs- wie Sozialkompetenzen – entweder allgemeine oder für bestimmte Anwendungsgebiete – angesprochen, teilweise auch von Fachkompetenzen.

Im Allgemeinen werden solche Maßnahmen in ein Konzept integriert, sodass systematisch aufeinander aufbauende Qualifikationselemente vermittelt werden. Ein Wechsel mit On-the-Job- sowie Along-the-Job-Maßnahmen (s. u.) ist hilfreich, um erste Transfermöglichkeiten nutzen und später auf dieser Anwendungskompetenz aufbauen zu können. Allerdings können auch einzelne Fortbildungsmaßnahmen angesetzt werden, gerade um eine spezifische Kompetenz für spätere Stellen aufzubauen oder zu verstärken.

Stellenfolgenbezogene Qualifizierung

Bei der stellenfolgenbezogenen Qualifizierung hat der Begriff der »Karriere« eine zentrale Bedeutung.

Begriff »Karriere«

> Unter *Karriere* wird hier jede beliebige Stellenfolge einer Person im betrieblichen Stellengefüge verstanden. Der individuelle berufliche zukünftige Werdegang innerhalb dieses Stellengefüges ist dann Gegenstand der Karriereplanung. Die »klassisch« vorgenommene Einschränkung auf Aufwärtsbewegungen beim Stellenwechsel wird dabei nicht gemacht – »Karriere« ist damit ihres einseitigen Aufstiegsbezugs entkleidet.

Zum einen bestehen Positionswechsel nicht nur aus Beförderungen und enden nicht stets mit einer ranghierarchisch höheren Position als zu Beginn. Von Bedeutung ist zum anderen ein weiterer Aspekt: Eine personalpolitisch sinnvolle Umorientierung individueller Karriereerwartungen in Richtung auf eine realistische Einbeziehung der heute und in Zukunft in den Betrieben bestehenden Versetzungsmöglichkeiten, aber auch -anforderungen. Zumindest von individueller Seite her kann es daher auch sinnvoll sein, die Sicht nicht nur auf einen Betrieb einzuschränken, sondern Arbeitgeberwechsel mit einzubeziehen (vgl. Berthel, 1995; Berthel/Koch, 1985).

Mit zunehmender Verjüngung der Leistungsspitze und/oder langsameren Wirtschaftswachstum *vermindern* sich die Aufstiegsmöglichkeiten. Mit der größeren Dynamik und Komplexität der heutigen Arbeitswelt steigt gleichzeitig die Notwendigkeit, Mitarbeiter häufiger auf Stellen mit anderen (auch höheren) Anforderungen zu versetzen, ohne dass dies stets »Beförderung«, d. h. ranghierarchischer Aufstieg im herkömmlichen Sinne sein kann. Durch solche »horizontalen« Versetzungen lassen sich sowohl betriebliche als auch persönliche Ziele erreichen. Für den Betrieb ist ein flexibel einsetzbarer und leistungsfähiger Mitarbeiter besonders wertvoll. Auf die Führungskraft wirkt sich die mit einer anderen Position verbundene Abwechslung positiv motivierend aus.

Weniger Aufstiegschancen

Mit Positionswechseln in der betrieblichen Hierarchie ist der *objektive* oder auch *strukturelle* Aspekt der Karriere angesprochen. Daneben tritt auch ein *subjektiver* Aspekt: Für die einzelne Person bedeutet Karriere der auf wirtschaftliche Tätigkei-

5.3 Personalentwicklung
Prozessphasen der Personalentwicklung

ten bezogene Ausschnitt des gesamten Lebenslaufs. Auch in Karrieren bringen Personen Motive, Ziele, Fähigkeiten, Erwartungen u. a. ein, die sich während des Karriereverlaufs wandeln können. Karriere geht dadurch mit persönlicher Entwicklung einher. Insoweit werden Karrieren meist in größeren Zusammenhängen, d. h. als Kette von Positionsfolgen oder sogar als Ganzes gesehen, bewertet und interpretiert. Damit wird auch deutlich, dass Karriere sich nicht nur auf den kleinen Kreis der Inhaber von Spitzenpositionen bezieht, sondern dass jeder Mitarbeiter eine Karriere hat.

Karrieresystem

Karriere und Karriereplanung findet innerhalb eines (betrieblichen) Karrieresystems statt. Die Struktur eines solchen Systems ist durch sechs Merkmale gekennzeichnet:

- Der *Bewegungsraum* eines Karrieresystems ist gleichbedeutend mit dem Stellen-(Positionen-)gefüge, das die Besetzungs-(Versetzungs-)möglichkeiten liefert. Er ist durch die Organisationsstruktur geprägt unter Einschluss der (zusätzlichen) Laufbahnformen (Fachlaufbahn, Projektgruppen), die als Karriereangebote bereitgestellt werden.
- *Bewegungsanlässe* sind besetzungsbedürftige Vakanzen. Sie entstehen durch Freiwerden von vorhandenen oder aber durch Einrichten zusätzlicher Stellen.
- Es gibt drei *Bewegungsrichtungen*: vertikale Versetzungen aufwärts, aber auch abwärts, die durch den Wechsel auf jeweils eine andere Ebene mit Kompetenzänderungen verbunden sind, und horizontale, d. h. Versetzungen auf gleicher Hierarchieebene. Eine Sonderform, jedoch mit zunehmender Bedeutung, – eher horizontalen Versetzungen zuzurechnen – ist die Abordnung von Mitarbeitern in Projektgruppen.
- Die *Bewegungshäufigkeit* (-geschwindigkeit) wird bestimmt durch die Verweildauer der Mitarbeiter auf ihren Positionen. Sie hängt vor allem ab von Barrieren, die als Randgrenzen zwischen Hierarchieebenen wirksam sind, als Funktionsgrenzen zwischen Aufgabenbereichen existieren bzw. durch Zugehörigkeitsgrenzen entstehen können, die Gruppen und Cliquen um sich aufrichten.

Karrierepfade

- *Bewegungsprofile* entstehen, wenn sich charakteristische Positionenfolgen herausbilden, die über längere Zeit konstant bleiben. Sie können durch bewusste Gestaltungsentscheidungen entstehen und werden dann als Karrierepfade bezeichnet. Möglich ist dies in größeren Betrieben mit ausreichend zahlreichen und homogenen Stellen in stabilen Hierarchien.

> *Karrierepfade* (Bewegungsprofile) unterscheiden sich voneinander durch die Länge, d. h. die Anzahl der zugehörigen Positionen, deren Aufeinanderfolge, ihre Steighöhe (die höchste zuletzt erreichte hierarchische Position). Hat sich ein Betrieb für bestimmte Karrierepfade in definierten Laufbahnformen strategisch entschieden, so ist damit ein generalisierter Versetzungsmodus festgelegt. Seine grundsätzliche Geltung heißt jedoch nicht, dass Abweichungen unzulässig seien. Darüber, ob auch Varianten für andersartige Stellenfolgen ermöglicht werden sollen, ist jeweils im Bedarfsfall zu entscheiden. Solche Verfahren können entweder vom Betrieb offeriert werden (vorzugsweise stellenspezifisch bei Entstehung entspre-

5.3 Prozessphasen der Personalentwicklung

chender Vakanzen) oder aber in Ansehung bestimmter Personen zugelassen werden, auf deren spezielle Begabungen oder Neigungen ein Betrieb eingehen will, etwa um einen bewährten Mitarbeiter zu halten. Hier liegt auch eine Koppelung mit anderen Maßnahmen nahe, wie zum Beispiel Aufgabenstrukturierungen (individueller Zuschnitt von Stelleninhalten). In kleineren Betrieben und in solchen, die ein von den Anforderungen sehr stark heterogenes Stellengefüge aufweisen, sind Karrierepfade in aller Regel nicht möglich. Hier löst jede frei werdende Führungsposition individuelle Nachfolgeüberlegungen aus.

▸ Das *Aktivitätsniveau* eines Karrieresystems ist gleichbedeutend mit der Summe derjenigen Gestaltungsmaßnahmen, mit denen auf die Ausprägungen dieser Merkmale Einfluss genommen wird. Es wir durch drei Bedingungen beeinflusst: durch rechtliche Regelungen, Betriebsgröße und Größenänderungen (Wachstum, Schrumpfung).

Ein Karrieresystem ist stets *zielorientiert*: Es gehen betriebliche und individuelle Ziele in die Planung ein, wenn es konsequent gehandhabt wird.

▸ Generell können die *betrieblichen Ziele* dadurch gekennzeichnet werden, dass mit Karriereplanung eine Optimierung versucht wird. Optimierung kann bewirkt werden durch Karriereentscheidungen, mit denen eine bestmögliche Übereinstimmung zwischen Stellenanforderungen und Mitarbeiterqualifikationen erreicht wird.
▸ Karriereziele als Ausschnitt des *individuellen Zielbündels* können vielerlei Gestalt annehmen. Dies ist vor allem abhängig vom Typus der individuellen Karriereorientierung (vgl. Abbildung 3-83).

Zielorientierung

»Man sollte die Stelle wechseln, bevor die eigenen Fehlentscheidungen beginnen, einen einzuholen.«
unbekannt

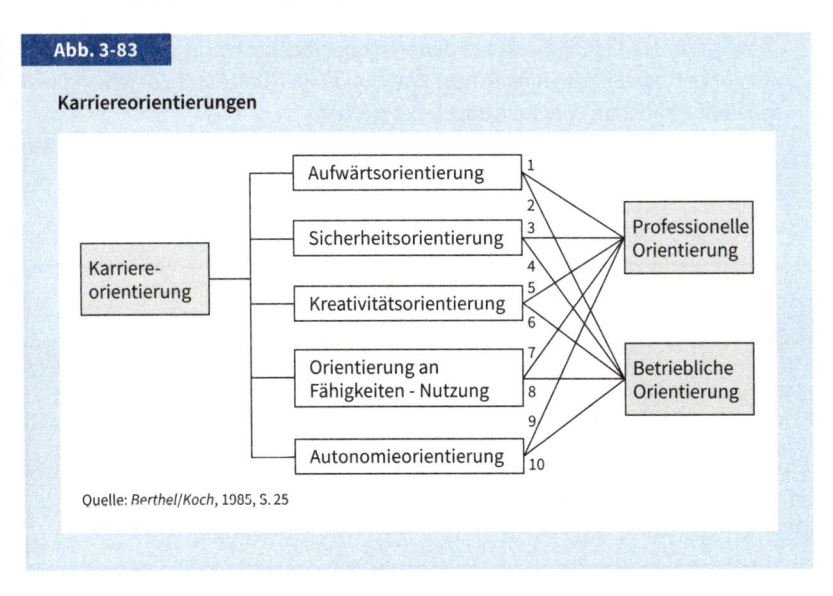

Abb. 3-83

Karriereorientierungen

Karriereorientierung
- Aufwärtsorientierung — 1
- Sicherheitsorientierung — 2, 3 — Professionelle Orientierung
- Kreativitätsorientierung — 4, 5, 6
- Orientierung an Fähigkeiten - Nutzung — 7, 8 — Betriebliche Orientierung
- Autonomieorientierung — 9, 10

Quelle: Berthel/Koch, 1985, S. 25

5.3 Personalentwicklung
Prozessphasen der Personalentwicklung

WISSENSWERTES

Elternzeit

Als Elternzeit wird – nach dem Gesetz zum Elterngeld und zur Elternzeit (BEEG) vom 01.01.2007 – der Zeitraum unbezahlter Freistellung von der Arbeit nach der Geburt eines Kindes bezeichnet. Die Eltern haben auf diese Freistellung einen Rechtsanspruch. Die Elternzeit dauert maximal drei Jahre, anspruchsberechtigt sind Mütter und Väter. Beide können die Elternzeit gleichzeitig oder nacheinander nehmen. Eine Teilzeitbeschäftigung ist möglich.

Ein Versuch einer empirisch begründeten Systematisierung potenzieller Zielsetzungen stellt die Klassifizierung von Karriereorientierungen – auch als Karriereanker bezeichnet – nach Schein dar. Er unterscheidet fünf Orientierungsmuster, von denen eines bei einer Person jeweils dominiert, und auf deren Kombination alle wesentlichen Entscheidungen einer individuellen Karriere zurückzuführen sind (vgl. Schein, 1975, 1980):

- *Aufwärts-orientierte* Personen streben nach höheren Positionen mit Führungskompetenz und Verantwortung.
- *Technisch-funktional orientierte* Personen suchen herausfordernde Aufgaben innerhalb ihres Fachgebiets und treffen Karriere-Entscheidungen danach, ob diese solche Herausforderungen eröffnen.
- *Sicherheits-orientierte* Personen sind mit den erreichten Situationen eher zufrieden und versuchen diese tendenziell abzusichern. Aufstiegsgelegenheiten sind von geringerer Bedeutung.
- *Kreativitäts-orientierte* Personen wollen etwas Neues schaffen. Sie suchen nach einer Karriere, in der sie eigene Ideen einbringen, ihre Kreativität entfalten und sich selbst verwirklichen können.
- *Autonomie-orientierte* Personen streben nach größtmöglicher Freiheit von Beschränkungen und Unabhängigkeit in ihrem Arbeitsbereich.

Diese Anker sind nicht direkt bei den Personen beobachtbar, sondern können nur anhand von Begründungen über Entscheidungen und aus Selbsterkenntnissen der betroffenen Personen abgeleitet werden.

Jedenfalls sind solche Karriereanker mitentscheidend für die individuellen Karriereziele, die es dann gilt mit den betrieblichen Zielen abzustimmen.

TERMINOLOGIE

Dual Career Couple

Unter einem Dual Career Couple (DCC) (synonym: »professional couple«, »two paycheck marriage«) wird insbesondere im angelsächsischen Sprachraum ein Paar verstanden, bei dem beide Partner – mit oder ohne Kinder – karriereorientiert berufstätig sind und zugleich Wert auf die Partnerschaft bzw. die Familie legen. Die DCC bilden insofern für den Betrieb eine spezielle Mitarbeitergruppe, die in der heutigen Zeit zunehmend Bedeutung erlangt. Von daher sind zumindest in größeren Betrieben die Besonderheiten dieser Mitarbeitergruppen im Rahmen der Personalplanung zu berücksichtigen. Dies bedeutet u. a., dass in der Karriereplanung für die DCC eine aufeinander abgestimmte Steuerung der Positionsabfolge im Betrieb (oder auch in Kooperation mit befreundeten Betrieben) möglich ist (vgl. Domsch/Krüger-Basener, 1999; Ostermann, 2002; Behnke/Meuser, 2003).

Karriereangebote (Laufbahnformen)

Im Allgemeinen lassen sich folgende drei idealtypische Laufbahnformen unterscheiden (vgl. Abbildung 3-84):

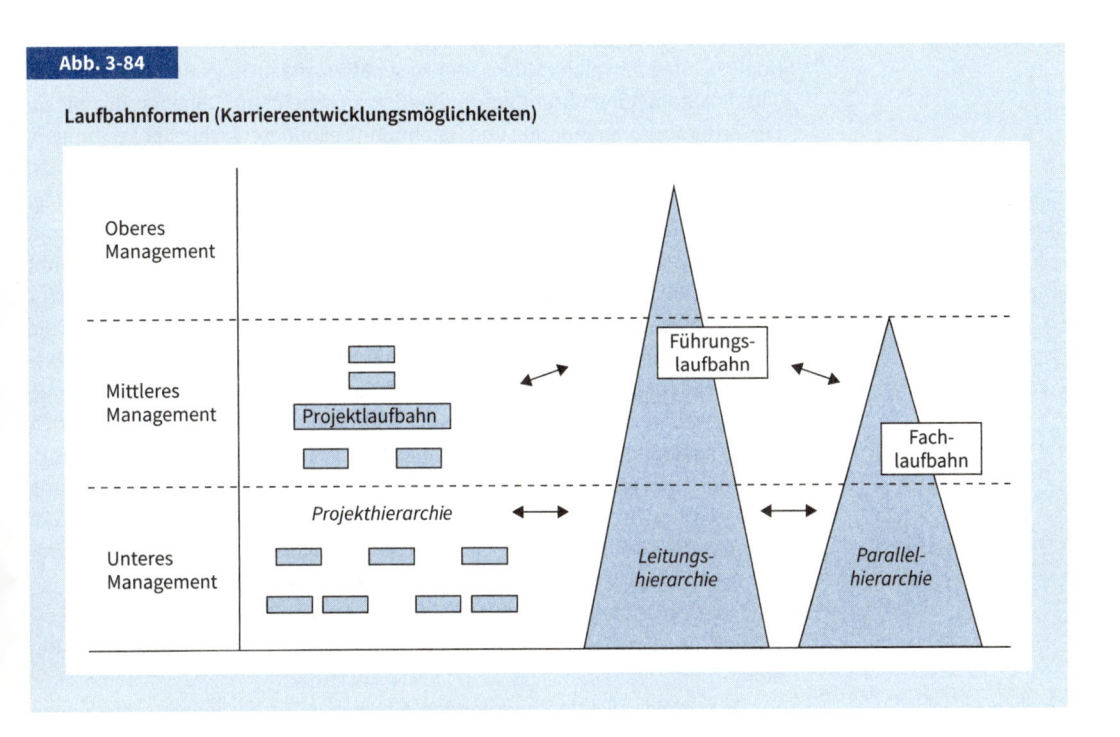

Abb. 3-84

Laufbahnformen (Karriereentwicklungsmöglichkeiten)

- Oberes Management
- Mittleres Management — Projektlaufbahn — Führungslaufbahn — Fachlaufbahn
- Unteres Management — Projekthierarchie — Leitungshierarchie — Parallelhierarchie

▸ Versetzungen innerhalb der Linienorganisation (Hierarchie) sind die traditionelle Karriereform; ihre Abfolge wird auch »*Führungslaufbahn*« genannt. Es überwiegen dabei – neben horizontalen – vertikal aufwärts vollzogene Versetzungen: (umgangssprachlich: »Aufstieg«). Versetzungen hierarchieabwärts sind in der Praxis eher Ausnahmen (zumeist aus persönlicher Rücksichtnahme); häufig verlässt der Abstiegs-»Bedrohte« den Betrieb.

Karriereangebote in Führungslaufbahnen werden tendenziell mit Verlangsamung des Wirtschaftswachstums, auch mit betrieblichem Wandel und Schaffung flacherer Hierarchien geringer. Ein Dilemma für Betriebe besteht nun darin, dass gerade solche Führungs(nachwuchs)kräfte, die stärker karriereorientiert sind, eine zunehmend ausgeprägte professionale Orientierung aufweisen und eine Karriere auch über betriebliche Grenzen hinweg ins Kalkül ziehen. Diese Orientierung trifft nun auf die abnehmenden horizontalen Karriereoptionen flach organisierter Betriebe. Soll dennoch eine Mitarbeiterbindung an die Arbeitgeber erreicht werden, wird es erforderlich, zusätzlich weitere Karrieremöglichkeiten anzubieten.

Führungs- bzw. Aufstiegslaufbahn

5.3 Personalentwicklung
Prozessphasen der Personalentwicklung

Fachlaufbahn

▶ Eine Möglichkeit, Karrierestationen besonderer Art zu bieten, ist die Einrichtung von »*Fachlaufbahnen*« (synonym: Spezialistenlaufbahn, Parallelhierarchie). Sie existieren neben der traditionellen Leitungshierarchie und haben als Charakteristikum einen hohen Anteil an Fachaufgaben bei sehr geringem Umfang an administrativen Aufgaben. Grundgedanke der Fachlaufbahnen ist es, Aufstiegsmöglichkeiten für solche Mitarbeiter zu schaffen, die nicht geeignet oder bereit sind, Positionen in Führungslaufbahnen zu übernehmen. Daneben dienen sie der Förderung, Anerkennung und Belohnung besonderer fachlicher Leistungen, Dokumentation der Anerkennung, Übertragung eines höheren Freiheitsgrads, Verringerung der Fluktuation und Erhaltung/Steigerung der fachlichen Leistung.

Akzeptanzproblem

Damit Fachlaufbahnen eine echte Alternative darstellen, müssen diese sowohl betriebsintern als auch -extern der Führungslaufbahn als gleichwertig anerkannt werden. Damit dieses Problem gelöst werden kann, wird versucht, die Struktur der Fachlaufbahn an die Führungslaufbahn (auch finanziell) anzulehnen, was die Positionen jeder Laufbahn, hinsichtlich ihrer »Höhe«, Anerkennung und der Distanz zwischen den einzelnen Karriereschritten betrifft. Glaubwürdigkeit und Akzeptanz werden umso eher erreicht, als die Besonderheiten der Auswahlkriterien für Fachlaufbahnen deutlich und nachvollziehbar sind. *Nachteilig* an Fachlaufbahnen ist zum einen, dass mit ihnen tendenziell eine einseitige Spezialisierung hervorgerufen wird, die inner- und zwischenbetriebliche Wechsel erschwert. Zum anderen ist der Konkurrenzkampf innerhalb von Fachlaufbahnen tendenziell größer, da hier Beförderungen aufgrund individueller Leistungen erfolgen.

Häufigste Einsatzbereiche für Fachlaufbahnen in der Praxis sind bisher der Forschungs- und Entwicklungsbereich, der Vertrieb sowie der Organisations-/IT-Bereich.

Projektlaufbahn

▶ Zu einer immer wichtiger werdenden Alternative für Karriereentscheidungen wird die Besetzung von Projektgruppen durch »Abordnung«, Entsendung von Mitarbeitern – durchaus nach einem System, quasi als *Projektlaufbahn*. Projektgruppen haben im Gesamtkonzept der Personalentwicklung einen steigenden Stellenwert: Sie treten als vorübergehende Arbeitsform neben die ständige Linienorganisation und verbreitern durch Hinzukommen von Leitungsstellen die Führungsebenen. Sie vergrößern die Palette der Entwicklungsmöglichkeiten, was vor allem dann bedeutsam ist, wenn den Aufstiegsgelegenheiten Grenzen gesetzt sind. Aufstiegswünschen von Mitarbeitern kann unter Umstän-

TERMINOLOGIE

Alternative Laufbahnformen

Auch wenn manche Personen aus Wissenschaft und Praxis meinen, diese verschiedenen Laufbahnformen seien »Entdeckungen« bzw. Entwicklungen kreativer Köpfe der jüngeren Zeit und genau auf die heute vorliegenden Karriereorientierungen und Qualifikationen angepasst: Nein, die Laufbahnformen sind seit über dreißig Jahren Gegenstand der Personalpraxis und -wissenschaft. Leider hat man diese prinzipiellen Wege der Karriereangebote erst »entdeckt«, als schon vielfältige Besetzungsprobleme in Betrieben entstanden waren. Man hat sie nicht angeboten, um solche Probleme von Beginn an zu vermeiden – wie dies die Aufgabe von strategisch denkenden und handelnden Personalverantwortlichen hätte sein müssen.

den nicht in angestrebten Zeiträumen Rechnung getragen werden; »motivationale Ausweichstrategien« werden nötig – sie können zum Beispiel im Streben nach Versetzung in Projektgruppen bestehen.

Da eine Versetzung in eine Projektgruppe grundsätzlich die Übernahme einer befristeten Arbeit bedeutet, wird für die Planung mitarbeiterbezogener Entwicklungsprogramme eine Abstimmung mit den übrigen vorgesehenen bzw. möglichen Qualifizierungsmaßnahmen notwendig.

Mit Projektgruppenorganisation können indessen auch durchaus Gefahren verbunden sein:

Gefahren

Insbesondere bei länger dauernden Projekten und solchen, deren Beendigungstermin nicht von vorneherein exakt absehbar ist, entsteht für die Gruppenmitglieder nicht selten erhebliche Unsicherheit bezüglich der Positionen, die bei *Rückkehr* in die Linie übernommen werden sollen. Daraus kann eine Furcht vor dem Verpassen von Chancen zur Beförderung innerhalb der Linie während der Projektdauer resultieren.

Gegen die Karriereplanung werden *Vorwürfe* erhoben: In die Praxis der Stellenbesetzung kann Starrheit geraten, die bei unvorhergesehenem Personalbedarf mangelnde Anpassungsfähigkeit zur Folge haben kann. Außerdem entstehe die Gefahr, dass sich bei designierten Nachfolgern eine Art »Kronprinzenmentalität« einstelle, die sich in Nachlässigkeit, Minder- und Fehlleistungen äußern könne.

Kritik

Diese Gefahren sind in der Tat nicht zu unterschätzen. Sie werden dann vermindert bzw. treten erst gar nicht auf, wenn

- das Leistungsprinzip erkennbar und kontrolliert praktiziert wird,
- in Bezug auf Aufstieg Chancen, nicht aber Anrechte eingeräumt werden,
- eine Laufbahnplanung nur ein bis zwei Ebenen der betrieblichen Hierarchie umfasst und für kürzere Zeiträume aufgestellt wird,
- vakante Stellen auch für den Einsatz anderer (externer) Anwärter offen gehalten werden.

Karrierepläne sind in mehrfacher Hinsicht *komplizierte Gebilde*: Zum einen kann jede geplante Stellenbesetzung als ein mit einer Vielzahl von Unsicherheiten behaftetes Projekt angesehen werden, zum anderen ist es notwendig, für eine Mehrzahl von Mitarbeitern und Stellen je unterschiedliche Entwicklungsinhalte und Verläufe zu planen. Schließlich ist es auch möglich, pro Mitarbeiter eine Mehrzahl von Entwicklungsalternativen vorzusehen. Zur gleichzeitigen Planung für mehrere Stellen und Mitarbeiter lassen sich Balkendiagramme als Instrumente verwenden.

Karrierepläne

Die Realisierung von Planungen dieser Art geschieht durch konkrete Entscheidungen über Versetzungen, d. h. Karriereentscheidungen, für deren Zustandekommen die angewandten *Entscheidungskriterien* von Bedeutung sind; sie gelten entweder generell formal, sind de facto akzeptiert oder aber werden im jeweiligen Einzelfall herangezogen. Die Kriterien eröffnen auch unterschiedliche Einflussstärken und -inhalte; zwei sind hervorzuheben: das Leistungs- und das Senioritätsprinzip.

Entscheidungskriterien

- Bei Anwendung des *Leistungsprinzips* gelangen Mitarbeiter auf diejenigen Positionen, die ihrer Leistungsfähigkeit und -bereitschaft entsprechen, vorausge-

Leistungsprinzip

5.3 Personalentwicklung
Prozessphasen der Personalentwicklung

> **WISSENSWERTES**
>
> **Peter-Prinzip**
>
> Beim sogenannten Peter-Prinzip handelt es sich um eine von Peter und Hill (vgl. Peter, 1994) ironisch gemachte Aussage, dass in einem Betrieb ein Mitarbeiter so lange in der Hierarchie aufsteigt, bis sich zeigt, dass er seine persönliche Stufe der Inkompetenz erreicht hat, sodass im Betrieb schließlich jede Position von einem Unfähigen besetzt wird. Insbesondere die diagnoseorientierten Verfahren der Potenzialbeurteilung tragen zum Peter-Prinzip bei.

setzt, beides ist mit ausreichender Sicherheit feststellbar bzw. festgestellt worden. Darin liegen auch die bekannten Schwierigkeiten einer Leistungsorientierung: nämlich Mess-, Bewertungs- und Prognoseprobleme. Sie erfahren im Zusammenhang mit Karriereentscheidungen noch eine Steigerung. Denn Versuche objektivierter Leistungsfeststellungen beziehen sich in der Regel auf bisher gezeigte, d. h. vergangene Leistungen (vgl. Teil 3, Kap. 1.4.4.3). Für Karriereentscheidungen dagegen ist zumeist die zukünftig erwartete Leistung – das Leistungspotenzial – von Bedeutung. Die fatale Folge einer »Beförderung der Falschen« würde sich einstellen, wenn in neuen Positionen – was die Regel ist – andere zusätzliche Qualifikationen erforderlich sind, die von den Beförderungsaspiranten in der Vergangenheit nicht gezeigt werden konnten und deren Vorhandensein nicht überprüft wurde. Gelingt es – soweit möglich –, dem Leistungsprinzip zur Geltung zu verhelfen, so ist es am ehesten wahrscheinlich, dass die Deckung von Anforderungen und Qualifikationen und damit die Förderung der oben genannten betrieblichen Ziele erreicht wird.

Senioritätsprinzip

▸ Nach dem *Senioritätsprinzip* werden Mitarbeiter nach Maßgabe ihres Lebensalters und/oder der Dauer ihrer Betriebszugehörigkeit versetzt: bei Beförderungen hierarchieaufwärts zumeist der Älteste, bei Bewegungen hierarchieabwärts oder seitwärts auch – in Umkehrung – der jüngste Mitarbeiter. Die Handhabung dieses Prinzips ist denkbar einfach; es findet in der öffentlichen Verwaltung und in hochbürokratisierten Betrieben starke Verbreitung. Die Erreichung der genannten betrieblichen Ziele stellt sich jedoch nur dann ein, wenn die Annahme eines gleichsinnigen Steigens von Lebens-(Dienst-)alter einerseits und Qualifikationen andererseits zutrifft. Wenn dies nicht der Fall ist, so werden leistungsorientierte Mitarbeiter eher abwanderungsbereit sein; das Senioritätsprinzip begünstigt sicherheitsorientierte Mitarbeiter.

Anderes

▸ Oft liegt die Annahme nahe, dass für Karriereentscheidungen auch andere Kriterien herangezogen werden, wenn nicht sogar ausschlaggebend sind.
- Die Beförderungs-Konformitäts-Hypothese behauptet, dass die Anpassung an herrschende betriebliche (oder gar individuelle) Normen belohnt werde (vgl. Zetterberg, 1973).
- Die erwähnte Beförderung nach Kriterien wie Mitgliedschaften in Parteien, Religionszugehörigkeit o. Ä. wird unter dem Begriff der Mikropolitikthese diskutiert (vgl. Neuberger, 1990a, S. 261 ff.).
- Gleichzeitig ist nicht unwahrscheinlich, dass weiter verbreitet sein könnte, was vereinzelt beobachtet wurde: In Institutionen rekrutieren Eliten ihre ei-

genen Nachfolger durch Kooperation (Netzwerk- bzw. Koalitionsbildung). Damit wird gleichzeitig das bestehende Machtgefüge stabilisiert.
- Auch das »Vitamin B« darf in diesem Zusammenhang nicht vergessen werden. Hier gilt als entscheidendes Aufstiegskriterium weder Leistung noch Seniorität, sondern ausschließlich, dass die Top-Entscheider jemanden aus der Verwandtschaft, aus der Bekanntschaft, aus einer studentischen Verbindung oder als Gegenleistung für eine Beförderungsstelle bevorzugen.

Je nachdem welches entscheidende Kriterium verwendet wird und als solches auch im Betrieb bekannt ist, wird man bei den karriereorientierten Mitarbeitern vermutlich ein entsprechendes Verhalten fördern.

Innerbetriebliche Karrierewege entsprechen den *motivationalen Erwartungen* einer Vielzahl von Mitarbeitern. Auf diese Erwartungen wiederum hat die Ausgestaltung der Karriereplanung und deren Umsetzung positiven Einfluss, und zwar dann, wenn folgende *Anforderungen* erfüllt sind:

> Anforderungen

▸ Objektivität der Versetzungsbegründungen: Sie wird zumeist dann als begründet angesehen, wenn als wichtigstes Beförderungskriterium die Leistung genommen und durch Qualifikationsdiagnosen überprüft wird.
▸ Übereinstimmung der geplanten Versetzungen mit den persönlichen Entwicklungszielen der Mitarbeiter; gemeinsame Planung mit den Betroffenen.
▸ Transparenz der Karriereplanung: Bekanntheit und Nachvollziehbarkeit der individuellen Karrierelinien und der Aufstiegskriterien.
▸ Kontinuität: weitgehende Einhaltung der Pläne, wenn die Versetzungsvoraussetzungen und übrigen Planprämissen erfüllt sind.

Für eine systematische Karriereplanung ist das Angebot von Beratungsleistungen notwendig, um die Realisierbarkeit der individuellen Erwartungen zu prüfen und unrealistische Karrierevorstellungen zu vermeiden. Dazu ist – im Sinne der differenziellen Personalarbeit (vgl. Teil 1, Kap. 3; Teil 3, 5.2.3) – die Kenntnis typischer Entwicklungsphasen im Leben eines Menschen hilfreich. Bezogen auf das Berufsleben lassen sich diese in Karrierephasen aufteilen (vgl. Schein, 1978). Die Abbildung 3-85 verdeutlicht in einer knappen Übersicht, welche Ereignisse in den einzelnen Lebenssphären die drei Karrierephasen prägen.

> Lebensphasenorientierte Karrierepolitik

Die Unterscheidung in diese drei Karrierephasen kann – da interindividuelle Unterschiede Realität sind – nur idealtypischen Charakter haben; sie hat daher vor allem heuristischen Wert. Aus jeder Phase sollen für die folgende Darstellung einige Besonderheiten herausgegriffen werden.

In der *frühen Karrierephase* stehen Berufsanfänger im Mittelpunkt der Karriereplanungsaktivitäten. Nach Berufswahl und Ausbildung erfolgt der Eintritt in einen Betrieb, der nicht selten mit hohen Erwartungen an eine anspruchsvolle Tätigkeit verbunden wird. Werden die Berufsstarter dann jedoch mit einer restriktiven und kompetenzarmen Arbeitssituation konfrontiert, so entsteht eine subjektiv wahrgenommene Diskrepanz zwischen Anspruch und Wirklichkeit, die zu einem Praxis- und Realitätsschock führt. Er wirkt sich auf die Leistung und Zufriedenheit der Nachwuchskräfte oft bis in die mittlere Karrierephase hinein aus. Als Folgen des

> Praxisschock

5.3 Personalentwicklung
Prozessphasen der Personalentwicklung

Abb. 3-85

Zusammenhang von Karrierephasen und Lebenssphären

Lebenssphären			
	Arbeitssphären (Karrierezyklus)	**Soziale Sphäre (Familie, Freunde, Gemeinde)**	**Biopsychische Sphäre**
Frühe Karrierephase (15-35)	• Berufswahl • Ausbildung • Eintritt in Betrieb • Realitätsschock • erste Leistungsbeiträge • ggf. erster Austritt	• Kindschaft • Heirat • Elternschaft	• Entwicklung eines Lebensstils • Entwicklung einer Karriereorientierung
Mittlere Karrierephase (35-50)	• reguläre Leistungsbeiträge • Beförderungen • »Mid Career Crisis« • Umorientierung	• erwachsene Kinder verlassen Elternhaus • Verantwortung für eigene Eltern • neue Freunde	• Bewusstsein der Disparität zwischen Traum und Realität • »Bilanzziehen«
Späte Karrierephase (50-67)	• reguläre Leistungsbeiträge • Beförderungen • Ruhestandskrise • Austritt	• Tod von Freunden u./od. vom Ehepartner • Übernahme von Gemeinschaftsaufgaben	• Rückblick • Ungewissheit

Quelle: in Anlehnung an *Schein*, 1978, S. 36

Realitätsschocks wurden bei Zurechnung seiner Ursachen durch den Berufsanfänger auf sich selbst (interne Zurechnung), Senkung seines Anspruchsniveaus und Verringerung von Einsatzbereitschaft und Leistung beobachtet. Bei externer Zurechnung (d. h. auf außerhalb seiner selbst liegenden Ursachen) steigt die Widerspruchshaltung aufgrund von Unzufriedenheit und die Abwanderungsneigung.

Nach der Einführungsphase beginnt ein Mitarbeiter sich typischerweise zu etablieren und über den wachsenden Autonomieraum, den er sich »erarbeitet«, erste Karriereschritte zu planen. Zur Absicherung dieser Pläne und zu deren Umsetzung bietet sich ein Mentor an, der wiederum im Rahmen einer systematischen Personalentwicklung für diese Aufgabe vorbereitet sein sollte. Ein solches Mentorenkonzept (s. u.) verlangt von den Mentoren eine gewisse fürsorgliche Einstellung gegenüber jungen Mitarbeitern. Um dies in einem Betrieb zu etablieren, ist es wichtig, sowohl diese Einstellung aktiv zu fördern als auch die Mentoren bezüglich dieser Arbeit zu unterstützen und anzuerkennen, was in die Werte und Normen in einem Betrieb Eingang findet.

Gezielte Karriereplanung

In der *mittleren Karrierephase* findet oft eine kritische Überprüfung des eigenen Standorts – persönlich wie auch beruflich – statt: Erfolgsorientierte Personen suchen verstärkt Managementaufgaben und betreiben eine gezielte Karrierepolitik. Personen mit Erfolgsängsten oder privaten Problemen tendieren hingegen zur Resignation oder steigen aus und versuchen eine zweite Karriere. Besonders kritisch ist für diese Personen das Gewahrwerden der Gefahr einer »stuck-in-the-middle«-Position. Dies ist der Fall, wenn einerseits jüngere, qualifiziertere Mitarbeiter zu Konkurrenten um die eigene Position werden, andererseits jedoch ein Aufstieg mangels fachübergreifender Kompetenzen und aktuellem Wissen nicht möglich ist. Dabei auftretende Gefühle der Unsicherheit können sich zur »Krise der Lebensmitte« zuspitzen. Sie erzeugt Umorientierungen auch in karrierebezogenen Wahrnehmungen, Zielen und Werten. Folgen müssen durchaus nicht stets Karriereabbruch, »Aussteigen«, »Umsteigen« sein; oftmals gelingt es auch, zu veränderten Motiven eine positive Einstellung zu finden und ihre Befriedigung im Betrieb zu erlangen, etwa durch Wandel vom Spezialisten zu einer Führungskraft, die eine mehr allgemeine Fähigkeiten erfordernde Rolle übernimmt oder auch durch Übernahme einer Mentorenrolle für jüngere Führungskräfte. Hier kommt der Personalentwicklung die Aufgabe zu, den Mitarbeitern bei der Einschätzung von Entwicklungspotenzialen und Wachstumschancen sowie bei der Überwindung von Karriereredeplatzierungen zu helfen.

In der späten Karrierephase gelangen erfolgreiche Führungskräfte vielfach in die Spitze der betrieblichen Hierarchie. Die Vielzahl der gesammelten Erfahrungen, die gute Kenntnis des Betriebs und ihrer Philosophie sind häufige Berufungsgründe. Andere versuchen dagegen lediglich, ihren Status quo zu halten. Weitere Erscheinungen der späten Karrierephase sind die Wahrnehmungen des eigenen biologischen Alterns, der Verringerung und des Obsoletwerdens der Fähigkeiten, was zu einem Disengagement bis hin zur sogenannten *Ruhestandskrise* führen kann. Angst vor sozialen und finanziellen Verlusten, der Verlust der Möglichkeit, sich selbst durch die Arbeit zu verwirklichen und das Gefühl der Nutzlosigkeit prägen diese Zeit. Kompensationsmöglichkeiten stecken im Einbringen von Erfahrungen, Wortschatz, Sprachvermögen u. a., die im Vergleich zu jüngeren Führungskräften größer und reicher sind. Im Rahmen der Karriereplanung besteht die Möglichkeit, durch den Einsatz verschiedener Workshops, Seminare etc. einen gleitenden Übergang vom Erwerbsleben in den Ruhestand zu ermöglichen und somit diese schwierige Phase abzumildern.

Von der Spitze in den Ruhestand

Häufig wird Karriereplanung von Vorgesetzten (bisweilen implizit und unbewusst) betrieben. Ist dies der Fall, so bedeutet die Einführung einer systematischen Karriereplanung im Rahmen einer konzeptionellen und damit eventuell auch zentralisierten Personalentwicklung den Verlust der alleinigen Entscheidungsbefugnis über Positionsbesetzungen für den entsprechenden Vorgesetzten. Daraus ergibt sich, dass die Einführung eines Karriereplanungssystems flankierender Organisationsentwicklungsmaßnahmen und einer entsprechenden betriebskulturellen Orientierung bedarf.

Einbeziehung der Vorgesetzten

5.3.3 Qualifizierungsphase

5.3.3.1 Auswahl der Personalentwicklungsmethoden

Bildung, Arbeitsstrukturierung und Karriereplanung als Teilbereiche der Personalentwicklung können nicht isoliert voneinander gesehen werden. Vielfach ist die praktische Personalarbeit in diesem Feld nur sinnvoll als Kombination von Maßnahmen aus allen drei Bereichen.

5.3 Personalentwicklung
Prozessphasen der Personalentwicklung

Neben Entscheidungen bezüglich der Anwendung und Ausgestaltung einzelner Maßnahmen sind, wegen ihrer zeitlichen und strategischen Reichweite, Fragen der konzeptionellen Gestaltung und der Rahmenbedingungen, in denen Personalentwicklung vonstatten gehen soll, von Bedeutung. Angesprochen sind zum *Beispiel*:
- institutionelle Entscheidungen, wie die Einrichtung von Lehrwerkstätten und Bildungszentren,
- organisatorische Entscheidungen, wie der Einsatz von Arbeitsgruppen,
- systemische Entscheidungen, wie die Einrichtung von Fachlaufbahnen o. Ä.

Strategisch-orientierte Personalentwicklung

Erfolgskritisch für eine strategisch-orientierte Personalentwicklung (vgl. Becker, F.G., 2011a; Teil 5, Kap. 3) ist, einer explorativen Untersuchung folgend, die Einbindung des Management in der Konzeptionierung und auch Durchführung der Personalentwicklungsmaßnahmen, was sich in der Programmgestaltung, dem Einsatz als Trainer und dem Vertrauensverhältnis zwischen Management und den Programmverantwortlichen der Personalentwicklung niederschlägt.

Die Personalentwicklungsbedarfsplanung stellt den *konzeptionellen Rahmen* für die Wahl der Maßnahmen in den Teilbereichen der Personalentwicklung dar. Daraus ergeben sich zwei Gestaltungsaspekte: zum einen die Ausgestaltung der einzelnen Maßnahme an sich und zum anderen die Abstimmung der Maßnahmen untereinander, innerhalb der Teilbereiche und zwischen diesen. Die Ausgestaltung der Maßnahmen an sich ist primär eine pädagogisch-technische Fragestellung und wird in der Folge nur am Rande angesprochen. Von personalpolitischer Bedeutung dagegen ist die Gestaltung des Systems, wie sie in der zielorientierten Abstimmung der Maßnahmen untereinander zum Ausdruck kommt. Aus diesem Grunde stehen im Mittelpunkt der nachfolgenden Ausführungen die Aspekte, die für die Abstimmung der Maßnahmen und Ausgestaltung der Teilbereiche von Bedeutung sind.

Während bei der *instrumentalistischen Personalentwicklung* tendenziell funktionelle Kriterien durch die Verantwortlichen, quasi von oben, anwendbar sind, steht der Entwicklung von Qualifikationen der Persönlichkeitsbildung eine dirigistische Auswahl und Festlegung entgegen. Mit anderen Worten können Qualifikationen, die zur Gestaltung der betrieblichen Zukunft erforderlich sind, nicht entwickelt werden, wenn dem Adressaten ein »Maßnahmenmix« von außen vorgegeben wird.

Maßnahmenauswahl

Unabhängig von der Vorgehensweise bilden folgende vier Kriterien die größten *Richtlinien* für die Auswahl von Maßnahmen (vgl. Drumm, 2008, S. 348):
- Maximaler Abbau von Deckungslücken (soweit vorhanden),
- Erfüllung der Entwicklungsziele der Mitarbeiter,
- Reduzierung der Kosten der Einzelmaßnahmen,
- Tragfähigkeit des Entwicklungsaufwands durch den Betrieb.

Bei der Umsetzung dieser und weiterer, ähnlich gelagerter Kriterien besteht die *Gefahr*, dass es durch Übernahme theoretisch fundierter Quantifizierungsmodelle zu systematischen Verzerrungen kommt, sodass subjektive Wahrscheinlichkeitsurteile eine geeignetere Grundlage bilden. Die Anwendung von Punktbewertungsverfahren trägt demgegenüber zur Verbesserung der Entscheidung bei, da dieses Instru-

5.3 Prozessphasen der Personalentwicklung

ment vor allem den Entscheidungsprozess unterstützt und die Kommunikation zwischen den am Prozess Beteiligten erleichtert.

Über die genannten »Richtlinien« hinaus hängt die Wahl einzelner Maßnahmen des Weiteren ab von (vgl. Drumm, 2008, S. 349.):
- der Struktur der Deckungslücke (soweit vorhanden),
- Transparenz potenzieller Maßnahmen bezüglich Entwicklungszielen, -inhalten, -methoden und Vermittlungserfolg,
- Zeitbedarf und Kosten,
- Träger der Maßnahme und dessen Ruf.

Nach der räumlichen und zeitlichen Nähe zum Arbeitsplatz wird die Personalentwicklung vielfach – in einer sehr weiten Fassung – in die folgend aufgeführten Methoden (und die in ihrem Rahmen verwendeten Instrumente) unterschieden (s. Abbildung 3-86; vgl. Conradi 1983, S. 22 ff.; Wunderer, 2011, S. 362 ff.):

Alternative Systematisierung

- Personalentwicklung *on-the-Job* bezeichnet Maßnahmen, die unmittelbar im Funktionsfeld, also am Arbeitsplatz, im Vollzug der Arbeit stattfinden.
- Personalentwicklung *off-the-Job* bezieht sich v. a. auf die Bildungsmaßnahmen, die üblicherweise in räumlicher, zeitlicher (bisweilen auch inhaltlicher) Distanz zur (übernehmenden) Stelle stattfindet.

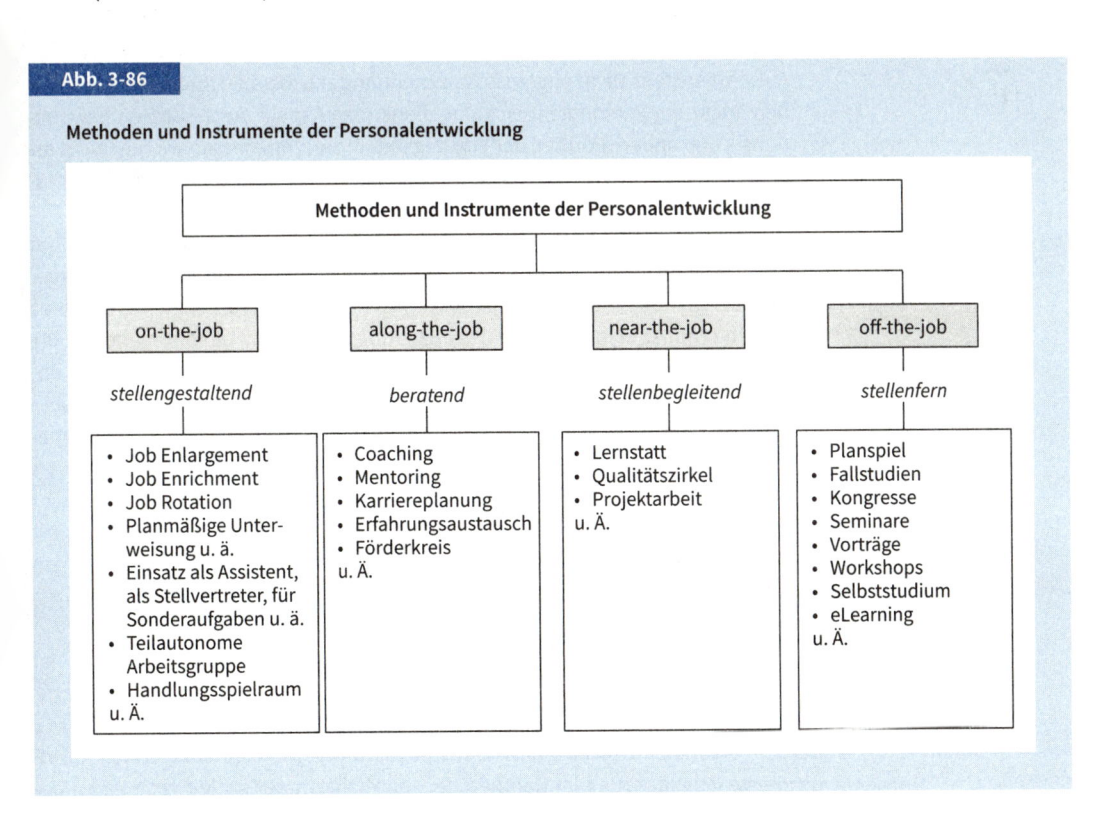

Abb. 3-86
Methoden und Instrumente der Personalentwicklung

on-the-job	along-the-job	near-the-job	off-the-job
stellengestaltend	*beratend*	*stellenbegleitend*	*stellenfern*
• Job Enlargement • Job Enrichment • Job Rotation • Planmäßige Unterweisung u. ä. • Einsatz als Assistent, als Stellvertreter, für Sonderaufgaben u. ä. • Teilautonome Arbeitsgruppe • Handlungsspielraum u. Ä.	• Coaching • Mentoring • Karriereplanung • Erfahrungsaustausch • Förderkreis u. Ä.	• Lernstatt • Qualitätszirkel • Projektarbeit u. Ä.	• Planspiel • Fallstudien • Kongresse • Seminare • Vorträge • Workshops • Selbststudium • eLearning u. Ä.

5.3 Personalentwicklung
Prozessphasen der Personalentwicklung

- Personalentwicklung *near-by-the-Job* spricht Maßnahmen an, die zwar prinzipiell on-the-Job umgesetzt werden, aber nicht auf der eigentlichen »primären« Planstelle des Lernenden. Es handelt sich um »sekundäre« Tätigkeiten, die gerade für die Fortschrittsfähigkeit des Betriebs von Belang sind und gleichzeitig durch ihre Ausübung Qualifizierungsprozesse darstellen (können).
- Personalentwicklung *along-to-the-Job* fokussiert wiederum Maßnahmen, die entweder die aktuelle Stellenausübung und/oder über die karrierebezogene Entwicklung anstoßend, beratend und/oder fördernd begleiten.

In manchen Differenzierungen werden noch folgende Methoden mit angeführt:
- Personalentwicklung *into-the-Job* umfasst Maßnahmen, die auf die Übernahme einer Stelle vorbereiten. Sie richtet sich sowohl an Auszubildende als auch an gerade neu eingestellte Mitarbeiter.
Zweifellos sind hiermit Qualifizierungseffekte verbunden, dennoch werden sie hier unter einer anderen Blickrichtung thematisiert. Zum einen haben wir an anderer Stelle (Teil 3, Kap. 2.4) unter dem Stichwort »Personaleinführung« bereits die gezielte Heranführung neuer Mitarbeiter an ihren Arbeitsplatz thematisiert. Die dort angeführte fachliche Einarbeitung ließe sich unter Personalentwicklung fassen. Sofern es sich aber lediglich um die Bekanntmachung der wesentlichen Elemente der Arbeitssituation zu Beginn der Tätigkeit handelt, hat sie einen anderen Charakter als die Qualifizierung i. S. der Personalentwicklung. Außerdem steht sie in engem Zusammenhang zur sozialen Integration, also einem nicht der Personalentwicklung dienenden Aspekt. Auch die Berufsausbildung – und andere Formen der Einstiegsqualifizierung – fassen wir hier nicht als Maßnahme der Personalentwicklung auf. Insofern wird sie anderweitig thematisiert.
- Personalentwicklung *out-of-the-Job* meint Maßnahmen, die den Übergang vom Erwerbsleben in den Ruhestand sowie die Tätigkeit bei einem anderen Arbeitgeber nach der Beendigung des aktuellen Arbeitsverhältnisses erleichtern sollen. Auch hiermit sind individuelle Qualifizierungseffekte Ziel der Maßnahmen. Die Out-of-the-Job-Maßnahmen dienen allerdings nicht der unmittelbaren betrieblichen Zielerreichung. Es geht um die Förderung individueller, nicht betriebsbezogener Zielsetzungen. Im Sinne unseres Begriffsverständnisses sind diese Qualifizierungsprozesse also keine betriebliche Personalentwicklung.

Nachfolgend wird auf zentrale Maßnahmen der Personalentwicklung, kategorisiert nach den zugrunde liegenden Methoden, näher inhaltlich und bewertend eingegangen.

5.3.3.2 Personalentwicklung am Arbeitsplatz (»Training-on-the-Job«)

»Wege entstehen dadurch, dass man sie geht.« Franz Kafka

Bei der Personalentwicklung am Arbeitsplatz (On-the-Job-Methodik) erfolgt die individuelle Qualifizierung im Rahmen der »normalen« oder gezielt gestalteten betrieblichen Aufgabenerfüllung. Im Idealtypus werden Komponenten der individuel-

5.3 Prozessphasen der Personalentwicklung

len Arbeitssituationen entwicklungsorientiert gestaltet, sodass sie zur zielorientierten Vermittlung und/oder Aktivierung von Qualifikation(potenzial)en beitragen. Die (u. U. permanente) Konfrontation mit zu bewältigenden Aufgaben, wie sie während der gesamten Berufstätigkeit am Arbeitsplatz stattfindet, beeinflusst nachhaltig die individuelle berufliche Qualifikationsentwicklung, wobei herausfordernde Aufgaben gerade für adäquat qualifizierte Mitarbeiter diese Entwicklung besonders fördern. Damit steht diese Methodik der Personalentwicklung in einer ständigen Wechselbeziehung von Entwicklung und Einsatz des Mitarbeiters, woraus ein prinzipieller Vorteil bezüglich der Praxisrelevanz bzw. des Transfers ins Arbeitsverhalten und Funktionsfeld resultiert. Für den Betrieb fallen prinzipiell relativ geringe Kosten an, da der zusätzlich zu betreibende Aufwand gering ist. Der Mitarbeiter kann das Lerntempo seinen individuellen Bedürfnissen anpassen, wobei andererseits das Erlernen von Aufgaben unter realistischen Bedingungen geschieht, was Störungen, Verantwortung und vor allem Zeitdruck betrifft. Das Lernen in und an realen Arbeitssituationen lässt auch die Problematik des Transfers gelernter Inhalte von der Lernsituation auf die Arbeitssituation weitgehend entfallen.

Prinzipiell nachteilig ist bei allen Maßnahmen »on-the-Job« die eher unsystematische Lernsituation, die sich aus dem Zusammenspiel von Zeitdruck und mangelnder Ausbildung der Führungskräfte (in diesem Fall die »Lehrenden«) für die Entwicklungstätigkeit ergibt. Weiterhin besteht die Neigung zu übermäßig stark betriebsbezogener Wissensaneignung, wobei selbst innerhalb eines Betriebs die Übertragbarkeit auf andere Arbeitsplätze dann schwierig ist, wenn spezielle verrichtungsorientierte Qualifikationen vermittelt wurden. Isoliert betrieben fehlt auch eine breite, grundlagenorientierte Wissensbasis. Dieser Aspekt limitiert dann auch die Entwicklungsmöglichkeiten der betroffenen Mitarbeiter, da sie relativ wenig Einblick in Zusammenhänge bekommen und auch Anforderungsveränderungen nicht ohne Weiteres bewältigen können. Für die Mitarbeiter selbst haben diese Maßnahmen noch den Nachteil, dass sie sich typischerweise nicht oder nicht hinreichend zertifizieren lassen.

Unsystematische Lernsituation

Allerdings lassen sich durchaus unterschiedliche Bewertungen für die verschiedenen Instrumente, die innerhalb der Methodik »on-the-Job« verwendet werden können, formulieren.

Nachfolgend wird näher auf Instrumente des Training-on-the-Job eingegangen:
- Understudy-Arbeit und ihre Varianten,
- Unterweisung am Arbeitsplatz,
- Leittextmethode,
- Arbeitsstrukturierung und ihre Varianten.

Gemeinsames Merkmal der Personalentwicklung durch die sogenannte Understudy-Arbeit ist die systematische Aufgabenbereicherung am Arbeitsplatz in Verbindung mit einer planmäßigen Anleitung, Betreuung und Rückkoppelung i. d. R. durch den unmittelbaren Vorgesetzten (»Coaching«; s. u. bei »along-the-Job«). Verschiedenen Varianten (Arbeiten in Assistentenpositionen oder als Stellvertreter, Übernahme von Sonderaufgaben) des Instruments sind in Abbildung 3-87 überblicksartig aufgeführt. Sie thematisieren alle die Übertragung begrenzter Verant-

Understudy-Arbeit

5.3 Personalentwicklung
Prozessphasen der Personalentwicklung

wortung und die damit einhergehenden bzw. intendierten Qualifizierungseffekte (vgl. Mentzel, 2012, S. 195 ff.).

Abb. 3-87

Varianten des »Understudy«-Instruments

Einsatz als Stellvertreter	Charakteristisch für den Stellvertreter ist, dass dieser Aufgaben, Kompetenzen und Verantwortlichkeiten einer Stelle teilweise oder vollständig übernimmt. Wesentlich hierbei ist nicht, ob der Stelleninhaber abwesend ist, sondern dass der Stellvertreter dessen Aufgaben in seinem Sinne und Namen, jedoch in eigener Verantwortung übernimmt. Die Stellvertretung dient primär der Sicherung der Führungskontinuität und ist damit in erster Linie eine organisatorische Regelung. Darüber hinaus kann sie jedoch auch der Qualifikationsentwicklung des Stellvertreters dienen und zwar sowohl bei Stellvertretung einer ranghierarchisch höheren als auch gleichgestellten Stelleninhabers mit einem für diese Stelle spezifischen Aufgabenspektrum (vgl. Stelzer-Rothe, 2010). Entscheidende Bedeutung für den Qualifizierungserfolg ist die Bereitschaft des Stelleninhabers, den Stellvertreter aktiv an der Aufgabenerfüllung zu beteiligen. Dieser selbst muss auch bereit sein, die zugewiesenen Aufgaben selbstständig zu erfüllen. Als Nachteile der Stellvertretung sind zu nennen: Es ist nicht möglich, Stellvertretungstätigkeiten zum festen Bestandteil von Personalentwicklungsprogrammen zu machen, weil sie wegen ihrer Seltenheit und der zeitlichen Unbestimmtheit nicht systematisch vorgeplant und angewendet werden können. Die Vertretungsdauer ist meist unzureichend, um sämtliche vorkommenden Aufgaben kennenzulernen und in ihrer Erfüllung Geübtheit zu erlangen. Weil der Stelleninhaber abwesend ist, die Vertretung also sachverständig nicht beobachtet werden kann, ist eine genaue Beurteilung und Begleitung nicht möglich. Die Stellvertretung ist selten wirklich voll verantwortlich, da wegen ihrer kurzen Dauer Entscheidungen verschoben und nicht immer abschließend getroffen werden können.
Einsatz als Assistent	Ein Assistent wird an der Erfüllung der Aufgaben – auch von Leitungsaufgaben – seines Vorgesetzten aktiv beteiligt; Beratungstätigkeiten und Entscheidungsvorbereitung bilden dabei den Kern. Dient der Assistent lediglich der Entlastung des Vorgesetzten, handelt es sich nicht um systematische Personalentwicklung. Um Qualifizierung zu erreichen, bedarf es einer expliziten Entwicklungszielsetzung und einer entsprechenden Vorbereitung für eine zukünftige Stellenbesetzung durch den Assistenten. Die Entwicklung des Assistenten kann in zweifacher Weise vorangetrieben werden: durch Zunahme des Anspruchsniveaus bezüglich der Komplexität der Aufgaben oder durch Erweiterung des Problemhorizonts von stark strukturierten abgegrenzten Aufgaben, die sich auf einen relativ kleinen Bereich beziehen, bis hin zu Problemen der obersten Hierarchieebene. Für den Erfolg des Einsatzes als Assistent als Entwicklungsmaßnahme ist der persönliche Einsatz des Vorgesetzten von entscheidender Bedeutung, da ihm als Vorbild eine herausragende Bedeutung zukommt und er es praktisch in der Hand hat, ob der Assistent ihn »nur« entlastet und als Prestigeobjekt dient oder ob dieser sich dabei fortentwickeln kann.
Übertragung von Sonderaufgaben	Sonderaufgaben gehen über die tägliche Routinearbeit hinaus und stehen typischerweise nicht in unmittelbarem Zusammenhang mit dem Aufgabenfeld eines Arbeitsplatzes (ähnlich »nearby-the-Job«, s. u.). Der Qualifizierungscharakter entsteht dadurch, dass die Person diese Aufgabe selbstständig, allein und eigenverantwortlich durchführt. Wie erwähnt, hat die Übertragung von Sonderaufgaben an sich keinen Entwicklungscharakter. Hierzu kommt es erst durch eine gezielte Auswahl der Aufgabe hinsichtlich der Anforderung an den und der individuellen Qualifikation des Aspiranten. So sind beispielsweise nur Aufgaben ohne Standardlösungen zur Förderung von Kreativität und Motivation geeignet (vgl. Hungenberg, 1990, S. 202). Zweitens sind während der Durchführung Feedbackmöglichkeiten, wie zum Beispiel Diskussionen von Zwischenergebnissen oder weitere Vorgehensweisen, für die persönliche Entwicklung sinnvoll. Für Führungskräfte aus dem mittleren Management kann die Übertragung von Sonderaufgaben zur Förderung der Motivation und zum Abbau von Monotonie bzw. Unterforderung eingesetzt werden, was zwar primär nicht unbedingt dem Erkenntnisfortschritt dient, zumindest jedoch den Qualifikationsabbau vermeidet.

5.3 Prozessphasen der Personalentwicklung

Vorteil dieser Personalentwicklungsinstrumente ist, dass Mitarbeiter frühzeitig herausfordernde Tätigkeiten übertragen bekommen, wobei gleichzeitig die Gefahr der Überforderung oder der ungenügender Aufgabenerfüllung durch den Coach kompensiert werden kann. Damit ist diese Form der Entwicklung geeignet für die Vermittlung tätigkeitsspezifischer Fähigkeiten und die Aneignung von Qualifikationen für die Bewältigung von – im Wesentlichen – bekannten Aufgaben und Arbeitssituationen – ohne letztlich dauerhaft Verantwortung hierfür übernehmen zu müssen. Gewissermaßen handelt es sich um eine Arbeitsprobe (s. Teil 3, Kap. 2.3.3.3) für eine mögliche zukünftige Stelle. Beide Seiten können feststellen, inwieweit dafür eine Eignung gegeben ist.

»Niemand weiß, was er kann, bis er es probiert hat.« Publilius Syrus

Besondere *Anforderungen* werden an die Führungsperson, den Coach, gestellt, da dieser sehr eng mit dem zu entwickelnden Mitarbeiter zusammenarbeiten muss und von ihm als Vorbild ein wesentlicher Einfluss auf das Verhalten und die Entwicklung des Mitarbeiters ausgeht. Das bedeutet, dass der Coach die Entwicklung des Mitarbeiters als Bestandteil seiner Aufgaben wahrnehmen und seinerseits für das Coaching qualifiziert sein muss. Die Anforderungen an den Coach verändern sich zum einen mit der Entwicklung des zu Betreuenden, andererseits auch mit der Veränderung der Aufgabe an sich, sodass diese Arbeit insgesamt gesehen ein doppelt gerichtetes Entwicklungsverfahren darstellt.

Damit werden auch schon die *potenziellen Gefahren* der Entwicklung durch Understudy-Arbeit angesprochen. Vielfach sind Führungskräfte zeitlich stark in das Tagesgeschäft eingebunden und methodisch überfordert, worunter das Coaching sowohl inhaltlich als auch von der Intensität her leidet. Die zweite systematische Gefahr besteht darin, dass bei diesen Methoden tradierte Denkschemata von den Coachs fortgeschrieben werden. Aus diesem Grunde ist es sinnvoll, diese Art der Personalentwicklung am Arbeitsplatz nicht isoliert, sondern konzeptionell eingebunden mit weiteren Methoden anzuwenden, um im Endeffekt die Gefahren zu kompensieren und eine für die jeweiligen individuellen und situationsspezifischen Erfordernisse ausgerichtete Qualifizierung zu erreichen. Der hiermit verbundene Aufwand ist der Grund dafür, dass diese Form der Personalentwicklung meistens bei Führungsnachwuchskräften Anwendung findet (zumindest in seiner systematischen Ausprägung), während im gewerblichen Bereich eher die kurzfristige und unsystematische Unterweisung am Arbeitsplatz (s. u.) Anwendung findet.

Gefahren

Bezüglich dieser Erscheinungsformen sei nochmals darauf hingewiesen, dass nur dann von Personalentwicklung gesprochen werden kann, wenn mit diesen Positionen eine
- gezielte Auswahl der Arbeitsplätze,
- sorgfältige Auswahl der Vorgesetzten,
- Planung der Lernziele, -inhalte und Zeitvorgaben und
- geplante und systematische Anleitung und Betreuung während des Lernprozesses verbunden ist.

5.3 Personalentwicklung
Prozessphasen der Personalentwicklung

Unterweisung am Arbeitsplatz

Als Form der gelenkten Vermittlung von Erfahrungen ist die Unterweisung am Arbeitsplatz eine vom Vorgesetzten kontrollierbare Vorbereitung auf die Durchführung exakt definierter Aufgaben (vgl. Mentzel, 2012, S. 184 ff.). Sie kann auch der Verbesserung der Aufgabenerfüllung dienen. Das ist umso eher und besser möglich, wenn individuelle Bildungspläne vorliegen, Stellenbeschreibungen mit Aufgabendefinitionen und Anforderungsprofilen vorhanden sind und/oder ein Beurteilungssystem angewandt wird, das Lernfortschrittskontrollen ermöglicht.

Eine bewährte Methode mit zielgerichtetem Ablauf ist die *Vier-Stufen-Methode*. Sie sieht die folgenden Stufen vor (vgl. Abbildung 3-88).

»Zeige es mir – und ich werde mich daran erinnern. Beteilige mich – und ich werde es verstehen.« Lao Tse

Abb. 3-88

Unterweisung nach der Vier-Stufen-Methode

1. Stufe Vorbereitung	• Eigene Vorbereitung des Unterweisenden • Vorbereitung des Unterweisungsvorganges • Vorbereitung des Mitarbeiters	
2. Stufe Vorführen und Erklären durch den Unterweisenden	Erste Vorführung:	Vorführen und Erklären in geraffter Form
	Zweite Vorführung:	Detailliertes Vormachen, Erklären und Begründen
	Dritte Vorführung:	Vormachen und Kernpunkte wiederholen
3. Stufe Ausführen (Nachmachen) durch den Mitarbeiter	Erster Ausführungsversuch:	Nachmachen durch den Mitarbeiter, ohne zu sprechen
	Zweite Ausführung:	Wiederholen mit detaillierter Erklärung und Begründung durch den Mitarbeiter
	Dritte Ausführung:	Nachmachen und Kernpunkte
4. Stufe Abschluss und Übung	Mitarbeiter selbstständig üben lassen Erfahrene Mitarbeiter für Rückfragen benennen Übungsfortschritte beobachten und kontrollieren	

Bewertung

Für die angeführten Übungen am Arbeitsplatz werden folgende *Vorteile* genannt:
- praxisnahe Aufgabenlösung,
- Möglichkeit der Anpassung der Bildungsinhalte (Definition der Lernschritte), der Trainingszeiten usw. an die Bedürfnisse und Umstände des Lernenden und
- geringe Kosten: Es wird nur ein Teil der Arbeitszeit beansprucht, Fehler sind schnell korrigierbar.

Dem stehen unter Umständen folgende Mängel oder *Nachteile* gegenüber:
- geringe Bereitschaft und/oder unzureichende Fähigkeit zum Training bei dem mit dieser Qualifizierung Beauftragten,
- mangelnder Trainingswille aufseiten des Lernenden, wenn dieser die zu vermittelnden Kenntnisse bereits zu haben glaubt und
- gegebenenfalls unzureichendes Feedback, Training unter Zeitdruck.

Prozessphasen der Personalentwicklung 5.3

Leittextmethode

Eine innerhalb der beruflichen Erstausbildung entwickelte Ausbildungsmethodik ist die Leittextmethode. Ihre Grundintention ist es, den Lernenden so anzuleiten, dass er möglichst selbstständig lernt. Dazu wird eine Arbeitsmappe erstellt, welche sämtliche Arbeiten an einem bestimmten Projekt anleitet: Sie ist der sogenannte Leittext. Das gesamte Projekt (z. B. Fertigung einer Pumpe) ist dabei in Lernstufen untergliedert. Die Materialien zu jeder Lernstufe bestehen aus einem Deckblatt, Leitfragen und einer Kenntnis-Checkliste (vgl. Rottluff, 1988, 1992).

Leittextmethode

Das Deckblatt enthält Angaben zu Lernzielen der Lernstufe, benötigten Materialien, verfügbaren Medien zur Informationsbeschaffung und zusätzlichen Übungshilfen. Nach seinem Durchlesen ist der Lernende über die Art der praktischen Aufgabe informiert und weiß, welche Kenntnisse und Fertigkeiten es zu erwerben gilt. Das anschließende Durcharbeiten der Leitfragen trägt zum Verständnis der Aufgabe und zum Erkennen von Schwierigkeiten bei.

Die Leitfragen werden in einem Team von drei oder vier Personen bearbeitet. Die Bearbeitung der Kenntnis-Checkliste in der nächsten Stufe regt den Lernenden zum Erwerb von Kenntnissen an. Da diese Fragen nur zum Teil aus Vorkenntnissen beantwortet werden können, müssen Medien (Bücher, Kataloge, Handbücher, Filme usw.) zur Informationsbeschaffung bereitgestellt werden.

Im Anschluss an die Bearbeitung des Leittextes werden die Antworten mit dem Ausbilder besprochen; erst danach wird die gedankliche Vorbereitung in die praktische Arbeit umgesetzt. Nach dieser erfolgt zuerst eine Selbst-, dann eine Fremdkontrolle. Bei Abweichungen beeinflusst der Ausbilder die Gütemaßstäbe des Lernenden. Hierauf folgt die nächste Lernstufe.

Im Gegensatz zu einer Unterweisung am Arbeitsplatz kann der Auszubildende den Leittext in einem seinem Lernvermögen angepassten Tempo bearbeiten, d. h. Über- und Unterforderung vermeiden. Während in einer Unterweisung alle Informationen gestellt werden, muss sich der Auszubildende sie hier selbstständig erarbeiten. Die Bearbeitung der Leitfragen im Team macht Kooperation erforderlich. Die Leittextmethode gewährt Entscheidungsfreiheit und eröffnet Gestaltungsmöglichkeiten, aber es wird auch Verantwortung übertragen. Vor allem werden Selbstständigkeit und Kooperationsfähigkeit gefördert. Letztere sind in der jüngeren Bildungsdiskussion immer wieder geforderte Schlüsselqualifikationen. Dabei braucht die Leittextmethode nicht auf den Bereich der beruflichen Erstausbildung beschränkt zu bleiben. Sie kann vielmehr ebenso in der Erwachsenenausbildung (z. B. Anlernen, Umschulen) oder auch in modifizierter Form für Trainees eingesetzt werden.

Angepasstes Tempo

Arbeitsstrukturierung

Unter Arbeitsstrukturierung (synonym: Aufgabenstrukturierung) ist die Gestaltung von Inhalt, Umfeld und Bedingungen der Arbeit auf der Ebene eines Arbeitsplatzes bzw. -feldes innerhalb einer konkreten Arbeitssituation zu verstehen. Ein Arbeitssystem ist das Teilsystem eines Betriebs (Arbeits- bzw. Funktionsfeld), in dem eindeutig abgegrenzte Teilaufgaben durch einzelne Personen oder Arbeitsgruppen erledigt werden.

Begriff

5.3 Personalentwicklung
Prozessphasen der Personalentwicklung

Grundsätzlich gehören zur Arbeitsstrukturierung alle Maßnahmen, die eine Veränderung des Arbeitsfelds zum Gegenstand haben, neben der Arbeitsfeldvergrößerung also auch eine Verkleinerung sowohl in quantitativer als auch in qualitativer Hinsicht (vgl. Abbildung 3-89). Nachfolgend werden sowohl Arbeitsfeldverkleinerung als auch -vergrößerung in ihren Qualifizierungseffekten erläutert.

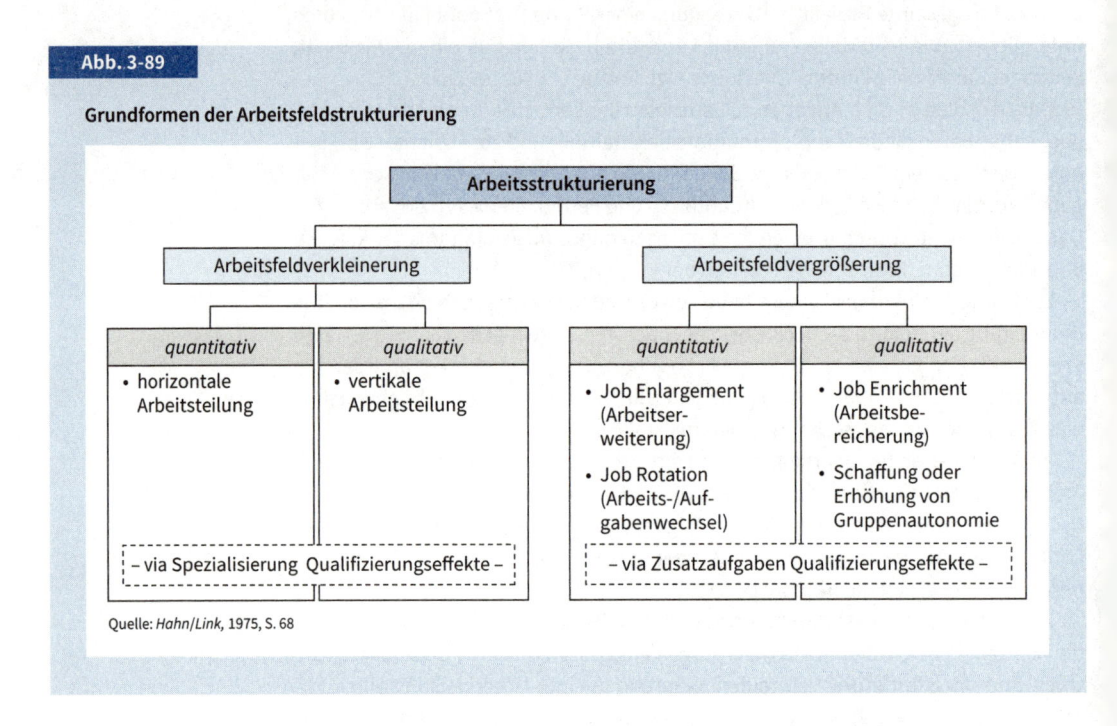

Abb. 3-89

Grundformen der Arbeitsfeldstrukturierung

```
                        Arbeitsstrukturierung
               ┌───────────────┴───────────────┐
     Arbeitsfeldverkleinerung          Arbeitsfeldvergrößerung
       ┌───────┴───────┐                 ┌───────┴───────┐
   quantitativ      qualitativ       quantitativ      qualitativ
   • horizontale   • vertikale       • Job Enlargement  • Job Enrichment
     Arbeitsteilung  Arbeitsteilung    (Arbeitser-        (Arbeitsbe-
                                       weiterung)         reicherung)
                                     • Job Rotation     • Schaffung oder
                                       (Arbeits-/Auf-     Erhöhung von
                                       gabenwechsel)      Gruppenautonomie

   – via Spezialisierung Qualifizierungseffekte –   – via Zusatzaufgaben Qualifizierungseffekte –
```

Quelle: *Hahn/Link*, 1975, S. 68

Spezialisierung

▸ *Arbeitsfeldverkleinerung.*
Bei horizontaler Arbeitsteilung wird unter Beibehaltung der Arbeitsqualität, d. h. des Verhältnisses von Durchführungs- zu Entscheidungsaufgaben, die Zahl der verschiedenen Arbeiten, die in einer Stelle zu verrichten sind, verringert. Vertikale Arbeitsteilung führt zu Veränderungen des Verhältnisses von Durchführungs- zu Entscheidungsaufgaben in der Regel in der Weise, dass letztere abgetrennt und übergeordneten Stellen übertragen werden.
Beide Formen der Arbeitsteilung führen durch die Verringerung der Zahl unterschiedlicher Arbeiten zu jeweils stärkerer Spezialisierung. In der Annahme, dass die damit verbundene, technisch orientierte Perfektion des Arbeitsvollzugs stets zu Leistungssteigerungen führen müsse, ist das Grundkonzept für den »technischen Fortschritt« durch Arbeitsgestaltung zu sehen, der seit Beginn der Industrialisierung zu realisieren versucht wurde.
Ein intensives Betreiben beider Arbeitsteilungsformen kann jedoch zu Spezialisierungsgraden der Arbeit führen, die als überhöht – weil mit negativen Konsequenzen verbunden – behauptet werden: Im Gegensatz zum beabsichtigten Ef-

fekt können sinkende Arbeitsproduktivität, darüber hinaus auch abnehmende Arbeitszufriedenheit die Folge sein. Die Arbeitsfeldverkleinerung gehört nur zum Teil zur Personalentwicklung; sie ist eher als deren Auslöser anzusehen, denn sie ist eine mögliche Spielart der Arbeitsteilung. Allerdings lassen sich auch Qualifizierungseffekte erzielen. Gerade durch die Konzentration auf spezifische Aufgaben entsteht Spezialisierungs-Know-how.
- *Arbeitsfeldvergrößerung.*
Begründungen für die eben genannten negativen Konsequenzen wurden vor allem darin gesehen, dass ein in Art und Tempo fremdbestimmter, monoton repetitiver Arbeitsvollzug mit nur geringen Anforderungen nicht den Vorstellungen entspricht, die die Menschen von einem positiv zu beurteilenden Arbeitsplatz haben. Hierin ist der Anlass für Versuche zu sehen, mit gegensteuernden Maßnahmen – d. h. solchen der Arbeitsfeldvergrößerung – einen »optimalen« Spezialisierungsgrad zu finden. *Aufgabenerweiterung* als quantitative Arbeitsfeldvergrößerung und *Aufgabenbereicherung* als qualitative Arbeitsfeldvergrößerung haben beide die gleiche Grundidee: eine stärkere Erfüllung der Erwartungen, die die Mitarbeiter in Bezug auf die Art der zu erfüllenden Aufgaben haben. Daher werden diese beiden Formen der Spezialisierungsverringerung zu den Maßnahmen der Personalentwicklung gezählt.

Aufbauend auf motivationspsychologischen Schlussfolgerungen über die Bedeutung der Sinnhaftigkeit von Arbeit, haben Hackman et al. (1975) Dimensionen zur Beschreibung von Arbeitsinhalten aufgestellt. Es sind dies:

Beschreibung von Arbeitsinhalten

- Die *Tätigkeitsvielfalt*, die es den Mitarbeitern erlaubt, verschiedene Handlungen durchzuführen, hierbei verschiedene Arbeitsabläufe zu durchlaufen und eventuell verschiedene Hilfsmittel zu benutzen. Somit wirkt sich die Vielfalt direkt auf die Quantität der anzuwendenden Fähigkeiten aus, wovon eine positive Wirkung erhofft wird.
- Die *Ganzheitlichkeit der Aufgabe* bezieht sich darauf, inwieweit die Aktivitäten eines Einzelnen zu einem nachvollziehbaren Ergebnis führen. Spezialisierung von Stellen führt tendenziell dazu, dass einzelne Mitarbeiter nur relativ kleine Beiträge zum Gesamtvollzug einer Aufgabe beitragen und damit der Sinn der Arbeit in den Augen desjenigen, der sie erledigt, verloren geht.
- Die *Bedeutung der Aufgabe* für andere, innerhalb oder außerhalb des Betriebs, determiniert den Wert der Arbeit und damit auch die Wichtigkeit, die man ihr selber beimisst.
- Der Entscheidungsspielraum, den man für die selbstständige Aufgabenerfüllung zugebilligt bekommt, wirkt sich auf die Verantwortlichkeit aus, die man der eigenen Arbeit entgegenbringt. Im Management-by-Objectives (MbO) (s. Teil 3, Kap. 1.4.4.3) bietet man beispielsweise den Mitarbeitern die Möglichkeit, persönliche und arbeitsbezogene Ziele zu setzen, um systematisch diese persönliche Verantwortung für den Arbeitsvollzug zu nutzen.
- *Informationen über Arbeitsergebnisse* dienen den Mitarbeitern sowohl zur Bestätigung über die Qualität der eigenen Leistung, als auch zur Möglichkeit einer Ver-

5.3 Personalentwicklung
Prozessphasen der Personalentwicklung

besserung. Psychologisch gesehen stimuliert die Bestätigung durch Dritte nachhaltiger als eine Selbstbestätigung.

Arbeitsstrukturierungsmaßnahmen haben ihren Ursprung im Bereich ausführender Tätigkeiten. Hauptgrund hierfür ist, dass dispositive Tätigkeiten per definitionem unstrukturiert und für strukturierende Maßnahmen schlecht zugänglich sind. Ein weiterer, eher pragmatischer Grund ist, dass die Forschungsbemühungen zu diesem Bereich dazu dienen, der Monotonie am Arbeitsplatz entgegenzuwirken und die Arbeit durch ihre Struktur humaner zu gestalten. Diese Faktoren spielen bei Managementarbeitsplätzen eine untergeordnete Rolle, da diese durch den hohen Anteil dispositiver Tätigkeiten und die relativ großen Freiräume bei der Aufgabenerfüllung weniger an Monotonie oder Mangel an Selbstverwirklichungsmöglichkeiten leiden. Wenn es bezüglich der Arbeitsstrukturierung im Management zu Schwierigkeiten kommt, so ist dies vielmehr häufig auf ein organisatorisches oder personales Problem zurückzuführen, so zum Beispiel bei quantitativer Rollenüberlastung oder qualitativer Überforderung bezüglich der übertragenen Aufgabe.

Daher sind Arbeitsstrukturierungsmaßnahmen, wenn sie im dispositiven Bereich Anwendung finden, bezüglich der Zielsetzung ihres Einsatzes verstärkt unter situationsspezifischen Gesichtspunkten zu bewerten.

Voraussetzungen

Zwei Voraussetzungen müssen nach Ulich (1999, S. 124 f.) erfüllt sein, damit die Arbeitsaufgabe das Interesse und Engagement (auch als Voraussetzung des Lernens) positiv beeinflusst:

- Zum einen muss die arbeitende Person sowohl die Möglichkeit der *Kontrolle* über die Arbeitsabläufe als auch über die benötigten *Hilfsmittel* haben, und
- zum anderen müssen die strukturellen Merkmale der Aufgabe so beschaffen sein, dass diese in der Person *Kräfte* zur Fortführung und Vollendung der Arbeit auslösen.

Unter den strukturellen Merkmalen kommt der Ganzheitlichkeit bzw. Vollständigkeit von Aufgaben eine besondere Bedeutung zu. *Merkmale der Vollständigkeit* wiederum sind:

- das selbstständige Setzen von Zielen, die in übergeordneten Zielen eingebettet werden können,
- selbstständige Handlungsvorbereitungen im Sinne der Wahrnehmung von Planungsfunktionen,
- die Auswahl der Mittel einschließlich der erforderlichen Interaktionen zur adäquaten Zielerreichung,
- Wahrnehmung der Ausführungsfunktionen mit Ablauffeedback zur allfälligen Handlungskorrektur und
- Kontrolle mit Resultatfeedback und der Möglichkeit, Ergebnisse der eigenen Handlungen auf Übereinstimmung mit den gesetzten Zielen zu überprüfen.

Abbildung 3-90 führt *klassische Merkmale* von Arbeitssituationen an, die in diesem Sinne positiv zu werten sind.

5.3 Prozessphasen der Personalentwicklung

Abb. 3-90

Persönlichkeits- und lernfördernde Merkmale von Arbeitssituationen

- Komplexe und abwechslungsreiche Tätigkeit
- Experimentierchancen; Möglichkeit des Lernens aus Versuch und Irrtum
- Häufige Nutzung vielfältiger und kollegialer Kommunikations- und Interaktionsformen
- Partizipative Entscheidungsverfahren
- Erfahrungen und realistische Erwartungen individuellen Weiterkommens und gesellschaftlichen Fortschritts
- Ausbildung und Anwendung einer ganzheitlichen Handlungskompetenz
- Aufgabenspezifische Integration von Handlungsplanung und -ausführung
- Technischer Fortschritt
- Periodischer Wechsel von Arbeitshandlungen in bekannten und Lernhandlungen in neuen Handlungssystemen
- Variable Abstimmung der Aufgabenstruktur mit der lernphasenbedingten Erweiterung der Arbeitskompetenzen und mit entwicklungsspezifischen Lernprozessen
- Eingriffspunkte in sowie Freiheitsgrade und Möglichkeiten der differenzierenden Gestaltung der Aufgaben- und Sozialstruktur
- Unvorhergesehene Probleme und Störungen, für die ohne Zeitdruck und mit Unterstützung des Vorgesetzten Lösungen gesucht werden können

Quelle: in Anlehnung an *Conradi*, 1983, S. 67; *Flohr/Niederfeichtner*, 1982, S. 39

Bezogen auf den einzelnen Arbeitsplatz findet sich neben den weiter oben bereits angeführten Ausgestaltungsformen der quantitativen und qualitativen Arbeitsfeldvergrößerung in der Praxis auch der periodische Wechsel der Arbeitsfelder zur gezielten Personalentwicklung. Demnach lassen sich die Interventionskonzepte

▸ Job Enlargement,
▸ Job Enrichment,
▸ Job Rotation und
▸ teilautonome Arbeitsgruppen

unterscheiden, welche im Folgenden dargestellt werden.

Interventionsarten

Mit *Job Enlargement* (synonym: Aufgabenerweiterung, Arbeitserweiterung, »horizontal job loading«) wird das Arbeitsfeld einer Stelle dadurch vergrößert, dass neue, qualitativ etwa gleichartige Aufgaben hinzugefügt werden. Insofern wird eine andere Stelle als vorher gestaltet. Die Arbeitsvorgänge an einem Arbeitsplatz werden *quantitativ erweitert*, qualitativ bleiben sie die gleichen. Insgesamt ist für Maßnahmen des Job Enlargement kennzeichnend, dass »alte« und »neue« Stellenaufgaben qualitativ-strukturelle Ähnlichkeiten besitzen, d. h. Entscheidungs- und Ausführungsaktivitäten ein etwa gleich bleibendes Mischungsverhältnis beibehalten und damit insgesamt ein annähernd unverändertes Anforderungsniveau erhalten bleibt. Die betroffenen Mitarbeiter werden durch höheren Arbeitsanfall mehr als vorher gefordert. Können sie dieser höheren Anforderung dauernd entsprechen, erweitern sie ihre Qualifikation. Entspricht die Maßnahme ihren Wünschen, fördert sie zugleich individuelle Zufriedenheit.

Aufgabenerweiterung

Eindeutige empirische Belege für positive Wirkungen liegen nicht vor, was aber vermutlich mit der großen Variationsbreite möglicher Arbeitssituationen zusammenhängt. *Indizien* sprechen jedoch für die beiden angeführten Aspekte: Qualifizierungs- und Motivationseffekte.

5.3 Personalentwicklung
Prozessphasen der Personalentwicklung

Aufgabenbereicherung

Job Enrichment (synonym: Arbeits-, Aufgabenbereicherung, »vertical job loading«) bezieht sich auf eine qualitative Aufwertung einer Stelle und zwar durch mehr Autonomie, Verantwortung und/oder Selbstkontrolle von Aufgaben. Job Enrichment führt zum Ersten zu als höherwertig eingestuften Qualifizierungseffekten sowie zum Zweiten zu einer Erhöhung der motivationalen Wirkung einer Arbeit – beides im Vergleich zur Aufgabenerweiterung.

Die Maßnahmen geben den Mitarbeitern die Gelegenheit, interessantere Tätigkeiten zu vollziehen und letztendlich damit mehr Möglichkeiten für persönliche Entwicklung und Wachstum zu haben: Mehr Sinn in der Arbeit führt zu einer höheren Zufriedenheit bei den Mitarbeitern, die sich deshalb zur Weiterentwicklung angeregt fühlen und insgesamt bessere Arbeitsergebnisse hervorbringen.

Anforderungsniveau

Mit Maßnahmen des Job Enrichment werden einer Stelle neue, und zwar qualitativ von den ursprünglichen Stellenaufgaben unterschiedliche, Aufgaben hinzugefügt. Dabei geht der Unterschied grundsätzlich in die Richtung auf ein höheres Anforderungsniveau. Das Wort »*Bereicherung*« soll dies andeuten: Eine Anreicherung um schwierigere, anspruchsvollere Aufgaben ist gemeint. Durch Job Enrichment werden Leitungsaufgaben wie Planungs- und/oder Kontrollaktivitäten hinzugefügt.

Eine Koppelung von Programmen der Aufgabenanreicherung mit Fortbildung kann zu einem kontinuierlichen Prozess der Dynamisierung von Aufgaben-, Anforderungs- und Qualifikationsentwicklung sowie Stellenbesetzung führen: Stellenaufgaben »wachsen« mit den Stelleninhabern, die Mitarbeiter erhalten von Zeit zu Zeit anspruchsvollere Aufgaben.

Die Gründe, die im Zusammenhang mit Job Enlargement dafür genannt wurden, dass Konsequenzen und Wirkungen nicht mit Sicherheit prognostiziert werden können, gelten in gleicher Weise auch für Aufgabenbereicherungsprogramme: Vielzahl und Unterschiedlichkeit der Anreicherungsmöglichkeiten und der Erwartungen und Motive der in (geplante) Programme involvierten Mitarbeiter machen Prognosen auch hier schwierig.

Planmäßiger Arbeitsplatzwechsel

Grundidee von *Job Rotation* ist die individuelle Qualifizierung eines Mitarbeiters durch den planmäßigen Wechsel von Arbeitsplätzen. Dieser Arbeitsplatzwechsel schließt Veränderungen sowohl hinsichtlich Aufgabe, Kompetenz als auch Verantwortung mit ein, bezieht sich also auf die gesamte Arbeitssituation und unterscheidet sich insofern nicht von einer regulären Versetzung. Sie geschieht, damit die Mitarbeiter durch Hinzugewinnen neuer Fach- und Führungserfahrungen ihre Erfahrungsbasis verbreitern und durch Qualifikationsausweitung ihre Flexibilität erhöhen. Der wesentliche Unterschied zu »normalen« Versetzungen ist, dass der Entwicklungsaspekt sich nicht nur auf die, mit einer neuen Stelle verbundenen Anforderungen an den Mitarbeiter bezieht, sondern in erster Linie auf die Abfolge des Rotationsprogramms und den damit verbundenen Wechsel bzw. den Aufbau neuartiger Aufgaben und Anforderungen (vgl. Hungenberg, 1990, S. 212 ff.).

Gestaltungsparameter von Job Rotation sind der funktionale Horizont, die geografische Reichweite und die einbezogenen hierarchischen Ebenen. Abbildung 3-91 deutet diese *Dimensionen* in ihren Ausprägungen skizzenhaft an.

Die Entwicklung bezieht sich auf betriebsbezogenes Wissen über weitere Tätigkeitsfelder und, je nach Ausgestaltung, auf bereichsübergreifende Sachverhalte.

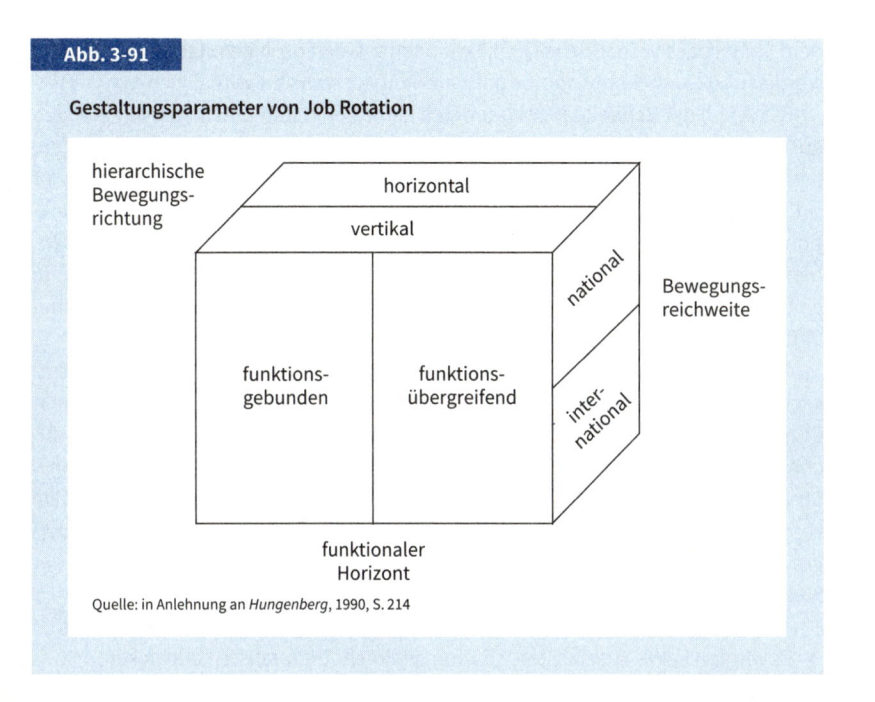

5.3 Prozessphasen der Personalentwicklung

Abb. 3-91

Gestaltungsparameter von Job Rotation

- hierarchische Bewegungsrichtung: horizontal, vertikal
- funktionaler Horizont: funktionsgebunden, funktionsübergreifend
- Bewegungsreichweite: national, international

Quelle: in Anlehnung an *Hungenberg*, 1990, S. 214

Unter dem Gesichtspunkt der Persönlichkeitsentwicklung sind es konzeptionelle Fähigkeiten, Anpassungsfähigkeit, Flexibilität und Fähigkeiten zur Bewältigung von Problemlösungsprozessen, welche in Rotationsprogrammen im Vordergrund stehen.

Die *funktionsgebundene Rotation*, also innerhalb eines Funktionsbereichs, dient der Entwicklung von Fachkräften. Ein solches Programm kann hierarchisch sowohl horizontal als auch vertikal ausgestaltet sein. Vorteilhaft ist ein funktionsgebundenes Rotationsprogramm bei Fach- und Führungskräften in mittleren Karrierephasen, da diese in der Regel durch Anforderungen ihrer Stelle keine Herausforderung mehr finden und für Monotonie, Unterforderung und Demotivierung besonders anfällig sind.

Rotationsalternativen

Die Entwicklung von Generalisten zur Übernahme von Aufgaben mit verschiedenartigen Anforderungen ist Ziel *funktionsübergreifender Rotation*. Vertikale Programme führen hier wegen der Belastung mit fachfremder Materie und neuen »höheren« Führungsaufgaben leicht zur Überforderung des Mitarbeiters. Tendenziell wird funktionsübergreifenden Programmen im Führungskräftebereich eine stärkere Bedeutung zugesprochen, da Aufgaben mit übergreifendem Charakter auf Führungsebenen zukünftig eher zunehmen werden.

Grundsätzlich sind Stellen danach zu selektieren, inwieweit Spezialwissen für die Aufgabe benötigt wird, wie unterschiedlich sie von den Aufgabeninhalten her sind, wie lange potenzielle Einarbeitungszeiten sein können und inwieweit die geforderten und geförderten Qualifikationen mit den individuellen Entwicklungszielen des Mitarbeiters übereinstimmen. Von der Mitarbeiterseite her sind bisher vorhandene Qualifikationen und das Qualifikationspotenzial zu beachten und zwar in

5.3 Personalentwicklung
Prozessphasen der Personalentwicklung

dem Sinne, dass vorhandene Qualifikationen systematisch genutzt und ausgebaut werden und Qualifikationspotenzial zielorientiert realisiert wird.

Verweildauer

Bezüglich der Verweildauer lassen sich keine konkreten und allgemein gültigen Aussagen für die optimale Gestaltung treffen. Generell gilt, dass sowohl die Aufgaben als auch der zu entwickelnde Mitarbeiter determinierend für die Verweildauer sind. Von der Stelle her sollte der Mitarbeiter in der Lage sein, alle einzelnen Funktionen wahrzunehmen und die Konsequenzen der eigenen Entscheidung zu erkennen, um den vollen Qualifizierungserfolg zu erreichen. Auf der anderen Seite sollte eine Stelle längstens bis zur Ausschöpfung vorhandener Herausforderungen beibehalten bleiben.

An diesem Punkt kommt es zu einem latenten Konflikt zwischen Personalentwicklungszielen und beispielsweise unternehmerischen Gewinninteressen, da qualifizierte Mitarbeiter tendenziell effektiver eine Aufgabe erledigen können als solche, für die eine Aufgabe stets eine Herausforderung ist. Dieser Aspekt kommt insbesondere bei funktionsübergreifender Rotation zum Tragen, wo ein Leistungsabfall, zumindest in der Anfangsphase mit einzukalkulieren ist und somit bereichsübergreifende Abstimmungen sowohl organisationsstruktureller Art als auch mit der Stellenbesetzungsplanung erforderlich werden.

Vorteile der Rotation

Als wichtigste Vorteile systematischer Rotationsprogramme sind zu nennen:
- Es werden keine Spezialisten, sondern vielmehr Generalisten entwickelt.
- Die Betroffenen werden mit Herausforderungen konfrontiert: Der Zwang zur Bewältigung neuer Problemstellungen verhindert ein »Einrosten«.
- In die Arbeitsumgebung, in die jemand aufgrund eines Rotationsprogramms versetzt wird, kommt mit neuen Ideen und unbefangenen Standpunkten »frischer Wind«.
- Die Flexibilität der Mitarbeiter durch ihren wechselnden Einsatz fördert zweierlei: (1) Für die Mitarbeiter wachsen Karrierechancen (Sie können ihre Qualifikationen mehrfach und in unterschiedlichen Positionen unter Beweis stellen). (2) Für den Betrieb verringert sich das Risiko, bei plötzlich auftauchendem Arbeitszuwachs keine geeignete personale Besetzung zur Verfügung zu haben.
- Mitarbeiter werden in wechselnden Positionen auch dann eingesetzt, wenn im Betrieb keine Aufstiegschancen bestehen bzw. Mitarbeiter selbst nicht aufstiegswillig und/oder -befähigt sind.
- Von Bedeutung für die Durchsetzung kooperativer Führung kann die Konsequenz sein, dass mit Zunahme des Generalistentums Kooperations- und Delegationsbereitschaft wachsen. Das Bewusstsein fehlender Detailkenntnisse und der daraus resultierende Zwang zur Zusammenarbeit mit Spezialisten können dies fördern.

Neben diesen Vorteilen als Personalentwicklungsmethode bietet Job Rotation noch eine Reihe weiterer positiver Effekte für die Zusammenarbeit, wie zum Beispiel einen erheblichen Beitrag zum Transfer von Know-how und Kultur innerhalb des Betriebs, Verbesserung der Kommunikationsbeziehungen usw.

5.3 Prozessphasen der Personalentwicklung

Auf der anderen Seite gibt es auch *problematische Punkte*:
- Gefahr von Verzögerungen und Stockungen in betrieblichen Arbeitsabläufen während der Einarbeitungszeiten,
- langsam (an)wachsende Probleme, für deren Erkennen ›Erfahrung‹ am Arbeitsplatz notwendig ist, können eventuell unerkannt bleiben,
- der Aufbau betriebsbezogenen Wissens durch Job Rotation setzt eine binnenorientierte Stellenbesetzungspolitik voraus, wodurch es wiederum zu »Betriebsblindheit« kommen kann,
- reservierte Einstellung zum Programm (u. U. sogar Ablehnung) durch Vorgesetzte, die fürchten, gute Mitarbeiter zu verlieren,
- Ablehnung des Programms durch Versetzungsaspiranten, die Tätigkeitswechsel als störend empfinden: Da die Durchführung eines Rotationsprogramms einerseits nur sinnvoll, weil erfolgversprechend mit versetzungswilligen Mitarbeitern ist, andererseits aber eine bestimmte Mindestzahl von Kandidaten einem reibungslosen Ablauf förderlich ist, liegt hierin eine grundsätzliche Gefährdungsmöglichkeit.

Probleme bei der Rotation

Prinzipiell lassen sich *arbeitsplatzübergreifende Interventionen* ebenfalls in den Dimensionen quantitative und qualitative Erweiterung beschreiben. Dies betrifft vor allem die oben angeführten motivationalen Merkmale der Autonomie, Varietät, Rückkoppelung und Identität. Im Unterschied zu den *einzelarbeitsplatzbezogenen Maßnahmen* wirken sich diese hier jedoch vor allem über die Kommunikation der einzelnen Stelleninhaber untereinander bzw. über die Abstimmung von deren Arbeitsabläufen und -inhalten untereinander aus. Bedingungen für das Entstehen einer gemeinsamen Aufgabenorientierung, wie sie weiter oben als vorteilhaft im Sinne der Personalentwicklung dargelegt wurden, können in einer Arbeitsgruppe nur dann entstehen, wenn die Gruppe eine gemeinsame Aufgabe hat, für die sie auch verantwortlich ist und wenn die Gruppe die Arbeitsabläufe selbst kontrollieren kann (vgl. Ulich, 1999, S. 127). Dieses sind Merkmale *teilautonomer Arbeitsgruppen*, die im Folgenden dargestellt werden.

Teilautonomie

Als teilautonom werden solche Arbeitsgruppen bezeichnet, in denen Aufgaben gemeinsam, meist teamartig, erledigt werden unter gleichzeitiger Übertragung von Befugnissen für Planungs-, Regelungs- und Kontrollfunktionen. Von deren Inhalten und Umfang hängt zum einen der Autonomiegrad der Gruppen ab, die ihren Aufgabenbereich gesamthaft zur kollektiven Verantwortung übertragen bekommen, und zum anderen auch die individuelle Qualifizierungsmöglichkeit. Mehr Verantwortung (u. a. durch Planung), eine größere Arbeitsbreite, all dies trägt zur Vermittlung und/oder zu Verfestigung von Qualifikationsmerkmalen bei. Sicherlich werden teilautonome Arbeitsgruppen nicht vorranging oder gar alleine deshalb eingesetzt, aber dies stellt ein vielfach willkommener Nebeneffekt dar. Ein Nebeneffekt, der allerdings als Teil der Personalentwicklung auch gezielt eingesetzt werden sollte, um effektiv wie effizient entsprechende Beiträge leisten zu können (vgl. Antoni, 2010).

Für die Bildung von teilautonomen Arbeitsgruppen ist das Vorliegen einer Reihe von Voraussetzungen förderlich. Zu ihnen gehört die Überschaubarkeit der auf solche Gruppen übertragungsfähigen Aufgaben, ein innerer Zusammenhang der Grup-

Voraussetzungen

penarbeitsplätze, festgelegte bzw. vereinbarte Produktionsziele, ein hinreichender Dispositionsspielraum für die Arbeitsgruppe, das Vorliegen von Regeln für die gruppeninterne Kommunikation.

Herausforderungen

Auf zwei Ebenen entstehen Gestaltungs- und Koordinationsherausforderungen: zum einen auf der Ebene des Betriebs, zum anderen innerhalb der Gruppen selbst. Die Übertragung der Autonomie für die Arbeitsverteilung an die Gruppe bringt es mit sich, dass sie den Arbeitsablauf selbst gestalten und koordinieren muss, d. h. dass den einzelnen Mitgliedern durch Gruppenentscheidungen Aufgabeninhalte und Arbeitspensen zugeordnet und dass auch soziale Rollen verteilt werden.

Das *Haupt*gestaltungsproblem auf der Betriebsebene entsteht in Bezug auf die Bestimmung des Autonomiegrads und der Größe der Gruppen. Je mehr Freiheitsgrade die Gruppen erhalten, umso weniger Probleme ständiger Arbeitsgestaltung verbleiben auf der Betriebsebene. Andererseits wächst dann der Koordinationsaufwand auf dieser Ebene: Er ist umso größer, je mehr Gruppen es gibt und je größer ihre Freiheitsspielräume sind. Eine solche Koordination kann zum Beispiel über (u. U. mit den Arbeitsgruppen überlappende) Planungsgruppen erfolgen.

Als Problem des Einführens und Funktionierens teilautonomer Arbeitsgruppen werden auf der Gruppenebene die Änderungsbedürftigkeit des Vorgesetzten-Selbstverständnisses und auf der Betriebsebene die Handhabung geeigneter Anreizsysteme bezeichnet; denn materielle Anreizsysteme werden dann unbrauchbar, wenn befürchtet werden muss, dass sie die Bereitschaft der Gruppenmitglieder zur Zusammenarbeit behindern.

Folgen der Arbeitsstrukturierung

Mit den beschriebenen Formen der Arbeitsstrukturierung (vor allem mit Job Enrichment und teilautonomen Arbeitsgruppen) werden zunächst *Verbesserungen der Qualifikationen* der Mitarbeiter sowie danach von *Arbeitsproduktivität* und -zufriedenheit angestrebt. Dass Letztgenanntes mit ihnen generell erreichbar sei, gilt durchaus nicht als sicher. Eine wesentliche Voraussetzung für das Erreichen dieser beabsichtigten Folgen dürfte der Stellenwert sein, den Arbeit überhaupt und der Arbeitsinhalt speziell in der Motivationsstruktur der Betroffenen hat. Besteht etwa für bestimmte Arbeitnehmer das zentrale Lebensinteresse nicht in einer Bestätigung in der Arbeitswelt, sondern in anderen Lebensbereichen, so spielt Arbeit nur die Rolle eines Mittels zum Zweck des Gelderwerbs. Von ihnen würden Job-Enrichment-Programme, die erhöhte Aufmerksamkeit und Verantwortung erfordern, eher als Belastung oder sogar als Verschlechterung der Arbeitssituation empfunden werden (vor allem, wenn mit ihnen keine Lohnerhöhungen einhergingen).

5.3.3.3 Personalentwicklung außerhalb des Arbeitsplatzes (»Training-off-the-Job«)

Personalentwicklung-off-the-Job (synonym: Training-off-the-Job) fokussiert Qualifizierungsmaßnahmen in einem spezifischen Lernfeld, also fernab vom Funktionsfeld, in dem später das Gelernte in Arbeitsverhalten umgesetzt werden soll. Normalerweise werden Bildungsmaßnahmen bzw. Schulungen angeboten, mit denen sehr unterschiedliche Qualifikationselemente bzw. Kompetenzarten vermittelt, verstärkt und/oder erhalten werden können.

5.3 Prozessphasen der Personalentwicklung

Ein besonderes Augenmerk der Personalentwicklung außerhalb des Arbeitsplatzes liegt auf der sogenannten Fortbildung. Personalentwicklung (in Gänze) wurde in der Vergangenheit häufig – entgegen der hier vertretenen Auffassung – verengt lediglich im Sinne von Fortbildung verstanden. Dies liegt sicherlich u. a. daran, dass durch Fortbildung eine explizite oder auch direkte Qualifizierung (Vermittlung von Qualifikationen) erfolgt und sie somit den Kern der Personalentwicklungsarten darstellt (zur Unterscheidung von direkter und indirekter Qualifizierung vgl. Conradi, 1983, S. 7 f.). In der hier vertretenen Auffassung ist Fortbildung allerdings lediglich ein *Teil der Personalentwicklung*, sie ist der Methodik »off-the-Job« zuzuordnen bzw. sie ist mit ihr nahezu deckungsgleich.

Fortbildung

> Unter *Fortbildung* wird nun – im Rahmen der betrieblichen Personalentwicklung – die Vermittlung von Kenntnissen und Fähigkeiten einschließlich Verhaltensweisen verstanden, mit der die Qualifikation eines Mitarbeiters erhalten oder durch Erweiterung und/oder Vertiefung verbessert werden kann. Sie findet off-the-Job statt und zwar an einem arbeitsplatzfernen Lernort.

Betriebliche Fortbildung soll hier auf bewusste, planmäßige und gezielte Maßnahmen eingegrenzt werden (d. h. Bildung als Folge und ohne besondere Absicht durch die Sozialisation in Betrieben wird hier nicht berücksichtigt). Eine solche Fortbildung ist also von allgemeiner Fortbildung (z. B. Besuch von Bildungsveranstaltungen allgemeiner Art, wie privat gewählte Sprachkurse) zu unterscheiden.

> Unter individuellen Gesichtspunkten kann von der betrieblichen die *berufliche Fortbildung* differenziert werden. Nach § 1 Abs. 3 BBiG soll die berufliche Fortbildung »es ermöglichen, die beruflichen Kenntnisse und Fertigkeiten [eines Arbeitnehmers] zu erhalten, zu erweitern, der technischen Entwicklung anzupassen oder beruflich aufzusteigen«. Hierbei ist ein rein betrieblicher Bezug i. S. der Deckung eines betrieblichen Personalentwicklungsbedarfs nicht intendiert. Es geht um die individuellen Zielsetzungen.

Fortbildung setzt eine Ausbildung oder eine längere berufliche Tätigkeit voraus. Es ist zwischen Anpassungs- und Aufstiegsfortbildung (entsprechend der Differenzierung in Anpassungs- und Aufstiegsqualifizierung) zu unterscheiden. Dabei soll Erstgenanntes der Erhaltung der horizontalen, und Zweitgenanntes der Förderung der vertikalen Mobilität dienen.

Fort- oder Weiterbildung?

> Die Begriffe Fort- und Weiterbildung werden hier synonym verwendet. Differenzierungen bestehen in der Literatur und in der Praxis manchmal dahingehend, dass unter Fortbildung eine Fortsetzung der fachlich-beruflichen Ausbildung und Weiterbildung darüber hinaus ein vertiefendes Verständnis komplexer Probleme (und Aufstieg) zum Gegenstand hat. Diese

5.3 Personalentwicklung
Prozessphasen der Personalentwicklung

> inhaltliche Differenzierung ist jedoch zum einen von lediglich marginaler Bedeutung, zum anderen ermöglichen die methodischen Gemeinsamkeiten aufgrund veränderter Problemstellungen und Innovationstendenzen keine konzeptionell wirklich differenzierten Aussagen.

Nachfolgend wird auf verschiedene Elemente eines Training-off-the-Job-Systems eingegangen: Träger und Instrumente.

Träger
Zunächst lassen sich die Träger von Off-the-Job-Maßnahmen differenzieren

für interne Schulungen in	
• innerbetriebliche eigene Einrichtungen:	z. B. eigene Ausbildungszentren, Einsatz eigener Trainer u. Ä.
• innerbetriebliche fremde Einrichtungen:	z. B. Hersteller- oder Produktschulungen (v. a. durch Lieferanten), und
für externe Schulungen in	
• überbetriebliche Einrichtungen:	z. B. IHK-Bildungswerke, Handwerkskammern,
• außerbetriebliche Einrichtungen:	z. B. Fortbildungs-, Trainingsinstitute (sowohl allgemeine, als auch im betrieblichen Auftrag tätige Einrichtungen).

In der Praxis nutzen Betriebe gleichmäßig sowohl interne als auch externe Schulungen.

Wenn Maßnahmen durch innerbetriebliche Einrichtungen (durchaus auch mit externen Trainern) durchgeführt werden, bieten sie den Vorteil, dass sie betriebsspezifisch ausgerichtet und auf die Nutzung vorhandener Betriebsmittel abgestellt werden können, was beides zur Förderung der Akzeptanz beiträgt. Ein Nebeneffekt ist der positive Einfluss auf den Gedanken- und Erfahrungsaustausch und damit auf die innerbetriebliche Kooperationsbereitschaft. Die Nähe zum Funktionsfeld ist eher gegeben, was den Transfer erleichtern kann.

Die über- und außerbetrieblichen Träger ermöglichen eine *kritische Distanz* zu der entsendenden Institution, über den Kontakt zu Kollegen aus anderen Institutionen eröffnen sie einen erweiterten Sichtkreis und vor allem ermöglichen sie eine bessere Erreichung individueller Fortbildungsziele der Teilnehmer. Darüber hinaus können durch externe Träger differenziertere und gezieltere Angebote erfolgen, was sich bei speziellen Problemstellungen und für kleinere und mittlere Betriebe vorteilhaft auswirkt. »Erkauft« wird dieser Vorteil jedoch durch größere Probleme beim Lerntransfer.

Instrumente zum Training-off-the-Job
Die Instrumente lassen sich je nach dem, ob die Teilnehmer sie einzeln oder in Gruppen durchführen, in individuelle und kollektive Instrumente der Schulung unterscheiden:

5.3 Prozessphasen der Personalentwicklung

- *Individuelle Instrumente* sind beispielsweise Selbststudium, programmierte Unterweisung und eLearning. Hier nimmt ein Lernender an der Off-the-Job-Maßnahme teil. Wenngleich durchaus standardisierte Instrumente eingesetzt werden, so bestehen Individualisierungsspielräume zumindest zeitlicher Art.
- *Kollektive Instrumente* sind vor allem Vorträge, Lehrgespräche, Fallstudien, Planspiele, Rollenspiele o. Ä. Hier sind mehrere, sowohl gezielt zusammen ausgewählte als auch mehr oder weniger zufällig sich ergebende Lernergruppen denkbar, die gemeinsam an einer Maßnahme teilnehmen.

> Der Begriff »Instrument« ist hier so gefasst, dass auch einzelne technische Hilfsmittel mit eingeschlossen werden. Es zeigt sich, dass aktiven Formen, die tendenziell auf Umsetzung von Wissen und Aktivität am Arbeitsplatz zielen, eine höhere Bedeutung zukommt als passiven Formen.

Zentrale *individuelle Instrumente* werden nun nachfolgend angeführt.

Das individuelle Lernen setzt vornehmlich am *kognitiven Selbststudium* an. Bei solchen kognitiven Verfahrensinstrumenten werden Denkleistungen, wie gedankliches Problemhandeln, Planen und Entscheiden, geübt (vgl. Sonntag/Schaper, 1999, S. 214 ff.). Diese Verfahren beruhen auf der Anwendung lernpsychologischer, v. a. kognitiver Prinzipien. »Selbstinstruktionstechniken« unterstützen die selbstständige Aneignung gerade aufgabenrelevanter Kenntnisse, indem sie eigene Arbeitsvollzüge oder auch die von erfahrenen Kollegen protokollieren und bewerten. Diese Hinweise machen deutlich, dass kognitive Instrumente auf die Art des Wissenserwerbs, also auf die Strukturierung der dahinter stehenden Denkleistung ausgerichtet sind. Verschiedene Instrumente bieten sich hierzu an.

Selbststudium

Die programmierte Unterweisung ist eine nach lerntheoretischen Gesichtspunkten gestaltete Form des Selbststudiums, welche auf einer planmäßigen Abfolge von Information, Frage, Antwort, Kontrolle und Rückinformation aufbaut. Diese spezielle Trainingsform ist meist an den Einsatz bestimmter Hilfsmittel, wie zum Beispiel Lehrbücher und audiovisuelle Techniken, gekoppelt. Dabei wird der gesamte Lernprozess nach dem Prinzip des Regelkreises strukturiert. Der Lernstoff wird in kleinste Lerneinheiten aufgegliedert, von denen jede immer in derselben Schrittfolge absolviert wird: Information-Frage-Antwort-Kontrolle.

Programmierte Unterweisung

Für die Vermittlung einfacher Fakten-Wissensbestände reichen lineare Lernprogramme, wie sie eben beschrieben wurden, in der Regel aus. Mit dem verstärkten Aufkommen von multimedialen Lehr- und Lernmitteln bzw. von E-Learning hat sich jedoch die Auffassung über die Nutzung von Medien im Trainingsbereich gewandelt, sodass die Grundprinzipien klassischer medialer Instruktion in Frage gestellt werden (vgl. Krapp/Weidemann, 1999, S. 90 f.; Müller/Strohmeier, 2010). Die genannten Methoden hatten zum Ziel, durch fest vorgegebene Strukturen die Wissensaufnahme bzw. -verarbeitung zu erleichtern. Demgegenüber beruhen modernere Instruktionssysteme in Verbindung mit audiovisuellen Medien auf einer Flexibilisierung und vor allem differenzierten Anpassung von Lernprozessen. Veränderungen beim Lernenden durch die Nutzung medialer Angebote sind schwer

Multimediale Methoden

5.3 Personalentwicklung
Prozessphasen der Personalentwicklung

> **WISSENSWERTES**
>
> **Problemorientiertes Lernen (PoL)**
>
> Das Problemorientierte Lernen (PoL; vielfach synonym als »Problem based Learning«– PBL bezeichnet) zielt als Lehr-Lernansatz mit seinen methodischen Varianten sowohl auf den Anwendungsbezug als auch auf eine vertiefende, gruppenorientierte und selbstständige Auseinandersetzung mit Lerninhalten ab. Es ist ursprünglich in der universitären Lehre entwickelt und eingesetzt worden, um den Lerntransfer sicherzustellen (vgl. Barrows, 1985). Mit den zu vermittelnden Kompetenzen soll ein besserer Fit zu den Qualifikationsanforderungen der Praxis (Lernfähigkeit, Reflexionsfähigkeit, Selbstständigkeit, Teamfähigkeit, Analysefähigkeit u. Ä.) erreicht werden. Lerntheoretisch lässt sich die PoL-Methode im konstruktivistischen Ansatz verorten: Die Lernenden sollen aktiv vorhandene Wissensstrukturen reflektieren sowie auf Basis des jeweiligen »Vorwissens« neues Know-how aufbauen.
>
> In der Literatur existieren unterschiedlich weite Auffassungen über das *Verständnis des PoL*. Im engeren Sinne wird es als Lehr- und Lernansatz bezeichnet, bei dem das Lernen durch die konkrete und weitgehend selbstständige Auseinandersetzung in einer Kleingruppe (voneinander und miteinander) mit einem authentischen (real oder fiktiv), einfachen oder komplexen Fallbeispiel – mit einer oder mehreren Problemstellung/en – aus der Praxis erfolgt. Die Problemstellung wird nicht explizit benannt, sondern sie zu definieren ist Teil des Lernens. Das Fallbeispiel wird in Kleingruppen und unter der Moderation eines Dozenten in prinzipiell vorgegebenen Arbeitsschritten bearbeitet. Dem *Dozenten* kommt dabei eine eher unterstützende Rolle im Sinne eines Moderators zu, in der es darum geht, durch aktive Impulse und kritische Begleitung wie auch durch reaktive Unterstützung und Beratung, den eigenständigen Lernprozess sowie den Gruppenprozess der Lernenden zu begleiten. Es existieren unterschiedliche Vorgehensweisen innerhalb einzelner Veranstaltungen (Seminartermine) des Problemorientierten Lernens wie auch innerhalb des curricularen Aufbaus ganzer Lehrveranstaltungen (Seminarreihen).
>
> Kern aller Varianten ist die »*Seven Steps-Methode*« (»Siebensprung«). Mit ihr wird die Fallbearbeitung in insgesamt sieben vorgegebene Arbeitsschritte unterteilt. Bedeutend ist aber im PoL-Prozess auch ein *achter Schritt* der Reflexion und Diskussion der erarbeiteten Falllösungen und des PoL-Prozesses innerhalb der Gruppe, um den eigenen Lernprozess zu erörtern.
>
> PoL eignet sich ebenso als Lehr- und Lernansatz für die betriebliche Aus- und Weiterbildung, da es auf eine sachgerechte Problemidentifizierung und -bearbeitung abzielt sowie gleichzeitig die vielfach vorliegende Äquifinalität von Problemhandhabungen und die unterschiedlichen Interpretationen gleicher Sachsituationen pointiert ins Bewusstsein führt (vgl. Becker. F.G. et al., 2010; Becker, F.G./ Friske, 2012).

vorhersehbar, sodass diese, vor allem wenn es um die Vermittlung komplexer Sachverhalte geht, offen, adaptiv und flexibel zu gestalten sind. Genau dieses erlauben multimediale Anwendungen. Infolgedessen lässt sich ein Wandel von »instruktionistischen« zu »konstruktivistischen« Lernprogrammen beobachten, welche eine selbst gesteuerte Bearbeitung möglichst authentischer Probleme ermöglichen. Stuft man die vorhandenen Systeme nach ihrer Komplexität ab, so lassen sich folgende Formen unterscheiden (vgl. Sonntag/Schaper, 1999, S. 216 f.):

▸ *E-Learning* (oft synonym, zumindest ähnlich: computergestütztes Lernen) ist eine Lernform im Rahmen des Distanzlernens, bei der digitale Medien (auch das Web) für die Präsentation und Distribution von Lerninhalten und -materialien eingesetzt werden. Hierdurch wird der individuelle Lernprozess durch den Einsatz der Informations- und Kommunikationstechnologie unterstützt. Dabei ist E-Learning nicht auf den Einsatz dieser Technologie zu reduzieren. Für den Lernerfolg wichtig sind die angewendeten pädagogischen und didaktischen Konzepte, an die sich die Technik anzupassen hat. Die Lernmethodik lässt sich durch die Lerner insofern gut nutzen, als dass sie unabhängig vom Trainer Zeit, Ort, Tempo und Dauer des – im Wesentlichen kognitiven – Lernprozesses selbst be-

---

»Bildung kommt doch von Bildschirm und nicht von Buch, sonst hieße es ja Buchung.«
Dieter Hildebrand

TERMINOLOGIE

Distance Learning, Blended Learning, Präsenzlernen

Kernmerkmale des *Distance Learning* (»Distanzlernen«) sind die Überbrückung von unter Umständen großen Entfernungen zwischen Lehrendem und Lerner sowie die Nutzung moderner Medien in umfassenden Lernsystemen. Vom klassischen Fernunterricht bis hin zu computergestützten Lernprogrammen kann alles darunter gefasst werden.

Blendend Learning (synonym: integriertes Lernen) bezeichnet eine didaktisch sinnvoll verknüpfte Lernform, die sowohl auf eher traditionelle Präsenzveranstaltungen (mit durchaus verschiedenen Lehrmethoden, Vorträge ebenso wie Übungen, Seminare oder Trainings) als auch auf moderne Formen eines eLearning (mit seinen verschiedenen Varianten: E-Learning, Lehrbriefen, Online-Tutorien u. a.) setzt. Durch eine sinnvolle Kombination und Abstimmung verschiedener Medien und Methoden sollen sowohl didaktische als auch ökonomische Ziele erreicht werden.

Beim *Präsenzlernen* halten sich Lehrende und Lernende am selben Ort auf. Eine direkte, auch nonverbale Kommunikation zwischen ihnen, aber auch zwischen den Lernenden selbst ist ad hoc möglich.

---

stimmen (vgl. Kerres, 2001; Heidack, 2004; Grotlüschen, 2010). Unterschiedliche Formen können differenziert werden: Computer-based Training, Web-based Training, virtuelle Seminare/Vorträge, Lernportale.

▸ *Tutorielle Systeme* eröffnen interaktive und konstruktive Lernprozesse. Durch Überprüfung von Lernerfolgen und anschließende Anpassung der Förderung, lassen sie eine individuelle Abstimmung der Stoffvermittlung zu. Intelligente tutorielle Systeme haben zusätzlich eine Diagnosekomponente, welche ein Modell der kognitiven Prozesse des Lernenden aufbaut und dieses fortlaufend ausdifferenziert. Hierdurch besteht die Möglichkeit, individuelle Schwächen zu erkennen und auf diese einzugehen. Auch sie können Bestandteil eines E-Learning-Tools sein.

»Bildung lässt sich nicht downloaden.«
Günter Jauch

▸ *Simulationsprogramme* zielen auf explorative und entdeckende Lernprozesse ab. Grundlage dieser Programme ist die Beschreibung eines bestimmten Ausschnitts der Realität, dessen Elemente und Relationen der Lernende für sich entdecken und kontrollieren soll. Der Einsatz von Simulatoren bietet sich bei Abläufen an, die in der Realität mit hohen Risiken und Gefahren verbunden sind oder die bei Fehlbehandlungen zu kosten- und/oder zeitintensiven Ausfällen führen.

Zentrale *kollektive Instrumente* werden nun nachfolgend diskutiert und angeführt.

Eine grobe Unterscheidung differenziert nach eher inhaltsorientierten und nach eher prozessorientierten Instrumenten. Inhaltsorientierte Instrumente dienen vor allem dem Vermitteln von Faktenwissen, während prozessorientierte Methoden direkt auf Verhaltensänderungen, zum Beispiel durch Beeinflussung der sozialen Kompetenz, abzielen.

Zu den inhaltsorientierten Vorgehensweisen zählen Vorträge, Fachseminare, Videofilme etc. Sie sind prinzipiell geeignet, handlungsrelevantes Wissen zu vermitteln. Eine stärkere Vermittlung findet jedoch bei den prozessorientierten Methoden statt, wie zum Beispiel in Lehrgesprächen oder Plenumsveranstaltungen, Fallstudien, Rollenspielen oder den gruppendynamischen Trainingsformen. Sie sprechen – interaktiv – auch Emotion und Handeln an; beides hilft dem Verständnis und der Speicherung des Gelernten.

Vermittlung von Inhalten

5.3 Personalentwicklung
Prozessphasen der Personalentwicklung

Viel Stoff in kurzer Zeit

- *Vorträge* bieten sich an, wenn ein umfangreiches Stoffgebiet in relativ kurzer Zeit vermittelt werden soll. Anwendung findet der Vortrag bei der Vermittlung von Wissen, speziell nicht-tätigkeitsspezifischem Wissen. Seinen Vorteilen einer systematischen Stoffvermittlung und der Möglichkeit, in relativ kurzer Zeit konzentrierte Aussagen über die zentralen Punkte eines Wissensbereichs zu machen, stehen jedoch Nachteile gegenüber, die als erheblich angesehen werden: Die Teilnehmer müssen Abstraktionsvermögen, d. h. entsprechendes Mindestbildungsniveau besitzen, es besteht die Gefahr hoher Transferverluste, wenn die Teilnehmer infolge der notwendigen Permanenz der Aufmerksamkeit ermüden; dem kann mit geschicktem Medieneinsatz (Dia-, Overhead-Projektoren, Flipchart, Tafel etc.) begegnet werden. Durch konzentrierte Stoffdarstellung können zwar viele Problemaspekte angesprochen, aber auch das Verständnis der Themenbreite und -tragweite für die Zuhörer erschwert oder sogar verhindert werden.
- *Fachseminare* sind in ihrer striktesten Form nichts anderes als die Aneinanderreihung von Fachvorträgen (ggf. durch verschiedene Personen) zur Vermittlung von Fachkenntnissen. Hier sind hohe Anforderungen an die Konzentrationsleistungen, das Vorverständnis und das Kombinationsvermögen der Lernenden gestellt, damit die Inhalte auch tatsächlich »gelernt« werden können.

> »Was bleibt übrig vom Neurolinguistischen Programmieren ...? Nicht viel. Vor rund 40 Jahren gestartet als ein legitimer Versuch, die Gemeinsamkeiten erfolgreicher Psychotherapieschulen zu finden, ist NLP heute vor allem eins: eine *Ideologie*. Glaube und Behauptungen treten an die Stelle empirischer Belege. Selbst wenn grundlegende Konzepte des Theoriegebäudes .. inzwischen als widerlegt gelten können, werden die Inhalte stoisch weiter gepredigt. Gleichzeitig gibt man sich wie kaum eine andere mythische Methode der Personalentwicklung den Anschein der Wissenschaftlichkeit und täuscht damit in grober Weise ... Schon die Silbe ›Neuro‹ im Produktnamen ist nicht mehr als ein billiger Marketingtrick. ... NLP ist kaum viel mehr als ein Sammelsurium oftmals unausgegorener Ideen und Behauptungen.« (Kanning, 2013a, S. 156 ff.)

Systematische Frage-Antwort-Situation

- Das *Lehrgespräch* ist eine in Seminaren häufig eingesetzte Methode. An die Stelle des Monologs tritt das Gespräch zwischen dem Dozenten und den Teilnehmern; diese werden dadurch aktiv in die Erarbeitung des zu vermittelnden Inhalts einbezogen. Die Verantwortung für den Gesprächsablauf liegt bei dem Dozenten. Der – zumindest temporär eingesetzte – Wechsel zwischen Frage und Antwort zwingt die Teilnehmer, dem Gedankengang des Dozenten zu folgen. Damit wird zum einen die notwendige Systematik im Ablauf des Gesprächs sichergestellt, zum anderen aber auch genügend Raum für die aktive Betätigung der Teilnehmer gelassen. Auf den Erfolg wirkt sich die sozio-strukturelle Umgebung, wie Teilnehmerzahl, -zusammensetzung, Vorbildung und Interessenlage sehr stark aus. Es werden hohe Anforderungen an den Konferenzleiter gestellt, um Phäno-

mene wie Dominanz einzelner Teilnehmer oder das Ausbrechen von Gruppenkonflikten zu verhindern.
- Die *Lehrkonferenz* dient vor allem einer Festigung und Vertiefung bereits vorhandener Kenntnisse; dagegen kommt sie nicht in Betracht, wenn ein völlig neues Wissensgebiet erschlossen werden soll, bei dem die Teilnehmer noch über keinerlei Erfahrungen und Kenntnisse verfügen.
- Mit *Fallstudien* werden konkrete Entscheidungssituationen und Probleme aus der betrieblichen Praxis simuliert. Die Gruppe, die sie präsentiert, muss in einer vorgegebenen Frist, einen Lösungsvorschlag ausarbeiten; sie bekommt dazu einen genau begrenzten Informationsstand mitgeteilt und versucht unter aktiver Mitarbeit aller, das gesamte Wissen der Gruppe zu nutzen. Typischerweise sind die vorgegebenen Informationen jedoch nicht so spezifisch, als dass es eine optimale Lösung gäbe. Vielmehr sind von den Teilnehmern weitere Annahmen zu unterstellen, sodass im Endeffekt eine Entscheidung unter Ungewissheit zu fällen ist. Anwendung findet die Fallmethode nicht so sehr bei der Wissensvermittlung, als vielmehr beim Training der Umsetzung von theoretischem Wissen in praktisches Arbeiten. Gefördert werden vor allem die Anwendung theoretischen Wissens, Entschlussfähigkeit, Urteilsbildung und selbstständiges Arbeiten. Die Aufgabe, einen praktischen Fall zu lösen, kann auch an einen Vortrag angeschlossen werden, um die Anwendung erworbenen theoretischen Wissens unter Hinzuziehung eigener Erfahrungen auf praktische Probleme zu üben. Durch fortgesetzte Teilnahme an Falllösungen können die Teilnehmer analytische Fähigkeiten entwickeln und ausgeprägt vertiefen. Mit Gruppenarbeit an Fallbeispielen können *auch motivationale Wirkungen* erzeugt werden, und zwar insbesondere mit dem Ergebnis des Erzeugens oder Verstärkens der Bereitschaft zu kooperativem Handeln im Management. Die Einsicht in dessen Notwendigkeit und arbeitsunterstützende Wirkung wird durch den Zwang zum aktiven Mitarbeiten, zum ständigen Erfahrungsaustausch und zur gemeinsamen Entscheidungsfindung herbeigeführt.

Konkrete Praxissimulation

- Man kann das *Planspiel* (oft synonym Unternehmungsspiel) als Variante der Fallmethode ansehen, da in ihm Entscheidungsprozesse simuliert werden, und zwar in stärker formalisierter Weise mithilfe mehrgliedriger Modelle. Im Vergleich zu Fallstudien werden hier zusätzlich interaktive Problemlösungsaspekte mitberücksichtigt und damit die Dynamik und Komplexität praktischer Probleme mit in den Lösungsprozess einbezogen. Sie verlaufen über mehrere Perioden, enthalten den Entscheidungsrahmen und die Bereiche, in denen die Spieler Entscheidungen treffen können (z. B. Beschäftigungs-, Produktions-, Absatz-, Finanzierungs-, Personalbereiche) sowie Annahmen über die Entscheidungswirkungen als Modellreaktionen auf Spieleraktionen. Als Aktionsgrundlagen werden von der Spielleitung interne und externe Daten vorgegeben, Entscheidungsergebnisse aus früheren Perioden eingespeist und Spielregeln bekannt gegeben, die während des Spielablaufs einzuhalten sind. Die Unterstützung durch audiovisuelle Medien und anspruchsvolle Software ermöglicht die Berücksichtigung explorativer Lernprozesse, indem Lernziele, -inhalte und -zeit an die individuellen kognitiven und motivationalen Lernvoraussetzungen der Teilnehmer ange-

Interaktive Problemlösung

5.3 Personalentwicklung
Prozessphasen der Personalentwicklung

> **VERTIEFUNG**
>
> **Outdoor-Training**
>
> »Outdoor-Trainings sind sicherlich eine interessante Option, wenn es darum geht verdiente Mitarbeiter für erbrachte Leistungen zu belohnen. In diesem Fall kommt der Methode die Funktion eines Incentives zu. Ebenso scheint es denkbar, dass man Auszubildende oder Trainees mit einer entsprechenden Veranstaltung im Unternehmen willkommen heißt. In Outdoor-Trainings können sich Mitglieder einer neuen Arbeitsgruppe auch sicherlich näher kennenlernen. ... Immer dann, wenn es jedoch darum geht, gezielt Kompetenzen zu vermitteln, die im Arbeitsalltag praktisch umzusetzen sind und zu nützlichen Konsequenzen führen, spricht nichts für den Einsatz von Outdoor-Trainings.« (Kanning, 2013a, S. 68 f. vgl. anders Strasmann, 2010).

passt werden (vgl. Sonntag, 1998, S. 91). Auch erlauben solche anspruchsvollen Planspiele den Teilnehmern, dynamische Aspekte ihres Verhaltens zu entdecken und weiterzuentwickeln (vgl. Sonntag/Schaper, 1999, S. 224 f.). Planspiele eignen sich vorwiegend zur Schulung interpersonaler Qualifikationen, wie zum Beispiel Einstellungen und kommunikative Fähigkeiten, Fähigkeiten bei der Durchführung interaktiver Problemlösungsprozesse, Umsetzung von Wissen und das Beurteilungsvermögen über komplexe Probleme, weniger dagegen zur Vermittlung von Wissen. Die Teilnehmer werden zu systematischer Planung gezwungen, sie lernen, aus den vorhandenen und darüber hinaus angebotenen Informationen zu wählen und stets eine Vielzahl von Parametern zu berücksichtigen. Sie erkennen dadurch die Notwendigkeit gründlicher und analytischer Entscheidungsvorbereitung und die Bedeutung eines funktionsfähigen Informations- und Kommunikationssystems. Die Teilnehmer lernen sowohl die Ergebnisse ihrer eigenen Entscheidungen kennen wie auch deren Abhängigkeit von den Entscheidungen anderer; diese müssen also in den Überlegungsprozess einbezogen werden. Generelle Spiele müssen jedoch einen relativ hohen Abstraktionsgrad haben; daher können in ihnen Einzelfragen nicht intensiv behandelt werden. Planspiele zeigen auch nicht, dass in praktischen Situationen die Originalität einer Entscheidung besonders wichtig ist. Da ihre Teilnehmer stets gegen das – sich nicht verändernde – Modell spielen, werden sie zu einer eher vereinheitlichten Strategie verleitet.

Persönliche und zwischenmenschliche Aspekte im Vordergrund

▶ *Rollenspiele* zielen auf eine Beeinflussung des Verhaltens, das bei zwischenmenschlichen Kontakten an den Tag gelegt wird. Rolle als Spielgegenstand ist dabei die Bewältigung einer konkreten Problemsituation, die allen Beteiligten ausführlich beschrieben und vom Spielleiter erläutert wird. »Bewältigung« heißt dabei, sowohl ein Sachproblem zu lösen, das mit einer betrieblichen Aufgabenstellung zusammenhängt, als auch mit den persönlichen und zwischenmenschlichen Aspekten fertig zu werden, die sich dadurch ergeben, dass die Aufgabe unter Zusammenwirken mit anderen Personen, die ihrerseits festgelegte und beschriebene Rollen haben, zu lösen ist. Ein Vorteil von Rollenspielen ist, dass das Verhalten der Teilnehmer – im Vergleich zu anderen Lehrmethoden – nachhaltiger geändert werden kann, weil das Selbst-Handeln an die Stelle des Nachdenkens und Sprechens über Situationen und ihre Bewältigung tritt. Fehler oder Ungeschicklichkeiten im Verhalten provozieren unmittelbar Gegenreaktionen der Mitspieler, sie werden sofort und unmittelbar erlebt (unmittelbares Feedback). Rollenspiele verlangen die Fähigkeit, sich in die Standpunkte anderer hineinzudenken und auf sie einzugehen. Sie bieten Gelegenheit, diese Fähigkeit zu demonstrieren. Um dies zu erreichen, muss der Rolleninhalt eine Handlung sein, die in der zur Verfügung stehenden Zeit entwickelt werden kann und mit großer Praxisnähe eine reale Begebenheit (nicht also einen konstruierten Fall) darstellt. Die Verhaltensweisen der Teilnehmer während des Spiels werden im Anschluss mithilfe eines Protokolls analysiert und diskutiert. Hierdurch erhält jeder Teilnehmer die Möglichkeit zur Selbstreflexion und zur bewussten Analyse von Verhaltensweisen auch der anderen Teilnehmer. Erkennbar stellen Rollenspiele hohe Anforderungen an den Trainer. Zum einen ist typischerweise die Akzeptanz und damit die Bereitschaft, emotionales Verhalten zu zeigen, am Anfang sehr gering. Zum anderen kann ein Rollenspiel leicht eskalieren, wenn die Teilnehmer sich emotional verausgaben und Rollenspiel und Wirklichkeit nicht mehr trennen können.

- *Gruppendynamische Trainingsformen* haben eine Vielzahl von Trainingszielen und -inhalten. Gemeinsam ist den unterschiedlichen Formen, dass es sich bei ihnen um verhaltensorientierte, gruppendynamische Trainingsmethoden handelt, die im Kern auf den Arbeiten der Aktionsforscher Lewin und Moreno aufbauen. Sie konzentrieren sich auf ungelenkte Gruppensituationen, die durch das stattfindende Verhalten geprägt werden. Die Analyse von Interaktionsbeziehungen und Vermittlung von Lehrerfahrungen nutzt die dort aufkommenden Gefühle aus. Die Gesprächs- und Lernatmosphäre wird offen gestaltet und sollte von den Beteiligten akzeptiert werden. Ziel ist der Aufbau eines realistischen und differenzierten Selbstbilds, welches durch permanente Rückmeldungen über das eigene Verhalten zu erreichen versucht wird (vgl. Sonntag/Schaper, 1999, S. 229 f.). Starke Verbreitung fanden sie im Zusammenhang mit der Projektorganisation), mit dem Prozess der Organisationsentwicklung (Organizational Development) und mit neuen Führungskonzeptionen, für die sie als notwendig bezeichnet wurden. Der Grund dafür ist, dass diese neueren Entwicklungen der Betriebsführung zu Arbeit auf der Basis verstärkter Kooperation tendieren, die wesentlich mehr als zuvor Qualifikationen der Menschenkenntnis, -erkenntnis und -behandlung verlangt. Der Unterstützung des dafür notwendigen Prozesses eines Wandels von »Einzelkämpfer-Naturen« zu betont kooperationswilligen und -fähigen Mitarbeitern soll das Sensitivity Training dienen.

Ungelenkte, verhaltensorientierte Methode

Hungenberg (1990) hat eine Übersicht entwickelt, in der er die wesentlichen Stärken und Schwächen verschiedener Entwicklungsinstrumente zusammenfasst. Bei der Interpretation ist zu beachten, dass keine eindeutige Rangfolge über die Vorteilhaftigkeit besteht, sondern immer die spezifischen Vor- und Nachteile in Hinblick auf eine Zielsetzung zu beachten sind und deswegen dieser Überblick, der in Abbildung 3-92 teilweise wiedergegeben wird, nur Anhaltspunkte liefern kann, aber immerhin.

Selbstverständlich lassen sich auch alle beschriebenen Instrumente miteinander kombiniert, auf ein bestimmtes Lernziel bezogen zur Qualifizierung einsetzen.

5.3 Personalentwicklung
Prozessphasen der Personalentwicklung

Abb. 3-92

Vergleich alternativer Personalentwicklungsmaßnahmen

Eignungskriterien	Understudy-Arbeit	Gremienarbeit	Projektarbeit	Selbststudium	Programmi. Unterweisung	Vortrag	Konferenz	Fallstudie	Planspiel	Rollenspiel	Sensitivity Training
Wissensvermittlung	0	0	0	+	++	+	0	0	0	0	0
Fähigkeitsvermittlung	+	++	++	0	0	0	+	++	++	+	+
Haltungsvermittlung	+	+	+	0	0	0	+	++	++	+	+
Anpassungsvermögen/Einsatzbreite	0	+	+	0	0	0	0	+	+	+	0
Kosten/Zeiten	++	++	++	+	+	0	0	0	0	0	0
Relevanz	++	++	++	0	0	0	0	+	+	+	0
Individualisierbarkeit	++	+	+	++	+	0	0	0	0	+	+
Rückkopplung	++	+	+	0	+	0	+	++	++	++	++
Akzeptanz	++	++	++	+	+	0	+	++	++	0	0

Eignung zur Erreichung der Ziele/Beurteilungsmerkmale der Führungskräfteentwicklung:	
0	eher ungeeignet
+	eher geeignet
++	herausragend geeignet

Quelle: in Anlehnung an *Hungenberg*, 1990

5.3.3.4 Personalentwicklung neben dem Arbeitsplatz (»Training-near-the-Job«)

»Personalentwicklung neben dem Arbeitsplatz« (synonym: Training-near-the-Job) stellt eine weitere Methodik der organisierten Qualifizierung dar. Sie wird am häufigsten bei Führungs- bzw. Nachwuchsführungskräften eingesetzt. Typische Maßnahmen sind das Arbeiten in Projektgruppen und Lernstätten und zwar als Zusatzaufgabe neben der Erfüllung der eigenen Verpflichtungen im eigentlichen Funktionsfeld. (Diese Tätigkeiten werden manchmal auch unter Organisationsentwicklung gefasst, da – neben individuellen Qualifikationsentwicklungen – auch Änderungen der Institution die Folge sind, vgl. Becker, M., 2013, S. 755 ff.) Der Lernprozess findet nicht im Funktionsfeld am Arbeitsplatz, sondern an einem anderen innerbetrieblichen Lernort (eigentlich einem zweiten Funktionsfeld) statt. In der Regel steht hierbei nicht ein Qualifizierungsprozess im Vordergrund dieses Einsatzes, sondern die – gemeinsam mit anderen – Erarbeitung einer konkreten Handhabung von Problemen im und um den Aufgabenbereich herum. Allerdings lässt sich der Einsatz auch unter Qualifizierungsaspekten planen und organisieren, gerade dann, wenn man durch diese Extra-Aufgabe und Verantwortung individuell neue Qualifikationen erwerben und/oder vertiefen kann. Im Rahmen der Planung kann man die Abkopplung von der primären Arbeitstätigkeit nutzen, um einen systematischen Lernprozess im sekundären Funktionsfeld vorzusehen. Dies gestattet gleichzeitig eine bessere didaktische Reflexion. Oft besteht eine inhaltliche Nähe zur eigentlich Arbeit, sodass sich den Lernenden gute Transferchancen bieten.

Nachfolgend werden vier der »Near-by-the-Job«-Maßnahmen erläutert: Projektarbeit, Gremienarbeit, Qualitätszirkel und Lernstatt.

Projektarbeit
Projekte sind komplexe und zumeist umfangreiche, einmalige und damit jeweils neuartige Aufgabenstellungen, deren Erledigung in der Regel zeitlich befristet ist und Mitarbeitern aus verschiedenartigen Stellen übertragen wird (funktionsübergreifendes Team aus Spezialisten). Augenfällige Beispiele für Projekte sind die Planung, Gestaltung und Inbetriebnahme von Großanlagen (Neubauten, Montagestraßen u. a.), die Entwicklung und Einführung neuer Produkte, die Einführung neuer Arbeitsmethoden (z. B. IT).

Teamarbeit bei vorgegebenem Zeitrahmen

Projektarbeit wird – sicherlich zu Recht – eine besonders herausragende Bedeutung für die Personalentwicklung attestiert. Sie liegt nicht zuletzt darin, dass in Projektgruppen Mitarbeiter mit neuartigen Aufgaben konfrontiert werden, die inhaltlich sowohl mit ihrer bisherigen Arbeit in Beziehung stehen oder davon abweichen können. Unter Entwicklungsgesichtspunkten ist wesentlich, dass die Aufgabe im Team und innerhalb eines vorgegebenen Zeitrahmens zu bewältigen ist. Überragenden Stellenwert hat im Teamaspekt die Tatsache der funktionsübergreifenden Herkunft der Teammitglieder, was zu interdisziplinärem (abteilungs-, bereichsübergreifendem) Denken und Handeln geradezu zwingt. Dies war innerhalb eines Repertoires an Generalisten-Qualifikationen an erster Stelle genannt worden (offenbar ebenso wichtig wie nur unzureichend vorhanden).

Allgemein ist Projektarbeit besonders geeignet, Generalistenqualifikationen zu entwickeln, u. a. Einstellungen und Verhaltensweisen. So fordert Teamarbeit die Kommunikations- und Kooperationsfähigkeit. Die enge Zusammenarbeit mit anderen Mitarbeitern ergibt zudem die Möglichkeit der Selbsteinschätzung und das Erkennen eigener Stärken und Schwächen. Die zeitliche Befristung führt dazu, dass die Konsequenzen eigenen Leistungsverhaltens, und das der Projektgruppe, ersichtlich werden, wodurch Anpassungsfähigkeit und Flexibilität gefördert werden.

Im Führungskräftebereich werden unter Entwicklungsgesichtspunkten solche Aufgaben präferiert, die komplexe, interdependente und zumeist schwer prognostizierbare Problemlösungsprozesse erwarten lassen. Entwickelt werden sollen damit Fähigkeiten bezüglich des Erkennens unternehmerischer *Zusammenhänge* und der Erweiterung von *Problemlösungsperspektiven* und das Wissen über *bereichsübergreifende Sachverhalte*.

Führungskräfte

Eine (vermehrte) Formulierung und Übertragung von Projektarbeiten kann einerseits für den Betrieb eine Notwendigkeit darstellen: Es wird eine arbeitsmäßig größere Flexibilität erreicht als durch Hinzufügung neuer oder Umformulierung bestehender Stellenaufgaben der Linienorganisation; man kann der Erstarrung des Personalsystems trotz verminderter Aufstiegsmöglichkeiten infolge zeitlicher Stabilisierung der Besetzung von Führungspositionen entgehen. Es wird somit ein hohes Maß an individuellen Entwicklungsmöglichkeiten geboten, ohne dass hiermit zwingend hierarchischer Aufstieg verbunden wäre, was gerade in Zeiten betrieblicher Konsolidierung wichtig ist. Andererseits sind mit einer solchen Versetzungspraxis für den betroffenen Mitarbeiter entstehende Besonderheiten und *Konsequenzen* unübersehbar:

- Durch den Zwang zum Vertrautmachen mit neuen Aufgaben, die zumeist mit einer Vielfalt von Arbeitsbeziehungen verbunden sind, sowie zur Teamarbeit wird die Anpassungsfähigkeit der in Projektbearbeitungen einbezogenen Mitarbeiter in starkem Maße gefördert.
- Fähigkeiten zu kreativen Leistungen werden genutzt und gefördert.
- Es wird ein Zwang zur Übernahme von Verantwortung ausgeübt.
- Alles zusammen bedeutet eine Möglichkeit zur Bewährung über die Routineaufgaben der Linie hinaus und damit eine Vergrößerung der Chancen und Vorbereitungen für den späteren Aufstieg.
- Schwierig kann sich die Reintegration der Projektgruppenmitglieder in die primäre Aufbauorganisation gestalten. Hier ist vor allem die Einbindung in die individuelle Karriereplanung wichtig.

Gremienarbeit

Die Auseinandersetzung mit entwicklungsrelevanten Arbeitssituationen steht im Mittelpunkt der stellengebundenen Qualifizierung. Es ist jedoch nicht immer möglich, Mitarbeiter innerhalb ihrer täglichen Arbeit mit Situationen zu konfrontieren, die dieses Merkmal in einer geeigneten Ausprägung besitzen und zudem auch noch in das Umfeld des Aspiranten passen. Anders ausgedrückt: Es gibt nicht immer die entsprechenden Probleme für alle zu entwickelnden Mitarbeiter. In diesen Situationen ist es sinnvoll, dem Mitarbeiter zusätzliche nebenamtliche Aufgaben außerhalb des unmittelbaren Arbeitsplatzes zu übertragen. Für den Führungskräftebereich steht hier die Mitarbeit in spezifischen Gremien zur Verfügung, in denen höherwertige Führungsaufgaben schrittweise, kontrollierbar, reversibel übertragen werden können, ohne dass dies zwingend zu einem hierarchischen Aufstieg führen muss.

Typische Erscheinungsformen solcher Gremien sind Ausschüsse oder Komitees, Aufsichtsrats- oder Beiratsgremien und Junior-Boards.

Komitee

- Ein *Komitee* ist eine Gruppe von Mitarbeitern, die im Rahmen regelmäßiger Zusammenkünfte eine spezifische, übergreifende Problemstellung und/oder Koordinationsaufgabe löst. Typische Aufgaben von Komitees sind auf Entscheidungsvorbereitung, Koordinationsverbesserung und Konfliktbewältigung gerichtet.
  Bei der Arbeit in Komitees gilt wiederum, dass primär die Aufgabenerfüllung im Vordergrund steht und Entwicklungsmöglichkeiten »lediglich« begleitenden Charakter haben. Was verbessert werden kann, sind vor allem die interpersonale Zusammenarbeit und Kooperationen zur Lösung übergreifender Aufgabenstellungen (vgl. Hungenberg, 1990, S. 205). Durch die Arbeit in einem Komitee erhält

der Mitarbeiter die Möglichkeit des Feedbacks bezüglich des eigenen Verhaltens und dessen Zweckmäßigkeit bei der Vorgehensweise und Kommunikation von Problemen und deren Lösungen. Angesprochen sind hier in erster Linie Qualifikationen der Teamfähigkeit, sachlicher und konzeptioneller Kompetenz und persönlicher Verhaltensweisen. Daneben kann unter Umständen auch das (bereichsübergreifende) Sachwissen und damit die Problemlösungskapazität erweitert werden. Unter Entwicklungsaspekten nachteilig an Komitees ist die begrenzte Möglichkeit der Abstimmung der Arbeit mit den individuellen Entwicklungspotenzialen und -zielen der einzelnen Mitarbeiter bzw. Mitglieder.

- Bei der Übernahme von Mandaten in *Aufsichts- oder Beiratsgremien* eröffnet sich für Führungskräfte die Möglichkeit, gesamtbetriebsbezogene Führungsprobleme mit allen Aufgaben, Kompetenzen und Verantwortlichkeiten selbstständig zu übernehmen. Entwicklungsmöglichkeiten bestehen hier vor allem durch die Erweiterung des persönlichen Horizonts von bereichsspezifischen- zu gesamtbetriebsbezogenen Sichtweisen bei gleichzeitiger Partizipation an Entscheidungsprozessen, wodurch die Motivation positiv beeinflusst wird.
- *Junior Boards* sind eine Spezialform von Gremien, die parallel zu dem obersten Führungsgremium eines Betriebs institutionalisiert sind. Ihnen werden teilweise bzw. vollständig die Aufgabenstellungen dieses Organs zur Bearbeitung vorgetragen. Typischerweise sind die Aufgaben dieser Instanzen sehr unstrukturiert und relativ komplexer Natur, sodass hier das Problemlösungsverhalten im Mittelpunkt von Entwicklungsanliegen steht. Im Gegensatz zu den vorher vorgestellten Methoden steht bei Junior Boards die Personalentwicklung im Vordergrund. Die Betriebsleitung erhält zwar unter Umständen Anregungen und Unterstützung, jedoch ist typischerweise der Aufwand durch hohen Kommunikationsbedarf der Board-Mitglieder für den notwendigen Informationsfluss sowie die notwendigen Feedback-Gespräche weitaus höher als der »Ertrag«. Ähnlich sind Junior-Firmen einzuschätzen (vgl. Leyhausen, 2010)

Junior Boards

Qualitätszirkel, Lernstatt
Qualitätszirkel und Lernstatt sind artverwandte Formen der Kleingruppenarbeit, mit deren Hilfe Mitarbeiter, vorwiegend der unteren hierarchischen Ebenen, in den betrieblichen Problemlösungs-, Entscheidungs- und Innovationsprozess einbezogen werden sollen. Gemeinsam ist diesen Gruppenarbeitsformen, dass sie neben dem normalen Arbeitsablauf, also zu dessen Ergänzung, eingerichtet werden (vgl. Mentzel, 2012, S. 213 ff.).

Die Lernstatt ist dem Qualitätszirkel in der Art der Arbeitsbewältigung und deren Organisation durchaus ähnlich. Der Unterschied besteht vor allem in der *Zielsetzung*: Nicht die Realisation von Problemlösungen und die daraus resultierende Verbesserung der Kosten-/Nutzen-Relation steht im Vordergrund, sondern vielmehr das Definieren von Problemen aller Art (nicht nur von Qualitätsproblemen) und das gemeinsame Lernen und letztlich Erarbeiten von Lösungsvorschlägen.

Unterschied

Qualitätszirkel sind auf Dauer angelegte Kleingruppen, in denen Mitarbeiter einer hierarchischen Ebene mit einer gemeinsamen Erfahrungsgrundlage in regelmäßigen Abständen auf freiwilliger Basis zusammenkommen, um Themen des eigenen

Qualitätszirkel

5.3 Personalentwicklung
Prozessphasen der Personalentwicklung

Arbeitsbereichs zu analysieren und unter Anleitung eines geschulten Moderators mithilfe spezieller, erlernter Problemlösungs- und Kreativitätstechniken Lösungsvorschläge zu erarbeiten und zu präsentieren, diese Vorschläge selbstständig oder im Instanzenweg umzusetzen und eine Ergebniskontrolle vorzunehmen, wobei die Gruppe als Bestandteil in den organisatorischen Rahmen des Qualitätszirkelsystems eingebunden ist und zu den anderen Elementen Kommunikationsbeziehungen unterhält.

Der Einrichtung von Qualitätszirkeln liegt die Idee zugrunde, Problemlösungspotenzial von Mitarbeitern, das bisher weitgehend ungenutzt war, zu aktivieren. Der Mitarbeiter wird angeregt, seine Erfahrungen, sein Wissen und auch sein Engagement einzubringen, um an der Lösung seiner Problemsituation mitzuarbeiten, die seinem eigenen Arbeitsfeld entstammt. Der Grundgedanke ist, dass Probleme am besten dort erkannt und beseitigt werden können, wo sie auftreten – daher wird der vom Problem Betroffene an der Problemlösung beteiligt. Damit soll eine veränderte Einstellung der Mitarbeiter zu ihrer eigenen Arbeit erzeugt werden: Ihr Qualitätsinteresse soll geweckt, ihr Qualitätsbewusstsein und auch die Qualitätsverantwortung ausgebaut werden.

Die grundsätzlichen *Aufgabenbereiche* von Qualitätszirkeln liegen im
- Erkennen von Schwachstellen im eigenen Arbeitsbereich,
- Ermitteln von deren Ursachen,
- Entwickeln von Problemlösungen,
- Präsentieren der Ergebnisse vor dem Management,
- Realisieren der Lösung und laufender Überwachung.

Neben diesem sicherlich idealtypischen Konzept finden sich in der Praxis zahlreiche andere Organisationsformen, die zum Teil erheblich einfacher strukturiert sind.

Organisation

Bezüglich der Organisation von Qualitätszirkeln wird zwischen der organisatorischen Anbindung des Systems Qualitätszirkel, welches typischerweise aus mehreren Kleingruppen besteht, und der Aufbauorganisation dieses Systems unterschieden.

Das *Steuerungsteam* hat als Entscheidungs- und Informationsgremium eine herausragende Stellung für die Bedeutung der Qualitätszirkelorganisation und des -programms in dem Gesamtbetrieb, weshalb ihr unbedingt Mitglieder der Betriebsführung angehören sollten. Für die Auswahl der Mitglieder ist neben der Qualifikation zur Leitung einer Gruppe aus Repräsentanzgründen ein Querschnitt aller Funktionsbereiche wichtig (vgl. Deppe, 1989, S. 51 ff.). Dem *Hauptkoordinator* obliegten die operative Verwaltung des Programms und die Supervision der Koordinatoren. Kennzeichnend für ihn ist seine »Servicefunktion« der Koordination einzelner Gruppenaktivitäten, Schaffung von Kontakten und als Ansprechpartner für alle Qualitätszirkel-Aktivitäten nach innen und außen. Die Koordinatoren sind zum einen Bindeglied zum Management, zum Linienpersonal und den Stäben des Betriebs und zum anderen Vertraute und Förderer der ihnen unterstellten Zirkel. Ihnen obliegt zum Beispiel die Auswahl der Moderatoren oder auch das Programmmanagement zur Planung und Realisation der praktischen Zirkelarbeit. Der *Moderator* ist das zentrale Element des Zirkels. Er fungiert nach kurzer Ausbildung als »Coach« seiner

5.3 Prozessphasen der Personalentwicklung

Gruppe. Seine Aufgabe ist es, die Gruppe zusammenzustellen, den Gruppenmitgliedern Techniken der Problemfindung und -definition zu vermitteln, sie zur Mitarbeit zu motivieren und die Gruppe insgesamt zu leiten. Nach einiger Zeit zieht er sich zumeist in die Rolle eines Betreuers oder Anregers zurück. Der Moderator kann, muss jedoch nicht, Vorgesetzter der Mitglieder sein. Auf der einen Seite werden die Duplizität der normalen Hierarchie und die Kompetenz und Autorität als Leiter vorteilhaft für den Vorgesetzten angeführt, jedoch ist die Akzeptanz durch die Gruppenmitglieder entscheidender, was für die Wahl eines Moderators aus der Hierarchieebene der Gruppenmitglieder spricht. *Experten* treten typischerweise nur spontan mit den anderen Elementen des Systems in Kontakt und haben dann vorwiegend unterstützende und beratende Funktionen.

Der *Lernstatt* liegt ein Konzept zugrunde, mit dem das Grundwissen der Mitarbeiter (v. a. aus den unteren Hierarchieebenen produzierender Bereiche) erweitert, Erfahrungen gegenseitig ausgetauscht und die Kommunikation verbessert werden sollte bis hin zu dem Ziel, zur Persönlichkeitsentfaltung beizutragen (vgl. Deppe, 1989, Mentzel, 2012, S. 213 ff.). Idealtypisch wird Lernstatt als zeitlich begrenzte Kleingruppe von Arbeitern definiert, die einen gemeinsamen Bezugspunkt haben und sich in regelmäßigen Abständen freiwillig in einem der jeweiligen Produktionsstätte nahe gelegenen Raum zum Zweck des gemeinsamen Erfahrungsaustauschs, zur Erweiterung des Grundwissens über betriebliche Zusammenhänge und zur Verbesserung und Vertiefung der Kommunikation und der Zusammenarbeit im Betrieb unter Anleitung und Koordination von zwei ausgebildeten Moderatoren treffen, wobei die Gruppe in den organisatorischen Rahmen des auf Dauer angelegten Lernstattsystems eingebunden ist und zu den anderen Lernstätten Kommunikationsbeziehungen unterhält.

Lernstatt

> *Achtung*: Ein Lernstattsystem – wie ein umfassendes System der Projektorganisation – ist in der Regel unbefristet eingerichtet, um gewissermaßen im Rahmen der Sekundärorganisation ein regelhaftes Instrument zur Verfügung zu haben. Zeitlich befristet ist nur der Einsatz bestimmter Mitarbeiter in eine Lernstatt zur Weiterqualifizierung. Allerdings kann im Rahmen einer Lernenden Organisation dieser Einsatz auch längerfristig vorgesehen sein.

Die Gruppengröße beträgt etwa zehn Mitglieder, die sich regelmäßig in größeren Abständen (ca. alle 14 Tage) während der Arbeitszeit treffen. In einem Lernstattzentrum – es fungiert als geistige Zentrale des gesamten Systems – werden die Lerngruppen initiiert, bisweilen Ehemalige reaktiviert und die Moderatoren unterstützt. Jeder Gruppe hilft ein *Moderator*, der zumeist Facharbeiter ist und auf seine Arbeit durch ein Grundtraining sowie eine länger dauernde Intensivübung vorbereitet wird. Die von der Gruppe zu bearbeitenden Themen werden entweder aus dem eigenen Arbeitsbereich heraus oder aber von außen vorgeschlagen. Angestrebtes Ziel ist das Lösen der an die Lernstatt herangetragenen Probleme und ihr Erreichen in Form von Vorschlägen. Nach Erledigung einer Problemstellung wird eine Lernstattrunde aufgelöst. Die Moderatoren treffen sich regelmäßig in Moderatorenrunden,

Gruppengröße

5.3 Personalentwicklung
Prozessphasen der Personalentwicklung

> **VERTIEFUNG**
>
> **Action Learning**
>
> Beim Action Learning handelt es sich um einen initiierten Lernprozess, bei dem Mitarbeiter reale Problemsituationen im Betreib – im Allgemeinen in einer Gruppe – bearbeiten und sich dadurch neue Fach-, Methoden- und Sozialkompetenzen aneignen. Der Entwicklungsprozess wird dabei durch einen Coach geplant und kontrolliert (vgl. Stock-Homburg, 2010, S. 246 ff.).

in denen sie die bei ihrer Arbeit in der Lernstatt gemachten Erfahrungen austauschen. Zudem existiert ein *Beraterkreis* (er entspricht etwa der Steuergruppe in der Qualitätszirkelorganisation), der sich aus Mitgliedern der Geschäftsführung zusammensetzt (Werkleiter, Personalleiter, Ausbildungsleiter, Betriebsratsvorsitzender). Er vermittelt gegebenenfalls den Moderatorenrunden Fachleute als Gesprächspartner und ist es letztlich auch, der die aus der Lernstattarbeit kommenden Problemlösungen weiterleitet.

Von Rosenstiel beschreibt, dass Lernstatt heutzutage auch gezielt zur Verbesserung interpersonaler Kompetenz eingesetzt wird und dass die gemeinsam erarbeiteten Verbesserungsvorschläge stärker in den Mittelpunkt rücken, weshalb Lernstatt von Qualitätszirkeln kaum noch zu unterscheiden ist (vgl. von Rosenstiel, 1999, S. 115). Eine Überprüfung der Wirksamkeit von lernstattadaptierten Verfahren auf die Förderung solcher Kompetenzen wurde bisher jedoch vernachlässigt.

5.3.3.5 Personalentwicklung entlang des Arbeitsplatzes (»Training-along-the-Job«)

Personalentwicklung entlang des Arbeitsplatzes (synonym: »Training-along-the-Job«) stellt eine systematisch eingesetzte, wenngleich normalerweise nicht auf ein konkretes Ziel hin konzipierte Methode der Personalentwicklung, dar. Sie wird üblicherweise im Rahmen einer Karriereentwicklung für ausgewählte Mitarbeiter eingesetzt. Von »Near-the-Job«-Aktivitäten zu unterscheiden sind solche Entwicklungshilfen, die durch durchaus unterschiedliche Personen, Beratungsleistungen für die individuelle Qualifikations- und Karriereentwicklung den Mitarbeitern i. d. R. systematisch und über einen längeren Zeitraum angeboten werden. Oft stehen sie in einem Zusammenhang mit einem geplanten Aufstieg dieser Personen.

Nachfolgend werden fünf der »Near-by-the-Job«-Maßnahmen erläutert: Karriereplanung, Coaching, Mentoring, Förderkreis und Erfahrungsaustausch.

Karriereplanung

»Einen Wodka Martini.« – »Gerührt oder geschüttelt?« – »Sehe ich so aus, als würde mich das interessieren?«
James Bond

Eine individuelle Karriereplanung, i. d. R. durchgeführt von einem internen Personalexperten gemeinsam mit einem betroffenen Mitarbeiter, nimmt *zentrale mögliche Stellenfolgen* innerhalb eines betrieblichen Karrieresystems (vgl. Berthel/Koch, 1985; Becker, F.G., 2004b) gedanklich vorweg. Gemeinsam werden zunächst auf Basis von Kenntnissen der Wünsche, Qualifikationen und Qualifikationspotenziale der Mitarbeiter mögliche Karrierepfade und -wege analysiert. Mögliche wie gewünschte Karrierepositionen v. a. im mittelfristigen Zeitablauf werden zur Orientierung festgelegt und hierfür begleitende Personalentwicklungsmaßnahmen (aus dem gesamten methodischen Kanon) geplant. Diese sollen die qualifikatorischen Grundlagen dafür legen, später tatsächlich diese oder ähnliche Positionen zu erlangen. Insoweit ist Karriereplanung Teil einer umfassenden Personalentwicklung, die sämtliche betriebliche Einflussmaßnahmen auf die individuelle Entwicklung umfasst: neben der Karrieresteuerung auch die betriebliche Fortbildung und die personenorientierte Arbeitsstrukturierung. Karriereplanung ist im Prinzip Beratung, verbunden mit einer betrieblichen Hilfestellung zur Erreichung individueller Zielsetzungen (vgl. Becker, M., 2013, S. 677 ff.).

Coaching
Das klassische Coaching hat sich in den 1970er-Jahren in den USA entwickelt und hat seinen Ursprung vornehmlich im Sport. Sportvereine engagieren Coaches und erhoffen sich von deren Wechsel wieder Siege ihrer Teams (vgl. Becker, M., 2013, S. 658). Seit dem Ende der 1980er-Jahre versteht man in Deutschland unter Coaching zunehmend die personalentwicklungsorientierte Betreuung von Fach- und Führungskräften durch interne oder externe Berater. Es genießt inzwischen eine hohe Akzeptanz und findet in unterschiedlichen Bereichen vielfältigen Einsatz, so auch im Personalentwicklungsbereich.

Coaching ist dabei eine Art Sammelbegriff für unterschiedliche Methoden der Beratung von Mitarbeitern (als Einzel-, Team-, Projektcoaching u. a.). Gemeinsam ist ihnen, dass keine direkten Handhabungsvorschläge durch den Coach (Berater) geliefert, sondern die Entwicklung eigener Lösungen des Coachees (oft Führungskräfte) durch den Coach begleitet werden. Beim Coaching handelt es sich zudem im Allgemeinen um einen längerfristigen Prozess, der aber nicht allzu lange dauern sollte, weil sonst eine Abhängigkeit seitens des Coachees statt eine Selbstständigkeit entsteht. Als Voraussetzung für vertrauensvolle Zusammenarbeit ist gegenseitige Akzeptanz und Vertrauen und Diskretion notwendig (vgl. Becker, M., 2013, S. 658 ff.; Stock-Homburg, 2010, S. 249 ff.; Stenzel, 2010).

Viele verschiedene Formen des Coachings können praktiziert werden. Abbildung 3-93 vermittelt einen Überblick.

Formen des Coachings

Am häufigsten wird unter Coaching die beratende Begleitung von Führungskräften (als *Coachee*) durch einen *Coach* im Rahmen einer Einzelberatung verstanden. Der Coach kann dem Coachee von Hinweisen zur Etikette bei Tisch über Impulse zu Verhalten in Führungssituationen bis hin zu Tipps für konditionelles Training Hilfestellungen anbieten. Normalerweise ist es beim Coaching Aufgabe des Coachs, Wahrnehmungsblockaden zu lösen und Prozesse der Selbstorganisation zu initiieren, damit die Problembewältigung durch den Coachee effizienter möglich wird. Gesprächsinhalte sind vor allem Probleme am Arbeitsplatz, wie Rollenkonflikte zwischen Familie und Beruf, Stressbewältigung, Spannungen in der Arbeitsgruppe, Führungsprobleme und Motivationsmängel bei Untergebenen u. a. Bei entsprechender Schulung können neben externen wie betriebsinternen Beratern auch Vorgesetzte die Coaching-Rolle übernehmen. Eine Verwandtschaft zur Mentorenschaft (Beratung in Karriereangelegenheiten) ist gegeben (s. u.). Diese Hilfestellung wird systematisch auch von Beratungsunternehmen angeboten.

5.3 Personalentwicklung
Prozessphasen der Personalentwicklung

Abb. 3-93

Formen des Coachings

```
                        Formen des Coachings
                         differenziert nach ...
   ┌──────────────┬──────────────┬──────────────┬──────────────┐
   ... den Zielen   ... der Zielgruppe   ... dem Inhalt    ... Coaches
```

- **... den Zielen**
  - Defizit-Coaching (zum Abbau von Qualifikationslücken)
  - Präventiv-Coaching (zum Aufbau von Qualifikationen)
  - Potenzial-Coaching (zur Identifizierung und Nutzbarmachung von Potenzialen)
  - Karriere-Coaching (zur Beratung des Karrierewegs)
  - Projekt-Coaching (zur Beratung bei Projektdurchführung)

- **... der Zielgruppe**
  - Führungskräfte-Coaching (v.a. Top- und Middle-Management)
  - Nachwuchskräfte-Coaching (für Fach- wie Leitungspositionen)
  - Mitarbeiter-Coaching (für spezifische Problemstellungen)
  - Gruppen-Coaching (für gegebene Gruppen)

- **... dem Inhalt**
  - Leistungsbezogenes Coaching (Identifizierung und Abbau von aktuellen Leistungsschwächen)
  - Persönlichkeitsbezogenes Coaching (v.a. Beratung zur Entwicklung von Führungs- und Sozialkompetenzen)
  - Trainingsbasiertes Coaching (beratende Begleitung von Trainings- und Transfermaßnahmen)

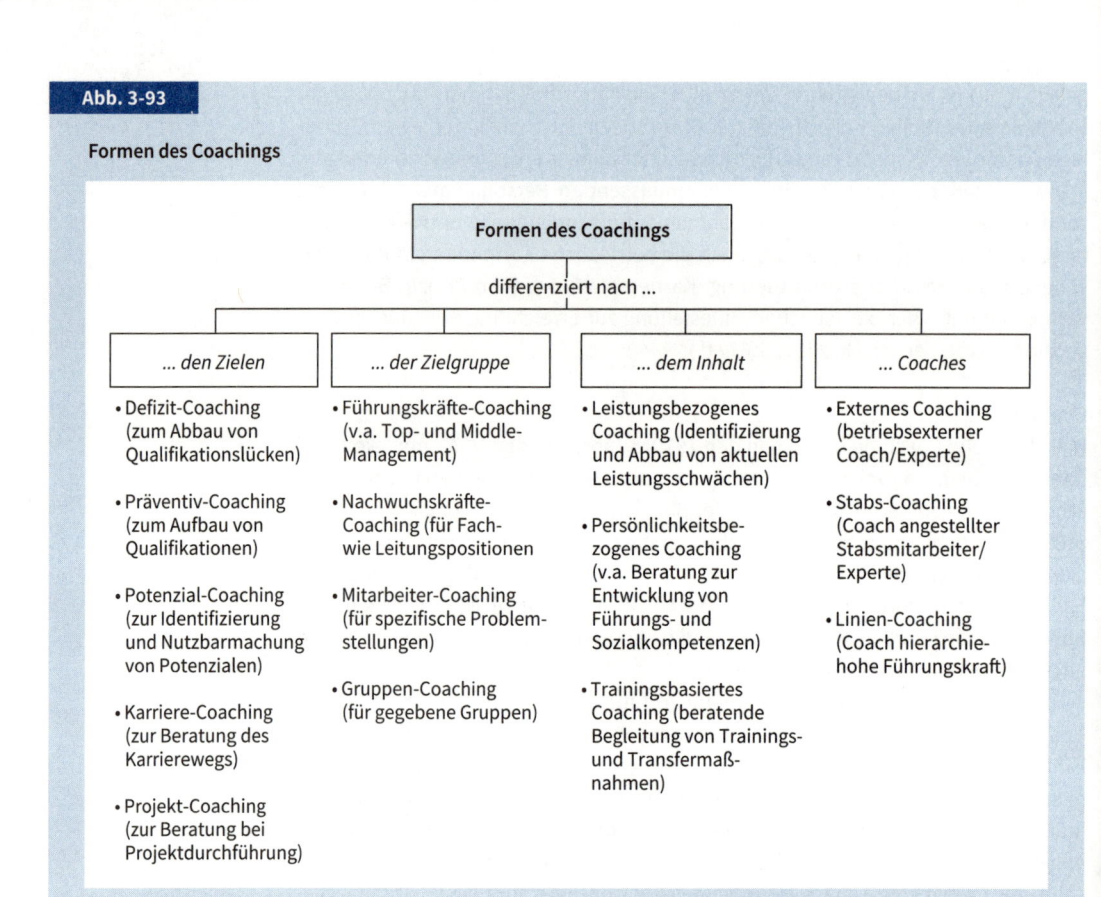

- **... Coaches**
  - Externes Coaching (betriebsexterner Coach/Experte)
  - Stabs-Coaching (Coach angestellter Stabsmitarbeiter/Experte)
  - Linien-Coaching (Coach hierarchiehohe Führungskraft)

Damit Coaching erfolgreich ablaufen kann, ist eine systematische Vorgehensweise notwendig. Dazu bietet sich ein idealtypischer *Sechs-Stufen-Prozess* an (vgl. Abb. 3-94; Stock-Homburg, 2013, S. 256; Oechsler/Paul, 2015, S. 464).

> Wissenschaftlich einigermaßen abgesicherte Studien zum Wirkungserfolg des *Coachings* unter bestimmten Bedingungen liegen nicht vor. Dies ist in Anbetracht der vielen unterschiedlichen situativen Bedingungen auch kaum zu erwarten. »Coaching« ist zudem ein attraktiver Markt für Berater unterschiedlicher Qualifikation (Der Terminus »Coach« ist nicht geschützt, ebenso wenig die verschiedenen Ausbildungen!), sodass Vorsicht angeraten ist. Dennoch: Vom Konzept lohnt es, sich mit dem Coaching-Gedanken im Rahmen der Personalentwicklung auseinanderzusetzen. Ähnliches ließe sich im Übrigen für *Mentoring* formulieren.

Abb. 3-94

Prozess des Coachings

Prozessphase:	Zentrale Fragen
1. Vorphase:	Wahrnehmung des Bedarfes nach Coaching und das Finden eines Coaches
2. Kick-off-Phase	Was soll diskutiert werden? Warum soll das Ziel erreicht werden? Was ist nötig, um am Ende sagen zu können, dass alles richtig gelaufen ist? Wie wird der Erfolg festgestellt?
3. Analysephase	Was wurde bisher unternommen? Wer ist involviert? Wie denken die anderen darüber? Wer oder was ist das größte Hindernis?
4. Zielbestimmungsphase	Was soll an der Situation verändert werden? Was hat in der Vergangenheit funktioniert? Neubeginn: Was würde, sollte anders laufen? Was würde sich ändern, wenn es z. B. mehr/weniger Geld, Einfluss, Zeit gäbe?
5. Umsetzungsphase	Gespräche und andere Maßnahmen Was passiert als nächstes? Was passiert, wenn nichts/A/B/C unternommen wird? Wer muss davon wissen oder zustimmen? Woher kommen die Ressourcen?
6. Abschlussphase	Überprüfung der Zielerreichung und Abschlusssitzung

Quelle: in Anlehnung an *Oechsler/Paul*, 2015, S. 464

Mentoring

Mentoring wird im Rahmen der Karriereplanung und der Personaleinführung zur Unterstützung von Mitarbeitern durch ausgewählte Personen eingesetzt – letztlich, um zu deren Bindung und Entfaltung im Betrieb beizutragen. Erfahrene, neutrale Personen (*Mentoren*) – i. d. R. aus dem gleichen Betrieb, aber nicht vorgesetzte Personen – unterstützen außerhalb des Arbeitsprozesses *Mentees* eher informell vor allem in berufsbezogenen und persönlichen Fragen (vgl. Stock-Homburg, 2010, S. 256 ff.; Becker, M., 2013, S. 667 ff.; Reichelt, 2010). *Ziel* des Mentorings ist die Gestaltung einer Win-Win-Situation, bei der einerseits die Mentees von dem Erfahrungsschatz und den Kontakten des Mentors profitieren, andererseits die Mentoren ihren eigenen Arbeits- und Führungsstil reflektieren und gegebenenfalls weiterentwickeln. Mentoringkonzepte sollen zudem helfen, Motivation, Leistungsfähigkeit und Arbeitszufriedenheit der Beteiligten zu steigern. Beim Mentoring für Gruppen besteht das Ziel in der persönlichen Weiterentwicklung und beruflichen Förderung von Mitgliedern von Gruppen, die Gemeinsamkeiten aufweisen (z. B. Frauen-Mentoring, Nachwuchs-Mentoring, Auszubildenden-Mentoring). Zudem entwickeln sich Netzwerke. Mentoring lässt sich auf allen betrieblichen Ebenen einsetzen. *Themen* können sein: Entschlüsselung der Organisations- und Branchenkultur sowie von Benimm-Kodes und anderen »unsichtbaren« Regeln, Verschaffung von Zugang zu informellen Netzwerken, Feedback zu Vorstellungen der Mentees u. a. Dies kann im

»Mach mir den Murdoch!«
unbekannt

5.3 Personalentwicklung
Prozessphasen der Personalentwicklung

Rahmen der Personaleinführung einen Integrationsprozess von zwei bis sechs Monaten, bei Nachwuchsführungskräften bei deren ersten Leitungsfunktion sechs Monate bis drei Jahre sowie bei der Betreuung von High-Potenzials im Rahmen eines langfristig angelegten Unterstützungsprozesses auch mehrere Jahre lang andauern. Zudem sind auch intendierte Know-how-Transfers von Älteren zu Jüngeren, von erfahrenen Managerinnen zu weiblichen Nachwuchskräften u. Ä. mit Mentoring möglich. Das Verständnis und die Möglichkeiten sind vielfältig: externes und internes Mentoring, karrierebezogene und/oder psychosoziale Unterstützung, Rolleninterpretation und Themen, informelles und formelles Mentoring, E-Mentoring, Peer-Mentoring u. a. (vgl. Peters/Schmicker/Weinert, 2005.)

Mentoring lässt sich mit vergleichsweise geringem *Aufwand* einsetzen, vorausgesetzt, die Akteure verhalten sich entsprechend der ihnen zugedachten Rollen (vgl. Scholz, 2014, S. 200). Der Mentor darf keine beruflichen Interessen am Mentee haben und sich nicht in einer akuten Stressphase befinden. Außerdem muss er die Fähigkeit des Zuhörens besitzen. Vom Mentee wird die Bereitschaft gefordert, die zeitliche Beanspruchung des Mentors in Grenzen zu halten. Für diesen soll es eine freiwillige Aufgabe bleiben. Als Erfolgsfaktoren eines funktionierenden Mentorings gelten: Commitment und beruflicher Erfolg des Mentors, Offenheit des Mentors, Ähnlichkeit zwischen Mentor und Mentee, Vorbereitung sowie betriebliche Unterstützung (vgl. Wanberg/Welsh/Kammeyer-Mueller, 2007; Parise/Forret, 2008).

Förderkreis

Gezielt aufgrund ihrer Potenziale ausgesuchte Mitarbeiter (»Talente«) werden in einen sogenannten weitgehend geschlossenen Förderkreis aufgenommen. Die Mitglieder dieses Förderkreises durchlaufen dabei über zwei bis drei Jahre i. d. R. die gleichen standardisierten Qualifizierungsmaßnahmen. Darüber hinaus haben sie vielfältige Möglichkeiten zu Gesprächen miteinander, durch gesonderte Vortragsveranstaltungen, Betriebsbesichtigungen, Kaminabende u. Ä. sowie durch den Einbezug von Coaching und Mentoring in das begleitende Programm. Gleichzeitig wird ein berufliches Netzwerk aufgebaut.

Erfahrungsaustausch

»Erfahrungen sind wie Samenkörner, aus denen die Klugheit emporwächst.«
Konrad Adenauer

Der Erfahrungsaustausch (»Peer supervision«) gerade für solche Mitarbeiter, die gerade an einer anderen Qualifizierungsmaßnahme für die Führungs-, Methoden- und/oder Sozialkompetenz teilnehmen, hilft sowohl dem Verständnis als auch dem Transfer des Gelernten in die konkrete betriebliche Praxis. Die anderen in etwa gleichrangigen Mitglieder einer solchen Erfahrungsaustauschgruppe befinden sich i. d. R. in einer ähnlichen Situation. Gegenseitig können sie sich nicht nur über ihre eigenen Beispiele Transfermöglichkeiten aufzeigen, sondern sie können sich auch gegenseitig in der weiteren Anwendung stärken. Eine solche Gruppe wird gezielt als Option für die Beteiligten innerbetrieblich eingerichtet, an einem regelmäßig stattfindenden Termin angeboten, gegebenenfalls mit einem festen Procedere versehen und manchmal auch durch einen Moderator begleitet. Voneinander zu lernen gilt dabei als eine zentrale Determinante des Praxistransfers (vgl. Becker, M., 2013, S. 682 ff.).

5.3.4 Evaluation und Transfermanagement

5.3.4.1 Notwendigkeit der Evaluation

Schätzungen sprechen bereits für 2013 von bis zu 33,5 Mrd. Euro p. a. allein für die betriebliche Weiterbildung (vgl. https://www.iwkoeln.de/_.../file/.../IW-Studie%20 Betriebliche%20Weiterbildung.pdf; letzter Abruf: 12.05.2016). Selbst wenn dies etwas übertrieben wäre, es macht Sinn, sich mit der Verwendung dieser hohen Summe zu beschäftigen – und zwar im Rahmen einer Evaluation (synonym: Evaluierung). Dies macht zum einen schon Sinn, um Wirksamkeit und Erfolg zu erfassen, aber auch um Transfer unterstützende und sichernde Elemente zu identifizieren. Letztlich interessiert nicht die Weiterbildung (und die gesamte Personalentwicklung) an sich, sondern nur, ob die damit verfolgten Ziele nachhaltig (und effizient) erreicht wurden. Dazu ist eine Evaluation (synonym: Evaluierung) notwendig.

Wert der Personalentwicklung

Die Evaluierung im Rahmen der Personalentwicklung ist dabei ein spezifisches Element der Evaluierungsforschung der betrieblichen Personalforschung.

Evaluation bedeutet in diesem Kapitel, Aussagen über die Auswirkungen der Personalentwicklung im Allgemeinen bis hin zur einzelnen Maßnahme sowohl auf die Teilnehmer als auch auf den Betrieb zu generieren (vgl. Neuberger, 1994, S. 271 ff.; Regnet, 2010). Sie ist zielorientiert durchzuführen. Dies bedeutet auch eine systematische und integre Datengewinnung und -verarbeitung – unter Effizienzgesichtspunkten. Sie ist – für die Bielefelder Schule (vgl. Becker, F.G./Günther, 1999, 1999a, 2000; Fleer, 2001; Becker, F.G., 2005, 2006, 2007a; Becker, F.G./Meißner/Werning, 2008, 2008a; Günther, 2001; Becker, F.G./Wittke/Friske, 2010; Meißner, 2012; Werning, 2013; Bader, 2017) – integraler Bestandteil des Personalentwicklungssystems und in engem Zusammenhang zur Transfersteuerung zu betrachten. Personalentwicklung macht als personalwirtschaftliche Aufgabe nur Sinn, wenn sie zunächst im Wesentlichen zielorientiert aufgesetzt ist, regelmäßig an entscheidenden Stellen evaluiert wird sowie die Transfersteuerung durchgehend aktiv verfolgt wird.

Von Rosenstiel stellte 1999 fest, dass offensichtlich in vielen Betrieben nur ein geringes Interesse an der Evaluation von Personalentwicklungsmaßnahmen (wie auch anderer Personalmaßnahmen) besteht und dass dort, wo diese durchgeführt werden, häufig methodische Mängel anzutreffen sind (vgl. von Rosenstiel, 1999, S. 116; Becker, F.G., 2005). Gegen eine systematische Untersuchung von Personalentwicklungsmaßnahmen werden als »Argumente« angeführt (vgl. Conradi, 1983, S. 109; Thierau-Brunner/Wottawa/Stangel-Meseke, 2006; Wottawa/Thierau, 2003):

Evaluation: Warum eigentlich nicht?

- Evaluation ist nicht nötig, da Personalentwicklungsmaßnahmen unumgängliche »Sozialleistungen« sind, die dazugehören.
- Evaluation ist schwierig und übersteigt, will man zu eindeutigen Aussagen kommen, die sachlichen und personalen Möglichkeiten eines Betriebs.
- Evaluation ist teuer und die Summe des personalen, sachlichen und zeitlichen Aufwands überschreitet den Nutzen aus einer systematischen Untersuchung.

☺☹☺

Diese Argumente sind nicht grundsätzlich falsch, zeigen jedoch eine einseitige und kurzsichtige Auffassung von Personalentwicklung. Grundsätzlich gilt, dass die Be-

5.3 Personalentwicklung
Prozessphasen der Personalentwicklung

> **WISSENSWERTES**
>
> **Happy Sheets**
>
> Vielfach werden im Rahmen der Evaluation von betrieblichen Weiterbildungsmaßnahmen – meist unmittelbar – am Ende der Maßnahme sogenannte »Happy Sheets« (auch »Smile-Sheets«) von Unternehmungen eingesetzt – mit dem Ziel, von den Teilnehmern schnell und unkompliziert ein Feedback über deren Lernerfolg zu erhalten. Sie werden häufig durch die Trainer ausgeteilt, eingesammelt und ausgewertet. Manchmal werden sie auch erst etwas später verteilt und ausgefüllt zurück erwartet. Happy Sheets sind standardisierte Fragebögen, die lediglich zur Output-Evaluierung von Weiterbildungsmaßnahmen dienen und einen summativen, subjektiven Charakter aufweisen. Sie zielen auf die Erhebung der Teilnehmereinschätzung der Weiterbildungsmaßnahme und die damit verbundenen Randbedingungen ab. Meistens enthalten diese Fragebögen unterschiedliche Smileys, mit denen z. B. die Trainerpersönlichkeit, die Gestaltung und Durchführung des Seminars, die Lerninhalte und Präsentation innerhalb der Maßnahme, das Umfeld und die Organisation der Weiterbildungsmaßnahme sowie der Teilnehmer selbst und das gesamte Seminar bewertet werden können. Happy Sheets liefern folglich eine erste Einschätzung der Teilnehmer, ob ihnen die Weiterbildungsmaßnahme und die direkte Umgebung (Trainer, andere Teilnehmer, Seminarräume, Essen, Service u. Ä.) gefallen haben. Daraus kann aber noch lange (und sollte auch) keine fundierte Aussage über den Lern- oder Transfererfolg der Teilnehmer abgeleitet werden. Allerdings lassen sich gegebenenfalls Hinweise zum Ort und zum Veranstalter der Trainingsmaßnahme entnehmen (vgl. Becker, F.G./Wittke/Friske, 2010).

wertung von Handlungsalternativen eine wesentliche Voraussetzung zielgerichteten Handelns ist. Demzufolge gilt auch für die Evaluation von Personalentwicklungsmaßnahmen, dass sie sowohl in Bezug auf die Zielsetzungen als auch unabhängig davon, notwendig, wenigstens sinnvoll ist.

Personalentwicklung erfordert auch Ressourceneinsatz, sodass eine Rechtfertigung für die wirtschaftliche Verwendung und für Verbesserungsmöglichkeiten der Maßnahmen sinnvoll ist. Neben dem direkten Aufwand, der bei externen Veranstaltungen am offensichtlichsten ist, kommt es zu indirektem Aufwand in Form von »verlorener« Arbeitszeit der Adressaten, Vorgesetzten u. a. bei der Planung und Durchführung von Personalentwicklungsmaßnahmen.

Fokusse der Evaluation

Die Evaluation kann dabei verschiedene Fokusse haben (s. bereits Abbildung 3-34 in Teil 3, Kap. 1.7). Auf manche der genannten Aspekte wird nachfolgend eingegangen.

5.3.4.2 Ziele der Evaluation

Kein Selbstzweck

Die Personalentwicklung verfolgt keinen Selbstzweck; sie dient dem jeweiligen übergeordneten betrieblichen Zweck. Für Personalverantwortliche ist daher die Aufgabe nicht dadurch beendet, dass sie zielbezogene Personalentwicklungsmaßnahmen initiiert haben. Ihre Verantwortung bezieht sich vielmehr auf die Erreichung der im Prozess definierten verhaltens- und ergebnisbezogenen Ziele am Arbeitsplatz. Auch Zeit- und Kostendruck haben es zunehmend (und endlich) erforderlich gemacht, zu prüfen, ob Entwicklungsmaßnahmen ihre intendierten Ziele – ökonomisch vertretbar – erreichen. Eine zielgerichtete Evaluation der Aktivitäten um eine Personalentwicklung gehört für Betriebe insofern untrennbar zur Personalentwicklung. Nur so sind Aussagen zur Effizienz (der Maßnahme) und zur Effektivität (der Problemlösung) sowie Hinweise zu Änderungsmaßnahmen möglich.

5.3 Prozessphasen der Personalentwicklung

Die Ziele – und abgeleitet die Funktionen – von Evaluationen lassen sich wie folgt formulieren (vgl. Becker, F.G., 2005; Werning, 2013):

Ziele, Funktionen

- Ermittlung, ob das Ergebnis einer Maßnahme auch zum Erreichen der betrieblichen Zielsetzung beiträgt (*Legitimationsfunktion*): Ein Zusammenhang zum Personalentwicklungscontrolling ist gegeben, wenngleich der Steuerungseffekt – aus guten Gründen (s. Teil 4, Kap. 3.1) – nicht dazugehört. Diese Funktion wird herangezogen, wenn es gilt, die Ergebnisse einer Personalentwicklung zu »messen« und in Folge einen »Return on Development« zu ermitteln.
- Analyse von Ursachen für eventuell festgestellte Abweichungen von den Entwicklungszielen. Damit soll für die Planung zukünftiger Programme herausgefunden werden, ob nicht erreichte Fortschritte oder/und Ziele ihre Ursachen in beispielsweise mangelnder Leistungsbereitschaft oder -fähigkeit von Mitarbeitern hatten, in unzureichender Eignung gewählter Entwicklungsmethoden, in Trainermängeln, im Ablauf des Entwicklungsprogramms, ob betriebliche Hemmnisse die Wirkung von Qualifizierungsmaßnahmen beeinträchtigt haben oder diese in der Transferphase begründet liegen. Insofern ergeben sich Hinweise zur Verbesserung, Beurteilung und Steuerung der Personalentwicklung zur Qualitätssicherung und -verbesserung durch die Personalebene (*Steuerungsfunktion*).
- *Lernfunktion* für die Beteiligten als integraler Bestandteil der Qualifizierung zur Förderung der Lernenden Organisation auf der Betroffenenebene.

Die Funktionen haben sowohl unterschiedliche Gewichte in Betrieben als auch Konsequenzen hinsichtlich ihrer möglichen Umsetzung. Bevor dies jedoch thematisiert werden kann, sind die verschiedenen Ebenen einer Evaluation zu betrachten; nur so lässt sich ein angemessenes Verständnis der Einflussdeterminanten vermitteln.

Mit den unterschiedlichen Zielen sind unterschiedliche Vorstellungen über die *Vorgehensweisen bei der Evaluation* verbunden (vgl. Götz, 1993, S. 114 f.; Touet, 1997, S. 59):

- Eine Identifikation und Erhebung von kritischen Verlaufsinformationen im Entwicklungsprozess dient der Beeinflussung und Formung einer Maßnahme, während sie noch durchgeführt wird. In diesem Falle spricht man von einer *formativen Evaluation*. Diese kann zwei Funktionen haben: Zum einen gibt sie den Lernenden Feedback über ihren Lernfortschritt, und zum Zweiten liefert sie den Lehrenden (Verantwortlichen) Feedback über die jeweilige Lernsequenz. Aus dieser Information können Anhaltspunkte über auftauchende Probleme bzw. Schwachstellen abgeleitet werden. Formative Evaluierung ist als Korrektiv von Lehr- und Lernprozessen zu verstehen.
- Im Gegensatz dazu versteht sich die *summative Evaluation* als abschließende Bewertung einer Bildungsmaßnahme. Gegenstand der Evaluierung kann entweder das Curriculum Material oder das Verhalten des Teilnehmers nach der Maßnahme sein. Sie dient als Entscheidungshilfe über fertig gestellte Curricula oder zur Bewertung der Realisation von Entwicklungszielen bei den Teilnehmern.

Formative und summative Evaluation

Im Gegensatz zu dieser pragmatischen Differenzierung zielt eine zweite Unterscheidung auf den *Gegenstand der Evaluation* ab:

Personalentwicklung
Prozessphasen der Personalentwicklung

Pädagogisch-psychologische Evaluationsansätze

▸ Pädagogisch-psychologische Evaluationsansätze setzen beim Nachweis der Wirksamkeiten einzelner Maßnahmen bzw. einzelner Variablen im Änderungsprozess der Teilnehmer von Personalentwicklungsmaßnahmen an. Je nach Evaluationsziel umfassen sie sämtliche Aspekte, von der Erhebung des Weiterbildungsbedarfs, über die Festlegung pädagogischer Zielvorgaben, Überprüfung der Lehrmittel o. Ä., des Lernerfolgs bis hin zur Verhaltensänderung der Teilnehmer am Arbeitsplatz. Entsprechend lassen sich ergebnis-, prozess-, ebenen- und handlungsorientierte Ansätze unterscheiden, wobei letztere noch die Besonderheit aufweisen, dass sie auf die Mitwirkung der Betroffenen abstellen, um einen hohen Praxisbezug und eine hohe Akzeptanz der Beteiligten sicherzustellen (vgl. Thierau-Brunner/Stangel-Meseke/Wottawa, 1999, S. 267).

Ökonomische Evaluationsansätze

▸ Ökonomische Evaluationsansätze stellen demgegenüber auf messbare, zumindest objektiv erfassbare personalwirtschaftliche Daten ab. Hierzu werden Plandaten Kontrolldaten gegenübergestellt. Die Ergebnisse dienen als Grundlage für Abweichungsanalysen, Entwicklung neuer und Optimierung bestehender Maßnahmen. Es lassen sich kostenanalytische, investitionsorientierte und kennzahlenorientierte Ansätze unterscheiden. Während Erstere lediglich auf die Erfassung, Verteilung, Zurechnung und Kontrolle der Kosten abstellen, stellen investitionsorientierte Verfahren auf den Vorteil einer Maßnahme im Vergleich zu den Vorteilen von Investitionsalternativen ab. Kennzahlenorientierte Verfahren beziehen sich auf Aspekte wie Wirtschaftlichkeit, Struktur oder Zeitinvestition in eine Maßnahme.

Pädagogisch-psychologische Ansätze setzen direkt am Lernprozess an und vernachlässigen tendenziell die ökonomischen Konsequenzen einer Maßnahme. Ökonomische Verfahren haben demgegenüber zwar keinen direkten Bezug zu den theoretischen Grundlagen eines Curriculums und der Qualität von dessen konkreter Umsetzung, dennoch stellt die Weiterentwicklung ökonomischer Verfahren zunehmend auf die Umsetzung formativer Evaluationsziele ab.

Weiter differenzieren kann man

Differenzierung

▸ nach dem Umfang in eine *Gesamtevaluation* (Das gesamte Wirkungsspektrum aller Maßnahmen wird dauerhaft evaluiert.) und eine *Teilevaluation* (Partielle Stichproben und/oder singuläre Einzelmaßnahmen werden unregelmäßig untersucht.);

▸ nach der personalen Involviertheit in *Fremdevaluation* (Evaluation durch Dritte/Unbeteiligte, Experten) und in *Selbstevaluation* (Einbezug individueller Urteile Beteiligter);

▸ nach der Operationalisierung in eine *quantitative Evaluation* (Erfassung »messbarer«, für ökonomisch relevant gehaltener Kriterien) und in *qualitative Evaluation* (Akzeptanz von verbalen (Einzel-)Urteilen und Subjektivität gerade zur Erfassung von Kausalitäten).

5.3.4.3 Ansatzpunkte

Evaluation kann unterschiedliche Ebenen des Entwicklungsprozesses als Objekte betrachten. Die Ebenen kennzeichnen den Erstreckungsbereich einer Evaluation. Üblicherweise wird auf das *Vier-Ebenen-Konzept von Kirkpatrick* (1996) (s. u.) in diesem Zusammenhang eingegangen. So sinnvoll das Konzept auch ist, es ist *unvollständig*, da es sich nur auf den Ausschnitt der unmittelbar mit der Qualifizierung verbundenen Teilphasen (Output-Evaluation) beschäftigt (vgl. Günther, 2001, S. 61 ff.; Easterby-Smith, 1994; Becker, F.G., 2005). Insofern werden im Folgenden die in der Abbildung 3-95 skizzierten grauschattierten Ebenen betrachtet.

▸ *Konzept-Evaluation*: Die Konzept-Evaluation stellt eine Art Metaebene der Evaluation dar und zwar mit zwei Ansatzpunkten. (1) Die strategische Ausrichtung des Unternehmens hat entscheidende Konsequenzen für die Personalentwicklung, insofern ist die strategische Passbarkeit von Bedeutung. Das gesamte Konzept der Personalentwicklung mit seinen einzelnen inhaltlich, personalen wie prozessualen Systemelementen kann und sollte daher – sporadisch – selbst

Konzept-Evaluation

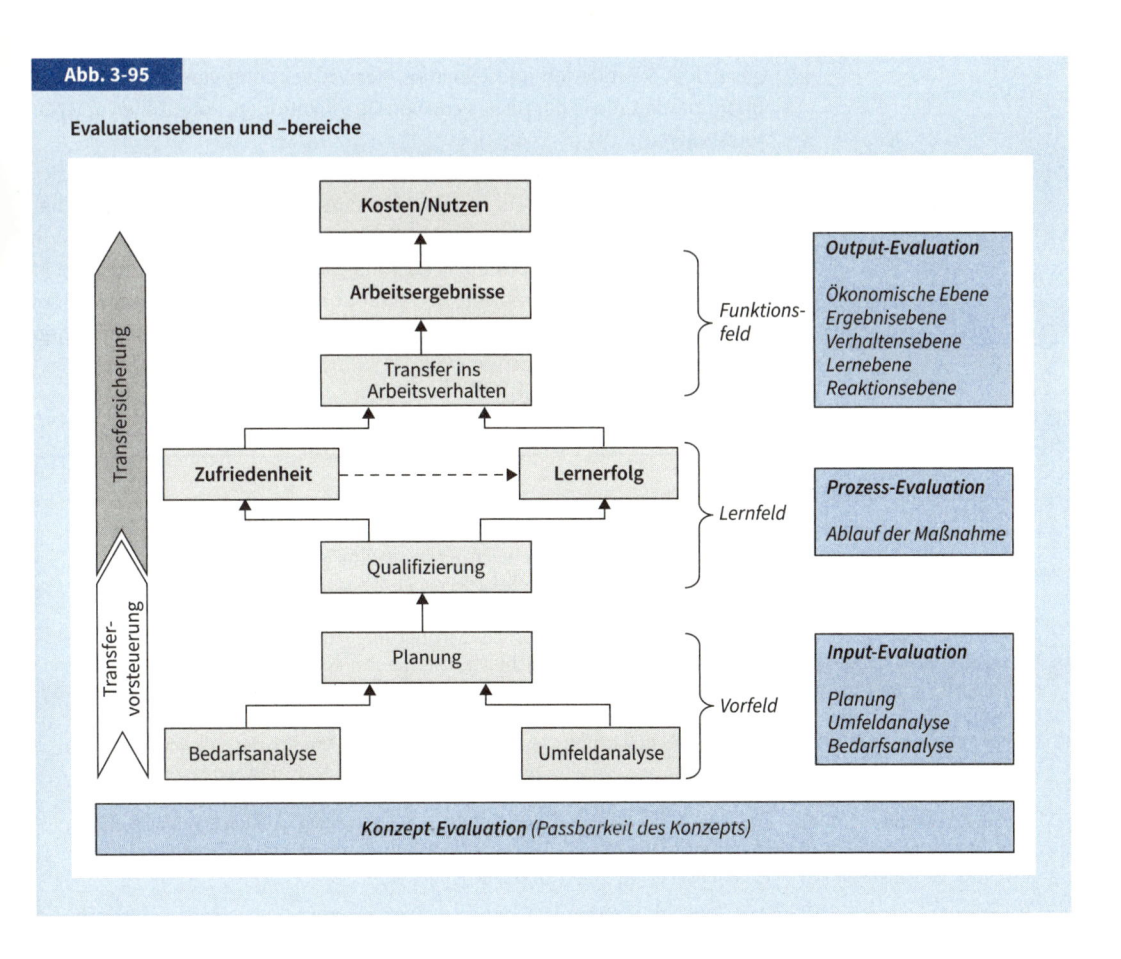

Abb. 3-95 Evaluationsebenen und -bereiche

- Kosten/Nutzen
- Arbeitsergebnisse
- Transfer ins Arbeitsverhalten
  - Funktionsfeld
- Zufriedenheit ----→ Lernerfolg
- Qualifizierung
  - Lernfeld
- Planung
- Bedarfsanalyse / Umfeldanalyse
  - Vorfeld

Transfersicherung / Transfervorsteuerung

Output-Evaluation
- Ökonomische Ebene
- Ergebnisebene
- Verhaltensebene
- Lernebene
- Reaktionsebene

Prozess-Evaluation
- Ablauf der Maßnahme

Input-Evaluation
- Planung
- Umfeldanalyse
- Bedarfsanalyse

Konzept-Evaluation (Passbarkeit des Konzepts)

evaluiert werden. Hier sind die Eckpfeiler (bspw. Form der Bedarfsanalyse, Berücksichtigung der Transferproblematik, Problemorientierung, Kostentreiber) für die nachfolgenden Maßnahmen u. a. festgelegt, insofern gestatten sie bestimmte Wirkungen – oder auch nicht. (2) Auch der Personalentwicklungsprozess in Gänze ist Objekt der Evaluation (adäquater Verlauf der einzelnen Phasen, der Administration und des Gesamtprozesses). Unter Transferaspekten steht hier die Auffindung der wesentlichen Determinanten des Transfererfolgs in den einzelnen Phasen an.

Input-Evaluation

▸ *Input-Evaluation*: Die Qualifizierungsmaßnahmen bedürfen zur gezielten Bestimmung einer inhaltlichen Fundierung. Zwei Ansatzpunkte der Evaluation sind in diesem Zusammenhang zu benennen:
  – Das Objekt »Umfeldanalyse« bezieht sich darauf, ob bei der Maßnahmenfestlegung ausreichend geprüft wurde, ob es nicht substituierende und ökonomisch sinnvollere Alternativen (bspw. Umorganisation, Personalwechsel, Entgeltstimuli) gibt sowie ob die Maßnahme in die zeitliche und personale Problematik des Funktionsfelds (zur Transfersicherung) passt.
  – Die Bedarfsanalyse und -prognose, also die Ermittlung des Qualifizierungsbedarfs, ist selbst zu evaluieren (bspw. hinsichtlich der Einbeziehung von Vorgesetzten, Betroffenen und Experten, der Verwendung von angemessenen Instrumenten sowie der Diskussion von Qualifikationen, Potenzialen und Anforderungen).

Prozess-Evaluation

▸ *Prozess-Evaluation*: Die Prozessevaluation konzentriert sich auf die Qualifizierungsmaßnahmen im Lernfeld, also inwieweit die inhaltliche Vermittlung methodisch zielgerichtet erfolgt.

Output-Evaluation

▸ *Output-Evaluation*: Der Output einer Personalentwicklungsmaßnahme wird in verschiedenen Stufen differenziert betrachtet und evaluiert. Dabei wird angenommen, dass zwischen den Ebenen jeweils kausale Beziehungen bestehen (vgl. Becker, M., 2013; Kirkpatrick, 1996).

> **ACHTUNG**
>
> **Kirkpatricks Vier-Ebenen-Modell**
>
> Viele Evaluationskonzepte beschränken sich nur auf das von Kirkpatrick (1996) vorgestellte Evaluationskonzept. Dies mag den Trainern und anderen Entwicklungsverantwortlichen gefallen, gegenüber den anderen Stakeholdern der Personalentwicklung ist dies jedoch nicht verantwortlich. Lediglich im Rahmen der Output-Evaluation kommt dem Modell ein Wert zu, bedarf aber auch hier noch der Ergänzung.
>
> Die vier Ebenen, die mit Kirkpatricks Modell berücksichtigt werden, sind:
> ▸ Level 1: Reaktion (resp. Zufriedenheit) direkt auf die Lernmaßnahme,
> ▸ Level 2: Lernen direkt durch die Lernmaßnahme,
> ▸ Level 3: Verhalten danach im Funktionsfeld und
> ▸ Level 4: Ergebnisse (bzw. Ergebnisveränderungen) nach der Lernmaßnahme.
>
> Unberücksichtigt bleiben somit bspw.: Es wurde die falsche Maßnahme (ggf. mit einer unpassenden Methodik, zur falschen Zeit o. a.) ausgewählt. Der Lernende hatte nicht das Potenzial, um von der Lernmaßnahme zu profitieren. Nach Rückkehr zum Funktionsfeld waren dort – neben der Qualifizierung – noch andere Veränderungsmaßnahmen umgesetzt. Hat sich der Aufwand in Relation zum Ergebnis gelohnt? Solche und andere Aspekte müssen im Rahmen der Evaluation ebenfalls berücksichtigt werden, damit man zu einem validen Ergebnis kommen kann. Mit der Konzentration auf das Modell trägt man dazu nicht bei.

5.3 Prozessphasen der Personalentwicklung

- Auf der *Reaktionsebene* erfolgt die Beurteilung der Maßnahme durch die Teilnehmer. Deren Ansichten sagen allerdings nichts über den tatsächlichen Wissenserwerb aus, ebenso wenig wie zufriedene Teilnehmer eine hinreichende Bedingung des Lernerfolgs sind. Die auf dieser Ebene häufig eingesetzten »Happy Sheets« (s. o.) dokumentieren vielfach substanzlosen Umgang mit dieser Phase (vgl. Becker, F.G./Meißner/Werning, 2008; Becker, F.G./Wittke/Friske, 2010).

Reaktion

- Die *Lernebene* betrifft den realen Erwerb von Wissen, Fähigkeiten und/oder Fertigkeiten. Insofern sind die entsprechenden Kompetenzen zu testen. Nicht erfasst wird dabei allerdings, ob das unter Umständen erworbene Know-how auch angewendet wird respektive angewendet werden kann.

Lernen

- Auf der *Verhaltensebene* geht es um Mitarbeiterverhalten im Funktionsfeld, also um den Transfer des Gelernten. Das Vorhandensein von Know-how sowie dessen angemessene Umsetzung und Anwendung sind zwei unterschiedliche Fragestellungen. Kann (vom Umfeld und von der Qualifikation her), will und/oder darf man dieses Know-how nun im Funktionsfeld anwenden? Tritt eine kurz-/langfristige Verhaltensänderung am Arbeitsplatz nach Abschluss der Maßnahme ein? Eine Transferevaluation hat solche Fragen zu generieren wie zu beantworten.

Verhalten

- Auf der *Ergebnisebene* stellt sich die Frage: Hat die Verhaltensänderung am Arbeitsplatz Auswirkungen auf den Unternehmenserfolg? Die Beantwortung einer solchen Frage hängt sehr von der Art der Qualifizierungsmaßnahme ab, da sie Einfluss auf die Evaluationsmöglichkeit hat: Fachliche Inhalte lassen sich eher bewerten als überfachliche Maßnahmen, die konkrete betriebliche Probleme (bspw. Reklamationen) angehen, sind besser ökonomisch (»quantitativ«) zu bewerten usw. Ansonsten ist man eher auf qualifizierte Bewertungen angewiesen (»peer-review« bei Verhaltenstraining, Vorgesetztenbefragungen bei Führungstrainings u. a.).

Ergebnis

- Auf der ökonomischen Ebene – letztlich die wichtigste aus Unternehmenssicht – ist zu prüfen, ob die Investition in die Qualifizierungsmaßnahme rentabel ist bzw. war: Der Mitteleinsatz in die Personalentwicklung ist vor allem dann zu rechtfertigen, wenn Nutzen aus der Qualifizierung gezogen wird. Hier wird den Maßnahmenkosten der Nutzen gegenübergestellt und insofern ein Return on Development ermittelt.

Würde eine Evaluation lediglich am Ende von Entwicklungsmaßnahmen als Ergebniskontrolle durchgeführt (summative Evaluation), könnte dies dazu führen, dass Fehlentwicklungen nicht rechtzeitig erkannt werden. Eine Änderung von laufenden Entwicklungsprogrammen zur Korrektur von Abweichungen wäre dann nicht möglich.

In der Praxis wird der Erfolg von Entwicklungsmaßnahmen teilweise durch Indikatoren wie Absentismus, Fluktuationsrate oder (etwas anspruchsvoller) durch Erfolgsbeurteilungen der Adressaten erhoben. Der dadurch unterstellte monokausale Zusammenhang, ohne Beachtung von Lern- und Tätigkeitsfeld oder maßnahmenexternen Faktoren, ist jedoch prinzipiell so nicht gegeben. Derartige Kontrollen sind

Pseudo-Kontrolle

5.3 Personalentwicklung
Prozessphasen der Personalentwicklung

Pseudo-Kontrollen, die dann kontraproduktive Effekte bewirken, wenn systematisch Erfolg anhand von Kriterien gemessen wird, die entgegengesetzt zu den Lernzielen stehen.

Dass Kosten-Nutzen-Überlegungen an letzter Stelle kommen, kann so interpretiert werden, dass die Betriebe, die konzeptionelle Personalentwicklung betreiben, Aufwand in Personalentwicklung als langfristige Investitionen betrachten und nicht als kurzfristige Betriebskosten. Im Vordergrund stehen berufspädagogische Aspekte und die Nutzenorientierung.

5.3.4.4 Voraussetzungen

Die Evaluation hängt entscheidend von der Konzeption des Personalentwicklungsprogramms ab. Es ist ein Unterschied, ob ein kurzes, spezifisches, genau definiertes eingliedriges Programm, wie zum Beispiel ein Trainingsfilm, zu beurteilen ist, oder ein Programm, welches auf der Kombination mehrerer Maßnahmen und der Abstimmung interdependenter Bereiche der Personalentwicklung beruht. Die Komplexität der Evaluation hängt ab von:

Komplexität als prinzipielles Problem

- dem Umfang des Programms: ob es individuell ausgelegt ist, eine Abteilung oder den gesamten Betrieb betrifft,
- der Anzahl der Teilnehmer,
- der Dauer: ob es wenige Minuten dauert oder ein kontinuierliches Programm ist,
- der Klarheit und Spezifität des Programminputs: dies kann sowohl die Zielvorgaben, die Programmbeschreibung als auch die Mitarbeiter betreffen,
- der Komplexität und dem zeitlichen Horizont der Ziele: ersteres betrifft die Operationalisierung der Zielvorgabe, die im einfachen Fall aus einem Einzelziel bestehen kann, welches direkt angehbar ist, und im komplexen Fall aus einem Zielsystem mit Subzielen, für das mehrstufige Programme erforderlich sind. Ebenso vereinfacht es eine Evaluation, wenn ein Ziel schnell sichtbar und dessen Erreichung alsbaldig absehbar wird, als wenn dies erst zum Ende langer Entfaltungs- und Wirkungsprozesse geschieht.
- der Innovativität des Ziels: inwieweit etwas vollkommen Neuartiges vermittelt werden soll, oder ob zum wiederholten Male eine etablierte Sache Gegenstand des Programms ist.

Voraussetzungen

Allgemeine *Durchführungsvoraussetzungen* sind solche, die prinzipiell bei jeder Art von Evaluation erfüllt sein müssen; sie sind aus der allgemeinen Kontrolldefinition einer Soll/Ist-Messung herzuleiten und betreffen deren Komponenten: Formulierung eines Zielinhaltes, Angabe von Maßgrößen, Erreichungsgrad und die Erfolgsmessung selbst, d. h. eine Aussage, ob bzw. in welchem Grade das angestrebte Soll faktisch erreicht wurde. Für die Messung von Ist-Ergebnissen (und dies gilt durchaus nicht nur für quantitative Feststellungsoperationen) müssen Messinstrumente, Messvorschriften für ihre Anwendung und Messoperationen vorhanden sein, mit denen die Instrumente vorschriftsgemäß gehandhabt werden können. Faktisch erreichte Lernerfolge müssen durch Messungen in der gleichen Dimension und Präzision, in der Zielgrößen formuliert sind, überprüfbar sein, was auch eine (wenigstens

5.3 Prozessphasen der Personalentwicklung

näherungsweise) Lösung des Zielerreichungsproblems hinsichtlich der Erfolgsursachen voraussetzt. Die Verlässlichkeit von Erfolgsmessungen und die Gültigkeit der Messergebnisse sind allgemeine, auf betriebliche Belange ebenfalls anwendungsbedürftige Anforderungen der empirischen Sozialforschung.

Praktische Bedingungen zur Durchführung von Evaluationen müssen mit bedacht werden, um die Abläufe der Kontrollvorgänge und auch ihre Ergebnisse zu präzisieren, zu systematisieren und zu organisieren.

Die *wichtigsten Randbedingungen*, unter denen Evaluationsvorgänge ablaufen, sind zu analysieren und gegebenenfalls durch konkrete Festlegungen in den Griff zu bekommen. Dazu gehört die Verteilung der Kontrollkompetenzen, die Bestimmung derjenigen Personen, die Zugang zu den Evaluationsergebnissen erhalten etc.

Diejenigen Personen(gruppen), die an der Durchführung von Evaluationen zu Entwicklungsmaßnahmen beteiligt werden sollen, müssen bestimmt werden. Dafür kommt grundsätzlich ein relativ großer Kreis von Personen in Frage, und zwar durchaus nicht lediglich als alternative Kontrollträger, sondern – zumindest teilweise – auch gemeinsam: Trainees, Trainer, Vorgesetzte, neutrale Dritte aus dem Bildungsbereich. Ebenso ist zu entscheiden, ob überhaupt Mitarbeiter des Betriebs oder betriebsexterne Personen herangezogen werden. Kriterien, die für diese Entscheidung relevant sind, betreffen:

Beteiligte

- das Vertrauen in die Kompetenz der Auswertung durch die Nutzer der Auswertungsergebnisse,
- die Objektivität bzw. Unabhängigkeit von Interessengruppen,
- das Programmverständnis,
- die Interpretationsfähigkeit der Evaluationsergebnisse und
- die Autonomie.

5.3.4.5 Evaluationsinstrumente

Eine Auswahl unter mehreren Evaluationsinstrumenten muss gleichzeitig deren Einsatz spezifizieren. Dies geschieht, wenn Antworten auf alle der folgenden fünf Fragen gefunden werden, was im Übrigen instrumentenorientierten Festlegungen hinsichtlich der oben erörterten praktischen Bedingungen gleichkommt:

Was will man?

- Was wird gemessen? Am Erfolg welcher Entwicklungsphase soll angesetzt werden: am Input, am Prozess oder am Ergebnis (Output)? An einer, an mehreren, an allen?
- Bei wem wird der Erfolg gemessen: Nur bei den Trainees oder auch bei Kontrollgruppen? Wer nimmt zum Ergebnis Stellung: die Vorgesetzten, die unterstellten Mitarbeiter der Trainees?
- Wer führt die Evaluation durch?
- Wie werden die Evaluationsvorgänge terminiert?
- Welche Instrumente zur Datenerhebung werden eingesetzt? Die Beantwortung dieser Frage hängt wiederum von der Entwicklungsebene ab, d. h. von der Antwort auf die erste Frage. Die Instrumente sind weithin bekannt und hinreichend beschrieben; daher genügen hier knappe Antworten (vgl. Thierau-Brunner/Stangel-Meseke/Wottawa, 1999, S. 274):

Instrumente

- *Beobachtungen* können sich nur auf beobachtbare Vorgänge, zum Beispiel Verhalten, beziehen, nicht jedoch direkt auf die Feststellung von Wissen, Fähigkeiten o. Ä. Sie erfordern systematische Beobachtungspläne, die zu beobachtenden Gegenstände, die Art ihrer Erfassung, ihrer Dokumentation etc. vorschreiben, um intersubjektiv gleiche Handhabung sicherzustellen.
- *Befragungen* sind ebenfalls zwecks Erlangung verlässlicher Ergebnisse zu strukturieren, zum Beispiel mit Hilfe von Fragebögen. Subjektive Verzerrungen und Wertungen beim Erheben, Dokumentieren und Interpretieren können ausgeschaltet werden, wenn die Befragenden intensiv geschult werden (z. B. für die übereinstimmende Handhabung eines Beurteilungssystems).
- *Psychologische Testverfahren* (vgl. Teil 3, Kap. 2.3.3.5), die als Kombination von Befragungen und Beobachtungen auftreten können, sind relativ aufwendige Instrumente, sodass ihr Einsatz nur bei besonderen Anlässen, zum Beispiel dem Training von Qualifikationen, die für einen Arbeitsplatz einen besonders hohen Stellenwert haben (etwa in Verbindung mit erwogenen Stellenbesetzungsänderungen), sinnvoll erscheint.
- Zu den sogenannten *klassischen Prüfungsverfahren* sind, bezogen auf Fortbildungsmaßnahmen, zum Beispiel Wissens-, Fertigkeits-, Arbeitsproben zu zählen. Sie können dann angewandt werden, wenn mit ihnen die Prüfinhalte auf die Prüfergebnisse abgestellt werden können, die erzielt werden sollen, und möglichst zweifelsfrei handhabbare Bewertungskriterien zur Verfügung stehen.
- *Statistiken und Kennziffern*, die vom betrieblichen Rechnungswesen oder von speziellen, Statistiken aufbereitenden Stellen geliefert werden. Als Beispiele können Angaben über Fluktuation, Absentismus, Ausschussprodukte, Produktionsmenge usw. gelten. Kennziffern sind allerdings für die Kontrolle von Erfolgen nur selten geeignet. Häufiger werden sie zur Messung von Leistungsveränderungen herangezogen (Auftrags-, Kostenentwicklung etc.). Als alleiniges Prüfinstrument erscheinen sie – insbesondere infolge des Problems der nicht bzw. nur annäherungsweise möglichen Erfolgszurechenbarkeit – zweifelhaft.
- Mithilfe von plan- oder routinemäßig durchgeführter *Personalbeurteilung* in Form einer Leistungsbeurteilung (s. Teil 3, Kap. 1.4.2) kann die Anwendungs-

ZUR VERTIEFUNG

Critical-Incident-Technique

Die Critical-Incident-Technique (= Verfahren bzw. Methode der kritischen Ereignisse) wird sowohl im Rahmen der Arbeitsforschung und der Qualifikations-/Eignungsforschung als auch der Evaluierung eingesetzt. Das von Flanagan (1954) ursprünglich entwickelte halbstandardisierte Verfahren versucht ganz bewusst, im positiven wie negativen Sinne herausragende »kritische« Verhaltensweisen oder Ereignisse eines Arbeitsplatzes bzw. Arbeitsplatzinhabers durch die Befragung von Vorgesetzten und/oder Arbeitsplatzexperten herauszufinden, die in der Vergangenheit besonders zum Erfolg bzw. zum Misserfolg beigetragen haben. Es werden also keine typischen bzw. repräsentativen Tätigkeitsausschnitte erhoben. Die erhobenen Beispiele werden skaliert und letztlich mittels einer Checkliste der »kritischen Ereignisse« dargestellt.

wirkung von Personalentwicklungsmaßnahmen im Funktionsfeld überprüft werden. Dies empfiehlt sich besonders, wenn die Entwicklungsmaßnahmen aufgrund einer Defizitfeststellung bei einer vorhergehenden Personalbeurteilung veranlasst wurden.
- Darüber hinaus können Interviews, psychometrische Tests (über Einstellungen, Werte, Persönlichkeit, Präferenzen etc.), Betriebsdaten (z. B. Finanzdaten), persönliche Aufzeichnungen und physische Tests für die Evaluation herangezogen werden

5.3.4.6 Probleme

Wesentlich anspruchsvoller sind hier Evaluationen, die sich auf die Anwendung des durch den Probanden Gelernten bzw. Angeeigneten in der Praxis beziehen. Hierbei sind sowohl die Entwicklungssituation als auch die Anwendungsvoraussetzungen in die Evaluation mit einzubeziehen. Sonntag/Schaper (1999, S. 234) führen, unter Verweis auf eine Studie von Baldwin/Ford (1998), kritisch an, dass in der Praxis eine Konzeptualisierung und Operationalisierung von Transferkriterien häufig schon deshalb nur mangelhaft erfolgt, weil Kenntnisse über Arbeitsplatz- und Tätigkeitsmerkmale nur in unzureichendem Maße vorliegen.

Zu den größten *Problemen* von Evaluationen gehört sicherlich, dass der ökonomische Erfolg von Personalentwicklungsmaßnahmen nur schwer messbar ist. Die Nutzenmessung ist nur über Umwege und höchst unzuverlässig zu erreichen. Hauptgrund dafür ist, dass es außerordentlich schwierig (wenn nicht unmöglich) ist, einen festgestellten Erfolg (z. B. in Form verbesserter Leistungen eines Mitarbeiters) einer bestimmten Personalentwicklungsmaßnahme zuzurechnen.

Probleme: Zurechenbarkeit, Operationalisierung

Hinzu kommen *Operationalisierungsschwierigkeiten*: Erfolg kann bei berufsfachlichen Qualifikationen durch die erreichte Qualifikation, gemessen an der Erfüllung von Anforderungen, operationalisiert werden. Diese Operationalisierungsmöglichkeit fehlt jedoch bei fachübergreifenden Qualifikationen, welche sich vielmehr in einem qualifizierten Bewusstsein und differenzierenden Verständnis für Vorgänge und in geänderten Verhaltensweisen bei der Ausübung von Aktivitäten niederschlagen, die auf Erfahrung als Ergebnis von Interaktionsprozessen beruhen. Diese Parameter können zwar durch Personalentwicklung beeinflusst werden, jedoch ist eine Zurückführung von Veränderungen auf einzelne Personalentwicklungsmaßnahmen nicht möglich; dies ist eine weitere spezielle Variante des allgemeinen Zurechnungsproblems. Die Vermittlung von Qualifikationen der Persönlichkeit entzieht sich ganz der Möglichkeit der Operationalisierung, da von diesen kein direkter Zusammenhang zu konkret formulierten Anforderungen oder Aufgaben hergestellt werden kann. Dies aber trifft für bestimmte Personalentwicklungsmaßnahmen, vor allem für solche, die auf Verhaltensänderungen abzielen, zu.

Der Anlass für Bewährungschancen im Funktionsfeld, in denen sich ein eventueller Erfolg zeigen könnte, ist auch nicht eindeutig vorhersehbar, sondern auch von der jeweiligen Arbeitssituation abhängig.

Eine Evaluation sieht sich prinzipiell einer *Vielzahl von Restriktionen* gegenüber (vgl. Neuberger, 1994; Bronner/Schröder, 1992), die insbesondere die Verfolgung

Restriktionen

5.3 Personalentwicklung
Prozessphasen der Personalentwicklung

der Legitimationsfunktion erschweren oder unmöglich machen. Auf einige wesentliche Probleme wird im Folgenden eingegangen:

1. Im Rahmen einer »ideal«-typischen Evaluation wird für jede individuelle Maßnahme auf jeder Ebene eine Evaluierung vorgenommen und das Ergebnis mit dem einer Kontrollgruppe verglichen. Dies erfordert einen umfassenden *Aufwand* – nicht nur bei der Personalentwicklung, sondern auch bei den Vorgesetzten und den Mitarbeitern. Die Ressourcenbeschränkung hat zur Folge, dass solche Idealdesigns nicht realisiert werden können. Selbst wenn bei Standardveranstaltungen eine solche Evaluation nur in Abständen erfolgt und/oder jeweils nur ein Evaluationslevel abgetestet würde, wäre der Aufwand nach wie vor groß. Daneben würde vermutlich auch die Akzeptanz solcher Evaluationsmaßnahmen sinken: Der empfundene Ärger über die immer wiederkehrenden Mitarbeitergespräche, Fragebögen etc. führt erfahrungsgemäß im »besten Fall« zu einer rein formalen Umsetzung.
2. Personalentwicklung ist umfangreich, die *Wirkungszusammenhänge* sind zumindest teilweise unklar. Die Entwicklung von Mitarbeitern in ihrer Komplexität und Dynamik ist nur reduziert abbildbar. Gerade überfachliche Qualifizierungsmaßnahmen und aufeinander aufbauende Personalentwicklungsprogramme zeigen ihre Wirkung nicht sofort (vgl. Bergmann, 1991). Daraus folgen Restriktionen für die Datenerhebung, Mess- und Bewertungsprobleme sowie Schwierigkeiten einer Wirkungsanalyse.
3. Die vierte und fünfte Stufe der Output-Evaluation ist mit den größten Schwierigkeiten behaftet: Oft wirken neben Trainingseffekten noch *andere Einflüsse* (organisatorische und/oder personale Veränderungen, Wirtschaftskrisen). Von daher lassen sie sich nur in den seltensten Fällen zweifelsfrei identifizieren. Man kann zwar erwarten, dass ein Mitarbeiter nach einer Maßnahme mehr Umsatz macht oder eine Abteilung ihren Gewinn steigert etc., aber ob eine Umsatzsteigerung zweifelsfrei auf das Training zurückzuführen ist, ist allerdings ein Idealziel. Zudem ist es auf diesen Ebenen unabdingbar, Kontrollgruppen heranzuziehen. Dies betrifft nicht nur die Ergebnisse, sondern ganz besonders auch den Kosten-Nutzen-Vergleich.
4. *Zufall* spielt eine Rolle. Wären die Mitarbeiter ohne Training vielleicht auch schneller geworden? Zeitgleich mit der Qualifizierung finden andere Veränderungen statt. Organisatorische Umgestaltungen, neue Mitarbeiter/Vorgesetzte, schriftliche Instruktionen, andere Technologien u. a. m. sind einerseits Lernstimuli und andererseits Lerninhalte, die anderes Verhalten verursachen können. Alleine oder zusammen fördern sie möglicherweise das ökonomische Ergebnis – auch in der Kontrollgruppe. Idealtypische methodische Voraussetzungen (»ceteris paribus«) liegen in Unternehmen nun einmal nicht vor.
5. Die bei den Ebenen der Output-Evaluation suggerierte *Konsequenzenkette* ist nicht gesetzmäßig zu verstehen, beispielsweise: Mangelnder Erfolg auf der Lernebene am Seminar kann durch gute Transferbedingungen im Funktionsfeld kompensiert werden. Als unangenehm empfundene Qualifizierungsmaßnahmen können dennoch das Verhalten am Arbeitsplatz positiv verändern. (Allerdings gibt es auch andere Ansichten; vgl. Phillips/Schirmer, 2005.)

6. Ein nur individueller Bedarfsbegriff, der auf die Defizite einzelner Mitarbeiter ausgerichtet ist, stellt keine geeignete Basis dar. Ein Betrieb ist vor allem daran interessiert, dass das eruierte *Problem* beseitigt wird, der Qualifizierungsbedarf und -wunsch der Mitarbeiter ist nachrangig zu bewerten – erst recht, wenn es ökonomisch günstigere Maßnahmen zur Problemhandhabung gibt.

5.3.4.7 Transfermanagement

Personalentwicklung wird aus betriebswirtschaftlicher Sicht nicht um ihrer selbst willen betrieben. Entsprechend ist nicht die Qualifizierungsmaßnahme das Ziel, sondern die *effektive Anwendung des Gelernten im Funktionsfeld* (unter Berücksichtigung einer Kosten-Nutzen-Relation der Personalentwicklung). Dies geschieht nicht von allein, sondern es ist notwendig, eine solche Aktivität als zentralen, integralen Inhalt der Personalentwicklung aufzufassen und ein entsprechendes Transfermanagement zu gestalten. Ohne transfersichernde Maßnahmen im Prozess ist die Gefahr einer erfolglosen Personalentwicklung größer.

»Zwischen Wissen und Können liegt manchmal ein langer Weg.«
Else Pannek

Mit Lerntransfer ist gemeint, dass mit zunehmender physischer, zeitlicher und inhaltlicher Entfernung des Lernfelds vom Arbeitsfeld, die Übertragung neu gelernter Kenntnisse, Fähigkeiten sowie Einstellungen auf die konkrete Berufssituation schwieriger werden (vgl. von Rosenstiel/Nerdinger, 2011, S. 225 f.). Dieser Transfer eines erfolgreich gelernten Aspekts in eine Verhaltensänderung am Arbeitsplatz ist jedoch Voraussetzung für eine Effizienzsteigerung von Organisation und Management und für individuelle Höherqualifizierung. Hierbei wird deutlich, dass Bildungsmaßnahmen keinen Selbstzweck haben. Endziel ist es, dass den Teilnehmern an einer Entwicklungsmaßnahme die Übertragung des Gelernten auf ihre berufliche Situation gelingt. Diese Übertragung bezeichnet die Fähigkeit, Kenntnisse, Erfahrungen und Verhaltensweisen in Situationen anzuwenden, die von der Lernsituation verschieden sind. Während die Lernerfolge im Lernfeld stattfinden (Phase »Input«, »Prozess« und »Output«), erfolgt der Transfer im Funktionsfeld (Phase »Output«).

Lerntransfer

> So kann zum Beispiel eine Führungskraft zwar an einem Seminar über Menschenführung erfolgreich teilnehmen (erfolgreich z. B. durch das Bestehen einer schriftlichen oder mündlichen Abschlussprüfung), ob sie allerdings im Umgang mit ihren Mitarbeitern das gewünschte Verhalten zeigt, kann damit nicht gleichzeitig und selbstverständlich angenommen werden.

Das Modell der *Transferlücke* visualisiert die gerade skizzierte Problematik (s. Abbildung 3-96).

In der zuerst gezeigten zeitlichen Phase wird ein Personalentwicklungsbedarf hinsichtlich von Fähigkeiten und Verhalten im Funktionsfeld konstatiert. In der zweiten Phase erfolgt im Lernfeld die positive Veränderung der individuellen Fähig-

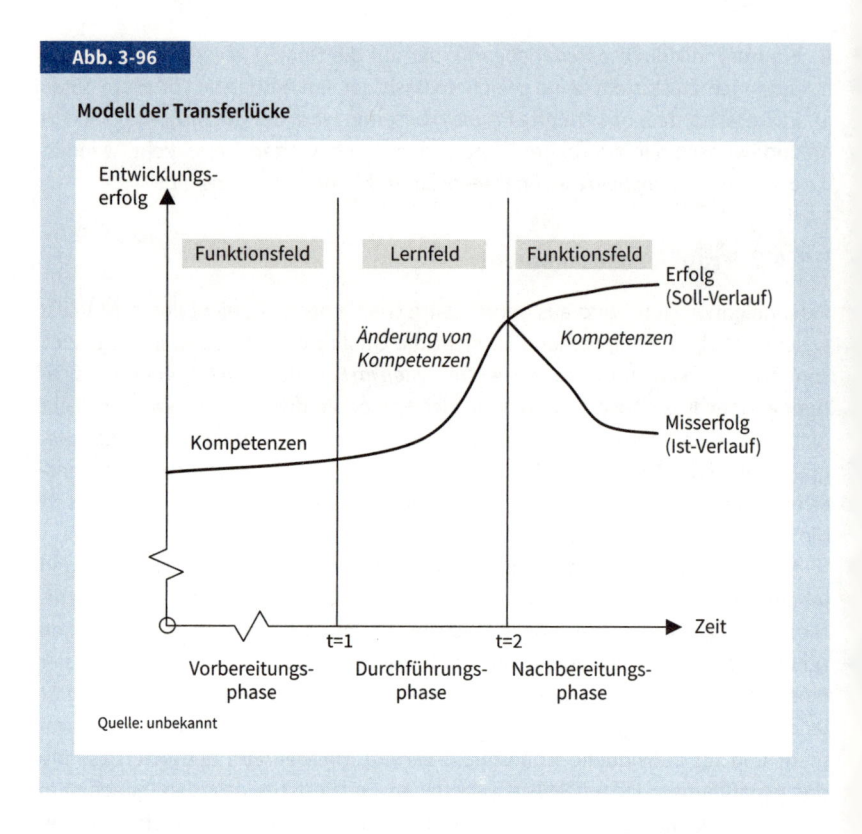

5.3 Personalentwicklung
Prozessphasen der Personalentwicklung

Abb. 3-96

Modell der Transferlücke

Quelle: unbekannt

keiten und Verhaltensweisen. Entscheidend – für den Erfolg – ist die dritte Phase, die aufzeigt, ob die prinzipiell verbesserten Fähigkeiten und Verhaltensweisen auch im Funktionsfeld Anwendung finden. Ohne spezielle Bemühungen diesen Prozess zu unterstützen, ist die Wahrscheinlichkeit des Verlernens (Ist-Verlauf) groß. Intendiert ist, dass das Gelernte durch Anwendung stabilisiert und verbessert wird (Soll-Verlauf). Dies sicherzustellen ist Aufgabe des Transfermanagements.

Das Transfermanagement (synonym: Transfersteuerung; Maßnahmen im Entwicklungsprozess, um die Anwendung des Gelernten zu ermöglichen, zu forcieren und zu sichern) wird hier differenziert in eine Vorsteuerungs- (Analyse- und Planungsphase) und in eine Sicherungsphase (Durchführungs- und Transferphase).

Transfervorsteuerung

Transfervorsteuerung beginnt mit dem Personalentwicklungsprozess an sich, indem alle Maßnahmen im Vorfeld wie auch während der Qualifizierungsphase explizit den Transfer des im Lernfeld Gelernten in das Funktionsfeld im Auge haben und entsprechende Maßnahmen vorsehen, die die spätere Übertragung sicherstellen helfen. Die Bedarfsanalyse thematisiert auch, inwieweit eine Person das Potenzial hat – mit welchen anderweitige Hilfen –, einen positiven Transfer vorzunehmen. Die Umweltanalyse berücksichtigt, welche Zeitpunkte (bspw.: Nähe zum Zeitpunkt der

Anwendung) und welcher Zeitablauf der Entwicklung (bspw.: sukzessiver und nachhaltiger Trainingsplan) für eine spezifische Person und eine spezifische Arbeitssituation am hilfreichsten für das Schließen einer Lücke sind. Beide Aspekte fließen in die Planung der Personalentwicklung und natürlich in die Qualifizierungsmaßnahme ein. Dies ist prinzipiell bei Off-the-Job- und On-the-Job-Maßnahmen ähnlich, wenngleich es prinzipiell beim Lernen am Arbeitsplatz einfacher ist, den tatsächlichen Transfer auch zu üben. Deshalb ist es bei On-the-Job-Maßnahmen notwendig, so weit als möglich Anwendungsphasen in den Qualifizierungsphasen vorzusehen.

Transfersicherung
Transfersicherung startet spätestens am Ende der Qualifizierungsmaßnahme. Bergmann/Sonntag (2006, S. 287) formulieren treffend: »Transfer erfolgt dann, wenn in einem Zusammenhang ... ein Lernprozess stattgefunden hat und der Lerner in einem zweiten, veränderten Zusammenhang ... mit einer Aufgaben- und Problemstellung konfrontiert wird, auf die eine Anwendung des Gelernten sinnvoll oder hilfreich ist.« Es gilt, das Gelernte zu erhalten und am Arbeitsplatz in den Situationen anzuwenden, für die die Maßnahme vorgesehen war. Ein sogenannter horizontaler positiver Transfer ist das Mindeste, was erreicht werden soll. Idealtypischerweise – und aus Kosten-Nutzen-Erwägungen geradezu optimal – wäre ein vertikaler Transfer, bei dem weiteres Lernen durch das neu hinzugewonnene Know-how entstehen würde. Die weiter vorne angesprochene »Lernende Organisation« (insb. mit »Double-loop-« und »Deutero-learning«) würde so entstehen bzw. unterstützt.

Dieses für die Personalentwicklung – insbesondere das Training-off-the-Job – zweckmäßige Verständnis lässt sich mit Rank/Wakenhut (1998, S. 6) noch erweitern oder präzisieren: »... Je nach Ähnlichkeit der Trainings- und Anwendungssituation erfolgt ›naher‹ bzw. ›weiter‹ Transfer, d. h. die Generalisierung auf ähnliche oder wenig ähnliche Umgebungsbedingungen ... Transfereinführung entspricht dem Grad, in dem der Teilnehmer erstmals versucht, Gelerntes im Anwendungsfeld anzuwenden; die [Transfer-] Aufrechterhaltung meint den Grad, in dem diese Anwendungsversuche über einen längeren Zeitraum fortgeführt werden. Transfererfolg beinhaltet dann gelungene Transfereinführung und Aufrechterhaltung ...« Rank/Wakenhut (1998) sprechen hier insbesondere den dauerhaften Transfer zum System: Individuelle Lernerfolge werden in das Funktions- bzw. Anwendungsfeld transferiert.

Ziel: Transfer zum System

> Aus den Vorüberlegungen ergibt sich, dass nicht erst am Ende eines Entwicklungszyklus mit Maßnahmen der Transfersicherung angesetzt werden sollte. Im Gegenteil: Elemente zur Transfersicherung setzen an allen Phasen des Zyklus an und stellen eine zentrale Aufgabe der Führungskräfte dar (vgl. auch Abbildung 3-97 mit beispielhaften Inhalten).

5.3 Personalentwicklung
Prozessphasen der Personalentwicklung

Abb. 3-97

Phasen der Transfersicherung

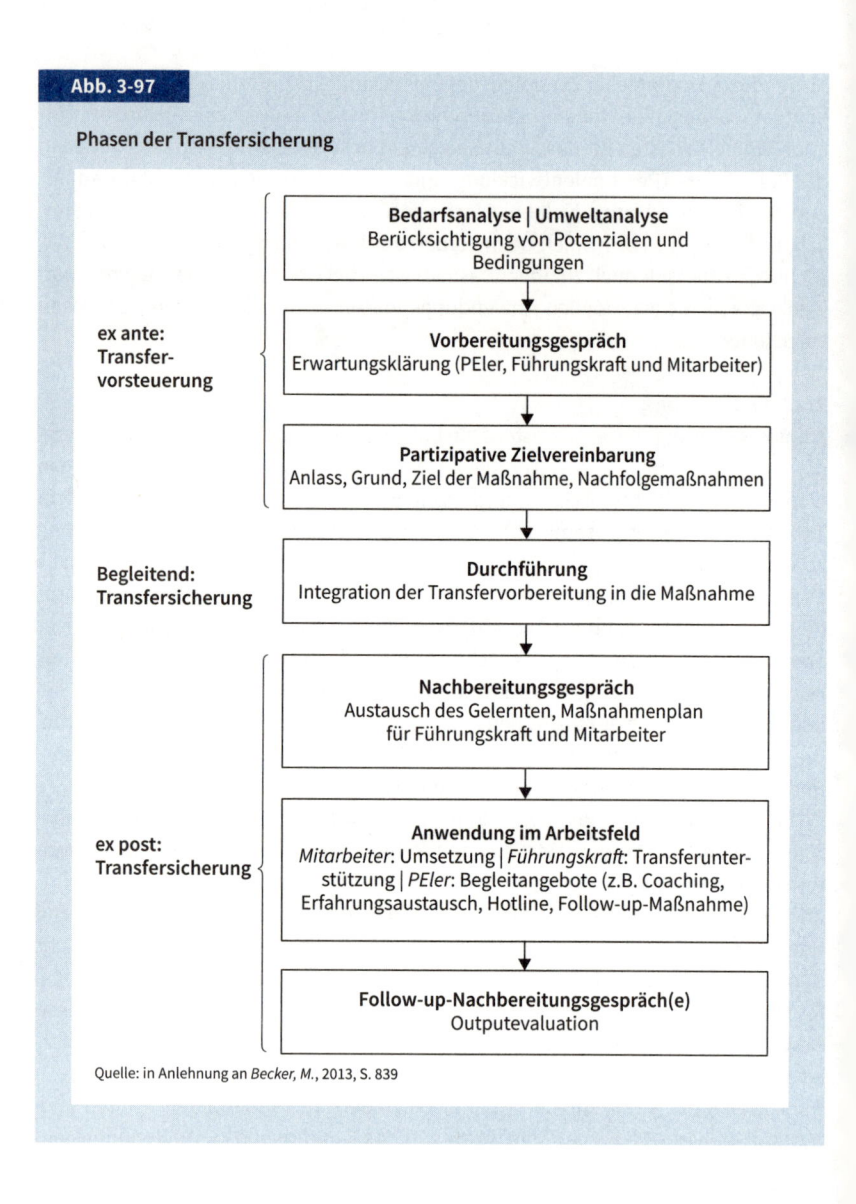

ex ante: Transfervorsteuerung
- **Bedarfsanalyse | Umweltanalyse**
  Berücksichtigung von Potenzialen und Bedingungen
- **Vorbereitungsgespräch**
  Erwartungsklärung (PEler, Führungskraft und Mitarbeiter)
- **Partizipative Zielvereinbarung**
  Anlass, Grund, Ziel der Maßnahme, Nachfolgemaßnahmen

Begleitend: Transfersicherung
- **Durchführung**
  Integration der Transfervorbereitung in die Maßnahme

ex post: Transfersicherung
- **Nachbereitungsgespräch**
  Austausch des Gelernten, Maßnahmenplan für Führungskraft und Mitarbeiter
- **Anwendung im Arbeitsfeld**
  Mitarbeiter: Umsetzung | *Führungskraft*: Transferunterstützung | *PEler*: Begleitangebote (z.B. Coaching, Erfahrungsaustausch, Hotline, Follow-up-Maßnahme)
- **Follow-up-Nachbereitungsgespräch(e)**
  Outputevaluation

Quelle: in Anlehnung an *Becker, M.*, 2013, S. 839

Ziel: Transfer im System

Darüber hinaus könnte man als Idealziel noch den weitergehenden Transfer im System ansprechen. Hier werden die ersten Impulse im Betrieb von anderen Personen aufgenommen und lösen damit auch bei diesen Lernen bis zum System aus.

Zur Erfassung der Problematiken wurden Transfertheorien entwickelt sowie empirische Studien durchgeführt, aus denen einzelne Determinanten des Transfererfolgs abgeleitet werden können (vgl. Werning, 2013; Meißner, 2012, S. 26 ff.; Bader, 2017). Nachfolgend werden einige Aspekte angeführt.

Transferhemmnisse

Es gibt eine Vielzahl von Transferhemmnissen, Abbildung 3-98 zeigt beispielhaft einige. Im Rahmen der Transfersteuerung ist es notwendig, Transferhemmnisse zu

Prozessphasen der Personalentwicklung 5.3

TERMINOLOGIE

Transfer-Begriffe

- *Positiver Transfer* bedeutet die erfolgreiche Übertragung des neu erworbenen Wissens, der neu erworbenen Fähigkeiten und Verhaltensweisen auf nicht trainierte, reale Aufgabensituationen.
- *Negativer Transfer* spricht die Situationen an, bei dem neu erworbenes Know-how hinderlich für andere Aufgaben ist, da Handlungsprogramme gewechselt werden müssen und ein so verursachter Korrekturaufwand – zumindest zeitlich befristet – entsteht. (Einfaches Beispiel: Fahren eines Autos mit Automatikschaltung im Arbeitsleben und eines schaltgetriebenen Autos privat.)
- Ein *horizontaler Transfer* spricht die erfolgreiche Übertragung des Gelernten in das Funktionsfeld an (= Transfer zum System). (Einfaches Beispiel: Lernen von Prezi off-the-Job und Anwendung bei Präsentationen im Betrieb.)
- Ein *vertikaler Transfer* pointiert darüber hinaus auch eine weitere Qualifikationssteigerung im Sinne eines sukzessiven Dazulernens. Die Personalentwicklungsmaßnahme hat hier quasi einen Impuls zum selbstständigen und/oder weitergehenden Lernen gegeben.
- *Null-Transfer* benennt einen fehlenden Transfer – also die Ineffektivität der Maßnahme. Darüber hinaus ist es kein einfach zu lösendes Problem, festzustellen, ob ein Transfer – und wodurch – stattgefunden hat. Situative Impulse sind nicht alle geplant, haben unterschiedlich fördernden und hinderlichen Charakter und sind interdependent. Verändertes Verhalten im Anschluss an eine Trainingsmaßnahme muss nicht unbedingt (allein) durch diese Maßnahme verursacht sein. Gleichzeitig veränderte Entgeltstrukturen, andere Kollegen, andere Arbeitsverfahren können dazu ebenso oder sogar stärker beigetragen haben. Statische Arbeitssituationen liegen in der betrieblichen Arbeitswelt nun einmal nicht vor – allenfalls abgestimmte Veränderungen von Arbeitssituationen (aber auch dies nicht immer).

erkennen und im Rahmen von Transfervorsteuerung und -sicherung zu berücksichtigen, gegebenenfalls auch abzubauen.

Abb. 3-98

Transferprobleme und -hemmnisse: Beispiele

Transferprobleme und Transferhemmnisse	Beispiele
Persönliche Hindernisse	• Fehlende Fähigkeit zur Umsetzung • Fehlende Motivation zur Umsetzung
Mangelnde Passung von Problem und Maßnahmen	• Mangelnder Bezug der Inhalte zu den Erfahrungen der Mitarbeiter • Inadäquate Wahl der Methoden • Ungenügende Lernübung • Verschiedenheit der Lernaufgaben in Schulung und Arbeitsplatz • Zeitabstand der Maßnahmen bis zur Umsetzung zu groß
Organisatorische Hindernisse	• Mangelnde Gelegenheit/Zeit zur Umsetzung • Diskrepanz in der Lernintensität zwischen Lernziel und Arbeitsplatzanforderung • Mangelnde Unterstützung zur Umsetzung (bspw. durch Vorgesetztenverhalten, innovationsfeindliches Klima im Betrieb) • Mangelnde Ausstattung zur Umsetzung

Quelle: in Anlehnung an *Becker, M.*, 2013, S. 840

5.3 Personalentwicklung
Prozessphasen der Personalentwicklung

Gefahren

Insbesondere, wenn die Maßnahme der Führungskräfteförderung dienen soll, können bei ausbleibendem Lerntransfer folgende *Gefahren* entstehen (vgl. Stiefel, 1995, S. 82):

- mangelnde Führungskompetenz führt zu unterlassener Nutzung von wettbewerblichen Möglichkeiten und zu Entwicklungskrisen des Betriebs,
- Klimaverschlechterungen innerhalb des Betriebs, wenn ausbleibender Erfolg die Rechtfertigung für Fördermaßnahmen vereitelt,
- Abgang von Mitarbeitern mit Qualifizierungspotenzial, wenn diese mangels Transfer zu Verlierern werden,
- hohe Entwicklungsausgaben ohne entsprechenden Nutzen.

Empirische Untersuchungen ergaben schon früh, dass der Transfer erleichtert wird, wenn:

- das Lern- und Arbeitsfeld gleiche Strukturen aufweist (»Theorie der identischen Elemente«; vgl. Stiefel, 1995, S. 81),
- die Lehrenden eine fundierte Kenntnis des Arbeitsfeldes haben,
- die Lerninhalte auf verschiedene Situationen bezogen werden, um Generalisierungen anzuregen,
- der Praxisbezug explizit wie implizit wahrgenommen wird,
- die Arbeitsumgebung den individuellen Lernbedürfnissen angepasst wird,
- eine Transfermotivation vorhanden ist oder gefördert wird sowie
- die zugrunde liegende Bedarfsanalyse tatsächlich bedarfs- und situationsadäquat war (vgl. Meißner, 2012, S. 218 ff.).

Die Transferproblematik betrifft auch das »Klima« am Arbeitsplatz, da hier eine Bereitschaft für eine Neuerung (von den Vorgesetzten, Mitarbeitern) vorhanden sein muss, soll eine Änderung stattfinden. Findet kein Transfer statt, kann gegebenenfalls zumindest bezüglich anders gearteter Aspekte, wie Auszeichnung, Anerkennung, Belohnung, Kontaktpflege, Klimaverbesserung etc. ein (Fortbildungs-)Erfolg konstatiert werden.

Es gibt in der wissenschaftlichen Literatur *keine einheitliche Sichtweise*, wie mit der Transferproblematik umzugehen ist. Je nach lerntheoretischer Ausgangsposition wird Transfer anders verstanden und angegangen.

Referenzmodell zum Transfer

Verschiedene Rahmenmodelle zur Analyse des Transfers liegen vor (vgl. Baldwin/Ford, 1988; Rank/Wakenhut, 1998; Stufflebeam, 2003; Meißner, 2012). Sie fokussieren bei der Beendigung für gelungenen Transfer die Ausgangsbedingungen (Teilnehmermerkmale, Trainingsdesign, Arbeitsumgebung), den Trainingsablauf selbst sowie – zumindest Rank/Wakenhut (1998) – wiederum Teilnehmermerkmale und Arbeitsumgebung nach dem Training – als wesentliche Einflussfaktoren. Entsprechend ergeben sich unterschiedliche Ansatzpunkte zur Transferförderung (vgl. Vandenput, 1973; Bergmann/Sonntag, 1998, und v. a. Meißner, 2012). Der Transfer ist dabei in vielen Betrieben noch gar nicht auf der Agenda. Allerdings zeigen sich Tendenzen, dass sich dies langsam ändern wird.

Status quo in der betrieblichen Praxis

Literaturanalysen wie auch Erfahrungen der Autoren zeigen, dass die praktische Umsetzung der Evaluation und des Transfermanagements trotz mancher Initiativen in Betrieben noch in den *Kinderschuhen* steckt – weder spezifisch noch ganzheitlich ist ihre praktische Umsetzung weit fortgeschritten. Diese empirisch allerdings nicht hinreichend gestützte These war Ausgangspunkt für die Durchführung dreier empirischer Studien (vgl. Becker, F.G./Meißner/Werning, 2008, 2008a; Meißner, 2012; Bader, 2017). Ziel der erstgenannten Erhebung war es, den aktuellen Entwicklungsstand der Evaluation von externen Weiterbildungsmaßnahmen in Betrieben zu erfassen und zu beschreiben. Sie sollte auch ergeben, inwieweit die These (»Die Evaluation und die Transfersicherung stecken in den Kinderschuhen!«) zutrifft. Diese Ausgangsthese hat sich weitgehend bestätigt. Zumindest in der näheren Analyse zeigt sich, dass in der Breite der Evaluation vielfach zu kurz gegriffen sowie in den angewendeten Instrumenten zu viel Gewicht auf die Selbstauskünfte der Teilnehmer von Weiterbildungsmaßnahmen (»happy sheets«; vgl. Becker, F.G./Wittke/ Friske, 2010) unmittelbar nach Ende der Maßnahme gelegt wird. Die Studie zeigt aber auch, dass in aller Regel Betriebe nach einer (längeren) Dauer der Beschäftigung mit der Thematik sowohl die Breite als auch den Instrumenteneinsatz erweitern. Die beiden letztgenannten Studien beschäftigen sich sowohl mit den Determinanten eines erfolgreichen Transfers als auch mit den Gründen, weshalb ein Transfermanagement – nicht, rudimentär oder umfassend – durchgeführt wird. Sie bieten von daher Ansatzpunkte zur Professionalisierung entsprechender Tätigkeiten – sofern man über die Qualifizierungsmaßnahmen hinaus handeln möchte.

WIEDERHOLUNGSFRAGEN ZU KAPITEL 5

1. Welche Ansatzpunkte der Personalentwicklung gibt es?
2. Skizzieren Sie gesellschaftliche Ziele der Mitarbeiter sowie des Betriebs, die mit der Personalentwicklung verfolgt werden können.
3. In welchem Zusammenhang stehen Personalentwicklung und Selbstentwicklung?
4. Skizzieren Sie die einzelnen Bestandteile des Personalentwicklungsprozesses.
5. Wozu dienen eine Entwicklungsbedarfs- und Umfeldanalyse im Rahmen der Personalentwicklung?
6. Auf welche Art und Weise kann der betriebliche Entwicklungsbedarf erhoben werden?
7. Welche Personalentwicklungsarten kann man unterscheiden?
8. Skizzieren Sie das duale System der beruflichen Ausbildung in Deutschland.
9. Was sind Aufgaben und Ziele von Trainee-Programmen?
10. Skizzieren Sie einen idealtypischen Ablauf einer Fortbildungsmaßnahme.
11. Worin unterscheidet sich die quantitative von der qualitativen Arbeitsfeldverkleinerung?
12. Differenzieren Sie Job Enlargement, Job Enrichment und Job Rotation.

5.3 Personalentwicklung
Prozessphasen der Personalentwicklung

13. Skizzieren Sie die Merkmale eines betrieblichen Karrieresystems.
14. Welche Ziele der Karriereplanung kann man unterscheiden?
15. Erläutern Sie unterschiedliche Laufbahnformen.
16. Welche Probleme gehen mit Karriereplänen einher?
17. Skizzieren Sie die unterschiedlichen Karrierephasen in Zusammenhang mit existierenden Lebensphasen.
18. Was sollte im Rahmen der Auswahl von Personalentwicklungsmethoden beachtet werden?
19. Wodurch ist die Personalentwicklung am Arbeitsplatz gekennzeichnet?
20. Skizzieren Sie mögliche Instrumente, die im Rahmen der Personalentwicklung am Arbeitsplatz eingesetzt werden können.
21. Wodurch ist die Personalentwicklung außerhalb des Arbeitsplatzes gekennzeichnet?
22. Erläutern Sie die Notwendigkeit der Evaluation der Personalentwicklung.
23. Skizzieren Sie die unterschiedlichen Evaluationsebenen und -bereiche.
24. Welche Probleme können im Rahmen einer Evaluation auftreten?
25. Was ist unter dem Begriff des Lerntransfers zu verstehen?

6 Anreizsysteme

> **LEITFRAGEN**
>
> **Zum Verständnis von Anreizsystemen**
> - Was ist überhaupt ein betriebliches Anreizsystem? Wovon gehen – gezielt – gestaltbare Anreizwirkungen aus?
> - Welche Anreize kann man zur Teilnahme-, zur Bleibe- und/oder zur Leistungsmotivation – gezielt – einsetzen?
> - Was wirkt alles als Anreiz im Betrieb?
> - Gibt es Unterschiede zwischen Anreizen und Belohnungen?
> - Welche Funktionen kann ein Anreizsystem erfüllen?
>
> **Welche Felder der Anreizsysteme sind zu betrachten?**
> - Was ist Total Compensation?
> - Welche alternativen Entgeltmodelle für ein Festentgelt stehen zur Verfügung?
> - Welche »Stellschrauben« sind bei der Gestaltung eines variablen Vergütungssystems zu beachten?
> - Welche Einflussmöglichkeiten hat ein Betrieb beim Angebot immaterieller Anreize?
> - Wie kann man Erfolgs- und Kapitalbeteiligungssysteme sinnvoll gestalten?
>
> **Zuständigkeit**
> - Wer ist für welche Teilbereiche eines betrieblichen Anreizsystems verantwortlich? Wer handelt?
> - Welche Mitwirkungsrechte hat der Betriebsrat?

Stellen Sie sich vor, Sie suchen händeringend – zwar als Hidden Champion eines Teilmarkts, aber ansonsten ziemlich unbekannt in einer schönen Provinz als Mittelständler ansässig – zwei junge Ingenieure. Bewerbungen erhalten Sie auf Ihre Anzeige so gut wie keine. Die möglichen Mitarbeiter, die Ihnen ein Personalberater »anbietet«, sind entweder wenig geeignet oder nehmen bald ein Jobangebot eines bekannten Markenartiklers an ... Oder: Die Festangestellten Ihres Arbeitsbereichs mit unterschiedlichem Erfahrungsschatz und durchaus unterschiedlichem Leistungsverhalten erhalten aufgrund einer starren Tarifstruktur fast alle das gleiche Einkommen. Die Einsteiger und die Leistungsschwächeren finden dies nicht schlecht, andere murren und verlassen in Ein-

6.1 Anreizsysteme
Verständnis, Funktionen und Differenzierung

zelfällen sogar den Betrieb ... Oder: In einer Abteilung beobachten Sie, wie der Abteilungsleiter sich offenbar immer mehr seiner Pflichten »entledigt«. Ist ein Projektvortrag zu halten, erledigt dies für ihn die Nachwuchskraft X. Geht er Kundenbeschwerden persönlich nach, ist immer entweder Y oder Z dabei. Während seines regelmäßig drei Wochen andauernden Sommerurlaubs, muss sein jeweils als Stellvertreter eingesetzter X, Y oder Z alleinverantwortlich handeln. Was hat das alles mit Anreizsystemen (und ihren) Wirkungen zu tun?

6.1 Verständnis, Funktionen und Differenzierung

Eintritts-, Bleibe- und Leistungsanreize

Anreizsysteme sind Bestandteil jedweder betrieblicher Managementkonzeption (vgl. Wild, 1974, S. 172 ff.; Becker, F.G., 2015, S. 34 ff.) und dienen als deren Teilelement instrumentell zur Erreichung der betrieblichen Ziele. Mit ihnen wird versucht, direkt oder indirekt Mitarbeiter zu motivieren, *zielgerichtetes Verhalten* zu zeigen. Die bewusste Gestaltung eines Anreizsystems stellt eine Reaktion auf die wahrgenommenen Grenzen der Einsatz- und Leistungsbereitschaft der Mitarbeiter dar – und zwar in verschiedenen Ausgangssituationen: Eintrittsanreize an qualifizierte Positionsinteressenten, Bleibeanreize an qualifizierte Mitarbeiter sowie Leistungsanreize zu spezifischem Arbeitsverhalten sollen deren Bereitschaft fördern.

Matroschka-Prinzip

Beschäftigt man sich grundsätzlich mit einem betrieblichen Anreizsystem, so sind verschiedene Ebenen zu differenzieren (vgl. Becker, F.G., 1990, 1995), die sich nach dem Prinzip der Matroschka-Puppen richten:

- *Anreizsystem im weitesten Sinne.* Verhaltensbeeinflussende Stimuli gehen stets von den vorhandenen innerbetrieblichen Bedingungen aus, egal ob sie gestaltet oder einfach nur vorhanden sind. Auf dieser Ebene konstituiert sich ein Anreizsystem unbedingt durch jede strukturelle, prozessuale und operative Entscheidung sowie deren Umsetzung – und das unabhängig davon, ob die damit verbundenen Anreizwirkungen bewusst oder unbewusst bzw. gewollt oder ungewollt sind: Der Betrieb ist ein Anreizsystem!
- *Anreizsystem im weiteren Sinne.* Aus analytischer Sicht vollzieht sich die Führung eines Betriebs innerhalb eines Managementsystems. Es lässt sich entlang der Managementfunktionen in Subsysteme aufspalten: Informations-, Planungs- und Kontroll-, Organisations- sowie Personal- und Anreizsystem (vgl. Wild, 1974; Becker, F.G., 2011). Diese wirken als Führungsinstrumente auch mittels zielgerichteter Gestaltung potenzieller Anreize auf die Motivation der Mitarbeiter: Der Betrieb hat ein Anreizsystem!
- *Anreizsystem im engeren Sinne.* Aus der generellen Systemgestaltung werden zeitspezifisch individuelle Anreizpläne auf die einzelnen Mitarbeiter abgeleitet. Sie stellen das Anreizsystem dar, welches sich konkret auf einzelne Mitarbeiter oder Mitarbeitergruppen richtet: Der Betrieb setzt individuelle Anreizsysteme ein!

6.1 Verständnis, Funktionen und Differenzierung

Die Überlegungen in diesem Lehrbuch beschäftigen sich inhaltlich vor allem mit Anreizsystemen im weiteren Sinne; diese unterliegen der Gestaltung des Managements und sie berücksichtigen alle relevanten materiellen wie immateriellen Anreize. Allerdings: Wenn man nicht berücksichtigt, dass auch gewissermaßen von allen Situationsbedingungen eines Betriebes (u. a. auch Image am Arbeits- wie Absatzmarkt, örtliche Lage, Bürogestaltung, Image des Vorstands/der Geschäftsleitung, Produktqualität, Zwischen- oder Endprodukt) Anreize auf Bewerber wie Mitarbeiter ausgehen, egal, ob man sie gestaltet hat oder sie einfach »nur so da sind«, dann vergibt man die Chance einer nachhaltigen intendierten Verhaltensbeeinflussung dieser Personengruppen.

Begriff

> Unter Anreizsystemen wird in diesem Sinne die Summe aller im Wirkungsverbund bewusst gestalteten und aufeinander abgestimmten Stimuli (Arbeitsbedingungen i. w. S.), die bestimmte Verhaltensweisen (durch positive Anreize, Belohnungen) auslösen bzw. verstärken, die Wahrscheinlichkeit des Auftretens unerwünschter Verhaltensweisen dagegen mindern (durch negative Anreize, Sanktionen) sowie die damit verbundene Administration verstanden. Dieses Verständnis erfasst die Gesamtheit der von Vorgesetzten und dem Betrieb gewährten materiellen und immateriellen Anreize, die für Mitarbeiter und potenzielle Bewerber einen subjektiven Wert besitzen.

Ein solch umfassendes Anreizsystem ist allerdings ein fiktives Gebilde. Es löst sich in den einzelnen, o. g. Subsystemen der Führungskonzeption auf, falls bei deren sachgerechter Gestaltung auch die Anreizwirkung der jeweilig angestrebten Subsystemstruktur als Nebenbedingung mitbeachtet wird. Der Zusammenhang der Anreizsysteme mit anderen Führungssubsystemen macht es notwendig, sich mit den instrumentellen Beziehungen auseinanderzusetzen, denn einzelne Subsysteme lassen sich teilweise als funktional-äquivalente Führungsinstrumente verstehen. *Funktionale Äquivalenz* von Subsystemen und Planungs- bzw. Organisationssystemen bedeutet beispielsweise, dass die Funktion der Mitarbeitersteuerung durch andere Subsysteme erfüllt werden kann, da Anreizsysteme im Prinzip eine Informations-, eine Kontroll-, eine Planungs- und eine Organisationsfunktion leisten können. Auch die Gestaltung der Subsysteme hat neben ihren anvisierten Zwecken mittel- oder unmittelbare Anreizwirkungen. Gewissermaßen erfolgt die Gestaltung wie die des Planungs- und Organisationssystems unter anreizpolitischen Maßstäben, sofern dies explizit beachtet wird. Im Hinblick auf Betriebs- und Personalstrategien ist die konsistente Ausgestaltung aller Subsysteme sinnvoll. Das Anreizsystem wird in der Umsetzung erleichtert oder erschwert, je nachdem, wie gut die jeweils anderen Subsysteme auf die anreizpolitischen Grundsätze abgestimmt sind. Je besser zudem Mitarbeiterqualifikationen mit Arbeitsinhalten übereinstimmen, desto weniger Bemühungen muss das Anreizsystem zusätzlich zur Steuerung zielgerechten Verhaltens unternehmen. Allerdings kann im Einzelfall auch das Gegenteil von Vorteil sein, wenn beispielsweise »Konformität« im Planungs- und »Widerspruch« im Organisationssystem implementiert werden soll.

Bestandteil der Führungskonzeption

6.1 Anreizsysteme
Verständnis, Funktionen und Differenzierung

Schwachstelle

Die Anreizgestaltung allgemein sowie die Vergütung von Mitarbeitern speziell ist vielfach eine Schwachstelle betrieblicher Personalpolitik. Die Tatsache, dass immaterielle Anreize wie Vergütung nicht nur Aufwand verursachen, sondern zuerst ein Motivations- und Steuerungsinstrument sind, wird bei vielen Verantwortlichen in der Leitungsspitze nicht ausreichend zur Kenntnis genommen. Dabei bedarf es einer personen-, betriebs- und marktspezifischen Gestaltung und eines in der Managementkonzeption integrierten Anreizsystems, um stringent wie konsistent Mitarbeiterverhalten angemessen herauszufordern. Leider werden immer wieder, das zeigt die empirische Erfahrung, nachhaltige Fehlanreize generell (durch »falsche« Managementsubsysteme) wie individuell (durch Vorgesetzte) gesetzt.

Um Anreizsysteme als Führungsinstrument einsetzen zu können, bedarf es einer Kenntnis des individuellen Motivationsprozesses und des Zustandekommens von Arbeitsergebnissen (vgl. Teil 2, Kap. 4). Motivations- und führungstheoretische Ansätze sprechen für eine individuelle Verhaltensbeeinflussung entsprechend der jeweiligen Mitarbeitermotive und damit für eine Individualisierung des Anreizsystems (zumindest für eine differenzielle Anreizpolitik; vgl. Teil 1, Kap. 3). Dadurch, dass standardisierte personalwirtschaftliche Instrumente quasi von genormten Mitarbeitern ausgehen, bleibt die Individualität und blieben gruppenspezifische Merkmale kaum berücksichtigt. Entsprechend der Heterogenität der Belegschaft sind differenzierte Anreizmodelle (ähnlich zu Arbeitszeitmodellen) zu erarbeiten. Individualisierung bedeutet dabei, dass ein Betrieb stärker von individuellen Motiven, Valenzen und Fähigkeiten ausgeht, soweit dadurch der betriebliche Erfolg nicht anderweitig gefährdet ist (vgl. Lawler, 1974; Schanz, 1978; Drumm, 1989, 1993; Scholz, 1997). Differenzielle Anreizpolitik bedeutet davon abweichend, dass stärker auf identifizierte Mitarbeitergruppen (bspw. Gen Y, Jungakademiker, erwerbstätige Mütter, mittlere Führungskräfte) hin, »Anreizpakete« angeboten werden.

Geld = generalisierter Anreiz!

Die wahrgenommene Berücksichtigung individueller Motive *wirkt* bereits tendenziell selbst als motivierend; die Wirkung wird noch verstärkt, wenn eine Befriedigung erzielt werden kann. Trotzdem liegt in Betrieben die Verwendung von generalisierten Anreizen (v. a. Geld) als Mittel für die Befriedigung vieler Motive wegen der Vielfalt und Veränderlichkeit von Motiven sowie ökonomischer Zwänge nahe. Geld kann zur Motivbefriedigung vielfältig genutzt werden; es wirkt instrumentell, wobei auch immaterielle Motive mit ihm befriedigt werden können (immaterielle Wirkung materieller Anreize, z. B. Statussymbol, indirektes Anzeichen der Anerkennung von Vorgesetzten). Sein Einsatz sollte allerdings davon abhängig gemacht werden, ob es mit den individuellen Motiven der Belegschaft korrespondiert. Nur ein Anreizsystem, welches trotz des Konflikts »Standardisierung versus Differenzierung« vielfältige Anreizarten berücksichtigt, ist in der Lage, eine nachhaltige und effektive wie effiziente Verhaltensbeeinflussung zu bewirken.

Funktionen von Anreizsystemen

Mit dem Angebot eines Wirkungsverbundes von Anreizen und der Gewährung von Belohnungen wird versucht, die Mitarbeiter zu mehr oder weniger bestimmtem Arbeits- und Leistungsverhalten anzuregen. Im Einzelnen kommen dem Anreizsystem dabei als Führungsinstrument folgende, nicht ganz überschneidungsfreie Funktionen (von allgemeinen Anreizsystemen bis hin zu speziellen variablen Entgeltsystemen) zu (s. Abbildung 3-99):

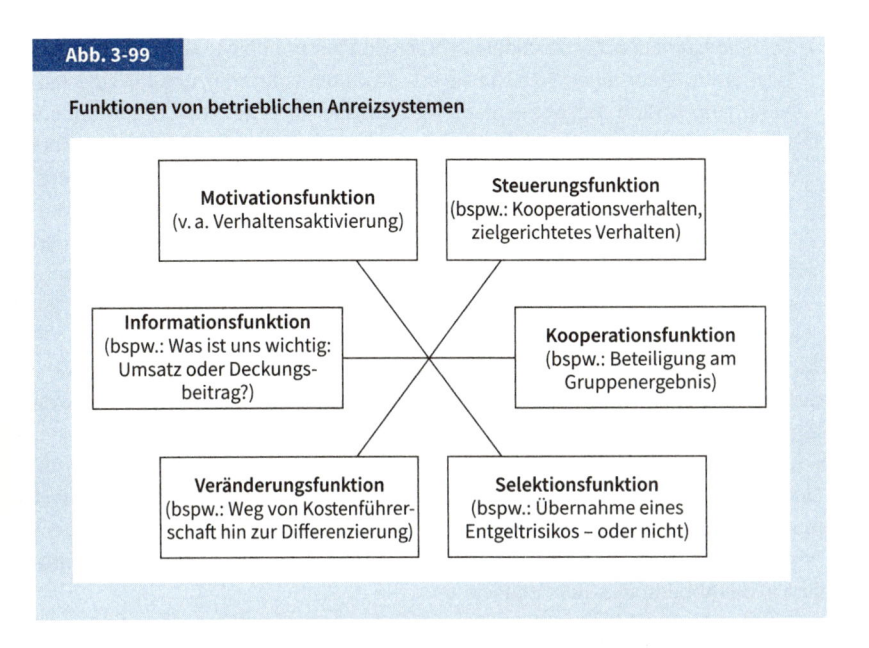

6.1 Verständnis, Funktionen und Differenzierung

Abb. 3-99

Funktionen von betrieblichen Anreizsystemen

- **Motivationsfunktion** (v. a. Verhaltensaktivierung)
- **Steuerungsfunktion** (bspw.: Kooperationsverhalten, zielgerichtetes Verhalten)
- **Informationsfunktion** (bspw.: Was ist uns wichtig: Umsatz oder Deckungsbeitrag?)
- **Kooperationsfunktion** (bspw.: Beteiligung am Gruppenergebnis)
- **Veränderungsfunktion** (bspw.: Weg von Kostenführerschaft hin zur Differenzierung)
- **Selektionsfunktion** (bspw.: Übernahme eines Entgeltrisikos – oder nicht)

▸ *Motivations- bzw. Aktivierungsfunktion.* Die vorhandenen Mitarbeitermotive sollen aktiviert und die kognitiven Komponenten positiv beeinflusst sowie letztendlich in eine aktuell wirkende Motivation (Leistungsbereitschaft) umgesetzt werden, um die gesamte Qualifikation der Mitarbeiter besser zu nutzen.

▸ *Steuerungsfunktion.* Prinzipiell besteht bei verschiedenen Elementen eines Anreizsystems (z. B. variable Entgelte, Karrierekriterien) die Möglichkeit, eine direkte Verknüpfung zu betrieblichen Zielen vorzunehmen. Anreize können dadurch Art und Intensität des Mitarbeiterverhaltens antizipativ und nachhaltig (versuchen zu) beeinflussen, indem sie dieses gezielt entsprechend positiv oder negativ sanktionieren.

▸ *Informationsfunktion.* Anreizsysteme vermitteln mit ihren Elementen Informationen über die Führungspolitik, die Strategie, die Betriebskultur, die Vorgesetzteninteressen u. a. Es werden explizit formulierte wie hintergründige Signale gesendet, die den Mitarbeitern vermitteln, was angesehen ist oder nicht und entsprechend positiv bzw. negativ sanktioniert wird.

▸ *Veränderungsfunktion.* Im Rahmen von Veränderungsstrategien (bspw. Entwicklung des Betriebs, Neuorientierung) können Anreizsysteme dazu genutzt werden, veränderte Anforderungen an die Mitarbeiter zu verdeutlichen. Anreize können an die intendierten Veränderungen angepasst werden, um so einen Beitrag zur Umsetzung zu leisten.

▸ *Kooperationsfunktion*: Die individuelle Kooperationsbereitschaft im Betrieb bedarf in der Regel einer Unterstützung seitens betrieblicher Maßnahmen. Sie kann u. a. durch eine spezifisch gestaltete Vergütungskonzeption gefördert werden, die Kooperation und nicht rein den Eigennutz stützt.

6.1 Anreizsysteme
Verständnis, Funktionen und Differenzierung

> *Selektionsfunktion*: Ein attraktives Anreizsystem erhöht nicht nur die Bleibemotivation für Mitarbeiter. Für Externe schafft es die Voraussetzung für eine Teilnahmemotivation. Gegebenenfalls werden über eine Selbstselektion andere Mitarbeiter auch zum Verlassen des Betriebs bewegt, zum Beispiel, wenn ein Vergütungssystem mit einem hohen variablen Anteil nur für talentierte Mitarbeiter attraktiv ist, die bei gleichzeitig geringer Grundvergütung hohe Einkommen erzielen können. Oder auch, wenn die »Familie & Beruf-Maßnahmen« den tatsächlichen Bedürfnissen der betroffenen Mitarbeiter entgegenkommen – oder auch nicht.

Oft: konfliktäre Anreize

Welche der Funktionen nun durch ein spezielles Anreizsystem – wann – erfüllt werden soll, liegt in den Intentionen (und der Aufmerksamkeit) der betrieblichen Systemgestalter begründet.

Systemelemente

Jegliches Anreizsystem nimmt Bezug auf verschiedene, bewusst zu gestaltende Elemente. Entsprechend der Differenzierung der Anreize kann das System in ein materielles Anreizsystem (auch Vergütungs- oder Entgeltsystem genannt) und ein immaterielles Anreizsystem untergliedert werden. Die verschiedenen Elemente sind in der Abbildung 3-100 visualisiert.

Das Vergütungssystem stellt lediglich die materielle Komponente des Anreizsystems dar. Wenngleich diese Elemente häufiger in der Wirtschaftspraxis wie der Literatur diskutiert werden, kommt der immateriellen Komponente motivational letztlich eine stärkere Wirkung zu. Gerade im letzten Jahrzehnt hat es auch diesbezüglich eine intensive Diskussion gegeben. Dennoch bleibt zu konstatieren, dass den immateriellen Anreizen, trotz ihrer wissenschaftlich eindeutig belegten größeren Wirkungsmöglichkeiten, in der betrieblichen Praxis oft recht wenig Aufmerksamkeit zuteilwird. Allerdings: Es ist auch deutlich einfacher (zentral) an der Entgeltschraube zu drehen, als sich (dezentral und situationsspezifisch) mit den vielen immateriellen Anreizen auseinanderzusetzen.

ZUR VERTIEFUNG

Anreizkonflikte

Ein Anreizkonflikt liegt vor, wenn ein Mitarbeiter mehrere und/oder negative Anreize in einer spezifischen Situation wahrnimmt, die konfliktär zueinander sind (positive = Anziehung = Appetenz; negativ = Vermeidungsbedürfnis = Aversion) (vgl. Lewin, 1935, S. 122 ff.):

- Ein *Appetenz-Appetenz-Konflikt* entsteht, wenn ein Mitarbeiter zwei für ihn attraktive Alternativen wahrnimmt, die sich aber gegenseitig ausschließen (Bsp.: zwei ähnlich vorteilhafte Karriereperspektiven).
- Ein *Aversion-Aversions-Konflikt* entsteht dadurch, dass ein Mitarbeiter aus zwei wenig attraktiven Alternativen eine auswählen muss (Bsp.: Entgeltkürzung oder unerwünschter Stellenwechsel).
- Ein *Appetenz-Aversions-Konflikt* wird dadurch verursacht, dass eine an sich gewünschte Alternative auch unerwünschte Begleiterscheinungen aufweist (Bsp.: temporäre Auslandstätigkeit – Vereinbarkeit von Familie und Beruf).
- Ein *doppelter Appetenz-Aversions-Konflikt* liegt dann vor, wenn ein Mitarbeiter zwischen zwei Alternativen auswählen muss, die jeweils – andere – positive und negative Begleiterscheinungen mit sich bringt (Bsp.: Tätigkeit als Stellvertreter in New York mit hohen Unterhaltskosten versus Tätigkeit als Niederlassungsleiter im mittleren Westen der USA mit günstigen Unterhaltskosten).

Die gesamten Konflikte können die Wirkungen von Anreizen neutralisieren.

6.2 Vergütungssysteme

Abb. 3-100

Betriebliches Anreizsystem und seine Elemente

- **Materielles Anreizsystem**
  - **obligatorisches**
    - Festgehalt
    - Sozialleistungen (gesetz-, tarif- und betriebliche)
    - Nebenleistungen (Firmenwagen, Spesen, Deputate, u. Ä.)
    - Variables Entgelt
  - **fakultatives**
    - Erfolgsbeteiligung
    - Kapitalbeteiligung
- **Immaterielles Anreizsystem**
  - Elemente des Planungs- und Kontrollsystems
  - Elemente des Personalsystems (Arbeitszeitregelung, Personalentwicklung u. Ä.)
  - Elemente des Organisationssystems (v.a. Kompetenzen, Job Enrichment, Projektorganisation u. Ä.)
  - Elemente des Informations- und Kommunikationssystems
  - Elemente von Organisationskultur, -image, -politik (inkl. Arbeitsplatzsicherheit, Standort)
  - Via Gestaltung der Arbeitsbedingungen → **Ermöglichung intrinsischer Motivation** (Befriedigender Arbeitsinhalt, Leistung erleben, Kontakte genießen, Einfluss ausüben u. Ä.)

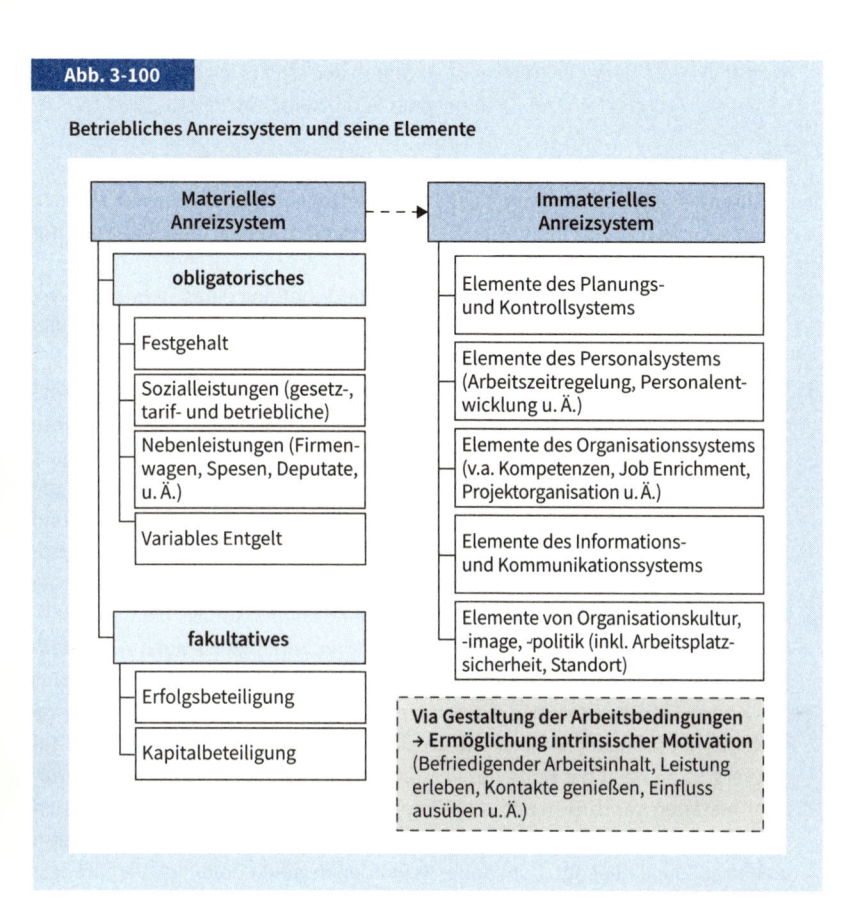

6.2 Vergütungssysteme

6.2.1 Grundlagen

Im Rahmen des Personal-Managements hat die Gestaltung von Vergütungssystemen (je nach Kontext auch Entgelt-, Entlohnungs- und/oder Besoldungssystem genannt) nach wie vor große Bedeutung, weil diese zum einen die Personal- und damit auch die Gesamtkosten der Betriebe direkt beeinflussen und zum anderen einen Einfluss auf das Leistungsverhalten der Mitarbeiter haben (und damit indirekt auch auf die Gesamtkosten und/oder den Ertrag).

Vergütungsbegriff

> Unter Vergütung wird im Folgenden das gesamte Arbeitseinkommen der Mitarbeiter aus beruflicher Arbeit verstanden. Der Begriff »Vergütung« wird hier als Sammelbegriff für Termini mit gleichen oder ähnlichen Begriffsinhalten, wie zum Beispiel »Entlohnung«, »Entgelt«, »Besoldung«, verwendet.

6.2 Anreizsysteme
Vergütungssysteme

> Rechtliche Basis jeder Vergütung ist vor allem der Arbeitsvertrag, der die Pflicht des Arbeitgebers zur Zahlung einer Vergütung begründet.

Die Differenzierung des Vergütungsbegriffs erfolgt sowohl in der Literatur als auch in der Praxis sehr unterschiedlich. Im Ergebnis bestehen jedoch oft keine (oder nur geringe) inhaltliche Unterschiede.

Konflikte

Als zentrales Ziel der Vergütungspolitik gilt die Schaffung eines »gerechten« effektiven wie effizienten Vergütungssystems. Dabei ergibt sich jedoch ein Konflikt zwischen den Betriebs- und den Mitarbeiterinteressen:

- Aus Sicht der Mitarbeiter ist die Vergütung ein *Mittel zur Befriedigung* ihrer Bedürfnisse, insbesondere sichert sie die materielle Existenzgrundlage. Die motivationalen Aspekte der Vergütung wurden bereits bei der Darstellung von Determinanten der Arbeitsleistung behandelt (vgl. Teil 2, Kap. 4). Generelle Aussagen über die möglichen leistungsstimulierenden Effekte (z. B. Dauer, Intensität und Stärke der Wirkungen, bei welchen Entgelthöhen und welchen Mitarbeitergruppen) der Vergütung sind jedoch nicht möglich.
- Aus betrieblicher Sicht ist die Vergütung eine *Kostenart*, sodass bei der Gestaltung von Vergütungssystemen – neben den Anreizwirkungen – auch Wirtschaftlichkeitsaspekte eine zentrale Rolle spielen. Die Personalkosten ergeben sich aus den Kosten für die Direktvergütung sowie den Personalzusatzkosten. Problematisch aus betrieblicher Sicht ist jedoch, dass der Betrieb weder die Höhe der Direktvergütung noch die Höhe der Personalzusatzkosten (»zweiter Lohn«) autonom gestalten kann. Zum einen wird der Gestaltungsspielraum durch arbeits- und sozialrechtliche Regelungen, die vor allem dem Schutz der Mitarbeiter dienen sollen, eingeengt. Zum anderen werden in vielen Branchen Vergütungshöhe und -struktur durch kollektivvertragliche Regelungen (insb. Tarifverträge; s. u.) bestimmt. Der einzelne Betrieb kann somit wichtige Gestaltungsparameter eines Vergütungssystems kaum beeinflussen, sodass sich die Gestaltungsfreiheit – zumindest für Tarifmitarbeiter – oftmals auf die Wahl von Prinzipien der Entgeltbildung und der Entgeltformen reduziert. (Allerdings hat im vergangenen Jahrzehnt der Anteil der Betriebe, die aus Tarifverbänden ausgestiegen sind, um betriebsspezifische Betriebsvereinbarungen über die Vergütung abzuschließen, zugenommen. Hier besteht insofern mehr Gestaltungspotenzial sowohl in den Entgeltformen als auch in der Höhe.

WISSENSWERTES

Arbeitskosten

Bei Arbeitskosten handelt es sich um die Gesamtkosten, die einem Betrieb bei der Beschäftigung von Mitarbeitern entstehen: direkte Entgelte, betriebliche Sozialleistungen (inkl. betriebliche Altersversorgung, Betriebskindergarten, Kantine u. a.), Steuern, Entgelt für die arbeitsfreien Tage (Urlaub, Feiertage, Krankheiten), Sonderzahlungen (Urlaubsgeld, Vermögenswirksame Leistungen u. Ä.), Arbeitgeberbeiträge zur Sozialversicherung (Renten-, Arbeitslosen, Kranken-, Pflege- und Unfallversicherung), Arbeitskleidung sowie Aus- und Weiterbildungskosten.

6.2 Vergütungssysteme

So beruhen zum Beispiel die Personalzusatzkosten überwiegend auf gesetzlichen und tariflichen Regelungen, sodass der Anteil der freiwilligen Sozialleistungen (und damit die unmittelbar zu beeinflussenden Kosten) relativ gering ist. Die Höhe der Personalzusatzkosten zum Direktentgelt liegt in Deutschland bei über 70 Prozent. Inwieweit im internationalen Vergleich die Personalzusatzkosten in den deutsch-

Abb. 3-101

Personalkostenüberblick

Direkte Personalkosten (Entgelte)		• Gehalt, Tarifangestellte (Grundgehalt, Zulagen, übertarifliche Gehälter, Prämien, Provisionen); • Gehalt, außertarifliche Angestellte (Monatsbezüge, Gehalt, Provisionen, Jahresbezüge wie z. B. Gratifikationen, Tantiemen, Erfolgsbeteiligungen, sonstige Vergütungen); • Sonstige Entgelte (Mehrarbeits-, Spätarbeits-, Nachtarbeits-, Sonn- und Feiertagszuschläge; Erschwernis- und Umweltzulagen)
Indirekte Personalkosten (Personalzusatzkosten)	*Gesetzliche und tarifliche*	• Renten-, Arbeitslosen-, Kranken- und Pflegeversicherung, Berufsgenossenschaft; • Urlaubsgeld, zusätzliche Urlaubsvergütung; • Ausfallzeiten wie z. B. gesetzliche Feiertage, Fortzahlung im Krankheitsfalle, bei Kuren und beim Mutterschutz; • Schwerbehinderte (Betreuung, Sonderurlaub, Ausgleichsabgabe); • Werksärztlicher Dienst (Personalkosten, Sachkosten, Ausfallzeiten); • Arbeitssicherheit (Personalkosten, Sachkosten, Ausfallzeiten, Sicherheitsbeauftragte); • Betriebsverfassung und Mitbestimmung (Personalkosten Betriebs- und Aufsichtsrat, Sachkosten; Betriebsversammlung, Wahlen, Vertrauensleute); • Kosten der vermögenswirksamen Leistungen; • Sonstige Kosten wie z. B. 13. Monatsgehalt, Ausgleichszahlungen für ältere Mitarbeiter, Abfindungen auf Grund von Rationalisierungsabkommen, Zahlungen in Sterbefällen
	Freiwillige	• Küchen und Kantinen (Kosten abzüglich Erlöse): Personalkosten, Sachkosten, Zuschüsse; • Wohnungshilfen (abzüglich Einnahmen): Werkswohnungen, Wohnheime, Beschaffung, Mietzuschüsse, Baudarlehen; • Fahrt- und Transportkosten: Fahrtgeldzuschüsse, Zubringerbus, Familienheimfahrten, Trennungsentschädigung, Umzugskosten; • soziale Fürsorge: Werksfürsorge, Familienhilfe, Kindergarten, Beihilfen, Erholungskurse; Betriebskrankenkasse: Personal- und Sachkosten; Arbeitskleidung; • Altersversorgung: Renten, Pensionen, Zuschüsse zur befreienden Lebensversicherung, Weihnachtszuwendungen für Rentner, Beiträge zur Pensionssicherung (Insolvenzversicherung); • Sonstige Leistungen: Weihnachtsgratifikation, Belegschaftsaktien, Verbesserungsvorschläge, Förderung der Freizeitgestaltung, Einkaufsvergünstigungen, Jubiläumsgeschenke, Sonderurlaub, Geschenke für persönliche Anlässe; • Personalzusatzkosten aufgrund von Aus- und Fortbildung, wie z. B. Auszubildende, Weiterbildung, Umschulung, Führungskräfteschulung, Stipendien (jeweils Kosten für Ausbilder, Ausfallzeitkosten, Sachkosten, Reisekosten, Ausbildungsmittel, Seminargebühren) • Freiwillige Personalzusatzkosten • Ausbildung (Ausbilder, Ausbildungswerkstatt u. a.) • Fortbildung (Fehlzeiten der Mitarbeiter, Seminarkosten u. a.)

6.2 Anreizsysteme
Vergütungssysteme

sprachigen Ländern nun hoch bzw. höher sind, ist aufgrund der sehr unterschiedlichen Entgeltstrukturen in den vielen Staaten umstritten (vgl. Bontrop, 1998; Schröder, 2013).

Entgelt = Personalkosten

So unterteilen das Statistische Bundesamt und das Institut der deutschen Wirtschaft in »Entgelt für geleistete Arbeit« (oftmals auch als »Direktvergütung« bezeichnet) und »Personalzusatz- oder Personalnebenkosten«, die sich aus den (gesetzlichen, tariflichen und freiwilligen) »Sozialleistungen« zusammensetzen. Dabei spiegelt der Begriff »Sozialleistungen« eher die Sicht der Mitarbeiter und der Begriff »Personalzusatzkosten« eher die Sicht des Betriebs wider. Zu einem Überblick über solche Personalkosten siehe Abbildung 3-101.

WISSENSWERTES

Tarifverträge

Unter Tarifverträgen sind schriftliche Verträge zwischen Arbeitgeberverbänden bzw. einzelnen Arbeitgebern einerseits und Gewerkschaften (= Tarifvertragspartner) andererseits zu verstehen. Ein Tarifvertrag regelt auf Basis der *Tarifautonomie* und des Tarifvertragsrechts die Rechte und Pflichten der Tarifvertragsparteien und enthält Rechtsnormen, die den Inhalt, den Abschluss und die Beendigung von Arbeitsverhältnissen sowie betriebliche und betriebsverfassungsrechtliche Fragen betreffen können. Sie haben die Festlegung von Mindestarbeitsbedingungen auf überbetrieblicher Ebene zum Inhalt, die durchaus einzelbetrieblich erweitert werden können. Die Regelungen gelten zwingend und unmittelbar für alle Arbeitnehmer, die in einem Betrieb beschäftigt sind, der einem vertragsabschließenden Arbeitgeberverband angehört, und die ihrerseits Mitglied der vertragsabschließenden Gewerkschaft sind. Für gewerkschaftlich nicht organisierte Arbeitnehmer gelten Tarifverträge üblicherweise durch eine Klausel im Arbeitsvertrag. Allerdings steht es den Tarifvertragspartnern bei Firmentarifverträgen (s. u.) frei, für Gewerkschaftsmitglieder auch Sonderzahlungen gegenüber unorganisierten Arbeitnehmern in einem allerdings begrenzten Umfang vorzusehen (vgl. http://www.boeckler.de/22179_22187.htm [letzter Abruf: 16.08.2016]). Die sogenannte *Allgemeinverbindlichkeitserklärung* stellt unter bestimmten Bedingungen eine Möglichkeit der Politik dar, einen Tarifvertrag auf nicht organisierte Arbeitnehmer und nicht organisierte Arbeitgeber auszudehnen.

Tarifverträgen kommen verschiedene *Funktionen* zu: Sie haben eine Schutzfunktion (Regelung der Mindestarbeitsbedingungen), eine Ordnungsfunktion (Typisierung von Arbeitsverträgen; Kostenkalkulation) und eine Friedensfunktion (Verhinderung von Arbeitskämpfen bzw. Streiks).

Verschiedene *Formen* von Tarifverträgen werden differenziert: (1) Mantel- oder Rahmentarifverträge legen die allgemeinen, im Tarifbereich geltenden Arbeitsbedingungen fest, zum Beispiel Arbeitszeit, Urlaubsdauer, spezielle Kündigungsfristen. (2) Die Entgelthöhe und somit deren Anpassungen werden in Entgelttarifverträgen vereinbart. (3) Auch zu anderen Inhalten sind Tarifverträge möglich, z. B.: Vermögensbildungstarifvertrag, Vorruhestandstarifvertrag und Rationalisierungsschutzabkommen. Wird dabei ein Tarifvertrag zwischen einer oder mehreren Gewerkschaften sowie einem oder mehreren Arbeitgeberverbänden abgeschlossen, spricht man von einem Verbands- bzw. Flächentarifvertrag. Ist dagegen statt eines Arbeitgeberverbands ein einzelner Arbeitgeber Vertragspartner der Arbeitnehmerseite, liegt ein Haus- bzw. Firmentarifvertrag vor. Letztere haben in den letzten Jahren zugenommen. (Mittlerweile ist eine größere Anzahl an Betrieben nicht mehr Mitglied eines für die Tarifverträge zuständigen Arbeitgeberverbands, sodass sie jeweils betriebliche Lösungen vereinbaren.)

Der Abschluss eines Tarifvertrages hat auf die Tarifvertragsparteien *obligatorische Wirkung* und auf die Mitglieder der Tarifvertragsparteien *normative Wirkung*: (1) Die Vertragsparteien sind nach Tarifvertragsabschluss zur Einhaltung der sogenannten Friedenspflicht, der Durchführungspflicht und der Einwirkungspflicht angehalten. Sie dürfen daher zu den Vertragsinhalten keine Streikmaßnahmen (Arbeitskampf) einleiten und/oder unterstützen, sondern sind verpflichtet, bei deren Umsetzung in die Praxis, auch gegenüber widerspenstigen Mitgliedern, mitzuwirken. (2) Für die Mitglieder der Tarifvertragsparteien gelten die Vereinbarungen über Entgelte, Entgeltzulagen, Arbeitszeit usw. Sie sind unmittelbar an diese Inhaltsnormen gebunden (Tarifgebundenheit) (vgl. Thüsing, 2004; Oechsler/Paul, 2015, S. 92 ff.).

6.2.2 Entgeltdifferenzierung

Die Bestimmung der absoluten und der relativen Entgelthöhe ist eine zentrale Aufgabe der Vergütungspolitik. Ein Blick in die Wirtschaftspraxis zeigt zum einen, dass die gezahlten Vergütungen sowohl zwischen einzelnen Branchen und Betrieben als auch innerhalb einzelner Betriebe für verschiedene (aber durchaus auch gleiche) Mitarbeiter(gruppen) sehr weit streuen. Zum anderen existieren jedoch sowohl in einzelnen Betrieben als auch in ganzen Tarifgebieten relativ stabile Vergütungsstrukturen. Es stellt sich daher die Frage, welche Prinzipien bei der Entgeltbildung eine Rolle spielen.

Als zentrales Postulat für die Bestimmung der absoluten und relativen Entgelthöhe gilt die Entgeltgerechtigkeit (vgl. Steinmann/Löhr, 1992):

»Mäßiger Lohn gibt mäßige Arbeit.« Sprichwort

▸ Bei der Bestimmung der *absoluten Entgelthöhe* geht es um die Frage, wie der von einem Betrieb geschaffene Wert (= Wertschöpfung) auf die Produktionsfaktoren »Arbeit« und »Kapital« verteilt werden soll. Über den Gerechtigkeitsbegriff als normative Kategorie existieren jedoch unterschiedliche individuelle und gesellschaftliche Wertvorstellungen. Eine gerechte Lösung des Verteilungsproblems wäre nur dann möglich, wenn ein allgemeiner Konsens über einen Gerechtigkeitsmaßstab herrschen würde. Dies bedeutet, dass für die Bestimmung eines absolut gerechten Entgelts ein solcher Maßstab gefunden werden muss. Da dieser fehlt, beruht die absolute Höhe der Direktvergütung meist auf Kompromissen zwischen den divergierenden Interessen von Arbeitgebern und Arbeitnehmern und wird in der Regel von deren Repräsentationsorganen (Arbeitgeberverbände und Gewerkschaften) ausgehandelt. Die Höhe der Sozialleistungen wird sowohl durch gesetzliche und tarifliche Regelungen als auch (bei freiwilligen Sozialleistungen) weitgehend autonom durch einen Betrieb bestimmt.

▸ Forschungsgegenstand der Betriebs- und Personalwirtschaftslehre war und ist in erster Linie die Bestimmung der *relativen Entgelthöhe*, also die gerechte Verteilung der auf den Produktionsfaktor »Arbeit« entfallenden Entgeltsumme auf die einzelnen Mitarbeiter. Auch dabei sind wieder Maßstäbe zu finden, nach denen eine vom Betrieb und den Mitarbeitern als gerecht empfundene Vergütung bestimmt werden kann.

Gehaltstransparenz

Aus betrieblicher Sicht gilt das sogenannte Äquivalenzprinzip von Kosiol (1962) als zentrales Grundprinzip für die gerechte Gestaltung der Entgeltstruktur. Er postuliert, dass die individuelle Entgelthöhe und die individuelle Leistung übereinstimmen sollten, sodass

Äquivalenzprinzip

▸ Äquivalenz von Entgelt und Anforderungsgrad (Anforderungsgerechtigkeit) und
▸ Äquivalenz von Entgelt und Leistungsgrad (Leistungsgerechtigkeit)

gegeben sein müssen.

Das Äquivalenzprinzip basiert somit auf der Fiktion, dass Anforderungen und individuelle Leistung die zentralen Determinanten der Entgelthöhe sind.

Führungskräfte

6.2 Anreizsysteme
Vergütungssysteme

> **WISSENSWERTES**
>
> **Gehaltstransparenz**
>
> Das Familienministerium will durch ein Entgeltgleichheitsgesetz die Entgeltlücke zwischen erwerbstätigen Frauen und Männern schließen. Einen Ansatzpunkt sieht es in einer erhöhten Gehaltstransparenz. Im Wesentlichen beinhaltet das Gesetzesvorhaben drei Instrumente: (1) die Festlegung eines Auskunftsanspruchs für Beschäftigte, (2) die Einführung einer Pflicht für Erwerbsorganisationen mit mehr als 500 Beschäftigten zur Durchführung betrieblicher Verfahren zur Überprüfung und Herstellung von Entgeltgleichheit sowie (3) die Einführung einer Berichtspflicht für diese Organisationen über Frauenförderung und Entgeltgleichheit. Darüber hinaus soll das geplante Gesetz festlegen, dass in Stellenanzeigen das Mindestentgelt angegeben werden muss und dass Verschwiegenheitsklauseln, die verbieten, über das eigene Gehalt zu sprechen, nichtig sind (s. auch http://www.ardmediathek.de/radio/WDR-5-Neugier-gen%C3%BCgt-Das-Feature/Feature-Lohngerechtigkeit-f%C3%BCr-Frauen/WDR-5/Audio-Podcast?bcastId=33718988&documentId=33979454 [letzter Abruf: 16.10.2016]).
>
> Henrike von Platen, Präsidentin BPW Germany: »In Deutschland verdienen Frauen durchschnittlich immer noch rund 22 Prozent weniger als Männer. Um daran etwas zu ändern, reicht es nicht aus, Frauen für Entscheidungen im Erwerbsleben zu sensibilisieren oder für Gehaltsverhandlungen zu trainieren. Wir unterstützen das Gesetz für mehr Lohngerechtigkeit, denn es schafft konkrete Instrumente und Strukturen, um das Prinzip Gleicher Lohn für gleiche oder gleichwertige Arbeit endlich umzusetzen. Bislang führt die Tabuisierung des Gehalts dazu, dass Frauen ihre Gehaltsforderungen zaghafter formulieren als Männer und Unterschiede in der Bezahlung überhaupt nicht aufgedeckt werden. Wir haben es weder mit einem Bürokratiemonster noch mit einer Neidmaschine zu tun: Gute Arbeitgeber schaffen längst transparente Vergütungsstrukturen und profitieren von einer offenen Unternehmenskultur. Für sie gibt es auch keinen Grund, die Veröffentlichung ihrer Bilanzen in Sachen Geschlechtergerechtigkeit zu scheuen. Gehaltstransparenz ist Augenhöhe!« (http://www.bpw-germany.de/presse/pressemitteilungen/pressemitteilung-detailansicht/datum/2015/12/09/vorhaben-fuer-neues-gesetz-zur-lohngerechtigkeit-vorgestellt-transparenz-und-auskunftspflichten-we/ [letzter Abruf: 16.10.2016]).

»Soziallohn«

Die Praxis zeigt jedoch, dass noch weitere Prinzipien die Entgelthöhe beeinflussen können (sollten). Aus Mitarbeitersicht ist – neben der Leistungsorientierung – vor allem die Orientierung der Entgelthöhe an sozialen Merkmalen wünschenswert. Dieser Teil der Vergütung wird als »Soziallohn« bezeichnet und bezieht sich auf Entgeltbestandteile v. a. auf Basis des Lebensalters, der Betriebszugehörigkeit, des Familienstands und der Kinderanzahl. Aus ökonomischer und teilweise auch aus rechtlicher Sicht sind solche Bestandteile wegen ihrer Ferne zu betrieblichen Leistungen kritisiert.

Marktgerechtigkeit ≠ Anforderungs- und/oder Leistungsgerechtigkeit!?

Als weitere Determinanten der Entgelthöhe gelten die Orientierung an den Verhältnissen auf dem Arbeitsmarkt (*Marktorientierung*) und teilweise auch die *Qualifikationsorientierung*.

Die bisher genannten »Gerechtigkeitserfordernisse« führen in der Regel dazu, dass sich die Höhe der Direktvergütung kumulativ aus verschiedenen Elementen ergibt: Grundlage ist eine Mindestvergütung, die auf gesetzlichen oder tarifvertraglichen Regelungen beruht. Hinzu kommen in der Regel anforderungsbezogene Anteile, die den Schwierigkeitsgrad der Arbeit und leistungsbezogene Anteile, die die individuellen Leistungsunterschiede repräsentieren. Zudem kann mit einem qualifikationsbezogenen Anteil den unterschiedlichen Qualifikationen der Stelleninhaber Rechnung getragen werden, während im marktbezogenen Anteil der sogenannte »Entgeltdrift« (Differenz zwischen Tarif- und Effektiventgelt) sichtbar wird.

6.2 Vergütungssysteme

WISSENSWERTES

Einkommen von Führungskräften

Die in den letzten Jahren sehr kritisch beobachteten Führungskräfteeinkommen sind vor allem deshalb ins Gerede gekommen, weil sie in vielen Fällen – gerade bei den großen DAX-Betrieben, aber nicht nur dort, wie Beispiele aus Sparkassen, Krankenkassen, Kammern, Energieversorgern anzeigen – das Äquivalenzprinzip in der einen und/oder anderen Interpretation verletzt haben. Es ging und geht dabei nicht allein um die absolute Entgelthöhe, sondern auch um das Verhältnis der Entgelthöhen zwischen Top-Managern zu »normalen« Arbeitnehmerverdiensten (vgl. http://www.wiwo.de/erfolg/management/gehaltsschere-top-manager-verdienen-das-54-fache-ihrer-angestellten/12090070.html [letzter Abruf. 15.07.2016]. Hier liegt tatsächlich oft der Verdacht quasi eines Selbstbedienungsladens vor. Allerdings darf man sich von den besonders prominenten Beispielen nicht fehlleiten lassen, eine überwiegende Anzahl von (v. a. mittelständischen) Betrieben übertreibt hier nicht. Zudem sind neben den Einkommen auch immer die Laufzeiten der Verträge sowie die Regelungen für die Altersversorgung mit in Betracht zu ziehen. Übertrieben wird recht häufig bei den letztgenannten Vertragsinhalten (s. auch Teil 3, Kap. 6.4).

Soziale Aspekte spielen hingegen vor allem bei der Festlegung der Sozialleistungen eine Rolle und wirken somit auf die Höhe der (Gesamt-)Vergütung.

Nun bedarf es noch der Erläuterung der Prinzipien, die vor allem bei der Differenzierung der Direktvergütung eine Rolle spielen.

Prinzipien

Für die Bestimmung anforderungsbezogener (Grund-)Entgelte (»Entgeltsatzdifferenzierung«) ist der Schwierigkeitsgrad der zu leistenden Arbeit (z. B. in Form quantifizierter Arbeitswerte) zu ermitteln. Die Arbeitsbewertung ist somit stets auf Aufgaben bestimmter Stellen gerichtet (Objektbezug), die individuelle Leistung des Stelleninhabers spielt keine Rolle. Sie ist dabei prinzipiell an einer auf Erfahrungswerten basierenden »*Normalleistung*« auszurichten. Dies bedeutet, dass nur die Anforderungen zu untersuchen sind, die bei einem hinreichend qualifizierten und eingearbeiteten Mitarbeiter bei normalem Arbeitseinsatz zu erwarten sind. Die systematische Erfassung und Beurteilung der Anforderungen erfolgt auch heute noch vor allem über die summarischen oder analytischen Verfahren der Arbeitsbewertung, obwohl diese zur Feststellung des Schwierigkeitsgrads bestimmter Aufgaben (z. B. Führungsaufgaben) kaum geeignet sind. Die Arbeitsbewertung i. e. S. ist mit der Ermittlung des Schwierigkeitsgrads der Aufgaben beendet, sodass es nun Aufgabe der Tarifvertragsparteien ist, die Arbeitswertsummen in anforderungsgerechte Entgeltbestandteile zu transformieren (s. Teil 3, Kap. 1.3.3.4).

> Als Fazit ergibt sich, dass bei einer anforderungsbezogenen Entgeltdifferenzierung ceteris paribus die Mitarbeiter, die eine Stelle mit hohen Anforderungen haben, auch ein höheres Entgelt erhalten als Mitarbeiter, die einen Arbeitsplatz mit geringeren Anforderungen besetzen.

In den 1980er-Jahren zeigte sich zeitweise, dass die traditionelle anforderungsbezogene (Grund-)Entgeltdifferenzierung den aus einem schnellen (technologie- und arbeitsorganisatorisch bedingten) Wandel resultierenden Flexibilitätserfordernissen nicht mehr (in vollem Umfang) gerecht wird. Ein möglicher Weg zur Substitution oder Ergänzung der Anforderungsorientierung wurde in der Qualifikationsorientie-

Qualifikationsorientierung

6.2 Anreizsysteme
Vergütungssysteme

rung des Entgelts gesehen. Während bei der anforderungsbezogenen Entgeltdifferenzierung nur die Qualifikationen eine Rolle spielen, die dem Mitarbeiter durch die Anforderungen der zu erfüllenden Aufgaben abgefordert werden, orientiert sich die qualifikationsbezogene Entgeltdifferenzierung an allen Qualifikationen eines Mitarbeiters, also auch an denen, die zwar potenziell vorhanden sind, jedoch durch die Aufgaben nicht abgefordert werden (vgl. Greife, 1990, S. 1 f.). Somit führt ein an der Qualifikation orientiertes Entgelt dazu, dass Mitarbeiter mit höherer Qualifikation ceteris paribus auch ein höheres Entgelt erhalten. Für die Mitarbeiter bedeutet ein qualifikationsbezogenes Entgelt somit einen finanziellen Anreiz zum Erwerb von Mehrfachqualifikationen und damit zur Personalentwicklung. Aus Sicht des Betriebs führt ein qualifikationsorientiertes Entgelt – im Vergleich zu einem anforderungsorientierten Lohn – unter Umständen zu höheren Personalkosten. Andererseits verbessern jedoch Mitarbeiter, die über Mehrfachqualifikationen verfügen, die personale Flexibilität. Sie ermöglichen eine schnelle Anpassung an sich wandelnde Umfeldfaktoren und tragen somit zur Sicherung der Wettbewerbsposition des Betriebs bei. Trotz dieser Vorzüge einer qualifikationsbezogenen Entgeltdifferenzierung gibt es prinzipielle Gründe, die dafür sprechen, dass auch in Zukunft das Grundentgelt anforderungsbezogen ermittelt wird: Zum Ersten ist bei der anforderungsbezogenen (bzw. der leistungsbezogenen) Anreizgestaltung das Entgelt die Gegenleistung für geforderte (bzw. geleistete)Arbeit. Beim Qualifikationsentgelt würde die Arbeit entlohnt, die ein Mitarbeiter leisten *könnte*, ohne sie erbracht zu haben. Zum Zweiten würde der Grundsatz »gleiches Entgelt für gleiche Arbeit« verletzt, wenn zwei Mitarbeiter, die die gleiche Arbeitsaufgabe erledigen, bei unterschiedlicher Qualifikation unterschiedlich bezahlt würden (vgl. Eyer, 1995, S. 19).

Leistungsorientierung

Die leistungsbezogene Entgeltdifferenzierung kann zum einen durch die Wahl leistungsreagibler Entgeltformen erfolgen. Entgeltformen werden gesondert im nächsten Kapitel behandelt, wobei auch auf jeweils zugrunde liegende Prinzipien der Entgeltdifferenzierung eingegangen wird. Zum anderen kann eine leistungsbezogene Entgeltdifferenzierung durch eine von der Entgeltform unabhängige Leistungsbeurteilung erfolgen. Bei variierender Leistung führt eine leistungsbezogene Entgeltdifferenzierung somit ceteris paribus auch zu variierender Entgelthöhe.

Marktorientierung

Vor allem bei der Vergütung von Führungskräften spielt auch die Orientierung an den aktuellen »Marktentgelten« (Marktorientierung) als Prinzip der Entgeltdifferenzierung eine Rolle. Bei marktbezogenen Vergütungsbestandteilen handelt es sich jedoch oftmals nur um eine temporäre Erscheinung, mit der die Wettbewerbsposition des Betriebs auf den relevanten Arbeitsmärkten gesichert werden soll. Bei der Bestimmung ihrer Höhe können zum Beispiel vergleichende Vergütungsstudien eine wichtige Orientierungshilfe bieten.

6.2.3 Entgeltformen

Klassische Formen

Die Direktvergütung, aber auch die Sozialleistungen, können in verschiedenen Formen auftreten. Unter einer Entgeltform wird eine Methode zur Bestimmung der Entgelthöhe auf der Basis der Prinzipien der Entgeltdifferenzierung verstanden. Nachfolgend werden zum einen die drei klassischen Formen der Direktvergütung (Zeit-,

6.2 Vergütungssysteme

Akkord- und Prämienentgelt bzw. -lohn), bei denen die Entgeltdifferenzierung anforderungs- und/oder leistungsbezogen erfolgt, erläutert. Zum anderen wird ein Überblick über weitere Formen der Direktvergütung gegeben.

6.2.3.1 Klassische Entgeltformen

Zu den klassischen Entgeltformen zählen das (reine) Zeit-, das (reine) Akkord- und das Prämienentgelt. Das Zeitentgelt ist heutzutage die elementare Entgeltform. Das Akkordentgelt ist eine Auslaufform. Das Prämienentgelt ist eine zusammengesetzte Entgeltform, die sich aus einem Grundlohn (auf Basis des Zeit- oder Akkordlohns) und einem von einer bestimmten Leistung abhängigen Zuschlag ergibt.

»Das Geld zieht nur den Eigennutz an und verführt unwiderstehlich zum Missbrauch.«
Albert Einstein

(1) Zeitentgelt

Beim Zeitentgelt als ältester und einfachster Entgeltform bildet die Dauer der Arbeitszeit (Stunde, Tag, Woche, Monat) die Bemessungsgrundlage. Die Arbeitsmenge pro Zeiteinheit und die Arbeitsqualität spielen für die Bemessung keine Rolle. Die Vergütung des Mitarbeiters ergibt sich somit wie folgt:

Zeitentgelt, Gehalt

> Entgeltsatz pro Zeiteinheit × Anzahl der Zeiteinheiten

Daher ist aus Sicht des Mitarbeiters das Entgelt pro Zeiteinheit – auch bei Leistungsschwankungen – konstant, während aus betrieblicher Sicht die Entgeltkosten pro Arbeitseinheit (»Lohnstückkosten«) umso stärker fallen, je höher die Mengenleistung pro Zeiteinheit ist. Dies zeigt die Abbildung 3-102, in der im Falle x_1, d. h. geringer Mengenleistung pro Zeiteinheit, die Kosten pro Arbeitseinheit für den Betrieb hoch sind (a_1). Im Falle x_2 sind sie bei gleichbleibendem Entgelt pro Zeiteinheit (a_k) deutlich geringer (a_2).

INFORMATION

Mindestlohn

Ein Mindestlohn ist eine in der Höhe festgelegte, kleinste rechtlich zulässige Vergütung für eine Arbeitstätigkeit. Eine entsprechende Regelung kann sich auf den Stundensatz oder den Monatslohn bei Vollzeitbeschäftigung beziehen. Neben nationalen Mindestlöhnen gibt es auch regionale und branchenspezifische Varianten. Er ist in der wissenschaftlichen wie der politischen Diskussion hinsichtlich seiner mittel- bis langfristigen Auswirkungen v. a. auf den Arbeitsmarkt gerade in einer globalisierten Wirtschaft umstritten (vgl. Brenke/Müller, 2013; Schulten, 2016). Auch die bürokratischen Anforderungen stoßen auf große Kritik in der Wirtschaft.
In Deutschland gilt seit dem 01.01.2017 ein Mindestlohn von 8,84 Euro. Abweichungen sind für eine Übergangszeit in engen Grenzen möglich (bspw. für Zeitungsboten, Saisonarbeiter, fort wo branchenspezifische Mindestlöhne bereits galten). Ausnahmen bestehen für unter 18-Jährige ohne Berufsabschluss, Langzeitarbeitslose, Ehrenamtliche, Pflichtpraktikanten im Rahmen ihres Studiums, freiwillige Praktikanten (maximal 3 Monate).
Mindestlohn in anderen europäischen Ländern (Auswahl aus dem Jahr 2016): Frankreich 9,67 €, Niederlande, 9,36 €, Großbritannien 9,23 €, Belgien 9,10 €, Spanien 3,97 €, Griechenland 3,35 €, Polen 2,55 €, Tschechien 2,15 €. Beneluxstaaten, Österreich, Schweiz und Italien haben keine Mindestlöhne (vgl. http://www.boeckler.de/wsi-tarifarchiv_43610.htm).

6.2 Anreizsysteme
Vergütungssysteme

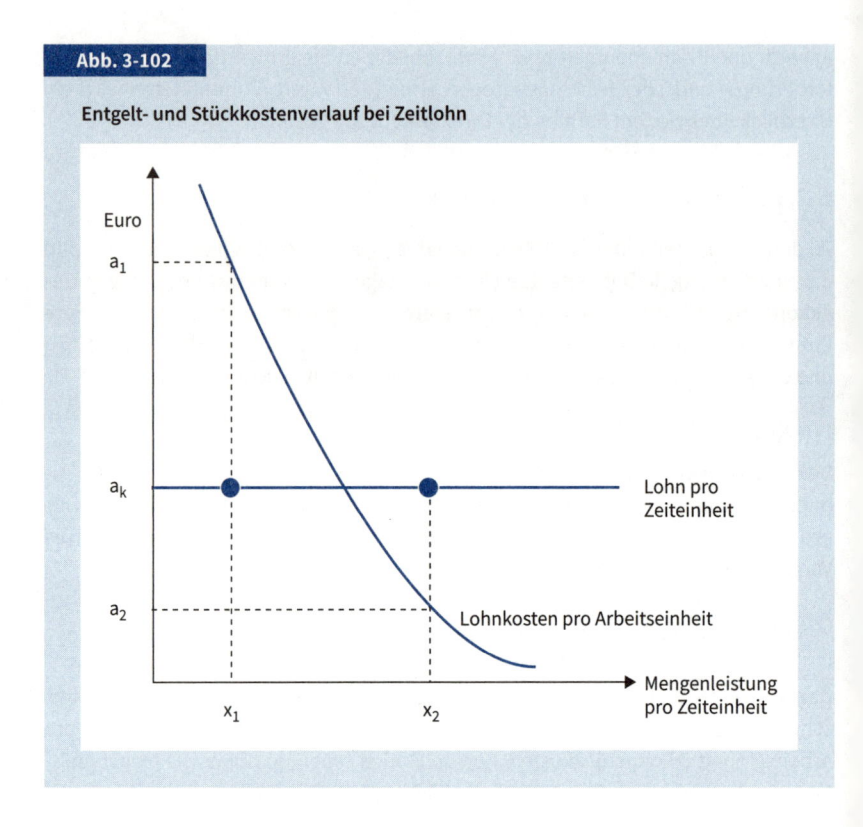

Abb. 3-102

Entgelt- und Stückkostenverlauf bei Zeitlohn

(Diagramm: Euro-Achse mit a_1, a_k, a_2; horizontale Linie „Lohn pro Zeiteinheit" auf Höhe a_k; fallende Kurve „Lohnkosten pro Arbeitseinheit"; x-Achse „Mengenleistung pro Zeiteinheit" mit x_1 und x_2.)

Anreizwirkung

Das Zeitentgelt bietet dem Mitarbeiter somit keinen finanziellen Anreiz zur Steigerung der Arbeitsmenge pro Zeiteinheit – auch keinen speziellen Anreiz, sich auf spezifische Aspekte der Aufgaben zu konzentrieren. Die Entgelthöhe wird vielmehr allein anforderungsbezogen als konstanter Geldbetrag pro Zeiteinheit festgelegt (vgl. Teil 3, Kap. 6.2.2 sowie die ERA-Entgeltgruppen weiter unten). Dies bedeutet jedoch nicht, dass nur die Anwesenheit des Mitarbeiters ohne Bezug zur Arbeitsleistung vergütet wird. Vielmehr gehört die Pflicht, »Arbeit in einem Umfang zu leisten, der nach Treu und Glauben billigerweise von ihm erwartet werden kann«, zu den Pflichten des Arbeitnehmers aus dem Arbeitsvertrag (vgl. Halbach et al., 1998, S. 77). Üblich ist ein fixes Monatsentgelt, welches sich oft aus einer tariflichen Vereinbarung ergibt. Änderungen des anforderungsbezogen differenzierten Zeitentgeltsatzes erfolgen im Zuge von Tarifverhandlungen, in Einzelfällen und/oder je nach Gestaltung des Arbeitsvertrags in bestimmten Zeitabständen.

Bandbreitenmodell

Viele Betriebe verwenden mittlerweile ein Bandbreitenmodell zur Festlegung der fixen Monats- oder Jahresentgelte. Für jede Position ist zwar eine bestimmte Vergütungsgruppe vorgesehen. Diese wird jedoch nicht durch einen Festbetrag, sondern durch ein »Band« als mögliche fixe Entgeltbeträge ausgedrückt. Die Entgeltbänder der verschiedenen Vergütungsgruppen überlappen sich durchaus (s. Abbildung 3-103). Je nach Eignungsgrad, Erfahrung, Marktwert u. Ä. wird mit den

6.2 Vergütungssysteme

Abb. 3-103

Bandbreitenmodell

Vergütungsgruppe

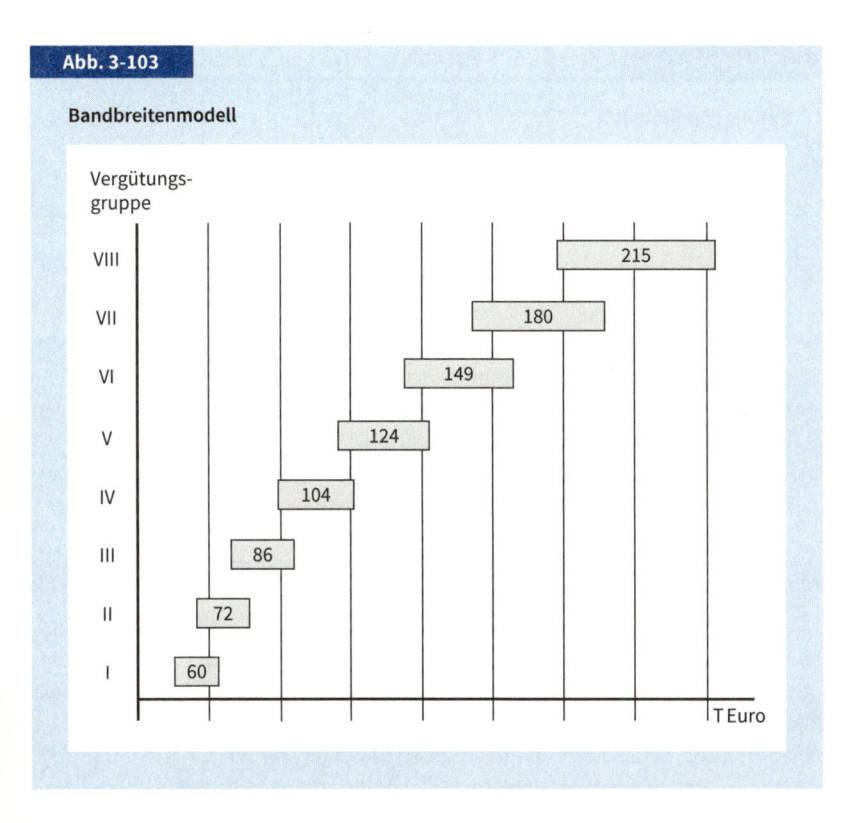

- VIII — 215
- VII — 180
- VI — 149
- V — 124
- IV — 104
- III — 86
- II — 72
- I — 60

T Euro

Positionsinhabern ein Festgehalt vereinbart. Im Laufe der Zeit gibt es für Leistungsträger die Möglichkeit, ihr Festgehalt zu steigern. Das Bandbreitenmodell gestattet eine flexiblere Einstufung sowie eine leistungsgerechtere Fixvergütung.

Bestandteil des Festgehalts sind oft verschiedene Arten von Entgeltzulagen. Sie werden aus den unterschiedlichsten Gründen von Betrieben an Arbeitnehmer – zumindest temporär – fix gewährt und erhöhen dadurch das konstante Einkommen pro Monat. *Beispielhaft* zu nennen sind:

- *Zulagen zum Nachteilsausgleich* (synonym: Erschwerniszulagen) aus besonderen, unangenehmen Arbeitsbedingungen: Mehr-, Schicht-, Nachtarbeit, gefährliche Arbeiten, erschwerte andere Arbeitsbedingungen;
- *Leistungszulagen* aufgrund einer positiven systematisch durchgeführten Leistungsbeurteilung (s. Teil 3, Kap. 1.4.4.3), die systematisch eine leistungsgerechte, i. d. R. temporäre Entgeltdifferenzierung begründen soll;
- *Leistungszulagen* auf Basis einer willkürlich begründeten positiven Einschätzung der individuellen Leistung, die als dauerhafte Entgeltzulage das Festgehalt erhöht;
- *Funktionszulagen* für die Übernahme besonderer Funktionen: z. B. als Beauftragter zur Überwachung bestimmter Sicherheitsanlagen;

Entgeltzulagen

6.2 Anreizsysteme
Vergütungssysteme

> **TERMINOLOGIE**
>
> **Sparkassenmodell**
> Das Sparkassenmodell steht für ein kontinuierliches monatliches Entgelt auch bei diskontinuierlicher monatlicher Arbeitszeit.

- *Zulagen aufgrund sozialer »Belastungen«* eines Arbeitnehmers (bspw. Familienstand, Kinderzahl);
- *Besitzstandszulagen* nach Umgruppierungen oder Umsetzungen (i. d. R. kompensieren zukünftige Tariferhöhungen diese Zulagen sukzessive);
- *persönliche Zulagen* für ein bestimmtes, erwünschtes Verhalten (z. B. für lange Betriebszugehörigkeit oder geringe Fehlzeiten);
- *Arbeitsmarktzulagen* aufgrund einer schwierigen Arbeitsmarktlage für den arbeitnehmersuchenden Betrieb zur Gewinnung qualifizierter Mitarbeiter.

PRAXIS ERA-ENTGELTGRUPPEN

Nachstehend sind – beispielhaft für Entgeltgruppen – die ERA-Entgeltgruppen entlang des Entgeltgruppenverfahrens aufgelistet, die Bestandteil des Tarifergebnisses vom 28.05.2002 und des ERA-Teilverhandlungsergebnisses vom 13.12.2002 sind:

E 1: Einfache Tätigkeiten, die nach einer zweckgerichteten Einarbeitung und Übung von bis zu vier Wochen verrichtet werden können. Es ist keine berufliche Vorbildung erforderlich.

E 2: Tätigkeiten, deren Ablauf und Ausführung weitgehend festgelegt sind. Erforderlich sind Kenntnisse und Fertigkeiten, wie sie in der Regel durch ein systematisches Anlernen von bis zu sechs Monaten erworben werden.

E 3: Tätigkeiten, deren Ablauf und Ausführung überwiegend festgelegt sind. Erforderlich sind Kenntnisse und Fertigkeiten, wie sie in der Regel durch ein systematisches Anlernen von mehr als sechs Monaten erworben werden.

E 4: Tätigkeiten, deren Ablauf und Ausführung teilweise festgelegt sind. Erforderlich sind Kenntnisse und Fertigkeiten, wie sie in der Regel durch eine mindestens zweijährige fachspezifische Ausbildung erworben werden.

E 5: Sachbearbeitende Aufgaben und/oder Facharbeiten, deren Erledigung weitgehend festgelegt sind. Erforderlich sind Kenntnisse und Fertigkeiten, wie sie in der Regel durch eine abgeschlossene mindestens dreijährige fachspezifische Berufsausbildung erworben werden.

E 6: Schwierige sachbearbeitende Aufgaben und/oder schwierige Facharbeiten, deren Erledigung überwiegend festgelegt sind. Erforderlich sind Kenntnisse und Fertigkeiten, wie sie in der Regel durch eine abgeschlossene mindestens dreijährige fachspezifische Berufsausbildung und mehrjährige Berufserfahrung erworben werden.

E 7: Umfassende sachbearbeitende Aufgaben und/oder besonders schwierige und hochwertige Facharbeiten, deren Erledigung teilweise festgelegt sind. Erforder-

PRAXIS ERA-ENTGELTGRUPPEN

lich sind Kenntnisse und Fertigkeiten, wie sie in der Regel durch eine abgeschlossene mindestens dreijährige fachspezifische Berufsausbildung und eine mindestens zweijährige Fachausbildung oder zusätzliche Kenntnisse und Fertigkeiten, die durch langjährige Berufserfahrung erworben werden.

E 8: Ein Aufgabengebiet, das im Rahmen von bestimmten Richtlinien erledigt wird oder hochwertigste Facharbeiten, die hohes Dispositionsvermögen und umfassende Verantwortung erfordern. Erforderlich sind Kenntnisse und Fertigkeiten, wie sie in der Regel durch eine abgeschlossene mindestens dreijährige fachspezifische Berufsausbildung und eine mindestens zweijährige Fachausbildung erworben werden sowie zusätzliche Kenntnisse und Fertigkeiten, die durch langjährige Berufserfahrung erworben werden.

E 9: Ein erweitertes Aufgabengebiet, das im Rahmen von Richtlinien erledigt wird. Erforderlich sind Kenntnisse und Fertigkeiten, wie sie durch den Abschluss einer mindestens vierjährigen Hochschulausbildung erworben werden. Diese Kenntnisse und Fertigkeiten können auch durch eine abgeschlossene, mindestens dreijährige fachspezifische Berufsausbildung und eine mindestens zweijährige Fachausbildung und eine langjährige Berufserfahrung sowie eine zusätzliche spezielle Weiterbildung oder auf einem anderen Weg erworben werden.

E 10: Ein Aufgabenbereich, der im Rahmen von allgemeinen Richtlinien erledigt wird. Erforderlich sind Kenntnisse und Fertigkeiten, wie sie durch den Abschluss einer mindestens vierjährigen Hochschulausbildung erworben werden und Fachkenntnisse durch mehrjährige spezifische Berufserfahrung. Diese Kenntnisse und Fertigkeiten können auch auf einem anderen Weg erworben werden.

E 11: Ein erweiterter Aufgabenbereich, der teilweise im Rahmen von allgemeinen Richtlinien erledigt wird. Erforderlich sind Kenntnisse und Fertigkeiten, wie sie durch den Abschluss einer mindestens vierjährigen Hochschulausbildung erworben werden sowie Fachkenntnisse und langjährige spezifische Berufserfahrung. Diese Kenntnisse und Fertigkeiten können auch auf einem anderen Weg erworben werden.

Die Zahlung solcher freiwilligen Entgeltzulagen ist dem Arbeitgeber nicht völlig frei ins Ermessen gestellt. Ohne ausreichenden sachlichen Grund dürfen einzelne Mitarbeiter oder Mitarbeitergruppen nicht davon ausgeschlossen werden, da sonst der Gleichbehandlungsgrundsatz verletzt wird. Andererseits kann man mit Entgeltzulagen genauer auf individuelle, zeitspezifische Situationen eingehen.

Das Zeitentgelt bietet sich daher vor allem in folgenden Situationen an:
- bei hohen Ansprüchen an die Qualität der Arbeit,
- wenn die quantitative Arbeitsleistung nicht oder nur schwer messbar ist (also insbesondere bei geistigen Leistungen),
- wenn die Aufgabeninhalte sich häufig ändern,
- wenn der Arbeitsprozess häufig unterbrochen wird,
- bei reinen Kontrollaufgaben,

Wann?

6.2 Anreizsysteme
Vergütungssysteme

- wenn der Arbeitsablauf organisatorisch determiniert ist (z. B. bei getakteter Fließfertigung) und
- bei unfallgefährdeten Aufgaben

(2) Akkordentgelt

Auslaufmodell: Akkordentgelt

Im Gegensatz zum Zeitentgelt wird beim Akkordentgelt die Vergütung nicht nur anforderungsbezogen, sondern auch unmittelbar leistungsbezogen differenziert, da die Entgelthöhe auch von der – vom Mitarbeiter direkt beeinflussbaren – Mengenleistung abhängt. Weil die Anzahl solcher Arbeitsplätze, also solche, an denen die Mitarbeiter im Wesentlichen die Arbeitsmenge selbst beeinflussen können, abgenommen hat, kommt dem Akkordentgelt heutzutage keine bedeutende Rolle mehr zu.

Aus betrieblicher Sicht bleiben die Entgeltkosten pro Arbeitseinheit konstant, während aus Sicht des Mitarbeiters das Entgelt pro Zeiteinheit mit der Arbeitsmenge pro Zeiteinheit variiert. In der Wirtschaftspraxis erhält der Mitarbeiter bei Absinken der Akkordleistung unter die Normalleistung (Erläuterung s. u.) jedoch auf jeden Fall das Mindestentgelt, sodass das Entgelt pro Stunde nach unten abgesichert ist.

Zeit- und Geldakkord

Beim Akkordentgelt lassen sich die zwei Formen »Zeitakkord« und »Geldakkord« unterscheiden. Beide Akkordvarianten differieren in der Art und Weise der Entgeltermittlung: Beim *Geldakkord* wird die geleistete Menge pro Stunde mit einem Geldfaktor je Mengeneinheit (»Stücklohn«) multipliziert, sodass der Mitarbeiter zum Beispiel für die doppelte Leistung auch das doppelte Entgelt erhält – unabhängig von der benötigten Zeit. Der Geldfaktor ergibt sich aus der Division des Akkordrichtsatzes pro Stunde durch die Normalleistung pro Stunde. Der Akkordrichtsatz berechnet sich in der Regel aus einem (tariflichen) Mindestlohn und einem Akkordzuschlag und bildet den Stundenlohn eines Mitarbeiters bei Normalleistung. Bei dem – weiter verbreiteten – *Zeitakkord* wird auf Basis der Normalleistung für eine bestimmte Mengenleistung eine Vorgabezeit (in Minuten) ermittelt und die Lohnhöhe pro Zeiteinheit, der sogenannte Minutenfaktor, bestimmt. Dieser ergibt sich durch Division des Akkordrichtsatzes durch 60. Das Entgelt pro Stunde ermittelt sich dann durch Multiplikation der geleisteten Mengeneinheiten pro Stunde mit der Vorgabezeit pro Mengeneinheit und dem Minutenfaktor.

> *Geldakkord:* Geldfaktor = Akkordrichtsatz / Normalleistung
> Geldakkordlohn = Leistungsmenge × Geldfaktor
> *Zeitakkord:* Minutenfaktor = Akkordrichtsatz / 60
> Zeitakkordlohn = Leistungsmenge × Vorgabezeit × Minutenfaktor

Beide Akkordformen lassen sich ineinander überführen, da der Geldfaktor je Mengeneinheit (beim Geldakkord) dem Minutenfaktor, multipliziert mit der Vorgabezeit je Mengeneinheit (beim Zeitakkord) entspricht.

Akkordrichtsatz

Während die Festlegung des Akkordrichtsatzes Gegenstand von Tarifverhandlungen ist, bildet die Ermittlung der Vorgabezeit pro Mengeneinheit auf Basis der Normalleistung die Hauptaufgabe des Betriebs beim Akkordlohn. In der deutschen

6.2 Vergütungssysteme

Wirtschaftspraxis basiert die Ermittlung der Normalleistung im Rahmen von Arbeits- und Zeitstudien überwiegend auf der vom Verband für Arbeitsstudien REFA e. V. definierten Normalleistung: »Unter REFA-Normalleistung wird eine Bewegungsausführung verstanden, die dem Beobachter hinsichtlich der Einzelbewegungen, der Bewegungsfolge und ihrer Koordinierung besonders harmonisch, natürlich und ausgeglichen erscheint. Sie kann erfahrungsgemäß von jedem in erforderlichem Maße geeigneten, geübten und voll eingearbeiteten Arbeiter auf die Dauer und im Mittel der Schichtzeit erbracht werden, sofern er die für persönliche Bedürfnisse und gegebenenfalls auch für Erholung vorgegebenen Zeiten einhält und die freie Entfaltung seiner Fähigkeiten nicht behindert wird.« (REFA, 1978, S. 136)

Im Rahmen von Arbeits- und Zeitstudien können jedoch nicht immer unmittelbar »normale« Leistungen beobachtet werden, da auch intra- und interpersonale Leistungsschwankungen eine Rolle spielen. Daher muss bei Zeitaufnahmen neben dem Messen der benötigten Istzeiten jeweils der Leistungsgrad des beobachteten Mitarbeiters geschätzt werden, der als Prozentsatz der Normalleistung ausgedrückt werden kann. Die Normalzeit ergibt sich somit aus der Multiplikation der Istzeit mit dem Leistungsgrad. Der Normalleistung galten die meisten Diskussionen und Kritiken zum Akkordentgelt, da diese durch Arbeits- und Zeitstudien-Experten im Ergebnis immer nur geschätzt werden kann, sodass Objektivität nur annähernd zu erzielen ist.

Die Anwendung des Akkordentgelts ist *sinnvoll*, wenn:
- die Beeinflussbarkeit der Mengenleistung durch den Mitarbeiter gegeben ist,
- es sich um regelmäßig in gleicher Weise wiederkehrende Aufgaben handelt,
- die Qualität des Arbeitsergebnisses individuell nicht beeinflusst werden kann, eine untergeordnete Rolle spielt oder aber nach Arbeitsvollzug durch Qualitätskontrollen zu ermitteln ist und Lohnabzüge für Ausschuss nach sich ziehen kann.

Anwendungsbedingungen

Diese Bedingungen sind nur noch selten gegeben, sodass der Akkordlohn als Entgeltform dabei ist, eine Randerscheinung zu werden.

Das normale Akkordentgelt fördert zudem nur die Erhöhung der individuellen Mengenleistung, sodass die Zusammenarbeit darunter leiden kann. Solche Tendenzen sollen durch *Gruppenakkord* verhindert werden. Dieser ist dann vorzuziehen, wenn größere, aber klar definierte und abgegrenzte Teilaufgaben in Zusammenarbeit besser erledigt werden können, sowie auch dann, wenn wegen des Arbeitsverfahrens Einzelakkord nicht möglich ist (z. B. bei der Montage großer Maschineneinheiten).

(3) Prämienentgelt

Auch das Prämienentgelt wird anforderungs- und leistungsbezogen differenziert. Er ergibt sich aus einem anforderungsbezogenen und/oder leistungsbezogenen Grundentgelt und einem leistungsbezogenen Zuschlag (Prämie).

Die Prämienentgelte lassen sich nach der Bezugsgröße der Prämienbemessung in Grundprämien- und Zusatzprämienentgelte differenzieren:
- Bei *Grundprämienentgelten*, die für »Grundleistungen« gewährt werden, beruht die Prämienbemessung unmittelbar auf den Maßstäben der Zeit oder der Menge,

Einzel- und Gruppenprämien

6.2 Anreizsysteme
Vergütungssysteme

> **Abb. 3-104**
>
> Arten von Zusatzprämien
>
> **Qualitätsprämien**
> Ziel von Qualitätsprämien ist die Verbesserung des qualitativen (Produktions-)Ergebnisses und die Vermeidung von Verlusten durch Ausschuss, Nacharbeit, Minderqualitäten o. Ä.
>
> **Nutzungsgradprämien**
> Ziel von Nutzungsgradprämien ist die Optimierung der zeitlichen Nutzung der Kapazität der Betriebsmittel, also die Vermeidung/Reduktion von Leer-, Rüstzeiten o. Ä.
>
> **Ersparnisprämien**
> Ziel von Ersparnisprämien ist der sparsame Einsatz von Produktionsfaktoren (z. B. Roh-, Hilfs- und Betriebsstoffe), der sich in der Reduktion bestimmter Kostenarten (z. B. Material- oder Energiekosten) zeigt.

wobei das Zeitentgelt (»Prämienzeitlohn«) oder das Akkordentgelt (»Prämienstücklohn«) die Zuschlagsbasis bilden. Beide sollen jedoch einen Anreiz zur Steigerung der Mengenleistung (durch eine höhere Leistungsmenge oder eine kürzere Leistungszeit) bieten, sodass sie oftmals auch als Quantitäts- oder Mengenleistungsprämien bezeichnet werden.

▸ Bei *Zusatzprämienentgelten*, die für »Zusatzleistungen« gewährt werden, basiert die Prämienbemessung auf qualitativen Merkmalen. In der Regel sollen qualitative Aspekte der Leistung, also ein bestimmtes, erwünschtes Leistungsverhalten oder bestimmte, zusätzliche Leistungen honoriert werden. Zusatzprämienentgelte sind daher sowohl mit den elementaren Entgeltformen als auch mit Grundprämienentgelten kombinierbar.

Bei der Gestaltung von Zusatzprämienentgelten ist insbesondere auf die Wahl einer zieladäquaten Bezugsgröße zu achten. Abbildung 3-104 gibt einen Überblick über die in der Wirtschaftspraxis üblichen Arten von Zusatzprämien.

Gestaltungsparameter

Nach der Wahl einer oder mehrerer Prämienarten ist die Prämie konkret zu gestalten. Gestaltungsparameter sind zum einen die Leistungsspanne (Bereich, in dem die Prämienbezugsgröße variieren soll) und zum anderen die Prämienspanne (Bereich, in dem die Prämienhöhe variieren soll) sowie der Verlauf der Prämienhöhe. Vor allem von den beiden letzten Aspekten hängen die möglichen Anreizwirkungen des Prämienlohns ab.

(4) Überblick über weitere Entgeltformen

In der Wirtschaftspraxis sind neben den klassischen Entgeltformen noch andere (ähnliche) Vergütungsformen und -bestandteile verbreitet, von denen einige nachfolgend kurz skizziert werden:

Vertriebsbereich

▸ Die *Provision* ist eine Vergütungsform, die vor allem im Vertriebsbereich hohe Bedeutung hat. Sie wird als fest vorgegebener Prozentsatz vom Umsatz oder

Vergütungssysteme 6.2

vom Deckungsbeitrag ermittelt. Die Vergütung ist somit variabel und steht in direkter Beziehung zum Verkaufsergebnis. Vereinzelt werden auch Provisionen auf der Basis von Verkaufsmengen gezahlt. Bei weisungsgebundenen Reisenden, die Arbeitnehmer im arbeitsrechtlichen Sinne sind, setzt sich die Vergütung in der Regel aus einem Fixum und der Provision zusammen, während (selbstständige) Handelsvertreter nur eine (in der Regel prozentual höhere) Provision erhalten.

▸ Als *Tantieme* bezeichnet man sowohl eine Beteiligung am Gewinn als auch Zusatzvergütungen für bestimmte Leistungen (z. B. Erreichen vereinbarter Ziele), die vor allem Vorstandsmitglieder oder Geschäftsleiter neben ihrem »Zeitentgelt« erhalten.

Extras für den Vorstand

▸ In der Wirtschaftspraxis werden unter dem Oberbegriff »*Pensumlohn*« Entgeltformen verwendet, die ebenfalls anforderungs- und leistungsbezogen differenzieren. Gemeinsam ist den drei Entgeltformen Vertragslohn, Festlohn mit geplanter Tagesleistung und Programmlohn, dass die Entgelthöhe im Hinblick auf eine erwartete Leistung pro Periode festgelegt wird. Negative Abweichungen wirken sich erst in nachfolgenden Perioden auf die Entgelthöhe aus (vgl. Olfert, 2015, S. 338 ff., und frühere Auflagen dieses Lehrbuchs).

Pensumlohn und seine Formen

6.2.3.2 Variable Vergütung

»*Pay for Performance*« hält quasi seit den 1990er-Jahren einen Siegeszug in der betrieblichen Praxis ab: Fixvergütungen haben abnehmende, variable Vergütungen zunehmende Bedeutung (vgl. Becker, F.G./Kramarsch, 2006, S. 5 ff.; von Eckardstein, 2001, S. 5 ff.). Durch eine leistungs- und/oder erfolgsorientierte Bezahlung soll ein Anreiz geschaffen werden, das Engagement der Mitarbeiter zu stimulieren und den Arbeitserfolg individuell zu belohnen.

»*Nicht der Arbeitgeber zahlt den Lohn, sondern das Produkt.*« Henry Ford

Das variable Vergütungssystem (synonym: Bonussystem) ist derjenige Teil des Vergütungssystems, der Teile des materiellen Belohnungsangebots variabel normalerweise an bestimmte, i. d. R. vorab festgelegte Leistungs- und/oder Erfolgsgrößen (als Bemessungsgrundlagen) koppelt. Die individuellen, zeit- und situationsspezifischen Beziehungen zwischen variabler Vergütungshöhe einerseits und Bemessungsgrundlagen andererseits sind in einem Bonusplan festgelegt.

Man geht bei der Umsetzung davon aus, dass die Mitarbeiter materiell orientiert und motivierbar sind sowie von daher danach vehement streben, die vom Betrieb durch ihre Bemessungskriterien gewünschten Verhaltensweisen zu zeigen und/ oder Leistungsziele zu erreichen. Das betriebliche Kosten-Nutzen-Verhältnis ist hier gut ausgeprägt, da das variable Entgelt nur dann anfällt, wenn auch die Leistung stimmt und aus den damit angenommenen Mehreinnahmen das Entgelt bezahlt werden kann. Damit verbunden ist eine vielfach angestrebte Flexibilisierung der Entgeltaufwendungen.

Ausgangsthese

Im Vertriebsbereich sind solche variablen Vergütungen (speziell Provisionen) schon Langem üblich. Im Führungskräftebereich hat es seit den 1990er-Jahren eine deutliche Zunahme variabler Entgelte (Anzahl der Fälle wie Höhe des variablen Anteils) gegeben. Seit Beginn dieses Jahrhunderts sind auch die restlichen Arbeitnehmer und auch viele öffentlich Bedienstete in Deutschland gerade durch tarifliche

6.2 Anreizsysteme
Vergütungssysteme

> **WISSENSWERTES**
>
> **Entgeltmotiv und variable Vergütung**
>
> Entgelt ist für sehr viele Arbeitnehmer – sowohl aufgrund des materiellen als auch des immateriellen, indirekten – Wertes ein Motivator. Es ist in vielen Fällen dabei auch noch ausschlaggebender als mancher immaterielle (auch intrinsische) Anreiz. Das ist der Vorteil, weil er viel gezielter als Instrument konzeptioniert und eingesetzt werden kann – mit Erfolg. Allerdings wird der Erfolg mit verschiedenen (Transaktions-)Kosten erzielt: Je höher der entgeltliche Anreiz, desto eher wird nur noch das getan, was tatsächlich vergütet wird. Andere Aufgabenbestandteile werden nicht ausreichend erfüllt. Je dauerhafter die Entgeltanreize, desto eher werden die gegebenenfalls vorhandenen intrinsischen (billigen) Motive verdrängt und es sind danach stets finanzielle (teure) Anreize notwendig. Vergütungssysteme sind nicht so rasch veränderbar und kontrollierbar, wie spezifische Aufgaben sich verändern und Mitarbeiter die Systeme zum eigenen Vorteil nutzen. Insgesamt ergibt sich ein spürbarer Mehraufwand: zeitlich wie finanziell. Viele Autoren interpretieren diese Zusammenhänge allerdings anders als wir (vgl. Teil 2, Kap. 3.2, 4.2.2).

Erfolg ≠ Leistung

Veränderungen stärker in den »Genuss« variabler Vergütungen bzw. Vergütungsangebote gekommen.

In der Wirtschaftspraxis wie -wissenschaft wird oft unreflektiert von Leistungs- und/oder Erfolgsentgelten gesprochen, ohne hier – entsprechend der sprachlichen Konnotationen – zu differenzieren.

Erfolg und Leistung sind, so unsere These, nicht gleichzusetzen, selbst wenn dies heutzutage häufig auch in den deutschsprachigen Ländern und nicht nur im anglo-amerikanischen Kulturraum getan wird. Das »beste« Leistungsverhalten beispielsweise einer Niederlassungsleiterin wird keinen Erfolg zeigen, wenn die Konkurrenz die besseren, preiswerteren Produkte anbietet. Dies und die semantischen Unterschiede beider Worte auch im unbewussten Verständnis von Mitarbeitern sprechen für eine explizite Differenzierung in erfolgs- und in leistungsorientierte Vergütung (vgl. Becker, F.G., 2000, 2009; Rynes/Gerhart/Parks, 2005; Abbildung 3-105)

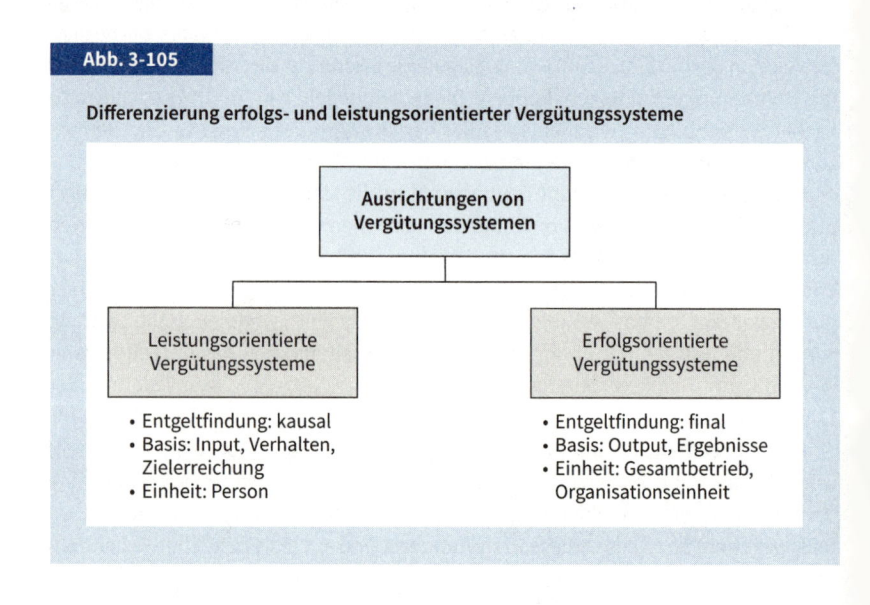

Abb. 3-105

Differenzierung erfolgs- und leistungsorientierter Vergütungssysteme

- Ausrichtungen von Vergütungssystemen
  - Leistungsorientierte Vergütungssysteme
    - Entgeltfindung: kausal
    - Basis: Input, Verhalten, Zielerreichung
    - Einheit: Person
  - Erfolgsorientierte Vergütungssysteme
    - Entgeltfindung: final
    - Basis: Output, Ergebnisse
    - Einheit: Gesamtbetrieb, Organisationseinheit

6.2 Vergütungssysteme

- Die *erfolgsorientierten Vergütungssysteme* versuchen einen Anreiz dadurch zu erreichen, indem sie die Mitarbeiter am Ergebnis des Betriebs bzw. eines Geschäftsbereichs (Output) beteiligen. Erfolgsentgelte basieren auf Basis der finalen Entgeltfindung auf Beteiligungen an bestimmten periodenbezogenen Erfolgsgrößen (wie Umsatz, Kosten, Ertrag, ROI o. Ä.). Die Höhe der Vergütung ist so unmittelbar mit einer Erfolgsgröße oder verschiedenen Indikatoren verbunden. Ein unmittelbarer Bezug einer Individualleistung zu dieser Erfolgsgröße ist im Allgemeinen nicht gegeben.
- Die *leistungsorientierten Vergütungssysteme* konzentrieren sich auf betriebsinterne Leistungsgrößen als Beteiligungsbasen. Solche Entgelte sind idealtypischerweise unmittelbar an die individuelle Leistung eines Mitarbeiters (Input) gekoppelt (kausale Entgeltfindung). Die Leistung wird anhand einer Leistungsbeurteilung »gemessen«. Es wird versucht, einen möglichst engen Zusammenhang zwischen der individuellen Leistung auf der einen Seite sowie der Entgelthöhe auf der anderen Seite herzustellen. Heutzutage sind sie immer öfter eng verbunden mit dem zielorientierten Managementprozess bzw. in ihn integriert: Der Zielerreichungsgrad gilt dann als Indikator für die individuelle Leistung. Allerdings: Auch noch viele merkmalsorientierte Leistungsbeurteilungsverfahren bilden die Basis für »Leistungsentgelte«.

Die leistungsorientierten Vergütungssysteme gestatten es, durchaus unter Einschluss mancher Aspekte der erfolgsorientierten Variante, zielgenaue Anreize unmittelbar bezogen auf Individual- und/oder Gruppenverhalten zu setzen. Dies ist möglich, weil sie an den durch die Mitarbeiter selbst mitbeeinflussbaren Variablen ansetzen (sollen). Die erfolgsorientierten Varianten beteiligen die Mitarbeiter »lediglich« an Ergebnissen, die vor allem durch andere (Geschäftsleitung, Markt) maßgeblich determiniert wurden. Dies ist »nichts Schlechtes«, es ist aber eine andere Beteiligungsgrundlage mit anderen Auswirkungen auf Anreize wie Belohnungen.

> »Die Sprache ist die Kleidung der Gedanken.« Samuel Johnson

> Es handelt sich bei dieser Differenzierung *nicht* um eine esoterische Betrachtung. Mit beiden Ausdrücken wird durchaus Verschiedenes suggeriert. In der betrieblichen Praxis wird in aller Regel allerdings auf die unterschiedlichen Bedeutungsinhalte keine Rücksicht genommen. Man spricht oft von »Leistung«, meint aber »Erfolg« im Sinne einer Zielerreichung. Neudeutsch wird in dieser Denkweise auch gerne auf den weniger belasteten Ausdruck »Performance« zurückgegriffen. Er gilt dabei gewissermaßen als Sammelbegriff für Erfolg und Leistung. Diese Praxis greifen wir weiter unten auf, zumindest da, wo eine weitere Differenzierung nicht notwendig erscheint.

Der Grundgedanke der variablen Vergütung basiert selten auf dem Prinzip, eine »On-the-top«-Bezahlung anzubieten. Vielmehr soll für die Gesamtvergütung eine Flexibilisierung und Risikoorientierung (für den Mitarbeiter) umgesetzt werden. Abbildung 3-106 verdeutlicht dies. Im ersten Fall wird nur – neben üblichen Sozial- und Nebenleistungen, die nicht in die variable Vergütung eingebunden sind – ein Fixent-

Grundgedanke

6.2 Anreizsysteme
Vergütungssysteme

Abb. 3-106

Zur Variabilität von Vergütungen

[Schaubild: Drei Säulen zur Darstellung der Vergütungsvariabilität. Säule 1: Sozial- und Nebenleistungen, Fixgehalt (12 Monate). Säule 2: Sozial- und Nebenleistungen, Grundgehalt (12 Monate), Variable Vergütung. Säule 3: Sozial- und Nebenleistungen, Grundgehalt (12 Monate), Variable Vergütung (als Dreieck dargestellt mit Maximumvergütung, Zielvergütung, Minimumvergütung). Pfeile verweisen auf "erfolgs- und/oder leistungsabhängige variable Vergütung".]

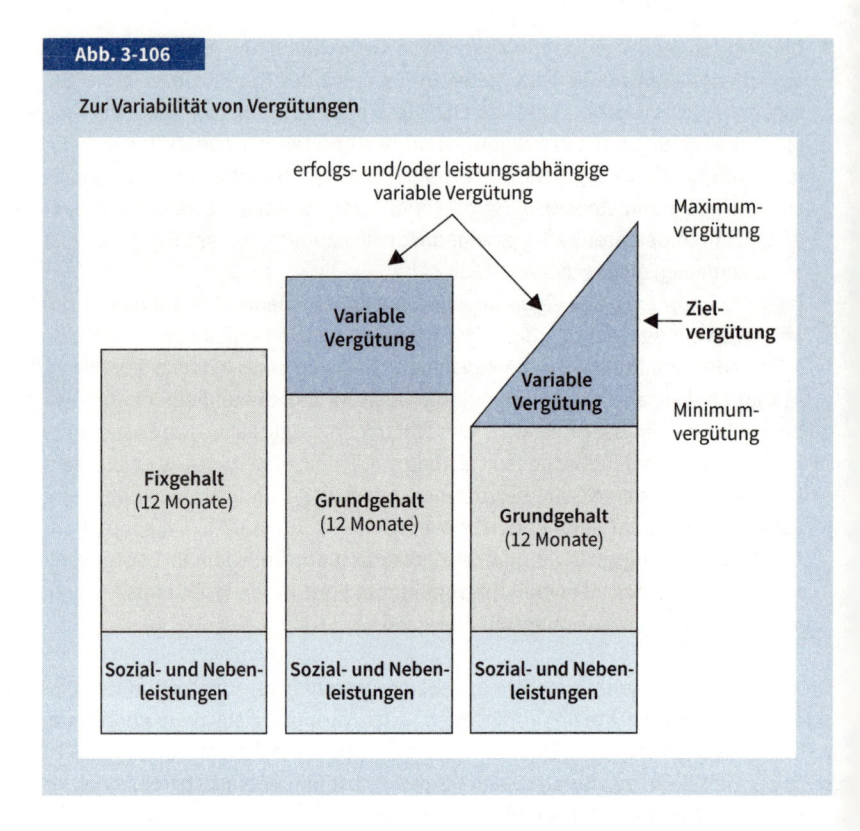

gelt gezahlt. Dieses hat beispielhaft das Niveau 100. Im zweiten Fall ist bereits eine variable Vergütung vorgesehen. Das Grundentgelt ist auf etwa 90 Prozent abgesenkt, dafür besteht die Möglichkeit, über die variable Vergütung ein Entgeltniveau von 110 Prozent zu erreichen. Noch höher ist das mögliche Entgeltniveau im dritten Fall. Etwa 130 Prozent sind zu erreichen – allerdings nur mit einem höheren Risiko für die Mitarbeiter: Das sichere Festentgelt ist auf 80 Prozent abgesenkt. Die Aufgaben sind überall gleich. Während man im ersten Fall davon ausgeht, dass die Aufgabe ohne spezielle finanzielle Anreize auch so zumindest ausreichend gut erfüllt werden, setzt man in den beiden anderen Fällen – getreu der Prinzipal-Agent-Theorie (s. Teil 2, Kap. 3.1) – auf stärkere finanzielle Steuerung. Die – höheren – variablen Vergütungen sind zu verdienen; sie sollen kein Geschenk sein.

> Unter dem Stichwort »Mythos Motivation« hat insbesondere Sprenger heftige Kritik nicht nur an der variablen Vergütung, sondern auch an der Fixierung auf finanzielle Anreize geäußert (vgl. Sprenger, 2004; auch Frey/Osterloh, 2002).

6.2 Vergütungssysteme

Im Rahmen der Abklärung der Frage der Variabilität sind in einem Betrieb verschiedene Fragen zu klären:

- Die erste Frage, ob überhaupt variabel zu vergüten ist.
- Die zweite Frage betrifft die grundlegende Orientierung: leistungs- und/oder erfolgsorientiert.
- Die dritte Frage betrifft die relative Höhe der variablen Vergütung zum fixen Entgeltanteil (90:10, 75:25, 50:50, 40:60 …). Wenn man tatsächlich einen Einfluss auf die Motivation wie das Verhalten der Mitarbeiter erreichen will, dann muss der in Aussicht stehende Geldbetrag zunächst direkt oder indirekt für die betroffene Person Bedeutung haben. Auf der anderen Seite sollte man ihn nicht so hoch festlegen, dass er nachher der einzige Anreiz ist.
- Die vierte Frage bezieht sich auf die Anzahl der an die variable Vergütung gekoppelten Bemessungsgrößen. Je mehr Größen man verwendet, desto genauer kann man das gewünschte Leistungsverhalten bestimmen, desto unbestimmter und unwirksamer wird aber auch der jeweilige individuelle materielle Steuerungsanreiz.
- Die fünfte Frage betrifft die Ebene der Zielmessung. Dabei gilt es abzuwägen zwischen individuellen Zielsetzungen/Bemessungsgrundlagen, Teamzielen, Bereichszielen und Gesamtbetriebszielen.
- Die sechste Frage betrifft die Kalibrierung des Zielwerts. Dafür kann ein vereinbartes Budget oder eine Planung herangezogen werden, man stellt auf Vergleiche mit einer Wettbewerbergruppe ab oder man wählt absolute Performance-Standards wie zum Beispiel die Kapitalkosten.
- Die siebte Frage betrifft die Gestaltung der Vergütungskurve, d. h. für welche prozentuale Leistung bzw. für welchen Erfolg im Verhältnis zur Zielleistung gibt es welche variable Vergütung im Verhältnis zur Zielvergütung.
- Und die achte Frage betrifft den Verlauf der variablen Vergütungsmöglichkeit. Ist ein linearer, progressiver, degressiver oder S-förmiger Verlauf je nach Leistungs- bzw. Erfolgshöhe vorzusehen? Von jedem dieser Verläufe gehen andere Steuerungsanreize aus.

Unterschiedliche Variabilität

Chance und Risiko in der Vergütungshöhe

Variable Vergütungssysteme sind nicht frei von grundsätzlichen Problemen. Diese zu kennen, ist Voraussetzung für einen angemessenen und zielführenden Umgang mit variablen Entgelten. Neben der generellen Problematik der Bedeutung von Entgelten sind für variable Vergütungen verschiedene Probleme hervorzuheben (s. Abbildung 3-107; vgl. Frey/Osterloh, 2002, S. 24 ff.; Becker, F.G./Kramarsch, 2006, S. 56 ff.; Becker, F.G./Ostrowski, 2012).

Probleme variabler Vergütung

1. *Mess- und Bewertungsprobleme.* Mess- bzw. Bewertungsprobleme betreffen zum Ersten die Operationalisierung des Erfolgs und der Leistung: Sie ist nur mit Abstrichen möglich, d. h., es bleiben gewollte Aspekte unbeachtet sowie es werden nicht intendierte Aufgaben angereizt. Dies trifft gerade bei komplexeren Arbeitstätigkeiten zu. Prinzipiell lässt sich die Leistungs- und Erfolgsbeziehung nur mittel- bis langfristig erfassen (bspw. das Verhalten dem Kunden gegenüber späteren Wiederholungsaufträgen), teilweise ist sie kaum ausreichend nachvollziehbar. Hier müssen Ersatzkriterien benannt werden. Sowohl die Aus-

»You get, what you pay for.« unbekannt

6.2 Anreizsysteme
Vergütungssysteme

Abb. 3-107

Generelle Probleme variabler Vergütung

- Mess- und Bewertungsprobleme
- »Könnens«-Probleme
- Manipulationsproblem
- Teamproblem
- Verdrängungsproblem
- Selektionsproblem
- Prinzipielle Probleme

Quelle: *Becker, F.G./Kramarsch*, 2006, S. 63

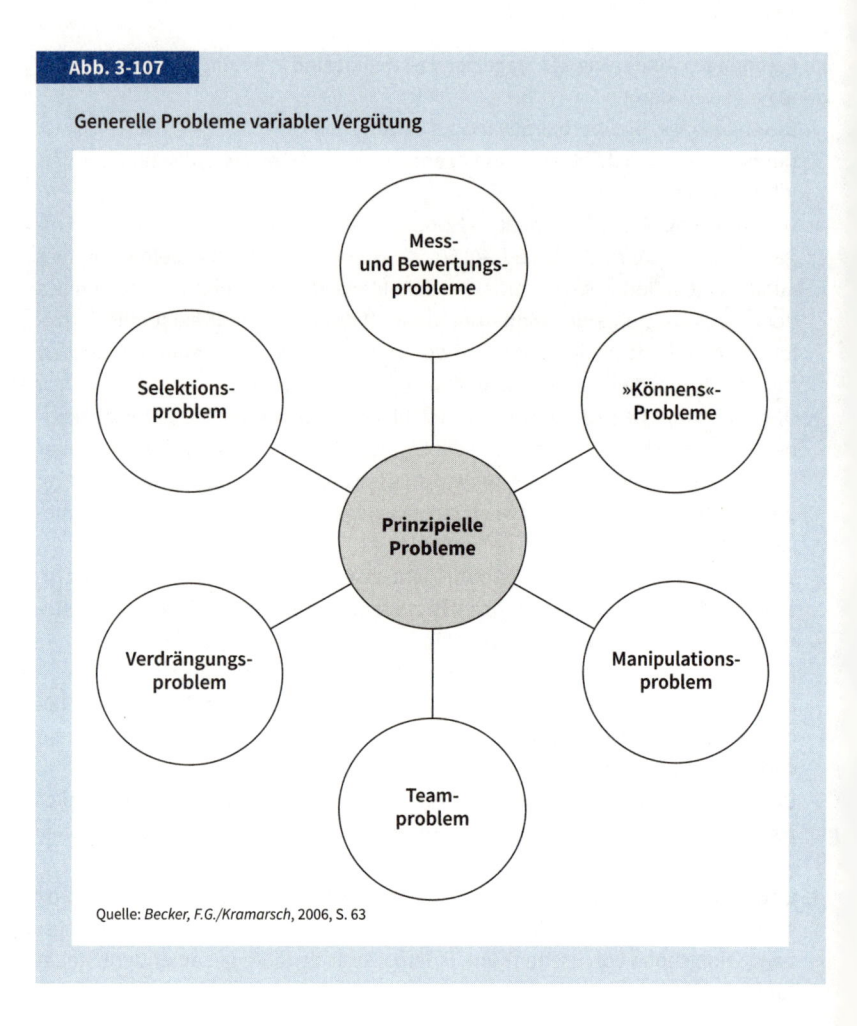

wahl der einzelnen Kriterien als Bemessungsgrundlagen der Vergütung als auch deren Kombination ist gewaltig – ein klassisches und theoretisch unlösbares Multiple-Task-Problem. Dieses verweist auf die Situation, dass verschiedene womöglich eng miteinander verwobene Teilaufgaben zwar finanziell angereizt und belohnt werden sollten, da sie zur Gesamtaufgabe zählen, diese jedoch nicht adäquat in Erfolgskriterien übersetzt werden können. Es werden dysfunktionale Wirkungen verursacht, da das Mitarbeiterverhalten sich nicht auf die Aufgabenerfüllung an sich, sondern auf die potenziell vergüteten Teilaufgaben konzentriert. Fügt man weitere Kriterien hinzu, um dieses Problem zu umgehen, führt dies zur Verwässerung der einzelnen Stimuli (vgl. Becker, F.G., 2009, S. 181).

2. *Könnens-Probleme.* Im Anschluss bestehen noch Könnens-Probleme bei den beteiligten Personen, wenn diese über keine ausreichende Qualifikation verfügen,

um die individuelle Leistung und die Erfolgsbestimmung treffend vorzunehmen. Die Problematik wurde bereits weiter oben thematisiert.
3. *Manipulationsproblem*. Das Manipulationsproblem betrifft zum Ersten die fast immer vorliegende Möglichkeit eines Mitarbeiters, direkt oder indirekt und nicht ganz regelkonform die Bemessungsgrundlagen des Erfolgs oder der Leistung zu manipulieren. Bei allen Systemen ist diese Versuchung gegeben – und auch möglich. Bei Leistungsbeurteilungen ist etwa das »Nikolausproblem« (aus der Sicht der Mitarbeiter: Sie manipulieren ihr Verhalten kurz vor der »Bescherung«), das Verheimlichen von Fehlern oder einfach das »Schleimen«. Bei Erfolgsentgelten besteht die Möglichkeit, zumindest zeitweise die Ausprägungshöhe der Erfolgskriterien (Quantität zu Lasten von Qualität; Kostenverlagerungen in die Zukunft etc.) zu gestalten. Zum Zweiten ist auch die Manipulation durch den Beurteiler zu nennen. In der Praxis werden Leistungsbeurteilungen schon einmal als Konflikt vermeidender Ausgleich zu mangelnder Zielerreichung bei Erfolgskriterien »missbraucht«. Mitarbeiter werden so zufriedengestellt. Neben einer Konterkarierung einer Leistungskultur führt dieses Verhalten auch zu einem Auseinanderfallen von betriebswirtschaftlichen Erfolgen (z. B. Gewinn) und variablen Vergütungen (und damit Personalkosten).
4. *Teamproblem*. Das Teamproblem betrifft die vielfach in der Praxis vorhandene Notwendigkeit der Erbringung komplementärer Leistung in der Arbeitsgruppe, also der nur gemeinsam zu erbringenden Leistungen. In vielen Arbeitsbereichen ist man auf eine gute Zusammenarbeit – zum Beispiel zwischen Back Office und Front Office – angewiesen. Belohnt wird zumeist jedoch nur der individuelle Beitrag. Unter Umständen kommt es noch zu einer nicht gewollten internen Konkurrenz um die Gewinnung von Kunden. Es besteht dabei insgesamt die Gefahr der Demotivation der Leistungsträger sowie des Trittbrettfahrens (»Team = Toll, ein anderer macht's«). Auch der Sucker-Effekt und der Social-Loafing-Effekt (s. Teil 2, Kap. 5.4.3.5) können hier als Gefahr angefügt werden.

Teamproblem

5. *Verdrängungsproblem*. Mit dem Verdrängungsproblem (»Crowding out«) wird auf lange bekannte Widersprüche zwischen den Erwartungen der Gestalter von Entgeltsystemen und den beobachteten Verhaltenswirkungen auch auf Führungskräfteebenen eingegangen. Sprenger (2004, passim) geht hier in seiner Kritik am weitesten, indem er u. a. konstatiert »Alles Motivieren ist Demotivieren«. Zudem verweist er auf die besondere Bedeutung intrinsischer Motivation und die Fehlsteuerung durch extrinsische Anreize. Extrinsische (materielle) und intrinsische (immaterielle) Motivation wirken nicht prinzipiell additiv: Es besteht ein Verdrängungseffekt (vgl. Deci/Ryan, 1985; Frey/Osterloh, 2002, S. 26 ff.). Materielle Anreize können die gegebenenfalls vorhandene intrinsische Motivation verdrängen. Jeglicher nachhaltiger Einsatz von variablen Vergütungen kann dazu führen, dass die Mitarbeiter sich stärker mit den Auswirkungen ihres Verhaltens auf die Vergütungshöhe als mit einer effizienten Aufgabenerfüllung beschäftigen. Dadurch werden selbst bislang über die interessante, herausfordernde und kundenorientierte Aufgabenerfüllung motivierte Mitarbeiter nur auf Geld – respektive die unmittelbar bezahlten Tätigkeiten – gelenkt: Die extrinsischen Belohnungen können somit durch Leistungs- wie Erfolgsentgelte die

»Crowding out«

6.2 Anreizsysteme
Vergütungssysteme

intrinsische Motivation zerstören. Frey/Osterloh (2002, S. 171 ff.) sprechen in diesem Zusammenhang vom Kontrollparadoxon in der Tradition des alt bekannten Taylorismus aber auch der Principal-Agent-Theorie. Personen mit zerstörter intrinsischer Motivation haben eine geringere Arbeitszufriedenheit, die in diesem Falle zu nachlassenden Leistungen und Erfolgen führt. Dies wiederum animiert Unternehmen zu einer verstärkten bürokratischen Kontrolle in Form von detaillierten variablen Vergütungssystemen, um diesem Problem Herr zu werden. Gerade intrinsisch motivierte Personen reagieren darauf aber völlig anders als gedacht. Reaktionen auf die damit verbundene Unzufriedenheit mit dem betrieblichen Verhalten können auch die bereits oben skizzierten Probleme der Manipulation (Jedes Vergütungssystem wird »geschlagen«!), der Konzentration ausschließlich auf die vergüteten Erfolgskriterien statt der ganzen Aufgabe (»Fehlsteuerung«) o. Ä. sein. Eine weitere Entgeltform ist das Qualifikationsentgelt (Polyvalenzentgelt). Die Grundidee des Qualifikationsentgelts wurde jedoch bereits im Zusammenhang mit den Prinzipien der Entgeltdifferenzierung erläutert (s. Teil 3, Kap. 6.2.2) (vgl. von Eckardstein, 1991; Greife, 1990, S. 8 ff.).

Selbstselektion

6. *Selektionsproblem*. Das Selektionsproblem betrifft folgende Problematik: Via Selbstselektion treten nur extrinsische motivierte Personen solche Arbeitsplätze an, bei denen nachhaltig variabel vergütet wird. Bei einfachen, leicht mess- und steuerbaren Tätigkeiten mag dies kein Problem sein. Heikel wird es jedoch, wenn Teamarbeit gefragt, Leistung schwer bestimm- und feststellbar sowie der variable Anteil bedeutsam ist. Hier ist bislang der Anteil an qualifizierten Mitarbeitern, die mit einer intrinsischen Motivation und vielfach auch immateriell zufriedenstellenden Motiven am Arbeitsplatz tätig sind, recht groß. Sie werden durch variable Vergütungen eher von solchen Arbeitsplätzen abgeschreckt – oder sie unterliegen dem genannten Verdrängungseffekt.

ZUR VERTIEFUNG

»Versteckte Kosten« der variablen Vergütung

Die skizzierten Probleme der variablen Vergütung lassen sich so gut wie nicht verhindern, allenfalls etwas in ihren Auswirkungen reduzieren. Letztlich entstehen durch ihr Vorhandensein immer »Kosten« im Sinne von Transaktionskosten der variablen Vergütung. Hierbei ist einerseits an die *Verwaltungskosten* variabler Vergütungssysteme zu denken: Festlegung von Bemessungskriterien und deren Höhe, Einführung von adäquaten Controllingsystemen, Diskussion um die gegebenenfalls notwendige Anpassung bei unvorhersehbaren Änderungen, Dokumentation, zusätzliche Entgeltabrechnung, insgesamt also ein erhöhter Verwaltungsaufwand. Dieser müsste mit dem erwarteten oder besser dem realen Nutzen verglichen werden. Andererseits sind auch solche *intangiblen Transaktionskosten* aufzuführen, die sich nicht so direkt niederschlagen: Die Mitarbeiter verwenden einen Teil ihrer Arbeitszeit damit zu überlegen, durch welches Verhalten sie die höchste variable Vergütung erhalten. Dazu zählt auch, gegebenenfalls das System zu »schlagen«, d. h. nicht intendierte Regelungen zum eigenen Vorteil zu nutzen. Dadurch, dass nicht alle Positionsaufgaben durch variable Vergütungssysteme stimuliert werden (ganz im Gegenteil), bleiben andere Aufgabenteile potenziell zu wenig bearbeitet. Qualifizierte Personen nehmen unter Umständen ein Stellenangebot nicht wahr. Wirkliche Teamarbeit wird nicht überall umgesetzt mit der Folge, dass deren Vorteile nicht auftreten, u. a. m.

6.2.4 Sozialleistungen

Sozialleistungen sind ein Begriff für mannigfaltige, vornehmlich materielle Anreize, wie Belohnungen der Mitarbeiter durch den arbeitgebenden Betrieb, aber auch für indirekte Personalkosten. Sie sind teilweise gesetzlich, teilweise tarifvertraglich und teilweise betrieblich geregelt:

»Vergessene« Transaktionskosten

- Bei den *gesetzlichen Sozialleistungen* handelt es sich um solche Leistungen, die allen Betrieben im Rahmen der staatlichen Sozialpolitik als Zwangsleistungen auferlegt werden. Beispiele: Arbeitgeberanteile zur Rentenversicherung, Arbeitgeberanteile zur Krankenversicherung, Arbeitgeberanteile zur Arbeitslosenversicherung, Arbeitgeberbeiträge zu Berufsgenossenschaften (Unfallversicherung), Ausgleichsabgabe nach dem Schwerbehindertengesetz, Leistungen aufgrund des Mutterschutzgesetzes u. a.

Allgemeine Vertragsleistungen

- *Tarifliche Sozialleistungen* betreffen ganz bestimmte Wirtschaftszweige und sind das Ergebnis von Vereinbarungen zwischen Arbeitgeberverbänden und Gewerkschaften. Für den einzelnen Betrieb stellen die einzelnen Sozialleistungen jedoch von außen auferlegte Zwangsleistungen dar. Beispiele: Urlaubsgeld, Erschwerniszuschläge, Wegegelder, Sonderurlaub für langjährige Betriebszugehörigkeit, Sonderurlaub für persönliche Angelegenheiten (z. B. Hochzeit, Sterbefälle, Geburt) usw.

- *Betriebliche Sozialleistungen* werden vom Einzelbetrieb gewährt und gelten als zusätzliche bzw. freiwillige Leistungen. Vertragspartner ist in der Regel der Betriebsrat (Grundlage ist eine Betriebsvereinbarung) oder ein einzelner Mitarbeiter (Grundlage ist ein Einzelvertrag). Die betrieblichen Sozialleistungen dienen dabei als Ergänzung zu den Leistungen der öffentlichen Sozialpolitik und sollen nicht in Konkurrenz zu diesen stehen. Begrenzungsfaktoren sind zum einen das Subsidiaritätsprinzip und zum anderen die wirtschaftliche Leistungsfähigkeit des Betriebs. Beispiele solcher, z. T. allerdings auch tarifvertraglich geregelter Sozialleistungen sind: Betriebliche Altersversorgung, Unfallversicherung, kostenlose Vorsorgeuntersuchungen, Fahrtkostenzuschuss, freiwillige vermögenswirksame Leistungen, Gratifikationen (Jubiläen etc.), Deputate, Firmenprodukte, Firmenwagen, Arbeitskleidung, Dienst-/Werkswohnungen, Gemeinschaftsverpflegung, Sport-/Freizeiteinrichtungen, Kinderbetreuung, Arbeitgeberdarlehen u. a.

Freiwillige Sozialleistungen

MEINUNG

Freiwillige Sozialleistungen und ihre nicht intendierten Wirkungen

Freiwillige Sozialleistungen, also vom Arbeitgeber ohne Zwang aus eigenen Stücken den Arbeitnehmern übertragene geldwerte Leistungen, haben eine sehr unterschiedliche Wirkung: Ganz zu Beginn sind sie schön, bald schon gelten sie als selbstverständlich und fallen gar nicht mehr auf – jedenfalls nicht als freiwillig gewährte, zusätzlich gezahlte Belohnung. Sie stehen einem zu! Noch später – im Falle einer ökonomisch notwendigen oder sonst wie motivierten Abbaus – ist der Frust groß und oft auch andauernd. Es zählt nicht die unter Umständen jahrzehntelang gezahlte Extraleistung, es zählt nur der Entzug. Keine Dankbarkeit, lediglich Ärger – jedenfalls bei vielen. Unterm Strich muss sich jeder Betrieb fragen, ob es sich tatsächlich »in the long run« lohnt, eine freiwillige Sozialleistung anzubieten.

6.2 Anreizsysteme
Vergütungssysteme

6.2.5 Betriebliche Altersversorgung

6.2.5.1 Begriff, Rechtsgrundlagen, Bedeutung und Stand der Entwicklung

Begriff

Bei der betrieblichen Altersversorgung (vgl. Kemper/Kisters-Kölkes, 2015; Buttler, 2015; Clemens/Förstemann, 2015) handelt es sich nach heutiger Auffassung um Leistungen der Alters-, Invaliditäts- und Hinterbliebenenversorgung für Arbeitnehmer aus Anlass des Arbeitsverhältnisses. Nach § 1 I BetrAVG (»Gesetz zur Verbesserung der betrieblichen Altersversorgung«) muss eine betriebliche Altersversorgung folgende Tatbestandsmerkmale erfüllen:

- Zusage einer Leistung zum Zweck der Versorgung,
- aus Anlass eines Arbeitsverhältnisses,
- deren Anspruch durch Alter, Tod oder Invalidität ausgelöst wird.

Während in der Vergangenheit die betriebliche Altersversorgung als eine freiwillige soziale Leistung seitens des Arbeitgebers als Gegenleistung für die Betriebstreue des Arbeitnehmers angesehen wurde, wird heute entweder die sozialpolitische Verantwortung und/oder der Entgeltcharakter als Gegenleistung für die zur Verfügung gestellte Arbeitskraft (vertraglicher Leistungsaustausch) betont. Man unterscheidet dementsprechend in arbeitnehmerfinanzierte betriebliche Altersversorgung – je nachdem, wer (ggf. beide) die Beiträge leistet. Im ersteren Falle kann man von Soziallohn bzw. -entgelt sprechen.

Freiwilligkeit

Der Arbeitgeber kann über Einführung, Höhe, Gestaltungsform und begünstigte(n) Mitarbeiter(gruppe) einer betrieblichen Altersversorgung im Allgemeinen frei entscheiden. (Auch der Betriebsrat hat keine Initiativrechte, kann also eine Einführung einer betrieblichen Altersversorgung nicht erzwingen. Bei Fragen der Gestaltung oder Änderung des Leistungsplans für die Versorgungsempfänger sowie die Beitragsleistungen der Mitarbeiter können sich jedoch Beteiligungsrechte des Betriebsrats nach § 87 I Nr. 8 u. 10 BetrVG ergeben). Der Grad der Freiwilligkeit kann

---

WISSENSWERTES

Riester-Rente

Die sogenannte Riester-Rente (bezeichnet nach Walter Riester, ehemaliger Bundesminister für Arbeit und Sozialordnung) ist eine durch Zulagen und Steuervorteile über den Sonderausgabenabzug für Sparfreibeträge staatlich geförderte Rente, die einen Ausgleich zu den Anfang des Jahrhunderts durchgeführten Kürzungen der Rentenansprüche leisten soll. Diese Form der staatlichen Rentenförderung kann rein privat finanziert oder auch betrieblich unterstützt werden. Sie unterliegt verschiedenen Vorschriften, wie bspw. der Zertifizierung der Erfüllung der gesetzlichen Vorgaben für die staatliche Förderung durch das Bundeszentralamt für Steuern, der Garantie der eingezahlten Beiträge inklusive der staatlichen Zulagen sowie die Informationspflicht über alle anfallenden Vertragskosten vonseiten des Versicherers. Die Rentabilität der Riester-Rente für die Versicherten wird stark angezweifelt (vgl. http://www.faz.net/aktuell/finanzen/meine-finanzen/vorsorgen-fuer-das-alter/ist-die-riester-rente-gescheitert-14195906.html; http://www.faz.net/aktuell/finanzen/meine-finanzen/vermoegensfragen/vermoegensfrage-riestern-lohnt-sich-fuer-fast-alle-13467992.html; https://www.verbraucherzentrale.de/riesterrente [letzte Abrufe: 16.07.2016]).

jedoch – je nach Rechtsgrundlage (vgl. Kemper/Kisters-Kölkes, 2015) – variieren (vgl. Halbach et al., 1998, S. 231 ff.). Sobald ein Arbeitgeber sich aber entschlossen hat, eine betriebliche Altersversorgung einzuführen und in einer vertraglich fixierten Form durchzuführen, ist er selbstverständlich arbeitsrechtlich daran gebunden. Lediglich innerhalb des vorgegebenen rechtlichen Rahmens kann das Versorgungsverhältnis gestaltet werden (vgl. Kemper/Kisters-Kölkes, 2015, S. 3). Darüber hinaus haben Arbeitnehmer seit 2002 das Recht, von ihrem Arbeitgeber eine Entgeltumwandlung zugunsten der betrieblichen Altersversorgung (Direktversicherung, s. u.) in einem definierten Umfang zu verlangen.

Motive für die Einführung einer betrieblichen Altersversorgung können sich sowohl aus sozialpolitischen als auch aus personalpolitischen Überlegungen ergeben:

Motive für die betriebliche Altersversorgung

- Aus *sozialpolitischer Sicht* bildet die betriebliche Altersversorgung – zunehmend – die »zweite Säule« des postulierten dreiteiligen Alterssicherungssystems in der Bundesrepublik Deutschland (sogenannte »Drei-Säulen-Konzeption«). Sie hat die Aufgabe, die Leistungen der Sozialversicherung (»erste Säule«) und die zumutbare Eigenvorsorge (»dritte Säule«) bis zu einer angemessenen Höhe (je nach Mitarbeitergruppe ca. 75-90 Prozent des letzten Nettoeinkommens) zu ergänzen. Da sich in der gesetzlichen Sozialversicherung nur die Bruttoeinkommen bis zur Beitragsbemessungsgrenze auswirken, steigt die durch betriebliche und private Altersversorgung zu deckende »Versorgungslücke« mit zunehmendem Einkommen. Von daher ersetzt die betriebliche Altersversorgung für viele Personen zunehmend die Rente. Gerade im Hinblick auf den sich vollziehenden demografischen Wandel wächst von daher die Bedeutung der »zweiten Säule« – für den Arbeitnehmer selbst als auch aus sozialpolitischer Verantwortung der Arbeitgeber.
- Aus *personalpolitischer Sicht* stellt das Angebot einer betrieblichen Altersversorgung in erster Linie einen Anreiz dar, der zum Beispiel die Bindung der Mitarbeiter an den Betrieb erhöhen, deren Sicherheitsbedürfnisse befriedigen und die Attraktivität des Arbeitgebers für potenzielle Mitarbeiter steigern kann. Man erhofft sich ein besseres Arbeitgeberimage mit einer Abnahme der Fluktuation und der erleichterten Werbung neuer Arbeitskräfte. Steuerliche Erleichterungen nimmt man auch gerne wahr.

Wegen der mit zunehmendem Einkommen steigenden »Versorgungslücke« erscheint es personalpolitisch sinnvoll, die Leistungen nach Mitarbeitergruppen (oder Gehaltsstufen) zu differenzieren. Dabei wird die Höhe dieser gruppenbezogenen Zusagen nicht nur von der Versorgungslücke, sondern auch vom Grad der zumutbaren Eigenvorsorge bestimmt.

Versorgungslücke

Zudem sind der sozial- und personalpolitische Nutzen und der finanzielle Aufwand abzuwägen, da die betriebliche Altersversorgung eine kostspielige (wenn nicht die kostenintensivste) Sozialleistung ist. Ein kostengünstiger Weg aus der Sicht der Arbeitgeber ist die Direktversicherung, die unter Nutzung steuerlicher Regelungen über den Arbeitgeber die »dritte Säule« fördert.

6.2 Anreizsysteme
Vergütungssysteme

6.2.5.2 Typen der betrieblichen Altersversorgung

Wegen der relativ hohen Gestaltungsfreiheit der Betriebe bei der betrieblichen Altersversorgung existiert in der Praxis eine Vielzahl von Versorgungssystemen. Sie lassen sich nach dem Aspekt der Leistungsermittlung in die drei grundsätzlichen Typen unterscheiden (vgl. Grawert, 1998, S. 23 ff.):

- *Gesamtversorgungssysteme*: Bei Gesamtversorgungssystemen wird die Differenz zwischen einem als Bezugsbasis festgelegten Einkommen (z. B. 70 Prozent der vergangenen Bruttobeträge) sowie einer anderen Versorgung (in der Regel die gesetzliche Rente) durch ein bestimmtes Reglement ermittelt. Je nachdem, ob die gesamte Differenz oder nur ein Teil als betriebliche Rente gezahlt wird, handelt es sich um ein unlimitiertes oder aber ein limitiertes System.
- *Vergütungsorientierte und dynamisierte Systeme*: Die Versorgungszusage bezieht sich bei vergütungsorientierten und dynamisierten Systemen grundsätzlich auf einen bestimmten Prozentsatz der pensionsfähigen Vergütung. Bei vergütungsorientierten Systemen wird die betriebliche Rente nach Maßgabe eines bestimmten Prozentsatzes des Einkommens pro Dienstjahr und der in diesem Jahr geltenden pensionsfähigen Vergütung des Mitarbeiters ermittelt. Bei den dynamisierten Systemen ergibt sich die Versorgungsleistung aus dem pensionsfähigen Einkommen bei Eintritt des Versorgungsfalls (oder einem Durchschnitt der vergangenen Jahre), auf das dann ein bestimmter Prozentsatz unter Berücksichtigung der Dienstjahre angewendet wird (teildynamische Systeme). Bei volldynamischen Systemen wird die betriebliche Rente an die Entwicklung eines vorgegebenen Bezugsindexes in der Zukunft angepasst.
- *Festbetragssysteme*: Bei Festbetragssystemen wird als Versorgungsleistung ein fester Euro-Betrag garantiert. Dieser kann zum einen unabhängig vom Arbeitseinkommen und den Dienstjahren festgelegt sein. Denkbar ist aber auch, dass in die Ermittlung dieses Betrags die Höhe des Einkommens und die Dienstjahre eingehen.

6.2.5.3 Gestaltungsformen der betrieblichen Altersversorgung

Für die organisatorische Gestaltung der betrieblichen Altersversorgung bieten sich verschiedene Formen an (s. Abbildung 3-108).

Direktzusagen

Falls der Betrieb Träger der betrieblichen Altersversorgung ist, handelt es sich um Direktzusagen (auch Pensionszusage). Dabei verpflichtet sich der Betrieb, seinen Mitarbeitern oder deren Hinterbliebenen unmittelbar aus finanziellen Mitteln des Betriebs eine betriebliche Altersversorgung zu gewähren. Zur Absicherung dieser Verpflichtung sind vom Betrieb Pensionsrückstellungen zu bilden. Die Höhe richtet sich in aller Regel nach der Dauer der Betriebszugehörigkeit und der Höhe des (früheren) Einkommens. Im Falle einer Insolvenz des Arbeitgebers übernimmt der Pensions-Sicherungs-Verein (PSV a. G...) die bis dahin zustehenden Ansprüche. Hierfür hat der Arbeitgeber Zwangsbeiträge zu zahlen.

Bei der Versorgung über externe Träger können die Versorgungsleistungen indirekt durch eine Unterstützungskasse, eine Pensionskasse oder durch eine Lebens-

6.2 Vergütungssysteme

Abb. 3-108

Gestaltungsformen der betrieblichen Altersversorgung

```
                    Alternative Wege
                    ┌─────────┴─────────┐
                 direkt            indirekt über
                    │          ┌────┬────┬────┬────┐
              Direktzusage  Unterstüt-  Pensions-  Pensions-  Direkt-
                            zungskasse   fonds      kasse    versicherung
```

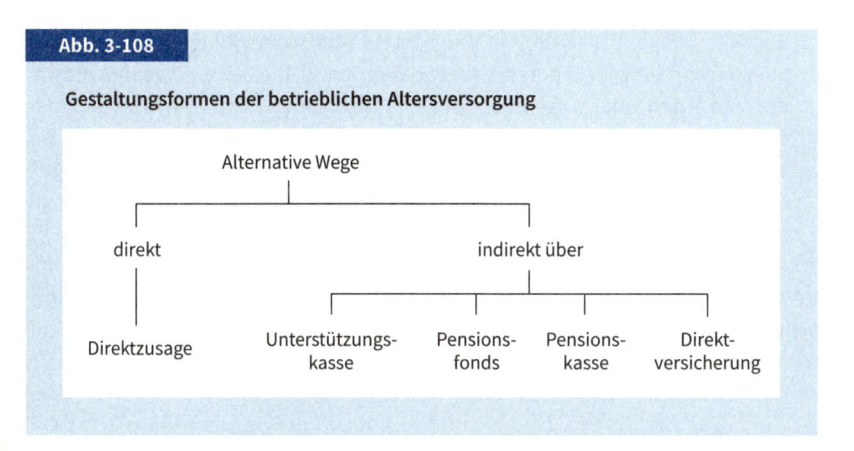

versicherungsunternehmung erfolgen, wobei im letzteren Fall die Leistungsgewährung auf einer Direktversicherung (vgl. Buttler, 2015, S. 141 ff.) beruht:

- *Unterstützungskassen* sind von einem oder mehreren Betrieb/en getragene, rechtlich selbstständige Einrichtungen – zumindest in der Rechtsform eines eingetragenen Vereins –, welche die Versorgungsleistungen ohne Rechtsanspruch gewähren und daher nicht der staatlichen Versicherungsaufsicht unterliegen. Die Zahlungen an die Unterstützungsphase leistet der Arbeitgeber entweder direkt als betriebliche Leistung oder indirekt durch Entgeltumwandlung. Die Anwartschaften sind ebenfalls durch den PSV a. G... geschützt. Betrieblicherseits interessant ist bei dieser Gehaltsform auch, dass ein Teil des angesparten Vermögens im Betrieb als Darlehen belassen werden kann. Eine Rückdeckungsversicherung gleicht das Risiko im Leistungsfall aus (vgl. Buttler, 2015, S. 149 ff.).
- *Pensionskassen* sind versicherungsrechtlich Lebensversicherungsunternehmungen in der Rechtsform eines Versicherungsvereins auf Gegenseitigkeit (VVaG), die von einem oder mehreren Betrieb(en) getragen werden. Im Unterschied zu Unterstützungskassen besteht für die Mitarbeiter ein Rechtsanspruch auf die Versorgungsleistungen. Die Anwartschaften werden durch Zahlungen der Arbeitgeber und durch Vermögenserträge gebildet. Da Pensionsfonds die Beiträge eher konservativ einlegen, erübrigen sich Zahlungen an den PSV a. G... (vgl. Buttler, 2015, S. 205 ff.)
- Seit 2002 können auch *Pensionsfonds* genutzt werden (§ 112 BetrAVG). Bei ihnen handelt es sich um rechtlich selbstständige Versorgungsträger, welche den betroffenen Arbeitnehmern einen Anspruch auf die zugesagten Leistungen einräumen. Die Beiträge werden vom Arbeitgeber erbracht. Die Geldanlagen müssen nicht konservativ erfolgen, sodass aus Gründen der Leistungssicherung auch Beiträge an den PSV a. G... zu zahlen sind (vgl. Buttler, 2015, S. 209 ff.).
- Unter einer *Direktversicherung* wird eine Lebensversicherung verstanden, die im Rahmen der betrieblichen Altersversorgung vom Betrieb per Einzel- oder Gruppenvertrag abgeschlossen wird. Es handelt sich im Kern um eine Eigenversorgung der Arbeitnehmer, da sie Teile ihres Einkommens steuerlich begünstigt

über die Direktversicherung in ihre spätere Altersversorgung investieren (Gehaltsumwandlung bzw. aufgeschobene Vergütung). Die Beiträge werden entweder vom Arbeitgeber aufgebracht (= Betriebsausgaben) oder vom Arbeitnehmer durch Entgeltumwandlungen geleitet. Direktversicherungen unterliegen der Versicherungsaufsicht (BaFin) und bevorzugen sicherheitsorientierte Anlagen. Gerade für kleinere und mittlere Betriebe ist die Direktversicherung aufgrund ihres geringen Verwaltungsaufwands geeignet (vgl. Buttler, 2015, 109ff.).

Bei der Wahl der Organisationsform spielen vor allem steuerliche und finanzwirtschaftliche Überlegungen sowie staatliche Förderungen eine Rolle, der hier nicht nachgegangen wird.

6.2.5.4 Arbeitnehmerfinanzierte betriebliche Altersversorgung

Vor dem Hintergrund der Forderung, dass die Finanzierung einer betrieblichen Altersversorgung nicht den Betriebserfolg beeinflussen soll, werden zunehmend Formen der betrieblichen Altersversorgung diskutiert, in denen die Mittel vom Arbeitnehmer selbst stammen. Eine stark verbreitete Variante ist danach die bereits angesprochene Direktversicherung durch Gehaltsumwandlung, bei der der Arbeitgeber eine Direktversicherung zugunsten des Arbeitnehmers abschließt und die Kosten durch Vereinbarung einer entsprechenden Gehaltsumwandlung auf den Arbeitnehmer abwälzt (vgl. Kemper/Kisters-Kölkes, 2015, S. 47 ff.). Sofern die jährlichen Zuwendungen bis zu 4 Prozent in der Beitragsbemessungsgrenze (Wert) der Rentenversicherung betragen, sind sie steuer- und sozialversicherungsfrei (bei Verträgen ab dem 01.01.2005). Für Arbeitgeber wie Arbeitnehmer ergeben sich so steuerlich Vorteile.

»Deferred Compensation«

Eine Alternative bietet das Modell der sogenannte »Deferred Compensation«, der unter Rentenüberlegungen *aufgeschobenen Vergütung* (vgl. Grawert, 1998,

---

ZUR VERTIEFUNG

»Deferred Compensation«

Es gibt auch noch eine Deferred Compensation der anderen Art, die der unter Leistungs- und Erfolgsgerechtigkeitsaspekten verzögerten Vergütung. Diese hätte man in den Führungskräftevergütungen der letzten Jahre viel häufiger einsetzen müssen. Bekannt sind die Systeme seit Jahrzehnten, auch in Deutschland. Doch erst jetzt werden sie von Politikern entdeckt.

Ziele dieser Deferred-Compensation-Systeme ist es, die Führungskräfte an der periodischen Entwicklung von betrieblichen Erfolgskriterien zu beteiligen und zwar doppelt: zur Fundierung eines Erfolgsanteils sowie zur fortlaufen Bewertung dieser Erfolgsanteile. Aufgrund eines erreichten Ziels oder einer bestimmten Beteiligungsformel wird am Ende eines Basisjahres ein Bonusfonds gebildet. Mithilfe verschiedener Verfahren ist dieser Fonds dann auf die beteiligten Personen aufzuteilen. Die Führungskräfte erhalten dann einen bestimmten Teil (bspw. ein Viertel) direkt ausgezahlt. Der verbleibende Teil der individuell zustehenden Boni wird dann über eine mittelfristige Periode (bspw. fünf Jahre) in gleiche Jahresbeträge aufgesplittet, die dann im Jahresrhythmus sukzessive ausgeschüttet werden sollen. Die noch nicht ausgeschütteten Boni werden periodisch mit vorab vereinbarten Erfolgskriterien (Jahresergebnisse, Börsenkurs o. a.; absolute oder relative Entwicklungen) weiter bewertet und nur in der sich dann ergebenen Höhe ausgezahlt. Der Wert der verzögerten bzw. zurückgestellten Auszahlung der Boni kann sich dabei sowohl positiv als auch negativ ändern, jeweils analog der Veränderung der späteren Erfolgsgrößen (vgl. Becker, F.G., 1987, 1990, S. 47 f.).

S. 43 ff., 2004). Dabei handelt es sich um eine Direktzusage durch Gehaltsumwandlung, bei der der Mitarbeiter auf Teile seiner künftigen Barvergütung verzichtet und dafür vom Arbeitgeber eine wertgleiche, d. h. nach versicherungsmathematischen Grundsätzen ermittelte, Direktzusage erhält. Der aufgeschobene Betrag muss erst bei Zufluss der zugesagten Leistungen, zu einem dann häufig niedrigeren Steuersatz, versteuert werden. Für die Höhe der umgewandelten Vergütungsanteile besteht keine Obergrenze, der Betrieb kann eine Pensionsrückstellung für die Versorgungszusage bilden.

6.3 Erfolgs- und Kapitalbeteiligung als ein System der materiellen Mitarbeiterbeteiligung

6.3.1 Überblick über Systeme der materiellen Mitarbeiterbeteiligung

Eine Sonderstellung nimmt die Mitarbeiterbeteiligung ein, die weder der Direktvergütung noch den Sozialleistungen eindeutig zugeordnet werden kann.

Bei Mitarbeiterbeteiligungen handelt es sich um freiwillige – oftmals sozial motivierte – Leistungen eines Betriebs, die in verschiedenen Unterformen (Erfolgs- und Kapitalbeteiligung) angeboten werden können, und die jedoch im Unterschied zu Sozialleistungen eine i. d. R. erfolgsbezogene Beteiligungsbasis haben.

Begriff

> Der letzte Aspekt würde auch eine Zuordnung zur Direktvergütung erlauben. Direktvergütungen sind jedoch individuell orientiert (»Gegenleistung für die erbrachte Arbeit«) und haben daher einen eher kurzfristigen Charakter, der sich auch im Zahlungsmodus (in der Regel monatliche Zahlungen) manifestiert. Demgegenüber basiert die Erfolgsbeteiligung überwiegend auf Erfolgen, die in dem gesamten Betrieb oder in größeren Betriebsbereichen in einem Jahr oder in mehreren Jahren erzielt werden. Wir zählen von daher die Erfolgsbeteiligung (und die damit oft verbundene Kapitalbeteiligung) nicht zur Vergütung im engeren Sinne. Sie hat einen Sondercharakter.

Der Begriff der Mitarbeiterbeteiligung bezieht sich sowohl auf die immaterielle als auch auf die materielle Beteiligung der Mitarbeiter. Die materiellen Beteiligungen sind gerade bei der Betriebsform »Unternehmung« vorzufinden. Bei anderen Betriebsformen ist dies unüblich oder gar unmöglich (z. B. gemeinnützige Krankenhäuser, Universitäten, Kirchen). Die in der Bundesrepublik Deutschland praktizierten Systeme der – hier thematisierten – materiellen Mitarbeiterbeteiligung lassen sich idealtypisch in zwei Gruppen unterscheiden (vgl. Schneider/Fritz/Zander, 2007):

Verständnis

6.3 Anreizsysteme
Erfolgs- und Kapitalbeteiligung

- Unter *Erfolgsbeteiligungen* sind die materiellen Leistungen zu verstehen, die Mitarbeiter oder Mitarbeitergruppen eines Betriebs oder eines Betriebsteils bei der Erzielung eines betriebswirtschaftlichen Erfolgs aufgrund freiwilliger, vorab und auf Dauer getroffener individual- oder kollektivvertraglicher Vereinbarungen zusätzlich zu anderen Vergütungen (Direktvergütung, Sozialleistungen) erhalten. Es handelt sich also in diesem Sinne nicht um Vergütungen, auch nicht um variable. Diese haben eine andere Begründungsbasis. Zudem gibt es gesonderte steuerliche Regelungen. Der Begriff der Erfolgsbeteiligung wird auch für die Beteiligungssysteme verwendet, bei denen als Beteiligungsbasis nicht der betriebswirtschaftliche Erfolg im Ganzen (i. S. eines Betriebsgewinns), sondern nur einzelne Erfolgskomponenten (z. B. Ertrag, Umsatz, Kosten) verwendet werden. (Als eine Sonderform wird hier die Erfolgs- und Kapitalbeteiligung von höheren Führungskräften behandelt. Sie ist von der Struktur wie vom Inhalt her anders gestaltet, s. Teil 3, Kap. 6.4).
- Bei *Kapitalbeteiligungen* sind die Mitarbeiter oder einzelne Mitarbeitergruppen nicht nur Arbeitnehmer im juristischen Sinne, sondern gleichzeitig auch am Eigen- oder Fremdkapital des Arbeitgebers beteiligt. Hierdurch werden die Eigenkapitalgeber auch an der Weiterentwicklung und/oder in der Regel am Betriebsgewinn (mit entsprechend hohem Zins oder hoher Dividende) beteiligt.

Die Kapitalbeteiligung dient vor allem der Mitarbeiterbindung, während die Erfolgsbeteiligung einen finanziellen Ausgleich für einen erwirtschafteten »Mehrwert« darstellt. Beide Beteiligungssysteme können zwar isoliert nebeneinander bestehen, sie werden jedoch oft kombiniert, indem Erfolgsanteile ganz oder zum Teil als Eigen- oder Fremdkapital zu investiven Zwecken im Betrieb verbleiben. Die Kapitalbeteiligung kann somit auch als eine – in aller Regel gern gesehene – Alternative der Verwendung von Erfolgsanteilen gesehen werden. Im europäischen Vergleich hat Deutschland vor allem deutlich weniger Erfolgs- und Kapitalbeteiligungsmodelle als Großbritannien und Frankreich. Dies mag an einer stärkeren Mitbestimmung in Deutschland als Äquivalent und mit anderen Altersversorgungssystemen zusammenhängen.

Erfolgs- und Kapitalbeteiligungen sind zwar in Deutschland nicht selten, aber dennoch von der überwiegenden Anzahl von Betrieben nicht als Anreizinstrument genutzt (vgl. Matiaske/Tobsch/Fietze, 2009; Oechsler/Paul, 2015, S. 394 ff.; http://doku.iab.de/kurzber/2011/kb1711.pdf; http://www.arbeitgeber.de/www/arbeitgeber.nsf/id/DE_Mitarbeiterbeteiligung [letzte Abrufe: 10.6.2016]).

International gesehen hat Deutschland einen »Nachholbedarf« (IAB Kurzbericht Nr. 13/2006; www.efesonline.org), zumindest bei Kapitalbeteiligungsmodellen. Dies ist nicht nur Ausdruck von unterschiedlichen Betriebskulturen, Kapitalmarktstrukturen und Entgeltpraktiken, sondern auch Folge unterschiedlicher steuerlicher Vergünstigungen (vgl. Hofmann/Holzner, 2002, S. 9 ff.). Die Tendenz ist zwar Jahren steigend, aber nur moderat (vgl. www.agpev.de/wissen-und-archiv/studien/index.html [Abruf: 25.9.2012]).

Mitarbeiter-Kapitalbeteiligungsgesetz

Daran hat auch das neue Mitarbeiter-Kapitalbeteiligungsgesetz (MKBG) wenig geändert. Das MKBG strebt neben einer erhöhten steuerlichen Förderung insbesondere über eine überbetriebliche Kapitalbeteiligung an einem Mitarbeiterbeteili-

6.3 Erfolgs- und Kapitalbeteiligung

> **ZUR VERTIEFUNG**
>
> **AGP**
>
> AGP steht für »Arbeitsgemeinschaft Partnerschaft in der Wirtschaft e. V.« mit Sitz in Kassel. Sie fördert seit 1950 gemeinsam mit ihren Mitgliedern die Idee der partnerschaftlichen Zusammenarbeit im Betrieb und insbesondere durch Informationen, Tagungen, PR und andere Unterstützungsleistungen die Einführung und Weiterentwicklung von Beteiligungsmodellen (vgl. http://www.agpev.de).

gungssondervermögen eine weitere Verbreitung an. Es handelt sich dabei um eine alternative Beteiligungsform, die eine indirekte Kapitalbeteiligung vorsieht. Die Arbeitnehmer investieren ihre Anteile in Fondsanteile eines Mitarbeiterbeteiligungssondervermögens. Das Sondervermögen wird von professionellen Fondsmanagern verwaltet und in die jeweiligen Arbeitgeberunternehmungen investiert – zumindest einen erheblichen Anteil der investierten Fondsbeträge. Insgesamt ergibt sich dadurch eine Risikominimierung für die Arbeitnehmer sowie die Möglichkeit, gerade für kleinere Betriebe, sich verstärkt der Mitarbeiterkapitalbeteiligung zu öffnen.

6.3.2 Ziele von Erfolgs- und Kapitalbeteiligungssystemen

Mit der Einführung von Beteiligungssystemen werden verschiedene Ziele verfolgt, die sich nach zwei Aspekten systematisieren lassen:

- Aus *wirtschaftspolitischer Sicht* können Erfolgsbeteiligungssysteme – je nach Beteiligungsbasis – zu einer flexibleren Einkommenspolitik (Anpassung des Arbeitseinkommens an konjunkturelle Schwankungen) führen. Dies bedeutet, dass zum Beispiel in einer Boomphase die Arbeitseinkommen bei gleich bleibendem Tarifentgelt gesteigert werden könnten. Zudem können je nach Gestaltung des Beteiligungssystems die möglichen negativen Wirkungen einer mit dem Konjunkturverlauf schwankenden Veränderung von Arbeitseinkommen auf die Volkswirtschaft vermieden werden.
- Aus *sozialpolitischer Sicht* können Beteiligungssysteme dem Ausgleich von Arbeitgeber- und Arbeitnehmerinteressen dienen. Durch die Förderung der Vermögens- und Kapitalbildung in Arbeitnehmerhand soll eine höhere Verteilungsgerechtigkeit erzielt und soziale Spannungen vermieden werden.
- Betriebe verfolgen mit Erfolgs- und Kapitalbeteiligungssystemen in der Regel nicht nur ein Ziel, sondern ein (oft heterogenes) Zielbündel. Als zentrale *betriebliche Ziele* werden – in Bezug zu breiten Mitarbeiterkreisen – genannt: Steigerung der Leistungsbereitschaft, Förderung der Bindung an den Betrieb, Erhalt eines qualifizierten Mitarbeiterstamms, Förderung des ökonomischen Denkens und Handelns (z. B. Kostenbewusstsein, »Unternehmermentalität«), Verbesserung des Mitarbeitereinkommens, Verbesserung des Betriebsimages (insbesondere auf den Arbeitsmärkten), ethische Verpflichtungen, auch die Mitarbeiter an nachhaltigen Wertsteigerungen zu beteiligen, und/oder finanzwirtschaftliche Ziele (z. B. Erhöhung des Eigenkapitals, Verbesserung der Kapitalstruktur, Verbesserung der Liquidität, Erhalt von »netten« Kapitalgebern).

6.3 Anreizsysteme
Erfolgs- und Kapitalbeteiligung

Mitarbeiterspezifische Zielsetzungen können mit solchen Beteiligungssystemen in der Regel nicht verbunden sein, da die Beteiligungsbasen nicht von einem Einzelnen nachhaltig beeinflusst werden können. Darüber hinaus sind eine tatsächliche Motivierungswirkung und eine erhöhte Arbeitsleistung nicht ausreichend nachgewiesen (aber auch nicht das Gegenteil).

6.3.3 Gestaltungselemente von Erfolgs- und Kapitalbeteiligungssystemen

Überblick

Die einzelnen, betriebsspezifisch formulierten Ziele sind jeweils nur durch eine adäquate Gestaltung und Kombination der Systemelemente – unter Beachtung möglicher Zielkonflikte – erreichbar. Abbildung 3-109 gibt einen Überblick über die Elemente von Erfolgs- und (in Teilen) Kapitalbeteiligungssystemen sowie mögliche Gestaltungsalternativen.

Akzeptanz

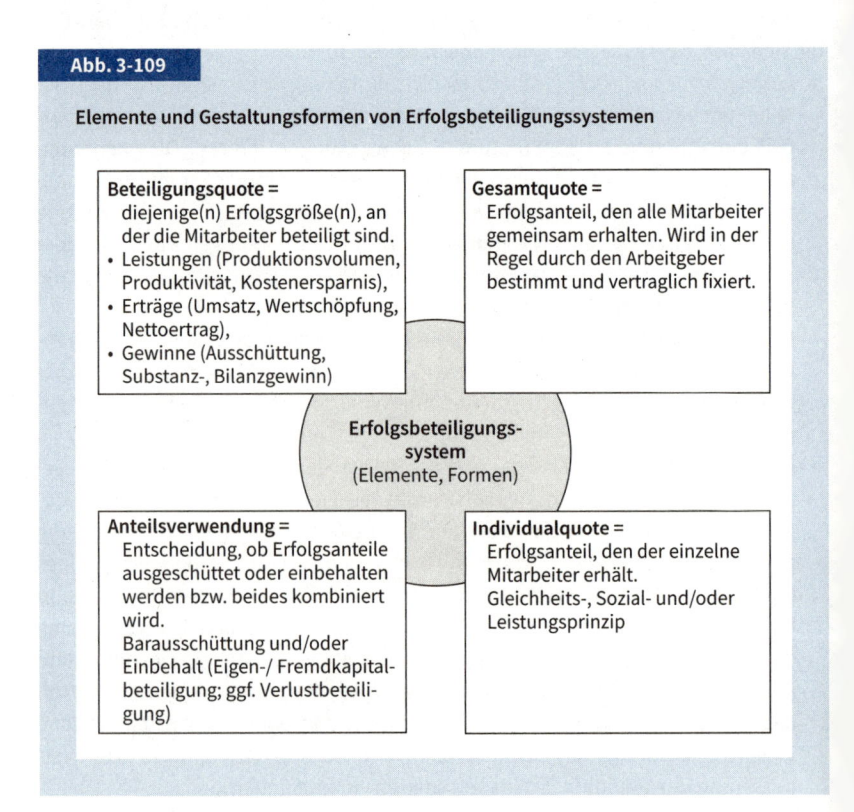

Unabhängig von der konkreten Gestaltung von Beteiligungssystemen ist bei ihrer Konzeption (und der späteren Implementierung) vor allem auf die Akzeptanz durch die Mitarbeiter zu achten. (Selbst bei freiwilligen Geschenken kann eine po-

Abb. 3-109

Elemente und Gestaltungsformen von Erfolgsbeteiligungssystemen

Beteiligungsquote =
diejenige(n) Erfolgsgröße(n), an der die Mitarbeiter beteiligt sind.
- Leistungen (Produktionsvolumen, Produktivität, Kostenersparnis),
- Erträge (Umsatz, Wertschöpfung, Nettoertrag),
- Gewinne (Ausschüttung, Substanz-, Bilanzgewinn)

Gesamtquote =
Erfolgsanteil, den alle Mitarbeiter gemeinsam erhalten. Wird in der Regel durch den Arbeitgeber bestimmt und vertraglich fixiert.

Erfolgsbeteiligungssystem
(Elemente, Formen)

Anteilsverwendung =
Entscheidung, ob Erfolgsanteile ausgeschüttet oder einbehalten werden bzw. beides kombiniert wird.
Barausschüttung und/oder Einbehalt (Eigen-/ Fremdkapitalbeteiligung; ggf. Verlustbeteiligung).

Individualquote =
Erfolgsanteil, den der einzelne Mitarbeiter erhält.
Gleichheits-, Sozial- und/oder Leistungsprinzip

6.3 Erfolgs- und Kapitalbeteiligung

sitive Wirkung durch unbedachte Systemelemente verhindert werden.) Die Akzeptanz kann durch folgende Faktoren gefördert werden: transparente(r), übersichtliche(r) Konzeption und Berechnungsmodus, Partizipation der Mitarbeiter, eine als gerecht empfundene Verteilung sowie Information über Ziele und Funktionen des Systems. Zudem ist darauf zu achten, dass das kreierte Modell mit vertretbarem finanziellen und administrativen Aufwand zu realisieren ist. In internationalen Konzernen ist dies alleine schon aufgrund unterschiedlicher steuerlicher Rahmenbedingungen und unterschiedlicher Erfolgsniveaus eine schwer lösbare Aufgabe.

Beteiligungsbasis

> Unter der Beteiligungsbasis (synonym; Bemessungskriterium u. Ä.) wird die Größe verstanden, an der die Mitarbeiter beteiligt werden sollen. Die Vielzahl möglicher Beteiligungsbasen von Erfolgsbeteiligungssystemen lassen sich zu den drei Gruppen Leistungs-, Ertrags- und Gewinnbeteiligungen zusammenfassen.

Leistung, Gewinn, Ertrag

Bei Kapitalbeteiligungen sowie bei kapitalorientierten Erfolgsbeteiligungssystemen (mittels Aktienoptionen oder virtuell) kommt noch die Weiterentwicklungsbeteiligung hinzu. Mitarbeiter profitieren dann von Steigerungen des Betriebswerts (bzw. Aktienkurses absolut, ab einer bestimmten Höhe, in der Regel nach einer festgelegten Sperrfrist). Solche Wertbeteiligungssysteme können unterschiedliche Charaktere haben:

- Bei »echten« *Kapitalbeteiligungen* erwirbt der Mitarbeiter – aus der Erfolgsbeteiligung und/oder aus sonstigen Mitteln – einen Kapitalanteil am Betrieb – gegebenenfalls mit einer Sperrfrist bis zur Wiederverkaufsmöglichkeit, dafür aber in der Regel mit steuerlichen Vorzügen und/oder zu günstigen Kaufkonditionen. Hierbei entwickelt sich das entsprechend investierte Arbeitgebervermögen mit der Weiterentwicklung des Betriebs (respektive des Aktienkurses) sowie der ausgeschütteten Dividende.
- Bei Kapitalbeteiligungen via *Aktienoptionen* handelt es sich um eine prinzipiell andere Variante. Zum Ersten wird das Angebot bzw. die Vergabe von Aktienoptionen als variabler Vergütungsanteil verstanden. Zum Zweiten entsteht eine wirkliche Kapitalbeteiligung erst, wenn nach einer bestimmten Zeit die Optionen tatsächlich – mit zusätzlichen Zahlungen in Aktien gewandelt werden. Eine solche Wandlung wird sicherlich nur dann stattfinden, wenn die Mitarbeiter durch die zwischenzeitliche Weiterentwicklung der Aktien und eine Differenz zum früher festgelegten Einstandspreis hiervon profitieren werden. Nicht nur, aber auch wegen der Kompliziertheit dieser Systeme bleiben sie in aller Regel Führungskräften vorbehalten.
- Daneben gibt es noch *virtuelle Kapitalbeteiligungssysteme*. Sie sind ebenso vornehmlich für Führungskräfte eingesetzt und stellen ebenfalls keine echte Kapitalbeteiligung dar.

6.3 Anreizsysteme
Erfolgs- und Kapitalbeteiligung

Leistungs- und Erfolgsbeteiligung

Leistungsbeteiligungen knüpfen direkt an den Arbeitsergebnissen an und gewähren den Mitarbeitern – je nach Leistung – einen Erfolgsanteil für das Erreichen oder Überschreiten einer gruppenbezogenen »Normalleistung«. Im Unterschied zur leistungsbezogenen Direktvergütung steht hier in der Regel keine individuelle, sondern eine kollektive Leistung im Vordergrund. Als Beteiligungsbasen werden vor allem Produktionsmenge, Produktivität und Kostenersparnis verwendet, und zwar dann, wenn die beteiligten Mitarbeiter keinen Einfluss auf den Markt haben und gleichzeitig spezielle Leistungen gefördert werden sollen.

Dennoch: Als Schwachpunkt jeder Leistungsbeteiligung gilt, dass sie weder die Gewinnsituation noch die Markteinflüsse berücksichtigt. So erhalten zum Beispiel die Mitarbeiter bei Überschreiten der vorgegebenen »Normalleistung« auch dann Erfolgsanteile, wenn die Produkte nur mit Verlust abgesetzt werden konnten. Daher haben diese Systeme in der Wirtschaftspraxis zunehmend an Bedeutung verloren.

Ertragsbeteiligungen hingegen weisen einen direkten Bezug zum Betriebsertrag auf und unterliegen somit neben betriebsinternen auch Markteinflüssen. Die Beteiligungsbasen sind im Wesentlichen der Umsatz, die Wertschöpfung und der Nettoertrag.

- Bemessungsgrundlage der *Umsatzbeteiligung*, als einfachster Form der Ertragsbeteiligung, ist der um Preisschwankungen und Lagerbewegungen korrigierte Umsatz. Es handelt sich somit um eine Beteiligungsbasis, die vor allem für Mitarbeiter(-gruppen) im Marketing/Vertrieb geeignet ist, soweit diese den Umsatz direkt beeinflussen können. Ursachen für Umsatzveränderungen können zum einen von verschiedenen Betriebsbereichen ausgehen (Marketingaktivitäten, Erhöhung der Produktqualität) und zum anderen durch die Marktsituation determiniert werden. Durch Umsatzbeteiligungen wird häufig »reines Umsatzdenken« ohne Rücksicht auf die Kostenentwicklung forciert, sodass im Ergebnis Umsatz unter Umständen durch Kostensteigerungen überkompensiert werden und damit zu einer Erfolgsreduktion führen.
- *Wertschöpfung* wird in der Regel als Differenz zwischen dem um Bestandsveränderungen korrigierten Umsatz und dem Materialaufwand derselben Periode definiert. Obwohl Absatz- und Beschaffungsmarkteinflüsse hier eine stärkere Rolle spielen, kann jedoch auch die Wertschöpfungsbeteiligung die Risiken, die mit der Leistungs- und Umsatzbeteiligung verbunden sind, nicht vermeiden.
- Die *Nettoertragsbeteiligung* basiert auf dem Saldo von betrieblichem Ertrag und Aufwand. Er ergibt sich aus dem Rohertrag durch die Bereinigung um Lagerbestandsveränderungen sowie durch den Abzug von Fremdleistungen, Steuern und kalkulatorischen Kosten (z. B. Unternehmerlohn, Eigenkapitalverzinsung). Der Vorteil der Nettoertragsbeteiligung liegt darin, dass nun nicht mehr die »erbrachte Leistung«, sondern die »Marktleistung« berücksichtigt wird.

Als Fazit ergibt sich, dass die Mitarbeiter sowohl bei Leistungs-, als auch bei Ertragsbeteiligungssystemen unabhängig von der tatsächlichen Gewinnsituation des Betriebs Erfolgsanteile erhalten können. Demgegenüber hängt bei den nachfolgend erläuterten Gewinnbeteiligungssystemen die Zahlung von Erfolgsanteilen davon ab, ob tatsächlich ein Gewinn entstanden ist.

6.3 Erfolgs- und Kapitalbeteiligung

Die *Gewinnbeteiligung* ist die in der Praxis bedeutendste Form der Erfolgsbeteiligung, da sie alle für den (kurzfristigen) Erfolg relevanten Aspekte berücksichtigt. Sie kann weiter in die Ausschüttungs-, die Substanz- und die Bilanzgewinnbeteiligung differenziert werden. Das erstgenannte System orientiert sich am ausgeschütteten Gewinn (z. B. an der Dividendensumme oder am Dividendensatz), das zweite am einbehalten »Gewinn«. Sowohl die Höhe der ausgeschütteten als auch der einbehaltenen Gewinne beruht in erster Linie auf einer von der Mitarbeiterleistung losgelösten betriebspolitischen Entscheidung. In der Praxis haben diese beiden Systeme daher nur eine geringe Bedeutung. Als Bezugsgrößen der Bilanzgewinnbeteiligung bieten sich sowohl der Steuer- als auch der Handelsbilanzgewinn an. (Die Gewinnbeteiligung wird nicht aus dem versteuerten Gewinn ermittelt – wie bei den Dividenden für die Mitarbeiter – sondern aus dem unversteuerten Gewinn abzüglich der Erfolgsbeteiligung für die Mitarbeiter. Erst dann ist der zu versteuernde Gewinn ermittelt.) Zu den Nachteilen der Gewinnbeteiligung zählen in erster Linie die Möglichkeit von manipulativen Änderungen sowie die Vernachlässigung strategischer Aspekte. Allerdings beteiligen sie die Mitarbeiter an der materiellen Situation des Betriebs und schaffen eine stärkere emotionale Beziehung. Eine Beteiligung an der Weiterentwicklung ist insbesondere über eine (Eigen-)Kapitalbeteiligung möglich, da die Anteilsscheine bzw. Aktien sich entsprechend im Wert verändern. Sonderformen sind vor allem für Führungskräfte vorgesehen (s. Teil 3, 6.4).

Gewinnbeteiligung

Gesamtquote

> Als Gesamtquote wird der Anteil des Erfolgs bezeichnet, der insgesamt an die Mitarbeiter im Rahmen der Erfolgsbeteiligung verteilt werden soll.

Die Kapitaleigner verzichten auf einen Teil ihres Erfolgs zugunsten der Mitarbeiter. Verschiedene Kriterien bzw. Prinzipien können wiederum zur Bestimmung der Höhe verwendet werden. Falls das Leistungsprinzip – wie bei den Kriterien der Entgeltdifferenzierung – auch hier als Grundmaxime für eine gerechte Verteilung des Erfolgs dienen soll, ist der Leistungsanteil der Mitarbeiter am Erfolg zu ermitteln. Dies führt jedoch zu nicht lösbaren Zurechnungsproblemen, sodass eine »gerechte« Verteilung im Sinne von »verursachungsgerecht« unmöglich erscheint. Das Problem liegt nun darin, einen für die Mitarbeiter und den Betrieb akzeptablen Verteilungsmodus zu finden. So gesehen erweist sich die Frage nach einer Erfolgsaufteilung als betriebspolitisches Problem. Damit erlangen die Ziele der an der Entscheidung über die Erfolgsaufteilung Beteiligten maßgebliche Bedeutung. Sie werden ihrerseits von den – aktuellen und in Zukunft erwarteten – betrieblichen Gegebenheiten mitbestimmt und sind überlagert von der grundlegenden betriebspolitischen Orientierung wie zum Beispiel Bestandssicherung oder Entwicklung.

Verteilungsmodus

Individualquote

> Als Individualquote wird der Erfolgsanteil bezeichnet, den der einzelne Mitarbeiter erhält.

6.3 Anreizsysteme
Erfolgs- und Kapitalbeteiligung

Zurechnungsproblem

In der Literatur werden zur Lösung dieses Zurechnungsproblems drei alternative Verteilungsprinzipien diskutiert, bei deren Wahl der Betrieb insbesondere die mit der Erfolgsbeteiligung verfolgten Ziele beachten sollte. Sie sind im Übrigen miteinander kombinierbar.

- Das *Gleichheitsprinzip* bedeutet, dass eine Verteilung nach Köpfen erfolgt, sodass jeder Mitarbeiter den gleichen Erfolgsanteil erhält. Dieses Prinzip dient in erster Linie der Verwirklichung der sozialpolitischen Ziele der Erfolgsbeteiligung (s. Teil 3, Kap. 7.3.2). Mit dem Leistungsprinzip ist es jedoch unvereinbar. Daher ist auch zu vermuten, dass eine Verteilung nach Köpfen nur einen sehr geringen Leistungsanreiz bietet.
- In der Wirtschaftspraxis erfolgt die Verteilung des Gesamterfolgsanteils – so wird jedenfalls angegeben – überwiegend nach dem *Leistungsprinzip*. (Ein Erfolgsprinzip wird zwar nicht thematisiert, aber oft umgesetzt, da Leistung mit Erfolg gleichgesetzt wird.) Auch hier besteht wieder ein Zurechnungsproblem, da der Beitrag des einzelnen Mitarbeiters am erzielten Erfolg in vielen Fällen nur sehr schwer (oder überhaupt nicht) ermittelt werden kann. Im Ergebnis kann daher auch die Lösung dieses Zurechnungsproblems nur durch einen akzeptablen – und in erster Linie an den Zielen der Erfolgsbeteiligung orientierten – Verteilungsmodus erfolgen (vgl. Gesamtquote). Hierfür existiert in der Wirtschaftspraxis eine Vielzahl von Verteilungsverfahren (z. B. nach Leistungsbeurteilungen oder Tarifgruppen), wobei die Verteilung nach der Entgeltsumme (z. T. in Kombination mit der Verteilung nach Köpfen) die größte Bedeutung erlangt hat. Die Bemessung der Erfolgsanteile an der individuellen Entgeltsumme eines Mitarbeiters kann sich entweder auf die gesamte Entgeltsumme oder nur auf die anforderungs- und/oder leistungsbezogenen Anteile beziehen. Bei der ersten Variante wird dem Leistungsprinzip nur teilweise Rechnung getragen, da die Vergütung nicht nur aus anforderungs- und leistungsbezogenen, sondern auch aus sozial begründeten Bestandteilen besteht.
- Bei der Verteilung von Erfolgsanteilen nach dem *Sozialprinzip* werden soziale Merkmale der Mitarbeiter (z. B. Familienstand, Beschäftigungsdauer, Alter) berücksichtigt. Eine alleinige Anwendung des Sozialprinzips ist selten. Es ergänzt/differenziert vielmehr die beiden anderen Prinzipien.

Anteilsverwendung und Kapitalbeteiligung

Die Verwendung der individuellen Erfolgsanteile kann in zwei Formen geschehen:
- Barausschüttung und/oder
- Einbehalt (als Eigen- oder Fremdkapital).

Barausschüttung

Die *Barausschüttung*, deren Ziel in erster Linie die Verbesserung der Mitarbeitereinkommen war, hat zunehmend an Bedeutung verloren – sondern nicht nur, weil anstatt der echten Barauszahlung eine Überweisung erfolgt.

Erfolgt hingegen keine Ausschüttung, so bedeutet dies aus betrieblicher Sicht, dass die *einbehaltenen Erfolgsanteile* (vollständig oder teilweise) in eine Beteiligung am Eigen- oder Fremdkapital überführt werden und aus Mitarbeitersicht, dass sie investiert werden, und zwar bspw. in Genussscheine, stille Beteiligungen, Beleg-

6.3 Erfolgs- und Kapitalbeteiligung

schaftsaktien, Mitarbeiterdarlehen u. a. Hier werden jeweils Erfolgs- und Kapitalbeteiligung systematisch zusammengeführt, auch unter dem Aspekt, dass eigene »echte« Investitionen der Mitarbeiter nicht notwendig sind.

Im Zusammenhang mit der Anteilsverwendung ergibt sich auch die Frage nach einer eventuellen Verlustbeteiligung der Mitarbeiter, die von manchen Betrieben als logische Folge einer Gewinnbeteiligung gesehen wird. In der Praxis wird sie nicht umgesetzt, d. h. es gibt keine Zuschusspflicht seitens der Mitarbeiter bei Verlusten. Lediglich durch das Ausbleiben von Erfolgsbeteiligungen und/oder durch negatives Kursschwanken bereits vorhandener Kapitalbeteiligungen sind die Mitarbeiter am Verlust »beteiligt«. Ethisch-moralisch ist eine echte Verlustbeteiligung umstritten.

Verlustbeteiligung

6.3.4 Rechtliche Aspekte

Die Einführung eines Beteiligungssystems kann auf folgenden rechtlichen Grundlagen basieren:

Grundlagen

- Der Arbeitgeber kann die Einführung eines Erfolgs- und Kapitalbeteiligungssystems unverbindlich und einmalig anbieten. Die Zusage wird unter dem Vorbehalt der Freiwilligkeit abgegeben, um die Entstehung von Ansprüchen für die Folgejahre (auf der Basis der sogenannten betrieblichen Übung) zu verhindern.
- Durch vertragliche Vereinbarung zwischen Arbeitgeber und Beteiligungsberechtigten und beteiligungswilligen Mitarbeitern kann die Erfolgs- und Kapitalbeteiligung Bestandteil des individuellen Arbeitsvertrags werden. Eine Änderung ist somit nur mit Zustimmung des Mitarbeiters oder durch eine Änderungskündigung möglich.
- In der Regel werden zwischen Topmanagement und Betriebsrat Betriebsvereinbarungen (nach § 77 BetrVG) geschlossen.
- Eine weitere mögliche Rechtsgrundlage stellen Tarifverträge dar. Diese haben in der Praxis jedoch nur eine geringe Bedeutung.
- Bei Erfolgsbeteiligung ist die betriebliche Mitbestimmung nach § 87 I Nr. 11 BetrVG ausgeschlossen, da sie kein (leistungsbezogenes) Entgelt darstellt. Bei einer Kapitalbeteiligung gilt allerdings ein Mitbestimmungsrecht nach § 88 Nr. 3 BetrVG (jedoch nicht für Aktienoptionen und vergleichbare Formen).

Ob bei der Einführung und Gestaltung von Systemen der Erfolgsbeteiligung Beteiligungsrechte des Betriebsrats bestehen, hängt von der Art des Beteiligungssystems ab.

6.3.5 Cafeteria-Systeme

Verständnis

> Unter dem Schlagwort »Cafeteria-Systeme« werden Möglichkeiten zur Flexibilisierung und Individualisierung von Vergütungsbestandteilen diskutiert, wobei ihre Anwendung in der Praxis jedoch durch eine Vielzahl

6.3 Anreizsysteme
Erfolgs- und Kapitalbeteiligung

zu berücksichtigender arbeits-, sozialversicherungs- und steuerrechtlicher Regelungen erheblich erschwert wird.

Grundidee

Die Grundidee des – ideal zur differenziellen Personalarbeit passenden – Cafeteria-Ansatzes ist, dass der einzelne Mitarbeiter unter der Prämisse der Kostenneutralität zwischen inhaltlich und zeitlich verschiedenen Entgeltbestandteilen (Direktentgelt, Sozialleistungen) innerhalb eines bestimmten Budgets – analog zur Menüwahl in einer Cafeteria – ein an seinen individuellen Bedürfnissen und Präferenzen orientiertes »Menü« wählen kann (vgl. Wagner, 2004; Dycke/Schulte, 1986; Krob, 2008).

Ziel

Das *Ziel* des Cafeteria-Ansatzes besteht darin, trotz abnehmender Spielräume in Bezug auf Vergütungserhöhungen, die für das Nettoeinkommen des einzelnen Mitarbeiters oft kaum Auswirkungen haben, attraktive Anreize für bestimmte Mitarbeitergruppen (oder auch für alle Mitarbeiter) zu schaffen:

- Dies hat für die Mitarbeiter zur Folge, dass sie die Leistungen wählen können, die ihren Bedürfnissen und ihrer individuellen Situation (z. B. finanzielle Lage, Lebensphase) weitgehend entsprechen (und gleichzeitig, dass sie auf die Leistungen verzichten können, die für sie von geringer(er) Bedeutung sind).
- Für den Betrieb bedeutet dies vor allem, dass bei (relativ) konstanten Personalkosten die Anreizwirkungen von Vergütungsbestandteilen erhöht werden können. Zudem werden Höhe und Struktur der Vergütung für die Mitarbeiter transparenter und so die Leistungen der Unternehmung (nun) besser gewürdigt. Weiterhin können sich unter Umständen positive Effekte für das Betriebsimage (und damit für die externe Personalbeschaffung) ergeben.

Die skizzierten *Vorteile* hängen jedoch neben der konkreten Gestaltung von den Möglichkeiten der Mitarbeiterpartizipation, der Zielgruppe und der Art der Implementierung des Cafeteria-Systems ab. Zudem ist zu beachten, dass Cafeteria-Systeme zu hohem administrativem Aufwand führen (können).

Gestaltungselemente

Für eine konkrete Gestaltung zur Erzielung der oben skizzierten möglichen Wirkungen ist eine Auswahl zwischen einer Reihe alternativer Varianten der folgenden Gestaltungselemente zu treffen:

1. Cafeteria-Budget des einzelnen Mitarbeiters,
2. Wahlmöglichkeiten und Wahlturnus und
3. Spektrum optionaler Leistungen.

Ad 1.) Cafeteria-Budget

Budget

Zunächst wird für einen Mitarbeiter oder eine Mitarbeitergruppe festgelegt, aus welchen Mitteln das Cafeteria-Budget gespeist wird. Nach deutschem Steuerrecht dürfen Beträge aus dem fest vereinbarten Entgelt (mit Ausnahme der Direktversicherung) nicht in andere Leistungen umgetauscht werden. Für ein Cafeteria-Budget stehen daher vor allem variable Entgeltbestandteile, freiwillige Sozialleistungen sowie Zeitkomponenten zur Verfügung. Aufgrund der Einschränkung durch die Ge-

6.3 Erfolgs- und Kapitalbeteiligung

setzgebung, nur variable Entgeltbestandteile in unterschiedliche Vergütungsformen umwandeln zu können, werden Cafeteria-Systeme in Deutschland fast ausschließlich für Führungskräfte diskutiert, bei denen ein nennenswerter variabler Entgeltbestandteil vorhanden ist. Wegen der Möglichkeit, Zeitkomponenten und Sozialleistungen in ein Cafeteria-Budget mit einzubeziehen, bieten sich Cafeteria-Systeme grundsätzlich aber auch für Tarif-Mitarbeiter und AT-Mitarbeiter (AT = außertariflich) unterer Führungsebenen an.

Die Höhe des Budgets eines Mitarbeiters kann in Form eines Geldbetrags oder von Äquivalenzziffern festgelegt werden.

Ad 2.) Wahlmöglichkeiten und Wahlturnus

Die individuellen Wahlmöglichkeiten können unterschiedliche Freiheitsgrade aufweisen. In der Regel gewähren die Betriebe jedoch keine beliebigen Wahlmöglichkeiten, sondern geben ein Mindestniveau an Leistungen vor. In der Literatur werden drei Arten von »Cafeteria-Plänen« diskutiert, die sich jedoch in Bezug auf die Wahlmöglichkeiten erheblich voneinander unterscheiden:

Alternative Ausgestaltungsmöglichkeiten

- Beim *Kernplan* werden die Leistungsangebote in einen Kernblock und einen Wahlblock mit frei wählbaren Leistungen differenziert. Der Kernblock geht von einem Mindestbedarf an (Sozial-)Leistungen (z. B. Altersversorgung) für alle Mitarbeiter aus. Die Grundidee dieses Plans orientierte sich an den US-amerikanischen Systemen der sozialen Sicherung, während in der Bundesrepublik Deutschland dieser Mindestbedarf in der Regel durch die gesetzlichen und/oder tariflichen Sozialleistungen garantiert ist.
- Beim alternativen *Menüplan* können die Mitarbeiter zwischen Leistungspaketen wählen, die auf die Bedürfnisse bestimmter Mitarbeitergruppen zugeschnitten sind.
- Beim *Buffetplan* kann der Mitarbeiter aus den einzelnen Leistungsangeboten frei wählen.

Der Wahlturnus legt die Zeiträume fest, für die die Wahlentscheidungen der Mitarbeiter in Bezug auf einzelne Leistungen oder Leistungspakete gelten und nach denen neu gewählt werden kann. Bei der Festlegung ist zu beachten, dass sich die Präferenzen der Mitarbeiter im Zeitablauf verändern, sodass ein zu langer Wahlturnus mit der Individualisierungsidee nicht zu vereinbaren ist. Als optimal gilt ein Wahlturnus von ein bis zwei Jahren. Auch die Betriebe können auf die Möglichkeit, die Leistungen (und die Tauschrelationen) an neue Kosten- und Vergütungssituationen anzupassen, nicht verzichten. Es gibt jedoch Leistungen, bei denen eine langfristige Entscheidung aus sachlichen Gründen nicht zu revidieren ist (z. B. Lebensversicherungen).

Wahlturnus

Ad 3.) Optionale Leistungen

Schließlich ist zu bestimmen, welche Leistungen den Mitarbeitern im Rahmen eines Cafeteria-Systems angeboten werden sollen. Grundsätzlich eignen sich alle individuell zurechenbaren Sozialleistungen. Bei Sozialleistungen mit Statuscharakter ist allerdings zu berücksichtigen, dass ihre Anreizwirkung nachlassen kann, wenn sie

6.3 Anreizsysteme
Erfolgs- und Kapitalbeteiligung

im Rahmen eines Cafeteria-Systems einer größeren Anzahl von Mitarbeitern zugänglich gemacht werden. Nicht individuell zurechenbare Sozialleistungen wie Kindergarten oder der Betriebssportverein kommen nicht in Frage. Einige mögliche Leistungsangebote sind: materielle Leistungen wie beispielsweise (Direkt-)Versicherungen, Firmenwagen, Arbeitgeberdarlehen, Mitarbeiterbeteiligungen, Betriebliche Altersversorgung und/oder Barvergütung sowie Zeit-Leistungen wie beispielsweise Variationen der Periodenarbeitszeit und der Lebensarbeitszeit oder Austausch von materiellen Leistungen gegen Zeit.

Neuigkeitsgrad

Diese Übersicht beispielhafter Leistungen zeigt, dass Cafeteria-Systeme nicht unbedingt neue Leistungen anbieten, sondern recht herkömmliche Sozialleistungen mit der Direktvergütung, Elementen der Erfolgsbeteiligung und Arbeitszeitmodellen kombinieren. Um den individuellen Präferenzen gerecht zu werden, ist es aber notwendig, Mitarbeiterpräferenzen schon bei der Zusammenstellung der Leistungsoptionen zu berücksichtigen und die Mitarbeiter in die Lage zu versetzen, anhand entsprechender Kriterien eine wohlüberlegte Entscheidung zu treffen.

WISSENSWERTES

Beamtenbesoldung

Die Besoldung von Beamten (vgl. Schnellenbach/Bodanowitz, 2016) setzt sich aus einem Grundgehalt (orientiert an der Einstiegsqualifikation und der Art der Tätigkeit), einem Familienzuschlag (nach Zahl der Familienmitglieder), eventuellen Zulagen (bestimmte Amts-, Stellen-, Erschwernis- oder Sonderzulagen) sowie ggf. sonstigen Vergütungsbestandteilen zusammen. Die Zusammensetzung und Höhe ergibt sich nicht aus Tarifverträgen, sondern wird durch Gesetz festgelegt. Dabei dominiert das sogenannte Alimentationsprinzip, demzufolge Beamte ihre Arbeitskraft für den Dienstherrn einzusetzen haben und dieser verpflichtet ist, den Beamten und dessen Familie (lebenslang) standesgemäß finanziell zu unterhalten. Sozialabgaben fallen nicht an, da der Dienstherr die Pensionsverpflichtungen selbst übernimmt, einen Großteil der Krankenkosten über die Beihilfe übernimmt. (Der Rest muss durch die Beamten selbst versichert werden, wobei der jeweilige Prozentanteil von der Anzahl der ggf. mitversicherten Familienmitgliedern abhängt.) Arbeitslosenversicherung fällt aufgrund der i. d. R. andauernden Beschäftigung bis zur Pension nicht an. Das Entgeltniveau ist dafür »Brutto« auch niedriger als in der Privatwirtschaft. Teilweise weichen Landesbesoldungsordnungen von den Regelungen ab.

Die Beamtenbesoldung basiert auf verschiedenen Besoldungsordnungen (vgl. auch Abb. 3-110):
- Die *Bundesbesoldungsordnung A* umfasst die Stufen A2 bis A6 im sogenannten Einfachen Dienst, A6 bis A9 im Mittleren Dienst, A9 bis A13 im Gehobenen Dienst und A13 bis A16 im Höheren Dienst. (Die Amtsbezeichnungen der Besoldungsgruppen A 6, A 9 und A 13 sind sogenannte Verzahnungsämter. Sie gehören jeweils zu zwei Laufbahnen.) In Abhängigkeit von der Dienstaltersstufe steigenden die jeweiligen Gehälter. Den Stufen sind Besoldungsgruppen zugeordnet; teilweise überschneiden sich diese. Laufbahnwechsel zwischen den Dienstgruppen sind schwierig.
- Die *Bundesbesoldungsordnung B* setzt auf A auf und fokussiert dabei ausschließlich den Höheren Dienst und zwar von B1 bis B11. Insbesondere in B11 sind unterschiedliche Gehaltshöhen je nach angesprochener Position vorgesehen.
- Mit der *Bundesbesoldungsgruppe W* (ehemals Gruppe C) werden Hochschullehrer vergütet. Die Gruppen W1 bis W3 bieten – ohne Dienstaltersstufen – aufsteigende Gehaltshöhen. Diese Gehälter sind gegenüber den alten C-Besoldungen deutlich abgesenkt. Dafür werden als Ausgleich Leistungsbezüge (als Berufungs- und Bleibeleistungsbezüge, für besondere Leistungen sowie als Zielerreichungsbezüge) und höhere Funktionszulagen (bspw. für Tätigkeiten als Dekan, Prorektor/Vize-Präsident und Rektor/Präsident) angeboten.
- Die *Bundesbesoldungsordnung R* bietet in Abhängigkeit vom Lebensalter aufsteigende Gehälter in R1 bis R2 sowie feste Gehälter in R3 bis R10 für Richter und Staatsanwälte.

Abb. 3-110

Beispielhafte Amtsbezeichnungen nach Besoldungsordnungen

Besoldungsordnung A	Besoldungsordnung B	Besoldungsordnung W	Besoldungsordnung R
A7: Polizeimeister A8: Polizeiobermeister A9: Polizeihauptmeister A10: Polizeikommissar A11: Polizeioberkommissar A12: Polizeihauptkommissar A13: Polizeirat A14: Polizeioberrat A15: Polizeidirektor A16: Leitender Polizeidirektor	B1: Direktor u. Professor an Behörden oder Forschungseinrichtungen B2/B4: Direktor (o. Ä.) bei Behörden* B5:/B9: Präsident (o. Ä.) bei Behörden B10: Ministerialdirektor (u. Ä.) B11: v. a. Staatssekretär, Bundeskanzler, Bundespräsident	W1: Juniorprofessor W2: Professor an Fachhochschulen, Dualen Hochschulen und Universitäten W3: Universitätsprofessor	R1: Richter am Amtsgericht R2: Richter am Oberlandesgericht R3: Vorsitzender Richter am Oberlandesgericht R4-R6: Präsident des Amtsgerichts* R7-R8: Präsident des Oberlandesgerichts*

Quelle: in Anlehnung an *Oechsler/Paul*, 2015, S. 421

6.4 Aspekte der Führungskräftevergütung

Da das Leistungsverhalten von Führungskräften einen weit reichenden Einfluss auf den betrieblichen Erfolg hat, erhalten diese eine bedeutend höhere Vergütung als andere Mitarbeiter. Der Arbeitgeber hat zudem einen wesentlich größeren Gestaltungsspielraum, da für Führungskräfte kaum arbeits- und sozialrechtliche Restriktionen bestehen und sie keinen tarifvertraglichen Bindungen unterliegen. Die Vergütung (als materieller Teil eines umfassenderen Anreizsystems) kann daher – wesentlich gezielter als bei anderen Mitarbeitergruppen – als Anreiz zur Beeinflussung des Leistungsverhaltens eingesetzt werden (vgl. Becker, F.G., 1990; Kramarsch, 2000; Becker, F.G./Kramarsch, 2004, 2006; Becker, F.G./Ostrowski, 2012).

Die Führungskräftevergütung setzt sich im Allgemeinen aus drei Komponenten zusammen:

»Total Compensation«

▶ Es wird eine fixe, vor allem anforderungsbezogene *Grundvergütung* gezahlt, deren Höhe individuell vereinbart wird.
▶ In der Regel wird diese zusätzlich um *variable leistungsbezogene Bestandteile* ergänzt. Die variablen Bezüge beruhen vor allem auf einer
 – Beurteilung der individuellen Leistung (insb. dem Erreichen vereinbarter Ziele) und/oder einer
 – Beteiligung am Geschäftsbereichs- oder Betriebserfolg
 und werden in Form einer Tantieme, eines Jahresbonus, einer Prämie, eines Aktienoptionsplans oder im Rahmen eines Erfolgsbeteiligungssystems (s. Teil 3, Kap. 6.3) geleistet.

6.4 Anreizsysteme
Aspekte der Führungskräftevergütung

In der Wirtschaftspraxis ist zu beobachten, dass mit steigender hierarchischer Position nicht nur die Zahl der Führungskräfte, die eine variable Vergütung erhalten, zunimmt, sondern auch der variable Anteil an der Gesamtvergütung steigt.

▸ Daneben werden in der Regel verschiedene *Zusatzleistungen* (z. B. Altersversorgung, Firmenwagen, individuelle Urlaubsregelung, Gesundheitscheck, Versicherungsleistungen, Personalentwicklungsangebote) gewährt.

Zusammen werden sie oft als »Total Compensation« verstanden, als ein Paket, das aufeinander abgestimmt ist. Höhe und Zusammensetzung hängen oft vom »Marktwert« und von Branchenusancen ab.

»Man sollte für Selbstverständlichkeiten keine Belohnung annehmen.« Heinz Eggert

Vor allem die Gestaltung der *variablen Bezüge* ist eine der Schlüsselfragen der Führungskräftevergütung. In der Vergangenheit war die Höhe des variablen Anteils in Deutschland (auch im internationalen Vergleich) eher gering und orientierte sich überwiegend am Erreichen von Nahzielen oder an operativen Bezugsgrößen (z. B. Gewinn). Bis vor Kurzem wurden teilweise in Theorie und Praxis gerade für Betriebe deutlich höhere variable Anteile im Verhältnis zum Grundgehalt gefordert, erst die vielen individuellen »Verluste« (nicht mehr gezahlte Boni) um die Wirtschafts- und Finanzkrise 2008/09 sowie die dort – überraschenderweise, da alle Argumente bereits in den 1970/80er-Jahren bekannt waren (vgl. Becker, F.G., 1987; Bleicher, 1992) – festgestellte Fehlsteuerung vieler Manager führte zu einer partiellen Abkehr. Zur Sicherung des langfristigen Erfolgs werden zudem mittlerweile andere Bemessungsgrundlagen diskutiert, die sich auch an strategischen Zielsetzungen orientieren (vgl. Becker, F.G./Kramarsch, 1998).

Die Wahl geeigneter Bemessungsgrundlagen ist eine zentrale Aufgabe bei der Gestaltung von Vergütungssystemen für Führungskräfte. Abbildung 3-111 gibt einen Überblick über mögliche Bemessungsgrundlagen. Nur durch eine Kombination mehrerer Bemessungsgrundlagen können in der Praxis sowohl operative als auch innovative und strategische Leistungen honoriert sowie das jeweilige betriebsspezifische Wettbewerbsumfeld genügend berücksichtigt werden.

Cafeteria-System

Alternativ zu einer Barausschüttung des variablen Anteils in Form von Tantiemen oder Prämien oder eines Einbehalts im Zusammenhang mit einem Erfolgs- und Kapitalbeteiligungssystem bietet sich die Möglichkeit, die variablen Bezüge sowie etwaige Zusatzleistungen als Budget eines Cafeteria-Systems zu verwenden.

WISSENSWERTES

Führungskräftevergütung und Markt

Ein Wort zur Kritik der Führungskräftevergütung: Fehlverhalten in manchen Unternehmungen bezüglich der Höhe von Vergütungen generell wie auch gerade in schlechten Unternehmungsjahren sollten nicht dazu verführen, pauschal jegliche Auseinandersetzung um systematische Vergütungsgestaltung zu meiden. Gerade die spezifische Diskussion von Systemelementen wie Gestaltungswirkungen ermöglicht es, effektivere Führungskräftevergütungen umzusetzen. Wir beschäftigen uns in diesem Buch mit dem formalen Entgeltproblem (das System), also der Auseinandersetzung um monetäre Anreize, Instrumente und deren Wirkungen. Das materielle Entgeltproblem (die Höhe der Vergütung) ist immer eine Frage des Markts, da gibt es kein generell »richtig oder falsch«, kein »sinnvoll oder unsinnig«, selbst wenn viele Autoren dazu eine – ethisch-moralisch fundierte – Meinung teilen.

Abb. 3-111

Bemessungsgrundlage der Managemententlohnung

Allgemeine Bemessungsgrundlagen	Beispiele
1. Buchhaltungskennzahlen (aus operativem Geschäft)	• Gewinn • Cashflow • Return on Investment • Return on Assets • Umsatz
2. Marktindizes	• Marktwert absolut oder im relativ zu Konkurrenten (z. B. Aktienkurs)
3. Ökonomische Werte	• Ertragswert oder Kapitalwert einer Strategie, Geschäftseinheit oder Unternehmung
4. Strategische Erfolgsfaktoren	• Marktanteile • Produktqualität • Innovationsrate
5. Verhaltensindikatoren	• Führungsstil • Sorgfalt • Kooperationsbereitschaft • Kundenbewertung

Quelle: in Anlehnung an *Becker, F. G*, 1991, S. 759 f.; *Winter*, 1996, S. 109;

Eine *Vielzahl von Gründen* spricht für die Nutzung des variablen Vergütungsinstruments:

▸ Die Trennung von Leitung und Kontrolle speziell in Publikumsaktiengesellschaften birgt die Gefahr, dass angestellte Führungskräfte bei der Leitung der ihnen anvertrauten Betriebsteile andere Ziele verfolgen als die Gesellschafter. Sie haben in der Regel eine kurzfristigere Perspektive (innerhalb ihrer Karriere). Die Principal-Agent-Idee (s. Teil 2, Kap. 3.1) begründet sehr einsichtig die Notwendigkeit von Anreizsystemen zur Verhaltenssteuerung von angestellten Führungskräften. Dies trifft selbstverständlich auch für nachgeordnete Managementebenen zu.

▸ Eine Möglichkeit, Manager zu einer gesellschafterorientierten Führung zu motivieren, ist eine (teilweise) direkte Koppelung von Leistung und Entgelt. Sie ist in den geltenden Vergütungssystemen jedoch oft nicht gegeben. Die viel beklagte Kurzfristorientierung des Managements setzt sich ganz besonders deutlich in den Vergütungssystemen fest. Werden die verantwortlichen Führungskräfte auf Basis operativer Erfolgsgrößen vergütet oder befördert, stehen individuelle Anreize den strategischen Zielsetzungen eines Betriebs entgegen (vgl. Becker, F.G., 1990). Die Manager geraten in einen Interessenkonflikt. Die Gestaltung hat dies strukturell zu berücksichtigen.

Gründe

Direkte Koppelung

Diese Gründe werden seit Beginn der Finanz- und Wirtschaftskrise 2008/09 sowie manchem Unternehmungs-/Managerversagen verstärkt kritisch diskutiert, sowohl öffentlichkeitswirksam, als auch in vielen Unternehmungen. Teilweise sind dann

In der Diskussion

6.4 Anreizsysteme
Aspekte der Führungskräftevergütung

auch Änderungen in der Höhe und im Verhältnis der Vergütungsbestandteile umgesetzt worden. Insgesamt gesehen ist aber noch keine nachhaltige Umkehrtendenz festzustellen.

Generell sind vor einer konkreten Entwicklung eines Vergütungssystems für Führungskräfte, die immer nur betriebsindividuell und in Abstimmung mit der Gestaltung anderer Teilsysteme des Personal-Managements erfolgen kann, eine Vielzahl externer und interner Faktoren zu beachten.

> »Jeden reizt der nahe Gewinn, aber nur große Seelen wird das entfernte Gute bewegen.«
> Friedrich Schiller

ZUR VERTIEFUNG

Long-term Incentives

Seit etwa 1995 haben verschiedene variable Vergütungsformen der »long-term incentives« auch Einzug in deutschsprachige Länder gefunden. Sie waren bis dahin schon seit Jahrzehnten in der einen und anderen Form in den USA üblich. Bei solchen Systemen handelt es sich um langfristige, (von der Idee her) am nachhaltigen Erfolg orientierte Entgeltanreize. Verschiedene Varianten werden praktiziert (vgl. Becker, F.G., 1990; Kramarsch, 2000; Winter, 1996):

- Mit »*Aktienoptionsplänen*« (»Stock Option Plans«) wird den partizipierenden Führungskräften eines Betriebs im Rahmen einer aktienbasierten Vergütung das Recht (Option) gewährt, eine bestimmte Anzahl von Unternehmungsaktien zu einem festgelegten Bezugspreis – oft der Kurswert der Aktien zum Zeitpunkt, an dem die Aktienoptionen als Vergütungsbestandteile »gratis« oder verbilligt ausgegeben wird – während eines bestimmten zukünftigen Zeitraumes zu erwerben. Die Berechtigung hierzu wird manchmal an das Erreichen vorab bestimmter Ziele gekoppelt. Diese Form gestattet durch eine Gestaltung der wesentlichen Planparameter (z. B. Bezugspreis, Indexierung – ja oder nein, Zeiträume und -punkte der Ausübung, Höhe) unterschiedliche Varianten. Ihr Einfluss auf die – intendierte – Wertsteigerung ist mehr als umstritten. Für die Eintritts- und Bleibemotivation sind die Modelle mittlerweile jedoch von großer Bedeutung.
- Beim »*Performance Share Plan*« handelt es sich um eine aktienbasierte Führungskräftevergütung, die zum einen auf dem Erreichen operativer Zielgrößen und zum anderen auf dem Aktienkurs einer Aktiengesellschaft basiert. Den Führungskräften wird eine bestimmte Anzahl von Aktien bzw. deren Gegenwert angeboten, sofern über eine bestimmte Zeitperiode die vereinbarten bzw. festgelegten Ziele erreicht werden. Je nach Zielerreichungsgrad, der in Aussicht gestellten Aktien(-gegenwerte) und der Höhe des Aktienkurses am Ende der Beteiligungsperiode fällt die Belohnung unterschiedlich hoch aus.
- Bei dem »*Performance Unit Plan*« werden ebenfalls Beteiligungseinheiten ausgegeben, die zur Beteiligung an der Wertermittlung von Betrieben oder Teilbereichen berechtigen, allerdings unabhängig vom Aktienkurs respektive der Rechtsform. Die Zuteilung einer variablen Höhe dieser Beteiligungseinheit ist zu gleicher Weise vom erreichten Zielausmaß bzw. -erreichungsgrad abhängig. Verschiedene Berechnungsmethoden werden verwendet.
- Im Rahmen eines »*Restricted Stock Plans*« wird den partizipierenden Führungskräften entweder eine bestimmte Anzahl von Unternehmungsaktien zugeteilt oder es wird ihnen die Möglichkeit geboten, Unternehmungsaktien zu besonders günstigen Bedingungen zu erwerben. Durch die mit der Übernahme verbundenen Auflagen (Verkauf erst nach mehreren Jahren o. Ä.) und die dadurch bedingte Aktienüberlassung soll das Interesse an einer mittel- bis langfristigen Wertsteigerung der Unternehmung und ihrer Aktien gefördert werden.
- Mithilfe der »*Stock Appreciation Rights*« (Wertsteigerungsrechte) wird es den beteiligten Führungskräften auf verschiedenen Wegen ermöglicht, am Wertzuwachs der Unternehmungsaktien finanziell zu profitieren, ohne dass reale Aktien(-optionen) erworben werden müssen.
- Bei einem »*Phantom Stock Plan*« dient entweder der Aktienkurs einer Unternehmung oder eine andere – auch vom Aktienkurs unabhängige – Berechnungsmethode der Betriebsleistung als Maßstab für die Höhe der Zusatzvergütung. Die Führungskräfte erhalten eine bestimmte Anzahl an sogenannte Phantomaktien (= fiktive Aktien) zugesprochen. Nach einem festgelegten Zeitraum werden – im Unterschied zu den Aktienoptionsplänen – die eventuellen Kurs- respektive Wertsteigerungen in bar ausgezahlt oder in Aktien zugeteilt.

6.5 Immaterielle Anreizsysteme

> **MEINUNG**
>
> **»Theater zu falschen Systemen« der Führungskräftevergütung**
>
> Als Auslöser und Verschärfer der Finanz- und Wirtschaftskrise dieser Tage sowie des Fehlverhaltens mancher (eher relativ weniger) Topmanager werden u. a. die falsch konstruierten variablen Vergütungssysteme von Topmanagern genannt. Hier hätte man zu sehr auf kurzfristigen Erfolg, frühzeitige Erfolgsauszahlungen, einfach konstruierte Aktienoptionsprogramme u. Ä. Wert gelegt. Diese Fehlentwicklungen seien zu korrigieren, aus Fehlern könnte man ja lernen – so viele Autoren.
>
> Unseres Erachtens wird hier etwas vorgegaukelt! Hätte man lernen wollen, dann hätte es durchaus ausgereicht, die US-amerikanischen Erfahrungen mit solchen Vergütungssystemen aus den 1960er- bis 1980er-Jahren zur Kenntnis zu nehmen. Diese sind seit spätestens Mitte der 1980er-Jahre auch in der deutschsprachigen Literatur (Wissenschaft wie Wirtschaftspraxis) bekannt (vgl. Becker, F.G., 1987, 1990, sowie die dort zitierte Literatur; Becker, F.G./Holzer, 1986, und die nachfolgende Diskussion in der Zeitschrift »Die Betriebswirtschaft«). Nichts von dem, was seit etwa fünf Jahren an Vorschlägen auf neue Probleme kursiert, ist neu – weder in der Wissenschaft, noch für Betriebe oder Personalberatungen. All dies deutet daraufhin, dass die materiellen Wirkungen für die Führungskräfte durchaus intendiert waren, allerdings ohne die nachfolgenden Wirkungen für Betriebe und Wirtschaftssysteme zu bedenken. Dass hier ein durchaus verursachender Zusammenhang besteht, wurde wohl gerne ignoriert bzw. – wie manche meinen – aufgrund von Gier nicht ausreichend wahrgenommen. Man spielt nun Theater und viele glauben es.

6.5 Immaterielle Anreizsysteme

> Das immaterielle Anreizsystem betrifft jene Anreize, die immaterielle Motive (vgl. Teil 2, Kap. 4.2.2) aktivieren sowie in Motivation respektive Einsatzbereitschaft überführen sollen.

Die Anreize werden durch die Gestaltung der Führungssubsysteme gesetzt. Diese nehmen Einfluss auf vielfältige *Arbeitsbedingungen*, die per se als Leistungsdeterminante motivationalen Einfluss haben und die gezielt auf die Aktivierung von Motiven sowie die Verhinderung von Demotivation gestaltet und eingesetzt werden können. Weiter oben (vgl. Teil 2, Kap. 3.2, 4.3.3) haben wir in eine weite und eine enge Auslegung der Arbeitsbedingungen differenziert. Unter dem Fokus von Motivation und Anreiz haben wir die engere Begriffsfassung gewählt: Es geht einerseits um solche Bedingungen der Arbeitstätigkeit, die das Können zur Leistungserbringung als Restriktion beeinflussen (bspw. Qualität der Sachausstattung, Teamgeist, Aufgabenherausforderung und Verantwortung, organisationskulturelle Verhaltensregeln, Qualifikation der Mitstreiter, Verhalten der Mitwettbewerber, Kunden und Lieferanten). Andererseits sind aber auch die von diesen Arbeitsbedingungen ausgehenden motivationalen Stimuli (im besten Fall: gestaltete Anreize) wirksam (vgl. Abbildung 3-112).

Führungskonzeption als Anreizsystem

Vor allem mithilfe der im Folgenden genannten Führungssubsysteme können solche Arbeitsbedingungen gestaltet und damit vielfältige Anreizwirkungen verbunden sein (vgl. Becker, F.G., 1990):

1. Planungs- und Kontrollsystem,
2. Personalsystem,

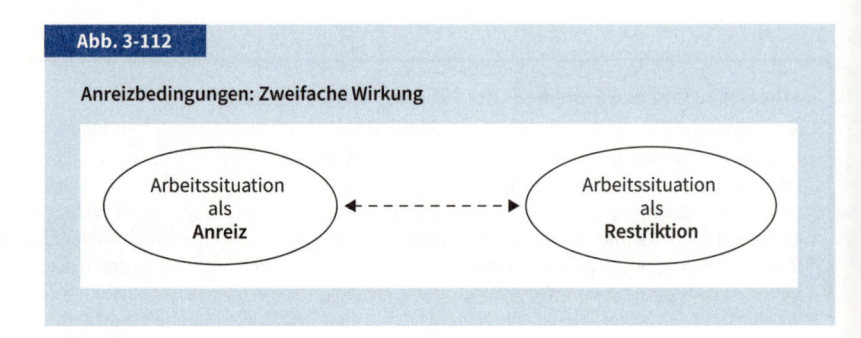

6.5 Anreizsysteme
Immaterielle Anreizsysteme

Abb. 3-112

Anreizbedingungen: Zweifache Wirkung

Arbeitssituation als **Anreiz** ◄ - - - - - - - ► Arbeitssituation als **Restriktion**

3. Informations- und Kommunikationssystem,
4. Organisationssystem und
5. unternehmungspolitischer Rahmen.

Planungs- und Kontrollsystem

Partizipation

Die Partizipation der Arbeitnehmer im Planungs- und Kontrollsystem bezieht sich zum einen auf gesetzlich geregelte Mitbestimmungsobjekte. Die individuelle Mitbestimmung ist faktisch so gering, dass sie unter Anreizaspekten belanglos ist. Die betriebliche und die unternehmerische Mitbestimmung beteiligt mittels der Organe »Betriebsrat« und »Aufsichtsrat«. Diese indirekte Beteiligung hat kaum motivationale Auswirkungen auf Mitarbeiterverhalten und kann die anvisierten Funktionen nicht erfüllen. Die zum anderen anzuführende freiwillige Beteiligung der Mitarbeiter im betrieblichen Entscheidungsprozess (*individuelle Partizipation*) ist unter Anreizaspekten von größerer Bedeutung. Hierunter sind einerseits freiwillige Mitbestimmungsregeln über Gremien beispielsweise im Rahmen einer betrieblichen Partnerschaft bei Kapitalbeteiligungen zu verstehen. Andererseits handelt es sich um die aus Anreizaspekten wichtige individuelle Mitwirkung am gruppenspezifischen oder betrieblichen Entscheidungsprozess. Eine verstärkte, über reine Ausführungstätigkeiten hinausgehende *Mitwirkung bei Planung und Entscheidung* ist durch verschiedene organisatorische und personalbezogene Maßnahmen möglich. Zu nennen sind beispielsweise autonome Arbeitsgruppen, Fertigungssegmente und Fertigungsinseln, Job Enrichment, Delegation. Für entsprechend motivierte Mitarbeiter sind diese Maßnahmen von nicht zu unterschätzendem Wert.

Personalsystem

»Eine Stunde konzentrierter Arbeit facht die Lebensfreude besser an als ein Monat dumpfen Brütens.«
Benjamin Franklin

Innerhalb des Personalsystems werden Anreize vor allem durch verschiedene Teilelemente gesetzt: Qualifizierungs- und Karrieremöglichkeiten (aus der Personalentwicklung, vgl. Teil 3, Kap. 4) sowie das Führungsverhalten (vgl. Teil 2, Kap. 6). Viele Mitarbeiter wissen, dass sie im Berufsleben auf Dauer nur bestehen können, wenn sie ihre Qualifikation anpassen und erweitern. Von daher schätzen sie die Förderung durch eine *Personalentwicklung* als Anreiz ein. Verstärkt wird dies dadurch, dass Qualifizierungsinvestitionen das Interesse an den Mitarbeitern verdeutlichen sowie durch eine Partizipation an entsprechenden Planungen. Im Rahmen des *Karrieresystems* sind immaterielle wie materielle Belohnungen möglich. Zum Ersten bietet die Übernahme höherwertiger Positionen verschiedene Anreize, vor allem Wertschätzung der Qualifikation und der Person, erweiterte Entscheidungs- und Handlungsspielräume, neue und interessante Arbeitsinhalte, Prestige sowie Einkommensverbesserung. Manche dieser Stimuli wirken auch bei horizontalen Karrierepositionen und bei Fachlaufbahnen. Je mehr Karrieremöglichkeiten ein Betrieb anbieten kann, desto weniger ist er auf den Einsatz kompensatorischer Anreizmittel angewiesen. Zum Zweiten kann das Karrieresystem aber auch gezielt zur Steuerung der Mitarbeiter eingesetzt werden. Wenn man bei betrieblichen Karriereentscheidungen auf das intendierte Leistungsverhalten Bezug nimmt und den Mitarbeitern deutlich wird, dass gewolltes Verhalten im Karrieresystem merklich beachtet und positiv sanktioniert wird, ist eine entsprechende Verhaltensbeeinflussung durch die Karrieremaßnahmen zu erwarten. Individuelle Arbeitsstrukturierung mit für den Einzelnen attraktiven, vielfach im dispositiven Bereich angesiedelten Aufgaben steht mit dem Führungsverhalten in engem Zusammenhang. Ein differenziertes Vorgehen (Positionsgestaltung, Delegation, Job Rotation, Projektaufgaben o. Ä.) ist in diesem Zusammenhang gezielt möglich. Diese Individualisierung kann vielfältige Motivationswirkungen zur Folge haben.

Auch *mitarbeiterbezogenes Führungsverhalten* wird in vielen Bereichen verstärkt als individueller Anreiz wahrgenommen. Ziel der tendenziell individualisierten Mitarbeiterführung ist der Verzicht auf Schematisierung. Stattdessen soll ein differenziertes Führungsverhalten des Betriebs und der Vorgesetzten gegenüber jedem Mitarbeiter den individuellen Motiven entgegenkommen. Die traditionelle Vorgesetztenrolle wandelt sich, indem beispielsweise konsequent Aufgaben und Verantwortung delegiert, die Qualifizierung gefördert, Arbeitsziele vereinbart, Informationen ausgetauscht werden, Belobigungen und Achtung vor der geleisteten Mitarbeiterarbeit – sowohl direkt gegenüber den Mitarbeitern als auch vor anderen – ausgesprochen wird u. a. Solche immateriellen Belohnungen gelten im Allgemeinen als nachhaltiger und wertvoller, als per Überweisung ausgedrücktes Feedback – mit der Ausnahme der aus finanzieller Lage oder aus Charaktermerkmalen stark entgeltfixierten Belegschaftsmitglieder.

> »Es gibt Augenblicke, in denen eine Rose wichtiger ist als ein Stück Brot.«
> Rainer Maria Rilke

Auch Arbeitszeitsysteme gehören zu den Gestaltungselementen immaterieller Anreizsysteme. Solche Arbeitszeiten, die zu den persönlichen Lebenssituationen der Mitarbeiter passen, seien es Gleitzeit, Möglichkeiten für Sabbaticals u. Ä. oder – in Verbindung damit – Home Offices können Mitarbeitermotive zum Kommen, Bleiben und/oder zu besonderen Leistungen aktivieren.

Arbeitszeit u. Ä.

TERMINOLOGIE

Empowerment

Empowerment stellt einen modernen Begriff innerhalb der Auseinandersetzung um Mitarbeiterführung und Motive und Motivation dar. Er beinhaltet alle betrieblichen Aktivitäten, die die Mitarbeiter sowohl auffordern als auch ermächtigen, im Betrieb eine persönliche Verantwortung für die Zielerreichung ihres Verantwortungsbereiches zu übernehmen. Die Mitarbeiter haben somit die Befugnis, innerhalb des eigenen Arbeitsgebietes Entscheidungen autonom treffen zu können. Grundlage für den damit verbundenen partizipativen Führungsstil ist eine Dezentralisierung von Macht und Entscheidungsverantwortung (vgl. Weinert, 2004; Wunderer, 2011).

6.5 Anreizsysteme
Immaterielle Anreizsysteme

Informations- und Kommunikationssystem

Information als Anreiz

Auch die Gestaltung des innerbetrieblichen Informations- und Kommunikationssystems kann Anreize bieten. Regelmäßige, rechtzeitige, umfassende Informationen über aufgaben- und betriebsrelevante Umstände und Entwicklungen können dazu beitragen, sich als ernst genommene Aufgabenträger (»Führung auf Augenhöhe«) zu empfinden. Innerbetriebliche Informationspolitik ist des Weiteren ein wirksames Mittel, um Mitarbeitern die *Wertschätzung* des Betriebs auszudrücken. Eine Vertrauenskultur, von vielen als ein zentraler Baustein für eine erfolgreiche Organisationskultur angesehen (vgl. Nieder, 2001; Blank, 2011; Frey, 2011), basiert zudem auch auf relevantem Informationsaustausch und Kommunikation – und zwar nicht erst in »letzter Minute«.

Deutlicher könnte man dies noch formulieren, wenn man den umgekehrten Fall annimmt: wichtige Informationen werden »gebunkert« und nicht weitergegeben. Dies sind klassische Fälle von Beiträgen zur Demotivation und zur wenig optimalen Aufgabenerfüllung (vgl. Teil 2, Kap. 4.5).

Organisationssystem

Attraktivität: Aufgaben, Kompetenzen, Verantwortung

Im Rahmen des Organisationssystems werden manche der bereits genannten immateriellen Anreize strukturell verankert. Beispielsweise sind Kompetenzregelungen (bspw. Höhe und Inhalt der Unterschriftsvollmacht, Prokura), Aufgabeninhalte (bspw. Job Enrichment, Job Rotation, Verantwortung, jeweils entsprechend der Qualifikation; s. Teil 3, Kap. 5.4.3), Karriereräume (bspw. Stellengefüge in der primären wie in der sekundären Aufbauorganisation, Konzernstruktur mit GmbHs statt Abteilungen) o. Ä. festzulegen, die unmittelbar Anreizwirkungen für viele Mitarbeiter zur Folge haben.

> Kurze und schnelle Entscheidungswege und keine langwierigen bürokratischen Prozesse sind für manche Anreize zum Kommen wie zum Verbleib – so jedenfalls auch unsere Erfahrungen mit und in mittelständischen Familienunternehmen.

Unternehmungspolitischer Rahmen

Auch von Komponenten des unternehmungspolitischen Rahmens (Kultur, Identität, Image; vgl. Becker, F.G., 2015, S. 99 ff.) gehen Anreizwirkungen auf Mitarbeiter aus, die zu berücksichtigen sind (vgl. Rödl, 2006; Busse, 2012, S. 121 ff.). Das Image eines Betriebes in der (regionalen) Öffentlichkeit ist ein nicht zu unterschätzender Stimulus (nicht nur für die Teilnahmemotivation), wenngleich es nur mittel- bis langfristig beeinflussbar ist. Ein Employer Branding (vgl. Teil 3, Kap. 2.2.2) setzt hier im Übrigen an. Eine wirkliche (nicht nur eine angekündigte) Vertrauenskultur im Betrieb und einer betrieblichen Organisationseinheit attrahiert viele Mitarbeiter und fördert ihre Bleibemotivation

6.6 Resümee

Mit dem »Anreizsystem« hat das Personal-Management ein vielfältiges, wenn auch schwierig zu gestaltendes Instrument zur Verfügung. Es kann direkt insbesondere über materielle Elemente sowie indirekt, speziell über immateriell wirkende Elemente, Mitarbeiterverhalten aktivieren, steuern, informieren und verändern. Dazu bedarf es der Kenntnis des individuell und zeitspezifisch unterschiedlich verlaufenden Motivationsprozesses sowie der Berücksichtigung motivationaler wie kognitiver Elemente dieses Prozesses. Im günstigsten Falle wird das Mitarbeiterverhalten entsprechend den Vorstellungen des Managements verbessert.

»Die besten Dinge im Leben sind nicht die, die man für Geld bekommt.« Albert Einstein

Die *spezifische Ausgestaltung* der Anreizsysteme ist allerdings vor allem mit prinzipiellen Problemen behaftet:

- Bislang ist es nicht gelungen, Situationstheorien der Mitarbeitermotivation zu entwickeln, die es erlauben, technologische Prognosen über die Wirkung der Verwendung bestimmter Anreize aufzustellen. Die Ausführungen haben insofern immer spekulativen Charakter.
- Anreizsysteme sollen einen größeren Personenkreis ansprechen, aber auch auf die individuellen Motive eingehen. Dieser Gegensatz ist nicht aufzulösen.
- Zumindest bei materiellen Anreizen sind Betriebe in der Regel an tarifvertragliche Vereinbarungen gebunden. Diese erschweren eine auf die Situation adäquat zugeschnittene Gestaltung der Anreizsysteme.
- Die aufwendigsten Systeme erfüllen Ansprüche wie Gerechtigkeit nur sehr bedingt. Sie versuchen, durch eine quantitative Scheingenauigkeit die weiterhin zugrunde liegenden Ermessensentscheidungen zu vermeiden. Ein technokratisches System kann zudem kaum die Wirklichkeit von Motivationsprozessen erfassen. Dies trifft gerade auf variable Entgeltsysteme zu.
- Der treffendste Anreiz nutzt nichts, wenn er von den Individuen nicht erkannt wird oder erkannt werden kann. Es bedarf daher eines Marketings, um auch tatsächlich den Mitarbeitern die gebotenen Anreize und gewünschten Verhaltensweisen bzw. die Konsequenzen für bestimmtes Leistungsverhalten bewusst zu machen.

Probleme

Generell gilt: Der ökonomische Nutzen eines Anreizsystems ist im Hinblick auf diese Argumente nur schwer abzuschätzen.

Die angesprochenen Erkenntnisse und Erfahrungen aus Wissenschaft und Praxis können daher nur als Leitlinien für die Gestaltung von Anreizsystemen als Führungsinstrument verwendet werden. Hinzu kommt die Problematik, die faktisch durch die strukturelle Verhaltenssteuerung als systemgestaltende Elemente einerseits und der direkten Mitarbeiterführung als prozessuales Element andererseits

Leitlinien

6.6 Anreizsysteme
Resümee

bestehen. Diesen Problemen kann man sich angemessen nicht durch eindimensionale Menschenbilder stellen.

WIEDERHOLUNGSFRAGEN ZU KAPITEL 6

1. Differenzieren Sie den Begriff »Anreizsystem« im weitesten, im weiteren und im engeren Sinne. Wo liegen die Unterschiede?
2. Welche Funktionen kommen den betrieblichen Anreizsystemen zu?
3. Was ist unter Entgeltgerechtigkeit zu verstehen?
4. Welche klassischen Entgeltformen kann man unterscheiden?
5. Wodurch unterscheiden sich leistungs- von erfolgsorientierten Vergütungssystemen?
6. Welche Probleme können im Rahmen variabler Vergütungssysteme auftreten?
7. Welche unterschiedlichen Sozialleistungen gibt es?
8. Welche Typen der betrieblichen Altersversorgung kann man unterscheiden?
9. Worin unterscheiden sich Erfolgs- und Kapitalbeteiligungen für Mitarbeiter?
10. Was ist unter dem Begriff der Beteiligungsbasis zu verstehen?
11. Arbeiten Sie die Unterschiede von Aktienoptionen, Leistungsbeteiligungen, Umsatz- und Gewinnbeteiligungen heraus.
12. Skizzieren Sie die Grundidee sowie mögliche Gestaltungselemente von Cafeteria-Systemen.
13. Welche Aspekte sind im Rahmen der Führungskräftevergütung zu beachten?
14. Skizzieren Sie, wie mögliche immaterielle Anreize gesetzt werden können.

Teil 4

Sekundäre Personal-Managementsysteme

1 Strategisch-orientierte Personalarbeit

In Teil 1, Kap. 2.1, haben wir systematisierend und begründet dargelegt, dass die strategisch-orientierte Personalarbeit ein Element des sekundären Personalsystems ist (s. auch die Abbildungen 1-2 und 1-6). Damit wurde verdeutlicht, dass die im Personalbereich beschäftigten Verantwortlichen auch strategische Perspektiven einzunehmen und Aufgaben zu erfüllen haben. Um was es sich dabei handeln könnte und sollte, ist eigentlich Gegenstand dieses Kapitels.

Personal-Management ist allerdings zugleich auch gesamthaft in die Unternehmungspolitik einzuordnen. Dort – und oft nur dort – können gezielter originäre wie derivative Beiträge der Personalarbeit zu einem erfolgreichen strategischen Management eingebracht werden. Mit diesen Überlegungen verbunden sind die Verantwortlichkeiten der außerhalb des engeren Personalbereichs eingebundenen Personen und Institutionen (v. a. Top- und gehobenes Middle-Management, direkte Vorgesetzte). Uns ist es nun bislang nicht gelungen, die beiden angesprochenen Aufgabenbereiche exakt und weitgehend überschneidungsfrei voneinander zu trennen und hier darzustellen. Wir haben uns daher für Folgendes entschieden: Zum einen wird – vollständigkeitshalber und der Systematik folgend – an dieser Stelle der Aufgabenbereich genannt. Zum anderen konzentrieren wir die angedeuteten Aussagen zur Thematik der strategisch-orientierten Personalarbeit in Teil 5, Kap. 1. Dies ist zwar systematisch nicht ganz befriedigend, aber eine aus unserer Sicht pragmatisch akzeptable Lösung.

2 Personalplanung als Rahmen

> **LEITFRAGEN**
>
> **Zur Personalplanung generell**
> - Wieso »muss« das Personalsystem und seine Handhabung geplant werden?
> - Welcher informatorischen Grundlage bedarf die Personalplanung?
>
> **Zu einzelnen Handlungsfeldern der Personalplanung**
> - Wie steht die betriebliche Gesamtplanung in Zusammenhang zur Personalgesamtplanung?
> - Wie steht die Personalgesamtplanung zur Planung einzelner Personalsubsysteme?
>
> **Zuständigkeit**
> - Welche Personengruppen sind – wo – in der Personalplanung – wie – involviert?
> - Wo werden in der Regel die personalplanerischen Entscheidungen – warum – getroffen?

Im ersten Teil waren zwei Tätigkeitskomplexe des Personal-Managements unterschieden worden: Aktivitäten der *Verhaltenssteuerung* und der *Systemgestaltung*. Die Verhaltenssteuerung ihrerseits zerfällt wiederum in zwei Teilkategorien: Einerseits in die Mitarbeiterführung im Sinne der Ausübung von Vorgesetztentätigkeiten, die im zweiten Teil behandelt wurde. Andererseits sind zur Verhaltenssteuerung auch alle diejenigen Führungstätigkeiten zu rechnen, mit denen Einstellungen, Versetzungen, Fortbildungen von Personal etc. geplant, entschieden und kontrolliert werden. Sie sind ebenso Tätigkeiten der Führung *des* Personals, nicht aber gleichbedeutend mit der Ausübung von Vorgesetztenfunktionen »im täglichen Geschäft«; sie sind eher als Besonderheiten für den beruflichen Weg eines Mitarbeiters einzustufen.

Den »besonderen« Führungstätigkeiten der Verhaltenssteuerung ist zu unterstellen, dass sie bei Ablauf unter Einhaltung weitgehend einheitlicher Regelungen und Bedingungen – d. h. bei *systematischem* Ablauf – effizienter geschehen. Das ist dann möglich, wenn solche *Systeme* existieren, die jeweils die Gesamtheit derjenigen Regelungen und Bedingungen darstellen, nach denen zum Beispiel Einstellungen, Versetzungen oder Fortbildungsmaßnahmen insgesamt vollzogen werden sollen.

Verhaltenssteuerung und Systemgestaltung

Personalplanung als Rahmen

Die *Handhabung* eines solchen Systems, zum Beispiel zur betrieblichen Fortbildung, umfasst neben den Führungstätigkeiten der Planung, Entscheidung und Kontrolle der Fortbildungsmaßnahmen auch deren Durchführung. Nur ist Letztere nicht zu den Führungsaktivitäten der Verhaltenssteuerung zu rechnen, weil die Durchführung von Fortbildungsmaßnahmen gleichbedeutend mit einer direkten Transformation von Mitarbeiterqualifikationen ist.

Systemgestaltung

Erkennbar liegt die *Systemgestaltung*, d. h. die Schaffung von Regelungen und Bedingungen für Änderungen des personellen Einsatzes und von betrieblichen Konditionen dafür auf einer anderen, der Systemhandhabung vorgelagerten Ebene. Die Gestaltung eines Systems, nach dem zum Beispiel betriebliche Fortbildung betrieben werden soll – das also u. a. festlegt, wer bei welchen Anlässen daran beteiligt wird, dass Entscheidungen über konkret durchzuführende Fortbildungsmaßnahmen gefällt werden – ist eine konzeptionelle, nur in größeren Zeitabständen vorkommende Tätigkeit, deren Ergebnis langfristig wirkenden Charakter hat. Sie ist zweifellos eine *Führung*stätigkeit, weil mit ihr Systeme geschaffen werden, die für *das* Personal bestimmt sind.

Personal-Management ist Schaffung *von* und Arbeit *in* zahlreichen Teilsystemen. Dies wird in dieser Schrift geschlossen dargestellt. Das darf jedoch nicht zu dem Schluss verleiten, dass diese Geschlossenheit auch die gesamte Personalarbeit in der Praxis kennzeichnet. Hingegen kann sie erreicht bzw. hergestellt werden, wenn eine gemeinsame Klammer benutzt wird; zu einer solchen kann die *Planung im Personalbereich* gemacht werden. Auch sie ist zwar nicht von vornherein ein geschlossenes Ganzes, kann aber dahin entwickelt werden, zumal in mehreren der verschiedenen Teilsysteme Planungen in gleichen Bestandteilen und Anforderungen benötigt bzw. durchgeführt werden (können). Die damit mögliche und für effiziente Personalarbeit in der Praxis notwendige geschlossene Systematik für die einzelnen Teilplanungen im Personal-Management zu einer, in einem sachlichen Verbund stehenden »Personalplanung«, begründet die gliederungstechnische Stellung und den Inhalt des Kapitels.

Personalplanung

Planung ist in allen Arbeitsfeldern des Personal-Managements *Voraussetzung* für dort jeweils systematischen und vorbereiteten Arbeitsvollzug. Je nachdem, was als Arbeits- bzw. Problemfeld des Personal-Managements und zugehöriger Planungen bezeichnet wird, unterscheidet sich die Spannweite der in der Literatur verwendeten Definitionen für Personalplanung. Auch Benennungen für größere Einheiten, zu denen mehrere Teilplanungen zusammengefasst sind, werden benutzt: So zum Beispiel »Personalbedarfsdeckungsplanung«, die sich an die Personalbedarfsplanung anschließt und die Planungen der Personalbeschaffung, des -einsatzes und der -entwicklung zusammenschließend umfasst.

Aus den oben genannten Gründen erscheint hier eine weitere Begriffsfassung zweckmäßig und fruchtbar.

> Unter *Personalplanung* soll daher im Weiteren die Planung (i. S. einer gedanklichen Vorbereitung zukünftigen tatsächlichen Handelns) in den Arbeitsfeldern des Personal-Managements verstanden werden, in denen

Personalplanung als Rahmen

> Personalforschung inklusive -bedarfsermittlung, -bedarfsdeckung, -freisetzung, -entwicklung und eine Gestaltung von Anreizsystemen wie Arbeitsbedingungen geschieht.

Letztlich geht es um die prinzipiell systematische und gedankliche Vorwegnahme zukünftiger personeller Entscheidungen hinsichtlich von Zielen und Maßnahmen im Rahmen des Personal-Managements auf Basis zu erarbeitender personalpolitischer Grundentscheidungen. Personalplanung ist hierbei als integrativer Bestandteil der betrieblichen Planung zu begreifen, bei der neben der Abstimmung der Interdependenzen innerhalb einer so verstandenen Personalplanung die Abstimmung mit anderen Teilplänen einer betrieblichen Planung im Vordergrund steht. Ihre Hauptaufgabe ist es dabei, Ziele und Maßnahmen festzulegen, damit zur richtigen Zeit am richtigen Ort die richtigen Mitarbeiter in der erforderlichen Anzahl – unter Berücksichtigung individueller Erwartungen und betrieblicher Erfordernisse – beschäftigt sind.

Mit Personalplanung können nur dann höhere (zumindest besser abgesicherte) Grade der Erreichung der betrieblichen Zielkonzeption bewirkt werden, wenn sie an der betrieblichen Planung – zusammen mit der Planung aller anderen Einzelaktivitäten – ausgerichtet wird. Dies wiederum bedingt die Integration der Personalplanung in das betriebliche *Planungssystem*. Eine solche Integration hat unterschiedliche Konsequenzen:

Integration in das betriebliche Planungssystem

- Die Personalplanung ist von den Ergebnissen der Teilplanungen in anderen Betriebsbereichen abhängig: So bestimmt zum Beispiel eine neue Produktionsplanung Umfang und Art des durch Personalbeschaffung zu deckenden Personalbedarfs. Personalplanung hat insofern *derivativen* Charakter und stellt eine Folgeplanung dar.
- Allerdings besteht die Planungsabhängigkeit nicht lediglich in dieser Richtung. Vielmehr werden auch *umgekehrt* die übrigen Teilpläne von den Ergebnissen der Personalplanung beeinflusst. Sie hat insofern *originären* Charakter (vgl. Becker, F.G., 1988). Dies ist zum Beispiel der Fall, wenn sich der Personalbereich als *Engpasssektor* erweist (etwa durch Arbeitskräfteverknappung auf dem Arbeitsmarkt beschränkte Ermöglichung von Kapazitätserweiterungen). Der Engpass bestimmt dann die Gesamtplanung.

> »Planung bedeutet, den Zufall durch den Irrtum zu ersetzen.«
> Peter Ustinov und andere

Dass im Übrigen auch die Personalplanung selbst *integrationsbedürftig* ist, zeigt die vorstehende Abbildung 4-1.

Eine Differenzierung wird (auch in der Abbildung) nach qualitativen bzw. quantitativen Aspekten vorgenommen:

- Die *qualitative Personalplanung* beschäftigt sich insbesondere mit vorausschauenden Analysen und Planungen der vorhandenen wie notwendigen Qualifikationen der Mitarbeiter sowie mit der Qualifizierung und der Personalbeschaffung.
- Mit der *quantitativen Personalplanung* werden in erster Linie solche Zahlen erarbeitet und bereit gestellt, die aufgrund bestimmter Planungsschemata zusammengestellt und ermittelt werden. Die wesentlichsten Fragen im Rahmen der

Qualitative und quantitative Personalplanung

Personalplanung als Rahmen

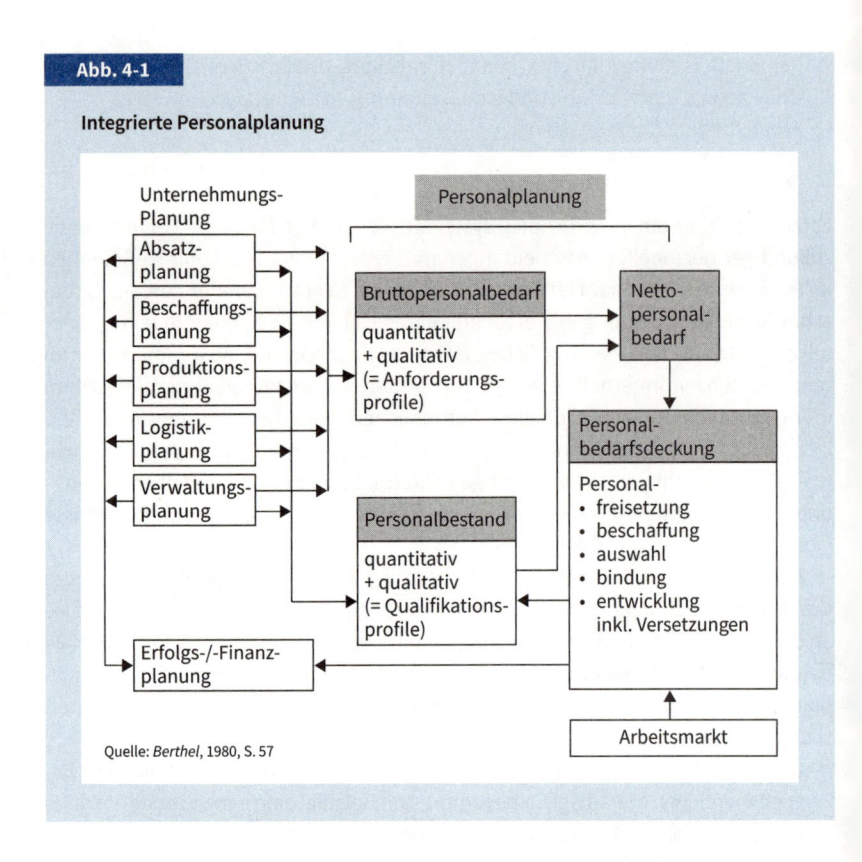

Abb. 4-1

Integrierte Personalplanung

[Diagramm: Unternehmungs-Planung (Absatzplanung, Beschaffungsplanung, Produktionsplanung, Logistikplanung, Verwaltungsplanung) → Personalplanung mit Bruttopersonalbedarf (quantitativ + qualitativ = Anforderungsprofile) → Nettopersonalbedarf → Personalbedarfsdeckung (Personal- freisetzung, beschaffung, auswahl, bindung, entwicklung inkl. Versetzungen); Personalbestand (quantitativ + qualitativ = Qualifikationsprofile); Erfolgs-/-Finanzplanung; Arbeitsmarkt]

Quelle: *Berthel*, 1980, S. 57

quantitativen Personalplanung sind: Wie viele Mitarbeiter nach Zahl und Art (Qualifikation) benötigt der Betrieb heute bzw. zu bestimmten späteren Zeitpunkten, um seine Aufgaben erfüllen zu können? Wie viele Mitarbeiter welcher Qualifikation sind wann ersatzweise oder zusätzlich – auch auf welche Weise – zu beschaffen? Wie viele Mitarbeiter welcher Qualifikation sind wann – und auf welche Weise – freizusetzen?

»Alles verlief nach Plan ... nur ... der Plan war Mist!« unbekannt

Gegenstand dieses Kapitels wird die Personalplanung nur insoweit sein, als sie sich nicht auf spezifische Arbeitsbereiche des Personal-Managements bezieht. Hier interessieren die in verschiedenen Teilsystemen gleichermaßen notwendigen Planungsbestandteile. Sie, wie andere Teilaktivitäten, bedürfen einer gründlichen informatorischen Fundierung. Abbildung 4-2 gibt dabei zunächst einen Eindruck über die Zusammenhänge der Teilsysteme der Personalplanung wieder – bevor die Personalforschung thematisiert wird.

Personalplanung als Rahmen

Abb. 4-2

System der Personalplanung

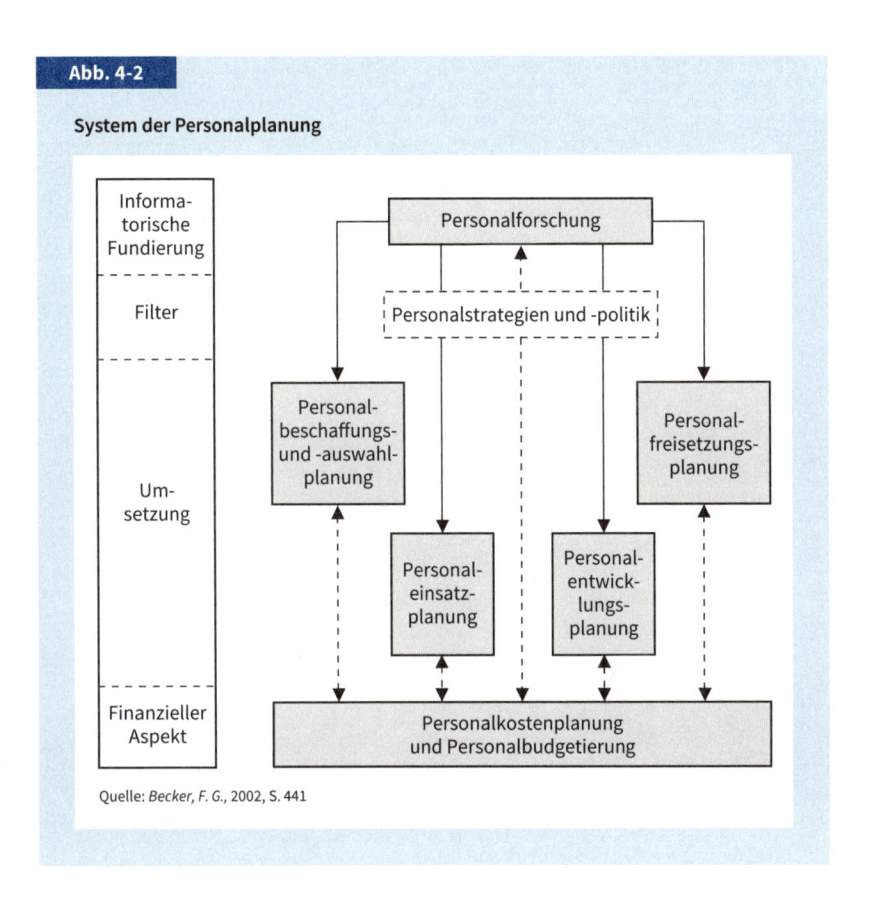

| Informatorische Fundierung |
| Filter |
| Umsetzung |
| Finanzieller Aspekt |

- Personalforschung
- Personalstrategien und -politik
- Personalbeschaffungs- und -auswahlplanung
- Personalfreisetzungsplanung
- Personaleinsatzplanung
- Personalentwicklungsplanung
- Personalkostenplanung und Personalbudgetierung

Quelle: *Becker, F. G.*, 2002, S. 441

WIEDERHOLUNGSFRAGEN ZU KAPITEL 2

1. Warum ist die Planung in allen Arbeitsfeldern des Personal-Managements eine unbedingte Voraussetzung?
2. Mit welchen Aspekten beschäftigen sich die qualitative und die quantitative Personalplanung?

3 Organisation des Personal-Managements

> **LEITFRAGEN**
>
> **Zur Personalorganisation generell**
> - Wieso ist die Personalorganisation – »nur« – Teil der sekundären Personalsysteme?
> - Was bedeutet »Dienstleistungsfunktion« en detail?
>
> **Zu Handlungsfeldern der Personalorganisation**
> - Wieso gliedern sehr viele Betriebe ihre Personalabteilung in ein Personalreferentensystem?
> - Welche Bereiche des Personal-Managements ließen sich als Profit-Center organisieren?
> - Welche Aufgaben des Personal-Managements ließen sich als »virtuelle Personalabteilung« organisieren?
>
> **Zuständigkeit**
> - Wer ist für die Organisation des Personal-Managements im Detail zuständig?
> - Macht es – unter welchen Umständen – Sinn, im Top-Management einen Personalvorstand/-geschäftsführer einzusetzen?

3.1 Problematik

Vorschläge für eine »organisatorische Ordnung« betrieblicher Personalarbeit stehen stets vor dem grundsätzlichen Problem, dass personalwirtschaftliche Aufgaben nicht in vollem Umfang auf eine spezialisierte Einheit – einen Personalverantwortlichen oder die Personalabteilung – übertragbar ist: Aufgaben, wie beispielsweise Mitarbeiterführung und Personaleinsatz, liegen weitgehend im Verantwortungsbereich der Führungskräfte einer jeden Fachabteilung. Damit vollzieht sich die betriebliche Personalarbeit nicht nur in der Personalabteilung, sondern ganz entscheidend auch im Handeln jeder Führungskraft des Betriebs. Der Personalabteilung kann somit nicht die alleinige Rolle als Träger oder Gestalter betrieblicher Personalpolitik zugewiesen werden – vielmehr müssen sämtliche mit (Personal-)Verantwortung ausgestatteten Führungskräfte den gegenwärtigen und künftigen Herausforderungen der Personalführung mit individuellen (situativ angepassten) Antworten begegnen.

> »Zweck und Ziel der Organisation ist es, die Stärken der Menschen produktiv zu machen und ihre Schwächen unwesentlich.«
> Peter Drucker

3.1 Organisation des Personal-Managements
Problematik

Dienstleistungsfunktion

Um für diese neue Aufgabe gerüstet zu sein, gehen die Erwartungen der Führungskräfte in Richtung verstärkter Beratung und Hilfestellung bei personalwirtschaftlichen Fragestellungen, d. h. hin zu einer »Dienstleistungsfunktion Personal«. Die Personalabteilung wird damit künftig weniger – wie bisher vorwiegend üblich – die Rolle eines »Verwalters« als vielmehr die eines »Beraters« der Führungskräfte bzw. »Gestalters« unternehmerischer Aufgaben übernehmen – und dies im Rahmen unterschiedlicher Center-Konzepte (vgl. Schirmer, 2004, Sp. 1272ff.; Wunderer/von Arx, 2002; Scholz, 2014, S. 221 ff.).

Center-Konzepte

Im Einzelnen können sich die Aufgaben eines Personalressorts somit wie folgt darstellen (vgl. Scholz, 2014, S. 223 ff.):

- Strategie-Center (Ziel: strategische Richtung vom Top-Management vorgegeben, ansonsten operative Arbeit vor Ort),
- Intelligenz-Center (Ziel: Koordination, Information, Innovation und Wissensgenerierung),
- Kultur-Center (Ziel: Kulturmanagement, Sinnvermittlung),
- Service-Center (Ziel: Erbringen einer klar definierten Dienstleistung),
- Beratungs-Center (Ziel: spezialisierte Personalexperten als Kompetenzverstärker).

MEINUNG

HR-Business-Partner

Seit Ende der 1990er-Jahre wird vielfach gefordert, den Personal- respektive HR-Bereich als Business-Partner im Betrieb zu begreifen und in diesem Sinne ihn als Gesprächspartner »auf Augenhöhe« der obersten Leitung zu institutionalisieren. Was ist damit gemeint? Der HR-Bereich soll sich (und damit sind sowohl die handelnden Aufgabenträger als auch die Prozesse gemeint) als aktiver Mitgestalter der betrieblichen Zukunft professionalisieren und so die strategische Personalfunktion in das Top-Management einbringen. Dazu sei ein Wandel des Selbstverständnisses, der angenommenen Rollen, der Qualifikation und der Aufgaben zu initialisieren: weg vom Verwalter hin zum »Business-Partner« für das Management aller Ebenen, um so als Kompetenzträger anerkannt, frühzeitig bei Veränderungen einbezogen zu werden und so die Wertschöpfung nachhaltig zu verbessern. Hierzu wiederum seien (oft) eine Generalüberholung und eine Umstrukturierung der Personalbereiche notwendig, vor allem aber in den Köpfen des Managements wie der Personaler. Gefragt seien Personalexperten, die das Schattendasein der operativen Personalarbeit verlassen und proaktiv bei der Umsetzung der betrieblichen Strategien mitwirken und auch als professioneller Ansprechpartner aller Führungskräfte im Tagesgeschäft fungieren. Gleichzeitig sollte im Fokus der HR-Maßnahmen die betriebliche Wertschöpfung stehen sowie die Bewertung der HR-Arbeit daran gemessen werden, was sie zum betrieblichen Erfolg tatsächlich beiträgt. Competence Center (mit internen und externen konzeptionellen Beiträgen i. S. einer Beratung) wie Shared Services (mit administrativen Leistungen) unterstützen den HR Business-Partner gewissermaßen aus einem Back Office (vgl. Ulrich, 1996; Ulrich/Beatty, 2001; Kates, 2006; Ulrich/Younger/Brodbeck, 2008; Scholz, 2014, S. 212 ff.). Inwieweit dies tatsächlich in einem Betrieb der Fall ist oder nur der (sprachlichen) Aufwertung des Personalbereichs dient, ist in der Praxis unterschiedlich umgesetzt. Wir meinen dazu, dass sicherlich in einigen Betrieben das Selbst-, vor allem aber das Fremdverständnis der Personaler unterentwickelt ist. In solchen Fällen mag die Betonung der Rolle als »Partner« und ihre passende Umsetzung mit qualifizierten Beteiligten zweckmäßig sein, um der Personalfunktion ihrer Bedeutung für die Wertschöpfung gemäß zu verstärken. Die Aufgabe, als sogenannter Business-Partner tätig zu sein, ist aber keine neue. Sie ist mit unserem Verständnis der Personalmanager per se seit Anbeginn verbunden, sie ist genau genommen dem Personal-Management implizit und bedarf keines neuen Marketingnamens.

Allerdings: Eine Popularisierung dieser Rolle – durch David Ulrich und auch andere – ist nicht verkehrt. Und dies hat die Idee des »HR Business-Partner« geschafft. Allerdings muss man in Betrieben damit aufpassen, dass die Personaler sich mit dessen Hilfe nicht vornehmlich innerbetrieblich aufwerten wollen. Es sollte nur ein Weg und keinesfalls das Ziel sein.

Problematik 3.1

> **WISSENSWERTES**
>
> **Deutsche Gesellschaft für Personalführung**
>
> Die Deutsche Gesellschaft für Personalführung (DGfP) ist ein Zusammenschluss von weit über tausend Betrieben in der Bundesrepublik Deutschland mit Sitz in Düsseldorf. Als Kernaufgabe gilt vor allem die Unterstützung der Mitglieder in personalwirtschaftlichen Fragen. Dies geschieht durch etwa 100 Erfahrungsaustauschgruppen, Fachtagungen, Seminare und Publikationen sowie durch die Zeitschrift »Personalführung« (www.dgfp.de).

Bemühungen um eine optimale organisatorische Ordnung des Personalressorts *zwischen Dezentralisierung und Zentralisierung* stehen bislang also im Spannungsfeld zwischen

- Betonung der zentralen Fachabteilung (Personalabteilung),
- Betonung der dezentralen Fachspezialisten (Personalreferenten) und
- Betonung der Linienvorgesetzten (Führungskräfte vor Ort).

»Die total verwaltete Welt wäre schlimmer als Anarchie.«
Rupert Schützbach

Die sich in der betriebswirtschaftlichen Literatur abzeichnende Entwicklungslinie (Dezentralisationsforderungen folgen Zentralisationstendenzen und umgekehrt) zeigt, dass es für alle drei Tendenzen gute Argumente gibt, keine allerdings je für sich die optimale Lösung darstellt. Die Frage um einen optimalen (De-)Zentralisationsgrad ist somit immer nur situativ zu beantworten.

Damit sind auch gleichzeitig schon die Forderungen angesprochen, vor die sich die organisatorische Ordnung betrieblicher Personalarbeit gestellt sieht: Die verschiedenen Gestaltungsmöglichkeiten sollen die Personalabteilung in die Lage versetzen, diesen Aufgabenstellungen gerecht zu werden.

Makro- und Mikroorganisation

Bisherige Organisationsvorschläge bewegen sich innerhalb zweier Perspektiven:
- Aufgabenverteilung innerhalb des Personalressorts (auch als Mikroorganisation oder »innere« Organisation der Personalabteilung bezeichnet) bzw.
- Einbindung des Personalressorts in den Gesamtbetrieb (entsprechend ein Aspekt der »äußeren« Organisation der Personalabteilung bzw. Makroorganisation).

> **WISSENSWERTES**
>
> **Bundesverband der Personalmanager**
>
> Der Bundesverband der Personalmanager (BPM) ist eine berufsständische Vereinigung für Personalverantwortliche aus Unternehmen, Verbänden und anderen Organisationen – aus verschiedenen Branchen, allen Personalfunktionen und Führungsebenen. Die Mitgliedschaft ist personengebunden. Das BPM-Ziel ist die Definition und Wahrnehmung der Interessen der Verbandsmitglieder, um letztlich zur Professionalisierung der Personalaufgabe beizutragen und auch ein positives Bild nach außen zu tragen. Über Fach- und Regionalgruppen, Kongresse und Weiterbildungen sowie das Fachmagazin Human Resources Manager werden diese Ziele verfolgt (vgl. www.bpm.de).

3.2 Innere Organisation

Funktionale oder objekt-bezogene Differenzierung

Die »innere Organisation« bezieht sich auf die interne Struktur der Abteilung, d. h. auf die Art der Aufgabenverteilung innerhalb der Personaleinheit, die sich grundsätzlich hinsichtlich zweier Kriterien vornehmen lässt (vgl. Gerpott, 1995, S. 23 ff.; Becker, F.G./Fallgatter, 1999; Becker, F.G./Hennig, 2011):
- Gliederung nach funktionalen Kriterien und
- Gliederung nach objektbezogenen Kriterien.

Bei einer Gliederung des Personalressorts nach funktionalen Kriterien werden gleichartige personalwirtschaftliche Tätigkeiten in Stellen oder organisatorischen Teileinheiten (Gruppen, Abteilungen, Hauptabteilungen) gebündelt. Der oder die Mitarbeiter der so entstehenden Teileinheiten wie »Personalbeschaffung«, »Personalverwaltung«, »Bildungswesen«, »Personalbetreuung« und »Sozialwesen« nehmen demnach jeweils eine einzelne Personalfunktion für den gesamten Betrieb wahr.

Die Vorteile einer solchen verrichtungsorientierten Organisationsstruktur liegen vor allem in positiven Rationalisierungs- und Spezialisierungseffekten bei der Durchführung von Personalaufgaben sowie einer Einheitlichkeit der Personalarbeit. Gegen eine solche Organisationsform spricht allerdings der mangelnde Dienstleistungscharakter: Verursacht durch die funktionsspezifische Spezialisierung haben die Mitarbeiter und Führungskräfte als »Kunden« der Personalabteilung bei unterschiedlichen Fragestellungen auch unterschiedliche Ansprechpartner. Weiterhin kann eine »Kundenorientierung« auch dadurch zu kurz kommen, dass diese spezialisierten personalwirtschaftlichen Fachkenntnisse den differenzierten Erfordernissen einzelner Organisationsbereiche nicht immer entsprechen.

Gliederung

Bei einer Gliederung des Personalressorts nach objektbezogenen Kriterien sind dessen Stellen oder organisatorische Teileinheiten für jeweils gleichartige Objekte zuständig. Als »Objekte« kommen in diesem Zusammenhang Abteilungen, Betriebsbereiche oder Mitarbeitergruppen in Frage, wobei sich Letzteres (die klassische Struktur der Trennung nach Mitarbeiterkategorien wie Angestellte und Gewerbliche) aufgrund arbeits- und tarifrechtlicher Angleichungen weitgehend überholt hat. Findet dagegen eine Zuordnung von (Personal-) Stellen zu einer oder mehreren Abteilungen (Ressorts) oder Bereichen statt – erfolgt die Zuordnung also in Anlehnung an die gegebene Aufbauorganisation des Betriebs – spricht man auch vom sogenannten Personalreferentensystem. Bei diesem (Personal-)Referenten liegt dann die gesamte Betreuung seiner Mitarbeitergruppe (Angehörige der jeweiligen Abteilungen, Ressorts oder Bereiche) und die Verantwortung für die Erfüllung aller personalwirtschaftlichen Aufgaben vor Ort.

Personalreferenten

Personalreferenten sind spezialisiert auf die besonderen Betreuungserfordernisse einer bestimmten Mitarbeitergruppe bzw. eines anderen Objekts und verantworten die Gesamtheit der anfallenden personalwirtschaftlichen Aufgaben. Im Unterschied zu dem Funktionalsystem sind beim Referentensystem die zu erfüllenden

3.2 Innere Organisation

Aufgaben funktionsübergreifend angelegt und als Prozesse charakterisierbar (vgl. Becker, F.G./Fallgatter, 1999).

Die Personalleitung zeichnet insgesamt verantwortlich für sämtliche bereichsbezogenen Entscheidungen, insbesondere in Bezug auf das Referentenmodell, die Infrastrukturleistungen sowie andere Rahmenbedingungen. Sie ist aber – ebenso wie die Zentralbereiche – auf das Know-how der Personalreferenten bei der Entscheidungsfindung angewiesen. Neben ihren Aufgaben zur Unterstützung der Linie sollten die Referenten die Personalleitung auch bei deren objektübergreifenden Aufgaben beraten.

Bevor jedoch eine Strukturierung des Referentensystems erfolgen kann, sind dieser Entscheidung prinzipiell vorgelagerte Fragestellungen zu beantworten. Dies betrifft zum Ersten die Funktionen des Personalbereichs generell, zum Zweiten die Aufgabenverteilung zwischen Personalreferenten und Linieninstanzen sowie zum Dritten die kritischen Prozesse:

Aufgabenteilung

▸ Zunächst muss grundsätzlich Klarheit über die zu erfüllenden Aufgabenfelder bestehen. Abgesehen von der unmittelbaren Mitarbeiterführung zählen jegliche personalwirtschaftliche Bereiche, von der eher herkömmlichen Personalverwaltung bis hin zu den verschiedenen Einzelaufgaben mit Dienstleistungscharakter für die Linie, wie Personalbeschaffung, -entwicklung, -vergütung, zu den Aufgabenfeldern von Referenten.

▸ Hierbei ist auch eine betriebsspezifische Eingrenzung erforderlich, die festlegt, welche Aufgabenfelder mit welcher Intensität bearbeitet werden sollen. So lassen sich nur wenige Aufgabenfelder benennen, die ausschließlich vom Personalbereich erfüllbar sind. Es besteht vielmehr häufig die Alternative, personalwirtschaftliche Aufgaben der Referenten Linienmanagern zu übertragen. Damit ist insgesamt die Aufgabenverteilung zwischen den Personalreferenten und den Linieninstanzen angesprochen.

> »Organisieren ist, wenn einer aufschreibt, was andere arbeiten.«
> Kurt Tucholsky

▸ Besteht Klarheit über die Aufgabenfelder, interessieren aus organisatorischer Perspektive jene erfolgskritischen Prozesse, die unmittelbar aus diesen Aufgabenfeldern resultieren. Hinweise für das Auffinden solcher Prozesse können u. a. folgende Kriterien bieten: hohe Bedeutung für die Problemlösung oder Zufriedenheit interner Kunden (z. B. rechtzeitige Personalbedarfsdeckung), hohe Kostenintensität oder auch lange Prozessdauer. Gerade bei solchen Prozessen ist die Verantwortungsfrage deutlicher zu klären.

Das *Referentensystem* mit der Zuständigkeit eines Personalreferenten für eine bestimmte Personengruppe (Objekt) und die Gesamtheit der anfallenden personalwirtschaftlichen Prozesse ist in Abbildung 4-3 wiedergegeben.

Mengenteilung

Innerhalb der objektbezogenen Referate kann eine weitere Mengenteilung der Aufgaben beispielsweise nach Buchstaben erforderlich sein, um das Pensum für einen einzelnen Personalreferenten einzugrenzen. Zudem erweist es sich häufig als sinnvoll, Zentralbereiche bzw. -abteilungen einzurichten. Zu deren bereichsübergreifenden Aufgabenfeldern könnten beispielsweise die Formulierung einer Personalstrategie, ein gesamtbetriebsweites Trainingsangebot, ein referatsübergreifendes Personalcontrolling, die Förderung des Informationsaustausches zwischen den

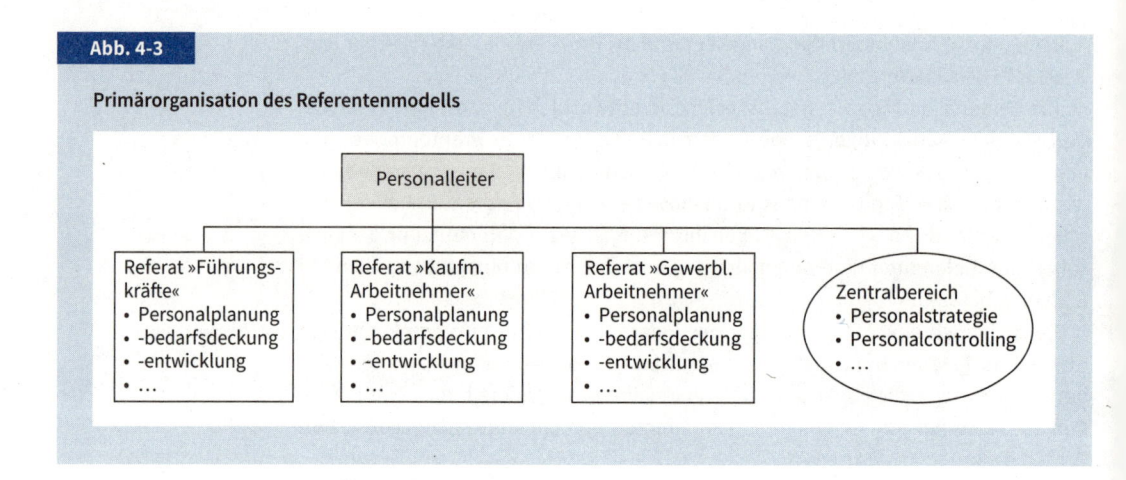

3.2 Organisation des Personal-Managements
Innere Organisation

Abb. 4-3

Primärorganisation des Referentenmodells

```
                          Personalleiter
    ┌──────────────┬──────────────┬──────────────┬──────────────┐
 Referat »Führungs-  Referat »Kaufm.  Referat »Gewerbl.   Zentralbereich
 kräfte«             Arbeitnehmer«    Arbeitnehmer«       • Personalstrategie
 • Personalplanung   • Personalplanung • Personalplanung  • Personalcontrolling
 • -bedarfsdeckung   • -bedarfsdeckung • -bedarfsdeckung  • ...
 • -entwicklung      • -entwicklung    • -entwicklung
 • ...               • ...             • ...
```

einzelnen Referaten, Infrastrukturleistungen wie personalwirtschaftliches Rechnungswesen und Statistik, die Arbeitsmarktforschung sowie andere Dienstleistungsfunktionen für die Referate zählen.

Unabhängig vom gewählten Differenzierungsobjekt lassen sich grundlegende *Vor- und Nachteile* eines Referentensystems benennen (vgl. Metz/Winnes/Knauth, 1995, S. 135 f.).

»Organisation ist ein Mittel, die Kräfte des Einzelnen zu vervielfältigen.«
Peter Drucker

Als *Vorteile* lassen sich anführen:
- Als Hauptvorteil dieser Organisationsform kann eine mitarbeiternahe, »kundenorientierte«, da funktionsübergreifende Personalarbeit angeführt werden: Detaillierte Kenntnisse über Arbeitsplätze, Qualifikationen sowie Wünsche von Führungskräften und Mitarbeitern ermöglichen eine sachgerechte und individuelle Betreuung. Durch die Nähe und Detailkenntnis der Personalreferenten können mitarbeitergruppenspezifische Lösungen entwickelt und umgesetzt werden.
- Linieninstanz und Mitarbeiter haben einen ständigen Ansprechpartner für alle Personalfragen.
- Es bestehen abwechslungsreiche, ganzheitliche Aufgaben für die Personalreferenten.
- Die Verantwortungsbereiche sind eindeutig abgegrenzt.

Nachteile

Dem stehen die folgenden *Nachteile* gegenüber:
- Es besteht die Gefahr der Verselbstständigung der Personalarbeit in einzelnen Bereichen.
- Durch das breite Anforderungsspektrum können die Personalreferenten überfordert werden. In ihrem Zuständigkeitsgebiet müssen sie »alles beherrschen« und somit Generalisten sein.
- Effizienzverluste können durch Zersplitterung von funktionsspezifischem Know-how sowie durch Doppelarbeit auftreten.

3.2 Innere Organisation

▸ Die Vernachlässigung der Personalarbeit durch Fachvorgesetzte bzw. die »Delegation« der Personalaufgaben an die Referenten wird häufig beobachtet.

Diese Nachteile sind sicherlich abzumildern, indem für bereichsübergreifende Aufgabenfelder unterstützende, zentrale Bereiche wie »Personalverwaltung«, »Bildungswesen« bzw. »Personalentwicklung«, »Sozialwesen«, »Grundsatzfragen« o. Ä. gebildet werden und die Personalreferenten so eine Unterstützung erfahren.

Die grundsätzlichen Vor- und Nachteile beider Gestaltungsalternativen der Organisation des Personalressorts sind in Abbildung 4-4 nochmals zusammengefasst.

Neben diesen Vor- und Nachteilen lassen sich Hinweise auf die situativen Rahmenbedingungen (Merkmale des Personalbereichs und seiner »Kunden«) benennen, bei denen gerade ein Referentensystem Erfolg versprechend zu sein scheint. Bei einem diversifizierten und divisionalisierten Betrieb mit einer tendenziell dezentralisierten Entscheidungsfindung sind die Merkmale für den erfolgreichen Einsatz des Referentensystems gegeben. Zusätzlich ist dieses geeignet, sofern eine dezentrale Eingliederung des Personalbereichs in die Organisation, ein hohes Qualifikationsniveau der Mitarbeiter sowie eine heterogene Qualifikationsstruktur der Mitarbeiter vorliegt. Betrachtet man die genannte Prozessorientierung, so wird deutlich, dass die benannten Vorteile eines Referentensystems insbesondere bei komplexen, ganzheitlich zu erfüllenden Personalaufgaben zum Tragen kommen, in Situationen also, in denen funktionsspezifische Spezialisierungen nicht im Vordergrund stehen.

> »Organisation ist die Kunst, andere für sich arbeiten zu lassen. Überorganisation ist die Kunst, andere von der Arbeit abzuhalten.«
> Jonathan Zenneck

Rahmenbedingungen

Abb. 4-4

Generelle Vor- und Nachteile der Grundformen der Innenstrukturierung des Personalbereichs

	Verrichtungsorientierte Gliederung (Funktionalmodell)	Objektorientierte Gliederung (Personalreferentenmodell)
Generelle Vorteile (Chancen)	• Funktionale Spezialisierung und damit verbundene Effizienzsteigerung bei der Erfüllung von Teilaufgaben • Schnelle und einfache Integration neuer Aufgaben • Einheitliche Ausrichtung der Personalarbeit • Gegengewicht zum Egoismus der Lebensinstanzen	• Konsequente interne Kundenorientierung • Schnelle Reaktion auf mitarbeiter-/bereichsbezogene Entwicklungen • Sofort identifizierbarer Ansprechpartner für interne Kunden • Eindeutige Kompetenzbereiche der Personalreferenten • Abwechslungsreiche Aufgaben der Personalreferenten
Generelle Nachteile (Risiken)	• Verschiedene Ansprechpartner für interne Kunden (je nach funktionalem Problem) • Schwierigkeiten der internen Kunden bei der Identifikation von jeweils zuständigen Experten im Personalbereich • Kaum Bereichskenntnisse der Mitarbeiter des Personalbereichs • Gleichförmigkeit der Mitarbeitern im Personalbereich zugeordneten Aufgaben • Entbindung der Linienführungskräfte von ihrer Personalverantwortung	• Effizienzverlust durch geringe Spezialisierung • Hoher Koordinationsaufwand zur Sicherung einer unternehmensweiten einheitlichen Personalarbeit • Verlagerung der Personalverantwortung von Linienführungskräften auf Personalreferenten • Überforderung der Personalreferenten durch breites Aufgabenspektrum

Quelle: in Anlehnung an *Gerpott*, 1995, S. 24

3.2 Organisation des Personal-Managements
Innere Organisation

Die – funktions- wie objektbezogene – Schaffung spezialisierter Stellen und Abteilungen zielt generell darauf ab, zum einen die Personalaufgaben rationell zu lösen, zum anderen aber auch bei ihrer Bewältigung für eine möglichst hohe Qualität zu sorgen. Es findet eine Institutionalisierung der Personalarbeit statt.

Institutionalisierung

Mit dieser Institutionalisierung ist die Personalabteilung jedoch immer auf eine enge Zusammenarbeit mit der Linie angewiesen: Die Führungskräfte »vor Ort« kennen sich abzeichnende Problemfelder besser, sowohl im Hinblick auf künftige Aufgabenstellungen als auch hinsichtlich der Qualifikationen und Entwicklungspotenziale der Mitarbeiter. Auch sind sie in der Regel diejenigen, die bestimmte Regelun-

> **WISSENSWERTES**
>
> **Fachzeitschrift des Personal-Managements**
>
> Zum Personal-Management wird eine Vielzahl an wissenschaftlichen und praxisbezogenen Fachzeitschriften herausgegeben. Sie konzentrieren sich auf aktuelle wissenschaftliche, oft spezifische Themenstellungen oder auf in der betrieblichen Praxis interessante Informationen, aktuelle Personalprobleme und deren Handhabung. Es lohnt sich, sich mit ihren Inhalten auseinanderzusetzen, gerade wenn man ein einschlägiges Problem zu lösen hat. Nachfolgend wird ein Überblick über die wesentlichen Zeitschriften gegeben, wenngleich er wegen vieler themenübergreifender Magazine nicht vollständig sein kann. Ebenso unpräzise ist letztlich die Klassifizierung in wissenschaftliche und praxisorientierte Zeitschriften, da manche Beiträge nicht genau einzuordnen sind. [Abruf jeweils 08.03.2016]
>
> **Wissenschaftliche Zeitschriften** (Auswahl):
> - Human Performance (http://www.tandfonline.com/loi/hhup20),
> - Human Relations (http://hum.sagepub.com/),
> - Human Resource Management (http://eu.wiley.com/WileyCDA/WileyTitle/productCd-HRM.html),
> - Human Resource Management Journal (http://eu.wiley.com/WileyCDA/WileyTitle/productCd-HRMJ.html),
> - Human Resource Management Review (http://www.sciencedirect.com/science/journal/10534822),
> - International Journal of Human Resource Management (http://www.tandfonline.com/loi/rijh20),
> - Journal of Human Resources (http://uwpress.wisc.edu/journals/journals/jhr.html),
> - Journal of Organizational Behavior (http://onlinelibrary.wiley.com/journal/10.1002/%28ISSN%291099-1379;jsessionid=92E964AD707A7733E071A68E11EB6CF9.d01t04),
> - Personnel Psychology (http://onlinelibrary.wiley.com/journal/10.1111/%28ISSN%291744-6570),
> - Personnel Review (http://www.emeraldinsight.com/loi/pr),
> - Research in Personnel and Human Resources Management (http://www.emeraldinsight.com/books.htm?issn=0742-7301),
> - Zeitschrift für Arbeits- und Organisationspsychologie (http://econtent.hogrefe.com/loi/zao?expanded=2015),
> - Zeitschrift für Personalforschung (http://www.zfp-personalforschung.de/de/),
> - Zeitschrift für Personalpsychologie (http://econtent.hogrefe.com/loi/ppsx),
>
> **Praxisorientierte Zeitschriften** (Auswahl):
> - Human Resources Manager (http://www.humanresourcesmanager.de),
> - *Personalführung* (http://www.dgfp.de/wissen/magazin),
> - personalmanager – Zeitschrift für Human Resources (http://www.personal-manager.at/),
> - personalmagazin (https://www.haufe.de/personal/zeitschrift/personalmagazin/bookshelf_48_88944.html),
> - PERSONALquarterly (ehemals: Personal. Zeitschrift für Human Resource Management) (https://www.haufe.de/personal/zeitschrift/personalquarterly/bookshelf_48_88954.html),
> - Personalwirtschaft (http://www.personalwirtschaft.de/),
> - Wirtschaftspsychologie aktuell (http://www.wirtschaftspsychologie-aktuell.de/),
> - Arbeit und Arbeitsrecht. Zeitschrift für Personal-Management (http://www.arbeit-und-arbeitsrecht.de/),
> - Zeitschrift Führung + Organisation (http://www.zfo.de/).

gen oder neue Verfahren in ihrem Verantwortungsbereich umsetzen müssen. Um der Zusammenarbeit zwischen Personalabteilung und Führungskräften einen strukturellen Rahmen zu geben, bietet es sich an, Arbeitskreise, Projektgruppen oder Gesprächsrunden einzurichten und diese zu einem festen Bestandteil betrieblicher Personalarbeit werden zu lassen. Insbesondere zu längerfristig wirkenden personalwirtschaftlichen Fragestellungen sollten die professionellen Personalmitarbeiter stets die Unterstützung interessierter Vertreter der Fachabteilungen suchen. Nur so lassen sich Konzepte und Instrumente erarbeiten, die dem Bedarf der Zielgruppe gerecht werden und insofern auch Akzeptanz finden.

3.3 Äußere Organisation

Die äußere Organisation regelt die Einbindung der Personalabteilung in die Gesamtstruktur des Betriebs und seiner Leitungsorganisation.

> Diese Einbindung hängt sehr eng mit der wahren Stellung der Personalarbeit im Betrieb zusammen: Trägt Personal-Management (resp. das Human Resource Management) wesentlich zum betrieblichen Erfolg bei (vgl. Ulrich, 1996) oder hat es eine eher verwaltende Funktion zu erfüllen? Die wirkliche Ansicht der oberen Entscheidungsträger lässt sich an der Form der äußeren Personalorganisation durchaus einigermaßen gut ablesen.

Zunächst stellt sich also die Frage nach der Stellung der Personalleitung. Deren Stellung und damit der abnehmende Stellenwert der Personalarbeit kann anhand von vier Typen beschrieben werden (vgl. Scholz, 2014; Domsch/Gerpott, 1992, S. 1938 f.):
- der Personalbereich als eigenständiges, gleichberechtigtes Vorstands-/Geschäftsleitungsressort, wobei der Personalleiter Mitglied der Geschäftsleitung ist;
- der Personalleiter berichtet an ein Mitglied der Geschäftsleitung, welches das Ressort »Personal« verantwortet;
- der Personalleiter berichtet an die Geschäftsleitung insgesamt, d. h. es besteht kein Personalressort auf der obersten Ebene;
- dem Personalleiter ist eine Instanz unterhalb der Geschäftsleitung vorgesetzt.

Stellung der Personalarbeit im Betrieb

Zudem ist nach der Art der Verteilung der Personalarbeit innerhalb des Gesamtbetriebs zu fragen, die grundsätzlich
- zentral oder
- dezentral

wahrgenommen werden kann (vgl. Gerpott, 1995, S. 13 ff.; Nienhüser, 1999).

Die Verankerung der Personalarbeit lässt sich generell und die der Referate speziell dementsprechend anhand der fortschreitenden Dezentralisierung als zentralisiert

Verankerung

3.3 Organisation des Personal-Managements
Äußere Organisation

> **WISSENSWERTES**
>
> **Rollenmodell des Personalbereichs**
>
> Ein populäres, optimistisches Rollenmodell der positiven Funktion eines Personalbereichs stammt von David Ulrich (1996, S. 93 ff.). Sein Ziel ist es, insbesondere auf die strategische, mitgestaltende Funktion des Personal-Managements hinzuweisen (vgl. auch Teil 5, Kap. 1). Um betriebliche Personalbereiche in diese Richtung zu entwickeln, thematisiert er vier verschiedene Rollen (vgl. Abbildung 4-5):
>
> **Abb. 4-5 Rollenmodell des Personalbereichs nach Ulrich**
>
> Future / Strategic Focus
>
> | Strategic Partner | Change Agent |
> |---|---|
> | Management of Strategic Human Resources | Management of Transformation and Change |
> | **Administrative Partner** | **Employee Champion** |
> | Management of Firm Infrastructure | Management of Employee Contribution |
>
> Process ← → People
>
> Day-to-Day / Operational Focus
>
> Quelle: in Anlehnung an *Ulrich*, 1997, p. 24
>
> ▸ *Administrativer Experte*: In dieser Rolle wird primär das operative Tagesgeschäft – idealtypischerweise effizient – durch eine personalwirtschaftlich passende Infrastruktur und die prozessoptimierte Umsetzung von Personalplanung, -controlling, -informationssystemen, -verwaltung, Entgeltabrechnung u. Ä. umgesetzt.
> ▸ *Mitarbeiter Champion*: Fokussiert werden mit dieser menschenorientierten Rolle die Qualifikationen und Motivationen der Mitarbeiter, um diese direkt – aber auch indirekt die Leistungen – zu verbessern. Ansatzpunkte sind Führungsinstrumente wie Zielvereinbarungen, Leistungsbeurteilungen, Vorgesetztenverhalten, Personalentwicklung, organisationales Lernen, Mitarbeitergespräche u. Ä.
> ▸ *Change Agent*. Mit dieser Rolle hat der Personalbereich die Funktion, Veränderungsprozesse aktiv zu gestalten wie zu begleiten. Die Organisationsentwicklung gilt es prozessual auszurichten sowie Mittel und Methoden zur effektiven wie effizienten Steuerung der Veränderung bereitzustellen, wobei zwar mit Menschen gearbeitet, letztlich aber nicht der einzelne Mitarbeiter, sondern der Betrieb im Mittelpunkt steht.
> ▸ *Strategischer Partner*: Im Mittelpunkt steht die Funktion, alle zentralen Personalaktivitäten strategisch aufzufassen und in Zusammenarbeit mit der betrieblichen Leitung sowohl Inputs für die Strategieentwicklung zu geben, als auch sie entsprechend der Strategie auszurichten und umzusetzen. HR ist also in die zentralen Entscheidungen eingebunden und vertritt dort kompetent die personalwirtschaftlichen Notwendigkeiten wie Potenziale.
>
> Aus der letztgenannten Rolle insbesondere ist dann das Konzept des »HR Business Partners« entstanden. Neben der bereits genannten zentralen Aufgabe auf der Leitungsebene, ist der Personalbereich auf allen Hierarchieebenen Partner (bzw. Berater) der seine Dienstleistungen in Anspruch nehmenden Linieninstanzen bzw. Führungskräfte, sei es bei der Personalentwicklung, der Personalauswahl und anderen personalbezogenen Entscheidungen. Dabei wird auch auf ein sogenanntes Drei-Säulen-Modell Bezug genommen, welches den gesamten Aufgabenbereich der Personalarbeit abbilden soll: Service-Center (zur standardisierten Abwicklung von Routinetätigkeiten), Kompetenz-Center (zur konzeptionellen wie beratenden Tätigkeiten in vielen zentralen Personalaufgaben) und schließlich HR Business Partner (s. o.) (vgl. zu Weiterentwicklungen Scholz, 2014, S. 212 ff.).

und dezentralisiert sowie durch eine Mischform der beschränkten Dezentralisierung beschreiben. Abbildung 4-6 veranschaulicht dies anhand der Einbindung des Referentensystems.

Der Zentralisierungsgrad personalwirtschaftlicher Aufgaben bewegt sich auf einem Kontinuum zwischen hoher und niedriger Zentralisierung. Wichtige Entscheidungskriterien sind neben der Strategie:

▸ das Ausmaß der Trennbarkeit einer Aufgabe vom alltäglichen Leistungserstellungsprozess,

Abb. 4-6

Einbindung des Referentensystems in den Gesamtbetrieb

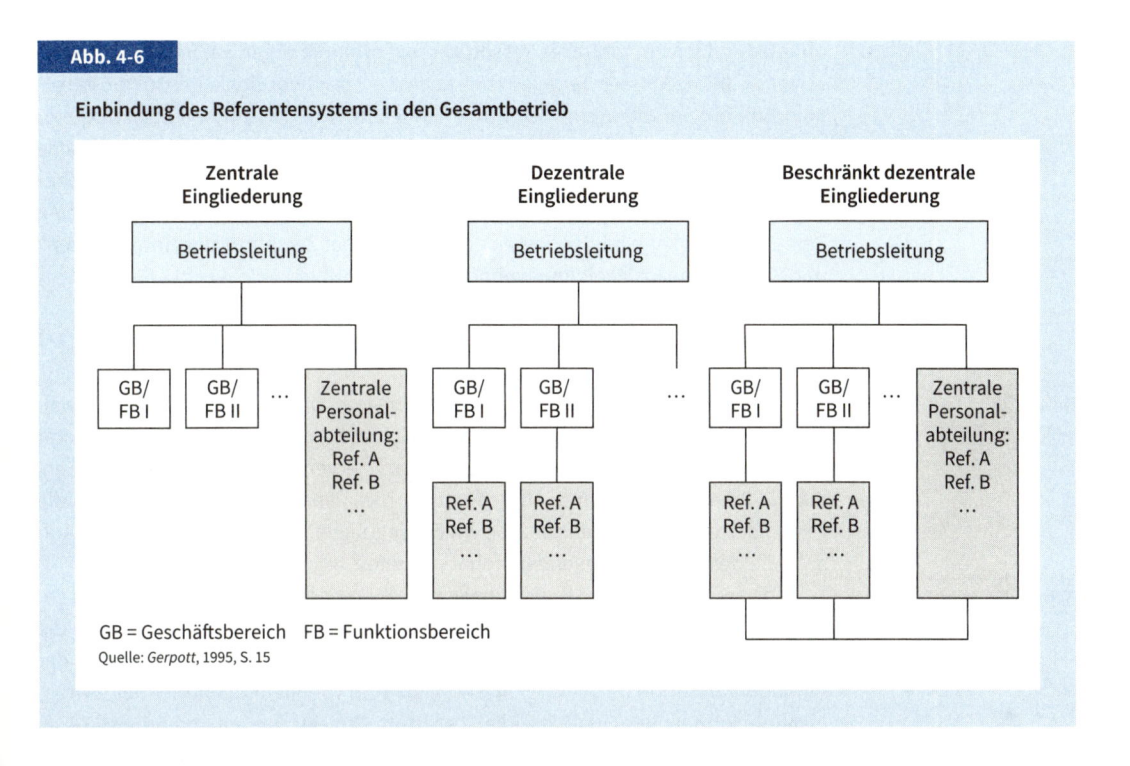

```
     Zentrale                    Dezentrale              Beschränkt dezentrale
   Eingliederung                Eingliederung               Eingliederung

   Betriebsleitung             Betriebsleitung             Betriebsleitung

  GB/  GB/  ... Zentrale      GB/   GB/   ...           GB/   GB/   ... Zentrale
  FB I FB II   Personal-      FB I  FB II              FB I  FB II    Personal-
               abteilung:                                              abteilung:
               Ref. A         Ref. A  Ref. A          Ref. A  Ref. A   Ref. A
               Ref. B         Ref. B  Ref. B          Ref. B  Ref. B   Ref. B
               ...            ...     ...             ...     ...      ...
```

GB = Geschäftsbereich   FB = Funktionsbereich
Quelle: *Gerpott*, 1995, S. 15

- die Notwendigkeit einer einheitlichen Aufgabenwahrnehmung, beispielsweise eine einheitliche Einstellungs- und Entwicklungspolitik, um betriebsübergreifende Barrieren zu verhindern,
- das erforderliche Niveau an personalbezogenem Spezialwissen,
- der Aufgabenumfang sowie
- die Begrenzungen durch Entscheidungsstrukturen der Linieninstanzen.

Findet eine zentrale Eingliederung des Personalbereichs statt, konzentrieren sich Arbeitsaufgaben, Entscheidungsrechte und Kontrolle materieller und informationeller Ressourcen in einer organisatorischen Einheit. Es existiert eine gegenüber den Geschäfts- bzw. Funktionsbereichen eigenständige Personalabteilung. Diese zentrale Einheit ist dann für die Personalarbeit im gesamten Betrieb verantwortlich. Die Vorteile zentraler Personalarbeit sind zum einen in einer einheitlichen, objektiven und damit interessenneutralen Tätigkeit zu sehen; eine Zentralisation verhindert darüber hinaus meist ineffiziente Doppelarbeiten und fördert die Nutzung spezieller Kenntnisse und Fähigkeiten des eingesetzten Personals. Als Nachteil ist demgegenüber eine mangelnde Berücksichtigung bereichsspezifischer Besonderheiten zu befürchten, zudem unzureichende Anpassungsfähigkeit gegenüber dynamischen Entwicklungen.

(De-)Zentralisierung

Dagegen ist eine dezentrale Eingliederung des Personalbereichs dadurch gekennzeichnet, dass sich Arbeitsaufgaben, Entscheidungsrechte sowie Kontrolle ma-

Dezentrale Eingliederung

3.3 Organisation des Personal-Managements
Äußere Organisation

terieller und informationeller Ressourcen auf mehrere organisatorische Einheiten verteilen. Infolgedessen verlagern sich auch die Verantwortlichkeiten für die Personalarbeit auf verschiedene dezentrale Einheiten. Von dezentralen Strukturen erwartet man eine größere Basisnähe und damit individuellere, bereichsspezifische und ganzheitliche Lösungen, die jedoch zulasten einer »klaren Linie betrieblicher Personalarbeit« und damit zulasten der Integration führen können: Der dezentralen Personalarbeit kann infolgedessen eine Tendenz zur Zersplitterung, Intransparenz und Konzeptionslosigkeit innewohnen.

Die beschränkt dezentrale Eingliederung stellt eine Mischform dar.

Eine ausführlichere Beurteilung der beiden (Extrem-)Formen kann Abbildung 4-7 entnommen werden.

Sekundärorganisatorische Formen

In der Sekundärorganisation kann man eine temporäre organisatorische Bewältigung unregelmäßig auftretender Aufgaben verankern. Mit steigender Komplexität und Variabilität personalwirtschaftlicher Prozesse verlieren Organisationsformen, die auf Dauer angelegt sind, an Bedeutung. Dies kann sich darin zeigen, dass die geschilderten primärorganisatorischen Festlegungen nicht alle Prozesse bzw. Aufgabenfelder zufriedenstellend handhaben helfen.

Temporäre Aufgaben

In dieser Situation sind Ergänzungen durch temporäre Organisationsformen gefordert, die dann als Sekundärorganisation bezeichnet werden. Sie ergänzen die oben skizzierte, vorrangig hierarchisch ausgerichtete Handlungskoordination der Aufbauorganisation (Primärorganisation). Es sind vor allem teamorientierte Organisationsformen, wie Qualitätszirkel, Lernstatt, Projektgruppen und Arbeitskreise, die auch im Personalbereich eingesetzt werden können. Leicht veranschaulichen lässt sich dies durch zeitlich befristete und unregelmäßig durchzuführende Projekte, wie Entwicklung von Laufbahnkonzepten oder Anpassung von Vergütungs-

---

Abb. 4-7

Generelle Vorteile einer zentralen versus dezentralen Eingliederung des Personalbereichs in die betriebliche Organisation

Zentrale Eingliederung	Dezentrale Eingliederung
• Einheitliche Ausrichtung der Personalarbeit • Erleichterte Koordination von bereichsübergreifenden Personalaktivitäten • Vergrößerung der Kapazität zur Bearbeitung strategischer Personalfragestellungen • Vermeidung von Doppelarbeit und vereinfachte Ressourcensteuerung • Wirtschaftliche Einsatzmöglichkeiten von Spezialisten	• Ausrichtung der Personalarbeit auf die Anforderungen einzelner Geschäfts- und Funktionsbereiche • Flexible und schnelle Anpassung der Personalaufgaben an veränderte Rahmenbedingungen der GB/FB • Klare Zuordnung der dezentralen Personalfunktion zu den Geschäfts- und Funktionsbereichen • Effizientere Personalmaßnahmen aufgrund der besseren Informationsbasis dezentraler Personaleinheiten im Hinblick auf Ziele, Stärken, Schwächen sowie Bedürfnisse einzelner Mitarbeiter • Typischerweise große räumliche Nähe zwischen Geschäfts- und Funktionsbereichen und dezentraler Personalfunktionseinheit

Quelle: in Anlehnung an *Gerpott*, 1995, S. 14

konzepten. Zum einen treten solche Aufgabenstellungen jeweils nur selten auf, denn die erstellten Konzepte haben üblicherweise eine längerfristige Gültigkeit. Zum anderen sind bei derartigen Aufgabenstellungen einzelne Referenten leicht überfordert, während eine zeitweise Zusammenarbeit mit ausgewählten Linieninstanzen Vorteile verspricht.

Die Sekundärorganisation besteht nicht unabhängig von einer Primärorganisation. Wird tatsächlich durch Projekte eine Sekundärorganisation eingeführt, dann hat dies auch nicht zwangsläufig eine Reduktion von Daueraufgaben zur Folge. Es muss von daher eine Abstimmung zwischen den weiterhin zu erfüllenden Daueraufgaben der Personaler und den neu hinzukommenden Spezialaufgaben stattfinden.

Im betrieblichen Alltag verbinden sich die beiden Perspektiven der »inneren« und »äußeren« Organisation: Die funktional gegliederte Personalabteilung stellt eine typische Ausprägung des zentralen Modells dar, während die Personalreferenten einen ersten Schritt in Richtung Dezentralisation bedeuten. Mit der bereits angesprochenen Forderung eines Einbezugs von vor Ort tätigen Führungskräften in die Erfüllung (und dementsprechend auch in die Verantwortlichkeit) anfallender Personalaufgaben würde diesem ersten ein zweiter, weiterreichender Dezentralisationsschritt folgen.

Kombination

3.4 Entwicklungen

Innerhalb dieses Spannungsfeldes bewegen sich auch die neueren Überlegungen um eine optimale Gestaltung des Personalressorts.

Spannungsfeld

Ausgehend von den zunehmend komplexer werdenden In- und Umwelten von Betrieben, sind künftig neue Strategien gefordert, um die Wettbewerbsfähigkeit langfristig zu sichern. Diese schlagen sich in den unterschiedlichsten Restrukturierungsansätzen nieder.

Deren gemeinsame Basis ist vor allem in einer verstärkten Wertschöpfungsorientierung zu sehen. Jede Funktion wird auf ihren Beitrag zum Betriebserfolg hin analysiert und dementsprechend optimiert. Grundsätzlich sollten nur noch solche Bereiche im Betrieb verbleiben, die einen positiven Eigenleistungsbeitrag aufweisen, sich also wertschöpfungserhöhend auswirken. Damit die Bereiche innerhalb eines gewissen Rahmens auch auf ihren Beitrag Einfluss nehmen können, ist ihnen ein Stück Verantwortung für den Betrieb zu übertragen. Als weitere Konsequenz hat eine derartige Wertschöpfungsorientierung eine Konzentration auf Kernkompetenzen und verstärkte Kundenorientierung zur Folge.

»Organisation besteht darin, weder den Dingen ihren Lauf, noch den Menschen ihren Willen zu lassen.«
Helmar Nahr

Eine »konventionell« ausgerichtete Personalabteilung kann in diesem Umfeld schnell an ihre Grenzen stoßen. Um sich weiterhin zu behaupten, wird auch sie ihre Position neu definieren müssen.

Reorganisation

Intensiver diskutiert wurden – neben der Idee des »HR Business Partners« (s. o.) und der Integration in eine internationale Organisation (s. Teil 5, Kap. 2) – v. a. zwei Reorganisationsansätze, die jeweils einige dieser Teilaspekte aufgreifen:

3.4 Organisation des Personal-Managements
Entwicklungen

1. Personalabteilung als Wertschöpfungscenter (durch erweiterte Kompetenzen auf einer Stärkung von außen beruhend),
2. Virtualisierung der Personalabteilung (Stärkung von innen durch vollständig geänderte Strukturen).

Zu (1): Umwandlung der Personalabteilung zu einem Wertschöpfungscenter

Wertschöpfungscenter

Auch dem Personalbereich wird als selbstständige betriebliche Organisationseinheit ein Stück Verantwortung übertragen. Diese Verantwortungsübernahme kann sich in verschiedenen sog. Center-Konzepten niederschlagen, die davon ausgehen, »dass der Personalbereich eine unternehmerische Einheit darstellt, die nachfrage-/marktorientiert und effizient Dienstleistungen primär für unternehmensinterne Kunden bereitzustellen hat«. In Abhängigkeit des Gegenstandes ihrer Verantwortungsübernahme lässt sich die Personalabteilung u. a. als Cost-, Service- und/oder Profit-Center führen (vgl. Gerpott, 1995; von Arx, 1998; Scholz, 2014, S. 221 ff.; Wunderer/von Arx, 2002):

Integriert man die drei Formen zu einem gemeinsamen Konzept (vgl. Abbildung 4-8), so befindet sich das Personalwesen auf dem Weg »von der Personaladministration zum Wertschöpfungscenter«. »Wird die Personalabteilung als Wertschöpfungseinheit verstanden, dann liegt ihre (strategische) Aufgabe darin, als Unternehmen im Unternehmen Wettbewerbsvorteile aufzubauen.« (Wunderer, 1992)

Grundidee

Die Grundidee, auch die Personalarbeit am Wertschöpfungsgedanken auszurichten, ist durchaus geeignet, diverse Ansprüche, vor die die heutige Personalorganisation gestellt wird, zu erfüllen. Ein Wertschöpfungscenter »Personal« kann

Abb. 4-8

Wertschöpfungscenter »Personal« mit seinen drei »Responsibility Units« und den darin ausgeführten Funktionen

Wertschöpfungscenter Personal		
Cost-Center	**Service-Center**	**Profit-Center**
Funktionen: Personalverwaltung Managementsysteme Personalerhaltung	Funktionen: Personalmarketing (Beschaffung, Austritte/Personalbindung)	Funktionen: Personalforschung Personalentwicklung
Leistungen: Interne, nicht marktfähige Leistungen	Leistungen: Interne, marktfähige Leistungen Kein Zugang zu externem Markt für Anbieter/Nachfrager	Leistungen: Marktfähige Leistungen Zugang zu externem Markt für Anbieter/Nachfrager
Ziele: Kostendeckung über interne, verursachungsgerechte Kostenumlage mittels Umlageschlüssel	Ziele: Kostendeckung über interne, verursachungsgerechte und kostenorientierte Transferpreise auf Basis der Selbstpreise mittels Umlageschlüssel	Ziele: Deckungsbeitragsmaximierung über intern und extern verrechnete verursachungsgerechte Markt- und Transferpreise

Quelle: in Anlehnung an *von Arx*, 1998, S. 438

3.4 Entwicklungen

> **ZUR VERTIEFUNG**
>
> **Profit-Center**
>
> Profit-Center sind selbst geschaffene, weitgehend autonome organisatorische Teilbereiche eines Betriebes, für die – unabhängig von der Rechtsform (Abteilung, rechtlich selbstständige Konzerneinheit) – eigene Periodenerfolge ermittelt werden. Betriebe intendieren damit, sich kleine schlagkräftige Organisationseinheiten zu schaffen. Dazu haben sie in Grenzen eine weitgehende Entscheidungskompetenz. Profit-Center sollen kundenorientiert und wie kleine, eigenständige Betriebe agieren. Dies erhöht – so die Intention – die Flexibilität und die Kundenorientierung der Organisationseinheit, reduziert den **Kontrollaufwand** der »Mutter«, führt aber auch oft zu einem größeren Koordinationsaufwand im Gesamtbetrieb. Auch manche innerbetrieblichen Leistungsverflechtungen lassen sich über Profit-Center steuern (sofern die Verrechnungspreise adäquat geregelt und weitere Koordinationsinstrumente genutzt werden).

kostenbewusst und kundenorientiert (Personal-)Dienstleistungen erbringen. Inwieweit diese Idee allerdings auch umsetzbar ist, bleibt von der problematischen Quantifizierbarkeit von Personaldienstleistungen abhängig.

Zu (2): Virtualisierung der Personalabteilung

Statt auf eine externe Stärkung der Position der Personalabteilung zu setzen, kann eine verstärkte Wertschöpfungs- und Kundenorientierung auch intern aus der Personalabteilung heraus erfolgen (vgl. Scholz, 2014, S. 230 ff.).

Virtuelle Personalarbeit

Einen Vorstoß in Richtung Dezentralisierung – allerdings mit spezifischen Varianten – unternimmt Scholz (1999, S. 234): Sein Postulat »Zentrale Maxime jeder Personalorganisation ist die Sicherstellung von Kernkompetenzen und ihre synergetische Integration« wendet sich jedoch gegen eine ungesteuerte (Re-)Integration von Personalaufgaben in die Linie und mündet in den Vorschlag einer virtuellen Personalabteilung (vgl. Scholz, 1999, S. 233 ff.).

Der Virtualisierung liegt die Grundidee zugrunde, dass zur Nutzung bestimmter Objekteigenschaften das Objekt nicht mehr materiell, sondern nur noch der Möglichkeit nach vorhanden sein muss – ein Gedanke, der Anfang der 1990er-Jahre mit der Entwicklung virtueller Organisationsformen (virtuelle Betriebe, Organisationen, Abteilungen etc.) seinen Eingang in die Betriebswirtschaftslehre fand. Im Kern geht es bei der virtuellen Personalabteilung um eine Auflösung der herkömmlichen Personalabteilung sowie Verteilung ihrer Mitglieder auf verschiedene, wertschöpfende Einheiten. Zusätzlich zu ihren bisherigen oder neuen Personalfunktionen übernehmen sie dort Fachaufgaben. Funktionen, die »nicht mehr in das Gesamtbild eines modernen Personal-Managements passen« (Scholz, 1995, S. 401) fallen weg; im Bedarfsfall können die internen Experten die Hilfe externer Experten in Anspruch nehmen.

Jedoch ist dies keine vollständige Rückdelegation von Personalaufgaben in die Linie, und zwar wegen zweier Besonderheiten: Die Übertragung der Personalfunktionen erfolgt ausschließlich nach dem Prinzip der Kernkompetenzen (d. h. Aufbau von Personal-Management-Kompetenz in der Linie); einer eventuellen Zergliederung isoliert agierender (Personal-)Einheiten wird durch den Aufbau eines Netzwerkes zwischen den »Personalern« entgegengewirkt (d. h. Gewährleistung einer ein-

Orientierung an Kernkompetenzen

3.4 Organisation des Personal-Managements
Entwicklungen

heitlichen Personalarbeit). Sowohl die Kernkompetenzfokussierung als auch die integrative Verklammerung machen den Einsatz neuer interner und externer Technologien sowie eine breit angelegte Vertrauenskultur notwendig. Insofern lässt sich die virtuelle Personalabteilung beispielsweise durch folgende drei Dimensionen charakterisieren (vgl. Scholz, 1999, S. 242 f.; auch Scholz 2014, S. 232 ff.):

Dimensionen

- Zergliederung (kernkompetenzorientierte und professionalisierte Personalarbeit),
- Zusammenführung (visionär und betriebskulturell geklammerte Personalabteilung),
- Technologisierung (offensive und innovative Nutzung der Informations- und Kommunikationstechnologien).

Bedingungen

Der Virtualisierungsgedanke kann aber nur dann Erfolg versprechen, wenn eine Reihe von Bedingungen erfüllt ist: organisatorischer Paradigmenwechsel (an die Stelle der zentralen und/oder dezentralen Personalabteilung tritt ein Netz von gleichberechtigten Partnern), Anreizsysteme (z. B. leistungsorientierte Entlohnung, Arbeitszeitflexibilisierung), Schaffung personeller Voraussetzungen (fachliche Qualifikationen, soziale Kompetenz, die Fähigkeit zur Selbstorganisation und Selbstabstimmung, Motivation der Mitglieder der virtuellen Personalabteilung).

WIEDERHOLUNGSFRAGEN ZU KAPITEL 3

1. Skizzieren Sie die Rolle der Personalabteilung im Rahmen der betrieblichen Personalpolitik.
2. Skizzieren Sie, auf welche Art und Weise Personalressorts gegliedert werden können.
3. Welche Fragestellungen sind der Strukturierung des Referentensystems vorgelagert?
4. Unterscheiden Sie mögliche Formen der Einbindung des Referentensystems in den Gesamtbereich.
5. Skizzieren Sie die Grundideen möglicher Reorganisationsansätze der Personalabteilung.

4 Personalverwaltung

> **LEITFRAGEN**
> - Welche Funktionen übernimmt die sogenannte Personalverwaltung?
> - Sollte die Entgeltabrechnung gegebenenfalls outgesourct werden – warum (nicht)?
> - Welche Bedeutung haben Personalinformationssysteme im Rahmen eines betrieblichen Personal-Managements?
> - Welche Personengruppen arbeiten mit Personalinformationssystemen?

4.1 Verständnis

Im Gesamtsystem des Personal-Managements sind die Führungsaufgaben der Verhaltenssteuerung, der Personalplanung, der -beschaffung, -entwicklung etc. Primäraufgaben, die der Unterstützung durch Sekundäraufgaben bedürfen. Diese Servicetätigkeiten mit administrativem Charakter werden zusammenfassend als Personalverwaltung bezeichnet. Sie sind:

Arten

- analytischer Art, indem sie personelle Sachverhalte zur Entscheidungsvorbereitung, zur Konfliktvermeidung bzw. -regelung o. Ä. klären,
- informatorischer Art, soweit sie für Primäraufgaben des Personal-Managements Informationen beschaffen und durch Speicherung, Aufbereitung und Auswertung bereitstellen,
- überwachender Art, wenn es um die Einhaltung zum Beispiel von Terminen oder arbeitsrechtlichen Vorschriften geht,
- verfahrenstechnischer Art in Bezug auf die Vorbereitung und Abwicklung von Einstellungen, Versetzungen, Entlassungen, Lohn- und Gehaltsabrechnung und -zahlungen usw.

4.2 Aufgaben der Personalverwaltung

In einer anderen, inhaltlich orientierten Gliederung können die Aufgaben der Personalverwaltung in solche der Informationsbearbeitung, der Personalbewegung (Einstellung, Versetzung, Entlassung) und der Bearbeitung der Vergütung eingeteilt werden. Sie liegt im Weiteren zugrunde (vgl. weiterführend Olfert, 2015, S. 549 ff.).

»Die Verwaltung sollte eine Brücke zwischen Personalpolitik und Belegschaft sein.«
unbekannt

4.2 Personalverwaltung
Aufgaben der Personalverwaltung

Bearbeitung von Personalinformationen

Personalinformationen — Als Informationsbearbeitung werden die Tätigkeiten der Informationsbeschaffung, -speicherung, -verarbeitung (Aufbereitung und Auswertung) und -übermittlung bezeichnet.

Der Servicecharakter der Personalverwaltung für die Primäraufgaben bringt es mit sich, dass die zu bearbeitenden Informationen inhaltlich auf den Informationsbedarf der Primäraufgaben, also der Personalplanung, -entwicklung usw., abzustellen sind. Dieser Informationsbedarf ist innerhalb der einzelnen Teilbereiche des Personal-Managements zu definieren, was für vorhersehbare und wiederkehrende Aufgaben in ausreichender Detailliertheit geschehen kann, insgesamt jedoch vollständig und endgültig nicht möglich ist. Für eine Informationen sammelnde und bereitstellende zentrale Verwaltungsstelle bestehen zudem die Schwierigkeiten, dass zum einen mehrere mit unterschiedlichen Teilaufgaben des Personal-Managements (bspw. Mitarbeiterbeurteilung, Personalfortbildung, Gehaltsabrechnung) betraute Stellen bzw. Abteilungen gleiche Informationen benötigen (z. B. Alter, Dauer der Betriebszugehörigkeit etc.). Zum anderen aber haben einzelne Stellen Bedarf an Informationen, die nirgendwo anders benötigt werden.

Es besteht für mehrere Zwecke die Notwendigkeit, die den einzelnen Mitarbeiter betreffenden Informationen geschlossen verwendungsbereit zu haben. Hierfür wird in praxi im Allgemeinen eine sogenannte *Personalakte* angelegt. Daneben werden bestimmte Personenmerkmale für mehrere (im Grenzfall sämtliche) Mitarbeiter aggregiert benötigt: Informationen hierüber müssen – meist zusätzlich – in anderer Form gespeichert werden.

> Ein traditionelles Instrument ist die Personalkartei; die Techniken, sie zu führen, haben sich gewandelt: von Aufzeichnungen auf Karteikarten über Mikrofilm-Registrierung bis hin zur IT-gerechten Datenerfassung. Die manuellen Verfahren der Datenverarbeitung wie Karteikästen sind längst rechnergestützten Systemen wie Datenbanken gewichen.

Die gespeicherten Personaldaten bilden den Kern der Personalverwaltung. An die Arbeit mit ihnen werden verschiedene Anforderungen gestellt (vgl. Göbel, 1996, S. 8 ff.):

Speicherung
- Speicherung an einer zentralen Stelle hilft, Fehler – durch eventuell unterschiedliche Speicherungsformate und -inhalte – zu vermeiden;

TERMINOLOGIE

Shared Services

Shared Services liegen vor, wenn innerhalb eines Betriebes bestimmte Dienstleistungen – wie auch aus dem Personal-Management – zentral gebündelt und erbracht werden sowie dezentralen betrieblichen Einheiten von der Organisationseinheit (ggf. gegen Entgelt) angeboten werden.

4.2 Aufgaben der Personalverwaltung

- ungehinderter und unmittelbarer Datenzugriff des berechtigten Anwenders auf die von ihm benötigten Personaldaten bringt Kosten- und Zeitvorteile;
- einheitlicher Aufbau und Organisation der Personaldaten (globale Datenaus- und -verwertung) erleichtert die problemlose Anwendung;
- Einhaltung des Bundesdatenschutzgesetzes und betriebsinterner Schutz- und Sicherungseinrichtungen.

Die zu erfassenden Personaldaten setzen sich aus Daten aus dem Arbeitsbereich, dem Leistungsverhalten und dem persönlichen Verhalten jedes Mitarbeiters zusammen. Neben den aktiven Mitarbeitern werden auch die Daten von Bewerbern und ausgeschiedenen Mitarbeitern verwaltet. Nur diejenigen Informationen sind zu erfassen und zu speichern, die der Betrieb zur Wahrung ihrer gesetzlichen, tariflichen und einzelvertraglichen Pflichten benötigt.

Personalinformationen, die unveränderliche Personenmerkmale darstellen (z. B. Geschlecht, Geburtsjahr etc.), und solche, die kurzfristig keinen Änderungen unterliegen (z. B. die Tarifeinstufung, die Abteilungszugehörigkeit, Art des Beschäftigungsverhältnisses u. a. m.), werden auch als Stammdaten bezeichnet im Gegensatz zu Verhaltensdaten wie Fehlzeiten, Ausfallzeiten o. Ä. Daten, die Informationen über das Verhalten des Mitarbeiters am Arbeitsplatz enthalten. Diese in vielerlei Hinsicht unterschiedlichen Informationen werden jeweils in unterschiedlicher Häufigkeit, Dringlichkeit und Zweckverwendung verwendet.

Stammdaten

Eine Möglichkeit, die Informationsbedürfnisse der Mitarbeiter der Personalabteilung sowie der Führungskräfte abzudecken bzw. Personaldaten zu erfassen und zu verwalten, bietet ein Personalinformationssystem.

Abschließend soll noch auf eine spezielle Kategorie von Personalinformationen eingegangen werden: Das Humanpotenzial (das durch die Mitarbeiter erbrachte Leistungspotenzial): Es erweist sich mehr und mehr als einer der kritischen Erfolgsfaktoren für die künftige betriebliche Entwicklung; seiner adäquaten Bereitstellung, Erhaltung und Entwicklung wird – schon aus ökonomischer Notwendigkeit – eine immer größere Bedeutung zugemessen (s. Teil 1). Die Voraussetzungen eines ausgeprägteren Bewusstseins bezüglich des monetären »Wertes« der Arbeitskräfte kann ein Ansatz zur Rechnungslegung über das Humanvermögen, die Humanvermögensrechnung (auch »Human Ressource« oder »Human Asset Accounting«), liefern. Sie umfasst das gesamte betriebswirtschaftliche Instrumentarium, welches der Kostenerfassung und der Bewertung betrieblichen Humanvermögens dienen kann.

Humanpotenzial

Die Humanvermögensrechnung strebt – über verschiedene Entwicklungsperioden – eine Informationsaufbereitung für die betriebsinterne Verwendung, aber auch zur externen Berichterstattung an (vgl. Scholz, 2014, S. 52 ff.; Scholz/Stein/Bechtel 2011).

Humanvermögensrechnung

- *Intern* sollen Rechnungslegungen über das Humanvermögen Grundlagen für betriebspolitische Entscheidungen liefern, zum Beispiel für solche über Rationalisierungen der Produktion im weitesten Sinne, d. h. auch unter Einschluss der sogenannten Verwaltungstätigkeiten. Denn unter Umständen ist die Rentabilität des Sachvermögens als alleinige Maßgröße für Entscheidungen dieser Art unzu-

reichend. Das begründet Versuche, seine Kosten, eventuell auch seinen Nutzen zu quantifizieren.
- *Externe* Ziele sind Nachweise über den »Wert« ganzer Betriebe (und zwar auch ihrer personellen Seite); sie sind von Bedeutung zum Beispiel bei Firmenveräußerungen, weil sie Anhaltspunkte für den Ertragswert, für den »Goodwill« liefern können. Nicht zuletzt soll auch für eine größere Öffentlichkeit das Ausmaß der betrieblichen Anstrengungen belegt werden, Leistungen für das Personal zu erbringen, quasi als »Beweis« für eine mitarbeiterorientierte Politik des Betriebs.

Verfahren

Es sind bereits zahlreiche – teilweise umstrittene – Verfahren vorgeschlagen worden, mit denen eine solche Rechnungslegung bewerkstelligt werden könnte. Unter anderem sind dies (vgl. Scholz/Steiner/Bechtel, 2011; Becker, M., 2008):
- *Firmenwertmethode*. Aus dem ausgewiesenen Vermögen, bewertet zu Marktpreisen und dem Jahresgewinn, wird eine Rendite (in Prozent) errechnet. Sie wird mit der branchentypischen Rendite verglichen; eine kapitalisierte Differenz zwischen beiden soll der Wert vorhandenen Humanvermögens sein.
- *Effizienzgewichtete Personalkostenmethode*. Zukünftige Personalkosten werden auf einen Gegenwartswert umgerechnet und mit einer Effizienzrate gewichtet, in der der Unterschied zwischen der eigenen und der branchentypischen Rentabilität zum Ausdruck kommt. Aus dem Vergleich gewichteter und ungewichteter Personalkosten-Gegenwartswerte ergibt sich der Wert des Humanvermögens.
- *Kostenwertmethode*. Den Wert des Humanvermögens macht danach die Summe derjenigen Kosten aus, die zum Erwerb, zur Erhaltung und zur Nutzung des Humanvermögens aufgewendet werden; sie werden als Investition betrachtet und um Abschreibungen korrigiert.
- *Methode der Leistungsbeiträge*. Danach ist der Wert des Humanvermögens gleichbedeutend mit der Summe der Beiträge der einzelnen Mitarbeiter zur Wertschöpfung des Betriebes.

Probleme

Alle genannten Verfahren sind – mit den verschiedensten Argumentationen – angreifbar und müssen noch als unzureichend bezeichnet werden. Die wichtigsten mit ihnen verbundenen Probleme sind:
- Das betriebliche Humanvermögen kann – u. a. aufgrund des heuristischen Eigentumsbegriffs – in herkömmlichen Bilanzen nicht aktiviert werden. Daher erfolgt die Rechnungslegung in der Regel in Nebenrechnungen.
- Es ist fraglich, ob und inwieweit entstandene und zukünftig entstehende Kosten für Mitarbeiter zu einem sinnvollen Wertansatz für das Humanvermögen führen: Zu Vergangenheitsbuchwerten müssen zukunftsorientierte, teilweise geschätzte Werte treten, was die Beweisbarkeit der Wertansätze relativiert; zudem treten erhebliche sachliche und zeitliche Zurechnungsprobleme auf.
- Welche »Vermögensgegenstände« als Bestandteile des Humanvermögens in die Rechnungslegung aufgenommen oder aber weggelassen werden, wird maßgeblich durch die Zielsetzungen einer solchen Rechnungslegung bestimmt.

4.2 Aufgaben der Personalverwaltung

Vorbereitung und Abwicklung von Personalbewegungen

Personalbewegungen sind Einstellungen, Versetzungen und Entlassungen von Mitarbeitern, Ergebnisse von Tätigkeiten aus mehreren Teilsystemen des Personal-Managements also: aus der Personalbeschaffung, -auswahl, -entwicklung, -freisetzung. Ihre Vorbereitung und Abwicklung kann als eine der klassischen Aktivitäten der Personalverwaltung bezeichnet werden.

▶ Für die Einstellung neuer Mitarbeiter melden die anfordernden Stellen ihren Personalbedarf in der Regel dem Personalverwaltungsbereich unter Angabe der Arbeitsplatzanforderungen der zu besetzenden Stelle an. Für diesen Zweck sind in größeren Betrieben (elektronische) Personalanforderungsformulare entwickelt worden, um den Vorgang lückenlos und gleichartig zu gestalten.

Personaleinstellung

Die Aufgaben der Personalverwaltung sind im weiteren Fortgang die folgenden (exemplarische Beschreibung der wichtigsten Vorgehensschritte):
- Kontakte mit dem Betriebsrat, um mit ihm die Frage einer internen Stellenausschreibung zu klären (§ 93 BetrVG).
- Kontaktaufnahme mit dem örtlichen bzw. einem speziellen Arbeitsamt oder auch einer Personalberatungsunternehmung, falls auf diesem Wege Erfolgsaussichten für die Bewerbersuche zu erwarten sind.
- Für den Fall einer Insertion Platzierung von Stellenanzeigen in den dafür infrage kommenden elektronischen Medien, Presseorganen und der eigenen Homepage.
- Nach Eingang von Bewerbungen sind die Bewerbungsunterlagen aufzubereiten. Dies kann zum Beispiel anhand von Prüflisten geschehen; bewährte Hilfsinstrumente sind auch Bewerbungs- bzw. Personalfragebögen, insbesondere dann, wenn sie mit dem für die Personalakte zu verwendenden Personalfragebogen identisch oder zumindest an ihn angepasst sind.
- Nach erfolgter Einstellungsentscheidung sind die Unterlagen der abgewiesenen Bewerber diesen zurückzusenden; für den einzustellenden Mitarbeiter ist der schriftliche Arbeitsvertrag auszufertigen.

▶ Auch für Versetzungen und Entlassungen erledigt die Personalverwaltung die notwendigen Vorbereitungs- und Abwicklungsarbeiten; oft enthält eine sogenannte betriebliche »Arbeitsordnung« Angaben über die dazu anzuwendenden Vorgehensweisen (so z. B., dass eine Kündigung der Schriftform bedarf).

Versetzungen, Entlassungen

In jedem Falle erweisen sich Prüflisten (»Checklisten«; papieren oder elektronisch) als zweckmäßig, die die einzelnen erforderlichen Arbeitsschritte enthalten. Ihre Einhaltung schließt aus, dass wichtige Verwaltungsarbeit unterlassen wird, wie etwa das Ausstellen von Arbeitsbescheinigungen und Zeugnissen (Bei der Beendigung des Arbeitsverhältnisses ist es die Pflicht des Arbeitgebers, dem Arbeitnehmer ein Zeugnis zu erteilen. Dabei sind zahlreiche Grundsätze, wie z. B. Zeugniswahrheit, Vollständigkeit, ständiges Wohlwollen, Individualität, Schriftlichkeit, zu beachten, die entweder unmittelbar aus dem Gesetz abzuleiten sind oder in Lehre und Rechtsprechung entwickelt wurden.) sowie das Aushändigen der Arbeitspapiere bei Entlassungen. Für Sonderarbeitsverhältnisse, zum Beispiel mit Praktikanten, Werkstudenten, Volontären, sind spezielle Regelungen zu beachten.

4.3 Personalverwaltung
Personalinformationssystem als Instrument der Personalverwaltung

Entgeltabrechnung und -auszahlung

Routinearbeiten

In diesen Aufgabenkomplex der Personalverwaltung fallen sowohl ständig wiederkehrende Routinearbeiten, als auch solche, die für seltener vorkommende Aktivitäten Unterstützungs- oder Abwicklungsdienste darstellen.

- Die Abrechnung des an die Mitarbeiter zu zahlenden Entgelts erfordert eine Mehrzahl von Teiltätigkeiten und die Beachtung vieler Vorschriften: über Einkommenssteuer, die gesetzlichen Sozialabzüge, Vermögensbildungszahlungen u. a. m. Hinzu kommen unter Umständen mitarbeiterspezifische Sonderberechnungen, zum Beispiel über Darlehen, Reisekostenabrechnungen, Trennungsentschädigungen, Gehaltsabrechnungen u. a. m. Größte Genauigkeit und Fehlerlosigkeit der Berechnungen ist deswegen am Platz, weil für den Regelfall unterstellt werden kann, dass jeder Rechenfehler, der zur Einkommensschmälerung führt, Verärgerung bei den Betroffenen hervorruft.
- Zu den weniger häufig auftretenden Aufgaben gehören u. a.:
  - Vorbereitungen für die Abwicklung betrieblicher Sozialleistungen, wie zum Beispiel die Belegung von Werkswohnungen, die Bearbeitung von Unterstützungsanträgen verschiedener Art: Dafür sind die benötigten und verfügbaren Daten zusammenzustellen, ist erforderlichenfalls die Mitwirkung des Betriebsrates sicherzustellen;
  - die Einstufung der Mitarbeiter in die für sie zutreffenden Entgeltklassen (nach Tarif- oder individuell vereinbarten Verträgen) und die Überwachung der ordnungsgemäßen Anwendung der jeweils heranzuziehenden rechtlichen Vorschriften und betrieblichen Vereinbarungen;
  - die Zurverfügungstellung der bei Tarifverhandlungen benötigten Personaldaten, zum Beispiel in Form von Entgeltstatistiken.

4.3 Personalinformationssystem als Instrument der Personalverwaltung

Qualität

Die vom Personal-Management im Allgemeinen bzw. der Personalverwaltung im Speziellen zu erbringenden Servicedienste sind stets das Ergebnis verschiedener Informationsgewinnungs-, -verarbeitungs- und -auswertungsaktivitäten. Wie effizient diese Dienste zu leisten sind, wird zu einem Großteil durch die Quantität und Qualität der verfügbaren Personalinformationen bestimmt (vgl. Scholz, 2014, S. 129 ff.), aber auch durch das Vorhandensein eines systematisch aufgebauten, möglichst umfassenden und den Erfordernissen der Informationsadressaten entsprechenden Personalinformationssystems.

Vielfalt an Informationen

Eine immer größer werdende Vielfalt gesetzlicher Regelungen der Finanz-, Steuer- und Sozialpolitik trägt ebenfalls zur Einsicht in die Notwendigkeit von Personalinformationssystemen bei. Auf sie gehen zahlreiche Datensammlungen und -meldungen, auch an staatliche Institutionen, zurück. Zusätzliche Impulse gingen vom Betriebsverfassungsgesetz und den in ihm verankerten Informations- und Unterrichtungsrechten der Mitarbeiter und Informationspflichten der Betriebe aus.

4.3 Personalinformationssystem als Instrument der Personalverwaltung

WISSENSWERTES

ERP-Systeme
Bei ERP-Systemen handelt es sich um betriebswirtschaftliche Anwendungs-Software, die die Aufgabe hat (auch personalwirtschaftliche) Funktionalitäten und Daten zur integrierten Durchführung und Steuerung der gesamten betrieblichen Tätigkeit bereitzustellen. Neben den betriebswirtschaftlichen Funktionen i. e. S. sind auch personalwirtschaftliche Funktionen integrierbar, bspw. über SAP R/3HR, People Soft HRMS oder Oracle HRMS.

Vor diesem Hintergrund und unter Betonung des instrumentellen Charakters kann ein Personalinformationssystem definiert werden als
- ein »System der geordneten Erfassung, Speicherung, Transformation und Ausgabe von allen relevanten Informationen über Personal und Tätigkeitsbereiche/Arbeitsplätze
- zur Versorgung von zugangsberechtigten Führungskräften und Mitarbeitern sowie Arbeitnehmervertretungen aller betrieblichen Ebenen und Funktionen mit denjenigen Informationen,
- die sie zur zielgerichteten Wahrnehmung ihrer Führungs- und Verwaltungsaufgaben
- unter Berücksichtigung relevanter Gesetze, Verordnungen und Verträge sowie sozialer und wirtschaftlicher Ziele der Organisation benötigen.« (Domsch/Schneble, 1991, S. 3; vgl. Domsch/Schneble, 1995).

Personalinformationssysteme stellen einen Teil des betrieblichen Informationssystems dar. Je nach erreichtem Entwicklungsstand können unterschiedliche Typen von Personalinformationssystemen unterschieden werden. Berichtssysteme liefern statistische Auswertungen der vorhandenen Personaldaten, während Entscheidungssysteme zur Vorbereitung und zum Fällen von Entscheidungen im Personalbereich herangezogen werden können. Welcher Systemtyp und welcher Entwicklungsstand in einem Betrieb sinnvollerweise zu realisieren ist, hängt in der Hauptsache von zwei Komponenten ab: vom Ausbaustadium des Personal-Managements (d. h. den Bedürfnissen der Informationsnutzer) und vom informationell-organisatorisch-technologischen Fortschrittsstadium des Systems:

- Werden in einem Betrieb zum Beispiel keine Qualifikationsdiagnosen (etwa auf der Grundlage von Mitarbeiterbeurteilungen) systematisch und regelmäßig durchgeführt sowie fortgeschrieben, so können Personalplanung und -entwicklung nicht auf der Grundlage objektivierter Informationen und ihrer Auswertung praktiziert werden. Entscheidungen über zukünftige Personalumschichtungen, Versetzungen oder mitarbeiterbezogene gezielte Fortbildungsmaßnahmen können nicht aufgrund von Qualifikations-/Anforderungsvergleichen und durch Abruf aktueller Qualifikationsinformationen gefällt werden. Das Personalinformationssystem in einem solchen Betrieb dürfte eher zu einem Berichtssystem tendieren.

Berichtssystem

4.3 Personalverwaltung
Personalinformationssystem als Instrument der Personalverwaltung

Komplexität

> Informationen müssen für ihre Speicherung, Änderung, ihren Abruf, ihre Verarbeitung zweckgerichtet formuliert sein. Ein Informationssystem liefert nur dann bedarfsgerechte Auskünfte, wenn durch organisatorische Maßnahmen ständige Informationszuflüsse und -abflüsse sowie Aktualisierungen des gespeicherten Materials sichergestellt sind. Der informationelle und der organisatorische Aspekt eines Personalinformationssystems ist nicht unabhängig vom Entwicklungsstand des gesamten betrieblichen Personal-Managements. In der Resultante determiniert er das technologisch sinnvolle Ausbaustadium eines Systems: Hohe informationelle und organisatorische Fortschrittsniveaus (Informations- und Kommunikationstechnologien betreffend), gekoppelt mit dem Anfall großer Datenmassen sowie starker und vielfältiger Informationsnachfrage, ermöglichen nicht nur computergestützte Systeme, sie machen sie geradezu erforderlich.

IT-Systeme

> Bei der Arbeit mit computergestützten Informationssystemen werden neben verschiedenen allgemeinen Standardsoftware-Paketen auch individuelle und standardisierte Anwendungssysteme für den Personalbereich eingesetzt. Sie enthalten stets zwei Kategorien von Grundkomponenten: Datenbanken einerseits, Modell und Methodenbanken andererseits. Datenbanken werden zudem meist in weitere Typen unterteilt, je nachdem, welche inhaltlichen Informationsgruppen sie enthalten. So kann es für Personalinformationssysteme sinnvoll sein, neben einer Definitionenbank, die sicherstellen soll, dass für alle Systemzulieferer und -nutzer die Daten in gleicher Weise verstanden werden, weitere *Datenbanktypen* zu unterscheiden:
> - Nach dem *Zeitbezug* (vergangenheits-, zukunftsbezogene Daten) können je eine spezielle Personalbestands- und Personalbedarfsdatenbank eingerichtet werden, jeweils mit quantitativ, qualitativ und zeitlich differenzierten Aufgaben. Eine solche Systemgestaltung ist dann sinnvoll, wenn ein Hauptkriterium für die Systemnutzung die Unterscheidung in Personalbestand einerseits und -bedarf andererseits ist, d. h. dies auch getrennte Entscheidungskategorien sind und dementsprechend getrennte Auswertungen, etwa in Form von Berichten, Statistiken etc. häufig benötigt werden. Für eine Zusammenfügung von Personalbestand und -bedarf, zum Beispiel für eine Personalplanung, können beide Datenbanken gegenübergestellt und ausgewertet werden.
> - Als andere Datenbankgliederung kommt zum Beispiel der Stellen- bzw. *Stellenbesetzungsbezug* in Frage. Danach kann eine Datenbank für sämtliche Arbeitsplatzdaten und eine für alle Mitarbeiterdaten eingerichtet werden. Sie ist dann vorzuziehen, wenn Entscheidungen überwiegend und informatorisch versorgt werden müssen, in denen Anforderungs- und Qualifikationsgegenüberstellungen eine wesentliche Rolle spielen, also bei Einstellungs-, Versetzungs-, Fortbildungsentscheidungen.

Leistungsfähigkeit

> Generell kann konstatiert werden, dass die Entwicklung leistungsfähiger Software, wie sie in vielen anderen betrieblichen Bereichen zu beobachten ist, am Personalwesen teilweise vorbeigegangen ist bzw. verspätet in die Wege geleitet wurde. Personalinformationssysteme existieren vorwiegend für die Bewältigung administra-

4.3 Personalinformationssystem als Instrument der Personalverwaltung

tiver und weniger dispositiver Aufgaben. Dies wird vorwiegend dadurch begründet, dass mit Zunahme des dispositiven Charakters Aufgaben schlecht strukturiert und damit für Lösungsalgorithmen, wie sie in einer Methoden- und Modellbank enthalten wären und mit denen Inhalte aus den Datenbanken abgefragt bzw. Auswertungen vorgenommen werden können, weniger zugänglich sind. Da Expertensysteme, die für schwach und gering strukturierte Entscheidungsprozesse Hilfestellung bieten sollen, im Personalbereich die hohen Erwartungen noch nicht erfüllen konnten und nur vereinzelte Anwendungen mit Experimentiercharakter existieren, dienen computergestützte Personalinformationssysteme heutzutage durch eine schnellere, präzisere, aktuellere und umfassendere Informationsversorgung lediglich zur Vorbereitung dispositiver personalwirtschaftlicher Entscheidungen.

Die Entwicklung und Anpassung von Personalinformationssoftware für betriebsspezifische Besonderheiten (individuelle Anwendungssoftware) verliert teilweise an Bedeutung, da diese extrem teuer und aufwändig ist und zudem auf dem Markt Standardsoftware zur Verfügung steht, die Adaptionen in hinreichender Weise zulässt. Diese konfektionierbare Software wird häufig in Zusammenarbeit mit einzelnen Abnehmern entwickelt und anschließend breit vermarktet. Standardsoftware wird sowohl für Großrechner als auch für PCs angeboten.

Bei den Großrechnern wächst die Bedeutung integrierter bzw. modularer Softwarelösungen. Personalwirtschaftliche Fragestellungen, insbesondere bezüglich administrativer Aufgaben, wie Lohn- und Gehaltsabrechnungen, Arbeitszeiterfassung oder auch die Verwaltung interner und externer Bildungsmaßnahmen, können durch diese abgedeckt werden, oder es besteht die Möglichkeit, dass weitergehende personalwirtschaftliche Software über sogenannte Schnittstellen an diese integrierten Lösungen angebunden werden. Dies kann dann wiederum durch PC-Lösungen oder auch durch Großrechner-Software geschehen. Bezogen auf die oben angeführte Unterscheidung in Methoden- und Datenbank stellt die integrierte Software die Funktion einer Datenbank dar, die dann durch eine Methodenbank-Software ergänzt wird.

<small>Großrechner</small>

Zu den klassischen Anwendungen im IT-Bereich zählen die Personalverwaltung und die Entgeltabrechnung, wobei Letztere den größten Raum einnimmt. Hinzu kommen Programme für einzelne spezielle Funktionen wie Personalauswahl oder Ausbildungsverwaltung und integrierte Personal-Management-Programme.

<small>IT</small>

In Bezug auf die Hardware führt die Entwicklung leistungsfähiger PC bis hin zu Workstations, die im Verbund (sogenannte Client-Server-Systeme) Großrechnern in ihrer Leistungsfähigkeit gleichkommen oder diese sogar übersteigen, tendenziell zu einer Verlagerung IT-technischer Anwendungen von zentralen zu dezentralen Systemen.

Personalinformationssysteme dienen der Wahrnehmung von Führungs- und Verwaltungsaufgaben und sollen dementsprechend die informatorische Fundierung planerischer, realisierender und kontrollierender Funktionen im Rahmen personalwirtschaftlicher Aufgabenstellungen liefern. Neben dieser verbesserten Informationsbasis für (dispositive) personalwirtschaftliche Aufgaben liegen die mit der Implementierung von Personalinformationssystemen verfolgten Ziele im Wesentlichen in einer Senkung von Personal- und Informationskosten.

<small>Ziele</small>

4.3 Personalverwaltung
Personalinformationssystem als Instrument der Personalverwaltung

Die Einführung und der Einsatz von Personalinformationssystemen erleichtert zum einen also die Erfüllung personalverwaltender Aufgaben, leistet andererseits aber auch einen Beitrag zu der allgemeinen Aufgabenstellung des Personal-Managements.

Diskussionen

Über Personalinformationssysteme werden immer noch Diskussionen geführt, die in erster Linie psychologische, wirtschaftliche und rechtliche Problemkreise betreffen.

Psychologische Probleme ergeben sich nicht nur in Bezug auf potenzielle und tatsächliche Systembenutzer. Eine benutzerfreundliche Gestaltung von Systemen liefert den allgemeinen Lösungsansatz für diese Art von Problemen. Weitere aber bestehen in Abwehrhaltung und Misstrauen der informationell Erfassten. Diese Probleme können abgebaut und gelöst werden durch rechtzeitige und umfassende Aufklärung der Mitarbeiter und durch eine Beteiligung von Vertretern der betrieblichen Mitarbeitergruppen beim Systemaufbau.

Restriktionen

Aus betrieblicher Sicht bestehen Sachzwänge zur Rechnerunterstützung bestimmter personalwirtschaftlicher Funktionen, die sich u. a. durch Anfall von Massenarbeiten, gesetzlich auferlegten Informationspflichten und durch die termingerechte Bewältigung betrieblicher, tariflicher und gesetzlicher Auflagen ergeben. Quantitative Kosten-Nutzen-Vergleiche reichen daher nicht aus, um ein Urteil über die System-Wirtschaftlichkeit fällen zu können. Weitere qualitative Kriterien sind die Verarbeitungsgeschwindigkeit und die Datenverfügbarkeit, die, aufgrund gestiegener informationeller Anforderungen an die Betriebe, an Bedeutung zunehmen. Zu denken ist hier beispielsweise an die Administration während eines laufenden Personalauswahlverfahrens: Hohe Bewerberzahlen und komplexe Selektionsmethoden erhöhen automatisch die Anforderungen in Bezug auf die oben genannten Kriterien. Mit einer Verringerung der gespeicherten Daten ist notwendigerweise ein Rückgang der informationellen Stützung der Teilsysteme des Personal-Managements verbunden.

Diese Überlegungen leiten bereits über zu rechtlichen Restriktionen der Datenspeicherung und -verarbeitung. Probleme sind in erster Linie aus der Multifunktionalität der Daten begründet. Gemeint ist hiermit, dass Daten, die ursprünglich selbst aus Sicht des betroffenen Arbeitnehmers für einen angemessenen und für ihn eventuell sogar vorteilhaften Zweck erhoben wurden, in einem anderen Zusammenhang nachteilig sein können. So können Daten über Qualifikationslücken zu entsprechenden Entwicklungsmaßnahmen, jedoch auch zur Kündigung führen. Ein zweiter Grund liegt in der Standardisierung elektronisch gespeicherter Daten, die zusammengesetzt einen veränderten Gehalt und damit eine neue Informationsqualität erhalten.

Datenschutz

Aufgabe des Datenschutzes im Arbeitsverhältnis ist es, einen für den Umgang mit Daten (Tätigkeiten der Datenerhebung, Datenverarbeitung, Datennutzung) zulässigen Rahmen festzulegen, um einen Datenmissbrauch zu verhindern, die Privatsphäre der Mitarbeiter zu schützen und die Vertraulichkeit und Diskretion der Mitarbeiterdaten weitgehend zu gewährleisten. Gerade die Verbreitung dezentraler IT-Systeme eröffnet neue Möglichkeiten für gezielten oder zufälligen Datenmissbrauch, da hier Kontrollen einerseits nur eingeschränkt, jedoch Zugriffs- und Verar-

4.3 Personalinformationssystem als Instrument der Personalverwaltung

beitungsmöglichkeiten erweitert möglich sind. Diese Gefahr und Vorkehrungen, sie abzuwenden oder zu mildern, sind das eigentliche Problem des Datenschutzes.

Generell hat der Informationen speichernde und nutzende Betrieb dafür Sorge zu tragen, dass Unberechtigte nicht Zugriff auf Daten eines Personalinformationssystems nehmen können. Dies kann mit informationstechnischen Maßnahmen geschehen, mit denen Benutzererkennung und Überwachung der Zugriffsberechtigung sichergestellt werden: Passwortverfahren, Kennkarten, Chiffrierungsprogramme sind Beispiele dafür. Einige dieser Sicherungsmaßnahmen werden standardmäßig von den Herstellern von Hard- und Software-Produkten angeboten, andere sind hingegen von den Anwendern der IT-Anlagen betriebsspezifisch zu organisieren und durchzuführen.

Informationen über Menschen und Menschengruppen haben eine andere Wertigkeit als Informationen über Sachen. Ein Schutzbedürfnis besteht zum einen in Bezug auf Stammdaten, das sind zum Beispiel gesundheitliche, psychische Merkmale eines Mitarbeiters, familiäre Verhältnisse u. a. Ein weitergehendes Schutzbedürfnis besteht bzgl. von Verhaltensdaten, da diese zur Leistungs- und Verhaltenskontrolle geeignet sind.

Stammdaten

Diesem Schutzbedürfnis kann – wenigstens zum Teil – dadurch Rechnung getragen werden, dass den Mitarbeitern Kenntnis von den Inhalten der über sie gespeicherten Daten und darüber hinaus Eingriffsrechte zugebilligt werden, mit denen sie die Speicherung unwahrer Angaben und die Verletzung ihrer schutzwürdigen Belange verhindern können.

Das Interesse der Verhinderung des Missbrauchs persönlicher Daten ist ein schutzwürdiges Rechtsgut geworden.

Mit dem »Bundesdatenschutzgesetz« (BDSG) ist eine am 01.07.1978 in Kraft getretene und seither mehrfach novellierte Rechtsgrundlage zum Schutz der personenbezogenen Daten vor Missbrauch bei der Datenerhebung, Datenverarbeitung (Speicherung, Übermittlung, Veränderung und Löschung) und Datennutzung geschaffen worden. Für den Umgang mit personenbezogenen Daten im Allgemeinen bzw. für die Gestaltung eines Personalinformationssystems im Speziellen sind insbesondere folgende Regelungen relevant:

Bundesdatenschutzgesetz

- Zulässigkeit der Erhebung, Verarbeitung und Nutzung von Daten natürlicher Personen (§ 4 BDSG);
- Treffen ausreichender und angemessener organisatorischer und technischer Sicherungsmaßnahmen (Kontrollen als die sogenannten »10 Gebote« des Bundesdatenschutzgesetzes, § 9 BDSG);
- Keine unbefugte Verwendung von Daten als für den zur jeweiligen rechtmäßigen Aufgabenerfüllung gehörenden Zweck (§ 28 BDSG);
- Rechte der Betroffenen:
  - Benachrichtigung des Betroffenen über die Tatsache der Datenspeicherung (§ 33 BDSG),
  - Auskunft an den Betroffenen über den Inhalt der gespeicherten Daten (§ 34 BDSG),
  - Berichtigung falscher Daten; Löschung bzw. zumindest Sperrung nicht mehr benötigter oder unzulässig gespeicherter Daten (§ 35 BDSG);

4.4 Personalverwaltung
Outsourcing von Personalverwaltungsaufgaben?

> Verpflichtung der Bestellung eines Beauftragten für den Datenschutz (§ 37 BDSG) sowie dessen Aufgaben (§ 37 BDSG).

Die gesetzlichen Bestimmungen zum Schutz des Persönlichkeitsrechtes regeln somit den Zugriff auf Daten bzw. Datenbanken und schränken die Handhabung von Systemen – und somit auch die Einführung und den Einsatz von Personalinformationssystemen – teilweise ein.

Spannungsfeld

In diesem Spannungsfeld sind juristisch vertretbare und von den Beteiligten akzeptable Lösungen zu erarbeiten. Ziel ist stets ein Interessenausgleich, der zum einen die Vorteile von Personalinformationssystemen für die Betriebe wie auch für die Öffentlichkeit wahrt, die darin bestehen, dass die wirtschaftliche Effizenz gesteigert und Chancen zur Verbesserung der Reagibilität genutzt werden können, und der zum anderen die persönlichen Schutzbedürfnisse der datenmäßig Erfassten berücksichtigt. Den Mittelpunkt der juristischen Diskussion bilden die Beteiligungsrechte – Informations-, Beratungs- und Mitbestimmungsrechte – des Betriebsrates.

> Der Trend zum E-Rekruting u. a. führt zu einer neuen, letztlich derzeit noch nicht ausreichend absehbaren Entwicklung der gesamten elektronischen Verarbeitung von personalrelevanten Informationen (vgl. Strohmeier, 2008, 2009; Strohmeier/Bondrouk/Konradt, 2012).

4.4 Outsourcing von Personalverwaltungsaufgaben?

Wie bereits angesprochen, kann die betriebliche Wettbewerbsfähigkeit langfristig u. a. durch eine verstärkte Wertschöpfungsorientierung und damit auch durch eine Konzentration auf die eigenen Kernkompetenzen gesichert werden. Letzteres kann zur Konsequenz haben, diejenigen Produkte und Dienstleistungen, die keinen direkten Beitrag zum Kerngeschäft leisten, im Zuge eines »Outside Resource Using«, des sogenannten »Outsourcing«, gezielt auszulagern und/oder auf dem Markt hinzuzukaufen.

Aufgaben auslagern! Welche?

Folglich sind auch die Leistungen der Personalabteilung daraufhin zu untersuchen, welchen Anteil sie an der Wertschöpfung des Betriebs haben und ob sie teilweise eventuell günstiger von einem externen Dienstleister bezogen werden können (vgl. Picot/Schuller, 2004a). Eine solche (Teil-)Auslagerung von Personalleistungen sollte jedoch nicht als Wunsch nach einer Auflösung der Personalabteilung interpretiert werden, sondern vielmehr als Möglichkeit, die Kapazitäten der im Personalbereich Beschäftigten künftig auf die strategischen, wertschöpfenden Funktionen zu konzentrieren und so ein zeitgemäßes, kundenorientiertes und effektives Personal-Management zu gewährleisten. Somit sind eher gut standardisierbare und strategisch weniger bedeutende Personalaktivitäten Gegenstand von Outsourcing-

4.4 Outsourcing von Personalverwaltungsaufgaben?

überlegungen, nicht aber betriebsindividuelle, strategisch bedeutsamere Aufgaben. Als prädestiniert für eine mögliche Auslagerung bieten sich daher vor allem einige Aufgaben der Personalverwaltung (wie bspw. die Entgeltabrechnung) an; dies insbesondere deswegen, weil in der betrieblichen Praxis dem Zeitfaktor immer größere Bedeutung zukommt und der Zeitaufwand für administrative Aufgaben bei Outsourcing für andere Aufgaben nutzbar gemacht werden könnte.

Als externe Dienstleister können in der Regel verschiedene Personen oder Institutionen in Frage kommen: Steuerberater eignen sich ebenso dazu wie Lohn- und Gehaltsabrechnungsbüros, Anbieter von DV-Dienstleistungen und Personalberatungsunternehmungen. Ihrer Auswahl wird eine große Bedeutung zugemessen und von einer Reihe von Kriterien abhängig gemacht. Abbildung 4-9 listet exemplarisch einige davon auf.

Externe Dienstleister

Ob sich ein Betrieb für oder gegen eine Auslagerung von Personaldienstleistungen respektive Personalverwaltungsaufgaben entscheiden kann oder sogar sollte, ist vom Einzelfall abhängig. Eine »Argumentationsbilanz« sollte sich jedenfalls nicht allein in rein monetären Aspekten erschöpfen, so zum Beispiel kurzfristigen Kostenbetrachtungen (Kostenvergleich vor und nach einer Outsourcingentscheidung): Die generellen Grenzen potenzieller Outsourcingvorhaben liegen in einer häufig überhöhten Einschätzung des Einsparpotenzials, zudem in eventuell entstehenden Abhängigkeiten vom externen Anbieter und möglichen Informationsdefiziten seitens des externen Dienstleisters. Beachtung verdient nicht zuletzt auch die abnehmende eigene Problemlösungsfähigkeit. All dies ist ebenso ins Kalkül zu ziehen wie Betriebsgröße und Art der inneren (Spezialisierung) bzw. äußeren (Kompetenz) Organisation der Personalabteilung.

Entscheidungskriterien

Abb. 4-9

Auswahlkriterien für Outsourcingpartner

Beziehungsgestaltung
- Welchen Anteil hat das zu vergebende Outsourcing-Volumen am Geschäft des Dienstleisters? Kann eine Abhängigkeit eintreten?
- Welche Verhandlungsmacht existiert beim Anbieter bzw. beim Nachfrager?
- Ist der Anbieter auch Lieferant von Konkurrenten?
- Ist mit dem zusätzlichen Geschäft ein technischer, leistungsmäßiger Sprung beim Leistungserbringer möglich? Ergibt sich daraus ein günstigerer Preis für den Bezieher?
- Gibt es äquivalente Ausweichmöglichkeiten, falls sich die Zusammenarbeit doch schwierig gestaltet?

Gütekriterien
- Erfahrung – Image – Mitarbeiter – Unternehmensphilosophie
- Spezialisierung – Innovationspotenzial – Managementkompetenz
- Zuverlässigkeit – Vertrauenswürdigkeit
- Reaktionsgeschwindigkeit – räumliche Nähe des Kooperationspartners

Quantität
- Kann der externe Dienstleister die erforderliche Quantität anbieten?
- Verfügt der Kooperationspartner über die relevante DV-Kapazität (Hard- und Software)?

Quelle: in Anlehnung an *Schindler/Brunn*, 1998, S. 482

4.4 Personalverwaltung
Outsourcing von Personalverwaltungsaufgaben?

WIEDERHOLUNGSFRAGEN ZU KAPITEL 4

1. Welche Aufgaben kommen der Personalverwaltung zu?
2. Wie kann ein Personalinformationssystem definiert werden?
3. Welche Ziele beinhalten Personalinformationssysteme?
4. Welchen Problemen stehen Personalinformationssysteme gegenüber?
5. Welche Aufgaben der Personalverwaltung können potenziell outgesourct werden?

5 Personalcontrolling

> **LEITFRAGEN**
> - Wie ist das Personalcontrolling in das betriebliche Controllingsystem eingebunden?
> - Welche Aufgaben kann ein Personalcontrollingsystem übernehmen?
> - Welche Ebenen bzw. Bestandteile umfasst ein Personalcontrollingsystem?
> - Wo liegt der Unterschied zwischen einem strategischen und einem operativen Personalcontrolling?
> - Wer ist verantwortlich für die Institutionalisierung, die Pflege und die Nutzung eines Personalcontrollingsystems?

5.1 Grundkonzept des Controllings

In den 1960er-Jahren setzte man sich im deutschen Sprachraum erstmals mit der Controllingidee auseinander. Ausgangspunkt war die Vorstellung, sämtliche Aktivitäten des Betriebs an ökonomischen Erfolgskriterien auszurichten, so gesehen eine »finanzwirtschaftliche Überwachung der Unternehmung« (Wunderer/Sailer, 1987). Solche betriebswirtschaftlichen Kalküle sind beispielsweise Produktivität, Wirtschaftlichkeit, Rentabilität, Amortisationsdauer etc.). Während die Bedeutung des Controllings recht schnell erkannt wurde und weitgehend unstrittig ist, gibt es hinsichtlich seiner Definition, Aufgaben, Ziele und Funktionen immer wieder unterschiedliche Auffassungen.

»Sparsamkeit ist eine gute Einnahme.« Cicero

Oft in fälschlicher Einengung mit Kontrolle assoziiert, geht das Controlling in seinem Kern weit über diese eher vergangenheitsgerichtete Perspektive hinaus: Neben ein historisch-buchhaltungsorientiertes Controlling, das in erster Linie auf die Einhaltung externer und interner Rechnungslegungsvorschriften ausgerichtet ist, tritt ein zukunfts- und aktionsorientiertes Controlling, das sich u. a. mit Wirtschaftlichkeitsprüfungen betrieblicher Prozesse und kostenorientierten Verbesserungsvorschlägen beschäftigt, sowie ein managementorientiertes Controlling, das der Bereitstellung eines umfassenden Planungs-, Überwachungs- und Informationssystems dient.

Ausrichtung

5.1 Personalcontrolling
Grundkonzept des Controllings

> Im etymologischen Sinne von »to control« als »regeln, steuern, überwachen« nimmt das Controlling also vielmehr führungsunterstützende Aufgaben wahr, deren Schwerpunkte entsprechend in der Planung, Kontrolle und Information zu sehen sind.

»Die Mücken singen erst, bevor sie einen stechen.« Friedrich von Logau

Folgende allgemeinen *Ziele* des Controllings lassen sich daraus ableiten:
- Aufdeckung von Indizien, die auf Probleme hinweisen (»Vorwarnfunktion«),
- zielorientierte Unterstützung der Leitungsinstanzen (»Lotsenfunktion«),
- Sicherung rationaler Entscheidungen durch Planung und Evaluation (»Evaluationsfunktion«),
- Sicherung der Integration bzw. Koordination (»Integrationsfunktion«),
- Gewährleistung einer Informationsfunktion (»Informations- und Service-Funktion«).

Wenn auch nicht in seinen einzelnen Funktionen, so doch aber in seiner konzeptionellen Gesamtsicht erschließt sich dem so verstandenen Controlling ein neues Betätigungsfeld.

Konzepte

Die Aufgabe des Controllings ist jedoch nicht nur auf den Betrieb als Ganzes beschränkt. Vielmehr bilden sich aus dem betrieblichen Controlling heraus entsprechende Controllingkonzepte wie
- Konzepte für verschiedene Funktionsbereiche (z. B. Logistik-Controlling),
- Konzepte für den Faktoreinsatz (z. B. Energie-Controlling),
- Konzepte für bestimmte Organisationsformen (z. B. Controlling in Projektorganisationen),
- Konzepte für unterschiedliche Betriebstypen (z. B. Controlling in Banken).

Naturgemäß lag das Hauptbetätigungsfeld des Controllings zunächst in den durch monetäre Größen geprägten betrieblichen Funktionsbereichen. Angesichts der neuen Herausforderungen des Managements (Stichwort: Wertschöpfungsorientierung) sollen sich künftig ebenfalls die eher durch qualitative statt durch quantitative Erfolgsmaßstäbe gekennzeichneten Bereiche – wie das Personal-Management – einer »ökonomischen Steuerung« öffnen (Wunderer/Sailer, 1987). Das Personalcontrolling kann daher einerseits dem Funktionsbereichscontrolling, andererseits dem Faktoreinsatzcontrolling zugerechnet werden.

5.2 Zur Konzeption eines Personalcontrollings

5.2.1 Ziele, Begriff und Aufgaben

Obwohl als einer der wertvollsten Erfolgsfaktoren des Betriebs erkannt, wurde der Einsatz des Produktionsfaktors Arbeit – als Subjekt des Faktoreinsatzes bzw. als Objekt personalwirtschaftlicher Maßnahmen – bisher eher selten einer konsequenten ökonomischen Betrachtung unterzogen.

> Gefordert ist daher eine stärkere Berücksichtigung betriebswirtschaftlicher Ziele – und damit eine Förderung des strategischen und ökonomischen Denkens, Handelns und Entscheidens – im Personalbereich.

Hieran knüpft das Personalcontrolling an. Sein erklärtes Anliegen ist es, den Beitrag des Faktors Arbeit im Allgemeinen bzw. der personalwirtschaftlichen Tätigkeiten im Besonderen zum Betriebserfolg zu erfassen und zu beurteilen. Das Personalcontrolling strebt somit eine Offenlegung derzeitiger und künftiger Stärken und Schwächen der Personalarbeit an. Neben quantitativen Dimensionen (wie Personalkosten etc.; vgl. Henselek, 2004) sind dabei stets auch die mit dem Einsatz von Personal verbundenen qualitativen oder sozialen Zielsetzungen (wie Motivation, Identifikation, Führungsstil, Kooperationskultur, Personalimage, Arbeitszufriedenheit, Betriebsklima etc.) zu bedenken, sodass sich die »ökonomische Öffnung« des Personal-Managements nicht in einer rein kostenorientierten Betrachtung erschöpfen sollte.

»Geizhälse sind unangenehme Zeitgenossen, aber angenehme Vorfahren.«
Bernhard Fürst von Bülow

An ein Personalcontrolling-Konzept sind verschiedene *Gestaltungsanforderungen* zu stellen:

Anforderungen

- Das Personalcontrolling muss in seiner Grundkonzeption der Gestaltung des betrieblichen Controllings und der anderen bereichsbezogenen Controllingfunktionen entsprechen.
- Das Personalcontrolling muss die Verbindung zwischen dem Personalbereich und dem Controlling in anderen Betriebsbereichen sowie der Zentrale sichern.
- Das Personalcontrolling muss das Controlling-Konzept auf die spezifischen Aufgaben und Merkmale des Personalbereichs übertragen.

TERMINOLOGIE

Controlling = Steuern

Vielfach wird der Fehler gemacht »to control« mit »kontrollieren« zu übersetzen. Es bedeutet aber »steuern«. Und in diesem Sinne ist es auch gemeint und sollte es auch praktiziert werden. Allerdings ist in diesem Sinne auch die Abgrenzung zum »Management« schwierig.

5.2 Personalcontrolling
Zur Konzeption eines Personalcontrollings

Begriff

Der Begriff des Personalcontrollings wird in Wissenschaft und Praxis unterschiedlich aufgefasst. Wir folgen hier der Auffassung von Scherm (1995a, S. 3; vgl. auch Scherm/Süß, 2010, S. 221 ff.) und verstehen unter Personalcontrolling die »... zielorientierte Bewertung, Kontrolle und Steuerung bzw. Regelung personalwirtschaftlicher Maßnahmen ...«.

Das Controlling ist zunächst als Managementfunktion zu sehen, während auf die institutionelle Sichtweise des Personalcontrollings im Rahmen der organisatorischen Einbindung weiter hinten einzugehen ist.

Hauptaufgaben

Aus der Zielsetzung und dem Begriff des Personalcontrollings lassen sich die Aufgabenfelder des Personalcontrollings ableiten; *Hauptaufgaben* sind (vgl. Amling, 1997, S. 24):
- Planung personalwirtschaftlicher Maßnahmen und Kenngrößen,
- Kontrolle (Soll-Ist-Vergleich),
- Analyse (Ursachenermittlung bei Soll-Ist-Abweichungen),
- Entwicklung und Koordination von Maßnahmen zur Beseitigung negativer Abweichungen (Verbesserungsvorschläge),
- Informationsversorgung der Entscheidungsträger.

Diese Aufgaben könnten isoliert interpretiert werden, jedoch soll das Personalcontrolling in seiner Gesamtkonzeption die Betriebsleitung in ihren Führungsaufgaben unterstützen. Daher ist zusätzlich der – bereits in den o. g. Gestaltungsanforderungen an das Personalcontrolling angesprochenen – Aufgabe der Koordination bzw. Integration ein besonderer Stellenwert einzuräumen. Die *spezifischen Aufgaben* des Personalcontrollings können sich folgendermaßen darstellen (vgl. Küpper, 1991, S. 237):

Spezifische Aufgaben
- Koordination im Personalbereich zwischen Bestandteilen der Personalplanung, zwischen Personalplanung und Personalkontrolle, zum Personalinformationssystem, zu Organisation und Personalführung;
- Verknüpfung zu anderen Funktionsbereichen wie Koordination der Personalplanung mit Investitions-, Finanz- u. a. Planungen, Berücksichtigung des Personalwesens in der Gesamtplanung;

WISSENSWERTES

(Personal) Due Diligence

Mit »Due Diligence« ist eine systematische und sorgfältige Analyse der Betriebe gemeint, die entweder eine Fusion erwägen oder die akquiriert werden sollen. Besonderer Wert wird dabei darauf gelegt, wieweit die beiden Betriebe zusammenpassen sowie welche Chancen und Risiken mit einem Zusammenschluss oder einer Interpretation verbunden sind. Im Zentrum einer solchen Prüfung stehen neben den Bilanzen sachliche und finanzielle Ressourcen, die strategische Positionierung und Umweltlasten auch die Personalressourcen (v. a. Personalstruktur, vertragliche Verpflichtungen über Tarifverträge, Betriebsvereinbarungen, Sozialleistungen u. Ä., Betriebsrat und Organisationskultur). Gerade diese Personal Due Diligence ist von besonderer Bedeutung für die Zusammenarbeit der Betriebe – wenngleich sie in der Praxis eher nachrangig verstanden wird (vgl. Faller, 2006; http://www.finance-magazin.de/strategie-effizienz/ma/human-resources-due-diligence-zeigt-risiken-im-personaltableau-1355899/ [letzter Abruf: 11.05.2016]).

Zur Konzeption eines Personalcontrollings — 5.2

- Mitwirkung an strategischer Personalarbeit, zum Beispiel strategische Wirkungen personalwirtschaftlicher Entscheidungen, Anpassung an Umweltänderungen;
- Bewertung und Ausrichtung der Personalarbeit bez. ökonomischer Durchdringung der Personalarbeit, ökonomischer Bedeutung der Personalarbeit.

5.2.2 Bestandteile

Zur Erfassung der (ökonomischen) Auswirkungen personalwirtschaftlicher Tätigkeiten kann das Personalcontrolling je nach Schwierigkeitsgrad des zu untersuchenden Gegenstandes auf den Ebenen »Kosten«, »Effizienz« und »Effektivität« operieren. Entsprechend gestalten sich drei mögliche Bestandteile des Personalcontrollings (vgl. Wunderer/Sailer, 1987, S. 601 ff.; Oechsler/Paul, 2015, S. 558 f.):

- Das *Kostencontrolling* (monetäres bzw. kalkulatorisches Controlling) befasst sich mit der periodischen Planung und Kontrolle der Personalkosten (sowohl Kosten des gesamten Personals als auch die Kosten der Personalabteilung als Kostenstelle). Als Instrumente dienen Budgets und kostenanalytische Auswertungen (z. B. Berechnung kalkulatorischer Stundenlöhne). — *Kosten*
- Das *Wirtschaftlichkeitscontrolling* (Effizienzcontrolling) verlässt die periodenbezogene Sichtweise und wählt statt dessen – mit der Planung und Kontrolle der Effizienz oder Produktivität der Personalarbeit – eine prozessbezogene Sichtweise. Für die Beantwortung der Frage »Tun wir die Dinge richtig?« werden bestimmte personalwirtschaftliche Aktivitäten – wie Bewerbungsgespräche, innerbetriebliche Schulungen etc. – hinsichtlich ihres Ressourceneinsatzes (Fremdleistungskosten/ Kosten des Personaleinsatzes) bewertet und ihrer zeitlichen Entwicklung überwacht. Ziel ist eine sukzessive Ressourcenminimierung definierter Prozesse, aber noch nicht die Überprüfung von deren Zweckmäßigkeit. — *Effizienz*
- Dies geschieht erst im *Erfolgscontrolling* bzw. Effektivitäts-Controlling (Rentabilitäts-Controlling) mit der Frage »Tun wir die richtigen Dinge?«. Die Planung und Kontrolle der Effektivität der Personalarbeit soll den Kosten personalwirtschaftlicher Prozesse die entsprechenden Beiträge zum Betriebserfolg gegenüberstellen. Da der Nutzen der Personalarbeit nicht oder nur schwer direkt operationalisiert werden kann, dienen die Arbeitsproduktivität und Leistungs- und Motivationsindikatoren – wie Fluktuations- und Absenzraten etc. – als Hilfsmittel (in) direkter Messung und Beobachtung. Auf dieser Ebene ist Personalcontrolling »nicht nur ein Instrument zur Kontrolle der Personalarbeit; es dient auch ihrer Verbesserung« (Wunderer/Sailer, 1987, S. 606). — *Effektivität*

Eine zusammenfassende Übersicht der ebenenspezifischen Bestandteile des Personalcontrollings kann Abbildung 4-10 entnommen werden.

»Zahlen suggerieren die Wahrheit nur!« unbekannt

5.2 Personalcontrolling
Zur Konzeption eines Personalcontrollings

Abb. 4-10

Ebenen des Personalcontrollings

Elemente	Kosten-Controlling	Effizienz-Controlling	Effektivitäts-Controlling
Kernfrage	Was kostet es?	Machen wir die Dinge richtig?	Machen wir die richtigen Dinge?
Zielsystem	Informationen über Entwicklung und Struktur der Personalkosten	Überwachung, Analyse und Optimierung des Ressourceneinsatzes	Legitimation der personalwirtschaftlichen Aktivitäten
Planungsgrößen	Personalkosten, getrennt nach Kostenarten, -stellen und Periode	Soll- und ist-Kosten der einzelnen Prozesse	Arbeitsproduktivität (direkt) Indikatoren (indirekt; bspw. Fluktuation, Absentismus, Fehlerquote)
Paradigma	Personal als Kostenfaktor!	Personalarbeit als innerbetrieblicher Service	Personal als Investition!
Erfolgskriterium	Einhaltung des Budgets	Minimierung der Ressourcen für definierte Prozesse	Rentabilität der (Personal-)Investition
Zeitperspektive	Planungsperiode (Monat, Jahr)	Prozessdauer	Mehrere Planungsperioden
Daten	Budgets, Stundenentgelte, Abweichungsanalysen	MTM, REFA, Personalinformationssysteme u. Ä.	Strategy Maps ...

Quelle: in Anlehnung an *Wunderer/Sailer*, 1987, S. 605; *Oechsler/Paul*, 2015, S. 559

5.2.3 Strategisches und operatives Personalcontrolling

Strategisches Personalcontrolling

Die oben angeführten Aufgabenfelder können sowohl operativ wie strategisch ausgerichtet werden, sodass auch ein operatives und ein strategisches Personalcontrolling entstehen kann (vgl. Wunderer/Schlagenhaufer, 1994, S. 9). Das strategische Personalcontrolling ist überwiegend auf die langfristige und grundsätzliche Betriebsentwicklung ausgerichtet und konzentriert sich vor allem auf existenzsichernde Ziele und Programme wie beispielsweise:

- Integration der personellen Dimensionen in die Gesamtstrategie,
- langfristige Personalplanung,
- unternehmerische Orientierung des Personal-Managements.

Operatives Personalcontrolling

Das operative Personalcontrolling ist hingegen durch einen größeren Gegenwartsbezug gekennzeichnet und dadurch stärker am unmittelbaren Tagesgeschäft ausgerichtet. Sein Tätigkeitsfeld liegt im quantitativen Bereich bei der Bewertung von Kosten- und Wirtschaftlichkeitsgrößen (z. B. durch Soll-Ist-Vergleiche), im qualitativen Bereich bei der Bewertung des Personal-Managements (z. B. durch Mitarbeiterbefragungen).

Unterschiede

Abbildung 4-11 zeigt einige idealtypische Merkmalsunterschiede zwischen dem strategischen und dem operativen Personalcontrolling auf, die keinen Gegensatz bilden, sondern einander vielmehr ergänzen (sollten).

Abb. 4-11

Gegenüberstellung idealtypischer Merkmale des strategischen und operativen Personalcontrollings

Strategisches Personalcontrolling		Operatives Personalcontrolling
meist qualitative Größen	← Zielgrößen →	meist quantitative Größen
Stärken – Schwächen Chancen – Risiken	← Dimensionen →	Aufwand – Ertrag Kosten – Leistung
primär umweltorientiert nach außen gerichtet	← Blickrichtung →	primär unternehmungsorientiert, nach innen gerichtet
weiter Zukunftshorizont	← Blickweit →	begrenzter Zukunftshorizont
hoch, Vernachlässigung von Details	← Komplexitätsreduzierung/ Abstraktionsgrad →	niedrig, Beachtung von Details
niedrig	← Formalisierungsgrad →	mittel bis hoch
langfristig	← Zeitliche Ausrichtung →	mittel- bis kurzfristig
synoptisch, radikal, multikausale Wirkungsnetze	← Denkmuster der Controlling-Träger →	analytisch, inkremental, monokausale Wirkungsketten
oberes Management	← Hierarchische Einordnung der unterstützten Entscheidungsträger →	unteres bis mittleres Management

Quelle: in Anlehnung an *Gerpott/Siemens*, 1995, S. 12, und *Amling*, 1997, S. 26

5.2.4 Weitere Elemente des Personalcontrollings

5.2.4.1 Ansätze und Instrumente

Mit einem Personalcontrolling können unterschiedliche Ansätze (und infolge auch Instrumente) alleine oder in Kombination eingesetzt werden (vgl. Scholz/Stein/Bechtel, 2011, S. 60 ff.; etwas anders Schulte, 2011, S. 3 ff.):

» Jede Messform hat ihre Grenzen.« unbekannt

- *Prozessorientierte Ansätze*: mit der Budgetierung auf Fortschreibungsbasis, ggf. Zero Base Budgeting und Prozesskostenrechnung;
- *Accounting-orientierte Ansätze*: Bewertung der für die Mitarbeiter angefallenen Kosten mithilfe der Investitionsrechnung, Entgeltbarwert oder Human Resource Accounting;
- *Marktwert-orientierte Ansätze*: z. B. Markt-Buchwert-Relation, Human Capital Market Value u. Ä.;
- *Indikatorenbasierte Ansätze*: systematische Bildung und Analyse von Kennzahlen im Personalbereich wie bspw. Wissensbilanz, HR Balanced Scorecard;
- *Value Added-Ansätze*: bspw. mithilfe von Economic Value Added, Human Capital Value Added u. Ä.

Das dem Personalcontrolling zur Verfügung stehende Instrumentarium ist folglich breit gefächert: Zum Teil können die seitens des konventionellen Finanzcontrollings genutzten Instrumente wie Kostendaten und daraus abgeleitete Kennziffern Ver-

5.2 Personalcontrolling
Zur Konzeption eines Personalcontrollings

wendung finden, zum Teil bieten sich bereits in der täglichen Personalarbeit zum Einsatz kommende Verfahren an. Somit sind nicht ausschließlich neue Instrumente zu entwickeln, sondern entsprechend der spezifischen Aufgabenstellungen teils auch »nur« gezielt in Dienst zu nehmen, bezüglich ihrer ökonomischen Aussagekraft zu verbessern und innerhalb eines systematischen Konzeptes zusammenzufassen (vgl. Scholz/Stein/Bechtel, 2011, S. 60 ff.; Oechsler/Paul, 2015, S. 559 ff.).

Der Einsatz des Personalcontrollings, kombiniert auf den o. g. drei Ebenen oder auch in Form der fünf genannten Ansätze, ist dabei jedoch nicht unproblematisch. Gerade hier kristallisieren sich die spezifischen Probleme des Personalcontrollings heraus: Es fehlt noch an einem zufriedenstellenden Kennzahlen- und Indikatorensystem, das den »harten« betriebswirtschaftlichen Kalkülen – wie Produktivität, Rentabilität, Amortisationsdauer – in punkto Aussagekraft, Praktikabilität und Signalwirkung wirklich nicht nachsteht. Hier besteht auch heute noch der größte Entwicklungsbedarf. Manche halten – im Hinblick auf die unlösbaren Schwierigkeiten bei der Erfassung des Nutzens der Personalarbeit – dies aber für nicht machbar!

> Controllingansätze stellen unterschiedliche Grundprinzipien der Herangehensweise dar, Controllinginstrumente dagegen stellen konkrete, methodisch und technisch geprägte Verfahren« dar, die die Durchführung des (Personal-)Controllings im Betrieb ermöglichen.

Kennzahlen

Die aus der allgemeinen Betriebswirtschaftslehre auf den Personalbereich übertragene Bildung von Kennzahlen bzw. Kennzahlensystemen (vgl. Metz, 2004) soll im Folgenden eine nähere Vertiefung erfahren. Als Kennzahlen werden diejenigen Zahlen bezeichnet, die einen quantifizierbaren (quantitativen oder qualitativen) Sachverhalt in konzentrierter Form – absolut (wie Anzahl der Mitarbeiter) und/ oder relativ (wie Anteil der Auszubildenden) – wiedergeben.

»Der Verstand ist wie eine Fahrkarte: Sie hat nur einen Sinn, wenn sie benutzt wird.«
Ernst R. Hauschka

Entsprechend der funktionalen Teilaktivitäten des Personalbereichs entwickelte Schulte ein umfassendes *Personalkennzahlensystem* (vgl. Schulte, 2011, S. 23 ff.):
▸ Personalbedarf- und -strukturplanung: zum Beispiel Durchschnittsdauer der Betriebszugehörigkeit,
▸ Personalbeschaffung: zum Beispiel Bewerber pro Ausbildungsplatz, Frühfluktuationsrate,
▸ Personaleinsatz: zum Beispiel Durchschnittskosten je Überstunde,
▸ Personalerhaltung und Leistungsstimulation: zum Beispiel Fluktuationsrate,
▸ Personalentwicklung: zum Beispiel Übernahmequote,
▸ Betriebliches Vorschlagswesen: zum Beispiel Realisierungsquote,
▸ Personalfreisetzung: zum Beispiel Abfindungsaufwand je Mitarbeiter,
▸ Personalkostenplanung und -kontrolle: zum Beispiel Personalkosten je Mitarbeiter,
▸ Kennzahlen für den Mitarbeiterwert (Human Capital Management).

Frühfluktuation

Um Aussagen über die Effizienz der Personalauswahl und -einarbeitung zu treffen, kann beispielsweise eine Frühfluktuationsanalyse durchgeführt

> werden (vgl. Schulte, 2011, S. 196). Dazu sollte zunächst die Frühfluktuationsrate (aufgelöste Arbeitsverhältnisse in der Probezeit x 100/Anzahl der Einstellungen) ermittelt werden. Zeit- bzw. Soll-Ist-Vergleiche können überdurchschnittliche Abweichungen ausweisen. Eine mittels Abgangsinterviews durchgeführte Ursachenforschung (Von wem ging die Kündigung aus?, Aus welchen Gründen erfolgte die Kündigung?) kann systematisch Mängel in den Personalbeschaffungsentscheidungen bzw. -einarbeitungsmaßnahmen aufdecken und somit gleichsam eine Kontrolle dieser Aktivitäten erlauben. Da gerade die Frühfluktuation hohe Organisationskosten verursacht, sollte der Betrieb bestrebt sein, sie soweit wie möglich zu reduzieren.

Allerdings ist es mit der Entwicklung eines aussagefähigen Instrumentariums nicht getan. Als wichtigste Voraussetzung zur Erfüllung der Controllingaufgabe ist ein personalwirtschaftliches Informationswesen zu sehen: »Es muss eine umfassende und ausreichend aktuelle Informationsbasis vorliegen; dazu sind Personal-, Stellen- und Arbeitsmarktinformationen systematisch zu erheben und auszuwerten sowie DV-gestützt zu verwalten.« (Scherm, 1995a, S. 5.) Als konstruktives Hilfsmittel kann hier ein umfangreiches und gut gepflegtes Personalinformationssystem dienen, das zwar nicht in das Lage ist, das gesamte Aufgabenspektrum des Controllings abzudecken, aber den Zugriff auf controllingrelevante Informationen erleichtert. Gespeicherte Daten können dann abgerufen, beispielsweise zu Kennzahlen verdichtet und anschließend ausgewertet werden.

Voraussetzung

5.2.4.2 Organisatorische Einbindung

Da die Art der Einordnung des Personalcontrollings in den Gesamtbetrieben Rückschlüsse auf Stellenwert und Gewicht strategischer Personalarbeit zulässt, ist neben der grundsätzlichen Konzeption, seinen Bestandteilen und Instrumenten auch von Interesse, wie die Aufgaben des Personalcontrollings organisatorisch verankert und personell wahrgenommen werden.

Die Frage nach der organisatorischen Einbindung des Personalcontrollings in den Gesamtbetrieb ist mit der Diskussion zu beginnen, ob die Aufgabe des Personalcontrollings als solche überhaupt institutionalisiert werden sollte oder nicht. Prinzipiell ergeben sich zwei *Möglichkeiten*:

Makroeinbindung

- Institutionalisierung einer eigenständigen Personalcontrollingstelle oder -abteilung oder
- Zuordnung der Personalcontrollingaufgaben in den Tätigkeitsbereich bereits vorhandener Stellen oder Abteilungen.

Insofern eröffnet sich das Spektrum zentraler oder aber dezentraler Durchführung: Das zentrale Personalcontrolling kann entweder in das Controlling des Gesamtbetriebs oder in die zentrale Personalabteilung integriert werden, während das dezentrale Personalcontrolling entweder auf dezentrale Organisationseinheiten (z. B.

(De-)Zentralisierung

5.2 Personalcontrolling
Zur Konzeption eines Personalcontrollings

Mischformen

Sparten oder Divisionen) oder auf einzelne Abteilungen, Führungskräfte oder sogar Mitarbeiter im Sinne eines »Self-Controlling« übertragen werden kann.

Neben die Varianten eines ausschließlich zentralen oder dezentralen Personalcontrollings treten auch Mischformen: so ein kombiniert zentrales und dezentrales Personalcontrolling. Dies kann jeweils mit unterschiedlicher Schwerpunktsetzung ausgestattet werden: Die zentrale Stelle aggregiert und interpretiert dezentrale Teilergebnisse, sichert die Einheitlichkeit und beschäftigt sich mit strategischen Fragestellungen, während die dezentrale Stelle mehr das operative Tagesgeschäft begleitet und evaluiert. Auch die Einrichtung einer Stabsstelle ist möglich, die gegenüber der Linie hauptsächlich eine Beratungsfunktion übernimmt, in Einzelfällen dann aber auch über eine funktionale Entscheidungsbefugnis verfügen sollte.

Nachfolgend soll das zentrale Personalcontrolling einer näheren Betrachtung unterzogen werden. Zwischen der ausschließlichen *Zuordnung* zum Finanz- bzw. zum Personalbereich sind weitere Kombinationen denkbar (vgl. Hentze/Kammel, 1993, S. 196 ff.):

▸ Fachliche und disziplinarische Zuordnung zum Finanzbereich,
▸ fachliche Zuordnung zum Finanzbereich, disziplinarische Zuordnung zum Personalbereich oder umgekehrt,
▸ fachliche und disziplinarische Zuordnung zum Personalbereich.

Vorteile

Beide Möglichkeiten der ausschließlichen Zuordnung sind mit spezifischen Vorteilen verbunden (vgl. Abbildung 4-12).

Allerdings sind auch hier die potenziellen Nachteile zu bedenken: wie die Gefahr einer mangelnden Neutralität und Objektivität der Personalcontrolling-Aktivitäten (bei Zuordnung zum Personalbereich) oder die mit der inhaltlichen Ferne verbundene einseitige und kurzfristige ökonomische Orientierung (bei Zuordnung zum Finanzbereich). Die Aufspaltung des Unterstellungsverhältnisses in ein fachliches einerseits und ein disziplinarisches andererseits macht es besonders im Fall »Fachliche Unterstellung dem Controllingbereich, disziplinarische Unterstellung dem Personalbereich« möglich, personalspezifische Sachverhalte mit controllingspezi-

Abb. 4-12

Vorteile organisatorischer Positionierungen des Personalcontrollings

Personalcontrolling als Teilfunktion des Personalbereichs	Personalcontrolling als Teilfunktion des Finanzbereichs
• Entlastung des Personalleiters durch Aufbereitung von operativen und strategischen Problemstellungen • Inhaltliche Nähe zu personalwirtschaftlichen Fragestellungen und Charakteristika sowie zu verhaltenswissenschaftlichen Besonderheiten • Wegen der Schutzbedürftigkeit von persönlichen Daten eventuell leichterer Zugang für Mitarbeiter des Personalwesens zu solchen Informationen	• Vorhandenes controlling-spezifisches Know-how (Instrumente, Prozesse) kann unmittelbar genutzt werden • Einheitliche Vorgehensweise in der Ausübung der Controllingaufgaben über alle Unternehmensbereiche hinweg

Quelle: in Anlehnung an *Amling*, 1997, S. 36

fischen Instrumenten zu erheben und zu bewerten. Damit könnten die Stärken beider Alternativen miteinander verbunden werden – unter der Voraussetzung der Beherrschung des zunehmenden Konfliktpotenzials.

Hinsichtlich der Notwendigkeit einer Institutionalisierung in Form einer eigenständigen Stelle oder Abteilung ist abschließend festzuhalten, dass diese in der Regel mit steigender Betriebsgröße und Bedeutung des betrieblichen Personal-Managements sowie mit verbessertem Entwicklungsstand des Personalcontrollings zunimmt.

Institutionalisierung

5.3 Grenzen

Das Personalcontrolling ist aus dem Bestreben entstanden, einen Bereich, der vordergründig einer (direkten) Messung durch betriebswirtschaftliche Größen nicht oder nur beschränkt zugänglich ist, einer »ökonomischen Steuerung« zu unterziehen. Der Vorstoß, Transparenz in den Aufwand und den Nutzen der Personalarbeit zu bringen, kann zwar deren spezifische Stärken und Schwächen aufdecken, ist andererseits aber auch nicht unproblematisch.

Die kritischen Anmerkungen zum Konzept des Personalcontrollings bestehen zum einen in einer auf das (Personal-)Controlling an sich bezogenen Grundsatzkritik, zum anderen in einer an einzelnen Teilaspekten ausgerichteten Detailkritik. Im Einzelnen lassen sich drei generelle Problembereiche anführen (vgl. Scholz, 2014, S. 145; Scherm, 1995a, S. 4 ff.):

»Vergleichen und Gleichmachen: Was nicht passt, wird passend gemacht!« unbekannt

- Charakteristisch für den Personalbereich ist, dass er sich neben harten, quantitativen Größen (z. B. Zahlen der Mitarbeiterfluktuation) besonders mit weichen, qualitativen Größen (z. B. Gründe der Mitarbeiterfluktuation) konfrontiert sieht. Das daraus resultierende Datenerhebungsproblem besteht sowohl seitens der Zielformulierung als auch seitens der Messung der Zielerreichung und der daran anschließenden Abweichungsanalyse.
- Gerade der Versuch einer Abweichungsanalyse kann durch unzureichend geklärte Ursache-Wirkungs-Zusammenhänge bei komplexen Sachverhalten Methodenprobleme hervorrufen. So besteht beispielsweise ein Zusammenhang zwischen der Arbeitsmotivation und dem Erfolg, allerdings sind weder die Auswirkungen genau quantifizierbar, noch die Ursachen zuverlässig zurechenbar.
- Weiterhin kann die Implementierung eines Controllings im Personalbereich zu den unterschiedlichsten Akzeptanzproblemen führen:
  - Furcht vor einem »gläsernen Menschen«, besonders in Verbindung mit dem verstärkten Einsatz computergestützter Informations- und Kommunikationstechnologien,
  - Angst vor einer übertriebenen Formalisierung (»Bürokratismus«) und damit einer Einengung des persönlichen Entscheidungs- und Bewegungsspielraumes,
  - Aversion gegen erhöhte Transparenz der Effektivität und Effizienz eigener Tätigkeiten nach außen,

5.3 Personalcontrolling
Grenzen

- Kompetenzstreitigkeiten,
- generelle Abneigung gegenüber Kontrollen,
- mangelnde persönliche Eignung und Qualifikation des Personalcontrollers etc.

Abhilfe

Gegen die angeführten Probleme kann eine systematisch ausgearbeitete Implementierungsstrategie Abhilfe schaffen, die an die betriebsspezifischen Besonderheiten angepasst ist und besonders den potenziellen Widerständen eine erhöhte Aufmerksamkeit widmet.

Ansonsten sollte man sich von dem Gedanken lösen, Controlling immer nur mit einer Quantifizierungsnotwendigkeit in Verbindung zu bringen – vielmehr ist hier eine »erhöhte Unsicherheits- und Unschärfetoleranz« und der Mut zu rein qualitativen Ergebnissen gefragt: »Fundierte Näherungsergebnisse« sind mitunter ehrlicher als »pseudoexakte Messergebnisse« und dürften dementsprechend auf eine größere Akzeptanz stoßen.

Schwierigkeiten bei Versuchen, Controllingergebnisse mit gewünschter Exaktheit zu produzieren, sollten jedenfalls auch aus betriebswirtschaftlicher Sicht in praxi nicht dazu führen, resignierend »die Waffen zu strecken«. Damit würde das Risiko erheblich erhöht, dass für den Betrieb (möglicherweise lebens-)notwendige Personalaktivitäten dem Rotstift uneinsichtiger Zahlenfetischisten zum Opfer fallen.

WIEDERHOLUNGSFRAGEN ZU KAPITEL 5

1. Wo ist das Personalcontrolling im Rahmen der betrieblichen Personalarbeit einzuordnen? Warum macht dies Sinn?

2. Was kann man unter Personalcontrolling verstehen?

3. Welche Funktionen könnte ein strategisches und ein operatives Personalcontrolling sinnvollerweise übernehmen?

4. Differenzieren Sie Personalcontrolling von der Evaluation der Personalarbeit.

6 Arbeitsbedingungen

> **LEITFRAGEN**
>
> **Zur Bedeutung der Arbeitsbedingungen**
> - Welche Funktionen können Arbeitsbedingungen im Rahmen der Personalarbeit haben?
> - Wieso sind Arbeitsbedingungen ein Objekt der betrieblichen Personalarbeit?
>
> **Welche Arbeitsbedingungen?**
> - Welchen Einfluss haben exogene Arbeitsbedingungen auf das Leistungsverhalten und das Leistungsergebnis von Mitarbeitern?
> - Welche Möglichkeiten bieten sich einem Arbeitszeitmanagement?
> - Was bedeutet Arbeitszeitflexibilisierung für ein Arbeitszeitmanagement?
> - Wieso sollte die betriebliche Personalarbeit die ergonomischen Arbeitsbedingungen genau unter die Lupe nehmen?
>
> **Zuständigkeit**
> - Wer ist für flexible Arbeitszeiten (operativ und strategisch) zuständig: Vorgesetzte, Betriebsleitung, Betriebsrat, Mitarbeiter …?

Wiederholt klagen gewerbliche Mitarbeiter, dass sie nach der Umstellung des Produktionsprozesses verstärkt Rückenschmerzen haben. Einige melden sich krank, andere beenden ihre Schicht vor der Zeit. Im Projektbereich der Produktentwicklung arbeiten die Mitarbeiter (vielfach junge Familienväter und -mütter) fast enthusiastisch seit vielen Jahren mit. In den letzten Monaten – nach einer Stellenkürzung und einem Langzeitkrankheitsfall – häufen sich die Überstunden sowie die gewissermaßen pausenlos aneinander gereihten Projekte. Das Klima liegt am Boden, viele Projekte kommen nicht wirklich voran. Im Managementbereich hat es altersbedingt einige Vakanzen gegeben. Die Personalbeschaffung hat intern wie extern einige gute Bewerbungen akquiriert. Die besonders geeigneten Externen ziehen sich in aller Regel von ihrer Bewerbung zurück, wenn sie im Rahmen der Personalauswahlgespräche das Bürogebäude und die Büros samt Einrichtung sehen: Alles aus den 1960er-Jahren – funktionsfähig, sparsam – und durch das Wachstum des Betriebs verursacht, also verstreut … Dies hat alles etwas mit Personalarbeit zu tun, oder?

6.1 Verständnis und Gestaltungsziele

»Angenehme Arbeitsbedingungen: Wenn eine Firma ihre Angestellten so behandelt, dass diese am Freitag nicht so müde nach Hause gehen, wie sie am Montagmorgen zur Arbeit erscheinen.«
Franziska Friedl

Die Arbeitsbedingungen gehören zu den *Determinanten menschlicher Arbeitsleistungen* im Betrieb; sie wurden oben unter die Faktoren des Könnens eingereiht und bereits enger eingegrenzt. Anders als im Kapitel zu Anreizsystemen, werden hier Arbeitsbedingungen weiter gefasst. Hier verstehen wir unter ihnen die Summe aller derjenigen Gegebenheiten, die auf den Mitarbeiter während seiner Arbeit einwirken: seine unmittelbare *Arbeitswelt*. Hiermit sind vor allem diejenigen vom *Betrieb* direkt gestaltbaren äußeren Bedingungen gemeint, die unmittelbar auf den konkreten Arbeitsvollzug bezogen sind, und zwar dadurch, dass sie der technisch-wirtschaftlichen Bestgestaltung dienen sollen, gekoppelt mit dem Versuch, die physischen und psychischen Belastungen der im Arbeitsvollzug eingesetzten Menschen zu minimieren. Die Arbeitsbedingungen sind im Wesentlichen Gegenstand der sogenannten »Arbeitswissenschaften«, die durchaus nicht eindeutig abgegrenzt sind, sodass das Betriebsverfassungsgesetz, wenn es in § 90 von »den gesicherten Erkenntnissen der Arbeitswissenschaften« spricht, im Vorgriff auf Ergebnisse längst noch nicht abgeschlossener Erkenntnisprozesse verweist. Dennoch: Arbeitsbedingungen haben einen großen Einfluss auf das Können, eine Leistung erfolgreich umzusetzen. Zugleich

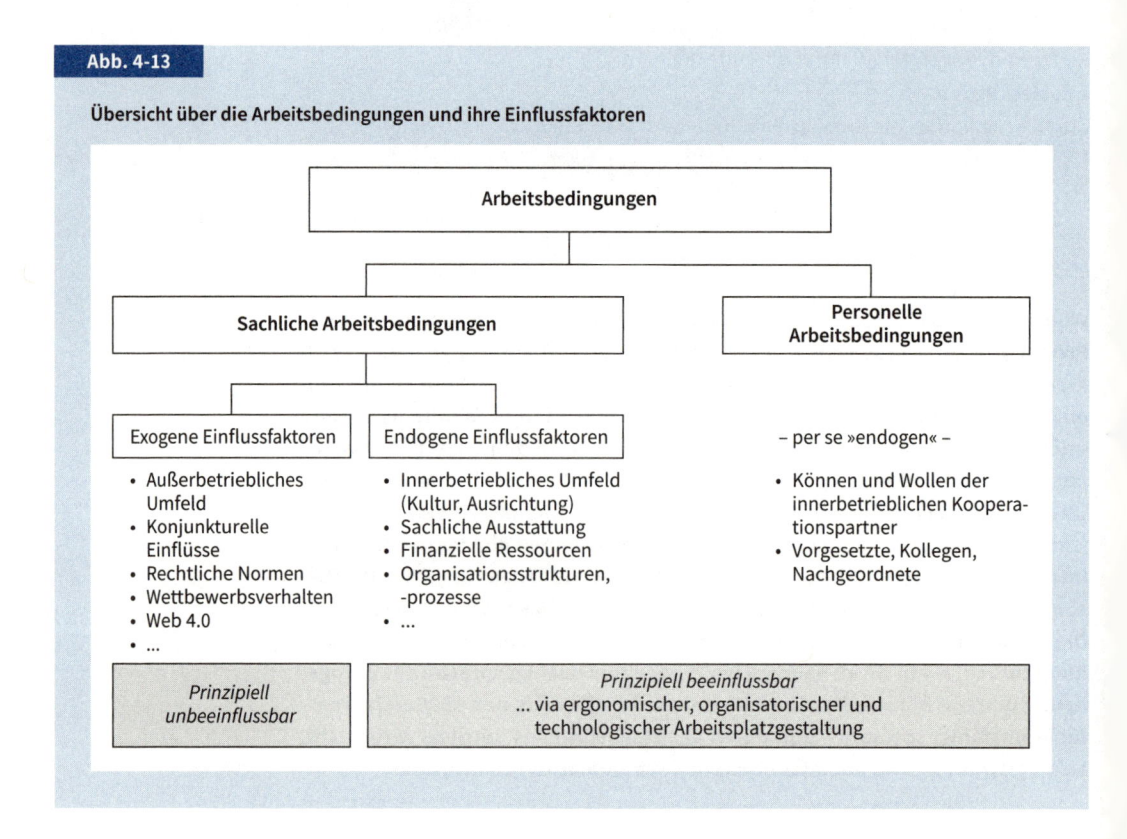

Abb. 4-13

Übersicht über die Arbeitsbedingungen und ihre Einflussfaktoren

Arbeitsbedingungen

- **Sachliche Arbeitsbedingungen**
  - **Exogene Einflussfaktoren**
    - Außerbetriebliches Umfeld
    - Konjunkturelle Einflüsse
    - Rechtliche Normen
    - Wettbewerbsverhalten
    - Web 4.0
    - ...

    Prinzipiell unbeeinflussbar

  - **Endogene Einflussfaktoren**
    - Innerbetriebliches Umfeld (Kultur, Ausrichtung)
    - Sachliche Ausstattung
    - Finanzielle Ressourcen
    - Organisationsstrukturen, -prozesse
    - ...

    Prinzipiell beeinflussbar
    ... via ergonomischer, organisatorischer und technologischer Arbeitsplatzgestaltung

- **Personelle Arbeitsbedingungen**
  – per se »endogen« –
  - Können und Wollen der innerbetrieblichen Kooperationspartner
  - Vorgesetzte, Kollegen, Nachgeordnete

6.1 Verständnis und Gestaltungsziele

WISSENSWERTES

Arbeitswissenschaften

Die Arbeitswissenschaften als interdisziplinäre, angewandte Wissenschaft erforschen insbesondere die Einflüsse, welche die Arbeit auf die Arbeitnehmer hat, und die Bedingungen, von denen Güte und Art der menschlichen Arbeitsleistung abhängen. Im Vordergrund der bisherigen Forschung stand dabei insbesondere solche Arbeit, die sich mit dem Mensch-Maschine-System, d. h. der körperlichen Tätigkeit in Industriebetrieben, auseinandersetzt. Mittlerweile sind die Gegenstände an moderne Dienstleistungs- und Industriebetriebe angepasst worden. Das Ziel der Forschung besteht darin, zum einen die Arbeitsbedingungen den Arbeitnehmern, zum anderen die Arbeitnehmer z. T. den Arbeitsbedingungen anzupassen. Sie umfasst dabei eine Vielzahl verschiedener Einzeldisziplinen; als Teilbereiche zählen vor allem die Arbeitsmedizin, die Arbeitspsychologie (Betriebspsychologie), die Arbeitssoziologie und die Ergonomie. Für das Personal-Management liefern die Arbeitswissenschaften wichtige Erkenntnisse über Analysemethoden, Verfahren der Arbeitsgestaltung und der Arbeitsplatzanalyse (vgl. Landau, 2004).

sind sie Bestandteile potenzieller *Anreize*, indem sie direkt (z. B. herausfordernde Arbeit, nette Kollegen) und/oder indirekt (mittels Beeinflussung der Erwartungen) wirken. Schließlich haben sie auch Einfluss auf die Arbeitszufriedenheit und die Gesundheit der Mitarbeiter. Auch als Kostenfaktor sind sie von Belang.

Die Arbeitsbedingungen sind in einer *Grobtaxonomie* bereits weiter vorne skizziert worden (vgl. Teil 2, Kap. 4.3.3). Differenziert wurde in personale sowie in sachliche Arbeitsbedingungen endogener wie exogener Art (vgl. Abbildung 4-13). Die personalen Arbeitsbedingungen beziehen sich vor allem auf besondere Bedingungen der Gruppenarbeit und sind von daher weitgehend schon in Teil 2 behandelt worden. Sachliche Arbeitsbedingungen exogener Art sind außerbetrieblicher Natur und entziehen sich von daher im Wesentlichen betrieblicher Einflussbemühungen. Insofern konzentrieren wir uns in diesem Kapitel auf die endogenen sachlichen Arbeitsbedingungen.

Der jeweils trennbaren Problemgehalte und verschiedenartigen Problemlösungsansätze wegen bietet sich die Grobunterteilung in ergonomische, organisatorische und technologische Gestaltungsbereiche (resp. Arbeitsplatzgestaltung) an, die in sich noch weiter aufgeteilt werden können. Sie thematisieren die aus der Sicht des Personal-Managements wichtigen Variablen (vgl. von Rosenstiel/Nerdinger, 2011, S. 85 ff.).

> Die Grundmaxime des Personal-Managements, dass mit seinen Tätigkeiten institutionelle und individuelle Ziele gleichzeitig erreicht werden sollen, bedarf an dieser Stelle keiner wiederholten Begründung. Für Maßnahmen der Gestaltung der Arbeitsbedingungen erfährt sie in der Literatur die Spezifizierung, dass mit ihnen sowohl Wirtschaftlichkeit der Arbeitsprozesse als auch Humanität des Arbeitsplatzes erreicht werden solle.

Humanität und Wirtschaftlichkeit

Die Tatsache, dass Arbeitswissenschaften noch nicht sehr lange existieren und Einigkeit über ihren *Gegenstandsbereich* nicht besteht, bringt es auch mit sich, dass

Arbeitsplatzgestaltung

6.2 Arbeitsbedingungen
Ergonomische Arbeitsplatzgestaltung

> **WISSENSWERTES**
>
> **Humanisierung der Arbeit**
>
> Bei der Humanisierung der Arbeit (HdA) handelt es sich letztlich um Maßnahmen, die zur Verbesserung der konkreten Arbeitssituation der Mitarbeiter und der Umsetzung von Humanzielen dienen. Vor allem im Rahmen der Arbeitswissenschaften werden diesbezügliche Forschungen unternommen. Wichtige Ansatzpunkte sind die Verbesserung der physischen, psychischen und sozialen Arbeitsbedingungen. Es geht dabei nicht um die generelle Reduktion der Arbeitsbelastungen; vielmehr soll ein Belastungsoptimum erreicht werden, das den Menschen weder über- noch unterfordert. Eine möglichst vielseitige Beanspruchung der menschlichen Eigenschaften und Fähigkeiten kann dabei Schnittstellen zwischen humanitären, ökonomischen und technologischen Zielen offenbaren. Die Bundesregierung legte dazu 1974 ein langfristiges Aktions- und Forschungsprogramm zur HdA vor. Mit ihm wurde das Ziel verfolgt, die Arbeitsbedingungen stärker an den Bedürfnissen der arbeitenden Menschen anzupassen. Dies bedeutete im Einzelnen:
> - Erarbeitung von Schutzdaten, Richtwerten und Mindestanforderungen an Maschinen, Anlagen und Arbeitsstätten;
> - Entwicklung von menschengerechten Arbeitstechnologien;
> - Erarbeitung von beispielhaften Vorschlägen und Modellen für die Arbeitsorganisation und die Arbeitsplatzgestaltung;
> - Verbreitung und Anwendung wissenschaftlicher Erkenntnisse und Betriebserfahrungen.
>
> Das sehr umfangreiche HdA-Programm hat eine Vielzahl an Fortschritten im Hinblick auf eine menschengerechte Gestaltung von Arbeitsbedingungen erbracht (vgl. Kreikebaum, 1992, 1993).

es unterschiedliche und – trotz teilweise gleicher Benennungen – unterschiedlich abgegrenzte Gestaltungsbereiche für die betrieblichen Arbeitsbedingungen gibt. Wir differenzieren entlang einer objektorientierten Gliederung in drei Teilbereiche (mit weiteren Untergliederungen):
- ergonomische Arbeitsplatzgestaltung (inkl. Anpassung von Arbeitsbedingungen an die Gesundheit der Mitarbeiter),
- organisatorische Arbeitsplatzgestaltung (inkl. Aufgabengestaltung und Arbeitszeitmanagement) und
- technologische Arbeitsplatzgestaltung (z. B. Automatisierung, »Industrie 4.0«).

Durch diese Differenzierung wird es ermöglicht, auf inhaltlich unterschiedliche Aspekte einzugehen.

6.2 Ergonomische Arbeitsplatzgestaltung

> Mit Ergonomie ist die komplexe Erforschung und Gestaltung der Arbeitstätigkeit unter Einbeziehung von Arbeitsinstrumenten und -hilfsmitteln gemeint.

Ziel

Ziel ist eine *Optimierung* von Arbeitsprozessen, -bedingungen und -instrumenten im Sinne der beiden genannten Gestaltungsziele, durch Gestaltungsmaßnahmen, mit denen also Zielkomplementarität für Wirtschaftlichkeit und Humanität weitgehend erreicht werden kann. Dabei wird hervorgehoben, dass Technik und Techno-

6.2 Ergonomische Arbeitsplatzgestaltung

logien nicht in der Weise verselbstständigt zu denken seien, dass die Menschen sich ihnen (z. B. Maschinen) anzupassen hätten, sondern dass vielmehr umgekehrt technische Instrumentarien so zu konzipieren seien, dass sie unter Beachtung menschlicher Fähigkeiten echte Unterstützungsfunktionen erfüllen können. Aus der folgenden Darstellung wird erkennbar, dass die Ergonomie eine Mehrzahl spezieller Teildisziplinen einschließt (vgl. Luczak/Schlick/Bruder, 1998, S. 629 ff.; Luczak/Springer, 1996; Hettinger/Strasser, 1993; Schmidt/Schlick/Grosche, 2008). Wir thematisieren hier fünf Bereiche.

(1) Anthropometrische Arbeitsplatzgestaltung

Die Anthropometrie ist die Lehre von den Maßen, Messverhältnissen und der Messung des *menschlichen Körpers*. Sie strebt die Anpassung des Arbeitsplatzes an die Abmessungen des Menschen an und bildet die Grundlage für weitere Aspekte der Arbeitsplatzgestaltung, zum Beispiel der informationstechnischen Arbeitsplatzgestaltung. Anthropometrische Gestaltungsmaßnahmen zielen darauf hin, einen möglichst belastungs- und ermüdungsarmen Arbeitsplatz zu schaffen. Er verlangt eine durchdachte und präzise Abstimmung von Wahrnehmungs-, Bewegungsabständen und -räumen, von Bedienungselementen in Funktion, Anordnung etc. Das wiederum ist wichtig zum Beispiel für die am Arbeitsplatz einzunehmende, teilweise für den Arbeitsvorgang erzwungene Körperhaltung. Günstig in Bezug auf Verringerung der Ermüdungsgefahren sind Bewegungen einschließende, Abwechslungen ermöglichende, eher sitzende als stehende Arbeitshaltungen.

Anthropometrie

(2) Physiologische Arbeitsplatzgestaltung

Die Arbeitsphysiologie untersucht mit physikalischen, physikchemischen und biochemischen Methoden die Möglichkeiten der Abstimmung von Arbeitsmethoden und -bedingungen auf die *menschliche Leistungsfähigkeit und Belastbarkeit*. Zweck einer angemessenen physiologischen Arbeitsplatzgestaltung ist es, die individuelle Leistungsfähigkeit des Menschen über das ganze Arbeitsleben zu erhalten, krankheitsbedingte Ausfälle zu verringern und eine effiziente Ausführung des Arbeitsprozesses zu gewährleisten. Ansatzpunkt ist die Wahl eines Arbeitsverfahrens mit günstigem Wirkungsgrad unter Vermeidung energetisch ungünstiger Arbeitsformen. Der Wirkungsgrad menschlicher Arbeit ist definiert als Quotient aus

Arbeitsphysiologie

$$\frac{\text{Arbeitsergebnis}}{\text{Beanspruchung}}$$

Dabei kann die Schaffung arbeitsspezifisch und individuell günstiger Umgebungseinflüsse sowohl die Leistungsfähigkeit wie auch die Belastbarkeit steigern. Der Quotient erfährt also in jedem Falle eine positive Änderung: Das Arbeitsergebnis (Zähler) wird erhöht und/oder die Beanspruchung (Nenner) wird gesenkt.

▸ Aussagen über den Wirkungsgrad liegen in der Hauptsache für solche Arbeiten vor, deren Ergebnis mit Art und Ausmaß körperlicher Beanspruchungen verglichen wurde; psychomentale Beanspruchungen sind weitaus schwieriger erfassbar. Beispielhafte Grundaussagen sind etwa, dass Muskeln für statische Haltear-

6.2 Arbeitsbedingungen
Ergonomische Arbeitsplatzgestaltung

beiten weniger geeignet sind als dynamische, d. h. für Bewegungsarbeiten, dass möglichst große Muskelgruppen zur Krafterzeugung herangezogen werden sollten, dass die Ermüdung des schwächsten Glieds einer Muskelkette die Leistung bestimmt, dass die Körperhaltung u. a. die Gelenkstellung und damit den optimalen Hebelansatz bestimmt. Sie können zur Gestaltung von Arbeitsverfahren, -plätzen und -mitteln herangezogen werden, mit den Ergebnissen, bei gleicher Beanspruchungsintensität die Leistungsfähigkeit zu steigern, oder unter Erhaltung der Leistungsfähigkeit die Beanspruchung zu senken, oder sogar mit Leistungssteigerungen gleichzeitig Beanspruchungsminderungen zu erreichen.

- Unter Umgebungseinflüssen werden solche Bedingungen verstanden, die die Arbeitsausführungen direkt unterstützen (Beleuchtung), für eine angenehme Arbeitssituation sorgen und den Arbeitsvollzug damit indirekt erleichtern (Klima, Farben), störende oder schädliche Einflüsse ausüben (Lärm, Staub, Schwingungen, Gase, Dämpfe).

Die Bemühungen zur Gestaltung dieser Arbeitsbedingungen gehen dahin, positive Wirkungsrichtungen und -ausmaße in den beiden ersten Kategorien wirkungsgraderhöhend zu nutzen bzw. negative Einflüsse nach Möglichkeit auszuschalten, wenigstens zu mindern. Zu den wichtigsten Einflussfaktoren sollen beispielhaft einige Erkenntnisse wiedergegeben werden, deren Berücksichtigung bei der Arbeitsplatzgestaltung zu einer Erhöhung des Wirkungsgrads dort vollzogener Arbeiten beitragen kann.

Beleuchtung

Die *Beleuchtung* eines Arbeitsplatzes in Art und Stärke beeinflusst die Leistung des dort Arbeitenden, und zwar positiv durch Erhöhung der Beleuchtungsstärke, je kleiner die Details und je geringer die Kontraste der wahrzunehmenden Objekte sind. Genormte Stufen der »Kennbeleuchtungsstärke« (nach DIN 5035) empfehlen für bestimmte Sehaufgaben bestimmte Lux-Werte (Die DIN-Normen werden schritt-

WISSENSWERTES

Arbeitsschutzausschuss (ASA)

»(1) Arbeitgeber sind verpflichtet, für Arbeitsstätten, in denen sie regelmäßig mindestens 100 Arbeitnehmer beschäftigen, einen Arbeitsschutzausschuss [ASA] einzurichten. Diese Verpflichtung gilt für Arbeitsstätten, in denen mindestens drei Viertel der Arbeitsplätze Büroarbeitsplätze oder Arbeitsplätze mit Büroarbeitsplätzen vergleichbaren Gefährdungen und Belastungen sind, erst ab der regelmäßigen Beschäftigung von mindestens 250 Arbeitnehmern. ... (2) Der Arbeitsschutzausschuss hat die Aufgabe, die gegenseitige Information, den Erfahrungsaustausch und die Koordination der betrieblichen Arbeitsschutzeinrichtungen zu gewährleisten und auf eine Verbesserung der Sicherheit, des Gesundheitsschutzes und der Arbeitsbedingungen hinzuwirken. Der Arbeitsschutzausschuss hat sämtliche Anliegen der Sicherheit, des Gesundheitsschutzes, der auf die Arbeitsbedingungen bezogenen Gesundheitsförderung und der menschengerechten Arbeitsgestaltung zu beraten. Im Arbeitsschutzausschuss sind insbesondere die Berichte und Vorschläge der Sicherheitsvertrauenspersonen, der Sicherheitsfachkräfte und der Arbeitsmediziner zu erörtern. Der Arbeitsschutzausschuss hat die innerbetriebliche Zusammenarbeit in allen Fragen von Sicherheit und Gesundheitsschutz zu fördern und Grundsätze für die innerbetriebliche Weiterentwicklung des ArbeitnehmerInnenschutzes zu erarbeiten. ... (5) Der Arbeitgeber oder die von ihm beauftragte Person hat den Arbeitsschutzausschuss nach Erfordernis, mindestens aber einmal pro Kalenderjahr, einzuberufen.« ASA-Mitglieder sind: Vertreter des Arbeitgebers (Vorsitz), die Sicherheitsfachkraft, der Arbeitsmediziner, die Sicherheitsvertrauensperson, Betriebsrat (§ 88 ArbeitnehmerInnenschutzgesetz/AschG).

6.2 Ergonomische Arbeitsplatzgestaltung

weise durch europäische Normen abgelöst.). Zu beachten ist unter anderem, dass der reale Lichtbedarf vom Lebensalter abhängig ist: Mit zunehmendem Alter wird der Lichtbedarf größer, und zwar in einem nichtlinearen Verhältnis. Belegt man zum Beispiel den Lichtbedarf zum Lesen eines gut gedruckten Buchs für das Alter von 40 Jahren mit der Basismesszahl 1, so wäre diese für das Alter von 20 Jahren mit dem Faktor 1/2, für das Alter von 60 Jahren mit dem Faktor 5 zu multiplizieren. Darüber hinaus spielen für die Gestaltung der Arbeitsplatzbeleuchtung noch weitere Merkmale eine Rolle, wie zum Beispiel die Blendfreiheit, die Gleichmäßigkeit, schließlich auch die Farbe des Lichts.

Das *Klima* mit seinen vier Faktoren Lufttemperatur, -feuchtigkeit, -bewegung und Strahlungstemperatur der Umgebung beeinflusst nicht nur das individuelle Wohlbefinden (»Behaglichkeit«), sondern auch die menschliche Leistungsfähigkeit. So entzieht zum Beispiel Hitze durch die mit ihr verbundene erhöhte Hautdurchblutung den Muskeln Blut, was die Dauerleistungsgrenze für körperliche Arbeit absenkt.

Klima

Für die Luftfeuchtigkeit wird innerhalb einer Bandbreite zwischen 30 und 70 Prozent das Optimum mit 50 Prozent angesetzt, wohingegen die optimalen Temperaturwerte je nach zu verrichtender Arbeit schwanken. Die Grenze der Belastung durch Wärme sinkt mit zunehmender Schwere der Arbeit. Richtwerte helfen bei der Gestaltung der Arbeitsbedingungen.

Auch für den *Lärm* als akustischen Störfaktor (»Lärmverschmutzung«) gilt, dass er sowohl das Wohlbefinden als auch die Leistungsfähigkeit beeinträchtigt. Gestaltungsmaßnahmen zur Lärmverhinderung oder -bekämpfung sind am wirkungsvollsten, wenn sie an den Lärmursachen ansetzen können. Zu ihnen gehört die Beseitigung von Lärmquellen oder die Minderung von Störfrequenzen, Phonstärke und/oder Lärmrhythmus; sie sind jedoch nicht immer möglich. Dann kommen als zweite Maßnahmenkategorie Versuche zur Bekämpfung der Lärmfolgen in Frage: zum Beispiel die Isolierung von Lärmquellen, Lärmschutz für unmittelbar Betroffene (Gehörschutz für Flugzeugeinweiser und für Arbeiter am Presslufthammer). Die Grenze, bis zu der Geräusche nicht als störend empfunden werden, wird bei 40-55 Dezibel (db) (A) angesetzt. Sehr viele Arbeitsplätze, vor allem im industriellen Werkstattbereich sind jedoch durch höhere Schallpegel gekennzeichnet: zum Beispiel Werkzeugmaschinen mit 65-90 db (A), Sägewerke, Turbinengebläse mit 90-120 db (A), Motorenprüfstände mit über 120 db (A). Jahrelange Arbeit in den beiden letztgenannten Lärmkategorien kann zu ernsthaften gesundheitlichen Schädigungen führen, unter Umständen auch zu Schwerhörigkeit bis Taubheit.

> »Ich brauche Ruhe und Heiterkeit der Umgebung ..., wenn ich arbeite.«
> Adalbert Stifter

Lange Zeit »galt« (das Vorurteil), dass die *Arbeitsfähigkeit* älterer Arbeitnehmer (zwischen 45 und 65 Lebensjahren definiert) sukzessiv abnimmt, daran könnten auch speziell gestaltete Arbeitsbedingungen nichts ändern. Andere Arbeitsplätze oder Frühverrentung wären die besseren Alternativen. Mittlerweile sind aber einige Betriebe stolz darauf, den Altersdurchschnitt ihrer Belegschaft ohne gestiegene Absentismuszahlen und Personalkosten erhöht zu haben. Der »Jugendwahn« am Arbeitsmarkt ist vorbei, sodass allein dadurch die Beschäftigungsquote älterer Mitarbeiter steigt (vgl. Schirrmacher, 2004). Das, was seit den 1980er-Jahren empirisch als bewiesen gilt (vgl. bspw. Lehr/Wilbers, 1992), nämlich dass ältere Arbeit-

> »Als ich vierzehn war, war mein Vater so unwissend. Ich konnte den alten Mann kaum in meiner Nähe ertragen. Aber mit einundzwanzig war ich verblüfft, wie viel er in sieben Jahren dazugelernt hatte.«
> Mark Twain

6.2 Arbeitsbedingungen
Ergonomische Arbeitsplatzgestaltung

> **WISSENSWERTES**
>
> **Alterns-, nicht allein altersgerechte Personalarbeit**
>
> Ein Element der demografieorientierten Personalarbeit ist eine alterns-, nicht eine altersgerechte Vorgehensweise. »Altersgerecht« bedeutet, dass entsprechend des Alters (gemeint für noch vorhandene Fähigkeiten) Arbeitsplätze und -prozesse gestaltet werden. Diese Vorgehensweise setzt an, wenn »das Kind bereits in den Brunnen gefallen ist«, d. h. wenn Mitarbeiter – auch durch ihre Arbeit – Handicaps am Arbeitsplatz haben. »Alternsgerecht« antizipiert mögliche Probleme; der Arbeitgeber fängt bei der Gestaltung von Arbeitsprozessen und -plätzen junger Arbeitnehmer an. So trägt der Betrieb dazu bei, dass weder zeitliche Vakanzen (durch krankheitsbedingten Absentismus) oder Qualifikationslücken (durch das Verlernen des Lernens), noch dauerhafte Vakanzen (durch Frühverrentung) in dem Umfang entstehen, wie das in vielen Betrieben erlebt wird. Insbesondere für Industriebetriebe lohnt sich beispielsweise die Investition in ein Gesundheitsmanagement (s. u.) – und dies nicht (allein) aus ethischen Überlegungen heraus.

nehmer durchaus leistungsfähig sind, bestimmt nicht mehr überall das betriebliche Verhalten.

»Mit dem Alter nimmt Urteilskraft zu und Genie ab.« Immanuel Kant

In Vorurteilen ist das *Defizit-Modell* aber noch en vogue: Es besagt, dass ältere Arbeitnehmer im Zeitablauf Qualifikationsdefizite in vielen Bereichen akzeptieren müssen. In der Forschung wird dies anders gesehen: Es wird davon ausgegangen, dass es zwar den Abbau einzelner Qualifikationsmerkmale bei älteren Arbeitnehmern gibt, aber durch den – im Vergleich zu Jüngeren – Aufbau anderer Qualifikationsmerkmale die Defizite zumindest kompensiert werden. Das *Kompetenzmodell* geht noch weiter. Es geht davon aus, dass durch eine andere Mischung und Gewichtung von Qualifikationsmerkmalen eine höhere Kompetenz entsteht. Zudem darf man nicht übersehen, dass ältere Arbeitnehmer nicht auf die gleiche Art und Weise altern. Sie haben unterschiedliche Historien, verschiedene Arbeitsplätze, unterschiedliche genetische und körperliche Voraussetzungen. Insofern ist differenzielles Altern in der Empirie beobachtbar.

Einsatzfähigkeit Älterer

(3) Psychologische Arbeitsplatzgestaltung

Psychologie

Die psychologische Arbeitsplatzgestaltung verfolgt das Ziel, eine angenehme Umwelt zu schaffen. Ihr stehen verschiedene Gestaltungsobjekte zur Verfügung.

Optische Annehmlichkeiten können einen Behaglichkeitseindruck vermitteln. Neben dem Anbringen von Bildern, dem Aufstellen von Pflanzen, von Plastiken steht hierbei die Farbgestaltung des engeren Arbeitsplatzes wie auch des weiteren

> **TERMINOLOGIE**
>
> **Betriebsklima**
>
> Betriebsklima ist ein Ausdruck der sozialen Atmosphäre, wie Mitarbeiter sie in einem Betrieb, einer Abteilung oder einer Gruppe empfinden. Im Gegensatz zur Arbeitszufriedenheit spielen die zwischenmenschlichen Beziehungen und die Zusammenarbeit der Mitarbeiter eine besondere Rolle. Die Identifikation mit einem Betrieb, die Leistung u. a. steigen mit einem guten Betriebsklima. Ein schlechtes Betriebsklima macht sich in der Regel in erhöhter Fluktuation, in höheren Fehlzeiten o. Ä. bemerkbar. Von daher ist es im Rahmen der Mitarbeiterführung zu beeinflussen. Als Determinanten gelten im Allgemeinen: Kollegenbeziehungen, Vorgesetztenverhalten, Arbeitsorganisation, Arbeitssystem, Arbeitsbedingungen, Partizipation.

6.2 Ergonomische Arbeitsplatzgestaltung

> **WISSENSWERTES**
>
> **Gefährdungsbeurteilung psychischer Belastungen (GB-Psych)**
> Der Arbeitgeber hat für den Bereich psychischer Belastungen die für die Beschäftigten mit ihrer Arbeit verbundenen Gefährdungen zu ermitteln sowie entsprechende erforderliche Maßnahmen des Arbeitsschutzes zu entwickeln und Ergebnisse zu dokumentieren (vgl. § 4 I, § 5 III, § 6 I ArbSchG). Allerdings ist weder die konkrete Ausgestaltung einer GB-Psych nicht geregelt, noch liegt eine einheitliche, vorgegebene Messmethodik der Gefährdungen vor. Das führt einerseits zur Umsetzungsunsicherheit, andererseits gewährt es allerdings auch viel Freiheit bei der Umsetzung bei der Ermittlung (bspw. schriftliche Befragung oder Belegschaftsgespräche, alle Mitarbeiter oder Belegschaftsgruppen) wie bei der Maßnahmenentwicklung. Eine GB-Psych ist in vielen Betrieben gerade wegen der in vielen Bereichen zugenommenen Arbeitsverdichtung ein für Arbeitnehmer wie Arbeitgeber sinnvolles Vorgehen. Krankheitsbedingte Fehlzeiten können so in beiderseitigem Interesse vermieden werden (vgl. auch DIN EN ISO 10075).

Arbeitsraums im Vordergrund. Farben üben allgemein bestimmte psychologische Wirkungen aus: Einige werden als anregend (z. B. orange, gelb, braun), andere als beunruhigend (z. B. grün, rot, violett) oder als beruhigend (z. B. blau) empfunden; zudem gehen von ihnen Wirkungen in Bezug auf Temperaturvorstellungen aus.

Ein psychischer Zustand der Arbeitenden, der mit geeigneten Gestaltungsmaßnahmen zu mildern versucht wird, ist der der *Monotonie*: ein ermüdungsähnlicher Bewusstseinszustand, der mit Schläfrigkeit, Gleichgültigkeit, Abstumpfung verbunden ist, hervorgerufen durch physisch/psychische Belastungen, die von gleichförmigen Tätigkeiten ausgehen (»Fließbandmonotonie«). In der Folge sind meist Aufmerksamkeit und Reaktionsfähigkeit vermindert. An den Monotonie-Ursachen ansetzende Gestaltungsversuche müssen die Arbeitsvorgänge von der Gleichförmigkeit entlasten. Ist das (kurzfristig) nicht möglich, können nur noch die Monotonieerscheinungen und -folgen bekämpft werden: Abwechslung in der Raumgestaltung (optisch, akustisch), Pausenprogramme usw.

Monotonie

(4) Informationstechnische Arbeitsplatzgestaltung
Maßnahmen informationstechnischer Arbeitsplatzgestaltung betreffen Erleichterungen für die menschlichen Sinnesorgane in ihrem Einsatz zur Informationsaufnahme, ohne die Beginn und Vollzug von Arbeitstätigkeiten nicht möglich sind. Erst aufgrund von Wahrnehmungen (= Informationsaufnahme) durch Sehen, Hören, Tasten und deren Verarbeitung kann im Betrieb gearbeitet werden. Hierauf gerichtete Gestaltungsmaßnahmen haben die Erleichterung oder die Beschleunigung des Wahrnehmungsvorgangs selbst und die Verringerung der Fehlermöglichkeiten bei der Wahrnehmungsverarbeitung zum Ziel, um damit wiederum den Wirkungsgrad der Arbeit zu erhöhen.

Informationsprozesse

Zu den *Bereichen* der informationstechnischen Arbeitsplatzgestaltung gehören:
- die Gestaltung optischer Informationsträger, etwa von Anzeigeinstrumenten, deren Beschaffenheit mit Zahlen, Zeigern und/oder Skalen ihre Ablesbarkeit beeinflusst,
- die Benutzung von akustischen Signalen zur Sicherung des Arbeitsfortschritts oder zur Warnung,

6.2 Arbeitsbedingungen
Ergonomische Arbeitsplatzgestaltung

> **WISSENSWERTES**
>
> **Berufsgenossenschaft**
> Bei den Berufsgenossenschaften handelt es sich um die Träger der gesetzlichen Unfallversicherung, deren Aufgaben die Prävention von Unfällen sowie die Rehabilitation und Entschädigung von Arbeitsunfällen und Berufskrankheiten sind (vgl. Stein, 2010).

- die Gestaltung von Stellteilen, die es dem Menschen ermöglichen, den Arbeitsablauf zu beeinflussen (z. B. Griffarten, Stellwiderstand, Anordnung, Bewegungsrichtung von Stellteilen) und
- die ergonomische Softwaregestaltung, die sich u. a. mit den verwendeten Werkzeugen im Computersystem, der Ein- und Ausgabe von Informationen an der Schnittstelle zwischen System und Benutzer sowie der Struktur des Dialogs im Mensch-Computer-System beschäftigt.

(5) Sicherheitstechnische Arbeitsplatzgestaltung

»Ob vom Kölner Dom, ob vom Zirkuszelt, ob vom Dach einer Dampfwäscherei: für den Arbeiter, der herunterfällt, ist das völlig einerlei.«
Erich Kästner

Gegenstand der sicherheitstechnischen Arbeitsplatzgestaltung sind Maßnahmen zur Erhöhung des Arbeitsschutzes, zur Verringerung und zur Verhütung von Unfällen. Solche Maßnahmen sind Hauptaufgabe einer Vielzahl spezieller Fachkräfte für Arbeitssicherheit (Sicherheitsingenieure, Betriebsärzte), deren Vorgehen nach folgendem *Schema* abläuft:

- Analysieren tatsächlicher und potenzieller Gefährdungen,
- Festlegen von Schutzzielen (für technische Arbeitsmittel zum Beispiel besteht dann höchste Schutzgüte, wenn eine Gefährdung der Benutzer oder Dritter bei Bedienung, Wartung, Instandsetzung von vornherein ausgeschlossen ist),

> **ZUR VERTIEFUNG**
>
> **Arbeitsschutzrecht**
> Das Arbeitsschutzrecht stellt eine öffentlich-rechtliche Schutzvorschrift dar und ist ein Teilbereich des Arbeitsrechts (vgl. Heilmann, 2004). Unter den Arbeitsschutz fallen alle Vorschriften, die der Erhaltung der Gesundheit der Arbeitnehmer dadurch dienen, dass berufsbedingte Beeinträchtigungen, Gefährdungen und Schädigungen wie auch Über- und Unterforderung der Arbeitnehmer verhütet oder – wenn dies nicht vollständig möglich ist – verringert werden. Mit seiner Hilfe soll der Schutz des Arbeitnehmers vor Gefahren des Arbeitslebens durch staatliche Aufsicht, behördlichen Zwang und Strafandrohungen gewährleistet werden. Hierzu gehören insbes. der Betriebs- und Gefahrenschutz, der Arbeitszeitschutz sowie der Schutz bestimmter Arbeitnehmergruppen (z. B. Jugendliche, Schwerbehinderte, Frauen). Dem Arbeitgeber werden notfalls auch gegen den Willen des geschützten Arbeitnehmers öffentlich-rechtliche Pflichten auferlegt, um die dem Einzelnen bei der Arbeit drohenden Gefahren zu beseitigen oder zu vermindern. Der Arbeitnehmer kann auf die Einhaltung der Vorschriften des Arbeitsschutzrechtes nicht wirksam verzichten. Die Regelungen stehen nicht zur Disposition der Arbeitsvertragsparteien. Dabei gibt es kein spezielles Arbeitsschutzgesetz. Die entsprechenden Regelungen und Bestimmungen finden sich zum Beispiel in der Arbeitsstättenverordnung, der Gefahrstoffverordnung, dem Arbeitszeitgesetz, dem Betriebsverfassungsgesetz, dem Arbeitssicherheitsgesetz, dem Jugendarbeitsschutzgesetz und dem Mutterschutzgesetz. Unter bestimmten Bedingungen ist ein Arbeitsschutzausschuss zu bilden.

- Ableiten von Maßnahmen zur Erhöhung des Arbeitsschutzes,

- Kontrollieren der Wirksamkeit.

Welche Bedeutung der Arbeitssicherheit in unserem Gesellschafts- und Rechtssystem beigemessen wird, wird deutlich, wenn man sich die Vielzahl von diesbezüglichen Vorschriften, Verordnungen und Gesetzen vor Augen führt.

Als sicherheitstechnische Gestaltungsbereiche gelten die folgenden vier:
- Gefahrenausschaltung (Sie muss bereits im Stadium der Konstruktion von technischen Hilfsmitteln angestrebt werden.),
- Verhinderung des Wirksamwerdens von Gefahr,
- Verhaltensmäßige Kompensation der Gefahr,
- Erhöhen der Widerstandsfähigkeit des menschlichen Körpers (Schutzkleidung und -mittel).

6.3 Organisatorische Arbeitsgestaltung

> Unter organisatorischer Arbeitsgestaltung sollen hier Maßnahmen verstanden werden, die sich zum Ersten auf die Aufgabengestaltung, zum Zweiten auf den zeitlichen Aspekt des Arbeitsablaufs beziehen, dessen Bedeutung als betriebspolitisches Gestaltungsinstrument in den vergangenen Jahren beständig gestiegen ist.

6.3.1 Aufgabengestaltung

Im Sinne der klassischen Organisationslehre, d. h. in strukturell-organisatorischer Sicht, ist die Aufgabengestaltung gleichbedeutend mit der Aufgabensynthese, d. h. der Problemstellung der gesamten Bildung von Teilaufgaben, die auf potenzielle Stelleninhaber übertragungsfähig sind. Die Aufgabengestaltung bestimmt wesentlich den Arbeitsinhalt und den Arbeitsablauf einer Stelle; dadurch hat sie wesentlichen Einfluss auf die Effizienz des Ablaufs sowie die Belastung und die Persönlichkeitsentwicklung der Stelleninhaber.

Begriff

Unter dem Blickwinkel des Personal-Managements interessieren in erster Linie die Wirkungen der Aufgabengestaltung auf die Stelleninhaber. Ein zentrales Kriterium zur Gestaltung von Arbeitstätigkeiten ist in dann – neben der physischen Schädigungsfreiheit, der psychosozialen Beeinträchtigungslosigkeit und der Zumutbarkeit – die Persönlichkeitsförderlichkeit (vgl. Ulich, 2011, S. 113 ff.). Wesentliches Ziel der persönlichkeitsfördernden Aufgabengestaltung ist es, die dysfunktionalen Konsequenzen der tayloristischen Aufgabengestaltung zu korrigieren, indem die extreme horizontale und vertikale Arbeitsteilung aufgehoben wird und ganzheitliche Tätigkeiten ermöglicht werden (vgl. Dunckel/Volpert, 1997, S. 792; Ulich, 2011, S. 121 ff.).

Mit Ulich (2011; 1980) lassen sich drei unterschiedliche *Strategien* der Arbeitsgestaltung unterscheiden:

Strategien der Arbeitsgestaltung

6.3 Arbeitsbedingungen
Organisatorische Arbeitsgestaltung

> **WISSENSWERTES**
>
> **Desk Sharing**
>
> Mit Desk Sharing ist eine moderne Form der räumlichen Organisation eines flexiblen Arbeitsortes innerhalb eines Betriebes gemeint, bei der sich ein Mitarbeiter einen Schreibtisch oder ein Büro mit einem anderen »mobilen« Mitarbeiter teilt.

- Die *korrektive Arbeitsgestaltung* bezeichnet die nachträgliche Korrektur von Arbeitsplätzen und Systemen, wenn zum Beispiel ergonomische, physiologische, psychologische, sicherheitstechnische oder rechtliche Erfordernisse bei der ursprünglichen Gestaltung ungenügend berücksichtigt wurden.
- Bei der *präventiven Arbeitsgestaltung* werden arbeitswissenschaftliche Erkenntnisse bereits im Stadium der Planung von Arbeitsplätzen und -systemen eingebracht, um gesundheitliche Schädigungen und Beeinträchtigungen zu vermeiden.
- Während die korrektive und präventive Arbeitsgestaltung Strategien zur Vermeidung von Beeinträchtigungen sind, geht die *prospektive Arbeitsgestaltung* darüber hinaus: sie beinhaltet die bewusste Schaffung von Möglichkeiten der Persönlichkeitsentwicklung bereits im Stadium der Planung eines Arbeitssystems durch das Erzeugen objektiver Handlungs- und Gestaltungsspielräume.

Ausgehend von dem Gestaltungsziel einer persönlichkeitsförderlichen Arbeitsgestaltung erweitert Ulich (1997, 2011, S. 226 ff.) die Strategie der prospektiven Arbeitsgestaltung durch zwei Prinzipien, die die Berücksichtigung der Eigenarten unterschiedlicher Personen bei der Gestaltung von Arbeitstätigkeiten gewährleisten sollen:

Prinzipien

- Das Prinzip der *differenziellen Arbeitsgestaltung* postuliert – unter bewusster Abhebung von der tayloristischen Sichtweise des »one best way« – das gleichzeitige Angebot verschiedener Arbeitsstrukturen, zwischen denen die Arbeitenden wählen können. Dieses Prinzip soll durch die Auseinandersetzung mit der Arbeitsaufgabe die Persönlichkeitsentwicklung fördern und dabei interindividuellen Unterschieden der Mitarbeiter Rechnung tragen.
- Ergänzt wird dieses Prinzip durch die *dynamische Arbeitsgestaltung*. Sie soll gewährleisten, dass dem Prozess der Persönlichkeitsentwicklung – also dem intraindividuellen Werdegang über die Zeit – Rechnung getragen wird, indem der Wechsel zwischen verschiedenen Arbeitsstrukturen ermöglicht wird sowie bestehende Arbeitsstrukturen erweitert und neue Arbeitsstrukturen geschaffen werden.

Seit Anfang der 1990er-Jahre ist auch unter rein wirtschaftlichen Gesichtspunkten eine Tendenz weg von der tayloristischen Arbeitsteilung hin zu einer ganzheitlichen, integrierten Arbeitsgestaltung nach dem Prinzip der Mengenteilung festzustellen. Mit dem Ziel einer gemeinsamen Optimierung der Zielgrößen Kosten, Zeit und Qualität wird eine stärkere Prozessorientierung in der Organisationsgestaltung verfolgt. Durch die Prozessorientierung (im Gegensatz zur bisherigen Funktionsorientierung)

6.3 Organisatorische Arbeitsgestaltung

ZUR VERTIEFUNG

Betriebliches Gesundheitsmanagement

Die zentrale Maxime eines betrieblichen Gesundheitsmanagements lautet »Gesundheit fördert Arbeit!«. Sie zu erreichen führt zum Ziel. Durch eine planerische Vorgehensweise sind Managementsysteme und -prozesse so zu entwickeln, zu verankern und zu steuern, dass individuelle Belastung und Verschleiß reduziert, das Wohlbefinden und Gesundheitsverhalten von Mitarbeitern gegebenenfalls gefördert, und die individuelle Arbeitsfähigkeit erhalten werden – und so zu einer Steigerung des betrieblichen Erfolgs beiträgt. Die Gesundheit der Mitarbeiter gilt als strategischer Faktor für Betriebe wie Individuen; sie zu erhalten und zu erreichen ist insofern eine *(Personal-)Managementaufgabe*. Antizipative (Gesundheitsförderung und -erhalt) wie reaktive Maßnahmen gehören zum Repertoire, ebenso wie eine Reihe von Managementaufgaben: Mitarbeiterführung, Gestaltung der Arbeitsbedingungen, Absentismus-Prophylaxe und Personalentwicklung sind hier vor allem zu nennen. Sie können allgemeiner wie auch personenbezogener Art sein (vgl. Badura, 2002; Rudow, 2004; Badura/Bienert, 2009).

Der Zusammenhang zwischen Personal-Management und Gesundheitsmanagement kann auf verschiedene Art und Weise gestaltet werden. Eine Integration des Gesundheitsmanagements als eigenständige Funktion im Personalsystem ist ebenso denkbar wie ein Nebeneinander. Im Hinblick auf die Erkenntnisse zu den Ursachen mangelnder psychischer wie physischer Gesundheit (vgl. Abb. 4-14) ist es auf jeden Fall sehr sinnvoll, dass eine enge Zusammenarbeit der beiden Aufgaben personell wie institutionell vorgesehen ist. In manchen Bereichen ist sie zudem zwingend vorgeschrieben (Eingliederungsmanagement, s. u.)

Abb. 4-14

Zusammenhang zwischen (Personal-)Arbeit und Gesundheit

Allgemeine betriebliche Bedingungen
- Führungsverhalten
- Prozessorganisation
- Personalentwicklungsmöglichkeiten
- Organisationskultur
- Personalbetreuung
- Konflikte, Kooperation, Kommunikation
- Eingliederungsmanagement
- Gesundheitsmanagement
u. Ä.

Spezifische Arbeitsbedingungen
- Konkrete Handlungsmöglichkeiten
- Möglichkeiten zu sozialen Beziehungen
- Komplexität der Situation
- Individuelle Verantwortung

Gesundheit
- Physisches Befinden
- Psychisches Befinden
- Teilnahme- und Leistungsmotivation
- Identifikation
- Selbstwertgefühl
- Soziale Kompetenz
u. Ä.

Arbeits- und Leistungsverhalten
- Anwesenheit
- Leistungsintensität
- Leistungsqualität
- Kooperationsverhalten
- Rauchen
- Alkoholgenuss
u. Ä.

Quelle: in Anlehnung an *Huber*, 2010, S. 70

6.3 Arbeitsbedingungen
Organisatorische Arbeitsgestaltung

sollen Schnittstellen minimiert und Durchlaufzeiten verkürzt werden. Für die Gestaltung der Arbeitsinhalte hat die Prozessorientierung zur Konsequenz, dass zumindest in den sogenannten prozessnahen Bereichen ganzheitliche Arbeitsinhalte entstehen. Diese bündeln planende, steuernde, ausführende, administrative und kontrollierende Funktionen. Gleichzeitig steigen die zeitlichen Arbeitsumfänge und die qualifikatorischen Anforderungen an die Mitarbeiter.

Zielkonkurrenz

Durch diese Tendenzen in der Aufgabengestaltung wird die Zielkonkurrenz zwischen den Zielen der Wirtschaftlichkeit und der Humanität scheinbar verringert. Es bleibt jedoch zu berücksichtigen, dass ganzheitliche Arbeitsinhalte verbunden mit gestiegenen Anforderungen an fachliche, soziale und kommunikative Fähigkeiten und mit der Notwendigkeit einer permanenten Kompetenzentwicklung nicht durch alle Mitarbeiter als motivierend und human empfunden werden. Vor allem extrinsisch motivierte Mitarbeiter mit niedrigen Qualifikationsniveaus sowie mangelnder Lernbereitschaft und/oder -fähigkeit werden durch solcherart anspruchsvolle Arbeitsinhalte leicht überfordert.

»Gesundheit ist die erste Pflicht im Leben.« Oscar Wilde

Auch im Lichte neuer Managementkonzepte muss die betriebliche Aufgabengestaltung inter- und intraindividuelle Unterschiede in der Fähigkeit und Motivation der Mitarbeiter berücksichtigen. So gibt es zum Beispiel Belege dafür, dass zwischen Mitarbeiterqualifikationen und Aufgabenanforderungen *Zusammenhänge* bestehen, die deutlich machen, dass ihre Nichtberücksichtigung negative Folgen für den Betrieb haben kann. Sowohl unterforderte wie auch überforderte Mitarbeiter neigen verstärkt zur Aufgabe des Arbeitsplatzes.

6.3.2 Arbeitszeitgestaltung

> *Arbeitszeit* ist die Zeit vom Beginn bis zum Ende der Arbeit ohne die Ruhepausen (§ 2 I Arbeitszeitgesetz (ArbZG).

Komponenten

Bei der Arbeitszeit wirken technologische, organisatorische und ergonomische Komponenten zusammen. So erfordern bestimmte Technologien der industriellen Herstellung unterbrechungslose Arbeit (z. B. Eisenverhüttung), begrenzen gesetzliche und tarifvertragliche Regelungen, aber auch arbeitsprozessuale Erfordernisse eine völlig freie Zeitgestaltung. Zudem gibt es biologisch-medizinische u. a. Faktoren, die zum Beispiel für die Pausendauer und -terminierung eine Rolle spielen. Wenn von Gestaltung der Arbeitszeit gesprochen wird, so steht überwiegend der Grundgedanke im Vordergrund, die Arbeitszeit nicht für sämtliche Arbeitnehmer starr zu regeln, sondern – gegebenenfalls arbeitnehmergruppenspezifische – flexible Regelungen zu finden, wobei sowohl die Betriebe als auch die Mitarbeiter Spielräume für die Wahl zwischen mehreren Regelungen haben können. Dieser relativ »junge« Gedanke ändert die Auffassung von Zeit als Begrenzungsfaktor ökonomischer Prozesse zu Zeit als ökonomische Gestaltungsvariable. Produktionskonzepte, Internationalisierung, Dienstleistungsorientierung sind Hauptgründe für die Implementierung flexibler Arbeitszeitmodelle. Innerhalb starrer Arbeitszeitregelungen

6.3 Organisatorische Arbeitsgestaltung

wurden in der Vergangenheit tayloristische Produktionskonzepte optimiert; einer flexiblen, an den Kundenwünschen orientierten und kostengünstigen Güterproduktion, können sie nur noch bedingt entsprechen. Flexible Produktionskonzepte zur Erreichung kürzerer Wertschöpfungszeiten bei weitgehender Vermeidung von Lagerhaltung (Just-in-time) und unter Einhaltung kürzerer Reaktionszeiten können nur realisiert werden, wenn Flexibilitätsoptionen bezüglich des Faktors Arbeit vorhanden sind.

Als *Gestaltungsfaktoren* der Arbeitszeitgestaltung sind
- die *Dauer der Arbeitszeit* (Chronometrie: z. B. 8 Stunden pro Tag) und
- die *Lage der Arbeitszeit* (Chronologie: z. B. von 8 bis 16 Uhr)

Chronometrie, Chronologie

festzulegen, jeweils bezogen auf einen oder mehrere Bezugszeiträume. Mögliche Bezugszeiträume sind ein oder mehrere Tage, Wochen, Monate, Quartale, Jahre oder die Lebensarbeitszeit eines Mitarbeiters. Es sei ausdrücklich darauf hingewiesen, dass sich in der Praxis Arbeitszeitregelungen entwickelt haben, die verschiedene Bezugszeiträume miteinander kombinieren; deshalb können Probleme auftauchen, wenn der Versuch unternommen wird, Arbeitszeitregelungen eindeutig einem Bezugszeitraum zuzuordnen.

Bei flexiblen Arbeitszeitmodellen stellt der Dispositionsspielraum eine weitere Gestaltungskategorie dar. Der Dispositionsspielraum ermöglicht, dass ein flexibles Arbeitszeitmodell an geänderte Betriebs- oder Umweltbedingungen angepasst werden kann. Eine einmalige Anpassung an geänderte betriebsspezifische bzw. mitarbeiterspezifische Interessenlagen stellt somit keine Arbeitszeitflexibilisierung dar. Als Gestaltungsoptionen ist vor allem festzulegen, wem die Dispositionsmacht übertragen wird (Leitung, Vorgesetzter, Mitarbeiter oder Arbeitsgruppe), und wie groß der Dispositionsspielraum sein soll, d. h. welche Elemente des Modells kurzfristig angepasst werden können.

Eingliederungsmanagement

Es existiert eine Vielzahl von Möglichkeiten für die Arbeitszeitgestaltung (vgl. Abbildung 4-15). Welche dieser Arbeitszeitmodelle letztlich akzeptiert und eingesetzt werden, ist zum einen davon abhängig, ob sie sich in dem durch *Begrenzungsfaktoren* (z. B. gesetzlicher, tarifvertraglicher Art) gesteckten Rahmen bewegen und wel-

Modellvielfalt

VERTIEFUNG

Betriebliches Eingliederungsmanagement

Arbeitgeber sind verpflichtet, länger erkrankten Arbeitnehmern ein sogenanntes »Betriebliches Eingliederungsmanagement« (BEM) anzubieten. Dieses BEM soll dem Erhalt der individuellen Beschäftigungsfähigkeit generell sowie des Erhalts des Arbeitsplatzes dienen. § 84 II SGB IX bestimmt, dass ein Arbeitgeber allen Arbeitnehmern, die innerhalb eines Jahres länger als sechs Wochen ununterbrochen oder wiederholt arbeitsunfähig sind, ein solches BEM anzubieten hat. Der Arbeitgeber wird dabei verpflichtet – situationsspezifisch angemessen – zu klären, »wie die Arbeitsunfähigkeit möglichst überwunden werden und mit welchen Leistungen oder Hilfen erneuter Arbeitsunfähigkeit vorgebeugt und der Arbeitsplatz erhalten werden kann.« Zu beteiligen sind – bei Zustimmung des betroffenen Arbeitnehmers – die zuständige Interessenvertretung (Betriebs- oder Personalrat), bei schwerbehinderten Beschäftigten zudem die Schwerbehindertenvertretung, gegebenenfalls auch ein Betriebsarzt sowie Servicestellen der Rehabilitationsträger und das Integrationsamt (vgl. Richter/Habib, 2011).

6.3 Arbeitsbedingungen
Organisatorische Arbeitsgestaltung

Abb. 4-15

Übersicht über Arbeitszeitmodelle

Terminus	Begriff	Terminus	Begriff
Tarifliche Arbeitszeit	Zeitspanne, festgelegt durch Vereinbarungen der Tarifvertragspartner i. d. R. für längere Zeitperiode für alle Arbeitnehmer der Betriebe, für die Tarifvertrag gilt	Gleitzeitarbeit	Arbeitszeit wird unterteilt in eine Kernzeit, während der Anwesenheitspflicht besteht, und eine Gleitzeit, über die der Mitarbeiter bestimmen kann
Flexible Arbeitszeit	Betrifft betriebsspezifische Differenzierung der tariflichen Arbeitszeit für Mitarbeiter, Mitarbeitergruppen oder Betriebsteile, mit unterschiedlich langen Wochenarbeitszeiten.	Tagesarbeitszeit	Umfasst diejenige Zeitspanne, die Mitarbeitern innerhalb eines Tages für die Arbeit zur Verfügung stehen
Wochenarbeitszeit	Üblicherweise durch Tarifvertrag geregelt; Tarifverträge sehen oft vor, dass Verteilung der Arbeitszeit ungleichmäßig zwischen verschiedenen Arbeitnehmergruppen (bspw. 37-40 Stunden) möglich ist – bei Vereinbarung zwischen Arbeitgeber und Betriebsrat	Monatsarbeitszeit	Branchenbezogen übliche Arbeitszeit innerhalb des Zeitrahmens »Monat«
Jahresarbeitszeit	Effektive Jahresarbeitszeit wird je nach Arbeitsanfall gleichmäßig oder ungleichmäßig auf das gesamte Jahr verteilt, die Mitarbeiter erhalten jedoch jeden Monat das gleiche Gehalt	Lebensarbeitszeit	Gesamte Dauer der Erwerbstätigkeit eines Arbeitnehmers (ggf. flexibel gestaltbar mit Sabbaticals, früherer Ruhestand, Lebenszeitkonten etc.)
Teilzeitarbeit	Traditionelle Teilzeit entspricht einer Arbeitszeitverkürzung, bei der flexiblen Teilzeit sind Dauer und Lage der Arbeitszeit variabel zu handhaben	Mehrarbeit	Arbeitszeit, die auf Anordnung des Betriebs (unter bestimmten Restriktionen) über die tarifliche Arbeitszeit hinaus, zu leisten ist
Kurzarbeit	Vorübergehende Verkürzung tariflicher Arbeitszeit aufgrund betrieblicher Erfordernisse	Kapazitätsorientierte variable Arbeitszeit (KAPOVAZ)	Normalarbeitszeit ist je nach Arbeitsanfall variabel; die Zeitsouveränität liegt beim Arbeitgeber, die Mitarbeiter leben in Abrufbereitschaft.
Sabbatical	Langzeiturlaub, der zur freien Verfügung, für Weiterbildung oder für Austauschprogramme genutzt werden kann	Rollierendes System:	Z. B. fünf Mitarbeiter besetzen vier Arbeitsplätze in einer 6-Tage-Woche, wobei sich für jeden Mitarbeiter eine 5-Tage-Woche ergibt
Bandbreitenmodell	Wöchentliche Arbeitszeit von z. B. 40 Stunden ist viertel-, halbjährlich oder jährlich in einer Bandbreite von 36 bis 42 wählbar.	Schicht- und Nachtarbeit:	Hier existiert eine Vielzahl von unterschiedlichen Regelungen. Kriterium: Lage der Arbeitszeit weicht von der normalen Arbeitszeitlage ab

chen Beitrag sie zur Erreichung der mit Arbeitszeitregelungen verfolgten Gestaltungsziele zu leisten vermögen.

Für die Verfolgung von Gestaltungszielen kommt eine Mehrzahl von Interessen in Betracht: neben dem Mitarbeiter und Betrieb auch die Gesellschaft und Gesamt-

6.3 Organisatorische Arbeitsgestaltung

wirtschaft, da die Zeit, in der faktisch gearbeitet wird, auch erhebliche gesamtgesellschaftliche und -wirtschaftliche Folgen haben kann.

Mit Arbeitszeitregelungen können im Übrigen für die *gesamte Lebensgestaltung* weitreichende Konsequenzen verbunden sein: Gleitende Arbeitszeit kann Stress durch Hetze infolge Pünktlichkeitszwang beseitigen, zum Abbau von Verkehrsspitzen (»rush hour«) in großstädtischen Ballungsräumen und von Unfallgefahren beitragen. Eine Verteilung der arbeitsfreien Tage über die Woche kann die Zusammenballung von Menschen und Verkehrsmitteln an den Wochenenden verringern und damit den Erholungswert der freien Tage steigern. Abbildung 4-16 fasst die – seit Jahren unveränderten – wesentlichen Vorteile, welche gleichzeitig Gestaltungsziele sein können, und die möglichen Nachteile von Arbeitszeitflexibilisierung zusammen.

Abb. 4-16

Vor- und Nachteile flexibler Arbeitszeitstrukturen

	Vorteile	Nachteile
Unternehmungsperspektive	• Zunehmendes Selbstverantwortungsbewusstsein • Rückgang der Absenzrate • Weniger Verspätungen • Weniger Überstundenzuschläge • Arbeitsqualität tendenziell besser • Höhere Arbeitszufriedenheit • Besseres Arbeitsklima • Bessere Anpassung an Kapazitätsauslastung • Anpassung an neuere Produktionskonzepte • Bessere Kapitalnutzung • Ausdehnung der Betriebszeiten • Sicherung der Servicefunktion • Sicherung des Betriebsablaufs • Geringerer Bedarf an Leiharbeitskräften • Attraktivität auf dem Arbeitsmarkt • Geringere Fluktuation	• Schaffung von Konfliktpotenzialen um die Arbeitszeit • Missbrauchsrisiko • Implementationskosten • Zusätzlicher Verwaltungsaufwand (Personalwesen und Linie) • Kosten für die Zeiterfassung • Evtl. höhere Personalzusatzkosten • Qualifizierungsaufwand für Führungskräfte • Evtl. Wegfall vorher stillschweigend geleisteter Überzeit
Arbeitnehmerperspektive	• Einräumen begrenzter Zeitsouveränität • Möglichkeit zur besseren Abstimmung von Beruf und Privatleben • Abstimmung mit Verkehrsmitteln • Evtl. mehr persönliche Kontakte am Arbeitsplatz • Evtl. bessere Anpassung an den persönlichen Biorhythmus (Tag, Woche, Jahr, Lebenszeit) • Keine unbezahlten Überzeiten mehr (da meist vollständige Zeiterfassung) • Anpassung an den Arbeitsanfall (kein schlechtes Gewissen bei Unterlast) • Kein Pünktlichkeitsgebot mehr	• Selbstorganisationszwang • Evtl. weniger soziale Kontakte im Betrieb • Pünktlichkeitsrisiko für den Arbeitnehmer • Weniger Überstundenzuschläge • Arbeitsverdichtung und Stresszunahme • »Spill over« durch Verwischen der Grenze von Arbeits- und Freizeit • Konflikte bei Arbeitszeitmodellen, in die mehrere Personen involviert sind • Entwertung der Freizeit durch Arbeitsbereitschaft • Evtl. Ausweitung der Betriebszeiten • Zusätzliche Kontrollen
Gesellschaftsperspektive	• Humanisierung der Arbeit • Evtl. Abbau von Arbeitslosigkeit • Gesellschaftspolitische Bedeutung, z. B. flexibler Einstieg in das und schrittweiser Ausstieg aus dem Berufsleben	

6.3 Arbeitsbedingungen
Organisatorische Arbeitsgestaltung

»Die Asiaten haben den Weltmarkt mit unlauteren Methoden erobert – sie arbeiten während der Arbeitszeit.«
Ephraim Kishon

Arbeitszeitmodelle sehen im Einzelnen Folgendes vor:

- Die *tägliche Arbeitszeit* kann in der einfachsten Form dadurch flexibler gestaltet werden, dass dem Mitarbeiter mehrere festgelegte Normalarbeitszeiten zur Wahl angeboten werden (z. B. 8.00 bis 16.00 Uhr oder 9.00 bis 17.00 Uhr). Man spricht auch von Staffelarbeitszeit. Dieses Arbeitszeitmodell stellt lediglich eine starre Arbeitszeitvariation dar und hat keinen Einfluss auf das Flexibilitätspotenzial. Von Arbeitszeitflexibilisierung wird erst dann gesprochen, wenn die Normalarbeitszeiten zur ständigen Disposition stehen und somit ein Entscheidungsspielraum geschaffen wird.
- Für die *gleitende Arbeitszeit* existieren mehrere Modelle. Die meisten enthalten eine sogenannte Kernzeit mit Anwesenheitspflicht und Bandbreiten für morgendliche und abendliche Gleitzeiten, in denen Arbeitsbeginn und -ende individuell gewählt werden können. Ansatzpunkte zur Gestaltung bieten die Länge und Lage der Gleitphasen (eventuell auch um die Mittagspause), die Möglichkeit, Zeitguthaben bzw. -schulden aufzubauen (in der Praxis oft +/− 10 Stunden pro Monat) und die Möglichkeit, Zeitguthaben in die nächste Abrechnungsperiode zu übertragen und zu »verbrauchen« (stundenweise, als halbe oder sogar ganze Urlaubstage; mit oder ohne Vorgesetztenzustimmung).

»Ich komme immer zu spät ins Büro, aber ich mache es wieder gut, indem ich früher gehe.«
Charles Lamb

- Im Grenzfall maximaler Flexibilität wird aus der Gleitzeit eine *variable Arbeitszeit*: Es existiert dann keine Kernzeit mehr. Der Mitarbeiter hat lediglich ein bestimmtes Arbeitspensum zu bewältigen. Mit welchem zeitlichen Einsatz dies geschieht, steht in seiner freien Entscheidung.

Schichtarbeit

- Große Gestaltungsspielräume bietet auch die *Schichtarbeit*. Traditioneller Dreischichtbetrieb mit den täglichen Schichtwechselzeiten 6.00, 14.00 und 22.00 Uhr und mit wöchentlichem Wechsel der Schichtart stellt heute längst nicht mehr die einzige Lösung dar.

ZUR VERTIEFUNG

Arbeitszeitkonto

»Arbeitszeitkonto« (auch: Zeitwertkonto) ist ein Gestaltungselement eines flexiblen Arbeitszeitsystems und mittlerweile weit verbreitet. Es trägt als organisatorisches Element im Hintergrund erheblich zur Flexibilisierung der täglichen, monatlichen und jährlichen Arbeitszeit bei. Mit ihm wird schriftlich oder elektronisch die real geleistete Arbeitszeit (inklusive Urlaub, Krankheit, Überstunden etc.) eines Mitarbeiters festgehalten und mit der arbeits- oder tarifvertraglich zu leistenden Arbeitszeit verrechnet. Hat der Mitarbeiter in einem bestimmten Zeitraum zeitlich mehr gearbeitet als vertraglich (durchschnittlich) geschuldet, so weist das Arbeitszeitkonto ein Guthaben auf; hat er weniger gearbeitet ein Defizit. Solche Arbeitszeitkonten werden vor allem dann geführt, wenn die realen Arbeitszeiten unregelmäßig anfallen (z. B. Schichtarbeit, Gleitzeit) oder schwankenden zeitlichen Anforderungen angepasst werden. Der Mitarbeiter achtet dann nur darauf, dass sein Arbeitszeitkonto über einen gewissen Zeitraum (in der Regel Monat, Jahr) auf Null gehalten wird. Die Anwendung von Arbeitszeitkonten gestattet es Betrieben, flexibler auf saisonale, konjunkturelle und andere Auftragsschwankungen zu reagieren sowie Betriebszeiten auszuweiten – und dennoch produktiver und kosteneffizienter zu arbeiten. Verschiedene Abarten werden verwendet: Zunächst sind das kürzerfristige Gleitzeitkonto anzusprechen, mit dem Arbeitsschwankungen innerhalb eines Jahres ausgeglichen werden. Für längerfristige Zeiträume geführte Arbeitskonten werden andere Bezeichnungen verwendet: Langzeitkonto (Zielrichtung: längerfristige bezahlte Freistellung von der Arbeit, oft unmittelbar vor der Pensionierung) und Lebensarbeitszeitkonto (spezielles Langzeitkonto, Hauptmotiv i. d. R. frühzeitige Freistellung vor der Regelpensionierung) (vgl. Langen, 2016).

6.3 Organisatorische Arbeitsgestaltung

- Arbeit im Zwei-, Drei-, Vierschichtbetrieb,
- unterschiedliche Längen der einzelnen Schichtarten (speziell verkürzte Nachtschicht),
- Änderung der Schichtwechselzeiten, Vorwärtswechsel (Frühschicht-Spätschicht-Nachtschicht) versus Rückwärtswechsel (Frühschicht-Nachtschicht-Spätschicht),
- Verkürzung bzw. Verlängerung der Wechselrhythmen zwischen den Schichtarten

sind nur einige der zur Verfügung stehenden Möglichkeiten. Wie bei der Staffelarbeitszeit gilt auch hier, dass erst dann Arbeitszeitflexibilisierung vorliegt, wenn durch die konkrete Ausgestaltung ein Entscheidungsspielraum geschaffen und nicht, wenn ein »starrer« Schichtbetrieb einmalig festgelegt wurde. Eine Einrichtung von sogenannten Arbeitszeittauschbörsen oder Kombinationen mit Gleitzeitregelungen erhöhen die Flexibilität.

▸ Auf die wöchentliche Arbeitszeit zielen üblicherweise *Teilzeitregelungen* (Teilzeitarbeit) ab. Es handelt sich dabei um alle Arbeitszeiten, die kürzer als die übliche betriebliche oder tarifliche Arbeitszeit sind. 20 Wochenstunden halbtags sind dabei ebenso denkbar wie sechs Stunden an fünf Tagen oder jeweils acht Stunden an drei Tagen.

▸ Ein spezielles Modell der variablen Arbeitszeit in Bezug auf die monatliche Normalarbeitszeit ist die sogenannte *kapazitätsorientierte variable Arbeitszeit* (»KAPOVAZ«). Sie sieht vor, dass mit dem Arbeitnehmer eine Sollarbeitsmenge, die pro Monat oder Jahr festgelegt wird und die abzuleistende Arbeitszeit je nach Arbeitsanfall – in der Regel durch den Arbeitgeber – kurzfristig festgesetzt werden. Da der Dispositionsspielraum idealtypisch allein dem Betrieb zukommt, wird dieses Modell in der Bundesrepublik nur in Einzelfällen praktiziert. *KAPOVAZ*

▸ Bei der *jährlichen Arbeitszeit* werden Jahresarbeitszeitverträge viel beachtet. Sie bieten sich besonders an, um die Personalkapazität dem saisonal schwankenden Personalbedarf anzupassen. Der Jahresarbeitszeitvertrag enthält im Gegensatz zu einem normalen Arbeitsvertrag einen variablen Teil. In ihm werden Arbeitssollwerte (z. B. 60, 70, 80, 90 und 100 Prozent der Regelarbeitszeit) zwischen Arbeitgeber und Arbeitnehmer zu Beginn eines jeden Arbeitsjahres vereinbart. Das Jahreseinkommen wird in zwölf gleichen Monatsraten ausbezahlt. Der Mitarbeiter verpflichtet sich jedoch, seine individuelle Arbeitszeit in vorgegebenen Grenzen dem Kapazitätsbedarf des Betriebs anzupassen. Aufgrund dieser Konstruktion ist der Mitarbeiter während des ganzen Jahres im System der Sozialversicherung eingebunden, auch wenn er – im Grenzfall – in einigen Monaten überhaupt nicht anwesend sein sollte. Der Jahresarbeitsvertrag bietet ein Höchstmaß an individueller Arbeitszeitflexibilität, denn jeder Mitarbeiter kann die Arbeitszeitmenge wählen, die er wünscht; teilweise wird das Modell durch Anreizinstrumente zur Wahl unattraktiver, aber betrieblich erforderlicher Arbeitszeitlagen unterstützt. Durch die Orientierung am Kapazitätsbedarf wird eine beachtenswerte Betriebszeitflexibilisierung ermöglicht. *Jahresarbeitsverträge*

▸ Bei der *Lebensarbeitszeit* stehen *flexiblere Übergänge* zwischen den drei Lebensphasen Ausbildung – Berufstätigkeit – Ruhestand (gleitender Ruhestand, *Lebensarbeitszeit*

6.3 Arbeitsbedingungen
Organisatorische Arbeitsgestaltung

vorzeitige Pensionierung) im Vordergrund der Diskussion. Flexible Pensionierungsmodelle sehen im Kern eine stufenweise Verkürzung von täglicher, wöchentlicher Arbeitszeit bzw. eine stufenweise Verlängerung des Jahresurlaubs vor. Wesentliche Gestaltungsparameter von gleitenden Übergängen sind:
- die Gesamtlänge des Gleitprozesses,
- die Lage der Gleitphase im Verhältnis zum üblichen Normzeitpunkt der Veränderung,
- die Anzahl der Stufen innerhalb des Gleitprozesses und
- die Mit- bzw. Selbstbestimmungsmöglichkeiten des Mitarbeiters.

Dies geschieht bei vollem oder auch stufenweisem Entgeltausgleich. Aber auch eine mögliche Verlängerung der Lebensarbeitszeit wird in die Betrachtung einbezogen. Wenn der Mitarbeiter dies wünscht und auch physisch und psychisch dazu in der Lage ist, stellt eine Arbeitsverlängerung über die Pensionierungsgrenze hinaus einen Beitrag zur Humanisierung dar.

Arbeitspause

▸ *Arbeitspausen* dienen primär der Erholung von den physischen und psychischen Arbeitsbelastungen. Einerseits wird durch Pausen die Regeneration der Leistungsfähigkeit ermöglicht, andererseits entsteht Arbeitsstillstand während der Pausendauer und Arbeitsverzögerung durch Einarbeitung nach Pausenbeginn. Es liegen arbeitswissenschaftliche Ergebnisse darüber vor, welche Komponenten dazu führen, dass eine Pause im ökonomischen Sinne »lohnend« ist, d. h., dass der Leistungsausfall durch den Erholungswert überkompensiert wird. Allgemein gültige Aussagen darüber, ob häufigere Pausen vorteilhafter sind als weniger, aber längere Pausen, sind nicht möglich. Dies hängt von den jeweiligen Besonderheiten des Arbeitsplatzes (Arbeitsinhalt, Arbeitsverfahren, eingesetzte Hilfsmittel) und auch des Arbeitsplatzinhabers (Alter, Kondition) ab. Jedenfalls ist auch durch Gestaltung der Pausen eine Flexibilisierung der Arbeitszeit möglich. Sie könnte dadurch erreicht werden, dass dem Mitarbeiter überlassen wird, die Zahl der Pausen, Länge und Lage innerhalb vorab definierter Grenzen frei zu wählen. Bei maximaler individueller Flexibilisierung würde von einem Mitarbeiter lediglich ein bestimmtes Arbeitspensum gefordert – die Pausengestaltung unterliegt dann keiner Reglementierung mehr.

Mit den dargelegten Beispielen wurde die Fülle der Flexibilisierungsmöglichkeiten nur knapp angedeutet. Durch Variation einzelner Modelle und Kombination mehrerer Modelle entstehen nahezu unbegrenzte weitere Modellvarianten.

WISSENSWERTES

Sabbatical

Eine besondere Form von Urlaub sind »*Sabbaticals*«. Sie können als eine Art Langzeiturlaub charakterisiert werden. Dieses ursprünglich aus den USA stammende Modell sieht eine längere Periode der Nichterwerbstätigkeit bei Aufrechterhaltung des Arbeitsvertrags vor. Gestaltbar sind zum Beispiel: die Wartezeiten, nach denen ein Mitarbeiter erstmals das Anrecht auf einen »Sabbatical« erwirbt, dessen Länge (sechs Wochen bis hin zu einem Jahr), der Lohnausgleich (voll oder teilweise), der Verwendungszweck (freie Verfügung des Mitarbeiters, Fortbildungszwecke, soziale Dienste) (vgl. http://www.sabbatjahr.org/ [letzter Abruf: 17..10.2016]).

Organisatorische Arbeitsgestaltung 6.3

ZUR VERTIEFUNG

Burn-out

Burn-out beschrieb ursprünglich vor allem einen Prozess, in dessen Rahmen zunächst aufopferungsbreite, pflichtbewusste und hoch motivierte Mitarbeiter im Gesundheits- und Sozialbereich im Verlauf ihrer beruflichen Tätigkeit Symptome chronischer Erschöpfung aufwiesen. Dies zeigte sich dann in zunehmender Gereiztheit, zynischer Rücksichtslosigkeit, Depressivität u. a. – auch gegenüber den ursprünglich positiv eingeschätzten Klienten. Mittlerweile wird Burn-out – zumindest was den betroffenen Personenkreis betrifft – deutlich weiter gefasst. Er bezieht sich auf eine Belastungsfolge, die durch Belastungen aus der Arbeit (Arbeitsverdichtung und Kontakte mit anderen Menschen) in jeglicher Arbeitssituation bei allen Berufen entstehen kann. Emotionale Erschöpfung (Gefühl des Ausgelaugtseins, Frustrationen), Depersonalisierung (Tendenz, Kontaktpartner als unpersönliche Objekte zu behandeln, Zynismus) und reduzierte Leistungsfähigkeit (Gefühl mangelnder Tatkraft, Eindruck der Inkompetenz) sind Symptome dieses Syndroms.

Ursächlich entsteht Burn-out aus einer Mischung von situativen und persönlichen Faktoren bzw. einem mangelnden Fit. Um die negativen individuellen wie betrieblichen Folgen (Ergebnisminderungen, Fehlzeiten, Fluktuationen u. Ä.) zu reduzieren, sind betrieblicherseits verschiedene antizipative, aber auch reaktive Maßnahmen sinnvoll, bspw.: Verhinderung von Arbeitsüberlastungen, Sicherstellung von wirklichen Arbeitspausen, Wochenenden und Urlauben, entlastendes Führungsverhalten, soziale Unterstützung (vgl. von Rosenstiel/Nerdinger, 2011, S. 67 f.; Burisch, 2010). Problematisch erweist sich im Einzelfall die Unterscheidung von Burn-out zu (Über-) Belastung und Workaholic.

▸ Eine Sonderstellung unter den Flexibilisierungsmodellen nimmt, auch wenn es in der Bundesrepublik Deutschland bislang noch selten praktiziert wird, das *Job Sharing* ein: Es hat konzeptionelle Besonderheiten, weil es von bestimmten Arbeitsplätzen und deren Teilungsmöglichkeiten ausgeht, wobei der Zeitaspekt durchaus nicht immer im Vordergrund steht. Beim Job Sharing teilen sich mindestens zwei Arbeitskräfte Pflichten und Rechte eines Vollzeitarbeitsplatzes. Sie übernehmen damit gemeinsam die Verantwortung für die Erfüllung der jeweiligen Arbeitsaufgabe und stellen dem Arbeitgeber gegenüber ein Team dar. Es gibt einen grundsätzlichen Unterschied zwischen funktionaler und zeitlicher Teilung. Bei funktionaler Teilung wird eine Vollzeitarbeitsaufgabe in zwei inhaltlich unterschiedliche Teile aufgeteilt; bei zeitlicher Teilung hingegen wird die Gesamtaufgabe in inhaltlich gleiche Teile zerlegt, deren Erledigung zeitlich aufgespalten wird. Bei Überlegungen zur Konzipierung und Realisierung von Job-Sharing-Modellen stehen überwiegend die in ihnen steckenden Gelegenheiten zur Arbeitsstrukturierung und zur differenzierten personalen Aufgabenzuweisung im Zentrum des Interesses.

Job Sharing

Diverse *Beschränkungsfaktoren* engen den Gestaltungsspielraum der Arbeitszeitflexibilisierung ein. Sie wirken in unterschiedlichem Grade zwingend. Einige wichtige sind die folgenden:

Restriktionen: rechtlicher, organisatorischer und biologischer Art

▸ *Rechtliche Beschränkungen* ergeben sich aus Gesetzen, Tarifverträgen oder Betriebsvereinbarungen. Wichtige gesetzliche Regelungen, die der Freiheit der Arbeitszeitgestaltung Grenzen setzen, finden sich im Arbeitszeitgesetz, in der Gewerbeordnung, im Beschäftigungsförderungsgesetz, im Altersteilzeitgesetz, im Jugendarbeitsschutzgesetz, im Mutterschutzgesetz und im Bundesurlaubsgesetz. In ihnen sind Höchstarbeitszeiten, Mindestruhepausen, relative Beschäfti-

6.3 Arbeitsbedingungen
Organisatorische Arbeitsgestaltung

> **WISSENSWERTES**
>
> **Workaholics**
>
> Workaholics sind Arbeitnehmer, bei denen die Arbeit zum Lebensinhalt und so gewissermaßen zur Arbeitssucht wird. Sie leben für die Arbeit. Außerhalb ihrer Arbeit gehen sie kaum noch Interessen nach, pflegen auch keine persönlichen Kontakte. Es handelt sich dabei um eine Krankheit und nicht um gesunden Fleiß am Arbeitsplatz. Betroffene sind im Übrigen nicht nur Führungskräfte. Symptome für Workaholics sind: überdurchschnittlicher Arbeitseinsatz, heimliches, zwanghaftes Arbeiten, Burn-out, Schlafmangel, keine Entspannung, Schuldgefühle in der Freizeit, Verkümmerung von Freund- und Partnerschaften, Arbeit als einzige Quelle der Freude, Gereiztheit bei Hinweisen auf die Arbeitsintensität. Frühzeitige Arbeitsunfähigkeit, mittelmäßige Leistungen und Konflikte sind die Folge. (In Japan hat sich sogar der Begriff »Karōshi« herausgeprägt, der so viel bedeutet wie »Tod durch Überarbeitung!«) Arbeitssucht entwickelt sich in verschiedenen Stadien. Je eher man sie behandelt, desto besser sind die Heilungschancen (vgl. Sandjaja, 2012).

gungsverbote für bestimmte Mitarbeitergruppen u. a. festgelegt. Das Betriebsverfassungsgesetz gibt dem Betriebsrat in Arbeitszeitfragen ein Mitbestimmungsrecht. Mit dem Gesetz zur sozialrechtlichen Absicherung flexibler Arbeitszeitregelungen (»Flexigesetz«) in Verbindung mit dem Gesetz zur Verbesserung der Rahmenbedingungen für die Absicherung flexibler Arbeitszeitregelungen (»Flexi II«) wurden sozialversicherungsrechtliche Rahmenbedingungen geschaffen. Vorschriften im Sozialversicherungsrecht engen die Möglichkeiten zur Praktizierung von Teilzeitarbeit, Job Sharing oder flexibler Pensionierung ein, da die soziale Absicherung des Mitarbeiters (Kranken-, Arbeitslosen-, Rentenversicherung) oftmals an bestimmte Mindestarbeits- oder Anwartschaftszeiten geknüpft ist.

Organisatorische Restriktionen

▸ *Technische und organisatorische Restriktionen* können sich aus dem Einsatz bestimmter Technologien ergeben, die unterbrechungslose Arbeit erfordern (z. B. Chip-Produktion, Eisenverhüttung). Bei Fließbandfertigung sind die Möglichkeiten zu Gleitzeitregelungen stark eingeengt. Prinzipiell bestehen jedoch zwei Möglichkeiten zur Erhöhung des arbeitszeitlichen Dispositionsspielraums: durch Bildung teilautonomer Arbeitsgruppen, die für eine gruppeninterne Abstimmung der individuellen Arbeitszeiten unter Beachtung betrieblicher Restriktionen Sorge tragen oder durch Zusammenfassung relativ autonom vollziehbarer Aufgabenteile (sogenannte »Aufgabenmodule«), die flexibel einzelnen Mitarbeitern geschlossen übertragen werden können.

»All zu oft bringt Eile die Menschen zu Fall.« John Steinbeck

Generell lassen sich im Verwaltungsbereich Arbeitszeiten leichter flexibilisieren als im Produktionsbereich. Eine Ungleichbehandlung zwischen betrieblichen Teilbereichen kann jedoch zu ernsten Konflikten im Betrieb führen. Allerdings ist die Behauptung von der Undurchführbarkeit von Gleitzeit in der Produktion durch Lösungswege wie »Aufbau von Pufferlägern« oder »abgesprochene Gleitzeit« längst widerlegt. Die betriebliche Praxis scheint sich teilweise selbst Fesseln anzulegen. Die Koppelung ist jedoch – neben der Uniformität der Arbeitszeit für alle Arbeitnehmer – charakterisierendes Merkmal nur der starren Arbeitszeit. Dass sie überwindbar ist – Arbeitszeit und Betriebszeit also entkoppelt werden können – ist durch vielfältige Beispiele hinlänglich bewiesen: In Krankenhäu-

6.3 Organisatorische Arbeitsgestaltung

> **ZUR VERTIEFUNG**
>
> **Stress**
>
> »*Stress*« gilt als individueller Spannungszustand, der dann entsteht, wenn eine vom Menschen als bedeutsam eingeschätzte Situation subjektiv als sehr unangenehm bewertet wird. Die Wirkungen von Stress können dabei sehr unterschiedlich sein, die einen empfinden beispielsweise Zeitdruck als positive Herausforderung, die sie zu hohen Leistungsanstrengungen bewegt, bei anderen wird eine negativer Spannungszustand mit quasi sedierender Wirkung erzeugt. Persönlichkeitsfaktoren, Situationsfaktoren und/oder die persönliche Historie trägt dazu bei, eher auf Stressoren (= Belastungsfaktoren) in der einen oder anderen Weise zu reagieren.
>
> *Stressoren* sind nun Faktoren, die mit einer hohen Wahrscheinlichkeit Stress beim Menschen auslösen. Man unterscheidet physische Stressoren (bspw. Lärm, Hitze, Klima), kognitive Stressoren (bspw. aus der Arbeitsaufgabe heraus: Zeitdruck, Konzentrationsanforderungen, Ungewissheit, Unterbrechungen, Schichtarbeit, Reizüberflutung), soziale Stressoren (aus der Zusammenarbeit heraus: Mobbing, Konflikte) und emotionale Stressoren (bspw. Gefühlsdruck aus der Kundenarbeit und der Mitarbeiterführung, Emotionen zu zeigen, die selbst nicht empfunden werden, Perfektionismus, soziale Isolation, Technostress, schwerwiegende persönliche Ereignisse). Die Stressoren werden zunächst individuell auf ihre Bedrohlichkeit bewertet. Dann erfolgt zunächst die Einschätzung von individuellen Bewältigungsmöglichkeiten und -fähigkeiten (bspw. eigene Eignung zum Stressumgang und Umgang mit anderen Personen), danach die durch situative Faktoren (soziale Unterstützung durch andere, gegebener Handlungsspielraum). Die folgende Stressreaktion kann kognitiv, emotional, verhaltensbezogen und/oder physiologisch entweder mit funktional positiven oder dysfunktional negativen Wirkungen für die Person und/oder den Betrieb sein.
>
> Stress ist dabei ein natürlicher Vorgang, der erst bei längerer Dauer und/oder unangemessener Bewältigung (bspw. Nikotin-, Alkohol, Tablettenkonsum) gesundheitsgefährdend ist. Im Rahmen des Betrieblichen Gesundheitsmanagements (und damit auch bei der Gestaltung der Arbeitsbedingungen) ist die Stressgefährdung sowohl bei der Prävention als auch bei der Bewältigung von Stress zu berücksichtigen (vgl. Nerdinger, 2012, S. 128 ff.).

sern, bei der Flugsicherung, im Hotel- und Gaststättengewerbe sind Arbeits- und Betriebszeit seit langem mit Erfolg entkoppelt. Mit einer Entkoppelung von Arbeits- und Betriebszeit kann vielerlei erreicht werden: Gegenüber der Arbeitszeit kann nicht nur die tägliche Betriebszeit erhöht werden, sondern auch die wöchentliche (Einbeziehung des Wochenendes). Daraus resultieren Rentabilitätssteigerungen infolge besserer Auslastung kostenintensiver Produktionsanlagen. Positive beschäftigungspolitische Effekte (Abbau von Arbeitslosigkeit) ergeben sich, wenn Arbeitszeitverkürzungen mit Betriebszeitverlängerungen einhergehen: Dies kann nur durch Neueinstellungen verwirklicht werden.

▶ *Biologisch-medizinische Restriktionen* liegen in den Mitarbeitern selbst. So unterliegt bekanntlich die menschliche Leistungsfähigkeit im Tagesverlauf deutlichen Schwankungen (positiver Höhepunkt morgens gegen 9.00 Uhr, langsam absinkend bis 14.30 Uhr, dann wieder Anstieg bis 18.00 Uhr mit nachfolgendem Absinken). Ein weiteres Beispiel sind die oben erwähnten Arbeitspausen mit ihren gegenläufigen Effekten der Regeneration der Leistungsfähigkeit einerseits und der Entübung durch die Pause andererseits.

Leistungsfähigkeit

Es wäre eine zu enge Sicht, Variationen der Arbeitszeit lediglich als Maßnahme zur Gestaltung von Arbeitsbedingungen zu betrachten. Vielmehr gehen mit ihnen gleichzeitig Konsequenzen einher, die für andere Teilsysteme des Personal-Managements von – teilweise erheblicher – Bedeutung

»Ein gutes Mittel gegen die Managerkrankheit: Stecke mehr Zeit in deine Arbeit als Arbeit in deine Zeit.«
Friedrich Dürrenmatt

6.3 Arbeitsbedingungen
Organisatorische Arbeitsgestaltung

> sind, wie für die Personalbeschaffung, die Personalfreisetzung, die Personalplanung, die Personalentwicklung, die Entlohnung.

Zusammenhänge

Auf diese *Zusammenhänge* ist nunmehr einzugehen.

- Flexible Arbeitszeiten können ein Instrument zur Personalbeschaffung sein, wenn ein Betrieb spezialisierte Arbeitskräfte sucht, in seiner Branche die erste oder eine der wenigen ist, die flexible Arbeitszeiten praktizieren und sich dadurch einen Attraktivitätsvorteil im Wettbewerb um knappe Arbeitskräfte verschaffen kann. Arbeitszeitflexibilisierung nimmt dann den Charakter einer Sozialinnovation an, die zu einem Wettbewerbsvorsprung auf dem Arbeitsmarkt verhilft, wenn sie auf entsprechende Erwartungen der Mitarbeiter trifft. Dann können durch sie Eintritts- bzw. Verbleibentscheidungen potenzieller bzw. aktueller Mitarbeiter positiv beeinflusst werden.
- Im Rahmen der Personalfreisetzung lässt sich eine Arbeitszeitgestaltung zum Abbau von personalen Überkapazitäten einsetzen, ohne dass es zu einer Reduktion der Beschäftigtenzahl kommt.

Eine Personalplanung, die zum Beispiel für Beschaffungsänderungen des Betriebs Vorkehrungen der personalen Kapazitätsanpassung treffen soll, steht vor unterschiedlichen Situationen, je nachdem, ob in konventionellen oder aber flexiblen Arbeitszeitstrukturen gearbeitet wird: Bei flexiblen Arbeitszeitstrukturen kann die Personalkapazität kleiner und die gesamte Leistung größer sein als bei konventionellen Arbeitszeitstrukturen. Innerhalb des Rahmens flexibler Arbeitszeitregelungen sind sowohl größere Kapazitätsabbau- wie auch -zuwachs-Volumina möglich. Mit der schrumpfenden Notwendigkeit, »harte« Anpassungsmaßnahmen (Entlassungen und Einstellungen) zu ergreifen, wachsen die Möglichkeiten des Einsatzes »weicher« Maßnahmen, wie vor allem Teilzeitvariationen. (Auch Anpassungen durch Überstunden bzw. Kurzarbeit können verringert werden.)

Personalentwicklung

Die *Einführung von neuen Arbeitszeitmodellen* ist einerseits oft gleichbedeutend mit Maßnahmen der Personalentwicklung (z. B. beim Job Sharing) und zieht andererseits häufig die Notwendigkeit nach sich, parallel weitere Entwicklungsmaßnahmen (wie z. B. Fortbildung) einzusetzen (vgl. Teil 3, Kap. 5.3.2.3). Letzteres ist dann der Fall, wenn ein Modell flexibler Arbeitszeit eine Sozialinnovation darstellt, die mit Arbeitsplatzanforderungen verbunden ist, denen nicht in gleichem Umfang entsprechende Qualifikationen der Mitarbeiter gegenüberstehen. Hier die Übereinstimmung zwischen Anforderungen und Qualifikationen herzustellen, ist Voraussetzung für den Erfolg von Arbeitszeitinnovationen.

Job Sharing

Am Beispiel des Job Sharing können diese Zusammenhänge verdeutlicht werden. Job Sharing erzeugt Lernprozesse (Qualifizierungsprozesse) durch die verstärkt notwendige Kooperation und Kommunikation mit dem jeweiligen Job-Sharing-Partner. Diese können sich wechselseitig neue Qualifikationsinhalte oder höhere -niveaus vermitteln. Andernfalls wären sie durch spezielles Training zu verbessern. Daneben ergeben sich Qualifizierungsmöglichkeiten durch mehr Frei-

6.3 Organisatorische Arbeitsgestaltung

zeit, zum Beispiel durch Aufnahme eines nebenberuflichen Universitätsstudiums. Des Weiteren ermöglicht Job Sharing eine zusätzliche Spezialisierung (mit ihren Rationalisierungsvorteilen) bei sich ergänzenden Qualifikationsprofilen der Job-Sharing-Partner.

> Job-Sharing scheint einer Mode zu unterliegen. Es wurde in den 1980er-Jahren – manchmal euphorisch – diskutiert, dann vielfach vergessen. Seit einiger Zeit ist es wieder in der Diskussion.

Eine *personenorientierte Aufgabenstrukturierung* weist eine Reihe von potenziellen Vorteilen auf:
- Anforderungen und Qualifikationen können im Sinne eines langfristigen Entwicklungsprozesses »aufgeschaukelt«, d. h. auf höhere Niveaus gehoben werden.
- Der motivationale Gehalt des Arbeitsinhalts (gekennzeichnet durch die Merkmale Varietät, Geschlossenheit, Wichtigkeit und Autonomie der Aufgabenerfüllung, Rückkoppelung der Ergebnisse sowie Fähigkeitennutzung und -entwicklung) steigt.

Daneben wirft eine personenorientierte Aufgabenstrukturierung aber auch Probleme auf: *Probleme*
- wachsende Abhängigkeit des Betriebs von den vorhandenen Mitarbeitern;
- ständige Reorganisationsnotwendigkeiten (Instabilität).

Job Sharing ist ein gutes Beispiel, dass ein Modell für flexible Arbeitszeit mit gleichzeitiger Personalentwicklung in allen individuellen Karrierephasen Sinn machen kann, weil es beiden Partnern individuelle *Vorteile* (die einander nicht widersprechen, sondern sich vielmehr ergänzen können) zu erbringen vermag.   *Karrierephasen*
- Ältere Mitarbeiter in der späten *Karrierephase* weisen oftmals Qualifikationsprofile auf, die den Anforderungsprofilen nicht mehr entsprechen, aber für den Betrieb trotzdem von unschätzbarem Wert sind. Ihre Qualifikationen sind anders, nicht grundsätzlich geringer oder obsolet. Die körperliche Leistungsfähigkeit genügt beispielsweise häufig nicht mehr den Anforderungen eines Acht-Stunden-Tages. Eine zeitliche Kürzung im Rahmen eines Job Sharing koppelt dann die leistungsschwachen Tagesphasen ab. Dies wäre eine mögliche Form für einen gleitenden Übergang in den Ruhestand.
- Als Job Sharing-Partner eignen sich durchaus jüngere Mitarbeiter in der frühen Karrierephase, zum Beispiel »frischgebackene« Hochschulabsolventen. Während der ältere Mitarbeiter über reichhaltige und umfangreiche Betriebskenntnisse verfügt, kennt der jüngere die neuesten Verfahren und Techniken des jeweiligen Tätigkeitsfelds. Die Bildung eines solchen »*Promotorengespanns*« verbindet Anwendungserfahrungen mit neuartigen Verfahrenskenntnissen. Dadurch kann eine Reihe positiver Entwicklungseffekte entstehen: Nutzung der spezifischen Qualifikationen älterer und jüngerer Mitarbeiter, .anspruchsvolle

Aufgaben (in Kooperation) für neue Mitarbeiter, wechselseitige Lernprozesse, älterer Mitarbeiter als Mentor und Sponsor, .
- ▸ Mitarbeiter in der mittleren Karrierephase revidieren oftmals ihre Karriereentscheidungen: Andere Lebensbereiche gewinnen eine wesentlich größere Bedeutung als der Arbeitssektor (Work-life-Balance), eine gravierende Umstellung der Tätigkeit wird angestrebt o. Ä. Für diese Mitarbeiter bietet Job Sharing ein Medium, zeitlich divergierende Interessen zu vereinbaren, zum Beispiel zwei Teilzeitbeschäftigungen, Ausweitung der Freizeit (Hobbys), oder eine neue Karriereperspektive zu gewinnen. Dem Betrieb bleiben diese Mitarbeiter mit ihren Qualifikationen dann erhalten.

Vergütung

Weiterhin können *Zusammenhänge* zwischen Arbeitzeitflexibilisierung und Vergütung bestehen. Dabei ist es wichtig, die Entgeltform so auf die jeweilige Form der Arbeitszeitflexibilisierung abzustimmen, dass im Vergleich zur Vollzeitarbeit keine Benachteiligungen für den betreffenden Arbeitnehmer entstehen und die besonderen Arbeitsbedingungen verkürzter und darüber hinaus manchmal auch schwankender Arbeitszeiten angemessen berücksichtigt werden.

Auf mögliche nachteilige Auswirkungen bei unzureichender Beachtung sozialversicherungsrechtlicher Aspekte ist schon hingewiesen worden. Als Lösung bietet es sich grundsätzlich an, bei der Entgeltabrechnung konstante Auszahlungen anzustreben, um dadurch die Abrechnung von zeitlich unterschiedlich langen, unter Umständen auch schwankenden Arbeitsleistungen möglichst zu vereinfachen. Dies bedeutet zum Beispiel, dass Arbeitszeiten vertraglich vereinbart werden, die sich auf einen längeren Zeitraum beziehen und insofern Durchschnittswerte als Basis für die Entgeltabrechnung darstellen. Gleichzeitig sind in vielen Fällen moderne Zeiterfassungsgeräte erforderlich, die sowohl für die Arbeitnehmer als auch für den Arbeitgeber einen leicht nachvollziehbaren Überblick über das »Arbeitszeitkonto« ermöglichen. Bei der Einrichtung von Zeitsparmodellen unter Verwendung sogenannter »Langzeitkonten«, die Zeitgutschriften über mehrere Jahre – bis hin zur Lebensarbeitszeit – verwalten, müssen die Verzinsung der Sparbeiträge und monetäre Abgeltungen bei vorzeitiger Auflösung des Arbeitsverhältnisses geregelt werden.

6.4 Technologische Gestaltung

Mechanisierungsgrad

Die Technologie eines Arbeitsplatzes ist durch den Grad seiner Mechanisierung bestimmt. Die existierenden technologischen Gestaltungsergebnisse sind die Summe der Ingenieurleistungen aus Wissenschaft und Praxis. Anlass für sie, erbracht zu werden, waren zumeist und sind auch heute noch letztlich Bestrebungen zur Verbesserung der Wirtschaftlichkeit von Arbeitsprozessen und der Qualität der Arbeitsergebnisse. Mehr und mehr kommt heute hinzu, einerseits von der Erleichterungs- und unter Umständen sogar Ersetzungsbedürftigkeit menschlicher Arbeit auszugehen und den technologischen Wandel in diese Richtung zu lenken, andererseits aber auch die technologischen Entwicklungen mit der menschlichen Arbeitstätig-

6.4 Technologische Gestaltung

keit zu verknüpfen. Teilweise wurden Ansatzpunkte hierzu auch schon unter der ergonomischen Arbeitsplatzgestaltung angesprochen.

In die Wahl eines geeigneten Arbeitsverfahrens gehen in der Hauptsache Überlegungen ein, die die zur Verfügung stehenden Technologien betreffen, worunter Art und Grad der Kombination menschlicher und maschineller Arbeit zu verstehen ist. Danach können Arbeitssysteme unterschiedlicher *Automatisierungs- und Mechanisierungsgrade* unterschieden werden. Das Extrem höchster Automation liegt vor, wenn dem Menschen lediglich noch die Bedienung eines Arbeitssystems obliegt, in dem Führung der Arbeitsmittel, die Steuerung des Arbeitsprozesses und die Kontrolle des Arbeitsergebnisses (einschließlich Korrektur) von maschinellen Aggregaten übernommen werden. Im anderen Extremfall liegt die Durchführung aller dieser Teilaufgaben beim Menschen. Dazwischen befindet sich ein weit gespanntes Kontinuum unterschiedlicher Mechanisierungs- und Automatisierungsgrade.

Unter ihnen kann *nicht* immer frei gewählt werden. Der Grad der erreichbaren respektive erwünschten Arbeitsteilung bildet einen Bestimmungsfaktor, der seinerseits nicht unabhängig vom realisierbaren Produktionsvolumen ist und zudem auch vom internationalen Wettbewerb und seinen Kostenstrukturen beeinflusst wird. Andererseits sind bestimmte Produktionsmengen bisweilen nur einzig und allein mit ganz bestimmten Verfahren und technischen Einrichtungen realisierbar; Beispiele hierfür finden sich in der Stahl erzeugenden und in der chemischen Industrie.

Eingeschränkte Wahlfreiheit

Insgesamt konnten mit den bis heute entwickelten Technologien weitgehende *Erleichterungen* menschlicher Arbeit erreicht werden: So konnten auf vielen Gebieten schwere, gefährliche Routinearbeiten abgebaut, Arbeitsprozesse und -ergebnisse erheblich verbessert werden. Die manuell nie erreichbare Schnelligkeit und Genauigkeit der Informationsverarbeitung in modernen IT-Systemen zur Produktionssteuerung, zur Qualitätsprüfung u. a. liefern hierfür eindrucksvolle Beispiele.

Aber mit neuen Technologien sind auch häufig *Veränderungen in der Aufgabengestaltung* verbunden, die unter humanen Gesichtspunkten nicht immer positiv zu bewerten sind. Auch hierfür liefern moderne IT-Systeme ein Beispiel: Durch die Einführung sogenannter integrierter Standardsoftware (z. B. SAP) wird im Vergleich zur vorherigen Situation bei einigen Stellen der Handlungsspielraum stark eingeschränkt und der Anteil an Routinearbeiten wesentlich vergrößert. Diese Beobachtung gilt insbesondere für Bereiche, deren Aufgaben am Anfang der betrieblichen Prozesskette stehen, und ist durch die dortige starke Zunahme von Datenerfassungs- und -pflegetätigkeiten zu erklären. Zudem wird für viele Mitarbeiter durch die konsequente Vermeidung von Medienbrüchen der Bildschirm zum dominanten Arbeitsmittel.

Es kann in diesen Zusammenhängen nicht behauptet werden, dass *gravierende Probleme*, die die moderne Arbeitswelt mit sich bringt, heute als endgültig oder auch nur überwiegend gelöst angesehen werden könnten: Dazu zählen etwa das Problem der Entfremdung des Menschen von seiner Arbeit (bei sehr weit getriebener Arbeitsteilung, wenn die Einsicht in die Sinnhaftigkeit des eigenen Tuns erschwert oder sogar verwehrt wird) und das der Monotonie aufgrund stets wiederkehrender, gleichförmiger Verrichtungen. An dieser Stelle wird deutlich, dass die Einflussrichtungen von Problemen dieser Art nicht mehr immer zweifelsfrei zu or-

Probleme

6.4 Arbeitsbedingungen
Technologische Gestaltung

Arbeit 4.0

ten sind: Wirkungen auf das Wollen und auf das Können zur Leistung verschränken sich oft in schwer durchschaubarer Weise.

Für viele ein *Damoklesschwert* ist »Arbeit 4.0«, basierend auf dem Industrie 4.0-Konzept. Hier sind vor allem prognostizierte technologische Innovationen (bspw. virtuelle Mensch-Maschine-Kommunikation, flexible Maschine-Maschine-Kommunikation, laufende IT-basierte Kontrollen) angesprochen, die der Arbeit gerade zwischen Mensch und Technik »drohen«, diese grundsätzlich wie nachhaltig zu verändern. Solche Änderungen würden andere Qualifikationsanforderungen, gegebenenfalls auch Entgeltstrukturen, Arbeitszeiten, Aus- und Weiterbildungen, Führungsverhaltensweisen u. a. nach sich ziehen. Auch das betriebliche Personal-Management ist entsprechend betroffen, einerseits durch die direkten Auswirkungen technologischer Entwicklungen auch für die Personalarbeit (z. B. Personaleinsatzplanung, Beschaffungs- und Auswahlprozesse, Zeiterfassung) als auch indirekt dadurch, dass sie im Hinblick auf die »neuen« Qualifikationsanforderungen gegebenenfalls die Inhalte ihrer gesamten Arbeit anpassen müssen.

> Nicht von ungefähr ist die Auseinandersetzung einerseits um Industrie 4.0 im Allgemeinen, andererseits um Arbeit 4.0 im Speziellen sowie die dazu passende Personalarbeit derzeit das Thema Nummer 1 in den einschlägigen Personaldiskussionen – zumindest der industriellen Praxis. Es ist aber aktuell mehr ein »Herumstochern im Nebel«, als eine fachlich immer sachliche Auseinandersetzung, zu ungewiss ist noch das, was auf uns zukommen wird. Sicher erscheint derzeit nur, dass die Arbeitsorganisation volatile Veränderungen auch für Mensch-Maschinen-Kommunikation und die Mensch-Mensch-Kommunikation auf allen hierarchischen Ebenen – im Vergleich zur heutigen Situation – mit sich bringen wird.

Industrie 4.0: eine Revolution

Zumindest in einigen Industriebranchen ist mit dem Konzept »Industrie 4.0« eine Entwicklung angestoßen und forciert worden, von der sich viele teilweise *quantensprungartige Veränderungen* der Industriewelt im Allgemeinen und der Arbeitswelt im Speziellen vorstellen, sie gleichzeitig aber auch befürchten wie anstreben. Im Kern geht es um eine sehr intensive Vernetzung fertigungstechnologischer Elemente im Wertschöpfungsprozess, sowohl was die Kommunikation zwischen Maschine und Maschine als auch zwischen Maschine und Mensch betrifft. Vision ist eine »*Smart Factory*«, eine intelligente Fabrik, die sich sowohl durch effizienten Ressourceneinsatz und eine hohe Anpassungsfähigkeit und Flexibilität als auch durch menschenwürdige Arbeitsbedingungen auszeichnet (vgl. Macharzina/Wolf, 2015, S. 848 f.). Wesentliche *Elemente dieser Vision* sind die Folgenden (vgl. Arbeitskreis Industrie 4.0, 2013, S. 5 f.):

- Individualisierung von Produkten wie Dienstleistungen (bis zur Losgröße 1 mit flexiblen, dennoch profitablen Wertschöpfungsprozessen),
- hohe vertikale wie horizontale Integration der Wertschöpfungsprozesse aller daran beteiligter Betriebe, Lieferanten und Kunden (i. S. externer Prozessvernetzung; vgl. Becker, F.G., 2015, S. 209 ff.),

6.4 Technologische Gestaltung

- Verkopplung von Produkten und hochwertigen Dienstleistungen,
- Unterstützung des Managements durch »Cyber-physische Systeme« (CPS) (also durch softwaretechnische Elemente über eine jeweils lokale, webbasierte, weltweit gleichzeitig, in Echtzeit und immer verfügbare Dateninfrastruktur mit permanenten Informationen über intelligente Produkte, deren Zustand, Ort, Historie u. a. sowie dynamischer Gestaltung),
- Fortentwicklung der betriebsübergreifenden Produktionslogistik im Wertschöpfungsprozess, der intelligenten Maschine-Maschine-Kommunikation (quasi selbstständige Steuerung), der Mensch-Maschine-Interaktion sowie von 3D-Instrumenten in industriellen Anwendungen,
- letztlich auch eine umfassende Nutzung und Verwendung von Internetressourcen, um die reale und die zu schaffende virtuelle Welt zusammenwachsen zu lassen.

Solche und ähnliche Schlagworte werden mit Industrie 4.0 immer wieder verbunden, wenngleich die Formulierungen und die oben genannten Aspekte durchaus unterschiedlich sind. Dies hängt sicherlich im Wesentlichen mit der *Ungewissheit* des technisch Möglichen sowie mit unterschiedlichen Verständnissen der Entwicklung zusammen. Dies macht auch die Auseinandersetzung aus personalwirtschaftlicher Sicht derzeit so schwierig, weil kein wirklich ausreichendes informatorisches Fundament darüber vorliegt, »wohin der Weg gehen wird« und wie viele Mitarbeiter, in welchen Branchen und welchen Funktionsbereichen betroffen sein werden.

Unsicherheit

Jedenfalls mit der oben skizzierten Vision des Arbeitskreises sind verschiedene Handlungsfelder verbunden, deren Bearbeitung als notwendig erachtet werden, um die Vision für den Standort »Deutschland« verwirklichen zu können. Als Handlungsfelder betrieblicher Personalarbeit werden skizziert (vgl. Arbeitskreis Industrie 4.0, 2013, S. 6 f.):

Personalwirtschaftliche Handlungsfelder

- *Arbeitsorganisation und -gestaltung.* Die technologischen Gegebenheiten (v. a. auch eine echtzeitorientierte Steuerungsmöglichkeit sowie die Maschine-Maschine-Steuerung) werden den Arbeitnehmern eine andere Rolle sowie andere Arbeitsinhalte, -prozesse und -umgebungen als bislang zuweisen. Sie werden v. a. positiv beschrieben über Stichworte wie »stärkere Eigenverantwortung und Selbstentfaltung« sowie »partizipative Arbeitsgestaltung«. Anderseits ist aber auch klar, dass noch mehr »einfache« Arbeitsplätze wegfallen sowie lebensbegleitende Qualifizierungsmaßnahmen zur Erfüllung wechselnder Aufgaben notwendig sind.
  Hinzuzufügen ist noch, dass zur Beherrschung der komplexen Systeme sowie zur Erhaltung der Sicherheit neuartige Methoden und Instrumente eingesetzt werden müssen, die Mitarbeiter auf verschiedenen Ebenen und in unterschiedlichen Funktionen vor neuen qualifikatorischen Herausforderungen stellen.
- *Aus- und Weiterbildung.* Durch die skizzierten veränderten Aufgaben und Anforderungsprofile der Mitarbeiter ergeben sich infolge auch andere Berufsfelder und Qualifikationen, die sowohl durch neue Berufe als auch durch andere Qualifizierungsstrategien (bzw. durch angepasste Berufsausbildung und Weiterbildung/Personalentwicklung) angegangen werden müssen.

6.4 Arbeitsbedingungen
Technologische Gestaltung

Nicht genannt, aber indirekt ebenso von Bedeutung sind, aufgrund der *Folgewirkungen* der eben genannten Aspekte, Veränderungen in der Personalverwaltung, der Beschaffung und Auswahl, der Anreizsysteme, der Personalbindung, der Mitarbeiterführung und angrenzender Personalaufgaben.

Industrie 4.0: keine Revolution

Es gibt aber auch andere Stimmen (vgl. Becker, M., 2015), die mit Industrie 4.0 keine grundlegende Umwälzung i. S. einer Basisrevolution erwarten, sondern lediglich eine *Verfahrensevolution*. Nicht substanzielle physikalische Neuigkeiten und/oder bahnbrechende naturwissenschaftliche Innovationen werden eingeführt, sondern es geht schlicht und einfach um eine weitere, wenn auch nicht einfache Optimierung: Beseitigung von Schnittstellen, Abbau von Unsicherheiten, Reduzierung von Bürokratie, Beschleunigung der Wertschöpfung, Verstetigung der Qualität von Produkten und Dienstleistungen und der kostenoptimalen Nutzung von Daten (inkl. »Big Data«) u. Ä. Hiermit verbunden sind Veränderungen in Industrie und Verwaltung wie auch in der Arbeit (vgl. Abbildung 4-17), die aber bei weitem nicht so weitreichend sind, wie weiter oben in einem anderen Verständnis der anstehenden Änderungen bzw. von Industrie 4.0 enthalten sind.

Zwischenfazit

Was nun tatsächlich auf uns zukommt, und wie das Personal-Management darauf (initiativ und/oder reaktiv) sich verändert, ist derzeit noch ungewiss. Selbst Fachleute können momentan noch wenig wirklich inhaltlich darüber sagen, zu ungewiss sind die Entwicklungen. Man ist sich nur darüber weitgehend einig, dass es Veränderungen in einer digitalisierten Welt (»Internet der Dinge«) auch bei der be-

---

Abb. 4-17

Arbeit und Arbeitsplätze 4.0

Digitale Arbeitswelt
- Auflösung ortsgebundener Arbeitsleistung
- Umkehrung der Macht auf dem Arbeitsmarkt
- Integration von Mensch-Maschine-Systemen
- Entstehung neuer Arbeitsbereiche und Branchen
- Substitution humaner durch artifizielle Intelligenz

Digitale Arbeitsplätze
- Systemgebundene Aufgabenerledigung
- Zunahme struktureller Führung
- Autonomie und Abhängigkeit wachsen gleichermaßen

Arbeit 4.0

Industrie & Verwaltung 4.0

Digitale Arbeitswelt
- Neue Beschäftigungsformen
- Individualisierte Beschäftigungssicherheit
- Differenzierte Autonomiegrade
- Segmentierte Entfaltungsmöglichkeiten
- Ästhetisierte Arbeitszufriedeheit
- Integration der realen und der virtuellen Welt
- Interorganisationale Arbeitsteilung

Digitale Arbeitsplätze
- Arbeitsinhalte
- Arbeitsformen
- Kooperation
- Beschäftigungssicherheit
- Autonomiegrade
- Entfaltungsmöglichkeiten

6.4 Technologische Gestaltung

> **ZUM NACHDENKEN**
>
> **Ist der Arbeitgeber ein Betrieb?**
>
> In diesem Lehrbuch gehen wir, gerade auch bei den Arbeitsbedingungen, vereinfacht vor: Wir stellen uns einen Betrieb mit vielen Subeinheiten vor, der der Arbeitgeber aller am internen Wertschöpfungsprozess beteiligten Personen ist. In sehr vielen Betrieben ist dies jedoch nur eine am Leben gehaltene *Fiktion*. »Der Arbeitgeber« betreibt doch schon längst verschiedene Betriebe (resp. Tochtergesellschaften) in einer i. d. R. hierarchischen Struktur, teilweise auch als Joint Venture mit anderen Betrieben. Beschäftigt sind einerseits Stammbelegschaften. Andererseits werden gleichzeitig aber auch Randbelegschaften (s. Teil 3, Kap. 1.1) wie z. B. Leiharbeitnehmer mit eigentlich einem anderen Arbeitgeber, aus anderen Schwesterbetrieben entsandte Personen, Freelancer, Menschen, die eigentlich outgesourcte Leistungen im Auftrag eines anderen Betriebes erbringen, sowie Arbeitnehmer von im Wertschöpfungsprozess integrierten Kooperationspartnern beschäftigt – und zwar sowohl in der eigenen Betriebsstätte als auch anderswo. All dies ist bei unserer Diskussion der Arbeitsbedingungen aus didaktischen Gründen ignoriert worden, muss aber in der betrieblichen Praxis mit ins Kalkül gezogen werden. Oder anders ausgedrückt: Dort ist es erheblich schwerer, gezielt Einfluss zu nehmen.

trieblichen Personalarbeit geben wird. Ein »guter« Personaler ist insofern immer bei der Diskussion um anstehende Entwicklungen dabei, einerseits um frühzeitig tatsächliche Veränderungen sehen zu können, andererseits aber auch, um Impulse aus den Ressourcen »Personal« und »Personalarbeit« in die Diskussion miteinzubringen (s. Teil 1).

WIEDERHOLUNGSFRAGEN ZU KAPITEL 6

1. In welche Gestaltungsbereiche lassen sich endogene, sachliche Arbeitsbedingungen unterteilen?
2. Skizzieren Sie die Bestandteile der ergonomischen Arbeitsplatzgestaltung.
3. Was ist unter organisatorischer Arbeitsplatzgestaltung zu verstehen?
4. Skizzieren Sie unterschiedliche Arbeitszeitmodelle.
5. Was ist unter der technologischen Gestaltung eines Arbeitsplatzes zu verstehen?

7 Arbeitsrecht und Arbeitsbeziehungen

> **LEITFRAGEN**
>
> - Aus welchen Rechtsquellen speist sich das Arbeitsrecht?
> - Was bedeutet individuelles und kollektives Arbeitsrecht?
> - Differenzieren Sie zwischen unternehmerischer und betrieblicher Mitbestimmung!
> - Welche Teilbereiche der betrieblichen Personalarbeit sind durch die betriebliche Mitbestimmung – wie – betroffen?
> - Wer sollte sich im Betrieb mit dem Arbeitsrecht auskennen?
> - Was bedeutet internationales Arbeitsrecht?

Die nachfolgenden Ausführungen beschränken sich auf die Darstellung der Grundzüge des Arbeitsrechts und der Wirkungen ausgewählter arbeitsrechtlicher Regelungen auf das Personal-Management, da diese den inhaltlichen Gestaltungsspielraum des Personal-Managements erheblich beeinflussen (erleichtern wie begrenzen) können. Zudem müssen die Personalabteilungen für die Beschäftigung mit arbeitsrechtlichen Problemen einen erheblichen Teil ihrer Kapazität aufwenden.

Betrieb und Unternehmung

> Achtung: In diesem Kapitel wechseln wir vom im Allgemeinen verwendeten Terminus »Betrieb« auf den der »Unternehmung« über. Dies hat seinen Grund darin, dass in der rechtlichen Terminologie üblicherweise zwischen beiden (anders) differenziert wird und wir die entsprechende Diskussion nicht verfälschen wollen. Die terminologischen Unterschiede zwischen »Unternehmung« und »Betrieb« sind dabei in den verschiedenen Rechtsquellen nicht gleich, sondern unterschiedlich. Dies erschwert das Verständnis zunächst einmal. Erst wenn man sich auf die jeweiligen Differenzierungen einlässt, erschließt sich das Gemeinte. Wir versuchen, in unseren Formulierungen dazu eine Hilfestellung zu bieten.

7.1 Arbeitsrecht und Arbeitsbeziehungen
Grundzüge des Arbeitsrechts

7.1 Verständnis und Überblick

Weiter oben ist bereits im Rahmen der betrieblichen Personalforschung kurz auf Arbeitsbeziehungen (»Industrial Relations«, Industrielle Beziehungen) eingegangen worden (s. Teil 3, Kap. 1.6).

> In Deutschland fällt die Beschäftigung mit den »Arbeitsbeziehungen« vor allem in die Zuständigkeit des Arbeitsrechts, während sich insbesondere in den angelsächsischen Ländern unter dem Begriff »Industrial Relations« oder »Labour Relations« seit langem eine eigenständige Wissenschaftsdisziplin etabliert hat, die sich nicht nur mit den juristischen, sondern auch mit soziologischen und ökonomischen Aspekten beschäftigt (vgl. Müller-Jentsch, 1997, S. 10 ff.; Oechsler/Paul, 2015; Breisig, 2005, S. 106 ff.; Becker, M., 2010, S. 63 ff.; s. auch Teil 3, Kap. 1.6). Wir konzentrieren uns hier im Folgenden auf die erstgenannte Interpretation.

Das hier vertretene Verständnis der Arbeitsbeziehungen bezieht sich auf die Institutionen, Verfahren und Regeln, welche die sozialen, wirtschaftlichen und politischen Beziehungen zwischen zum Ersten den Arbeitgebern und deren Verbänden, zum Zweiten den Arbeitnehmern und deren Verbänden sowie zum Dritten dem Staat bestimmen. Diese Beziehungen sind oft – aber durch Abhängigkeiten bei Weitem nicht immer – durch teilweise gegensätzliche, subjektbezogene Interessen geprägt.

Ebenen

Fünf verschiedene *Ebenen* werden dabei im Allgemeinen differenziert: (1) Ebene des Arbeitsplatzes, (2) betriebliche bzw. Unternehmungsebene, (3) regionale oder sektorale Ebene, (4) nationale Ebene und (5) internationale Ebene. Auf vielen dieser Ebenen sind unterschiedliche Akteure tätig: individuelle Arbeitnehmer und Arbeitsgruppen bzw. deren Repräsentanten, Arbeitnehmervertretungen, Betriebs- bzw. Unternehmungsleitungen und kommunale Behörden, regionale bzw. sektorale Arbeitgeberverbände, entsprechende Gewerkschaften und regionale staatliche Instanzen, nationale Arbeitgeberverbände, Gewerkschaften und nationale staatliche Instanzen, europäische Arbeitgeber- und Arbeitnehmerverbände und EU-Institutionen. Viele dieser Akteure agieren miteinander auf Basis arbeitsrechtlicher Regelungen. Nachfolgend konzentrieren wir uns genau auf dieses *Teilgebiet der Arbeitswissenschaften*.

7.2 Grundzüge des Arbeitsrechts

Arbeitsrecht

Das Recht der Arbeit umfasst die Summe aller Rechtsregeln, welche sich mit der in abhängiger Tätigkeit geleisteten Arbeit (Schaub et al., 2015) befasst. Abbildung 4-18 gibt einen Überblick über die Rechtsquellen, Gebiete und die Akteure des in Deutschland geltenden Arbeitsrechts.

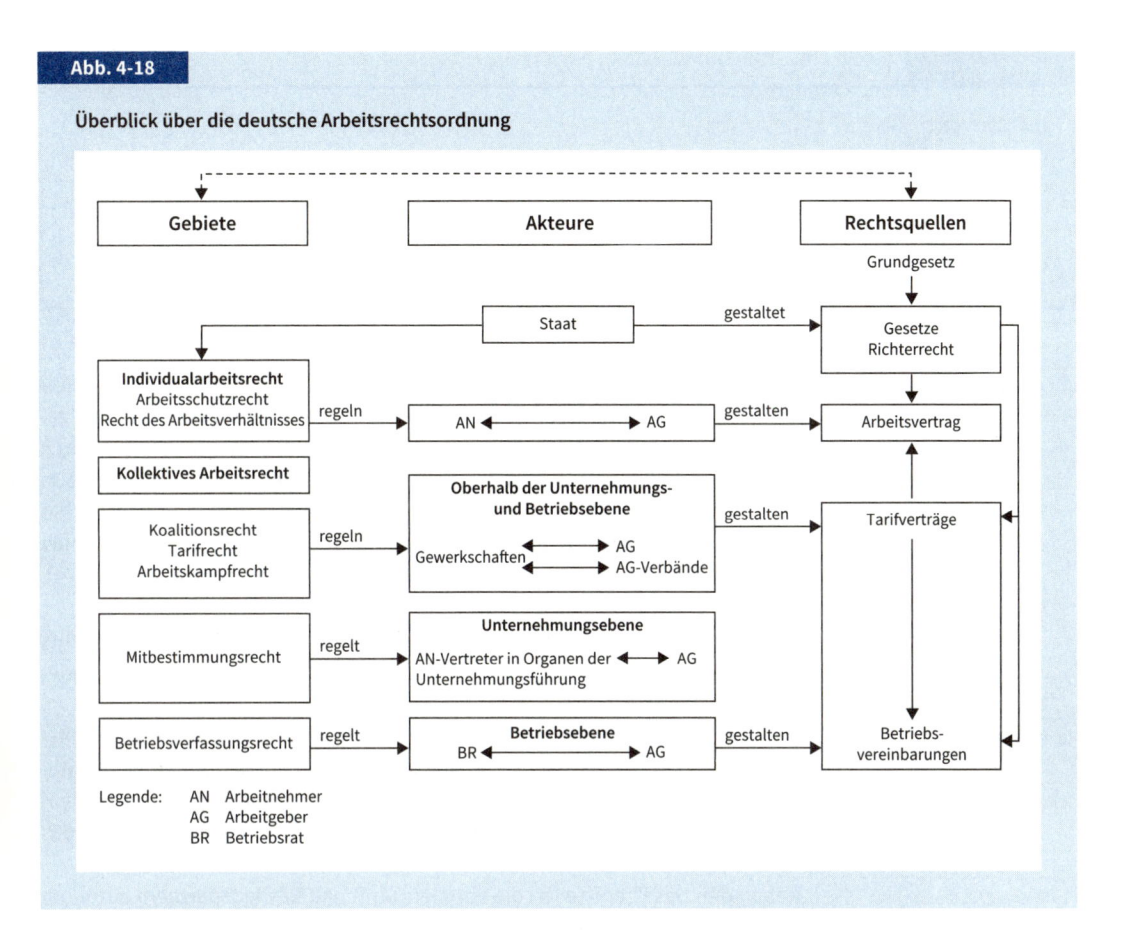

7.2 Grundzüge des Arbeitsrechts

Abb. 4-18

Überblick über die deutsche Arbeitsrechtsordnung

```
                Gebiete                    Akteure                    Rechtsquellen
                                                                      Grundgesetz
                                                                          ↓
                                            Staat      ──gestaltet──▶  Gesetze
                                                                      Richterrecht
                                                                          ↓
  Individualarbeitsrecht
  Arbeitsschutzrecht          ──regeln──▶  AN ◀──▶ AG  ──gestalten──▶ Arbeitsvertrag
  Recht des Arbeitsverhältnisses

  Kollektives Arbeitsrecht                  Oberhalb der Unternehmungs-
                                             und Betriebsebene
  Koalitionsrecht                                                     
  Tarifrecht                 ──regeln──▶   Gewerkschaften ◀──▶ AG      ──gestalten──▶ Tarifverträge
  Arbeitskampfrecht                                       ◀──▶ AG-Verbände

                                            Unternehmungsebene
  Mitbestimmungsrecht        ──regelt──▶   AN-Vertreter in Organen der ◀──▶ AG
                                            Unternehmungsführung

                                            Betriebsebene                              Betriebs-
  Betriebsverfassungsrecht   ──regelt──▶   BR ◀──▶ AG                 ──gestalten──▶  vereinbarungen
```

Legende: AN Arbeitnehmer
AG Arbeitgeber
BR Betriebsrat

Rechtsquellen

Charakteristisch für die deutsche Arbeitsrechtsordnung ist die Vielzahl von Rechtsquellen, an deren inhaltlicher Gestaltung neben dem Staat (Legislative und Judikative) die Tarifpartner (Arbeitgeberverbände und Gewerkschaften) und die Betriebspartner (Arbeitgeber und Betriebsrat) sowie Arbeitgeber und Arbeitnehmer als Parteien des individuellen Arbeitsvertrages wesentlich beteiligt sind.

AGG

WISSENSWERTES

Allgemeines Gleichheitsgesetz (AGG)

Das AGG soll dazu dienen, Menschen zu schützen, die wegen ihrer ethnischen Herkunft, ihres Geschlechts, ihrer sexuellen Identität, ihrer Religion oder Weltanschauung, einer Behinderung oder ihres Alters Benachteiligungen in der Arbeitswelt (wie anderswo) ausgesetzt sind. Diskriminierung wird mit dem AGG – insbesondere in der Arbeitswelt – verboten. Die für das Personal-Management relevanten Regelungen beziehen sich dort vor allem auf die Kriterien bei der Personalbeschaffung und -auswahl, die Entgeltregelungen und die Karriereplanung.

7.2 Arbeitsrecht und Arbeitsbeziehungen
Grundzüge des Arbeitsrechts

> **VERTIEFUNG**
>
> **Richterrecht**
>
> Von »*Richterrecht*« wird dann gesprochen, wenn vor allem die höchsten Gerichte zum einen abstrakte Rechtssätze entwickeln sowie zum anderen diese bei ihrer Entscheidungsfindung – und die niedrigeren Instanzen sind richtungsweisend – regelmäßig berücksichtigen. Die Anerkennung einer solchen Vorgehensweise ist heute prinzipiell gegeben, allerdings werden Umfang und Grenzen noch diskutiert. In Abgrenzung ist von der Gesetzgebung durch die »Legislative« und die Rechtsverordnung durch die »Exekutive« zu sprechen.

Internationalisierung

Auf internationaler Ebene kommt mit der fortschreitenden europäischen politischen Vereinigung dem EU-Recht immer größere arbeitsrechtliche Bedeutung zu, die das nationale Arbeitsrecht überlagert. Der deutsche Gesetzgeber wird durch EU-Richtlinien, die vom EU-Ministerrat beschlossen werden, verpflichtet, deren Inhalt und Ziel innerhalb einer bestimmten Frist in nationales Recht umzusetzen. So sind schon zahlreiche europäische Richtlinien, die überwiegend den Arbeitsschutz und die Gleichbehandlung betreffen, in nationales Recht umgesetzt worden (vgl. Brox/Rüthers/Henssler, 2011, S. 36 ff.).

Auf nationaler Ebene ist eine Reihe allgemeiner Grundsätze des Arbeitsrechts durch das Grundgesetz garantiert, wobei die Grundrechte Vorrang vor allen anderen Rechtsquellen haben.

Richterrecht

In der Bundesrepublik Deutschland gibt es (noch) keine Kodifikation des Arbeitsrechts in Form eines »Arbeitsgesetzbuches«, sondern eine Vielzahl arbeitsrechtlicher Gesetze sowie arbeitsrechtlicher Regelungen in anderen Gesetzen. Trotzdem sind zahlreiche arbeitsrechtliche Fragen in den Gesetzen nicht geregelt, sodass das Arbeitsrecht in wesentlichen Bereichen Richterrecht ist.

Kollektivvereinbarungen

Neben den Gesetzen stellen die von den Tarif- und Betriebspartnern autonom gestalteten Kollektivvereinbarungen (Tarifverträge und Betriebsvereinbarungen) wichtige und für das deutsche Arbeitsrecht charakteristische Rechtsquellen dar. Im Vergleich zu Gesetzen handelt es sich jedoch um rangniedere Rechtsquellen.

Eine weitere Rechtsquelle ist der individuelle Arbeitsvertrag. Für den Abschluss von Arbeitsverträgen besteht grundsätzlich Vertragsfreiheit, d. h. die Arbeitgeber und Arbeitnehmer können bestimmen, ob und mit wem sie einen Arbeitsvertrag abschließen wollen. Dieser Grundsatz kann jedoch durch Abschluss- und Beschäftigungsverbote, die auf zwingenden gesetzlichen oder kollektivvertraglichen Normen beruhen, eingeschränkt sein.

Gebiete

Das Arbeitsrecht wird üblicherweise in zwei Gebiete unterteilt (vgl. Dütz/Thüsing, 2011, S. 2 f.; Oechsler/Paul, 2015, S. 85 ff.):

Individual- und Kollektivarbeitsrecht

▸ Das *Individualarbeitsrecht* umfasst die Normen, die das Verhältnis von individuellem Arbeitgeber zu individuellem Arbeitnehmer regeln (Arbeitsvertragsrecht), und die Normen, die der Staat im öffentlichen Interesse erlassen hat, um den Arbeitnehmer vor den Gefahren des Arbeitslebens zu schützen (Arbeitsschutzrecht). (Die Normen des Arbeitsschutzrechtes, z. B. das Arbeitszeitgesetz, das

Grundzüge des Arbeitsrechts 7.2

ZUR VERTIEFUNG

Arbeitsgerichtsbarkeit

Eng verknüpft mit dem Arbeitsrecht sind das Recht der Arbeitsgerichtsbarkeit (vgl. Scherm/Süß, 2010, S. 11) und das Sozialrecht (vgl. Söllner/Waltermann, 2009, S. 3). *Gesetzliche Grundlage* der Arbeitsgerichtsbarkeit ist das Arbeitsgerichtsgesetz (ArbGG) (www.bundesarbeitsgericht.de). Bei der Arbeitsgerichtsbarkeit handelt es sich um eine *besondere Gerichtsbarkeit*, die aus Arbeitsgerichten als Erstinstanz, Landesarbeitsgerichten als Berufungsinstanz und dem Bundesarbeitsgericht in Erfurt als Revisionsinstanz besteht. Die Spruchkammern bei den Gerichten für Arbeitssachen sind durch Berufs- und Laienrichter besetzt. Die ehrenamtlichen Laienrichter (Arbeitsrichter) stammen je zur Hälfte aus Kreisen der Arbeitnehmer und der Arbeitgeber. Beim Arbeitsgericht und beim Landesarbeitsgericht sind die Kammern mit einem Berufsrichter als Vorsitzenden und zwei Arbeitsrichtern besetzt. Beim Bundesarbeitsgericht bestehen die Senate aus drei Berufsrichtern und zwei Bundesarbeitsrichtern. Vor dem Arbeitsgericht kann jedermann Anträge stellen. Die jeweiligen Parteien können sich durch Verbandsvertreter (der Arbeitgeberverbände und der Gewerkschaften) vertreten lassen. Vor dem Landesarbeitsgericht besteht dagegen Vertretungszwang durch Anwälte oder Verbandsvertreter. Vor dem Bundesarbeitsgericht besteht ein Anwaltszwang. Vor jeder Verhandlung in der ersten Instanz erfolgt eine Güteverhandlung vor dem vorsitzenden Berufsrichter der zuständigen Kammer, in welcher versucht wird, den Rechtsstreit gütlich beizulegen.

Die *Zuständigkeit der Arbeitsgerichte* besteht im Wesentlichen in Rechtsstreitigkeiten zwischen Arbeitnehmern und Arbeitgebern aus dem Arbeitsverhältnis, in Rechtsstreitigkeiten zwischen Arbeitnehmern aus gemeinsamer Arbeit, die mit dem Arbeitsverhältnis im Zusammenhang stehen, in Rechtsstreitigkeiten zwischen Tarifvertragsparteien über tarifrechtliche Fragen und in Entscheidungen über betriebsverfassungsrechtliche Fragen.

Den Arbeitsgerichten stehen zwei Verfahrensarten zur Verfügung. Normalerweise besteht ein Urteilverfahren, wobei gegen Urteile die Berufung und die Revision zulässig sind. Im besonderen Beschlussverfahren werden im Wesentlichen Auseinandersetzungen zwischen Tarifvertragsparteien und betriebsverfassungsrechtliche Streitigkeiten (Betriebsverfassung) behandelt. Gegen entsprechende Beschlüsse des Arbeitsgerichts ist die Beschwerde zulässig. Die Verfahren unterscheiden sich auch dadurch, dass im *Urteilsverfahren* die gleichen Verfahrensgrundsätze gelten wie sonst in zivilprozessualen Verfahren; im Beschlussverfahren dagegen das Arbeitsgericht den Sachverhalt im Rahmen der gestellten Anträge von Amts wegen erforscht. Die Arbeitsgerichte werden in der ersten Instanz ohne Rücksicht auf die jeweiligen Streitwerte einer Rechtssache tätig. Eine Berufung ist gegen Urteile möglich, wenn der Wert des Streitgegenstandes 600 Euro in Rechtsstreitigkeiten über das Bestehen, das Nichtbestehen oder die Kündigung eines Arbeitsverhältnisses erreicht oder bei dem das Arbeitsgericht die Berufung wegen der grundsätzlichen Bedeutung der Rechtssache zugelassen hat. Eine Sprungrevision ist unter bestimmten Umständen auch möglich. Die Landesarbeitsgerichte entscheiden als letzte Tatsacheninstanz über Berufungen und Beschwerden gegen die Entscheidung der Arbeitsgerichte. Das Bundesarbeitsgericht entscheidet schließlich nur über Revision und Rechtsbeschwerden. Es überprüft also lediglich die richtige Anwendung des formellen und materiellen Rechts durch die Vorinstanz, ohne eine eigene Sachaufklärung bzw. Beweisaufnahme durchzuführen.

Mutterschutzgesetz, das Schwerbehindertengesetz oder das Jugendarbeitsschutzgesetz, sind grundsätzlich zwingend, also weder abdingbar noch verzichtbar.)

▶ Das *kollektive Arbeitsrecht*, als zweites Gebiet des Arbeitsrechts, regelt die Existenz, die Organisation und die Aufgaben der Repräsentationsorgane der Arbeitnehmer und der Arbeitgeber sowie ihre Beziehungen zu den jeweiligen »Gegenspielern«. Es umfasst die folgenden Gebiete, die sich drei Regelungsebenen zuordnen lassen:
  – Oberhalb der Unternehmungs- und Betriebsebene regeln das Koalitions-, Tarif-, Schlichtungs- und Arbeitskampfrecht die Beziehungen zwischen Gewerkschaften und Arbeitgeber(verbänden) sowie deren Rechtsetzungsbefugnisse.

7.2 Arbeitsrecht und Arbeitsbeziehungen
Grundzüge des Arbeitsrechts

> **ZUR VERTIEFUNG**
>
> **Sozialrecht**
>
> Eine enge Verknüpfung zum Arbeitsrecht liegt auch beim Sozialrecht vor. Das Sozialrecht umfasst die Normen, welche auf eine soziale Gerechtigkeit ausgerichtet sind. Das Personal-Management wird insbesondere durch sozialrechtliche Regelungen beeinflusst, die im Rahmen eines Vorsorgesystems die Versicherten vor typischen Einkommensverlusten schützen, z. B. bei Krankheit, Arbeitslosigkeit oder auch Unfällen. Damit setzt das Sozialrecht bei einem Ausfall des Arbeitsentgelts an und wird als Entgeltersatzfunktion verstanden (vgl. Scherm/Süß, 2010, S. 11; Söllner/Waltermann, 2009, S. 3).

- Auf »Unternehmungsebene« regelt das Mitbestimmungsrecht die Beteiligung der Arbeitnehmer in den Organen der Unternehmungsführung.
- Auf »Betriebsebene« regelt das Betriebsverfassungsrecht die Stellung der Arbeitnehmer im Betrieb und die Rechte der im Betrieb verbundenen Arbeitnehmer gegenüber dem Arbeitgeber. Dazu zählen sowohl das Betriebsverfassungs- als auch das Sprecherausschussgesetz. (Die Mitbestimmung im öffentlichen Dienst wird durch das Bundespersonalvertretungsgesetz und die Personalvertretungsgesetze der Länder geregelt.)

Beide Gebiete des Arbeitsrechts – individuelles und kollektives – finden bei bestimmten Sachverhalten Berücksichtigung, sodass diese nicht ausschließlich getrennt voneinander zu betrachten sind.

Akteure
Folgende Akteure sind zu berücksichtigen:

Arbeitnehmer
- *Arbeitnehmer* im arbeitsrechtlichen Sinne ist, wer auf der Basis eines privatrechtlichen Vertrages über entgeltliche Dienste für einen anderen in persönlicher Abhängigkeit tätig ist. Zur Abgrenzung des »Arbeitnehmers« vom »Selbstständigen« wurden von der Rechtsprechung zahlreiche Einzelkriterien entwickelt, die die persönliche Abhängigkeit näher bestimmen; insbesondere zu nennen sind die örtliche und zeitliche Weisungsgebundenheit, die Eingliederung in die betriebliche Organisation und die Leistungserbringung in eigener Person.

Arbeitgeber
- *Arbeitgeber* i. S. des Arbeitsrechts ist jede natürliche oder juristische Person, die einen Arbeitnehmer beschäftigt.
- In juristischer Terminologie (s. o.) wird unter einem *Betrieb* die organisatorische Einheit verstanden, mit der ein Arbeitgeber allein oder mit seinen Mitarbeitern bestimmte arbeitstechnische Zwecke verfolgt. Die Unternehmung ist dagegen die organisatorische Einheit, die einen wirtschaftlichen oder ideellen Zweck verfolgt.

Betriebsrat
- Der *Betriebsrat*, als das wichtigste Organ der Betriebsverfassung, kann in allen Betrieben mit in der Regel mindestens fünf ständigen wahlberechtigten Arbeitnehmern, von denen drei wählbar sind, errichtet werden (§ 1 BetrVG). Er repräsentiert – bis auf die leitenden Angestellten (s. o.) – die Belegschaft eines Betriebes und ist Träger der gesetzlichen Rechte und Pflichten. Die wichtigsten betriebsverfassungsrechtlichen Normen beziehen sich auf die Zusammensetzung

7.2 Grundzüge des Arbeitsrechts

und Wahl (§§ 7-20), die Amtszeit (§§ 21-25) und die Geschäftsführung (§§ 26-41) des Betriebsrates. In Unternehmen mit mehreren Betrieben ist ein Gesamtbetriebsrat zu errichten (§§ 47-53). Für Konzerne i. S. von § 18 I AktG kann durch Beschlüsse der einzelnen Gesamtbetriebsräte ein Konzernbetriebsrat errichtet werden (§ 54 BetrVG).

In gemeinschaftsweit operierenden Unternehmungen und Unternehmungsgruppen wird nach dem Gesetz über Europäische Betriebsräte (EBRG) von 1996, das eine entsprechende EU-Richtlinie in deutsches Recht umgesetzt hat, zum Zweck der Unterrichtung und Anhörung der Arbeitnehmer auf Antrag ein Europäischer Betriebsrat eingesetzt oder ein Verfahren zur Anhörung der Arbeitnehmer geschaffen. Weitere Organe der Betriebsverfassung sind der *Betriebsausschuss* (§ 27 BetrVG), die Betriebsversammlung (§§ 42ff. BetrVG), die Jugend- und Auszubildendenvertretung (§§ 60ff. BetrVG), die Einigungsstelle (s. u.; §§ 76ff. BetrVG) und der Wirtschaftsausschuss (s. u.; §§ 106ff. BetrVG).

▶ Bei *Arbeitgeberverbänden* handelt es sich um freiwillige Zusammenschlüsse von Arbeitgebern zur kollektiven Vertretung ihrer *sozialpolitischen Interessen*. Sie sind nicht nur nach Branchen als Fachverbände auf Bezirks-, Landes- und Bundesebene, sondern auch branchenübergreifend auf Landesebene organisiert. Dachverband der fachlichen Verbände auf Bundesebene (z. B. Gesamtmetall) sowie der Landesverbände (z. B. Vereinigung der Arbeitgeberverbände in Bayern) ist die Bundesvereinigung der Deutschen Arbeitgeberverbände e. V. (BdA). Die BdA ist kein Tarifträger, jedoch koordiniert sie die Tarifpolitik ihrer Mitglieder und vertritt deren Interessen gegenüber Gewerkschaften, dem Staat und anderen gesellschaftlichen Gruppierungen.

Arbeitgeberverband

Die Arbeitgeberverbände sind von den *Wirtschaftsverbänden* abzugrenzen, die vor allem die *wirtschaftspolitischen Interessen* ihrer Mitglieder repräsentieren. Die Wirtschaftsverbände sind fachlich und regional gegliedert und münden in Dachorganisationen auf Bundesebene, z. B. Verband der Automobilindustrie, die dann Mitglieder im Bundesverband der Deutschen Industrie e. V., BDI, sind.

▶ *Gewerkschaften* sind freiwillige Zusammenschlüsse von Arbeitnehmern zur kollektiven Vertretung ihrer Interessen gegenüber einzelnen Arbeitgebern oder Arbeitgeberverbänden, dem Staat und anderen gesellschaftlichen Gruppierungen. Sie können sowohl nach dem Berufs- als auch nach dem Industrieprinzip gegliedert sein. Die deutschen Gewerkschaften waren in der Vergangenheit überwiegend nach dem Industrieprinzip organisiert, so der Deutsche Gewerkschaftsbund (DGB) als Dachverband für mittlerweile nur noch acht Einzelgewerkschaften: IG Metall, Vereinte Dienstleistungsgewerkschaft (ver.di), IG Bergbau, Chemie, Energie (IGBCE), IG Bauen-Agrar-Umwelt (IG BAU), Gewerkschaft Nahrung-Genuss-Gaststätten (NGG), Eisenbahn- und Verkehrsgewerkschaft (EVG), Gewerkschaft Erziehung und Wissenschaft (GEW) und Gewerkschaft der Polizei (GdP). Seit ein paar Jahren sind verstärkt Gewerkschaften, die dem Berufsgruppen- bzw. Spartenprinzip folgen, aktiv geworden, bspw.: Vereinigung Cockpit (VC), Gewerkschaft der Flugsicherung (GdF), Marburger Bund, Gewerkschaft der Lokführer (GDL). Weitere Gewerkschaften, die nicht zum DGB gehören sind: dbb Beamtenbund und Tarifunion (früher: Deutscher Beamtenbund) im Bereich des

Gewerkschaften

> **ZUR VERTIEFUNG**
>
> **Einigungsstelle bei fehlender Einigung**
> Zur Beilegung von Meinungsverschiedenheiten zwischen Arbeitgeber und Betriebsrat ist nach Betriebsverfassungsgesetz bei Bedarf eine sogenannte Einigungsstelle zu bilden. Diese wird paritätisch durch vom Arbeitgeber und Betriebsrat bestellte Beisitzer gebildet sowie einem unparteiischen Vorsitzenden, auf dessen Person sich beide Parteien einigen müssen (zur Not stellt ihn das Arbeitsgericht). Die Einigungsstelle entscheidet in Regelungsstreitigkeiten (Was soll zukünftig rechtens sein? Beispielsweise bezüglich der Dauer, Lage, Verteilung geplanter Kurzarbeit u. a. m.) sowie in Rechtsstreitigkeiten (Was war bzw. was ist gegenwärtig rechtens? Beispielsweise bezüglich Beschwerden eines Mitarbeiters, Umgruppierung). Die Einigungsstelle fasst ihre Beschlüsse nach mündlicher Beratung mit Stimmenmehrheit. Bei der Beschlussfassung hat sich der Vorsitzende zunächst der Stimme zu enthalten. Kommt eine Stimmenmehrheit nicht zustande, so nimmt der Vorsitzende nach weiterer Beratung an der erneuten Beschlussfassung teil. Durch Betriebsvereinbarungen können weitere Einzelheiten des Verfahrens geregelt werden (§ 76 BetrVG).

öffentlichen Dienstes (konkurriert im Beamtenbereich mit ver.di, GEW und GdP), Christlicher Gewerkschaftsbund (CGB) mit 15 Einzelgewerkschaften sowie kleinere Gewerkschaften vornehmlich in den Bereichen Gesundheit und Pflege, im öffentlichen Dienst, bei Fluglinien und Flughäfen und mit branchenübergreifenden Anliegen.

7.3 Folgen ausgewählter arbeitsrechtlicher Regelungen für die Teilsysteme des Personal-Managements

7.3.1 Überblick

Nachfolgend wird skizziert, ob und wie die Gesetze, die die Partizipation der Mitarbeiter auf individueller Ebene, Betriebs- und Unternehmungsebene sowie internationaler Ebene regeln und damit von besonderer Bedeutung für die Gestaltung und Steuerung der Personalarbeit durch das Personal-Management sind, dessen Gestaltungsspielraum begrenzen. Im Einzelnen handelt es sich um folgende Gesetze:

Gesetze
- Mitbestimmung auf individueller Ebene: z. B.
  - Betriebsverfassungsgesetz (BetrVG),
  - Kündigungsschutzgesetz (KSchG),
  - Mutterschutzgesetz (MuSchG),
- Mitbestimmung auf Betriebsebene (v. a. via Betriebsrat u. Ä.):
  - Betriebsverfassungsgesetz (BetrVG),
  - Gesetz über Sprecherausschüsse der leitenden Angestellten (Sprecherausschussgesetz – SprAuG),
- Mitbestimmung auf Unternehmungsebene (v. a. via Aufsichtsrat):
  - Gesetz über die Mitbestimmung der Arbeitnehmer (Mitbestimmungsgesetz – MitbestG),

- Gesetz über die Mitbestimmung der Arbeitnehmer in den Aufsichtsräten und Vorständen der Unternehmungen des Bergbaus und der Eisen und Stahl erzeugenden Industrie (Montan-Mitbestimmungsgesetz – Montan-MitbestG),
- Gesetz zur Ergänzung des Gesetzes über die Mitbestimmung der Arbeitnehmer in den Aufsichtsräten und Vorständen der Unternehmungen des Bergbaus und der Eisen und Stahl erzeugenden Industrie (MitbestErgG),
- Drittelbeteiligungsgesetz (DrittelbG 2004),
▶ Mitbestimmung auf internationaler Ebene:
    - Supranationales Arbeitsrecht,
    - Europäisches Unionsrecht,
    - Arbeitskollisionsrecht.

7.3.2 Mitbestimmung auf individueller Ebene

Die Mitbestimmung auf individueller Ebene bezieht sich auf die Rechte des einzelnen Arbeitnehmers direkt am Arbeitsplatz. Diese sind neben den Beteiligungsrechten des Betriebsrats ebenfalls als Individualrechte im BetrVG geregelt. Die Individualrechte nach §§ 81-86 BetrVG umfassen Unterrichtungs-, Anhörungs-, Erörterungs- und Beschwerderechte sowie das Recht, Personalakten einzusehen. Sie sind vor allem wegen ihres betriebsbezogenen Charakters im BetrVG geregelt, lassen sich jedoch auch aus einem individuellen Arbeitsvertrag und der damit verbundenen Fürsorgepflicht des Arbeitgebers ableiten. Damit gelten die Individualrechte nicht für leitende Angestellte und auch nur für die Betriebe und Arbeitnehmer, auf die das BetrVG anwendbar ist (vgl. Schaub et al., 2015). Neben den im Betriebsverfassungsgesetz geregelten Individualrechten leisten auch das Kündigungsschutzgesetz (KSchG) und das Mutterschutzgesetz (MuSchG) einen Beitrag zur individuellen Mitbestimmung (vgl. Abbildung 4-19).

Individualrechte

> Mitbestimmung auf individueller Ebene und Partizipation unterscheiden sich. Während der erstgenannte Aspekt auf einer rechtlichen Grundlage basiert, wird der zweitgenannte freiwillig im Rahmen der Mitarbeiterführung (s. Teil 2, Kap. 6) gewährt, v. a. um Motivations- und Know-how-Potenziale zu nutzen.

7.3.3 Mitbestimmung auf Betriebsebene (Betriebliche Mitbestimmung)

Das BetrVG gilt in allen Betrieben, die in der Regel mindestens fünf ständige wahlberechtigte Arbeitnehmer beschäftigen (§ 1 BetrVG). Es ist in vollem Umfang nur auf Arbeitnehmer anzuwenden, die als Arbeiter oder Angestellte oder die zu ihrer Berufsausbildung beschäftigt sind (§ 5 I BetrVG), unabhängig davon, ob sie im Betrieb, im Außendienst oder in Telearbeit von zuhause aus beschäftigt sind. Für leitende Angestellte (§ 5 III BetrVG) ist das BetrVG nur in wenigen Punkten relevant. Sie fallen

»Die Mitbestimmung ist ein positiver Standortfaktor am Investitionsstandort Deutschland.«
Utz Claassen

7.3 Arbeitsrecht und Arbeitsbeziehungen
Folgen ausgewählter arbeitsrechtlicher Regelungen

Abb. 4-19

Überblick über wichtige Regelungsgegenstände und Rechtsquellen des Individualarbeitsrechts[1]

Arbeits-vertragsrecht	• Anbahnung des Arbeits-vertrages	• Aufwendungsersatz §§ 670, 622 BGB • Gleichheitsgrundsatz Art. 3 GG • Diskriminierungsverbot § 611 a BGB • Stellenausschreibung § 611 b BGB • Fragerecht im Einstellungsgespräch
	• Abschluss des Arbeits-vertrages	• Dienstvertrag § 611 BGB • Befristung § 620 BGB, § 14 TzBfG • Probezeit § 622 III BGB • Leiharbeit § 1 AÜG
	• Pflichten des Arbeitnehmers aus dem Arbeitsvertrag	• Arbeitspflicht § 611 BGB i. V. m. AV • Gehorsamspflicht § 611 BGB i.V.m AV • Treuepflicht § 242 BGB
	• Pflichten des Arbeitgebers aus dem Arbeitsvertrag	• Lohnzahlungspflicht § 611 BGB i. V. m. AV • Lohnzahlung ohne Arbeit § 611 BGB i. V. m. AV u. a. bei: Krankheit § 3 EFZG, Urlaub §§ 1, 11 BurlG, Feiertag § 2 EFZG • Beschäftigungspflicht • Fürsorgepflicht • Pflicht zur Urlaubsgewährung § 1 BurlG • Pflicht zur Zeugniserteilung § 630 BGB

	• Beendigung des Arbeits-vertrages	• Kündigung
		  – Kündigungsfrist und -erklärung §§ 620, 622 BGB
		  – Betriebsratsanhörung § 102 BetrVG
		  – Kündigungsschutz § 1 KSchG
		  – außerordentliche Kündigung § 626 BGB
		• Zeitablauf § 15 TzBfG
		• Aufhebungsvertrag
		• Anfechtung

	• Sonderformen des Arbeits-vertrages	• Teilzeitarbeit § 2 TzBfG • Job Sharing § 13 TzBfG • Leiharbeit § 1 AÜG
Arbeits-schutzrecht	Schutz besonderer Personen-gruppen	• Auszubildende BBiG • Schwerbehinderte SchwbG • Mutterschutz MuSchG • Jugendliche JarbSchG
	Arbeitssicherheit	• allg. Arbeitsschutz ArbSchG • Unfallversicherung §§ 2, 8 SGB VII
	Regelung der Arbeitszeit	• Begriff § 2 ArbZG • Höchstdauer § 3 ArbZG

[1] (BGB: Bürgerliches Gesetzbuch; GG: Grundgesetz; TzBfG: Teilzeit- und Befristungsgesetz; AÜG: Arbeitnehmerüberlassungsgesetz; AV: Arbeitsvertrag; EFZG: Entgeltfortzahlungsgesetz; BurlG: Bundesurlaubsgesetz; BetrVG: Betriebsverfassungsgesetz; KSchG: Kündigungsschutzgesetz; BBiG: Bundesbildungsgesetz; SchwbG: Schwerbehindertengesetz; MuSchG: Mutterschutzgesetz; JArbSchG: Jugendarbeitsschutzgesetz; ArbSchG: Arbeitsschutzgesetz; SGB VII: Sozialgesetzbuch VII; ArbZG: Arbeitszeitgesetz)

jedoch unter den Geltungsbereich des SprAuG. Da der Sprecherausschuss – anders als der Betriebsrat – nur Mitwirkungsrechte hat, werden nachfolgend vor allem die Regelungen des BetrVG dargestellt, da diese den Gestaltungsspielraum des Personal-Managements stärker begrenzen (können). Dies bedeutet aber auch, dass für

7.3 Folgen ausgewählter arbeitsrechtlicher Regelungen

(einen Teil der) Führungskräfte als eine wichtige Zielgruppe der Personalarbeit nur sehr wenige arbeitsrechtliche Restriktionen bestehen.

Neben den oben genannten Individualrechten umfasst das BetrVG auch die Beteiligungsrechte des Betriebsrats. Diese lassen sich nach zwei Gesichtspunkten gliedern: einerseits nach der Intensität der Einflussnahme des Betriebsrats auf die betriebliche Willensbildung und andererseits nach den Gegenständen, an denen die Mitbestimmung ansetzt.

Rechte des Betriebsrats

Nach der *Intensität der Einflussnahme* unterscheiden sich die Beteiligungsrechte des Betriebsrats in Mitwirkungsrechte (Informations-, Vorschlags-, Anhörungs- und Beratungsrechte) und in Mitbestimmungsrechte. Diese umfassen Zustimmungsverweigerungs- oder Widerspruchsrechte, d. h. eine Maßnahme des Arbeitgebers darf nicht (oder nicht ohne weiteres) ohne Beteiligung des Betriebsrats durchgeführt werden. Der Betriebsrat hat außerdem Initiativrechte, d. h. er kann von sich aus eine Entscheidung des Arbeitgebers in bestimmten Angelegenheiten verlangen.

Nach den *Gegenständen* unterscheidet das Betriebsverfassungsgesetz die folgenden Bereiche:

Gegenstände der betrieblichen Mitbestimmung

- Soziale Angelegenheiten (§§ 87-89 BetrVG) inklusive der Gestaltung von Arbeitsplatz, Arbeitsablauf und Arbeitsumgebung (§§ 90 und 91 BetrVG);
- Personelle Angelegenheiten, unterteilt in »allgemeine personelle Angelegenheiten« (§§ 92-95 BetrVG), »Berufsbildung« (§§ 96-98 BetrVG) und »personelle Einzelmaßnahmen« (§§ 99-105 BetrVG);
- Wirtschaftliche Angelegenheiten, unterteilt in »Unterrichtung in wirtschaftlichen Angelegenheiten« (§§ 106-110 BetrVG) und »Betriebsänderungen« (§§ 111-113 BetrVG).

Abbildung 4-20 gibt einen Überblick über die wichtigsten Beteiligungsrechte des Betriebsrats differenziert nach Intensität der Einflussnahme und den Gegenständen der Beteiligungsrechte.

Die Beteiligungsrechte verdeutlichen, dass der Betriebsrat für die Interessensvertretung der Arbeitnehmer verantwortlich ist. Darüber hinaus ist es seine Aufgabe, dafür zu sorgen, dass die zugunsten der Arbeitnehmer geltenden Gesetze,

Vertrauensvolle Zusammenarbeit ist ein Muss!

ERWEITERUNG

Rechte des Sprecherausschusses

Das Sprecherausschussgesetz (SprAuG) betrifft die leitenden Angestellten eines Betriebs. Aufgabe des Sprecherausschusses ist es, mit dem Arbeitgeber vertrauensvoll unter Beachtung der geltenden Tarifverträge zum Wohl der leitenden Angestellten und des Betriebs zusammenzuarbeiten (§ 2 SprAuG). Das Gesetz weist starke Ähnlichkeit mit dem Betriebsverfassungsgesetz auf, Unterschiede liegen jedoch in den fehlenden »echten« Mitbestimmungsrechten des Sprecherausschusses. So enthält das SprAuG nur Mitwirkungsrechte, beispielsweise zu Arbeitsbedingungen und Beurteilungsgrundsätzen, personellen Maßnahmen sowie wirtschaftlichen Angelegenheiten (§§ 30, 31 und 32 SprAuG). Darüber hinaus können Arbeitgeber und Sprecherausschuss Vereinbarungen über Richtlinien zu Inhalt, Beginn und Beendigung von Beschäftigungsverhältnissen beschließen. Der Inhalt der Richtlinien gilt für die Arbeitsverhältnisse unmittelbar und zwingend, soweit dies zwischen Arbeitgeber und Sprecherausschuss vereinbart ist (§ 28 SprAuG).

7.3 Arbeitsrecht und Arbeitsbeziehungen
Folgen ausgewählter arbeitsrechtlicher Regelungen

Abb. 4-20

Wichtige Beteiligungsrechte des Betriebsrats

Gegenstände Intensität	Soziale Angelegenheiten	Personelle Angelegenheiten	Wirtschaftliche Angelegenheiten
Mitbestimmungsrechte Initiativrechte Zustimmungsverweigerungs- oder Widerspruchsrechte Anspruch auf Aufhebung von	§ 87 II § 91 § 87 II	§ 95 II § 98 IV § 94 § 95 § 97 II § 98 II § 98 II § 99 I § 100 II § 101	§ 112 IV
Mitwirkungsrechte Beratungsrechte Vorschlagsrechte Anhörungsrechte Informationsrechte		§ 92 I § 92a II § 96 I § 97 I § 99 § 102 § 103	§ 90 § 106 § 111

Verordnungen, Unfallverhütungsvorschriften, Tarifverträge und Betriebsvereinbarungen durchgeführt werden (§ 80 BetrVG). Dementsprechend sollen der Betriebsrat und der Arbeitgeber unter Beachtung der geltenden Tarifverträge nach Vorgabe des Betriebsverfassungsgesetzes (§ 2 I BetrVG) vertrauensvoll und im Zusammenwirken mit den im Betrieb vertretenen Gewerkschaften und Arbeitgebervereinigungen zum Wohl der Arbeitnehmer und des Betriebs zusammenarbeiten.

WISSENSWERTES

Leitende Angestellte

Der Begriff »leitende Angestellte« ist ein Rechtsbegriff aus dem Betriebsverfassungsgesetz (§ 5 Abs. 3 u. 4 BetrVG), dem Mitbestimmungsgesetz und dem Kündigungsschutzgesetz. Demnach sind leitende Angestellte Personen, die mit wesentlichen Arbeitgeberbefugnissen ausgestattet sind und Aufgaben der Unternehmungsführung wahrnehmen. Ihre Verantwortung zeichnet sich dadurch aus, dass den Personen wesentliche Arbeitgeberbefugnisse (bspw. Einstellungs- und Freisetzungskompetenzen, große Handlungsvollmacht bzw. Prokura, sonstige unternehmerische Funktionen) übertragen wurden. Dadurch unterscheiden sich die leitenden Angestellten von anderen »normalen« Führungskräften in der betrieblichen Hierarchie (bspw. Abteilungsleiter, Meister, Teamleiter, Betriebsleiter), die für weniger umfangreiche Aufgaben verantwortlich sind. Es handelt sich zwar bei allen um i. d. R. außertariflich beschäftigte Angestellte. Leitende Angestellte mit eher gesamthafter Verantwortung für den Betrieb sind dabei allerdings – gerade rechtlich – herauszuheben. Auch von daher haben sie aufgrund ihres besonderen Charakters eine eigene Interessenvertretung sowohl für die betriebliche als auch bei größeren Kapitalgesellschaften bei der unternehmerischen Mitbestimmung.

7.3 Folgen ausgewählter arbeitsrechtlicher Regelungen

Nachfolgend wird kurz erläutert, wie wichtige Beteiligungsrechte des Betriebsrats die Gestaltungsspielräume in den Teilsystemen des Personal-Managements begrenzen. Dabei zeigt sich, dass einige Regelungen des BetrVG für mehrere Teilsysteme relevant sind oder sich den Teilsystemen nicht eindeutig zuordnen lassen. Dies liegt vor allem daran, dass die Terminologie des BetrVG mit der des Personal-Managements nicht übereinstimmt. Siehe hierzu auch Abbildung 4-21.

Beteiligungsrechte und Teilsysteme des Personal-Managements

Abb. 4-21

Einfluss wichtiger Arbeitsgesetze auf Teilsysteme des Personal-Managements

Arbeitsgesetze / Teilsysteme des PM	Mitarbeiterführung	Personalplanung	Personalbeurteilung	Personalbeschaffung und -auswahl	Personalfreisetzung	Personalentwicklung	Arbeitsbedingungen	Vergütung	Personalverwaltung	Personalcontrolling
Bürgerliches Gesetzbuch				x	x			x		
Teilzeit- u. Befristungsgesetz		x						x		
Entgeltfortzahlungsgesetz								x		
Bundesurlaubsgesetz		x						x		
Kündigungsschutzgesetz		x			x					
Gesetz zur Verbesserung der betrieblichen Altersversorgung	kein							x		
Arbeitsförderungsgesetz				x	x	x				
Arbeitszeitgesetz		x						x		
Mutterschutzgesetz		x						x		
Bundeselterngeld- u. Elternzeitgesetz		x	x							
Jugendarbeitsschutzgesetz		x		x			x	x		
Schwerbehindertengesetz		x		x	x			x		
Arbeitnehmerüberlassungsgesetz				x	x					
Berufsbildungsgesetz						x				
Betriebsverfassungsgesetz		x	x	x	x	x	x	x	x	
Sprecherausschussgesetz				x	x			x	x	
Tarifvertragsgesetz										
Mitbestimmungsgesetz										
Montanmitbestimmungsgesetz										
Betriebsverfassungsgesetz 1952										

direkter Einfluss

7.3 Arbeitsrecht und Arbeitsbeziehungen
Folgen ausgewählter arbeitsrechtlicher Regelungen

> **ZUR VERTIEFUNG**
>
> **Mobbing**
>
> Beim Mobbing (im englischsprachigen Bereich spricht man von »bullying«) handelt es sich um einen Begriff, der den wiederholten, systematischen, versteckten bis offenen Psychoterror von Personen gegenüber Kollegen und Mitarbeitern, aber auch Vorgesetzten, am Arbeitsplatz über einen längeren Zeitraum umfasst. Das Schikanieren von Mitarbeitern kann sowohl auf Fahrlässigkeit als auch auf Vorsatz beruhen (vgl. Zapf/Gross, 2004). Gerade das über einen längeren Zeitraum wiederholte und systematische Vorgehen unterscheidet dabei Mobbing von anderem feindseligen oder unethischen Verhalten.
>
> Mobbing kommt in verschiedenen Formen vor (kommunikationsbezogene, soziallebensbezogene, gesundheitsbezogene, berufslebensbezogene und imagebezogene Angriffe) (vgl. Leymann, 1996), ist ein offenbar verbreitetes reales Vorkommnis sowie verursacht betrieblicherseits Zusatzkosten und viele individuelle Frustrationen (inkl. krankheitsbedingte Fehlzeiten, Arbeitsplatzwechsel, temporäre wie dauerhafte Erwerbsunfähigkeit u. a.) (vgl. Meschkutat/Stackelbeck/Langenhoff, 2002). Dementsprechend sind betriebliche Maßnahmen zur Vorbeugung, zur Verhinderung von Eskalationen und zur Handhabung im Rahmen eines Konfliktmanagements nötig.

Mitarbeiterführung

Regelungen, die sich auf die Mitarbeiterführung beziehen, existieren im BetrVG nicht.

Personalplanung

Ziel

Ziel einer Beteiligung des Betriebsrats bei der Personalplanung ist es, diesem Einfluss auf die personellen Grundsatzentscheidungen einzuräumen, um zu verhindern, dass er bei späteren personellen Einzelmaßnahmen nicht kurzfristig vor »vollendete Tatsachen« gestellt wird. So hat der Arbeitgeber den Betriebsrat insbesondere über den gegenwärtigen und zukünftigen Personalbedarf und die sich daraus ergebenden personellen Maßnahmen (z. B. Personalbeschaffung und -freisetzung) und Maßnahmen der Berufsbildung anhand von Unterlagen rechtzeitig und umfassend zu unterrichten (§ 92 I BetrVG). Der Betriebsrat kann jedoch auch von sich aus an den Arbeitgeber herantreten und ihm Vorschläge für die Einführung und Durchführung einer Personalplanung machen (§ 92 II BetrVG). Ein Initiativrecht wird dem Betriebsrat auch bzgl. der Beschäftigungssicherung und -förderung gegeben. Dieses beinhaltet Regelungen zur Arbeitszeit, Arbeitsorganisation, Arbeitsverfahren und -abläufen, Arbeitnehmerqualifikation, zum Outsourcing und zum Produktionsprogramm. Hält der Arbeitgeber die Vorschläge nach Beratung mit dem Betriebsrat für nicht geeignet, so muss er dies begründen – bei mehr als 100 Arbeitnehmern sogar schriftlich (§ 92 a BetrVG).

Wirtschaftsausschuss

In allen erwerbswirtschaftlichen Betrieben mit in der Regel mehr als 100 ständig beschäftigten Arbeitnehmern ist ein Wirtschaftsausschuss zu bilden. Dieser hat die Aufgabe, mit dem Unternehmer über wirtschaftliche Angelegenheiten zu beraten und den Betriebsrat zu unterrichten. (Zu den wirtschaftlichen Angelegenheiten i. S. des BetrVG zählen zum Beispiel die wirtschaftliche und finanzielle Lage des Unternehmens, Fragen des betrieblichen Umweltschutzes, die Produktions- und Absatzlage oder Rationalisierungsvorhaben; vgl. § 106 III BetrVG.). Der Arbeitgeber hat den Wirtschaftsausschuss rechtzeitig und umfassend über die wirtschaftlichen Angelegenheiten des Arbeitgebers unter Vorlage der erforderlichen Unterlagen zu unterrichten sowie die sich daraus ergebenden Auswirkungen auf die Personalplanung darzulegen, soweit Betriebs- und Geschäftsgeheimnisse nicht gefährdet werden (§ 106 II BetrVG).

Personalbeurteilung

Die Aufstellung von Beurteilungsgrundsätzen unterliegt der Zustimmung des Betriebsrats (§ 94 II BetrVG). Er kann die Aufstellung von Beurteilungsgrundsätzen jedoch nicht erzwingen. Im Falle ihrer Einführung durch den Arbeitgeber hat der Betriebsrat mitzubestimmen, ob Beurteilungsgrundsätze überhaupt eingeführt werden und wenn ja, welchen Inhalt diese Grundsätze haben sollen. Darunter fällt sowohl die Aufstellung und Gewichtung materieller Beurteilungsmerkmale als auch die Festlegung der Beurteilungsverfahren.

Zustimmungsrecht

Bei der Einführung und Anwendung technischer Einrichtungen, die dazu dienen, das Verhalten oder die Leistung der Arbeitnehmer zu überwachen, hat der Betriebsrat ein erzwingbares Mitbestimmungsrecht (§ 87 I Nr. 6 BetrVG).

Dazu hat der Arbeitnehmer Anhörungs- und Erörterungsrechte, die sich auf die Gestaltung des Arbeitsplatzes sowie Arbeitsabläufe bezüglich der eigenen Person beziehen. Auch die Erläuterung der Entgeltzusammensetzung, der Beurteilung der Leistung sowie der Karriereperspektiven im Betrieb können seitens des Arbeitnehmers eingefordert werden (§ 82 BetrVG). Dazu hat der Arbeitnehmer das Recht, die eigene Personalakte einzusehen sowie eigene Erklärungen zum Inhalt der Personalakte beizulegen (§ 83 BetrVG).

Personalbeschaffung und -auswahl

Im Bereich der (externen) Personalbeschaffung und der Personalauswahl hat der Betriebsrat Beteiligungsrechte aus dem Bereich der »allgemeinen personellen Angelegenheiten« (§§ 92-95 BetrVG) und der »personellen Einzelmaßnahmen« (§§ 99-105 BetrVG) (Zu den personellen Einzelmaßnahmen zählen Einstellung, Eingruppierung, Umgruppierung, Versetzung und Kündigung von Arbeitnehmern. Im Rahmen der Personalbeschaffung und -auswahl ist nur die Einstellung relevant).

Beteiligungsrecht

Im ersten Bereich hat der Betriebsrat folgende *Beteiligungsrechte*:

- Auch hier greift der unter »Personalplanung« bereits erläuterte § 92 a BetrVG.
- Der Betriebsrat kann vom Arbeitgeber verlangen, dass zu besetzende Stellen intern ausgeschrieben werden (§ 93 BetrVG). Falls der Arbeitgeber ein solches Verlangen ignoriert, ist der Betriebsrat berechtigt, allein aus diesem Grunde die Zustimmung zur Einstellung eines Bewerbers für die nicht ausgeschriebene Stelle zu verweigern (§ 99 II Nr. 5 BetrVG).
- Der Betriebsrat hat ein erzwingbares Mitbestimmungsrecht über die Inhalte der im Betrieb verwendeten schriftlichen Arbeitsverträge, die sich auf die persönlichen Verhältnisse des Arbeitnehmers beziehen (§ 94 II BetrVG). Bezüglich der Angaben, die der Arbeitgeber zulässigerweise in solche Formulararbeitsverträge aufnehmen kann, gelten die gleichen Grundsätze wie bei Personalfragebögen. In Betrieben mit bis zu 500 Arbeitnehmern kann der Arbeitgeber nur mit Zustimmung des Betriebsrats Richtlinien über die personelle Auswahl bei Einstellungen, Versetzungen, Umgruppierungen und Kündigungen aufstellen (§ 95 I Be-

trVG). In Betrieben mit mehr als 500 Arbeitnehmern kann der Betriebsrat die Aufstellung solcher Richtlinien gegen den Willen des Arbeitgebers verlangen (§ 95 II BetrVG).

Personelle Einzelmaßnahmen

Im Bereich der »personellen Einzelmaßnahmen« stehen dem Betriebsrat folgende Beteiligungsrechte zu (vgl. zu den nachfolgenden Ausführungen Halbach et al., 1998, S. 457 ff.): In Betrieben mit mehr als 20 wahlberechtigten Arbeitnehmern hat der Arbeitgeber vor jeder Einstellung, Eingruppierung, Umgruppierung und Versetzung den Betriebsrat umfassend zu unterrichten und seine Zustimmung einzuholen (§ 99 I BetrVG). Der Betriebsrat kann seine Zustimmung erteilen, die Widerspruchsfrist von einer Woche verstreichen lassen (dann gilt seine Zustimmung als erteilt) oder der personellen Einzelmaßnahme unter Angabe von Gründen innerhalb einer Woche nach der Unterrichtung schriftlich widersprechen (§ 99 III BetrVG). Der Betriebsrat kann die Zustimmung zu der personellen Maßnahme nur dann verweigern, wenn er sich auf die in § 99 II Nr. 1-6 BetrVG genannten Gründe berufen kann:

- Verstoß gegen ein Gesetz, eine Verordnung, eine Unfallverhütungsvorschrift oder gegen eine Bestimmung in einem Tarifvertrag oder in einer Betriebsvereinbarung oder gegen eine gerichtliche Entscheidung oder behördliche Anordnung.
- Verstoß gegen eine Auswahlrichtlinie nach § 95 BetrVG.
- Bestehen der begründeten Besorgnis, dass infolge der personellen Maßnahme im Betrieb beschäftigte Arbeitnehmer gekündigt werden oder sonstige Nachteile erleiden, ohne dass dies aus betrieblichen oder persönlichen Gründen gerechtfertigt ist. Als Nachteil gilt bei unbefristeter Einstellung auch die Nichtberücksichtigung einer gleich geeigneten befristet beschäftigten Person (§ 99 III 3 BetrVG).
- Benachteiligung des betroffenen Arbeitnehmers durch die personelle Maßnahme, ohne dass dies aus betrieblichen oder in der Person des Arbeitnehmers liegenden Gründen gerechtfertigt ist.
- Unterlassen einer nach § 93 BetrVG erforderlichen innerbetrieblichen Ausschreibung.
- Bestehen der durch Tatsachen begründeten Besorgnis, dass der für die personelle Maßnahme in Aussicht genommene Bewerber oder Arbeitnehmer den Betriebsfrieden stören werde.

Personalfreisetzung

Beteiligungsrechte

Auch im Bereich der Personalfreisetzung hat der Betriebsrat Beteiligungsrechte aus dem Bereich der »allgemeinen personellen Angelegenheiten« (§§ 92-95 BetrVG), der »personellen Einzelmaßnahmen« (§§ 99-105 BetrVG) sowie der »Betriebsänderungen« (§§ 111-113 BetrVG):

- In Betrieben mit bis zu 500 Arbeitnehmern kann der Arbeitgeber nur mit Zustimmung des Betriebsrats Richtlinien über die personelle Auswahl bei Kündigungen aufstellen (§ 95 I BetrVG). In Betrieben mit mehr als 500 Arbeitnehmern kann der Betriebsrat die Aufstellung solcher Richtlinien verlangen (§ 95 II BetrVG) (vgl. dazu auch die Ausführungen zur Personalbeschaffung und -auswahl).

Kündigung

- Im Bereich der »personellen Einzelmaßnahmen« sind für die Personalfreisetzung die §§ 102-105 BetrVG relevant: So hat der Arbeitgeber den Betriebsrat vor

jeder Kündigung (ordentliche und außerordentliche Kündigung sowie Änderungskündigung) zu hören und ihm die konkreten Kündigungsgründe mitzuteilen. Eine ohne Anhörung des Betriebsrats ausgesprochene Kündigung ist unwirksam (§ 102 I BetrVG). Nach § 102 II BetrVG kann der Betriebsrat bei ordentlichen Kündigungen bei Vorliegen der im Gesetz genannten Gründe (§ 102 III BetrVG) innerhalb einer Woche schriftlich widersprechen. Bei der außerordentlichen Kündigung kann er Bedenken äußern. Die §§ 103-105 BetrVG beziehen sich auf Sonderfälle und einzelne Mitarbeitergruppen.
▶ Der Betriebsrat hat auch Beteiligungsrechte bei einem Personalabbau, wenn eine Betriebsänderung im Sinne des § 111 BetrVG vorliegt. In Betrieben mit in der Regel mehr als zwanzig wahlberechtigten Arbeitnehmern hat der Arbeitgeber den Betriebsrat über geplante Betriebsänderungen, die wesentliche Nachteile für die Belegschaft oder erhebliche Teile der Belegschaft zur Folge haben können, rechtzeitig und umfassend zu unterrichten und die geplanten Betriebsänderungen mit dem Betriebsrat zu beraten (§ 111 BetrVG).

Personalentwicklung

Im Bereich der »allgemeinen personellen Angelegenheiten« stehen dem Betriebsrat die Beteiligungsrechte nach § 95 BetrVG zu. So kann der Arbeitgeber in Betrieben mit bis zu 500 Arbeitnehmern nur mit Zustimmung des Betriebsrats Richtlinien über die personelle Auswahl bei Versetzungen i. S. von § 95 III BetrVG aufstellen (§ 95 I BetrVG). In Betrieben mit mehr als 500 Arbeitnehmern kann der Betriebsrat die Aufstellung solcher Richtlinien verlangen (§ 95 II BetrVG) (vgl. dazu auch die Ausführungen zur Personalbeschaffung und -auswahl).

Beteiligungsrechte

In allen Fragen der »Berufsbildung« hat der Betriebsrat nach § 96 I BetrVG Beratungs- und Vorschlagsrechte. Dies gilt auch für die Errichtung und Ausstattung betrieblicher Einrichtungen der Berufsbildung sowie für die Einführung betrieblicher und die Teilnahme an außerbetrieblichen Maßnahmen der Berufsbildung (§ 97 BetrVG). Falls der Arbeitgeber Maßnahmen geplant oder durchgeführt hat, welche zur Folge haben, dass die beruflichen Kenntnisse und Fähigkeiten zur Erfüllung der Aufgaben eines Mitarbeiters nicht mehr ausreichen, hat der Betriebsrat mitzubestimmen. Bei der Durchführung von Maßnahmen der betrieblichen Berufsbildung hat der Betriebsrat ebenfalls ein erzwingbares Mitbestimmungsrecht (§ 98 BetrVG).

Berufsbildung

Gestaltung von Arbeitsbedingungen

Bei der Gestaltung von Arbeitsbedingungen hat der Betriebsrat nach § 87 I BetrVG erzwingbare Mitbestimmungsrechte in sozialen Angelegenheiten, und zwar bei:

Mitbestimmungsrechte

▶ Fragen der Ordnung des Betriebs und des Verhaltens der Arbeitnehmer im Betrieb (§ 87 I Nr. 1 BetrVG). Zur Ordnung des Betriebs gehören zum Beispiel Regeln über Torkontrollen, Rauchverbote oder Alkoholverbote.
▶ Beginn und Ende der täglichen Arbeitszeit einschließlich der Pausen sowie Verteilung der Arbeitszeit auf die einzelnen Wochentage (§ 87 I Nr. 2 BetrVG).
▶ Vorübergehende Verkürzung oder Verlängerung der betriebsüblichen Arbeitszeit (§ 87 I Nr. 3 BetrVG).

7.3 Arbeitsrecht und Arbeitsbeziehungen
Folgen ausgewählter arbeitsrechtlicher Regelungen

- Aufstellung allgemeiner Urlaubsgrundsätze und des Urlaubsplans sowie die Festsetzung der zeitlichen Lage des Urlaubs für einzelne Arbeitnehmer, wenn zwischen dem Arbeitgeber und den beteiligten Arbeitnehmern kein Einvernehmen erzielt wird (§ 87 I Nr. 5 BetrVG).
- Regelungen über die Verhütung von Arbeitsunfällen und Berufskrankheiten sowie über den Gesundheitsschutz im Rahmen der gesetzlichen Vorschriften oder der Unfallverhütungsvorschriften (§ 87 I Nr. 7 BetrVG).
- Grundsätzen über die Durchführung von Gruppenarbeit (§ 87 I Nr. 13 BetrVG).

Im Bereich des Arbeitsschutzes hat der Betriebsrat sowohl Beteiligungsrechte als auch Pflichten.

Beteiligungsrechte

Auch bei der Gestaltung von Arbeitsplatz, Arbeitsablauf und Arbeitsumgebung hat der Betriebsrat Beteiligungsrechte. So hat der Arbeitgeber den Betriebsrat über die Planung von Fabrikations- und Verwaltungsbauten sowie sonstigen betrieblichen Räumen (z. B. Kantine, Aufenthaltsraum), von technischen Anlagen, von Arbeitsverfahren und Arbeitsabläufen oder der Arbeitsplätze rechtzeitig und unter Vorlage der erforderlichen Unterlagen zu unterrichten (§ 90 I BetrVG) und über die Auswirkungen dieser Maßnahmen auf die Arbeitnehmer zu beraten (§ 90 II BetrVG). Falls die Arbeitnehmer durch Maßnahmen des § 90 I BetrVG, die »den gesicherten arbeitswissenschaftlichen Erkenntnissen über die menschengerechte Gestaltung der Arbeit« offensichtlich widersprechen, besonders belastet werden, kann der Betriebsrat angemessene Gegenmaßnahmen verlangen (§ 91 BetrVG). Diese Vorschrift ist kaum operationalisierbar, weil es weder eine geschlossene Arbeitswissenschaft gibt, noch auf breiter Front Erkenntnisse, die unter allgemeiner Zustimmung als gesichert gelten können. Zudem ist nicht eindeutig beweisbar, unter welchen Umständen eine Arbeit »menschengerecht« gestaltet bzw. wann diese Forderung nicht erfüllt ist.

Vergütung

Mitbestimmungsrechte

Bei der Gestaltung von Arbeitsbedingungen hat der Betriebsrat nach § 87 I BetrVG erzwingbare Mitbestimmungsrechte in sozialen Angelegenheiten, und zwar bei folgenden Vergütungsangelegenheiten:

- Zeit, Ort und Auszahlung der Arbeitsentgelte (§ 87 I Nr. 4 BetrVG).
- Form, Ausgestaltung und Verwaltung von Sozialeinrichtungen, deren Wirkungsbereich auf den Betrieb, die Unternehmung oder den Konzern beschränkt ist (§ 87 I Nr. 8 BetrVG).
- Zuweisung und Kündigung von Wohnräumen, die den Arbeitnehmern mit Rücksicht auf das Bestehen eines Arbeitsverhältnisses vermietet werden, sowie allgemeine Festlegung der Nutzungsbedingungen (§ 87 I Nr. 9 BetrVG).
- Fragen der betrieblichen Lohngestaltung, insbesondere die Aufstellung von Entlohnungsgrundsätzen und die Einführung und Anwendung von neuen Entlohnungsmethoden sowie deren Änderung (§ 87 I Nr. 10 BetrVG).
- Festsetzung der Akkord- und Prämiensätze und vergleichbarer leistungsbezogener Entgelte, einschließlich der Geldfaktoren (§ 87 I Nr. 11 BetrVG).
- Grundsätze über das betriebliche Vorschlagswesen (§ 87 I Nr. 12 BetrVG).

7.3 Folgen ausgewählter arbeitsrechtlicher Regelungen

Im Bereich der »allgemeinen personellen Angelegenheiten« stehen dem Betriebsrat die Beteiligungsrechte nach § 95 BetrVG zu. So kann der Arbeitgeber in Betrieben mit bis zu 500 Arbeitnehmern nur mit Zustimmung des Betriebsrats Richtlinien über die personelle Auswahl bei Umgruppierungen aufstellen (§ 95 I BetrVG). In Betrieben mit mehr als 500 Arbeitnehmern kann der Betriebsrat die Aufstellung solcher Richtlinien verlangen (§ 95 II BetrVG). Im Bereich der »personellen Einzelmaßnahmen« stehen dem Betriebsrat vor jeder Ein- und Umgruppierung die Beteiligungsrechte nach § 99 BetrVG zu (vgl. dazu im Einzelnen die Ausführungen zur Personalbeschaffung und -auswahl).

Beteiligungsrechte

Personalcontrolling

Für das Personalcontrolling sind die Beteiligungsrechte des Betriebsrats relevant, die den Bereich der Datenverarbeitung, insbesondere die Einführung von Personalinformationssystemen, betreffen. So hat nach § 87 I Nr. 6 BetrVG der Betriebsrat ein erzwingbares Mitbestimmungsrecht bei Einführung und Anwendung von technischen Einrichtungen, die dazu bestimmt bzw. objektiv dazu geeignet sind, das Verhalten oder die Leistungen der Arbeitnehmer zu überwachen. Ebenfalls können in diesem Zusammenhang die bereits dargestellten Mitbestimmungsrechte nach § 94 I BetrVG (Gestaltung von Personalfragebögen) sowie nach §§ 94 II, 95 I BetrVG (Festlegung von Beurteilungs- und Auswahlrichtlinien) eine Rolle spielen.

Beteiligungsrechte

An dieser Stelle muss auch auf die Beachtung des Datenschutzes nach dem Bundesdatenschutzgesetz hingewiesen werden, wobei Datenzugang, Träger, Speicher, Benutzer, Zugriffe, Übermittlung, Eingabe, Transport und die Organisation der Daten zu kontrollieren sind (§ 9 BDSG; Anlage zu § 9 Satz 1 BDSG). Dabei muss die Zulässigkeit der Verarbeitung personenbezogener Daten durch das Gesetz oder eine andere Rechtsvorschrift erlaubt sein, oder der Betroffene muss schriftlich eingewilligt haben (§ 4 I BDSG; § 4 a I BDSG). Des Weiteren ist die Speicherung personenbezogener Daten der Mitarbeiter nur im Rahmen der Zweckbestimmung des Arbeitsverhältnisses erlaubt, soweit sie zur Wahrung berechtigter Interessen des Arbeitgebers erforderlich ist (§ 28 I BDSG).

Datenschutz

Als Fazit der obigen Ausführungen kann festgehalten werden, dass

Fazit

- die Art und Weise der Menschenführung (Ausübung der Vorgesetztenfunktionen, Verhaltenssteuerung) durch gesetzliche Regelungen nicht vorgeprägt ist, also zum Beispiel keine Partizipationsrechte einzelner Mitarbeiter an der Führung durch den unmittelbaren Vorgesetzten genannt sind, insofern also keine Bestimmungen existieren, die über die Anwendung eines bestimmten Führungsstils etwas aussagen;
- der einzelne Arbeitnehmer eingeschränkte Anhörungs-, Informations-, Vorschlags- und Beschwerderechte hat, die sich auf ihn betreffende Entscheidungen des Personal-Managements beziehen. Sie können zum großen Teil als Selbstverständlichkeiten innerhalb ausgebauter Systeme des Personal-Managements angesehen werden;
- der Betriebsrat die weitergehenden Mitwirkungs- und Mitbestimmungsrechte übertragen bekommt, was ihn zu einem wichtigen Faktor bei der Gestaltung der Systeme des Personal-Managements werden lässt.

7.3 Arbeitsrecht und Arbeitsbeziehungen
Folgen ausgewählter arbeitsrechtlicher Regelungen

> **ZUR VERTIEFUNG**
>
> **Betriebsvereinbarung**
>
> Betriebsvereinbarungen stellen schriftliche Verträge zwischen Arbeitgebern und Betriebsrat über Angelegenheiten dar, die zum Zuständigkeitsbereich des Betriebsrates zählen und über einen Tarifvertrag hinausgehen. Sie können, genauso wie der Tarifvertrag, einen schuldrechtlichen Teil zur Festlegung der wechselseitigen Rechte und Pflichten der Vertragsparteien (bspw. zur Arbeitsfreistellung der Betriebsratsmitglieder) und einen normativen Teil zur Regelung der Arbeitsverhältnisse der dem Betrieb angehörigen Arbeitnehmer (bspw. die Arbeitszeit) enthalten. Ihr Gegenstand sind üblicherweise solche Materien, die sich durch einen Tarifvertrag wegen der geltenden unterschiedlichen Bedingungen kaum abschließend regeln lassen. Dies betrifft beispielsweise die Aufstellung eines Urlaubsplans, die Festlegung von Beginn und Ende der Arbeitszeit, Gleitzeitregelungen (Gleitzeitarbeit), betriebliche Sozialleistungen, wie Erfolgsbeteiligung, Zusatzurlaub, Jubiläumszuwendungen, betriebliche Altersversorgung. Sie setzen objektives Recht, wirken als Normen unmittelbar und zwingend und gelten für alle Arbeitnehmer des Betriebes, unabhängig davon, ob diese Gewerkschaftsmitglieder sind oder nicht. Ausgenommen sind lediglich leitende Angestellte; auf sie ist die Betriebsvereinbarung nur anzuwenden, soweit ihr Arbeitsvertrag einen entsprechenden Hinweis enthält. Sofern ein Problem durch Tarifvertrag geregelt ist, können Betriebsvereinbarungen hierüber nur abgeschlossen werden, wenn sogenannte Öffnungsklauseln in diesem Tarifvertrag vorgesehen sind. Im Unterschied zu einem Tarifvertrag, kann der Abschluss einer Betriebsvereinbarung nicht durch Streik erzwungen werden (vgl. Oechsler/Paul, 2015).

> »Es ist einfach nicht richtig, dass die Mitbestimmung grundsätzlich unternehmerische Fortschritte hemmt.«
> Jürgen Schrempp

Die Rechte der Arbeitnehmer sind also überwiegend als Vertretungs-, nur zum kleineren Teil als Individualrechte der Einzelnen ausgestaltet. Die Gewerkschaften als Interessenvertretungs-Verbände der Arbeitnehmer erhalten dadurch, dass Betriebsräte faktisch zumeist durch ihre Mitglieder gestellt werden, einen beträchtlichen, gesetzlich zugestandenen Einflussspielraum.

> **WISSENSWERTES**
>
> **Ökonomie und Betriebsrat**
>
> Die ökonomische Wirkung der betrieblichen Mitbestimmung generell und der Arbeit von Betriebsräten ist unter Ökonomen umstritten. Die einen gehen von der These aus, dass beides ineffizient sein muss, da es nicht freiwillig, das heißt auch auf Betreiben der Betriebe zustande gekommen ist: Wäre beides effizient, dann würden ja die Arbeitgeber solche Regelungen geradezu suchen. Die anderen weisen auf die vielen vorhandenen bzw. möglichen Vorteile beider Institutionen hin, zudem auch auf die hohen Transaktionskosten, die freiwillige im Vergleich zu gesetzlichen Regelungen hätten. Die Empirie zeigt durchaus negative Betriebsratseffekte, zeigt aber auch, dass Arbeitgeber und ihre Führungskräfte Möglichkeiten haben und nutzen können, solche Ineffizienzen zu vermeiden. Dilger (2003, S. 524) formuliert nach einer ausführlichen theoretischen und empirischen Analyse: »Insgesamt sind Betriebsräte ... als innerbetrieblich effizient zu beurteilen, da sie den Arbeitnehmern nutzen, ohne den Arbeitgebern, wenn diese eine kluge Einbindungspolitik betreiben, besonders zu schaden. Geht man davon aus, dass der Betriebsrat aus der Sicht vieler Arbeitnehmer für Gerechtigkeit in Betrieben zuständig ist, so folgt.., dass die Fairnesspräferenzen (der Beschäftigten) zumindest im Bereich der betrieblichen Mitbestimmung mit dem ökonomischen Effizienzziel durchaus vereinbar sind.« (vgl. auch Dilger, 2002, 2006). Zudem: Neben ökonomischen Maßgrößen kommen aus gesellschaftspolitischer Sicht auch ethisch-moralischen Aspekten eine maßgebende Rolle bei der Einführung und Fortführung betrieblicher Mitbestimmungsregelungen zu.

7.3 Folgen ausgewählter arbeitsrechtlicher Regelungen

7.3.4 Mitbestimmung auf Unternehmungsebene (Unternehmerische Mitbestimmung)

Das MitbestG, das Montan-MitbestG, das MitbestErgG und das DrittelBG, vormals BetrVG von 1952, gelten jeweils nur für bestimmte Unternehmungs- und Rechtsformen und ab einer bestimmten Zahl von Arbeitnehmern. Die Intensität der Einflussnahme der Arbeitnehmervertreter und die weitere Ausgestaltung sind bei den vier Gesetzen sehr unterschiedlich (vgl. Bundesministerium für Arbeit und Soziales, 2015). Abbildung 4-22 gibt einen Überblick über die zentralen Regelungen dieser Gesetze.

»Die Vertreter aus der Belegschaft sind wegen ihrer internen Kenntnisse eine Bereicherung.«
Rolf Breuer

Abb. 4-22

Überblick über die zentralen Regelungen der Gesetze zur Mitbestimmung auf Unternehmungsebene

	MitbestG (1976)	MontanmitbestG (1951)	MontanMitbestErgG (1956 i. d. F. v. 1988)	BetrVG (1952)
1. Erfasste Unternehmen				
a) Rechtsform	AG, KGaA, GmbH, bergrechtl. Gew., eG (§ 1 I Nr. 1)	AG, GmbH, bergrechtl. Gew. (§ 1 II)	AG, GmbH, bergrechtl. Gew. (§ 1)	AG, KGaA, GmbH, bergrechtl. Gew., VVaG, eG (§§ 76 I, 77 I–III)
b) Größe	Mehr als 2000 AN (§ 1 I Nr. 2)	mehr als 1000 AN oder »Einheitsgesellschaft« (§ 1 II)	mehr als 1000 AN (§ 1)	AG und KGaA, sofern Familienunternehmen: min. 500 AN; GmbH, bergrechtl. Gew., VVaG, eG: mehr als 500 AN (§§ 76 VI, 77 I–III)
c) Anwendungsbereich	gilt nicht für Tendenzunternehmen und Religionsgemeinschaften (§ 1 IV)	gilt nur für Unternehmen der Montanindustrie (§ 1 I)	gilt nur, wenn herrschendes Unternehmen nicht unter Montanmitbestimmung fällt und wenn der Konzern durch montanmitbestimmte Unternehmen gekennzeichnet ist (§ 3)	gilt nicht für Tendenzbetriebe und Religionsgemeinschaften (§ 81)
2. Aufsichtsrat				
a) Zusammensetzung	bis 10.000 AN: je 6 Mitgl. der AE und AN mehr als 10.000 AN bis 20.000 AN: je 8 Mitgl. der AE und AN über 20.000 AN: je 10 Mitgl. der AE und AN (§ 7) Parität	4 Vertr. der AE u. 1 weiteres Mitgl., 4 Vertr. der AN u. 1 weiteres Mitgl., 1 weiteres Mitgl. (§ 4) in Ges. mit Nennkapital von mehr als –10 Mio. € fak. 15 Mitglieder –25 Mio. € fak. 21 Mitglieder (§ 9) Parität und neutrales Mitglied	7 Vertreter der AE, 7 Vertreter der AN, 1 weiteres Mitglied (§ 5I1) in Untern. mit Ges.-Kapital von mehr als 25 Mio. € fak. 21 Mitglieder (§ 5I2) Parität und neutrales Mitglied	1/3 Vertreter der AN »1/3-Parität«

7.3 Arbeitsrecht und Arbeitsbeziehungen
Folgen ausgewählter arbeitsrechtlicher Regelungen

Abb. 4-22

Überblick über die zentralen Regelungen der Gesetze zur Mitbestimmung auf Unternehmungsebene (Fortsetzung)

	MitbestG (1976)	MontanmitbestG (1951)	MontanMitbestErgG (1956 i. d. F. v. 1988)	BetrVG (1952)
b) Vorsitz	1. Wahlgang: 2/3 Mehrheit 2. Wahlgang: Vertr. der AE wählen Vors.; Vertr. der AN wählen Stellvertreter (§ 27)	allg. Regeln	allg. Regeln	allg. Regeln
c) Belegschaftsgruppen	Arb. und Ang. entsprechen ihrem zahlenmäßigen Verhältnis im Unternehmen; unter den AR-Mitgl. der Ang. Ang. u. L. Ang. entspr. ihrem zahlenmäßigen Verhältnis; mind. 1 Arb., 1 Ang. und 1 L. Ang. (§ 15 II)	min. 1 Arb. u. 1 Ang. (§ 6 I)	Arb. u. Ang. entspr. ihrem zahlenmäßigen Verhältnis im Konzern (§§ 10c II, 5V)	1 Vertr.: AN des Untern.
d) Wahl	bis 8.000 AN: unmittelbar, auf Wunsch durch Wahlmänner mehr als 8.000 AN: durch Wahlmänner, auf Wunsch unmittelbar (§ 9, Einzelheiten §§ 10–18)	1. Vorschläge 2 Vertr. der AN. Vorschlag des BR nach Beratung mit Gew. u. Spitzenorganisation, 2 Vertr. der AN u. weiteres Mitgl.: Vorschlag der Spitzenorganisationen nach Beratung mit Gew.; Auswahl durch BRe (§ 6 I-IV) 2. Wahl durch Wahlorgan; dieses ist an die Vorschläge der BRe gebunden (§§ 5,6VI)	bis 8.000 AN: unmittelbar, auf Wunsch durch Delegierte mehr als 8.000 AN: durch Delegierte, auf Wunsch unmittelbar (§ 7, Einzelheiten §§ 8–10I)	2 oder mehr Vertr.: min. 1 Arb. u. 1 Ang. (§ 76 II) unmittelbar (§ 76 II)
3. Vertretungsorgan, hier: Arbeitsdirektor		keine Bestellung gegen die Mehrheit der AN-Vertreter (§ 13)	Bestellung nach allg. Grundsätzen (§ 13)	

Wirkung

Im Gegensatz zum BetrVG, das die Intensität der Einflussnahme und die Gegenstände der Beteiligung explizit benennt, lassen sich aus den Gesetzen zur Mitbestimmung auf Unternehmungsebene keine direkten Einflüsse auf den Gestaltungsspielraum des Personal-Managements ableiten.

Daher ist es hier nur möglich, eher spekulativ *Tendenzen* von Wirkungsmöglichkeiten aufzuzeigen, die für einzelne Tätigkeitsfelder des Personal-Managements als

7.3 Folgen ausgewählter arbeitsrechtlicher Regelungen

wahrscheinlich angenommen werden können. Die Meinungen in der Literatur hierüber gehen weit auseinander:

- Die Institution »Arbeitsdirektor« wird im Vorstand mitbestimmungspflichtiger Unternehmungen in zwei unterschiedlichen Varianten (s. u.) vorgesehen.
- Es wird auf dem Felde der Verhaltenssteuerung als möglich angesehen, dass die Grundlagen der direkten Partizipation der Mitarbeiter an der Führung (kooperative Führung) verbessert werden. Durch angemessene Handhabung der Mitbestimmung könnte generell Konfliktpotenzial zwischen den Unternehmungsleitungen und der Arbeitnehmerschaft reduziert werden. Dies und eine Intensivierung von Information und Kommunikation können zu einer Erhöhung der Loyalität der Mitarbeiter beitragen und so den Boden dafür bereiten, dass dem Wunsch nach direkter Partizipation, wo er artikuliert wird, verstärkt entgegengekommen wird.
- Bei der Personalplanung kann der Zwang zu stärkerer Berücksichtigung von Arbeitnehmerinteressen zu Änderungen des betrieblichen Anpassungsverhaltens an Beschäftigungsschwankungen führen. Insgesamt dürfte tendenziell intensiver versucht werden,
  - die Sicherung der Arbeitsplätze durchzusetzen.
  - dafür zu sorgen, dass der Ersatz weniger qualifizierter Arbeitskräfte unterbleibt,
  - bei unumgänglichen Entlassungen soziale Absicherungen (Sozialpläne) zu erreichen.
- Die Gestaltung der Arbeitsbedingungen wird möglicherweise mit verstärkten Wünschen und Forderungen nach weiterem Ausbau des Arbeitsschutzes, nach anderen Formen der Aufgabenbestimmung und Arbeitsorganisation (etwa: mehr Arbeit in teilautonomen Arbeitsgruppen) konfrontiert werden.
- In Bezug auf die Gestaltung von Vergütungssystemen wird sich zum einen eine bessere Informiertheit der Gewerkschaften über die betrieblichen Verhandlungsspielräume bei Tarifverhandlungen ergeben, wenn die Mitbestimmungsträger gewerkschaftlich organisiert sind, was faktisch überwiegend der Fall ist.

ZUR VERTIEFUNG

Arbeitsdirektor

Der Arbeitsdirektor ist ein gesetzlich definiertes, gleichberechtigtes Mitglied eines Vorstandes und dient als Organ der unternehmerischen Mitbestimmung der Arbeitnehmer auf Unternehmungsebene. Der Arbeitsdirektor hat als gleichberechtigtes Mitglied wie die übrigen Mitglieder des zur gesetzlichen Vertretung der Unternehmung befugten Organs seine Aufgaben (i. W. Personal- und Sozialaufgaben) in engem Einvernehmen mit dem Gesamtorgan auszuüben. Nach dem Montan-Mitbestimmungsgesetz darf der Arbeitsdirektor bei Betrieben des Bergbaus sowie der Eisen- und Stahlindustrie in der Rechtsform einer Kapitalgesellschaft mit mehr als 1.000 Beschäftigten nicht gegen die Stimmen der Mehrheit der Arbeitnehmervertreter bestellt werden (Sperrklausel) (§ 13 MontanMitbestG), während nach dem Mitbestimmungsgesetz (für Kapitalgesellschaften mit mehr als 2.000 Arbeitnehmern) und Montan-Mitbestimmungsergänzungsgesetz für seine Bestellung nichts anderes wie für die sonstigen Vorstandsmitglieder gilt (§ 33 MitbestG).

Daher ist zu erwarten, dass die Möglichkeiten verkraftbarer Lohnsteigerungen ausgeschöpft werden.

- Der Einfluss des Betriebsverfassungsgesetztes und der betrieblichen Mitbestimmung wird als deutlich wirkungsvoller eingeschätzt, als der der unternehmerischen Mitbestimmung.

7.3.5 Mitbestimmung auf internationaler Ebene

Neben nationalem Recht kann auch das internationale Recht einen bedeutenden Einfluss auf das Arbeitsverhältnis nehmen, insbesondere aufgrund der zunehmenden weltweiten wirtschaftlichen Verflechtungen. Unter dem Begriff des »Internationalen Arbeitsrechts« lassen sich zwei Verständnisse fassen: zum einen der Teil des Völkerrechts, welcher die Vereinbarungen zwischen unterschiedlichen Staaten hinsichtlich sozialer Schutznormen für Arbeitnehmer umfasst und über die Staatsgrenzen hinaus gilt (auch supranationales Arbeitsrecht genannt), zum anderen das Arbeitskollisionsrecht (vgl. Brox/Rüthers/Henssler, 2011, S. 30 f.)

Das supranationale Arbeitsrecht basiert auf allgemeinen völkerrechtlichen Verträgen wie

- der Europäischen Menschenrechtskonvention,
- der Europäischen Grundrechtscharta,
- der Europäischen Sozialcharta,
- dem Internationalen Pakt über wirtschaftliche, soziale und kulturelle Rechte,
- den Übereinkommen der internationalen Arbeitsorganisation (IAO)

sowie bilateralen Staatsverträgen, welche zwischen einzelnen Staaten beschlossen werden Daneben existiert noch das Europäische Unionsrecht, welches einen großen Einfluss auf die Harmonisierung des Arbeitsrechts hat und zunehmend das nationale Arbeitsrecht überlagert (vgl. Dütz/Thüsing, 2011, S. 12 f.).

Bei Sachverhalten mit Auslandsberührung, die nicht über Regelungen des supranationalen Arbeitsrechts geklärt werden können, ist festzulegen, welches nationale Recht anwendbar ist (Arbeitskollisionsrecht). Insbesondere bei Sachverhalten, in denen ein deutscher Arbeitnehmer im Ausland oder ein ausländischer Arbeitnehmer im Inland beschäftigt ist, findet das Arbeitskollisionsrecht Anwendung (vgl. Brox/Rüthers/Henssler, 2011, S. 53 ff.; Dütz/Thüsing, 2011, S. 15 ff.).

Insgesamt lässt sich festhalten, dass die Dimensionen des internationalen Arbeitsrechts ebenso umfangreich wie komplex sind und Unternehmungen je nach Einzelfall eine Vielzahl an rechtlichen Regelungen beachten müssen.

7.3 Folgen ausgewählter arbeitsrechtlicher Regelungen

WIEDERHOLUNGSFRAGEN ZU KAPITEL 7

1. In welche Gebiete wird das Arbeitsrecht unterteilt?
2. Welche Akteure sind im Rahmen von arbeitsrechtlichen Fragestellungen zu berücksichtigen?
3. Was ist unter betrieblicher Mitbestimmung zu verstehen?
4. Welche Mitbestimmungsrechte sind auf betrieblicher Ebene zu differenzieren?
5. Was ist unter unternehmerischer Mitbestimmung zu verstehen?
6. Was ist ein Arbeitsdirektor und welche Funktion hat er?

Teil 5

Spezielle Aspekte eines Personal-Managements

1 Strategisch-orientiertes Personal-Management

> **LEITFRAGEN**
> - Welche inhaltlichen Ausrichtungen des Personal-Managements zum strategischen Management lassen sich differenzieren?
> - Welche Probleme sind mit dem Michigan-Konzept verbunden?
> - Welche personalwirtschaftlichen Gestaltungsfelder sind im Rahmen eines strategieorientierten Personal-Managements besonders zu beachten?
> - Wer ist für das strategisch-orientierte Personal-Management verantwortlich und übernimmt welche Aufgaben?

1.1 Zusammenhang von strategischer Führung und Personal-Management

Bei der strategischen Führung handelt es sich um eine prinzipiell langfristig und gesamthaft orientierte, schrittweise Steuerung, Gestaltung und Entwicklung von betrieblichen Erfolgspotenzialen mit Hilfe von Strategieformulierung und Strategieimplementierung (Prozessphasen) (vgl. Kirsch, 1997; Becker, 2011b).

Strategische Führung

> Seit etwa 1980 werden einige der personellen Gestaltungsparameter verstärkt unter strategischen Aspekten betrachtet (vgl. Tichy/Fombrun/Devanna, 1982; Fombrun/Tichy/Devanna, 1984; Lorange/Murphy, 1984; Golden/Ramanujan, 1985; Ackermann, 1985, 1987; Staffelbach, 1986; Laukamm/Walsh, 1985; Elšik, 1992; Ridder et al., 2001; Scholz, 2014). Dies geschieht in unterschiedlichen Formen und Blickrichtungen.

Zunächst lassen sich drei *Abhängigkeitsformen* zwischen dem Personal-Management und der strategischen Führung feststellen:
- Eine *einseitige Abhängigkeit* des Personal-Managements von der betrieblichen Politik in dem Sinne, dass das Personal-Management eine dienende derivative Funktion erfüllt im Sinne der Bereitstellung und Pflege desjenigen Personals, das im Betrieb aufgrund der Politik, die er verfolgt, benötigt wird. Die im Rahmen des derivativen Aspekts zu bearbeitenden Fragestellungen stellen eine Folgeplanung dar, deren wesentliche Determinanten vor allem außerhalb des Per-

»Der beste Weg, die Zukunft vorauszusagen, ist, sie zu gestalten.« Willy Brandt

1.1 Strategisch-orientiertes Personal-Management
Zusammenhang von strategischer Führung und Personal-Management

sonal-, Organisations- und Kontrollbereichs liegen. Strategien (basierend z. B. auf Teilplanungen des Absatz- und Produktionsbereichs) werden in konkrete Personalplanungsgrößen oder Organisationsformen sowie Kontrollgrößen transformiert. Diese Vorgehensweise ist insofern verständlich, als sie dem traditionellen betriebswirtschaftlichen Verständnis folgt, was gleichbedeutend damit ist, dass diese Konstellation kennzeichnend ist für die grundlegende Orientierung der Unternehmenspolitik im Sinne der Bestands- bzw. Überlebenssicherung.

Originäre Funktion
- Die *zweite einseitige Abhängigkeitsform* besteht dann, wenn das umgekehrte Verhältnis vorliegt, d. h. wenn ein (strategisches) Personal-Management die zentrale originäre Funktion darstellt: Die im Betrieb beschäftigten Menschen werden als eine eigenständige, nicht beliebig beschaffbare Ressource betrachtet, mit der man je nach Qualifikationen und Motivationen unterschiedliche Marktaufgaben erfolgreich bewältigen kann. Der originäre Charakter wird durch die funktionale Einbeziehung der Personal- und Organisationsstrategie in die Unternehmungspolitik betont. Eigenständige Zielsetzungen (z. B. ausgeglichene Personalstruktur, Anreizelement »divisionale Strukturen«) sowie Möglichkeiten und Risiken des Personal- und Organisationsmanagements beeinflussen dann die Strategieformulierung. Bei dieser Konstellation bilden die vorhandenen bzw. potenziellen Personalressourcen die Prämissen für Inhalt und Richtung der Unternehmungspolitik. Diese Konstellation dürfte eine in der Praxis nur selten (eher als Ausnahme) anzutreffende Anpassungsform darstellen. Ein solcher Fall wäre zum Beispiel gegeben, wenn ein Betrieb aufgrund dramatisch verschlechterter Marktlage eine Produktpalette aufgibt, für die in der Vergangenheit hoch qualifiziertes Forschungs- und Entwicklungspersonal zahlreich erforderlich war. Diese vorhandene Personalressource zum Ausgangspunkt für Überlegungen zu nehmen, welche neuen Produkte mit ihr produzierbar wären, wäre das genaue Gegenteil einer Personalpolitik der ersten Art, nach der eine Entlassung dieses gesamten Mitarbeiterstammes die sozusagen notwendige Politikfolge wäre. Im Beispiel könnte etwa daran gedacht werden, einen neuen Betrieb zu gründen, der die spezielle Forschungs- und Beratungsleistungen anbietet.

Wechselseitige Beziehungen
- Die *dritte Abhängigkeitsform* ist die der wechselseitigen Beziehungen zwischen Organisations- und Personalpolitik. Mit ihnen werden Organisations- und Personalstrategien interaktiv entwickelt. Erste, auf den Gesamtbetrieb bezogene politische Vorüberlegungen werden den vorhandenen bzw. potenziellen personellen Ressourcen gegenübergestellt, auf ihre personellen Konsequenzen und ihren Einklang mit möglichen Personal-Strategien hin untersucht. Eine solche interdependente Form der Beziehungen zwischen Organisationspolitik und Personal-Management ist typischerweise kennzeichnend für die grundlegende Politikorientierung einer auf Fortschritt gerichteten Organisationsentwicklung. Sie geht zumeist mit dazu korrespondierenden Grundhaltungen einher, die gekennzeichnet sind zum Beispiel durch Offenheit gegenüber Neuerungen sowohl in Form von Produkt-/Markt-Kombinationen, von Produktions- oder auch Managementtechniken, Änderungen von Strukturen und Systemen.

1.1 Zusammenhang von strategischer Führung und Personal-Management

Allerdings lässt sich auch noch eine andere Beziehungsstruktur feststellen: Organisationsgesamtstrategie und Personalstrategie existieren unverbunden nebeneinander.

Zu Beginn ist zu klären, welche strategischen Ziele der Betrieb verfolgen will und wie dies im Einklang mit den erwarteten Umweltveränderungen steht. Letztlich sind die Ziele auf diese wenig selbst veränderbaren Umstände abzustimmen. *Ziele* sind auch zu formulieren im Hinblick auf die Bedeutung des Personal-Managements für den betroffenen Betrieb. Von einer nachrangigen Bedeutung bis hin zur – schrittweisen oder fallweisen – Integration in die strategische Führung reichen die möglichen Positionierungen. Akzeptiert man die heutzutage weitverbreitete Auffassung, dass Personal(-Management) zentral für den Erfolg eines Betriebs ist, dann kommt nur die letztgenannte Positionierung infrage.

»Planung beginnt damit, dass man überlegt, was man will.«
Ekkehard Kappler

Prinzipiell können dem Personal-Management im strategischen Kontext dann vier *Funktionen* zukommen (vgl. Becker, F.G., 1988a, S. 45 ff.):

Beiträge

- *Einführungsfunktion*. Vor Einführung einer strategischen Führungskonzeption sind die Mitarbeiter mit den Besonderheiten einer strategischen Führung, mit den Zielen, mit den Aufgabenstellungen (z. B. Früherkennung) und mit den Instrumenten (z. B. Analysetechniken) vertraut zu machen. Das Personal-Management ist dann Bestandteil einer Einführungsstrategie.
- *Sensibilisierungsfunktion*. Während der Praktizierung der strategischen Führung bedarf es zumindest auf den höheren Managementebenen einer Fähigkeit und Bereitschaft zu undogmatischem Denken und zur grundsätzlichen Infragestellung bestimmter verfolgter strategischer Orientierungen und Strategien. Unabhängig von diesen Vorgaben sollten die Mitarbeiter durch das Personal-Management für die strategische Führungsphilosophie sensibilisiert und ihnen die Qualifikationen zu strategischem Denken und Verhalten vermittelt werden.
- *Initiativfunktion*. Strategieformulierungen erfordern unterschiedliche strategische Orientierungen der Geschäftsbereiche und damit prinzipiell unterschiedliche Qualifikationsprofile der Führungskräfte. Das Personal-Management soll durch gezielte Maßnahmen die strategische Richtung einer Organisationseinheit und die zu formulierenden Strategien durch Maßnahmen mit beeinflussen.
- *Sicherungsfunktion*. Ähnliches trifft für die Strategieimplementierung zu, wenn auch andere Qualifikationsinhalte und Aufgabenstellungen maßgebend sind. Qualifikationen und Qualifizierungen sollen die Implementierung sichern helfen.

Mit der Einführungs- und der Sicherungsfunktion wird der derivative sowie mit der Initiativfunktion der originäre Charakter im strategischen Führungsprozess angesprochen. Beide Aspekte ergänzen sich.

Originärer und derivativer Charakter

Zumindest in der Anfangsphase der Auseinandersetzung mit »Strategie« und »Personal« war die Frage berechtigt, inwieweit es sich um »des Kaisers neue Kleider« handelt (vgl. Marr, 1986). Seit Längerem können wir diese Frage berechtigt verneinen. Insgesamt lassen sich dabei drei Begriffsvarianten unterscheiden, die den Zusammenhang von strategischer Führung einerseits und strategischem Personal-Management andererseits angehen (vgl. Becker, F.G., 1988, 1988a).

1.2 Verständnisse

In der Literatur lassen sich drei unterschiedliche *Begriffsverständnisse* differenzieren:
- strategisches Personal-Management,
- strategieorientiertes Personal-Management und
- strategisch-orientiertes Personal-Management.

Alle drei werden nachfolgend näher erläutert.

Strategisches Personal-Management

Personalplanung

Unter einem strategischen Personal-Management wurde *in der Vergangenheit* oft eine auf die Zukunft bezogene derivative Beobachtung, Analyse und Planung des quantitativen und qualitativen Personalbestands (v. a. im Rahmen einer strategischen bzw. langfristigen Personalplanung) verstanden. Damit war letztlich nur die eher langfristig ausgerichtete Personalplanung erfasst. Sie unterschied sich nicht wesentlich von der »normalen« Personalplanung.

Heutzutage wird der Terminus begrifflich weiter verstanden (vgl. Stock-Homburg, 2013a) und erfasst, je nach Autor, einen der nachfolgend erläuterten Begriffe, die allerdings hier mit anderen, sprachlich genaueren Termini eingeführt werden.

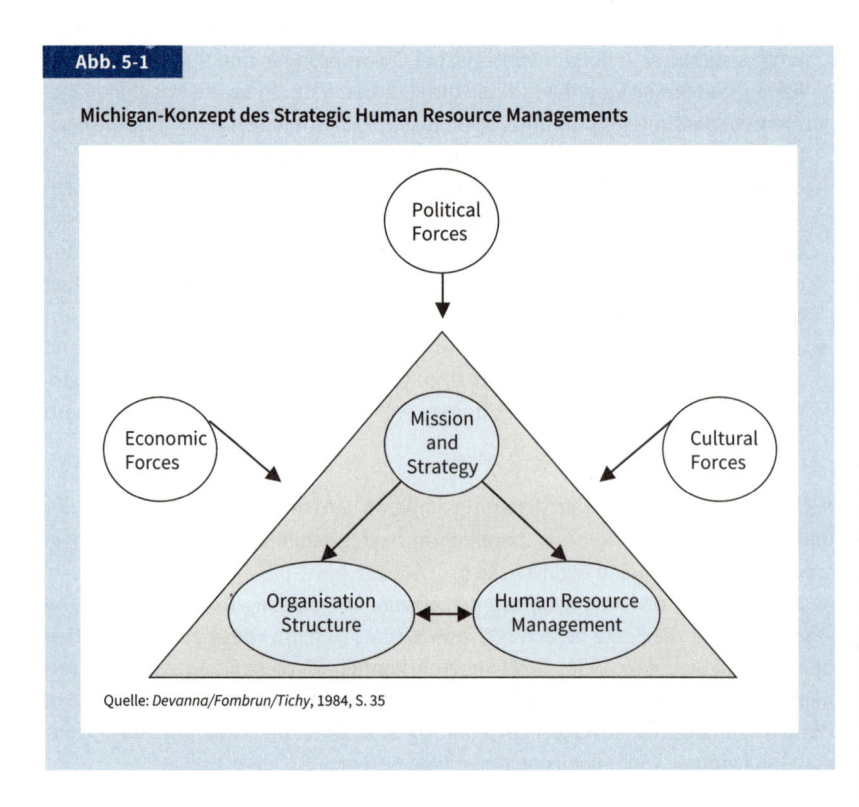

Abb. 5-1

Michigan-Konzept des Strategic Human Resource Managements

Quelle: *Devanna/Fombrun/Tichy*, 1984, S. 35

Verständnisse 1.2

Strategieorientiertes Personal-Management

Weit verbreitet ist das strategieorientierte (bzw. strategiegerechte) Personal-Management-Verständnis. Es bezieht nur *derivative Maßnahmen* zur Implementierung bereits auf gesamtbetrieblicher Ebene formulierter Strategien ein: Die Personalstrategie folgt der Gesamtstrategie im Sinne einer abgeleiteten Funktionsbereichsstrategie. Ein solchermaßen verstandenes Personalkonzept beschränkt sich somit nur auf eine untergeordnete Teilphase des strategischen Managements (vgl. bspw. Bühner, 1987; Kolb, 2010; Oechsler/Paul, 2015; Stock-Homburg, 2013, S. 806 ff.).

Im bekannten *Michigan-Konzept* findet sich diese Sichtweise zum Verhältnis von Strategie und Personal-Management respektive des »*Strategic Human Ressource Managements*« sehr deutlich wieder. Sie wird heutzutage von sehr vielen Autoren vertreten. Das Konzept beinhaltet zwar eine integrative Verknüpfung von Gesamtbetriebsstrategie, Organisationsstruktur und Human Resource Management, die Gesamtstrategie hat allerdings unbedingt zeitliche und inhaltliche Priorität. Die Organisationsstruktur und die Personalstrategie leisten in dem Konzept nur einen Beitrag zur Strategieimplementierung (vgl. Devanna/Fombrun/Tichy, 1984). Abbildung 5-1 zeigt die Zusammenhänge auf.

Michigan-Konzept

Die Funktion des Personal(s)(-Managements) als Objekt im Rahmen der strategischen Analyse und Prognose (Stärken und ggf. behebbare Schwächen), als Entscheidungskriterium und als Determinanten für die Strategieformulierung (bspw. Anreize für risikoreichere Strategien, Person X als Garant für eine konservative Strategie) werden hier, wie auch von anderen Autoren, *nicht thematisiert*. Insofern ist dieses Konzept nur im Kontext der derivativen Funktion verwendbar.

Wie weit eine solche derivative Ableitung gehen kann, demonstriert das Beispiel aus Abbildung 5-2. Hier ist je nach strategischer Grundausrichtung das normierte, strategische Verhalten des Betriebs Basis für die inhaltliche Ausrichtung der Personalstrategie und -arbeit.

Derivative Ableitung

Abb. 5-2

Personalorientierung bei unterschiedlichen Strategien

	Verteidiger	Angreifer	Analytiker	Reaktor
Strategisches Verhalten	Positionierung in einer Marktnische bei bestmöglicher Kundenbefriedigung	Entwicklung neuer Produkte und rasche Markteinführung	Aufbau stabiler Produkt-Markt-Beziehungen und wohlüberlegter Zweiter am Markt	Passive Produkt-Markt-Politik und vergleichsweise geringe Risikobereitschaft
Personalorientierung	• Kurzfristige Personalplanung • Externe Personalbeschaffung • Geringe Personalentwicklung	• Betonung von Personalmarketing • Formale Personalauswahl und -bewertung zur Personalentwicklung • Monetäre Anreize	• Langfristige Personalplanung • Hohe Personalentwicklung durch Schulung und Weiterbildung • Interne Personalbeförderung	• Sporadische Personalplanung • Informale Personalauswahl, -beurteilung und -entwicklung • Monetäre Anreize

Quelle: in Anlehnung an *Bühner*, 1987, S. 251

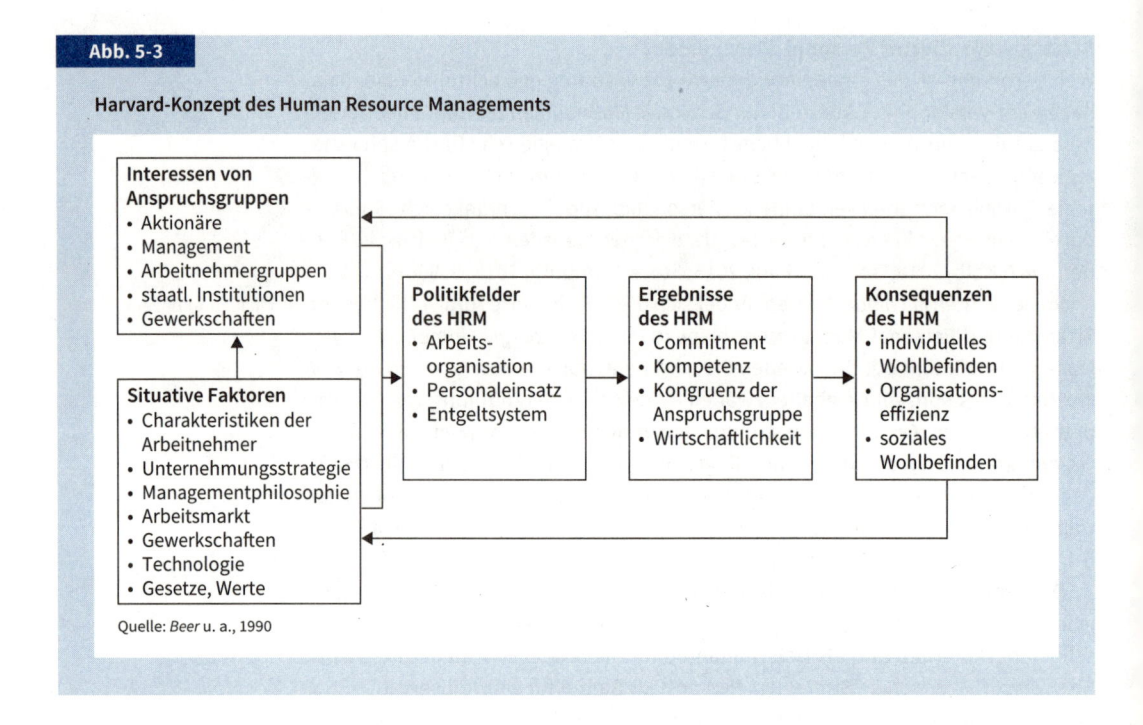

1.2 Strategisch-orientiertes Personal-Management
Verständnisse

Abb. 5-3

Harvard-Konzept des Human Resource Managements

Interessen von Anspruchsgruppen
- Aktionäre
- Management
- Arbeitnehmergruppen
- staatl. Institutionen
- Gewerkschaften

Situative Faktoren
- Charakteristiken der Arbeitnehmer
- Unternehmungsstrategie
- Managementphilosophie
- Arbeitsmarkt
- Gewerkschaften
- Technologie
- Gesetze, Werte

Politikfelder des HRM
- Arbeitsorganisation
- Personaleinsatz
- Entgeltsystem

Ergebnisse des HRM
- Commitment
- Kompetenz
- Kongruenz der Anspruchsgruppe
- Wirtschaftlichkeit

Konsequenzen des HRM
- individuelles Wohlbefinden
- Organisationseffizienz
- soziales Wohlbefinden

Quelle: *Beer* u. a., 1990

Harvard-Konzept

Auch das *Harvard-Konzept des Human Resource Managements* lässt sich als ein Modell des strategieorientierten Personal-Managements verstehen. Es weist der Personalarbeit zwar eine stärker eigenbestimmte Aufgabe zu als beispielsweise das Michigan-Konzept, es ist dennoch mehr Folge, als gegebenfalls Ausgangspunkt von strategischen Überlegungen. *Zentrale Parameter* des Konzeptes sind in Abbildung 5-3 wiedergegeben. Dieser Bezugsrahmen beinhaltet simultan zu berücksichtigende respektive zu analysierende Variablen, die bei der Generierung der Personalstrategie zu beachten sind. Diese bescheidene, dynamische und nicht-deterministische Sichtweise der Zusammenhänge ist positiv hervorzuheben. Es wird davon ausgegangen, dass neben der Gesamtstrategie zusätzliche Anspruchsgruppen sowie situative Faktoren das Personal-Management mitbestimmen. Allerdings sind auch Rückwirkungen nicht ausgeschlossen (vgl. Beer/Eisenstrat/Spector, 1990).

Strategisch-orientiertes Personal-Management

Interaktive Einbeziehung

Beim strategisch-orientierten Personal-Management handelt es sich um die explizite, prinzipiell interaktive Einbeziehung personalwirtschaftlicher Ressourcen wie auch Probleme in die strategische Führung eines Betriebes (vgl. Becker, F.G., 1988; Elšik, 1992). Die Bezeichnung »strategisch-orientiert« geht über »strategieorientiert« in mehreren Aspekten hinaus. Sie ist angebracht, wenn das Personal-Management tatsächlich als integraler Bestandteil in die betrieblichen Gesamtpolitik (resp. eines Schichtenmodells des Managements; vgl. Becker, F.G., 2011b, S. 39 ff.) eingebettet ist. »Strategisch-orientiert« bedeutet zudem zugleich: So wie strategische

Verständnisse **1.2**

Überlegungen im Hinblick auf operative Umsetzungen zu erfolgen haben, sind operative Maßnahmen des Personal-Managements auch unter strategischen Aspekten zu planen und durchzuführen.

> Wenn jemand den gerade angesprochenen Inhalt mit dem Terminus »strategisches Personalmanagement« in Verbindung bringt, dann ist natürlich prinzipiell nichts gegen eine solche Bezeichnung einzuwenden.

> Die Möglichkeiten des Personal-Managements im Rahmen einer strategischen Führung ergeben sich entsprechend daraus, dass Handlungsspielräume bei der Formulierung und Implementierung von Strategien zum einen von der Qualität der Personalarbeit selbst und zum anderen von Mitarbeitern und deren vorhandenem sowie genutztem Qualifikationspotenzial abhängen. Qualifikationen können Restriktion und Ausgangspunkt für spezifische Strategieformulierungen und/oder Implementierungen sein. Hier liegt u. a. ein originärer Aspekt des Personalbereichs verborgen. Im Rahmen der Strategieformulierung wird dabei auf die begrenzt vorhandene bzw. besonders (als Erfolgspotenzial) zur Verfügung stehende Qualifikation aufgebaut (»strategy follows qualification«).

«Strategy follows qualification"

Ein entsprechender Eindruck über die Stellung von Personalsystemen im Rahmen der strategischen Führung vermittelt Abbildung 5-4. Es sind vor allem zwei Ebenen, die hier – als direkte und als indirekte *Prozessbeteiligung* – angesprochen sind (vgl. auch Becker, F.G., 2011b, S. 177 ff.).

Abb. 5-4

Personal-Management und strategische Entscheidungen

	Art der Einbeziehung des Personal-Managements in das strategische Management		
Konzeptionalisierung strategischer Managemententscheidungen	Direkte Prozessbeteiligung		Indirekte Prozessbeteiligung
Formale strategische Planung	Einbindung der Humanressourcen in den formalen Planungsprozess		Gezielte Beeinflussung strategischer Entscheidungsträger
	Strategieformulierung	Strategieumsetzung	
Informale strategische Entscheidungsfindung	• Einbeziehung von Personalmanagern in informale strategische Entscheidungsprozesse • Personal-Management als Auslöser strategischer Handlungen		Indirekte Steuerungswirkungen personalpolitischer Gestaltungsmaßnahmen

Quelle: in Anlehnung an *Elšik*, 1992, S. 51

1.2 Strategisch-orientiertes Personal-Management
Verständnisse

HR Business Partner

Das HR Business Partner-Konzept von Ulrich (vgl. Teil 4, Kap. 3) greift die Ideen eines solchen strategisch-orientierten Personal-Managements mit seinen o. a. Funktionen explizit auf. Insofern wird kein rein neues Konzept vorgestellt, sondern gute, alte Ideen – jenseits des Michigan- und des Harvard-Konzepts – sehr gut aufbereitet und positiv an die Organisationspraxis herangetragen.

Inside-out

Eine Stärken-Schwächen-Analyse des Personals und des Personal-Managements kann – i. S. des ressourcenorientierten Konzepts – Ausgangspunkt der Strategieentwicklung sein. Ressourcenbasierte Strategieansätze rücken die Bedeutung interner Ressourcen in den Mittelpunkt der strategischen Auseinandersetzung, indem sie sie für die entscheidende Quelle der Erreichung dauerhafter Wettbewerbsvorteile der Unternehmung identifizieren (Ressourcen à Strategie à Leistung). Es wird eine »inside-out«-Perspektive verfolgt. Die Strategieformulierung richtet sich dementsprechend nur nachrangig an der Marktattraktivität aus. Primärer Ausgangspunkt ist die Ressourcenstärke des Betriebs. Mit ihr kann man durch eine entsprechende Strategie auch auf eher unattraktiven Märkten erfolgreich sein. Eine Aufgabe der strategischen Führung besteht dann in dem Aufbau, dem Erhalt und der Weiterentwicklung spezifischer Ressourcen sowie in der Entwicklung von Fähigkeiten, diese Ressourcen zu nutzen (»organizational capabilities«).

Aufgaben

Insgesamt gilt es bei einem solchermaßen verstandenen strategisch-orientierten Personal-Management

- *zu klären*, inwieweit das Personal-Management *Initiativ- und Unterstützungsbeiträge* zur Strategieformulierung und -implementierung leisten kann,
- *zu analysieren*, welche *Chancen und Probleme* das Humanpotenzial und die Personalarbeit strategisch bieten bzw. erwarten können sowie
- *festzustellen*, welche personellen *Erfolgsfaktoren* kritischer als andere sind und wie sie sich entwickeln können (Personal als Potenzial- und/oder Engpassfaktor). Träger sind General-Manager wie Personalleiter auf unterschiedlichen hierarchischen Ebenen.

"Human Resource Cycle"

Bei der Wahl der zu gestaltenden Personalbereiche wird in dem hier thematisierten Zusammenhang das Michigan-Modell häufig angegeben (s. Abbildung 5-5). Es thematisiert zwar wichtige Aufgabenbereiche, zu beachten bleibt allerdings, dass es

---

WESENTLICHES

Ressourcenorientiertes Verständnis und betrieblicher Erfolg

Personal-Management trägt nur dann zum betrieblichen Erfolg bei, wenn zwei Bedingungen erfüllt sind: (1) Es sind prinzipiell qualifizierte und motivierte Mitarbeiter für die anstehenden betrieblichen Aufgaben vorhanden. (2) Das betriebliche Personal-Management (Personaler als Dienstleister wie Linienvorgesetzte als unmittelbare Ansprechpartner) ist zusammen in der Lage, die Mitarbeiter adäquat einzusetzen, zu entwickeln und zu motivieren (s. Teil 1, Kap. 2.1).

Abb. 5-5

Modell eines strategischen »Human Resource Cycle«

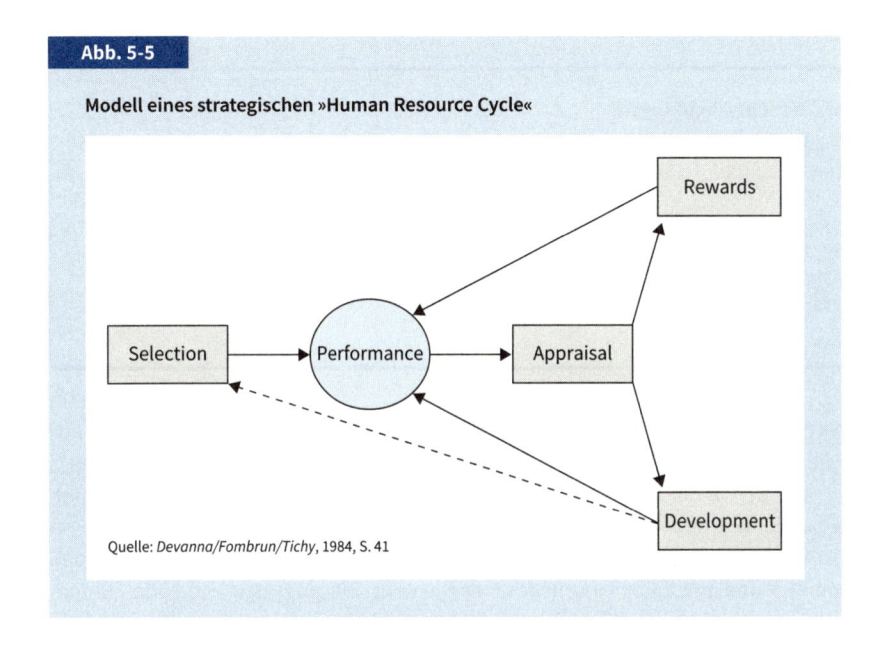

[Diagramm: Selection → Performance → Appraisal; Performance → Rewards; Appraisal → Development; Development → Performance; gestrichelte Linie von Development zu Selection]

Quelle: Devanna/Fombrun/Tichy, 1984, S. 41

sich im Verständnis der Autoren *lediglich* um eine abgeleitete Aufgabenbewältigung handelt (s. o.).

Ein wesentlicher *Wert* der strategisch-orientierten Personalmaßnahmen liegt aber darin, strategische Entscheidungsprozesse indirekt zu beeinflussen. Dies betrifft insbesondere die konsistente Gestaltung des personalen Führungssubsystems. Als die wesentlichsten Gestaltungsvariablen des Personal-Managements zur Förderung einer strategischen Führung werden in der Literatur die folgenden Bereiche angesehen:

- *Personalauswahl* und Personaleinsatz: Die zuständigen Führungskräfte sollten von ihrer Eignung her zu den strategischen Grundrichtungen ihrer Organisationsbereiche passen. Entsprechend ist bei Personalauswahl- und Einsatzentscheidungen vorzugehen.
- *Personalentwicklung*: Über spezifische Qualifikationsentwicklungen lassen sich Eignungen für spezifische Strategierichtungen und den Einsatz von Instrumenten vermitteln.
- *Anreiz-* und Leistungsbewertungs*systeme*: Die Beteiligungsgrößen in variablen Entgeltsystemen sollten konsistent zu den gewünschten strategischen Verhaltensweisen ausgewählt werden. In den korrespondierenden und vorweggenommenen Leistungsbeurteilungssystemen sind entsprechende Beurteilungskriterien zu verwenden (vgl. Becker, F.G., 1990; Bleicher, 1992).

Die genannten Teilsysteme des Personal-Managements determinieren in besonderem Maße die Anwendungsqualität einer strategischen Führung durch die Beeinflussung und Nutzung der personellen Qualifikationskomponenten »Kennen« und

1.2 Strategisch-orientiertes Personal-Management
Verständnisse

> **ZUR VERTIEFUNG**
>
> **Merkmale personalpolitischer Entscheidungen**
> Personalpolitische Entscheidungen lassen sich durch folgende Merkmale kennzeichnen:
> - Zielorientierung,
> - zielorientierte, richtungsweisende und prinzipiell langfristige Bestimmung sämtlicher betroffener und nachgeordneter Personalentscheidungen,
> - bezogen auf schlecht-strukturierte Entscheidungssituationen,
> - bezogen auf Entscheidungsprobleme, bei denen die Interessengruppen des Personal-Managements unterschiedliche Wertvorstellungen haben,
> - hohes Maß an Irreversibilität der Entscheidungen und
> - keine zeitstabilen, sondern mittel- bis langfristigen Änderungen unterworfene Inhalte mit Prozesscharakter.

»Wer nicht das Ferne bedenkt, dem ist Betrübnis nahe.«
Konfuzius

»Können« (durch Personalauswahl, -einsatz und -entwicklung) sowie »Wollen« (durch Anreizsysteme und Leistungsbewertungen).

Der *Begriff der Personalpolitik* wird in der Literatur nicht eindeutig verwendet. Präzisiert werden kann er – analog zum englischen Sprachgebrauch – wie folgt: Personalpolitik als »policy« steht für die grundlegenden Entscheidungen im Personalbereich und ihre Einbettung in das Management. Die langfristig wirkenden Grundsatzentscheidungen, die das praktische Handeln weitgehend bestimmen sollen, werden getroffen. Personalpolitik als »politics« betont dagegen das Entstehen der Grundsatzentscheidungen im Personalbereich und die verfügbaren Machtpotenziale und -strategien. Üblicherweise wird zumeist die erstbeschriebene Interpretation in der Literatur verwendet, wenn gleich letztendlich beide eine wichtige Bedeutung haben. Die letztgenannte Interpretation bezieht beispielsweise auch indirekte Personalentscheidungen außerhalb des Personalbereiches mit ein, wenn als Folge einer Betriebsverlagerung automatisch Personalbeschaffung, Personalfreisetzungen u. a. notwendig werden. Auch der Begriff der Personalpolitik als »policy« ist mit unterschiedlichen Begriffsinhalten belegt. In einer sehr weiten Fassung umfasst er alle Entscheidungen des betrieblichen Personal-Managements und wird dadurch mit diesem quasi gleichgesetzt. Zweckmäßiger erscheint es allerdings, diese Objektbereiche voneinander abzugrenzen und den Begriff der Personalpolitik enger zu verstehen. Personalpolitische Grundsatzentscheidungen bestimmen und umschreiben demnach in allgemeiner Form die generelle Zielrichtung und die prinzipiellen Verhaltensnormen der menschlichen Arbeit und des Personal-Managements im Betrieb. Die Personalpolitik ist dabei eingebettet in die gesamte Geschäftspolitik und darf den anderen Teilpolitiken nicht widersprechen. Sie bezieht sich auf die gesamte Personalarbeit und/oder auf einzelne Teilfunktionen.

WIEDERHOLUNGSFRAGEN ZU KAPITEL 1

1. Welche Abhängigkeitsformen bestehen zwischen dem Personal-Management und der strategischen Führung?
2. Welche Funktionen kommen dem Personal-Management im strategischen Kontext zu?
3. Skizzieren Sie das Michigan-Konzept des Human Resource Managements und bewerten Sie dieses.
4. Differenzieren Sie den Begriff des strategischen Personal-Managements von dem strategieorientierten Personal-Management sowie vom strategisch-orientierten Personal-Management.
5. Erläutern Sie den Human Resource Cycle und begründen Sie, warum die vier zentralen Aspekte herausgegriffen werden.

2 Internationales Personal-Management

LEITFRAGEN

- Wieso bedarf es eigenständiger Überlegungen zu einem internationalen Personal-Management?
- Welche Internationalisierungsstrategien schlägt Perlmutter vor? Wie lassen sich diese auf das Personal-Management übertragen?
- Welche personalwirtschaftlichen Gestaltungsfelder sind im Rahmen eines internationalen Personal-Managements besonders zu beachten?
- Wer ist – für was – zuständig im internationalen Personal-Management?

2.1 Zur Notwendigkeit

Eine Internationalisierung der Geschäftstätigkeit ist gerade in erwerbswirtschaftlich tätigen Betrieben keine Frage des »Ob«, sondern nur noch eine Frage des »Wie«. Dies betrifft einerseits die Kundenseite, also den direkten und/oder indirekten Vertrieb von Produkten und Dienstleistungen an Kunden außerhalb des eigenen Heimatlandes, andererseits aber auch den Bezug von Input-Gütern von ausländischen Partnern, die Produktion im Ausland, die Kooperation mit internationalen Partnern u. a. Das diesbezügliche Direktinvestitionsvolumen steigt seit vielen Jahren und damit auch die Bedeutung für entsprechend tätige Betriebe (vgl. http://unctadstat.unctad.org/wds/ReportFolders/reportFolders.aspx [letzter Abruf: 22.05.2016]; Kutschker/Schmid, 2011, S. 848 ff.). Die Palette möglicher Geschäftssysteme und Marktbearbeitungsstrategien wird sich den Notwendigkeiten wie auch den betrieblichen Strategien anpassen. Damit ist jeweils auch verbunden, inwieweit eigenes Personal – in welchen Bereichen, auf welchen Hierarchieebenen, an welchen Orten und zu welchen Zeiten – in solchen Geschäftssystemen benötigt und – gegebenenfalls auch nur temporär – eingesetzt wird. Sobald dies der Fall ist, der Betrieb eigenes »internationales Personal« beschäftigt, wird das Personal-Management international. Dieses kann dabei auch bei gleichen Ausgangsbedingungen unterschiedlich ausgeprägt sein. Hier haben Betriebe prinzipiell alternative Vorgehensweisen zur Verfügung.

In diesen Zusammenhängen stellt sich die Frage danach, wie ein internationales Personal-Management ausgeprägt sein *könnte*, welche Besonderheiten es aufweist und ob es gegebenenfalls seinerseits Einflüsse auf die Art und das Ausmaß der In-

Internationalisierung

Ideale

2.2 Internationales Personal-Management
Strategien eines internationalen Personal-Managements

ternationalisierungstätigkeit ausüben kann (wechselseitige Verflechtung von Strategie und Personal-Management) (vgl. Scherm, 1995; Scherm/Süß, 2001, S. 228 ff.; Süß, 2004).

Bei einer Internationalisierung des Personal-Managements sind dabei gemäß Drumm (2008, S. 628 f.) vier *Ideale* zu beachten:
- Zum Ersten muss das Personal-Management die ökonomischen Ziele eines Betriebs stützen.
- Zum Zweiten sollte es aber auch die sozialen Ziele eines Betriebs in Bezug auf den Umgang mit ihren Mitarbeitern berücksichtigen.
- Als drittes Ideal sollte ein internationales Personal-Management eine gemeinsame, im rechtlichen Rahmen mögliche Identität aufweisen und darüber hinaus
- zum Vierten situativ unterschiedliche Inhalte aufweisen.

Die genannten Ideale stehen dabei zum Teil in Konkurrenz zueinander: So können ökonomische Ziele unter Umständen sozialen Zielen konträr gegenüber stehen, ebenso wie eine Vereinheitlichung des Personal-Managements und die zum Teil landesspezifische Differenzierung der Inhalte. Aufgabe eines internationalen Personal-Managements ist es daher, ein betriebsspezifisches Optimum zwischen den einzelnen Idealen zu finden.

2.2 Strategien eines internationalen Personal-Managements

Geschäftssysteme

Die Internationalisierung eines Betriebs muss nicht zwingend größere Auswirkungen auf das Personal-Management haben. Sie hängt von dem jeweiligen Typ der Auslandsaktivität, dem gewählten Geschäftssystem und dessen Umfang ab. Die Bandbreite internationaler Geschäftstätigkeit ist groß – und entsprechend sind es auch die personellen Konsequenzen: von »einfachen« Import- und Exportaktivitäten bis hin zu »echten« Direktinvestitionen in unterschiedlichen Ländern sei es zur Produktion, Montage und/oder Vertriebsaktivitäten (in verschiedenen rechtlichen Formen). Der Umfang der entsprechenden Personalarbeit sowie die Notwendigkeit der Integration in ein international umfassendes Personalsystem wachsen entsprechend. Allein schon die unterschiedlichen rechtlichen Kontexte der Arbeitsbeziehungen (v. a. nationale wie internationale Mitbestimmungsregelungen, aber auch Individual- und Kollektivarbeitsrecht; vgl. Scherm/Süß, 2001, S. 270 ff.) »zwingen« zu besonderen Überlegungen nicht nur bei der Beschäftigung von lokalen Mitarbeitern vor Ort, sondern auch bei der Entsendung von Stammhausmitarbeitern.

Abstufungen

Eine Internationalisierung des Personal-Managements muss erst dann erfolgen, wenn (vgl. Dülfer, 1999, S. 139 ff.; Macharzina/Wolf, 2015, S. 946):
- *Kooperationen* mit ausländischen Partnern mit einem partiellen Austausch von Personal einhergehen. Solche Kooperationen beinhalten häufig eine Zusammenarbeit in Bezug auf den Vertrieb, die Produktion oder die Forschung & Entwicklung und erfolgen in der Regel auf Vertragsbasis. Der Einfluss der inländi-

2.2 Strategien eines internationalen Personal-Managements

schen Gesellschaft auf das Personal-Management des ausländischen Kooperationspartners ist allerdings als gering zu betrachten und betrifft im Wesentlichen nur die Personalplanung, die jedoch mit einer Entsendung von betriebseigenen Mitarbeitern in ausländische Tochtergesellschaften zu vergleichen ist.

- *Joint Ventures* mit einem oder mehreren ausländischen Partnern eingegangen werden. Bei der Bildung eines Gemeinschaftsbetriebs zwischen einer deutschen und einer ausländischen Gesellschaft kann ein Einfluss auf das Personal-Management nur bei einem Austausch von Personal oder durch einen temporären, vom Stammhaus gesteuerten Personaleinsatz stattfinden. Entscheidend ist hierbei, wie die vertraglichen Regelungen lauten und ob deren Geist auch vom Partner umgesetzt wird.
- ein gemeinsamer *Betrieb*, z. B. in der Rechtsform einer Europäischen Wirtschaftlichen Interessensvereinigung, zwischen einem deutschen Betrieb und einem oder mehreren ausländischen Partnern *gegründet* wird. Auch hier ist der Einfluss des nationalen Betriebs auf das Personal-Management prinzipiell als gering anzusehen und tritt erst bei einem Austausch von Personal auf.
- eine *ausländische Gesellschaft gegründet* oder übernommen wird, sodass die deutsche Gesellschaft 51 oder mehr Prozent der Anteile besitzt und damit ein beherrschender Einfluss des nationalen Betriebs auf die ausländische Gesellschaft sowie damit deren Personal-Management ausgeübt werden kann. In diesem Fall kann von einem internationalen Betrieb gesprochen werden.
- ein deutscher Betrieb im Ausland *Tochtergesellschaften* gründet, wodurch eine wesentliche Einflussnahme auf das Personal-Management möglich wird. Auch bei diesem Typ einer Auslandsaktivität kann der Betrieb als internationaler Betrieb bezeichnet werden.
- *Zwischenstufen* (bspw. über Franchise-Systeme, Vertriebsniederlassungen, Produktionsgesellschaften) sind möglich – und dies je nach Land unterschiedlich, auch hinsichtlich der Eigentumsverhältnisse.

Der Einfluss auf das Personal-Management nimmt vom ersten Typ der Auslandsaktivität bis hin zum letzten Typ zu. Auch wenn bei den ersten drei Typen nur von einem geringen Einfluss auf das Personal-Management gesprochen werden kann, ist es wichtig, auch diese zu betrachten, insbesondere dann, wenn Wechselwirkungen zwischen den unterschiedlichen operativen oder strategischen Personal-Management-Maßnahmen auftreten oder erwartet werden können.

Ein Praktizieren und Ausweiten internationaler Geschäftstätigkeit kann mit unterschiedlichen Orientierungen betrieben werden. Für ihre Kennzeichnung hat sich eine Klassifizierung von *Internationalisierungsstrategien* durchgesetzt, das sogenannte EPRG-Modell. Sie werden »ethnozentrische« (internationale), »polyzentrische« (multinationale), »geozentrische« (globale) sowie (später hinzugekommen) »regiozentrische« Strategie genannt (vgl. Perlmutter, 1965, 1969; Bartlett/Goshal, 1990). Die Fokusse der einzelnen Strategieorientierungen werden wie folgt kurz erläutert:

EPRG-Modell

- In manchen »internationalen« Branchen werden nur geringe Notwendigkeiten bzw. Vorteile zu lokalen Anpassungen angenommen (ggf. auch eine große Akzeptanz der »klassischen« Produktangebote aus dem Ausland) und/oder diese

Keine lokalen Anpassungen

2.2 Internationales Personal-Management
Strategien eines internationalen Personal-Managements

Märkte sind für den Anbieter recht klein. Solche Branchen lassen das *ethnozentrische Strategiekonzept* zu, nach dem Produktionsweisen und Marktbearbeitungen, die auf dem Heimatmarkt erfolgreich waren, auf ähnliche Landesmärkte übertragen werden.

Unterschiedlichkeit

- In manchen multinationalen Branchen sind ebenfalls Homogenitätsgrade der Märkte bzw. Standardisierungspotenziale gering, Zwänge zu lokaler Anpassung hingegen hoch. Die länderbezogene Individualität der Märkte, die hier im Vordergrund steht, erfordert eine entsprechende Anpassung in der Marktbearbeitung und eine viel stärkere Berücksichtigung länderspezifischer Besonderheiten. Die größeren Erfolgsaussichten werden hier *polyzentrischen Strategien* zugesprochen.

»Der Weltunternehmer hat Vorfahrt gegenüber der Region.«
Peter Löscher

- Globale Branchen sind solche, bei denen Märkte in unterschiedlichen Ländern große Ähnlichkeit aufweisen. Hier liegt ein relativ großes Standardisierungspotenzial vor, da der Zwang zu lokaler Anpassung nur gering ist. Mit *geozentrischen Strategien* wird daher versucht, wichtige Aktivitäten international zu vereinheitlichen, gegebenenfalls in integrativer Weise, d. h. unter Kooperation der beteiligten Betriebe (Tochtergesellschaften).
- Daneben lassen sich noch *regiozentrische Strategien* anführen. Sie basieren auf einer zweistufigen Struktur, da neben einem zentralen Hauptsitz auch regionale (v. a. kontinentale) Hauptsitze bestehen. Letztlich kommt hier die situative Sichtweise zum Ansatz, bei der ein Mix aus den drei vorgenannten Ansätzen verfolgt werden kann. Implizit ist dem, dass es entsprechend unterschiedliche wie gemeinsame Orientierungen gibt, die zu berücksichtigen sind.

Welche dieser Strategien zum Zuge kommt, ist von verschiedenen Faktoren abhängig, die diese in Gang setzen bzw. ermöglichen. Jede strategische Ausrichtung eines Betriebs wird durch Führungskräfte veranlasst und durchgesetzt. Dabei spielen deren Werte und Einstellungen, Erfahrungen, Gewohnheiten (auch: Vorurteile) eine wesentliche Rolle. Andererseits können Führungskräfte ihre Intentionen nicht gegen faktische Gegebenheiten durchsetzen, wie zum Beispiel Markt-, Branchen- oder allgemeine Wirtschaftsmerkmale. Sowohl das ursprüngliche als auch das erweiterte Modell beschäftigen sich mit dem Spannungsfeld aus lokaler Anpassung und globaler Integration und lassen sich daher auch terminologisch zusammenführen.

Mit den unterschiedlichen politischen Ausrichtungen der Betriebspolitik verbunden sind jeweils dazu passende Personalstrategien. Sie unterstützen dabei die jeweilige Grundorientierung sowohl via der Besetzung zentraler Führungsrollen als

> **TERMINOLOGIE**
>
> **Country-of-Origin-Effekt**
>
> Mit dem »Country-of-Origin«-Effekt ist das Ausmaß angesprochen, in dem multinationale Betriebe Personalpraktiken aus dem Stammland auf ihre ausländischen Tochtergesellschaften übertragen oder die nationalen Personalpraktiken im Ausland übernehmen (vgl. Wächter et al., 2003).

2.2 Strategien eines internationalen Personal-Managements

auch über den Differenzierungsgrad der Personalpolitik. Abbildung 5-6 veranschaulicht die Personalstrategien.

Hinsichtlich der Strategiewahl für internationale Betätigung wird von einem Entwicklungsprozess gesprochen, von einer Art *historischer Abfolge*: Sie beginne mit dem Versuch, die Dominanz des »Stammhauses« durchzusetzen (ethnozentrische Strategie), führe über stärkere Emanzipation ausländischer Gesellschaften, d. h. polyzentrische Strategien, zu dem letztlich anvisierten (jedoch gelegentlich auch als Utopie bezeichneten) Ziel, zu globalem Operieren vorzustoßen. Dies ist jedoch mit Sicherheit keine notwendige Abfolge, zumal zum einen nicht gegen branchenspezifische Zwänge autonom vorgegangen werden kann, zum anderen es von den grundlegenden Orientierungen des strategischen Managements und von den aus ihnen resultierenden Grundhaltungen abhängt, welche Ausrichtung – bezogen auf die Ziele und die einzuschlagenden Wege dorthin – ein Betrieb anstrebt. Betreibt

Unterschiedlichkeiten

Abb. 5-6

ERPG-Modell und Personalstrategien

Ethnozentrische Personalstrategie
- Stammlandorientiert
- Besetzung von Schlüsselpositionen in Auslandsniederlassungen bevorzugt mit Angehörigen des Stammlands
- Zentrale Personalpolitik ebenfalls am Stammland orientiert

Polyzentrische Personalstrategie
- Gastlandorientiert
- Besetzung von Schlüsselpositionen in Auslandsniederlassungen bevorzugt mit Einheimischen
- Dezentrale Personalpolitik jeweils am Gastland orientiert

Regiozentrische Personalstrategie
- Regionenorientiert (i.W. erdteilspezifisch)
- Besetzung von Schlüsselpositionen in Auslandsniederlassungen durch Führungskräfte aus der jeweiligen Region
- Personalpolitik für homogene Ländergruppen (Erdteile), um Besonderheiten Rechnung zu tragen

Geozentrische Personalstrategie
- Globalorientiert
- Besetzung von Schlüsselpositionen in Auslandsniederlassungen weltweit unabhängig von Nationalität
- Globale Personalpolitik, unabhängig von Besonderheiten des Stammlandes

EPRG-Modell

sie eine fortschrittsorientierte Entwicklungspolitik, wird sie aufgrund der oben beschriebenen Grundhaltungen dazu neigen, den polyzentrischen Ansatz zu verwirklichen bzw. versuchen, globale Strategien zu entwickeln und zu implementieren. Jede der beschriebenen Internationalisierungsstrategien hat ihre spezifischen personellen Implikationen bzw. ist auf unterstützendes Personal-Management angewiesen.

2.3 Implikationen für Personal-Managementsysteme

2.3.1 Grundlegendes

Betrachtungsgegenstand sind solche Funktionsfelder der Personalarbeit, die für internationale Geschäftstätigkeiten als besonders wichtig erachtet werden, um strategischen Intentionen in ausreichender Weise gerecht werden zu können: Dies sind die Personalplanung, -bedarfsdeckung, -entwicklung und -führung sowie die Vergütung. Zweckmäßige Ausprägungen dieser personalwirtschaftlichen Teilsysteme werden determiniert zwar auch durch größen-, branchen- und produktspezifische Besonderheiten, aber im Wesentlichen durch die bereits skizzierten betriebsstrategischen Grundorientierungen.

Internationalisierungsstrategien

Die vier Strategien stellen daher in der Folge die zentrale *Differenzierungsdimension* für Unterschiede im Personal-Management dar. Je stärker landesspezifische Besonderheiten beachtet werden (müssen) – polyzentrische Strategie –, umso mehr kommen die genannten Dimensionen lokaler Landeskulturen wie Individualität, Maskulinität etc. als in nächster Linie beachtensbedürftig zum Zuge. Die Ausprägungen dieser Dimensionen determinieren den Erfolg der Personalarbeit mit: Je stärker sie beachtet werden – m. a. W.: Je »kultursensibler« Personal-Management betrieben wird –, umso erfolgreicher dürfte Personalarbeit sein.

Eine grundsätzliche Frage für konzeptionell betriebenes, erfolgreiches Personal-Management ist, ob jedes Funktionsfeld der Personalarbeit in gleicher Weise auf die eingeschlagenen Internationalisierungsstrategien abgestimmt werden muss oder aber, ob auch differenzierte Vorgehensweisen nicht nur denkbar, sondern sogar auch Erfolg versprechender sein könnten. Letzteres könnte zum Beispiel darauf hinauslaufen, die Vergütung zentralistisch, also ethnozentrisch zu steuern, Personalführung polyzentrisch zu betreiben und eine geozentrische Personalentwicklung anzustreben. Ob der Weg eines derart komplizierten Personal-Management-Konzeptes eingeschlagen wird, hängt sicherlich nicht zuletzt auch von den jeweils im Ausland vorgefundenen Entwicklungsstadien und der Professionalität dort betriebener Personalarbeit ab. Stets jedoch erscheint plausibel, dass auch bei Vorgabe gemeinsamer Grundkonzepte die Zulässigkeit landeskulturell spezifischer Anpassungen einen sinnvollen, weil eher akzeptablen Weg internationalen Personal-Managements darstellen dürfte.

2.3 Implikationen für Personal-Managementsysteme

Eine *zentrale Determinante* für die Ausgestaltung eines Personal-Managements ist kultureller Art. Hierbei geht es um die Art der lokalen Gesellschaftskulturen und die Auswirkungen derselben. Hofstede (1980, 2001; vgl. Kutschker/Schmid, 2011, S. 671 ff.; Macharzina/Wolf, 2015, S. 976 ff.) zeigte in diesem Zusammenhang über eine großzahlige empirische Studie zu arbeitsbezogenen Werthaltungen nicht nur, dass nationalen und regionalen Kulturgruppen ein zentraler Einfluss auf das Vorge-

Diverse Werthaltungen

Abb. 5-7

Kulturdimensionen nach Hofstede

Individualismus	
Niedrige Ausprägung	Hohe Ausprägung
Emotionale Abhängigkeit vom Unternehmen, moralisches Involvement, Streben nach Konformität und Ordnung, Sicherheit in der Position bei den Managern im Vordergrund, Präferenz für Gruppenentscheidungen, partikuläres Denken	Emotionale Unabhängigkeit vom Unternehmen, berechnendes Involvement, Streben nach Führung und Abwechslung, Autonomie bei den Managern im Vordergrund, Präferenz für Individualentscheidungen, universalistisches Denken
Gesellschaftliche Norm	
Wir-Bewusstsein, Gemeinschaftsorientierung, soziales System als Basis für Identität	Ich-Bewusstsein, Selbstorientierung, Individuum als Basis für Identität
Konsequenzen für das Personalmanagement	
Erwartungen der Mitarbeiter, dass die Organisation ihre Interessen vertritt, Beförderung nach Seniorität, Unternehmenspolitik sollte sich an der Loyalität und dem Aufgabenbewusstsein der Mitarbeiter orientieren	Erwartungen gegenüber den Mitarbeitern, dass sie selbst ihre Interessen vertreten, Beförderung nach Leistung, Unternehmenspolitik sollte Eigeninitiative der Mitarbeiter fördern
Machtabstandstoleranz	
Niedrige Ausprägung	Hohe Ausprägung
Antiautoritäre Erziehung, Entscheidungsfindung nach Beratung mit Untergebenen, strenge Überwachung aus Sicht der Untergebenen negativ, Mitarbeiter eher zufrieden mit partizipativen Vorgesetzten, geringe Angst vor Meinungsdifferenz mit dem Vorgesetzten	Autoritäre Erziehung, autokratische oder paternalistische Entscheidungsfindung, strenge Überwachung aus Sicht der Untergebenen positiv, Mitarbeiter eher zufrieden mit autokratischen Vorgesetzten, Angst der Angestellten, ihren Vorgesetzten zu widersprechen
Gesellschaftliche Norm	
Minimierung der gesellschaftlichen Ungleichheit. Hierarchie als Rollenungleichheit aufgrund funktioneller Angemessenheit, Untergebene und Vorgesetzte als Menschen wie du und ich, gleiche Rechte für alle, Streben nach Belohnung, Expertenmacht	Gesellschaftliche Ungleichheit ist Basis gesellschaftlicher Ordnung. Hierarchie als existenzielle Ungleichheit, Untergebene und Vorgesetzte als Menschen anderer Art, Privilegien für die Mächtigen, Streben nach Macht, um Zwang auszuüben
Konsequenzen für das Personalmanagement	
Dezentralisation, flacher hierarchischer Aufbau, geringer Anteil an Führungskräften, geringe Lohnunterschiede, hohe Qualifikation auch bei niedrigen Hierarchiestufen, keine Statusunterschiede zwischen »white-collar-jobs« und »blue-collar-jobs«	Zentralisation, steiler hierarchischer Aufbau, hoher Anteil an Führungskräften, große Lohnunterschiede, niedrige Qualifikation bei niedrigen Hierarchiestufen, höherer Status der »white-collar-jobs«

Quelle: in Anlehnung an *Scholz*, 2014, S. 969 ff.; nach *Hofstede/Hofstede/Minkov*, 2010, S. 113 ff.

2.3 Internationales Personal-Management
Implikationen für Personal-Managementsysteme

> **WISSENSWERTES**
>
> **Kulturkonvergenz und -divergenzthesen**
>
> Die der Studie von Hofstede zugrunde liegenden Daten sind Ende der 1960er-, Anfang der 1970er-Jahre erhoben worden. Dies führt zu der Frage der Entwicklung der Kulturen seither. Dazu gab und gibt es gegenläufige Thesen: Die *Kulturkonvergenzthese* über ein »Zusammenwachsen der Landeskulturen« steht im Gegensatz zur *Kulturdivergenzthese* über eine Verstärkung der Individualisierung der Landeskulturen. Beobachtungen der historischen Entwicklung der letzten Jahre u. a. über den Zerfall osteuropäischer Staaten sowie der ehemaligen Sowjetunion mit offenkundig starken nationalistischen Tendenzen, Schwierigkeiten der europäischen Einigung u. a. m. legen nahe, dass Indikatoren vorhanden sind, die die Divergenzthese stützen. Konsequenterweise müsste eine Schlussfolgerung für das Personal-Management hieraus dergestalt lauten, dass in Zukunft auf landeskulturelle Unterschiede gegebenenfalls sogar zunehmend eingegangen werden müsste.

hen von Betrieben (v. a. im Rahmen von Organisation und Mitarbeiterführung) zukommt. Hofstede kam zu dem Ergebnis, dass es vor allem fünf Dimensionen sind, durch die Landeskulturen sich beschreiben lassen: Individualität und Kollektivismus (»individualism versus collectivism«), Maskulinität versus Feminität (»masculinity versus femininity«), Unsicherheitsvermeidung (»uncertainty avoidance«), Machtabstand (»power distance«) sowie lang- und kurzfristige Orientierung (»long-term versus short-term orientation«). Was diese Dimensionen inhaltlich aussagen, kann plastisch und deutlich beschrieben werden durch Gegenüberstellung niedriger und hoher Ausprägungen und dadurch, was für eine gesellschaftliche Norm in ihnen zum Ausdruck kommt. Dies ist für die Beispiele der Individualität und des Machtabstandes in Abbildung 5-7 ausgeführt, die Scholz (2014) erarbeitet hat und die zusätzlich jeweils Antworten enthält auf die zweite Frage nach den Konsequenzen für das Personal-Management.

Kulturkonvergenz oder Kulturdivergenz?

Darüber hinaus werden noch für ausgewählte Länder »*Kulturindizes*« entwickelt, d. h. Skalenwerte, die darüber Auskunft geben, wie stark (oder schwach) in den Dimensionen Individualität, Maskulinität, Unsicherheitsvermeidung, Machtabstand, Langzeitorientierung und Genussstreben die jeweiligen Länder ausgeprägt sind (vgl. Hofstede/Hofstede/Minkov, 2010, S. 57 ff.). Diese Werte sind sowohl einzeln als auch im Vergleich interessant. Sie liefern allerdings wegen des Alters der Daten heute nicht mehr durchgehend stimmige Hinweise.

2.3.2 Personalplanung und -bedarfsdeckung

Ebene der Führungskräfte

Qualitative Dimension des Personalbedarfs

Besonderheiten ergeben sich vor allem in der qualitativen Dimension des Personalbedarfs, d. h. hinsichtlich der zu fordernden Qualifikationen der in den ausländischen Gesellschaften Beschäftigten, der in internationalen virtuellen Teams tätigen Mitarbeitern und der Personen, die in irgendeiner Art verantwortlich für die internationale Personalarbeit sind. Auch hier ergibt sich bei der Festlegung zu fordernder Qualifikationen-Repertoires eine erste Weichenstellung durch die grundsätzlich gewählte Internationalisierungsstrategie. Auf Führungskräfte abgestimmt hat Scholz jeweils *typische Manager* beschrieben (vgl. Scholz, 2014, S. 289 ff.): für die ethnozen-

2.3 Implikationen für Personal-Managementsysteme

trische Strategie den »Company Manager«, für den polyzentrischen Ansatz den »Country Manager«, für die geozentrische Strategie den »Global Manager« sowie für die regiozentrische Strategie den »Regio Manager«. Über die jeweils zugehörigen Qualifikationenbündel gibt die unten stehende Abbildung 5-8 näheren Aufschluss.

Bei den aufgeführten Qualifikationen handelt es sich um plausible Annahmen hinsichtlich der Schwerpunkte, in denen die entsprechenden Führungskräfte nachweisbare Befähigungen aufweisen sollten.

Gerade bei einer ethnozentrischen Strategie muss hinsichtlich der quantitativen Bedarfsplanung vor allem berücksichtigt werden, dass bei Besetzung von Führungspositionen mit Mitarbeitern vom Stammsitz der Gesellschaft die Aufstiegschancen der einheimischen Mitarbeiter verringert werden, sodass hier darauf zu achten ist, dass sich daraus keine negativen Konsequenzen hinsichtlich der Rekrutierung qualifizierten einheimischen Personals ergeben. Die Internationalisierung des Personal-Managements kann zudem zu einer Erhöhung des Personalbedarfs aufgrund von zusätzlich entstehenden Koordinierungsaufgaben entstehen (vgl. Drumm, 2008, S. 642 ff.).

Unterschiedliche Besonderheiten hinsichtlich der Personalbeschaffung in Abhängigkeit von den jeweils gewählten Internationalisierungsstrategien sind es, die bedacht werden müssen. Alternative Beschaffungsstrategien sind bezüglich ihres Erfolges wesentlich davon abhängig, inwieweit es gewollt ist und gelingt, die jeweils mit ihnen verbundenen Vorteile zu nutzen und gleichzeitig gegebene Nachteile zu mindern. Welche dies jeweils im Einzelnen sind, darüber informiert Abbildung 5-9.

Personalbeschaffung

Abb. 5-8

International qualitativ unterschiedlicher Personalbedarf

Internationalisierungsstrategie Personalbedarf	Ethnozentrisch	Polyzentrisch	Geozentrisch	Regiozentrisch
»Benötigte« Führungskraft	»Company Manager«	»Country Manager«	»Global Manager«	»Regio Manager«
Spezifische Qualifikationen (Führungsverhalten)	Führungskraft aus dem Stammland; Werte- und Kulturbewusstheit, Selbstbewusstheit, Sendungsbewusstsein, Integrationsfähigkeit, Fähigkeit zur Führung national aufgestellter Teams (in einem unterschiedlichen Kulturbereich)	Führungskraft aus dem Gastland; Wissen und Landeskunde, Kenntnis des Rechts-, Wirtschafts- und Sozialsystems, Beherrschung der jeweils landeskulturell spezifischen Verhaltensmuster	Nationalität der Führungskraft unwichtig; • interkulturelle Kompetenzen: Sensibilität, Kommunikationsfähigkeit, Wissen • generelle Persönlichkeitsmerk-male: Autonomie, Unsicherheitstoleranz, Stressbewältigung, Fluktuationstoleranz	Führungskraft aus der Region; • interkulturelle Kompetenzen: siehe links, • Kenntnisse der regionalen Besonderheiten

2.3 Internationales Personal-Management
Implikationen für Personal-Managementsysteme

Abb. 5-9

Konsequenzen unterschiedlicher Personalbeschaffungsstrategien

Internationalisie-rungs-Strategie	Ethnozentrisch	Polyzentrisch	Geozentrisch/ Regiozentrisch
Herkunft des Personals	Stammland	Gastland	Stammland, Gastland oder Drittländer (regionaler weltweiter Führungskräftepool)
Vorteile	Keine kulturelle Distanz zu den Führungskräften der Zentrale Persönliche Bekanntschaft mit Interaktionspartnern (Vertrauensvorsprung)	Kulturell bedingte Kommunikationsprobleme mit Gastlandsmitarbeitern nicht vorhanden hohe Akzeptanz bei Gastlandmitarbeitern (Aufstiegschancen, Motivationsförderung) i.Allg. geringere Vergütungskosten	Förderung einer einheitlichen Organisationskultur (implizite Steuerung über vereinheitlichte Werte möglich)
Nachteile	Hohe Kosten (Vorbereitung, Entlohnung, Betreuung Wiedereingliederung) Begrenzung der Karrierechancen gast- und drittländischer Führungskräfte Teilweise: Interaktionsprobleme mit Gastlandsinstitutionen	Kommunikationsprobleme bei Interaktionen mit Muttergesellschaft Auftreten von Werte- und Loyalitätskonflikten hohe Kosten für Vermittlung von Fach- und Führungsfähigkeiten	Sehr hohe Kosten (fachliche, führungsbezogene und kulturelle Vorbereitung, Betreuung, Rückführung ins Stammland) Akzeptanz- und Loyalitätsprobleme

Quelle: in Anlehnung an *Macharzina*, 1992, S. 370

Auslandseinsatz

Personalbeschaffung zum Beispiel nach dem ethnozentrischen Konzept bedeutet, entweder einheimische Führungskräfte der Muttergesellschaft ins Ausland zu entsenden (»Expatriates«) oder aber auf dem Arbeitsmarkt des Stammlandes Mitarbeiter für Auslandseinsätze anzuwerben. Ersteres wäre interne Personalbeschaffung, gleichbedeutend mit Personalentwicklung im Sinne des Praktizierens einer Karriereplanung unter Einschluss von Auslandseinsätzen. Letzteres ist gleichzusetzen mit externer Personalbeschaffung.

Die Personalbeschaffung gestaltet sich auch je nach Internationalisierungsstrategie unterschiedlich. Während bei einer ethnozentrischen Strategie die im Teil 3, Kap. 2.2 angesprochenen Aspekte zum Tragen kommen können, müssen bei der Beschaffung auf ausländischen Märkten deren Besonderheiten Beachtung finden. So muss bei der Ausschreibung von Stellen auf eine kulturelle Anpassung geachtet werden. Eine Möglichkeit besteht hier – zumindest in einer Anfangs- und Lernphase – in der Zuhilfenahme von Headhuntern oder internationalen Personalberatungen,

2.3 Implikationen für Personal-Managementsysteme

die eine spezielle Expertise auf den entsprechenden Märkten besitzen. Auch kann im Rahmen des »College Recruitings« eine Direktansprache qualifizierter Hochschulabsolventen an regionalen Hochschulen erfolgen.

Je nach gewählter Internationalisierungsstrategie sind unterschiedliche Schwierigkeiten bei der Personalbeschaffung zu berücksichtigen.

Eine Schwierigkeit der Personalbeschaffung auf ausländischen Arbeitsmärkten besteht vor allem in deren *Intransparenz*, was vergleichbare Berufsqualifikationen wie Ausbildungen oder Studienabschlüsse betrifft. Zudem bestehen unterschiedliche Möglichkeiten des Umgangs mit lokal rekrutierten Mitarbeitern und deren Integration in den Gesamtbetrieb. Entweder es erfolgt keine richtige Integration und der Mitarbeiter bleibt lediglich in der lokalen Landesgesellschaft, oder es findet ein Rotationsprinzip statt, was beinhaltet, dass der Mitarbeiter verschiedene Gesellschaften in unterschiedlichen Ländern oder zumindest die Stammgesellschaft kennenlernt, um die Organisationskultur und Arbeitsweisen kennen zu lernen (vgl. Dumm, 2005, S. 782 ff.). *(Arbeitsmärkte und ihre Usancen)*

Grundsätzlich sollte die Personalbeschaffung auf internationalen Märkten systematisch erfolgen. Eine Möglichkeit der *Systematisierung* bietet die Segmentierung von Arbeitsmärkten hinsichtlich verschiedener Makrosegmente und Mikrosegmente. Mögliche Kriterien für Makrosegmente bieten bspw. geografische Kriterien, indem bestimmt wird, in welchen Weltregionen interessante Arbeitsmärkte vorhanden sind. Ein anderes Kriterium können nationale bzw. ethische Zugehörigkeiten darstellen. So ist zum Beispiel die USA ein interessanter Markt für die Beschaffung von Mitarbeitern asiatischer Herkunft, da viele Asiaten und asiatisch-stämmige Personen in den USA studieren. Gleiches gilt in Deutschland zum Beispiel für die Rekrutierung türkisch-stämmiger Nachwuchskräfte. Mikrosegmente dienen der Feinsegmentierung der zu rekrutierenden Zielgruppen. Kriterien für die Bestimmung der Zielgruppe bieten der Erwerbsstatus (Nachwuchskräfte, Erwerbstätige oder derzeit Arbeitslose), Qualifikationskriterien (z. B. Ausbildung oder Studium), soziodemografische Kriterien (z. B. Geschlecht, Alter, Familienstand) oder psychografische Kriterien (z. B. Präferenzen für bestimmte Regionen, Betriebsgrößen oder Tätigkeiten).

Auch die *Personalauswahl* unterliegt international einigen Unterschieden, die gerade bei einer polyzentrischen oder einer regiozentrischen Internationalisierungsstrategie von Bedeutung sind: *(Internationale Personalauswahl)*

- Die Sichtung der Bewerbungsunterlagen als Auswahlinstrument wird in vielen Ländern im ersten Schritt herangezogen (z. B. Deutschland, Frankreich, Japan, USA, Hongkong). In anderen Ländern wie Griechenland und Schweden finden diese jedoch nur wenig Beachtung.
- Während Referenzen anderer Arbeitgeber in Deutschland eher eine weniger präsente Rolle spielen, haben sie v. a. in den USA, Großbritannien, Australien, Kanada, Schweden und Südafrika eine dominante Rolle bei der Bewerbereinschätzung.
- Interviews sind weltweit das am häufigsten genutzte Verfahren zur Personalauswahl. Die gestellten Fragen können auch hier von der Internationalisierungsstrategie abhängen. So werden insbesondere bei einer ethnozentrischen Strategie

2.3 Internationales Personal-Management
Implikationen für Personal-Managementsysteme

auch Fragen nach der Unterstützung des Kandidaten durch die Familie, seinen Fähigkeiten zur Kontaktaufnahme mit anderen Personen zur Bildung eines sozialen Netzwerks und nach dem Interesse an anderen Kulturen gestellt. Interkulturelle Unterschiede sind auch beim Interviewformat zu verzeichnen. Zwar wird weltweit das Einzelinterview am meisten präferiert, jedoch gibt es Unterschiede im Grad der Strukturiertheit der Interviews. Während bspw. in Deutschland, Nordamerika oder der Schweiz vorwiegend strukturierte Interviews genutzt werden, greifen vor allem Betriebe aus Ländern mit Kulturen wie Frankreich, Griechenland oder Italien vorwiegend auf unstrukturierte Interviews zurück. Gründe hierfür liegen in diesen Ländern in der Einstellung der Personalverantwortlichen zu Interviews oder deren Wunsch nach subjektiver Ausformung von Interviews.

- Arbeitsproben, die grundsätzlich als ein sehr valides Instrument der Personalauswahl gelten, werden in den meisten Kulturen nur wenig eingesetzt. Als Grund hierfür wird vor allem der hohe Entwicklungs-, Konstruktions- und Durchführungsaufwand genannt.
- Der Einsatz von Testverfahren differiert international. Während Länder wie Belgien, Schweden, Neuseeland, Portugal oder Südafrika stark auf den Einsatz eignungsdiagnostischer Verfahren setzen, spielen sie in Deutschland, Italien, Japan und den USA eher eine untergeordnete Rolle.
- Ein biografischer Fragebogen kommt in den meisten Ländern eher selten zum Einsatz. In Griechenland und Portugal wird er hingegen eher häufig genutzt.
- Das Assessment Center spielt international eine bedeutende Rolle bei der Personalauswahl. Vor allem in Deutschland, den USA, Großbritannien und Belgien kommt das Verfahren häufig zum Einsatz. In Australien, Frankreich, Italien und Spanien wird es hingegen weniger genutzt. Im Rahmen der internationalen Personalauswahl erscheint es (jedoch) wichtig, Assessment Center so zu konstruieren, dass sie international und interkulturell eingesetzt werden können sowie besonders gut geeignet sind, notwendige Verhaltensweisen zu erfassen.
- Der Einsatz anderer Verfahren wie z. B. das grafologische Gutachten oder medizinische Begutachtungen sind international eher selten anzutreffen (s. u.). Ausnahmen können zum Teil durch gesetzliche Regelungen bedingt sein, wie z. B. in den Niederlanden, in denen häufig medizinische Tests allein deshalb durchgeführt werden, weil ein Arbeitnehmer verpflichtet ist, den Arbeitsausfall anderer Kollegen bis zu einem Jahr zu kompensieren. In den USA und in Singapur kommen zudem teilweise Drogentests bei der Personalauswahl zum Einsatz. Die Anwendung kann aber auch kulturell bedingt sein, wie bspw. in Frankreich, wo grafologische Gutachten trotz ihrer geringen prädikativen Validität noch vergleichsweise häufig zum Einsatz kommen (vgl. Krause, 2011, S. 26 ff.).

2.3.3 Endsendung von Expatriates

»Eine Nation soll und kann von der anderen lernen.« Karl Marx

Eine spezielle Personalaufgabe im Rahmen eines internationalen Personal-Managements betrifft den Umgang mit »Expatriates«. Als *Expatriate* wird jemand bezeichnet, der vorübergehend oder dauerhaft, aber ohne Einbürgerung in einem anderen Land als dem seiner Abstammung lebt und für einen Betrieb dort in einer

2.3 Implikationen für Personal-Managementsysteme

WISSENSWERTES

Inpatriates

Bei Inpatriates handelt es sich um Mitarbeiter aus einer internationalen Niederlassung des Betriebs (aus einem Gastland), die im Rahmen ihrer beruflichen Tätigkeiten kurz- bis mittelfristig in das Stammhaus (Heimatland) und/oder zu anderen, kulturell fremden Standorten des Betriebs entsendet werden (vgl. Harvey/Buckley, 1997, S. 36; http://blog.iese.edu/expatriatus/2014/01/22/inpatriates-on-the-term-and-academic-findings/ [letzter Abruf: 16.01.2016]).

ausländischen Zweigstelle, Niederlassung etc. im Auslandseinsatz (vgl. Kühlmann, 2004) tätig ist (»Company-Manager« im Gegensatz zu »Country-Manager«).

Verschiedene *Typen von Entsendungen* von Expatriates können differenziert werden (vgl. Scherm/Süß, 2001, S. 267):

Typen von Expatriates

- Mitarbeiter im längerfristigen Auslandseinsatz (Fach- wie Führungskräfte; mehrere Jahre – sowohl befristet als auch unbefristet, auch längere Montageeinsätze),
- Mitarbeiter im kurzfristigen Auslandseinsatz (einige Wochen oder Monate), in internationalen Projektteams o. Ä.,
- Mitarbeiter an kulturübergreifenden Schnittstellen (bspw. zu ausländischen Organisationseinheiten, staatlichen Stellen, Kunden, Lieferanten) mit regelmäßigen Dienstreisen ins Ausland und/oder Mitarbeiter in Auslandsgesellschaften,
- internationaler Führungskräftenachwuchs und international einsetzbare Fachkräfte.

Im engeren Sinne wird nur der erstgenannte Typ als »Expatriate« verstanden.

Bei der *Entsendung von Expatriates* kann es – alleine aufgrund der verschiedenen Typen von Entsendungen – unterschiedliche Probleme geben, die beachtet werden müssen:

Entsendepotenzial

1. Dies betrifft die Feststellung des »Entsendungspotenzials« eines Mitarbeiters, welche von den gestellten qualitativen Anforderungen an die zu besetzende Position abhängt.

WISSENSWERTES

Akkommodation, Akkulturation, Assimilation

Mit *Akkommodation* ist eine kurzzeitige Anpassung einer Person an ihre aktuelle Umwelt, beispielsweise im Rahmen eines temporären Projekteinsatzes in einer ausländischen Niederlassung, gemeint. Die Person passt sich – idealtypischerweise – zeitweise dem Denken und Verhalten der anderen Kultur an, um arbeitsfähig zu bleiben. Eine bleibende Veränderung ist damit nicht verbunden.

Akkulturation geht über diese Akkommodation hinaus. Mit ihr wird die nachhaltige – meist unbewusste – Übernahme des Denkens und Verhaltens oder auch von Werten und Normen einer fremden Kultur durch Lern- und Anpassungsvorgänge ausgedrückt. Sie wird durch intensive Kontakte im Rahmen eines längeren Auslandsaufenthalts gefördert. Die ursprünglichen Denkstile und Verhaltensweisen bleiben dabei erhalten.

Bei der *Assimilation* gehen dagegen die ursprünglichen Denk- und Verhaltensmuster in der Kultur des Gastlands auf, d. h. die ausländischen Mitarbeiter haben die Organisationskultur übernommen. Unter Umständen haben sie allerdings auch dazu beigetragen, sie ein wenig zu verändern.

2.3 Internationales Personal-Management
Implikationen für Personal-Managementsysteme

2. Zudem ist die Bereitschaft zur Mobilität prinzipiell ein weiteres Problem bei der Entsendung. Diese ist stark von der privaten Situation der jeweiligen Person abhängig.
3. Zudem bestehen in einigen, vor allem arabischen Ländern, kulturbedingte Einschränkungen hinsichtlich der Entsendung von Mitarbeiterinnen, sodass hier konkrete Mobilitätsbarrieren beachtet werden müssen, welche zum Teil auch durch soziale Barrieren bedingt sind.
4. Darüber hinaus erfordert die Entsendung eine frühzeitige Förderung der Sprach- und Kulturkompetenz der Mitarbeiter im Rahmen der Personalentwicklung.
5. Darauf aufbauend ist die optimale Anzahl der zu entsendenden Mitarbeiter unter Berücksichtigung der Karriereoptionen für einheimische Mitarbeiter zu bestimmen sowie eine planvolle Auswahl der Expatriates vorzunehmen.
6. Eine erfolgreiche Entsendung setzt zudem eine adäquate Vorbereitung der Expatriates auf den Auslandseinsatz voraus sowie
7. die Berücksichtigung formaler Richtlinien wie Einreise-, Aufenthalts- und Arbeitserlaubnis.
8. Letztlich muss bei einer Entsendung auch die Betreuung der Mitarbeiter im Ausland sichergestellt werden.

Expatriates & Familie

Insgesamt sollten vor allem bei der Auswahl von Expatriates (und ihrer Familienangehörigen; vgl. Scherm/Süß, 2010, S. 174 f.) nicht nur fachliche Qualifikationen, sondern vor allem auch *soziale Qualifikationen* berücksichtigt werden. Neben der kognitiven Ebene, welche sich in der Fähigkeit zur Reflexion eigener, fremder und interkultureller Prozesse ausdrückt, sollte auch die verhaltensbezogene und die affektive Dimension berücksichtigt werden. Erstere beschreibt die kommunikativen Fähigkeiten, die essentiell sind, um Vertrauen zu fremdkulturellen Partnern aufzubauen und um Konflikte zu lösen. Mit der affektiven Dimension sind Eigenschaften wie Empathie und Offenheit gegenüber anderen Kulturen angesprochen (vgl. Schulz, 2012, S. 349; auch Scherm/Süß, 2010, S. 171 ff.). Schulz zeigt einen exemplarischen und idealtypischen Entsendeprozess auf, welcher sich, wie die folgende Abbildung 5-10 zeigt, in sieben beispielhaften Phasen unterteilt.

Einflussfaktoren auf die Leistung

Insgesamt ist die Leistung eines Entsendeten während der Auslandstätigkeit von verschiedenen Einflussfaktoren abhängig. Diese umfassen die Gesamtvergütung, die Arbeitsaufgabe, die Unterstützung durch den Betrieb, die Arbeitsumwelt im Ausland und den kulturellen Anpassungsprozess. Die Vergütung umfasst dabei materielle (vgl. Teil 3, Kap. 6, Teil 5, Kap. 2.3.5) wie immaterielle Anreize. Entsprechen diese nicht den Erwartungen, kann dies zu einer geringeren Motivation und infolge auch zu einer geringeren Leistung kommen. In Bezug auf die Arbeitsaufgabe sind die Ziele einer Entsendung zu bestimmen und auch die Rolle des Entsendeten zu definieren. Schließlich ist die Unterstützung des Entsendeten durch die Stammbetrieb oder die lokale Einheit ein wesentlicher Einflussfaktor in Bezug auf die Möglichkeit, Leistung zieladäquat zu erbringen. Auch die Arbeitsumwelt und die damit verbundenen rechtlichen, sozialen, wirtschaftlichen und technologischen Bedingungen können entweder fördernd oder hemmend auf den Entsendeten wirken.

2.3 Implikationen für Personal-Managementsysteme

Abb. 5-10

Idealtypischer Entsendeprozess

Vor der Auslands-tätigkeit	Phase 1: Auswahlprozess (mind. 6 Monate vor der Entsendung)	• Eignungsprüfung des Mitarbeiters • Definition der Auslandstätigkeit • Definition der Entsendeziele
	Phase 2: Look-and-See-Trip (direkt nach der Kandidatenauswahl)	• Reise des Mitarbeiters ins Entsendeland (ggf. mit Familie) • Prüfung, ob ein längerer Aufenthalt infrage kommt • Erstes Kennenlernen der ausländischen Gesellschaft und Kontaktpersonen
	Phase 3: Vorbereitungsphase	• Erstellung von Checklisten in der Personalabteilung und Klärung von Verantwortlichkeiten • Klärung der Frage, ob Familie des Expatriaten mit ins Ausland geht (Dual-Career-Problem) • Ausarbeitung des Entsendevertrags (Dauer, Vergütung, Zulagen, Position, Rückkehrklausel) • Klärung des sozialversicherungsrechtlichen Status des Expatriates • Klärung des steuerrechtlichen Status des Expatriates • Gesundheitsprävention (Impfungen, Gesundheitscheck) • Interkulturelle und landesspezifische Trainings • Ggf. Sprachkurs • Einbezug eines Relocation-Partners (Wohnungssuche, Umzug, Suche nach Schulen und Kindergärten)
Beginn der Auslands-tätigkeit	Phase 4: Eingewöhnung/ Integration	• Letzte Abstimmung mit dem Relocation-Partner • Bei Auslandsniederlassungen: Kennenlernen der Organisationskultur und -strukturen sowie des Arbeitsteams • Bei Niederlassungsgründungen: Treffen mit Partnern, Zusammenstellung des Teams, operativer Arbeitsbeginn • Interkulturelle Eingewöhnung • Aufbau sozialer Kontakte • Ggf. Jobsuche für den Ehepartner
	Phase 5: Umsetzungsphase	• Durchführung des Projekts • Zwischendurch Heimaturlaube und Dienstreisen zur Muttergesellschaft • Zwischenevaluation • Abgleich von Zielvorgaben des Stammbetriebs an Auslandsniederlassung
	Phase 6: Abschlussphase (6 Monate vor dem Ende der Entsendung)	• Rückabwicklung in Zusammenarbeit mit der Personalabteilung der Muttergesellschaft • Klärung des Aufgabenbereichs und Neudefinition der Position im alten Betrieb • Einbezug eines Relocation-Partners im Stammland
	Phase 7: Reintegrationsphase (unmittelbar nach der Rückkehr)	• Evaluation der Entsendung (Zielerreichungsgrad, Probleme, erworbene Kompetenzen) • Aufnahme der neuen Tätigkeit im Stammbetrieb (idealtypischerweise unter Berücksichtigung der erworbenen Kompetenzen) • Maßnahmen zur Abmilderung eines ggf. auftretenden umgekehrten Kulturschocks • Integration des erworbenen Standortwissens in die Lernende Organisation

Quelle: in Anlehnung an Schulz, 2012, S. 350

2.3 Internationales Personal-Management
Implikationen für Personal-Managementsysteme

> **TERMINOLOGIE**
>
> **Look-and-See-Trip**
>
> Mit »Look-and-See-Trip« wird ein Kurzbesuch oder eine temporäre kurze Entsendung eines Mitarbeiters (auch mit seiner Familie) in eine internationale Umgebung bezeichnet, um einen ersten Eindruck über eine (mögliche) Karrieresituation im dortigen Ausland zu erhalten. Sie dient der interkulturellen Vorbereitung und/oder der Motivierung zum (spezifischen) Auslandseinsatz.

Kulturelle Anpassung

Schließlich ist bei einer Entsendung vor allem der kulturelle Anpassungsprozess von entscheidender Bedeutung (vgl. Festing et al., 2011, S. 298 ff.). Eine Entsendung ist für den Mitarbeiter allgemein mit verschiedenen Kulturschockphasen verbunden. Während nach der Ausreise zunächst eine »Honeymoon-Phase« durchlebt wird, in welcher die neue Kultur zunächst als spannend und motivierend empfunden wird, kommt es nachfolgend zum eigentlichen Kulturschock, in der die fremde Kultur zu Frustration und Unbehagen führt. Aufgabe des internationalen Personal-Managements ist es, den Mitarbeiter auf diese Situationen vorzubereiten und ihn in diesen Phasen zu begleiten (vgl. Schulz, 2012, S. 348 f.).

Eine internationale Personalplanung und -beschaffung bedarf eines international ausgerichteten Personalinformationssystems. Darüber hinaus sollte bei der Einstellung von Mitarbeitern in einen Betrieb deren internationale Erfahrung, sei es durch Auslandsaufenthalte oder ein Auslandsstudium erfasst werden ebenso wie regionale Präferenzen oder ungewöhnliche Sprachkenntnisse. Vorhanden sein sollte außerdem ein Pool an möglichen Interessenten an Auslandseinsätzen. Hinsichtlich der Personalverwaltung sollten alle Daten, die mit der Entsendung eines Mitarbeiters ins Ausland einhergehen, erfasst werden (Entsendungsort, Ausreise- und Rückkehrdatum, Interesse an einer Verlängerung, etc.) (vgl. Bittner/Reisch, 1994, S. 121 f.).

Wiedereingliederung

Von besonderer Bedeutung in Bezug auf ein internationales Personal-Management ist auch die Beachtung der Problematik der *Repatriierung*, Wiedereingliederung bzw. Reintegration der entsendeten Mitarbeiter. Je länger der Auslandseinsatz dauert, desto eher bestehen Schwierigkeiten in der beruflichen oder sozialen Wiedereingliederung des Mitarbeiters. Probleme in beruflicher Hinsicht können durch das Nicht-Vorhandensein einer adäquaten Stelle in der Stammgesellschaft entstehen. Zu sozialen Schwierigkeiten bei der Wiedereingliederung kommt es vor allem dann, wenn sich die Lebensumstände des entsendeten Mitarbeiters im Ausland verändert haben. Diesem Umstand wird nach wie vor häufig zu wenig Beachtung geschenkt (vgl. Thomas/Schroll-Machl, 1998, S. 291 ff.; Scherm/Süß, 2010, S. 181ff).

Um die beruflichen Probleme zu vermeiden, sollte deshalb *gleich bei der Entsendung* auf eine systematische Personalbedarfs- und -beschaffungsplanung geachtet werden, mittels derer eine geeignete Stelle nach der Rückkehr sichergestellt wird. Voraussetzung für die systematische Planung ist dabei das Vorhandensein einer Personalbestandsplanung. Unabhängig von der Planung müssen Ersatzlösungen für unplanmäßige Abbrüche des Auslandseinsatzes geschaffen werden können, wenn ein Expatriate z. B. aufgrund einer privaten Situation vorzeitig in den Stammbetrieb zurückkehrt. Für die Personalrückgewinnung können Wiedergliede-

2.3 Implikationen für Personal-Managementsysteme

rungsgarantien in unterschiedlicher Form vereinbart werden. Denkbar sind hier folgende *Optionen* (vgl. Drumm, 2008, S. 654 f.):

1. Nur die Wiedereingliederung in den Heimatbetrieb wird garantiert.
2. Die Wiedereingliederungsgarantie wird mit der Zusage einer Mindestvergütung verbunden, die sich aus dem letzten Grundgehalt im Ausland ableitet.
3. Die Wiedereingliederungsgarantie wird mit der Zusage einer Position verbunden, die der letzten Stelle des Heimkehrers in den Heimatbetrieb entspricht. Dies kann auch gelten, wenn die Auslandsstelle hierarchisch höherrangig einzuordnen gewesen ist.
4. Die Wiedereingliederungsgarantie wird mit der Zusage einer Position verbunden, die der letzten Stelle des Heimkehrers in der Auslandsgesellschaft entspricht.
5. Die Wiedereingliederung wird mit der Option auf eine Position verbunden, die höherrangig als die letzte Stelle des Heimkehrers in der Auslandsgesellschaft ist (Aufstiegsoption).
6. Alle zuvor genannten Garantien werden zeitlich begrenzt oder unbegrenzt gegeben.

Wiedereingliederungsgarantien

Zur Sicherung der sozialen Wiedereingliederung sollten Repatriates (wie zurückkehrende Expatriates auch genannt werden) Informationen über oder auch Einführungen in veränderten Sozialstrukturen und kulturelle Umgangsformen erhalten sowie betriebsintern eine Wiedereingliederung bei Kollegen, Mitarbeitern und Vorgesetzten stattfinden.

Der Erfolg einer Reintegration kann aus Sicht des Individuums anders aussehen als aus Sicht des Betriebs. Folgende in Abbildung 5-11 visualisierte Perspektiven sind denkbar.

Reintegration

Wichtig für den Betrieb ist auch die Erfahrungssicherung aus vergangenen Repatriationen, d. h. die systematische Aufbereitung der Informationen über den Aus-

---

Abb. 5-11

Erfolgsperspektiven in der Reintegrationsforschung

Perspektive des Individuums	Perspektive des Betriebs
• Rückanpassung (allgemein/kulturell, arbeitsbezogen, interaktionsbezogen) • Zufriedenheit (allgemein, mit Rückführung, Bezahlung, Kollegen oder Vorgesetzten, Arbeitsplatzsicherheit oder Entwicklungsmöglichkeiten) • Psychisches Wohlergehen • Karriereerfolg (Beförderung, Verantwortungszuwachs, Gehaltssteigerung, eigener Marktwert) • Entwicklung, Transfer und Demonstration erlernter Fähigkeiten • Partner-Reintegration	• Bindung von Repatriates • Leistung der Repatriates • Nutzung neuer Kenntnisse • Wissenstransfer • Erhöhung der Bereitschaft für Auslandseinsätze bei den Mitarbeitern • Beziehungs- und Netzwerkaufbau • Commitment

Quelle: in Anlehnung an *Schudey/Jensen/Sachs*, 2012, S. 52

2.3 Internationales Personal-Management
Implikationen für Personal-Managementsysteme

landsaufenthalt eines Rückkehrers. Sie können als Basis für die Anpassung von Entsendungskonzepten genutzt werden oder aber zukünftig zu entsendenden Mitarbeitern eine geeignete Informationsbasis bieten. Dieses kann bspw. über eine personenbezogene Datenbank erfolgen, die Aufschluss darüber gibt, welcher Mitarbeiter welche Kultur hat und in welchem Tätigkeitsfeld er im Ausland aktiv war (vgl. Bittner/Reisch, 1994, S. 231 ff.).

2.3.4 Personalentwicklung

Führungskräfte-entwicklung

Für ein internationales Personal-Management kommt aus der Personalentwicklung insbesondere dem Bereich der Führungskräfteentwicklung die größte Bedeutung zu. Mit speziellen Methoden bzw. Systemen können auch hier wiederum Akzente gesetzt werden, die unterschiedlich sind – je nach eingeschlagener Internationalisierungsstrategie (vgl. Abbildung 5-12).

Der oben angesprochene Auslandseinsatz kann auch selbst als Entwicklungsmaßnahme innerhalb einer Karriereplanung »on-the-Job« vorgesehen sein.

Interkulturelles Training

In der Literatur zu Fortbildung im Rahmen ethnozentrischer und geozentrischer Strategien wird in erster Linie auf das *interkulturelle Training* (»cross cultural training«) Bezug genommen (vgl. Scherm/Süß, 2001, S. 259 ff.). In ihm sollen Aspiranten für Auslandseinsätze vor allem interkulturelle Sensibilität und Kompetenz erlernen. Sie gilt es inhaltlich zu definieren und in einem systematisch aufgebauten Training zu vermitteln.

Abb. 5-12

International unterschiedliche Personalentwicklung

Internationalisierungsstrategie / Personalentwicklung	Ethnozentrisch	Polyzentrisch	Geozentrisch	Regiozentrisch
Fortbildung	• Vorbereitung auf Entsendung (spezielle Trainings, Kurse) • Traineeprogramme für Auslandseinsätze	• Landeseigene Programme • neue Aufgaben (Muttergesellschaft) • Verflechtungsspezifika	• Job-Rotation • Internationale Traineeprogramme	• Job-Rotation • Regiozentrische Traineeprogramme
Karriereplanung	*Mitarbeiterentsendung:* Suche, Auswahl, Vorbereitung, Eingliederung, Betreuung, Reintegration nach Repatriierung	*Landesindividuelle Mitarbeiterversetzung:* landeseigene professionelle Systeme, ggf. Sonderregelungen für Spitzenpositionen	*Globale Mitarbeiterversetzung:* generalisierte Karrierepfade für »Global Manager«	*Regiozentrische Mitarbeiterversetzung:* generalisierte Karrierepfade für Managerpositionen einer bestimmten Region

2.3 Implikationen für Personal-Managementsysteme

Grundsätzlich ist bei der Förderung von Mitarbeitern durch Entwicklungsmaßnahmen zu beachten, dass Personen unterschiedlicher Kulturkreise voneinander abweichende *Lernstile* aufweisen. Erziehung und Kultur sind wichtige Lerndeterminanten. Der Lernstil verschiedener Kulturen unterscheidet sich hinsichtlich des Aufnahmevermögens, der Wahrnehmung, des Denkprozesses und des Verhaltens. Diese können weiter differenziert werden. So sind hinsichtlich des Aufnahmevermögens Unterschiede dahingehend zu beachten, ob eher ein praxisorientiertes oder theoretisches Lernen bevorzugt wird, bezüglich der Wahrnehmung gibt es Differenzen in Bezug auf die Dimensionen Intuition oder Rationalität. Denkprozesse können zum einen stark emotional oder zum anderen eher logisch orientiert sein und das Verhalten Unterschiede in Bezug auf die Eigeninitiative oder den Bedarf an Anleitung durch andere aufweisen. Wichtig ist hier, dass die Unterschiede bei der Förderung von Mitarbeitern berücksichtigt werden und die Lernarrangements darauf abgestimmt werden (vgl. Jackson, 1998, S. 219 ff.).

Für *Karriereplanungen* gibt es idealtypische Strategien nach dem dafür maßgeblichen Hauptkriterium der nationalen Herkunft der für Auslandseinsätze vorgesehenen Aspiranten, die wiederum mit den drei Internationalisierungsstrategien korrespondieren:

Karriereplanung

- *Mitarbeiterentsendung* (s. o. zu Expatriates) im Sinne eines »Personalexports« aus dem Stammhaus (Stammland) ist das Personalentwicklungspendant zum ethnozentrischen Strategiekonzept: Mit ihr wird eine sicherere Gewähr für das Durchsetzen und Durchhalten von Strategie und Organisationskultur vermutet (und angestrebt); sie ist erforderlich, wenn die Auslandsgesellschafts-Personalbereiche (noch) nicht hinreichende Professionalität (Reife) besitzen.
- Bei *landesindividueller Mitarbeiterversetzung* werden Vakanzen grundsätzlich mit Personen der jeweiligen Auslandsgesellschaft (»Country-Managern«) besetzt. Diese Karrierestrategie – als Pendant zum Konzept polyzentrischer Strategien – ist erforderlich, wenn erfolgreiche Personalentwicklung nur bei großer Vertrautheit mit den besonderen Bedingungen der Gastländer möglich ist, die sich stark von denen des Stammhauslandes (sowie von denen der anderen Nationalitäten) unterscheiden.
- Mit *globaler Mitarbeiterversetzung* wird der Versuch unternommen, Vakanzen (insbesondere: Führungspositionen) im gesamten Betrieb – also sowohl im Stammhaus als auch in sämtlichen Auslandsgesellschaften – ohne Berücksichtigung der nationalen Herkunft der Versetzungsaspiranten zu besetzen. Als Entscheidungskriterium gilt allgemein, den für die jeweils vakante Position Bestgeeigneten (»Global Manager«) einzuplanen, d. h. über sämtliche relevanten Qua-

TERMINOLOGIE

Cultural Awareness

Bei der »Cultural Awareness« handelt es sich um eine Methode des interkulturellen Trainings, bei der es vor allem darum geht, auf eine bestimmte Landeskultur im Rahmen eines internationalen Karriereeinsatzes vorzubereiten.

lifikationskategorien hinweg (Fach-, Sozial-, Methodenkompetenzen). Diese Karrierestrategie birgt nicht wenige Probleme: So ist ein Pool von Versetzungsaspiranten (für Führungsnachwuchskräfte: der berühmte sog. »Goldfischteich«) realiter nur dann mit Erfolgsaussichten funktionsfähig, wenn zum einen eine hinreichende Zahl versetzungswilliger Mitarbeiter betriebsweit vorhanden ist, wenn zum anderen eine hinreichende Zahl von Vakanzen – möglichst gleichmäßig verteilt über eine Vielzahl von Ländern – existiert und wenn schließlich nicht eine Mentalität des eifersüchtigen Hortens exzellenter Kräfte Platz greift.

Entsendestrategien werden kaum realisiert

Im Rahmen eines internationalen Personal-Managements erscheint zunehmend die Entwicklung eines ganzheitlich-orientierten und alle Gastländer umfassenden Personalentwicklungskonzepts gerade für die Führungs- und Fachkräfte unabdingbar. Ein ganzheitliches Konzept sollte zum einen die Motivierung der Mitarbeiter für den Auslandseinsatz, deren Vorbereitung auf einen solchen Einsatz, die Begleitung vor Ort sowie auch die Vorbereitung und Begleitung der Reintegration umfassen. Dies kann durch den Einsatz verschiedenartiger interkultureller Trainings begleitet werden (vgl. Thomas/Schroll-Machl, 1998, S. 301 ff.). Zum anderen kann Gastlandmitarbeitern durch eine gleichberechtigte Teilnahme an hochwertigen Qualifizierungs- und Karrieremaßnahmen verdeutlicht werden, dass mehr die Leistung und weniger die Nationalität bzw. der Ort der Tätigkeit eine entscheidende Rolle bei Qualifizierungsprozessen spielt. So ist eine stärker ausgeprägte Loyalität und Bindung zu erwarten.

2.3.5 Vergütungssysteme

Vergütung

In international tätigen Betrieben gelten hinsichtlich der Vergütung einige der Prinzipien nicht, die für nur im Inland tätige Betriebe selbstverständlich sind. Dies betrifft vor allem den Grundsatz, für gleiche Tätigkeiten gleiches Entgelt zu bezahlen. Er macht in international tätigen Betrieben deshalb keinen Sinn, weil damit die Vorteile unterschiedlicher Vergütungsniveaus (die häufig eine nicht unwesentliche Rolle bei der Gründung von Auslandsgesellschaften spielen) wegfallen würden.

Dies ist anders hinsichtlich der Struktur von Vergütungssystemen, bei denen durchaus eine Vereinheitlichung angestrebt werden kann. Ob sie gewollt ist, hängt wiederum von der praktizierten Internationalisierungsstrategie ab. Dies kommt auch in Abbildung 5-13 zum Ausdruck, in der ein im Hinblick auf die jeweilige Strategie »konsequentes« Vergütungssystem mit zwei Kreuzen markiert ist, eines, das auch noch als möglich anzusehen ist, mit einem Kreuz.

Vergütung für Expatriates

»Stammlandbezogene« Vergütungssysteme orientieren sich hinsichtlich der Gehaltsstruktur und des Gehaltsniveaus am Stammland. Sie beziehen sich auf die Expatriates, d. h. ins Ausland entsandte Stammhaus-Mitarbeiter, die vergütet werden wie in der Muttergesellschaft üblich; gegebenenfalls korrigiert durch Zulagen, die finanzielle Nachteile ausgleichen sollen und/oder um ausländische Gehaltskomponenten.

Gastlandbezogene Systeme stellen gewissermaßen das Gegenteil dar: Die Vergütungshöhe wird am Gehaltsniveau des Gastlandes orientiert. Dies macht – auch

2.3 Implikationen für Personal-Managementsysteme

Abb. 5-13

Internationale Vergütungssysteme (Tendenzaussagen)

Vergütungsplan \ Internationalisierungsstrategie	Ethnozentrisch	Polyzentrisch	Geozentrisch	Regiozentrisch
Stammlandbezogen	x			
Gastlandbezogen		xx	x	x
Internationalisierungsansatz	x	x	xx	xx

wenn das Vergütungssystem in seiner Struktur vereinheitlicht sein sollte – dann Probleme, wenn Mitarbeiter für Auslandseinsätze nicht zu motivieren sind, weil das Gehalt im Gastland deutlich unter dem des Heimatlandes liegt. Daher sind hier Varianten bzw. zusätzliche Regelungen, mit denen solche Nachteile ausgeglichen werden können, eher anzutreffen als ein Einsatz gastlandbezogener Vergütungssysteme in reiner Form.

In internationalen Ansätzen wird versucht, eine Mischform dergestalt zu realisieren, dass einerseits ein Basislohn standardisiert für den gesamten Betrieb gilt, andererseits aber länderspezifische Zulagen hinzukommen, mit denen Vergleichbarkeit hergestellt und Nachteile vermieden werden (vgl. Hahn, 1986; Weber et al., 1998, S. 217 ff.; Festing et al., 2011, S. 383 ff.; Scherm, 1999, S. 293 ff.).

Das Einkommen von Expatriates kann anhand *mehrerer Faktoren* bestimmt werden. So wirken auf das Inlandsgehalt der Marktwert eines Mitarbeiters, der Wert der zu besetzenden Stelle und die Leistung des Mitarbeiters ein. Im Falle einer Entsendung muss das Inlandsgehalt mit dem Niveau im Ausland verglichen werden. Durch eine Nettovergleichsrechnung kann sichergestellt werden, dass ein Gleichgewicht zwischen dem bisher bezogenen Inlandsgehalt eines Mitarbeiters und dessen Auslandsbezügen im Falle einer Entsendung besteht. Zudem müssen unterschiedliche Lebenshaltungskosten berücksichtigt und ggf. der Kaufkraftverlust ausgeglichen werden. Gleiches gilt für die Sicherung der Lebensqualität (vgl. Festing et al., 2011, S. 387 ff.).

Zulagen können demnach bspw. für höhere Lebenshaltungskosten, Umzugskosten, Dienstpersonal etc. gezahlt werden. Vorsicht ist bei den Soziallöhnen geboten. Die Versicherung im Sozialsystem des Heimatlandes ist mitunter nur eine begrenzte Zeit möglich. Bei einem geringeren Sozialversicherungsniveau im Ausland kann es deshalb zu Versorgungslücken kommen. Gegebenenfalls können hier Doppelversicherungen eine Problemlösung darstellen.

Weitere Entscheidungen sind hinsichtlich der Erfolgsbeteiligungen von Expatriates an den Erfolgen ausländischer Gesellschaften zu treffen. Diese gestaltet sich vor allem dann problematisch, wenn Gewinnverlagerungen, z. B. durch Transferpreise für Güter oder Dienstleistungen, zwischen dem Stammbetrieb und ausländischen Gesellschaften stattfinden und damit die Bemessungsgrundlage verfälscht wird (vgl. Drumm, 2008, S. 660 ff.).

2.3.6 Personalführung

Mitarbeiterführung

Versuche, effiziente Mitarbeiterführung zu praktizieren, dürften in relativ weitem Umfang unabhängig sein von jeweils verfolgten Internationalisierungsstrategien. Gegebenenfalls auftretende Probleme könnten höchstens variieren hinsichtlich der Häufigkeit ihres Auftretens (vermutlich am relativ seltensten beim polyzentrischen Ansatz) und hinsichtlich ihrer Intensität. In Bezug auf letztere ist sicherlich die Stärke des Drucks ausschlaggebend, der zur Durchsetzung von Interessen eingesetzt wird, die im Gastland fremd sind (tendenziell beim ethnozentrischen Ansatz am größten).

Kulturbedingte Unterschiede

Grundsätzlich ist davon auszugehen, dass *kulturbedingte Führungskonflikte* dann unvermeidlich sind, wenn Vorgesetzte und Mitarbeiter aus je unterschiedlichen Landeskulturen kommen, zumeist auch zusätzlich aus unterschiedlichen Organisationskulturen. In der Folge muss immer damit gerechnet werden, dass die Erwartungen der Beteiligten differieren: Mitarbeiter erwarten nicht selten ein anderes Führungsverhalten als jenes, das der Vorgesetzte praktiziert. Vorgesetzte erwarten andere Reaktionen und Konsequenzen auf ihre Führungsaktivitäten. In der Folge stellt sich häufig beiderseitige Unzufriedenheit ein.

Ein Gegensteuern, um dieses Phänomen abzumildern, könnte durch Personalentwicklungsmethoden geschehen, mit denen ein Erreichen des Lernziels »Akzeptanz fremden Verhaltens« wahrscheinlich ist. Als hierfür geeignet sind Gremien und Projektgruppen anzusehen, in denen konkrete Sachaufgaben in internationaler Besetzung gemeinsam gelöst werden. Dadurch würde ein on-the-Job Einüben im Umgang mit fremden Mentalitäten erzwungen werden.

Führungsstil

Hinsichtlich des Führungsstils (s. Teil 2, Kap. 6) sind zur Vermeidung solcher Konflikte grundsätzlich drei *Möglichkeiten* denkbar.

- Zum einen kann der Vorgesetzte sich am Konzept der *individualisierten Führung* orientieren, welches eine Orientierung an den individuellen Bedürfnissen der Mitarbeiter verfolgt. Je nach Größe der zu führenden Mitarbeitergruppe und deren Heterogenität kann ein solcher Führungsstil jedoch schnell zu einer Überforderung der Führungsperson führen.
- Eine zweite Möglichkeit besteht in der Umsetzung eines *demokratischen Führungsstils*, welcher sich durch Mitbestimmung und gute zweiseitige Kommunikation auszeichnet. Dies erweist sich jedoch nur in solchen Kulturen als sinnvoll, in denen demokratische Verhaltensregeln erlernt und akzeptiert werden.
- Eine dritte Möglichkeit besteht in der *Anpassung des Führungsstils* an die ausländischen Gepflogenheiten.

Voraussetzung für eine gute Mitarbeiterführung ist dabei die Akzeptanz fremder Verhaltensweisen und eine gute Kommunikation. Zu beachten ist zudem, dass nicht alle Führungssysteme in jeder Kultur umgesetzt werden können. Gerade das Führen über Zielvereinbarungen (Management-by-Objectives) kann lediglich in in-

2.3 Implikationen für Personal-Managementsysteme

dividualistisch geprägten Kulturen umgesetzt werden, in Kulturen mit höherer Gruppenorientierung und einer geringen Machtdistanz sollten kooperative Entscheidungen getroffen werden. Auch bei einer aufgabenorientierten Führung müssen soziokulturelle Besonderheiten hinsichtlich mono- oder polychroner Zeitmodelle (»alles zu seiner« oder »alles zu jeder Zeit«) berücksichtigt werden (vgl. Drumm, 2008, S. 659 ff.).

Im Rahmen der sogenannten GLOBE-Studie wurden innerhalb verschiedener Ländercluster die Ausprägungen in Bezug auf verschiedene Führungsstile getestet (vgl. Stock-Homburg, 2010, S. 531 ff.; Macharzina/Wolf, 2015, S. 978 ff.). Verglichen wurden die Ausprägungen in Bezug auf die charismatische Führung, die teamorientierte Führung, die partizipative Führung, die humanorientierte Führung (großzügiger und unterstützender Umgang mit Mitarbeitern), die autonome Führung sowie die defensive Führung (Vorgesetzter achtet auf die Wahrung des Gesichts seiner Mitarbeiter). Abbildung 5-14 gibt Aufschluss darüber, welche Ländergruppen eine hohe (H), mittlere (M) oder niedrige Ausprägung (L) in Bezug auf die einzelnen Führungsdimensionen aufweisen.

Charismatische Führungsstile sind der Untersuchung nach vor allem in Kulturen mit hoher Leistungsorientierung und einer vorhandenen Geschlechtergleichheit vorhanden. Eine teamorientierte Führung findet sich hingegen vor allem in Gesellschaften mit einem hohen gruppen- oder familienbasierten Kollektivismus, wie bspw. in den lateinamerikanischen Ländern. Eine partizipative Führung wird vor allem in nordeuropäischen, germanisch europäischen Ländern sowie im angelsächsischem Raum als bereichernd empfunden. Ein starker Unterschied wird vor

GLOBE-Studie

Abb. 5-14

Zusammenfassender Überblick über die Führungsdimensionen nach Clustern

Gesellschaftliche Cluster	Kulturell eingebettete Führungsdimensionen					
	Charismatisch/ wertebasiert	Team-orientiert	Partizipativ	Human-orientiert	Autonom	Defensiv
Osteuropa	M	M	L	M	H/H	H
Lateinamerika	H	H	M	M	L	M/H
Latein. Europa	M/H	M	M	L	L	M
Konfuz. Asien	M	M/H	L	M/H	M	H
Nordeuropa	H	M	H	L	M	L
Anglo Cluster	H	M	H	H	M	L
Sub-Sahara Afrika	M	M	M	H	L	M
Südasien	H	M/H	L	H	M	H/H
Germanisches Europa	H	M/L	H	M	H/H	L

Quelle: in enger Anlehnung an *Festing et al.*, 2011, S. 107, *House et al.* 2004, S. 684

2.3 Internationales Personal-Management
Implikationen für Personal-Managementsysteme

allem in Bezug auf die defensive Führung deutlich. Während dieser in den eben genannten Ländern eher eine geringe Bedeutung zukommt, ist sie vor allem in Osteuropa und im asiatischen Raum von hoher Bedeutung (vgl. Festing et al., 2011, S. 100 ff.).

Im Rahmen der *Personalführung i. w. S.* (s. Teil 2, Kap. 6) kann man sich auch das Ziel setzen, die kulturellen Rahmenbedingungen umzugestalten und zwar im Hinblick auf eine stärkere Internationalisierung. Stock-Homburg (2010, S. 338 f.) schlägt dazu verschiedene Maßnahmen entlang des ebenenbezogenen Verständnisses der Organisationskultur nach Schein (1984; vgl. Becker, F.F., 2015, S. 120 ff.) vor (vgl. Abbildung 5-15).

»Wir haben wohl noch nicht das Tempo für Veränderung, das für die Globalisierung notwendig wäre.«
Sabine Christiansen

Abb. 5-15

Beispielhafte Maßnahmen zur kulturellen Verankerung der Internationalität

Internationale Orientierung der ...	Beispielhafte Maßnahmen
Werte	• Verankern kultureller Vielfalt im Leitbild des Betriebs • Wertschätzen internationaler Projekte durch das Top-Management (bspw. durch regelmäßigen Besuch von Auslandsniederlassungen) • Wertschätzen internationaler Projekterfolge durch den Betrieb
Normen	• Verankern der Mitwirkung an internationalen Projekten in Zielvereinbarungen von Führungs- und Fachkräften • Formulieren von Anforderungen an internationale Erfahrungen gerade von höheren Führungskräften • Formulieren expliziter Erwartungen an positiven Umgang mit kultureller Vielfalt • Formulieren von Qualitäts- und Verhaltensstandards in interkulturellen Projekten
Artefakte	• Praktizieren einer interkulturell differenzierten Sprache im Betrieb (bspw. durch Rücksichtnahme auf besondere Sprachgewohnheiten, Worte u. Ä.) • Auszeichnen international erfolgreicher Führungskräfte und Mitarbeiter • Kommunizieren von Erfolgsstories international erfolgreicher Führungskräfte und Mitarbeiter
Verhaltensweisen	• Darlegen von Aufstiegs- und anderen Karrierechancen im Anschluss an erfolgreich abgeschlossene internationale Projekte sowie an Auslandsentsendungen • Fördern von Führungskräften und anderen Mitarbeitern in Abhängigkeit von ihren Leistungen • Zeigen von Toleranz gegenüber »ungewöhnlichen« Arbeitsstilen von Personen mit anderem kulturellen Hintergrund • Unterstützen international eingesetzter Führungs- und Fachkräfte bei der Wiedereingliederung

Quelle: in Anlehnung an *Stock-Homburg*, 2010, S. 339

2.3 Implikationen für Personal-Managementsysteme

WIEDERHOLUNGSFRAGEN ZU KAPITEL 2

1. Warum ist es für das Personal-Management von Belang, die Varianten der Internationalisierung der Geschäftätigkeit zu erkennen?
2. Skizzieren Sie mögliche Merkmale, nach denen Internationalisierungsformen von Geschäftstätigkeiten charakterisiert werden können.
3. Welche möglichen Klassifizierungen von Internationalisierungsstrategien gibt es und wodurch sind diese gekennzeichnet?
4. Schildern Sie mögliche Rahmenbedingungen, denen ein internationales Personal-Management unterliegt.
5. Erläutern Sie, warum die Bestimmung des Personalbedarfs, die Personalbeschaffung, -entwicklung, -führung und die adäquate Vergütung als Funktionsfelder der Personalarbeit für internationale Geschäftstätigkeiten als besonders wichtig erachtet werden.

3 Ethik im Personal-Management

> **LEITFRAGEN**
> - Warum sollte man sich als Personalverantwortlicher mit Ethik beschäftigen?
> - Ist Personalethik eine relevante Handlungsgröße in der betrieblichen Praxis?
> - Was bedeutet ethisches Verhalten von Personalverantwortlichen?
> - Ist ein Handeln immer »ethisch oder unethisch« oder vielmehr »mehr oder weniger ethisch«?
> - Woher nimmt ein Entscheidungsträger die Ethik seines Handelns?
> - Wie sähe eine praktische Personalethik in den verschiedenen Teilsystemen eines Personal-Managements aus?
> - »Darf« Ethik etwas kosten? Wie überhaupt stehen ökonomische und soziale Effizienz in Beziehung?

3.1 Ethik im Betrieb

Eine Diskussion um eine soziale Verantwortung von Betrieben zu ihrer internen wie externen Umwelt gibt es seit langer Zeit, ebenso wie es ethisches und unethisches Verhalten in und von Betrieben in der Praxis gibt. Dementsprechend ist auch in der wissenschaftlichen Diskussion die Frage nicht neu, ob ethisches Verhalten internen wie externen Anspruchsgruppen gegenüber eine ökonomisch relevante Fragestellung ist. Seit den 1980er-Jahren sind die damit verbundenen Fragestellungen stärker verfolgt worden, möglicherweise initiiert und immer wieder genährt durch einzelne an die Öffentlichkeit gedrungene Skandale (vgl. Drumm, 2004, 2008, S. 665 ff.; Göbel, 2003, 2006; Weibler, 2003, 2012; Steinmann/Schreyögg/Koch, 2013, S. 107 ff.; Steinmann/Löhr, 1989). Im Allgemeinen stand dabei unethisches Verhalten der Gesellschaft und den Kunden gegenüber im Mittelpunkt. Die ethischen Verhaltensweisen betreffen aber auch betriebsinterne Anspruchsgruppen wie die Mitarbeiter und insofern auch das Personal-Management. Das Problem »ethisches Verhalten« tritt überall dort auf, wo Menschen (für sich selbst und/oder für einen Betrieb) agieren, womit dieses Kriterium auf die Personalarbeit im Besonderen zutrifft.

Die Auseinandersetzung mit Ethik und hier ganz besonderes mit ihren materiellen Inhalten ist – trotz einer langen geistesgeschichtlichen Diskussion (vgl. Küpper, 2006; Göbel, 2006; Götzelmann, 2010; Löhr, 2004) – sowohl allgemein als auch be-

»Kein Ziel ist so hoch, dass es unwürdige Methoden rechtfertigt.«
Albert Einstein

Welche Ethik?

3.1 Ethik im Personal-Management
Ethik im Betrieb

triebsspezifisch schwierig: Unterschiedliche Gesellschaftskulturen (gerade in international tätigen Betrieben), unterschiedliche Branchenkulturen, der laufende Wandel von Situationen u. a. lassen eine *allgemeingültige und zeitlose Festlegung* ethischer Normen generell, betriebs- und personenspezifisch *nicht* zu. Es liegt letztlich in der Verantwortung der jeweiligen (obersten) Entscheidungsträger eines Betriebs, für bestimmte zeitlich begrenzte Räume betriebsweit geltende ethische Normen zu formulieren, vorzuschlagen, zu implementieren und entsprechende Verhalten positiv (oder negativ) zu sanktionieren. Trotz der damit verbundenen prinzipiellen Entscheidungsfreiheit sind die Entscheidungsträger (ihre Stakeholder und die sie umgebende Öffentlichkeit) zumindest auch durch ihre Sozialisationsbedingungen und den Zeitgeist beeinflusst, sodass Normen und ihre Akzeptanz sich verändern.

Ebenen

Welche Erwartungen welcher Anspruchsgruppe und bis zu welchem Ausmaß soll(en) nun der Betrieb/die Führungskräfte erfüllen und warum (nicht)? Solche Fragen werden auf verschiedenen Ebenen in der Ethik diskutiert (vgl. Kreikebaum, 1996, S. 14 ff.; Noll, 2012, S. 34 ff.):

- Auf einer *makroökonomischen Ebene* thematisiert die allgemeine Wirtschaftsethik die Rolle von Betrieben innerhalb der nationalen wie internationalen Gesellschaft. Besteht eine generelle soziale Verantwortung und wenn ja, wie weit, wann und für wen?
- Auf einer *mikroökonomischen Ebene* ist die betriebliche Ethik (i. Allg. als Unternehmungs- oder Organisationsethik bezeichnet) anzuführen. Die (soziale) Verantwortung des Betriebs als Ganzes gegenüber den Anspruchsgruppen ist hier betriebsspezifisch zu klären.
- Auch die Ebene der *individuellen Ethik* der Mitarbeiter als handelnde Personen (und v. a. die des Managements als Entscheidungsträger) des Betriebs wie auch als private Einzelpersonen ist hervorzuheben. Sie kann – muss aber nicht – im Konflikt zu betriebsethischen Vorstellungen stehen. Auf dieser Ebene ist dann auch die Personalethik jedes einzelnen Personalverantwortlichen anzusiedeln.

Gesellschaftliche Verantwortung

In ethischen Überlegungen des Handelns sind nicht allein personalbezogene Verhaltensweisen enthalten. Der gesamte Umgang mit Stakeholdern ist hier zu thematisieren. Dies geschieht teilweise für erwerbswirtschaftlich tätige Organisationen bereits seit längerer Zeit im Rahmen von Konzepten wie »Gesellschaftliche Verantwortung der Unternehmungsführung« (vgl. Steinmann, 1973) oder »Corporate Social Responsibility (CSR)«. Gerade im erstgenannten Zusammenhang ist mit dem *Davoser Manifest* ein praxeologischer Vorschlag in die praktische Unternehmungsführung eingebracht worden. Das Zustandekommen wie auch die verwendeten Formulierungen erlagen damals (1973) offensichtlich auch dem Zeitgeist und wurden begleitet durch ökonomisch sehr positive Entwicklungen und Prognosen. Die Diskussion schlief danach etwas ein. Erst zu Beginn des Jahrhunderts ist in der betrieblichen Praxis die Thematik wieder intensiver aufgegriffen worden.

Selbstverpflichtung

Ethisches Verhalten ist nicht vorgeschrieben, weder für einen Betrieb, noch für einen Einzelnen. Es findet seinen Ursprung in einer Selbstverpflichtung der Handelnden. Gerade diese Selbstverpflichtung unterscheidet Handlungen auf Basis einer betrieblichen Ethik von jenen via Rechtssystem und/oder positiven und negati-

Ethik im Betrieb 3.1

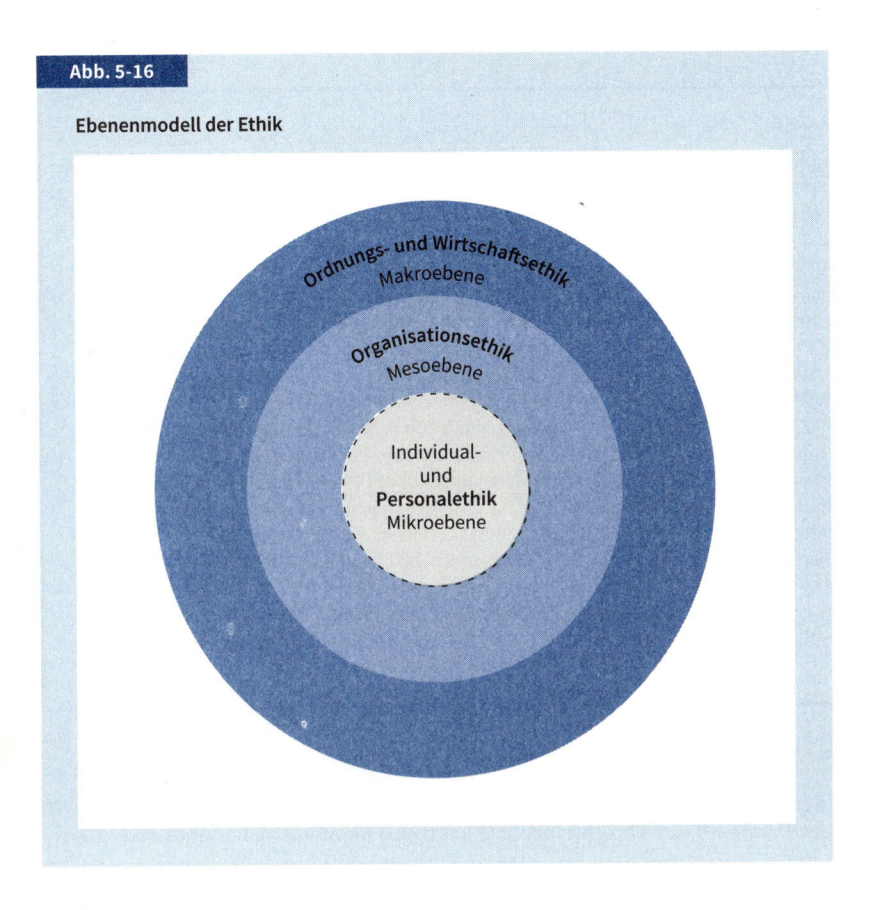

Abb. 5-16

Ebenenmodell der Ethik

- Ordnungs- und Wirtschaftsethik — Makroebene
- Organisationsethik — Mesoebene
- Individual- und **Personalethik** — Mikroebene

ZUR VERTIEFUNG

Davoser Manifest

Beim Davoser Manifest handelt es sich um ein 1973 auf dem sog. *European Management Forum* in Davos entwickeltes pragmatisches Manifest, das in vielen Fällen als Grundlage für die Auseinandersetzung um eine Führungsethik und die Erstellung von Führungsgrundsätzen diente. Dabei heißt es u.a.: »Berufliche Aufgabe der Unternehmungsführung ist es, Kunden, Mitarbeitern, Geldgebern und der Gesellschaft zu dienen und deren widerstrebende Interessen zum Ausgleich zu bringen. ... *Die Unternehmensführung muss den Mitarbeitern dienen, denn Führung wird von den Mitarbeitern in einer freien Gesellschaft nur dann akzeptiert, wenn gleichzeitig ihre Interessen wahrgenommen werden. Die Unternehmensführung muss darauf abzielen, die Arbeitsplätze zu sichern, das Realeinkommen zu steigern und zu einer Humanisierung der Arbeit beizutragen.* ... die Dienstleistung der Unternehmensführung gegenüber Kunden, Mitarbeitern, Geldgebern und der Gesellschaft ist nur möglich, wenn die Existenz des Unternehmens langfristig gesichert ist.« (Steinmann, 1973, S. 472f., kursiv FGB)

3.1 Ethik im Personal-Management
Ethik im Betrieb

> **ZUR VERTIEFUNG**
>
> **Corporate Social Responsibility**
>
> Corporate Social Responsibility (CSR) thematisiert die Übernahme gesellschaftlicher Verantwortung von Betrieben. Bedingt durch den Wandel gesellschaftlicher und wirtschaftlicher Rahmenbedingungen und deren Folgen wird seit einiger Zeit verstärkt gefordert, dass Betriebe mehr gesellschaftspolitische Verantwortung übernehmen sollen. So soll ein Beitrag zur Lösung gesellschaftlicher Probleme geleistet, die Beziehungen zu relevanten Stakeholdern langfristig sichergestellt sowie indirekt auch die Wettbewerbsfähigkeit verbessert werden. Auch wenn sich die CSR weltweit etabliert hat, wird der Inhalt auf internationaler, europäischer und nationaler Ebene unterschiedlich definiert. Die Anspruchsgruppen haben oft unterschiedliche rechtliche Ansprüche. Hierfür eine konkrete Verantwortung zu übernehmen, auch durch den Einsatz von zeitlichen und finanziellen Ressourcen, gehört ebenso zur CSR wie über vertragliche Regelungen hinausgehende zusätzliche Leistungen an die Mitarbeiterschaft oder ein tatsächlicher (nicht nur rechtlich notwendiger) fairer Umgang mit Lieferanten und Kunden (vgl. Carroll, 1999; Hansen/Schrader, 2005; Bassen/Jastram/Meyer, 2005).
>
> Ein im europäischen Raum relativ weit verbreitetes Verständnis fasst CSR als betriebliches Konzept auf, bei dem Betriebe über die gesetzlichen Verpflichtungen hinaus freiwillig gesellschaftliche Verantwortung übernehmen, wobei sich die Freiwilligkeit auf soziale, ökologische sowie ökonomische Beiträge bezieht. In der Praxis nutzen Betriebe u. a. Spenden- und Sponsoringaktivitäten, Stiftungen, Corporate Volunteering (soziales oder ökologisches Engagement von Mitarbeitern innerhalb oder außerhalb der Arbeitszeit) oder Public Private Partnerships (Kooperationen mit Bildungs-, Sozial- oder Kultureinrichtungen), um ihr gesellschaftliches Engagement umzusetzen. Ein wesentlicher Unterschied im Verständnis wird manchmal darin gesehen, ob über die CSR-Aktivitäten auch dem Betrieb Vorteile, zum Beispiel über eine PR-Begleitung, entstehen sollen oder ob allein der gesellschaftliche Nutzen wirken soll (vgl. Habisch/Neureiter/Schmidpeter, 2008; Schneider/Schmidpeter, 2012).

ven Anreizen geleiteten Handlungen (vgl. Löhr, 2004, Sp.1516f.). Sie kann dabei inhaltlich und vom Ausmaß weiter gehen, als dies rechtliche Normen in einem bestimmten Raum vorschreiben, sie kann sich im Sinne nicht näher kodifizierter Normen ausformen, sie kann aber auch in kritischer Distanz zu geltendem Recht, bspw. in diktatorischen Staaten, stehen.

»Wissen ohne Gewissen wird zur größten Gefahr für die Menschen.«
Victor Frederic Weiskopf

In dem hier vertretenen Managementverständnis ist die betriebliche Ethik Bestandteil des selbst geschaffenen respektive entwickelten unternehmungspolitischen Rahmens und dort als normativer Aspekt des Betriebszwecks sowie gelebtem Teil der Organisationskultur zuzuordnen (vgl. Becker, F.G., 2011, S. 32 ff.). Die *betriebliche Ethik* umfasst dabei die moralischen Maßstäbe des Betriebs, die zum einen seine moralische und gesellschaftliche Verantwortung verdeutlichen sowie zum anderen sein Handeln wie das seiner Mitarbeiter legitimieren. Die *Personalethik* wiederum fokussiert als Teilmenge direkt die beschäftigten Mitarbeiter und die Bewerber (sowie indirekt auch deren Angehörige) und beinhaltet moralische Maßstäbe zum Umgang mit diesen Personen. Damit legitimiert sie auch bestimmte Handlungsweisen (und andere nicht) von Personalverantwortlichen diesem Personenkreisen gegenüber.

3.2 Zugänge zur (Personal-)Ethik

Im Rahmen der Ethik als wissenschaftlicher Disziplin beschäftigt man sich mit der Idee, allgemeingültige Aussagen über das gute und gerechte Verhalten von Menschen zu formulieren. Die Auseinandersetzungen um diese Frage sind unterschiedlicher Natur und auf verschiedenen Ebenen umgesetzt worden (vgl. Göbel, 2003, S. 171 ff.; Macharzina/Wolf, 2015, S. 1045 ff.):

Gesinnungs- versus Verantwortungsethik

- Die *Gesinnungsethik* setzt am Handelnden an. Seine Intention, seine Einstellung oder seine Motivation zum Handeln ist entscheidend: »Moralisch ist, das Gute zu Wollen!« So verständlich diese Sichtweise ist, so vernachlässigt sie doch die Wirkungen des Verhaltens sowie die situativen Bedingungen. Auch in bester Absicht kann unter Vernachlässigung konkreter Bedingungen Böses getan werden.
- Die *Verantwortungsethik* orientiert sich an folgendem Leitsatz: »Moralisch ist, das Richtige zu tun!« Hier stehen nicht die Intention, sondern die Handlung selbst und ihre Folgen im Blickpunkt der Diskussion. Dadurch wird die Auseinandersetzung nicht nur nachvollziehbarer (Intentionen sind nicht unbedingt fassbar.), sondern auch konkreter. Allerdings: Folgen sind nicht immer antizipierbar, selbst wenn man sich vorher sehr integer damit beschäftigt hat, bleibt auch die Frage offen, ob alle Folgen dem Handelnden zurechenbar sind.

> »Wir sind nicht nur verantwortlich für das, was wir tun, sondern auch für das, was wir nicht tun.«
> Jean-Baptiste Molière

Deontologische (Normen-) Ethik versus teleologische Ethik

- Die *deontologische (Normen-)Ethik* pointiert, dass etwas moralisch ist, wenn man im Handeln bestimmten Moralprinzipien und den daraus abgeleiteten Normen unbedingt Folge leistet. Kants kategorischer Imperativ (»Handle nur nach derjenigen Maxime, durch die du zugleich wollen kannst, dass sie ein allgemeines Gesetz werde.«) ist das Paradebeispiel einer solchen Sichtweise. In diesem Sinne erfolgt das jeweilige Handeln aus Pflicht und nicht, um einen Zweck zu erreichen. Also, nicht der Nutzen steht im Vordergrund des Handelns, sondern das pflichtgemäße Erfüllen eines anerkannten Gesetzes.
- Die *teleologische Ethik* folgt der Maxime: »Moralisch ist, jeweils so zu handeln, dass ein gutes Ziel erreicht wird!« Ethisch bewertet wird also das verfolgte Ziel bzw. die jeweils zu erwartenden Folgen für die Betroffenen (ähnlich zur Verantwortungsethik), nicht die dazu auszuführende Handlung. Damit verbunden ist die Auffassung, dass es situativ unterschiedlich sein kann, richtig zu handeln. Problematisch ist es dabei, die Folgen für alle potenziell betroffenen Personen sowie kurzfristige und langfristige Folgen abzuschätzen sowie bewertend zu diesen Folgen Stellung zu nehmen.

Individualethik und Institutionenethik

- Mit der *Individualethik* wird an den einzelnen Menschen mit moralischen Imperativen appelliert (»Du musst …, du sollst …«). Angesprochen sind die Einzelnen, ihre Pflichten und ihre Verantwortung. Der Mensch gilt hierbei als Trä-

3.2 Ethik im Personal-Management
Zugänge zur (Personal-)Ethik

ger einer sittlichen Gesinnung, als Verantwortlicher für sittliches Handeln, als Subjekt. Hier werden institutionelle Rahmenbedingungen vernachlässigt, die gewissermaßen Zwang (auch i. S. v. Sachzwängen) auf Individuen ausüben können.

▸ Die *Institutionenethik* thematisiert die Rahmenbedingungen, unter denen ein Individuum moralisch handeln kann, wenn es will. Im Rahmen der *Organisationsethik* geht es in diesem Zusammenhang nicht um den Akteur »Betrieb«, sondern darum, wie individuell moralisches Handeln innerhalb des betrieblichen Geschehens möglich ist. Der Spielraum der Individuen als Handelnde wird dabei nicht ignoriert.

Diskursethik und monologische Ethik

▸ Die *Diskursethik* basiert auf Normen, die von allen Betroffenen akzeptiert werden. Moralisch ist dementsprechend ein Handeln nach solchen Normen, dem alle von der Handlung betroffenen Personen nach einem praktischen Diskurs zugestimmt haben. Sie akzeptieren dann zwanglos alle voraussichtlichen Folgen. Voraussetzung hierfür ist allerdings: Alle Diskursteilnehmer handeln frei und auf gleicher Höhe sowie verständigungsorientiert. Dies ist aber – nicht nur im Wirtschaftsleben – höchst selten der Fall (»Umsetzungslücke«), wenn auch als regulative Leitidee in manchen Fällen umsetzbar. Formal betrachtet handelt es sich um ein Verfahren der Normenfindung, also eine prozedurale Ethik.

▸ Die *monologische Ethik* ist das Gegenmodell. Hier finden eine individuelle Güterabwägung und Gewissensprüfung statt – fast unabhängig von den Ansichten anderer, insbesondere auch der Betroffenen (»Wissenslücke«).

WISSENSWERTES

Whistleblowing

Whistleblowing (i. S. von Enthüllung oder Skandalaufdeckung) ist eine Handlung, bei der für die Allgemeinheit (oder einen Teil hiervon) zentrale Informationen aus einem geheimen Zusammenhang an die Öffentlichkeit gebracht werden. Diese Informationen beziehen sich auf Missstände oder gesetzwidriges Verhalten wie Insiderhandel, Umweltverschmutzungen, Korruption, Datenmissbrauch u. Ä., von denen »Whistleblower« im Rahmen ihrer Arbeitstätigkeit Kenntnis erlangt haben. In der Öffentlichkeit erlangen Whistleblower hohe Popularität. Sie informieren – unter Vernachlässigung eigener Nachteile – die Öffentlichkeit über zentrale Missstände und Wirtschaftsskandale. Von ihren Arbeitgebern werden sie oft mit verschiedenen Mitteln »verfolgt« (Anklage wegen Bruch der Verschwiegenheitspflicht, Mobbing, Kündigung etc. – offenbar in vielen Fällen auch, wenn entsprechende Missstände nicht an die Öffentlichkeit gebracht werden, sondern nur intern angesprochen werden). Manche Betriebe wie auch ein Teil der Öffentlichkeit halten anscheinend Whistleblowing als schlimmer als die zugrundeliegende gesetzeswidrige Tat. Oft haben die Enthüller relativ härtere Folgen zu tragen als diejenigen, deren Machenschaften sie aufgedeckt haben.

Der soziale Druck, illegale und/oder illegitime Handlungsweisen des Arbeitgebers zu verschweigen, ist sehr hoch. Sich ethisch-moralisch korrekt zu verhalten ist insofern schwierig, weil auch die eigene und die familiäre Existenzgrundlage höchstwahrscheinlich gefährdet ist. Betriebe sollten aber wegen der langfristigen Folgen möglicherweise vorhandener illegaler und/oder illegitimer Handlungsweisen seitens der (Personal-)Verantwortlichen potenzielle Whistleblower nicht abhalten, sondern fördern, schützen und belohnen. Nicht nur der letzte VW-Skandal (Dieselgate) zeigt dies deutlich auf (vgl. Puschke/Singelnstein, 2015).

In der Verknüpfung bzw. der Integration der Gegensätze sieht Göbel nun sinnvolle Argumentationsstränge, die auch für eine Personalethik genutzt werden können.

»In Deutschland gilt derjenige als viel gefährlicher, der auf den Schmutz hinweist, als der, der ihn gemacht hat.« Carl von Ossietzky

3.3 Personalethik

»Personal(-manager) stehen täglich vor dem Erfordernis, Entscheidungen zu treffen. Hierbei sehen sie sich regelmäßig unvereinbaren Anforderungen gegenüber und wissen dadurch häufig nicht, welche Handlung im ethischen Sinne richtig ist. ... Die Praktiker werden zwar (meist unter Zeitdruck) eine pragmatische Entscheidung treffen (müssen). In der distanzierten Reflektion jedoch können schwierige Situationen durchdacht und analysiert werden. Dies ist die Aufgabe der normativ-kritischen Perspektive der Personalethik.« (Kozica, 2012, S. 28 f.)

Ethik & Personal-Management

Innerhalb der Profession »Wissenschaftliches Personal-Management« wurde lange Zeit nicht explizit oder nur verhalten über Fragen der Ethik (mit-)diskutiert. Normative Fragen blieben in der fachwissenschaftlichen Auseinandersetzung *ausgeklammert*, wenngleich sie fast immer in dieser Disziplin implizit angesprochen sind. Dies war in der betrieblichen Personalpraxis nicht anders, obwohl es dort ethisches wie unethisches Verhalten in und von Betrieben seit eh und je gegeben hat, auch im Zusammenhang und im Umgang mit den eigenen Mitarbeitern. Auch die Frage, ob ethisches Verhalten diesen Mitarbeitern (und auch Bewerbern) gegenüber eine ökonomisch relevante Fragestellung ist, ist nicht neu; auch, ob man diese Frage – ethisch betrachtet – überhaupt stellen dürfte. Mittlerweile liegen einige Beiträge zu personalethischen Fragestellungen vor (vgl. Winstanley/Woodall, 2000; Pinnington/Macklin/Campbell, 2007; Kozica, 2011, 2011a, 2012). Auch in der betrieblichen Personalpraxis werden *mittlerweile* ethische Fragen verstärkt diskutiert, wie allein das

"Bad Leadership"

WISSENSWERTES

»Bad Leadership«

Personalführung in der Praxis gilt als weit davon entfernt, überall harmonisch, kompetent, ethisch-moralisch korrekt etc. umgesetzt zu werden und werden zu können. Auch in der wissenschaftlichen Diskussion ist ein »Wunschdenken« nicht von der Hand zu weisen. »Vielleicht muss man nicht gut zu anderen Personen sein, um profitabel zu agieren.« (Weibler, 2012, S. 629, unter Verweis auf Ciulla, 2005, S. 7) Dieses Zitat inkludiert auch, dass es nicht unbedingt einen Zusammenhang zwischen Führungsethik auf der einen und Führungs- und Organisationserfolg auf der anderen Seite gibt. Diese Themen sind eng mit einer Forschungsrichtung verbunden, die als »Bad Leadership-Forschung« bezeichnet werden kann. Diese ist »... dazu angetan .., den verbreiteten Glauben an die unverbrüchliche Harmonie von Ethik und Erfolg im Führungskontext zumindest ansatzweise zu erschüttern, indem sie systematisch die ›dunkle‹ – und nicht per se erfolglose – Seite der Führungspraxis thematisiert und reflektiert.« (Weibler, 2012, S. 630) Eine solche Diskussion ist nicht rein anklagend, sondern mit dem Ziel verbunden, das Phänomen der »schlechten Personalführung« (i. S. von unethisch und/oder ineffektiv) zu beschreiben und zu erklären, um so auch Hinweise zu generieren, wie man sie ex ante verhindern und ex post abbauen kann (vgl. Kellerman, 2004).

3.3 Ethik im Personal-Management
Personalethik

Formulieren von Ethik-Kodizes anzeigt (vgl. DGFP, 2005, 2011; Brink/Tiberius, 2005; Kozica, 2010, 2011b; Wollert, 2012).

Literaturlage

Die einschlägige *Literaturlage* zu personalethischen Überlegungen ist insgesamt *heterogen*, viele wissenschaftliche Zugänge sind nicht zufriedenstellend und oft überwiegen eher praxeologische Debatten. Die Diskussionen in der Theorie erfolgen in der Regel innerhalb der Organisationsethik (vgl. Winstanley/Wodall/Heery, 1996), aber auch innerhalb der Corporate Social Responsibility-Debatte (vgl. Royle, 2005; Vuontisjärvi, 2006), unter Nachhaltigkeitsaspekten (vgl. Docherty, 2002; Ehnert, 2009) sowie unter anderen Perspektiven (vgl. Kozica, 2011). Einige personalethische Überlegungen werden auch ohne Rückgriff auf allgemeine wirtschafts- und/oder unternehmungsethische Diskurse durchgeführt. Die Diskussionsbeiträge nehmen auch unterschiedliche Perspektiven ein: rein ethische, psychologische, instrumentelle wie ökonomische Sichtweisen auf den Themenbereich, ebenso wie normativ-präskriptive oder empirisch-deskriptive Vorgehensweisen sind vorzufinden (vgl. bspw. Kozica, 2011; Kaiser/Kozica, 2012). All dies trägt dazu bei, dass die Diskussion um Ethik im Personal-Management sehr unterschiedlich und dabei durchaus interessant, aber auch weit und undurchsichtig ausgerichtet ist (vgl. Kozica, 2011; Göbel, 2003). Ähnliches lässt sich auch für die speziellere Thematik der Führungsethik festhalten (vgl. Kuhn/Weibler, 2012, S. 15 ff.).

Beispiele

In einem wissenschaftlich fundierten Lehrbuch kann *nicht* positiv formuliert werden, was ethisch-moralisch treffend wäre. Es ist lediglich intendiert, auf verschiedene mögliche Konfliktfälle zwischen Ethik und personalwirtschaftlichem Handeln hinzuweisen. Dies geschieht beispielsweise durch folgende, das Personal-Management betreffende Fragen (vgl. Becker, 2011, S. 102 ff.):

▸ Inwieweit ist ein Betrieb »verpflichtet«, auf das Wohlergehen seiner Mitarbeiter aktiv zu achten? *Beispielobjekte*: Arbeitszeitverlegungen, Arbeitspensum, gesundheitsfördernde Arbeitsbedingungen, Work-Life-Balance von (angehenden) Familienvätern und -müttern.

▸ Inwieweit ist ein Betrieb »verpflichtet«, auf besondere Situationen einzelner Mitarbeiter einzugehen? *Beispielobjekte*: Phasen von Ehescheidungen, Tod des/der

---

TERMINOLOGIE

Gender

Gender ist ein soziales Konstrukt, eine menschliche Erfindung, die einen Geschlechterunterschied auf Basis sozialer und kultureller Entwicklungen in einer Gesellschaft ausdrückt. Die unterschiedlichen Vorstellungen darüber, was »Frausein« und »Mannsein«, auch in betrieblichen Umgebungen, bedeutet, sind das Resultat gesellschaftlicher, schichtspezifischer, kultureller, teilweise auch betriebsspezifischer Prozesse – und auf keinen Fall »naturgegebene« Fakten. Diese Vorstellungen haben zu geschlechterspezifischen Rollen, Arbeitsverteilungen, Mythen u. a. geführt mit damit verbundenen typischen Arbeitsplätzen und Diskriminierungen auf verschiedenen Ebenen (Stellenzugänge, Entgelt, Karriere u. a.). In der »Gender-Forschung« wird nun untersucht, inwieweit gesellschaftliche Institutionen (vom Arbeitsmarkt bis hin zu Betrieben), dieses soziale Konstrukt definieren und insofern die Geschlechter prinzipiell ungleich behandeln, gegebenenfalls dadurch diskriminieren. »Gender-Mainstreaming« bedeutet in diesem Zusammenhang einen – auch durch die Europäische Union in der Charta der Grundrechte festgelegten – Ansatz, eine nachhaltige Förderung der Chancengleichheit von Personen beider Geschlechter vorzunehmen. Damit soll die Ungleichwertigkeit geschlechterbasierter Usancen aufgehoben werden (vgl. Krell/Ortlieb/Sieben, 2011).

Partners/in, von Kindern und Eltern, andere Mitarbeiterinteressen jenseits der Erwerbstätigkeit.
- Inwieweit ist ein Betrieb »verpflichtet«, die Sicherung der (bestehenden) Arbeitsplätze zu gewährleisten? *Beispielobjekte*: Verhalten während Krisen, »Einstellung« von Leiharbeitnehmern, Loyalität zu »verdienten« Mitarbeitern, Entgeltniveau, aktive Weiterbildung.

Im Zusammenhang mit der Zwecksetzung ist innerhalb eines normativen Managements die *betriebsethische Positionierung* (oft synonym: Managementphilosophie) festzulegen. Das spezielle personalethische Handeln ist durch vier *Merkmale* gekennzeichnet (vgl. Macharzina/Wolf, 2015, S. 1048f,):

> »Es gibt keine Handlung, für die niemand verantwortlich wäre.«
> Otto von Bismarck

- *Personalethisches Handeln ist begründbar*. Entsprechendes Handeln ist in Betrieben nicht das Ergebnis von Willkür, unreflektiert fortgesetzten Traditionen u. Ä., sondern bewusst umgesetzt. Es ist erklärbar, die Verantwortlichen wissen, warum sie etwas so nicht oder anders tun.
- *Personalethisches Handeln basiert auf der Prämisse, dass entsprechende Handlungen nicht ausschließlich via ökonomischer Größen zu beurteilen sind*. Dies hängt einerseits schon mit den interdependenten Wirkungssystemen (»Eindeutige Ursache → Wirkungsbeziehungen« liegt selten vor.) zusammen, andererseits aber auch mit einschränkenden Wertsetzungen zu ökonomischen Zielgrößen.
- *Personalethisches Handeln basiert auf der Interessenberücksichtigung aller direkt oder indirekt von den Personalhandlungen und deren Folgen betroffenen Mitarbeitern* (Vorgesetzte wie Nachgeordnete, Bewerber). Personelle Entscheidungen und ihre Umsetzungen haben Wirkungen auf unmittelbar beteiligte Mitarbeiter (und betroffene Bewerber) wie auch indirekt auf Dritte. Diese Wirkungen gilt es antizipativ mit in den Prozess der Entscheidungsfindung einzubringen. Personalethisch begründete Vorgehensweisen beziehen sich dabei nicht nur auf individuelle, sondern auch auf soziale Entscheidungskriterien. Inwieweit dies berücksichtigt wird, »regelt« die formulierte und/oder gelebte betriebliche Ethik. Der »homo moralis« (Primat des Guten) muss demnach nicht automatisch dem »homo oeconomicus« (Primat des ökonomisch Nützlichen) folgen (ähnlich Göbel, 2003, S. 179).
- *Personalethisches Handeln bezieht sich auch auf einen (langfristigen) Wirkungshorizont*. Bei einer entsprechenden Entscheidung sind nicht nur kurzfristige, sondern auch langfristige Wirkungen der Handlungen zu berücksichtigen. Die kumulierten Gesamtwirkungen – welcher gewählten Beurteilungskategorie auch immer – sind die Basis für die Vorzugswürdigkeit einer Handlungsalternative.

Im Rahmen der Personalethik lassen sich nahezu alle *Gestaltungsfelder* des Personal-Managements einer näheren Diskussion unterziehen (vgl. Drumm, 2008, S. 669 ff.). Die Grundprinzipien mögen überall gleich oder ähnlich sein, die konkrete Anwendung ist bei der Umsetzung im einzelnen situativen Fall unterschiedlich (vgl. bspw. Göbel, 2003, S. 181 ff.; Dumm, 2008, S. 675 ff.; Weibler, 2012, S. 621 ff.):

Gestaltungsfelder

- Personalforschung (bspw. Würde der betroffenen Mitarbeiter, berechtigtes Interesse an gewünschten Informationen, Partizipation),

3.3 Ethik im Personal-Management
Personalethik

- Personalbeschaffung und -auswahl (bspw. Ehrlichkeit in den Aussagen),
- Personalauswahl (bspw. Wahl der Auswahlverfahren, Auswahlgerechtigkeit, Würde der betroffenen Bewerber, realistische Rekrutierung),
- Personalentwicklung (bspw. Chancengleichheit, Leistungs- und Bedürfnisgerechtigkeit, Beförderung ungeeigneter »Führung«skräfte),
- Personalfreisetzung (bspw. Regelgerechtigkeit, Bekanntgabe, Abwägung langfristiger zu kurzfristiger Wirkungen, Verlagerung von Arbeitsplätzen),
- Gestaltung der Arbeitsbedingungen (bspw. Würde, Freiräume, Unversehrtheit, Gesundheit, Familie und Beruf, Recht, Substituierung von Arbeit durch Maschinen),
- Anreizsysteme (bspw. Gerechtigkeitsprinzip, Angemessenheit der Vergütung, Gleichberechtigung, relative Vergütungshöhen im Betrieb, Bedürfnisorientierung, Bezahlbarkeit) und
- Mitarbeiterführung generell (bspw. Gleichbehandlung, Würde, Akzeptanz, Individualisierung, Mensch ist Mittel. Punkt!).

Verantwortung

Personalverantwortliche (direkte wie indirekte Vorgesetzte vom Leitungsorgan bis zum Lower-Management, Mitarbeiter des Personalbereichs, alle Personen, die an Personalentscheidungen beteiligt sind, partiell der Betriebsrat) übernehmen ethische Verantwortung, und zwar für alle Entscheidungen im Personal-Management von der strategischen Ebene über die informatorische Fundierung und die Systemgestaltung (Personalbedarfsdeckung, Personalentwicklung, Anreizsysteme, Personalfreisetzung u. a.) bis hin zur Systemumsetzung und der direkten wie indirekten Mitarbeiterführung. Die Verantwortung besteht – je nach Handlungsbereich und Handlung – vor den durch die Entscheidungen direkt wie indirekt Betroffenen, also den Mitarbeitern, den Vorgesetzten, den Geldgebern und der Gesellschaft. Dementsprechend ist jeder gut beraten, sich über seine Verantwortlichkeit im Rahmen einer Personalethik zu erkundigen und sich Gedanken zu machen. Dies betrifft nicht nur die individuelle Verortung in einer betrieblichen Ethik, sondern auch eine Positionierung im jeweils eigenen Wertesystem respektive Gewissen. Zudem sind auch die vermuteten Auswirkungen des Verhaltens zu antizipieren, und zwar – je nach ethischer Grundposition – aus unterschiedlichen Gründen: Für die einen weniger, um die »Kosten« der Personalethik zu ermitteln, sondern mehr, um darauf vorbereitet zu sein. Für die anderen, um abzuwägen, ob sie sich die Kosten leisten können oder wollen.

Unterstützungsmaßnahmen

Um den individuellen Verantwortungsträgern diese Auseinandersetzungen zu erleichtern, sind explizite Aussagen zu einer betrieblichen (Personal-)Ethik sowie dementsprechendes, konsistentes Verhalten oberster Führungskräfte hilfreich. Zudem gibt es auch weitere Unterstützungsmaßnahmen, um die Umsetzung einer Personalethik zu begünstigen: die Durchführung von *Ethik-Trainings* mit Personalverantwortlichen (aus dem Personalbereich wie der Linie), der Einsatz eines *Ethik-Beauftragten* (auch als Ansprechpartner), die Nutzung einer *Ethik-Hotline* (hier für Mitarbeiter), die Erarbeitung von *Ethik-Leitlinien* (spezielle Aussage im »Codes of Ethics« der Unternehmung), die Einrichtung einer *Ethik-Kommission* (am besten zur präventiven Klärung ethisch akzeptabler Praktiken), die regelmäßige

Durchführung von *Ethik-Audits* – und bereits die Thematisierung ethischer Fragen an Hochschulen (vgl. Löhr, 2004, Sp. 1518; Gilbert, 2010; Kreikebaum/Behnam/Gilbert, 2001).

3.4 Wirtschaftliche versus soziale Effizienz?

Aus der Sicht der Betriebswirtschaftslehre und damit auch des Personal-Managements steht die Humanressource als Produktionsfaktor »Personal« unter dem Primat der Wirtschaftlichkeit. In diesem Sinne ist das Personal wie das betriebliche Personal-Management »nur« Mittel zum Zweck (vgl. Neuberger, 1990). Diese Ansicht ist nicht allein unter den Personalökonomen weit verbreitet, auch die meisten anderen personalwirtschaftlich orientierten Autoren pointieren explizit oder anerkennen – vielfach implizit – die ökonomische Nutzung des Personals, also das wirtschaftliche Interesse des Betriebs (vgl. Göbel, 2003, S. 170). Dies war in der Zeit der Humanismus-Diskussion der Betriebswirtschaftslehre und dem Entstehen des wissenschaftlichen Personal-Managements Ende der 1970er-, Anfang der 1980er-Jahre zumindest nicht so ausgeprägt der Fall. Im Bereich der Personalfreisetzung brachte Wächter (1981, S. 463) die Problematik auf den Punkt, wenn er schreibt: Manchmal ist man in der »… Zwangslage, als Betriebswirt etwas zu rechtfertigen, was man als … Mensch eigentlich nicht gutheißen kann.«

Eine solche objektzentrierte Sichtweise des Menschen, verbunden mit dem wirtschaftlichen Interesse des Betriebs, steht zudem im Widerspruch zu dem bekannten, oft zitierten und geforderten praktischen ethischen Imperativ nach Kant: »Handle so, daß [sic] du die Menschheit, sowohl in deiner Person als in der Person eines jeden anderen, jederzeit zugleich als Zweck, niemals bloß als Mittel brauchst.« (vgl. Göbel, 2003, S. 171). Unternehmerisches, ethisches und menschliches Denken stehen – so sollen die Aussagen pointieren – oft (zumindest anscheinend) in einem unlösbaren Widerspruch.

Vielfach wurde die damit verbundene Problematik ignoriert. Die Diskussion Anfang der 1990er-Jahre um die Aussprüche »Personal ist Mittel. Punkt!« und »Personal ist Mittelpunkt« (vgl. Neuberger 1990) trug dazu bei, hieran etwas zu ändern (s. Teil 1). Neuberger konstatierte dabei unter anderem, dass er kein Unmensch sei, wenn er das Personal und die einzelnen Mitarbeiter im Personal-Management als Mittel betrachte. Diese Ansicht im Selbstverständnis der Personaler hat sich weithin durchgesetzt, wenngleich es durchaus an der einen oder anderen Stelle noch (Selbst-)Kritik gibt.

Was die unterschiedlichen Positionen zu dieser Thematik betrifft, so sei noch Folgendes festgehalten: Es besteht ein Unterschied zwischen einerseits den Personen, die Personal als wesensgleiche Ressource zu sachlichen Produktionsmitteln in ihrer ökonomischen Analyse verstehen, und andererseits denen, die Personal als einen Produktionsfaktor mit einer besonderen humanen Dimension (Humanressource) verstehen und dies in ihre ökonomische Auseinandersetzung miteinfließen lassen.

Marginalien: Produktionsfaktor »Personal«; Der Mensch ist Mittel. Punkt!

3.4 Ethik im Personal-Management
Wirtschaftliche versus soziale Effizienz?

Grundperspektiven zur Wertigkeit

In der Diskussion wird vielfach – wie auch hier – normativ die Ansicht vertreten, »dass Personalmanagement nicht nur ökonomisch effizient (sachgerecht), sondern auch *sozial effizient* (menschengerecht) auszugestalten sei ... was den Augenmerk auf die Frage richtet, wie eine geeignete *Vermittlung zwischen diesen Zielen* erfolgen kann.« (Kuhn 2010, S. 315, u. a. mit Verweis auf Marr/Stitzel, 1979). Zur Auseinandersetzung um diese Frage lassen sich zwei Grundperspektiven differenzieren (vgl. Kuhn, 2010):

- Im Rahmen eines sozioökonomischen Harmonieverständnisses wird bei der *ersten Perspektive* von einem dependenten Verhältnis zueinander ausgegangen: Ökonomische Effizienz kann letztlich nur dann (langfristig) erreicht werden, wenn auch soziale Effizienz (oft operationalisiert durch hohe Arbeitszufriedenheit) gegeben ist. Soziale Effizienz ist insofern Mittel zur Erreichung ökonomischer Effizienz (= kontingente Beziehung beider Effizienzebenen). Verfolgt man personalethische Ziele, dann weniger aus rein ethischen, sondern mehr aus betriebspolitischen Überlegungen heraus.
  Allerdings: Wir können nicht in allen Arbeitssituationen (bspw. Arbeitsmarktlage, Substituierbarkeit von Arbeit, Qualifikationsniveau) davon ausgehen, dass die Zufriedenheit der Mitarbeiter einen hohen Einfluss auf ihre Leistungen hat. Auch andere (Zwangs-)Gründe können zu einer hohen Arbeitsleistung – ohne soziale Effizienz – führen. Jedenfalls lässt sich eine Personalethik nicht aus dieser Zielbeziehung begründen, allenfalls pragmatisch.
- Die *zweite Perspektive* folgt dem Verständnis, dass Ethik nur dann umgesetzt werden kann, wenn sie sich bewusst freiwillig, selbstverpflichtend, umfassend und dauerhaft im Verhalten des Personal-Managements (im Rahmen einer inte-

---

ZUR VERTIEFUNG

Werturteilsproblematik

Sofern sich die Wissenschaft des Personal-Managements mit dieser Fragestellung beschäftigt, so ergibt sich ein *Werturteilsproblem*. Max Webers Leitbild (vgl. Weber, 1922; Schanz, 1973; Steinmann/Braun, 1976) folgend, sollen Wissenschaftler im Rahmen ihrer Forschungen selbst kein Urteil über Werthaltungen (wie ethischen Normen) abgeben. Werthaltungen als Prämissen betrieblichen Handelns, ihre Auswirkungen u. Ä. können allerdings auch Objekt der personalwissenschaftlichen Forschung sein. Wenn es nun beispielsweise darum geht, soziale Effizienz wie auch eine Personalethik zu konstituieren, dann steckt der Personalforscher, folgt er dem gerade skizzierten Wissenschaftsverständnis, in einem Dilemma: Ethische Normen aus der Wirtschaftspraxis, gegebenenfalls auch (bspw. aus christlichen Normensystemen) deduktiv abgeleitete, kann er durchaus diskutieren. Eigenständig als Forscher eine Personalethik inhaltlich zu füllen, ist allerdings nicht möglich (vgl. Drumm, 2008, S. 665 ff.).

In einem Managementkonzept wie dem St. Galler Management-System (vgl. Rüegg-Stürm, 2002) ist dies wissenschaftlich korrekt zumindest auf der systemischen Ebene beispielhaft umgesetzt. Normatives Management ist doch expliziter, wenn auch eher formaler Bestandteil. Auch ein praxeologisch angelegtes Lehrbuch zum Personal-Management sollte sich nicht (wenngleich wir dies in den bisherige Auflagen dieses Buches »erfolgreich« getan haben) vor einer Thematisierung personalethischer Aspekte scheuen. Zum einen darf aus praktischer Sicht nicht übersehen werden, dass (Nachwuchs-)Führungskräfte bereits mit wie auch immer ausgeprägten Wertvorstellungen in den Betrieb kommen und auch auf deren Basis handeln. Allein dadurch sind sie wesentlicher Gegenstand einer personalwirtschaftlichen Auseinandersetzung. Damit ist nicht allein die Berücksichtigung dieses Fakts gemeint, sondern auch die Analyse, inwieweit diese (betriebskonform) wirken, sowie die Gestaltungsüberlegung, sie in ein betriebliches Wertesystem hineinzuführen.

3.4 Wirtschaftliche versus soziale Effizienz?

grativen betrieblichen Ethik; vgl. Ulrich, 2007) niederschlägt und der Zusammenhang anders gesehen wird: Die zieldualistische Sichtweise betont ein voneinander unabhängiges Streben nach ökonomischer *und* sozialer Effizienz (wie auch immer operationalisiert).

Beide Perspektiven konkurrieren in der betrieblichen Praxis vielfach miteinander. Wie diese damit zusammenhängenden Konflikte gelöst werden (können), ist wiederum Inhalt personalethischer Überlegungen. Oder anders ausgedrückt: »Dass das Prinzip der Gewinnmaximierung und ethische Normen zur Schadensunterdrückung oder -begrenzung miteinander konkurrieren, ist unübersehbar. Wie dieser Konflikt aufgelöst werden kann, hängt vom Gewicht ab, das eine Unternehmung ethischen Normen beimisst: Vorstellbar ist eine wechselseitige, gleichgewichtige Beschränkung von Gewinnmaximierung und unternehmungsethischen Normen – auch in der Personalwirtschaft ...« (Drumm, 2008, S. 681). Im Ergebnis ist dies vielfach nicht ohne Opportunitätskosten und Kompromisse möglich.

WIEDERHOLUNGSFRAGEN ZU KAPITEL 3

1. In welchen Zusammenhang stehen Wirtschafts-, Organisations-, Personal- und Individualethik?
2. Was ist Inhalt des Davoser Manifests?
3. Durch welche vier Merkmale lässt sich eine personalwirtschaftliche Ethik begründen? Beschreiben Sie diese.
4. Beschreiben Sie vier mögliche ethische Fragestellungen innerhalb des Personal-Managements.
5. Wie stehen Sie zur Fragestellung »Ökonomische versus soziale Effizienz«?
6. Sollte der Mensch im Betrieb Mittel(-punkt) sein?

Literaturverzeichnis

Achtziger, A./Gollwitzer, P.M. (2010): Das Rubikon-Modell der Handlungsphasen. In: Heckhausen, J./Heckhausen, H. (Hrsg.): Motivation und Handeln. 4., überarb. u. erw. Aufl., Berlin 2010, S. 310–314.

Ackermann, K.-F. (1985): Personalstrategien bei alternativen Unternehmensstrategien. In: Bühler, W. u. a. (Hrsg.): Die ganzheitlich-verstehende Betrachtung der sozialen Leistungsordnung. Wien/New York 1985, S. 347–373.

Ackermann, K.-F. (1987): Konzeptionen des Strategischen Personalmanagements für die Unternehmenspraxis. In: Glaubrecht, H./Wagner, D. (Hrsg.): Humanität und Rationalität in Personalpolitik und Personalführung. Freiburg 1987, S. 39–68.

Adams, J.S. (1965): Inequity in Social Exchange. In: Berkowitz, L. (Ed.): Advances in Experimental Social Psychology (Vol. 2). New York 1965, pp. 267–299.

Alderfer, C.P. (1969): An Empirical Test of a New Theory of Human Needs. In: Organizational Behavior and Human Performance, 4 (1969) 2, pp. 142–175.

Alderfer, C.P. (1972): Existence, Relatedness and Growth: Human Needs in Organizational Settings. New York/London 1972.

Allen, N./Meyer, J. (1990): The Measurement and Antecedents of Affective, Continuance and Normative Commitment to the Organization. In: Journal of Occupational Psychology, 63 (1990) 1, S. 1–18.

Althauser, U. (1982): Entwurf einer Theorie organisationaler Sozialisation: Eine verhaltenswissenschaftliche Analyse des Einarbeitungs- und Eingewöhnungsprozesses neuer Mitarbeiter in der Unternehmung. Diss. Universität Mannheim 1982.

Amelang, M. u. a. (2006): Differentielle Psychologie und Persönlichkeitsforschung. 6., vollst. überarb. Aufl., Stuttgart 2006.

Amling, T. (1997): Ansatzpunkte und Instrumente des Personal-Controlling auf der strategischen und operativen Problemebene im Industriebetrieb. Frankfurt a. M. u. a. 1997.

Antoni, C.H. (1995): Gruppenarbeit in Deutschland: eine Bestandsaufnahme. In: Zink, K.J. (Hrsg.): Erfolgreiche Konzepte zur Gruppenarbeit: aus Erfahrungen lernen. Neuwied u. a. 1995, S. 23–37.

Antoni, C.H. (1996): Teilautonome Arbeitsgruppen: Ein Königsweg zu mehr Produktivität und einer menschengerechten Arbeit? Weinheim 1996.

Antoni, C.H. (2010): Teilautonome Arbeitsgruppe und Fertigungsinsel. In: Bröckermann, R./Müller-Vorbrüggen, M. (Hrsg.): Handbuch Personalentwicklung: Die Praxis der Personalbildung, Personalförderung und Arbeitsstrukturierung. 3., überarb. u. erw. Aufl., Stuttgart 2010, S. 567–579.

Antoni, C.H./Schmitt, V. (2001): Projektgruppen als Managementinstrument: Möglichkeiten und Grenzen am Beispiel eines Restrukturierungsprojektes. In: Fisch, R./Beck, D./Englich, B. (Hrsg.): Projektgruppen in Organisationen: Praktische Erfahrungen und Erträge der Forschung. Göttingen 2001, S. 45–60.

Arbeitskreis Industrie 4.0 (Hrsg.) (2013): Umsetzungsempfehlungen für das Zukunftsprojekt Industrie 4.0: Abschlussbericht des Arbeitskreises Industrie 4.0. Berlin 2013. Online im Internet: https://www.bmbf.de/files/Umsetzungsempfehlungen_Industrie4_0.pdf [letzter Abruf: 17.07.2016].

Argyris, C./Schön, D.A. (1996): Organizational Learning II. New York et al. 1996.

Arnold, R. (2004): Lernen und Lerntheorien. In: Gaugler, E./Oechsler, W.A./Weber, W. (Hrsg.): Handwörterbuch des Personalwesens. 3., überarb. u. erg. Aufl., Stuttgart 2004, Sp. 1096–1103.

Asendorpf, J. (2007): Psychologie der Persönlichkeit. 4., überarb. u. akt. Aufl., Berlin 2007.

Literaturverzeichnis

Atkinson, J.W. (1957): Motivational Determinants of Risk Taking Behavior. In: Psychological Review, 64 (1957) 6 (Pt. 1), pp. 359–372.

Atkinson, J.W. (1974): The Mainsprings of Achievement-oriented Activity. In: Atkinson, J.W./Raynor, J.O. (Eds): Motivation and Achievement. New York 1974, pp. 13–41.

Avolio, B.J./Bass, B.M. (1988): Transformational Leadership, Charisma and Beyond. In: Hunt, J.G. et al. (Eds): Emerging Leadership Vistas. Lexington/Toronto 1988, pp. 29–49.

Babiak, P./Haare R.D. (2007): Menschenschinder oder Manager: Psychopathen bei der Arbeit. München 2007.

Bach, N./Sterner, M. (2011): Implikationen neuroökonomischer Erkenntnisse für das Employer Branding. Ilmenau 2011.

Backes, S. (Hrsg.) (2009): Transfergesellschaften: Grundlagen, Instrumente, Praxis. 2., überarb. u. erw. Aufl., Saarbrücken 2009.

Backes-Gellner, U./Lazear E.P./Wolff, B. (2001): Personalökonomik. Stuttgart 2001.

Bader, V. (2017): Lerntransfermanagement. Diss. Universität Bielefeld, i. D.

Baldwin, T./Ford, J.K. (1988): Transfer of Training: A Review and Directions for Future Research. In: Personnel Psychology, 41 (1988) 1, pp. 63–105.

Bandura, A. (1971): Analysis of Modeling Processes. In: Bandura, A. (Ed.): Psychological Modeling: Conflicting Theories. Chicago/New York 1971, pp. 1–62.

Bandura, A. (1977): Social Learning Theory. Englewood Cliffs 1977.

Bandura, A. (1979): Sozial-kognitive Lerntheorie. Stuttgart 1979.

Bandura, A. (1982): Self-efficacy Mechanism in Human Agency. In: American Psychologist, 37 (1982) 2, pp. 122–147.

Bandura, A. (1989): Self-regulation of Motivation and Action Through Internal Standards and Goal Systems. In: Pervin, L.A. (Ed.): Goal Concepts in Personality and Social Psychology. Hillsdale (NJ) 1989, pp. 19–85.

Badura, B. (2002): Betriebliches Gesundheitsmanagement: Ein neues Forschungs- und Praxisfeld für Gesundheitswissenschaftler. In: Zeitschrift für Gesundheitswissenschaften, 10 (2002) 2, S. 100–118.

Badura, B./Bienert, M.L. (Hrsg.) (2009): Betriebliches Gesundheitsmanagement: Kosten und Nutzen. Heidelberg 2009.

Barnard, C. (1938): The Functions of the Executive. Cambridge (Mass.) 1938.

Barney, J. (1991): Firm Resources and Sustained Competitive Advantage. In: Journal of Management, 17 (1991) 1, pp. 99–120.

Baron, R.S./Roper, G. (1976): Reaffirmation of Social Comparison Views of Choice Shifts: Averaging and Extremety Effects in an Autokinetic Situation. In: Journal of Personality and Social Psychology, 33 (1976) 5, pp. 521–530.

Barrows, H.S. (1985): How to Design a Problem-Based Curriculum for the Preclinical Years. New York 1985.

Bartlett, C./Ghoshal, S. (1990): Internationale Unternehmensführung: Innovation, globale Effizienz, differenziertes Marketing. Frankfurt a. M./New York 1990.

Bartscher, T./Stöckl, J./Träger, T. (2012): Personalmanagement: Grundlagen, Handlungsfelder, Praxis. München 2012.

Bartscher-Finzer, S./Martin, A. (2003): Psychologischer Vertrag und Sozialisation. In: Martin, A. (Hrsg.): Organizational Behaviour: Verhalten in Organisationen. Stuttgart 2003, S. 53–76.

Bass, B.M. (1990): From Transactional to Transformational Leadership: Learning to Share the Vision. In: Organizational Dynamics, 18 (1990) 3, pp. 19–31.

Bass, B.M./Avolio, B. (Eds) (1994): Improving Organizational Effectiveness Through Transformational Leadership. Thousand Oaks 1994.

Bass, B.M./Avolio, B. (1994a): Introduction. In: Bass, B.M./Avolio, B. (Eds): Improving Organizational Effectiveness Through Transformational Leadership. Thousand Oaks 1994, pp. 1–9.

Bass, B.M./Avolio, B.J. (1995): MLQ Multifactor Leadership Questionnaire. Sampler (CA) 1995.

Bass, M.B./Riggio, E.G. (2006): Transformational Leadership. 2nd ed., Mahwah (NJ) 2006.

Literaturverzeichnis

Bassen, A./Jastram, S./Meyer, K. (2005): Corporate Social Responsibility: Eine Begriffserläuterung. In: Zeitschrift für Wirtschafts- und Unternehmensethik, 6 (2005) 2, pp. 231–236.

Bauer, H.H./Jensen, S. (2001): Determinanten der Mitarbeiterbindung: Überlegungen zur Verallgemeinerung der Kundenbindungstheorie. Forschungsbericht des Instituts für marktorientierte Unternehmensführung, Universität Mannheim 2001.

Bauer, T.N./Erdogan, B. (2011): Organizational Socialization: The Effective Onboarding of New Employees. In: Zedeck, S. (Ed.): APA Handbook of Industrial and Organizational Psychology, Vol 3: Maintaining, Expanding, and Contracting the Organization. Washington, D.C., 2011, pp. 51–64.

Bauer, T.N./Green, S.G. (1994): Effect of Newcomer Involvement in Work-related Activities: A Longitudinal Study of Socialization. In: Journal of Applied Psychology, 79 (1994) 2, pp. 211–223.

Baumgarten, R. (1977): Führungsstile und Führungstechniken. Berlin 1977.

Beck, U. (1986): Risikogesellschaft: Auf dem Weg in eine andere Moderne. Frankfurt a. M. 1986.

Becker, F.G. (1987): Anreizsysteme für Führungskräfte im Strategischen Management. 2., überarb. u. erw. Aufl., Bergisch Gladbach/Köln 1987.

Becker, F.G. (1988): Personalentwicklung im Rahmen einer strategischen Führung. In: Zeitschrift für Personalforschung, 2 (1988) 3, S. 197–213.

Becker, F.G. (1988a): Die Rolle des Personalmanagements im Rahmen der strategischen Führung. In: Strategische Planung, 4 (1988), S. 45–52.

Becker, F.G. (1990): Anreizsysteme für Führungskräfte: Möglichkeiten zur strategisch-orientierten Steuerung des Managements. Stuttgart 1990.

Becker, F.G. (1991): Strategisch-orientierte Anreizsysteme: beispielhaft dargestellt am »Incentive Compensation System« der General Electric Company. In: Schanz, G. (Hrsg.): Handbuch Anreizsysteme in Wirtschaft und Verwaltung. Stuttgart 1991, S. 753–776.

Becker, F.G. (1991a): Potentialbeurteilung: eine kafkaeske Komödie!? In: Zeitschrift für Personalforschung, 5 (1991) 1, S. 63–78.

Becker, F.G. (1992): Die Leistungsbewertung als Instrument der leistungsgerechten Entgeltdifferenzierung. In: Berthel, J./Groenewald, H. (Hrsg.): Handbuch Personal-Management. IV. Schwerpunkt, 5.3 Leistungsbewertung. Landsberg am Lech 1992, 9. Nachlieferung 2/1993, S. 1–23.

Becker, F.G. (1992a): Potentialbeurteilung. In: Gaugler, E./Weber, W. (Hrsg.): Handwörterbuch des Personalwesens. 2., neuarb. u. erg. Aufl., Stuttgart 1992, Sp. 1921–1929.

Becker, F.G. (1995): Anreizsysteme als Führungsinstrument. In: Kieser, A./Reber, G./Wunderer, R. (Hrsg.): Handwörterbuch der Führung. 2., neugest. u. erg. Aufl., Stuttgart 1995, Sp. 34–46.

Becker, F.G. (1995a): Personalentwicklung. In: Kern, W./Schröder, H.-H./Weber, J. (Hrsg.): Handwörterbuch der Produktionswirtschaft. 2., völlig neugestalt. Aufl., Stuttgart 1996, Sp. 1371–1381.

Becker, F.G. (2000): Mikroleistungsgesellschaft »Betrieb«: Leistung, Leistungsprinzip und -gesellschaft als Grundlage betrieblicher Maßnahmen? In: Clermont, A./Schmeisser, W./Krimphove, D. (Hrsg.): Personalführung und Organisation. München 2000, S. 321–352.

Becker, F.G. (2002): Lexikon des Personalmanagements. 2., akt. u. erw. Aufl., München 2002.

Becker, F.G. (2004): Personaleinführung. In: Wirtschaftswissenschaftliches Studium, 33 (2004) 9, S. 514–519.

Becker, F.G. (2004a): Anleitung zum wissenschaftlichen Arbeiten. 4., durchges. Aufl., Lohmar/Köln 2004.

Becker, F.G. (2004b): Karrieren und Laufbahnen. In: Schreyögg, G./Werder, A. von (Hrsg.): Handwörterbuch Unternehmensführung und Organisation. 4., neubearb. Aufl., Stuttgart 2004, Sp. 579–586.

Becker, F.G. (2005): Den Return on Development messen: Möglichkeiten und Grenzen der Evaluation. In: Personalführung, 38 (2005) 4, S. 48–53.

Becker, F.G. (2006): Besprechungsaufsatz zu »Dieter Sadowski: Personalökonomie und Arbeitspolitik, Stuttgart 2002«. In: Zeitschrift für Personalforschung, 20 (2006) 4, S. 393–395.

Literaturverzeichnis

Becker, F.G. (2007a): Evaluation und Transfer in der Personalentwicklung: Ressourcen optimal nutzen. In: Weiterbildung – Zeitschrift für Grundlagen, Praxis und Trends, 18 (2007) 1, S. 30–32.

Becker, F.G. (2009): Grundlagen betrieblicher Leistungsbeurteilung: Leistungsverständnis und -prinzip, Beurteilungsproblematik und Verfahrensprobleme. 5., überarb. u. akt. Aufl. Stuttgart 2009.

Becker, F.G. (2009a): Demografieorientierte (= marktorientierte) Personalarbeit. In: Hünerberg, R./Mann, A. (Hrsg.): Ganzheitliche Unternehmensführung in dynamischen Märkten. Wiesbaden 2009, S. 327–349.

Becker, F.G. (2009b): Mitarbeiterbindung: Ein Einblick in ein schwieriges Objekt und den Status quo der Diskussion. In: Bruhn, M./Stauss, B. (Hrsg.): Serviceorientierung im Unternehmen: Forum Dienstleistungsmanagement 2010. Wiesbaden 2010, S. 229–252.

Becker, F.G. (2011): Strategische Unternehmungsführung: Eine Einführung. 4., neu bearb. Aufl., Berlin 2011.

Becker, F.G. (2011a): Strategisch-orientierte Personalentwicklung: zwischen Schlagwort und praxisrelevanter Funktion. In: Stock-Homburg, R./Wolf, B. (Hrsg.): Handbuch Strategisches Personalmanagement. Wiesbaden 2011, S. 223–240.

Becker, F.G. (2011b): Strategische Unternehmungsführung: Eine Einführung. 4., neu bearb. Aufl., Berlin 2011.

Becker, F.G. (2012): Differenzielles Personalmanagement. In: Ortlieb, R./Sieben, B. (Hrsg.): Geschenkt wird einer nichts – oder doch? Festschrift für Gertraude Krell. München/Mering 2012, S. 19–24.

Becker, F.G. (2015): Grundlagen der Unternehmungsführung: Einführung in die Managementlehre. 3., korr. u. akt. Aufl., Berlin 2015.

Becker, F.G./Brinkkötter, C. (2005): Realistische Rekrutierung. In: Wirtschaftswissenschaftliches Studium, 34 (2005) 12, S. 662–667.

Becker, F.G./Fallgatter, M.J. (1998): Betriebliche Leistungsbeurteilung: Lohnt sich die Lektüre der Fachbücher? (Sammelrezension). In: Die Betriebswirtschaft, 58 (1998) 2, S. 225–241.

Becker, F.G./Fallgatter, M.J. (1999): Die Personalabteilung als Referentensystem. In: Scholz, C. (Hrsg.): Innovative Personal-Organisation: Center-Modelle für Wertschöpfung, Strategie, Intelligenz und Virtualisierung. Neuwied u. a. 1999, S. 218–227.

Becker, F.G./Friske, V. (2012): Problemorientiertes Lehren & Lernen in der Betriebswirtschaftslehre. Entwicklung eines Moduls. In: Mair, M. u. a. (Hrsg.): Problem-Based Learning im Dialog: Anwendungsbeispiele und Forschungsergebnisse aus dem deutschsprachigen Raum. Wien 2012, S. 85–97.

Becker, F.G./Günther, S. (1999): Evaluation der betrieblichen Personalentwicklung. In: Grundlagen der Weiterbildung, 10 (1999), S. 272–275.

Becker, F.G./Günther, S. (1999a): Evaluation der Personalentwicklung: Funktionen und Gestaltung. In: Schwuchow, K./Gutmann, J. (Hrsg.): Jahrbuch Personalentwicklung und Weiterbildung 1999/2000, Neuwied/Kriftel 1999, S. 198–203.

Becker, F.G./Günther, S. (2000): Ansätze zur Erfolgskontrolle in der Personalentwicklung. In: management & training: Magazin für Human Resources Development, o.Jg. (2000) 2, S. 21–25.

Becker, F.G./Hennig, E. (2011): Die Organisation der Personalarbeit in Versicherungsunternehmungen: Eine explorative Studie. In: Zeitschrift für die gesamte Versicherungswirtschaft, 100 (2011) 3, S. 389–406. First Online (DOI: 10.1007/s12297-011-0144-4, S. 1–18) unter: http://www.springerlink.com/content/d4k8274k0178n011/ [letzter Abruf: 19.03.2011].

Becker, F.G./Holzer, H.P. (1986): Erfolgsbeteiligung und Strategisches Management in den USA: Darstellung verschiedener Systeme zur Beteiligung von Führungskräften am langfristigen und strategischen Unternehmungserfolg. In: Die Betriebswirtschaft, 46 (1986) 4, S. 438–459.

Becker, F.G./Kramarsch, M. (1998): Anreizsysteme der Zukunft. In: Personalwirtschaft, 25 (1998) 4, S. 49–51.

Literaturverzeichnis

Becker, F.G./Kramarsch, M. (2004): Vergütung außertariflicher Mitarbeiter. In: Gaugler, E./Oechsler, W.A./Weber, W. (Hrsg.): Handwörterbuch des Personalwesens. 3., überarb. u. erg. Aufl., Stuttgart 2004, Sp.1946–1957.

Becker, F.G./Kramarsch, M. (2006): Leistungs- und erfolgsorientierte Vergütung für Führungskräfte. Göttingen 2006.

Becker, F.G./Martin, A. (Hrsg.) (1993): Empirische Personalforschung. München/Mering 1993.

Becker, F.G./Meißner, A./Werning, E. (2008): Evaluation externer Weiterbildungsmaßnahmen: Ergebnisse einer Befragung unter Mitgliedsunternehmen der DGFP e.V. DGFP-Praxispapier Ausgabe 6/2008, Düsseldorf 2008. Online im Internet: http://www.dgfp.de/wissen/praxispapiere/evaluation-externer-weiterbildungsmassnahmen-ergebnisse-einer-befragung-unter-mitgliedsunternehmen-der-dgfp-e-v-1354 [letzter Abruf: 16.07.2016].

Becker, F.G./Meißner, A./Werning, E. (2008a): Evaluation externer Weiterbildungsmaßnahmen: Mehr als nur ›Happy Sheets‹. In: Personalführung, o. Jg. (2008) 12, S. 64–71.

Becker, F.G./Meurer, C. (1988): Personalfreisetzung: Begriff, Ursachen, Maßnahmen und Folgen. In: Das Wirtschaftsstudium, 17 (1988) 5, S. 272–280.

Becker, F.G./Ostrowski, Y. (2012): Materielle Anreizsysteme für Führungskräfte. In: Wirtschaftswissenschaftliches Studium, 41 (2012), S. 526–531.

Becker, F.G./Schmalenberger, F./Ostrowski, Y. (2010): Darwiportunismus. Eine empirische Studie. Diskussionspapier Nr. 582 der Fakultät für Wirtschaftswissenschaften, Universität Bielefeld 2010; Online im Internet: http://repositories.ub.uni-bielefeld.de/biprints/volltexte/2010/4822/index_de.html [letzter Abruf: 21.08.2012].

Becker, F.G./Schmalenberger, F./Ostrowski, Y. (2012): Darwiportunismus: Skizze zu einer empirischen Studie bei Unternehmen in Ostwestfalen-Lippe. In: Stein, V. (Hrsg.): Aufbruch des strategischen Personalmanagements in die Dynamisierung: Ein Gedanke für Christian Scholz. München 2012, S. 116–122.

Becker, F.G./Stöcker, H. (2000): Leistungsbeurteilung in deutschen Banken: Eine empirische Untersuchung über Art und Ausgestaltung von Leistungsbeurteilungsverfahren in den 100 größten deutschen Banken. In: Die Sparkasse, 116 (2000) 9, S. 401–407.

Becker, F.G./Wittke, I./Friske, V. (2010): »Happy Sheets«: Empirische Befragung von Bildungsträgern. Diskussionspapier Nr. 583 der Fakultät für Wirtschaftswissenschaften, Universität Bielefeld 2010; Online im Internet: http://repositories.ub.uni-bielefeld.de/biprints/volltexte/2010/4820/ [letzter Abruf: 21.08.2012].

Becker, F.G. u. a. (2010): Einsatz des Problemorientierten Lernens in der betriebswirtschaftlichen Hochschullehre. In: Wirtschaftswissenschaftliches Studium, 39 (2010) 8, S. 366–371.

Becker, F.G. u. a. (2012): Ansichten und Anreize für »gute Lehre« aus Sicht von Hochschulleitungen: Ergebnisse einer Interviewserie. In: die hochschule, 21 (2012) 2, S. 220-232; Online abrufbar unter: http://www.wissenschaftsmanagement-online.de/converis/artikel/2218 [letzter Abruf: 04.01.2016].

Becker, M. (2008): Messung und Bewertung von Human Ressourcen: Konzepte und Instrumente für die betriebliche Praxis. Stuttgart 2008.

Becker, M. (2013): Personalentwicklung: Bildung, Förderung und Organisationsentwicklung in Theorie und Praxis. 6., überarb. u. akt. Aufl., Stuttgart 2013.

Becker, M. (2010): Personalwirtschaft: Lehrbuch für Studium und Praxis. Stuttgart 2010.

Becker, M. (2015): Personal- und Organisationsentwicklung in der Arbeitswelt 4.0. In: Schwuchow, K./Gutmann, J. (Hrsg.): Personalentwicklung: Themen, Trends, Best Practices 2016. Freiburg/München 2015, S. 197–205.

Becker, M./Seidel, A. (Hrsg.) (2006): Diversity Management: Unternehmens- und Personalpolitik der Vielfalt. Stuttgart 2006.

Becker-Beck, U./Fisch, R. (2001): Erfolg von Projektgruppen in Organisationen: Erträge der sozialwissenschaftlichen Forschung. In: Fisch, R./Beck, D./Englich, B. (Hrsg.): Projektgruppen in Organisationen: Praktische Erfahrungen und Erträge der Forschung, Göttingen 2001, S. 19–42.

Literaturverzeichnis

Beer, M./Eisenstat, R.A./Spector, B. (1990): Why Change Programs Don't Produce Change. In: Harvard Business Review, 68 (1990) 6, pp. 158–166.

Behnke, C./Meuser, M. (2003): Vereinbarkeitsmanagement: Die Herstellung von Gemeinschaft bei Doppelkarrierepaaren. In: Soziale Welt, 54 (2003) 2, S. 163–174.

Behrens, B. (2009): Lebensphasenorientiertes Personalmanagement: Leistungs- und Beschäftigungsfähigkeit nachhaltig sichern. In: Klaffke, M. (Hrsg.): Strategisches Management von Personalrisiken: Konzepte, Instrumente, Best Practices. Wiesbaden 2009, S. 117–138.

Bellak, A. (1982): The Hay Guide Chart-profile Method of Job Evaluation. In: Rock, M.L. (Ed.): Handbook of Wage and Salary Administration. 2nd ed., New York 1982, pp. 1511–1516.

Bellmann, M. (2013): Referenzen. In: Sarges, W. (Hrsg.): Management-Diagnostik. 4., vollst. überarb. u. erw. Aufl., Göttingen 2013, S. 727–733.

Bergmann, B./Sonntag, K. (2006). Transfer: Die Umsetzung und Generalisierung erworbener Kompetenzen in den Arbeitsalltag. In: Sonntag, K. (Hrsg.): Personalentwicklung in Organisationen. 3., überarb. u. erw. Aufl., Göttingen 2006, S. 355-388 (s. auch 2. Aufl. 1998).

Bergmann, G. (1991): Evaluation und Transferunterstützung des verhaltensorientierten Management-Trainings in betrieblichen Organisationsfamilien. In: Höfling, S./Butollo, W. (Hrsg.): Psychologie der Menschenwürde und Lebensqualität (Bd. 2). Bonn 1991, S. 290–303.

Bernauer, D. u.a (2011): Social Media im Personalmarketing: Erfolgreich in Netzwerken kommunizieren. Köln 2011.

Berthel, J. (1987): Führungskräfteentwicklung. In: Kieser, A./Reber, G./Wunderer, R. (Hrsg.): Handwörterbuch der Führung. Stuttgart 1987, Sp. 591-601.

Berthel, J. (1990): Strategien zur Förderung der Selbstentwicklung. In: Haller, M./Hauser, H./Zäch, R. (Hrsg.): Ergänzungen: Ergebnisse der wissenschaftlichen Tagung anläßlich ... Bern/Stuttgart 1990, S. 223–228.

Berthel, J. (1995): Karriere und Karrieremuster von Führungskräften. In: Kieser, A./Reber, G./Wunderer, R. (Hrsg.): Handwörterbuch der Führung. 2., neugest. u. erg. Aufl., Stuttgart 1995, Sp.1285–1298.

Berthel, J. u. a. (1988): Swing – Tours: Ein Verhaltensplanspiel zur Diagnose und zum Training von Management Qualifikationen. In: Zeitschrift Führung und Organisation, 57 (1988) 2, S. 111–116, und 3, S. 186–191.

Berthel, J./Koch, H.E. (1985): Karriereplanung und Mitarbeiterförderung. Sindelfingen/Stuttgart 1985.

Birg, H. (2001): Die demographische Zeitenwende: Der Bevölkerungsrückgang in Deutschland und Europa. München 2001 (auch 4., unveränd. Aufl., 2005).

Birker, K. (2002): Personalmarktforschung. In: Bröckermann, R./Pepels, W. (Hrsg.): Personalmarketing: Akquisition – Bindung – Freistellung. Stuttgart 2002, S. 16–30.

Bitkom (2011): Schule 2.0: Eine repräsentative Untersuchung zum Einsatz elektronischer Medien an Schulen aus Lehrersicht. Online im Internet: https://www.bitkom.org/Publikationen/2011/Studie/Studie-Schule-2-0/BITKOM-Publikation-Schule-20.pdf [letzter Abruf: 22.09.2016].

Blake, R.R./Mouton, J.S. (1964/68): The Managerial Grid. Houston 1964 (deutsch: Verhaltenspsychologie im Betrieb. Düsseldorf 1968).

Blake, R.R./Mouton, J.S./Lux, E. (1987): Verhaltensgitter der Führung (Managerial Grid). In: Kieser, A./Reber, G./Wunderer, R. (Hrsg.): Handwörterbuch der Führung. Stuttgart 1987, Sp. 2015–2028.

Blake, R.R./Shepard, H.A./Mouton, J.S. (1964): Managing Intergroup Conflict in Industry. Houston 1964.

Blank, N. (2011): Vertrauenskultur: Voraussetzung für Zukunftsfähigkeit von Unternehmen. Wiesbaden 2011.

Blanke, T. (Hrsg.) (2003): Handbuch Außertarifliche Angestellte. 3. [unveränd.] Aufl., Baden-Baden 2003.

Literaturverzeichnis

Blascovich, J./Ginsburg, G.P./Veach, T.L. (1975): A Pluralistic Explanation of Choice Shifts on the Risk Dimension. In: Journal of Personality and Social Psychology, 31 (1975) 3, pp. 422–429.

Blessin, B./Wick, A. (2014): Führen und führen lassen: Ansätze, Ergebnisse und Kritik der Führungsforschung. 7., vollst. überarb. Aufl., Konstanz/München 2014.

Bleicher, K. (1992): Strategische Anreizsysteme: Flexible Vergütungssysteme für Führungskräfte. Stuttgart 1992.

Bleicher, K./Meyer, E. (1976): Führung in der Unternehmung: Formen und Modelle. Reinbek 1976.

Blickle. G./Solga, M. (2014): Einflusskompetenz, Konflikte, Mikropolitik. In: Schuler, H./Kanning, U.P. (Hrsg.): Lehrbuch für Personalpsychologie. 3., überarb. u. erw. Aufl., Göttingen 2014, S. 985–1030.

BMI (2012): Demografiesensibles Personalmanagement in der Bundesverwaltung: Leitfaden zur Ausgestaltung einer lebensphasenorientierten Personalpolitik. Herausgegeben in der Verantwortung des Bundesministeriums des Innern. Online im Internet: http://www.verwaltung-innovativ.de/SharedDocs/Publikationen/Personal/leitfaden_lebensphasenorientierte_personalpolitik.pdf?__blob=publicationFile&v=1 [letzter Abruf: 16.07.2016].

Bögel, R./von Rosenstiel, L. (1993): Bilder von Menschen in den Köpfen der Macher: Der Einfluß von Menschenbildern auf die personale und materielle Gestaltung der Arbeitssituation. In: Strümpel, B./Dierkes, M. (Hrsg.): Innovation und Beharrung in der Arbeitspolitik. Stuttgart 1993, S. 243–276.

Böhm, S./Niklas, S. (2012): Mobile Recruiting: Insights from a Survey among German HR Managers. In: Proceedings of the 50th Annual Conference on Computers and People Research, ACM, New York 2012, S. 117–122. Online im Internet: http://dl.acm.org/citation.cfm?doid=2214091.2214124 [letzter Abruf: 08.10.2012].

Bontrop, H.J. (1998): Zur Diskussion zu hoher Lohnnebenkosten. In: Gewerkschaftliche Monatshefte, 49 (1998) 12, S. 773–785. Online im Internet: http://library.fes.de/gmh/main/pdf-files/gmh/1998/1998-12-a-773.pdf [letzter Abruf: 15.07.2016].

Bosetzky, H. (1995): Mikropolitik und Führung. In: Kieser, A./Reber, G./Wunderer, R. (Hrsg.): Handwörterbuch der Führung. 2., neugest. u. erg. Aufl., Stuttgart 1995, Sp. 1517–1526.

Boxall, P.F. (1996): The Strategic HRM Debate and the Resource-based View of the Firm. In: Human Resource Management Journal, 6 (1996) 3, pp. 59–75.

Branham, L. (2001): Keeping the People Who Keep You in Business: 24 Ways to Hang on to Your Most Valuable Talent. New York 2001.

Bray, D.W./Grant, D.L. (1966): The Assessment Center in the Measurement of Potential for Business Management. In: Psychological Monographs, 80 (1966) 17, pp. 1–27.

Breisig, T. (1998): Personalbeurteilung – Mitarbeitergespräch – Zielvereinbarungen: Grundlagen, Gestaltungsmöglichkeiten und Umsetzung in Betriebs- und Dienstvereinbarungen. Frankfurt a. M. 1998.

Breisig, T. (2005): Personal: Eine Einführung aus arbeitspolitischer Perspektive. Herne/Berlin 2005.

Breisig, T. (2010): AT-Angestellte: Betriebs- und Dienstvereinbarungen. Frankfurt a. M. 2010.

Brenke, K./Müller, K.-U. (2013): Gesetzlicher Mindestlohn: kein verteilungspolitisches Allheilmittel. In: DIW-Wochenbericht, 80 (2013) 39, S. 3–17.

Brenner, D. (2014): Onboarding: Als Führungskraft neue Mitarbeiter erfolgreich einarbeiten und integrieren. Wiesbaden 2014.

Brickenkamp, R. (2002): Handbuch psychologischer und pädagogischer Tests. 3., vollst. überarb. Aufl., Göttingen u. a. 2002.

Brink, A./Tiberius, V. (Hrsg.) (2005): Ethisches Management: Grundlagen eines wert(e) orientierten Führungskräfte-Kodex. Bern 2005.

Bröckermann, R. (2004): Fesselnde Unternehmen – gefesselte Beschäftigte. In: Bröckermann, R./Pepels, W. (Hrsg.): Personalbindung: Wettbewerbsvorteile durch strategisches Human Resource Management. Berlin 2004, S. 15–31.

Literaturverzeichnis

Bröckermann, R./Pepels, W. (Hrsg.) (2002): Personalmarketing: Akquisition, Bindung, Freistellung. Stuttgart 2002.

Bröckermann, R./Pepels, W. (Hrsg.) (2004): Personalbindung: Wettbewerbsvorteile durch strategisches Human Resource Management. Berlin 2004.

Brodbeck, F.C. (2004): Analyse von Gruppenprozessen und Gruppenleistung. In: Schuler, H. (Hrsg.): Lehrbuch Organisationspsychologie. 3., vollst. überarb. u. erw. Aufl., Bern u. a. 2004, S. 415–438.

Brodbeck, F.C. (2016): Internationale Führung: Das GLOBE-Brevier in der Praxis. Berlin 2016.

Brömser, H.-P. (2008): Potenzial der Zeitarbeit. In: Egle, F./Nagy, M. (Hrsg.): Arbeitsmarktintegration. 2., überarb. u. erw. Aufl., Wiesbaden 2008, S. 475–506.

Bronner, R./Schröder, W. (1983): Weiterbildungserfolg: Modelle und Beispiele systematischer Erfolgssteuerung. München/Wien 1983.

Bronner, R./Schröder, W. (1992): Evaluierung der betrieblichen Bildungsarbeit. In: Gaugler, E./Weber, W. (Hrsg.): Handwörterbuch des Personalwesens. 2., neubearb. u. erg. Aufl., Stuttgart 1992, Sp. 853-864.

Brown, R. (2004): Group Processes: Dynamics Within and Between Groups. 2. Aufl., Oxford 2004.

Brox, H./Rüthers, B./Henssler, M. (2011): Arbeitsrecht. 19., neubearb. Aufl., Stuttgart/Berlin/Köln 2011.

Bruggemann, A. (1974): Zur Unterscheidung verschiedener Formen der Arbeitszufriedenheit. In: Zeitschrift für Arbeitswissenschaft, 30 (1974) 2, S. 281–284.

Bruggemann, A./Groskurth, P./Ulich, E. (1975): Arbeitszufriedenheit. Bern 1975.

Brünn, S. (2010): Internettestverfahren zur Personalauswahl: Einflussgrößen der Fairnesswahrnehmung und ihre Wirkung auf die Intentionen und Reaktionen der Bewerber. München/Mering 2010.

Bühner, R. (1987): Strategisches Personalmanagement für neue Produktionstechnologien. In: Betriebswirtschaftliche Forschung und Praxis, 39 (1987) 3, S. 249–265.

Bürge, C. (2016): Personalmarketing im Internet: Eine rechtliche und betriebswirtschaftliche Betrachtung. Wiesbaden 2016.

Büttgen, M./Kissel, P. (2013): Der Einsatz von Social Media als Instrument des Employer Branding. In: Stock-Homburg, R. (Hrsg.): Handbuch Strategisches Personalmanagement, 2., überarb. u. erw. Aufl., Wiesbaden 2013, S. 107–124.

Busse, B. (2012): Motivieren ohne Geld: mit knappem Budget Motivation und Leistungsbereitschaft fördern. Heidelberg 2012.

Buttler, A. (2015): Einführung in die betriebliche Altersversorgung. 7. [, veränd.] Aufl., Karlsruhe 2015.

Bundesministerium für Arbeit und Soziales (2015): Mitbestimmung – eine gute Sache. Broschüre November 2015. Online im Internet: http://www.bmas.de/SharedDocs/Downloads/DE/PDF-Publikationen/a741-mitbestimmung-ein-gutes-unternehmen.pdf?__blob=publicationFile&v=5 [letzter Abruf: 17.06.2016].

Bungard, W. (2004): Mitarbeiterbefragung. In: Gaugler, E./Oechsler, W.A./Weber, W. (Hrsg.): Handwörterbuch des Personalwesens. 3., überarb. u. erg. Aufl., Stuttgart 2004, Sp. 1203–1213.

Bungard, W. (2007): Mitarbeiterbefragung – was dann …? MAB und Folgeprozesse erfolgreich gestalten. Berlin 2007.

Burisch, M. (2010): Das Burnout-Syndrom: Theorie der inneren Erschöpfung. 4., akt. Aufl., Berlin 2010.

Burnstein, E./Vinokur, A. (1977): Persuasive Comunication and Social Comparison as Determinants of Attitude Polarization. In: Journal of Experimental Social Psychology, 13 (1977) 4, pp. 315–332.

Calder, B.J. (1977): An Attribution Theory of Leadership. In: Staw, B.M./Salancik, G.P. (Eds): New Directions in Organizational Behavior. Chicago 1977, pp. 179–204.

Literaturverzeichnis

Camerer, C. et al. (2005): Neuroeconomics. How Neuroscience can Inform Economics. In: Journal of Economic Literature, 43 (2005) 1, pp. 9–64.
Campbell, J.P./Dunnette, M.D./Weick, R.F. (1970): Managerial Behavior, Performance and Effectiveness. New York 1970.
Campbell, J.P./Pritchard, R.D. (1976): Motivation Theory in Industrial and Organizational Psychology. In: Dunnette, M.D. (Ed.): Handbook of Industrial and Organizational Psychology. Chicago 1976, pp. 63–130.
Campbell, J.P. et al. (1973): The Development and Evaluation of Behaviorally Based Rating Scales. In: Journal of Applied Psychology, 57 (1973), pp. 15–22.
Capol, M. (1965): Die Qualifikation der Mitarbeiter als ganzheitliches Führungsmittel im industriellen Betrieb. Bern/Stuttgart 1965.
Caroll, A.B. (1999): Corporate Social Responsibility: Evolution of a Definitional Construct. In: Business & Society, 38 (1999) 3, pp, S. 268–295.
Cascio, W.F. (1982): Applied Psychology in Personnel Management. 2nd ed., Reston (VA) 1982.
Cascio, W.F./Aguinis, H. (2010): Applied Psychology in Human Resource Management. 7th ed., Upper Saddle (NJ) 2010.
Campion, M.A./Palmer, D.K./Campion, J.E. (1997): Review of Structure in the Selection Interview. In: Personnel Psychology, 50 (1997) 3, pp. 655–702.
Cheung, F.M. et al. (2011): Toward a New Approach to the Study of Personality in Culture. In: American Psychologist, 66 (2011) 7, pp. 593–603.
Chhokar, J.S./Brodbeck, F.C./House, R.J. (2007): Cultural Leadership Across the World: The GLOBE Book of Indepth Studies of 25 Societies. Mahwah (NJ) 2007.
Ciulla, J.B. (2005): The State of Leadership Ethics and the Work That Lies Before us. In: Business Ethics: A European View, 14 (2005) 4, pp. 323–335.
Clemens, J./Förstemann, T. (2015): Das System der betrieblichen Altersversorgung in Deutschland. In: Wirtschaftsdienst, 95 (2015) 9, S. 627–635. Online im Internet: http://link.springer.com/article/10.1007/s10273-015-1878-8 [letzter Abruf: 16.05.2016].
Conrad, P. (1998): Organisationales Lernen. In: Geißler, H./Lehnhoff, A./Petersen, J. (Hrsg.): Organisationales Lernen im interdisziplinären Dialog. Weinheim 1998, S. 31–45.
Conradi, W. (1983): Personalentwicklung. Stuttgart 1983.
Coupland, D. (1992): Generation X: Geschichten für eine immer schneller werdende Kultur. Hamburg 1992.
Crott, H. (1979): Soziale Interaktion und Gruppenprozesse. Stuttgart u. a. 1979.
Csikszentmihalyi, M. (2004): Flow im Beruf: Das Geheimnis des Glücks am Arbeitsplatz. Stuttgart 2004.
Csikszentmihalyi, M. (2008): Das Flow-Erlebnis: Jenseits von Angst und Langeweile. Stuttgart 2008.
Cyert, R.M./March, J.G. (1963/1995): A Behavioral Theory of the Firm. Englewood Cliffs (NJ) 1963 (deutsch: Eine Verhaltenswissenschaftliche Theorie der Unternehmung. 2. [unveränd.] Aufl, Stuttgart 1995).
Dahrendorf, R. (1956): Industrielle Fertigung und soziale Schichtung. In: Kölner Zeitschrift für Soziologie und Sozialpsychologie, 8 (1956) 5, S. 540–568.
Dai, G./De Meuse, K./Gaeddert, D. (2011): Onboarding Externally Hired Executives: Avoiding Derailment – Accelerating Contribution. In: Journal of Management & Organization, 17 (2011) 2, pp. 165-178.
Dannhäuser, R. (2015) (Hrsg.): Praxishandbuch Social Media Recruiting: Experten Know-how, Praxistipps, Rechtshinweise. 2. [unveränd.] Aufl., Wiesbaden 2015.
Davis, J.H. (1982): Social Interaction as a Combinatorial Process in Group Decision. In: Brandstätter, H./Davis, J.H./Stocker-Kreichgauer, G. (Eds): Group Decision Making. London 1982, pp. 27–58.
Deci, E.L. (1975): Intrinsic Motivation. New York/London 1975.
Deci, E.L./Ryan, R.M. (1993): Die Selbstbestimmungstheorie der Motivation und ihre Bedeutung für die Pädagogik. In: Zeitschrift für Pädagogik, 39 (1993) 2, S. 223–238.

Literaturverzeichnis

Deci, E.L./Ryan, R.M. (1985): Intrinsic Motivation and Self-determination in Human Behavior. New York 1985.

Deci, E.L./Ryan, R.M. (2000): The »What« and »Why« of Goal Pursuits: Human Needs and the Self-determination of Behavior. In: Psychological Inquiry, 11 (2000) 4, pp. 227–268.

Deppe, J. (1989): Quality Circle und Lernstatt: Ein integrativer Ansatz. Wiesbaden 1989.

Desmond, R./Weiss, D.J. (1973): Supervisor Estimation of Abilities Required in Job. In: Journal of Vocational Behavior, 3 (1973), pp. 181–194.

Devanna, M.A./Fombrun, C.J./Tichy, N.M. (1984): A Framework for Strategic Human Resource Management. In: Fombrun, C.J./Tichy, N.M./Devanna, M.A. (Eds): Strategic Human Resource Management. New York et al. 1984, pp. 33–51.

DGfP (unter Mitwirkung v. S. Armutat u. a.) (2004): Retentionmanagement: Die richtigen Mitarbeiter binden. Grundlagen, Handlungshilfen, Praxisbeispiele. Bielefeld 2004.

DGFP (2005): Wertgerüst für Funktionsträger des Personalmanagements: Ein Diskussionsbeitrag. Ergebnisse des DGFP-Expertenkreises »Code of Conduct. Praxispapier 4/2005, hrsg. v. d. Deutschen Gesellschaft für Personalführung, Düsseldorf 2005. Online im Internet: http://www.dgfp.de/wissen/praxispapiere/wertegeruest-fuer-funktionstraeger-des-personalmanagements-ein-diskussionsbeitrag-1382 [letzter Abruf: 16.07.2016].

DGFP (2011): Compliance and Personalmanagement. Praxispapier 4/2011, hrsg. von der Deutschen Gesellschaft für Personalführung, Düsseldorf 2011. Online im Internet: http://www.dgfp.de/wissen/praxispapiere/compliance-und-personalmanagement-1554 [letzter Abruf: 16.09.2016].

Diercks, J./Kupka, K. (Hrsg.) (2014): Recruitainment: Die Bedeutung spielerischer Ansätze in Personalmarketing und -auswahl. Wiesbaden 2014.

Dietl, S. (2003): Ausbildungsmarketing und Bewerberauswahl: Wie Sie die richtigen Nachwuchskräfte finden. Köln 2003.

Dietl, S./Speck, P. (2003): Strategisches Ausbildungsmanagement: Berufsausbildung als Wertschöpfungsprozess. Heidelberg 2003.

Dilger, A. (2002): Ökonomik betrieblicher Mitbestimmung: Die wirtschaftlichen Folgen von Betriebsräten. Mering 2002.

Dilger, A. (2003): Sind Betriebsräte effizient? In: Industrielle Beziehungen, 10 (2003) 4, S. 512–527. Online im Internet: www.hampp-verlag.de/ArchivIndB/4_03_Dilger.pdf [letzter Abruf: 16.07.2016].

Dilger, A. (2006): Kooperation zwischen Betriebsrat und Management. Die Sicht beider Seiten und deren Folgen. In: Jahrbücher für Nationalökonomie und Statistik, 226 (2006) 5, S. 562–587.

Docherty, P. (Hrsg.) (2002): Creating Sustainable Work Systems: Emerging Perspectives and Practice. London 2002.

Domsch, M. (1983): Partizipative Bildungsplanung im Betrieb. In: Weber, W. (Hrsg.): Betriebliche Aus- und Fortbildung. Paderborn u. a. 1983, S. 97–110.

Domsch, M.E./Andresen, M. (2001): Corporate Universities. In: Clermont, A./Schmeisser, W./Krimphore, D. (Hrsg.): Strategisches Personalmanagement in globalen Unternehmen. München 2001, S. 585–608.

Domsch, M./Gerpott, T.J. (1985): Verhaltensorientierte Beurteilungsskalen: Eine Analyse von Varianten eines Ansatzes zur Verbesserung der Methodik der Leistungsbeurteilung von Mitarbeitern. In: Die Betriebswirtschaft, 45 (1985) 6, S. 666–680.

Domsch, M./Gerpott, T.J. (1992): Personalwesen(s), Organisation des. In: Frese, E. (Hrsg.): Handwörterbuch der Organisation. 3., völlig neu gest. Aufl., Stuttgart 1992, Sp. 1934–1949.

Domsch, M.E./Krüger-Basener, M. (1999): Personalplanung und -entwicklung für Dual Career Couples (DCCs). In: von Rosenstiel, L./Regent, E./Domsch, M.E. (Hrsg.): Führung von Mitarbeitern. 4., überarb. Aufl., Stuttgart 1999, S. 547–558.

Domsch, M.E./Ladwig, D.H. (Hrsg.) (2013): Handbuch Mitarbeiterbefragung. 3., akt. u. überarb. Aufl., Berlin 2013.

Literaturverzeichnis

Domsch, M.E./Ladwig, D.H. (2013a): Mitarbeiterbefragung: Stand der Entwicklung. In: Domsch, M.E./Ladwig, D.H. (Hrsg.): Handbuch Mitarbeiterbefragung. 3., akt. u. überarb. Aufl., Berlin 2013, S. 11–56.

Domsch, M.E./Schneble, A. (1991): Aufbau und Einsatz betrieblicher Personalinformationssysteme. In: Berthel, J./Groenewald, H. (Hrsg.): Personal-Management. Zukunftsorientierte Personalarbeit, Landsberg/Lech 1991, Kapitel III.1.1, S. 1–18.

Domsch, M.E./Schneble, A. (1995): Personalinformationssysteme. In: von Rosenstiel, L./Regent, E./Domsch, M.E. (Hrsg.): Führung von Mitarbeitern. 3., überarb. u. erw. Aufl., Stuttgart 1995, S. 449–461.

Dowell, B.E./Wexley, K.N. (1978): Development of a Work Behavior Taxonomy for First-Line Supervisors. In: Journal of Applied Psychology, 63 (1978) 5, pp. 563–572.

Dreyer, M. (2009): Das (gute) Recht der Zeitarbeit: rechtliche Rahmenbedingungen im Überblick. In: Schwaab, M.-O./Durian, A. (Hrsg.): Zeitarbeit. Wiesbaden 2009, S. 17–30.

Drumm, H.J. (1993): Individualisierung der Personalentwicklung: eine neue Herausforderung? In: Schwuchow, K./Gutmann, J./Scherer, H.P. (Hrsg.): Jahrbuch Weiterbildung 1993, Düsseldorf 1993, S. 24–27.

Drumm, H.J. (2004): Ethik in der Personalwirtschaft. In: Gaugler, E./Oechsler, W.A./Weber, W. (Hrsg.): Handwörterbuch des Personalwesens. 3., überarb. u. erg. Aufl., Stuttgart 2004, Sp. 723–733.

Drumm, H.J. (2008): Personalwirtschaftslehre. 6., überarb. Aufl., Berlin u. a. 2008.

Drumm, H.J. (Hrsg.) (1989): Individualisierung der Personalwirtschaft. Bern/Stuttgart 1989.

Drumm, H.J./Scholz, C. (1988): Personalplanung: Planungsmethoden und Methodenakzeptanz. 2., erg. Aufl., Bern/Stuttgart 1988.

Dülfer, E. (1999): Internationales Management in unterschiedlichen Kulturbereichen. München/Wien 1999.

Dütsch, M. (2011): Wie prekär ist Zeitarbeit? Eine Analyse mit dem Matching-Ansatz. In: Zeitschrift für Arbeitsmarktforschung, 43 (2011) 4, S. 299–318.

Dütz, W./Thüsing, G. (2011): Arbeitsrecht. 18., neubearb. Aufl., München 2011 (auch 20., neubearb. Aufl., 2015).

Dunckel, H./Volpert, W. (1997): Aufgaben- und kriterienbezogene Gestaltung von Arbeitsstrukturen. In: Luczak, H./Volpert, W. (Hrsg.): Handbuch Arbeitswissenschaft. Stuttgart 1997, S. 791–795.

Dycke, A./Schulte, C. (1986): Cafeteria-Systeme: Ziele, Gestaltungsformen, Beispiele und Aspekte der Implementierung. In: Die Betriebswirtschaft, 46 (1986), S. 577–589.

Easterby-Smith, M. (1994): Evaluating Management Development, Training and Education. Hampshire 1994.

Ebers, M./Gotsch, W. (2014): Institutionenökonomische Theorien der Organisation. In: Kieser, A./Ebers, M. (Hrsg.): Organisationstheorien. 7., akt. u. überarb. Aufl., Stuttgart u. a. 2014, S. 195–255.

Ebner, H.G./Krell, G. (1991): Vorgesetztenbeurteilung. Oldenburg 1991.

Ehnert, I. (2009): Sustainable Human Resource Management: A Conceptual and Exploratory Analysis Form a Paradox Perspective. Heidelberg 2009.

Eisenhardt, P. (2012): Der Einfluss des Personalmanagements auf den Unternehmenserfolg: Eine theoriegeleitete empirische Analyse. Wiesbaden 2012.

Elšik, W. (1992): Strategisches Personalmanagement: Konzeptionen und Konsequenzen. München u. a. 1992.

Ertel, S. (2012): Das Fragerecht des Arbeitgebers. In: Datenschutz und Datensicherheit, 36 (2012) 2, S. 126–131.

Esch, F.-R./Knörle, C./Strödter, K. (2014): Verliebt, verlobt, verheiratet. In: Harvard Business Manager, o.Jg. (2014) 8, S. 84–88.

Evans, M.G. (1970): The Effects of Supervisory Behavior on the Path-Goal Relationship. In: Organizational Behavior and Human Performance, 5 (1970) 3, pp. 277–298.

Literaturverzeichnis

Evans, M.G. (1995): Führungstheorien: Weg-Ziel-Theorie. In: Kieser, A./Reber, G./Wunderer, R. (Hrsg.): Handwörterbuch der Führung, 2., neugestalt. Aufl., Stuttgart 1995, Sp. 1075–1092.

Eyer, E. (1995): Entgelt und Entgeltsysteme: Aufbau, Philosophie, Tendenzen. In: Hromadka, W. (Hrsg.): Die Mitarbeitervergütung: Entgeltsysteme der Zukunft. Stuttgart 1995, S. 1–23.

Fahrenberg, J. (1971): Objektive Tests zur Messung der Persönlichkeit. In: Heiss, R. u. a. (Hrsg.): Handbuch der Psychologie, Bd. 6: Psychologische Diagnostik. 3., unveränd. Aufl., Göttingen 1971, Sp. 488-532.

Faller, M. (2006): Strategieorientierte HR Due Diligence. Lohmar/Köln 2006.

Fallgatter, M.J. (1996): Beurteilung von Lower Management-Leistung. Lohmar/Köln 1996.

Feldman, D.C. (1976): A Practical Program for Employee Socialization. In: Organizational Development, 5 (1976) 2, pp. 64–80.

Feldman, D.C. (1981): The Multiple Sozialization of Organizational Members. In: Academy of Management Review, 6, (1981) 2, pp. 309–318.

Feldman, J.M. (1981): Beyond Attribution Theory: Cognitive Processes in Performance Appraisal. In: Journal of Applied Psychology, 66 (1981) 2, pp. 127–148.

Felfe, J. (2006): Validierung einer deutschen Version des »Multifactor Leadership Questionnaire« (MLQ Form 5 x Short) von Bass und Avolio (1995). In: Zeitschrift für Arbeits- und Organisationspsychologie, 50 (2006) 2, S. 62–78.

Felfe, J. (2006a): Transformationale und charismatische Führung: Stand der Forschung und aktuelle Entwicklungen. In: Zeitschrift für Personalpsychologie, 5 (2006) 4, S. 163–176.

Felfe, J. (2008): Mitarbeiterbindung. Göttingen u. a. 2008.

Felfe, J. (2009): Mitarbeiterführung. Göttingen u. a. 2009.

Felfe, J. u. a. (2005): Commitment gegenüber Verleiher und Entleiher bei Zeitarbeitern. In: Zeitschrift für Personalpsychologie, 4 (2005) 3, S. 101–115.

Felser, G. (2009): Personalmarketing. Göttingen 2009.

Ference, T.P./Stoner, J.A.F./Warren, E.K. (1977): Managing the Career Plateau. In: Academy of Management Review, 2 (1977) 4, pp. 602–612.

Ferring, K./Thom, N. (1981): Trainee-Programme als Instrument der Personalentwicklung. In: Personalwirtschaft, 8 (1981) 10, S. 21–25.

Festing, M. u. a. (2011): Internationales Personalmanagement. 3., akt. u. überarb. Aufl., Wiesbaden 2011.

Festinger, L. (1957/1978): A Theory of Cognitive Dissonance. Evanston 1957 (deutsch: Theorie der kognitiven Dissonanz. Bern/Stuttgart 1978).

Fiedler, F.E. (1967): A Theory of Leadership Effectiveness. New York et al. 1967.

Fiedler, F.E. (1971): Validation and Extension of the Contingency Model of Leadership Effectiveness: A Review of Empirical Findings. In: Psychological Bulletin, 76 (1971) 2, pp. 128–148.

Fiedler, F.E. (1971a): Leadership. New York 1971.

Fiedler, F.E. (1987): Führungstheorien – Kontingenztheorie. In: Kieser, A./Reber, G./Wunderer, R. (Hrsg.): Handwörterbuch der Führung. Stuttgart 1987, Sp. 809–823.

Fiedler, F.E./Chemers, M.M. (1974): Leadership and Effective Management. Glenview/Brighton 1974.

Fiege, R./Muck, P.M./Schuler, H. (2014): Mitarbeitergespräche. In: Schuler, H./Kanning, U.P. (Hrsg.): Lehrbuch der Personalpsychologie. 3., überarb. u. erw. Aufl., Göttingen 2014, S. 765–811.

Fietze, B. (2015): Coaching auf dem Weg zur Profession? Eine professionssoziologische Einordnung. In: Schreyögg, A./Schmidt-Lellek, C. (Hrsg.): Die Professionalisierung von Coaching: Ein Lesebuch für den Coach. Wiesbaden 2015, S. 3–21.

Fischer, L./Wiswede, G. (2009): Grundlagen der Sozialpsychologie. 3., völlig neu bearb. Aufl., München/Wien 2009.

Flanagan, J.C. (1954): The Critical Incident Technique. In: Psychological Bulletin, 51 (1954) 4, pp. 327–358.

Literaturverzeichnis

Fleer, A. (2001): Der Leistungsbeitrag der Personalabteilung: Systematisierungen und Ansätze zu dessen Beurteilung. Lohmar 2001.

Fleishman, E.A. (1953): Measurement of Leadership Attitudes in Industry. In: Journal of Applied Psychology, 37 (1953) 3, pp. 153–158.

Fleishman, E.A. (1975): Toward a Taxonomy of Human Performance. In: American Psychologist, 30 (1975) 12, pp. 1127–1149.

Fleishman, E.A./Harris, E.F. (1962): Patterns of Leadership Behaviors Related of Employee Grievance and Turnover. In: Personnel Psychology, 15 (1962) 2, pp. 43–56.

Flohr, B./Niederfeichtner, F. (1982): Zum gegenwärtigen Stand der Personalentwicklungsliteratur: Inhalte, Probleme und Erweiterungen. In: Kossbiel, H. (Hrsg.): Personalentwicklung. Zeitschrift für betriebswirtschaftliche Forschung – Sonderheft 14. Wiesbaden 1982, S. 11–49.

Flüter-Hoffmann, C. (2010): Der Weg aus der Demografie-Falle: Lebenszyklusorientierte Personalpolitik als innovatives Gesamtkonzept – gerade für High Potentials. In: Kaiser, S./Ringlstetter, M.J. (Hrsg.): Work-Life Balance: Erfolgversprechende Konzepte und Instrumente für Extremjobber. Berlin 2010, S. 199–212.

Fombrun, C./Tichy, N./Devanna, M.A. (Eds) (1984): Strategic Human Resource Management. New York et al. 1984.

Forsyth, D.R. (1999): Group Dynamics. 3rd ed., Belmont (CA) 1999.

Franke, J. (1980): Sozialpsychologie des Betriebes: Erkenntnisse und Ansätze zur Förderung der innerbetrieblichen Zusammenarbeit. Stuttgart 1980.

Franken, S. (2010): Verhaltensorientierte Führung: Handeln, Lernen und Ethik in Unternehmen. 3., überarb. u. erw. Aufl., Wiesbaden 2010.

Freiling, J. (2001): Resource-based View und ökonomische Theorie: Grundlagen und Positionierung des Ressourcenansatzes. Wiesbaden 2001.

Freiling, J. (2002): Terminologische Grundlagen des Resource-based View. In: Bellmann, K. u. a. (Hrsg.): Aktionsfelder des Kompetenz-Managements. Wiesbaden 2002, S. 3–28.

Frey, B.S./Osterloh, M. (2002): Managing Motivation. 2., akt. u. erw. Aufl., Wiesbaden 2002.

Frey, C. (2011): Erfolgsfaktor Vertrauen: Instrumente für eine Vertrauenskultur im Unternehmen. Wiesbaden 2011.

Frieling, E./Hoyos, G.C. (Hrsg.) (1978): Fragebogen zur Arbeitsplatzanalyse (FAA). Deutsche Bearbeitung des »Position Analysis Questionnaire« (PAQ) – Handbuch. Bern/Stuttgart/Wien 1978.

Fritsch, M. (1985): Führungskräftefortbildung bei innovationsorientierter Unternehmungsführung: Determinanten und Aktionsfelder innovationsorientierter Fortbildung. Frankfurt a. M./Bern/New York 1985.

Fritsch, S. (1994): Differentielle Personalpolitik. Wiesbaden 1994.

Fritz, K. (1985): Individuelle Flexibilisierung der Arbeitszeit. In: Personalwirtschaft, 12 (1985) 5, S. 162–170.

Frühs, F.P. (1998): Abschlussgespräch. In: Strutz, H. (Hrsg.): Handbuch Personalmarketing. Wiesbaden 1989, S. 98–103.

Gagné R.M. (1973): Die Bedingungen menschlichen Lernens. 3. [, unveränd.] Aufl., Hannover u. a. 1973.

Gasche, M./Krolage, C. (2012): Gleitender Übergang in den Ruhestand durch Flexibilisierung der Teilrente. In: Sozialer Fortschritt, 61 (2012) 7, S. 149–159.

Gebert, D./von Rosenstiel, L. (1996): Organisationspsychologie: Person und Organisation. 4., überarb. u. erw. Aufl., Stuttgart u. a. 1996.

Gerpott, T.J. (1992): Gleichgestelltenbeurteilung: Eine Erweiterung traditioneller Personalbeurteilungsansätze in Unternehmen. In: Selbach, R./Pullig, K.-K. (Hrsg.): Handbuch Mitarbeiterbeurteilung. Wiesbaden 1992, S. 211–254.

Gerpott, T.J. (1995): Organisation der betrieblichen Personalarbeit. In: Berthel, J./Groenewald, H. (Hrsg.): Handbuch Personal-Management. 20. Nachlieferung 11/1995, Landsberg a. Lech 1995.

Literaturverzeichnis

Gerpott, T. J./Siemens, S. H. (Hrsg.) (1995): Controlling von Personalprogrammen. Stuttgart 1995.

Gerrig, R.J. (2014): Psychologie. 20., akt. Aufl., München 2014.

Gerum, E. (2004): Unternehmensordnung. In: Bea, F.X./Friedl, B./Schweitzer, M. (Hrsg.): Allgemeine Betriebswirtschaftslehre, Bd. 1: Grundfragen. 9., neubearb. u. erw. Aufl., Stuttgart 2004, S. 224–310.

Ghiselli, E.E. (1966): The Validity of Occupational Aptitude Tests. New York 1966.

Giddens, A. (1984): The Constitution of Society. Cambridge 1984.

Gilbert, D.U. (2010): Ethikmaßnahmen. In: Scholz, C. (Hrsg.): Vahlens Großes Personallexikon. München 2010, S. 318–321.

Glanz, E./Dailey, L. (1992): Benchmarking. In: Human Resource Management, 31 (1992) 1/2, pp. 9–20.

Glimcher, P.W./Fehr, E. (Ed.) (2013): Neuroeconomics: Decision Making and the Brain. 2nd ed., London et al. 2013.

Gmür, M./Schwerdt, B. (2005): Der Beitrag des Personalmanagements zum Unternehmenserfolg: Eine Metaanalyse nach 20 Jahren Erfolgsfaktorenforschung. In: Zeitschrift für Personalforschung, 19 (2005) 3, S. 221–251.

Gmür, M./Thommen, J.-P. (2006): Human Resource Management: Strategien und Instrumente für Führungskräfte und das Personalmanagement in 13 Bausteinen. Zürich 2006.

Göbel, E. (2003): Der Mensch: ein Produktionsfaktor mit Würde. In: Zeitschrift für Wirtschafts- und Unternehmensethik, 4 (2003) 2, S. 170–196.

Göbel, E. (2006): Unternehmensethik: Grundlagen und praktische Umsetzung. Stuttgart 2006.

Göbel, M. (1996): Personalverwaltung. Wiesbaden 1996.

Golden, K.A./Ramanujan, V. (1985): Between a Dream and a Nightmare: On the Integration of the Human Resource Management and Strategic Business Planning Processes. In: Human Resource Management, 24 (1985) 4, pp. 429–452.

Gollwitzer, P.M. (1986): Motivationale vs. volitionale Bewußtseinslage und die Förderung von Entschlüssen. Paper 24/1986 des Max-Planck-Instituts für psychologische Forschung, München 1986.

Gonschorrek, U./Hoffmeister, W. (Hrsg.) (2006): Ganzheitliches Management: ein Lernbausteinsystem zum Selbstlernen. Bd. 5: Arbeits- und Personalprozesse. Berlin 2006.

Götz, K. (1993): Zur Evaluierung beruflicher Weiterbildung: Eine theoretische und empirische Studie zur Wirksamkeit beruflicher Weiterbildung. Bd. 1: Theoretische Grundlagen. Weinheim 1993.

Götzelmann, A. (2010): Wirtschaftsethik Workshop kompakt: Ein Studien- und Arbeitsbuch zur Einführung in die ökonomische Ethik. Norderstedt 2010.

Graen, G.B./Orris, J.B./Alvares, K.M. (1971): Contingency Model of Leadership Effectiveness: Some Experimental Results. In: Journal of Applied Psychology, 55 (1971) 9, pp. 196–201.

Graf, A. (2002): Lebenszyklusorientierte Personalentwicklung: Ein Ansatz für die Erhaltung und Förderung von Leistungsfähigkeit und -bereitschaft während des gesamten betrieblichen Lebenszyklus. Bern/Stuttgart/Wien 2002.

Graf, A. (2007): Lebenszyklusorientierte Personalentwicklung: Handlungsfelder und Maßnahmen. In: Thom, N./Zaugg, R.J. (Hrsg.): Moderne Personalentwicklung: Mitarbeiterpotenziale erkennen, entwickeln und fördern. Wiesbaden 2007, S. 263–279.

Grawert, A. (1998): Deferred Compensation: Gestaltungsmöglichkeiten arbeitnehmerfinanzierter Altersversorgung. Köln 1998.

Grawert, A. (2004): Deferred Compensation. In: Gaugler, E./Oechsler, W.A./Weber, W. (Hrsg.): Handwörterbuch des Personalwesens. 3., überarb. u. erg. Aufl., Stuttgart 2004, Sp. 673–682.

Green, S.G./Mitchell, T.R. (1979): Attributional of Leaders in Leader/Member Interactions. In: Organizational Behavior and Human Performance, 23 (1979) 3, S. 429–458.

Literaturverzeichnis

Greife, W. (1990): Der Beitrag des Qualifikationslohns zur Flexibilität industrieller Arbeit: Alternativen zur anforderungsorientierten Entlohnung in modernen Produktionsprozessen. Frankfurt a. M. u. a. 1990.

Grotlüschen, A. (2010): E-Learning, Web Based Training, Telelearning, Fernunterricht und Blended-Learning. In: Bröckermann, R./Müller-Vorbrüggen, M. (Hrsg.): Handbuch Personalentwicklung: Die Praxis der Personalbildung, Personalförderung und Arbeitsstrukturierung. 3., überarb. u. erw. Aufl., Stuttgart 2010, S. 247–261.

Günther, S. (2001): Evaluation von Personalentwicklung on-the-job. Lohmar/Köln 2001.

Gurven, M. et al. (2013): How Universal is the Big Five? Testing the Five-factor Model of Personality Variation Among Forager-farmers in the Bolivian Amazon. In: Journal of Personality and Social Psychology, 104 (2013) 2, pp. 354–370.

Habisch, A./Neureiter, M./Schmidpeter, R. (2008): Handbuch Corporate Citizenship: Corporate Social Responsibility für Manager. Berlin 2008.

Hackman, J.R./Morris, C.G. (1975): Group Tasks, Group Interaction Process, and Group Performance Effectiveness: A Review and Proposed Integration. In: Berkowitz, L. (Ed.): Advances in Experimental Social Psychology, Vol. 8, New York 1975, pp. 45–99.

Hackman, J.R./Oldham, G.R. (1975): Development of the Job Diagnostic Survey. In: Journal of Applied Psychology, 60 (1975) 2, pp. 159–170.

Hackman, J.R. et al. (1975): A New Strategy for Job Enrichment. In: California Management Review, 17 (1975) 4, pp. 57–71.

Hahn, D. (1986): Vergütung von in das Ausland entsandten Führungskräften eines Konzerns. In: Schult, E./Siegel, T. (Hrsg.): Betriebswirtschaftslehre und Unternehmenspraxis. Berlin 1986, S. 67–82.

Halbach, G. u. a. (1998): Übersicht über das Recht der Arbeit. 7., durchgesehene Aufl., Bonn 1998.

Hall, D.T./Nougaim, K.E. (1968): An Examination of Maslows Need Hierarchy in an Organizational Setting. In: Organizational Behavior and Human Performance, 3 (1968) 1, pp. 12–36.

Halpin, A.W./Winer, D. (1954): The Leadership Behavior and Combat Performances of Airplane Commanders. In: Journal of Abnormal Social Psychology, 49 (1954) 1, pp. 19–22.

Hampf, F./Woeßmann, L. (2016): Vocational vs. General Education and Employment over the Life-Cycle: New Evidence from PIAAC«. CESifo Working Paper No. 6116, October 2016. Online im Internet: https://www.cesifo-group.de/de/ifoHome/presse/Pressemitteilungen/Pressemitteilungen-Archiv/2016/Q4/press_20161013_cesifowp6116.html [letzter Abruf: 14.10.2016].

Hansen, U./Schrader, U. (2005): Corporate Social Responsibility als aktuelles Thema der Betriebswirtschaftslehre. In: Die Betriebswirtschaft, 65 (2005) 4, S. 373–395.

Hart, J.D./Bridgett, D.J./Karau, S.J. (2001): Coworker Ability and Effort as Determinants of Individual Effort on a Collective Task. In: Group Dynamics: Theory, Research and Practice, 5 (2001) 3, pp. 181–190.

Harvey, M./Buckley, M. (1997): Managing Inpatriates: Building a Global Core Competency. In: Journal of World Business, 32 (1997) 1, pp. 35–52.

Häusling, A. u. a. (2014): Agil anpassen. In: Personalmagazin, o. Jg. (2014) 11, S. 18–21. Online im Internet unter: http://zeitschriften.haufe.de/pdf/personalmagazin/2014/11_2014/PM1114_Gesamtausgabe.pdf [letzter Abruf. 02.09.2016].

Hay Group (2001): The Retention Dilemma: Why Productive Workers Leave. Philadelphia 2001.

Heckhausen, J./Heckhausen, H. (2010): Motivation und Handeln: Einführung und Überblick. In: Heckhausen, J./Heckhausen, H. (Hrsg.) Motivation und Handeln. 4., überarb. u. erw. Aufl., Berlin 2010, S. 2–4.

Heidack, C. (2004): CBT/WTB: Multimediale Qualifizierung durch computer- und webunterstütztes Training. In: Gaugler, E./Oechsler, W.A./Weber, W. (Hrsg.): Handwörterbuch des Personalwesens. 3., überarb. u. erg. Aufl., Stuttgart 2004, Sp. 639–651.

Heider, F. (1958/1977): The Psychology of Interpersonal Relations, New York/Wiley 1958 (deutsch: Psychologie der interpersonalen Beziehungen, Stuttgart 1977).

Literaturverzeichnis

Heineken, E./Habermann, T. (1994): Lernpsychologie für den beruflichen Alltag. Heidelberg 1994.
Heilmann, J. (2004): Arbeitsschutzrecht. In: Gaugler, E./Oechsler, W.A./Weber, W. (Hrsg.): Handwörterbuch des Personalwesens. 3., überarb. u. erg. Aufl., Stuttgart 2004, Sp. 386–397.
Hemphill, J.K. (1949): Situational Factors in Leadership. Columbus (Ohio) 1949.
Hemphill, J.K. (1959): Job Descriptions for Executives. In: Harvard Business Review, 37 (1959) 5, pp. 55–67.
Hemphill, J.K./Koons, R. (1950): Leader Behavior Description. Columbus (Ohio) 1950.
Henselek, H. (2004): Personalkosten und -aufwand. In: Gaugler, E./Oechsler, W.A./Weber, W. (Hrsg.): Handwörterbuch des Personalwesens. 3., überarb. u. erg. Aufl., Stuttgart 2004, Sp. 1554–1566.
Hentze, J./Kammel, A. (1993): Personalcontrolling: Eine Einführung in Grundlagen, Aufgabenstellungen, Instrumente und Organisation des Controlling in der Personalwirtschaft. Bern u. a. 1993.
Hersey, P./Blanchard, K.H. (1977): Management and Organizational Behavior. 3rd ed., Englewood Cliffs (NJ) 1977.
Hersey, P./Keilty, J.W. (1980): One on One OD Communications Skills. In: Training and Development Journal, 34 (1980) 4, pp. 56–60.
Hertel, G. (2000): Editorial: Motivation Gains in Groups: A Brief Review of the State of the Art. In: Zeitschrift für Sozialpsychologie, 31 (2000) 4, pp. 169–175.
Herzberg, F.H. (1972): Work and the Nature of Man. 3rd ed., London 1972.
Herzberg, F.H./Mausner, B./Snyderman, B. (1959/1967): The Motivation to Work. New York 1959 (2nd ed., New York 1967).
Herzberg, F.H. et al. (1957): Job Attitudes Review of Research and Opinion. Pittsburgh 1957.
Hesse, G./Mattmüller, R. (Hrsg.) (2015): Perspektivwechsel im Employer Branding: Neue Ansätze für die Generationen Y und Z. Wiesbaden 2015.
Hesse, J./Schrader, H.C. (2011): Das perfekte Arbeitszeugnis: Richtig formulieren, verstehen, verhandeln. Überarb. Neuaufl., Hallbergmoos 2011.
Hettinger, T./Strasser, H. (1993): Ergonomische Ordnung der Arbeit. In: Hettinger, T./Wobbe, G. (Hrsg.): Kompendium der Arbeitswissenschaft: Optimierungsmöglichkeiten zur Arbeitsgestaltung und Arbeitsorganisation. Ludwigshafen 1993, S. 81–352.
Heuser, M./Sattelberger, T. (1999): Neuer Lernort Corporate University. In: Schwuchow, K./Gutmann, J. (Hrsg.): Jahrbuch Personalentwicklung und Weiterbildung. Neuwied 1999, S. 165–170.
Hirschman, A.O. (1974): Abwanderung und Widerspruch. Tübingen 1974.
Hitt, M.A./Miller, C.C./Colella, A. (2014): Organizational Behavior. 4th ed., New York 2014.
Hjort, J.P. (2015): Aufhebungsvertrag und Abfindung: Strategien, Tipps und Musterverträge. 5., überarb. u. akt. Aufl., Frankfurt a. M. 2015.
Hofmann, H./Holzner, C. (2002): Mitarbeiterbeteiligung: Ein internationaler Vergleich. In: ifo-Schnelldienst, 55 (2002) 12, S. 7–13.
Hofmann, D./Steppan, R. (Hrsg.) (2010): Headhunter: Blick hinter die Kulissen einer verschwiegenen Branche. Wiesbaden 2010.
Hofstede, G. (1980): Culture's Consequences: International Differences in Work-Related Values. Beverly Hills 1980.
Hofstede, G. (2001): Cultures Consequences: Comparing Values, Behaviors, Institutions, and Organizations Across Nations. 2nd ed., Thousand Oaks/London/New Delhi 2001.
Hofstede, G./Hofstede, G.J./Minkov, M. (2010): Cultures and Organizations: Software oft the Mind. Intercultural Cooperation and Its Importance for Survival. 3rd ed., New York et al. 2010.
Hohlbaum, A./Olesch, G. (2004): Human Resources – Modernes Personalwesen. Rinteln 2004.
Höland, A. (2004): Arbeitsvertrag. In: Gaugler, E./Oechsler, W.A./Weber, W. (Hrsg.): Handwörterbuch des Personalwesens. 3., überarb. u. erg. Aufl., Stuttgart 2004, Sp. 414–420.

Holland, J.L. (1996): Exploring Careers with a Typology. In: American Psychologist, 51 (1996) 4, pp. 397–406.

Holm, A.B. (2012): E-recruitment: Towards an Ubiquitous Recruitment Process and Candidate Relationship Management. In: Zeitschrift für Personalforschung, 26 (2012) 3, pp. 241–259.

Holtbrügge, D. (2015): Personalmanagement. 6., überarb. Aufl., Heidelberg 2015.

Hossiep, R./Paschen, M. (2003): Bochumer Inventar zur berufsbezogenen Persönlichkeitsbeschreibung (BIP). 2., vollst. überarb. Aufl., Göttingen 2003.

House, R.J. (1971): A Path Goal Theory of Leader Effectiveness. In: Administrative Science Quarterly, 16 (1971) 3, pp. 321–339.

House, R.J. et al. (2004): Culture, Leadership and Organizations: The GLOBE Study of 62 Societies. Thousand Oaks et al. 2004.

House, R.J./Mitchell, T.R. (1974): Path-Goal-Theory of Leadership. In: Journal of Contemporary Business, 3 (1974) 4, pp. 81–97.

Huber, K.H. (1992): Einführungsprogramme für neue Mitarbeiter. In: Gaugler, E./Weber, W. (Hrsg.): Handwörterbuch des Personalwesens. 2., neubearb. u. erg. Aufl., Stuttgart 1992, Sp. 763-773.

Huber, S. (2010): Betriebliches Gesundheitsmanagement und Personalmanagement. In: Esslinger, A.S./Emmert, M./Schöffski, O. (Hrsg.): Betriebliches Gesundheitsmanagement: Mit gesunden Mitarbeitern zum unternehmerischen Erfolg. Wiesbaden 2010, S. 67–87.

Huffcutt, A.I. et al. (2004): The Impact of Job Complexity and Study Design on Situational and Behavior Description Interview Validity. In: International Journal of Selection and Assessment, 12 (2004) 3, pp. 262–273.

Hungenberg, H. (1990): Planung eines Führungskräfteentwicklungssystems: Eine konzeptionelle Untersuchung der Gestaltung des Führungskräfteentwicklungssystems einer Unternehmung auf system- und entscheidungsorientierter Grundlage. Gießen 1990.

Ilgen, D.A./Feldman, J.M. (1983): Performance Appraisal: A Process Focus. In: Cummings, L.L./Staw. B.M. (Eds): Research of Organizational Behaviour (Vol. 5), London 1983, pp. 141–197.

Isenberg, D.J. (1986): Group Polarization: A Critical Review and Meta-Analysis. In: Journal of Personality and Social Psychology, 50 (1986) 6, pp. 1141–1151.

Jablin, F.M. (1984): Assimilating New Members into Organizations. In: Bostrom, R. (Hrsg.): Communication Yearbook 8. Beverly Hills (CA) 1984, S. 594–626.

Jackson, T. (1998): Wie lernen Manager? Zum Lernstil von Führungsnachwuchskräften in unterschiedlichen Kulturkreisen. In: Brühl, R./Groenewald, H./Weitkamp, J. (Hrsg.): Betriebswirtschaftliche Ausbildung und internationales Personalmanagement. Wiesbaden 1998, S. 213–227.

Jäkel, C. (2008): Mono- und multikulturelle Teams in der Unternehmung: Einsatzmöglichkeiten unter Effizienz- und Effektivitätsgesichtspunkten. Hamburg 2008.

Jago, A.G. (1987): Führungstheorien: Vroom/Yetton-Modell. In: Kieser, A./Reber, G./Wunderer, R. (Hrsg.): Handwörterbuch der Führung. Stuttgart 1987, Sp. 931–948.

Jakob, G. (1997): Das narrative Interview in der Biographieforschung. In: Friebertshäuser, B./Prengel, A. (Hrsg.): Handbuch Qualitative Forschungsmethoden in der Erziehungswissenschaft. Weinheim/München 1997, S. 445–458.

Janis, I.L. (1972): Victims of Groupthink. Boston 1972.

Janis, I.L. (1982): Groupthink: A Psychological Study of Policy decisions and Fiascos. Boston 1982.

Janz, T. (1982): Initial Comparisons of Patterned Behavior Description Interviews Versus Unstructured Interviews. In: Journal of Applied Psychology, 67 (1982) 5, pp. 577–580.

Janz, T. (1989): The Patterned Behavior Description Interview: The Best Prophet of the Future is the Past. In: Eder, R.W./Ferris, G.R. (Eds.): The Employment Interview: Theory, Research, and Practice. Newbury et al. 1989, pp. 158–168.

Janz, T./Hellervik, L./Gilmore, D.C. (1986): Behavior Description Interviewing. Newton (MA) 1986.

Literaturverzeichnis

Jedrzejczyk, P. (2007): Multikulturelle Teams in Organisationen: Eine experimentelle Untersuchung des Problemlöseverhaltens unter Wettbewerbsbedingungen. Frankfurt a. M. u. a. 2007.

Jensen, M.C./Meckling, W.H. (1976): Theory of the Firm: Managerial Behavior, Agency Costs, and Ownership Structure. In: Journal of Financial Economics, 3 (1976) 4, pp. 305–360.

Jensen, S. (2004): Determinanten der Mitarbeiterbindung. In: Wirtschaftswissenschaftliches Studium, 33 (2004) 4, S. 233–237.

Jeserich, W. (1981): Mitarbeiter auswählen und fördern: Assessment-Center-Verfahren. München/Wien 1981.

Jetter, W. (2008): Effiziente Personalauswahl: Durch strukturierte Einstellungsgespräche die richtigen Mitarbeiter finden. 3., akt. u. überarb. Aufl., Stuttgart 2008.

Jiang, K. et al. (2012): How Does Human Resource Management Influence Organizational Outcomes? A Meta-analytical Investigation of Mediating Mechanisms. In: Academy of Management Journal, 55 (2012) 6, pp. 1264–1294.

Jochum, E. (1987): Gleichgestelltenbeurteilung: Führungsinstrument in der industriellen Forschung und Entwicklung. Stuttgart 1987.

Johnson, D.W./Johnson R.T. (1995): Social Interdependence. In: Bunker, B.B./Tubin, J.Z. (Eds): Conflict, Cooperation and Justice. San Francisco 1995, pp. 205–251.

Joppich, T.G. (2012) Abwerbung von Mitarbeitern: Gesetzlicher und vertraglicher Schutz des Arbeitgebers. Online im Internet: www.karriere-jura.de/index.php?page=static_text&id=1029 [letzter Abruf: 20.04.2012].

Jost, P.-J. (2009): Organisation und Motivation: Eine ökonomisch-psychologische Einführung. 2., akt. u. überarb. Aufl., Wiesbaden 2009.

Jost, P.J. (2014): The Economics of Motivation and Organization: An Introduction. Cheltenham/Northhampton 2014.

Kabst, R. u. a. (2009): Personalmanagement im internationalen Vergleich: The Cranfield Project on International Strategic Human Resource Management. Universität Gießen, 2009. Online im Internet: http://www.acht-etappen.com/stuff/Cranet_Ergebnisbericht_2009.pdf [letzter Abruf: 11.06.2016].

Kahn, R.L./Katz, D. (1972): Führungspraktiken und ihre Beziehung zur Produktivität und Arbeitsmoral. In: Kunczik, M. (Hrsg.): Führung, Theorien und Ergebnisse. Düsseldorf/Wien 1972, S. 215–234.

Kaiser, S./Kozica, A. (Hrsg.) (2012): Ethik im Personalmanagement: Zentrale Konzepte, Ansätze und Fragestellungen. Mering 2012.

Kaiser, S./Ringlstetter, M. (Hrsg.) (2010): Work-Life Balance. Berlin 2010.

Kanning, U.P. (2004): Standards der Personaldiagnostik. Göttingen: Hogrefe, 2004.

Kanning, U.P. (2010): Von Schädeldeutern und anderen Scharlatanen: Unseriöse Methoden der Psychodiagnostik. Lengerich 2010.

Kanning, U.P. (2013): Fragen der Hilflosigkeit im Bewerbungsgespräch. Serie Kolumne Wirtschaftspsychologie bei Haufe Online v. 15.05.2013. Online im Internet: https://www.haufe.de/personal/hr-management/fragen-der-hilflosigkeit-im-bewerbungsgespraech_80_177792.html?print=true [letzter Abruf: 11.04.2016].

Kanning, U.P. (2013a): Wenn Manager auf Bäume klettern ... Mythen der Personalentwicklung und Weiterbildung. Lengerich, 2013.

Kanning, U.P. (2015): Sichtung von Bewerbungsunterlagen. In: Peus, C. u. a. (Hrsg.): Personalauswahl in der Wissenschaft: Evidenzbasierte Methoden und Tools. Berlin/Heidelberg 2015, S. 83–101.

Kanning, U.P./Pöttker, J./Klinge, K. (2008): Personalauswahl: Leitfaden für die Praxis. Stuttgart 2008.

Kanning, U.P./Schuler, H. (2014): Simulationsorientierte Verfahren der Personalauswahl. In: Schuler, H./Kanning, U.P. (Hrsg.): Lehrbuch der Personalpsychologie. 3., überarb. u. erw. Aufl., Göttingen 2014, S. 215–256.

Kaplan, R.S./Norton, D.P. (1997): Balanced Scorecard: Strategien erfolgreich umsetzen. Stuttgart 1997.

Karau, S.J./Markus, M.J./Williams, K.D. (2000): On the Elusive Search for Motivation Gains in Groups: Insights From the Collective Effort Model. In: Zeitschrift für Sozialpsychologie, 31 (2000) 4, S. 179–190.

Karau, S.J./Williams, K.D. (1993): Social Loafing: A Meta-Analytic Review and Theoretical Integration. In: Journal of Personality and Social Psychology, 65 (1993) 4, pp. 681–706.

Karau, S.J./Williams, K.D. (1995): Social Loafing: Research Findings, Implications, and Future Directions. In: Current Directions in Psychological Science, 5 (1995) 1, pp. 134–139.

Karau, S.J./Williams, K.D. (1997): The Effects of Group Cohesiveness on Social Loafing and Social Compensation. In: Group Dynamics: Theory, Research and Practice, 1 (1997) 2, pp. 156–168.

Kates, A. (2006): (Re)Designing the HR Organizations. In: Human Resource Planning, 29 (2006) 2, pp. 22–30.

Katz, D./Kahn, R.L. (1978): The Social Psychology of Organizations. 2nd ed., New York 1978.

Katz, D./Maccoby, N./Morse, N.C. (1950): Productivity, Supervision and Moral in an Office Situation. Ann Arbor (Mich.) 1950.

Katzenbach, J.R./Smith, D.K. (2003): Teams: Der Schlüssel zur Hochleistungsorganisation. Wien 2003.

Kaufmann, F.-X. (2005): Schrumpfende Gesellschaft: Vom Bevölkerungsrückgang und seinen Folgen. Frankfurt a. M. 2005.

Kellerman, B. (2004): Bad Leadership: What It Is, How It Happens, Why It Matters. Boston 2004.

Kelley, H.H. (1967): Attribution Theory in Social Psychology. In: Levine, D. (Ed.): Nebraska Symposium on Motivation, Vol. 15, Lincoln 1967, pp. 192–238.

Kelley, H.H. (1972): Causal Schemata and the Attribution Process. In: Jones, E.E. et al. (Eds): Attribution: Perceiving the Causes of Behavior. Morristown (NJ) 1972, pp. 1–26.

Kelley, H.H. (1972a): Attribution in Social Interaction. In: Jones, E.E. et al. (Eds): Attribution. Morristown (NJ) 1972, pp. 1–26.

Kelley, H.H./Thibaut, J. (1978): Interpersonal Relationships: A Theory of Interdependence. New York 1978.

Kemper, K. u. a. (2007): BetrAVG: Kommentar zum Betriebsrentengesetz. 3., überarb. u. erw. Aufl., Köln 2007.

Kemper, K./Kisters-Kölkes, M. (2015): Arbeitsrechtliche Grundzüge der betrieblichen Altersversorgung. 8. [überarb.] Aufl., Köln 2015.

Kern, H./Schumann, M. (1970): Industriearbeit und Arbeiterbewußtsein, Frankfurt a. M. 1970.

Kerr, J.L./Jackofsky, E.F. (1989): Aligning Managers with Strategies: Management Development versus Selection. In: Strategic Management Journal, 10 (1989) 31, pp. 157–170.

Kerr, N.L. (1983): Motivation Losses in Small Groups: A Social Dilemma Analysis. In: Journal of Personality and Social Psychology, 45 (1983) 4, pp. 819–828.

Kerr, N.L./Tindale, R.S. (2004): Group Performance and Decision Making. In: Annual Review of Psychology, 55 (2004), pp. 623–655.

Kerr, S./Jermier, J.M. (1977): Substitutes for Leadership: Their Meaning and Measurement. In: Organizational Behaviour and Human Performance, 22 (1978) 3, pp. 375–403.

Kerr, S./Mathews, C.S. (1987): Führungstheorien – Theorie der Führungssubstitution. In: Kieser, A./Reber, G./Wunderer, R. (Hrsg.): Handwörterbuch der Führung. Stuttgart 1987, Sp. 909–922.

Kerres, M. (2001): Multimediale und telemediale Lernumgebungen: Konzeption und Entwicklung. München 2001.

Keßler, H.B. (1999): Daten aus dem Interview. In: Jäger, R.S./Petermann, F. (Hrsg.): Psychologische Diagnostik. 4., korr. Aufl., Weinheim 1999, S. 429–439.

Kienbaum (2014): Change-Management-Studie 2014-2015. Online im Internet: http://www.kienbaum.de/Portaldata/1/Resources/downloads/brochures/Kienbaum_Change-Management-Studie_20142015.pdf [letzter Abruf: 02.09.2016].

Literaturverzeichnis

Kieser, A. (1996): Moden und Mythen des Organisierens. In: Die Betriebswirtschaft, 56 (1996) 1, S. 21–39.
Kieser, A./Nagel, R. (1986): Die Gestaltung von Eingliederungsprogrammen für neue Mitarbeiter. In: Zeitschrift für betriebswirtschaftliche Forschung, 38 (1986) 11, S. 956–962.
Kieser, A./Reber, G./Wunderer, R. (Hrsg.) (1987): Handwörterbuch der Führung. Stuttgart 1987.
Kieser, A./Reber, G./Wunderer, R. (Hrsg.) (1995): Handwörterbuch der Führung. 2., neu gestalt. u. erg. Aufl., Stuttgart 1995.
Kieser, A./Walgenbach, P. (2010): Organisation. 6., überarb. Aufl., Stuttgart 2010,.
Kieser, A. u. a. (1980): Stellenwechsel als Folge von Schwierigkeiten im Prozeß organisationaler Sozialisation. In: Die Unternehmung, 34 (1980), S. 85–109.
Kieser, A. u. a. (1990): Die Einführung neuer Mitarbeiter in das Unternehmen. 2., überarb. Aufl., Neuwied/Frankfurt a. M. 1990.
Kilz, G./Reh, D.A. (1993): Die Bedeutung der ökonomischen Rahmenbedingungen im Prozeß der Arbeitszeitflexibilisierung. In: Betriebs-Berater, 48 (1993) 17, S. 1209–1212.
Kipfer, M.H. (2009): Boreout. Ein neues Konzept oder längst in der Psychologie etabliert? Saarbrücken 2009.
Kirchgässner, G. (1991): Homo oeconomicus: Das ökonomische Modell individuellen Verhaltens und seine Anwendung in den Wirtschafts- und Sozialwissenschaften. Tübingen 1991.
Kirkpatrick, D.L. (1996): Evaluating Training Programs: The Four Levels. Reprint, San Francisco 1996.
Kirsch, W. (1969): Die Unternehmensziele in organisationstheoretischer Hinsicht. In: Zeitschrift für betriebswirtschaftliche Forschung, 21 (1969) o.Nr., S. 561–566.
Kirsch, W. (1997): Strategisches Management: Die geplante Evolution von Unternehmen. Völlig überarb. Neuaufl. wesentlicher Teile der Veröffentlichungen »Beiträge zum Management strategischer Programme« und »Unternehmenspolitik und strategische Unternehmensführung«, Herrsching u. a. 1997.
Kleinmann, M. (2013): Assessment-Center: Stand der Forschung – Konsequenzen für die Praxis. 2., überarb. u. erw. Aufl., Göttingen 2013.
Klimecki, R./Gmür, M. (2005): Personalmanagement: Funktionen – Strategien – Entwicklungsperspektiven. 3., erw. Aufl., Stuttgart 2005.
Klotz, A. (2010): Berufsausbildung. In: Bröckermann, R./Müller-Vorbrüggen, M. (Hrsg.): Handbuch Personalentwicklung: Die Praxis der Personalbildung, Personalförderung und Arbeitsstrukturierung. 3., überarb. u. erw. Aufl., Stuttgart 2010, S. 141–155.
Kobi, J.M. (1999): Personalrisikomanagement. Wiesbaden 1999.
Kobi, J.M. (2000): Management des Personalrisikos. In: Personalwirtschaft, o. Jg. (2000) 6, S. 31–37.
Köhler, C./Preisendörfer, P. (1988): Innerbetriebliche Arbeitsmarktsegmentation in Form von Stamm- und Randbelegschaften: Empirische Befunde aus einem bundesdeutschen Großbetrieb. In: Mitteilungen aus der Arbeitsmarkt- und Berufsforschung, 21 (1988) 2, S. 268–277.
Köhler, O. (1926): Kraftleistungen bei Einzel- und Gruppenarbeit. In: Industrielle Psychotechnik, o. J. (1926), S. 274–282.
Kolb, M. (2010): Personalmanagement: Grundlagen und Praxis des Human Resource Management. Wiesbaden 2010.
Kompa, A. (2004): Assessment-Center: Bestandsaufnahme und Kritik. 7., verb. Aufl., München/Mering 2004.
Konradt, U./Sarges, W. (2003): Suche, Auswahl und Förderung von Personal mit dem Intra- und Internet: Strategien, Zielrichtungen und Entwicklungspfade. In: Konradt, U./Sarges, W. (Hrsg.): E-Recruitment und E-Assessment: Rekrutierung, Auswahl und Beratung von Personal im Inter- und Intranet. Göttingen u. a. 2003, S. 3–15.

Literaturverzeichnis

Korman, A.K. (1969): The Prediction of Managerial Performance: A Review. In: Personnel Psychology, 21 (1968) 3, pp. 295–322.

Kosiol, E. (1962): Leistungsgerechte Entlohnung. Wiesbaden 1962.

Kosiol, E. (1966): Die Unternehmung als wirtschaftliches Aktionszentrum: Einführung in die Betriebswirtschaftslehre. Reinbek 1966.

Kotter, J.P. (1973): The Psychological Contract: Managing the Joining-up Process. In: California Management Review, 15 (1973) 3, pp. 91–99.

Kozica, A. (2010): Personalmanagement-Ethikkodex: Welchen Beitrag leistet eine kodifizierte Berufsethik zur Professionalisierung des Personalmanagements? In: Zeitschrift für Management, 5 (2010) 3, S. 253–282.

Kozica, A. (2011): Ethical HRM und Unternehmensethik. Working Paper 2011-03 der PmO-Reihe der Universität der Bundeswehr, München. München 2011.

Kozica, A. (2011a): Personalethik: Die ethische Dimension personalwissenschaftlicher Forschung. Frankfurt a. M. 2011.

Kozica, A. (2011b): Personalmanagement Ethikkodex: Braucht es einen und wenn ja wozu? In: Forum Wirtschaftsethik, 19 (2011) 3/4, S. 7–17.

Kozica, A. (2012): Ethik in der personalwissenschaftlichen Forschung: Das personalethische Forschungsprogramm. In: Kaiser, S./Kozica, A. (Hrsg.): Ethik im Personalmanagement: Zentrale Konzepte, Ansätze und Fragestellungen. München/Mering 2012, S. 21–43.

Krajewski, H.T. (2006): Comparing the Validity of Structured Interviews for Managerial-Level Employees: Should We Look to the Past or Focus on the Future? In: Journal of Occupational and Organizational Psychology, 79 (2006) 3, pp. 411–432.

Kramarsch, M.H. (2000): Aktienbasierte Managementvergütung. Stuttgart 2000.

Krapp, A./Weidemann, B. (1999): Entwicklungsförderliche Gestaltung von Lernprozessen: Beiträge der Pädagogischen Psychologie. In: Sonntag, K. (Hrsg.): Personalentwicklung in Organisationen: Psychologische Grundlagen, Methoden und Strategien. 2., überarb. u. erw. Aufl., Göttingen 1999, S. 77–98.

Krause, D.I. (2011): Trends in der internationalen Personalauswahl. Göttingen 2011.

Kreikebaum, H. (1992): Arbeit. In: Gaugler, E./Weber, W. (Hrsg.): Handwörterbuch des Personalwesens. 2., neuarb. u. erg. Aufl., Stuttgart 1992, Sp. 29–39.

Kreikebaum, H. (1993): Humanisierung der Arbeit. In: Wittmann, W. u. a. (Hrsg.): Handwörterbuch der Betriebswirtschaft. 5., völlig neu gestalt. Aufl., Stuttgart 1993, Sp .1674–1681.

Kreikebaum, H. (1996): Grundlagen der Unternehmensethik. Stuttgart 1996.

Kreikebaum, H./Behnam, M./Gilbert, D.U. (2001): Management ethischer Konflikte in international tätigen Unternehmen. Wiesbaden 2001.

Krell, G. (1996): Mono- oder multikulturelle Organisationen? »Managing Diversity« auf dem Prüfstand. In: Industrielle Beziehungen, 3 (1996) 4, S. 334–350.

Krell, G./Ortlieb, R./Sieben, B. (Hrsg.) (2011): Chancengleichheit durch Personalpolitik: Gleichstellung von Frauen und Männern in Unternehmen und Verwaltungen. 6., vollst. überarb. u. erw. Aufl., Wiesbaden 2011.

Krell, G./Wächter, H. (Hrsg.) (2006): Diversity Management: Impulse aus der Personalforschung. Mering 2006.

Krob, N. (2008): Cafeteria-Systeme: Perspektiven für eine wissenschaftliche Betrachtung. Berlin 2008.

Kroeck, K.G./Magnusen, K.O. (1997): Employer and Job Candidate Reactions to Videoconference Job Interviewing. In: International Journal of Selection and Assessment, 5 (1997) 2, pp. 137-142.

Kromrey, H. (2009): Empirische Sozialforschung. 12., überarb. u. erg. Aufl., Opladen 2009.

Kropp, W. (2004): Entscheidungsorientiertes Personalrisikomanagement. In: Bröckermann, R./Pepels, W. (Hrsg.): Personalbindung: Wettbewerbsvorteile durch strategisches Human Resource Management. Berlin 2004, S. 131–166.

Krüger, K.H. (1983): Integrationsschwierigkeiten im Prozeß der Einarbeitung. Diss. Mannheim 1983.

Literaturverzeichnis

Krüger, W. (1972): Grundlagen, Problem und Instrumente der Konflikthandhabung in der Unternehmung. München 1972.

Krüger, W. (1973): Konfliktsteuerung als Führungsaufgabe: Positive und negative Aspekte von Konfliktsituationen. München 1973.

Krzystofiak, F./Newman, J.M./Anderson, G.A. (1979): A Quantified Approach to Measurement of Job Content, Procedures and Payoffs. In: Personnel Psychology, 32 (1979) 2, pp. 341–357.

Kühl, S./Schnelle, T. (2009): Führen ohne Hierarchie: Macht, Vertrauen und Verständigung im Prozess des Lateralen Führens. In: OrganisationsEntwicklung, 28 (2009) 2, S. 51–60.

Kühlmann, T. (2004): Auslandseinsatz von Mitarbeitern. In: Gaugler, E./Oechsler, W.A./Weber, W. (Hrsg.): Handwörterbuch des Personalwesens. 3., überarb. u. erg. Aufl., Stuttgart 2004, Sp. 492–502.

Küpper, H.-U. (1991): Personal-Controlling aus der Sicht des Controllers: Entwicklungschancen? In: Ackermann, K.-F./Scholz, H. (Hrsg.): Personalmanagement für die 90er Jahre. Stuttgart 1991, S. 223–247.

Küpper, H.-U. (2006): Unternehmensethik: Hintergründe, Konzepte, Anwendungsbereiche. Stuttgart 2006.

Küpper, W./Ortmann, G. (1986): Mikropolitik in Organisationen. In: Die Betriebswirtschaft, 46 (1986) 5, S. 590–602.

Kuhn, T. (2002): Humanisierung der Arbeit: Ein Projekt vor dem erfolgreichen Abschluss oder vor neuartigen Herausforderungen? In: Zeitschrift für Personalforschung, 6 (2002) 3, S. 342–358.

Kuhn T. (2010): Ethik im Personalmanagement. In: Scholz, C. (Hrsg.): Vahlens Großes Personallexikon. München 2010, S. 315–318.

Kuhn, T./Weibler, J. (2012): Führungsethik in Organisationen. Stuttgart 2012.

Kupka, K. (2007): E-Assessment: Entwicklung und Güteprüfung von zwei internetbasierten Simulationsverfahren zur Messung der Planungs- und Problemlöseleistung von zukünftigen (pädagogischen) Führungskräften. Diss. Universität Lüneburg 2007. Online im Internet: http://opus.uni-lueneburg.de/opus/volltexte/2009/14175/ [letzter Abruf: 30.05.2016].

Kupka, K./Martens, A./Diercks, J. (2011): Recrutainment: Wie Unternehmen auf spielerische Weise Bewerber gewinnen wollen. In: Wirtschaftspsychologie aktuell, o.Jg. (2011) 2, S. 53–56.

Kupka, K./Selivanova, N./Diercks, J. (2013): Online Assessments als Instrument der Personalvorauswahl. In: Human Resource Management, 1/2013, S. 1–29. Online im Internet: http://www.cyquest.net/fachartikel-und-studien/k-kupka-n-selivanova-j-diercks-online-assessments-als-instrument-der-personalvorauswahl/ [letzter Abruf: 30.05.2016].

Kupsch, P.U./Marr, R. (1991): Personalwirtschaft. In: Heinen, E. (Hrsg.): Industriebetriebslehre: Entscheidungen im Industriebetrieb. 9., völlig neu überarb. u. erw. Aufl., Wiesbaden 1991, S. 729–896.

Kutschker, M./Schmid, S. (2011): Internationales Management. 7., überarb. u. akt. Aufl., München/Wien 2011.

Ladwig, D.H. (2010): Multimoment-Verfahren. In: Scholz. C. (Hrsg.): Vahlens Großes Personallexikon. München 2010, S. 766.

Landau, K. (2004): Arbeitswissenschaft. In: Gaugler, E./Oechsler, W.A./Weber, W. (Hrsg.): Handwörterbuch des Personalwesens. 3., überarb. u. erg. Aufl., Stuttgart 2004, Sp. 421–433.

Lang-von Wins, T./von Rosenstiel, L. (2000): Potentialfeststellungsverfahren. In: Kleinmann, M./Strauß, B. (Hrsg.): Potentialfeststellung und Personalentwicklung. 2., überarb. u. erw. Aufl., Göttingen 2000, S. 73–99.

Lang-von Wins, T. u. a. (2008): Potenzialbeurteilung: Diagnostische Kompetenz entwickeln, die Personalauswahl optimieren. Berlin 2008.

Literaturverzeichnis

Langen, H. (2016): Individualisierung der Arbeitszeit mit Langzeitkonten: Eine explorative Studie. Hamburg 2016.
Langfred, C.W. (1998): Is Group Cohesiveness a Double-edged Sword? An Investigation of the Effects of Cohesiveness and Performance. In: Small Group Research, 29 (1998) 1, pp. 124–143.
Laske, S./Weiskopf, R. (1996): Personalauswahl: ... Was wird denn da gespielt? In: Zeitschrift für Personalforschung, 10 (1996) 4, S. 295–330.
Latané, B./Williams, K./Harkins, S. (1979): Many Hands Make Light the Work: The Causes and Consequences of Social Loafing. In: Journal of Personality and Social Psychology, 37 (1979) 6, pp. 822–832.
Latham, G.P./Skarlicki, D.P. (1995): Criterion-Related Validity of the Situational and Patterned Behavior Description Interviews with Organizational Citizenship Behavior. In: Human Performance, 8 (1995) 2, pp. 67–80.
Latham, G.P./Wexley, K.N. (1977): Behavioral Observation Scales for Performance Appraisal Purposes. In: Personnel Psychology, 30 (1977) 2, pp. 255–268.
Latham, G.P./Wexley, K.N. (1981): Increasing Productivity Through Performance Appraisal. Reading (Mass.) 1981.
Latham, G.P./Yukl, G.A. (1975): A Review of Research on the Applications of Goal Setting in Organizations. In: Academy of Management Journal, 18 (1975) 4, pp. 824–845.
Latham, G.P. et al. (1980): The Situational Interview. In: Journal of Applied Psychology, 65 (1980) 4, pp. 422–427.
Laukamm, T./Walsh, I. (1985): Strategisches Management von Human-Ressourcen: Die Einbeziehung der Human-Ressourcen in das Strategische Management. In: Little, A.D. (Hrsg.): Management im Zeitalter der Strategischen Führung. Wiesbaden 1985, S. 78–100.
Laumer, S./Eckhardt, A./Weitzel, T. (2012): Online Gaming to Find a New Job. Examining Job Seekers' Intention to Use Serious Games as a Self-Assessment Tool. In: Zeitschrift für Personalforschung, 26 (2012) 3, S. 218–240.
Lawler, E.E. (1971): Pay and Organizational Effectiveness. A Psychological View. New York 1971.
Lawler, E.E. (1973): Motivation in Work Organizations. Belmont (Calif.) 1973.
Lawler, E.E. (1974): For a More Effective Organization: Match the Job to the Man. In: Organizational Dynamics, 3 (1974) 1, pp. 19–29.
Lawler, E.E. (1977): Motivierung in Organisationen: Ein Leitfaden für Studenten und Praktiker. Bern/Stuttgart 1977.
Lawler, E.E./Rhode, J.G. (1976): Information and Control in Organizations. Pacific Palisades (CA) 1976.
Lawler, E.E./Suttle, J.L. (1972): A Causal Correlational Test of the Need Hierarchy Concept. In: Organizational Behavior and Human Performance, 7 (1972) 2, pp. 265–287.
Lazear, E.P. (2011): Inside the Form: Contributions to Personnel Economics. Oxford et al. 2011.
Lazear, E.P./Gibbs, M. (2009): Personnel Economics in Practice. 2nd ed., Hoboken 2009.
Leblebici, H./Matiaske, W. (2004): Methoden der Personalforschung, quantitative. In: Gaugler, E./Oechsler, W.A./Weber, W. (Hrsg.): Handwörterbuch des Personalwesens. 3., überarb. u. erg. Aufl., Stuttgart 2004, Sp.1186–1193.
Lehr, U./Wilbers, J. (1992): Arbeitnehmer, Ältere. In: Gaugler, E./Oechsler, W.A./Weber, W. (Hrsg.): Handwörterbuch des Personalwesens. 3., überarb. u. erg. Aufl., Stuttgart 2004, Sp. 203–212.
LePine, J.A./Erez, A./Johnson, D.E. (2002): The Nature and Dimensionality of Organizational Citizenship Behavior: A Critical Review and Meta-analysis. In: Journal of Applied Psychology, 87 (2002) 1, pp. 52–65.
Levashina, J. et al. (2014): The Structured Employment Interview: Narrative and Quantitative Review of the Research Literature. In: Personnel Psychology, 67 (2014) 1, pp. 241–293.
Levinson, D.J. (1972): Organizational Diagnosis. Cambridge 1972.

Literaturverzeichnis

Lewicki, R.J./Bunker, B.B. (1996): Developing and Maintaining Trust in Work-relationships. In: Kramer, R./Tyler, T.R. (Eds): Trust in Organizations. Thousand Oaks 1996, pp. 114–139.
Lewin, K. (1935): A Dynamic Theory of Personality. New York 1935.
Lewin, K. (1947): Frontiers in Group Dynamics. In: Human Relations, 1 (1947) 2, pp. 143–153.
Lewin, K. (1963): Feldtheorie in der Sozialwissenschaft. Bern/Stuttgart 1963.
Lewin, K./Lippitt, R. (1938): An Experimental Approach to the Study of Autocracy and Democracy: A Preliminary Note. In: Sociometry, 1 (1938), pp. 292–300.
Lewin, K./Lippitt, R./White, R.K. (1939): Patterns of Aggressive Behavior in Experimentally Created »Social Climates«. In: Journal of Social Psychology, 10 (1939), pp. 271–299.
Lewis, R.E./Heckman, R.J. (2006): Talent Management: A Critical Review. Human Resource Management Review, 16 (2006) 2, pp. 139–154.
Leyhausen, N. (2010): Juniorfirma. In: Bröckermann, R./Müller-Vorbrüggen, M. (Hrsg.): Handbuch Personalentwicklung: Die Praxis der Personalbildung, Personalförderung und Arbeitsstrukturierung. 3., überarb. u. erw. Aufl., Stuttgart 2010, S. 507–514.
Leymann, H. (1996): The Content and Development of Mobbing at Work. In: European Journal of Work and Organizational Psychology, 5 (1996) 2, pp. 165–184.
Lienert, G.A./Raatz, U. (1998): Testaufbau und Testanalyse. 6. [unveränd.] Aufl., Weinheim/Berlin/Basel 1998.
Lievens, F./Harris, M.M. (2003): Research on Internet Recruiting and Testing: Current Status and Future Directions. In: International Review of Industrial and Organizational Psychology, Vol. 18 (Eds: C.L. Cooper/I.T. Robertson), Chichester 2003, pp.131–165.
Likert, R. (1967/1975): The Human Organization. New York 1967 (deutsch: Die integrierte Führungs- und Organisationsstruktur. New York 1975).
Lippitt, R. (1940): An Experimental Study of the Effect of Democratic and Authoritarian Group Atmospheres. In: University of Iowa, Studies in Child Welfare, 16 (1940) 3, S. 43–195.
Lippitt, R./White, R.K. (1943): The Social Climate of Children's Groups. In: Barker, R.G./Konnin, J./Wright, H. (Eds): Child Behavior and Development. New York 1943, pp. 485–508.
Locke, E.A. (1968): Toward a Theory of Task Motivation and Incentives. In: Organizational Behavior and Human Decision Processes, 3 (1968) 2, pp. 157–189.
Locke, E.A./Latham, G.P. (1990): A Theory of Goal Setting and Task Performance. Englewood Cliffs (NJ) 1990.
Locke, E.A./Latham, G.P. (1990a): Work Motivation: The High Performance Cycle. In: Kleinbeck, U. et al. (Eds): Work Motivation. Hillsdale (NJ) 1990, pp. 3–25.
Locke, E.A./Latham, G.P. (2005): Goal Setting Theory: Theory Building by Induction. In: Smith, K.G./Hitt, M.A. (Eds), Great Minds in Management: The Process of Theory Development. Oxford/New York 2005, pp. 128–150.
Locke, E.A./Latham, G.P. (2007): New Developments in and Directions for Goal-Setting Research. In: European Psychologist, 12 (2007), 4, pp. 290–300.
Lohaus, D. (2010): Outplacement: Praxis der Personalpsychologie. Göttingen 2010.
Lohaus, D./Habermann, W. (2015): Integrationsmanagement: Onboarding neuer Mitarbeiter. Göttingen 2015.
Lohaus, D./Schuler, H. (2014): Leistungsbeurteilung. In: Schuler, H. (Hrsg.): Lehrbuch der Personalpsychologie. 3., überarb. u. erw. Aufl., Göttingen 2014, S. 357–412.
Löhr, A. (2004): Unternehmensethik. In: Schreyögg, G./Werder, A. von (Hrsg.): Handwörterbuch der Unternehmensführung und Organisation. 4., völlig neu bearb. Aufl., Stuttgart 2004, Sp. 1511–1520.
London, M./Beatty, R.W. (1993): 360-Degree Feedback as a Competitive Advantage. In: Human Resource Management, 32 (1993) 2-3, pp. 353–372.
Lorange, P./Murphy, D.C. (1984): Bringing Human Resources into Strategic Planning: Systems Design Considerations. In: Fombrun, C./Tichy, N./Devanna, M.A. (Eds): Strategic Human Resource Management. New York et al. 1984, pp. 275–296.

Lord, G.R./Foti, L./De Vader, C. (1984): A Test of Leadership Categorization Theory: Internal Stucture of Leadership Categories, Information Processing and Leadership Perceptions. In: Organizational Behavior and Human Performance, 34 (1984) 3, S. 343–378.

Lorson, H.N. (1996): Mikropolitik und Leistungsbeurteilung: Diskussion mikropolitischer Aspekte am Beispiel merkmalsorientierter Einstufungsverfahren. Lohmar/Köln 1996.

Löscher, A. (2015): Austrittsbefragungen in der deutschen Wirtschaft: Eine Befragung der Unternehmen des Dax 100. Hamburg, 2015.

Lössl, E. (1992): Eignungsdiagnostische Instrumente. In: Gaugler, E./Weber, W. (Hrsg.): Handwörterbuch des Personalwesens. 2., neubearb. und erg. Aufl., Stuttgart 1992, Sp. 750–763.

Louis, M.R. (1980): Surprise and Sense Making: What Newcomers Experience in Entering Unfamiliar Organizational Settings. In: Administrative Science Quarterly, 25 (1980) 2, pp. 226–250.

Louis, M.R./Posner, B.Z./Powell, G.N. (1983): The Availability and Helpfulness of Socialization Practices. In: Personnel Psychology, 36 (1983) 4, pp. 857–866.

Luczak, H./Schlick, C./Bruder, R. (1998): Arbeitswissenschaft. 3., vollst. überarb. u. erw. Aufl., Berlin 2010.

Luczak, H./Springer J. (1996): Gestaltung von Arbeitssystemen nach ergonomischen und gesundheitsförderlichen Prinzipien. In: Bullinger, H.-J./Warnecke, H.-J. (Hrsg.): Neue Organisationsformen im Unternehmen: Ein Handbuch für das moderne Management. Berlin u. a. 1996, S. 616–655.

Lueger, G. (1992): Die Bedeutung der Wahrnehmung bei der Personalbeurteilung: Zur psychischen Konstruktion von Urteilen über Mitarbeiter. München/Mering 1992.

Luhmann, N. (1976): Funktionen und Folgen formaler Organisation. 3. [unveränd.] Aufl., Berlin 1996.

Luhmann, N. (2014): Vertrauen: Ein Mechanismus der Reduktion sozialer Komplexität. 5., unveränd. Aufl., Stuttgart 2014.

Luthans, F. (2011): Organizational Behavior: An Evidence-Based Approach. 12th ed., New York 2011.

Maanen, J. van (1976): Breaking in: Socialization to Work. In: Dubin, R. (Ed.): Handbook of Work, Organization and Society. Chicago 1976, pp. 67–130.

Maanen, J. van/Schein, E.H. (1979): Towards a Theory of Organizational Socialisation. In: Research in Organizational Behavior, 1 (1979), pp. 209–264.

Macharzina, K. (1992): Internationaler Transfer von Führungskräften. In: Zeitschrift für Personalforschung, 6 (1992) 6, S. 366–384.

Macharzina, K./Wolf, J. (2015): Unternehmensführung: Das internationale Managementwissen. 9., vollst. überarb. u. erw. Aufl., Wiesbaden 2015.

Mael, F.A. (1991): Conceptual Rationale for the Domain and Attributes of Biodata Items. In: Personnel Psychology, 44 (1991) 4, pp. 763–792.

Maier, G.W./Spieß, E. (1994): Einführung von Führungskräften in das Unternehmen: Formen der Unterstützung und erlebten Hilfestellung. In: von Rosenstiel, L. (Hrsg.): Fach- und Führungskräfte finden und fördern. Stuttgart 1994, S. 254–264.

Mann, R.D. (1959): A Review of the Relationship Between Personality and Performance in Small Groups. In: Psychological Bulletin, 56 (1959) 4, pp. 241–270.

Mann, R.D. (1965): Towards an Understanding of the Leadership Role in Formal Organizations. In: Dubin, R. et al. (Eds): Leadership and Productivity. San Francisco 1965, pp. 68–103.

March, J.G./Simon, H.A. (1958/1976): Organizations. New York 1958 (deutsch: Organisation und Individuum. Wiesbaden 1976).

Marcus, B./Schuler, H. (2006): Leistungsbeurteilung. In: Schuler, H. (Hrsg.): Lehrbuch der Personalpsychologie. Göttingen 2006, S. 434–469.

Marquardt, D. (2015): Führung in virtuellen Teams. In: Arbeit und Arbeitsrecht, 70 (2015) 12, S. 710–712.

Literaturverzeichnis

Marr, R. (1986): Strategisches Personalmanagement: Des Kaisers neue Kleider? Kritische Anmerkungen zum derzeitigen Diskussionsstand. In: Management-Forum, 6 (1986) 1/2, S. 13–23.

Marr, R. (1989): Überlegungen zu einem Konzept einer ›Differentiellen‹ Personalwirtschaft. In: Drumm, H.J. (Hrsg.): Individualisierung der Personalwirtschaft. Bern 1989, S. 37–47.

Marr, R./Friedel-Howe, H. (1989): Perspektiven einer differentiellen Personalwirtschaft für den entscheidungsorientierten Ansatz. In: Kirsch, W./Picot, A. (Hrsg.): Betriebswirtschaftslehre im Spannungsfeld zwischen Generalisierung und Spezialisierung. Wiesbaden 1989, S. 322–336.

Marr, R./Stitzel, M. unter Mitarbeit von **Friedel-Howe, H.** (1979): Personalwirtschaft: Ein konfliktorientierter Ansatz. Köln 1979.

Martin, A. (1994): Personalforschung. 2. [unveränd.] Aufl., München/Wien 1994.

Martin, A./Bartscher-Finzer, S. (2004): Zusammenhänge und Mechanismen: Das Groupthink-Phänomen neu betrachtet. Schriften aus dem Institut für Mittelstandsforschung der Universität Lüneburg, Heft 28, Lüneburg 2004.

Martin, A./Bartscher-Finzer, S. (2015): Personal: Sozialisation, Integration, Kontrolle. Stuttgart 2015.

Maslow, A.H. (1954/1970/1977): Motivation and Personality. 2nd ed., New York, 1970 (1st ed., 1954; deutsch: Motivation und Persönlichkeit. Freiburg 1977).

Maslow, A.H. (1965): Eupsychian Management: A Journal. Homewood (Ill.) 1965.

Matiaske, W. (2004): Personalforschung. In: Gaugler, E./Oechsler, W.A./Weber, W. (Hrsg.): Handwörterbuch des Personalwesens. 3., überarb. u. erg. Aufl., Stuttgart 2004, Sp.1521–1534.

Maurer, S.D./Sue-Chan, C./Latham, G.P. (1999): The Situational Interview. In: Eder, R.W./Harris, M.M. (Eds.): The Employment Interview Handbook. Thousand Oaks 1999, pp. 433–456.

Mayrhofer, W. (2003): Teamentwicklung. In: Martin, A. (Hrsg.): Organizational Behaviour: Verhalten in Organisationen. Stuttgart 2003, S. 211–226.

Mayring, P. (2010): Einführung in die qualitative Sozialforschung. 5., überab. Aufl., Weinheim 2010.

McClelland, D.C. (1951): Personality. New York 1951.

McClelland, D.C. (1961/1966): The Achieving Society. New York 1961 (deutsch: Die Leistungsgesellschaft. Opladen 1966.)

McClelland, D.C. et al. (1953): The Achievement Motive. New York 1953.

McCormick, E.J. (1976): Job and Task Analysis. In: Dunnette, M.D. (Ed.): Handbook of Industrial Organizational Psychology. Chicago 1976, pp. 651–696.

McGrath, J.E. (1964): Social Psychology: A Brief Introduction. New York 1964.

McGrath, J.E. (1984): Groups: Interaction and Performance. Englewood Cliffs (NJ) 1984.

McGrath, J.E./Tschan, F.: Dynamics in Groups and Teams. In: Poole, M.S./Van de Ven, A.H. (Eds): Handbook of Organizational Change and Innovation. Oxford 2004, pp. 50–72.

McGregor, D. (1960): The Human Side of Enterprise. New York 1960.

Meifert, M.T. (2005): Mitarbeiterbindung: Eine empirische Analyse betrieblicher Weiterbildner in deutschen Großunternehmen. München/Mering 2005.

Meifert, M.T. (2013): Rententionmanagement. In: Meifert, M.T. (Hrsg.): Strategische Personalentwicklung. Ein Programm in acht Etappen. 3., korr. Aufl., Berlin 2013, S. 291–212.

Meißner, A. (2012): Lerntransfer in der betrieblichen Weiterbildung: Theoretische und empirische Exploration von Lerntransferdeterminanten im Rahmen des Training of-the-job. Lohmar/Köln 2012.

Meißner, A./Becker, F.G. (2007): Competition for Talents. In: Wirtschaftswissenschaftliches Studium, 36 (2007) 8, S. 394–399.

Mentzel, W. (2012): Personalentwicklung: Wie Sie Ihre Mitarbeiter erfolgreich fördern und weiterbilden. 4., überarb.. Aufl., München 2012.

Mertens, D. (1974): Schlüsselqualifikationen: Thesen zur Schulung für eine moderne Gesellschaft. In: Mitteilungen aus der Arbeitsmarkt- und Berufsforschung, 7 (1974) 1, S. 36–43.
Meschkutat, B./Stackelbeck, M./Langenhoff, G. (2002): Der Mobbing-Report: Eine Repräsentativstudie für die Bundesrepublik Deutschland. Bremerhaven 2002.
Metz, T. (2004): Personalkennziffern und -statistik. In: Gaugler, E./Oechsler, W.A./Weber, W. (Hrsg.): Handwörterbuch des Personalwesens. 3., überarb. u. erg. Aufl., Stuttgart 2004, Sp. 1546–1553.
Metz, F./Winnes, R./Knauth, P. (1995): Entwicklungsstand des Personal-Controlling. In: Personal, 47 (1995) 3, S. 132–138.
Meurer, T. (2012): Die Zulässigkeit der Abwerbung von Mitarbeitern unter lauterkeits- und vertragsrechtlichen Gesichtspunkten. Hamburg 2012.
Meyer, J.P./Allen, N.J. (1997): Commitment in the Workplace: Theory, Research, and Application. Thousand Oaks et al. 1997.
Meyer, J.W./Rowan, B. (1977): Institutionalized Organizations: Formal Structure as a Myth and Ceremony. In: American Journal of Sociology, 83 (1977) 2, pp. 340–363.
Miller, D. (2003): An Asymmetry-based View of an Advantage: Towards an Attainable Sustainability. In: Strategic Management Journal, 24 (2003) 10, pp. 961–976.
Mitchell, T.R. (1987): Führungstheorien/Attributionstheorien. In: Kieser, A./Reber, G./Wunderer, R. (Hrsg.): Handwörterbuch der Führung. Stuttgart 1987, Sp. 698–713.
Mojzisch, A./Schulz-Hardt, S. (2006): Information Sampling in Group Decision Making: Sampling Biases and Their Consequences. In: Fiedler, K./Juslin, P. (Eds): Information Sampling and Adaptive Cognition. Cambridge 2006, pp. 299–326.
Möller, W. (1974): Arbeitsbewertung in Industrieunternehmen. München 1974.
Morick, H. (2002): Differentielle Personalwirtschaft: Theoretisches Fundament und praktische Konsequenzen. München 2002.
Moscovici, S./Zavalloni, M. (1969): The Group as a Polarizer of Attitudes. In: Journal of Personality and Social Psychology, 12 (1969) 2, pp. 125–135.
Moser, K. (1996): Commitment in Organisationen. Bern 1996.
Motowidlo, S.J. (1999): Asking About Past Behavior Versus Hypothecial Behavior. In: Eder, R.W./Ferris, G.R. (Ed.): The Employment Interview: Theory, Research, and Practice. Newbury et al. 1989, pp. 159–190.
Motowidlo, S.J. et al. (1992): Studies of the Structured Behavioral Interview. In: Journal of Applied Psychology, 77 (1992) 5, pp. 571–587.
Mudrack, P.E. (1989): Group Cohesiveness and Productivity: A Closer Look. In: Human Relations, 42 (1989) 9, pp. 771–785.
Müller, D./Strohmeier, S. (2010): Design Characteristics of Virtual Learning Environments: An Expert Study. In: International Journal of Training and Development, 14 (2010) 3, pp. 209–222.
Müller, M.M. (1974): Leistungsbewertung von Führungskräften: Entwicklung und Anwendung eines neuen Modells. Bern/Stuttgart 1974.
Müller, M.M. (1974a): Leistungsbewertung von Führungskräften: Darstellung eines Modells. In: Management Zeitschrift – Industrielle Organisation, 43 (1974) 5, S. 227–230.
Müller-Jentsch, W. (1997): Soziologie der industriellen Beziehungen: Eine Einführung. 2., überarb. u. erw. Aufl., Frankfurt a. M./New York 1997.
Mungenast, M. (1990): Grenzen merkmalsorientierter Einstufungsverfahren und ihre mögliche Überwindung durch zielorientierte Verfahren. München 1990.
Münk, K. (2006): Und morgen bringe ich ihn um! Frankfurt a. M. 2006.
Murray, H.A. (1938): Explorations in Personality. New York 1938.
Myers, D.G. (1978): Polarizing Effects of Social Comparison. In: Journal of Experimental Social Psychology, 14 (1978) 6, S. 554–563.
Myers, D.G./Lamm, H. (1976): The Group Polarization Phenomenon. In: Psychological Bulletin, 83 (1976) 4, pp. 602–627.

Literaturverzeichnis

Nassoufis, A. (2012): Speed-Dating bei Unternehmen. In: SpiegelOnline v. 09.09.2012. Online im Internet: http://www.spiegel.de/karriere/berufsstart/karrieremessen-speed-dating-bei-unternehmen-a-854560.html [letzter Abruf: 14.04.2016].

Neidhardt, F. (1979): Das innere System sozialer Gruppen. In: Kölner Zeitschrift für Soziologie und Sozialpsychologie, 31 (1979) 4, S. 639–660.

Neisser, U. (1979): Kognition und Wirklichkeit: Prinzipien und Implikationen der kognitiven Psychologie. Stuttgart 1979.

Nerdinger, F.W. (1995): Motivation und Handeln in Organisationen. Stuttgart/Berlin/Köln 1995.

Nerdinger, F.W. (2005): Vorgesetztenbeurteilung. In: Jöns, I./Bungard, W. (Hrsg.): Feedbackinstrumente in Unternehmen: Grundlagen, Gestaltungshinweise, Erfahrungsberichte. Wiesbaden 2005, S. 99–112.

Nerdinger, F.W. (2012): Grundlagen des Verhaltens in Organisationen. 3., akt. Aufl., Stuttgart 2012.

Nerdinger, F.W. (2014): Motivierung. In: Schuler, H. (Hrsg.): Lehrbuch der Personalpsychologie. 3., überarb. u. erw. Aufl., Göttingen 2014, S. 725–764.

Nesemann, K. (2011): Talentmanagement durch Trainee-Programme: Auswirkungen der Gestaltungsmerkmale auf den Programmerfolg. Wiesbaden 2011.

Neuberger, O. (1974): Messung der Arbeitszufriedenheit. Stuttgart u. a. 1974.

Neuberger, O. (1978): Motivation und Zufriedenheit. In: Mayer, A. (Hrsg.): Organisationspsychologie. Stuttgart 1978, S. 201–235.

Neuberger, O. (1980): Rituelle (Selbst-) Täuschung. In: Die Betriebswirtschaft, 40 (1980) 1, S. 27–43.

Neuberger, O. (1985): Arbeit: Begriff – Gestaltung – Motivation – Zufriedenheit. Stuttgart 1985.

Neuberger, O. (1985a): Arbeitszufriedenheit: Kraft durch Freude oder Euphorie im Unglück? Ein Sammelreferat. In: Die Betriebswirtschaft, 45 (1985) 2, S. 184–206.

Neuberger, O. (1990): Der Mensch ist Mittelpunkt: Der Mensch ist Mittel. Acht Thesen zum Personalwesen. In: Personalführung, o. Jg. (1990) 1, S. 3–10.

Neuberger, O. (1990a): Das Konzept der Selbstentwicklung. In: Haller, M./Hauser, H./Zäch, R. (Hrsg.): Ergänzungen: Ergebnisse der wissenschaftlichen Tagung anläßlich der Einweihung des Ergänzungsbaus der Hochschule St. Gallen. Bern/Stuttgart 1990, S. 199–205.

Neuberger, O. (1991/1994): Personalentwicklung. 2., durchges. Aufl., Stuttgart 1994 (1. Aufl. 1991).

Neuberger, O. (1999): Mikropolitik. In: von Rosenstiel, L./Regnet, E./Domsch, M.E. (Hrsg.): Führung von Mitarbeitern: Handbuch für erfolgreiches Personalmanagement. 4., überarb. u. erw. Aufl., Stuttgart 1999, S. 39–46.

Neuberger, O. (2000): Das 360°-Feedback. München u. a. 2000.

Neuberger, O. (2002): Führen und geführt werden. 6., völlig neu bearb. Aufl., München 2002.

Neuberger, O. (2005): Der Mensch ist Mittelpunkt: Der Mensch ist Mittel. Punkt. In: InFormation, o. Jg. (2005) Dez., S. 3–6.

Neuberger, O. (2006): Mikropolitik und Moral in Organisationen. 2., neubearb. Aufl., Stuttgart 2006.

Neuberger, O. (2006a): Mikropolitik: Stand der Forschung und Reflexion. In: Zeitschrift für Arbeits- und Organisationspsychologie, 50 (2006) 4, S. 189–202.

Neuberger, O. (2015): Das Mitarbeitergespräch: Praktische Grundlagen für erfolgreiche Führungsarbeit. 6. [unveränd.] Aufl., Berlin 2015.

Neuberger, O./Allerbeck, M. (1978): Messung und Analyse von Arbeitszufriedenheit: Erfahrungen mit dem »Arbeitsbeschreibungsbogen ABB«. Bern u. a. 1978.

Neuberger, O./Roth, B. (1974): Führungsstil und Gruppenleistung: Eine Überprüfung von Kontingenz-Modell und LPC-Konzept. In: Zeitschrift für Sozialpsychologie, 5 (1974) 5, S. 133–144.

Newstrom, J.W./Davis, K. (2006): Organizational Behavior: Human Behavior at Work. 12th ed., New York 2006 (tw. auch Vorauflage 1993).

Nick, F.R. (1974): Management durch Motivation. Stuttgart u. a. 1974.

Literaturverzeichnis

Nieder, P. (2001): Vertrauen ist gut – Kontrolle ist nicht besser: Wege zu einer Vertrauenskultur. In: Betriebswirtschaftliche Forschung und Praxis, 53 (2001) 2, S. 179–193.

Nieder, P. (2004): Fluktuation. In: Gaugler, E./Oechsler, W.A./Weber, W. (Hrsg.): Handwörterbuch des Personalwesens. 3., überarb. u. erg. Aufl., Stuttgart 2004, Sp. 757–767.

Nienhüser, W. (1991): Organisationale Demographie. In: Die Betriebswirtschaft, 51 (1991) 6, S. 763–780.

Nienhüser, W. (1998): Ursachen und Wirkungen betrieblicher Personalstrukturen, Stuttgart 1998.

Nienhüser, W. (1999): Zentrale Personalarbeit: Lob der Zentrale. In: Scholz, C. (Hrsg.): Innovative Personal-Organisation: Center-Modelle für Wertschöpfung, Strategie, Intelligenz und Virtualisierung. Neuwied u. a. 1999, S. 158–167.

Nienhüser, W./Becker, C. (2000): Betriebliche Personalforschung. Berlin 2000.

Nienhüser, W./Krins, C. (2005): Betriebliche Personalforschung: Eine problemorientierte Einführung. Mering 2005.

Noll, B. (2002): Wirtschafts- und Unternehmensethik in der Marktwirtschaft. Stuttgart/Berlin/Köln 2002.

o. V. (2004): Kostenfaktor Demotivation. In: Who's Who Europa Magazin, o. Jg. (2004) 1, S. 26–28.

o. V. (2008): Fachkräftemangel kann 4,6 Billionen Euro kosten. In: FAZ v. 8.10.2008, Nr. 235, S. 13.

O'Doherty, J. et al. (2001): Abstract Reward and Punishment Representations in the Human Orbitofrontal Cortex. In: Nature Neuroscience, 4 (2001) 1, pp. 95–102.

Obermann, C. (2013): Assessment Center: Entwicklung, Durchführung, Trends. Mit originalen AC-Übungen. 5., überarb. u. erw. Aufl., Wiesbaden 2013.

Oberste-Beulmann, W. (2006): Chancen für Unternehmen und Arbeitssuchende durch eingliederungsorientierte Arbeitnehmerüberlassung. In: Leistung und Lohn. In: Zeitschrift für Arbeitswirtschaft, Nr. 424–426, Berlin 2006, S. 1–51.

Odiorne, G.S. (1984): Strategic Management of Human Resources: A Portfolio Approach. San Francisco 1984.

Oechsler, W.A./Paul, C. (2015): Personal und Arbeit: Einführung in das Personalmanagement. 10., grundl. überarb. Aufl., Berlin u. a. 2015.

Olfert, K. (2015): Personalwirtschaft. 16., akt. Aufl., Herne, 2015.

Organ, D.W. (1997): Organizational Citizenship Behavior: It´s Construct to Clean-up Time. In: Human Performance, 10 (1997) 2, pp. 85–87.

Osterloh, M./Tiemann, R. (1993): Konzeptionelle Überlegungen zur Anwendung interpretativer Methoden in der Personalforschung. In: Becker, F.G./Martin, A. (Hrsg.): Empirische Personalforschung: Methoden und Beispiele. München 1993, S. 93–109.

Ostermann, A. (2002): Dual Career Couples unter personalwirtschaftlich-systemtheoretischem Blickwinkel. Frankfurt a. M. 2002.

Ostrowski, Y. (2012): Differentielles Bindungsmanagement: Entwicklung eines Entscheidungsrahmens. Lohmar/Köln 2012.

Parise, M.R./Forret, M.L. (2008): Formal Mentoring Programs. The Relationship of Program Design and Support to Mentor's Perception of Benefits and Costs. In: Journal of Vocational Behavior, 72 (2008) 2, pp. 225–240.

Patchen, M. (1962): Supervisory Methods and Group Performance Norms. In: Administrative Science Quarterly, 7 (1962/63) 3, pp. 275–294.

Pawlow, I.P. (1927): Conditioned Reflexes: An Investigation of the Psychological Activity of the Cerebral Cortex. London, 1927.

Pelz, D.C. (1974): Einfluß: Ein Schlüssel zu effektiverer Führung von Vorgesetzten der unteren Hierarchiestufe. In: Kuncik, M. (Hrsg.): Führung, Theorien und Ergebnisse. Düsseldorf 1974, S. 235–245.

Pelzl, U. (2005): Profiling: Die Personalauswahl optimieren. In: Banken+Partner: Zeitschrift für Strategie und Management, 4 (2005) 5, S. 16–17.

Literaturverzeichnis

Penrose, E. (1959): The Theory of the Growth of the Firm. Oxford 1959.
Perlmutter, H.V. (1965): L'Entreprise International: Trois Conceptions. In: Revue Economique et Sociale, 23 (1965), pp. 151–165.
Perlmutter, H.V. (1969): The Tortuous Evolution of the Multinational Corporation. In: Columbia Journal of World Business, 4 (1969) 1, pp. 9–18.
Peter, L. (1994): Schlimmer geht's immer: Das Peter-Prinzip im Lichte neuerer Forschung. Reinbek 1994.
Peteraf, M.A. (1993): The Cornerstones of Competitive Advantage: A Resource-based View. In: Strategic Management Journal, 14 (1993) 3, pp. 179–191.
Phillips, J./Schirmer, F. (2005): Return on Investment in der Personalentwicklung: Der 5-Stufen-Evaluationsprozess. Berlin/Heidelberg/New York 2005.
Piaget, J. (1991): Meine Theorie der geistigen Entwicklung. Frankfurt a. M. 1991.
Picot, A./Schuller, S. (2004): Institutionenökonomie. In: Schreyögg, H./Werder, A. v. (Hrsg.): Handwörterbuch der Unternehmensführung und Organisation. 4., völlig neu bearb. Aufl., Stuttgart 2004, Sp. 514–521.
Picot, A./Schuller, S. (2004a): Outsourcing, Personalwirtschaftliche Aspekte des. In: Gaugler, E./Oechsler, W.A./Weber, W. (Hrsg.): Handwörterbuch des Personalwesens. 3., überarb. u. erg. Aufl., Stuttgart 2004, Sp.1325–1334.
Piezonka, S. (2013): Bindungsmanagement im industriellen Mittelstand: Eine explorative Studie bei Ingenieuren. Lohmar 2013.
Pinnington, A.H./Macklin, R./Campbell, T. (2007): Introduction: Ethical Human Resource Management. In: Pinnington, A.H./Macklin, R./Campbell, T. (Eds): Human Resource Management: Ethics and Employment. Oxford 2007, pp. 1–20.
Podsakoff, P.M. et al. (2000): Organizational Citizenship Behaviours: A Critical Review of the Theoretical and Empirical Literature and Suggestions for Future Research. In: Journal of Management, 26 (2000) 3, pp. 513–563.
Pondy, L.R. (1967): Organizational Conflict: Concepts and Models. In: Administrative Science Quarterly, 12 (1967) 2, pp. 296–320.
Porter, L.W./Lawler, E.E. (1968): Managerial Attitudes and Performance. Homewood (Ill.) 1968.
Porter, L.W./Lawler, E.E./Hackman, J.R. (1975): Behavior in Organizations. New York 1975.
Prahalad, C.K./Hamel, G. (1990): The Core Competence of the Corporation. In: Harvard Business Review, 68 (1990) 3, pp. 79–91.
Prien, E.P. (1963): Development of a Supervisor Position Description Questionnaire. In: Journal of Applied Psychology, 47 (1963) 1, pp. 10–14.
Premack, S.L./Wanous, J.P. (1985): A Meta-Analysis of Realistic Job Previews Experiments. In: Journal of Applied Psychology, 70 (1985) 4, pp. 706–719.
Pulakos, E.D./Schmitt, N. (1995): Experience-Based and Situational Interview Questions: Studies of Validity. In: Personnel Psychology, 48 (1995) 2, pp. 289-308.
Puschke, J./Singelnstein, T. (2015): Compliance und Whistleblowing Neuere Formen sozialer Kontrolle in Unternehmen und Gesellschaft. In: NK Neue Kriminalpolitik, 27 (2015) 4, S. 339–345.
Rank, B./Wakenhut, R. (Hrsg.) (1998): Sicherung des Praxistransfers im Führungskräftetraining. München/Mering 1998.
Rastetter, D. (1998): Commitment: Bindung neuer Mitarbeiter an das Unternehmen. In: Personal, 50 (1998) 12, S. 626–631.
Reddin, W.J. (1970): Managerial Effectiveness. New York 1970.
Reddin, W.J. (1971): Effective Management by Objectives. The 3 D Method of MBO. New York 1971.
REFA (Hrsg.) (1978): Methodenlehre des Arbeitsstudiums, Teil 2: Datenermittlung. 6. Aufl., München 1978 (auch spätere Auflagen).
REFA (Hrsg.) (1987): Methodenlehre des Arbeitsstudiums, Anforderungsermittlung (Arbeitsbewertung). München 1987 (auch spätere Auflagen).

Literaturverzeichnis

Regnet, E. (2010): Evaluationen der Personalentwicklung. In: Bröckermann, R./Müller-Vorbrüggen, M. (Hrsg.): Handbuch Personalentwicklung: Die Praxis der Personalbildung, Personalförderung und Arbeitsstrukturierung. 3., überarb. u. erw. Aufl., Stuttgart 2010, S. 729–745.

Rehäuser, J./Krcmar, H. (1996): Wissensmanagement im Unternehmen. In: Managementforschung 6. Hrsg. v. Schreyögg, G./Conrad, P., Berlin/New York 1996, S. 1–40.

Rehn, M.-L. (1990): Die Eingliederung neuer Mitarbeiter: Eine Längsschnittstudie zur Anpassung an Normen und Werte der Arbeitsgruppe. München/Mering 1990.

Reichel, F.-G. (2005): Das Regelungswerk ERA zur Neugestaltung der tariflichen Vergütung in der Metall- und Elektro-Industrie. In: Angewandte Arbeitswissenschaft, o. Jg. (2005) 183, S. 2–26.

Reichelt, B. (2010): Mentoring und Patenschaft. In: Bröckermann, R./Müller-Vorbrüggen, M. (Hrsg.): Handbuch Personalentwicklung: Die Praxis der Personalbildung, Personalförderung und Arbeitsstrukturierung. 3., überarb. u. erw. Aufl., Stuttgart 2010, S. 437–453.

Rehn, M.-L. (1993): Die Eingliederung neuer Mitarbeiter. In: Moser, K./Stehle, W./Schuler, H. (Hrsg.): Personalmarketing. Göttingen/Stuttgart 1993, S. 77–95.

Reimann, M./Weber, B. (2011): Neuroökonomie: Grundlagen – Methoden – Anwendungen. Wiesbaden 2011.

Richter, R./Furubotn, E.G. (2003): Neue Institutionenökonomik: Eine Einführung und kritische Würdigung. 3., überarb. u. erw. Aufl., Tübingen 2003.

Richter, R./Habib, E. (2011): Das Betriebliche Eingliederungsmanagement: 22 Praxisbeispiele. Bielefeld 2011.

Ridder, H.-G. (2015): Personalwirtschaftslehre. 5. [unveränd.] Aufl., Stuttgart 2015.

Ridder, H.-G./Conrad, P. (2004): Ressourcenorientierte Ansätze des Personalmanagements. In: Gaugler, E./Oechsler, W.A./Weber, W. (Hrsg.): Handwörterbuch des Personalwesens. 3., überarb. u. erg. Aufl., Stuttgart 2004, Sp. 1705–1716.

Ridder, H.-G./Hoon, C. (2009): Introduction to the Special Issue: Qualitative Methods in Research on Human resource Management. In: Zeitschrift für Personalforschung, 23 (2009) 2, S. 93–106.

Ridder, H.-G. u. a. (2001): Strategisches Personalmanagement. Stuttgart 2001.

Rieckmann, H. (1990): Sieben Thesen und ein Fazit. In: Personalführung, 23 (1990) 1, S. 12–17.

Rietiker, J. (2010): Auswahl von Personal. In: Werkmann-Karcher, B./Rietiker, J. (Hrsg.): Angewandte Psychologie für das Human Resource Management: Konzepte und Instrumente für ein wirkungsvolles Personalmanagement. Berlin 2010, S. 215–237.

Ringlstetter, M./Kaiser, S. (2008): Humanressourcen-Management. München 2008.

Ritz, A./Thom, N. (Hrsg.) (2011): Talent Management: Talente identifizieren, Kompetenzen entwickeln, Leistungsträger erhalten. 2., akt. Aufl., Wiesbaden 2011.

RKW-Rationalisierungs-Kuratorium der Deutschen Wirtschaft (Hrsg.) (1996): RKW-Handbuch Personalplanung. 3., überarb. Aufl., Neuwied u. a. 1996.

Robbins, S.P. (2001): Organisation der Unternehmung. 9. [korr.] Aufl., München 2001.

Robbins, S.P./Hudge, T.A. (2014): Organizational Behavior. 16th ed., 2014.

Röder, G./Baeck, U. (2016). Interessenausgleich und Sozialplan. 5., überarb. u. akt. Aufl., München 2016.

Rödl, K. (2006): Auswirkungen von Unternehmenskultur und Unternehmenszielen auf die Gestaltung von Anreizsystemen: Theoretische Grundlagen und empirische Erkenntnisse. Hamburg 2006.

Roethlisberger, F.J./Dickson, W.J. (1970): Management and the Worker. 5th ed., Cambridge 1970.

Rohmert, W./Landau, K. (1979): Das Arbeitswissenschaftliche Erhebungsverfahren zur Tätigkeitsanalyse (AET), Handbuch. Bern/Stuttgart/Wien 1979.

Roos, C. (2013): Online-Recherchen. In: Sarges, W. (Hrsg.): Management-Diagnostik. 4., vollst. überarb. u. erw. Aufl., Göttingen 2013, S. 751–761.

Literaturverzeichnis

Rothlin, P./Werder, P.R. (2008): Die Boreout-Falle: Wie Unternehmen Langeweile und Leerlauf vermeiden. München 2008.

Rotter, J.B. et al. (1962): Internal versus External Control of Reinforcement. In: Washburne, L. (Ed.): Decision, Values and Groups (Vol. 2), London 1962, pp. 374–512.

Rottluff, J. (1988): Leittexte in der beruflichen Bildung. – In: Friede, C.K. (Hrsg.): Neue Wege der betrieblichen Ausbildung, Heidelberg 1988, S. 149–163.

Rottluff, J. (1992): Selbständig lernen. Arbeiten mit Leittexten. Weinheim/Basel 1992.

Rousseau, D. (1995): Psychological Contracts in Organizations: Understanding Written and Unwritten Agreements. Newbury (CA) 1995.

Rousseau, D./Parks, J. (1993): The Contracts of Individuals and Organizations. In: Research in Organizational Behavior, vol. 15, Greenwich 1993, pp. 1–43.

Royle, T. (2005): Realism or Idealism? Corporate Social Responsibility and the Employee Stakeholder in the Global Fast-food Industry. In: Business Ethcis. A European Review, 14 (2005) 1, pp. 42–55.

Rudow, B. (2004): Das gesunde Unternehmen: Gesundheitsmanagement, Arbeitsschutz und Personalpflege in Organisationen. München/Wien 2004.

Rüegg-Stürm, J. (2002): Das neue St. Galler Management-Modell: Grundkategorien einer integrierten Managementlehre. Der HSG-Ansatz. Bern 2002.

Ruppel, M. (2006): Vorstandsorganisation: Eine Betrachtung aus gruppenpsychologischer Perspektive. Lohmar 2006.

Rüttinger, B./von Rosenstiel, L./Molt, W. (1974): Motivation des wirtschaftlichen Verhaltens. Stuttgart u. a. 1974.

Rump, J. (2010): Wissensmanagement als Teil der Personalentwicklung. In: Bröckermann, R./Müller-Vorbrüggen, M. (Hrsg.): Handbuch Personalentwicklung: Die Praxis der Personalbildung, Personalförderung und Arbeitsstrukturierung. 3., überarb. u. erw. Aufl., Stuttgart 2010, S. 283–302.

Rump, J./Eilers, S. (Hrsg.) (2014): Lebensphasenorientierte Personalpolitik: Strategien, Konzepte und Praxisbeispiele zur Fachkräftesicherung. Berlin/Heidelberg 2014.

Ryan, R.M./Deci, E.L. (2000): Self-determination Theory and the Facilitation of Intrinsic Motivation, Social Development, and Well-being. In: American Psychologist, 55 (2000) 1, pp. 68–78.

Rynes, S.L./ Gerhart, B./Parks, L. (2005): Personnel Psychology: Performance Evaluation and Pay for Performance. In: Annual Review of Psychology, 56 (2005), pp. 571–600.

Sader, M. (2002): Psychologie der Gruppe. 8. Aufl., Weinheim 2002.

Sadowski, D. (1977): Pensionierungspolitik: Zur Theorie optimaler Personalplanung im Unternehmen. Stuttgart 1977.

Sadowski, D. (2002): Personalökonomie und Arbeitspolitik. Stuttgart 2002.

Sanders, G.S./Baron, R.S. (1977): Is Social Comparison Irrelevant for Producing Choice Shifts? In: Journal of Experimental Social Psychology, 13 (1977) 4, S. 303–324.

Sandjaja, Y. (2012): Wenn aus dem Job eine Sucht wird: Ein wissenschaftlicher Diskurs zum Thema Arbeitssucht. Saarbrücken 2012.

Sarges, W. (Hrsg.) (2001): Weiterentwicklung der Assessment-Center-Methode. 2., überarb. u. erw. Aufl., Göttingen 2001.

Sarges, W. (2011): Biographisches Interviewen in der Eignungsdiagnostik. In: Jüttemann, G. (Hrsg.): Biographische Diagnostik. Lengerich 2011, S. 169–177.

Sarges, W. (2013): Management-Diagnostik. In: Sarges, W. (Hrsg.): Management-Diagnostik. 4., vollst. überarb. u. erw. Aufl., Göttingen 2013, S. 23–33.

Sarges, W. (2013a): Biografische Fragebögen. In: Sarges, W. (Hrsg.): Management-Diagnostik. 4., vollst. überarb. u. erw. Aufl., Göttingen 2013, S. 570–575.

Sarges, W. (2013b): Einzel-Assessments. In: Sarges, W. (Hrsg.): Management-Diagnostik. 4., vollst. überarb. u. erw. Aufl., Göttingen 2013, S. 825–839.

Sarges, W. (2013c): Interviews. In: Sarges, W. (Hrsg.): Management-Diagnostik. 4., vollst. überarb. u. erw. Aufl., Göttingen 2013, S. 575–592

Sarges, W. (2013d): Eignungsdiagnostische Überlegungen für den Managementbereich. In: Sarges, W. (Hrsg.): Management-Diagnostik. 4., vollst. überarb. u. erw. Aufl., Göttingen 2013, S. 2–23.

Sarges, W./Westermann, F. (2013): Management-Audits. In: Sarges, W. (Hrsg.): Management-Diagnostik. 4., vollst. überarb. u. erw. Aufl., Göttingen 2013, S. 873–883.

Sashkin, M. (1972): Leadership Style and Group Decision Effectiveness: Correlational and Behavioral Test of Fiedler's Contingency Model. In: Organizational Behavior and Human Performance, 8 (1972) 3, pp. 347–362.

Sathe, V. (1985): Culture and Related Corporate Realities. Homewood (Ill.) 1985.

Sattelberger, T. (Hrsg.) (1996): Die lernende Organisation. 3. Aufl., Wiesbaden 1996.

Schanz, G. (1972): Zum Prinzip der Wertfreiheit in der Betriebswirtschaftslehre. In: Zeitschrift für betriebswirtschaftliche Forschung, 26 (1972), S. 379–402.

Schanz, G. (1977): Wege zur individualisierten Organisation. In: Zeitschrift Führung und Organisation, 46 (1977). Teil 1: S. 183–192. Teil 2: S. 345–351.

Schanz, G. (1978): Verhalten in Wirtschaftsorganisationen. München 1978.

Schanz, G. (2000): Personalwirtschaftslehre: Lebendige Arbeit in verhaltenswissenschaftlicher Perspektive. 3., neubearb. u. erw. Aufl., München 2000.

Schaub, G. u. a. (2015): Arbeitsrecht-Handbuch. 16., neubearb. Aufl., München 2015.

Schein, E.H. (1975): How »Career Anchors« Hold Executives to Their Career Paths. In: Personnel, 52 (1975) 3, pp. 11–24.

Schein, E.H. (1978): Career Dynamics: Matching Individual and Organizational Need. Reading, Mass., 1978.

Schein, E.H. (1980): Organisationspsychologie. Wiesbaden 1980.

Schein, E.H. (1980a): Developing Your Career: Know Your Career Anchors and Develop Your Options. Working Paper No. 1148-80, Alfred P. Sloan School of Management, M.I.T., Cambridge 1980.

Schein, E.H. (1984): Coming to a new awareness of organizational culture. In: Sloan Management Review, 25 (1984) 2, pp. 3–16.

Scheller, C. (2008): Arbeitsvermittlung, Profiling und Matching. In: Egle, F./Nagy, M. (Hrsg.): Arbeitsmarktintegration: Grundsicherung – Fallmanagement – Zeitarbeit – Arbeitsvermittlung. 2., überarb. u. erw. Aufl., Wiesbaden, 2008, S. 259–353.

Scherm, E. (1990): Unternehmerische Arbeitsmarktforschung. München 1990.

Scherm, E. (1995): Internationales Personalmanagement. München/Wien 1995.

Scherm, E. (1995a): Personalcontrolling: Aufgaben und Instrumente. In: Berthel, J./Groenewald, H. (Hrsg.): Handbuch Personal-Management. 11. Nachlieferung 5/1995, Landsberg a. Lech 1995, S. 1-17.

Scherm, E. (1999): Internationales Personalmanagement. 2., veränd. Aufl., München/Wien 1999.

Scherm, E. (2004): Arbeitsmarktforschung. In: Gaugler, E./Oechsler, W.A./Weber, W. (Hrsg.): Handwörterbuch des Personalwesens. 3., überarb. u. erg. Aufl., Stuttgart 2004, Sp.299–309.

Scherm, M. (2014): 360-Grad Beurteilungen. In: Sarges, W. (Hrsg.): Management-Diagnostik. 4., vollst. überarb. u. erw. Aufl., Göttingen 2013, S. 864–872.

Scherm, E./Süß, S. (2001): Internationales Management. Eine funktionierende Perspektive. München 2001.

Scherm, E./Süß, S. (2010): Personalmanagement. 2., überarb. u. erw. Aufl., München 2010.

Schettgen P. (1996): Arbeit, Leistung, Lohn. Stuttgart 1996.

Schilke, O./Reimann, M. (2007): Neuroökonomie: Grundverständnis, Methoden und betriebswirtschaftliche Anwendungsfelder. In: Journal für Betriebswirtschaft, 57 (2007) 3, S. 247–262.

Schindler, U./Brunn, S. (1998): Professionelle Personalarbeit im Mittelstand durch Outsourcing. In: Personal, 50 (1998) 10, S. 480–487.

Literaturverzeichnis

Schirmer, F. (2004): Organisation und Träger der Personalarbeit. In: Gaugler, E./Oechsler, W.A./Weber, W. (Hrsg.): Handwörterbuch des Personalwesens. 3., überarb. u. erg. Aufl., Stuttgart 2004, Sp. 1271–1279.

Schirrmacher, F. (2004): Das Methusalem-Komplott. 19. [unveränd.] Aufl., München 2004.

Schleßmann, H. (2012): Arbeitszeugnis: Zeugnisrecht, Zeugnissprache, Bausteine, Muster, Auskünfte über Arbeitnehmer. 20., neu bearb. u. erw. Aufl., Frankfurt a. M. 2012.

Schlick, C./Bruder, R./Luczak, H. (2010): Arbeitswissenschaft. 3., vollst. überarb. u. erw. Aufl., Berlin 2010.

Schmidt, F./Hunter, J.E. (1998): The Validity and Utility of Selection Methods in Personnel Psychology: Practice and Theoretical Implications of 85 Years of Research Findings. In: Psychological Bulletin, 124 (1998) 2, pp. 262–274.

Schmidt, F./Rader, M. (1999): Exploring the Boundary Conditions for Interview Validity: Meta-Analytic Validity Findings for a New Interview Type. In: Personnel Psychology, 52 (1999) 2, pp. 445–464.

Schmidt, L./Schlick, C.M./Grosche, J. (2008): Ergonomie und Mensch-Maschine-Systeme. Berlin 2008.

Schmidt, R.-B. (1969): Wirtschaftslehre der Unternehmung. Bd. 1: Grundlagen. Stuttgart 1969.

Schneider, A./Schmidpeter, R. (2012): Corporate Social Responsibility: Verantwortungsvolle Unternehmensführung in Theorie und Praxis. Berlin 2012.

Schneider, H.G./Fritz, S./Zander, E. (2007): Erfolgs- und Kapitalbeteiligung der Mitarbeiter. 6., vollst. überarb. Aufl., Düsseldorf 2007.

Schneider, S. (1999): Die betriebliche Einarbeitung neuer Mitarbeiter: Ein Phasenmodell. In: Akademie – Zeitschrift für Führungskräfte in Verwaltung und Wirtschaft, 44 (1999) 1, S. 9–12.

Schnellenbach H./Bodanowitz, J. (2016): Beamtenrecht in der Praxis., 9., neubearb. Aufl., München 2016.

Scholz, C. (1999): Die Virtuelle Personalabteilung als Zukunftsvision? In: Scholz, C. (Hrsg.): Innovative Personal-Organisation: Center-Modelle für Wertschöpfung, Strategie, Intelligenz und Virtualisierung. Neuwied u. a. 1999, S. 233–253.

Scholz, C. (2003): Spieler ohne Stammplatzgarantie: Darwiportunismus in der neuen Arbeitswelt. Weinheim 2003.

Scholz, C. (Hrsg.) (1997): Individualisierung als Paradigma. Festschrift für Hans Jürgen Drumm. Stuttgart 1997.

Scholz, C. (2014): Personalmanagement: Informationsorientierte und verhaltensorientierte Grundlagen. 6., neubearb. u. erw. Aufl., München 2014.

Scholz, C. (2014a): Generation Z: Wie sie tickt, was sie verändert und warum sie uns alle ansteckt. Weinheim 2014.

Scholz, C./Stein, V./Bechtel, R. (2011): Human Capital Management. Wege aus der Unverbindlichkeit. 3., akt. Aufl., Kriftel 2011.

Schramm, F. (2004): Arbeitnehmergruppen. In: Gaugler, E./Oechsler, W.A./Weber, W. (Hrsg.): Handwörterbuch des Personalwesens, 3., überarb. u. erg. Aufl., Stuttgart 2004, Sp. 121–129.

Schreyögg, G./Kliesch-Eberl, M. (2007): How Dynamic Can Organizational Capabilities Be? Towards a Dual-process Model of Capability Dynamization. In: Strategic Management Journal, 28 (2007) 9, pp. 913–933.

Schreyögg, H./von Werder, A. (Hrsg.) (2004): Handwörterbuch der Unternehmensführung und Organisation. 4., völlig neu bearb. Aufl., Stuttgart 2004.

Schröder, C. (2013): Entwicklung und Struktur der Arbeitskosten in Deutschland. In: Wirtschaftsdienst, 93 (2013) 9, S. 648–650. Online im Internet: http://link.springer.com/article/10.1007/s10273-013-1578-1 [letzter Abruf: 15.07.2016].

Schudey, A.P./Jensen, O./Sachs, S. (2012): 20 Jahre Rückanpassungsforschung: Eine Metaanalyse. In: Zeitschrift für Personalforschung, 26 (2012) 1, S. 48–73.

Schuler, H. (1978): Leistungsbeurteilung in Organisationen. In: Mayer, A. (Hrsg.): Organisationspsychologie. Stuttgart 1978, S. 137–169.
Schuler, H. (2002): Das Einstellungsinterview. Göttingen 2002.
Schuler, H. (2014): Psychologische Personalauswahl: Eignungsdiagnostik für Personalentscheidungen und Berufsberatung. 4., vollst. überarb. u. erw. Aufl., Göttingen 2014.
Schuler, H. (2014a): Biografieorientierte Verfahren der Personalauswahl. In: Schuler, H./Kanning, U.P. (Hrsg.): Lehrbuch der Personalpsychologie. 3., überarb. u. erw. Aufl., Göttingen 2014, S. 257–299.
Schuler, H./Höft, S. (2001): Konstruktorientierte Verfahren der Personalauswahl. In: Lehrbuch der Personalpsychologie. Hrsg. v. Heinz Schuler, Göttingen 2001, S. 93–133.
Schuler, H./Höft, S./Hell, B. (2014): Eigenschaftsorientierte Verfahren der Personalauswahl. In: Schuler, H./Kanning, U.P. (Hrsg.): Lehrbuch der Personalpsychologie. 3., überarb. u. erw. Aufl., Göttingen 2014, S. 149–213.
Schuler, H./Stehle, W. (Hrsg.) (1986): Biographische Fragebögen als Methode der Personalauswahl. Stuttgart 1986.
Schulte, C. (2011): Personal-Controlling mit Kennzahlen. 3., überarb. u. erw. Aufl., München 2011.
Schulten, T. (2016): WSI-Mindestlohnbericht 2016: Anhaltende Entwicklungsdynamik in Europa. In: WSI-Mitteilungen, o. Jg. (2016) 2, S. 129–135.
Schulz, A.-K. (2012): Wechsel des Kulturkreises: Kein Schock in der Fremde. In: Arbeit und Arbeitsrecht, 67 (2012) 6, S. 348–351.
Schwaab, M.-O./Durian, A. (Hrsg.) (2009): Zeitarbeit: Chancen – Erfahrungen – Herausforderungen. Wiesbaden 2009.
Scott, W.R. (1988): The Adolescence of Institutional Theory. In: Administrative Science Quartely, 32 (1988), pp. 493–511.
Seijts, G.H./Kyei-Poku, I. (2010): The Role of Situational Interviews in Fostering Positive Reactions to Selection Decisions. In: Applied Psychology, 53 (2010) 3, pp. 431–453.
Seltzer, J./Bass, B.M. (1990): Transformational Leadership: Beyond Initiation and Consideration. In: Journal of Management, 16 (1990) 4, pp. 693–704.
Senge, P.M. (1990): The Fifth Discipline: The Art and Practice of the Learning Organization. London 1990.
Sennett, R. (1998): Der flexible Mensch: Die Kultur des neuen Kapitalismus. Berlin 1998.
Sesselmeier, W./Funk, L./Waas, B. (2010): Arbeitsmarkttheorien: Eine ökonomisch-juristische Einführung. 3., vollst. überarb. Aufl., Heidelberg 2010.
Seufert, S. (2010): Corporate University. In: Bröckermann, R./Müller-Vorbrüggen, M. (Hrsg.): Handbuch Personalentwicklung: Die Praxis der Personalbildung, Personalförderung und Arbeitsstrukturierung. 3., überarb. u. erw. Aufl., Stuttgart 2010, S. 303–316.
Sheahan, P. (2005): Generation Y. Thriving and Surviving With Generation Y at Work. Melbourne 2005.
Sievers, B. (1988): Organisationsentwicklung und der menschliche Faktor. In: Organisationsentwicklung, 7 (1988) 3, S. 1–10.
Silvester, J. et al. (2000): A Cross-Modal Comparison of Telephone and Face-to-Face Selection Interviews in Graduate Recruitment. In: International Journal of Selection and Assessment, 8 (2000) 1, pp. 16–21.
Simon, H. (1945/1981): Administrative Behavior. New York 1945 (auch spätere Auflagen; deutsch: Entscheidungsverhalten in Organisationen: Eine Untersuchung von Entscheidungsprozessen in Management und Verwaltung. 3. [unveränd.] Aufl., Landsberg a. L. 1981).
Skinner, B.F. (1938): The Behavior of Organisms. New York 1938.
Skinner, B.F. (1953): Science and Human Behavior. New York 1953.
Skinner, B.F. (1974): Die Funktion der Verstärkung in der Verhaltenswissenschaft. München 1974.

Literaturverzeichnis

Smith, P.C./Kendall, L.M. (1963): Retranslation of Expectations: An Approach to the Construction of Unambiguos Anchors for Rating Scales. In: Journal of Applied Psychology, 47 (1963) 2, pp. 149–155.

Snell, A. (2006): Researching Onboarding Best Practice: Using Research to Connect Onboarding Processes with Employee Satisfaction. In: Strategic HR Review, 5 (2006) 6, pp. 32–35.

Söllner, A./Waltermann, R. (2009): Arbeitsrecht. 15., neu bearb. Aufl., München 2009.

Solinger, O.N. et al. (2013): On Becoming (Un)Committed: A Taxonomy and Test of Newcomer Onboarding Scenarios. In: Organization Science, 24 (2013) 6, pp. 1640–1661.

Sonntag, K. (1999): Personalentwicklung: ein Feld psychologischer Forschung und Gestaltung. In: Sonntag, K. (Hrsg.): Personalentwicklung in Organisationen: Psychologische Grundlagen, Methoden und Strategien. 2., überarb. u. erw. Aufl., Göttingen 1999, S. 15–29.

Sonntag, K./Schaper, N. (1999): Förderung beruflicher Handlungskompetenz. In: Sonntag, K. (Hrsg.): Personalentwicklung in Organisationen: Psychologische Grundlagen, Methoden und Strategien. 2., überarb. u. erw. Aufl., Göttingen 1999, S. 211–244.

Sonntag, K./Stegmaier, R. (2001): Verhaltensorientierte Verfahren der Personalentwicklung. In: Schuler, H. (Hrsg.): Lehrbuch der Personalpsychologie. Göttingen 2001, S. 265–287.

Sprenger, R.K. (2004). Mythos Motivation: Wege aus der Sackgasse. 17. Aufl., Frankfurt a. M./New York 2004.

Sprenger, R.K./Arnold, C. (2013). Probezeit. In: Sarges, W. (Hrsg.): Management-Diagnostik. 4., vollst. überarb. u. erw. Aufl., Göttingen 2013, S. 839–847.

Staehle, W.H. (1999): Management: Eine verhaltenswissenschaftliche Einführung. 8. Aufl., überarb. von Conrad, P. und Sydow, J., München 1999.

Staffelbach, B. (1986): Strategisches Personalmanagement. Bern/Stuttgart 1986.

Stasser, G. (1992): Pooling of Unshared Information During Group Discussions. In: Worchel, S./Wood, W./Simpson, J.A. (Eds): Group Process and Productivity. Newbury Park (CA) 1992, pp. 48–67.

Stasser, G./Titus, W. (1985): Pooling of Unshared Information in Group Decision Making: Biased Information Sampling During Discussion. In: Journal of Personality and Social Psychology, 48 (1985) 6, pp. 1467–1478.

Stasser, G./Titus, W. (1987): Effects of Information Load and Percentage of Shared Information on the Dissemination of Unshared Information During Group Discussion. In: Journal of Personality and Social Psychology, 53 (1987) 1, pp. 81–93.

Stauss, B. (2000): Rückgewinnungsmanagement. In: Wirtschaftswissenschaftliches Studium, 29 (2000) 10, S. 579–582.

Stein, V. (2001): Das Unternehmen als Vogelschwarm: Eine modelltheoretische Analyse des darwiportunistischen Szenarios. In: Kossbiel, H. (Hrsg.): Modellgestützte Personalentscheidungen. München 2001, S. 41–58.

Stein, V. (2010): Berufsgenossenschaften. In: Scholz, C. (Hrsg.): Vahlens Großes Personallexikon. München 2010, S. 123–124.

Steiner, I.D. (1972): Group Process and Productivity. New York 1972.

Steinmann, H. (1973): Zur Lehre von der »Gesellschaftlichen Verantwortung der Unternehmensführung«. In: Wirtschaftswissenschaftliches Studium, 2 (1973), S. 467–472.

Steinmann, H./Braun, W. (1976): Zum Prinzip der Wertfreiheit in der Betriebswirtschaftslehre. In: Wirtschaftswissenschaftliches Studium, 5 (1976) 10, S. 463–468.

Steinmann, H./Löhr, A. (Hrsg.) (1989): Unternehmensethik. Stuttgart 1989.

Steinmann, H./Löhr, A. (1992): Lohngerechtigkeit. In: Gaugler, E./Weber, W. (Hrsg.): Handwörterbuch des Personalwesens. 2., neubearb. u. erg. Aufl., Stuttgart 1992, Sp.1284–1294.

Steinmann, H./Schreyögg, G./Koch, J. (2013): Management: Grundlagen der Unternehmensführung. 7., vollst. überarb. Aufl., Wiesbaden 2013.

Steinmetz, H. u. a. (2012): Das Cranet-Projekt: Kreuzkulturelle Vergleiche im HR-Management. In: PERSONALquartely, 64 (1012) 1, S. 34–39.

Literaturverzeichnis

Stelzer-Rothe, T. (2010): Stellvertretung. In: Bröckermann, R./Müller-Vorbrüggen, M. (Hrsg.): Handbuch Personalentwicklung: Die Praxis der Personalbildung, Personalförderung und Arbeitsstrukturierung. 3., überarb. u. erw. Aufl., Stuttgart 2010, S. 611–623.

Stemmler, G. (2010): Beobachtung: Begriff und Verständnis. In: Westhoff, K. u. a. (Hrsg.) (2010): Grundwissen für die berufsbezogene Eignungsbeurteilung nach DIN 33430. 3., überarb. Aufl., Lengerich u. a. 2010, S. 37–42.

Stemmler, G. (2010a): Operationalisierung von Anforderungen. In: Westhoff, K. u. a. (Hrsg.) (2010): Grundwissen für die berufsbezogene Eignungsbeurteilung nach DIN 33430. 3., überarb. Aufl., Lengerich u. a. 2010, S. 43–47.

Stenzel, S. (2010): Coaching und Supervision. In: Bröckermann, R./Müller-Vorbrüggen, M. (Hrsg.): Handbuch Personalentwicklung: Die Praxis der Personalbildung, Personalförderung und Arbeitsstrukturierung. 3., überarb. u. erw. Aufl., Stuttgart 2010, S. 413–435.

Stertz, A. (2011): Die Entwicklung dualer Studiengänge zwischen 2004 und 2010. In: Datenreport zum Berufsbildungsbericht 2011: Informationen und Analysen zur Entwicklung der beruflichen Bildung. Bonn 2011, S. 226–230. Online im Internet: http://datenreport.bibb.de/html/3696.htm [letzter Abruf: 09.05.2016].

Steyrer, J. (1988): Menschenbilder bei Führungskräften im Zusammenhang mit organisatorischen Werthaltungen und psychosozialen Faktoren: Ergebnisse einer empirischen Untersuchung. In: Journal für Betriebswirtschaft, 38 (2014) 3, S. 96–118.

Steyrer, J. (2002): Theorie der Führung. In: Kasper, H./Mayrhofer, W. (Hrsg.): Personalmanagement, Führung, Organisation. Wien 2002, S. 157–212.

Stiefel, R.T. (1979): Planung und Durchführung von Induktionsprogrammen. München 1979.

Stiefel, R.T. (1995): Modelle und Beispiele personaler Zukunftssicherung im Unternehmen. In: Sattelberger, T. (Hrsg.): Innovative Personalentwicklung: Grundlagen, Konzepte, Erfahrungen. 3. [unveränd.] Aufl., Wiesbaden 1995, S. 80–89.

Stock-Homburg, R. (2010/2013): Personalmanagement. Grundlagen – Konzepte – Instrumente. 2. [unveränd.] Aufl., Wiesbaden 2010 bzw. 3., überarb. u. erw. Aufl., Wiesbaden 2013.

Stock-Homburg, R. (Hrsg.) (2013a): Handbuch Strategisches Personalmanagement, 2., überarb. u. erw. Aufl., Wiesbaden 2013.

Stogdill, R.M. (1948): Personal Factors Associated with Leadership. A Survey of the Literature. In: Journal of Psychology 25 (1948), pp. 35–71.

Stogdill, R.M. (1974): Handbook of Leadership: A Survey of Theory and Research. New York/London 1974.

Stoner, J.A. (1961): A Comparison of Individual and Group Decisions Involving Risk. Sloane School of Management, Massachusetts Institute of Technology, Cambridge (MA) 1961 (unveröffentlichte »Master Thesis«).

Strasmann, J. (2010): Outdoor Training, insbesondere Teambildung und Teamentwicklung. In: Bröckermann, R./Müller-Vorbrüggen, M. (Hrsg.): Handbuch Personalentwicklung: Die Praxis der Personalbildung, Personalförderung und Arbeitsstrukturierung. 3., überarb. u. erw. Aufl., Stuttgart 2010, S. 455–464.

Straush, A. (2011): Arbeitgeber-Wettbewerb. Der Club der Gewinner. Online im Internet: http://www.spiegel.de/karriere/berufsstart/arbeitgeber-wettbewerbe-der-club-der-gewinner-a-782019.html [letzter Abruf: 25.09.2012].

Stroebe, W./Diehl, M./Abakoumkin, G. (1996): Social Compensation and the Köhler Effect: Toward a Theoretical Explanation of Motivation Gains in Group Productivity. In: Witte, E.H./Davis, J.H. (Eds): Understanding Group Behavior. Vol. 2: Small Group Processes and Interpersonal Relations. Mahwah (NJ) 1996, pp. 37–65.

Strohmeier, S. (2008): Informationssysteme im Personalmanagement: Architektur – Funktion – Anwendung. Heidelberg 2008.

Strohmeier, S. (2009): Concepts of e-HRM Consequences. A Categorization, Review and Suggestion. In: International Journal of Human Resource Management, 20 (2009) 3, pp. 528–543.

Literaturverzeichnis

Strohmeier, S./Bondarouk, T./Konradt, U. (2012): Editorial: Electronic Human Resource Management: Transformation of HRM? In: Zeitschrift für Personalforschung, 26 (2012) 3, S. 215–217.

Stufflebeam, D.L. (2003): The CIPP Model for Evaluation: An Update, a Review of the Model's Development, a Checklist to Guide Implementation. Portland 2003.

Süß, S. (2004): Internationales Personalmanagement: Eine theoretische Betrachtung. München 2004.

Süß, S. (2006): Mittendrin statt nur dabei? Ausprägungen und Bedingungen des Commitments von Freelancern. In: Arbeit, 15 (2006) 2, 128–133.

Süß, H.-M./Beauducel, A. (2013): Intelligenztests. In: Sarges, W. (Hrsg.): Management-Diagnostik. 4., vollst. überarb. u. erw. Aufl., Göttingen 2013, S. 616–628.

Sutton, R.I. (2008): Der Arschloch-Faktor. München 2008.

Sydow, J./Schreyögg, G./Koch, J. (2009): Organizational Path Dependence: Opening the Black Box. In: Academy of Management Review, 34 (2009) 4, pp. 689–709.

Szebel-Habig, A. (2004): Mitarbeiterbindung: Auslaufmodell Loyalität? Mitarbeiter als strategischer Erfolgsfaktor. Weinheim/Basel 2004.

Tannenbaum, A. (1966): Social Psychology of the Work Organization. Belmont 1966.

Tannenbaum, R./Schmidt, W.H. (1958): How to Choose a Leadership Pattern. In: Harvard Business Review, 36 (1958) 2, pp. 95–101.

Tannenbaum, S.I./Yukl, G. (1992): Training and Development in Work Organizations. In: Annual Review of Psychology, 35 (1992), pp. 399–441.

Taylor, F.W. (1911): The Principles of Scientific Management. New York/London 1911.

Taylor, B./Lippit, G. (Eds) (1983): Management Development and Training Handbook. 2nd ed., London 1983.

Teece, D.J./Pisano, G./Shuen, A. (1997): Dynamic Capabilities and Strategic Management. In: Strategic Management Journal, 18 (1997) 7, pp. 509–533.

Ternes, A./Runge, C. (2016): Reputationsmanagement: Employer Branding. Wiesbaden 2016.

Thiedeke, U. (Hrsg.) (2003): Virtuelle Gruppen: Charakteristika und Problemdimensionen. 2., überarb. u. akt. Aufl., Opladen 2003.

Thierau-Brunner, H./Stangel-Meseke, M./Wottawa, H. (1999): Evaluation von Personalentwicklungsmaßnahmen. In: Sonntag, K. (Hrsg.): Personalentwicklung in Organisationen: Psychologische Grundlagen, Methoden und Strategien. 2., überarb. u. erw. Aufl., Göttingen 1999, S. 261–286.

Thierau-Brunner, H./Wottawa, H./Stangel-Meseke, M. (2006): Evaluation von Personalentwicklungsmaßnahmen. In: Sonntag, K. (Hrsg.): Personalentwicklung in Organisationen. 3., überarb. u. erw. Aufl., Göttingen 2006, S. 329–354.

Thom, N. (1987): Personalentwicklung als Instrument der Unternehmungsführung, Stuttgart 1987.

Thomas, A./Schroll-Machl, S. (1998): Mittel- und langfristige Auslandseinsätze als Meilensteine der Personalentwicklung von Führungs(nachwuchs)kräften. In: Brühl, R./Groenewald, H./Weitkamp, J. (Hrsg.): Betriebswirtschaftliche Ausbildung und internationales Personalmanagement. Wiesbaden 1998, S. 281–311.

Thomas, K.W. (1976): Conflict and Conflict Management. In: Dunnette, M.D. (Ed.): Handbook of Industrial and Organizational Psychology. Chicago 1976, pp. 889–935.

Thomas, K.W. (1992): Conflict and Conflict Management: Reflections and Update. In: Journal for Organizational Behavior, 13 (1992) 3, pp. 265-274.

Thomas, K.W./Kilmann, R.H. (1974): Thomas-Kilmann Conflict Mode Instrument. Tuxedo (NY) 1974.

Thömmes, J. (1996): Blinde Flecken in der Beurteilungspraxis? Eine systematisch-empirische Untersuchung zu Methoden der Potenzialbeurteilung in Wirtschaftsorganisationen. München/Mering 1996.

Thorndike, E.L. (1913): The Laws of Learning in Animals. In: Thorndike, E.L. (Ed.): The Psychology of Learning: Vol. 2. New York 1913, pp. 6–16.

Thüsing, G. (2004): Tarifvertrag. In: Gaugler, E./Oechsler, W.A./Weber, W. (Hrsg.): Handwörterbuch des Personalwesens. 3., überarb. u. erg. Aufl., Stuttgart 2004, Sp. 1874–1882.
Tichy, N./Devanna, M.A. (1986): The Transformational Leader. New York 1986.
Tichy, N./Fombrun, C./Devanna, M.A. (1982): Strategic Human Resource Management. In: Sloan Management Review, 23 (1982) 2, pp. 47–61.
Tonnesen, C.T. (2000): Die HR Balanced Scorecard als Ansatz eines modernen Personalcontrollings. In: Ackermann, K.F. (Hrsg.): Balanced Scorecard für Personalmanagement und Personalführung. Wiesbaden 2000, S. 77–99.
Tornow, W.W./Pinto, P.R. (1976): The Development of a Managerial Job Taxonomy. A System for Describing, Classifiying and Evaluation Executive Positions. In: Journal of Applied Psychology, 61 (1976) 4, pp. 410–418.
Touet, M. (1997): Möglichkeiten und Grenzen der Potentialbeurteilung. Lohmar/Köln 1997.
Tscheulin, D. (1994): »Variety-Seeking-Behavior« bei nicht-habitualisierten Konsumentenentscheidungen. In: Zeitschrift für betriebswirtschaftliche Forschung, 46 (1994) 1, S. 54–62.
Tuckman, B.W. (1965): Developmental Sequence in Small Groups. In: Psychological Bulletin, 63 (1965) 3, pp. 384–399.
Türk, K. (1981): Personalführung und soziale Kontrolle. Stuttgart 1981.
Ulich, E. (1978): Über das Prinzip der differentiellen Arbeitsgestaltung. In: Management-Zeitschrift Industrielle Organisation, 47 (1978) 12, S. 566–568.
Ulich, E. (1980): Zum Begriff der persönlichkeitsförderlichen Arbeitsgestaltung. In: Zeitschrift für Arbeitswissenschaft, 34 (1980) 4, S. 210–213.
Ulich, E. (1997): Differentielle und dynamische Arbeitsgestaltung. In: Luczak, H./Volpert, W. (Hrsg.): Handbuch Arbeitswissenschaft. Stuttgart 1997, S. 796–800.
Ulich, E. (1999): Lern- und Entwicklungspotentiale in der Arbeit – Beiträge der Arbeits- und Organisationspsychologie. In: Sonntag, K. (Hrsg.): Personalentwicklung in Organisationen: Psychologische Grundlagen, Methoden und Strategien. 2., überarb. u. erw. Aufl., Göttingen 1999, S. 123–153.
Ulich, E. (2011): Arbeitspsychologie. 7., neu überarb. u. erw. Aufl., Stuttgart 2011.
Ulrich, D. (1996): Human Resource Champions: The Next Agenda for Adding Value and Delivering Results. New York 1996.
Ulrich, D./Beatty, R. (2001): From Partners to Players: Extending the HR Playing Field. In: Human Resource Management, 40 (2001) 4, pp. 293–307.
Ulrich, D./Brockbank, W./Yeung, A. (1989): Beyond Belief: A Benchmark for Human Resources. In: Human Resource Management, 28 (1989) 3, pp. 311–335.
Ulrich, D./Younger, J./Brockbank, W. (2008): The Twenty-First-Century HR-Organization. In: Human Resource Management, 47 (2008) 4, pp. 829–850.
Ulrich, H. (1981): Die Betriebswirtschaftslehre als anwendungsorientierte Sozialwissenschaft. In: Geist, M.N./Köhler, R. (Hrsg.): Die Führung des Betriebes. Stuttgart 1981, S. 1–25.
Ulrich, P. (2007): Integrative Wirtschaftsethik: Grundlagen einer lebensdienlichen Ökonomie. 4., vollst. neu bearb. Aufl., Bern 2007.
van Avermaet, E. (2003): Sozialer Einfluss in Kleingruppen. In: Stroebe, W./Jonas, K./Hewstone, M. (Hrsg.): Sozialpsychologie: Eine Einführung. 4., überarb. u. erw. Aufl., Berlin u. a. 2003, S. 451–495.
van Dick, R. (2004): Commitment und Identifikation mit Organisationen. Göttingen 2004.
Vandenput, M. (1973): The Transfer of Training: Some Organizational Variables. In: Journal of European Training, 2 (1973) 3, pp. 251–262.
Veith, H. (2008): Sozialisation. Stuttgart 2008.
Verfürth, C. (2010): Finarbeitung, Integration und Anlernen neuer Mitarbeiter. In: Bröckermann, R./Müller-Vorbrüggen, M. (Hrsg.): Handbuch Personalentwicklung: Die Praxis der Personalbildung, Personalförderung und Arbeitsstrukturierung. 3., überarb. u. erw. Aufl., Stuttgart 2010, S. 157–176.
Vitols, K. (2003): Die Regulierung der Zeitarbeit in Deutschland: Vom Sonderfall zur Normalbranche. In: Duisburger Beiträge zur soziologischen Forschung, Nr. 5/2003, Institut für

Literaturverzeichnis

Soziologie, Universität Duisburg-Essen. Online im Internet: https://www.uni-due.de/imperia/md/content/soziologie/dubei0503.pdf [letzter Abruf: 30.09.2016].

vom Hofe, A. (2005): Strategien und Maßnahmen für ein erfolgreiches Management der Mitarbeiterbindung. Hamburg 2005.

von Arx, S. (1998): Das Wertschöpfungs-Center-Konzept als Strukturansatz zur unternehmerischen Gestaltung der Personalarbeit: Darstellung aus Sicht der Wissenschaft. In: Wunderer, R./Kuhn, T. (Hrsg.): Innovatives Personalmanagement: Theorie und Praxis unternehmerischer Personalarbeit. Neuwied u. a. 1998, S. 423–441.

von der Mosel, A.K. (2015): Regain Management als Element des externen Personalmarketings: Entwicklung eines Entscheidungsrahmens. Lohmar/Köln 2015.

von Eckardstein, D. (1991): Von der anforderungsabhängigen zur qualifikationsorientierten Entlohnung? In: Schanz, G. (Hrsg.): Handbuch Anreizsysteme in Wirtschaft und Verwaltung. Stuttgart 1991, S. 215–232.

von Eckardstein, D. (2001): Variable Vergütung für Führungskräfte als Instrument der Unternehmensführung. In: von Eckardstein, D. (Hrsg.): Handbuch Variable Vergütung für Führungskräfte. München 2001, S. 1–25.

von Rosenstiel, L. (1973): Motivation im Betrieb. 2. [unveränd.] Aufl., München 1973.

von Rosenstiel, L. (1975): Die motivationalen Grundlagen des Verhaltens: Leistung und Zufriedenheit. Berlin 1975.

von Rosenstiel, L. (1979): Die Ermittlung personeller Eigenschaften motivationaler Art. In: Reber, G. (Hrsg.): Personalinformationssysteme. Stuttgart 1979, S. 51–73.

von Rosenstiel, L. (1992): Grundlagen der Organisationspsychologie. 3., überarb. und erg. Aufl., Stuttgart 1992.

von Rosenstiel, L. (1999): Entwicklung von Werthaltungen und interpersonaler Kompetenz: Beiträge der Sozialpsychologie. In: Sonntag, K. (Hrsg.): Personalentwicklung in Organisationen: Psychologische Grundlagen, Methoden und Strategien. 2., überarb. u. erw. Aufl., Göttingen 1999, S. 99–122.

von Rosenstiel, L. (2004): Kommunikation in Arbeitsgruppen. In: Schuler, H. (Hrsg.): Lehrbuch Organisationspsychologie. 3., überarb. u. erw. Aufl., Bern u. a. 2004, S. 387–414.

von Rosenstiel, L. (2014): Grundlagen der Führung. In: von Rosenstiel, L./Regnet , E./Domsch, M.E. (Hrsg.): Führung von Mitarbeitern: Handbuch für erfolgreiches Personalmanagement. 7., überarb. Aufl., Stuttgart 2014, S. 3–28.

von Rosenstiel, L./Lang-von Wins, T. (Hrsg.) (2000): Perspektiven der Potentialbeurteilung. Göttingen 2000.

von Rosenstiel, L./Nerdinger, F.W. (2011): Grundlagen der Organisationspsychologie: Basiswissen und Anwendungshinweise. 7., überarb. Aufl., Stuttgart 2011.

von Rosenstiel, L./Regnet, E./Domsch, M.E. (Hrsg.) (2014): Führung von Mitarbeitern: Handbuch für erfolgreiches Personalmanagement. 7., überarb. Aufl., Stuttgart 2014.

von Rundstedt, E. (2010): Berufliche Neuorientierung und Outplacement. In: Bröckermann, R./Müller-Vorbrüggen, M. (Hrsg.): Handbuch Personalentwicklung: Die Praxis der Personalbildung, Personalförderung und Arbeitsstrukturierung. Stuttgart 2010, S. 197–214.

von Saldern, A. (2009): Das »Harzburger Modell«: Ein Ordnungssystem für bundesrepublikanische Unternehmen, 1960–1975. In: Thomas Etzemüller (Hrsg.): Die Ordnung der Moderne: Social Engineering im 20. Jahrhundert. Bielefeld 2009, S. 303–329.

Vroom, V.H. (1964/67): Work and Motivation. New York 1964 (auch 3rd ed., 1967).

Vroom, V.H./Jago, A.G. (1974): Decision-Making as a Social Process: Normative and Descriptive Models of Leader Behavior. In: Decision Sciences, 5 (1974), S. 743–769.

Vroom, V.H./Yetton, P.W. (1973): Leadership and Decision-Making. Pittsburgh 1973.

Vuontisjärvi, T. (2006): The European Context for Corporate Social Responsibility and Human Resource Management: An Analysis for the Largest Finnish Companies. In: Business Ethics: A European Review, 15 (2006) 3, pp. 272–291.

Wächter, H. (1981): Das Personalwesen. Herausbildung einer Disziplin. In: Betriebswirtschaftliche Forschung und Praxis, 33 (1981) 5, S. 462–473.

Literaturverzeichnis

Wächter, H. et al. (2003): The ›Country-of-Origin Effect‹ in the Cross-National Management of Human Resources. München/Mering 2003.

Wagner, D. (2004). Cafeteria-Systeme. In: Gaugler, E./Oechsler, W.A./Weber, W. (Hrsg.): Handwörterbuch des Personalwesens. 3., überarb. u. erg. Aufl., Stuttgart 2004, Sp. 631–639.

Walter, F./Bruch, H. (2009): An Affective Events Model of Charismatic Leadership Behavior: A Review, Theoretical Integration, and Research Agenda. In: Journal of Management, 35 (2009) 6, pp. 1428–1452.

Wanberg, C./Welsh, E./Kammeyer-Mueller, J. (2007): Protégé and Mentor Self-disclosure: Levels of Outcomes within Formal Mentoring Dyads in a Corporate Context. In: Journal of Vocational Behavior, 70 (2007) 2, pp. 398–412.

Wanous, J.P. (1977): Organizational Entry: Newcomers Moving From Outside to Inside. In: Psychological Bulletin, 84 (1977) 4, pp. 601–618.

Wanous, J.P. (1978): Realistic Job Reviews: Can a Procedure to Reduce Turnover Also Influence the Relationship Between Abilities and Performance? In: Personnel Psychology, 31 (1978) 2, pp. 249–258.

Wanous, J.P. (1980/1992): Organizational Entry: Recruitment, Selection and Sozialization of Newcomers. 2nd ed., Reading (MA) 1992 (1. ed. 1980).

Wanous, J.P./Reichers, A.E. (2000): New Employee Orientation Programs. In: Human Resource Management Review, 10 (2000) 4, pp. 435–451.

Watson, J.B. (1930): Behaviorism. Chicago 1930.

Watzka, K. (1989): Betriebliche Reintegration von Arbeitslosen: Probleme und Maßnahmen zur Problemreduzierung. Münster 1989.

Watzka, K. (1991): Interviews als Instrumente der Feinselektion. In: Berthel, J./Groenewald, H. (Hrsg.): Handbuch Personal-Management. 1. Nachlieferung 2/1991, Landsberg a. Lech 1991, S. 1-17

Watzka, K. (2011): Zielvereinbarungen in Unternehmen: Grundlagen, Umsetzung, Rechtsfragen. Wiesbaden 2011.

Watzka, K. (2014): Personalmanagement für Führungskräfte: Elf zentrale Handlungsfelder. Wiesbaden 2014.

Weber, M. (1922): Wirtschaft und Gesellschaft. Tübingen 1922.

Weber, W. (1996): Fundierung der Personalwirtschaftslehre durch Theorien menschlichen Verhaltens. In: Weber, W. (Hrsg.): Grundlagen der Personalwirtschaft: Theorien und Konzepte. Wiesbaden 1996, S. 279–315.

Weber, W. u. a. (1998): Internationales Personalmanagement. Wiesbaden 1998.

Wegge, J. (2001): Zusammensetzung von Arbeitsgruppen. In: Witte, E.H. (Hrsg.): Leistungsverbesserungen in aufgabenorientierten Kleingruppen. Lengerich u. a. 2001, S. 35–94.

Wegge, J. (2004): Führung von Arbeitsgruppen. Göttingen 2004.

Wegge, J. (2014): Gruppenarbeit. In: Schuler, H. (Hrsg.): Lehrbuch der Personalpsychologie. 3., überarb. u. erw. Aufl., Göttingen 2014, S. 933–984.

Weibler, J. (1995): Personalwirtschaftliche Theorien: Anforderungen, Systematisierungsansätze und konzeptionelle Überlegungen. In: Zeitschrift für Personalforschung, 9 (1995) 2, S. 113–134.

Weibler, J. (2003): Personalethik als Problem. In: Zeitschrift für Wirtschafts- und Unternehmensethik, 4 (2003) 2, S. 193–196.

Weibler, J. (2012): Personalführung. 2., kompl. überarb. u. erw. Aufl., München 2012.

Weiner, B. (1970): New Conceptions in the Study of Achievement Motivation. In: Maher, B. (Ed.): Progress in Experimental Personality Research (Vol 5), New York 1970, pp. 67–109.

Weiner, B. (1972/76): Theories of Motivation. From Mechanisms to Cognition. Chicago 1972 (deutsch: Theorien der Motivation. Stuttgart 1976).

Weiner, B. (1973): Die subjektiven Ursachen von Erfolg und Mißerfolg. In: Edelstein, W./Hopf, D. (Hrsg.): Bedingungen des Bildungsprozesses. Stuttgart 1973.

Weiner, B. (1975): Die Wirkung von Erfolg und Mißerfolg auf die Leistung. Bern 1975.

Literaturverzeichnis

Weiner, B. et al. (1971): Causal Ascriptions and Achievement Behavior: A Conceptional Analysis of Effort and Reanalysis of Locus of Control. In: Journal of Personality and Social Psychology, 21 (1972) 2, pp. 239–248.

Weinert, A.B. (2004): Organisations- und Personalpsychologie. 5., vollst. überarb. u. erw. Aufl., Weinheim/Basel 2004.

Werle, M. (2005): Der Feind in meinem Büro. Frankfurt a. M. 2005

Werning, E. (2013): Evaluation des Training off-the-job. Entwicklung eines Bezugsrahmens vor dem Hintergrund eines kognitiven Lernverständnisses. Lohmar/Köln 2013.

Westhoff, K. u. a. (Hrsg.) (2010): Grundwissen für die berufsbezogene Eignungsbeurteilung nach DIN 33430. 3., überarb. Aufl., Lengerich u. a. 2010.

Weuster, A. (2012): Personalauswahl I: Internationale Forschungsergebnisse zu Anforderungsprofil, Bewerbersuche, Vorauswahl, Vorstellungsgespräch und Referenzen. 3., akt. u. überarb. Aufl., Wiesbaden 2012.

Weuster, A. (2012a): Personalauswahl II: Internationale Forschungsergebnisse zum Verhalten von Interviewern und Bewerbern. 3., akt. u. überarb. Aufl., Wiesbaden 2012.

Wibbe, J. (1966): Arbeitsbewertung, Entwicklung, Verfahren und Probleme. 3., erw. u. völlig neu bearb. Aufl., München 1966.

Wiegran, G. (2002): Individuelle Mitarbeiterführung. Marburg 2002.

Wiendieck, G. (1992): Teamarbeit. In: Frese, E. (Hrsg.): Handwörterbuch der Organisation. 3., völlig neu gestalt. Aufl., Stuttgart 1992, Sp. 2375–2384.

Wiese, B.S./Sauer, J./Rüttinger, B. (2004): Sozialisation, betriebliche. In: Gaugler, E./Oechsler, W.A./Weber, W. (Hrsg.): Handwörterbuch des Personalwesens. 3., überarb. u. erg. Aufl., Stuttgart 2004, Sp. 1733–1741.

Wild, J. (1974): Betriebswirtschaftliche Führungslehre und Führungsmodelle. In: Wild, J. (Hrsg.): Unternehmungsführung: Festschrift für E. Kosiol zu seinem 75. Geburtstag. Berlin 1974, S. 141–179.

Wilkening, O. (2002): Bildungs-Controlling, Erfolgssteuerungssystem der Personalentwickler und Wissensmanager. In: Riekhof, H. (Hrsg.): Strategien der Personalentwicklung, Wiesbaden, S. 209–237.

Wilkens, U. (2004): Häufige Unternehmenswechsel hochqualifizierter Arbeitskräfte. In: Pongratz, H.J./Voß, G.G. (Hrsg.): Typisch Arbeitskraftunternehmer? Berlin 2004, S. 33–56.

Williams, K.D./Karau, S.J. (1991): Social Loafing and Social Compensation: The Effects of Coworker Performance. In: Journal of Personality and Social Psychology, 65 (1991) 4, pp. 570–581.

Williamson, O.E. (1996): Transaktionskostenökonomik. 2. [unveränd.] Aufl., Hamburg 1996.

Winkel, S./Petermann, F./Petermann, U. (2006): Lernpsychologie. Stuttgart 2006.

Winstanley, D./Woodall, J. (2000): The Ethical Dimension of Human Resource Management. In: Human Resource Management, 10 (2000) 2, pp. 5–20.

Winstanley, D./Woodall, J./Heery, E. (1996): The Agenda for Ethics in Human Resource Management. In: Business Ethics. A European Review, 5 (1996) 4, pp. 187–194.

Winter, S. (1996): Prinzipien der Gestaltung von Managementanreizsystemen. Wiesbaden 1996.

Wiswede, G. (1980): Motivation und Arbeitsverhalten: Organisationspsychologische und industriesoziologische Aspekte der Arbeitswelt. Basel 1980.

Wittenbaum, G.M./Stasser, G. (1996): Management of Information in Small Groups. In: Nye, J.L./Brower, A.M. (Eds): What's Social About Social Cognition: Research on Socially Shared Cognition in Small Groups. Thousand Oaks (CA) 1996, pp. 3–28.

Wolf, J. (2013): Organisation, Management, Unternehmensführung: Theorien, Praxisbeispiele und Kritik. 5., überarb. u. akt. Aufl., Wiesbaden 2013.

Wolff, B./Lazear, E. (2001): Einführung in die Personalökonomik. Stuttgart 2001.

Wollert, A. (2008): Bemerkungen über die Lebensphasenorientierte Personalpolitik. In: Sackmann, S. (Hrsg.): Mensch und Ökonomie. Wie sich Unternehmen das Innovationspotential dieses Wertespagats erschließen. Wiesbaden 2008, S. 394–409.

Wollert, A. (2012): Ethik-Kodex für Personalmanager. In: Kaiser, S./Kozica, A. (Hrsg.): Ethik im Personalmanagement. Zentrale Konzepte, Ansätze und Fragestellungen. Mering 2012, S. 189–209.
Womack, J./Jones D.T./Roos, D. (1990): The Machine that Changed the World. New York 1990.
Wood, R./Bandura, A. (1989): Impact of Conceptions of Ability on Self-Regulatory Mechanisms and Complex Decision Making. In: Journal of Personality and Social Psychology, 56 (1989) 3, pp. 407–415.
Wottawa, H./Hiltmann, M. (2015): Entscheidungsfindung. In: Peus, C. u. a. (Hrsg.): Personalauswahl in der Wissenschaft: Evidenzbasierte Methoden und Impulse für die Praxis. Heidelberg 2015, S. 147–159.
Wottawa, H./Thierau, H. (2003): Lehrbuch Evaluation. 3., korr. Aufl., Bern u. a. 2003.
Wright, P.M./McMahan, G.C./McWilliams, A. (1994): Human Resources and Sustained Competitive Advantage: A Resource-based Perspective. In: International Journal of Human Resource Management, 5 (1994) 5, pp. 301–326.
Wübbelmann, K. (Hrsg.) (2005): Handbuch Management Audit. Göttingen 2005.
Wunderer, R. (1978): Personalverwendungsbeurteilung (PVB). In: Personalenzyklopädie. Das Wissen über Menschen und Menschenführung in modernen Organisationen, Bd. III. München 1978, S. 192–199.
Wunderer, R. (1992): Das Personalwesen auf dem Weg zu einem Wertschöpfungs-Center. In: Personal, 44 (1992) 4, S. 148–153.
Wunderer, R. (2011): Führung und Zusammenarbeit. 9., neubearb. Aufl., Stuttgart 2011.
Wunderer, R./Küpers, W. (2002): Demotivation – Remotivation: Wie Leistungspotenziale freigesetzt und reaktiviert werden. Stuttgart 2002.
Wunderer, R./Sailer, M. (1987): Instrumente und Verfahren des Personal-Controlling (II). In: Personalführung, 21 (1987) 8, S. 600–606.
Wunderer, R./Schlagenhaufer, P. (1994): Personal-Controlling: Funktionen – Instrumente – Praxisbeispiele. Stuttgart 1994.
Wunderer R./Arx, S. von (2002): Personalmanagement als Wertschöpfungs-Center. 3., akt. Aufl., Wiesbaden 2002.
Zajonc, R.B. (1965): Social Facilitation. In: Science, 149 (1965) 3681, pp. 269–274.
Zapf, D./Gross, C. (2004): Mobbing. In: Gaugler, E./Oechsler, W.A./Weber, W. (Hrsg.): Handwörterbuch des Personalwesens. 3., überarb. u. erg. Aufl., Stuttgart 2004, Sp. 1263–1270.
Zerche, J./Schönig W./Klingenberger, D. (2000): Arbeitsmarktpolitik und -theorie. München u. a. 2000.
Zetterberg, H. L. (1973): Theorie, Forschung und Praxis in der Soziologie. In: König, R. (Hrsg.): Handbuch der empirischen Sozialforschung. Bd I: Geschichte und Grundprobleme der empirischen Sozialforschung. 3., umgearb. und erw. Aufl., Stuttgart 1973, S. 104–160.

Stichwortverzeichnis

A

Abfindung 475, 481
Abmahnung 479
Absageschreiben 378
Absentismus 311
Abwerbung 337
Active Sourcing 343
Adverse Selection 219, 365
Agiles Management 183
Akkordentgelt 620
– Geldakkord 620
– Zeitakkord 620
Akkordrichtsatz 620
Aktienoption 641
Aktienoptionsplan 652
Aktuelle Qualifikationspotenzial 295
Allgemeines Gleichbehandlungsgesetz 347
Allgemeinverbindlichkeitserklärung 610
Altersstruktur 235
Altersversorgung 634, 636
– betriebliche 632
Änderungskündigung 468
Andorra-Effekt 273
Anforderungen 241
Anforderungsanalyse 244, 246, 249, 255, 391
Anforderungsbewertung 250, 252
– analytische 253
– analytische Arbeitsbewertung 252
– Entgeltgruppenverfahren 253
– Rangfolgeverfahren 252
– Rangreihenverfahren 253
– summarische 252
– summarische Arbeitsbewertung 252
Anforderungsgerechtigkeit 611
Anforderungsprofil 243, 257
Anforderungsprognose 244
Anlage-Umwelt-Problematik 102
Anova-Modell 195
Anreiz-Beitrags-Theorie 37, 44, 53, 54, 56, 73, 431, 453
Anreize 94
Anreize, immaterielle 94
Anreize, materielle 94
Anreizkonflikte 606
Anreiznutzen 54

Anreizsystem 134, 602, 603, 606, 779
– immaterielles 653
Anreizsystem im engeren Sinne 602
Anreizsystem im weiteren Sinne 602
Anreizsystem im weitesten Sinne 602
Ansätze zur Leistungsmotivation 77
Anspruchsniveau 80, 110, 112
Anstrengungserwartung 99, 100, 103
Anwerbung 336
Äquifinalität von Anforderungen 367
Äquivalenzprinzip 611
Arbeit 9
Arbeitgeberwettbewerb 356
Arbeitnehmer
– junge 237
Arbeitnehmer, jüngere 353
Arbeitnehmerüberlassung 344, 346, 474
Arbeitnehmer, weibliche 354
Arbeitsamt 335
Arbeitsanalyse 248
Arbeitsbedingung 247
– personale 107
– sachliche 107
Arbeitsbedingungen 49, 105, 106, 233
Arbeitsbewertung 246, 252, 256, 613
Arbeitsbeziehung 317
Arbeitsbeziehungen 316
Arbeitsforschung 241
Arbeitsgemeinschaft Partnerschaft in der Wirtschaft e.V. 639
Arbeitskenntnis 105
Arbeitskosten 608
Arbeitsmarkt 329
Arbeitsmarktanalyse 240
Arbeitsmarktforschung 231, 237, 357
– betriebliche 232
– überbetriebliche 231
Arbeitsmarkt, internationaler 331
Arbeitsmarktsegmente 232
Arbeitsmarkttheorie 239
Arbeitsmarktzulagen 618
Arbeitsplatzanalyse 246, 247, 250, 390
– aufgaben- oder aktivitätsorientierter Ansatz 251
– aufgabenorientiertes Verfahren 251

– persönlichkeitsorientierter Ansatz 251
– persönlichkeitsorientiertes Verfahren 251
– psychologisch-orientierte Analyse 250
– technisch-arbeitswissenschaftlich ausgerichtete Analyse 250
– verhaltensorientierter Ansatz 251
Arbeitsplatzanforderung 246
Arbeitsprobe 419
Arbeitsrecht
– internationales 766
Arbeitssituation 554
Arbeitsstrukturierung 483, 655
Arbeitsunzufriedenheit 66, 115
Arbeitsvermittler 335
Arbeitsvermittlung 335
Arbeitsvertrag
– befristeter 473
– juristischer 45
Arbeitswissenschaften 48
Arbeitszeit 108, 469, 476, 655
Arbeitszeitverkürzung 470
Arbeitszeugnis 376
Arbeitszufriedenheit 66, 112, 113
Assassination-Center 411
Assessment-Center 268, 297, 411, 794
– Methoden 415
– Phasen 414
– Varianten 413
Astrologische Gutachten 379
AT-Angestellte 46
Atkinsons Risiko-Wahl-Modell 79
Attribuierung 82, 83
Attributionstheoretisches Modell von Weiner 81
Attributionstheorie 81, 195
– von Kelley 195
Audit berufundfamilie 355, 356
Aufgabe 243, 247
Aufgabenanalyse 248
Aufgaben- und Arbeitsanalyse 244
Aufhebungsvertrag 474
Augmentationstheorie 186
Ausbildungsmarketing 349, 351
Austrittsinterview 294, 461
Auswahlentscheidung 423
Auswahlkompetenz 366

Stichwortverzeichnis

Auswahlverfahren
- biografieorientiert 393, 421
- eigenschaftsorientierte 405
- simulationsorientiert 390, 411

B

Background Checks 380
Bad Leadership 815
Balanced Scorecard 322
Bandbreitenmodell 616
Bauchgefühl 423
Beamtenbesoldung 648
Bedingungsanalyse 244, 248
Bedürfnis 57, 62
Bedürfnishierarchie 62
Bedürfnispyramide 62
Begriff 8
Begriffsexplikation 8
Behavior Description Interview 393
Beitragsnutzen 54
Belohnung 71, 94, 98, 99, 110, 112
- extrinsische 110
- intrinsische 110
Benchmarking 320
Beschäftigungsgesellschaft 482
Besoldung 607
Betriebsblindheit 333
Betriebsrat 316, 317
Beurteilung, 360° 277
Beurteilungsfehler 272
Beurteilungsfunktion 278
Beurteilungsgespräche 294
Beurteilungspsychologie
- kognitive 274
Beurteilungsverfahren 281
Bewerberbeurteilung 260
Bewerbung, anonyme 334
Bewerbungsschreiben 373
Bewerbungsunterlage 371
»Big Five«-Theorie 101
Bindungsmanagement 447, 454
Bindungsmanagements 234
Biografische Fragebögen 420
Biografischer Ansatz 266
Biografisches Interview von Sarges 395
Biografisches Verfahren 297
Biographical Information Blank 421
Bleibemotivation 59
Blindbewerbung 342
Bologna-Reform 238
Bore-out 114

Brutto-Personalbedarf 303, 305, 312
Bundesagentur für Arbeit 231, 335
Burn-out 114
Bürokratieansatz 187

C

Cafeteria-System 645
Calders Attributionstheorie der Führung 196
Campus Recruiting 352
Campus Rekruting 337
Center-Konzepte 670
Check-List-Verfahren 283
Collective Information Sampling 136, 155
Commitment 432, 446, 448, 451
Consideration 179, 180, 206
Corporate Social Responsibility 812
Country-of-Origin 786
Cranfield-Projekt 318
Critical-Incident-Technique 391
Crowding out 629
Cultural Awareness 801
CV Parsing 348

D

Darwiportunismus 96, 455
Davoser Manifest 811
Deferred Compensation 636
Definition 8
Demografische Entwicklung 237
Demotivation 118
Derivative Funktion 771
Determinanten des Wollens 90
Diagnoseorientierte Verfahren 297
Dilemmata der Führung 216
DIN 33430 270
Direktionsrecht 46
Direktversicherung 635
Diskriminierung 30, 334
Diversität 136
Diversity Management 32
Double-loop-learning 263
Drei-D-Konzept von Reddin 208
Dürfen 88, 103
Dynamic Capabilities 23

E

Effektivität 9, 172
Effizienz 9, 10, 130, 131, 134, 172, 174, 819

Eigenschaft 266
Eigenschaften 268, 405
Eigenschaftsansatz der Führung 188, 189
Eigenschaftsorientierte Ansätze 266, 268
Eignung 104, 260, 262, 361
Eignungsbeurteilung 260
Eignungsdiagnostik 259, 404
Eignungsgrad 105
Eignungsprüfung 259
Einarbeitung 428
Eingliederung 430, 440
Einsatzbereitschaft 102
Einsatzintensität 98
Einstellung 96
Einstellungsstopp 472
Einstellungswandel 10
Einstufungsverfahren
- aufgabenorientiertes 289
- merkmalsorientiertes 284
- verhaltensorientiertes 286
Einzel-Assessment-Center 417
Employability 238, 243
Employer Branding 232, 348, 349, 357
Empowerment 655
Engagement Index 452
Entgelt 607
Entgeltausgleich 470
Entgeltdifferenzierung 611, 614
Entgeltdrift 612
Entgeltform 614
Entgeltgerechtigkeit 611
Entgelthöhe 612
- absolute 611
- relative 611
Entgeltsatzdifferenzierung 613
Entgeltsystem 607
Entgelttarifverträge 610
»Entry«-Phase 438
Entscheidungspartizipation 177
Entsendung von Expatriates 795
Entwicklungsphasen 14
Entwicklungstheorie von Piaget 499
ERA
- Entgeltrahmenabkommen 258
- ERA-Entgeltgruppen 618
E-Recruiting 339
Erfahrung 99
Erfolg 624
Erfolgsbeteiligung 637, 638

868

Stichwortverzeichnis

Erfolgsmotivierten und misserfolgsmotivierten Personen 79
Erfolgspotenzial 348, 777
Erforschung der Arbeitsbeziehungen 316
ERG-Theorie 65
Ermittlung des Personalbestands 309
Erschwerniszulagen 617
Ertragsbeteiligung 642
Erwartung 69, 71, 98
Erwartungs-Valenz 70
Erwartungs-Wert-Ansätze 68, 74
Erwartungs-Wert-Modell 74
Ethik 813
Ethik im Personal-Management 809
Evaluierungsforschung 317, 322
Expatriates 794

F

Fachkompetenz 262
Fähigkeit 261
Familie & Beruf 355
Fazit-Tendenz 84
Feldtheorie Lewins 39, 137
Festingers Dissonanztheorie 73
Festlohn mit geplanter Tagesleistung 623
Fiat-Tendenz 85
Firmentarifvertrag 610
Flächentarifvertrag 610
Flow 76, 91, 93
Fluktuation 311, 472
Fluktuationsrate 135
Formalien Bewerbungsschreiben 373
Forschungsmethodik
– qualitative 231
Fortbildung 482
Free Riding 161
Freie Beurteilungen 281, 282
Frühfluktuation 429
Führung
– authentische 184
– autoritäre 177
– charismatische 189
– demokratische 177
– direkte 171
– hierarchische 168
– indirekte 171
– laterale 168
– strategische 773, 776, 777, 778, 779
– symbolische 171
– transaktionale 184
– transformationale 184
– von unten 168
Führung durch Frauen 192
Führungseffizienz 172
Führungseigenschaft 188
Führungsforschung 174
Führungsgrundsätze 171
Führungskompetenz 262
Führungskonzeption 603
Führungskräfte 14
Führungskräfteeinkommen 613
Führungskräftevergütung 649, 653
Führungspolitische Funktionen 278
Führungsstil 175
– autoritärer 177
– charismatischer 187
– eindimensionaler 177
– vieldimensionaler 182
– zweidimensionaler 179
Führungsstiltypologien 176
Führungssubstitute 172, 201, 203
– Theorien der 201
Führungssubsysteme 653
Führungstheorien 187
Führungsverhalten 175, 655

G

Gehaltsumwandlung 636
Geld 94
Gender 816
Genfer Schema 242
Gen Kapovaz 355
Gen Y 96, 240
Gen Z 240
Gewinnbeteiligung 643
Gleichgestelltenbeurteilung 277
Gleichheitsprinzip 644
Gleichheitstheorie von Adams 73
Globe-Projekt 190
GLOBE-Studie 805
Great-Place-to-work 356
Groupthink 151
Gruppe 122, 125
– dauerhafte 124
– Fertigungsteams 126
– formale 127, 141
– formale und informale 127, 129
– informale 128
– offene und geschlossene 125
– Qualitätszirkel 125
– Teams 124
– temporäre 124
– virtuelle 449
Gruppenakkord 621
Gruppenentwicklung 150
Gruppenkohäsion 135, 137, 139, 152
Gruppenleistung 128, 162
Gruppenmitglieder 134
Gruppenmodell 121
Gruppennorm 47
Gruppenphänomen 150
Gruppenpolarisierung 157, 158
Gruppe, teilautonome 126
Gruppe, virtuelle 126
»Gute Arbeitgeber« 357
Gütekriterium 271
– messtheoretisches 231

H

Halo-Effekt 272
Harvard-Konzept 776
Harzburger Modell 208
Hawthorne-Experiment 50, 128
Hay-Verfahren 256
Head Hunting 336
Hersey/Blanchard
– situatives Führungsmodell von 214
Heterogenität 135, 136
hidden action 219
hidden characteristics 219
hidden information 219
hidden intention 219
Hochschulmarketing 337, 349, 352
Hochschulzeugnisse 376
hold up 219
Hollands Berufswahltheorie 101
Homo Oeconomicus 37
HR Business Partner 778
Human Branding 384
Human Capital Advantage 21
Humanisierung der Arbeit 51
Humanistische Ansätze 51
Humanistische Psychologie 61
Humanität 11
Humankapital 10
Human-Relations-Ansatz 50, 121
Human Resource Management 27, 776
»Human Resource«-Portfolio 301
Humanressource 10, 21
Humanvermögensrechnung 322
Hygienefaktor 66

Stichwortverzeichnis

I

Idiosynkrasiekreditmodell der Führung 216
immaterielle Motive 67
Individualisierung 31, 56
Individualleistung 131
Industrialisierung 10
Industrial Relations 316
Industrie 4.0 460
Informationsasymmetrie 24, 56, 219
Informations- und Kommunikationssystem 656
Inhaltstheorien 60, 61
Initiating Structure 180, 206
Initiativbewerbung 342
Innerbetriebliche Stellenausschreibung 332
Inpatriates 795
Inplacement 428
Input-Prozess-Output-Modell 132
Instrumentalität 69
Integration 430
Intelligenz 405
Intelligenztests 406
Interaktion 149
Interessenausgleich 480
Internationales Personal-Management 783
– Strategien des 784
Interview
– Standardisierungsgrad 388
– Strukturierungsgrad 388
– teilstrukturiertes 387
– unstrukturiertes 386
– vollstrukturiertes 388
Intrinsische Motivation 629
Involvement 448
Iowa-Studies 177
Irrationalität 88

J

Jobbörsen 338
Job Enlargement 67
Job-Nomaden 335
Job Rotation 522, 556
Job Sharing 237, 470

K

Kapitalbeteiligung 637, 638, 641, 644
Karrierephasen 541, 735
Karriereplanung 302
Karrieresystem 654
Kausalattribuierungen 81, 83
Kausalattribution 111
Kennzeichnungsverfahren 281, 283
Kernkompetenzen 23
Kleber-Effekt 273
Kleingruppenforschung 130, 131
Kognition 68
Kognitive Dissonanz 73
Kohäsion 137, 138
Köhler-Effekt 162, 163
Kompetenz 104, 260, 261, 262, 361
Konflikt 142
– interpersonaler 142
– intrapersonaler 142
Konfliktdimension 144, 146
Konfliktfelder
– dynamische 146
– inhaltliche 144
Konflikthandhabungsstile 148
Konfliktreaktion 147, 148
Konfliktsteuerung 143
Konfliktursachen 143
Konfliktwirkungen 142
Könnensfaktoren 104
Konsequenzerwartung 99, 102
Kontexttheorie der Personalführung 201
Kontingenzmodell von Fiedler 190
Kontinuum nach Tannenbaum/Schmidt 178
Kreuzverhör 399
Kriteriendefizienz 328
Kriterienkontamination 328
Kriterium, relevantes 328
Kulturdivergenzthese 790
Kulturkonvergenzthese 790
Kündigung 477
– betriebsbedingte 479
– innere 477
– ordentliche 477
– personenbedingte 478
– verhaltensbedingte 479
Kündigungsfrist 477
Kündigungsschutz 478
Kununu 356
Kurzarbeit 470, 471

L

Laissez-faire-Führung 177
Latente Funktionen 279
leadership 166
Lebenslaufanalyse 374
Leistung 108, 138, 624
Leistungsbereitschaft 70, 116
Leistungsbeteiligung 642
Leistungsbeurteilung 280, 299
Leistungsdeterminanten 89
Leistungsdeterminantenkonzept 87, 89, 116, 122
Leistungsergebnis 109
Leistungsgerechtigkeit 611
Leistungsmotiv 77, 78, 79
Leistungsmotivation 59, 77, 80
Leistungspotenzial 262
Leistungsprinzip 77, 644
Leistungstest 406
Leistungsträger 302
Leistungsverhalten 108, 109
Leistungsvoraussetzung 243, 245
Leistungszulagen 617
Leitungsspanne 308
Letztkriterium 328
Lichtbild 377
linking pin 210
Locke, Zielsetzungstheorie 74
Long-term Incentives 652
Lorbeer-Effekt 273
Loyalität 448

M

Management-Audit 418
Management-by-Objectives 18, 115, 290
Managementteams 126
Managerial Grid 206
Mantel- oder Rahmentarifverträge 610
Markow-Modell 310
Marktgerechtigkeit 612
Maslows Bedürfnistheorie 61
Massenentlassung 479, 482
Maßstabsproblem 274
McClellands Theorie der gelernten Bedürfnisse 78
Mehrarbeit/Überstunden 469
Meinungsforschung
– innerbetriebliche 235
Mensch 11
Menschenbild 41, 49, 51
Menschenbilder 44
Mentoring 442

Stichwortverzeichnis

Merkmalsorientierte Einstufungsverfahren 281
Meta-Qualifikation 298
Methode der kritischen Ereignisse 65, 283
Methodenkompetenz 262
Methodologischer Individualismus 31
Michigan-Konzept 775, 778
Michigan Studies 181
Mikropolitik 146, 169
Mindestlohn 615
Misstrauen 170
Mitarbeiter 9
– neuer 430
Mitarbeiterbefragung 235
Mitarbeiterbeteiligung 637
Mitarbeiterbeurteilung 276
Mitarbeiterbindung 441, 445, 638
Mitarbeiterführung 165
– internationale 804
Mitarbeiterführung, differenzielle 30
Mitarbeiterführung i. w. S. 38
Mitarbeitergespräch 276, 294
Mitarbeiter-Kapitalbeteiligungsgesetz 638
Mitarbeiter-Portfolio 301
Mitbestimmung auf individueller Ebene 751
Mitchells Attributionstheorie der Führung 197
Mobile Recruiting 340
Modellansatz der Unternehmungsforschung 307
Moral Hazard 161, 219
Motiv 57, 79, 91
– extrinsisch motiviertes 92
– intrinsisch motiviertes 92
– primäres 92
– sekundäres 92
Motivation 53, 58, 59, 84, 87, 91, 96
Motivation, intrinsische 93, 95
Motivationsmodell von Porter/Lawler 71
Motivationspsychologie 57
Motivationstheorie 60
Motivationsverluste 160
Motivatoren 66
Motive 94
Motivstruktur 91, 103
Multimoment-Verfahren 308
multi-trait approach 189

N

Neo-Institutionalismus 425
Netto-Personalbedarf 303, 311, 312, 313, 458
Netzwerkführung 169
Neue Institutionenökonomie 36, 37, 44, 56, 173, 219
Neuroökonomie 37
Neutralisierer 203
Nikolaus-Effekt 273
Non-Profit-Organisationen 3
Normalleistung 613
Normatives Entscheidungsmodell von Vroom/Yetton 211
Normen 97, 98, 139, 140
No Show-Quote 438

O

Ohio-Studies 179, 181, 207, 208
Onboarding 428
Online-Assessment 341
Online-Assessments 381
Organisationale Fähigkeit 21
Organisationssystem 656
Organizational Behavior 19, 27, 35
Organizational Capabilities 21, 778
Organizational Citizenship Behavior 175
Originäre Funktion 772
Outplacement 475, 482

P

Partizipation 654, 751
Patenkonzept 442
Pay for Performance 623
Pensionierung 475
– einstufige 475
– gleitende 476
– vorzeitige 475
Pensionsfonds 635
Pensionskassen 635
Pensumlohn 623
Performance Share Plan 652
Performance Unit Plan 652
Personalanpassung 458
Personalarbeit in der Krise 459
Personalauswahl 260, 327, 330, 361, 779
– internationale 793
Personalauswahlentscheidung 390
Personalauswahlkette 362
Personalbedarf 302, 306, 315
Personalbedarfsdeckung 326, 329
Personalbedarfsdeckungskette 362
Personalbedarfsermittlung 302
Personalbedarfsplanung 303, 304, 312, 315
Personalberatung 335
Personalbeschaffung 326, 330, 357
– externe 334
– internationale 791
– interne 331
Personalbestand 309
Personalbeurteilung 260, 276
Personalbindung 327, 445
Personaleinführung 327, 428, 437, 440
Personaleinführung i. e. S. 434
Personaleinführung i. w. S. 434
Personalentwicklung 327, 468, 481, 654, 779
– internationale 800
Personalethik 809, 815
Personalforschung 225, 231, 316, 317
– betriebliche 226, 228
– wissenschaftliche 228
Personalfragebogen 379
Personalfreisetzung 458, 459, 466
– Alternativen der 464, 467
Personalfreisetzungsplanung 462
Personalführung 165
– interaktionelle 18
– internationale 804
– strukturelle 18
Personalführung, kulturelle 19
Personalleasing 344, 474
Personal-Management 13, 14, 16, 19, 21, 24
– differenzielles 229, 541, 604, 646
– internationales 783
– strategisches 774
– strategisch-orientiertes 661, 771, 775, 776
Personal-Management, differenzielles 28
Personalmarketing 232, 234, 334, 348, 355, 360
– externes 349
– internes 348
Personalökonomie 24, 56
Personalökonomik 24
Personalplanung 304, 774
Personalpolitik 604, 780
– lebensphasenorientierte 31

Stichwortverzeichnis

Personalpolitische Funktionen 279
Personalsegment 235
Personalstrategie 773
Personalsystem
- primäres 27
- sekundäres 27, 661
Personalüberdeckung 464
Personalverantwortliche 13, 818
Personalwerbung 347, 360
Personalwirtschaftslehre 20
Personalzusatzkosten 609, 610
persönliche Kompetenz 262
Persönlichkeit 269
Persönlichkeitsfaktor 100
Persönlichkeitsmerkmal 261
Persönlichkeitsstruktur 40
Persönlichkeitstests 407
Peter-Prinzip 300
Pfadabhängigkeit 23
Phantom Stock Plan 652
Pittsburgh-Studie 65
Planungs- und Kontrollsystem 654
Polarisierung 158, 159
Porter/Lawler, Motivationsmodell 71
Potenzialbeurteilung 265, 280, 295, 296
Prädiktoren 265, 328
Prämienentgelt 621
Pre-arrival 437
Preis für gute Arbeitgeber 357
Primär-Effekt 273
Principal-Agent-Theorie 56, 630
Profiling 368
Programmlohn 623
Projektgruppen 124
Provision 622, 623
Prozesstheorien 60, 68
Prozessverluste und -gewinne in Gruppen 159
Psychologie, differenzielle 30
Psychologische Tests 405
Psychometrische Tests 409

Q

Qualifikation 88, 104, 247, 260, 261, 264, 269, 275, 361, 777
- extrafunktionale 263
Qualifikationsanforderungen 326
Qualifikationsdiagnose 264
Qualifikationspotenzial 295, 296
Qualifikationsprofil 265
Qualifikationsprognose 265

Qualifikations- und Eignungsforschung 259, 361, 362
Qualitative Forschungsmethodik 231
Qualitätszirkel 123

R

Randbelegschaft 7, 230, 449, 461, 462, 472
Rangfolgethese 63, 64
Rangordnungsverfahren 281, 283
Rationalität
- begrenzte 37
Realistische Rekrutierung 350, 437
Recruiting Games 341
Recrutainment 341, 382
REFA-Normalleistung 621
Referenz 380
Regelaltersgrenze 476
Rekrutierung 327
Reliabilität 272
Remotivation 118
Ressourcen 22, 160
ressourcenorientierter Ansatz 21
Restricted Stock Plan 652
Retentionmanagement 447
Riester-Rente 632
Risikoschub-Phänomen 157
Risiko-Wahl-Modell 81, 82
Rolle 140, 142, 247
Rollenanalyse 244, 248
Rollenerwartungen 98
Rollenkonflikt 141
- Interrollenkonflikt 141
- Intrarollenkonflikt 141
- Rollenambiguität 141
Rubikon-Modell 84, 103
Rückkopplungs- bzw. Lernprozesse 116

S

Schlüsselqualifikation 263
Schriftbildanalyse 379
Schulmarketing 351
Schul- und Ausbildungsmarketing 337
Schulzeugnisse 362, 376
Scientific Management 48
Segmentierung 232
Selbstbestimmungstheorie 76
Selbstbeurteilung 277
Selbstkompetenz 262

Selbstkonzept 99, 100, 116
Selbstselektion 437
Selbstvertrauen 170
Self-Determination-Theorie 76, 95
Shareholder-Ansatz 5
Shareholder Value 8
Simulationsorientierte Ansätze 267
Single-loop-learning 263
Situational Judgment Tests 396
Situationsansatz der Führung 190, 193, 195
Situative Interviews 268
Situatives Führungsmodell von Hersey/Blanchard 214
Social Compensation 162, 163
Social Facilitation 162
Social Loafing 160, 629
Social Media 341
Sonderschicht 331
Sonderurlaub 472
S-O-R-Modell 39, 40
Sozialbilanz 322
Sozialisation 78, 97, 201, 436
Sozialisationsprozess 78, 436
Sozialkompetenz 262
Sozialleistung 610, 631
- betriebliche 631
- freiwillige 631
- gesetzliche 631
- tarifliche 631
Sozialplan 480, 481
Sozialprinzip 644
Soziogramm 149
Sparkassenmodell 618
Speed Dating 400
Stakeholder-Ansatz 5, 6
Stammbelegschaft 230, 449, 462, 474
Standardisierung 30
Standardkriterienkatalog 284
Standards 139
Stellenanzeige 336
Stellenausschreibung 436
- innerbetriebliche 333
Stellenbeschreibung 307
Stellenbesetzungsplan 309
Stellenbörse 338
Stellenclearing 332
Stellenplan 307
Stellenprofile 307
St. Galler Management-System 820
Stock Appreciation Rights 652
Strategie
- ethnozentrische 786

Stichwortverzeichnis

- geozentrische 786
- polyzentrische 786
- regiozentrische 786
- ressourcenorientierte 778

Strategische Führung 773, 776
Strategisches Management 661, 771, 777, 778, 779, 787
Stressinterview 399
Strukturationstheorie 18
Sucker-Effekt 161, 629
Sympathiefehler 274
System 1-4 von Likert 210
Systemgestaltung 17, 27

T

Tantieme 623, 650
Tarifautonomie 610
Tarifvertrag 610
Tavistock-Ansatz 50
Taylorismus 48, 49, 630
Teams 124
Teilnahmemotivation 58, 431
Telefoninterview 382
Tendenz zur Milde 274
Tendenz zur Mitte 274
Tendenz zur Strenge 274
Terminus 8
Testverfahren 404
- psychologische 404
Thematic-Apperception-Test 408, 409
Theorie der Führungssubstitute von Kerr et al. 202
Theorie der Substitution struktureller Führung 205
Theorie X 43, 49
Theorie Y 44
Tiefeninterview 399
Top Job 356
Total Compensation 650
Training-into-the-job 433
Transaktionskosten 170
Transaktionskostentheorie 173
Transfergesellschaft 482
Transfermanagement 483
Trittbrettfahren 132, 629

U

Überstunde 331
Umsatzbeteiligung 642
Umschulung 331, 483

unit-trait approach 188
Untergebenenbeurteilung 277, 279
Unternehmenspolitik 772, 776
Unternehmungsforschung
- Modellansatz der 307
Unternehmungspolitischer Rahmen 656
Unternehmungs- und Personalpolitik 772, 776
Unterstützungskassen 635
Urlaubsgestaltung 469

V

Valenz 69, 71, 97, 98, 102
Valenz-Instrumentalitäts-Erwartungs-Modell
- Vroom 69
Validität 271
Variety Seeking 310, 453
Verdrängungsproblem 629
Verfahren der kritischen Ereignisse 391
Verfahren der Leistungsbeurteilung
- zielorientiertes 289
Verfälschungen, bewusste 275
Vergleich 112, 113
- sozialer 158
Vergütung 607
- variable 623, 624, 627, 630, 650
Vergütungspolitik 608
Vergütungssystem(e) 607
- erfolgsorientiertes 625
- internationale 802
- leistungsorientiertes 625
Verhaltensbeobachtungsskala 287
Verhaltenserwartungsskala 286
Verhaltensgitter 206
Verhaltensgleichung 39
Verhaltenssteuerung 17, 165
Verhaltenswissenschaften 24
Verlustbeteiligung 645
Versetzung 331, 468
Vertrag
- impliziter 8
- juristischer 45
- psychologischer 45, 46, 437
- sozialer 45, 47
Vertragslohn 623
Vertrauen 170
Vertrauenskultur 656
Video-Podcasts 341
Volition 59, 84, 103

Vorgesetztenbeurteilung 277
Vorgesetzter 166
Vorruhestand 475
Vorselektion 362, 378
Vorstellungsgespräch 371, 383
- Einzelinterview 389
- Gruppeninterview 389
- Jury-Interview 389
- multimodales 398
- serielles Interview 389
- situatives 390
Vorstellungsinterview
- biografisches 393
Vrooms Valenz-Instrumentalitäts-Erwartungs-Modell 68, 69

W

Wahrnehmung 55, 100, 106, 156
Wahrnehmungsverzerrung 272
Weg-Ziel-Modell der Führung 199
Weighted-Application Blank 421
Weiners attributionstheoretisches Modell 81
Weiterbildung 561
Werturteilsproblematik 820
Whistleblowing 814
Work-Life-Balance 95

Z

Zeitarbeit 344, 474
Zeitentgelt 615
Zeit- und Bewegungsstudien 48
Zeugnis
- einfaches 376
- qualifiziertes 376
Zeugnissprache 377
Zielbindung 75
Zielcommitment 75
Zielorientiertes Verfahren der Leistungsbeurteilung 289
Zielorientierung 4
- Erfolgsziele 5
- Formalziele 5
- Sachziele 5
Zielsetzungstheorie der Motivation 74
Zielsetzungstheorie von Locke 74
Zurechnung 111
Zwangswahlverfahren 283
Zwei-Faktoren-Theorie 65, 67

Über die Autoren

Jürgen Berthel, geboren am 24.04.1939 in Berlin, verstorben am 19.08.2005 in Herrsching am Ammersee.

Jürgen Berthel studierte an der FU Berlin Wirtschaftswissenschaften (Dipl.-Kfm. 1963). Im Anschluss trat er als Assistent ein in das Institut für Industrieforschung (Direktor: Prof. Dr. Dres. h. c. Erich Kosiol). 1966 wurde er promoviert (Informationen und Vorgänge ihrer Bearbeitung in der Unternehmung). 1968 wechselte er an die Universität Freiburg i. Br. zum Betriebswirtschaftlichen Seminar (Leiter: Prof. Dr. Ralf-Bodo Schmidt), wo er an der Wirtschaftswissenschaftlichen Fakultät 1972 habilitierte (Zielorientierte Unternehmungssteuerung). 1973 nahm er den Ruf auf den Lehrstuhl BWL I (Personal-Management, später auch Unternehmungsführung) an der Universität -GH- Siegen an.

Im Rahmen seiner Forscherkarriere ist eine Vielzahl an Buch- und Zeitschriftenpublikationen zu unterschiedlichen Themenbereichen erschienen: Information, Investition, zielorientierte Unternehmungssteuerung, Planung, innovationsorientierte Unternehmungsführung, Mittelstand, Unternehmungen im Wandel sowie vor allem eine Vielzahl von Facetten des Personal-Managements: immer wieder Personalentwicklung im Allgemeinen und Karriereplanung im Speziellen, aber auch Personalabbau, Assessment-Center, Anreizsysteme, Personalcontrolling, Anforderungen speziell an Führungskräfte, Personalführung und Arbeitswelt.

Fred G. Becker, geboren am 10.12.1955 in Balkhausen/Kreis Bergheim.

Über den zweiten Bildungsweg studierte Fred Becker Betriebswirtschaftslehre an der Universität -GHS- Wuppertal und an der Universität zu Köln (Dipl.-Kfm. 1981). Danach arbeitete er als Wissenschaftlicher Mitarbeiter und Hochschulassistent am Lehrstuhl von Jürgen Berthel an der Universität -GH- Siegen. Dort wurde er 1985 promoviert (Anreizsysteme für Führungskräfte im strategischen Management). 1991 habilitierte er sich im Fach Betriebswirtschaftslehre (Grundlagen betrieblicher Leistungsbeurteilungen). Die Vertretung des Fachs Finanzierung an der Universität -GH- Siegen (1990/91) sowie Auslandsaufenthalte an der University of Illinois, Champaign/Urbana, und an der University of Pennsylvania, Philadelphia, fanden während dieser Zeit statt. Im Herbsttrimester 1991 vertrat er den Lehrstuhl für

Über die Autoren

Internationales Management, Universität der Bundeswehr, Neubiberg, bevor er 1992 den Lehrstuhl für ABWL sowie Personal- und Organisationslehre an der Universität Jena übernahm. Seit 1996 leitet er den Lehrstuhl für BWL, insb. Personal, Organisation und Unternehmungsführung an der Universität Bielefeld. Einen Ruf an die Universität Siegen lehnt er ab. Er ist und war Lehrbeauftragter und Gastprofessor an verschiedenen Universitäten.

Im VHB-Verband der Hochschullehrer für Betriebswirtschaftslehre e. V. war Fred Becker über zwei Jahrzehnte aktiv (u. a. langjähriger Nachwuchsbeauftragter, Mitglied im Vorstand). Er ist Sprecher des Vorstands des Instituts für Familienunternehmen (iFUn) an der Universität Bielefeld sowie seit 2012 Vorsitzender des Senats der Universität Bielefeld.

Fred Becker ist Autor zahlreicher Lehr- und Fachbücher sowie von Beiträgen in wissenschaftlichen und praxisnahen Zeitschriften – v. a. zu Anreizsystemen, Personalbeurteilungen, differentielle wie demografieorientierter Personalarbeit (v. a. Personaleinführung, Mitarbeiterbindung), Transfersteuerung der Personalentwicklung sowie akademisches Personalmanagement.

Zudem ist und war er als Gutachter für viele Zeitschriften, Mitherausgeber der Zeitschrift P-OE (Personal- und Organisationsentwicklung in Einrichtungen der Lehre und Forschung), Berater, Dozent, Gutachter und Aufsichtsrat in der betrieblichen (Personal-)Praxis tätig.

SCHÄFFER POESCHEL

Ihr Feedback ist uns wichtig!
Bitte nehmen Sie sich eine Minute Zeit

www.schaeffer-poeschel.de/feedback-buch